KB271216

춘하추동 실전 종합 만세력 시리즈-2

한글 파워 만세력 ❷

법사 원담 엮음

❦ 도서출판 두원 출판미디어

파워만세력-2

지 은 이 / 한명호
퍼 낸 이 / 한원석　　　　　　　　　　판권 본사
퍼 낸 곳 / 두원출판미디어　　　　　　소유 의인
강원도 춘천시 후만로 116번길2
☎ 033) 244-5612, 242-5612　FAX 033) 251-5611
Cpoyright ⓒ2009 , by Dooweon Media Publishing Co.
이 책의 내용은 저작권법에 따라 보호받고 있습니다.
판권은 본사의 소유임을 알려드립니다.
등록 / 1999. 08. 06 제041호.

♣ 파본, 낙장본은 교환하여 드립니다.
♣ 다음까페 : 두원출판미디어
홈페이지: www.dooweonmedia.co.kr

♣ E-mail : doo1616@naver.com
1판 2쇄 2024. 05. 22　ISBN 978-89-91253-12-3

정가　18,000원

"파워 만세력"을 펴내면서

벌써 한참 전에 했어야 할 일인데, 그대로 있어서는 안 되는 일인데 하면서도, 알고도 못 한 일이었는데 이제라도 다시 할 수 있다는 것에 대한 작은 기쁨과도 같은 일이었습니다.
근 십여 년 만에 다시 만세력을 매만지게 되었습니다.
처음의 기획에서부터 편집도 직접 하였습니다. 전문적인 편집인은 아니더라도 직접 만들고 싶었습니다.
제작의 전 과정도 두루 같이 하면서 살펴보았습니다.
용지의 선택도, 그 외의 많은 일에도 직접 관여하며 표지도 직접 꾸며보았습니다. 부족한 면이 많다는 것을 알면서도, 흉잡힐 사안이 많다는 것을 알면서도 직접 부딪혀 보았습니다.
이 모든 것을 극복하도록 만든 것, 그것은 정성 이었습니다.
지성이면 감천이라는 생각으로 마련하였습니다.
나름대로 세세한 부분을 직접 실무자로써 느껴지는 필요한 부분을 집중적으로 다루어보았습니다.
많은 부분을 수록하려 하였으나 실질적인 부분에 비중을 두고 다루어보았습니다.

역사(歷史)를 알아야 천기天氣를 살필 수 있다는 것은 누구나 알 것입니다. 각 년마다 일어난 중요한 사항을 알기 쉽게 집약하여 놓은 것이 바로 파워만세력입니다.
각각의 절기를 알기 쉽게 나누어 표기하였습니다. 입절만 생각하다가 실수를 하는 우를 범하지 않게 하도록 함입니다. 제일 큰 차이입니다.
세세한 부분은 책장을 넘기고 자세히 보시면 시각적인 효과가 나타날 것입니다.
스마트 폰에 담아 놓고 보시면 더욱 좋습니다. 전자도서로도 판매가 되오니 만세력을 들고 다니지 않아도 되는 편안함을 제공 합니다. 어느 분야를 전공하신 분이라도 지니고 다닐 종합적인 만세력으로 부끄럽지 않으리라 생각합니다. 더 다루지 못한 부분 더욱 노력하여 보완을 하려고 합니다.
혁신적이고, 스마트한 파워만세력은 시리즈로 여러 형태로 계속 이어질 것입니다.
많은 지도와 연락을 부탁드립니다.

2015년 08월 25일

엮은이   법사 원담 올림.

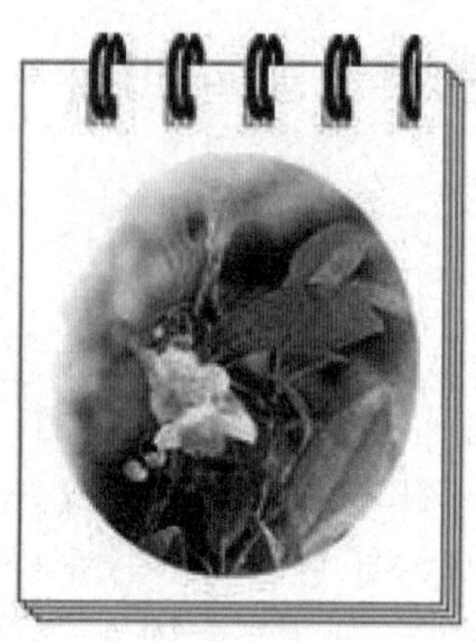

------차례----------

【전체적인 구성.】

❶ 명리(命理), 구성(九星)을 동시에 활용할 수 있도록 만든 만세력으로 활용범위를 극대화.

❷ 최대한 한글을 많이 삽입, 사용의 편리함을 제공. 책장을 넘기는 부분마다 큰 글씨로 년도를 표시해 찾기 쉽도록 하고, 해마다 간지 동물 그림을 삽입, 기억을 쉽게 하도록 최대한 노력을 하였습니다.

❸ 하단 부분에는 그 해의 역사적인 사실을 기록. 과거의 흐름에 대한 기운을 참조하고, 응용하는데 보조 역할을 할 수 있도록 하였다.

 상단 부분에는 그해의 참조할 많은 사항을 기록, 다양함을 갖추었습니다.

❹ 서머타임에 관한 부분은 적용된 시기(時期)를 일일이 파악하여 시간을 수정, 계산하여 기록, 따로 신경을 쓸 필요 없이 바로바로 편안하게 사용할 수 있도록 적용.(✳서머타임을 잊고 사용하여도 됨, 간혹 실수하는 부분을 사전에 예방하는 효과.)

❺ 부록으로 기본적인 한자와 추명을 함에 있어 필요한 사항 등을 모았습니다. 2015년 발표된 인명용 한자를 수록하려 하였으나, 양이 워낙 방대하여 실질적으로 참고해야 할 기본적인 한자 1800자를 수록하여 항시 알아두어야 할 지극히 필수적인 사항으로 든든함을 간직하도록 하였습니다. 좀 더 광범위한 내용을 필요로 하시는 분들은 따로 참조하시기 바랍니다.

【 세부적인 특징, 참고사항.. 】

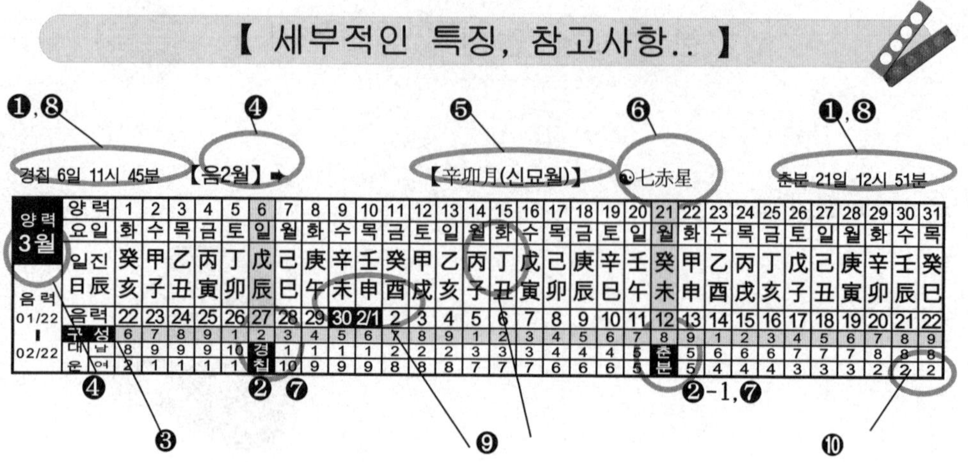

양력 3월	양력	1	2	3	4	5	6	7	8	9	10	11	12	13	14	15	16	17	18	19	20	21	22	23	24	25	26	27	28	29	30	31
	요일	화	수	목	금	토	일	월	화	수	목	금	토	일	월	화	수	목	금	토	일	월	화	수	목	금	토	일	월	화	수	목
일진	日辰	癸	甲	乙	丙	丁	戊	己	庚	辛	壬	癸	甲	乙	丙	丁	戊	己	庚	辛	壬	癸	甲	乙	丙	丁	戊	己	庚	辛	壬	癸
		亥	子	丑	寅	卯	辰	巳	午	未	申	酉	戌	亥	子	丑	寅	卯	辰	巳	午	未	申	酉	戌	亥	子	丑	寅	卯	辰	巳
음력 01/22 ┃ 02/22	음력	22	23	24	25	26	27	28	29	30	2/1	2	3	4	5	6	7	8	9	10	11	12	13	14	15	16	17	18	19	20	21	22
	구성	6	7	8	9	1	2	3	4	5	6	7	8	9	1	2	3	4	5	6	7	8	9	1	2	3	4	5	6	7	8	9
대운	남	8	9	9	9	10	경칩	1	1	1	1	2	2	2	3	3	3	4	4	4	5	춘분	5	6	6	6	7	7	7	8	8	8
	여	2	1	1	1	1	경칩	10	9	9	9	8	8	8	7	7	7	6	6	6	5	춘분	5	4	4	4	3	3	3	2	2	2

❶ 절입節入시간으로 절기(節氣)가 시작되는 시간.

❷ 매달 해당하는 절기(節氣)를 한글로 표기 살피기 편하도록 하였습니다.(아래부분)

절기에 해당하는 대운(大運)수(數)는 절입시간을 기준하여 절입시간 전(前)은 전날의 대운수를 사용, 절입시간 후(後)는 다음날의 대운수를 사용하면 됩니다.

❷전반부 절입시간으로 해당월이 시작됩니다.(윗부분) 여기서는 신묘월이 해당됩니다. 각 절기마다 해당월이 변화됩니다.　❷-1 후반부의 절기입니다.

❸ 구성을 활용하는 편안함을 표시하였습니다. 일반작성시 구성조견표를 찾지 않아도 바로 사용할 수가 있습니다. 해당하는 날의 구성의 수(數)로 표시합니다.

❹ 해당월을 표시합니다. ❺ 음력 날짜로 월을 표시합니다.

❻ 구성 월반 작성시 사용. ❼ 절기를 표시합니다. ❽ 절입시간입니다.

❾ 해당날짜의 일진(日辰)을 표시합니다.

✿ 양력 3월14일은 음력으로 2월5일 일진은 병자(丙子)입니다.

✿ 양력 3월15일은 음력으로 2월6일 일진은 정축(丁丑)입니다.

❿ 대운수를 표시합니다. 남성(男性)과 여성(女性)으로 구분, 순행(順行)과 역행(逆行)을 나타냅니다.

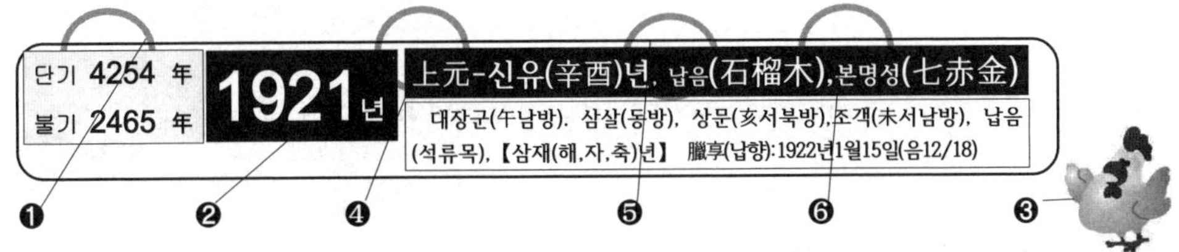

❶ 단기(檀紀)년도와 불기(佛紀)년도를 표시합니다. ❷ 서기(西紀) 년도를 표기합니다. ❸ 해마다 적용되는 년지의 특색을 그림으로 표시합니다.

❹상원이라 함은 상원, 중원, 하원중 중원임을 표시.

❺납음은 납음오행을 나타냅니다.

❻구성에 있어서 본명성을 나타냅니다.

대장군(酉서방). 삼살(동방), 상문(卯동방),조객(亥서북방), 납음(벽상토),【삼재(해,자,축)년】
臘享(납향):1962년1월23일(음12/18)

☯ 대장군은 대장군 방위를 말합니다.

✺삼살은 삼살방위, ✺상문은 상문방위,✺조객은 조객방위,

✺삼재(三災)는 삼재년을 말합니다.

☯ 납향이라함은 납일(臘日)에 한 해 동안 이룬 농사와 그 밖의 일들을 여러 신(神)에게 고하는 제사를 일컫는다. 한해를 마무리하는 제사이다. **음력섣달**이라 양력으로 다음해에 해당 새해로 날이 넘어간다.

☯ 춘사(春社), 추사(秋社)는 봄과, 가을에 지내는 제사로 농사가 잘되도록, 추수가 잘되도록 지내는 소원과 감사의 제사이다.

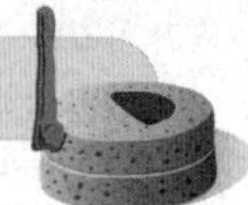

【 삼원 갑자 조견표 】

구분(區分) / 삼원(三元)갑자	해당년도	9성 붙이기	비고
일원(一元) 상원갑자	1864년 갑자년 부터 1923년 계해년 까지 60년간	18644년 갑자년에 1백수성을 붙여 매년 한 번 씩 뒤로 내려가며 9성을 붙인다.	
이원(二元) 중원갑자	1924년 갑자년 부터 1983년 계해년까지60년 간	1924년 갑자년에 4록목성을 붙여 매년 한 번 씩 뒤로 내려가며 9성을 붙인다.	현재 2015년은 하원갑자에 해당. 3원 갑자는 이어 계속 반복하여 변화한다. 그러므로 9성의 변화역시 삼원갑자의 변화에 따른다.
삼원(三元) 하원갑자	1984년 갑자년 부터 2043년 계해년 까지 60년간	1984년 갑자년에 4록목성을 붙여 매년 한 번 씩 뒤로 내려가며 9성을 붙인다.	
일원상원 갑자시대로 반복	2044년 갑자년 부터 2104년 계해년 까지 60년간		

【 절기(節氣) 도표 】

【절기(節氣)도표】

구분 월(月)	년간年干 입절(立節)	갑,기 년	을,경 년	병,신 년	정,임 년	무,계 년
1월	입춘(立春)	병인(丙寅)	무인(戊寅)	경인(庚寅)	임인(壬寅)	갑인(甲寅)
2월	경칩(驚蟄)	정묘(丁卯)	기묘(己卯)	신묘(辛卯)	계묘(癸卯)	을묘(乙卯)
3월	청명(淸明)	무진(戊辰)	경진(庚辰)	임진(壬辰)	갑진(甲辰)	병진(丙辰)
4월	입하(立夏)	기사(己巳)	신사(辛巳)	계사(癸巳)	을사(乙巳)	정사(丁巳)
5월	망종(芒種)	경오(庚午)	임오(壬午)	갑오(甲午)	병오(丙午)	무오(戊午)
6월	소서(小暑)	신미(辛未)	계미(癸未)	을미(乙未)	정미(丁未)	기미(己未)
7월	입추(立秋)	임신(壬申)	갑신(甲申)	병신(丙申)	무신(戊申)	경신(庚申)
8월	백로(白露)	계유(癸酉)	을유(乙酉)	정유(丁酉)	기유(己酉)	신유(辛酉)
9월	한로(寒露)	갑술(甲戌)	병술(丙戌)	무술(戊戌)	경술(庚戌)	임술(壬戌)
10월	입동(立冬)	을해(乙亥)	정해(丁亥)	기해(己亥)	신해(辛亥)	계해(癸亥)
11월	대설(大雪)	병자(丙子)	무자(戊子)	경자(庚子)	임자(壬子)	갑자(甲子)
12월	소한(小寒)	정축(丁丑)	기축(己丑)	신축(辛丑)	계축(癸丑)	을축(乙丑)

24절기(절기)	음력陰曆	양력 陽曆	일출 시각	일몰 시각
입춘(入春); 봄이 시작 되는 철	정월절	2월4일경	07:33	17:58
우수(雨水):비가 내리는 철	정월중	2월19일경	07:17	18;15
경칩(驚蟄):동면곤충이 깨어나는 철	2월절	3월6일경	06:57	18:30
춘분(春分):봄 태양환경의 분기 철	2월중	3월21일경	06:35	18:44
청명(淸明):날씨가 맑고 밝은 철	3월절	4월5일경	06:13	18:58
곡우(穀雨):곡식에 비가 내리는 철	3월중	4월20일경	05:51	19;11
입하(立夏):여름이 시작되는 철	4월절	5월 6일경	05:32	19:26
소만(小滿):보리가 굵어지는 철	4월중	5월21일경	05:19	19:36
망종(芒種):보리를 베는 철	5월절	6월 6일경	05:11	19:50
하지(夏至):여름의 막바지 철	5월중	6월21일경	05:11	19:56
소서(小署):조금 더운 철	6월절	7월7일경	05:17	19;56
대서(大署):매우 더운 철	6월중	7월23일경	05:28	19:48
입추(立秋):가을이 시작되는 철	7월절	8월8일경	05:41	19:33
처서(處署):더위가 그치는 철	7월중	8월23일경	05:44	19:55
백로(白露):흰 이슬이 내리는 철	8월절	9월8일경	06:07	18:52
추분(秋分):가을의 분기 철	8월중	9월23일경	06:20	18:29
한로(寒露):찬 이슬이 내리는 철	9월절	10월8일경	06:33	18:06
상강(霜降):서리가 내리는 철	9월중	10월23일경	06:48	17:44
입동(立冬):겨울이 시작 되는 철	10월절	11월7일경	07:03	17:27
소설(小雪):눈이 조금 오는 철	10월중	11월22일경	07:18	17;17
대설(大雪):눈이 많이 오는 철	11월절	12월7일경	07:33	17:13
동지(冬至):겨울의 막바지 철	11월중	12월12일경	07:43	17:17
소한(小寒):조금 추운 철	12월절	1월5일경	07:47	17:28
대한(大寒):매우 추운 철	12월중	1월20일경	07:44	17:42

약간의 변동이 있을 수 있으므로 만세력을 확인하시기 바랍니다.

☯ 야(夜) 자시(子時)와, 조(朝) 자시(子時), <u>구별하지 않은 경우</u>

일간 오행(五行) / 출생 시간(時間)		갑(甲) 기(己)	을(乙) 경(庚)	병(丙) 신(辛)	정(丁) 임(壬)	무(戊) 계(癸)
23:30-01:30	자시 子時)	갑자 甲子	병자 丙子	무자 戊子	경자 庚子	임자 壬子
01:30-03:30	축시 丑時	을축 乙丑	정축 丁丑	기축 己丑	신축 辛丑	계축 癸丑
03:30-05:30	인시 寅時	병인 丙寅	무인 戊寅	경인 庚寅	임인 壬寅	갑인 甲寅
05:30-07:30	묘시 卯時	정묘 丁卯	기묘 己卯	신묘 辛卯	계묘 癸卯	을묘 乙卯
07:30-09:30	진시 辰時	무진 戊辰	경진 庚辰	임진 壬辰	갑진 甲辰	병진 丙辰
09:30-11:30	사시 巳時	기사 己巳	신사 辛巳	계사 癸巳	을사 乙巳	정사 丁巳
11:30-13:30	오시 午時	경오 庚午	임오 壬午	갑오 甲午	병오 丙午	무오 戊午
13:30-15:30	미시 未時	신미 辛未	계미 癸未	을미 乙未	정미 丁未	기미 己未
15:30-17:30	신시 申時	임신 壬申	갑신 甲申	병신 丙申	무신 戊申	경신 庚申
07:30-19;30	유시 酉時	계유 癸酉	을유 乙酉	정유 丁酉	기유 己酉	신유 辛酉
19:30-21:30	술시 戌時	갑술 甲戌	병술 丙戌	무술 戊戌	경술 庚戌	임술 壬戌
21:30-23:30	해시 亥時	을해 乙亥	정해 丁亥	기해 己亥	신해 辛亥	계해 癸亥

☯ 시(時) 간지(干支) 조견표

☻ 야(夜) 자시(子時)와, 조(朝) 자시(子時), <u>구별하는 경우</u>

일간 오행(五行) 출생 시간(時間)		갑(甲) 기(己)	을(乙) 경(庚)	병(丙) 신(辛)	정(丁) 임(壬)	무(戊) 계(癸)
24:30-01:30 조(朝)자시(子時	자시 子時	갑자 甲子	병자 丙子	무자 戊子	경자 庚子	임자 壬子
01:30-03:30	축시 丑時	을축 乙丑	정축 丁丑	기축 己丑	신축 辛丑	계축 癸丑
03:30-05:30	인시 寅時	병인 丙寅	무인 戊寅	경인 庚寅	임인 壬寅	갑인 甲寅
05:30-07:30	묘시 卯時	정묘 丁卯	기묘 己卯	신묘 辛卯	계묘 癸卯	을묘 乙卯
07:30-09:30	진시 辰時	무진 戊辰	경진 庚辰	임진 壬辰	갑진 甲辰	병진 丙辰
09:30-11:30	사시 巳時	기사 己巳	신사 辛巳	계사 癸巳	을사 乙巳	정사 丁巳
11:30-13:30	오시 午時	경오 庚午	임오 壬午	갑오 甲午	병오 丙午	무오 戊午
13:30-15:30	미시 未時	신미 辛未	계미 癸未	을미 乙未	정미 丁未	기미 己未
15:30-17:30	신시 申時	임신 壬申	갑신 甲申	병신 丙申	무신 戊申	경신 庚申
07:30-19;30	유시 酉時	계유 癸酉	을유 乙酉	정유 丁酉	기유 己酉	신유 辛酉
19:30-21:30	술시 戌時	갑술 甲戌	병술 丙戌	무술 戊戌	경술 庚戌	임술 壬戌
21:30-23:30	해시 亥時	을해 乙亥	정해 丁亥	기해 己亥	신해 辛亥	계해 癸亥
23:30-24:30 야(夜)자시(子時	자시 子時	병자 丙子	무자 戊子	경자 庚子	임자 壬子	갑자 甲子

【 년두법 年頭法 】

생년 생월	甲,己年 갑·기년	乙,庚年 을·경년	丙,申年 병·신년	丁,壬年 정·임년	戊癸年 무·계년
1월	丙寅 병인	戊寅 무인	庚寅 경인	壬寅 임인	甲寅 갑인
2월	丁卯 정묘	己卯 기묘	辛卯 신묘	癸卯 계묘	乙卯 을묘
3월	戊辰 무진	庚辰 경진	壬辰 임진	甲辰 갑진	丙辰 병진
4월	己巳 기사	辛巳 신사	癸巳 계사	乙巳 을사	丁巳 정사
5월	庚午 경오	壬午 임오	甲午 갑오	丙午 병오	戊午 무오
6월	辛未 신미	癸未 계미	乙未 을미	丁未 정미	己未 기미
7월	壬申 임신	甲申 갑신	丙申 병신	戊申 무신	庚申 경신
8월	癸酉 계유	乙酉 을유	丁酉 정유	己酉 기유	辛酉 신유
9월	甲戌 갑술	丙戌 병술	戊戌 무술	庚戌 경술	壬戌 임술
10월	乙亥 을해	丁亥 정해	己亥 기해	辛亥 신해	癸亥 계해
11월	丙子 병자	戊子 무자	庚子 경자	壬子 임자	甲子 갑자
12월	丁丑 정축	己丑 기축	辛丑 신축	癸丑 계축	乙丑 을축

☯ 【 표준시 참고사항 】

◉ 대한민국의 표준시 기준 변경 현황

경선 기준 표준시	적용 기간(期間)
동경 127도 30분	1908년 04/29일 18:30➡18:00으로 조정~1912년 01/01일 11시30분 까지
동경 135도 30분	1912년 01/01일 11:30➡12:00조정 조정~1954년 03/21일 00시 30분 까지
동경 127도 30분	1954년 03/21일 00:30➡00:00조정 조정~1961년 08/09일 00시 00분 까지
동경 135도 30분	1961년 08/10일 00:00➡00:30조정 조정~현재 까지 사용되고 있음

◉ 대한민국의 서머타임 기준 변경 현황(적용 시작과 종료)

해당년도	서머타임 시작	서머타임종료	기준
1948	05/31일 23시00분➡24시00분으로	09/12일 24시00분➡23시00분으로	동경 135도 00분
1949	04/02일 23시00분➡24시00분으로	09/10일 24시00분➡23시00분으로	동경 135도 00분
1950	03/31일 23시00분➡24시00분으로	09/09일 24시00분➡23시00분으로	동경 135도 00분
1951	05/06일 23시00분➡24시00분으로	09/08일 24시00분➡23시00분으로	동경 135도 00분
1955	05/05일 00시00분➡01시00분으로	09/09일 01시00분➡00시00분으로	동경 127도 30분
1956	05/20일 00시00분➡01시00분으로	09/30일 01시00분➡00시00분으로	동경 127도 30분
1957	05/05일 00시00분➡01시00분으로	09/22일 01시00분➡00시00분으로	동경 127도 30분
1958	05/04일 00시00분➡01시00분으로	09/21일 01시00분➡00시00분으로	동경 127도 30분
1959	05/03일 00시00분➡01시00분으로	09/20일 01시00분➡00시00분으로	동경 127도 30분
1960	05/01일 00시00분➡01시00분으로	09/18일 01시00분➡00시00분으로	동경 127도 30분
1987	05/10일 02시00분➡03시00분으로	10/11일 03시00분➡02시00분으로	동경 135도 00분
1988	05/08일 02시00분➡03시00분으로	10/09일 03시00분➡02시00분으로	동경 135도 00분

◉ 상기 서머타임 적용에 대한 번거로움을 없애기 위해 해당년도의 날짜를 확인하여 절입시간 까지 계산하여 수록, 시작과 종료되는 절기 및 시간까지 확인하여 수록되었기에 일일이 서머타임에 대한 착각의 염려는 안하셔도 됩니다. 수정을 하다 보니 절기가 바뀌는 경우도 나타나기도 합니다.

많은 분들이 간혹 하시는 실수는 없으리라 확신 합니다.

윤초는 1972부터 사용. 1/1,7/1 1초를 더하거나 빼서 적용. 개념은 윤년과 같으나 사용은 다름.

☯ 현재 표준시로 인하여 시간 차이가 30분씩 나는 점을 참고하시기 바랍니다.
이것은 시간지 조견표를 참조하시면 됩니다. 수정하여 올려 있습니다.

위치 / 기준	시(時柱)	일(日柱)	월(月柱)	년(年柱)
시간적 관계	앞(미래)		뒤(과거)	
위치적 관계	후(後)(뒤)		선(先)(앞)	
상하관계	후배, 부하	본인(本人)	윗사람, 선배	기관의장, 우두머리
가족관계	자손(子孫)	본인, 배우자	부모,형제	선조,조상
나이로 보는 관계	말년(末年)	중말년 (中末年)	중년(中年)	초년(初年)
사회관계	후대(後代)	가정(家政)	사회(社會)	국가(國家)
성장관계	실(實)	화(花)	묘(苗)	근(根)
수리관계	정(貞)	이(利)	형(亨)	원(元)
천체,우주	시간과 공간	지구	달	해

☯. 【 음(陰), 양(陽) 오행(五行)의 의미(意味) 】

구분(區分)　오행(五行)	천간(天干)	음양(陰陽)	구분(區分)	의미(意味), 질(質)
목(木)	갑(甲)	양(陽)	대림(大林)	동량지목(棟樑之木)
	을(乙)	음(陰)	초목(草木)	유목(幼木), 풀, 굽은 나무
화(火)	병(丙)	양(陽)	태양(太陽)	태양(太陽),빛, 열
	정(丁)	음(陰)	등촉(燈燭)	등, 모닥불,
토(土)	무(戊)	양(陽)	성원(城垣)	광야(廣野),태산(泰山)
	기(己)	음(陰)	전원(田園)	전(田),답(畓)
금(金)	경(庚)	양(陽)	검극(劍戟)	무쇠, 강철
	신(辛)	음(陰)	주옥(珠玉)	유약한 쇠, 철사, 핀
수(水)	임(壬)	양(陽)	강호(江湖)	바다, 큰 호수
	계(癸)	음(陰)	우로(雨露)	시냇물, 샘물

※ 대략적인 분류를 한 것이다. 자세한 것은 추후 내용을 가미하기로 합니다.

오행 구분	목(木)	화(火)	토(土)	금(金)	수(水)
	인정(仁情)	예의(禮儀)	신용 (信用)	의리(義理)	지혜 (知慧)
	강직(剛直)	조급(躁急)	후중 (厚重)	냉정(冷情)	원만 (圓滿)
	희(喜)	락(樂)	사(思)	로(怒)	애(愛)
	경사(慶事)	명랑(明朗)	한 대 (寒帶)	급속(急速)	포용 (包容)
	정도(正道)	달변(達辯)	허경 (虛驚)	숙살(肅殺)	비밀 (秘密)
	유덕(有德)	솔직(率直)	구사 (久事)	변혁(變革)	인내 (忍耐)
	경화(硬化)	분산(分散)	집결 (集結)	건실(健實)	응결 (凝結)
	곡직(曲直)	염상(炎上)	가색 (稼穡)	종혁(從革)	윤하 (潤下)

구분(區分) \ 오행(五行)	목(木)	화(火)	토(土)	금(金)	수(水)
	간(肝)	심장 (心腸)	비(脾)	폐(肺)	신장 (腎臟)
	담(膽)	소장 (小腸)	위(胃)	대장 (大腸)	방광 (膀胱)
	신경 (神經)	정신 (精神)	비육 (肥肉)	골격 (骨格)	신기 (腎氣)
	수족 (手足)	시력 視力)	복부 (腹部)	피부 (皮膚)	비뇨기 (泌尿器)
	모발(毛髮) 두(頭)	안(顔) 체온(體溫)	요(腰)	치아(齒牙) 기관지 (氣管支)	수분(水分) 당뇨(糖尿)
	풍(風)	열(熱)	습(濕)	조(燥)	한(寒)
	인후 (咽喉)	혈압 (血壓)	원(腕)	조혈 (造血)	산(疝)

♣ 감각적(感覺的)인 면으로 분류한 오행.

오행(五行) / 구분(區分)	목(木)	화(火)	토(土)	금(金)	수(水)
오각 (五覺)	촉(觸)	시(視)	미(味)	후(嗅)	청(聽)

♣ 오관(五官)으로 분류하여 보는 방법(方法).

오관(五官)이라 함은 귀, 눈, 코, 입, 눈 (이(耳), 목(目), 구(口), 비(鼻), 미(眉))의 총칭인데, 관상학(觀相學)에서 주로 많이 사용을 하는 단어이다.

오행 / 구분	목(木)	화(火)	토(土)	금(金)	수(水)
오관	목(目)	설(舌)	구(口)	비(鼻)	이(耳)

♣ 정(精))적인 면으로 보는 오행.

오행 / 구분	목(木)	화(火)	토(土)	금(金)	수(水)
정(精)	혼(魂)	신(神)	의(意)	귀(鬼)	정(精)

♣ 소리로 보는 오행 -------- 음(音)으로 보는 오행.

오행 / 구분	목(木)	화(火)	토(土)	금(金)	수(水)
소리	각(角)	치(緻)	궁(宮)	상(商)	우(羽)

♣ 성(聲)으로 보는 오행.

음(音)과 성(聲)은 다 같은 소리의 뜻을 내포하고 있다.

오행(五行) / 구분(區分)	목(木)	화(火)	토(土)	금(金)	수(水)
소리(聲)	호(呼)	언(言)	가(歌)	곡(哭)	신음 (呻吟)

♣ 냄새로 구분하는 오행.

모든 물체(物體)는 각각의 고유한 향(香)을 갖고 있다. 그리고 그것이 변화될 경우도 다른 독특한 향을 내기도 하지만 부패(腐敗)한 경우, 먼지, 기타 우리가 모르는 냄새와 향(香)도 많은 것이다. 그 각각을 분류하여보자.

오행(五行) 구분(區分)	목(木)	화(火)	토(土)	금(金)	수(水)
냄세	조(臊)	초(焦)	향(香)	성(腥)	부(腐)

♣ 생물체(生物體)로 보는 오행.

지구상에 존재하는 모든 생명체를 오행으로 분류하여 보는 것이다.

오행(五行) 구분(區分)	목(木)	화(火)	토(土)	금(金)	수(水)
생물체	초목 (草木)	우족 (羽族)	족복 (足腹)	곤충 (昆蟲)	어족 (魚族)

♣ 귀(鬼)로 구분하는 오행.

그야말로 귀신이야기다. 씨나락 까먹는 소리라고 할지도 모른다. 그러나 있는 것은 있는 것이다. 그다음은 본인의 결정여하에 달린 것이고

오행(五行) 구분(區分)	목(木)	화(火)	토(土)	금(金)	수(水)
귀(鬼)	나무	불	흙	금속	물

♣ 과일로 보는 오행

과일은 그 색(色)과 향(香)이 매우 그윽하다. 결실의 산물인 것이다. 제각각 그 특징과 의미를 살펴보도록 하자. 제사상(祭祀床)에는 항상 과일이 올라간다.

오행(五行) 구분(區分)	목(木)	화(火)	토(土)	금(金)	수(水)
과일	이(李); 오얏	행(杏); 살구	조(棗): 대추	도(挑): 복숭아	율(栗); 밤

♣ 비의 형태로 구분하는 오행.

일진(日辰)을 보아가며 비가 오더라도 어떤 형태로 올 것인가를 예측을 하는 것이다.

오행(五行) 구분(區分)	목(木)	화(火)	토(土)	금(金)	수(水)
비의 종류	뇌우 (雷雨)	폭우 (暴雨)	몽우 (蒙雨)	예우 (銳雨)	림우 (霖雨)

♣ 구름으로 비교하는 오행과 색(色).

각각의 일진(日辰)이 어느 오행에 해당이 되는 가를 확인 후에

오행(五行) 구분(區分)	목(木)	화(火)	토(土)	금(金)	수(水)
구름 색(色)	청운 (靑雲)	적운 (赤雲)	황운 (黃雲)	백운 (白雲)	흑운 (黑雲)

오행(五行) 구분(區分)	목(木)	화(火)	토(土)	금(金)	수(水)
자연 (自然)	동량 (棟樑)	로야 (爐冶)	안산 (岸山)	금철 (　金鐵)	해포 (海浦)
	지엽 (枝葉)	등촉 (燈燭)	전답 (田畓)	금은 (金銀)	천천 (川泉)
	목(木); 나무	화(花); 꽃	과도 (過度)	실과 (實果)	수장 (收藏)
	근(根)	전기 (電氣)	제방 (堤防)	동선 (銅線)	호수 (湖水)
	초(草)	광선 (光線)	사(砂)	부근 (斧斤)	설(雪)
	림(林)	전자파 (電子波)	암석 (岩石)	비금속 (非金屬)	빙(氷)
	좌(左)	상(上)	중앙 (中央)	우(右)	하(下)
	장(長)	역(逆) 상(上)	원(圓)	각(角)	미(美)

오행(五行) 구분(區分)	목(木)	화(火)	토(土)	금(金)	수(水)
직능 (職能) 업종 (業種)	교육 (敎育)	문화공보	농림,축산	국방(國防), 감사	외교 (外交)
	체신 (遞信)	동(動)자(資) 부	건설 (建設)	교통,항공	외무 (外務)
	임업 (林業)	상공,경제	통일부, 전매청	조선 (造船)	주류 (酒類)
	섬유 (纖維)	화공 (化工)	토건 (土建)	기계 (機械)	수산업
	제지 (製紙)	전기 (電氣)	부동산	제철 (製鐵)	양식 (養殖)
	가구 (家具)	유류 (油類)	토산품	광업 (鑛業)	상하수도
	예능(藝能), 연예(演藝)	항공(航空)분 야,원자력,	민속(民俗 분야, 토속	제련 (製鍊)업	치수(治水)사 업,수력
	농림 (農林)	화학 (化學)	골동품	양품 (洋品)	냉동업 (冷凍業)
	악기,음악	문화 (文化)	중재 (仲裁)	정비,관리	무역업
	원예 (園藝)	온난방, 열관리	중개업, 펀드	중장비	원양 (遠洋)업,유흥 업
	죽세공(竹細工)	소방(消防) 분야	토지구획정리	비철(非鐵) 금속	숙박업,온천, 호텔업
	목공예	컴퓨터	컨설팅	검경찰	해운,항만
	분식 (粉食)	인터넷	화랑,경매	군,국정원	양식업

☯ 【 地支藏干表 (지지장간표) 】

월(月) / 구분(區分)	1	2	3	4	5	6	7	8	9	10	11	12
지지	寅	卯	辰	巳	午	未	申	酉	戌	亥	子	丑
餘氣 여기 — 支	戊	甲	乙	戊	丙	丁	戊	庚	申	戊	壬	癸
餘氣 여기 — 日	7	10	9	7	10	9	7	10	9	7	10	9
仲氣 중기 — 支	丙		癸	庚	己	乙	壬		丁	壬		申
仲氣 중기 — 日	7		3	7	9	3	7		3	7		3
正氣 정기 — 支	甲	乙	戊	丙	丁	己	庚	申	戊	壬	癸	己
正氣 정기 — 日	16	20	18	16	11	18	16	20	18	16	20	18

♣ 지지에 장축(藏畜)하고 있는 천간을 논하는데 30일 가운데 기운이 나타나는 일수를 나타내는 것이다. 지지가 함축하고 있는 천간의 기운이 작용하는 기간을 나타내는 것으로 사주 통변에 있어서 매우 중요한 사항이다.

☯ 【 십이운성 도표(十二運星 圖表) 】

천간 / 12운성	갑(甲)	을(乙)	병(丙)	정(丁)	무(戊)	기(己)	경(庚)	신(辛)	임(壬)	계(癸)
포(胞)	신(申)	유(酉)	해(亥)	자(子)	해(亥)	자(子)	인(寅)	묘(卯)	사(巳)	오(午)
태(胎)	유(酉)	신(申)	자(子)	해(亥)	자(子)	해(亥)	묘(卯)	인(寅)	오(午)	사(巳)
양(陽)	술(戌)	미(未)	축(丑)	술(戌)	축(丑)	술(戌)	진(辰)	축(丑)	미(未)	진(辰)
생(生)	해(亥)	오(午)	인(寅)	유(酉)	인(寅)	유(酉)	사(巳)	자(子)	신(申)	묘(卯)
욕(浴)	자(子)	사(巳)	묘(卯)	신(申)	묘(卯)	신(申)	오(午)	해(亥)	유(酉)	인(寅)
대(帶)	축(丑)	진(辰)	진(辰)	미(未)	진(辰)	미(未)	미(未)	술(戌)	술(戌)	축(丑)
관(官)	인(寅)	묘(卯)	사(巳)	오(午)	사(巳)	오(午)	신(申)	유(酉)	해(亥)	자(子)
왕(旺)	묘(卯)	인(寅)	오(午)	사(巳)	오(午)	사(巳)	유(酉)	신(申)	자(子)	해(亥)
쇠(衰)	진(辰)	축(丑)	미(未)	진(辰)	미(未)	진(辰)	술(戌)	미(未)	축(丑)	술(戌)
병(病)	사(巳)	자(子)	신(申)	묘(卯)	신(申)	묘(卯)	해(亥)	오(午)	인(寅)	유(酉)
사(死)	오(午)	해(亥)	유(酉)	인(寅)	유(酉)	인(寅)	자(子)	사(巳)	묘(卯)	신(申)
묘(墓)	미(未)	술(戌)	술(戌)	축(丑)	술(戌)	축(丑)	축(丑)	진(辰)	진(辰)	미(未)

※왕궁(旺宮)을 기준, 순행(順行), 역행(逆行)을 행(行)한다.

◉ 기본적인 면으로의 분류

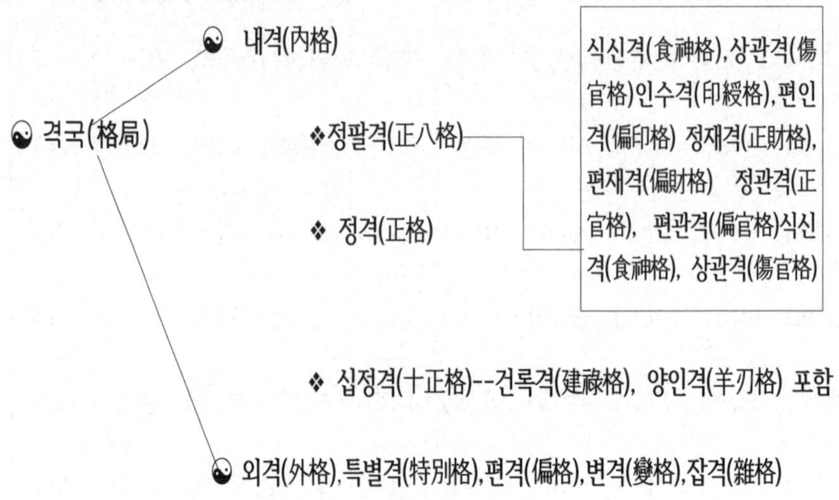

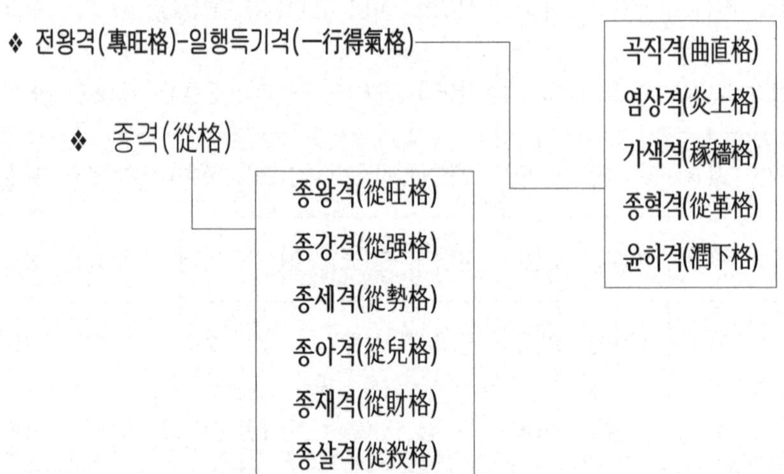

◉ 격국의 분류는 세부적인 면에서 약간씩 견해가 다를 수도 있으나 일반적인 분류법으로 나타낸 것이다.

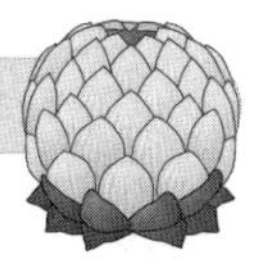

【 십이신살十二神殺 조견표 】

【십이신살十二神殺 조견표】

삼합(三合) 구분(신살)	사유축巳酉丑	해묘미亥卯未	신자진申子辰	인오술寅午戌
겁살 劫煞	인(寅)	신(申)	사(巳)	해(亥)
재살 災殺	묘(卯)	유(酉)	오(午)	자(子)
천살 天殺	진(辰)	술(戌)	미(未)	축(丑)
지살 地殺	사(巳)	해(亥)	신(辛)	인(寅)
년살 年殺	오(午)	자(子)	유(酉)	묘(卯)
월살 月殺	미(未)	축(丑)	술(戌)	진(辰)
망신 亡身	신(申)	인(寅)	해(亥)	사(巳)
장성 將星	유(酉)	묘(卯)	자(子)	오(午)
반안 攀鞍	술(戌)	진(辰)	축(丑)	미(未)
역마 驛馬	해(亥)	사(巳)	인(寅)	신(辛)
육해 六害	자(子)	오(午)	묘(卯)	유(酉)
화개 華蓋	축(丑)	미(未)	진(辰)	술(戌)

【 육십갑자(六十甲子) 공망표(空亡表) 】

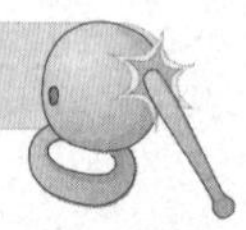

갑인 (甲寅)	갑진 (甲辰)	갑오 (甲午)	갑신 (甲申)	갑술 (甲戌)	갑자 (甲子)	육 십 갑 자 六 十 甲 子
을묘 (乙卯)	을사 (乙巳)	을미 (乙未)	을유 (乙酉)	을해 (乙亥)	을축 (乙丑)	
병진 (丙辰)	병오 (丙午)	병신 (丙申)	병술 (丙戌)	병자 (丙子)	병인 (丙寅)	
정사 (丁巳)	정미 (丁未)	정유 (丁酉)	정해 (丁亥)	정축 (丁丑)	정묘 (丁卯)	
무오 (戊午)	무신 (戊申)	무술 (戊戌)	무자 (戊子)	무인 (戊寅)	무진 (戊辰)	
기미 (己未)	기유 (己酉)	기해 (己亥)	기축 (己丑)	기묘 (己卯)	기사 (己巳)	
경신 (庚申)	경술 (庚戌)	경자 (庚子)	경인 (庚寅)	경진 (庚辰)	경오 (庚午)	
신유 (辛酉)	신해 (辛亥)	신축 (辛丑)	신묘 (辛卯)	신사 (辛巳)	신미 (辛未)	
임술 (壬戌)	임자 (壬子)	임인 (壬寅)	임진 (壬辰)	임오 (壬午)	임신 (壬申)	
계해 (癸亥)	계축 (癸丑)	계묘 (癸卯)	계사 (癸巳)	계미 (癸未)	계유 (癸酉)	
자축 (子丑)	인묘 (寅卯)	진사 (辰巳)	오미 (午未)	신유 (辛酉)	술해 (戌亥)	공망 (空亡)

갑자(甲子)순(旬)--술해(戌亥),　갑술(甲戌)순(旬)--신유(辛酉),　갑신(甲申)순(旬)--오미(午未),
갑오(甲午)순(旬)--진사(辰巳),　갑진(甲辰)순(旬)--인묘(寅卯),　　갑인(甲寅)순(旬)--자축(子丑)
이 각각 공망(空亡)에 해당이 된다.

【 십이신살十二神殺의 분석(分析) 】

✵ 【겁살(劫煞)】

◘ 일간(日干)을 기준으로 하여 볼 경우.(겁살표)

오행(五行)	목(木)		화(火)		토(土)		금(金)		수(水)	
십간(十干)	甲	乙	丙	丁	戊	己	庚	辛	壬	癸
절(絶)	申		亥		亥		寅		巳	
사(死)		亥		寅		寅		巳		申

◪ (양(陽)은 절(絶)이요, 음(陰)은 사(死)이다.)

지지	子	丑	寅	卯	辰	巳	午	未	申	酉	戌	亥
겁살	巳	寅	亥	申	巳	寅	亥	申	巳	寅	亥	申

◪ 지지(地支)와의 대조(對照)로 살펴보는 겁살과의 관계인 것이다.

✵ 【재살(災殺).】

◔ (양간(陽干)의 경우).─태궁(胎宮)에 해당하는 것이 재살(災殺)

천간 \ 지지	갑(甲)	병(丙)	무(戊)	경(庚)	임(壬)
자(子)	년살(年殺)	재살 (災殺)	재살 (災殺)	육해 (六害)	장생 (長生)
오(午)	육해 (六害)	장생 (長生)	장생 (長生)	년살 (年殺)	재살 (災殺)
묘(卯)	장생 (長生)	년살 (年殺)	년살(年殺)	재살 (災殺)	육해 (六害)
유(酉)	재살 (災殺)	육해 (六害)	육해 (六害)	장생 (長生)	년살 (年殺)

◪ 장성(將星)과, 재살(災殺)이 충(沖)하고, 년살(年殺)과, 육해(六害)가 충沖한다.

◔ (음간(陰干)의 경우).----병궁(病宮)에 해당.----양간의 역마(驛馬)

천간 \ 지지	을(乙)	정(丁)	기(己)	신(辛)	계(癸)
자(子)	역마(驛馬)	겁살(劫煞)	겁살(劫煞)	지살(地殺)	망신(亡身)
오(午)	지살(地殺)	망신(亡身)	망신(亡身)	역마(驛馬)	겁살(劫煞)
묘(卯)	망신(亡身)	역마(驛馬)	역마(驛馬)	겁살(劫煞)	지살(地殺)
유(酉)	겁살(劫煞)	지살(地殺)	지살(地殺)	망신(亡身)	역마(驛馬)

☯ 년지(年支), 일지(日支) 기준으로 볼 경우.

삼합(三合) 신살(殺)	사유축 (巳酉丑)	해묘미 (亥卯未)	신자진 (申子辰)	인오술 (寅午戌)
재살(災殺)	묘(卯)	유(酉)	오(午)	자(子)

☯ 일간(日干) 기준으로 볼 경우.

오행(五行) 구분(區分)	목(木)		화(火)		(土)		금(金)		수(水)	
십간(十干)	甲	乙	丙	丁	戊	己	庚	辛	壬	癸
태(胎)	酉		子		子		卯		午	
병(病)		子		卯		卯		午		酉

⬆ (양(陽)은 태궁(胎宮)이요, 음(陰)은 병궁(病宮)이다.)

✳ 지지(地支) 재살(災殺) 신살표(神殺表).

地支	子	丑	寅	卯	辰	巳	午	未	申	酉	戌	亥
災煞	午	卯	子	酉	午	卯	子	酉	午	卯	子	酉

⬆ 지지(地支)와의 대조로 살펴보는 재살(災殺)과의 관계다.

✺ 【천살(天殺)】

⬙ 년지(年支), 일지(日支)를 기준으로 하여 볼 경우.

삼합(三合) 신살 神殺	❶ 사유축 (巳酉丑)	❷ 해묘미 (亥卯未)	❸ 신자진 (申子辰)	❹ 인오술 (寅午戌)
천살(天殺)	진(辰)	술(戌)	미(未)	축(丑)

☯ 삼합(三合)의 첫 글자의 앞 자(字)가 천살(天殺)이다.

⬙ 일간(日干)을 기준으로 하여 보는 천살표(天殺表).

오행(五行) 십간(十干)		목(木)		화(火)		토(土)		금(金)		수(水)	
		甲	乙	丙	丁	戊	己	庚	辛	壬	癸
십이 운성	양(養)	戌		丑		丑		辰		未	
	쇠(衰)		丑		辰		辰		未		戌

⬆ (양간(陽干)은 양(養)이요, 음간(陰干)은 쇠(衰)이다.)

☯ . 양간(陽干)으로 보는 진술축미(辰戌丑未).

양간(陽干) \ 지지(地支)	갑(甲)	병(丙)	무(戊)	경(庚)	임(壬)
진(辰)	반안(攀鞍)	월살(月殺)	월살(月殺)	천살(天殺)	화개(華蓋)
술(戌)	천살(天殺)	화개(華蓋)	화개(華蓋)	반안(攀鞍)	월살(月殺)
축(丑)	월살(月殺)	천살(天殺)	천살(天殺)	화개(華蓋)	반안(攀鞍)
미(未)	화개(華蓋)	반안(攀鞍)	반안(攀鞍)	월살(月殺)	천살(天殺)

☯ . 음간(陰干)으로 보는 진술축미(辰戌丑未).

음간(陰干) \ 지지(地支)	을(乙)	정(丁)	기(己)	신(辛)	계(癸)
진(辰)	월살(月殺)	반안(攀鞍)	반안(攀鞍)	화개(華蓋)	천살(天殺)
술(戌)	화개(華蓋)	천살(天殺)	천살(天殺)	월살(月殺)	반안(攀鞍)
축(丑)	반안(攀鞍)	화개(華蓋)	화개(華蓋)	천살(天殺)	월살(月殺)
미(未)	천살(天殺)	월살(月殺)	월살(月殺)	반안(攀鞍)	화개(華蓋)

☀ 【지살(地殺).】

◪ 년지(年支), 일지(日支)를 기준으로 하여 볼 경우.

삼합(三合)	❶ 사유축 (巳酉丑)	❷ 해묘미 (亥卯未)	❸ 신자진 (申子辰)	❹ 인오술 (寅午戌)
지살(地殺)	사(巳)	해(亥)	신(申)	인(寅)

◪ 일간(日干)을 기준으로 하여 볼 경우의 지살(地殺).

오행(五行)	목(木)		화(火)		토(土)		금(金)		수(水)	
십간(十干)	甲	乙	丙	丁	戊	己	庚	辛	壬	癸
십이운성 생(生)	亥		寅		寅		巳		申	
왕(旺)		寅		巳		巳		申		亥

◪ (양간(陽干)은 생(生)이요, 음간(陰干)은 왕(旺)이다.)인신사해(寅申巳亥)가 해당 된다.

☯ (양간(陽干)의 경우.)

陽干 地支	갑(甲)	병(丙)	무(戊)	경(庚)	임(壬)
인(寅)	망신(亡身)	지살(地殺)	지살(地殺)	겁살(劫煞)	역마(驛馬)
신(申)	겁살(劫煞)	역마(驛馬)	역마(驛馬)	망신(亡身)	지살(地殺)
사(巳)	역마(驛馬)	망신(亡身)	망신(亡身)	지살(地殺)	겁살(劫煞)
해(亥)	지살(地殺)	겁살(劫煞)	겁살(劫煞)	역마(驛馬)	망신(亡身)

☯ (음간(陰干)의 경우).

陰干 地支	을(乙)	정(丁)	기(己)	신(辛)	계(癸)
인(寅)	장생(長生)	육해(六害)	육해(六害)	재살(災殺)	년살(年殺)
신(申)	재살(災殺)	년살(年殺)	년살(年殺)	장생(長生)	육해(六害)
사(巳)	년살(年殺)	장생(長生)	장생(長生)	육해(六害)	재살(災殺)
해(亥)	육해(六害)	재살(災殺)	재살(災殺)	년살(年殺)	장생(長生)

✹ 【년살(年殺).】

◘ 년지(年支), 일지(日支)를 기준으로 하여 볼 경우.

삼합(三合) 신살(殺)	❶ 사유축 (巳酉丑)	❷ 해묘미 (亥卯未)	❸ 신자진 (申子辰)	❹ 인오술 (寅午戌)
년살(年殺)	오(午)	자(子)	유(酉)	묘(卯)

◘ 일간(日干)을 기준으로 하여 볼 경우.

오행(五行)	목(木)		화(火)		토(土)		금(金)		수(水)	
십간(十干)	甲	乙	丙	丁	戊	己	庚	辛	壬	癸
십이 운성 · 목욕 沐浴	자(子)		묘(卯)		묘(卯)		오(午)		유(酉)	
건록 建祿		묘(卯)		오(午)		오(午)		유(酉)		자(子)

✹ (양간(陽干)은 목욕(沐浴)이요, 음간(陰干)은 건록(建祿)이다.) 자오묘유(子午卯酉)가 해당 된다.

☀ 【월살(月殺).---고초살(枯焦殺)】

◪ 년지(年支), 일지(日支)를 기준으로 하여 보는 월살(月殺).

삼합(三合) 신살(殺)	❶ 사유축 (巳酉丑)	❷ 해묘미 (亥卯未)	❸ 신자진 (申子辰)	❹ 인오술 (寅午戌)
월살(月殺)	미(未)	축(丑)	술(戌)	진(辰)

◪ 일간(日干)을 기준으로 하여 볼 경우.

오행(五行)	목(木)		화(火)		토(土)		금(金)		수(水)	
십간(十干)	甲	乙	丙	丁	戊	己	庚	辛	壬	癸
십이 운성	관대 冠帶	축 (丑)		진 (辰)		진 (辰)		미 (未)		술 (戌)	
	관대 冠帶		진 (辰)		미 (未)		미 (未)		술 (戌)		축 (丑)

☯ (월살(月殺)의 경우, 양간(陽干)은 관대(冠帶)요, 음간(陰干)도 관대(冠帶)이다.)
　진술축미(辰,戌,丑,未)가 해당 된다.

✹ 삼합(三合)의 끝 자는 화개(華蓋)다. 화개란 종교인데, 신앙(信仰)이다. 삶의 정신적(精神的) 종착역(終着驛)이다. 생(生)의 마지막 장식을 거부하면서, 억지를 부린다. 이승에서의 미련이 남아 있다. 음(陰)이 있으면 양(陽)이 있다. 정신적(精神的)인 면을 거부하니 육체적(肉體的)인 면으로 타격(打擊)을 입는다.
연평도에서 천안 함이 두 동강 나듯 육신(肉身)이 갈라진다.
매사 쪼개지고, 커가지 못한다. 중도에서 흐름이 절단 난다. 발전(發展)의 끝이다.

☻. 양간(陽干)으로 보는 진술축미(辰,戌,丑,未).

陽干 地支	갑(甲)	병(丙)	무(戊)	경(庚)	임(壬)
진(辰)	반안(攀鞍)	월살(月殺)	월살(月殺)	천살(天殺)	화개(華蓋)
술(戌)	천살(天殺)	화개(華蓋)	화개(華蓋)	반안(攀鞍)	월살(月殺)
축(丑)	월살(月殺)	천살(天殺)	천살(天殺)	화개(華蓋)	반안(攀鞍)
미(未)	화개(華蓋)	반안(攀鞍)	반안(攀鞍)	월살(月殺)	천살(天殺)

😊 . 음간(陰干)으로 보는 진술축미(辰,戌,丑,未).

陰干 地支	을(乙)	정(丁)	기(己)	신(辛)	계(癸)
진(辰)	월살(月殺)	반안(攀鞍)	반안(攀鞍)	화개(華蓋)	천살(天殺)
술(戌)	화개(華蓋)	천살(天殺)	천살(天殺)	월살(月殺)	반안(攀鞍)
축(丑)	반안(攀鞍)	화개(華蓋)	화개(華蓋)	천살(天殺)	월살(月殺)
미(未)	천살(天殺)	월살(月殺)	월살(月殺)	반안(攀鞍)	화개(華蓋)

☀ 【망신살(亡身殺).】

◘ 년지(年支), 일지(日支)를 기준으로 하여 보는 망신살(亡身殺).

삼합(三合)	❶ 사유축 (巳酉丑)	❷ 해묘미 (亥卯未)	❸ 신자진 (申子辰)	❹ 인오술 (寅午戌)
망신(亡神)	신(申)	인(寅)	해(亥)	사(巳)

⬆ 삼합(三合)화(化)한 오행과, 동일(同一)한 오행(五行)을 찾아본다.

◘ 일간(日干)을 기준으로 하여 볼 경우.

오행(五行)		목(木)		화(火)		토(土)		금(金)		수(水)	
십간 (十干)		甲	乙	丙	丁	戊	己	庚	辛	壬	癸
십이 운성	망신亡身	인 (寅)		사 (巳)		사 (巳)		신 (申)		해 (亥)	
	목욕沐浴		사 (巳)		신 (申)		신 (申)		해 (亥)		인 (寅)

⬆ 망신살(亡身殺)의 경우, 양간(陽干)은 망신(亡身), 음간(陰干)은 목욕(沐浴). 전체적으로 인신사해(寅申巳亥)가 해당이 된다.

☀ 【장성(將星).】

◘ 년지(年支), 일지(日支)를 기준으로 하여 보는 장성살(將星殺).

삼합(三合) 신살(殺)	❶ 사유축 (巳酉丑)	❷ 해묘미 (亥卯未)	❸ 신자진 (申子辰)	❹ 인오술 (寅午戌)
장성(將星)	유(酉)	묘(卯)	자(子)	오(午)

◘ 일간(日干)을 기준으로 하여 볼 경우.

오행(五行)	목(木)		화(火)		토(土)		금(金)		수(水)	
십간(十干)	甲	乙	丙	丁	戊	己	庚	辛	壬	癸
십이운성	제왕帝旺	묘(卯)		오(午)		오(午)		유(酉)		자(子)	
	장생長生		오(午)		유(酉)		유(酉)		자(子)		묘(卯)

⬆ (장성살(將星殺)의 경우, 양간(陽干)은 제왕(帝旺), 음간(陰干)은 장생(長生).) 전체적으로 자, 오, 묘, 유(子午卯酉)가 해당.

☀ 【반안(攀鞍).】

◘ 년지(年支), 일지(日支)를 기준으로 하여 보는 반안살(攀鞍殺).

삼합(三合) 신살(殺)	❶ 사유축 (巳酉丑)	❷ 해묘미 (亥卯未)	❸ 신자진 (申子辰)	❹ 인오술 (寅午戌)
반안	술(戌)	진(辰)	축(丑)	미(未)

신자진(申子辰) : 중간 재(子) 다음 축(丑)이 반안살(攀鞍殺).
해묘미(亥卯未) : 중간 묘(卯) 다음 진(辰)이 반안살(攀鞍殺).
인오술(寅午戌) : 중간 오(午) 다음 미(未)가 반안살(攀鞍殺).
사유축(巳酉丑) : 중간 유(酉) 다음 술(戌)이 반안살(攀鞍殺).

◘ 일간(日干)을 기준으로 하여 볼 경우의 반안살(攀鞍殺).

오행(五行)	목(木)		화(火)		토(土)		금(金)		(水)	
십간(十干)	甲	乙	丙	丁	戊	己	庚	辛	壬	癸
십이운성	쇠궁衰宮	진辰		미未		미未		술戌		축丑	
	양궁養宮		미未		술戌		술戌		축丑		진辰

⬆ (반안살(攀鞍殺)의 경우, 양간(陽干)은 쇠궁(衰宮), 음간(陰干)은 양궁(養宮).) 전체적으로 진, 술, 축, 미 (辰戌丑未)가 해당이 된다.

☀ 【역마살(驛馬殺).】

◐ 년지(年支), 일지(日支)를 기준으로 하여 보는 역마살(驛馬殺).

삼합(三合)	❶ 사유축 (巳酉丑)	❷ 해묘미 (亥卯未)	❸ 신자진 (申子辰)	❹ 인오술 (寅午戌)
역마(驛馬)	해(亥)	사(巳)	인(寅)	신(申)

☯ (역마살(驛馬殺)의 경우, 양간(陽干)은 병궁(病宮), 음간(陰干)은 태궁(胎宮).)
전체적으로 인신사해(寅申巳亥)가 해당 된다.

◐ 일간(日干)을 기준으로 하여 볼 경우의 역마살(驛馬殺).

오행(五行)		목(木)		화(火)		토(土)		금(金)		수(水)	
십간(十干)		甲	乙	丙	丁	戊	己	庚	辛	壬	癸
십이운성	병궁 病宮	사 巳		신 申		신 申		해 亥		인 寅	
	태궁 胎宮		신 申		해 亥		해 亥		인 寅		사 巳

☀ 【육해살(六害殺).】

지지(地支) 육합(六合), 육해(六害) 연결도(連結圖).

신(申)	미(未)	오(午)	사(巳)
❸사(巳)◉⑤	❷오(午)◉⑥	⑥◉미(未)❶	⑤◉신(申)❺
유(酉)			진(辰)
❹진(辰)◉④			④◉유(酉)❻
술(戌)			묘(卯)
❹묘(卯)◉③			③◉술(戌)❻
❸인(寅)◉②	❷축(丑)◉①	①◉자(子)❶	②◉해(亥)❺
해(亥)	자(子)	축(丑)	인(寅)

✪육합(六合)은 천지인(天地人) 합이요, 계절(季節)의 합(合)이다. 내합(內合)이요, 외합(外合)이다. 각 숫자대로 연결하면 내항(內項), 외항(外項)의 연결임을 알 것이다. 육해(六害)의 경우는 상하(上下)로 하여 숫자를 연결한다.

◆ 년지(年支), 일지(日支)를 기준으로 하여 보는 육해살(六害殺).

삼합(三合) / 신살(殺)	❶ 사유축 (巳酉丑)	❷ 해묘미 (亥卯未)	❸ 신자진 (申子辰)	❹ 인오술 (寅午戌)
육해(六害)	자(子)	오(午)	묘(卯)	유(酉)

◆ 일간(日干)을 기준으로 하여 볼 경우의 육해살(六害殺).

오행(五行)	목(木)		화(火)		토(土)		금(金)		수(水)	
십간(十干)	甲	乙	丙	丁	戊	己	庚	辛	壬	癸
십이운성 / 사궁 死宮	오午		유酉		유酉		자子		묘卯	
십이운성 / 절궁 絶宮		유酉	자子		자子		묘卯		오午	

◆ (육해살(六害殺)의 경우, 양간(陽干)은 사궁(死宮), 음간(陰干)은 절궁(絶宮).) 전체적으로 자오묘유(子午卯酉)가 해당 된다.

✸ 【화개살(華蓋殺)】

◆ 년지(年支), 일지(日支)를 기준으로 하여 보는 화개살(華蓋殺).

삼합(三合)	❶ 사유축 (巳酉丑)	❷ 해묘미 (亥卯未)	❸ 신자진 (申子辰)	❹ 인오술 (寅午戌)
화개(華蓋)	축(丑)	미(未)	진(辰)	술(戌)

◆ 일간(日干)을 기준으로 하여 볼 경우의 화개살(華蓋殺).

오행(五行)	목(木)		화(火)		토(土)		금(金)		수(水)	
십간(十干)	甲	乙	丙	丁	戊	己	庚	辛	壬	癸
십이운성 / 묘궁 墓宮	미未		술戌		술戌		축丑		진辰	
십이운성 / 묘궁 墓宮		술戌	축丑		축丑		진辰		미未	

◆ (화개살(華蓋殺)의 경우, 양간(陽干), 음간(陰干) 모두 묘궁(墓宮)에 해당한다.) 전체적으로 진술축미(辰,戌,丑,未)가 해당 된다.

☀ **【양인살(羊刃殺)】**

❑. 천간(天干)과 지지(地支)의 양인(羊刃)관계.

천간	갑(甲)	을(乙)	병(丙)	정(丁)	무(戊)	기(己)	경(庚)	신(辛)	임(壬)	계(癸)
양인	묘(卯)	진(辰)	오(午)	미(未)	오(午)	미(未)	유(酉)	술(戌)	자(子)	축(丑)

✪ 화(火),토(土)는 동격(同格)으로 한다.

☀ **【공망살(空亡殺).】**

❑.절로공망(截路空亡)의 구성

일간(日干)	갑기(甲己)	을경(乙庚)	병신(丙辛)	정임(丁壬)	무계(戊癸)
시지(時支)	신유(申酉)	오미(午未)	진사(辰巳)	인묘(寅卯)	자축(子丑)

【 시간(時間) 구성(九星)조견표(早見表) 】

循類 일(日)	中 子午卯酉	循 辰戌丑未	陽 寅申巳亥	中 子午卯酉	循 辰戌丑未	陽 寅申巳亥
자시(子時)	1	4	7	9	6	3
축시(丑時)	2	5	8	8	5	2
인시(寅時)	3	6	9	7	4	1
묘시(卯時)	4	7	1	6	3	9
진시(辰時)	5	8	2	5	2	8
사시(巳時)	6	9	3	4	1	7
오시(午時)	7	1	4	3	9	6
미시(未時)	8	2	5	2	8	5
신시(申時)	9	3	6	1	7	4
유시(酉時)	1	4	7	9	6	3
술시(戌時)	2	5	8	8	5	2
해시(亥時)	3	6	9	7	4	1

◉ 순행, 역행을 참조바랍니다.

【 월(月)별 구성(구星)조견표(早見表)】

절기(節氣) 지지(地支)	입춘 1월	경칩 2월	청명 3월	입하 4월	망종 5월	소서 6월	입추 7월	백로 8월	한로 9월	입동 10월	대설 11월	소설 12월
자오묘유	팔백	칠적	육백	오황	사록	삼벽	이흑	일백	구자	팔백	칠적	육백
진술축미	오황	사록	삼벽	이흑	일백	구자	팔백	칠적	육백	오황	사록	삼벽
인신사해	이흑	일백	구자	팔백	칠적	육백	오황	사록	삼벽	이흑	일백	구자

【 삼원갑자 년(年)별 구성(九星)조견표(早見表) 】

삼원갑자 (三元甲子) 해당년도							상원갑자 1864-1923	중원갑자 1924-1983	하원갑자 1984-2043
갑자	계유	임오	신묘	경子	기유	무오	1백	4록	7적
을축	갑술	계미	임진	신축	경술	기미	9자	3벽	6백
병인	을해	갑신	계사	임인	신해	경신	8백	2흑	5황
정묘	병자	을유	갑오	계묘	임자	신유	7적	1백	4록
무진	정축	병술	을미	갑진	계축	임술	6백	9자	3벽
기사	무인	정해	병신	을사	갑인	계해	5황	8백	2흑
경오	기묘	무자	정유	병오	을묘		4록	7적	1백
신미	경진	기축	무술	정미	병진		3벽	6백	9자
임신	신사	경인	기해	무신	정사		2흑	5황	8백

❶

| 을 갑 계 임 신 경 기 |
| 축 술 미 진 축 술 미 |

5황(黃)	1백(白)	3벽(碧)
4록(綠)	6백(白)	8백(白)
9자(紫)	2흑(黑)	7적(赤)

❷

| 정 병 을 갑 계 임 신 |
| 묘 자 유 오 묘 자 유 |

3벽(碧)	8백(白)	1백(白)
2흑(黑)	4록(綠)	6백(白)
7적(赤)	9자(紫)	5황(黃)

❶ 2021년 신축(辛丑)년을 기준하여 작성할 때 하원(下元)갑자(甲子)에 해당하므로 (❶)의 경우에 해당하므로 **6백(白)**을 중앙의 자리에 위치하도록 한다.

❷ 2014년 갑오(甲午)년을 기준하여 작성할 때 하원(下元)갑자(甲子)에 해당하므로 (❷)의 경우에 해당하므로 **4록(綠)**을 중앙의 자리에 위치하도록 한다.

한글파워 만세력 ❷

1921년-2150년

(매년 <u>양력신년1월</u> / <u>음력전년12월</u> 부터 시작.)

대장군(午남방). 삼살(동방), 상문(亥서북방), 조객(未서남방), 납음(석류목), 【삼재(해,자,축)년】 臘享(납향):1922년1월15일(음12/18)

양력 1월 — 소한 6일 05시 34분 【음12월】➡ 【己丑月(기축월)】 ☯구자성 · 대한 20일 22시 55분
(음력 11/23 ─ 12/23)

	1	2	3	4	5	6	7	8	9	10	11	12	13	14	15	16	17	18	19	20	21	22	23	24	25	26	27	28	29	30	31
요일	토	일	월	화	수	목	금	토	일	월	화	수	목	금	토	일	월	화	수	목	금	토	일	월	화	수	목	금	토	일	월
일진(천간)	갑	을	병	정	무	기	경	신	임	계	갑	을	병	정	무	기	경	신	임	계	갑	을	병	정	무	기	경	신	임	계	갑
日辰(지지)	자	축	인	묘	진	사	오	미	신	유	술	해	자	축	인	묘	진	사	오	미	신	유	술	해	자	축	인	묘	진	사	오
음력	23	24	25	26	27	28	29	30	12/1	2	3	4	5	6	7	8	9	10	11	12	13	14	15	16	17	18	19	20	21	22	23
구성	1	2	3	4	5	6	7	8	9	1	2	3	4	5	6	7	8	9	1	2	3	4	5	6	7	8	9	1	2	3	4
대운(남)	2	1	1	1	1	소	9	9	9	8	8	8	7	7	7	6	6	6	5	대	5	4	4	4	3	3	3	2	2	2	1
운(여)	8	9	9	9	10	한	1	1	1	1	2	2	2	3	3	3	4	4	4	한	5	5	6	6	6	7	7	7	8	8	8

양력 2월 — 입춘 4일 17시 20분 【음1월】➡ 【庚寅月(경인월)】 ☯팔백성 · 우수 19일 13시 20분
(음력 12/24 ─ 01/21)

	1	2	3	4	5	6	7	8	9	10	11	12	13	14	15	16	17	18	19	20	21	22	23	24	25	26	27	28
요일	화	수	목	금	토	일	월	화	수	목	금	토	일	월	화	수	목	금	토	일	월	화	수	목	금	토	일	월
일진(천간)	을	병	정	무	기	경	신	임	계	갑	을	병	정	무	기	경	신	임	계	갑	을	병	정	무	기	경	신	임
日辰(지지)	미	신	유	술	해	자	축	인	묘	진	사	오	미	신	유	술	해	자	축	인	묘	진	사	오	미	신	유	술
음력	24	25	26	27	28	29	30	1/1	2	3	4	5	6	7	8	9	10	11	12	13	14	15	16	17	18	19	20	21
구성	5	6	7	8	9	1	2	3	4	5	6	7	8	9	1	2	3	4	5	6	7	8	9	1	2	3	4	5
대운(남)	1	1	1	입	1	1	1	1	2	2	2	3	3	3	4	4	4	5	우	5	6	6	6	7	7	7	8	8
운(여)	9	9	9	춘	10	9	9	9	8	8	8	7	7	7	6	6	6	5	수	5	4	4	4	3	3	3	2	2

양력 3월 — 경칩 6일 11시 45분 【음2월】➡ 【辛卯月(신묘월)】 ☯칠적성 · 춘분 21일 12시 51분
(음력 01/22 ─ 02/22)

	1	2	3	4	5	6	7	8	9	10	11	12	13	14	15	16	17	18	19	20	21	22	23	24	25	26	27	28	29	30	31
요일	화	수	목	금	토	일	월	화	수	목	금	토	일	월	화	수	목	금	토	일	월	화	수	목	금	토	일	월	화	수	목
일진(천간)	계	갑	을	병	정	무	기	경	신	임	계	갑	을	병	정	무	기	경	신	임	계	갑	을	병	정	무	기	경	신	임	계
日辰(지지)	해	자	축	인	묘	진	사	오	미	신	유	술	해	자	축	인	묘	진	사	오	미	신	유	술	해	자	축	인	묘	진	사
음력	22	23	24	25	26	27	28	29	30	2/1	2	3	4	5	6	7	8	9	10	11	12	13	14	15	16	17	18	19	20	21	22
구성	6	7	8	9	1	2	3	4	5	6	7	8	9	1	2	3	4	5	6	7	8	9	1	2	3	4	5	6	7	8	9
대운(남)	8	9	9	9	10	경	1	1	1	1	2	2	2	3	3	3	4	4	4	5	춘	5	6	6	6	7	7	7	8	8	8
운(여)	2	1	1	1	1	첩	10	9	9	9	8	8	8	7	7	7	6	6	6	5	분	5	4	4	4	3	3	3	2	2	2

양력 4월 — 청명 5일 17시 09분 【음3월】➡ 【壬辰月(임진월)】 ☯육백성 · 곡우 21일 00시 32분
(음력 02/23 ─ 03/23)

	1	2	3	4	5	6	7	8	9	10	11	12	13	14	15	16	17	18	19	20	21	22	23	24	25	26	27	28	29	30
요일	금	토	일	월	화	수	목	금	토	일	월	화	수	목	금	토	일	월	화	수	목	금	토	일	월	화	수	목	금	토
일진(천간)	갑	을	병	정	무	기	경	신	임	계	갑	을	병	정	무	기	경	신	임	계	갑	을	병	정	무	기	경	신	임	계
日辰(지지)	오	미	신	유	술	해	자	축	인	묘	진	사	오	미	신	유	술	해	자	축	인	묘	진	사	오	미	신	유	술	해
음력	23	24	25	26	27	28	29	3/1	2	3	4	5	6	7	8	9	10	11	12	13	14	15	16	17	18	19	20	21	22	23
구성	1	2	3	4	5	6	7	8	9	1	2	3	4	5	6	7	8	9	1	2	3	4	5	6	7	8	9	1	2	3
대운(남)	9	9	9	10	청	1	1	1	1	2	2	2	3	3	3	4	4	4	5	5	곡	6	6	6	7	7	7	8	8	8
운(여)	1	1	1	1	명	10	10	9	9	9	8	8	8	7	7	7	6	6	6	5	우	5	4	4	4	3	3	3	2	2

양력 5월 — 입하 6일 11시 04분 【음4월】➡ 【癸巳月(계사월)】 ☯오황성 · 소만 22일 00시 17분
(음력 03/24 ─ 04/24)

	1	2	3	4	5	6	7	8	9	10	11	12	13	14	15	16	17	18	19	20	21	22	23	24	25	26	27	28	29	30	31
요일	일	월	화	수	목	금	토	일	월	화	수	목	금	토	일	월	화	수	목	금	토	일	월	화	수	목	금	토	일	월	화
일진(천간)	갑	을	병	정	무	기	경	신	임	계	갑	을	병	정	무	기	경	신	임	계	갑	을	병	정	무	기	경	신	임	계	갑
日辰(지지)	자	축	인	묘	진	사	오	미	신	유	술	해	자	축	인	묘	진	사	오	미	신	유	술	해	자	축	인	묘	진	사	오
음력	24	25	26	27	28	29	30	4/1	2	3	4	5	6	7	8	9	10	11	12	13	14	15	16	17	18	19	20	21	22	23	24
구성	4	5	6	7	8	9	1	2	3	4	5	6	7	8	9	1	2	3	4	5	6	7	8	9	1	2	3	4	5	6	7
대운(남)	9	9	9	10	10	입	1	1	1	1	2	2	2	3	3	3	4	4	4	5	5	소	6	6	6	7	7	7	8	8	8
운(여)	2	1	1	1	1	하	10	10	9	9	9	8	8	8	7	7	7	6	6	6	5	만	5	4	4	4	3	3	3	2	2

양력 6월 — 망종 6일 15시 42분 【음5월】➡ 【甲午月(갑오월)】 ☯사록성 · 하지 22일 08시 36분
(음력 04/25 ─ 05/25)

	1	2	3	4	5	6	7	8	9	10	11	12	13	14	15	16	17	18	19	20	21	22	23	24	25	26	27	28	29	30
요일	수	목	금	토	일	월	화	수	목	금	토	일	월	화	수	목	금	토	일	월	화	수	목	금	토	일	월	화	수	목
일진(천간)	을	병	정	무	기	경	신	임	계	갑	을	병	정	무	기	경	신	임	계	갑	을	병	정	무	기	경	신	임	계	갑
日辰(지지)	미	신	유	술	해	자	축	인	묘	진	사	오	미	신	유	술	해	자	축	인	묘	진	사	오	미	신	유	술	해	자
음력	25	26	27	28	29	5/1	2	3	4	5	6	7	8	9	10	11	12	13	14	15	16	17	18	19	20	21	22	23	24	25
구성	8	9	1	2	3	4	5	6	7	8	9	1	2	3	4	5	6	7	8	9	1	2	3	4	5	6	7	8	9	9
대운(남)	9	9	9	10	10	망	1	1	1	1	2	2	2	3	3	3	4	4	4	5	5	하	6	6	6	7	7	7	8	8
운(여)	2	1	1	1	1	종	10	10	10	9	9	9	8	8	8	7	7	7	6	6	6	지	5	5	4	4	4	3	3	3

신유년

5월 1일 - 연합국 배상위원회, 독일의 제1차 세계 대전 배상금을 1320억 금마르크로 결정하다. 7월 11일 - 몽골이 중화민국으로부터 독립하다. 8월 24일 - 미국과 오스트리아 강화조약 체결.

한식(4월06일), 초복(7월16일), 중복(7월26일), 말복(8월15일) 춘사(春社)3/26 추사(秋社)9/22
토왕지절(土旺之節):4월17일,7월20일,10월21일,1월18일(신년양력),臘享(납향):1월20일(신년양력)

十日得辛, 三龍治水, 1921년 신유년(석류목), 칠적금

우측: 1921

양력 7월 — 소서 8일 02시 07분 【음6월】→ 【乙未月(을미월)】 ◑삼벽성 대서 23일 19시 30분 (음력 05/26~06/27)

양력	1	2	3	4	5	6	7	8	9	10	11	12	13	14	15	16	17	18	19	20	21	22	23	24	25	26	27	28	29	30	31
요일	금	토	일	월	화	수	목	금	토	일	월	화	수	목	금	토	일	월	화	수	목	금	토	일	월	화	수	목	금	토	일
일진	을축	병인	정묘	무진	기사	경오	신미	임신	계유	갑술	을해	병자	정축	무인	기묘	경진	신사	임오	계미	갑신	을유	병술	정해	무자	기축	경인	신묘	임진	계사	갑오	을미
음력	26	27	28	29	6/1	2	3	4	5	6	7	8	9	10	11	12	13	14	15	16	17	18	19	20	21	22	23	24	25	26	27
구성	8	7	6	5	4	3	2	1	9	8	7	6	5	4	3	2	1	9	8	7	6	5	4	3	2	1	9	8	7	6	5
대남	8	9	9	9	10	10	10	소서	1	1	1	1	2	2	2	3	3	3	4	4	4	5	대서	5	6	6	6	7	7	7	8
운여	2	2	2	1	1	1	1	소서	10	10	9	9	9	8	8	8	7	7	7	6	6	6	대서	5	5	4	4	4	4	3	3

양력 8월 — 입추 8일 11시 44분 【음7월】→ 【丙申月(병신월)】 ◐이흑성 처서 24일 02시 15분 (음력 06/28~07/28)

양력	1	2	3	4	5	6	7	8	9	10	11	12	13	14	15	16	17	18	19	20	21	22	23	24	25	26	27	28	29	30	31
요일	월	화	수	목	금	토	일	월	화	수	목	금	토	일	월	화	수	목	금	토	일	월	화	수	목	금	토	일	월	화	수
일진	병신	정유	무술	기해	경자	신축	임인	계묘	갑진	을사	병오	정미	무신	기유	경술	신해	임자	계축	갑인	을묘	병진	정사	무오	기미	경신	신유	임술	계해	갑자	을축	병인
음력	28	29	30	7/1	2	3	4	5	6	7	8	9	10	11	12	13	14	15	16	17	18	19	20	21	22	23	24	25	26	27	28
구성	4	3	2	1	9	8	7	6	5	4	3	2	1	9	8	7	6	5	4	3	2	1	9	8	7	6	5	4	3	2	1
대남	8	8	9	9	9	10	10	입추	1	1	1	2	2	2	3	3	3	4	4	4	5	5	5	처서	6	6	6	7	7	7	8
운여	2	2	2	1	1	1	1	입추	10	10	9	9	9	8	8	8	7	7	7	6	6	6	5	처서	5	5	4	4	4	3	3

양력 9월 — 백로 8일 14시 10분 【음8월】→ 【丁酉月(정유월)】 ◑일백성 추분 23일 23시 20분 (음력 07/29~08/29)

양력	1	2	3	4	5	6	7	8	9	10	11	12	13	14	15	16	17	18	19	20	21	22	23	24	25	26	27	28	29	30
요일	목	금	토	일	월	화	수	목	금	토	일	월	화	수	목	금	토	일	월	화	수	목	금	토	일	월	화	수	목	금
일진	정묘	무진	기사	경오	신미	임신	계유	갑술	을해	병자	정축	무인	기묘	경진	신사	임오	계미	갑신	을유	병술	정해	무자	기축	경인	신묘	임진	계사	갑오	을미	병신
음력	29	8/1	2	3	4	5	6	7	8	9	10	11	12	13	14	15	16	17	18	19	20	21	22	23	24	25	26	27	28	29
구성	9	8	7	6	5	4	3	2	1	9	8	7	6	5	4	3	2	1	9	8	7	6	5	4	3	2	1	9	8	7
대남	8	8	9	9	9	10	10	백로	1	1	1	2	2	2	3	3	3	4	4	4	5	5	추분	5	6	6	6	7	7	7
운여	2	2	2	1	1	1	1	백로	10	10	9	9	9	8	8	8	7	7	7	6	6	6	추분	5	5	4	4	4	3	3

양력 10월 — 한로 9일 05시 11분 【음9월】→ 【戊戌月(무술월)】 ◑구자성 상강 24일 08시 02분 (음력 09/01~10/01)

양력	1	2	3	4	5	6	7	8	9	10	11	12	13	14	15	16	17	18	19	20	21	22	23	24	25	26	27	28	29	30	31
요일	토	일	월	화	수	목	금	토	일	월	화	수	목	금	토	일	월	화	수	목	금	토	일	월	화	수	목	금	토	일	월
일진	정유	무술	기해	경자	신축	임인	계묘	갑진	을사	병오	정미	무신	기유	경술	신해	임자	계축	갑인	을묘	병진	정사	무오	기미	경신	신유	임술	계해	갑자	을축	병인	정묘
음력	9/1	2	3	4	5	6	7	8	9	10	11	12	13	14	15	16	17	18	19	20	21	22	23	24	25	26	27	28	29	30	10/1
구성	6	5	4	3	2	1	9	8	7	6	5	4	3	2	1	9	8	7	6	5	4	3	2	1	9	8	7	6	5	4	3
대남	8	8	8	9	9	9	10	10	한로	1	1	1	2	2	2	3	3	3	4	4	4	5	5	상강	5	6	6	6	7	7	7
운여	3	2	2	2	1	1	1	1	한로	10	10	9	9	9	8	8	8	7	7	7	6	6	6	상강	5	5	4	4	4	3	3

양력 11월 — 입동 8일 07시 46분 【음10월】→ 【己亥月(기해월)】 ◑팔백성 소설 23일 05시 05분 (음력 10/02~11/02)

양력	1	2	3	4	5	6	7	8	9	10	11	12	13	14	15	16	17	18	19	20	21	22	23	24	25	26	27	28	29	30
요일	화	수	목	금	토	일	월	화	수	목	금	토	일	월	화	수	목	금	토	일	월	화	수	목	금	토	일	월	화	수
일진	무진	기사	경오	신미	임신	계유	갑술	을해	병자	정축	무인	기묘	경진	신사	임오	계미	갑신	을유	병술	정해	무자	기축	경인	신묘	임진	계사	갑오	을미	병신	정유
음력	2	3	4	5	6	7	8	9	10	11	12	13	14	15	16	17	18	19	20	21	22	23	24	25	26	27	28	29	11/1	2
구성	2	1	9	8	7	6	5	4	3	2	1	9	8	7	6	5	4	3	2	1	9	8	7	6	5	4	3	2	1	9
대남	8	8	8	9	9	9	10	입동	1	1	1	2	2	2	3	3	3	4	4	4	5	5	소설	5	6	6	6	7	7	7
운여	2	2	2	1	1	1	1	입동	10	10	9	9	9	8	8	8	7	7	7	6	6	6	소설	5	5	4	4	4	3	3

양력 12월 — 대설 8일 00시 12분 【음11월】→ 【庚子月(경자월)】 ◑칠적성 동지 22일 18시 07분 (음력 11/03~12/03)

양력	1	2	3	4	5	6	7	8	9	10	11	12	13	14	15	16	17	18	19	20	21	22	23	24	25	26	27	28	29	30	31
요일	목	금	토	일	월	화	수	목	금	토	일	월	화	수	목	금	토	일	월	화	수	목	금	토	일	월	화	수	목	금	토
일진	무술	기해	경자	신축	임인	계묘	갑진	을사	병오	정미	무신	기유	경술	신해	임자	계축	갑인	을묘	병진	정사	무오	기미	경신	신유	임술	계해	갑자	을축	병인	정묘	무진
음력	3	4	5	6	7	8	9	10	11	12	13	14	15	16	17	18	19	20	21	22	23	24	25	26	27	28	29	30	12/1	2	3
구성	8	7	6	5	4	3	2	1	9	8	7	6	5	4	3	2	1	9	8	7	6	5	4	3	2	1	9	8	7	6	5
대남	8	8	8	9	9	9	10	대설	1	1	1	2	2	2	3	3	3	4	4	4	5	동지	5	6	6	6	7	7	7	8	8
운여	2	2	2	1	1	1	1	대설	10	10	9	9	9	8	8	8	7	7	7	6	6	동지	5	5	4	4	4	3	3	3	3

9월 26일 - 일제 강점기: 부산 부두 노동자 5천여 명, 임금인상 요구하며 총파업. 10월 2일 - 1921년 남미 축구 선수권 대회 개최 11월 4일 - 나치 돌격대가 창설되다. 중국 공산당이 창당되다.

단기 4255 年 / 불기 2466 年	1922년 윤5월	上元-임술(壬戌)년, 납음(대해수),본명성(육백금)

대장군(午남방), 삼살(북방), 상문(子북방),조객(申서남방), 납음(대해수),【삼재(신유술)년】臘享(납향):1923년1월22일(음12/06)

임 술 년

소한 06일 11시 17분 【음12월】 ➡ 【辛丑月(신축월)】 ☯육백성 대한 21일 04시 48분

양력 1월 (음력 12/04 ~ 01/04)

	1	2	3	4	5	6	7	8	9	10	11	12	13	14	15	16	17	18	19	20	21	22	23	24	25	26	27	28	29	30	31
요일	일	월	화	수	목	금	토	일	월	화	수	목	금	토	일	월	화	수	목	금	토	일	월	화	수	목	금	토	일	월	화
日辰	기사	경오	신미	임신	계유	갑술	을해	병자	정축	무인	기묘	경진	신사	임오	계미	갑신	을유	병술	정해	무자	기축	경인	신묘	임진	계사	갑오	을미	병신	정유	무술	기해
음력	4	5	6	7	8	9	10	11	12	13	14	15	16	17	18	19	20	21	22	23	24	25	26	27	28	29	30	1/1	2	3	4
구성	6	7	8	9	1	2	3	4	5	6	7	8	9	1	2	3	4	5	6	7	8	9	1	2	3	4	5	6	7	8	9
대남	8	8	9	9	9	소	1	1	1	1	2	2	2	3	3	3	4	4	4	5	대	5	6	6	6	7	7	7	8	8	8
운여	2	1	1	1	1	한	9	9	9	8	8	8	7	7	7	6	6	6	5	5	한	4	4	4	3	3	3	2	2	2	1

입춘 4일 23시 06분 【음1월】 ➡ 【壬寅月(임인월)】 ☯오황성 우수 19일 19시 16분

양력 2월 (음력 01/05 ~ 02/02)

	1	2	3	4	5	6	7	8	9	10	11	12	13	14	15	16	17	18	19	20	21	22	23	24	25	26	27	28
요일	수	목	금	토	일	월	화	수	목	금	토	일	월	화	수	목	금	토	일	월	화	수	목	금	토	일	월	화
日辰	경자	신축	임인	계묘	갑진	을사	병오	정미	무신	기유	경술	신해	임자	계축	갑인	을묘	병진	정사	무오	기미	경신	신유	임술	계해	갑자	을축	병인	정묘
음력	5	6	7	8	9	10	11	12	13	14	15	16	17	18	19	20	21	22	23	24	25	26	27	28	29	30	2/1	2
구성	1	2	3	4	5	6	7	8	9	1	2	3	4	5	6	7	8	9	1	2	3	4	5	6	7	8	9	1
대남	9	9	9	입	10	9	9	9	8	8	8	7	7	7	6	6	6	5	우	5	4	4	4	3	3	3	2	2
운여	1	1	1	춘	1	1	1	1	2	2	2	3	3	3	4	4	4	5	수	5	6	6	6	7	7	7	8	8

경칩 6일 17시 34분 【음2월】 ➡ 【癸卯月(계묘월)】 ☯사록성 춘분 21일 18시 49분

양력 3월 (음력 02/03 ~ 03/04)

	1	2	3	4	5	6	7	8	9	10	11	12	13	14	15	16	17	18	19	20	21	22	23	24	25	26	27	28	29	30	31
요일	수	목	금	토	일	월	화	수	목	금	토	일	월	화	수	목	금	토	일	월	화	수	목	금	토	일	월	화	수	목	금
日辰	무진	기사	경오	신미	임신	계유	갑술	을해	병자	정축	무인	기묘	경진	신사	임오	계미	갑신	을유	병술	정해	무자	기축	경인	신묘	임진	계사	갑오	을미	병신	정유	무술
음력	3	4	5	6	7	8	9	10	11	12	13	14	15	16	17	18	19	20	21	22	23	24	25	26	27	28	29	3/1	2	3	4
구성	2	3	4	5	6	7	8	9	1	2	3	4	5	6	7	8	9	1	2	3	4	5	6	7	8	9	1	2	3	4	5
대남	2	1	1	1	1	경	10	9	9	9	8	8	8	7	7	7	6	6	6	5	춘	5	4	4	4	3	3	3	2	2	2
운여	8	9	9	9	10	칩	1	1	1	1	2	2	2	3	3	3	4	4	4	5	분	5	6	6	6	7	7	7	8	8	8

청명 5일 22시58분 【음3월】 ➡ 【甲辰月(갑진월)】 ☯삼벽성 곡우 21일 06시 29분

양력 4월 (음력 03/05 ~ 04/04)

	1	2	3	4	5	6	7	8	9	10	11	12	13	14	15	16	17	18	19	20	21	22	23	24	25	26	27	28	29	30
요일	토	일	월	화	수	목	금	토	일	월	화	수	목	금	토	일	월	화	수	목	금	토	일	월	화	수	목	금	토	일
日辰	기해	경자	신축	임인	계묘	갑진	을사	병오	정미	무신	기유	경술	신해	임자	계축	갑인	을묘	병진	정사	무오	기미	경신	신유	임술	계해	갑자	을축	병인	정묘	무진
음력	5	6	7	8	9	10	11	12	13	14	15	16	17	18	19	20	21	22	23	24	25	26	27	28	29	30	4/1	2	3	4
구성	6	7	8	9	1	2	3	4	5	6	7	8	9	1	2	3	4	5	6	7	8	9	1	2	3	4	5	6	7	8
대남	1	1	1	1	청	10	9	9	9	8	8	8	7	7	7	6	6	6	5	5	곡	5	4	4	4	3	3	3	2	2
운여	9	9	9	10	명	1	1	1	1	2	2	2	3	3	3	4	4	4	5	5	우	5	6	6	6	7	7	7	8	8

입하 6일 16시 53분 【음4월】 ➡ 【乙巳月(을사월)】 ☯이흑성 소만 22일 06시 10분

양력 5월 (음력 04/05 ~ 05/05)

	1	2	3	4	5	6	7	8	9	10	11	12	13	14	15	16	17	18	19	20	21	22	23	24	25	26	27	28	29	30	31
요일	월	화	수	목	금	토	일	월	화	수	목	금	토	일	월	화	수	목	금	토	일	월	화	수	목	금	토	일	월	화	수
日辰	기사	경오	신미	임신	계유	갑술	을해	병자	정축	무인	기묘	경진	신사	임오	계미	갑신	을유	병술	정해	무자	기축	경인	신묘	임진	계사	갑오	을미	병신	정유	무술	기해
음력	5	6	7	8	9	10	11	12	13	14	15	16	17	18	19	20	21	22	23	24	25	26	27	28	29	30	5/1	2	3	4	5
구성	9	1	2	3	4	5	6	7	8	9	1	2	3	4	5	6	7	8	9	1	2	3	4	5	6	7	8	9	1	2	3
대남	2	1	1	1	1	입	10	10	9	9	9	8	8	8	7	7	7	6	6	6	5	소	5	4	4	4	3	3	3	2	2
운여	9	9	9	10	10	하	1	1	1	1	2	2	2	3	3	3	4	4	4	5	5	만	6	6	6	7	7	7	8	8	8

망종 6일 21시 30분 【음5월】 ➡ 【丙午月(병오월)】 ☯일백성 하지 22일 14시 27분

양력 6월 (음력 05/06 ~ 윤506)

	1	2	3	4	5	6	7	8	9	10	11	12	13	14	15	16	17	18	19	20	21	22	23	24	25	26	27	28	29	30
요일	목	금	토	일	월	화	수	목	금	토	일	월	화	수	목	금	토	일	월	화	수	목	금	토	일	월	화	수	목	금
日辰	경자	신축	임인	계묘	갑진	을사	병오	정미	무신	기유	경술	신해	임자	계축	갑인	을묘	병진	정사	무오	기미	경신	신유	임술	계해	갑자	을축	병인	정묘	무진	기사
음력	6	7	8	9	10	11	12	13	14	15	16	17	18	19	20	21	22	23	24	25	26	27	28	29	윤5	2	3	4	5	6
구성	4	5	6	7	8	9	1	2	3	4	5	6	7	8	9	1	2	3	4	5	6	7	8	9	1	2	3	4	5	6
대남	2	1	1	1	1	망	10	10	9	9	9	8	8	8	7	7	7	6	6	6	5	하	5	4	4	4	3	3	3	2
운여	9	9	9	10	10	종	1	1	1	1	2	2	2	3	3	3	4	4	4	5	5	지	5	6	6	6	7	7	7	8

1월 1일 - 네덜란드 헤이그에 상설 국제사법재판소가 개설되다. 2월 4일 - 한국 제 2차 조선교육령 2월 6일 - 교황 비오 11세, 259대 로마 교황 취임. 2월 28일 - 이집트 왕국이 대영 제국으로부터 독립하다(입헌 군주국으로).4월 16일 - 독일 - 소련 라팔로 조약 체결

5황	1백	3벽
4록	6백	8백
9자	2흑	7적

1 9 2 2

소서 8일 07시 58분　【음6월】➡　【丁未月(정미월)】　☯구자성　대서 24일 01시 20분

양력 7월 / 음력 05/07 ~ 06/08

구분	1	2	3	4	5	6	7	8	9	10	11	12	13	14	15	16	17	18	19	20	21	22	23	24	25	26	27	28	29	30	31
요일	토	일	월	화	수	목	금	토	일	월	화	수	목	금	토	일	월	화	수	목	금	토	일	월	화	수	목	금	토	일	월
일진	경오	신미	임신	계유	갑술	을해	병자	정축	무인	기묘	경진	신사	임오	계미	갑신	을유	병술	정해	무자	기축	경인	신묘	임진	계사	갑오	을미	병신	정유	무술	기해	경자
음력	7	8	9	10	11	12	13	14	15	16	17	18	19	20	21	22	23	24	25	26	27	28	29	6/1	2	3	4	5	6	7	8
구성	3	2	1	9	8	7	6	5	4	3	2	1	9	8	7	6	5	4	3	2	1	9	8	7	6	5	4	3	2	1	9
대운(남)	2	2	2	1	1	1	1	소서	10	10	9	9	9	8	8	8	7	7	7	6	6	6	5	대서	5	4	4	4	3	3	3
대운(여)	8	8	9	9	9	10	10	소서	1	1	1	1	2	2	2	3	3	3	3	4	4	4	5	대서	6	6	6	7	7	7	8

입추 8일 17시 37분　【음7월】➡　【戊申月(무신월)】　☯팔백성　처서 24일 08시 04분

양력 8월 / 음력 06/09 ~ 07/09

구분	1	2	3	4	5	6	7	8	9	10	11	12	13	14	15	16	17	18	19	20	21	22	23	24	25	26	27	28	29	30	31
요일	화	수	목	금	토	일	월	화	수	목	금	토	일	월	화	수	목	금	토	일	월	화	수	목	금	토	일	월	화	수	목
일진	신축	임인	계묘	갑진	을사	병오	정미	무신	기유	경술	신해	임자	계축	갑인	을묘	병진	정사	무오	기미	경신	신유	임술	계해	갑자	을축	병인	정묘	무진	기사	경오	신미
음력	9	10	11	12	13	14	15	16	17	18	19	20	21	22	23	24	25	26	27	28	29	30	7/1	2	3	4	5	6	7	8	9
구성	8	7	6	5	4	3	2	1	9	8	7	6	5	4	3	2	1	9	8	7	6	5	4	3	2	1	9	8	7	6	5
대운(남)	2	2	2	1	1	1	1	입추	10	10	9	9	9	8	8	8	7	7	7	6	6	6	5	처서	5	4	4	4	3	3	3
대운(여)	8	8	9	9	9	10	10	입추	1	1	1	1	2	2	2	3	3	3	3	4	4	4	5	처서	6	6	6	7	7	7	8

백로 8일 20시06분　【음8월】➡　【己酉月(기유월)】　☯칠적성　추분 24일 05시 10분

양력 9월 / 음력 07/10 ~ 08/10

구분	1	2	3	4	5	6	7	8	9	10	11	12	13	14	15	16	17	18	19	20	21	22	23	24	25	26	27	28	29	30
요일	금	토	일	월	화	수	목	금	토	일	월	화	수	목	금	토	일	월	화	수	목	금	토	일	월	화	수	목	금	토
일진	임신	계유	갑술	을해	병자	정축	무인	기묘	경진	신사	임오	계미	갑신	을유	병술	정해	무자	기축	경인	신묘	임진	계사	갑오	을미	병신	정유	무술	기해	경자	신축
음력	10	11	12	13	14	15	16	17	18	19	20	21	22	23	24	25	26	27	28	29	8/1	2	3	4	5	6	7	8	9	10
구성	4	3	2	1	9	8	7	6	5	4	3	2	1	9	8	7	6	5	4	3	2	1	9	8	7	6	5	4	3	2
대운(남)	2	2	2	1	1	1	1	백로	10	10	9	9	9	8	8	8	7	7	7	6	6	6	5	추분	5	4	4	4	3	3
대운(여)	8	8	9	9	9	10	10	백로	1	1	1	1	2	2	2	3	3	3	3	4	4	4	5	추분	6	6	6	7	7	7

한로 9일 11시 09분　【음9월】➡　【庚戌月(경술월)】　☯육백성　상강 24일 13시 53분

양력 10월 / 음력 08/11 ~ 09/12

구분	1	2	3	4	5	6	7	8	9	10	11	12	13	14	15	16	17	18	19	20	21	22	23	24	25	26	27	28	29	30	31
요일	일	월	화	수	목	금	토	일	월	화	수	목	금	토	일	월	화	수	목	금	토	일	월	화	수	목	금	토	일	월	화
일진	임인	계묘	갑진	을사	병오	정미	무신	기유	경술	신해	임자	계축	갑인	을묘	병진	정사	무오	기미	경신	신유	임술	계해	갑자	을축	병인	정묘	무진	기사	경오	신미	임신
음력	11	12	13	14	15	16	17	18	19	20	21	22	23	24	25	26	27	28	29	9/1	2	3	4	5	6	7	8	9	10	11	12
구성	1	9	8	7	6	5	4	3	2	1	9	8	7	6	5	4	3	2	1	9	8	7	6	5	4	3	2	1	9	8	7
대운(남)	3	2	2	2	1	1	1	1	한로	10	9	9	9	8	8	8	7	7	7	6	6	6	5	상강	5	4	4	4	3	3	3
대운(여)	8	8	8	9	9	9	10	10	한로	1	1	1	1	2	2	2	3	3	3	4	4	4	5	상강	5	6	6	6	7	7	7

입동 8일 13시 45분　【음10월】➡　【辛亥月(신해월)】　☯오황성　소설 23일 10시 55분

양력 11월 / 음력 09/13 ~ 10/12

구분	1	2	3	4	5	6	7	8	9	10	11	12	13	14	15	16	17	18	19	20	21	22	23	24	25	26	27	28	29	30
요일	수	목	금	토	일	월	화	수	목	금	토	일	월	화	수	목	금	토	일	월	화	수	목	금	토	일	월	화	수	목
일진	계유	갑술	을해	병자	정축	무인	기묘	경진	신사	임오	계미	갑신	을유	병술	정해	무자	기축	경인	신묘	임진	계사	갑오	을미	병신	정유	무술	기해	경자	신축	임인
음력	13	14	15	16	17	18	19	20	21	22	23	24	25	26	27	28	29	30	10/1	2	3	4	5	6	7	8	9	10	11	12
구성	6	5	4	3	2	1	9	8	7	6	5	4	3	2	1	9	8	7	6	5	4	3	2	1	9	8	7	6	5	4
대운(남)	2	2	2	1	1	1	1	입동	10	10	9	9	9	8	8	8	7	7	7	6	6	6	소설	5	5	4	4	4	3	3
대운(여)	8	8	9	9	9	10	10	입동	1	1	1	2	2	2	3	3	3	4	4	4	5	5	소설	6	6	6	7	7	7	8

대설 8일 06시 11분　【음11월】➡　【壬子月(임자월)】　☯사록성　동지 22일 23시 57분

양력 12월 / 음력 10/13 ~ 11/14

구분	1	2	3	4	5	6	7	8	9	10	11	12	13	14	15	16	17	18	19	20	21	22	23	24	25	26	27	28	29	30	31
요일	금	토	일	월	화	수	목	금	토	일	월	화	수	목	금	토	일	월	화	수	목	금	토	일	월	화	수	목	금	토	일
일진	계묘	갑진	을사	병오	정미	무신	기유	경술	신해	임자	계축	갑인	을묘	병진	정사	무오	기미	경신	신유	임술	계해	갑자	을축	병인	정묘	무진	기사	경오	신미	임신	계유
음력	13	14	15	16	17	18	19	20	21	22	23	24	25	26	27	28	29	11/1	2	3	4	5	6	7	8	9	10	11	12	13	14
구성	3	2	1	9	8	7	6	5	4	3	2	1	9	8	7	6	5	4	3	2	1	9	8	7	6	5	4	3	2	1	9
대운(남)	2	2	2	1	1	1	1	대설	10	10	9	9	9	8	8	8	7	7	7	6	6	동지	5	5	5	4	4	4	3	3	3
대운(여)	8	8	9	9	9	10	10	대설	1	1	1	1	2	2	2	3	3	3	3	4	4	동지	5	5	6	6	6	7	7	7	8

10월 31일 - 베니토 무솔리니, 이탈리아 파시스트 정부 수립. 11월 1일 - 케말 파샤의 술탄제 폐지로 오스만 투르크 제국 멸망. 12월 4일 - 총독부 조선사 편찬위원회 설치. 조선 역사 왜곡하기 시작. 12월 30일 - 소비에트 사회주의 공화국 연방 수립.(1991년 12월 붕괴됨)

단기 4256 年	불기 2467 年	**1923년**	상원-계해(癸亥)년, 납음(대해수),본명성(오황토)

대장군(酉서방), 삼살(서방), 상문(丑동북방),조객(酉서방), 납음(대해수), 【삼재(사오미)년】 臘享(납향):1924년1월17일(음12/12)

소한 06일 17시 14분 【음12월】➡ 【癸丑月(계축월)】 ●삼벽성 대한 21일 10시 35분

양력 1월 (음력 11/15 ~ 12/15)

양력	1	2	3	4	5	6	7	8	9	10	11	12	13	14	15	16	17	18	19	20	21	22	23	24	25	26	27	28	29	30	31
요일	월	화	수	목	금	토	일	월	화	수	목	금	토	일	월	화	수	목	금	토	일	월	화	수	목	금	토	일	월	화	수
일진/日辰	갑술	을해	병자	정축	무인	기묘	경진	신사	임오	계미	갑신	을유	병술	정해	무자	기축	경인	신묘	임진	계사	갑오	을미	병신	정유	무술	기해	경자	신축	임인	계묘	갑진
음력	15	16	17	18	19	20	21	22	23	24	25	26	27	28	29	30	12/1	2	3	4	5	6	7	8	9	10	11	12	13	14	15
구성	2	3	4	5	6	7	8	9	1	2	3	4	5	6	7	8	9	1	2	3	4	5	6	7	8	9	1	2	3	4	5
대운 남	2	1	1	1	1	소한	10	9	9	9	8	8	8	7	7	7	6	6	6	5	대한	5	4	4	4	3	3	3	2	2	2
대운 여	8	8	9	9	9	소한	1	1	1	1	2	2	2	3	3	3	4	4	4	5	대한	5	6	6	6	7	7	7	8	8	8

입춘 5일 05시 00분 【음1월】➡ 【甲寅月(갑인월)】 ●이흑성 우수 20일 01시 00분

양력 2월 (음력 12/16 ~ 01/13)

양력	1	2	3	4	5	6	7	8	9	10	11	12	13	14	15	16	17	18	19	20	21	22	23	24	25	26	27	28
요일	목	금	토	일	월	화	수	목	금	토	일	월	화	수	목	금	토	일	월	화	수	목	금	토	일	월	화	수
일진/日辰	을사	병오	정미	무신	기유	경술	신해	임자	계축	갑인	을묘	병진	정사	무오	기미	경신	신유	임술	계해	갑자	을축	병인	정묘	무진	기사	경오	신미	임신
음력	16	17	18	19	20	21	22	23	24	25	26	27	28	29	30	1/1	2	3	4	5	6	7	8	9	10	11	12	13
구성	6	7	8	9	1	2	3	4	5	6	7	8	9	1	2	3	4	5	6	7	8	9	1	2	3	4	5	6
대운 남	1	1	1	1	입춘	1	1	1	1	2	2	2	3	3	3	4	4	4	5	우수	5	6	6	6	7	7	7	8
대운 여	9	9	9	10	입춘	9	9	9	8	8	8	7	7	7	6	6	6	5	5	우수	4	4	4	3	3	3	2	2

(측면: 계해년)

경칩 6일 23시 25분 【음2월】➡ 【乙卯月(을묘월)】 ●일백성 춘분 22일 00시 29분

양력 3월 (음력 01/14 ~ 02/15)

양력	1	2	3	4	5	6	7	8	9	10	11	12	13	14	15	16	17	18	19	20	21	22	23	24	25	26	27	28	29	30	31
요일	목	금	토	일	월	화	수	목	금	토	일	월	화	수	목	금	토	일	월	화	수	목	금	토	일	월	화	수	목	금	토
일진/日辰	계유	갑술	을해	병자	정축	무인	기묘	경진	신사	임오	계미	갑신	을유	병술	정해	무자	기축	경인	신묘	임진	계사	갑오	을미	병신	정유	무술	기해	경자	신축	임인	계묘
음력	14	15	16	17	18	19	20	21	22	23	24	25	26	27	28	29	2/1	2	3	4	5	6	7	8	9	10	11	12	13	14	15
구성	7	8	9	1	2	3	4	5	6	7	8	9	1	2	3	4	5	6	7	8	9	1	2	3	4	5	6	7	8	9	1
대운 남	8	8	9	9	9	경칩	1	1	1	1	2	2	2	3	3	3	4	4	4	5	5	춘분	6	6	6	7	7	7	8	8	8
대운 여	2	1	1	1	1	경칩	10	10	9	9	9	8	8	8	7	7	7	6	6	6	5	춘분	5	4	4	4	3	3	3	2	2

청명 06일 04시 46분 【음3월】➡ 【丙辰月(병진월)】 ●구자성 곡우 21일 12시 06분

양력 4월 (음력 02/16 ~ 03/15)

양력	1	2	3	4	5	6	7	8	9	10	11	12	13	14	15	16	17	18	19	20	21	22	23	24	25	26	27	28	29	30
요일	일	월	화	수	목	금	토	일	월	화	수	목	금	토	일	월	화	수	목	금	토	일	월	화	수	목	금	토	일	월
일진/日辰	갑진	을사	병오	정미	무신	기유	경술	신해	임자	계축	갑인	을묘	병진	정사	무오	기미	경신	신유	임술	계해	갑자	을축	병인	정묘	무진	기사	경오	신미	임신	계유
음력	16	17	18	19	20	21	22	23	24	25	26	27	28	29	30	3/1	2	3	4	5	6	7	8	9	10	11	12	13	14	15
구성	2	3	4	5	6	7	8	9	1	2	3	4	5	6	7	8	9	1	2	3	4	5	6	7	8	9	1	2	3	4
대운 남	9	9	9	10	10	청명	1	1	1	1	2	2	2	3	3	3	4	4	4	5	곡우	5	6	6	6	7	7	7	8	8
대운 여	2	1	1	1	1	청명	10	9	9	9	8	8	8	7	7	7	6	6	6	5	곡우	5	4	4	4	3	3	3	2	2

입하 6일 22시 38분 【음4월】➡ 【丁巳月(정사월)】 ●팔백성 소만 22일 11시 45분

양력 5월 (음력 03/16 ~ 04/16)

양력	1	2	3	4	5	6	7	8	9	10	11	12	13	14	15	16	17	18	19	20	21	22	23	24	25	26	27	28	29	30	31
요일	화	수	목	금	토	일	월	화	수	목	금	토	일	월	화	수	목	금	토	일	월	화	수	목	금	토	일	월	화	수	목
일진/日辰	갑술	을해	병자	정축	무인	기묘	경진	신사	임오	계미	갑신	을유	병술	정해	무자	기축	경인	신묘	임진	계사	갑오	을미	병신	정유	무술	기해	경자	신축	임인	계묘	갑진
음력	16	17	18	19	20	21	22	23	24	25	26	27	28	29	30	4/1	2	3	4	5	6	7	8	9	10	11	12	13	14	15	16
구성	5	6	7	8	9	1	2	3	4	5	6	7	8	9	1	2	3	4	5	6	7	8	9	1	2	3	4	5	6	7	8
대운 남	8	9	9	9	10	입하	1	1	1	1	2	2	2	3	3	3	4	4	4	5	5	소만	6	6	6	7	7	7	8	8	8
대운 여	2	1	1	1	1	입하	10	10	9	9	9	8	8	8	7	7	7	6	6	6	5	소만	5	4	4	4	3	3	3	2	2

망종 7일 03시 14분 【음5월】➡ 【戊午月(무오월)】 ●칠적성 하지 22일 20시 03분

양력 6월 (음력 04/17 ~ 05/17)

양력	1	2	3	4	5	6	7	8	9	10	11	12	13	14	15	16	17	18	19	20	21	22	23	24	25	26	27	28	29	30
요일	금	토	일	월	화	수	목	금	토	일	월	화	수	목	금	토	일	월	화	수	목	금	토	일	월	화	수	목	금	토
일진/日辰	을사	병오	정미	무신	기유	경술	신해	임자	계축	갑인	을묘	병진	정사	무오	기미	경신	신유	임술	계해	갑자	을축	병인	정묘	무진	기사	경오	신미	임신	계유	갑술
음력	17	18	19	20	21	22	23	24	25	26	27	28	29	5/1	2	3	4	5	6	7	8	9	10	11	12	13	14	15	16	17
구성	9	1	2	3	4	5	6	7	8	9	1	2	3	4	5	6	7	8	9	1	2	3	4	5	6	7	8	9	1	2
대운 남	9	9	9	10	10	10	망종	1	1	1	2	2	2	3	3	3	4	4	4	5	5	하지	6	6	6	7	7	7	8	8
대운 여	2	2	1	1	1	1	망종	10	10	10	9	9	9	8	8	8	7	7	7	6	6	하지	5	5	4	4	4	3	3	3

1월 12일 - 김상옥이 종로경찰서에 폭탄 투척, 일본 경찰과 접전 저항끝에 자결. 4월 - 연희 전문학교 및 세브란스 의학 전문학교 재인가. 6월 19일 - 미국-영국 채무협정 체결. 7월 28일 - 경성도서관 신축 건물낙성개관. 8월 25일 - 경성전기, 안국동선 전차 운전 개시.

한식(4월7일), 초복(7월16일), 중복(7월26일), 말복(8월15일) ↑춘사(春社)3/26 ☀추사(秋社)9/22
토왕지절(土旺之節):4월17일,7월20일,10월21일,1월18일(신년양력), 臘享(납향):1월17일(신년양력)

二日得辛, 九龍治水, 1923년 계해年(대해수), 오황토

4록	9자	2흑
3벽	5황	7적
8백	1백	6백

1923

소서 8일 13시 42분　【음6월】➡　【己未月(기미월)】　☯육백성　대서 24일 07시 01분

음력 05/18 ～ 06/18

양력 7월	1	2	3	4	5	6	7	8	9	10	11	12	13	14	15	16	17	18	19	20	21	22	23	24	25	26	27	28	29	30	31
요일	일	월	화	수	목	금	토	일	월	화	수	목	금	토	일	월	화	수	목	금	토	일	월	화	수	목	금	토	일	월	화
日辰	을해	병자	정축	무인	기묘	경진	신사	임오	계미	갑신	을유	병술	정해	무자	기축	경인	신묘	임진	계사	갑오	을미	병신	정유	무술	기해	경자	신축	임인	계묘	갑진	을사
음력	18	19	20	21	22	23	24	25	26	27	28	29	30	6/1	2	3	4	5	6	7	8	9	10	11	12	13	14	15	16	17	18
구성	7	6	5	4	3	2	1	9	8	7	6	5	4	3	2	1	9	8	7	6	5	4	3	2	1	9	8	7	6	5	4
대남	8	8	9	9	9	10	10	소서	1	1	1	1	2	2	2	3	3	3	4	4	4	5	5	대서	6	6	6	7	7	8	8
운여	2	2	2	1	1	1	1	소서	10	10	9	9	9	8	8	8	7	7	7	6	6	6	5	대서	5	4	4	4	3	3	3

입추 8일 23시 25분　【음7월】➡　【庚申月(경신월)】　☯오황성　처서 24일 13시 52분

음력 06/19 ～ 07/20

양력 8월	1	2	3	4	5	6	7	8	9	10	11	12	13	14	15	16	17	18	19	20	21	22	23	24	25	26	27	28	29	30	31
요일	수	목	금	토	일	월	화	수	목	금	토	일	월	화	수	목	금	토	일	월	화	수	목	금	토	일	월	화	수	목	금
日辰	병오	정미	무신	기유	경술	신해	임자	계축	갑인	을묘	병진	정사	무오	기미	경신	신유	임술	계해	갑자	을축	병인	정묘	무진	기사	경오	신미	임신	계유	갑술	을해	병자
음력	19	20	21	22	23	24	25	26	27	28	29	7/1	2	3	4	5	6	7	8	9	10	11	12	13	14	15	16	17	18	19	20
구성	3	2	1	9	8	7	6	5	4	3	2	1	9	8	7	6	5	4	3	2	1	9	8	7	6	5	4	3	2	1	9
대남	8	8	9	9	9	10	10	입추	1	1	1	1	2	2	2	3	3	3	4	4	4	5	5	처서	6	6	6	7	7	8	8
운여	2	2	2	1	1	1	1	입추	10	10	10	9	9	9	8	8	8	7	7	7	6	6	6	처서	5	5	4	4	4	3	3

백로 9일 01시 57분　【음8월】➡　【辛酉月(신유월)】　☯사록성　추분 24일 11시 04분

음력 07/21 ～ 08/20

양력 9월	1	2	3	4	5	6	7	8	9	10	11	12	13	14	15	16	17	18	19	20	21	22	23	24	25	26	27	28	29	30
요일	토	일	월	화	수	목	금	토	일	월	화	수	목	금	토	일	월	화	수	목	금	토	일	월	화	수	목	금	토	일
日辰	정축	무인	기묘	경진	신사	임오	계미	갑신	을유	병술	정해	무자	기축	경인	신묘	임진	계사	갑오	을미	병신	정유	무술	기해	경자	신축	임인	계묘	갑진	을사	병오
음력	21	22	23	24	25	26	27	28	29	30	8/1	2	3	4	5	6	7	8	9	10	11	12	13	14	15	16	17	18	19	20
구성	8	7	6	5	4	3	2	1	9	8	7	6	5	4	3	2	1	9	8	7	6	5	4	3	2	1	9	8	7	6
대남	8	8	9	9	9	10	10	10	백로	1	1	1	1	2	2	2	3	3	3	4	4	4	5	추분	5	6	6	6	7	7
운여	3	2	2	2	1	1	1	1	백로	10	9	9	9	8	8	8	7	7	7	6	6	6	5	추분	5	4	4	4	3	3

한로 9일 17시 03분　【음9월】➡　【壬戌月(임술월)】　☯삼벽성　상강 24일 19시 51분

음력 08/21 ～ 09/22

양력 10월	1	2	3	4	5	6	7	8	9	10	11	12	13	14	15	16	17	18	19	20	21	22	23	24	25	26	27	28	29	30	31
요일	월	화	수	목	금	토	일	월	화	수	목	금	토	일	월	화	수	목	금	토	일	월	화	수	목	금	토	일	월	화	수
日辰	정미	무신	기유	경술	신해	임자	계축	갑인	을묘	병진	정사	무오	기미	경신	신유	임술	계해	갑자	을축	병인	정묘	무진	기사	경오	신미	임신	계유	갑술	을해	병자	정축
음력	21	22	23	24	25	26	27	28	29	9/1	2	3	4	5	6	7	8	9	10	11	12	13	14	15	16	17	18	19	20	21	22
구성	5	4	3	2	1	9	8	7	6	5	4	3	2	1	9	8	7	6	5	4	3	2	1	9	8	7	6	5	4	3	2
대남	7	8	8	8	9	9	9	10	한로	1	1	1	1	2	2	2	3	3	3	4	4	4	5	상강	5	6	6	6	7	7	8
운여	3	2	2	2	1	1	1	1	한로	10	9	9	9	8	8	8	7	7	7	6	6	6	5	상강	5	4	4	4	3	3	3

입동 8일 19시 40분　【음10월】➡　【癸亥月(계해월)】　☯이흑성　소설 23일 16시 54분

음력 09/23 ～ 10/22

양력 11월	1	2	3	4	5	6	7	8	9	10	11	12	13	14	15	16	17	18	19	20	21	22	23	24	25	26	27	28	29	30
요일	목	금	토	일	월	화	수	목	금	토	일	월	화	수	목	금	토	일	월	화	수	목	금	토	일	월	화	수	목	금
日辰	무인	기묘	경진	신사	임오	계미	갑신	을유	병술	정해	무자	기축	경인	신묘	임진	계사	갑오	을미	병신	정유	무술	기해	경자	신축	임인	계묘	갑진	을사	병오	정미
음력	23	24	25	26	27	28	29	30	10/1	2	3	4	5	6	7	8	9	10	11	12	13	14	15	16	17	18	19	20	21	22
구성	1	9	8	7	6	5	4	3	2	1	9	8	7	6	5	4	3	2	1	9	8	7	6	5	4	3	2	1	9	8
대남	8	8	9	9	9	10	10	입동	1	1	1	1	2	2	2	3	3	3	4	4	4	5	소설	5	6	6	6	7	7	8
운여	2	2	2	1	1	1	1	입동	10	10	9	9	9	8	8	8	7	7	7	6	6	6	소설	5	4	4	4	3	3	3

대설 8일 12시 05분　【음11월】➡　【甲子月(갑자월)】　☯일백성　동지 23일 05시 53분

음력 10/23 ～ 11/24

양력 12월	1	2	3	4	5	6	7	8	9	10	11	12	13	14	15	16	17	18	19	20	21	22	23	24	25	26	27	28	29	30	31
요일	토	일	월	화	수	목	금	토	일	월	화	수	목	금	토	일	월	화	수	목	금	토	일	월	화	수	목	금	토	일	월
日辰	무신	기유	경술	신해	임자	계축	갑인	을묘	병진	정사	무오	기미	경신	신유	임술	계해	갑자	을축	병인	정묘	무진	기사	경오	신미	임신	계유	갑술	을해	병자	정축	무인
음력	23	24	25	26	27	28	29	11/1	2	3	4	5	6	7	8	9	10	11	12	13	14	15	16	17	18	19	20	21	22	23	24
구성	7	6	5	4	3	2	1	9	8	7	6	5	4	3	2	1	9	8	7	6	5	4	3	2	1	9	8	7	6	5	4
대남	8	8	9	9	9	10	10	대설	1	1	1	1	2	2	2	3	3	3	4	4	4	5	동지	5	6	6	6	7	7	7	8
운여	2	2	2	1	1	1	1	대설	10	10	9	9	9	8	8	8	7	7	7	6	6	6	동지	5	4	4	4	3	3	3	2

9월 1일 - 간토 대지진: 도쿄와 요코하마 일대를 강타하여 14만여 명이 사망함. 지진 직후의 혼란 속에서 조선인 학살 사건, 사회주의자 학살 사건 발생함. 10월 16일 - 월트 디즈니 회사가 월트 디즈니와 그의 형제 로이 디즈니에 의해 설립되다. 10월 29일 - 터키 공화국 성립.

단기 4257 年	**1924년**	중원(中元)갑자(甲子)년,납음(해중금),본명성(사록목)
불기 2468 年		대장군(酉서방), 삼살(남방), 상문(寅동북방),조객(戌서북방), 납음(해중금),【삼재(인,묘,진)년】 臘享(납향):1925년1월23일(음12/29)

쥐띠

소한 06일 23시 06분 【음12월】 ➡ 【乙丑月(을축월)】 ☯구자성 대한 21일 16시 28분

양력 1월 / 음력 11/25~12/26	1	2	3	4	5	6	7	8	9	10	11	12	13	14	15	16	17	18	19	20	21	22	23	24	25	26	27	28	29	30	31
요일	화	수	목	금	토	일	월	화	수	목	금	토	일	월	화	수	목	금	토	일	월	화	수	목	금	토	일	월	화	수	목
일진 日辰	기묘	경진	신사	임오	계미	갑신	을유	병술	정해	무자	기축	경인	신묘	임진	계사	갑오	을미	병신	정유	무술	기해	경자	신축	임인	계묘	갑진	을사	병오	정미	무신	기유
음력	25	26	27	28	29	12/1	2	3	4	5	6	7	8	9	10	11	12	13	14	15	16	17	18	19	20	21	22	23	24	25	26
구성	7	8	9	1	2	3	4	5	6	7	8	9	1	2	3	4	5	6	7	8	9	1	2	3	4	5	6	7	8	9	1
대운 남	8	8	9	9	9	소	1	1	1	1	2	2	2	3	3	3	4	4	4	5	대	5	6	6	6	7	7	7	8	8	8
대운 여	2	1	1	1	1	한	10	9	9	9	8	8	8	7	7	7	6	6	6	5	한	5	4	4	4	3	3	3	2	2	2

입춘05일 10시 50분 【음1월】 ➡ 【丙寅月(병인월)】 ☯팔백성 우수 20일 06시 51분

양력 2월 / 음력 12/27~01/25	1	2	3	4	5	6	7	8	9	10	11	12	13	14	15	16	17	18	19	20	21	22	23	24	25	26	27	28	29
요일	금	토	일	월	화	수	목	금	토	일	월	화	수	목	금	토	일	월	화	수	목	금	토	일	월	화	수	목	금
일진 日辰	경술	신해	임자	계축	갑인	을묘	병진	정사	무오	기미	경신	신유	임술	계해	갑자	을축	병인	정묘	무진	기사	경오	신미	임신	계유	갑술	을해	병자	정축	무인
음력	27	28	29	30	1/1	2	3	4	5	6	7	8	9	10	11	12	13	14	15	16	17	18	19	20	21	22	23	24	25
구성	2	3	4	5	6	7	8	9	1	2	3	4	5	6	7	8	9	1	2	3	4	5	6	7	8	9	1	2	3
대운 남	9	9	9	10	입	10	9	9	9	8	8	8	7	7	7	6	6	6	5	우	5	4	4	4	3	3	3	2	2
대운 여	1	1	1	1	춘	1	1	1	1	2	2	2	3	3	3	4	4	4	5	수	5	6	6	6	7	7	7	8	8

갑자년

경칩 06일 05시 12분 【음2월】 ➡ 【丁卯月(정묘월)】 ☯칠적성 춘분 21일 06시 20분

양력 3월 / 음력 01/26~02/26	1	2	3	4	5	6	7	8	9	10	11	12	13	14	15	16	17	18	19	20	21	22	23	24	25	26	27	28	29	30	31
요일	토	일	월	화	수	목	금	토	일	월	화	수	목	금	토	일	월	화	수	목	금	토	일	월	화	수	목	금	토	일	월
일진 日辰	기묘	경진	신사	임오	계미	갑신	을유	병술	정해	무자	기축	경인	신묘	임진	계사	갑오	을미	병신	정유	무술	기해	경자	신축	임인	계묘	갑진	을사	병오	정미	무신	기유
음력	26	27	28	29	30	2/1	2	3	4	5	6	7	8	9	10	11	12	13	14	15	16	17	18	19	20	21	22	23	24	25	26
구성	4	5	6	7	8	9	1	2	3	4	5	6	7	8	9	1	2	3	4	5	6	7	8	9	1	2	3	4	5	6	7
대운 남	2	1	1	1	1	경	10	9	9	9	8	8	8	7	7	7	6	6	6	5	춘	5	4	4	4	3	3	3	2	2	2
대운 여	8	9	9	9	10	칩	1	1	1	1	2	2	2	3	3	3	4	4	4	5	분	5	6	6	6	7	7	7	8	8	8

청명 5일 10시 33분 【음3월】 ➡ 【戊辰月(무진월)】 ☯육백성 곡우 20일 17시 59분

양력 4월 / 음력 02/27~03/27	1	2	3	4	5	6	7	8	9	10	11	12	13	14	15	16	17	18	19	20	21	22	23	24	25	26	27	28	29	30
요일	화	수	목	금	토	일	월	화	수	목	금	토	일	월	화	수	목	금	토	일	월	화	수	목	금	토	일	월	화	수
일진 日辰	경술	신해	임자	계축	갑인	을묘	병진	정사	무오	기미	경신	신유	임술	계해	갑자	을축	병인	정묘	무진	기사	경오	신미	임신	계유	갑술	을해	병자	정축	무인	기묘
음력	27	28	29	3/1	2	3	4	5	6	7	8	9	10	11	12	13	14	15	16	17	18	19	20	21	22	23	24	25	26	27
구성	8	9	1	2	3	4	5	6	7	8	9	1	2	3	4	5	6	7	8	9	1	2	3	4	5	6	7	8	9	1
대운 남	1	1	1	1	청	10	10	9	9	9	8	8	8	7	7	7	6	6	6	곡	5	5	4	4	4	3	3	3	2	2
대운 여	9	9	9	10	명	1	1	1	1	2	2	2	3	3	3	4	4	4	5	우	5	6	6	6	7	7	7	8	8	8

입하 6일 04시 26분 【음4월】 ➡ 【己巳月(기사월)】 ☯오황성 소만 21일 17시 40분

양력 5월 / 음력 03/28~04/28	1	2	3	4	5	6	7	8	9	10	11	12	13	14	15	16	17	18	19	20	21	22	23	24	25	26	27	28	29	30	31
요일	목	금	토	일	월	화	수	목	금	토	일	월	화	수	목	금	토	일	월	화	수	목	금	토	일	월	화	수	목	금	토
일진 日辰	경진	신사	임오	계미	갑신	을유	병술	정해	무자	기축	경인	신묘	임진	계사	갑오	을미	병신	정유	무술	기해	경자	신축	임인	계묘	갑진	을사	병오	정미	무신	기유	경술
음력	28	29	30	4/1	2	3	4	5	6	7	8	9	10	11	12	13	14	15	16	17	18	19	20	21	22	23	24	25	26	27	28
구성	2	3	4	5	6	7	8	9	1	2	3	4	5	6	7	8	9	1	2	3	4	5	6	7	8	9	1	2	3	4	5
대운 남	2	1	1	1	1	입	10	10	9	9	9	8	8	8	7	7	7	6	6	6	소	5	5	4	4	4	3	3	3	2	2
대운 여	9	9	9	10	10	하	1	1	1	1	2	2	2	3	3	3	4	4	4	5	만	5	6	6	6	7	7	7	8	8	8

망종 6일 09시 02분 【음5월】 ➡ 【庚午月(경오월)】 ☯사록성 하지 22일 01시 59분

양력 6월 / 음력 04/29~05/29	1	2	3	4	5	6	7	8	9	10	11	12	13	14	15	16	17	18	19	20	21	22	23	24	25	26	27	28	29	30
요일	일	월	화	수	목	금	토	일	월	화	수	목	금	토	일	월	화	수	목	금	토	일	월	화	수	목	금	토	일	월
일진 日辰	신해	임자	계축	갑인	을묘	병진	정사	무오	기미	경신	신유	임술	계해	갑자	을축	병인	정묘	무진	기사	경오	신미	임신	계유	갑술	을해	병자	정축	무인	기묘	경진
음력	29	5/1	2	3	4	5	6	7	8	9	10	11	12	13	14	15	16	17	18	19	20	21	22	23	24	25	26	27	28	29
구성	6	7	8	9	1	2	3	4	5	6	7	8	9	9	8	7	6	5	4	3	2	1	9	8	7	6	5	4	3	2
대운 남	2	1	1	1	1	망	10	10	9	9	9	8	8	8	7	7	7	6	6	6	5	하	5	4	4	4	3	3	3	2
대운 여	9	9	9	10	10	종	1	1	1	1	2	2	2	3	3	3	4	4	4	5	5	지	6	6	6	7	7	7	8	8

8월 23일 - 프랑스 축구 클럽 AS 모나코 FC 창단.10월 1일 - 경성도서관, 재정난으로 무기휴관에 들어가다.10월 2일 - 장학엽, 진로 설립.
10월 13일 - 일제 강점기: 한국 최초의 신문만화《멍텅구리》가 조선일보에 연재 시작.

八日得辛, 三龍治水, 1924년 갑자年(해중금), 사록목

3벽	8백	1백
2흑	4록	6백
7적	9자	5황

1924

소서 7일 19시 30분　【음6월】➡　【辛未月(신미월)】　☯삼벽성　대서 23일 12시 58분

양력 7월 / 음력 05/30 ~ 06/30

양력	1	2	3	4	5	6	7	8	9	10	11	12	13	14	15	16	17	18	19	20	21	22	23	24	25	26	27	28	29	30	31
요일	화	수	목	금	토	일	월	화	수	목	금	토	일	월	화	수	목	금	토	일	월	화	수	목	금	토	일	월	화	수	목
일진	신	임	계	갑	을	병	정	무	기	경	신	임	계	갑	을	병	정	무	기	경	신	임	계	갑	을	병	정	무	기	경	신
日辰	사	오	미	신	유	술	해	자	축	인	묘	진	사	오	미	신	유	술	해	자	축	인	묘	진	사	오	미	신	유	술	해
음력	30	6/1	2	3	4	5	6	7	8	9	10	11	12	13	14	15	16	17	18	19	20	21	22	23	24	25	26	27	28	29	30
구성	1	9	8	7	6	5	4	3	2	1	9	8	7	6	5	4	3	2	1	9	8	7	6	5	4	3	2	1	9	8	7
대운(남)	2	2	1	1	1	1	소서	10	10	10	9	9	9	8	8	8	7	7	7	6	6	6	대서	5	5	4	4	4	3	3	3
대운(여)	8	9	9	9	10	10	소서	1	1	1	1	2	2	2	3	3	3	4	4	4	5	5	대서	6	6	6	7	7	7	8	8

입추 8일 05시 12분　【음7월】➡　【壬申月(임신월)】　☯이흑성　처서 23일 19시 48분

양력 8월 / 음력 07/01 ~ 08/02

양력	1	2	3	4	5	6	7	8	9	10	11	12	13	14	15	16	17	18	19	20	21	22	23	24	25	26	27	28	29	30	31
요일	금	토	일	월	화	수	목	금	토	일	월	화	수	목	금	토	일	월	화	수	목	금	토	일	월	화	수	목	금	토	일
일진	임	계	갑	을	병	정	무	기	경	신	임	계	갑	을	병	정	무	기	경	신	임	계	갑	을	병	정	무	기	경	신	임
日辰	자	축	인	묘	진	사	오	미	신	유	술	해	자	축	인	묘	진	사	오	미	신	유	술	해	자	축	인	묘	진	사	오
음력	7/1	2	3	4	5	6	7	8	9	10	11	12	13	14	15	16	17	18	19	20	21	22	23	24	25	26	27	28	29	8/1	2
구성	6	5	4	3	2	1	9	8	7	6	5	4	3	2	1	9	8	7	6	5	4	3	2	1	9	8	7	6	5	4	3
대운(남)	2	2	2	1	1	1	1	입추	10	10	9	9	9	8	8	8	7	7	7	6	6	6	처서	5	5	4	4	4	3	3	3
대운(여)	8	9	9	9	10	10	10	입추	1	1	1	2	2	2	3	3	3	4	4	4	5	5	처서	5	6	6	6	7	7	7	8

백로 8일 07시 46분　【음8월】➡　【癸酉月(계유월)】　☯일백성　추분 23일 16시 58분

양력 9월 / 음력 08/03 ~ 09/02

양력	1	2	3	4	5	6	7	8	9	10	11	12	13	14	15	16	17	18	19	20	21	22	23	24	25	26	27	28	29	30
요일	월	화	수	목	금	토	일	월	화	수	목	금	토	일	월	화	수	목	금	토	일	월	화	수	목	금	토	일	월	화
일진	계	갑	을	병	정	무	기	경	신	임	계	갑	을	병	정	무	기	경	신	임	계	갑	을	병	정	무	기	경	신	임
日辰	미	신	유	술	해	자	축	인	묘	진	사	오	미	신	유	술	해	자	축	인	묘	진	사	오	미	신	유	술	해	자
음력	3	4	5	6	7	8	9	10	11	12	13	14	15	16	17	18	19	20	21	22	23	24	25	26	27	28	29	30	9/1	2
구성	2	1	9	8	7	6	5	4	3	2	1	9	8	7	6	5	4	3	2	1	9	8	7	6	5	4	3	2	1	9
대운(남)	2	2	2	1	1	1	1	백로	10	9	9	9	8	8	8	7	7	7	6	6	6	5	추분	5	4	4	4	3	3	3
대운(여)	8	8	9	9	9	10	10	백로	1	1	1	1	2	2	2	3	3	3	4	4	4	5	추분	5	6	6	6	7	7	7

한로 8일 22시 52분　【음9월】➡　【甲戌月(갑술월)】　☯구자성　상강 24일 01시 44분

양력 10월 / 음력 09/03 ~ 10/04

양력	1	2	3	4	5	6	7	8	9	10	11	12	13	14	15	16	17	18	19	20	21	22	23	24	25	26	27	28	29	30	31
요일	수	목	금	토	일	월	화	수	목	금	토	일	월	화	수	목	금	토	일	월	화	수	목	금	토	일	월	화	수	목	금
일진	계	갑	을	병	정	무	기	경	신	임	계	갑	을	병	정	무	기	경	신	임	계	갑	을	병	정	무	기	경	신	임	계
日辰	축	인	묘	진	사	오	미	신	유	술	해	자	축	인	묘	진	사	오	미	신	유	술	해	자	축	인	묘	진	사	오	미
음력	3	4	5	6	7	8	9	10	11	12	13	14	15	16	17	18	19	20	21	22	23	24	25	26	27	28	29	10/1	2	3	4
구성	8	7	6	5	4	3	2	1	9	8	7	6	5	4	3	2	1	9	8	7	6	5	4	3	2	1	9	8	7	6	5
대운(남)	2	2	2	1	1	1	1	한로	10	10	9	9	9	8	8	8	7	7	7	6	6	6	5	상강	5	4	4	4	3	3	3
대운(여)	8	8	8	9	9	9	10	한로	1	1	1	1	2	2	2	3	3	3	4	4	4	5	5	상강	6	6	6	7	7	7	8

입동 8일 01시 29분　【음10월】➡　【乙亥月(을해월)】　☯팔백성　소설 22일 22시 46분

양력 11월 / 음력 10/05 ~ 11/04

양력	1	2	3	4	5	6	7	8	9	10	11	12	13	14	15	16	17	18	19	20	21	22	23	24	25	26	27	28	29	30
요일	토	일	월	화	수	목	금	토	일	월	화	수	목	금	토	일	월	화	수	목	금	토	일	월	화	수	목	금	토	일
일진	갑	을	병	정	무	기	경	신	임	계	갑	을	병	정	무	기	경	신	임	계	갑	을	병	정	무	기	경	신	임	계
日辰	신	유	술	해	자	축	인	묘	진	사	오	미	신	유	술	해	자	축	인	묘	진	사	오	미	신	유	술	해	자	축
음력	5	6	7	8	9	10	11	12	13	14	15	16	17	18	19	20	21	22	23	24	25	26	27	28	29	30	11/1	2	3	4
구성	4	3	2	1	9	8	7	6	5	4	3	2	1	9	8	7	6	5	4	3	2	1	9	8	7	6	5	4	3	2
대운(남)	2	2	2	1	1	1	1	입동	9	9	9	8	8	8	7	7	7	6	6	6	5	소설	5	4	4	4	3	3	3	2
대운(여)	8	8	9	9	9	10	10	입동	1	1	1	1	2	2	2	3	3	3	4	4	4	소설	5	5	6	6	6	7	7	7

대설 7일 17시 53분　【음11월】➡　【丙子月(병자월)】　☯칠적성　동지 22일 11시 46분

양력 12월 / 음력 11/05 ~ 12/06

양력	1	2	3	4	5	6	7	8	9	10	11	12	13	14	15	16	17	18	19	20	21	22	23	24	25	26	27	28	29	30	31
요일	월	화	수	목	금	토	일	월	화	수	목	금	토	일	월	화	수	목	금	토	일	월	화	수	목	금	토	일	월	화	수
일진	갑	을	병	정	무	기	경	신	임	계	갑	을	병	정	무	기	경	신	임	계	갑	을	병	정	무	기	경	신	임	계	갑
日辰	인	묘	진	사	오	미	신	유	술	해	자	축	인	묘	진	사	오	미	신	유	술	해	자	축	인	묘	진	사	오	미	신
음력	5	6	7	8	9	10	11	12	13	14	15	16	17	18	19	20	21	22	23	24	25	26	27	28	29	12/1	2	3	4	5	6
구성	1	9	8	7	6	5	4	3	2	1	1	2	3	4	5	6	7	8	9	1	2	3	4	5	6	7	8	9	1	2	3
대운(남)	2	2	1	1	1	1	대설	10	9	9	9	8	8	8	7	7	7	6	6	6	5	동지	5	4	4	4	3	3	3	2	2
대운(여)	8	8	8	9	9	9	대설	1	1	1	1	2	2	2	3	3	3	4	4	4	5	동지	5	6	6	6	7	7	7	8	8

10월 22일 - 펑위샹, 베이징 정변을 일으키다. 11월 26일 - 몽골, 중국으로부터 독립 북경에서 조선무정부주의자연맹 설립

단기 4258 年 · 불기 2469 年

1925년 윤4월

중원(中元) 을축(乙丑)년, 납음(해중금), 본명성(삼벽목)

대장군(酉서방), 삼살(동방), 상문(卯동방), 조객(亥서북방), 납음(해중금), 【삼재(해,자,축)년】 臘享(납향):1926년1월18일(음12/05)

1월 — 소한 6일 04시 53분 【음12월】 ➡ 【丁丑月(정축월)】 ☯육백성 · 대한 20일 22시 20분

음력 12/07 ~ 01/08

양력	1	2	3	4	5	6	7	8	9	10	11	12	13	14	15	16	17	18	19	20	21	22	23	24	25	26	27	28	29	30	31
요일	목	금	토	일	월	화	수	목	금	토	일	월	화	수	목	금	토	일	월	화	수	목	금	토	일	월	화	수	목	금	토
일진(日辰)	을유	병술	정해	무자	기축	경인	신묘	임진	계사	갑오	을미	병신	정유	무술	기해	경자	신축	임인	계묘	갑진	을사	병오	정미	무신	기유	경술	신해	임자	계축	갑인	을묘
음력	7	8	9	10	11	12	13	14	15	16	17	18	19	20	21	22	23	24	25	26	27	28	29	1/1	2	3	4	5	6	7	8
구성	4	5	6	7	8	9	1	2	3	4	5	6	7	8	9	1	2	3	4	5	6	7	8	9	1	2	3	4	5	6	7
대운 남	2	1	1	1	1	소한	9	9	9	8	8	8	7	7	7	6	6	6	5	대한	5	4	4	4	3	3	3	2	2	2	1
운 여	8	9	9	9	10	소한	1	1	1	1	2	2	2	3	3	3	4	4	4	대한	5	5	6	6	6	7	7	7	8	8	8

2월 — 입춘 4일 16시 37분 【음1월】 ➡ 【戊寅月(무인월)】 ☯오황성 · 우수 19일 12시 43분

음력 01/09 ~ 02/06

양력	1	2	3	4	5	6	7	8	9	10	11	12	13	14	15	16	17	18	19	20	21	22	23	24	25	26	27	28
요일	일	월	화	수	목	금	토	일	월	화	수	목	금	토	일	월	화	수	목	금	토	일	월	화	수	목	금	토
일진(日辰)	병진	정사	무오	기미	경신	신유	임술	계해	갑자	을축	병인	정묘	무진	기사	경오	신미	임신	계유	갑술	을해	병자	정축	무인	기묘	경진	신사	임오	계미
음력	9	10	11	12	13	14	15	16	17	18	19	20	21	22	23	24	25	26	27	28	29	30	2/1	2	3	4	5	6
구성	8	9	1	2	3	4	5	6	7	8	9	1	2	3	4	5	6	7	8	9	1	2	3	4	5	6	7	8
대운 남	1	1	1	입춘	1	1	1	8	9	9	9	10	경칩	1	1	4	4	5	우수	5	6	6	6	7	7	7	8	8
운 여	9	9	9	입춘	10	9	9	2	1	1	1	1	경칩	10	9	6	6	5	우수	5	4	4	4	3	3	3	2	2

(우측 세로: 을축년)

3월 — 경칩 6일 11시 00분 【음2월】 ➡ 【己卯月(기묘월)】 ☯사록성 · 춘분 21일 12시 12분

음력 02/07 ~ 03/08

양력	1	2	3	4	5	6	7	8	9	10	11	12	13	14	15	16	17	18	19	20	21	22	23	24	25	26	27	28	29	30	31
요일	일	월	화	수	목	금	토	일	월	화	수	목	금	토	일	월	화	수	목	금	토	일	월	화	수	목	금	토	일	월	화
일진(日辰)	갑신	을유	병술	정해	무자	기축	경인	신묘	임진	계사	갑오	을미	병신	정유	무술	기해	경자	신축	임인	계묘	갑진	을사	병오	정미	무신	기유	경술	신해	임자	계축	갑인
음력	7	8	9	10	11	12	13	14	15	16	17	18	19	20	21	22	23	24	25	26	27	28	29	3/1	2	3	4	5	6	7	8
구성	9	1	2	3	4	5	6	7	8	9	1	2	3	4	5	6	7	8	9	1	2	3	4	5	6	7	8	9	1	2	3
대운 남	8	9	9	9	10	경칩	1	1	1	2	2	2	3	3	3	4	4	4	5	5	춘분	5	6	6	6	7	7	7	8	8	8
운 여	2	1	1	1	1	경칩	10	9	9	9	8	8	8	7	7	7	6	6	6	5	춘분	5	4	4	4	3	3	3	2	2	2

4월 — 청명 5일 16시 23분 【음3월】 ➡ 【庚辰月(경진월)】 ☯삼벽성 · 곡우 20일 23시 51분

음력 03/09 ~ 04/08

양력	1	2	3	4	5	6	7	8	9	10	11	12	13	14	15	16	17	18	19	20	21	22	23	24	25	26	27	28	29	30
요일	수	목	금	토	일	월	화	수	목	금	토	일	월	화	수	목	금	토	일	월	화	수	목	금	토	일	월	화	수	목
일진(日辰)	을묘	병진	정사	무오	기미	경신	신유	임술	계해	갑자	을축	병인	정묘	무진	기사	경오	신미	임신	계유	갑술	을해	병자	정축	무인	기묘	경진	신사	임오	계미	갑신
음력	9	10	11	12	13	14	15	16	17	18	19	20	21	22	23	24	25	26	27	28	29	30	4/1	2	3	4	5	6	7	8
구성	4	5	6	7	8	9	1	2	3	4	5	6	7	8	9	1	2	3	4	5	6	7	8	9	1	2	3	4	5	6
대운 남	9	9	9	10	청명	1	1	1	1	2	2	2	3	3	3	4	4	4	5	곡우	5	6	6	6	7	7	7	8	8	8
운 여	1	1	1	1	청명	10	10	9	9	9	8	8	8	7	7	7	6	6	6	곡우	5	5	4	4	4	3	3	3	2	2

5월 — 입하 6일 10시 18분 【음4월】 ➡ 【辛巳月(신사월)】 ☯이흑성 · 소만 21일 23시 33분

음력 04/09 ~ 윤4 09

양력	1	2	3	4	5	6	7	8	9	10	11	12	13	14	15	16	17	18	19	20	21	22	23	24	25	26	27	28	29	30	31
요일	금	토	일	월	화	수	목	금	토	일	월	화	수	목	금	토	일	월	화	수	목	금	토	일	월	화	수	목	금	토	일
일진(日辰)	을유	병술	정해	무자	기축	경인	신묘	임진	계사	갑오	을미	병신	정유	무술	기해	경자	신축	임인	계묘	갑진	을사	병오	정미	무신	기유	경술	신해	임자	계축	갑인	을묘
음력	9	10	11	12	13	14	15	16	17	18	19	20	21	22	23	24	25	26	27	28	29	30	윤4	2	3	4	5	6	7	8	9
구성	7	8	9	1	2	3	4	5	6	7	8	9	1	2	3	4	5	6	7	8	9	1	2	3	4	5	6	7	8	9	1
대운 남	9	9	9	10	10	입하	1	1	1	2	2	2	3	3	3	4	4	4	5	5	소만	5	6	6	6	7	7	7	8	8	8
운 여	2	1	1	1	1	입하	10	10	9	9	9	8	8	8	7	7	7	6	6	6	소만	5	5	4	4	4	3	3	3	2	2

6월 — 망종 6일 14시 56분 【음5월】 ➡ 【壬午月(임오월)】 ☯일백성 · 하지 22일 07시 50분

음력 윤4 10 ~ 05/10

양력	1	2	3	4	5	6	7	8	9	10	11	12	13	14	15	16	17	18	19	20	21	22	23	24	25	26	27	28	29	30
요일	월	화	수	목	금	토	일	월	화	수	목	금	토	일	월	화	수	목	금	토	일	월	화	수	목	금	토	일	월	화
일진(日辰)	병진	정사	무오	기미	경신	신유	임술	계해	갑자	을축	병인	정묘	무진	기사	경오	신미	임신	계유	갑술	을해	병자	정축	무인	기묘	경진	신사	임오	계미	갑신	을유
음력	10	11	12	13	14	15	16	17	18	19	20	21	22	23	24	25	26	27	28	29	5/1	2	3	4	5	6	7	8	9	10
구성	2	3	4	5	6	7	8	9	9	8	7	6	5	4	3	2	1	9	8	7	6	5	4	3	2	1	9	8	7	6
대운 남	9	9	9	10	10	망종	1	1	1	1	2	2	2	3	3	3	4	4	4	5	5	하지	6	6	6	7	7	7	8	8
운 여	2	1	1	1	1	망종	10	10	10	9	9	9	8	8	8	7	7	7	6	6	6	하지	5	5	5	4	4	4	3	3

3월 - 대한민국 임시정부 의정원 탄핵 결의로 이승만을 대통령직에서 면직함. 3월 30일 - 일제의 고위 밀정 김달하, 중화민국 베이징에서 다물단원들에 의해 사살됨. 4월 17일 - 조선공산당 창당

한식(4월6일), 초복(7월15일), 초복(7월25일), 말복(8월14일) ↑춘사(春社)3/25 ☀추사(秋社)9/21

토왕지절(土旺之節):4월17일,7월20일,10월21일,1월18일(신년양력),臘享(납향):1월18일(신년양력)

四日得辛, 九龍治水, 1925년 을축年(해중금), 삼벽목

2흑	7적	9자
1백	3벽	5황
6백	8백	4록

1925

소서 8일 01시 25분 【음6월】➡ 【癸未月(계미월)】 ☯구자성 대서 23일 18시 45분

양력 7월 · 음력 05/11 - 06/11

양력	1	2	3	4	5	6	7	8	9	10	11	12	13	14	15	16	17	18	19	20	21	22	23	24	25	26	27	28	29	30	31
요일	수	목	금	토	일	월	화	수	목	금	토	일	월	화	수	목	금	토	일	월	화	수	목	금	토	일	월	화	수	목	금
일진(日辰)	병술	정해	무자	기축	경인	신묘	임진	계사	갑오	을미	병신	정유	무술	기해	경자	신축	임인	계묘	갑진	을사	병오	정미	무신	기유	경술	신해	임자	계축	갑인	을묘	병진
음력	11	12	13	14	15	16	17	18	19	20	21	22	23	24	25	26	27	28	29	30	6/1	2	3	4	5	6	7	8	9	10	11
구성	5	4	3	2	1	9	8	7	6	5	4	3	2	1	9	8	7	6	5	4	3	2	1	9	8	7	6	5	4	3	2
대(남)	8	9	9	9	10	10	10	소서	1	1	1	1	2	2	2	3	3	3	4	4	4	5	대서	5	6	6	6	7	7	7	8
운(여)	2	2	2	1	1	1	1	소서	10	10	9	9	9	8	8	8	7	7	7	6	6	6	대서	5	5	4	4	4	3	3	3

입추 8일 11시 07분 【음7월】➡ 【甲申月(갑신월)】 ☯팔백성 처서 24일 01시 33분

양력 8월 · 음력 06/12 - 07/13

양력	1	2	3	4	5	6	7	8	9	10	11	12	13	14	15	16	17	18	19	20	21	22	23	24	25	26	27	28	29	30	31
요일	토	일	월	화	수	목	금	토	일	월	화	수	목	금	토	일	월	화	수	목	금	토	일	월	화	수	목	금	토	일	월
일진(日辰)	정사	무오	기미	경신	신유	임술	계해	갑자	을축	병인	정묘	무진	기사	경오	신미	임신	계유	갑술	을해	병자	정축	무인	기묘	경진	신사	임오	계미	갑신	을유	병술	정해
음력	12	13	14	15	16	17	18	19	20	21	22	23	24	25	26	27	28	29	7/1	2	3	4	5	6	7	8	9	10	11	12	13
구성	1	9	8	7	6	5	4	3	2	1	9	8	7	6	5	4	3	2	1	9	8	7	6	5	4	3	2	1	9	8	7
대(남)	8	8	9	9	9	10	10	입추	1	1	1	1	2	2	2	3	3	3	4	4	4	5	5	처서	6	6	6	7	7	7	8
운(여)	2	2	2	1	1	1	1	입추	10	10	9	9	9	8	8	8	7	7	7	6	6	6	6	처서	5	4	4	4	3	3	3

백로 8일 13시 40분 【음8월】➡ 【乙酉月(을유월)】 ☯칠적성 추분 23일 22시 43분

양력 9월 · 음력 07/14 - 08/13

양력	1	2	3	4	5	6	7	8	9	10	11	12	13	14	15	16	17	18	19	20	21	22	23	24	25	26	27	28	29	30
요일	화	수	목	금	토	일	월	화	수	목	금	토	일	월	화	수	목	금	토	일	월	화	수	목	금	토	일	월	화	수
일진(日辰)	무자	기축	경인	신묘	임진	계사	갑오	을미	병신	정유	무술	기해	경자	신축	임인	계묘	갑진	을사	병오	정미	무신	기유	경술	신해	임자	계축	갑인	을묘	병진	정사
음력	14	15	16	17	18	19	20	21	22	23	24	25	26	27	28	29	30	8/1	2	3	4	5	6	7	8	9	10	11	12	13
구성	6	5	4	3	2	1	9	8	7	6	5	4	3	2	1	9	8	7	6	5	4	3	2	1	9	8	7	6	5	4
대(남)	8	8	9	9	9	10	10	백로	1	1	1	1	2	2	2	3	3	3	4	4	4	5	추분	5	6	6	6	7	7	7
운(여)	2	2	2	1	1	1	1	백로	10	10	9	9	9	8	8	8	7	7	7	6	6	6	추분	5	5	4	4	4	3	3

한로 9일 04시 47분 【음9월】➡ 【丙戌月(병술월)】 ☯육백성 상강 24일 07시 31분

양력 10월 · 음력 08/14 - 09/14

양력	1	2	3	4	5	6	7	8	9	10	11	12	13	14	15	16	17	18	19	20	21	22	23	24	25	26	27	28	29	30	31
요일	목	금	토	일	월	화	수	목	금	토	일	월	화	수	목	금	토	일	월	화	수	목	금	토	일	월	화	수	목	금	토
일진(日辰)	무오	기미	경신	신유	임술	계해	갑자	을축	병인	정묘	무진	기사	경오	신미	임신	계유	갑술	을해	병자	정축	무인	기묘	경진	신사	임오	계미	갑신	을유	병술	정해	무자
음력	14	15	16	17	18	19	20	21	22	23	24	25	26	27	28	29	30	9/1	2	3	4	5	6	7	8	9	10	11	12	13	14
구성	3	2	1	9	8	7	6	5	4	3	2	1	9	8	7	6	5	4	3	2	1	9	8	7	6	5	4	3	2	1	9
대(남)	8	8	8	9	9	9	10	10	한로	1	1	1	1	2	2	2	3	3	3	4	4	4	5	상강	5	6	6	6	7	7	7
운(여)	3	2	2	2	1	1	1	1	한로	10	9	9	9	8	8	8	7	7	7	6	6	6	5	상강	5	4	4	4	3	3	3

입동 8일 07시 26분 【음10월】➡ 【丁亥月(정해월)】 ☯오황성 소설 23일 04시 35분

양력 11월 · 음력 09/15 - 10/15

양력	1	2	3	4	5	6	7	8	9	10	11	12	13	14	15	16	17	18	19	20	21	22	23	24	25	26	27	28	29	30
요일	일	월	화	수	목	금	토	일	월	화	수	목	금	토	일	월	화	수	목	금	토	일	월	화	수	목	금	토	일	월
일진(日辰)	기축	경인	신묘	임진	계사	갑오	을미	병신	정유	무술	기해	경자	신축	임인	계묘	갑진	을사	병오	정미	무신	기유	경술	신해	임자	계축	갑인	을묘	병진	정사	무오
음력	15	16	17	18	19	20	21	22	23	24	25	26	27	28	29	10/1	2	3	4	5	6	7	8	9	10	11	12	13	14	15
구성	8	7	6	5	4	3	2	1	9	8	7	6	5	4	3	2	1	9	8	7	6	5	4	3	2	1	9	8	7	6
대(남)	8	8	8	9	9	9	10	입동	1	1	1	1	2	2	2	3	3	3	4	4	4	5	소설	5	6	6	6	7	7	7
운(여)	2	2	2	1	1	1	1	입동	9	9	9	8	8	8	7	7	7	6	6	6	5	5	소설	4	4	4	3	3	3	2

대설 7일 23시 52분 【음11월】➡ 【戊子月(무자월)】 ☯사록성 동지 22일 17시 37분

양력 12월 · 음력 10/16 - 11/16

양력	1	2	3	4	5	6	7	8	9	10	11	12	13	14	15	16	17	18	19	20	21	22	23	24	25	26	27	28	29	30	31
요일	화	수	목	금	토	일	월	화	수	목	금	토	일	월	화	수	목	금	토	일	월	화	수	목	금	토	일	월	화	수	목
일진(日辰)	기미	경신	신유	임술	계해	갑자	을축	병인	정묘	무진	기사	경오	신미	임신	계유	갑술	을해	병자	정축	무인	기묘	경진	신사	임오	계미	갑신	을유	병술	정해	무자	기축
음력	16	17	18	19	20	21	22	23	24	25	26	27	28	29	30	11/1	2	3	4	5	6	7	8	9	10	11	12	13	14	15	16
구성	5	4	3	2	1	1	2	3	4	5	6	7	8	9	1	2	3	4	5	6	7	8	9	1	2	3	4	5	6	7	8
대(남)	8	8	8	9	9	9	대설	1	1	1	1	2	2	2	3	3	3	4	4	4	5	동지	5	6	6	6	7	7	7	8	8
운(여)	2	2	1	1	1	1	대설	10	9	9	9	8	8	8	7	7	7	6	6	6	5	동지	5	4	4	4	3	3	3	2	2

7월 18일 - 한강이 폭우로 범람하여 을축년 대홍수가 발생.7월 21일 - 미국 테네시 주에서 진화론 교육문제로 원숭이 재판이라고 불리는 재판이 열림.8월 29일 - 한용운, 《님의 침묵》을 탈고하다.10월 15일 - 서울역사가 준공되고, 운수영업 개시하다

<table><tr><td>단기 4259 年
불기 2470 年</td><td>1926년</td><td>중원(中元)병인(丙寅)년.납음(노중화),본명성(이흑토)
대장군(子북방). 삼살(북방), 상문(辰동남방),조객(子북방), 납음(노중화),【삼재(신유술)년】臘享(납향):1927년1월25일(음12/22)</td><td>
호랑이띠</td></tr></table>

1월

소한 6일 10시 54분 【음12월】➡ 【己丑月(기축월)】 ☯삼벽성 대한 21일 04시 12분

양력 11/17 ~ 12/18

양력	1	2	3	4	5	6	7	8	9	10	11	12	13	14	15	16	17	18	19	20	21	22	23	24	25	26	27	28	29	30	31
요일	금	토	일	월	화	수	목	금	토	일	월	화	수	목	금	토	일	월	화	수	목	금	토	일	월	화	수	목	금	토	일
일진/日辰	경인	신묘	임진	계사	갑오	을미	병신	정유	무술	기해	경자	신축	임인	계묘	갑진	을사	병오	정미	무신	기유	경술	신해	임자	계축	갑인	을묘	병진	정사	무오	기미	경신
음력	17	18	19	20	21	22	23	24	25	26	27	28	29	12/1	2	3	4	5	6	7	8	9	10	11	12	13	14	15	16	17	18
구성	9	1	2	3	4	5	6	7	8	9	1	2	3	4	5	6	7	8	9	1	2	3	4	5	6	7	8	9	1	2	3
대남	8	9	9	9	10	소한	1	1	1	1	2	2	2	3	3	3	4	4	4	5	대한	5	6	6	6	7	7	7	8	8	8
운여	2	1	1	1	1	소한	9	9	9	8	8	8	7	7	7	6	6	6	5	5	대한	4	4	4	3	3	3	2	2	2	1

2월

입춘 4일 22시 38분 【음1월】➡ 【庚寅月(경인월)】 ☯이흑성 우수 19일 18시 35분

양력 12/19 ~ 01/16

양력	1	2	3	4	5	6	7	8	9	10	11	12	13	14	15	16	17	18	19	20	21	22	23	24	25	26	27	28
요일	월	화	수	목	금	토	일	월	화	수	목	금	토	일	월	화	수	목	금	토	일	월	화	수	목	금	토	일
일진/日辰	신유	임술	계해	갑자	을축	병인	정묘	무진	기사	경오	신미	임신	계유	갑술	을해	병자	정축	무인	기묘	경진	신사	임오	계미	갑신	을유	병술	정해	무자
음력	19	20	21	22	23	24	25	26	27	28	29	30	1/1	2	3	4	5	6	7	8	9	10	11	12	13	14	15	16
구성	4	5	6	7	8	9	1	2	3	4	5	6	7	8	9	1	2	3	4	5	6	7	8	9	1	2	3	4
대남	9	9	9	입춘	10	9	9	9	8	8	8	7	7	7	6	6	6	5	우수	5	4	4	4	3	3	3	2	2
운여	1	1	1	입춘	1	1	1	1	2	2	2	3	3	3	4	4	4	5	우수	5	6	6	6	7	7	7	8	8

병인년

3월

경칩 6일 17시 00분 【음2월】➡ 【辛卯月(신묘월)】 ☯일백성 춘분 21일 18시 01분

양력 01/17 ~ 02/18

양력	1	2	3	4	5	6	7	8	9	10	11	12	13	14	15	16	17	18	19	20	21	22	23	24	25	26	27	28	29	30	31
요일	월	화	수	목	금	토	일	월	화	수	목	금	토	일	월	화	수	목	금	토	일	월	화	수	목	금	토	일	월	화	수
일진/日辰	기축	경인	신묘	임진	계사	갑오	을미	병신	정유	무술	기해	경자	신축	임인	계묘	갑진	을사	병오	정미	무신	기유	경술	신해	임자	계축	갑인	을묘	병진	정사	무오	기미
음력	17	18	19	20	21	22	23	24	25	26	27	28	29	2/1	2	3	4	5	6	7	8	9	10	11	12	13	14	15	16	17	18
구성	5	6	7	8	9	1	2	3	4	5	6	7	8	9	1	2	3	4	5	6	7	8	9	1	2	3	4	5	6	7	8
대남	2	1	1	1	1	경칩	10	9	9	9	8	8	8	7	7	7	6	6	6	5	춘분	5	4	4	4	3	3	3	2	2	2
운여	8	9	9	9	10	경칩	1	1	1	1	2	2	2	3	3	3	4	4	4	5	춘분	5	6	6	6	7	7	7	8	8	8

4월

청명 5일 22시 18분 【음3월】➡ 【壬辰月(임진월)】 ☯구자성 곡우 21일 05시 36분

양력 02/19 ~ 03/19

양력	1	2	3	4	5	6	7	8	9	10	11	12	13	14	15	16	17	18	19	20	21	22	23	24	25	26	27	28	29	30
요일	목	금	토	일	월	화	수	목	금	토	일	월	화	수	목	금	토	일	월	화	수	목	금	토	일	월	화	수	목	금
일진/日辰	경신	신유	임술	계해	갑자	을축	병인	정묘	무진	기사	경오	신미	임신	계유	갑술	을해	병자	정축	무인	기묘	경진	신사	임오	계미	갑신	을유	병술	정해	무자	기축
음력	19	20	21	22	23	24	25	26	27	28	29	3/1	2	3	4	5	6	7	8	9	10	11	12	13	14	15	16	17	18	19
구성	9	1	2	3	4	5	6	7	8	9	1	2	3	4	5	6	7	8	9	1	2	3	4	5	6	7	8	9	1	2
대남	1	1	1	1	청명	10	10	9	9	9	8	8	8	7	7	7	6	6	6	5	곡우	5	4	4	4	3	3	3	2	2
운여	9	9	9	10	청명	1	1	1	1	2	2	2	3	3	3	4	4	4	5	5	곡우	6	6	6	7	7	7	8	8	8

5월

입하 6일 16시 08분 【음4월】➡ 【癸巳月(계사월)】 ☯팔백성 소만 22일 05시 15분

양력 03/20 ~ 04/20

양력	1	2	3	4	5	6	7	8	9	10	11	12	13	14	15	16	17	18	19	20	21	22	23	24	25	26	27	28	29	30	31
요일	토	일	월	화	수	목	금	토	일	월	화	수	목	금	토	일	월	화	수	목	금	토	일	월	화	수	목	금	토	일	월
일진/日辰	경인	신묘	임진	계사	갑오	을미	병신	정유	무술	기해	경자	신축	임인	계묘	갑진	을사	병오	정미	무신	기유	경술	신해	임자	계축	갑인	을묘	병진	정사	무오	기미	경신
음력	20	21	22	23	24	25	26	27	28	29	30	4/1	2	3	4	5	6	7	8	9	10	11	12	13	14	15	16	17	18	19	20
구성	3	4	5	6	7	8	9	1	2	3	4	5	6	7	8	9	1	2	3	4	5	6	7	8	9	1	2	3	4	5	6
대남	2	1	1	1	1	입하	10	10	9	9	9	8	8	8	7	7	7	6	6	6	5	소만	5	4	4	4	3	3	3	2	2
운여	9	9	9	10	10	입하	1	1	1	1	2	2	2	3	3	3	4	4	4	5	5	소만	6	6	6	7	7	7	8	8	8

6월

망종 6일 20시 42분 【음5월】➡ 【甲午月(갑오월)】 ☯칠적성 하지 22일 13시 30분

양력 04/21 ~ 05/21

양력	1	2	3	4	5	6	7	8	9	10	11	12	13	14	15	16	17	18	19	20	21	22	23	24	25	26	27	28	29	30
요일	화	수	목	금	토	일	월	화	수	목	금	토	일	월	화	수	목	금	토	일	월	화	수	목	금	토	일	월	화	수
일진/日辰	신유	임술	계해	갑자	을축	병인	정묘	무진	기사	경오	신미	임신	계유	갑술	을해	병자	정축	무인	기묘	경진	신사	임오	계미	갑신	을유	병술	정해	무자	기축	경인
음력	21	22	23	24	25	26	27	28	29	5/1	2	3	4	5	6	7	8	9	10	11	12	13	14	15	16	17	18	19	20	21
구성	7	8	9	9	8	7	6	5	4	3	2	1	9	8	7	6	5	4	3	2	1	9	8	7	6	5	4	3	2	1
대남	2	1	1	1	1	망종	10	10	10	9	9	9	8	8	8	7	7	7	6	6	6	하지	5	5	4	4	4	3	3	3
운여	9	9	9	10	10	망종	1	1	1	1	2	2	2	3	3	3	4	4	4	5	5	하지	6	6	6	7	7	7	8	8

4월 26일 - 미국-프랑스 채무협정 체결. 미국에 대한 프랑스의 제1차 세계 대전 채무를 40억 달러로 확정하다.6월 10일 - 조선 마지막 임금인 순종의 장례일인 이날, 6.10 만세운동이 일어남.8월 4일 - 가수 윤심덕과 김우진이 현해탄에서 자살.

한식(4월6일), 초복(7월20일), 초복(7월30일), 말복(8월09일) ↑춘사(春社)3/20 ☀추사(秋社)9/26
토왕지절(土旺之節):4월18일,7월20일,10월21일,1월18일(신년양력),臘享(납향):1월20일(신년양력)

九日得辛, 八龍治水, 1926년 병인년(로중화), 이흑토

1백	6백	8백
9자	2흑	4록
5황	7적	3벽

소서 8일 07시 06분 【음6월】→ 【乙未月(을미월)】 ●육백성 대서 24일 00시 25분

양력 7월 / 음력 05/22 ~ 06/22

	1	2	3	4	5	6	7	8	9	10	11	12	13	14	15	16	17	18	19	20	21	22	23	24	25	26	27	28	29	30	31
요일	목	금	토	일	월	화	수	목	금	토	일	월	화	수	목	금	토	일	월	화	수	목	금	토	일	월	화	수	목	금	토
일진(천간)	신	임	계	갑	을	병	정	무	기	경	신	임	계	갑	을	병	정	무	기	경	신	임	계	갑	을	병	정	무	기	경	신
日辰(지지)	묘	진	사	오	미	신	유	술	해	자	축	인	묘	진	사	오	미	신	유	술	해	자	축	인	묘	진	사	오	미	신	유
음력	22	23	24	25	26	27	28	29	30	6/1	2	3	4	5	6	7	8	9	10	11	12	13	14	15	16	17	18	19	20	21	22
구성	9	8	7	6	5	4	3	2	1	9	8	7	6	5	4	3	2	1	9	8	7	6	5	4	3	2	1	9	8	7	6
대운 남	2	2	2	1	1	1	1	소	10	10	9	9	9	8	8	8	7	7	7	6	6	6	5	대	5	4	4	4	3	3	3
대운 여	8	8	8	9	9	9	10	서	1	1	1	1	2	2	2	3	3	3	4	4	4	5	5	서	6	6	6	7	7	7	8

입추 8일 16시 44분 【음7월】→ 【丙申月(병신월)】 ●오황성 처서 24일 07시 14분

양력 8월 / 음력 06/23 ~ 07/24

	1	2	3	4	5	6	7	8	9	10	11	12	13	14	15	16	17	18	19	20	21	22	23	24	25	26	27	28	29	30	31
요일	일	월	화	수	목	금	토	일	월	화	수	목	금	토	일	월	화	수	목	금	토	일	월	화	수	목	금	토	일	월	화
일진(천간)	임	계	갑	을	병	정	무	기	경	신	임	계	갑	을	병	정	무	기	경	신	임	계	갑	을	병	정	무	기	경	신	임
日辰(지지)	술	해	자	축	인	묘	진	사	오	미	신	유	술	해	자	축	인	묘	진	사	오	미	신	유	술	해	자	축	인	묘	진
음력	23	24	25	26	27	28	29	7/1	2	3	4	5	6	7	8	9	10	11	12	13	14	15	16	17	18	19	20	21	22	23	24
구성	5	4	3	2	1	9	8	7	6	5	4	3	2	1	9	8	7	6	5	4	3	2	1	9	8	7	6	5	4	3	2
대운 남	2	2	2	1	1	1	1	입	10	10	9	9	9	8	8	8	7	7	7	6	6	6	5	처	5	4	4	4	3	3	3
대운 여	8	8	8	9	9	9	10	추	1	1	1	1	2	2	2	3	3	3	4	4	4	5	5	서	6	6	6	7	7	7	8

백로 8일 19시 16분 【음8월】→ 【丁酉月(정유월)】 ●사록성 추분 24일 04시 27분

양력 9월 / 음력 07/25 ~ 08/24

	1	2	3	4	5	6	7	8	9	10	11	12	13	14	15	16	17	18	19	20	21	22	23	24	25	26	27	28	29	30
요일	수	목	금	토	일	월	화	수	목	금	토	일	월	화	수	목	금	토	일	월	화	수	목	금	토	일	월	화	수	목
일진(천간)	계	갑	을	병	정	무	기	경	신	임	계	갑	을	병	정	무	기	경	신	임	계	갑	을	병	정	무	기	경	신	임
日辰(지지)	사	오	미	신	유	술	해	자	축	인	묘	진	사	오	미	신	유	술	해	자	축	인	묘	진	사	오	미	신	유	술
음력	25	26	27	28	29	30	8/1	2	3	4	5	6	7	8	9	10	11	12	13	14	15	16	17	18	19	20	21	22	23	24
구성	1	9	8	7	6	5	4	3	2	1	9	8	7	6	5	4	3	2	1	9	8	7	6	5	4	3	2	1	9	8
대운 남	2	2	2	1	1	1	1	백	10	10	9	9	9	8	8	8	7	7	7	6	6	6	5	추	5	4	4	4	3	3
대운 여	8	8	8	9	9	9	10	로	1	1	1	1	2	2	2	3	3	3	4	4	4	5	5	분	6	6	6	7	7	7

한로 9일 10시 25분 【음9월】→ 【戊戌月(무술월)】 ●삼벽성 상강 24일 13시 18분

양력 10월 / 음력 08/25 ~ 09/25

	1	2	3	4	5	6	7	8	9	10	11	12	13	14	15	16	17	18	19	20	21	22	23	24	25	26	27	28	29	30	31
요일	금	토	일	월	화	수	목	금	토	일	월	화	수	목	금	토	일	월	화	수	목	금	토	일	월	화	수	목	금	토	일
일진(천간)	계	갑	을	병	정	무	기	경	신	임	계	갑	을	병	정	무	기	경	신	임	계	갑	을	병	정	무	기	경	신	임	계
日辰(지지)	해	자	축	인	묘	진	사	오	미	신	유	술	해	자	축	인	묘	진	사	오	미	신	유	술	해	자	축	인	묘	진	사
음력	25	26	27	28	29	30	9/1	2	3	4	5	6	7	8	9	10	11	12	13	14	15	16	17	18	19	20	21	22	23	24	25
구성	7	6	5	4	3	2	1	9	8	7	6	5	4	3	2	1	9	8	7	6	5	4	3	2	1	9	8	7	6	5	4
대운 남	3	2	2	2	1	1	1	1	한	10	9	9	9	8	8	8	7	7	7	6	6	6	5	상	5	4	4	4	3	3	3
대운 여	8	8	8	9	9	9	10	10	로	1	1	1	1	2	2	2	3	3	3	4	4	4	5	강	5	6	6	6	7	7	7

입동 8일 13시 08분 【음10월】→ 【己亥月(기해월)】 ●이흑성 소설 23일 10시 28분

양력 11월 / 음력 09/26 ~ 10/26

	1	2	3	4	5	6	7	8	9	10	11	12	13	14	15	16	17	18	19	20	21	22	23	24	25	26	27	28	29	30
요일	월	화	수	목	금	토	일	월	화	수	목	금	토	일	월	화	수	목	금	토	일	월	화	수	목	금	토	일	월	화
일진(천간)	갑	을	병	정	무	기	경	신	임	계	갑	을	병	정	무	기	경	신	임	계	갑	을	병	정	무	기	경	신	임	계
日辰(지지)	오	미	신	유	술	해	자	축	인	묘	진	사	오	미	신	유	술	해	자	축	인	묘	진	사	오	미	신	유	술	해
음력	26	27	28	29	10/1	2	3	4	5	6	7	8	9	10	11	12	13	14	15	16	17	18	19	20	21	22	23	24	25	26
구성	3	2	1	9	8	7	6	5	4	3	2	1	9	8	7	6	5	4	3	2	1	9	8	7	6	5	4	3	2	1
대운 남	2	2	2	1	1	1	1	입	10	9	9	9	8	8	8	7	7	7	6	6	6	5	소	5	4	4	4	3	3	3
대운 여	8	8	8	9	9	9	10	동	1	1	1	1	2	2	2	3	3	3	4	4	4	5	설	5	6	6	6	7	7	7

대설 8일 05시 39분 【음11월】→ 【庚子月(경자월)】 ●일백성 동지 22일 23시 33분

양력 12월 / 음력 10/27 ~ 11/27

	1	2	3	4	5	6	7	8	9	10	11	12	13	14	15	16	17	18	19	20	21	22	23	24	25	26	27	28	29	30	31
요일	수	목	금	토	일	월	화	수	목	금	토	일	월	화	수	목	금	토	일	월	화	수	목	금	토	일	월	화	수	목	금
일진(천간)	갑	을	병	정	무	기	경	신	임	계	갑	을	병	정	무	기	경	신	임	계	갑	을	병	정	무	기	경	신	임	계	갑
日辰(지지)	자	축	인	묘	진	사	오	미	신	유	술	해	자	축	인	묘	진	사	오	미	신	유	술	해	자	축	인	묘	진	사	오
음력	27	28	29	30	11/1	2	3	4	5	6	7	8	9	10	11	12	13	14	15	16	17	18	19	20	21	22	23	24	25	26	27
구성	1	2	3	4	5	6	7	8	9	1	2	3	4	5	6	7	8	9	1	2	3	4	5	6	7	8	9	1	2	3	4
대운 남	2	2	2	1	1	1	1	대	9	9	9	8	8	8	7	7	7	6	6	6	5	동	5	4	4	4	3	3	3	2	2
대운 여	8	8	8	9	9	9	10	설	1	1	1	1	2	2	2	3	3	3	4	4	4	지	5	5	6	6	6	7	7	7	8

9월 - 일본에서 조선노동동흥회 결성 10월 1일 - 나운규 감독의 영화 《아리랑》, 단성사서 개봉. 12월 28일 - 나석주가 식산은행, 동양척식 주식회사, 조선철도회사에 폭탄을 투척, 일본경찰과의 총격전 끝에 사망. 한글 학회가 한글날을 제정함.

단기 4260 年	**1927년**	중원(中元) 정묘(丁卯)년, 납음(노중화), 본명성(일백수)
불기 2471 年		대장군(子북방), 삼살(서방), 상문(巳동남방), 조객(丑동북방), 납음(노중화), 【삼재(사,오,미)년】 臘享(납향):1928년1월20일(음12/28)

소한 6일 16시 45분 【음12월】➡ 【辛丑月(신축월)】 ☯구자성 대한 21일 10시 12분

양력 1월 (음력 11/28 ~ 12/28)

양력	1	2	3	4	5	6	7	8	9	10	11	12	13	14	15	16	17	18	19	20	21	22	23	24	25	26	27	28	29	30	31
요일	토	일	월	화	수	목	금	토	일	월	화	수	목	금	토	일	월	화	수	목	금	토	일	월	화	수	목	금	토	일	월
일진	을	병	정	무	기	경	신	임	계	갑	을	병	정	무	기	경	신	임	계	갑	을	병	정	무	기	경	신	임	계	갑	을
日辰	미	신	유	술	해	자	축	인	묘	진	사	오	미	신	유	술	해	자	축	인	묘	진	사	오	미	신	유	술	해	자	축
음력	28	29	30	12/1	2	3	4	5	6	7	8	9	10	11	12	13	14	15	16	17	18	19	20	21	22	23	24	25	26	27	28
구성	5	6	7	8	9	1	2	3	4	5	6	7	8	9	1	2	3	4	5	6	7	8	9	1	2	3	4	5	6	7	8
대(남)	2	1	1	1	1	소한	10	9	9	9	8	8	8	7	7	7	6	6	6	5	대한	5	4	4	4	3	3	3	2	2	1
운(여)	8	8	8	9	9	소한	1	1	1	1	2	2	2	3	3	3	4	4	4	5	대한	5	6	6	6	7	7	7	8	8	9

입춘 5일 04시 30분 【음1월】➡ 【壬寅月(임인월)】 ☯팔백성 우수 20일 00시 34분

양력 2월 (음력 01/29 ~ 01/27)

양력	1	2	3	4	5	6	7	8	9	10	11	12	13	14	15	16	17	18	19	20	21	22	23	24	25	26	27	28
요일	화	수	목	금	토	일	월	화	수	목	금	토	일	월	화	수	목	금	토	일	월	화	수	목	금	토	일	월
일진	병	정	무	기	경	신	임	계	갑	을	병	정	무	기	경	신	임	계	갑	을	병	정	무	기	경	신	임	계
日辰	인	묘	진	사	오	미	신	유	술	해	자	축	인	묘	진	사	오	미	신	유	술	해	자	축	인	묘	진	사
음력	29	1/1	2	3	4	5	6	7	8	9	10	11	12	13	14	15	16	17	18	19	20	21	22	23	24	25	26	27
구성	9	1	2	3	4	5	6	7	8	9	1	2	3	4	5	6	7	8	9	1	2	3	4	5	6	7	8	9
대(남)	1	1	1	1	입춘	1	1	1	1	2	2	2	3	3	3	4	4	4	5	우수	5	6	6	6	7	7	7	8
운(여)	9	9	9	10	입춘	9	9	9	8	8	8	7	7	7	6	6	6	5	5	우수	4	4	4	3	3	3	2	2

경칩 6일 22시 50분 【음2월】➡ 【癸卯月(계묘월)】 ☯칠적성 춘분 21일 23시 59분

양력 3월 (음력 01/28 ~ 02/28)

양력	1	2	3	4	5	6	7	8	9	10	11	12	13	14	15	16	17	18	19	20	21	22	23	24	25	26	27	28	29	30	31
요일	화	수	목	금	토	일	월	화	수	목	금	토	일	월	화	수	목	금	토	일	월	화	수	목	금	토	일	월	화	수	목
일진	갑	을	병	정	무	기	경	신	임	계	갑	을	병	정	무	기	경	신	임	계	갑	을	병	정	무	기	경	신	임	계	갑
日辰	오	미	신	유	술	해	자	축	인	묘	진	사	오	미	신	유	술	해	자	축	인	묘	진	사	오	미	신	유	술	해	자
음력	28	29	30	2/1	2	3	4	5	6	7	8	9	10	11	12	13	14	15	16	17	18	19	20	21	22	23	24	25	26	27	28
구성	1	2	3	4	5	6	7	8	9	1	2	3	4	5	6	7	8	9	1	2	3	4	5	6	7	8	9	1	2	3	4
대(남)	8	8	9	9	9	경칩	1	1	1	1	2	2	2	3	3	3	4	4	4	5	춘분	5	6	6	6	7	7	7	8	8	9
운(여)	2	1	1	1	1	경칩	10	10	9	9	9	8	8	8	7	7	7	6	6	6	춘분	5	5	4	4	4	3	3	3	2	1

청명 6일 04시 06분 【음3월】➡ 【甲辰月(갑진월)】 ☯육백성 곡우 21일 11시 32분

양력 4월 (음력 02/29 ~ 03/29)

양력	1	2	3	4	5	6	7	8	9	10	11	12	13	14	15	16	17	18	19	20	21	22	23	24	25	26	27	28	29	30
요일	금	토	일	월	화	수	목	금	토	일	월	화	수	목	금	토	일	월	화	수	목	금	토	일	월	화	수	목	금	토
일진	을	병	정	무	기	경	신	임	계	갑	을	병	정	무	기	경	신	임	계	갑	을	병	정	무	기	경	신	임	계	갑
日辰	축	인	묘	진	사	오	미	신	유	술	해	자	축	인	묘	진	사	오	미	신	유	술	해	자	축	인	묘	진	사	오
음력	29	3/1	2	3	4	5	6	7	8	9	10	11	12	13	14	15	16	17	18	19	20	21	22	23	24	25	26	27	28	29
구성	5	6	7	8	9	1	2	3	4	5	6	7	8	9	1	2	3	4	5	6	7	8	9	1	2	3	4	5	6	7
대(남)	9	9	9	10	10	청명	1	1	1	1	2	2	2	3	3	3	4	4	4	5	곡우	5	6	6	6	7	7	7	8	8
운(여)	2	1	1	1	1	청명	10	9	9	9	9	8	8	8	7	7	7	6	6	6	곡우	5	4	4	4	4	3	3	3	2

입하 6일 21시 53분 【음4월】➡ 【乙巳月(을사월)】 ☯오황성 소만 22일 11시 08분

양력 5월 (음력 04/01 ~ 05/01)

양력	1	2	3	4	5	6	7	8	9	10	11	12	13	14	15	16	17	18	19	20	21	22	23	24	25	26	27	28	29	30	31
요일	일	월	화	수	목	금	토	일	월	화	수	목	금	토	일	월	화	수	목	금	토	일	월	화	수	목	금	토	일	월	화
일진	을	병	정	무	기	경	신	임	계	갑	을	병	정	무	기	경	신	임	계	갑	을	병	정	무	기	경	신	임	계	갑	을
日辰	미	신	유	술	해	자	축	인	묘	진	사	오	미	신	유	술	해	자	축	인	묘	진	사	오	미	신	유	술	해	자	축
음력	4/1	2	3	4	5	6	7	8	9	10	11	12	13	14	15	16	17	18	19	20	21	22	23	24	25	26	27	28	29	30	5/1
구성	8	9	1	2	3	4	5	6	7	8	9	1	2	3	4	5	6	7	8	9	1	2	3	4	5	6	7	8	9	1	2
대(남)	8	9	9	9	10	입하	1	1	1	1	2	2	2	3	3	3	4	4	4	5	5	소만	6	6	6	7	7	7	8	8	9
운(여)	2	1	1	1	1	입하	10	10	10	9	9	9	8	8	8	7	7	7	6	6	6	소만	5	5	4	4	4	3	3	3	2

망종 7일 02시 25분 【음5월】➡ 【丙午月(병오월)】 ☯사록성 하지 22일 19시 22분

양력 6월 (음력 05/02 ~ 06/02)

양력	1	2	3	4	5	6	7	8	9	10	11	12	13	14	15	16	17	18	19	20	21	22	23	24	25	26	27	28	29	30
요일	수	목	금	토	일	월	화	수	목	금	토	일	월	화	수	목	금	토	일	월	화	수	목	금	토	일	월	화	수	목
일진	병	정	무	기	경	신	임	계	갑	을	병	정	무	기	경	신	임	계	갑	을	병	정	무	기	경	신	임	계	갑	을
日辰	인	묘	진	사	오	미	신	유	술	해	자	축	인	묘	진	사	오	미	신	유	술	해	자	축	인	묘	진	사	오	미
음력	2	3	4	5	6	7	8	9	10	11	12	13	14	15	16	17	18	19	20	21	22	23	24	25	26	27	28	29	6/1	2
구성	7	6	5	4	3	2	1	9	8	7	6	5	4	3	2	1	9	8	7	6	5	4	3	2	1	9	8	7	6	5
대(남)	9	9	9	10	10	10	망종	1	1	1	2	2	2	3	3	3	4	4	4	5	5	하지	5	6	6	6	7	7	7	8
운(여)	2	2	1	1	1	1	망종	10	10	9	9	9	8	8	8	7	7	7	6	6	6	하지	5	5	4	4	4	3	3	3

정묘년

2월 15일 - 신간회가 창립됐다. 4월 1일 - 일본 제국이 징병제와 관련된 법령인 징병령을 병역법으로 개정. 4월 12일 - 중국 국민당의 장제스, 4.12사건을 일으켜 공산당 숙청에 나서다. 8월 1일 - 중국 난창 봉기. 8월 27일 - 반제청년동맹 결성.

한식(4월6일), 초복(7월15일), 중복(7월25일), 말복(8월14일) ↑춘사(春社)3/25 ☀추사(秋社)9/21

토왕지절(土旺之節):4월18일,7월21일,10월21일,1월18일(신년양력),臘享(납향):1월20일(신년양력)

五日得辛, 二龍治水, 1927년 정묘年(로중화), 일백수

9자	5황	7적
8백	1백	3벽
4록	6백	2흑

1927

소서 8일 12시 50분 【음6월】➡ 【丁未月(정미월)】 ☽삼벽성 대서 24일 06시 17분

양력 7월 · 음력 06/03 ─ 07/03

	1	2	3	4	5	6	7	8	9	10	11	12	13	14	15	16	17	18	19	20	21	22	23	24	25	26	27	28	29	30	31
요일	금	토	일	월	화	수	목	금	토	일	월	화	수	목	금	토	일	월	화	수	목	금	토	일	월	화	수	목	금	토	일
일진	병신	정유	무술	기해	경자	신축	임인	계묘	갑진	을사	병오	정미	무신	기유	경술	신해	임자	계축	갑인	을묘	병진	정사	무오	기미	경신	신유	임술	계해	갑자	을축	병인
음력	3	4	5	6	7	8	9	10	11	12	13	14	15	16	17	18	19	20	21	22	23	24	25	26	27	28	29	30	7/1	2	3
구성	4	3	2	1	9	8	7	6	5	4	3	2	1	9	8	7	6	5	4	3	2	1	9	8	7	6	5	4	3	2	1
대남	8	8	9	9	9	10	10	소서	1	1	1	1	2	2	2	3	3	3	4	4	4	5	5	대서	6	6	6	7	7	8	8
운여	2	2	2	1	1	1	1	소서	10	10	9	9	9	8	8	8	7	7	7	6	6	6	5	대서	5	4	4	4	3	3	3

입추 8일 22시 31분 【음7월】➡ 【戊申月(무신월)】 ☽이흑성 처서 24일 13시 05분

양력 8월 · 음력 07/04 ─ 08/05

	1	2	3	4	5	6	7	8	9	10	11	12	13	14	15	16	17	18	19	20	21	22	23	24	25	26	27	28	29	30	31
요일	월	화	수	목	금	토	일	월	화	수	목	금	토	일	월	화	수	목	금	토	일	월	화	수	목	금	토	일	월	화	수
일진	정묘	무진	기사	경오	신미	임신	계유	갑술	을해	병자	정축	무인	기묘	경진	신사	임오	계미	갑신	을유	병술	정해	무자	기축	경인	신묘	임진	계사	갑오	을미	병신	정유
음력	4	5	6	7	8	9	10	11	12	13	14	15	16	17	18	19	20	21	22	23	24	25	26	27	28	29	8/1	2	3	4	5
구성	9	8	7	6	5	4	3	2	1	9	8	7	6	5	4	3	2	1	9	8	7	6	5	4	3	2	1	9	8	7	6
대남	8	8	9	9	9	10	10	입추	1	1	1	1	2	2	2	3	3	3	4	4	4	5	5	처서	6	6	6	7	7	7	8
운여	2	2	2	1	1	1	1	입추	10	10	10	9	9	9	8	8	8	7	7	7	6	6	6	처서	5	5	4	4	4	3	3

백로 9일 01시 06분 【음8월】➡ 【己酉月(기유월)】 ☽일백성 추분 24일 10시 17분

양력 9월 · 음력 08/06 ─ 09/05

	1	2	3	4	5	6	7	8	9	10	11	12	13	14	15	16	17	18	19	20	21	22	23	24	25	26	27	28	29	30
요일	목	금	토	일	월	화	수	목	금	토	일	월	화	수	목	금	토	일	월	화	수	목	금	토	일	월	화	수	목	금
일진	무술	기해	경자	신축	임인	계묘	갑진	을사	병오	정미	무신	기유	경술	신해	임자	계축	갑인	을묘	병진	정사	무오	기미	경신	신유	임술	계해	갑자	을축	병인	정묘
음력	6	7	8	9	10	11	12	13	14	15	16	17	18	19	20	21	22	23	24	25	26	27	28	29	30	9/1	2	3	4	5
구성	5	4	3	2	1	9	8	7	6	5	4	3	2	1	9	8	7	6	5	4	3	2	1	9	8	7	6	5	4	3
대남	8	8	9	9	9	10	10	10	백로	1	1	1	1	2	2	2	3	3	3	4	4	4	5	추분	5	6	6	6	7	7
운여	3	2	2	2	1	1	1	1	백로	10	9	9	9	8	8	8	7	7	7	6	6	6	5	추분	5	4	4	4	3	3

한로 9일 16시 15분 【음9월】➡ 【庚戌月(경술월)】 ☽구자성 상강 24일 19시 07분

양력 10월 · 음력 09/06 ─ 10/06

	1	2	3	4	5	6	7	8	9	10	11	12	13	14	15	16	17	18	19	20	21	22	23	24	25	26	27	28	29	30	31
요일	토	일	월	화	수	목	금	토	일	월	화	수	목	금	토	일	월	화	수	목	금	토	일	월	화	수	목	금	토	일	월
일진	무진	기사	경오	신미	임신	계유	갑술	을해	병자	정축	무인	기묘	경진	신사	임오	계미	갑신	을유	병술	정해	무자	기축	경인	신묘	임진	계사	갑오	을미	병신	정유	무술
음력	6	7	8	9	10	11	12	13	14	15	16	17	18	19	20	21	22	23	24	25	26	27	28	29	30	10/1	2	3	4	5	6
구성	2	1	9	8	7	6	5	4	3	2	1	9	8	7	6	5	4	3	2	1	9	8	7	6	5	4	3	2	1	9	8
대남	7	8	8	8	9	9	9	10	한로	1	1	1	1	2	2	2	3	3	3	4	4	4	5	상강	5	6	6	6	7	7	7
운여	3	2	2	2	1	1	1	1	한로	10	9	9	9	8	8	8	7	7	7	6	6	6	5	상강	5	4	4	4	3	3	3

입동 8일 18시 57분 【음10월】➡ 【辛亥月(신해월)】 ☽팔백성 소설 23일 16시 14분

양력 11월 · 음력 10/07 ─ 11/07

	1	2	3	4	5	6	7	8	9	10	11	12	13	14	15	16	17	18	19	20	21	22	23	24	25	26	27	28	29	30
요일	화	수	목	금	토	일	월	화	수	목	금	토	일	월	화	수	목	금	토	일	월	화	수	목	금	토	일	월	화	수
일진	기해	경자	신축	임인	계묘	갑진	을사	병오	정미	무신	기유	경술	신해	임자	계축	갑인	을묘	병진	정사	무오	기미	경신	신유	임술	계해	갑자	을축	병인	정묘	무진
음력	7	8	9	10	11	12	13	14	15	16	17	18	19	20	21	22	23	24	25	26	27	28	29	11/1	2	3	4	5	6	7
구성	7	6	5	4	3	2	1	9	8	7	6	5	4	3	2	1	9	8	7	6	5	4	3	2	1	1	2	3	4	5
대남	8	8	8	9	9	9	10	입동	1	1	1	1	2	2	2	3	3	3	4	4	4	5	소설	5	6	6	6	7	7	7
운여	2	2	2	1	1	1	1	입동	10	9	9	9	8	8	8	7	7	7	6	6	6	5	소설	5	4	4	4	3	3	3

대설 8일 11시 26분 【음11월】➡ 【壬子月(임자월)】 ☽칠적성 동지 23일 05시 19분

양력 12월 · 음력 11/08 ─ 12/08

	1	2	3	4	5	6	7	8	9	10	11	12	13	14	15	16	17	18	19	20	21	22	23	24	25	26	27	28	29	30	31
요일	목	금	토	일	월	화	수	목	금	토	일	월	화	수	목	금	토	일	월	화	수	목	금	토	일	월	화	수	목	금	토
일진	기사	경오	신미	임신	계유	갑술	을해	병자	정축	무인	기묘	경진	신사	임오	계미	갑신	을유	병술	정해	무자	기축	경인	신묘	임진	계사	갑오	을미	병신	정유	무술	기해
음력	8	9	10	11	12	13	14	15	16	17	18	19	20	21	22	23	24	25	26	27	28	29	30	12/1	2	3	4	5	6	7	8
구성	6	7	8	9	1	2	3	4	5	6	7	8	9	1	2	3	4	5	6	7	8	9	1	2	3	4	5	6	7	8	9
대남	8	8	8	9	9	9	10	대설	1	1	1	1	2	2	2	3	3	3	4	4	4	5	동지	5	6	6	6	7	7	7	8
운여	2	2	2	1	1	1	1	대설	9	9	9	8	8	8	7	7	7	6	6	6	5	5	동지	4	4	4	3	3	3	2	2

2월 16일 - 경성방송국(현재는 한국방송공사) 라디오 방송 개국. 4월 1일 - 일본여자대학교 예과부를 설치.

7월 22일 - 이탈리아의 축구 클럽 AS 로마 창단. 8월 20일 - 조선 철도, 함경선의 고무산(古茂山)-신참(新站)간 개통.

단기 4261 年 / 불기 2472 年	1928년 윤2월	중원(中元) 무진(戊辰)년, 납음(대림목), 본명성(구자화)

대장군(子북방), 삼살(남방), 상문(午남방), 조객(寅동북방), 납음(대림목), 【삼재(인,묘,진)년】 臘享(납향):1929년1월26일(음12/16)

무진년

1월 (양력 1월 / 음력 12/09 ～ 01/09)

소한 06일 22시 31분 【음12월】➡ 【癸丑月(계축월)】 ●육백성　대한 21일 15시 57분

양력	1	2	3	4	5	6	7	8	9	10	11	12	13	14	15	16	17	18	19	20	21	22	23	24	25	26	27	28	29	30	31
요일	일	월	화	수	목	금	토	일	월	화	수	목	금	토	일	월	화	수	목	금	토	일	월	화	수	목	금	토	일	월	화
일진/日辰	경자	신축	임인	계묘	갑진	을사	병오	정미	무신	기유	경술	신해	임자	계축	갑인	을묘	병진	정사	무오	기미	경신	신유	임술	계해	갑자	을축	병인	정묘	무진	기사	경오
음력	9	10	11	12	13	14	15	16	17	18	19	20	21	22	23	24	25	26	27	28	29	30	1/1	2	3	4	5	6	7	8	9
구성	1	2	3	4	5	6	7	8	9	1	2	3	4	5	6	7	8	9	1	2	3	4	5	6	7	8	9	1	2	3	4
대운 남	8	8	9	9	9	소한	1	1	1	1	2	2	2	3	3	3	4	4	4	5	대한	5	6	6	6	7	7	7	8	8	8
대운 여	2	1	1	1	1	소한	10	9	9	9	8	8	8	7	7	7	6	6	6	5	대한	5	4	4	4	3	3	3	2	2	2

2월 (양력 2월 / 음력 01/10 ～ 02/09)

입춘 05일 10시 16분 【음1월】➡ 【甲寅月(갑인월)】 ●오황성　우수 20일 06시 19분

양력	1	2	3	4	5	6	7	8	9	10	11	12	13	14	15	16	17	18	19	20	21	22	23	24	25	26	27	28	29
요일	수	목	금	토	일	월	화	수	목	금	토	일	월	화	수	목	금	토	일	월	화	수	목	금	토	일	월	화	수
일진/日辰	신미	임신	계유	갑술	을해	병자	정축	무인	기묘	경진	신사	임오	계미	갑신	을유	병술	정해	무자	기축	경인	신묘	임진	계사	갑오	을미	병신	정유	무술	기해
음력	10	11	12	13	14	15	16	17	18	19	20	21	22	23	24	25	26	27	28	29	2/1	2	3	4	5	6	7	8	9
구성	5	6	7	8	9	1	2	3	4	5	6	7	8	9	1	2	3	4	5	6	7	8	9	1	2	3	4	5	6
대운 남	9	9	9	10	입춘	10	9	9	9	8	8	8	7	7	7	6	6	6	5	우수	5	4	4	4	3	3	3	2	2
대운 여	1	1	1	1	입춘	1	1	1	1	2	2	2	3	3	3	4	4	4	5	우수	5	6	6	6	7	7	7	8	8

3월 (양력 3월 / 음력 02/10 ～ 윤2/10)

경칩 6일 04시 37분 【음2월】➡ 【乙卯月(을묘월)】 ●사록성　춘분 21일 05시 44분

양력	1	2	3	4	5	6	7	8	9	10	11	12	13	14	15	16	17	18	19	20	21	22	23	24	25	26	27	28	29	30	31
요일	목	금	토	일	월	화	수	목	금	토	일	월	화	수	목	금	토	일	월	화	수	목	금	토	일	월	화	수	목	금	토
일진/日辰	경자	신축	임인	계묘	갑진	을사	병오	정미	무신	기유	경술	신해	임자	계축	갑인	을묘	병진	정사	무오	기미	경신	신유	임술	계해	갑자	을축	병인	정묘	무진	기사	경오
음력	10	11	12	13	14	15	16	17	18	19	20	21	22	23	24	25	26	27	28	29	30	윤2	2	3	4	5	6	7	8	9	10
구성	7	8	9	1	2	3	4	5	6	7	8	9	1	2	3	4	5	6	7	8	9	1	2	3	4	5	6	7	8	9	1
대운 남	2	1	1	1	1	경칩	10	9	9	9	8	8	8	7	7	7	6	6	6	5	춘분	5	4	4	4	3	3	3	2	2	2
대운 여	8	9	9	9	10	경칩	1	1	1	1	2	2	2	3	3	3	4	4	4	5	춘분	5	6	6	6	7	7	7	8	8	8

4월 (양력 4월 / 음력 윤2/11 ～ 03/11)

청명 5일 09시 55분 【음3월】➡ 【丙辰月(병진월)】 ●삼벽성　곡우 20일 17시 17분

양력	1	2	3	4	5	6	7	8	9	10	11	12	13	14	15	16	17	18	19	20	21	22	23	24	25	26	27	28	29	30
요일	일	월	화	수	목	금	토	일	월	화	수	목	금	토	일	월	화	수	목	금	토	일	월	화	수	목	금	토	일	월
일진/日辰	신미	임신	계유	갑술	을해	병자	정축	무인	기묘	경진	신사	임오	계미	갑신	을유	병술	정해	무자	기축	경인	신묘	임진	계사	갑오	을미	병신	정유	무술	기해	경자
음력	11	12	13	14	15	16	17	18	19	20	21	22	23	24	25	26	27	28	29	3/1	2	3	4	5	6	7	8	9	10	11
구성	2	3	4	5	6	7	8	9	1	2	3	4	5	6	7	8	9	1	2	3	4	5	6	7	8	9	1	2	3	4
대운 남	1	1	1	1	청명	10	10	9	9	9	8	8	8	7	7	7	6	6	6	곡우	5	5	4	4	4	3	3	3	2	2
대운 여	9	9	9	10	청명	1	1	1	1	2	2	2	3	3	3	4	4	4	5	곡우	5	6	6	6	7	7	7	8	8	8

5월 (양력 5월 / 음력 03/12 ～ 04/13)

입하 6일 03시 44분 【음4월】➡ 【丁巳月(정사월)】 ●이흑성　소만 21일 16시 52분

양력	1	2	3	4	5	6	7	8	9	10	11	12	13	14	15	16	17	18	19	20	21	22	23	24	25	26	27	28	29	30	31
요일	화	수	목	금	토	일	월	화	수	목	금	토	일	월	화	수	목	금	토	일	월	화	수	목	금	토	일	월	화	수	목
일진/日辰	신축	임인	계묘	갑진	을사	병오	정미	무신	기유	경술	신해	임자	계축	갑인	을묘	병진	정사	무오	기미	경신	신유	임술	계해	갑자	을축	병인	정묘	무진	기사	경오	신미
음력	12	13	14	15	16	17	18	19	20	21	22	23	24	25	26	27	28	29	4/1	2	3	4	5	6	7	8	9	10	11	12	13
구성	5	6	7	8	9	1	2	3	4	5	6	7	8	9	1	2	3	4	5	6	7	8	9	1	2	3	4	5	6	7	8
대운 남	2	1	1	1	1	입하	10	10	9	9	9	8	8	8	7	7	7	6	6	6	소만	5	5	4	4	4	3	3	3	2	2
대운 여	9	9	9	10	10	입하	1	1	1	1	2	2	2	3	3	3	4	4	4	5	소만	5	6	6	6	7	7	7	8	8	8

6월 (양력 6월 / 음력 04/14 ～ 05/13)

망종 6일 08시 17분 【음5월】➡ 【戊午月(무오월)】 ●일백성　하지 22일 01시 06분

양력	1	2	3	4	5	6	7	8	9	10	11	12	13	14	15	16	17	18	19	20	21	22	23	24	25	26	27	28	29	30
요일	금	토	일	월	화	수	목	금	토	일	월	화	수	목	금	토	일	월	화	수	목	금	토	일	월	화	수	목	금	토
일진/日辰	임신	계유	갑술	을해	병자	정축	무인	기묘	경진	신사	임오	계미	갑신	을유	병술	정해	무자	기축	경인	신묘	임진	계사	갑오	을미	병신	정유	무술	기해	경자	신축
음력	14	15	16	17	18	19	20	21	22	23	24	25	26	27	28	29	30	5/1	2	3	4	5	6	7	8	9	10	11	12	13
구성	9	1	2	3	4	5	6	7	8	9	1	2	3	4	5	6	7	8	9	1	2	3	3	2	1	9	8	7	6	5
대운 남	2	1	1	1	1	망종	10	10	9	9	9	8	8	8	7	7	7	6	6	6	5	하지	5	4	4	4	3	3	3	2
대운 여	9	9	9	10	10	망종	1	1	1	1	2	2	2	3	3	3	4	4	4	5	5	하지	6	6	6	7	7	7	8	8

7월 28일 - 1928년 하계 올림픽 개막.8월 27일 - 미국·영국·프랑스·일본 등 15개국이 전쟁을 거부하는 켈로그-브리앙 조약에 파리에서 서명했다.9월 1일 - 아흐메트 조그 1세, 알바니아 국왕으로 즉위.9월 20일 - 경성경마장 개장9월 25일 - 모토로라 창립

한식(4월6일), 초복(7월19일), 중복(7월29일), 말복(8월08일) ☂춘사(春社)3/19 ☀추사(秋社)9/25
토왕지절(土旺之節):4월17일,7월20일,10월21일,1월17일(신년양력),臘享(납향):1월26일(신년양력)

十日得辛, 七龍治水, 1928년 무진年(대림목), 구자화

8백	4록	6백
7적	9자	2흑
3벽	5황	1백

1928

소서 7일 18시 44분 【음6월】➡ 【己未月(기미월)】 ☯구자성 대서 23일 12시 02분

양력 7월 / 음력 05/14 ~ 06/15

양력	1	2	3	4	5	6	7	8	9	10	11	12	13	14	15	16	17	18	19	20	21	22	23	24	25	26	27	28	29	30	31
요일	일	월	화	수	목	금	토	일	월	화	수	목	금	토	일	월	화	수	목	금	토	일	월	화	수	목	금	토	일	월	화
일진 日辰	임인	계묘	갑진	을사	병오	정미	무신	기유	경술	신해	임자	계축	갑인	을묘	병진	정사	무오	기미	경신	신유	임술	계해	갑자	을축	병인	정묘	무진	기사	경오	신미	임신
음력	14	15	16	17	18	19	20	21	22	23	24	25	26	27	28	29	6/1	2	3	4	5	6	7	8	9	10	11	12	13	14	15
구성	4	3	2	1	9	8	7	6	5	4	3	2	1	9	8	7	6	5	4	3	2	1	9	8	7	6	5	4	3	2	1
대운 남	2	2	1	1	1	1	소	10	10	10	9	9	9	8	8	8	7	7	7	6	6	6	대	5	5	4	4	4	3	3	3
대운 여	8	9	9	9	10	10	서	1	1	1	1	2	2	2	3	3	3	4	4	4	5	5	서	6	6	6	7	7	7	8	8

입추 8일 04시 28분 【음7월】➡ 【庚申月(경신월)】 ☯팔백성 처서 23일 18시 53분

양력 8월 / 음력 06/16 ~ 07/17

양력	1	2	3	4	5	6	7	8	9	10	11	12	13	14	15	16	17	18	19	20	21	22	23	24	25	26	27	28	29	30	31
요일	수	목	금	토	일	월	화	수	목	금	토	일	월	화	수	목	금	토	일	월	화	수	목	금	토	일	월	화	수	목	금
일진 日辰	계유	갑술	을해	병자	정축	무인	기묘	경진	신사	임오	계미	갑신	을유	병술	정해	무자	기축	경인	신묘	임진	계사	갑오	을미	병신	정유	무술	기해	경자	신축	임인	계묘
음력	16	17	18	19	20	21	22	23	24	25	26	27	28	29	7/1	2	3	4	5	6	7	8	9	10	11	12	13	14	15	16	17
구성	9	8	7	6	5	4	3	2	1	9	8	7	6	5	4	3	2	1	9	8	7	6	5	4	3	2	1	9	8	7	6
대운 남	2	2	1	1	1	1	1	입	10	10	9	9	9	8	8	8	7	7	7	6	6	6	처	5	5	4	4	4	3	3	3
대운 여	8	9	9	9	10	10	10	추	1	1	1	1	2	2	2	3	3	3	4	4	4	5	서	5	6	6	6	7	7	7	8

백로 8일 07시 02분 【음8월】➡ 【辛酉月(신유월)】 ☯칠적성 추분23일 16시 06분

양력 9월 / 음력 07/18 ~ 08/17

양력	1	2	3	4	5	6	7	8	9	10	11	12	13	14	15	16	17	18	19	20	21	22	23	24	25	26	27	28	29	30
요일	토	일	월	화	수	목	금	토	일	월	화	수	목	금	토	일	월	화	수	목	금	토	일	월	화	수	목	금	토	일
일진 日辰	갑진	을사	병오	정미	무신	기유	경술	신해	임자	계축	갑인	을묘	병진	정사	무오	기미	경신	신유	임술	계해	갑자	을축	병인	정묘	무진	기사	경오	신미	임신	계유
음력	18	19	20	21	22	23	24	25	26	27	28	29	30	8/1	2	3	4	5	6	7	8	9	10	11	12	13	14	15	16	17
구성	5	4	3	2	1	9	8	7	6	5	4	3	2	1	9	8	7	6	5	4	3	2	1	9	8	7	6	5	4	3
대운 남	2	2	2	1	1	1	1	백	10	9	9	9	8	8	8	7	7	7	6	6	6	5	추	5	4	4	4	3	3	3
대운 여	8	8	9	9	9	10	10	로	1	1	1	1	2	2	2	3	3	3	4	4	4	5	분	5	6	6	6	7	7	7

한로 8일 22시 10분 【음9월】➡ 【壬戌月(임술월)】 ☯육백성 상강 24일 00시 55분

양력 10월 / 음력 08/18 ~ 09/18

양력	1	2	3	4	5	6	7	8	9	10	11	12	13	14	15	16	17	18	19	20	21	22	23	24	25	26	27	28	29	30	31
요일	월	화	수	목	금	토	일	월	화	수	목	금	토	일	월	화	수	목	금	토	일	월	화	수	목	금	토	일	월	화	수
일진 日辰	갑술	을해	병자	정축	무인	기묘	경진	신사	임오	계미	갑신	을유	병술	정해	무자	기축	경인	신묘	임진	계사	갑오	을미	병신	정유	무술	기해	경자	신축	임인	계묘	갑진
음력	18	19	20	21	22	23	24	25	26	27	28	29	30	9/1	2	3	4	5	6	7	8	9	10	11	12	13	14	15	16	17	18
구성	2	1	9	8	7	6	5	4	3	2	1	9	8	7	6	5	4	3	2	1	9	8	7	6	5	4	3	2	1	9	8
대운 남	2	2	2	1	1	1	1	한	10	10	9	9	9	8	8	8	7	7	7	6	6	6	5	상	5	4	4	4	3	3	3
대운 여	8	8	8	9	9	9	10	로	1	1	1	1	2	2	2	3	3	3	4	4	4	5	5	강	6	6	6	7	7	7	8

입동 8일 00시 50분 【음10월】➡ 【癸亥月(계해월)】 ☯오황성 소설 22일 22시 00분

양력 11월 / 음력 09/19 ~ 10/19

양력	1	2	3	4	5	6	7	8	9	10	11	12	13	14	15	16	17	18	19	20	21	22	23	24	25	26	27	28	29	30
요일	목	금	토	일	월	화	수	목	금	토	일	월	화	수	목	금	토	일	월	화	수	목	금	토	일	월	화	수	목	금
일진 日辰	을사	병오	정미	무신	기유	경술	신해	임자	계축	갑인	을묘	병진	정사	무오	기미	경신	신유	임술	계해	갑자	을축	병인	정묘	무진	기사	경오	신미	임신	계유	갑술
음력	19	20	21	22	23	24	25	26	27	28	29	10/1	2	3	4	5	6	7	8	9	10	11	12	13	14	15	16	17	18	19
구성	7	6	5	4	3	2	1	9	8	7	6	5	4	3	2	1	9	8	7	6	5	4	3	2	1	9	8	7	6	5
대운 남	2	2	2	1	1	1	1	입	9	9	9	8	8	8	7	7	7	6	6	6	5	소	5	4	4	4	3	3	3	2
대운 여	8	8	9	9	9	10	10	동	1	1	1	1	2	2	2	3	3	3	4	4	4	설	5	5	6	6	6	7	7	7

대설 7일 17시 17분 【음11월】➡ 【甲子月(갑자월)】 ☯사록성 동지 22일 11시 04분

양력 12월 / 음력 10/20 ~ 11/20

양력	1	2	3	4	5	6	7	8	9	10	11	12	13	14	15	16	17	18	19	20	21	22	23	24	25	26	27	28	29	30	31
요일	토	일	월	화	수	목	금	토	일	월	화	수	목	금	토	일	월	화	수	목	금	토	일	월	화	수	목	금	토	일	월
일진 日辰	을해	병자	정축	무인	기묘	경진	신사	임오	계미	갑신	을유	병술	정해	무자	기축	경인	신묘	임진	계사	갑오	을미	병신	정유	무술	기해	경자	신축	임인	계묘	갑진	을사
음력	20	21	22	23	24	25	26	27	28	29	30	11/1	2	3	4	5	6	7	8	9	10	11	12	13	14	15	16	17	18	19	20
구성	4	3	2	1	9	8	7	6	5	4	3	2	1	9	8	7	6	5	4	3	2	1	9	8	7	6	5	4	3	2	1
대운 남	2	2	1	1	1	1	대	10	9	9	9	8	8	8	7	7	7	6	6	6	5	동	5	4	4	4	3	3	3	2	2
대운 여	8	8	8	9	9	9	설	1	1	1	1	2	2	2	3	3	3	4	4	4	5	지	5	6	6	6	7	7	7	8	8

10월 3일 - 허버트 후버, 미국 31대 대통령에 당선. 10월 8일 - 장제스, 중국 국민당 주석으로서 중화민국 국민정부 총통에 취임.소파 방정환이 조직한 어린이운동단체인 색동회에서 세계아동예술전람회를 개최

단기 4262 年		중원(中元) 기사(己巳)년.납음(대림목),본명성(팔백토)
불기 2473 年	**1929년**	대장군(卯동방), 삼살(동방), 상문(未서남방),조객(卯동방), 납음(대림목), 【삼재(인,묘,진)년】 臘享(납향):1930년1월21일(음12/22)

1월 — 소한 6일 04시 22분 【음12월】➡ 【乙丑月(을축월)】 ☯삼벽성 대한 20일 21시 42분

양력	1	2	3	4	5	6	7	8	9	10	11	12	13	14	15	16	17	18	19	20	21	22	23	24	25	26	27	28	29	30	31
요일	화	수	목	금	토	일	월	화	수	목	금	토	일	월	화	수	목	금	토	일	월	화	수	목	금	토	일	월	화	수	목
일진(日辰)	병오	정미	무신	기유	경술	신해	임자	계축	갑인	을묘	병진	정사	무오	기미	경신	신유	임술	계해	갑자	을축	병인	정묘	무진	기사	경오	신미	임신	계유	갑술	을해	병자
음력	21	22	23	24	25	26	27	28	29	30	12/1	2	3	4	5	6	7	8	9	10	11	12	13	14	15	16	17	18	19	20	21
구성	9	8	7	6	5	4	3	2	1	9	8	7	6	5	4	3	2	1	1	2	3	4	5	6	7	8	9	1	2	3	4
대운 남	2	1	1	1	1	소	9	9	9	8	8	8	7	7	7	6	6	6	5	대	5	4	4	4	3	3	3	2	2	2	1
대운 여	8	9	9	9	10	한	1	1	1	1	2	2	2	3	3	3	4	4	4	한	5	5	6	6	6	7	7	7	8	8	8

2월 — 입춘 4일 16시 09분 【음1월】➡ 【丙寅月(병인월)】 ☯이흑성 우수 19일 12시 07분

양력	1	2	3	4	5	6	7	8	9	10	11	12	13	14	15	16	17	18	19	20	21	22	23	24	25	26	27	28
요일	금	토	일	월	화	수	목	금	토	일	월	화	수	목	금	토	일	월	화	수	목	금	토	일	월	화	수	목
일진(日辰)	정축	무인	기묘	경진	신사	임오	계미	갑신	을유	병술	정해	무자	기축	경인	신묘	임진	계사	갑오	을미	병신	정유	무술	기해	경자	신축	임인	계묘	갑진
음력	22	23	24	25	26	27	28	29	30	1/1	2	3	4	5	6	7	8	9	10	11	12	13	14	15	16	17	18	19
구성	5	6	7	8	9	1	2	3	4	5	6	7	8	9	1	2	3	4	5	6	7	8	9	1	2	3	4	5
대운 남	1	1	1	입	1	1	1	1	2	2	2	3	3	3	4	4	4	5	우	5	6	6	6	7	7	7	8	8
대운 여	9	9	9	춘	10	9	9	9	8	8	8	7	7	7	6	6	6	5	수	5	4	4	4	3	3	3	2	2

3월 — 경칩 6일 10시 32분 【음2월】➡ 【丁卯月(정묘월)】 ☯일백성 춘분 21일 11시 35분

양력	1	2	3	4	5	6	7	8	9	10	11	12	13	14	15	16	17	18	19	20	21	22	23	24	25	26	27	28	29	30	31
요일	금	토	일	월	화	수	목	금	토	일	월	화	수	목	금	토	일	월	화	수	목	금	토	일	월	화	수	목	금	토	일
일진(日辰)	을사	병오	정미	무신	기유	경술	신해	임자	계축	갑인	을묘	병진	정사	무오	기미	경신	신유	임술	계해	갑자	을축	병인	정묘	무진	기사	경오	신미	임신	계유	갑술	을해
음력	20	21	22	23	24	25	26	27	28	29	2/1	2	3	4	5	6	7	8	9	10	11	12	13	14	15	16	17	18	19	20	21
구성	6	7	8	9	1	2	3	4	5	6	7	8	9	1	2	3	4	5	6	7	8	9	1	2	3	4	5	6	7	8	9
대운 남	8	9	9	9	10	경	1	1	1	1	2	2	2	3	3	3	4	4	4	5	춘	5	6	6	6	7	7	7	8	8	8
대운 여	2	1	1	1	1	칩	10	9	9	9	8	8	8	7	7	7	6	6	6	5	분	5	4	4	4	3	3	3	2	2	2

4월 — 청명 5일 15시 51분 【음3월】➡ 【戊辰月(무진월)】 ☯구자성 곡우 20일 23시 10분

양력	1	2	3	4	5	6	7	8	9	10	11	12	13	14	15	16	17	18	19	20	21	22	23	24	25	26	27	28	29	30
요일	월	화	수	목	금	토	일	월	화	수	목	금	토	일	월	화	수	목	금	토	일	월	화	수	목	금	토	일	월	화
일진(日辰)	병자	정축	무인	기묘	경진	신사	임오	계미	갑신	을유	병술	정해	무자	기축	경인	신묘	임진	계사	갑오	을미	병신	정유	무술	기해	경자	신축	임인	계묘	갑진	을사
음력	22	23	24	25	26	27	28	29	30	3/1	2	3	4	5	6	7	8	9	10	11	12	13	14	15	16	17	18	19	20	21
구성	1	2	3	4	5	6	7	8	9	1	2	3	4	5	6	7	8	9	1	2	3	4	5	6	7	8	9	1	2	3
대운 남	9	9	9	10	청	1	1	1	1	2	2	2	3	3	3	4	4	4	5	곡	5	6	6	6	7	7	7	8	8	8
대운 여	1	1	1	1	명	10	9	9	9	8	8	8	7	7	7	6	6	6	5	우	5	4	4	4	3	3	3	2	2	2

5월 — 입하 6일 09시 40분 【음4월】➡ 【己巳月(기사월)】 ☯팔백성 소만 21일 22시 48분

양력	1	2	3	4	5	6	7	8	9	10	11	12	13	14	15	16	17	18	19	20	21	22	23	24	25	26	27	28	29	30	31
요일	수	목	금	토	일	월	화	수	목	금	토	일	월	화	수	목	금	토	일	월	화	수	목	금	토	일	월	화	수	목	금
일진(日辰)	병오	정미	무신	기유	경술	신해	임자	계축	갑인	을묘	병진	정사	무오	기미	경신	신유	임술	계해	갑자	을축	병인	정묘	무진	기사	경오	신미	임신	계유	갑술	을해	병자
음력	22	23	24	25	26	27	28	29	4/1	2	3	4	5	6	7	8	9	10	11	12	13	14	15	16	17	18	19	20	21	22	23
구성	4	5	6	7	8	9	1	2	3	4	5	6	7	8	9	1	2	3	4	5	6	7	8	9	1	2	3	4	5	6	7
대운 남	9	9	9	10	10	입	1	1	1	1	2	2	2	3	3	3	4	4	4	5	소	5	6	6	6	7	7	7	8	8	8
대운 여	2	1	1	1	1	하	10	10	9	9	9	8	8	8	7	7	7	6	6	6	만	5	4	4	4	3	3	3	2	2	2

6월 — 망종 6일 14시 11분 【음5월】➡ 【庚午月(경오월)】 ☯칠적성 하지 22일 07시 01분

양력	1	2	3	4	5	6	7	8	9	10	11	12	13	14	15	16	17	18	19	20	21	22	23	24	25	26	27	28	29	30
요일	토	일	월	화	수	목	금	토	일	월	화	수	목	금	토	일	월	화	수	목	금	토	일	월	화	수	목	금	토	일
일진(日辰)	정축	무인	기묘	경진	신사	임오	계미	갑신	을유	병술	정해	무자	기축	경인	신묘	임진	계사	갑오	을미	병신	정유	무술	기해	경자	신축	임인	계묘	갑진	을사	병오
음력	24	25	26	27	28	29	5/1	2	3	4	5	6	7	8	9	10	11	12	13	14	15	16	17	18	19	20	21	22	23	24
구성	8	9	1	2	3	4	5	6	7	8	9	1	2	3	4	5	6	7	8	9	1	2	3	4	5	6	7	8	9	1
대운 남	9	9	9	10	10	망	1	1	1	1	2	2	2	3	3	3	4	4	4	5	5	하	6	6	6	7	7	7	8	8
대운 여	2	1	1	1	1	종	10	10	9	9	9	8	8	8	7	7	7	6	6	6	5	지	5	4	4	4	3	3	3	2

기사년

2월 11일 - 라테란 조약 체결되다.5월 5일 - 조선비행학교 개교. 5월 16일 - 제1회 아카데미 시상식이 열리다.8월 8일 - 독일 비행선 LZ 127 그라프 제펠린, 세계 일주 여행 시작. 8월 11일 - 베이브 루스가 500개의 홈런을 친 첫 선수가 되다.

한식(4월6일), 초복(7월14일), 중복(7월24일), 말복(8월13일) ↑춘사(春社)3/24 ☀추사(秋社)9/20
토왕지절(土旺之節):4월17일,7월20일,10월21일,1월18일(신년양력),臘享(납향):1월21일(신년양력)

六日得辛, 七龍治水, 1929년 기사년(대림목), 팔백토

7적	3벽	5황
6백	8백	1백
2흑	4록	9자

소서 8일 00시 32분　【음6월】➡　【辛未月(신미월)】　☯육백성　대서 23일 17시 53분

양력 7월	1	2	3	4	5	6	7	8	9	10	11	12	13	14	15	16	17	18	19	20	21	22	23	24	25	26	27	28	29	30	31
요일	월	화	수	목	금	토	일	월	화	수	목	금	토	일	월	화	수	목	금	토	일	월	화	수	목	금	토	일	월	화	수
일진 日辰	정미	무신	기유	경술	신해	임자	계축	갑인	을묘	병진	정사	무오	기미	경신	신유	임술	계해	갑자	을축	병인	정묘	무진	기사	경오	신미	임신	계유	갑술	을해	병자	정축
음력 (05/25–06/25)	25	26	27	28	29	30	6/1	2	3	4	5	6	7	8	9	10	11	12	13	14	15	16	17	18	19	20	21	22	23	24	25
구성	2	3	4	5	6	7	8	9	1	2	3	4	5	6	7	8	9	9	8	7	6	5	4	3	2	1	9	8	7	6	5
대운 남	8	9	9	9	10	10	10	소서	1	1	1	1	2	2	2	3	3	3	4	4	4	5	대서	5	6	6	6	7	7	7	8
대운 여	2	2	2	1	1	1	1	서	10	10	9	9	9	8	8	8	7	7	7	6	6	6	서	5	5	4	4	4	3	3	3

입추 8일 10시 09분　【음7월】➡　【壬申月(임신월)】　☯오황성　처서 24일 00시 41분

양력 8월	1	2	3	4	5	6	7	8	9	10	11	12	13	14	15	16	17	18	19	20	21	22	23	24	25	26	27	28	29	30	31
요일	목	금	토	일	월	화	수	목	금	토	일	월	화	수	목	금	토	일	월	화	수	목	금	토	일	월	화	수	목	금	토
일진 日辰	무인	기묘	경진	신사	임오	계미	갑신	을유	병술	정해	무자	기축	경인	신묘	임진	계사	갑오	을미	병신	정유	무술	기해	경자	신축	임인	계묘	갑진	을사	병오	정미	무신
음력 (06/26–07/27)	26	27	28	29	7/1	2	3	4	5	6	7	8	9	10	11	12	13	14	15	16	17	18	19	20	21	22	23	24	25	26	27
구성	4	3	2	1	9	8	7	6	5	4	3	2	1	9	8	7	6	5	4	3	2	1	9	8	7	6	5	4	3	2	1
대운 남	8	8	9	9	9	10	10	입	1	1	1	1	2	2	2	3	3	3	4	4	4	5	5	처	6	6	6	7	7	7	8
대운 여	2	2	2	1	1	1	1	추	10	10	9	9	9	8	8	8	7	7	7	6	6	6	5	서	5	4	4	4	3	3	3

백로 8일 12시 40분　【음8월】➡　【癸酉月(계유월)】　☯사록성　추분 23일 21시 52분

양력 9월	1	2	3	4	5	6	7	8	9	10	11	12	13	14	15	16	17	18	19	20	21	22	23	24	25	26	27	28	29	30
요일	일	월	화	수	목	금	토	일	월	화	수	목	금	토	일	월	화	수	목	금	토	일	월	화	수	목	금	토	일	월
일진 日辰	기유	경술	신해	임자	계축	갑인	을묘	병진	정사	무오	기미	경신	신유	임술	계해	갑자	을축	병인	정묘	무진	기사	경오	신미	임신	계유	갑술	을해	병자	정축	무인
음력 (07/28–08/28)	28	29	8/1	2	3	4	5	6	7	8	9	10	11	12	13	14	15	16	17	18	19	20	21	22	23	24	25	26	27	28
구성	9	8	7	6	5	4	3	2	1	9	8	7	6	5	4	3	2	1	9	8	7	6	5	4	3	2	1	9	8	7
대운 남	8	8	9	9	9	10	10	백	1	1	1	1	2	2	2	3	3	3	4	4	4	5	추	5	6	6	6	7	7	7
대운 여	2	2	2	1	1	1	1	로	10	10	9	9	9	8	8	8	7	7	7	6	6	6	분	5	5	4	4	4	3	3

한로 9일 03시 47분　【음9월】➡　【甲戌月(갑술월)】　☯삼벽성　상강 24일 06시 41분

양력 10월	1	2	3	4	5	6	7	8	9	10	11	12	13	14	15	16	17	18	19	20	21	22	23	24	25	26	27	28	29	30	31
요일	화	수	목	금	토	일	월	화	수	목	금	토	일	월	화	수	목	금	토	일	월	화	수	목	금	토	일	월	화	수	목
일진 日辰	기묘	경진	신사	임오	계미	갑신	을유	병술	정해	무자	기축	경인	신묘	임진	계사	갑오	을미	병신	정유	무술	기해	경자	신축	임인	계묘	갑진	을사	병오	정미	무신	기유
음력 (08/29–09/29)	29	30	9/1	2	3	4	5	6	7	8	9	10	11	12	13	14	15	16	17	18	19	20	21	22	23	24	25	26	27	28	29
구성	6	5	4	3	2	1	9	8	7	6	5	4	3	2	1	9	8	7	6	5	4	3	2	1	9	8	7	6	5	4	3
대운 남	8	8	8	9	9	9	10	10	한	1	1	1	1	2	2	2	3	3	3	4	4	4	5	상	5	6	6	6	7	7	7
대운 여	3	2	2	2	1	1	1	1	로	10	9	9	9	8	8	8	7	7	7	6	6	6	5	강	5	4	4	4	3	3	3

입동 8일 06시 28분　【음10월】➡　【乙亥月(을해월)】　☯이흑성　소설 23일 03시 48분

양력 11월	1	2	3	4	5	6	7	8	9	10	11	12	13	14	15	16	17	18	19	20	21	22	23	24	25	26	27	28	29	30
요일	금	토	일	월	화	수	목	금	토	일	월	화	수	목	금	토	일	월	화	수	목	금	토	일	월	화	수	목	금	토
일진 日辰	경술	신해	임자	계축	갑인	을묘	병진	정사	무오	기미	경신	신유	임술	계해	갑자	을축	병인	정묘	무진	기사	경오	신미	임신	계유	갑술	을해	병자	정축	무인	기묘
음력 (10/01–10/30)	10/1	2	3	4	5	6	7	8	9	10	11	12	13	14	15	16	17	18	19	20	21	22	23	24	25	26	27	28	29	30
구성	2	1	9	8	7	6	5	4	3	2	1	9	8	7	6	5	4	3	2	1	9	8	7	6	5	4	3	2	1	9
대운 남	8	8	8	9	9	9	10	입	1	1	1	1	2	2	2	3	3	3	4	4	4	5	소	5	6	6	6	7	7	7
대운 여	2	2	2	1	1	1	1	동	9	9	9	8	8	8	7	7	7	6	6	6	5	5	설	4	4	4	3	3	3	2

대설 7일 22시 56분　【음11월】➡　【丙子月(병자월)】　☯일백성　동지 22일 16시 53분

양력 12월	1	2	3	4	5	6	7	8	9	10	11	12	13	14	15	16	17	18	19	20	21	22	23	24	25	26	27	28	29	30	31
요일	일	월	화	수	목	금	토	일	월	화	수	목	금	토	일	월	화	수	목	금	토	일	월	화	수	목	금	토	일	월	화
일진 日辰	경진	신사	임오	계미	갑신	을유	병술	정해	무자	기축	경인	신묘	임진	계사	갑오	을미	병신	정유	무술	기해	경자	신축	임인	계묘	갑진	을사	병오	정미	무신	기유	경술
음력 (11/01–12/01)	11/1	2	3	4	5	6	7	8	9	10	11	12	13	14	15	16	17	18	19	20	21	22	23	24	25	26	27	28	29	30	12/1
구성	8	7	6	5	4	3	2	1	9	8	7	6	5	4	3	2	1	9	8	7	6	5	4	3	2	1	9	8	7	6	5
대운 남	8	8	8	9	9	9	대	1	1	1	1	2	2	2	3	3	3	4	4	4	5	동	5	6	6	6	7	7	7	8	8
대운 여	2	2	1	1	1	1	설	10	9	9	9	8	8	8	7	7	7	6	6	6	5	지	5	4	4	4	3	3	3	2	2

8월 29일 - 독일 비행선 그라프 체펠린 호, 세계일주 비행 성공.10월 3일 - 염상섭, 장편 《광분》(狂奔) 조선일보에 연재.(~1930년 8월 2일)10월 8일 - 제1회 경평 축구 대회.10월 24일 - 암흑의 목요일.11월 3일 - 광주학생항일운동.

단기 4263 年	1930년	중원(中元) 경오(庚午)년, 납음(노방토), 본명성(칠적금)
불기 2474 年	윤6월	대장군(卯동방), 삼살(북방), 상문(申서남방), 조객(辰동남방), 납음(노방토), 【삼재(신유술)년】 臘享(납향):1931년1월28일(음12/10)

소한 06일 10시 03분 【음12월】➡ 【丁丑月(정축월)】 ☯구자성 대한 21일 03시 33분

양력 1월 / 음력 12/02 - 01/02

양력	1	2	3	4	5	6	7	8	9	10	11	12	13	14	15	16	17	18	19	20	21	22	23	24	25	26	27	28	29	30	31
요일	수	목	금	토	일	월	화	수	목	금	토	일	월	화	수	목	금	토	일	월	화	수	목	금	토	일	월	화	수	목	금
일진 日辰	신해	임자	계축	갑인	을묘	병진	정사	무오	기미	경신	신유	임술	계해	갑자	을축	병인	정묘	무진	기사	경오	신미	임신	계유	갑술	을해	병자	정축	무인	기묘	경진	신사
음력	2	3	4	5	6	7	8	9	10	11	12	13	14	15	16	17	18	19	20	21	22	23	24	25	26	27	28	29	30	1/1	2
구성	4	3	2	1	9	8	7	6	5	4	3	2	1	1	2	3	4	5	6	7	8	9	1	2	3	4	5	6	7	8	9
대 남	8	9	9	9	10	소한	1	1	1	1	2	2	2	3	3	3	4	4	4	5	대한	5	6	6	6	7	7	7	8	8	8
운 여	2	1	1	1	1	소한	9	9	9	8	8	8	7	7	7	6	6	6	5	5	대한	4	4	4	3	3	3	2	2	2	1

입춘 4일 21시 51분 【음1월】➡ 【戊寅月(무인월)】 ☯팔백성 우수 19일 18시 00분

양력 2월 / 음력 01/03 - 02/01

양력	1	2	3	4	5	6	7	8	9	10	11	12	13	14	15	16	17	18	19	20	21	22	23	24	25	26	27	28
요일	토	일	월	화	수	목	금	토	일	월	화	수	목	금	토	일	월	화	수	목	금	토	일	월	화	수	목	금
일진 日辰	임오	계미	갑신	을유	병술	정해	무자	기축	경인	신묘	임진	계사	갑오	을미	병신	정유	무술	기해	경자	신축	임인	계묘	갑진	을사	병오	정미	무신	기유
음력	3	4	5	6	7	8	9	10	11	12	13	14	15	16	17	18	19	20	21	22	23	24	25	26	27	28	29	2/1
구성	1	2	3	4	5	6	7	8	9	1	2	3	4	5	6	7	8	9	1	2	3	4	5	6	7	8	9	1
대 남	9	9	9	입춘	10	9	9	9	8	8	8	7	7	7	6	6	6	5	우수	5	4	4	4	3	3	3	2	1
운 여	1	1	1	입춘	1	1	1	1	2	2	2	3	3	3	4	4	4	5	우수	5	6	6	6	7	7	7	8	8

경칩 6일 16시 17분 【음2월】➡ 【己卯月(기묘월)】 ☯칠적성 춘분 21일 17시 30분

양력 3월 / 음력 02/02 - 03/02

양력	1	2	3	4	5	6	7	8	9	10	11	12	13	14	15	16	17	18	19	20	21	22	23	24	25	26	27	28	29	30	31
요일	토	일	월	화	수	목	금	토	일	월	화	수	목	금	토	일	월	화	수	목	금	토	일	월	화	수	목	금	토	일	월
일진 日辰	경술	신해	임자	계축	갑인	을묘	병진	정사	무오	기미	경신	신유	임술	계해	갑자	을축	병인	정묘	무진	기사	경오	신미	임신	계유	갑술	을해	병자	정축	무인	기묘	경진
음력	2	3	4	5	6	7	8	9	10	11	12	13	14	15	16	17	18	19	20	21	22	23	24	25	26	27	28	29	30	3/1	2
구성	2	3	4	5	6	7	8	9	1	2	3	4	5	6	7	8	9	1	2	3	4	5	6	7	8	9	1	2	3	4	5
대 남	2	1	1	1	1	경칩	10	9	9	9	8	8	8	7	7	7	6	6	6	5	춘분	5	4	4	4	3	3	3	2	2	2
운 여	8	9	9	9	10	경칩	1	1	1	1	2	2	2	3	3	3	4	4	4	5	춘분	5	6	6	6	7	7	7	8	8	8

청명 5일 21시 37분 【음3월】➡ 【庚辰月(경진월)】 ☯육백성 곡우 21일 05시 06분

양력 4월 / 음력 03/03 - 04/02

양력	1	2	3	4	5	6	7	8	9	10	11	12	13	14	15	16	17	18	19	20	21	22	23	24	25	26	27	28	29	30
요일	화	수	목	금	토	일	월	화	수	목	금	토	일	월	화	수	목	금	토	일	월	화	수	목	금	토	일	월	화	수
일진 日辰	신사	임오	계미	갑신	을유	병술	정해	무자	기축	경인	신묘	임진	계사	갑오	을미	병신	정유	무술	기해	경자	신축	임인	계묘	갑진	을사	병오	정미	무신	기유	경술
음력	3	4	5	6	7	8	9	10	11	12	13	14	15	16	17	18	19	20	21	22	23	24	25	26	27	28	29	30	4/1	2
구성	6	7	8	9	1	2	3	4	5	6	7	8	9	1	2	3	4	5	6	7	8	9	1	2	3	4	5	6	7	8
대 남	1	1	1	1	청명	10	10	9	9	9	8	8	8	7	7	7	6	6	6	5	곡우	5	4	4	4	3	3	3	2	2
운 여	9	9	9	10	청명	1	1	1	1	2	2	2	3	3	3	4	4	4	5	5	곡우	5	6	6	6	7	7	7	8	8

입하 6일 15시 27분 【음4월】➡ 【辛巳月(신사월)】 ☯오황성 소만 22일 04시 42분

양력 5월 / 음력 04/03 - 05/04

양력	1	2	3	4	5	6	7	8	9	10	11	12	13	14	15	16	17	18	19	20	21	22	23	24	25	26	27	28	29	30	31
요일	목	금	토	일	월	화	수	목	금	토	일	월	화	수	목	금	토	일	월	화	수	목	금	토	일	월	화	수	목	금	토
일진 日辰	신해	임자	계축	갑인	을묘	병진	정사	무오	기미	경신	신유	임술	계해	갑자	을축	병인	정묘	무진	기사	경오	신미	임신	계유	갑술	을해	병자	정축	무인	기묘	경진	신사
음력	3	4	5	6	7	8	9	10	11	12	13	14	15	16	17	18	19	20	21	22	23	24	25	26	27	28	29	5/1	2	3	4
구성	9	1	2	3	4	5	6	7	8	9	1	2	3	4	5	6	7	8	9	1	2	3	4	5	6	7	8	9	1	2	3
대 남	2	1	1	1	1	입하	10	10	9	9	9	8	8	8	7	7	7	6	6	6	5	소만	5	4	4	4	3	3	3	2	1
운 여	9	9	9	10	10	입하	1	1	1	1	2	2	2	3	3	3	4	4	4	5	5	소만	6	6	6	7	7	7	8	8	8

망종 6일 19시 58분 【음5월】➡ 【壬午月(임오월)】 ☯사록성 하지 22일 12시 53분

양력 6월 / 음력 05/05 - 06/05

양력	1	2	3	4	5	6	7	8	9	10	11	12	13	14	15	16	17	18	19	20	21	22	23	24	25	26	27	28	29	30
요일	일	월	화	수	목	금	토	일	월	화	수	목	금	토	일	월	화	수	목	금	토	일	월	화	수	목	금	토	일	월
일진 日辰	임오	계미	갑신	을유	병술	정해	무자	기축	경인	신묘	임진	계사	갑오	을미	병신	정유	무술	기해	경자	신축	임인	계묘	갑진	을사	병오	정미	무신	기유	경술	신해
음력	5	6	7	8	9	10	11	12	13	14	15	16	17	18	19	20	21	22	23	24	25	26	27	28	29	6/1	2	3	4	5
구성	4	5	6	7	8	9	1	2	3	4	5	6	7	8	9	1	2	3	4	5	6	7	8	9	1	2	3	4	5	6
대 남	2	1	1	1	1	망종	10	10	10	9	9	9	8	8	8	7	7	7	6	6	6	하지	5	5	4	4	4	3	3	3
운 여	9	9	9	10	10	망종	1	1	1	1	2	2	2	3	3	3	4	4	4	5	5	하지	6	6	6	7	7	7	8	8

우측 세로: 경오년

2월 18일 - 미국 로웰 천문대의 클라이드 톰보, 명왕성 발견. 3월 12일 - 인도, 영국에 대한 저항운동으로 소금 사티아그라하 감행. 3월 30일 - 독일, 하인리히 브뤼닝, 수상에 임명. 7월 13일 - 제 1회 FIFA 월드컵이 우루과이에서 열리다.

7월 — 소서 8일 06시 20분　【음6월】➡　【癸未月(계미월)】　●삼벽성　대서 23일 23시 42분

양력 7월 / 음력 06/06 ~ 윤6 06

구분	1	2	3	4	5	6	7	8	9	10	11	12	13	14	15	16	17	18	19	20	21	22	23	24	25	26	27	28	29	30	31
요일	화	수	목	금	토	일	월	화	수	목	금	토	일	월	화	수	목	금	토	일	월	화	수	목	금	토	일	월	화	수	목
日辰(일진)	임자	계축	갑인	을묘	병진	정사	무오	기미	경신	신유	임술	계해	갑자	을축	병인	정묘	무진	기사	경오	신미	임신	계유	갑술	을해	병자	정축	무인	기묘	경진	신사	임오
음력	6	7	8	9	10	11	12	13	14	15	16	17	18	19	20	21	22	23	24	25	26	27	28	29	30	윤6	2	3	4	5	6
九星(구성)	7	8	9	1	2	3	4	5	6	7	8	9	9	8	7	6	5	4	3	2	1	9	8	7	6	5	4	3	2	1	9
대남	2	2	2	1	1	1	1	소서	10	10	9	9	9	8	8	8	7	7	7	6	6	6	대서	5	5	4	4	4	3	3	3
운녀	8	9	9	9	10	10	10	소서	1	1	1	1	2	2	2	3	3	3	4	4	4	5	대서	5	6	6	6	7	7	7	8

8월 — 입추 8일 15시 57분　【음7월】➡　【甲申月(갑신월)】　●이흑성　처서 24일 06시 26분

양력 8월 / 음력 윤6 07 ~ 07/08

구분	1	2	3	4	5	6	7	8	9	10	11	12	13	14	15	16	17	18	19	20	21	22	23	24	25	26	27	28	29	30	31
요일	금	토	일	월	화	수	목	금	토	일	월	화	수	목	금	토	일	월	화	수	목	금	토	일	월	화	수	목	금	토	일
日辰(일진)	계미	갑신	을유	병술	정해	무자	기축	경인	신묘	임진	계사	갑오	을미	병신	정유	무술	기해	경자	신축	임인	계묘	갑진	을사	병오	정미	무신	기유	경술	신해	임자	계축
음력	7	8	9	10	11	12	13	14	15	16	17	18	19	20	21	22	23	24	25	26	27	28	29	7/1	2	3	4	5	6	7	8
九星(구성)	8	7	6	5	4	3	2	1	9	8	7	6	5	4	3	2	1	9	8	7	6	5	4	3	2	1	9	8	7	6	5
대남	2	2	2	1	1	1	1	입추	10	10	9	9	9	8	8	8	7	7	7	6	6	6	5	처서	5	4	4	4	3	3	3
운녀	8	8	9	9	9	10	10	입추	1	1	1	1	2	2	2	3	3	3	4	4	4	5	5	처서	6	6	6	7	7	7	8

9월 — 백로 8일 18시 28분　【음8월】➡　【乙酉月(을유월)】　●일백성　추분 24일 03시 36분

양력 9월 / 음력 07/09 ~ 08/09

구분	1	2	3	4	5	6	7	8	9	10	11	12	13	14	15	16	17	18	19	20	21	22	23	24	25	26	27	28	29	30
요일	월	화	수	목	금	토	일	월	화	수	목	금	토	일	월	화	수	목	금	토	일	월	화	수	목	금	토	일	월	화
日辰(일진)	갑인	을묘	병진	정사	무오	기미	경신	신유	임술	계해	갑자	을축	병인	정묘	무진	기사	경오	신미	임신	계유	갑술	을해	병자	정축	무인	기묘	경진	신사	임오	계미
음력	9	10	11	12	13	14	15	16	17	18	19	20	21	22	23	24	25	26	27	28	29	8/1	2	3	4	5	6	7	8	9
九星(구성)	4	3	2	1	9	8	7	6	5	4	3	2	1	9	8	7	6	5	4	3	2	1	9	8	7	6	5	4	3	2
대남	2	2	2	1	1	1	1	백로	10	10	9	9	9	8	8	8	7	7	7	6	6	6	5	추분	5	4	4	4	3	3
운녀	8	8	9	9	9	10	10	백로	1	1	1	1	2	2	2	3	3	3	4	4	4	5	5	추분	6	6	6	7	7	7

10월 — 한로 9일 09시 38분　【음9월】➡　【丙戌月(병술월)】　●구자성　상강 24일 12시 26분

양력 10월 / 음력 08/10 ~ 09/10

구분	1	2	3	4	5	6	7	8	9	10	11	12	13	14	15	16	17	18	19	20	21	22	23	24	25	26	27	28	29	30	31
요일	수	목	금	토	일	월	화	수	목	금	토	일	월	화	수	목	금	토	일	월	화	수	목	금	토	일	월	화	수	목	금
日辰(일진)	갑신	을유	병술	정해	무자	기축	경인	신묘	임진	계사	갑오	을미	병신	정유	무술	기해	경자	신축	임인	계묘	갑진	을사	병오	정미	무신	기유	경술	신해	임자	계축	갑인
음력	10	11	12	13	14	15	16	17	18	19	20	21	22	23	24	25	26	27	28	29	30	9/1	2	3	4	5	6	7	8	9	10
九星(구성)	1	9	8	7	6	5	4	3	2	1	9	8	7	6	5	4	3	2	1	9	8	7	6	5	4	3	2	1	9	8	7
대남	3	2	2	2	1	1	1	1	한로	10	9	9	9	8	8	8	7	7	7	6	6	6	5	상강	5	4	4	4	3	3	3
운녀	8	8	8	9	9	9	10	10	한로	1	1	1	2	2	2	3	3	3	4	4	4	5	5	상강	5	6	6	6	7	7	7

11월 — 입동 8일 12시 20분　【음10월】➡　【丁亥月(정해월)】　●팔백성　소설 23일 09시 34분

양력 11월 / 음력 09/11 ~ 10/11

구분	1	2	3	4	5	6	7	8	9	10	11	12	13	14	15	16	17	18	19	20	21	22	23	24	25	26	27	28	29	30
요일	토	일	월	화	수	목	금	토	일	월	화	수	목	금	토	일	월	화	수	목	금	토	일	월	화	수	목	금	토	일
日辰(일진)	을묘	병진	정사	무오	기미	경신	신유	임술	계해	갑자	을축	병인	정묘	무진	기사	경오	신미	임신	계유	갑술	을해	병자	정축	무인	기묘	경진	신사	임오	계미	갑신
음력	11	12	13	14	15	16	17	18	19	20	21	22	23	24	25	26	27	28	29	10/1	2	3	4	5	6	7	8	9	10	11
九星(구성)	6	5	4	3	2	1	9	8	7	6	5	4	3	2	1	9	8	7	6	5	4	3	2	1	9	8	7	6	5	4
대남	2	2	2	1	1	1	1	입동	10	9	9	9	8	8	8	7	7	7	6	6	6	5	소설	5	4	4	4	3	3	3
운녀	8	8	8	9	9	9	10	입동	1	1	1	2	2	2	3	3	3	4	4	4	5	5	소설	5	6	6	6	7	7	7

12월 — 대설 8일 04시 51분　【음11월】➡　【戊子月(무자월)】　●칠적성　동지 22일 22시 40분

양력 12월 / 음력 10/12 ~ 11/12

구분	1	2	3	4	5	6	7	8	9	10	11	12	13	14	15	16	17	18	19	20	21	22	23	24	25	26	27	28	29	30	31
요일	월	화	수	목	금	토	일	월	화	수	목	금	토	일	월	화	수	목	금	토	일	월	화	수	목	금	토	일	월	화	수
日辰(일진)	을유	병술	정해	무자	기축	경인	신묘	임진	계사	갑오	을미	병신	정유	무술	기해	경자	신축	임인	계묘	갑진	을사	병오	정미	무신	기유	경술	신해	임자	계축	갑인	을묘
음력	12	13	14	15	16	17	18	19	20	21	22	23	24	25	26	27	28	29	30	11/1	2	3	4	5	6	7	8	9	10	11	12
九星(구성)	3	2	1	9	8	7	6	5	4	3	2	1	9	8	7	6	5	4	3	2	1	9	8	7	6	5	4	3	2	1	9
대남	2	2	2	1	1	1	1	대설	9	9	9	8	8	8	7	7	7	6	6	6	5	동지	5	4	4	4	3	3	3	2	2
운녀	8	8	8	9	9	9	10	대설	1	1	1	1	2	2	2	3	3	3	4	4	4	동지	5	5	6	6	6	7	7	7	8

10월 14일 - 일제강점기: 함흥공립상업학교 학생들이 격문을 살포하며 만세시위를 벌이다. 10월 27일 - 일본 제국 타이완 섬에서 우셔 사건이 발생하다. 11월 2일 - 하일레 셀라시에 1세(Haile Selassie) 에티오피아의 황제가 되다.

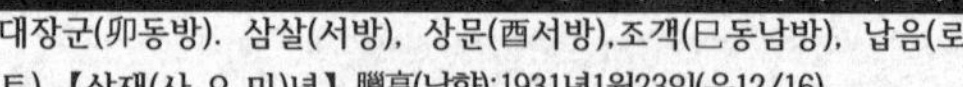

1월 — 소한 6일 15시 56분 【음12월】➡ 【己丑月(기축월)】 ◑육백성   대한 21일 09시 18분

양력	1	2	3	4	5	6	7	8	9	10	11	12	13	14	15	16	17	18	19	20	21	22	23	24	25	26	27	28	29	30	31
요일	목	금	토	일	월	화	수	목	금	토	일	월	화	수	목	금	토	일	월	화	수	목	금	토	일	월	화	수	목	금	토
일진 日辰	병진	정사	무오	기미	경신	신유	임술	계해	갑자	을축	병인	정묘	무진	기사	경오	신미	임신	계유	갑술	을해	병자	정축	무인	기묘	경진	신사	임오	계미	갑신	을유	병술
음력	13	14	15	16	17	18	19	20	21	22	23	24	25	26	27	28	29	30	12/1	2	3	4	5	6	7	8	9	10	11	12	13
구성	8	7	6	5	4	3	2	1	1	2	3	4	5	6	7	8	9	1	2	3	4	5	6	7	8	9	1	2	3	4	5
대남	2	1	1	1	1	소한	10	9	9	9	8	8	8	7	7	7	6	6	6	5	대한	5	4	4	4	3	3	3	2	2	2
운여	8	8	9	9	9	소한	1	1	1	1	2	2	2	3	3	3	4	4	4	5	대한	5	6	6	6	7	7	7	8	8	8

음력 11/13 ~ 12/13

2월 — 입춘 5일 03시 41분 【음1월】➡ 【庚寅月(경인월)】 ◑오황성   우수 19일 23시 40분

양력	1	2	3	4	5	6	7	8	9	10	11	12	13	14	15	16	17	18	19	20	21	22	23	24	25	26	27	28
요일	일	월	화	수	목	금	토	일	월	화	수	목	금	토	일	월	화	수	목	금	토	일	월	화	수	목	금	토
일진 日辰	정해	무자	기축	경인	신묘	임진	계사	갑오	을미	병신	정유	무술	기해	경자	신축	임인	계묘	갑진	을사	병오	정미	무신	기유	경술	신해	임자	계축	갑인
음력	14	15	16	17	18	19	20	21	22	23	24	25	26	27	28	29	1/1	2	3	4	5	6	7	8	9	10	11	12
구성	6	7	8	9	1	2	3	4	5	6	7	8	9	1	2	3	4	5	6	7	8	9	1	2	3	4	5	6
대남	2	1	1	1	입춘	1	1	1	1	2	2	2	3	3	3	4	4	4	우수	5	5	6	6	6	7	7	7	8
운여	9	9	9	10	입춘	9	9	9	8	8	8	7	7	7	6	6	6	5	우수	5	4	4	4	3	3	3	2	2

음력 12/14 ~ 01/12

3월 — 경칩 6일 22시 02분 【음2월】➡ 【辛卯月(신묘월)】 ◑사록성   춘분 21일 23시 06분

양력	1	2	3	4	5	6	7	8	9	10	11	12	13	14	15	16	17	18	19	20	21	22	23	24	25	26	27	28	29	30	31
요일	일	월	화	수	목	금	토	일	월	화	수	목	금	토	일	월	화	수	목	금	토	일	월	화	수	목	금	토	일	월	화
일진 日辰	을묘	병진	정사	무오	기미	경신	신유	임술	계해	갑자	을축	병인	정묘	무진	기사	경오	신미	임신	계유	갑술	을해	병자	정축	무인	기묘	경진	신사	임오	계미	갑신	을유
음력	13	14	15	16	17	18	19	20	21	22	23	24	25	26	27	28	29	30	2/1	2	3	4	5	6	7	8	9	10	11	12	13
구성	7	8	9	1	2	3	4	5	6	7	8	9	1	2	3	4	5	6	7	8	9	1	2	3	4	5	6	7	8	9	1
대남	8	8	9	9	9	경칩	1	1	1	1	2	2	2	3	3	3	4	4	4	5	춘분	5	6	6	6	7	7	7	8	8	8
운여	2	1	1	1	1	경칩	10	10	9	9	9	8	8	8	7	7	7	6	6	6	춘분	5	5	4	4	4	3	3	3	2	2

음력 01/13 ~ 02/13

4월 — 청명 6일 03시 20분 【음3월】➡ 【壬辰月(임진월)】 ◑삼벽성   곡우 21일 10시 40분

양력	1	2	3	4	5	6	7	8	9	10	11	12	13	14	15	16	17	18	19	20	21	22	23	24	25	26	27	28	29	30
요일	수	목	금	토	일	월	화	수	목	금	토	일	월	화	수	목	금	토	일	월	화	수	목	금	토	일	월	화	수	목
일진 日辰	병술	정해	무자	기축	경인	신묘	임진	계사	갑오	을미	병신	정유	무술	기해	경자	신축	임인	계묘	갑진	을사	병오	정미	무신	기유	경술	신해	임자	계축	갑인	을묘
음력	14	15	16	17	18	19	20	21	22	23	24	25	26	27	28	29	30	3/1	2	3	4	5	6	7	8	9	10	11	12	13
구성	2	3	4	5	6	7	8	9	1	2	3	4	5	6	7	8	9	1	2	3	4	5	6	7	8	9	1	2	3	4
대남	9	9	9	10	10	청명	1	1	1	1	2	2	2	3	3	3	4	4	4	5	곡우	5	6	6	6	7	7	7	8	8
운여	2	1	1	1	1	청명	10	9	9	9	8	8	8	7	7	7	6	6	6	5	곡우	5	4	4	4	3	3	3	2	2

음력 02/14 ~ 03/13

5월 — 입하 6일 21시 0분 【음4월】➡ 【癸巳月(계사월)】 ◑이흑성   소만 22일 10시 15분

양력	1	2	3	4	5	6	7	8	9	10	11	12	13	14	15	16	17	18	19	20	21	22	23	24	25	26	27	28	29	30	31
요일	금	토	일	월	화	수	목	금	토	일	월	화	수	목	금	토	일	월	화	수	목	금	토	일	월	화	수	목	금	토	일
일진 日辰	병진	정사	무오	기미	경신	신유	임술	계해	갑자	을축	병인	정묘	무진	기사	경오	신미	임신	계유	갑술	을해	병자	정축	무인	기묘	경진	신사	임오	계미	갑신	을유	병술
음력	14	15	16	17	18	19	20	21	22	23	24	25	26	27	28	29	30	4/1	2	3	4	5	6	7	8	9	10	11	12	13	14
구성	5	6	7	8	9	1	2	3	4	5	6	7	8	9	1	2	3	4	5	6	7	8	9	1	2	3	4	5	6	7	8
대남	8	9	9	9	10	입하	1	1	1	1	2	2	2	3	3	3	4	4	4	5	5	소만	6	6	6	7	7	7	8	8	8
운여	2	1	1	1	1	입하	10	10	10	9	9	9	8	8	8	7	7	7	6	6	6	소만	5	5	4	4	4	3	3	3	2

음력 03/14 ~ 04/14

6월 — 망종 7일 01시 42분 【음5월】➡ 【甲午月(갑오월)】 ◑일백성   하지 22일 18시 28분

양력	1	2	3	4	5	6	7	8	9	10	11	12	13	14	15	16	17	18	19	20	21	22	23	24	25	26	27	28	29	30
요일	월	화	수	목	금	토	일	월	화	수	목	금	토	일	월	화	수	목	금	토	일	월	화	수	목	금	토	일	월	화
일진 日辰	정해	무자	기축	경인	신묘	임진	계사	갑오	을미	병신	정유	무술	기해	경자	신축	임인	계묘	갑진	을사	병오	정미	무신	기유	경술	신해	임자	계축	갑인	을묘	병진
음력	15	16	17	18	19	20	21	22	23	24	25	26	27	28	29	5/1	2	3	4	5	6	7	8	9	10	11	12	13	14	15
구성	9	1	2	3	4	5	6	7	8	9	1	2	3	4	5	6	7	8	9	1	2	3	4	5	6	7	8	9	1	2
대남	9	9	9	10	10	10	망종	1	1	1	1	2	2	2	3	3	3	4	4	4	5	하지	5	6	6	6	7	7	7	8
운여	2	2	1	1	1	1	망종	10	10	9	9	9	8	8	8	7	7	7	6	6	6	하지	5	5	4	4	4	3	3	3

음력 04/15 ~ 05/15

신 미 년

5월 - 신간회 해산.5월 1일 - 뉴욕의 엠파이어 스테이트 빌딩이 완공되다.6월 20일 - 미국 허버트 후버 대통령, 독일의 전쟁 배상금과 전쟁 부채에 대한 지급 유예 제의.7월 13일 - 독일 다나트 은행 폐업. 독일의 금융 공황.8월 24일 - 미국의 찰스 린드버그, 최초로 대서양 횡단 성공.

한식(4월06일), 초복(7월14일), 중복(7월24일), 말복(8월13일) ☂춘사(春社)3/24 ☀추사(秋社)9/20

토왕지절(土旺之節):4월18일,7월21일,10월21일,1월18일(신년양력),臘享(납향):1월23일(신년양력)

九日得辛, 二龍治水, 1931년 신미年(노방토), 육백금

5황	1백	3벽
4록	6백	8백
9자	2흑	7적

소서 8일 12시 06분 【음6월】➡ 【乙未月(을미월)】 ☯구자성 대서 24일 05시 21분

양력 7월 / 음력 05/16 ~ 06/17

양력	1	2	3	4	5	6	7	8	9	10	11	12	13	14	15	16	17	18	19	20	21	22	23	24	25	26	27	28	29	30	31
요일	수	목	금	토	일	월	화	수	목	금	토	일	월	화	수	목	금	토	일	월	화	수	목	금	토	일	월	화	수	목	금
일진 日辰	정사	무오	기미	경신	신유	임술	계해	갑자	을축	병인	정묘	무진	기사	경오	신미	임신	계유	갑술	을해	병자	정축	무인	기묘	경진	신사	임오	계미	갑신	을유	병술	정해
음력	16	17	18	19	20	21	22	23	24	25	26	27	28	29	6/1	2	3	4	5	6	7	8	9	10	11	12	13	14	15	16	17
구성	3	4	5	6	7	8	9	9	8	7	6	5	4	3	2	1	9	8	7	6	5	4	3	2	1	9	8	7	6	5	4
대운 남	8	8	9	9	9	10	10	소	1	1	1	1	2	2	2	3	3	3	4	4	4	5	5	대	6	6	6	7	7	7	8
대운 여	2	2	2	1	1	1	1	서	10	10	9	9	9	8	8	8	7	7	7	6	6	6	5	서	5	4	4	4	3	3	3

입추 8일 21시 45분 【음7월】➡ 【丙申月(병신월)】 ☯팔백성 처서 24일 12시 10분

양력 8월 / 음력 06/18 ~ 07/18

양력	1	2	3	4	5	6	7	8	9	10	11	12	13	14	15	16	17	18	19	20	21	22	23	24	25	26	27	28	29	30	31
요일	토	일	월	화	수	목	금	토	일	월	화	수	목	금	토	일	월	화	수	목	금	토	일	월	화	수	목	금	토	일	월
일진 日辰	무자	기축	경인	신묘	임진	계사	갑오	을미	병신	정유	무술	기해	경자	신축	임인	계묘	갑진	을사	병오	정미	무신	기유	경술	신해	임자	계축	갑인	을묘	병진	정사	무오
음력	18	19	20	21	22	23	24	25	26	27	28	29	30	7/1	2	3	4	5	6	7	8	9	10	11	12	13	14	15	16	17	18
구성	3	2	1	9	8	7	6	5	4	3	2	1	9	8	7	6	5	4	3	2	1	9	8	7	6	5	4	3	2	1	9
대운 남	8	8	9	9	9	10	10	입	1	1	1	1	2	2	2	3	3	3	4	4	4	5	5	처	6	6	6	7	7	7	8
대운 여	2	2	2	1	1	1	1	추	10	10	10	9	9	9	8	8	8	7	7	7	6	6	6	서	5	5	4	4	4	3	3

백로 9일 00시 17분 【음8월】➡ 【丁酉月(정유월)】 ☯칠적성 추분 24일 09시 23분

양력 9월 / 음력 07/19 ~ 08/19

양력	1	2	3	4	5	6	7	8	9	10	11	12	13	14	15	16	17	18	19	20	21	22	23	24	25	26	27	28	29	30
요일	화	수	목	금	토	일	월	화	수	목	금	토	일	월	화	수	목	금	토	일	월	화	수	목	금	토	일	월	화	수
일진 日辰	기미	경신	신유	임술	계해	갑자	을축	병인	정묘	무진	기사	경오	신미	임신	계유	갑술	을해	병자	정축	무인	기묘	경진	신사	임오	계미	갑신	을유	병술	정해	무자
음력	19	20	21	22	23	24	25	26	27	28	29	8/1	2	3	4	5	6	7	8	9	10	11	12	13	14	15	16	17	18	19
구성	8	7	6	5	4	3	2	1	9	8	7	6	5	4	3	2	1	9	8	7	6	5	4	3	2	1	9	8	7	6
대운 남	8	8	9	9	9	10	10	10	백	1	1	1	1	2	2	2	3	3	3	4	4	4	5	추	5	6	6	6	7	7
대운 여	3	2	2	2	1	1	1	1	로	10	9	9	9	8	8	8	7	7	7	6	6	6	5	분	5	4	4	4	3	3

한로 9일 15시 27분 【음9월】➡ 【戊戌月(무술월)】 ☯육백성 상강 24일 18시 16분

양력 10월 / 음력 08/20 ~ 09/21

양력	1	2	3	4	5	6	7	8	9	10	11	12	13	14	15	16	17	18	19	20	21	22	23	24	25	26	27	28	29	30	31
요일	목	금	토	일	월	화	수	목	금	토	일	월	화	수	목	금	토	일	월	화	수	목	금	토	일	월	화	수	목	금	토
일진 日辰	기축	경인	신묘	임진	계사	갑오	을미	병신	정유	무술	기해	경자	신축	임인	계묘	갑진	을사	병오	정미	무신	기유	경술	신해	임자	계축	갑인	을묘	병진	정사	무오	기미
음력	20	21	22	23	24	25	26	27	28	29	9/1	2	3	4	5	6	7	8	9	10	11	12	13	14	15	16	17	18	19	20	21
구성	5	4	3	2	1	9	8	7	6	5	4	3	2	1	9	8	7	6	5	4	3	2	1	9	8	7	6	5	4	3	2
대운 남	7	8	8	8	9	9	9	10	한	1	1	1	1	2	2	2	3	3	3	4	4	4	5	상	5	6	6	6	7	7	7
대운 여	3	2	2	2	1	1	1	1	로	10	9	9	9	8	8	8	7	7	7	6	6	6	5	강	5	4	4	4	3	3	3

입동 8일 18시 10분 【음10월】➡ 【己亥月(기해월)】 ☯오황성 소설 23일 15시 25분

양력 11월 / 음력 09/22 ~ 10/21

양력	1	2	3	4	5	6	7	8	9	10	11	12	13	14	15	16	17	18	19	20	21	22	23	24	25	26	27	28	29	30
요일	일	월	화	수	목	금	토	일	월	화	수	목	금	토	일	월	화	수	목	금	토	일	월	화	수	목	금	토	일	월
일진 日辰	경신	신유	임술	계해	갑자	을축	병인	정묘	무진	기사	경오	신미	임신	계유	갑술	을해	병자	정축	무인	기묘	경진	신사	임오	계미	갑신	을유	병술	정해	무자	기축
음력	22	23	24	25	26	27	28	29	30	10/1	2	3	4	5	6	7	8	9	10	11	12	13	14	15	16	17	18	19	20	21
구성	1	9	8	7	6	5	4	3	2	1	9	8	7	6	5	4	3	2	1	9	8	7	6	5	4	3	2	1	9	8
대운 남	8	8	8	9	9	9	10	입	1	1	1	1	2	2	2	3	3	3	4	4	4	5	소	5	6	6	6	7	7	7
대운 여	2	2	2	1	1	1	1	동	10	9	9	9	8	8	8	7	7	7	6	6	6	5	설	5	4	4	4	3	3	3

대설 8일 10시 40분 【음11월】➡ 【庚子月(경자월)】 ☯사록성 동지 23일 04시 30분

양력 12월 / 음력 10/22 ~ 11/23

양력	1	2	3	4	5	6	7	8	9	10	11	12	13	14	15	16	17	18	19	20	21	22	23	24	25	26	27	28	29	30	31
요일	화	수	목	금	토	일	월	화	수	목	금	토	일	월	화	수	목	금	토	일	월	화	수	목	금	토	일	월	화	수	목
일진 日辰	경인	신묘	임진	계사	갑오	을미	병신	정유	무술	기해	경자	신축	임인	계묘	갑진	을사	병오	정미	무신	기유	경술	신해	임자	계축	갑인	을묘	병진	정사	무오	기미	경신
음력	22	23	24	25	26	27	28	29	11/1	2	3	4	5	6	7	8	9	10	11	12	13	14	15	16	17	18	19	20	21	22	23
구성	7	6	5	4	3	2	1	9	8	7	6	5	4	3	2	1	9	8	7	6	5	4	3	2	1	9	8	7	6	5	4
대운 남	8	8	8	9	9	9	10	대	1	1	1	1	2	2	2	3	3	3	4	4	4	5	동	5	6	6	6	7	7	7	8
대운 여	2	2	2	1	1	1	1	설	9	9	9	8	8	8	7	7	7	6	6	6	5	5	지	4	4	4	3	3	3	2	2

9월 18일 - 일본이 봉천 부근에서 남만주 철도를 고의로 폭파하고, 이를 계기로 만주사변을 일으키다.10월 24일 - 국제연맹, 일본군의 만주 철병(撤兵) 권고안 가결.11월 1일 - 동아일보, 신동아 창간.

단기 4265 年	**1932년**	중원(中元) 임신(壬申)년,납음(검봉금),본명성(오황토)
불기 2476 年		대장군(午남방), 삼살(남방), 상문(戌서북방),조객(午남방), 납음(검봉금),【삼재(인,묘,진)년】臘享(납향):1933년1월17일(음12/20)

소한 6일 21시 45분 【음12월】➡ 【辛丑月(신축월)】 ☯삼벽성 대한 21일 15시 07분

양력 1월 (음력 11/24 ~ 12/24)

양력	1	2	3	4	5	6	7	8	9	10	11	12	13	14	15	16	17	18	19	20	21	22	23	24	25	26	27	28	29	30	31
요일	금	토	일	월	화	수	목	금	토	일	월	화	수	목	금	토	일	월	화	수	목	금	토	일	월	화	수	목	금	토	일
일진	신유	임술	계해	갑자	을축	병인	정묘	무진	기사	경오	신미	임신	계유	갑술	을해	병자	정축	무인	기묘	경진	신사	임오	계미	갑신	을유	병술	정해	무자	기축	경인	신묘
음력	24	25	26	27	28	29	30	12/1	2	3	4	5	6	7	8	9	10	11	12	13	14	15	16	17	18	19	20	21	22	23	24
구성	3	2	1	1	2	3	4	5	6	7	8	9	1	2	3	4	5	6	7	8	9	1	2	3	4	5	6	7	8	9	1
대운(남)	8	8	9	9	9	소한	1	1	1	1	2	2	2	3	3	3	4	4	4	5	대한	5	6	6	6	7	7	7	8	8	8
대운(여)	2	1	1	1	1	소한	10	9	9	9	8	8	8	7	7	7	6	6	6	5	대한	5	4	4	4	3	3	3	2	2	2

입춘 5일 09시 29분 【음1월】➡ 【壬寅月(임인월)】 ☯이흑성 우수 20일 05시 28분

양력 2월 (음력 01/25 ~ 02/24) · 임신년

양력	1	2	3	4	5	6	7	8	9	10	11	12	13	14	15	16	17	18	19	20	21	22	23	24	25	26	27	28	29
요일	월	화	수	목	금	토	일	월	화	수	목	금	토	일	월	화	수	목	금	토	일	월	화	수	목	금	토	일	월
일진	임진	계사	갑오	을미	병신	정유	무술	기해	경자	신축	임인	계묘	갑진	을사	병오	정미	무신	기유	경술	신해	임자	계축	갑인	을묘	병진	정사	무오	기미	경신
음력	25	26	27	28	29	1/1	2	3	4	5	6	7	8	9	10	11	12	13	14	15	16	17	18	19	20	21	22	23	24
구성	2	3	4	5	6	7	8	9	1	2	3	4	5	6	7	8	9	1	2	3	4	5	6	7	8	9	1	2	3
대운(남)	9	9	9	10	입춘	10	9	9	9	8	8	8	7	7	7	6	6	6	5	우수	5	4	4	4	3	3	3	2	2
대운(여)	1	1	1	1	입춘	1	1	1	1	2	2	2	3	3	3	4	4	4	5	우수	5	6	6	6	7	7	7	8	8

경칩 6일 03시 49분 【음2월】➡ 【癸卯月(계묘월)】 ☯일백성 춘분 21일 04시 54분

양력 3월 (음력 01/25 ~ 02/25)

양력	1	2	3	4	5	6	7	8	9	10	11	12	13	14	15	16	17	18	19	20	21	22	23	24	25	26	27	28	29	30	31
요일	화	수	목	금	토	일	월	화	수	목	금	토	일	월	화	수	목	금	토	일	월	화	수	목	금	토	일	월	화	수	목
일진	신유	임술	계해	갑자	을축	병인	정묘	무진	기사	경오	신미	임신	계유	갑술	을해	병자	정축	무인	기묘	경진	신사	임오	계미	갑신	을유	병술	정해	무자	기축	경인	신묘
음력	25	26	27	28	29	30	2/1	2	3	4	5	6	7	8	9	10	11	12	13	14	15	16	17	18	19	20	21	22	23	24	25
구성	4	5	6	7	8	9	1	2	3	4	5	6	7	8	9	1	2	3	4	5	6	7	8	9	1	2	3	4	5	6	7
대운(남)	2	1	1	1	1	경칩	10	9	9	9	8	8	8	7	7	7	6	6	6	5	춘분	5	4	4	4	3	3	3	2	2	2
대운(여)	8	9	9	9	10	경칩	1	1	1	1	2	2	2	3	3	3	4	4	4	5	춘분	5	6	6	6	7	7	7	8	8	8

청명 5일 09시 06분 【음3월】➡ 【甲辰月(갑진월)】 ☯구자성 곡우 20일 16시 28분

양력 4월 (음력 02/26 ~ 03/25)

양력	1	2	3	4	5	6	7	8	9	10	11	12	13	14	15	16	17	18	19	20	21	22	23	24	25	26	27	28	29	30
요일	금	토	일	월	화	수	목	금	토	일	월	화	수	목	금	토	일	월	화	수	목	금	토	일	월	화	수	목	금	토
일진	임진	계사	갑오	을미	병신	정유	무술	기해	경자	신축	임인	계묘	갑진	을사	병오	정미	무신	기유	경술	신해	임자	계축	갑인	을묘	병진	정사	무오	기미	경신	신유
음력	26	27	28	29	30	3/1	2	3	4	5	6	7	8	9	10	11	12	13	14	15	16	17	18	19	20	21	22	23	24	25
구성	8	9	1	2	3	4	5	6	7	8	9	1	2	3	4	5	6	7	8	9	1	2	3	4	5	6	7	8	9	1
대운(남)	1	1	1	1	청명	10	10	9	9	9	8	8	8	7	7	7	6	6	6	곡우	5	5	4	4	4	3	3	3	2	2
대운(여)	9	9	9	10	청명	1	1	1	1	2	2	2	3	3	3	4	4	4	5	곡우	5	6	6	6	7	7	7	8	8	8

입하 6일 02시 55분 【음4월】➡ 【乙巳月(을사월)】 ☯팔백성 소만 21일 16시 07분

양력 5월 (음력 03/26 ~ 04/26)

양력	1	2	3	4	5	6	7	8	9	10	11	12	13	14	15	16	17	18	19	20	21	22	23	24	25	26	27	28	29	30	31
요일	일	월	화	수	목	금	토	일	월	화	수	목	금	토	일	월	화	수	목	금	토	일	월	화	수	목	금	토	일	월	화
일진	임술	계해	갑자	을축	병인	정묘	무진	기사	경오	신미	임신	계유	갑술	을해	병자	정축	무인	기묘	경진	신사	임오	계미	갑신	을유	병술	정해	무자	기축	경인	신묘	임진
음력	26	27	28	29	30	4/1	2	3	4	5	6	7	8	9	10	11	12	13	14	15	16	17	18	19	20	21	22	23	24	25	26
구성	2	3	4	5	6	7	8	9	1	2	3	4	5	6	7	8	9	1	2	3	4	5	6	7	8	9	1	2	3	4	5
대운(남)	2	1	1	1	1	입하	10	10	9	9	9	8	8	8	7	7	7	6	6	6	소만	5	5	4	4	4	3	3	3	2	2
대운(여)	9	9	9	10	10	입하	1	1	1	1	2	2	2	3	3	3	4	4	4	5	소만	5	6	6	6	7	7	7	8	8	8

망종 6일 07시 28분 【음5월】➡ 【丙午月(병오월)】 ☯칠적성 하지 22일 00시 23분

양력 6월 (음력 04/27 ~ 05/27)

양력	1	2	3	4	5	6	7	8	9	10	11	12	13	14	15	16	17	18	19	20	21	22	23	24	25	26	27	28	29	30
요일	수	목	금	토	일	월	화	수	목	금	토	일	월	화	수	목	금	토	일	월	화	수	목	금	토	일	월	화	수	목
일진	계사	갑오	을미	병신	정유	무술	기해	경자	신축	임인	계묘	갑진	을사	병오	정미	무신	기유	경술	신해	임자	계축	갑인	을묘	병진	정사	무오	기미	경신	신유	임술
음력	27	28	29	5/1	2	3	4	5	6	7	8	9	10	11	12	13	14	15	16	17	18	19	20	21	22	23	24	25	26	27
구성	6	7	8	9	1	2	3	4	5	6	7	8	9	1	2	3	4	5	6	7	8	9	1	2	3	4	5	6	7	8
대운(남)	2	1	1	1	1	망종	10	10	9	9	9	8	8	8	7	7	7	6	6	6	5	하지	5	5	4	4	4	3	3	2
대운(여)	2	1	1	1	1	망종	1	1	1	2	2	2	3	3	3	4	4	4	5	5	6	하지	6	6	7	7	7	8	8	8

1월 8일 - 이봉창, 도쿄에서 일왕을 폭살시키려다 실패한 사쿠라다몬의거가 일어남. 3월 1일 - 만주국(滿州國) 성립. 4월 29일 - 윤봉길, 중국 상하이의 홍커우 공원에서 도시락 폭탄을 던져 의거하다.

한식(4월06일), 초복(7월18일), 중복(7월24일), 말복(8월07일)　↑춘사(春社)3/18　☀추사(秋社)9/24
토왕지절(土旺之節):4월17일,7월20일,10월20일,1월17일(신년양력),臘享(납향):1월17일(신년양력)
五日得辛, 八龍治水, 1932년 임신年(검봉금), 오황토

4록	9자	2흑
3벽	5황	7적
8백	1백	6백

1932

소서 7일 17시 52분　【음6월】➡　【丁未月(정미월)】　●육백성　대서 23일 11시 18분

양력 7월 (음력 05/28 ~ 06/28)

	1	2	3	4	5	6	7	8	9	10	11	12	13	14	15	16	17	18	19	20	21	22	23	24	25	26	27	28	29	30	31
요일	금	토	일	월	화	수	목	금	토	일	월	화	수	목	금	토	일	월	화	수	목	금	토	일	월	화	수	목	금	토	일
日辰	계해	갑자	을축	병인	정묘	무진	기사	경오	신미	임신	계유	갑술	을해	병자	정축	무인	기묘	경진	신사	임오	계미	갑신	을유	병술	정해	무자	기축	경인	신묘	임진	계사
음력	28	29	30	6/1	2	3	4	5	6	7	8	9	10	11	12	13	14	15	16	17	18	19	20	21	22	23	24	25	26	27	28
구성	9	9	8	7	6	5	4	3	2	1	9	8	7	6	5	4	3	2	1	9	8	7	6	5	4	3	2	1	9	8	7
대운 남	2	2	1	1	1	1	소서	10	10	10	9	9	9	8	8	8	7	7	7	6	6	6	대서	5	5	4	4	4	3	3	3
대운 여	8	9	9	9	10	10	소서	1	1	1	1	2	2	2	3	3	3	4	4	4	5	5	대서	6	6	6	7	7	7	8	8

입추 8일 03시 32분　【음7월】➡　【戊申月(무신월)】　●오황성　처서 23일 18시 06분

양력 8월 (음력 06/29 ~ 07/30)

	1	2	3	4	5	6	7	8	9	10	11	12	13	14	15	16	17	18	19	20	21	22	23	24	25	26	27	28	29	30	31
요일	월	화	수	목	금	토	일	월	화	수	목	금	토	일	월	화	수	목	금	토	일	월	화	수	목	금	토	일	월	화	수
日辰	갑오	을미	병신	정유	무술	기해	경자	신축	임인	계묘	갑진	을사	병오	정미	무신	기유	경술	신해	임자	계축	갑인	을묘	병진	정사	무오	기미	경신	신유	임술	계해	갑자
음력	29	7/1	2	3	4	5	6	7	8	9	10	11	12	13	14	15	16	17	18	19	20	21	22	23	24	25	26	27	28	29	30
구성	6	5	4	3	2	1	9	8	7	6	5	4	3	2	1	9	8	7	6	5	4	3	2	1	9	8	7	6	5	4	3
대운 남	2	2	2	1	1	1	1	입추	10	10	9	9	9	8	8	8	7	7	7	6	6	6	처서	5	5	4	4	4	3	3	3
대운 여	8	9	9	9	10	10	10	입추	1	1	1	1	2	2	2	3	3	3	4	4	4	5	처서	5	6	6	6	7	7	7	8

백로 8일 06시 03분　【음8월】➡　【己酉月(기유월)】　●사록성　추분 23일 15시 16분

양력 9월 (음력 08/01 ~ 09/01)

	1	2	3	4	5	6	7	8	9	10	11	12	13	14	15	16	17	18	19	20	21	22	23	24	25	26	27	28	29	30
요일	목	금	토	일	월	화	수	목	금	토	일	월	화	수	목	금	토	일	월	화	수	목	금	토	일	월	화	수	목	금
日辰	을축	병인	정묘	무진	기사	경오	신미	임신	계유	갑술	을해	병자	정축	무인	기묘	경진	신사	임오	계미	갑신	을유	병술	정해	무자	기축	경인	신묘	임진	계사	갑오
음력	8/1	2	3	4	5	6	7	8	9	10	11	12	13	14	15	16	17	18	19	20	21	22	23	24	25	26	27	28	29	9/1
구성	2	1	9	8	7	6	5	4	3	2	1	9	8	7	6	5	4	3	2	1	9	8	7	6	5	4	3	2	1	9
대운 남	2	2	2	1	1	1	1	백로	10	9	9	9	8	8	8	7	7	7	6	6	6	5	추분	5	4	4	4	3	3	3
대운 여	8	8	9	9	9	10	10	백로	1	1	1	1	2	2	2	3	3	3	4	4	4	5	추분	5	6	6	6	7	7	7

한로 8일 21시 10분　【음9월】➡　【庚戌月(경술월)】　●삼벽성　상강 24일 00시 04분

양력 10월 (음력 09/02 ~ 10/03)

	1	2	3	4	5	6	7	8	9	10	11	12	13	14	15	16	17	18	19	20	21	22	23	24	25	26	27	28	29	30	31
요일	토	일	월	화	수	목	금	토	일	월	화	수	목	금	토	일	월	화	수	목	금	토	일	월	화	수	목	금	토	일	월
日辰	을미	병신	정유	무술	기해	경자	신축	임인	계묘	갑진	을사	병오	정미	무신	기유	경술	신해	임자	계축	갑인	을묘	병진	정사	무오	기미	경신	신유	임술	계해	갑자	을축
음력	2	3	4	5	6	7	8	9	10	11	12	13	14	15	16	17	18	19	20	21	22	23	24	25	26	27	28	29	10/1	2	3
구성	8	7	6	5	4	3	2	1	9	8	7	6	5	4	3	2	1	9	8	7	6	5	4	3	2	1	9	8	7	6	5
대운 남	2	2	2	1	1	1	1	한로	10	9	9	9	8	8	8	7	7	7	6	6	6	5	5	상강	4	4	4	3	3	3	2
대운 여	8	8	8	9	9	9	10	한로	1	1	1	1	2	2	2	3	3	3	4	4	4	5	5	상강	6	6	6	7	7	7	8

입동 7일 23시 50분　【음10월】➡　【辛亥月(신해월)】　●이흑성　소설 22일 21시 10분

양력 11월 (음력 10/04 ~ 11/03)

	1	2	3	4	5	6	7	8	9	10	11	12	13	14	15	16	17	18	19	20	21	22	23	24	25	26	27	28	29	30
요일	화	수	목	금	토	일	월	화	수	목	금	토	일	월	화	수	목	금	토	일	월	화	수	목	금	토	일	월	화	수
日辰	병인	정묘	무진	기사	경오	신미	임신	계유	갑술	을해	병자	정축	무인	기묘	경진	신사	임오	계미	갑신	을유	병술	정해	무자	기축	경인	신묘	임진	계사	갑오	을미
음력	4	5	6	7	8	9	10	11	12	13	14	15	16	17	18	19	20	21	22	23	24	25	26	27	28	29	30	11/1	2	3
구성	4	3	2	1	9	8	7	6	5	4	3	2	1	9	8	7	6	5	4	3	2	1	9	8	7	6	5	4	3	2
대운 남	2	2	1	1	1	1	입동	10	9	9	9	8	8	8	7	7	7	6	6	6	5	소설	5	4	4	4	3	3	3	2
대운 여	8	9	9	9	10	10	입동	1	1	1	1	2	2	2	3	3	3	4	4	4	5	소설	5	6	6	6	7	7	7	8

대설 7일 16시 18분　【음11월】➡　【壬子月(임자월)】　●일백성　동지 22일 10시 14분

양력 12월 (음력 11/04 ~ 12/05)

	1	2	3	4	5	6	7	8	9	10	11	12	13	14	15	16	17	18	19	20	21	22	23	24	25	26	27	28	29	30	31
요일	목	금	토	일	월	화	수	목	금	토	일	월	화	수	목	금	토	일	월	화	수	목	금	토	일	월	화	수	목	금	토
日辰	병신	정유	무술	기해	경자	신축	임인	계묘	갑진	을사	병오	정미	무신	기유	경술	신해	임자	계축	갑인	을묘	병진	정사	무오	기미	경신	신유	임술	계해	갑자	을축	병인
음력	4	5	6	7	8	9	10	11	12	13	14	15	16	17	18	19	20	21	22	23	24	25	26	27	28	29	12/1	2	3	4	5
구성	1	9	8	7	6	5	4	3	2	1	9	8	7	6	5	4	3	2	1	9	8	7	6	5	4	3	2	1	9	8	7
대운 남	2	2	1	1	1	1	대설	10	9	9	9	8	8	8	7	7	7	6	6	6	5	동지	5	4	4	4	3	3	3	2	2
대운 여	8	9	9	9	10	10	대설	1	1	1	1	2	2	2	3	3	3	4	4	4	5	동지	5	6	6	6	7	7	7	8	8

단기 4266 年 / 불기 2477 年

1933년 윤5월

중원(中元) 계유(癸酉)년, 납음(검봉금), 본명성(사록목)

대장군(午남방).삼살(동방),상문(亥서북방),조객(未서남방), 납음(검봉금), 【삼재(해,자,축)년】 臘享(납향):1934년1월24일(음12/10)

1월 — 【음12월】→ 【癸丑月(계축월)】 ◑구자성

소한 6일 03시 23분 · 대한 20일 20시 53분

양력	1	2	3	4	5	6	7	8	9	10	11	12	13	14	15	16	17	18	19	20	21	22	23	24	25	26	27	28	29	30	31
요일	일	월	화	수	목	금	토	일	월	화	수	목	금	토	일	월	화	수	목	금	토	일	월	화	수	목	금	토	일	월	화
日辰	정묘	무진	기사	경오	신미	임신	계유	갑술	을해	병자	정축	무인	기묘	경진	신사	임오	계미	갑신	을유	병술	정해	무자	기축	경인	신묘	임진	계사	갑오	을미	병신	정유
음력	6	7	8	9	10	11	12	13	14	15	16	17	18	19	20	21	22	23	24	25	26	27	28	29	30	1/1	2	3	4	5	6
구성	4	5	6	7	8	9	1	2	3	4	5	6	7	8	9	1	2	3	4	5	6	7	8	9	1	2	3	4	5	6	7
대남	2	1	1	1	1	소한	9	9	9	8	8	8	7	7	7	6	6	6	5	대한	5	4	4	4	3	3	3	2	2	2	1
운여	8	9	9	9	10	한	1	1	1	1	2	2	2	3	3	3	4	4	4	한	5	5	6	6	6	7	7	7	8	8	8

음력 12/06 ~ 01/06

2월 — 【음1월】→ 【甲寅月(갑인월)】 ◑팔백성

입춘 4일 15시 09분 · 우수 19일 11시 16분

양력	1	2	3	4	5	6	7	8	9	10	11	12	13	14	15	16	17	18	19	20	21	22	23	24	25	26	27	28
요일	수	목	금	토	일	월	화	수	목	금	토	일	월	화	수	목	금	토	일	월	화	수	목	금	토	일	월	화
日辰	무술	기해	경자	신축	임인	계묘	갑진	을사	병오	정미	무신	기유	경술	신해	임자	계축	갑인	을묘	병진	정사	무오	기미	경신	신유	임술	계해	갑자	을축
음력	7	8	9	10	11	12	13	14	15	16	17	18	19	20	21	22	23	24	25	26	27	28	29	2/1	2	3	4	5
구성	8	9	1	2	3	4	5	6	7	8	9	1	2	3	4	5	6	7	8	9	1	2	3	4	5	6	7	8
대남	1	1	1	입춘	1	1	1	1	2	2	2	3	3	3	4	4	4	5	우수	5	6	6	6	7	7	7	8	8
운여	9	9	9	춘	10	1	1	1	1	2	2	2	3	3	3	4	4	4	수	5	5	5	6	6	6	6	2	2

음력 01/07 ~ 02/05 · 계유년

3월 — 【음2월】→ 【乙卯月(을묘월)】 ◑칠적성

경칩 6일 09시 31분 · 춘분 21일 10시 43분

양력	1	2	3	4	5	6	7	8	9	10	11	12	13	14	15	16	17	18	19	20	21	22	23	24	25	26	27	28	29	30	31
요일	수	목	금	토	일	월	화	수	목	금	토	일	월	화	수	목	금	토	일	월	화	수	목	금	토	일	월	화	수	목	금
日辰	병인	정묘	무진	기사	경오	신미	임신	계유	갑술	을해	병자	정축	무인	기묘	경진	신사	임오	계미	갑신	을유	병술	정해	무자	기축	경인	신묘	임진	계사	갑오	을미	병신
음력	6	7	8	9	10	11	12	13	14	15	16	17	18	19	20	21	22	23	24	25	26	27	28	29	30	3/1	2	3	4	5	6
구성	9	1	2	3	4	5	6	7	8	9	1	2	3	4	5	6	7	8	9	1	2	3	4	5	6	7	8	9	1	2	3
대남	8	9	9	9	10	경칩	1	1	1	1	2	2	2	3	3	3	4	4	4	5	춘분	5	6	6	6	7	7	7	8	8	8
운여	2	1	1	1	1	칩	10	9	9	9	8	8	8	7	7	7	6	6	6	5	분	5	5	4	4	4	3	3	3	2	2

음력 02/06 ~ 03/06

4월 — 【음3월】→ 【丙辰月(병진월)】 ◑육백성

청명 5일 14시 51분 · 곡우 20일 22시 18분

양력	1	2	3	4	5	6	7	8	9	10	11	12	13	14	15	16	17	18	19	20	21	22	23	24	25	26	27	28	29	30
요일	토	일	월	화	수	목	금	토	일	월	화	수	목	금	토	일	월	화	수	목	금	토	일	월	화	수	목	금	토	일
日辰	정유	무술	기해	경자	신축	임인	계묘	갑진	을사	병오	정미	무신	기유	경술	신해	임자	계축	갑인	을묘	병진	정사	무오	기미	경신	신유	임술	계해	갑자	을축	병인
음력	7	8	9	10	11	12	13	14	15	16	17	18	19	20	21	22	23	24	25	26	27	28	29	30	4/1	2	3	4	5	6
구성	4	5	6	7	8	9	1	2	3	4	5	6	7	8	9	1	2	3	4	5	6	7	8	9	1	2	3	4	5	6
대남	9	9	9	10	청명	1	1	1	1	2	2	2	3	3	3	4	4	4	5	곡우	5	6	6	6	7	7	7	8	8	8
운여	1	1	1	1	명	10	10	9	9	9	8	8	8	7	7	7	6	6	6	우	5	5	5	4	4	4	3	3	2	2

음력 03/07 ~ 04/06

5월 — 【음4월】→ 【丁巳月(정사월)】 ◑오황성

입하 6일 08시 42분 · 소만 21일 21시 57분

양력	1	2	3	4	5	6	7	8	9	10	11	12	13	14	15	16	17	18	19	20	21	22	23	24	25	26	27	28	29	30	31
요일	월	화	수	목	금	토	일	월	화	수	목	금	토	일	월	화	수	목	금	토	일	월	화	수	목	금	토	일	월	화	수
日辰	정묘	무진	기사	경오	신미	임신	계유	갑술	을해	병자	정축	무인	기묘	경진	신사	임오	계미	갑신	을유	병술	정해	무자	기축	경인	신묘	임진	계사	갑오	을미	병신	정유
음력	7	8	9	10	11	12	13	14	15	16	17	18	19	20	21	22	23	24	25	26	27	28	29	5/1	2	3	4	5	6	7	8
구성	7	8	9	1	2	3	4	5	6	7	8	9	1	2	3	4	5	6	7	8	9	1	2	3	4	5	6	7	8	9	1
대남	9	9	9	10	10	입하	1	1	1	1	2	2	2	3	3	3	4	4	4	5	소만	5	6	6	6	7	7	7	8	8	8
운여	2	1	1	1	1	하	10	10	9	9	9	8	8	8	7	7	7	6	6	6	만	5	5	5	4	4	4	3	3	2	2

음력 04/07 ~ 05/08

6월 — 【음5월】→ 【戊午月(무오월)】 ◑사록성

망종 6일 13시 17분 · 하지 22일 06시 12분

양력	1	2	3	4	5	6	7	8	9	10	11	12	13	14	15	16	17	18	19	20	21	22	23	24	25	26	27	28	29	30
요일	목	금	토	일	월	화	수	목	금	토	일	월	화	수	목	금	토	일	월	화	수	목	금	토	일	월	화	수	목	금
日辰	무술	기해	경자	신축	임인	계묘	갑진	을사	병오	정미	무신	기유	경술	신해	임자	계축	갑인	을묘	병진	정사	무오	기미	경신	신유	임술	계해	갑자	을축	병인	정묘
음력	9	10	11	12	13	14	15	16	17	18	19	20	21	22	23	24	25	26	27	28	29	30	윤5	2	3	4	5	6	7	8
구성	2	3	4	5	6	7	8	9	1	2	3	4	5	6	7	8	9	1	2	3	4	5	6	7	8	9	8	7	6	5
대남	9	9	9	10	10	망종	1	1	1	1	2	2	2	3	3	3	4	4	4	5	5	하지	6	6	6	7	7	7	8	8
운여	2	1	1	1	1	종	10	10	9	9	9	8	8	8	7	7	7	6	6	6	5	지	5	5	4	4	4	3	3	2

음력 05/09 ~ 윤508

3월 4일 - 미국 32대 대통령 프랭클린 D. 루스벨트 취임.3월 5일 - 바이마르 공화국의 마지막 총선거.

3월 24일 - 독일에서 수권법이 가결.3월 27일 - 일본이 국제 연맹 탈퇴.4월 26일 - 독일에서 게슈타포 결성.

한식(4월06일), 초복(7월13일), 중복(7월23일), 말복(8월12일)　↑춘사(春社)3/23　☀추사(秋社)9/19

토왕지절(土旺之節):4월17일,7월20일,10월21일,1월18일(신년양력),臘享(납향):1월24일(신년양력)

十日得辛, 一龍治水, 1933년 계유年(검봉금), 사록목

3벽	8백	1백
2흑	4록	6백
7적	9자	5황

소서 7일 23시 44분　【음6월】➡　【己未月(기미월)】　●삼벽성　대서 23일 17시 05분

양력 7월 · 음력 윤509 / 06/09

양력	1	2	3	4	5	6	7	8	9	10	11	12	13	14	15	16	17	18	19	20	21	22	23	24	25	26	27	28	29	30	31
요일	토	일	월	화	수	목	금	토	일	월	화	수	목	금	토	일	월	화	수	목	금	토	일	월	화	수	목	금	토	일	월
일진日辰	무진	기사	경오	신미	임신	계유	갑술	을해	병자	정축	무인	기묘	경진	신사	임오	계미	갑신	을유	병술	정해	무자	기축	경인	신묘	임진	계사	갑오	을미	병신	정유	무술
음력	9	10	11	12	13	14	15	16	17	18	19	20	21	22	23	24	25	26	27	28	29	30	6/1	2	3	4	5	6	7	8	9
구성	5	4	3	2	1	9	8	7	6	5	4	3	2	1	9	8	7	6	5	4	3	2	1	9	8	7	6	5	4	3	2
대 남	8	9	9	9	10	10	소서	1	1	1	1	2	2	2	3	3	3	4	4	4	5	5	대서	6	6	6	7	7	7	8	8
운 여	2	2	1	1	1	1	소서	10	10	10	9	9	9	8	8	8	7	7	7	6	6	6	대서	5	5	5	4	4	4	3	3

입추 8일 09시 26분　【음7월】➡　【庚申月(경신월)】　●이흑성　처서 23일 23시 52분

양력 8월 · 음력 06/10 / 07/11

양력	1	2	3	4	5	6	7	8	9	10	11	12	13	14	15	16	17	18	19	20	21	22	23	24	25	26	27	28	29	30	31
요일	화	수	목	금	토	일	월	화	수	목	금	토	일	월	화	수	목	금	토	일	월	화	수	목	금	토	일	월	화	수	목
일진日辰	기해	경자	신축	임인	계묘	갑진	을사	병오	정미	무신	기유	경술	신해	임자	계축	갑인	을묘	병진	정사	무오	기미	경신	신유	임술	계해	갑자	을축	병인	정묘	무진	기사
음력	10	11	12	13	14	15	16	17	18	19	20	21	22	23	24	25	26	27	28	29	7/1	2	3	4	5	6	7	8	9	10	11
구성	1	9	8	7	6	5	4	3	2	1	9	8	7	6	5	4	3	2	1	9	8	7	6	5	4	3	2	1	9	8	7
대 남	8	9	9	9	10	10	10	입추	1	1	1	1	2	2	2	3	3	3	4	4	4	5	처서	5	5	6	6	6	7	7	7
운 여	2	2	2	1	1	1	1	입추	10	10	9	9	9	8	8	8	7	7	7	6	6	6	처서	5	5	4	4	4	3	3	3

백로 8일 11시 58분　【음8월】➡　【辛酉月(신유월)】　●일백성　추분 23일 21시 01분

양력 9월 · 음력 07/12 / 08/11

양력	1	2	3	4	5	6	7	8	9	10	11	12	13	14	15	16	17	18	19	20	21	22	23	24	25	26	27	28	29	30
요일	금	토	일	월	화	수	목	금	토	일	월	화	수	목	금	토	일	월	화	수	목	금	토	일	월	화	수	목	금	토
일진日辰	경오	신미	임신	계유	갑술	을해	병자	정축	무인	기묘	경진	신사	임오	계미	갑신	을유	병술	정해	무자	기축	경인	신묘	임진	계사	갑오	을미	병신	정유	무술	기해
음력	12	13	14	15	16	17	18	19	20	21	22	23	24	25	26	27	28	29	30	8/1	2	3	4	5	6	7	8	9	10	11
구성	6	5	4	3	2	1	9	8	7	6	5	4	3	2	1	9	8	7	6	5	4	3	2	1	9	8	7	6	5	4
대 남	8	8	9	9	9	10	10	백로	1	1	1	1	2	2	2	3	3	3	4	4	4	5	추분	5	6	6	6	7	7	7
운 여	2	2	2	1	1	1	1	백로	10	10	9	9	9	8	8	8	7	7	7	6	6	6	추분	5	5	4	4	4	3	3

한로 9일 03시 04분　【음9월】➡　【壬戌月(임술월)】　●구자성　상강 24일 05시 48분

양력 10월 · 음력 08/12 / 09/13

양력	1	2	3	4	5	6	7	8	9	10	11	12	13	14	15	16	17	18	19	20	21	22	23	24	25	26	27	28	29	30	31
요일	일	월	화	수	목	금	토	일	월	화	수	목	금	토	일	월	화	수	목	금	토	일	월	화	수	목	금	토	일	월	화
일진日辰	경자	신축	임인	계묘	갑진	을사	병오	정미	무신	기유	경술	신해	임자	계축	갑인	을묘	병진	정사	무오	기미	경신	신유	임술	계해	갑자	을축	병인	정묘	무진	기사	경오
음력	12	13	14	15	16	17	18	19	20	21	22	23	24	25	26	27	28	29	9/1	2	3	4	5	6	7	8	9	10	11	12	13
구성	3	2	1	9	8	7	6	5	4	3	2	1	9	8	7	6	5	4	3	2	1	9	8	7	6	5	4	3	2	1	9
대 남	8	8	8	9	9	9	10	10	한로	1	1	1	1	2	2	2	3	3	3	4	4	4	5	상강	5	6	6	6	7	7	7
운 여	3	2	2	2	1	1	1	1	한로	10	9	9	9	8	8	8	7	7	7	6	6	6	5	상강	5	4	4	4	3	3	3

입동 8일 05시 43분　【음10월】➡　【癸亥月(계해월)】　●팔백성　소설 23일 02시 53분

양력 11월 · 음력 09/14 / 11/13

양력	1	2	3	4	5	6	7	8	9	10	11	12	13	14	15	16	17	18	19	20	21	22	23	24	25	26	27	28	29	30
요일	수	목	금	토	일	월	화	수	목	금	토	일	월	화	수	목	금	토	일	월	화	수	목	금	토	일	월	화	수	목
일진日辰	신미	임신	계유	갑술	을해	병자	정축	무인	기묘	경진	신사	임오	계미	갑신	을유	병술	정해	무자	기축	경인	신묘	임진	계사	갑오	을미	병신	정유	무술	기해	경자
음력	14	15	16	17	18	19	20	21	22	23	24	25	26	27	28	29	30	10/1	2	3	4	5	6	7	8	9	10	11	12	13
구성	8	7	6	5	4	3	2	1	9	8	7	6	5	4	3	2	1	9	8	7	6	5	4	3	2	1	9	8	7	6
대 남	8	8	8	9	9	9	10	입동	1	1	1	1	2	2	2	3	3	3	4	4	4	5	소설	5	6	6	6	7	7	7
운 여	2	2	2	1	1	1	1	입동	9	9	9	8	8	8	7	7	7	6	6	6	5	5	소설	4	4	4	3	3	3	2

대설 7일 22시 11분　【음11월】➡　【甲子月(갑자월)】　●칠적성　동지 22일 15시 58분

양력 12월 · 음력 10/14 / 11/15

양력	1	2	3	4	5	6	7	8	9	10	11	12	13	14	15	16	17	18	19	20	21	22	23	24	25	26	27	28	29	30	31
요일	금	토	일	월	화	수	목	금	토	일	월	화	수	목	금	토	일	월	화	수	목	금	토	일	월	화	수	목	금	토	일
일진日辰	신축	임인	계묘	갑진	을사	병오	정미	무신	기유	경술	신해	임자	계축	갑인	을묘	병진	정사	무오	기미	경신	신유	임술	계해	갑자	을축	병인	정묘	무진	기사	경오	신미
음력	14	15	16	17	18	19	20	21	22	23	24	25	26	27	28	29	11/1	2	3	4	5	6	7	8	9	10	11	12	13	14	15
구성	5	4	3	2	1	9	8	7	6	5	4	3	2	1	9	8	7	6	5	4	3	2	1	1	2	3	4	5	6	7	8
대 남	8	8	8	9	9	9	대설	1	1	1	1	2	2	2	3	3	3	4	4	4	5	동지	5	6	6	6	7	7	7	8	8
운 여	2	2	1	1	1	1	대설	10	9	9	9	8	8	8	7	7	7	6	6	6	5	동지	5	4	4	4	3	3	3	2	2

8월 17일 - 일본, 조선금융조합연합회령 공포.9월 19일 - 일제 강점기: 조선축구협회 창립. (초대회장 박승빈)

10월 29일 - 한글 학회가 한글 맞춤법 통일안을 제정하여 발표하였다.12월 26일 - 닛산 자동차 창립.

<table>
<tr><td>단기 4267 年
불기 2478 年</td><td>1934년</td><td>중원(中元) 갑술(甲戌)년, 납음(산두화) 본명성(삼벽목)
대장군(午남방), 삼살(북방), 상문(子북방), 조객(申서남방), 납음(산두화), 【삼재(신,유,술)년】 臘享(납향):1935년1월19일(음12/15)</td><td>개띠</td></tr>
</table>

1월

소한 6일 09시 17분 【음12월】 → 【乙丑月(을축월)】 ●육백성 대한 21일 02시 37분 (음 11/16 - 12/17)

양력	요일	日辰	음력	구성	대(남)	운(여)
1	월	임신	16	9	8	2
2	화	계유	17	1	9	1
3	수	갑술	18	2	9	1
4	목	을해	19	3	9	1
5	금	병자	20	4	10	1
6	토	정축	21	5	소한	소한
7	일	무인	22	6	1	9
8	월	기묘	23	7	1	9
9	화	경진	24	8	1	9
10	수	신사	25	9	1	8
11	목	임오	26	1	2	8
12	금	계미	27	2	2	8
13	토	갑신	28	3	2	7
14	일	을유	29	4	3	7
15	월	병술	12/1	5	3	7
16	화	정해	2	6	3	6
17	수	무자	3	7	4	6
18	목	기축	4	8	4	6
19	금	경인	5	9	4	5
20	토	신묘	6	1	5	5
21	일	임진	7	2	대한	대한
22	월	계사	8	3	5	4
23	화	갑오	9	4	6	4
24	수	을미	10	5	6	4
25	목	병신	11	6	6	3
26	금	정유	12	7	7	3
27	토	무술	13	8	7	3
28	일	기해	14	9	7	2
29	월	경자	15	1	8	2
30	화	신축	16	2	8	2
31	수	임인	17	3	8	1

2월

입춘 4일 21시 04분 【음1월】 → 【丙寅月(병인월)】 ●오황성 우수 19일 17시 02분 (음 12/18 - 01/15)

양력	요일	日辰	음력	구성	대(남)	운(여)
1	목	계묘	18	4	9	1
2	금	갑진	19	5	9	1
3	토	을사	20	6	9	1
4	일	병오	21	7	입춘	입춘
5	월	정미	22	8	10	1
6	화	무신	23	9	9	1
7	수	기유	24	1	9	1
8	목	경술	25	2	9	1
9	금	신해	26	3	8	2
10	토	임자	27	4	8	2
11	일	계축	28	5	8	2
12	월	갑인	29	6	7	3
13	화	을묘	30	7	7	3
14	수	병진	1/1	8	7	3
15	목	정사	2	9	6	4
16	금	무오	3	1	6	4
17	토	기미	4	2	6	4
18	일	경신	5	3	5	5
19	월	신유	6	4	우수	우수
20	화	임술	7	5	5	5
21	수	계해	8	6	4	6
22	목	갑자	9	7	4	6
23	금	을축	10	8	4	6
24	토	병인	11	9	3	7
25	일	정묘	12	1	3	7
26	월	무진	13	2	3	7
27	화	기사	14	3	2	8
28	수	경오	15	4	2	8

3월

경칩 6일 15시 26분 【음2월】 → 【丁卯月(정묘월)】 ●사록성 춘분 21일 16시 28분 (음 01/16 - 02/17)

양력	요일	日辰	음력	구성	대(남)	운(여)
1	목	신미	16	5	2	8
2	금	임신	17	6	1	9
3	토	계유	18	7	1	9
4	일	갑술	19	8	1	9
5	월	을해	20	9	1	10
6	화	병자	21	1	경칩	경칩
7	수	정축	22	2	10	1
8	목	무인	23	3	9	1
9	금	기묘	24	4	9	1
10	토	경진	25	5	9	1
11	일	신사	26	6	8	2
12	월	임오	27	7	8	2
13	화	계미	28	8	8	2
14	수	갑신	29	9	7	3
15	목	을유	2/1	1	7	3
16	금	병술	2	2	7	3
17	토	정해	3	3	6	4
18	일	무자	4	4	6	4
19	월	기축	5	5	6	4
20	화	경인	6	6	5	5
21	수	신묘	7	7	춘분	춘분
22	목	임진	8	8	5	5
23	금	계사	9	9	4	6
24	토	갑오	10	1	4	6
25	일	을미	11	2	4	6
26	월	병신	12	3	3	7
27	화	정유	13	4	3	7
28	수	무술	14	5	3	7
29	목	기해	15	6	2	8
30	금	경자	16	7	2	8
31	토	신축	17	8	2	8

4월

청명 5일 20시 44분 【음3월】 → 【戊辰月(무진월)】 ●삼벽성 곡우 21일 04시 00분 (음 02/18 - 03/17)

양력	요일	日辰	음력	구성	대(남)	운(여)
1	일	임인	18	9	1	9
2	월	계묘	19	1	1	9
3	화	갑진	20	2	1	9
4	수	을사	21	3	1	10
5	목	병오	22	4	청명	청명
6	금	정미	23	5	10	1
7	토	무신	24	6	10	1
8	일	기유	25	7	9	1
9	월	경술	26	8	9	1
10	화	신해	27	9	9	2
11	수	임자	28	1	8	2
12	목	계축	29	2	8	2
13	금	갑인	30	3	8	3
14	토	을묘	3/1	4	7	3
15	일	병진	2	5	7	3
16	월	정사	3	6	7	4
17	화	무오	4	7	6	4
18	수	기미	5	8	6	4
19	목	경신	6	9	6	5
20	금	신유	7	1	5	5
21	토	임술	8	2	곡우	곡우
22	일	계해	9	3	5	6
23	월	갑자	10	4	4	6
24	화	을축	11	5	4	6
25	수	병인	12	6	4	7
26	목	정묘	13	7	3	7
27	금	무진	14	8	3	7
28	토	기사	15	9	3	8
29	일	경오	16	1	2	8
30	월	신미	17	2	2	8

5월

입하 6일 14시 31분 【음4월】 → 【己巳月(기사월)】 ●이흑성 소만 22일 03시 35분 (음 03/18 - 04/19)

양력	요일	日辰	음력	구성	대(남)	운(여)
1	화	임신	18	3	2	9
2	수	계유	19	4	1	9
3	목	갑술	20	5	1	9
4	금	을해	21	6	1	10
5	토	병자	22	7	1	10
6	일	정축	23	8	입하	입하
7	월	무인	24	9	10	1
8	화	기묘	25	1	10	1
9	수	경진	26	2	9	1
10	목	신사	27	3	9	1
11	금	임오	28	4	9	2
12	토	계미	29	5	8	2
13	일	갑신	4/1	6	8	2
14	월	을유	2	7	8	3
15	화	병술	3	8	7	3
16	수	정해	4	9	7	3
17	목	무자	5	1	7	4
18	금	기축	6	2	6	4
19	토	경인	7	3	6	4
20	일	신묘	8	4	6	5
21	월	임진	9	5	5	5
22	화	계사	10	6	소만	소만
23	수	갑오	11	7	5	6
24	목	을미	12	8	4	6
25	금	병신	13	9	4	6
26	토	정유	14	1	4	7
27	일	무술	15	2	3	7
28	월	기해	16	3	3	7
29	화	경자	17	4	3	8
30	수	신축	18	5	2	8
31	목	임인	19	6	2	8

6월

망종 6일 19시 01분 【음5월】 → 【庚午月(경오월)】 ●일백성 하지 22일 11시 48분 (음 04/20 - 05/19)

양력	요일	日辰	음력	구성	대(남)	운(여)
1	금	계묘	20	7	2	9
2	토	갑진	21	8	1	9
3	일	을사	22	9	1	9
4	월	병오	23	1	1	10
5	화	정미	24	2	1	10
6	수	무신	25	3	망종	망종
7	목	기유	26	4	10	1
8	금	경술	27	5	10	1
9	토	신해	28	6	10	1
10	일	임자	29	7	9	2
11	월	계축	30	8	9	2
12	화	갑인	5/1	9	9	2
13	수	을묘	2	1	8	3
14	목	병진	3	2	8	3
15	금	정사	4	3	8	3
16	토	무오	5	4	7	4
17	일	기미	6	5	7	4
18	월	경신	7	6	7	4
19	화	신유	8	7	6	5
20	수	임술	9	8	6	5
21	목	계해	10	9	6	5
22	금	갑자	11	9	하지	하지
23	토	을축	12	8	5	6
24	일	병인	13	7	5	6
25	월	정묘	14	6	5	6
26	화	무진	15	5	4	7
27	수	기사	16	4	4	7
28	목	경오	17	3	4	7
29	금	신미	18	2	3	8
30	토	임신	19	1	3	8

갑술년

1월 12일 - 일제 강점기 : 동아일보가 평양의 대박산에 있는 단군릉에 관한 특집 기사를 게재.하인리히 히믈러가 프로5월 27일 - 제2회 FIFA 월드컵이 이탈리아에서 열리다. (6월 5일까지)8월 21일 - 일제 강점기: 한강 인도교 공사 가공.

六日得辛, 一龍治水, 1934년 갑술年(산두화), 삼벽목

2흑	7적	9자
1백	3벽	5황
6백	8백	4록

1934

소서 8일 05시 24분　【음6월】➡　【辛未月(신미월)】　☯구자성　대서 23일 22시 42분

양력(7월)	1	2	3	4	5	6	7	8	9	10	11	12	13	14	15	16	17	18	19	20	21	22	23	24	25	26	27	28	29	30	31
요일	일	월	화	수	목	금	토	일	월	화	수	목	금	토	일	월	화	수	목	금	토	일	월	화	수	목	금	토	일	월	화
일진(日辰)	계유	갑술	을해	병자	정축	무인	기묘	경진	신사	임오	계미	갑신	을유	병술	정해	무자	기축	경인	신묘	임진	계사	갑오	을미	병신	정유	무술	기해	경자	신축	임인	계묘
음력	20	21	22	23	24	25	26	27	28	29	30	6/1	2	3	4	5	6	7	8	9	10	11	12	13	14	15	16	17	18	19	20
구성	9	8	7	6	5	4	3	2	1	9	8	7	6	5	4	3	2	1	9	8	7	6	5	4	3	2	1	9	8	7	6
대운 남	2	2	2	1	1	1	1	소서	10	10	9	9	9	8	7	7	7	6	6	6	5	5	대서	5	4	4	4	3	3	3	3
대운 여	8	9	9	9	10	10	10	소서	1	1	1	1	2	2	3	3	3	4	4	4	5	5	대서	6	6	6	7	7	7	8	8

음력 05/20 ~ 06/20

입추 8일 15시 04분　【음7월】➡　【壬申月(임신월)】　☯팔백성　처서 24일 05시 32분

양력(8월)	1	2	3	4	5	6	7	8	9	10	11	12	13	14	15	16	17	18	19	20	21	22	23	24	25	26	27	28	29	30	31
요일	수	목	금	토	일	월	화	수	목	금	토	일	월	화	수	목	금	토	일	월	화	수	목	금	토	일	월	화	수	목	금
일진(日辰)	갑진	을사	병오	정미	무신	기유	경술	신해	임자	계축	갑인	을묘	병진	정사	무오	기미	경신	신유	임술	계해	갑자	을축	병인	정묘	무진	기사	경오	신미	임신	계유	갑술
음력	21	22	23	24	25	26	27	28	29	7/1	2	3	4	5	6	7	8	9	10	11	12	13	14	15	16	17	18	19	20	21	22
구성	5	4	3	2	1	9	8	7	6	5	4	3	2	1	9	8	7	6	5	4	3	2	1	9	8	7	6	5	4	3	2
대운 남	2	2	2	1	1	1	1	입추	10	10	9	9	9	8	8	8	7	7	7	6	6	6	5	처서	5	4	4	4	3	3	3
대운 여	8	8	9	9	9	10	10	입추	1	1	1	1	2	2	2	3	3	3	4	4	4	5	5	처서	6	6	6	7	7	7	8

음력 06/21 ~ 07/22

백로 8일 17시 36분　【음8월】➡　【癸酉月(계유월)】　☯칠적성　추분 24일 02시 45분

양력(9월)	1	2	3	4	5	6	7	8	9	10	11	12	13	14	15	16	17	18	19	20	21	22	23	24	25	26	27	28	29	30
요일	토	일	월	화	수	목	금	토	일	월	화	수	목	금	토	일	월	화	수	목	금	토	일	월	화	수	목	금	토	일
일진(日辰)	을해	병자	정축	무인	기묘	경진	신사	임오	계미	갑신	을유	병술	정해	무자	기축	경인	신묘	임진	계사	갑오	을미	병신	정유	무술	기해	경자	신축	임인	계묘	갑진
음력	23	24	25	26	27	28	29	30	8/1	2	3	4	5	6	7	8	9	10	11	12	13	14	15	16	17	18	19	20	21	22
구성	1	9	8	7	6	5	4	3	2	1	9	8	7	6	5	4	3	2	1	9	8	7	6	5	4	3	2	1	9	8
대운 남	2	2	2	1	1	1	1	백로	10	10	9	9	9	8	8	8	7	7	7	6	6	6	5	추분	5	4	4	4	3	3
대운 여	8	8	9	9	9	10	10	백로	1	1	1	1	2	2	2	3	3	3	4	4	4	5	5	추분	6	6	6	7	7	7

음력 07/23 ~ 08/22

한로 9일 08시 45분　【음9월】➡　【甲戌月(갑술월)】　☯육백성　상강 24일 11시 36분

양력(10월)	1	2	3	4	5	6	7	8	9	10	11	12	13	14	15	16	17	18	19	20	21	22	23	24	25	26	27	28	29	30	31
요일	월	화	수	목	금	토	일	월	화	수	목	금	토	일	월	화	수	목	금	토	일	월	화	수	목	금	토	일	월	화	수
일진(日辰)	을사	병오	정미	무신	기유	경술	신해	임자	계축	갑인	을묘	병진	정사	무오	기미	경신	신유	임술	계해	갑자	을축	병인	정묘	무진	기사	경오	신미	임신	계유	갑술	을해
음력	23	24	25	26	27	28	29	30	9/1	2	3	4	5	6	7	8	9	10	11	12	13	14	15	16	17	18	19	20	21	22	23
구성	7	6	5	4	3	2	1	9	8	7	6	5	4	3	2	1	9	8	7	6	5	4	3	2	1	9	8	7	6	5	4
대운 남	3	2	2	2	1	1	1	1	한로	10	9	9	9	8	8	8	7	7	7	6	6	6	5	상강	5	4	4	4	3	3	3
대운 여	8	8	8	9	9	9	10	10	한로	1	1	1	1	2	2	2	3	3	3	4	4	4	5	상강	5	6	6	6	7	7	7

음력 08/23 ~ 09/23

입동 8일 11시 27분　【음10월】➡　【乙亥月(을해월)】　☯오황성　소설 23일 08시 44분

양력(11월)	1	2	3	4	5	6	7	8	9	10	11	12	13	14	15	16	17	18	19	20	21	22	23	24	25	26	27	28	29	30
요일	목	금	토	일	월	화	수	목	금	토	일	월	화	수	목	금	토	일	월	화	수	목	금	토	일	월	화	수	목	금
일진(日辰)	병자	정축	무인	기묘	경진	신사	임오	계미	갑신	을유	병술	정해	무자	기축	경인	신묘	임진	계사	갑오	을미	병신	정유	무술	기해	경자	신축	임인	계묘	갑진	을사
음력	24	25	26	27	28	29	10/1	2	3	4	5	6	7	8	9	10	11	12	13	14	15	16	17	18	19	20	21	22	23	24
구성	3	2	1	9	8	7	6	5	4	3	2	1	9	8	7	6	5	4	3	2	1	9	8	7	6	5	4	3	2	1
대운 남	2	2	2	1	1	1	1	입동	10	9	9	9	8	8	8	7	7	7	6	6	6	5	소설	5	4	4	4	3	3	3
대운 여	8	8	8	9	9	9	10	입동	1	1	1	1	2	2	2	3	3	3	4	4	4	5	소설	5	6	6	6	7	7	7

음력 09/24 ~ 10/24

대설 8일 03시 57분　【음11월】➡　【丙子月(병자월)】　☯사록성　동지 22일 21시 49분

양력(12월)	1	2	3	4	5	6	7	8	9	10	11	12	13	14	15	16	17	18	19	20	21	22	23	24	25	26	27	28	29	30	31
요일	토	일	월	화	수	목	금	토	일	월	화	수	목	금	토	일	월	화	수	목	금	토	일	월	화	수	목	금	토	일	월
일진(日辰)	병오	정미	무신	기유	경술	신해	임자	계축	갑인	을묘	병진	정사	무오	기미	경신	신유	임술	계해	갑자	을축	병인	정묘	무진	기사	경오	신미	임신	계유	갑술	을해	병자
음력	25	26	27	28	29	30	11/1	2	3	4	5	6	7	8	9	10	11	12	13	14	15	16	17	18	19	20	21	22	23	24	25
구성	9	8	7	6	5	4	3	2	1	9	8	7	6	5	4	3	2	1	1	2	3	4	5	6	7	8	9	1	2	3	4
대운 남	2	2	2	1	1	1	1	대설	9	9	9	8	8	8	7	7	7	6	6	6	5	동지	5	4	4	4	3	3	3	2	2
대운 여	8	8	8	9	9	9	10	대설	1	1	1	2	2	2	3	3	3	4	4	4	5	동지	5	6	6	6	7	7	7	8	8

음력 10/25 ~ 11/25

9월 14일 - 일제 강점기: 일본, 나요양소(癩療養所) 관제 공포(10. 1 시행, 소록도갱생원 설치).10월 3일 - 일제 강점기: 동대문 ~ 청량리 간 전차궤도 복선공사 준공.10월 9일 - 유고슬라비아: 알렉산더1세 국왕 암살 당함.

단기 4268 年	**1935년**	중원(中元) 을해(乙亥)년, 납음(산두화), 본명성(이흑토)	
불기 2479 年		대장군(酉서방), 삼살(서방), 상문(丑동북방), 조객(酉서방), 납음(산두화), 【삼재(사,오,미)년】 臘享(납향):1936년1월26일(음12/03)	돼지띠

소한 6일 15시 02분 【음12월】➡ 【丁丑月(정축월)】 ☾삼벽성 대한 21일 08시 28분

1월 (음력 11/26 ~ 12/27)

	1	2	3	4	5	6	7	8	9	10	11	12	13	14	15	16	17	18	19	20	21	22	23	24	25	26	27	28	29	30	31
양력	1	2	3	4	5	6	7	8	9	10	11	12	13	14	15	16	17	18	19	20	21	22	23	24	25	26	27	28	29	30	31
요일	화	수	목	금	토	일	월	화	수	목	금	토	일	월	화	수	목	금	토	일	월	화	수	목	금	토	일	월	화	수	목
일진(日辰)	정축	무인	기묘	경진	신사	임오	계미	갑신	을유	병술	정해	무자	기축	경인	신묘	임진	계사	갑오	을미	병신	정유	무술	기해	경자	신축	임인	계묘	갑진	을사	병오	정미
음력	26	27	28	29	12/1	2	3	4	5	6	7	8	9	10	11	12	13	14	15	16	17	18	19	20	21	22	23	24	25	26	27
구성	5	6	7	8	9	1	2	3	4	5	6	7	8	9	1	2	3	4	5	6	7	8	9	1	2	3	4	5	6	7	8
대운(남)	2	1	1	1	1	소한	10	9	9	9	8	8	8	7	7	7	6	6	6	5	대한	5	4	4	4	3	3	3	2	2	2
대운(여)	8	8	9	9	9	소한	1	1	1	1	2	2	2	3	3	3	4	4	4	5	대한	5	6	6	6	7	7	7	8	8	8

입춘 5일 02시 49분 【음1월】➡ 【戊寅月(무인월)】 ☾이흑성 우수 19일 22시 52분

2월 (음력 12/28 ~ 01/25)

	1	2	3	4	5	6	7	8	9	10	11	12	13	14	15	16	17	18	19	20	21	22	23	24	25	26	27	28
양력	1	2	3	4	5	6	7	8	9	10	11	12	13	14	15	16	17	18	19	20	21	22	23	24	25	26	27	28
요일	금	토	일	월	화	수	목	금	토	일	월	화	수	목	금	토	일	월	화	수	목	금	토	일	월	화	수	목
일진(日辰)	무신	기유	경술	신해	임자	계축	갑인	을묘	병진	정사	무오	기미	경신	신유	임술	계해	갑자	을축	병인	정묘	무진	기사	경오	신미	임신	계유	갑술	을해
음력	28	29	30	1/1	2	3	4	5	6	7	8	9	10	11	12	13	14	15	16	17	18	19	20	21	22	23	24	25
구성	9	1	2	3	4	5	6	7	8	9	1	2	3	4	5	6	7	8	9	1	2	3	4	5	6	7	8	9
대운(남)	1	1	1	1	입춘	1	1	1	1	2	2	2	3	3	3	4	4	4	우수	5	5	6	6	6	7	7	7	8
대운(여)	9	9	9	10	입춘	9	9	9	9	8	8	8	7	7	7	6	6	6	우수	5	5	4	4	4	3	3	3	2

을해년

경칩 6일 21시 10분 【음2월】➡ 【己卯月(기묘월)】 ☾일백성 춘분 21일 22시 18분

3월 (음력 01/26 ~ 02/27)

	1	2	3	4	5	6	7	8	9	10	11	12	13	14	15	16	17	18	19	20	21	22	23	24	25	26	27	28	29	30	31
양력	1	2	3	4	5	6	7	8	9	10	11	12	13	14	15	16	17	18	19	20	21	22	23	24	25	26	27	28	29	30	31
요일	금	토	일	월	화	수	목	금	토	일	월	화	수	목	금	토	일	월	화	수	목	금	토	일	월	화	수	목	금	토	일
일진(日辰)	병자	정축	무인	기묘	경진	신사	임오	계미	갑신	을유	병술	정해	무자	기축	경인	신묘	임진	계사	갑오	을미	병신	정유	무술	기해	경자	신축	임인	계묘	갑진	을사	병오
음력	26	27	28	29	2/1	2	3	4	5	6	7	8	9	10	11	12	13	14	15	16	17	18	19	20	21	22	23	24	25	26	27
구성	1	2	3	4	5	6	7	8	9	1	2	3	4	5	6	7	8	9	1	2	3	4	5	6	7	8	9	1	2	3	4
대운(남)	8	8	9	9	9	경칩	1	1	1	1	2	2	2	3	3	3	4	4	4	5	춘분	5	6	6	6	7	7	7	8	8	8
대운(여)	2	1	1	1	1	경칩	10	10	9	9	9	8	8	8	7	7	7	6	6	6	춘분	5	5	4	4	4	3	3	3	2	2

청명 6일 02시 26분 【음3월】➡ 【庚辰月(경진월)】 ☾구자성 곡우 21일 09시 50분

4월 (음력 02/28 ~ 03/28)

	1	2	3	4	5	6	7	8	9	10	11	12	13	14	15	16	17	18	19	20	21	22	23	24	25	26	27	28	29	30
양력	1	2	3	4	5	6	7	8	9	10	11	12	13	14	15	16	17	18	19	20	21	22	23	24	25	26	27	28	29	30
요일	월	화	수	목	금	토	일	월	화	수	목	금	토	일	월	화	수	목	금	토	일	월	화	수	목	금	토	일	월	화
일진(日辰)	정미	무신	기유	경술	신해	임자	계축	갑인	을묘	병진	정사	무오	기미	경신	신유	임술	계해	갑자	을축	병인	정묘	무진	기사	경오	신미	임신	계유	갑술	을해	병자
음력	28	29	3/1	2	3	4	5	6	7	8	9	10	11	12	13	14	15	16	17	18	19	20	21	22	23	24	25	26	27	28
구성	5	6	7	8	9	1	2	3	4	5	6	7	8	9	1	2	3	4	5	6	7	8	9	1	2	3	4	5	6	7
대운(남)	9	9	9	10	10	청명	1	1	1	1	2	2	2	3	3	3	4	4	4	5	곡우	5	6	6	6	7	7	7	8	8
대운(여)	2	1	1	1	1	청명	10	9	9	9	8	8	8	7	7	7	6	6	6	5	곡우	5	4	4	4	3	3	3	2	2

입하 6일 20시 12분 【음4월】➡ 【辛巳月(신사월)】 ☾팔백성 소만 22일 09시 25분

5월 (음력 03/29 ~ 04/29)

	1	2	3	4	5	6	7	8	9	10	11	12	13	14	15	16	17	18	19	20	21	22	23	24	25	26	27	28	29	30	31
양력	1	2	3	4	5	6	7	8	9	10	11	12	13	14	15	16	17	18	19	20	21	22	23	24	25	26	27	28	29	30	31
요일	수	목	금	토	일	월	화	수	목	금	토	일	월	화	수	목	금	토	일	월	화	수	목	금	토	일	월	화	수	목	금
일진(日辰)	정축	무인	기묘	경진	신사	임오	계미	갑신	을유	병술	정해	무자	기축	경인	신묘	임진	계사	갑오	을미	병신	정유	무술	기해	경자	신축	임인	계묘	갑진	을사	병오	정미
음력	29	30	4/1	2	3	4	5	6	7	8	9	10	11	12	13	14	15	16	17	18	19	20	21	22	23	24	25	26	27	28	29
구성	8	9	1	2	3	4	5	6	7	8	9	1	2	3	4	5	6	7	8	9	1	2	3	4	5	6	7	8	9	1	2
대운(남)	8	9	9	9	10	입하	1	1	1	1	2	2	2	3	3	3	4	4	4	5	5	소만	6	6	6	7	7	7	8	8	8
대운(여)	2	1	1	1	1	입하	10	10	10	9	9	9	8	8	8	7	7	7	6	6	6	소만	5	5	4	4	4	3	3	3	2

망종 7일 00시 42분 【음5월】➡ 【壬午月(임오월)】 ☾칠적성 하지 22일 17시 38분

6월 (음력 05/01 ~ 05/30)

	1	2	3	4	5	6	7	8	9	10	11	12	13	14	15	16	17	18	19	20	21	22	23	24	25	26	27	28	29	30
양력	1	2	3	4	5	6	7	8	9	10	11	12	13	14	15	16	17	18	19	20	21	22	23	24	25	26	27	28	29	30
요일	토	일	월	화	수	목	금	토	일	월	화	수	목	금	토	일	월	화	수	목	금	토	일	월	화	수	목	금	토	일
일진(日辰)	무신	기유	경술	신해	임자	계축	갑인	을묘	병진	정사	무오	기미	경신	신유	임술	계해	갑자	을축	병인	정묘	무진	기사	경오	신미	임신	계유	갑술	을해	병자	정축
음력	5/1	2	3	4	5	6	7	8	9	10	11	12	13	14	15	16	17	18	19	20	21	22	23	24	25	26	27	28	29	30
구성	3	4	5	6	7	8	9	1	2	3	4	5	6	7	8	9	1	2	3	4	5	4	3	2	1	9	8	7	6	5
대운(남)	9	9	9	10	10	10	망종	1	1	1	2	2	2	3	3	3	4	4	4	5	5	하지	6	6	6	7	7	7	8	8
대운(여)	2	2	1	1	1	1	망종	10	10	9	9	9	8	8	8	7	7	7	6	6	6	하지	5	5	4	4	4	3	3	3

월 6일 - 만주국 황제 푸이가 일본을 방문. 6월 18일 - 영국과 독일간 영독 해군협정 체결
8월 13일 - 심훈의 소설《상록수》, 동아일보 현상소설에 당선.

한식(4월6일), 초복(7월13일), 중복(7월23일), 말복(8월02일) ↑춘사(春社)3/23 ☀추사(秋社)9/19
토왕지절(土旺之節):4월18일,7월21일,10월21일,1월18일(신년양력),臘享(납향):1월26일(신년양력)

一日得辛, 六龍治水, 1935년 을해年(산두화), 이흑토

1백	6백	8백
9자	2흑	4록
5황	7적	3벽

1935

소서 8일 11시 06분　【음6월】➡　【癸未月(계미월)】　☯육백성　대서 24일 04시 33분

양력 7월 / 음력 06/01 ― 07/02

	1	2	3	4	5	6	7	8	9	10	11	12	13	14	15	16	17	18	19	20	21	22	23	24	25	26	27	28	29	30	31
요일	월	화	수	목	금	토	일	월	화	수	목	금	토	일	월	화	수	목	금	토	일	월	화	수	목	금	토	일	월	화	수
日辰	무인	기묘	경진	신사	임오	계미	갑신	을유	병술	정해	무자	기축	경인	신묘	임진	계사	갑오	을미	병신	정유	무술	기해	경자	신축	임인	계묘	갑진	을사	병오	정미	무신
음력	6/1	2	3	4	5	6	7	8	9	10	11	12	13	14	15	16	17	18	19	20	21	22	23	24	25	26	27	28	29	7/1	2
구성	4	3	2	1	9	8	7	6	5	4	3	2	1	9	8	7	6	5	4	3	2	1	9	8	7	6	5	4	3	2	1
대(남)	8	8	9	9	9	10	10	소서	1	1	1	1	2	2	2	3	3	3	4	4	4	5	5	대서	6	6	6	7	7	7	8
운(여)	2	2	2	1	1	1	1	소서	10	10	9	9	9	8	8	8	7	7	7	6	6	6	5	대서	5	4	4	4	3	3	3

입추 8일 20시 48분　【음7월】➡　【甲申月(갑신월)】　☯오황성　처서 24일 11시 24분

양력 8월 / 음력 07/03 ― 08/03

	1	2	3	4	5	6	7	8	9	10	11	12	13	14	15	16	17	18	19	20	21	22	23	24	25	26	27	28	29	30	31
요일	목	금	토	일	월	화	수	목	금	토	일	월	화	수	목	금	토	일	월	화	수	목	금	토	일	월	화	수	목	금	토
日辰	기유	경술	신해	임자	계축	갑인	을묘	병진	정사	무오	기미	경신	신유	임술	계해	갑자	을축	병인	정묘	무진	기사	경오	신미	임신	계유	갑술	을해	병자	정축	무인	기묘
음력	3	4	5	6	7	8	9	10	11	12	13	14	15	16	17	18	19	20	21	22	23	24	25	26	27	28	29	30	8/1	2	3
구성	9	8	7	6	5	4	3	2	1	9	8	7	6	5	4	3	2	1	9	8	7	6	5	4	3	2	1	9	8	7	6
대(남)	8	8	9	9	9	10	10	입추	1	1	1	1	2	2	2	3	3	3	4	4	4	5	5	처서	6	6	6	7	7	7	8
운(여)	2	2	2	1	1	1	1	입추	10	10	9	9	9	8	8	8	7	7	7	6	6	6	5	처서	5	4	4	4	3	3	3

백로8일 23시 24분　【음8월】➡　【乙酉月(을유월)】　☯사록성　추분 24일 08시 38분

양력 9월 / 음력 08/04 ― 09/03

	1	2	3	4	5	6	7	8	9	10	11	12	13	14	15	16	17	18	19	20	21	22	23	24	25	26	27	28	29	30
요일	일	월	화	수	목	금	토	일	월	화	수	목	금	토	일	월	화	수	목	금	토	일	월	화	수	목	금	토	일	월
日辰	경진	신사	임오	계미	갑신	을유	병술	정해	무자	기축	경인	신묘	임진	계사	갑오	을미	병신	정유	무술	기해	경자	신축	임인	계묘	갑진	을사	병오	정미	무신	기유
음력	4	5	6	7	8	9	10	11	12	13	14	15	16	17	18	19	20	21	22	23	24	25	26	27	28	29	30	9/1	2	3
구성	5	4	3	2	1	9	8	7	6	5	4	3	2	1	9	8	7	6	5	4	3	2	1	9	8	7	6	5	4	3
대(남)	8	8	9	9	9	10	10	백로	1	1	1	1	2	2	2	3	3	3	4	4	4	5	5	추분	6	6	6	7	7	7
운(여)	2	2	2	1	1	1	1	백로	10	10	9	9	9	8	8	8	7	7	7	6	6	6	5	추분	5	4	4	4	3	3

한로 9일 14시 36분　【음9월】➡　【丙戌月(병술월)】　☯삼벽성　상강 24일 17시 29분

양력 10월 / 음력 09/04 ― 10/05

	1	2	3	4	5	6	7	8	9	10	11	12	13	14	15	16	17	18	19	20	21	22	23	24	25	26	27	28	29	30	31
요일	화	수	목	금	토	일	월	화	수	목	금	토	일	월	화	수	목	금	토	일	월	화	수	목	금	토	일	월	화	수	목
日辰	경술	신해	임자	계축	갑인	을묘	병진	정사	무오	기미	경신	신유	임술	계해	갑자	을축	병인	정묘	무진	기사	경오	신미	임신	계유	갑술	을해	병자	정축	무인	기묘	경진
음력	4	5	6	7	8	9	10	11	12	13	14	15	16	17	18	19	20	21	22	23	24	25	26	27	28	29	10/1	2	3	4	5
구성	2	1	9	8	7	6	5	4	3	2	1	9	8	7	6	5	4	3	2	1	9	8	7	6	5	4	3	2	1	9	8
대(남)	8	8	8	9	9	9	10	10	한로	1	1	1	1	2	2	2	3	3	3	4	4	4	5	상강	5	6	6	6	7	7	7
운(여)	3	2	2	2	1	1	1	1	한로	10	9	9	9	8	8	8	7	7	7	6	6	6	5	상강	5	4	4	4	3	3	3

입동 8일 17시 18분　【음10월】➡　【丁亥月(정해월)】　☯이흑성　소설 23일 14시 35분

양력 11월 / 음력 10/06 ― 11/05

	1	2	3	4	5	6	7	8	9	10	11	12	13	14	15	16	17	18	19	20	21	22	23	24	25	26	27	28	29	30
요일	금	토	일	월	화	수	목	금	토	일	월	화	수	목	금	토	일	월	화	수	목	금	토	일	월	화	수	목	금	토
日辰	신사	임오	계미	갑신	을유	병술	정해	무자	기축	경인	신묘	임진	계사	갑오	을미	병신	정유	무술	기해	경자	신축	임인	계묘	갑진	을사	병오	정미	무신	기유	경술
음력	6	7	8	9	10	11	12	13	14	15	16	17	18	19	20	21	22	23	24	25	26	27	28	29	30	11/1	2	3	4	5
구성	7	6	5	4	3	2	1	9	8	7	6	5	4	3	2	1	9	8	7	6	5	4	3	2	1	9	8	7	6	5
대(남)	8	8	8	9	9	9	10	입동	1	1	1	1	2	2	2	3	3	3	4	4	4	5	소설	5	6	6	6	7	7	7
운(여)	2	2	2	1	1	1	1	입동	10	9	9	9	8	8	8	7	7	7	6	6	6	5	소설	5	4	4	4	3	3	3

대설 8일 09시 45분　【음11월】➡　【戊子月(무자월)】　☯일백성　동지 23일 03시 37분

양력 12월 / 음력 11/06 ― 12/06

	1	2	3	4	5	6	7	8	9	10	11	12	13	14	15	16	17	18	19	20	21	22	23	24	25	26	27	28	29	30	31
요일	일	월	화	수	목	금	토	일	월	화	수	목	금	토	일	월	화	수	목	금	토	일	월	화	수	목	금	토	일	월	화
日辰	신해	임자	계축	갑인	을묘	병진	정사	무오	기미	경신	신유	임술	계해	갑자	을축	병인	정묘	무진	기사	경오	신미	임신	계유	갑술	을해	병자	정축	무인	기묘	경진	신사
음력	6	7	8	9	10	11	12	13	14	15	16	17	18	19	20	21	22	23	24	25	26	27	28	29	30	12/1	2	3	4	5	6
구성	4	3	2	1	9	8	7	6	5	4	3	2	1	9	8	7	6	5	4	3	2	1	9	8	7	6	5	4	3	2	1
대(남)	8	8	8	9	9	9	10	대설	1	1	1	1	2	2	2	3	3	3	4	4	4	5	동지	5	6	6	6	7	7	7	8
운(여)	2	2	2	1	1	1	1	대설	10	9	9	9	8	8	8	7	7	7	6	6	6	5	동지	5	4	4	4	3	3	3	2

9월 21일 - 일제 강점기: 부산방송국(JBAK) 개국.10월 3일 - 이탈리아 왕국이 에티오피아를 재침공하다.10월 4일 - 일제 강점기: 한국 최초의 발성영화 《춘향전》, 단성사에서 개봉.

단기 4269 년 / 불기 2480 년 — **1936년** 윤3월

중원(中元). 병자(丙子)년. 납음(간하수), 본명성(일백수)
대장군(酉서방), 삼살(남방), 상문(寅동북방), 조객(戌서북방), 납음(간하수), 삼재(인.묘.진)년　臘享(납향):1937년1월20일(음12/08)

1월

소한 6일 20시 47분 【음12월】➡　【己丑月(기축월)】　●구자성　대한 21일 14시 12분

양력 1월 / 음력 12/07 ~ 01/08

	1	2	3	4	5	6	7	8	9	10	11	12	13	14	15	16	17	18	19	20	21	22	23	24	25	26	27	28	29	30	31
요일	수	목	금	토	일	월	화	수	목	금	토	일	월	화	수	목	금	토	일	월	화	수	목	금	토	일	월	화	수	목	금
일진(日辰)	임오	계미	갑신	을유	병술	정해	무자	기축	경인	신묘	임진	계사	갑오	을미	병신	정유	무술	기해	경자	신축	임인	계묘	갑진	을사	병오	정미	무신	기유	경술	신해	임자
음력	7	8	9	10	11	12	13	14	15	16	17	18	19	20	21	22	23	24	25	26	27	28	29	1/1	2	3	4	5	6	7	8
구성	1	2	3	4	5	6	7	8	9	1	2	3	4	5	6	7	8	9	1	2	3	4	5	6	7	8	9	1	2	3	4
대운 남	8	8	9	9	9	소	1	1	1	1	2	2	2	3	3	3	4	4	4	5	대	5	6	6	6	7	7	7	8	8	8
대운 여	2	1	1	1	1	한	10	9	9	9	8	8	8	7	7	7	6	6	6	5	한	5	4	4	4	3	3	3	2	2	2

2월

입춘 5일 08시 29분 【음1월】➡　【庚寅月(경인월)】　●팔백성　우수 20일 04시 33분

양력 2월 / 음력 01/09 ~ 02/07　（병자년）

	1	2	3	4	5	6	7	8	9	10	11	12	13	14	15	16	17	18	19	20	21	22	23	24	25	26	27	28	29
요일	토	일	월	화	수	목	금	토	일	월	화	수	목	금	토	일	월	화	수	목	금	토	일	월	화	수	목	금	토
일진(日辰)	계축	갑인	을묘	병진	정사	무오	기미	경신	신유	임술	계해	갑자	을축	병인	정묘	무진	기사	경오	신미	임신	계유	갑술	을해	병자	정축	무인	기묘	경진	신사
음력	9	10	11	12	13	14	15	16	17	18	19	20	21	22	23	24	25	26	27	28	29	30	2/1	2	3	4	5	6	7
구성	5	6	7	8	9	1	2	3	4	5	6	7	8	9	1	2	3	4	5	6	7	8	9	1	2	3	4	5	6
대운 남	9	9	9	10	입	10	9	9	9	8	8	8	7	7	7	6	6	6	5	우	5	4	4	4	3	3	3	2	2
대운 여	1	1	1	1	춘	1	1	1	1	2	2	2	3	3	3	4	4	4	5	수	5	6	6	6	7	7	7	8	8

3월

경칩 6일 02시 49분 【음2월】➡　【辛卯月(신묘월)】　●칠적성　춘분 21일 03시 58분

양력 3월 / 음력 02/08 ~ 03/09

	1	2	3	4	5	6	7	8	9	10	11	12	13	14	15	16	17	18	19	20	21	22	23	24	25	26	27	28	29	30	31
요일	일	월	화	수	목	금	토	일	월	화	수	목	금	토	일	월	화	수	목	금	토	일	월	화	수	목	금	토	일	월	화
일진(日辰)	임오	계미	갑신	을유	병술	정해	무자	기축	경인	신묘	임진	계사	갑오	을미	병신	정유	무술	기해	경자	신축	임인	계묘	갑진	을사	병오	정미	무신	기유	경술	신해	임자
음력	8	9	10	11	12	13	14	15	16	17	18	19	20	21	22	23	24	25	26	27	28	29	3/1	2	3	4	5	6	7	8	9
구성	7	8	9	1	2	3	4	5	6	7	8	9	1	2	3	4	5	6	7	8	9	1	2	3	4	5	6	7	8	9	1
대운 남	2	1	1	1	1	경	10	9	9	9	8	8	8	7	7	7	6	6	6	5	춘	5	4	4	4	3	3	3	2	2	2
대운 여	8	9	9	9	10	칩	1	1	1	1	2	2	2	3	3	3	4	4	4	5	분	5	6	6	6	7	7	7	8	8	8

4월

청명 5일 08시 07분 【음3월】➡　【壬辰月(임진월)】　●육백성　곡우 20일 15시 31분

양력 4월 / 음력 03/10 ~ 윤3 10

	1	2	3	4	5	6	7	8	9	10	11	12	13	14	15	16	17	18	19	20	21	22	23	24	25	26	27	28	29	30
요일	수	목	금	토	일	월	화	수	목	금	토	일	월	화	수	목	금	토	일	월	화	수	목	금	토	일	월	화	수	목
일진(日辰)	계축	갑인	을묘	병진	정사	무오	기미	경신	신유	임술	계해	갑자	을축	병인	정묘	무진	기사	경오	신미	임신	계유	갑술	을해	병자	정축	무인	기묘	경진	신사	임오
음력	10	11	12	13	14	15	16	17	18	19	20	21	22	23	24	25	26	27	28	29	윤3/1	2	3	4	5	6	7	8	9	10
구성	2	3	4	5	6	7	8	9	1	2	3	4	5	6	7	8	9	1	2	3	4	5	6	7	8	9	1	2	3	4
대운 남	1	1	1	1	청	10	10	9	9	9	8	8	8	7	7	7	6	6	6	곡	5	5	4	4	4	3	3	3	2	2
대운 여	9	9	9	10	명	1	1	1	1	2	2	2	3	3	3	4	4	4	5	우	5	6	6	6	7	7	7	8	8	8

5월

입하 6일 01시 57분 【음4월】➡　【癸巳月(계사월)】　●오황성　소만 21일 15시 07분

양력 5월 / 음력 윤3 11 ~ 04/11

	1	2	3	4	5	6	7	8	9	10	11	12	13	14	15	16	17	18	19	20	21	22	23	24	25	26	27	28	29	30	31
요일	금	토	일	월	화	수	목	금	토	일	월	화	수	목	금	토	일	월	화	수	목	금	토	일	월	화	수	목	금	토	일
일진(日辰)	계미	갑신	을유	병술	정해	무자	기축	경인	신묘	임진	계사	갑오	을미	병신	정유	무술	기해	경자	신축	임인	계묘	갑진	을사	병오	정미	무신	기유	경술	신해	임자	계축
음력	11	12	13	14	15	16	17	18	19	20	21	22	23	24	25	26	27	28	29	30	4/1	2	3	4	5	6	7	8	9	10	11
구성	5	6	7	8	9	1	2	3	4	5	6	7	8	9	1	2	3	4	5	6	7	8	9	1	2	3	4	5	6	7	8
대운 남	2	1	1	1	1	입	10	10	9	9	9	8	8	8	7	7	7	6	6	6	소	5	5	4	4	4	3	3	3	2	2
대운 여	9	9	9	10	10	하	1	1	1	1	2	2	2	3	3	3	4	4	4	5	만	5	6	6	6	7	7	7	8	8	8

6월

망종 6일 06시 31분 【음5월】➡　【甲午月(갑오월)】　●사록성　하지 21일 23시 22분

양력 6월 / 음력 04/12 ~ 05/12

	1	2	3	4	5	6	7	8	9	10	11	12	13	14	15	16	17	18	19	20	21	22	23	24	25	26	27	28	29	30
요일	월	화	수	목	금	토	일	월	화	수	목	금	토	일	월	화	수	목	금	토	일	월	화	수	목	금	토	일	월	화
일진(日辰)	갑인	을묘	병진	정사	무오	기미	경신	신유	임술	계해	갑자	을축	병인	정묘	무진	기사	경오	신미	임신	계유	갑술	을해	병자	정축	무인	기묘	경진	신사	임오	계미
음력	12	13	14	15	16	17	18	19	20	21	22	23	24	25	26	27	28	29	5/1	2	3	4	5	6	7	8	9	10	11	12
구성	9	1	2	3	4	5	6	7	8	9	9	8	7	6	5	4	3	2	1	9	8	7	6	5	4	3	2	1	9	8
대운 남	2	1	1	1	1	망	10	10	9	9	9	8	8	8	7	7	7	6	6	6	하	5	5	4	4	4	3	3	3	2
대운 여	9	9	9	10	10	종	1	1	1	1	2	2	2	3	3	3	4	4	4	5	지	5	6	6	6	7	7	7	8	8

1월 20일 - 에드워드 8세가 영국의 왕으로 즉위하다.2월 26일 - 일본 2·26 사건이 일어나다.3월 7일 - 로카르노 조약 파기. 나치 독일, 라인란트 진주.7월 4일 - 조선(朝鮮)에서 지리산 쌍계사 지진이 일어나다.

1936

소서 7일 16시 58분 【음6월】➡ 【乙未月(을미월)】 ☯삼벽성 / 대서 23일 10시 18분

양력 7월	1	2	3	4	5	6	7	8	9	10	11	12	13	14	15	16	17	18	19	20	21	22	23	24	25	26	27	28	29	30	31
요일	수	목	금	토	일	월	화	수	목	금	토	일	월	화	수	목	금	토	일	월	화	수	목	금	토	일	월	화	수	목	금
일진 日辰	갑신	을유	병술	정해	무자	기축	경인	신묘	임진	계사	갑오	을미	병신	정유	무술	기해	경자	신축	임인	계묘	갑진	을사	병오	정미	무신	기유	경술	신해	임자	계축	갑인
음력	13	14	15	16	17	18	19	20	21	22	23	24	25	26	27	28	29	30	6/1	2	3	4	5	6	7	8	9	10	11	12	13
구성	7	6	5	4	3	2	1	9	8	7	6	5	4	3	2	1	9	8	7	6	5	4	3	2	1	9	8	7	6	5	4
대(남)	2	2	1	1	1	1	소서	10	10	10	9	9	9	8	8	8	7	7	7	6	6	6	대서	5	5	4	4	4	3	3	3
운(여)	8	9	9	9	10	10	소서	1	1	1	1	2	2	2	3	3	3	4	4	4	5	5	대서	6	6	6	7	7	7	8	8

음력 05/13 ~ 06/13

입추 8일 02시 43분 【음7월】➡ 【丙申月(병신월)】 ☯이흑성 / 처서 23일 17시 11분

양력 8월	1	2	3	4	5	6	7	8	9	10	11	12	13	14	15	16	17	18	19	20	21	22	23	24	25	26	27	28	29	30	31
요일	토	일	월	화	수	목	금	토	일	월	화	수	목	금	토	일	월	화	수	목	금	토	일	월	화	수	목	금	토	일	월
일진 日辰	을묘	병진	정사	무오	기미	경신	신유	임술	계해	갑자	을축	병인	정묘	무진	기사	경오	신미	임신	계유	갑술	을해	병자	정축	무인	기묘	경진	신사	임오	계미	갑신	을유
음력	14	15	16	17	18	19	20	21	22	23	24	25	26	27	28	29	7/1	2	3	4	5	6	7	8	9	10	11	12	13	14	15
구성	3	2	1	9	8	7	6	5	4	3	2	1	9	8	7	6	5	4	3	2	1	9	8	7	6	5	4	3	2	1	9
대(남)	2	2	2	1	1	1	1	입추	10	10	9	9	9	8	8	8	7	7	7	6	6	6	처서	5	5	4	4	4	3	3	3
운(여)	8	8	9	9	9	10	10	입추	1	1	1	1	2	2	2	3	3	3	4	4	4	5	처서	5	6	6	6	7	7	7	8

음력 06/14 ~ 07/15

백로 8일 05시 21분 【음8월】➡ 【丁酉月(정유월)】 ☯일백성 / 추분 23일 14시 26분

양력 9월	1	2	3	4	5	6	7	8	9	10	11	12	13	14	15	16	17	18	19	20	21	22	23	24	25	26	27	28	29	30
요일	화	수	목	금	토	일	월	화	수	목	금	토	일	월	화	수	목	금	토	일	월	화	수	목	금	토	일	월	화	수
일진 日辰	병술	정해	무자	기축	경인	신묘	임진	계사	갑오	을미	병신	정유	무술	기해	경자	신축	임인	계묘	갑진	을사	병오	정미	무신	기유	경술	신해	임자	계축	갑인	을묘
음력	16	17	18	19	20	21	22	23	24	25	26	27	28	29	30	8/1	2	3	4	5	6	7	8	9	10	11	12	13	14	15
구성	8	7	6	5	4	3	2	1	9	8	7	6	5	4	3	2	1	9	8	7	6	5	4	3	2	1	9	8	7	6
대(남)	2	2	2	1	1	1	1	백로	10	10	9	9	9	8	8	8	7	7	7	6	6	6	추분	5	5	4	4	4	3	3
운(여)	8	8	9	9	9	10	10	백로	1	1	1	1	2	2	2	3	3	3	4	4	4	5	추분	5	6	6	6	7	7	7

음력 07/16 ~ 08/15

한로 8일 20시 32분 【음9월】➡ 【戊戌月(무술월)】 ☯구자성 / 상강 23일 23시 18분

양력 10월	1	2	3	4	5	6	7	8	9	10	11	12	13	14	15	16	17	18	19	20	21	22	23	24	25	26	27	28	29	30	31
요일	목	금	토	일	월	화	수	목	금	토	일	월	화	수	목	금	토	일	월	화	수	목	금	토	일	월	화	수	목	금	토
일진 日辰	병진	정사	무오	기미	경신	신유	임술	계해	갑자	을축	병인	정묘	무진	기사	경오	신미	임신	계유	갑술	을해	병자	정축	무인	기묘	경진	신사	임오	계미	갑신	을유	병술
음력	16	17	18	19	20	21	22	23	24	25	26	27	28	29	9/1	2	3	4	5	6	7	8	9	10	11	12	13	14	15	16	17
구성	5	4	3	2	1	9	8	7	6	5	4	3	2	1	9	8	7	6	5	4	3	2	1	9	8	7	6	5	4	3	2
대(남)	3	2	2	2	1	1	1	한로	10	9	9	9	8	8	8	7	7	7	6	6	6	5	상강	5	4	4	4	3	3	3	2
운(여)	8	8	8	8	9	9	9	한로	1	1	1	1	2	2	2	3	3	3	4	4	4	5	상강	5	6	6	6	7	7	7	8

음력 09/16 ~ 09/17

입동 7일 23시 15분 【음10월】➡ 【己亥月(기해월)】 ☯팔백성 / 소설 22일 20시 25분

양력 11월	1	2	3	4	5	6	7	8	9	10	11	12	13	14	15	16	17	18	19	20	21	22	23	24	25	26	27	28	29	30
요일	일	월	화	수	목	금	토	일	월	화	수	목	금	토	일	월	화	수	목	금	토	일	월	화	수	목	금	토	일	월
일진 日辰	정해	무자	기축	경인	신묘	임진	계사	갑오	을미	병신	정유	무술	기해	경자	신축	임인	계묘	갑진	을사	병오	정미	무신	기유	경술	신해	임자	계축	갑인	을묘	병진
음력	18	19	20	21	22	23	24	25	26	27	28	29	30	10/1	2	3	4	5	6	7	8	9	10	11	12	13	14	15	16	17
구성	1	9	8	7	6	5	4	3	2	1	9	8	7	6	5	4	3	2	1	9	8	7	6	5	4	3	2	1	9	8
대(남)	2	2	1	1	1	1	입동	10	9	9	9	8	8	8	7	7	7	6	6	6	5	소설	5	4	4	4	3	3	3	2
운(여)	8	8	8	9	9	9	입동	1	1	1	1	2	2	2	3	3	3	4	4	4	5	소설	5	6	6	6	7	7	7	8

음력 09/18 ~ 10/17

대설 7일 15시 42분 【음11월】➡ 【庚子月(경자월)】 ☯칠적성 / 동지 22일 09시 27분

양력 12월	1	2	3	4	5	6	7	8	9	10	11	12	13	14	15	16	17	18	19	20	21	22	23	24	25	26	27	28	29	30	31
요일	화	수	목	금	토	일	월	화	수	목	금	토	일	월	화	수	목	금	토	일	월	화	수	목	금	토	일	월	화	수	목
일진 日辰	정사	무오	기미	경신	신유	임술	계해	갑자	을축	병인	정묘	무진	기사	경오	신미	임신	계유	갑술	을해	병자	정축	무인	기묘	경진	신사	임오	계미	갑신	을유	병술	정해
음력	18	19	20	21	22	23	24	25	26	27	28	29	30	11/1	2	3	4	5	6	7	8	9	10	11	12	13	14	15	16	17	18
구성	7	6	5	4	3	2	1	1	2	3	4	5	6	7	8	9	1	2	3	4	5	6	7	8	9	1	2	3	4	5	6
대(남)	2	2	2	1	1	1	대설	10	9	9	9	8	8	8	7	7	7	6	6	6	5	동지	5	4	4	4	3	3	3	2	2
운(여)	8	8	8	9	9	9	대설	1	1	1	1	2	2	2	3	3	3	4	4	4	5	동지	5	6	6	6	7	7	7	8	8

음력 10/18 ~ 11/18

8월 25일 - 일장기 말소 사건: 동아일보가 손기정 선수의 사진에서 일장기를 지운 채 보도하다. 11월 2일 - 이탈리아 독재자 베니토 무솔리니(Benito Mussolini)가 베를린-로마 추축을 선언하다.

<table>
<tr><td>단기 4270 年
불기 2481 年</td><td>1937년</td><td>중원(中元).정축(丁丑)년,납음(간하수),본명성(구자화)
대장군(酉서방). 삼살(동방), 상문(卯동방),조객(亥서북방), 납음(간하수),
【삼재(해,자,축)년】 臘享(납향):1938년1월15일(음12/14)</td><td>
소
띠</td></tr>
</table>

1월

소한 6일 02시 44분 【음12월】➡ 　　　【辛丑月(신축월)】　　　●육백성　대한 20일 20시 01분

양력(11/19~12/19)	1	2	3	4	5	6	7	8	9	10	11	12	13	14	15	16	17	18	19	20	21	22	23	24	25	26	27	28	29	30	31
요일	금	토	일	월	화	수	목	금	토	일	월	화	수	목	금	토	일	월	화	수	목	금	토	일	월	화	수	목	금	토	일
日辰	무자	기축	경인	신묘	임진	계사	갑오	을미	병신	정유	무술	기해	경자	신축	임인	계묘	갑진	을사	병오	정미	무신	기유	경술	신해	임자	계축	갑인	을묘	병진	정사	무오
음력	19	20	21	22	23	24	25	26	27	28	29	30	12/1	2	3	4	5	6	7	8	9	10	11	12	13	14	15	16	17	18	19
구성	7	8	9	1	2	3	4	5	6	7	8	9	1	2	3	4	5	6	7	8	9	1	2	3	4	5	6	7	8	9	1
대남	2	1	1	1	1	소	9	9	9	8	8	8	7	7	7	6	6	6	5	대	5	4	4	4	3	3	3	2	2	2	1
운여	8	9	9	9	10	한	1	1	1	1	2	2	2	3	3	3	4	4	4	한	5	5	6	6	6	7	7	7	8	8	8

2월

입춘 4일 14시 26분 【음1월】➡ 　　　【壬寅月(임인월)】　　　●오황성　우수 19일 10시 21분

양력(12/20~01/18)	1	2	3	4	5	6	7	8	9	10	11	12	13	14	15	16	17	18	19	20	21	22	23	24	25	26	27	28
요일	월	화	수	목	금	토	일	월	화	수	목	금	토	일	월	화	수	목	금	토	일	월	화	수	목	금	토	일
日辰	기미	경신	신유	임술	계해	갑자	을축	병인	정묘	무진	기사	경오	신미	임신	계유	갑술	을해	병자	정축	무인	기묘	경진	신사	임오	계미	갑신	을유	병술
음력	20	21	22	23	24	25	26	27	28	29	1/1	2	3	4	5	6	7	8	9	10	11	12	13	14	15	16	17	18
구성	2	3	4	5	6	7	8	9	1	2	3	4	5	6	7	8	9	1	2	3	4	5	6	7	8	9	1	2
대남	1	1	1	입	1	1	1	1	2	2	2	3	3	3	4	4	4	5	우	5	6	6	6	7	7	7	8	8
운여	9	9	9	춘	10	9	9	9	8	8	8	7	7	7	6	6	6	5	수	5	4	4	4	3	3	3	2	2

3월

경칩 6일 08시 44분 【음2월】➡ 　　　【癸卯月(계묘월)】　　　●사록성　춘분 21일 09시 45분

양력(01/19~02/19)	1	2	3	4	5	6	7	8	9	10	11	12	13	14	15	16	17	18	19	20	21	22	23	24	25	26	27	28	29	30	31
요일	월	화	수	목	금	토	일	월	화	수	목	금	토	일	월	화	수	목	금	토	일	월	화	수	목	금	토	일	월	화	수
日辰	정해	무자	기축	경인	신묘	임진	계사	갑오	을미	병신	정유	무술	기해	경자	신축	임인	계묘	갑진	을사	병오	정미	무신	기유	경술	신해	임자	계축	갑인	을묘	병진	정사
음력	19	20	21	22	23	24	25	26	27	28	29	30	2/1	2	3	4	5	6	7	8	9	10	11	12	13	14	15	16	17	18	19
구성	3	4	5	6	7	8	9	1	2	3	4	5	6	7	8	9	1	2	3	4	5	6	7	8	9	1	2	3	4	5	6
대남	8	9	9	9	10	경	1	1	1	1	2	2	2	3	3	3	4	4	4	5	춘	5	6	6	6	7	7	7	8	8	8
운여	2	1	1	1	1	칩	10	9	9	9	8	8	8	7	7	7	6	6	6	5	분	5	4	4	4	3	3	3	2	2	2

4월

청명 5일 14시 01분 【음3월】➡ 　　　【甲辰月(갑진월)】　　　●삼벽성　곡우 20일 21시 19분

양력(02/20~03/20)	1	2	3	4	5	6	7	8	9	10	11	12	13	14	15	16	17	18	19	20	21	22	23	24	25	26	27	28	29	30
요일	목	금	토	일	월	화	수	목	금	토	일	월	화	수	목	금	토	일	월	화	수	목	금	토	일	월	화	수	목	금
日辰	무오	기미	경신	신유	임술	계해	갑자	을축	병인	정묘	무진	기사	경오	신미	임신	계유	갑술	을해	병자	정축	무인	기묘	경진	신사	임오	계미	갑신	을유	병술	정해
음력	20	21	22	23	24	25	26	27	28	29	3/1	2	3	4	5	6	7	8	9	10	11	12	13	14	15	16	17	18	19	20
구성	7	8	9	1	2	3	4	5	6	7	8	9	1	2	3	4	5	6	7	8	9	1	2	3	4	5	6	7	8	9
대남	9	9	9	10	청	1	1	1	1	2	2	2	3	3	3	4	4	4	5	곡	5	6	6	6	7	7	7	8	8	8
운여	1	1	1	1	명	10	10	9	9	9	8	8	8	7	7	7	6	6	6	우	5	5	4	4	4	3	3	3	2	2

5월

입하 6일 07시 51분 【음4월】➡ 　　　【乙巳月(을사월)】　　　●이흑성　소만 21일 20시 57분

양력(03/21~04/22)	1	2	3	4	5	6	7	8	9	10	11	12	13	14	15	16	17	18	19	20	21	22	23	24	25	26	27	28	29	30	31
요일	토	일	월	화	수	목	금	토	일	월	화	수	목	금	토	일	월	화	수	목	금	토	일	월	화	수	목	금	토	일	월
日辰	무자	기축	경인	신묘	임진	계사	갑오	을미	병신	정유	무술	기해	경자	신축	임인	계묘	갑진	을사	병오	정미	무신	기유	경술	신해	임자	계축	갑인	을묘	병진	정사	무오
음력	21	22	23	24	25	26	27	28	29	4/1	2	3	4	5	6	7	8	9	10	11	12	13	14	15	16	17	18	19	20	21	22
구성	1	2	3	4	5	6	7	8	9	1	2	3	4	5	6	7	8	9	1	2	3	4	5	6	7	8	9	1	2	3	4
대남	9	9	9	10	10	입	1	1	1	1	2	2	2	3	3	3	4	4	4	5	소	5	6	6	6	7	7	7	8	8	8
운여	2	1	1	1	1	하	10	10	9	9	9	8	8	8	7	7	7	6	6	6	만	5	5	4	4	4	3	3	3	2	2

6월

망종 6일 12시 23분 【음5월】➡ 　　　【丙午月(병오월)】　　　●일백성　하지 22일 05시 12분

양력(04/23~05/22)	1	2	3	4	5	6	7	8	9	10	11	12	13	14	15	16	17	18	19	20	21	22	23	24	25	26	27	28	29	30
요일	화	수	목	금	토	일	월	화	수	목	금	토	일	월	화	수	목	금	토	일	월	화	수	목	금	토	일	월	화	수
日辰	기미	경신	신유	임술	계해	갑자	을축	병인	정묘	무진	기사	경오	신미	임신	계유	갑술	을해	병자	정축	무인	기묘	경진	신사	임오	계미	갑신	을유	병술	정해	무자
음력	23	24	25	26	27	28	29	30	5/1	2	3	4	5	6	7	8	9	10	11	12	13	14	15	16	17	18	19	20	21	22
구성	5	6	7	8	9	9	8	7	6	5	4	3	2	1	9	8	7	6	5	4	3	2	1	9	8	7	6	5	4	3
대남	9	9	9	10	10	망	1	1	1	1	2	2	2	3	3	3	4	4	4	5	5	하	6	6	6	7	7	7	8	8
운여	2	1	1	1	1	종	10	10	9	9	9	8	8	8	7	7	7	6	6	6	5	지	5	4	4	4	3	3	3	2

1월 - 일본에서 조선노동동흥회 해제5월 6일 - 독일 비행선 LZ 129 힌덴부르크 공항 계류 도중 폭발.

5월 28일 - 체임벌린이 영국의 총리로 취임.7월 7일 - 노구교 사건 발생. 중일전쟁 발발.(~ 1945년)

한식(4월06일), 초복(7월12일), 중복(7월22일), 말복(8월11일) ↑춘사(春社)3/22 ☀추사(秋社)9/28
토왕지절(土旺之節):4월17일,7월20일,10월21일,1월18일(신년양력), 臘享(납향):1월15일(신년양력)

三日得辛, 十二龍治水, 1937년 정축年(간하수), 구자화

8백	4록	6백
7적	9자	2흑
3벽	5황	1백

소서 7일 22시 46분 【음6월】➡ 【丁未月(정미월)】 ☯구자성 대서 23일 16시 07분

양력 7월 · 음력 05/23 ~ 06/24

양력	1	2	3	4	5	6	7	8	9	10	11	12	13	14	15	16	17	18	19	20	21	22	23	24	25	26	27	28	29	30	31
요일	목	금	토	일	월	화	수	목	금	토	일	월	화	수	목	금	토	일	월	화	수	목	금	토	일	월	화	수	목	금	토
일진(日辰)	기축	경인	신묘	임진	계사	갑오	을미	병신	정유	무술	기해	경자	신축	임인	계묘	갑진	을사	병오	정미	무신	기유	경술	신해	임자	계축	갑인	을묘	병진	정사	무오	기미
음력	23	24	25	26	27	28	29	6/1	2	3	4	5	6	7	8	9	10	11	12	13	14	15	16	17	18	19	20	21	22	23	24
구성	2	1	9	8	7	6	5	4	3	2	1	9	8	7	6	5	4	3	2	1	9	8	7	6	5	4	3	2	1	9	8
대운 남	8	9	9	9	10	10	소서	1	1	1	1	2	2	2	3	3	3	4	4	4	5	5	대서	6	6	6	7	7	7	8	8
대운 여	2	2	1	1	1	1	소서	10	10	10	9	9	9	8	8	8	7	7	7	6	6	6	대서	5	5	4	4	4	3	3	3

입추 8일 08시 25분 【음7월】➡ 【戊申月(무신월)】 ☯팔백성 처서 23일 22시 58분

양력 8월 · 음력 06/25 ~ 07/26

양력	1	2	3	4	5	6	7	8	9	10	11	12	13	14	15	16	17	18	19	20	21	22	23	24	25	26	27	28	29	30	31
요일	일	월	화	수	목	금	토	일	월	화	수	목	금	토	일	월	화	수	목	금	토	일	월	화	수	목	금	토	일	월	화
일진(日辰)	경신	신유	임술	계해	갑자	을축	병인	정묘	무진	기사	경오	신미	임신	계유	갑술	을해	병자	정축	무인	기묘	경진	신사	임오	계미	갑신	을유	병술	정해	무자	기축	경인
음력	25	26	27	28	29	7/1	2	3	4	5	6	7	8	9	10	11	12	13	14	15	16	17	18	19	20	21	22	23	24	25	26
구성	7	6	5	4	3	2	1	9	8	7	6	5	4	3	2	1	9	8	7	6	5	4	3	2	1	9	8	7	6	5	4
대운 남	8	9	9	9	10	10	10	입추	1	1	1	1	2	2	2	3	3	3	4	4	4	5	처서	5	6	6	6	7	7	7	8
대운 여	2	2	2	1	1	1	1	입추	10	10	9	9	9	8	8	8	7	7	7	6	6	6	처서	5	5	4	4	4	3	3	3

백로 8일 10시 59분 【음8월】➡ 【己酉月(기유월)】 ☯칠적성 추분 23일 20시 13분

양력 9월 · 음력 07/27 ~ 08/26

양력	1	2	3	4	5	6	7	8	9	10	11	12	13	14	15	16	17	18	19	20	21	22	23	24	25	26	27	28	29	30
요일	수	목	금	토	일	월	화	수	목	금	토	일	월	화	수	목	금	토	일	월	화	수	목	금	토	일	월	화	수	목
일진(日辰)	신묘	임진	계사	갑오	을미	병신	정유	무술	기해	경자	신축	임인	계묘	갑진	을사	병오	정미	무신	기유	경술	신해	임자	계축	갑인	을묘	병진	정사	무오	기미	경신
음력	27	28	29	30	8/1	2	3	4	5	6	7	8	9	10	11	12	13	14	15	16	17	18	19	20	21	22	23	24	25	26
구성	3	2	1	9	8	7	6	5	4	3	2	1	9	8	7	6	5	4	3	2	1	9	8	7	6	5	4	3	2	1
대운 남	8	8	9	9	9	10	10	백로	1	1	1	1	2	2	2	3	3	3	4	4	4	5	추분	5	6	6	6	7	7	7
대운 여	2	2	2	1	1	1	1	백로	10	10	10	9	9	9	8	8	8	7	7	7	6	6	추분	5	5	4	4	4	3	3

한로 9일 02시 11분 【음9월】➡ 【庚戌月(경술월)】 ☯육백성 상강 24일 05시 07분

양력 10월 · 음력 08/28 ~ 09/28

양력	1	2	3	4	5	6	7	8	9	10	11	12	13	14	15	16	17	18	19	20	21	22	23	24	25	26	27	28	29	30	31
요일	금	토	일	월	화	수	목	금	토	일	월	화	수	목	금	토	일	월	화	수	목	금	토	일	월	화	수	목	금	토	일
일진(日辰)	신유	임술	계해	갑자	을축	병인	정묘	무진	기사	경오	신미	임신	계유	갑술	을해	병자	정축	무인	기묘	경진	신사	임오	계미	갑신	을유	병술	정해	무자	기축	경인	신묘
음력	27	28	29	9/1	2	3	4	5	6	7	8	9	10	11	12	13	14	15	16	17	18	19	20	21	22	23	24	25	26	27	28
구성	9	8	7	6	5	4	3	2	1	9	8	7	6	5	4	3	2	1	9	8	7	6	5	4	3	2	1	9	8	7	6
대운 남	8	8	8	9	9	9	10	10	한로	1	1	1	1	2	2	2	3	3	3	4	4	4	5	상강	5	6	6	6	7	7	7
대운 여	3	2	2	2	1	1	1	1	한로	10	9	9	9	8	8	8	7	7	7	6	6	6	5	상강	5	4	4	4	3	3	3

입동 8일 04시 55분 【음10월】➡ 【辛亥月(신해월)】 ☯오황성 소설 23일 02시 17분

양력 11월 · 음력 09/29 ~ 10/28

양력	1	2	3	4	5	6	7	8	9	10	11	12	13	14	15	16	17	18	19	20	21	22	23	24	25	26	27	28	29	30
요일	월	화	수	목	금	토	일	월	화	수	목	금	토	일	월	화	수	목	금	토	일	월	화	수	목	금	토	일	월	화
일진(日辰)	임진	계사	갑오	을미	병신	정유	무술	기해	경자	신축	임인	계묘	갑진	을사	병오	정미	무신	기유	경술	신해	임자	계축	갑인	을묘	병진	정사	무오	기미	경신	신유
음력	29	30	10/1	2	3	4	5	6	7	8	9	10	11	12	13	14	15	16	17	18	19	20	21	22	23	24	25	26	27	28
구성	5	4	3	2	1	9	8	7	6	5	4	3	2	1	9	8	7	6	5	4	3	2	1	9	8	7	6	5	4	3
대운 남	8	8	8	9	9	9	10	입동	1	1	1	1	2	2	2	3	3	3	4	4	4	5	소설	5	6	6	6	7	7	7
대운 여	2	2	2	1	1	1	1	입동	10	10	9	9	9	8	8	8	7	7	7	6	6	6	소설	5	4	4	4	3	3	3

대설 7일 21시 26분 【음11월】➡ 【壬子月(임자월)】 ☯사록성 동지 22일 15시 22분

양력 12월 · 음력 10/29 ~ 11/29

양력	1	2	3	4	5	6	7	8	9	10	11	12	13	14	15	16	17	18	19	20	21	22	23	24	25	26	27	28	29	30	31
요일	수	목	금	토	일	월	화	수	목	금	토	일	월	화	수	목	금	토	일	월	화	수	목	금	토	일	월	화	수	목	금
일진(日辰)	임술	계해	갑자	을축	병인	정묘	무진	기사	경오	신미	임신	계유	갑술	을해	병자	정축	무인	기묘	경진	신사	임오	계미	갑신	을유	병술	정해	무자	기축	경인	신묘	임진
음력	29	30	11/1	2	3	4	5	6	7	8	9	10	11	12	13	14	15	16	17	18	19	20	21	22	23	24	25	26	27	28	29
구성	2	1	9	8	7	6	5	4	3	2	1	9	8	7	6	5	4	3	2	1	9	1	2	3	4	5	6	7	8	9	1
대운 남	8	8	8	9	9	9	대설	1	1	1	2	2	2	3	3	3	4	4	4	5	5	동지	6	6	6	7	7	7	8	8	8
대운 여	2	2	1	1	1	1	대설	10	10	10	9	9	9	8	8	8	7	7	7	6	6	동지	5	5	5	4	4	4	3	3	3

8월 20일 - 일제 강점기: 친일여성단체 애국금차회 결성, 금비녀 헌납 운동 시작.8월 22일 - 일제 강점기: 일본, 서울 전역에 등화관제 실시.9월 22일 - 중국 국민당과 중국 공산당 사이에 제2차 국공합작이 성립된다.

단기 4271 年	**1938년**	중원(中元).무인(戊寅)년,납음(성두토),본명성(팔백토)
불기 2482 年	윤7월	대장군(子북방). 삼살(북방), 상문(辰동남방),조객(子북방), 납음(성두토), 【삼재(신.유.술)년】　臘享(납향):1939년1월22일(음12/03)

소한 6일 08시 31분　【음12월】➡　【癸丑月(계축월)】　●삼벽성　대한 21일 01시 59분

1월	1	2	3	4	5	6	7	8	9	10	11	12	13	14	15	16	17	18	19	20	21	22	23	24	25	26	27	28	29	30	31
요일	일	월	화	수	목	금	토	일	월	화	수	목	금	토	일	월	화	수	목	금	토	일	월	화	수	목	금	토	일	월	화
일진(日辰)	계사	갑오	을미	병신	정유	무술	기해	경자	신축	임인	계묘	갑진	을사	병오	정미	무신	기유	경술	신해	임자	계축	갑인	을묘	병진	정사	무오	기미	경신	신유	임술	계해
음력(11/30–01/01)	30	12/1	2	3	4	5	6	7	8	9	10	11	12	13	14	15	16	17	18	19	20	21	22	23	24	25	26	27	28	29	1/1
구성	3	4	5	6	7	8	9	1	2	3	4	5	6	7	8	9	1	2	3	4	5	6	7	8	9	1	2	3	4	5	6
대남	8	9	9	9	10	소한	1	1	1	1	2	2	2	3	3	3	4	4	4	5	대한	5	6	6	6	7	7	7	8	8	8
운여	2	1	1	1	1	소한	9	9	9	8	8	8	7	7	7	6	6	6	5	5	대한	4	4	4	3	3	3	2	2	2	1

입춘 4일 20시 15분　【음1월】➡　【甲寅月(갑인월)】　●이흑성　우수 19일 16시 20분

2월	1	2	3	4	5	6	7	8	9	10	11	12	13	14	15	16	17	18	19	20	21	22	23	24	25	26	27	28
요일	수	목	금	토	일	월	화	수	목	금	토	일	월	화	수	목	금	토	일	월	화	수	목	금	토	일	월	화
일진(日辰)	갑자	을축	병인	정묘	무진	기사	경오	신미	임신	계유	갑술	을해	병자	정축	무인	기묘	경진	신사	임오	계미	갑신	을유	병술	정해	무자	기축	경인	신묘
음력(01/02–01/29)	2	3	4	5	6	7	8	9	10	11	12	13	14	15	16	17	18	19	20	21	22	23	24	25	26	27	28	29
구성	7	8	9	1	2	3	4	5	6	7	8	9	1	2	3	4	5	6	7	8	9	1	2	3	4	5	6	7
대남	9	9	9	입춘	10	9	9	9	8	8	8	7	7	7	6	6	6	5	우수	5	4	4	4	3	3	3	2	2
운여	1	1	1	입춘	1	1	1	1	2	2	2	3	3	3	4	4	4	5	우수	5	6	6	6	7	7	7	8	8

무인년

경칩 6일 14시 34분　【음2월】➡　【乙卯月(을묘월)】　●일백성　춘분 21일 15시 43분

3월	1	2	3	4	5	6	7	8	9	10	11	12	13	14	15	16	17	18	19	20	21	22	23	24	25	26	27	28	29	30	31
요일	목	금	토	일	월	화	수	목	금	토	일	월	화	수	목	금	토	일	월	화	수	목	금	토	일	월	화	수	목	금	토
일진(日辰)	임진	계사	갑오	을미	병신	정유	무술	기해	경자	신축	임인	계묘	갑진	을사	병오	정미	무신	기유	경술	신해	임자	계축	갑인	을묘	병진	정사	무오	기미	경신	신유	임술
음력(01/30–02/30)	30	2/1	2	3	4	5	6	7	8	9	10	11	12	13	14	15	16	17	18	19	20	21	22	23	24	25	26	27	28	29	30
구성	8	9	1	2	3	4	5	6	7	8	9	1	2	3	4	5	6	7	8	9	1	2	3	4	5	6	7	8	9	1	2
대남	2	1	1	1	1	경칩	10	9	9	9	8	8	8	7	7	7	6	6	6	5	춘분	5	4	4	4	3	3	3	2	2	2
운여	8	9	9	9	10	경칩	1	1	1	1	2	2	2	3	3	3	4	4	4	5	춘분	5	6	6	6	7	7	7	8	8	8

청명 5일 19시 49분　【음3월】➡　【丙辰月(병진월)】　●구자성　곡우 21일 03시 15분

4월	1	2	3	4	5	6	7	8	9	10	11	12	13	14	15	16	17	18	19	20	21	22	23	24	25	26	27	28	29	30
요일	일	월	화	수	목	금	토	일	월	화	수	목	금	토	일	월	화	수	목	금	토	일	월	화	수	목	금	토	일	월
일진(日辰)	계해	갑자	을축	병인	정묘	무진	기사	경오	신미	임신	계유	갑술	을해	병자	정축	무인	기묘	경진	신사	임오	계미	갑신	을유	병술	정해	무자	기축	경인	신묘	임진
음력(03/01–04/01)	3/1	2	3	4	5	6	7	8	9	10	11	12	13	14	15	16	17	18	19	20	21	22	23	24	25	26	27	28	29	4/1
구성	3	4	5	6	7	8	9	1	2	3	4	5	6	7	8	9	1	2	3	4	5	6	7	8	9	1	2	3	4	5
대남	1	1	1	1	청명	10	10	9	9	9	8	8	8	7	7	7	6	6	6	5	곡우	5	4	4	4	3	3	3	2	2
운여	9	9	9	10	청명	1	1	1	1	2	2	2	3	3	3	4	4	4	5	5	곡우	6	6	6	7	7	7	8	8	8

입하 6일 13시 35분　【음4월】➡　【丁巳月(정사월)】　●팔백성　소만 22일 02시 50분

5월	1	2	3	4	5	6	7	8	9	10	11	12	13	14	15	16	17	18	19	20	21	22	23	24	25	26	27	28	29	30	31
요일	화	수	목	금	토	일	월	화	수	목	금	토	일	월	화	수	목	금	토	일	월	화	수	목	금	토	일	월	화	수	목
일진(日辰)	계사	갑오	을미	병신	정유	무술	기해	경자	신축	임인	계묘	갑진	을사	병오	정미	무신	기유	경술	신해	임자	계축	갑인	을묘	병진	정사	무오	기미	경신	신유	임술	계해
음력(04/02–05/03)	2	3	4	5	6	7	8	9	10	11	12	13	14	15	16	17	18	19	20	21	22	23	24	25	26	27	28	29	5/1	2	3
구성	6	7	8	9	1	2	3	4	5	6	7	8	9	1	2	3	4	5	6	7	8	9	1	2	3	4	5	6	7	8	9
대남	2	1	1	1	1	입하	10	10	9	9	9	8	8	8	7	7	7	6	6	6	5	소만	5	4	4	4	3	3	3	2	2
운여	9	9	9	10	10	입하	1	1	1	1	2	2	2	3	3	3	4	4	4	5	5	소만	6	6	6	7	7	7	8	8	8

망종 6일 18시 07분　【음5월】➡　【戊午月(무오월)】　●칠적성　하지 22일 11시 04분

6월	1	2	3	4	5	6	7	8	9	10	11	12	13	14	15	16	17	18	19	20	21	22	23	24	25	26	27	28	29	30
요일	금	토	일	월	화	수	목	금	토	일	월	화	수	목	금	토	일	월	화	수	목	금	토	일	월	화	수	목	금	토
일진(日辰)	갑자	을축	병인	정묘	무진	기사	경오	신미	임신	계유	갑술	을해	병자	정축	무인	기묘	경진	신사	임오	계미	갑신	을유	병술	정해	무자	기축	경인	신묘	임진	계사
음력(05/04–06/03)	4	5	6	7	8	9	10	11	12	13	14	15	16	17	18	19	20	21	22	23	24	25	26	27	28	29	30	6/1	2	3
구성	9	8	7	6	5	4	3	2	1	9	8	7	6	5	4	3	2	1	9	8	7	6	5	4	3	2	1	9	8	7
대남	2	1	1	1	1	망종	10	10	10	9	9	9	8	8	8	7	7	7	6	6	6	하지	5	5	4	4	4	3	3	3
운여	9	9	9	10	10	망종	1	1	1	2	2	2	3	3	3	4	4	4	5	5	5	하지	6	6	6	7	7	7	8	8

2월 20일 - 한국환상곡, 더블린에서 초연되다.3월 13일 - 나치 독일, 오스트리아 합병.4월 - 광산전문학교 설립.

4월 1일 - 일본 제국이 국가 총동원법을 공표하였다.5월 - 경성여자의학전문학교 설립.

九日得辛, 六龍治水, 1938년 무인年(성두토), 팔백토

7적	3벽	5황
6백	8백	1백
2흑	4록	9자

1938

소서 8일 04시 31분 　【음6월】➡　【己未月(기미월)】　◐육백성　대서 23일 21시 57분

양력 7월 (음력 06/04 ~ 07/05)

양력	1	2	3	4	5	6	7	8	9	10	11	12	13	14	15	16	17	18	19	20	21	22	23	24	25	26	27	28	29	30	31
요일	일	월	화	수	목	금	토	일	월	화	수	목	금	토	일	월	화	수	목	금	토	일	월	화	수	목	금	토	일	월	화
일진(日辰)	갑오	을미	병신	정유	무술	기해	경자	신축	임인	계묘	갑진	을사	병오	정미	무신	기유	경술	신해	임자	계축	갑인	을묘	병진	정사	무오	기미	경신	신유	임술	계해	갑자
음력	4	5	6	7	8	9	10	11	12	13	14	15	16	17	18	19	20	21	22	23	24	25	26	27	28	29	7/1	2	3	4	5
구성	6	5	4	3	2	1	9	8	7	6	5	4	3	2	1	9	8	7	6	5	4	3	2	1	9	8	7	6	5	4	3
대운 남	2	2	2	1	1	1	1	소서	10	10	9	9	9	8	8	8	7	7	7	6	6	6	대서	5	5	4	4	4	3	3	3
대운 여	8	9	9	9	10	10	10	소서	1	1	1	1	2	2	2	3	3	3	4	4	4	5	대서	5	6	6	6	7	7	7	8

입추 8일 14시 13분 　【음7월】➡　【庚申月(경신월)】　◐오황성　처서 24일 04시 46분

양력 8월 (음력 07/06 ~ 윤707)

양력	1	2	3	4	5	6	7	8	9	10	11	12	13	14	15	16	17	18	19	20	21	22	23	24	25	26	27	28	29	30	31
요일	수	목	금	토	일	월	화	수	목	금	토	일	월	화	수	목	금	토	일	월	화	수	목	금	토	일	월	화	수	목	금
일진(日辰)	을축	병인	정묘	무진	기사	경오	신미	임신	계유	갑술	을해	병자	정축	무인	기묘	경진	신사	임오	계미	갑신	을유	병술	정해	무자	기축	경인	신묘	임진	계사	갑오	을미
음력	6	7	8	9	10	11	12	13	14	15	16	17	18	19	20	21	22	23	24	25	26	27	28	29	윤7	2	3	4	5	6	7
구성	2	1	9	8	7	6	5	4	3	2	1	9	8	7	6	5	4	3	2	1	9	8	7	6	5	4	3	2	1	9	8
대운 남	2	2	2	1	1	1	1	입추	10	10	9	9	9	8	8	8	7	7	7	6	6	6	5	처서	5	4	4	4	3	3	3
대운 여	8	8	9	9	9	10	10	입추	1	1	1	1	2	2	2	3	3	3	4	4	4	5	5	처서	6	6	6	7	7	7	8

백로 8일 16시 48분 　【음8월】➡　【辛酉月(신유월)】　◑사록성　추분 24일 02시 00분

양력 9월 (음력 윤708 ~ 08/07)

양력	1	2	3	4	5	6	7	8	9	10	11	12	13	14	15	16	17	18	19	20	21	22	23	24	25	26	27	28	29	30
요일	토	일	월	화	수	목	금	토	일	월	화	수	목	금	토	일	월	화	수	목	금	토	일	월	화	수	목	금	토	일
일진(日辰)	병신	정유	무술	기해	경자	신축	임인	계묘	갑진	을사	병오	정미	무신	기유	경술	신해	임자	계축	갑인	을묘	병진	정사	무오	기미	경신	신유	임술	계해	갑자	을축
음력	8	9	10	11	12	13	14	15	16	17	18	19	20	21	22	23	24	25	26	27	28	29	30	8/1	2	3	4	5	6	7
구성	7	6	5	4	3	2	1	9	8	7	6	5	4	3	2	1	9	8	7	6	5	4	3	2	1	9	8	7	6	5
대운 남	2	2	2	1	1	1	1	백로	10	10	9	9	9	8	8	8	7	7	7	6	6	6	5	추분	5	4	4	4	3	3
대운 여	8	8	9	9	9	10	10	백로	1	1	1	1	2	2	2	3	3	3	4	4	4	5	5	추분	6	6	6	7	7	7

한로 9일 08시 01분 　【음9월】➡　【壬戌月(임술월)】　◑삼벽성　상강 24일 10시 54분

양력 10월 (음력 08/08 ~ 09/09)

양력	1	2	3	4	5	6	7	8	9	10	11	12	13	14	15	16	17	18	19	20	21	22	23	24	25	26	27	28	29	30	31
요일	월	화	수	목	금	토	일	월	화	수	목	금	토	일	월	화	수	목	금	토	일	월	화	수	목	금	토	일	월	화	수
일진(日辰)	병인	정묘	무진	기사	경오	신미	임신	계유	갑술	을해	병자	정축	무인	기묘	경진	신사	임오	계미	갑신	을유	병술	정해	무자	기축	경인	신묘	임진	계사	갑오	을미	병신
음력	8	9	10	11	12	13	14	15	16	17	18	19	20	21	22	23	24	25	26	27	28	29	9/1	2	3	4	5	6	7	8	9
구성	4	3	2	1	9	8	7	6	5	4	3	2	1	9	8	7	6	5	4	3	2	1	9	8	7	6	5	4	3	2	1
대운 남	3	2	2	2	1	1	1	1	한로	10	9	9	9	8	8	8	7	7	7	6	6	6	5	상강	5	4	4	4	3	3	3
대운 여	8	8	8	9	9	9	10	10	한로	1	1	1	1	2	2	2	3	3	3	4	4	4	5	상강	5	6	6	6	7	7	7

입동 8일 10시 48분 　【음10월】➡　【癸亥月(계해월)】　◑이흑성　소설 23일 08시 06분

양력 11월 (음력 09/10 ~ 10/09)

양력	1	2	3	4	5	6	7	8	9	10	11	12	13	14	15	16	17	18	19	20	21	22	23	24	25	26	27	28	29	30
요일	목	금	토	일	월	화	수	목	금	토	일	월	화	수	목	금	토	일	월	화	수	목	금	토	일	월	화	수	목	금
일진(日辰)	정유	무술	기해	경자	신축	임인	계묘	갑진	을사	병오	정미	무신	기유	경술	신해	임자	계축	갑인	을묘	병진	정사	무오	기미	경신	신유	임술	계해	갑자	을축	병인
음력	10	11	12	13	14	15	16	17	18	19	20	21	22	23	24	25	26	27	28	29	30	10/1	2	3	4	5	6	7	8	9
구성	9	8	7	6	5	4	3	2	1	9	8	7	6	5	4	3	2	1	9	8	7	6	5	4	3	2	1	1	2	3
대운 남	2	2	2	1	1	1	1	입동	10	9	9	9	8	8	8	7	7	7	6	6	6	5	소설	5	4	4	4	3	3	3
대운 여	8	8	8	9	9	9	10	입동	1	1	1	1	2	2	2	3	3	3	4	4	4	5	소설	5	6	6	6	7	7	7

대설 8일 03시 22분 　【음11월】➡　【甲子月(갑자월)】　◑일백성　동지 22일 21시 13분

양력 12월 (음력 10/10 ~ 11/10)

양력	1	2	3	4	5	6	7	8	9	10	11	12	13	14	15	16	17	18	19	20	21	22	23	24	25	26	27	28	29	30	31
요일	토	일	월	화	수	목	금	토	일	월	화	수	목	금	토	일	월	화	수	목	금	토	일	월	화	수	목	금	토	일	월
일진(日辰)	정묘	무진	기사	경오	신미	임신	계유	갑술	을해	병자	정축	무인	기묘	경진	신사	임오	계미	갑신	을유	병술	정해	무자	기축	경인	신묘	임진	계사	갑오	을미	병신	정유
음력	10	11	12	13	14	15	16	17	18	19	20	21	22	23	24	25	26	27	28	29	30	11/1	2	3	4	5	6	7	8	9	10
구성	4	5	6	7	8	9	1	2	3	4	5	6	7	8	9	1	2	3	4	5	6	7	8	9	1	2	3	4	5	6	7
대운 남	2	2	2	1	1	1	1	대설	9	9	9	8	8	8	7	7	7	6	6	6	5	동지	5	4	4	4	3	3	3	2	2
대운 여	8	8	8	9	9	9	10	대설	1	1	1	1	2	2	2	3	3	3	4	4	4	동지	5	5	6	6	6	7	7	7	8

9월 29일 - 독일·이탈리아·영국·프랑스 등 유럽 4개국 정부수반, 체코슬로바키아 문제로 뮌헨 회담 개최.9월 30일 - 뮌헨 협정 체결.11월 2일: 제1차 빈 중재: 체코슬로바키아의 남부 슬로바키아 지방과 남부 카르파티아 루테니아 지방이 헝가리의 영토로 편입

단기 4272 年		
불기 2483 年	**1939년**	중원(中元), 기묘(己卯)년, 납음(성두토), 본명성(칠적금)

대장군(子북방), 삼살(서방), 상문(巳동남방), 조객(丑동북방), 납음(성두토), 【삼재(사,오,미)년】 臘享(납향):1940년1월17일(음12/09)

소한 6일 14시 28분 【음12월】➡ 【乙丑月(을축월)】 ●구자성 대한 21일 07시 51분

양력 1월 (음력 11/11 ~ 12/12)

	1	2	3	4	5	6	7	8	9	10	11	12	13	14	15	16	17	18	19	20	21	22	23	24	25	26	27	28	29	30	31
요일	화	수	목	금	토	일	월	화	수	목	금	토	일	월	화	수	목	금	토	일	월	화	수	목	금	토	일	월	화	수	목
일진	무술	기해	경자	신축	임인	계묘	갑진	을사	병오	정미	무신	기유	경술	신해	임자	계축	갑인	을묘	병진	정사	무오	기미	경신	신유	임술	계해	갑자	을축	병인	정묘	무진
음력	11	12	13	14	15	16	17	18	19	20	21	22	23	24	25	26	27	28	29	12/1	2	3	4	5	6	7	8	9	10	11	12
구성	8	9	1	2	3	4	5	6	7	8	9	1	2	3	4	5	6	7	8	9	1	2	3	4	5	6	7	8	9	1	2
대운남	2	1	1	1	1	소한	10	9	9	9	8	8	8	7	7	7	6	6	6	5	대한	5	4	4	4	3	3	3	2	2	2
대운여	8	8	9	9	9	소한	1	1	1	1	2	2	2	3	3	3	4	4	4	5	대한	5	6	6	6	7	7	7	8	8	8

입춘 5일 02시 10분 【음1월】➡ 【丙寅月(병인월)】 ●팔백성 우수 19일 22시 09분

양력 2월 (음력 12/13 ~ 01/10)

	1	2	3	4	5	6	7	8	9	10	11	12	13	14	15	16	17	18	19	20	21	22	23	24	25	26	27	28
요일	금	토	일	월	화	수	목	금	토	일	월	화	수	목	금	토	일	월	화	수	목	금	토	일	월	화	수	목
일진	기사	경오	신미	임신	계유	갑술	을해	병자	정축	무인	기묘	경진	신사	임오	계미	갑신	을유	병술	정해	무자	기축	경인	신묘	임진	계사	갑오	을미	병신
음력	13	14	15	16	17	18	19	20	21	22	23	24	25	26	27	28	29	30	1/1	2	3	4	5	6	7	8	9	10
구성	3	4	5	6	7	8	9	1	2	3	4	5	6	7	8	9	1	2	3	4	5	6	7	8	9	1	2	3
대운남	1	1	1	1	입춘	1	1	1	1	2	2	2	3	3	3	4	4	4	우수	5	5	6	6	6	7	7	7	8
대운여	9	9	9	10	입춘	9	9	9	8	8	8	7	7	7	6	6	6	5	우수	5	4	4	4	3	3	3	2	2

기묘년

경칩 6일 20시 26분 【음2월】➡ 【丁卯月(정묘월)】 ●칠적성 춘분 21일 21시 28분

양력 3월 (음력 01/11 ~ 02/11)

	1	2	3	4	5	6	7	8	9	10	11	12	13	14	15	16	17	18	19	20	21	22	23	24	25	26	27	28	29	30	31
요일	금	토	일	월	화	수	목	금	토	일	월	화	수	목	금	토	일	월	화	수	목	금	토	일	월	화	수	목	금	토	일
일진	정유	무술	기해	경자	신축	임인	계묘	갑진	을사	병오	정미	무신	기유	경술	신해	임자	계축	갑인	을묘	병진	정사	무오	기미	경신	신유	임술	계해	갑자	을축	병인	정묘
음력	11	12	13	14	15	16	17	18	19	20	21	22	23	24	25	26	27	28	29	30	2/1	2	3	4	5	6	7	8	9	10	11
구성	4	5	6	7	8	9	1	2	3	4	5	6	7	8	9	1	2	3	4	5	6	7	8	9	1	2	3	4	5	6	7
대운남	8	8	9	9	9	경칩	1	1	1	1	2	2	2	3	3	3	4	4	4	5	춘분	5	6	6	6	7	7	7	8	8	8
대운여	2	1	1	1	1	경칩	10	10	9	9	9	8	8	8	7	7	7	6	6	6	춘분	5	5	5	4	4	4	3	3	3	2

청명 6일 01시 37분 【음3월】➡ 【戊辰月(무진월)】 ●육백성 곡우 21일 08시 55분

양력 4월 (음력 02/12 ~ 03/11)

	1	2	3	4	5	6	7	8	9	10	11	12	13	14	15	16	17	18	19	20	21	22	23	24	25	26	27	28	29	30
요일	월	화	수	목	금	토	일	월	화	수	목	금	토	일	월	화	수	목	금	토	일	월	화	수	목	금	토	일	월	화
일진	무진	기사	경오	신미	임신	계유	갑술	을해	병자	정축	무인	기묘	경진	신사	임오	계미	갑신	을유	병술	정해	무자	기축	경인	신묘	임진	계사	갑오	을미	병신	정유
음력	12	13	14	15	16	17	18	19	20	21	22	23	24	25	26	27	28	29	30	3/1	2	3	4	5	6	7	8	9	10	11
구성	8	9	1	2	3	4	5	6	7	8	9	1	2	3	4	5	6	7	8	9	1	2	3	4	5	6	7	8	9	1
대운남	9	9	9	10	10	청명	1	1	1	1	2	2	2	3	3	3	4	4	4	5	곡우	5	6	6	6	7	7	7	8	8
대운여	2	1	1	1	1	청명	10	9	9	9	8	8	8	7	7	7	6	6	6	5	곡우	5	4	4	4	3	3	3	2	2

입하 6일 19시 21분 【음4월】➡ 【己巳月(기사월)】 ●오황성 소만 22일 08시 27분

양력 5월 (음력 03/12 ~ 04/13)

	1	2	3	4	5	6	7	8	9	10	11	12	13	14	15	16	17	18	19	20	21	22	23	24	25	26	27	28	29	30	31
요일	수	목	금	토	일	월	화	수	목	금	토	일	월	화	수	목	금	토	일	월	화	수	목	금	토	일	월	화	수	목	금
일진	무술	기해	경자	신축	임인	계묘	갑진	을사	병오	정미	무신	기유	경술	신해	임자	계축	갑인	을묘	병진	정사	무오	기미	경신	신유	임술	계해	갑자	을축	병인	정묘	무진
음력	12	13	14	15	16	17	18	19	20	21	22	23	24	25	26	27	28	29	4/1	2	3	4	5	6	7	8	9	10	11	12	13
구성	2	3	4	5	6	7	8	9	1	2	3	4	5	6	7	8	9	1	2	3	4	5	6	7	8	9	9	8	7	6	5
대운남	8	9	9	9	10	입하	1	1	1	1	2	2	2	3	3	3	4	4	4	5	5	소만	6	6	6	7	7	7	8	8	8
대운여	2	1	1	1	1	입하	10	10	9	9	9	8	8	8	7	7	7	6	6	6	5	소만	5	4	4	4	3	3	3	2	2

망종 6일 23시 52분 【음5월】➡ 【庚午月(경오월)】 ●사록성 하지 22일 16시 39분

양력 6월 (음력 04/14 ~ 05/14)

	1	2	3	4	5	6	7	8	9	10	11	12	13	14	15	16	17	18	19	20	21	22	23	24	25	26	27	28	29	30
요일	토	일	월	화	수	목	금	토	일	월	화	수	목	금	토	일	월	화	수	목	금	토	일	월	화	수	목	금	토	일
일진	기사	경오	신미	임신	계유	갑술	을해	병자	정축	무인	기묘	경진	신사	임오	계미	갑신	을유	병술	정해	무자	기축	경인	신묘	임진	계사	갑오	을미	병신	정유	무술
음력	14	15	16	17	18	19	20	21	22	23	24	25	26	27	28	29	5/1	2	3	4	5	6	7	8	9	10	11	12	13	14
구성	4	3	2	1	9	8	7	6	5	4	3	2	1	9	8	7	6	5	4	3	2	1	9	8	7	6	5	4	3	2
대운남	9	9	9	10	10	망종	1	1	1	1	2	2	2	3	3	3	4	4	4	5	5	하지	6	6	6	7	7	7	8	8
대운여	2	1	1	1	1	망종	10	10	10	9	9	9	8	8	8	7	7	7	6	6	6	하지	5	5	4	4	4	3	3	3

4월 - 평양대동공업전문학교 설립.4월 1일 - 스페인 내전 종료4월 7일 - 아흐메트 조그 1세, 알바니아 국왕에서 퇴위하다.

5월 - 숙명여자전문학교 설립.5월 22일 - 나치 독일과 이탈리아 왕국, 강철 조약 체결.

6백	2흑	4록
5황	7적	9자
1백	3벽	8백

1939

소서 8일 10시 18분　【음6월】➡　【辛未月(신미월)】　●삼벽성　대서 24일 03시 37분

양력 7월 (음력 05/15 ~ 06/15)

양력	1	2	3	4	5	6	7	8	9	10	11	12	13	14	15	16	17	18	19	20	21	22	23	24	25	26	27	28	29	30	31
요일	월	화	수	목	금	토	일	월	화	수	목	금	토	일	월	화	수	목	금	토	일	월	화	수	목	금	토	일	월	화	수
일진(日辰)	기해	경자	신축	임인	계묘	갑진	을사	병오	정미	무신	기유	경술	신해	임자	계축	갑인	을묘	병진	정사	무오	기미	경신	신유	임술	계해	갑자	을축	병인	정묘	무진	기사
음력	15	16	17	18	19	20	21	22	23	24	25	26	27	28	29	30	6/1	2	3	4	5	6	7	8	9	10	11	12	13	14	15
구성	1	9	8	7	6	5	4	3	2	1	9	8	7	6	5	4	3	2	1	9	8	7	6	5	4	3	2	1	9	8	7
대운 남	8	9	9	9	10	10	10	소서	1	1	1	1	2	2	2	3	3	3	4	4	4	5	5	대서	6	6	6	7	7	7	8
운 여	2	2	2	2	1	1	1	소서	10	10	9	9	9	8	8	8	7	7	7	6	6	6	5	대서	5	4	4	4	3	3	3

입추 8일 20시 04분　【음7월】➡　【壬申月(임신월)】　●이흑성　처서 24일 10시 31분

양력 8월 (음력 06/16 ~ 07/17)

양력	1	2	3	4	5	6	7	8	9	10	11	12	13	14	15	16	17	18	19	20	21	22	23	24	25	26	27	28	29	30	31
요일	목	금	토	일	월	화	수	목	금	토	일	월	화	수	목	금	토	일	월	화	수	목	금	토	일	월	화	수	목	금	토
일진(日辰)	경오	신미	임신	계유	갑술	을해	병자	정축	무인	기묘	경진	신사	임오	계미	갑신	을유	병술	정해	무자	기축	경인	신묘	임진	계사	갑오	을미	병신	정유	무술	기해	경자
음력	16	17	18	19	20	21	22	23	24	25	26	27	28	29	7/1	2	3	4	5	6	7	8	9	10	11	12	13	14	15	16	17
구성	6	5	4	3	2	1	9	8	7	6	5	4	3	2	1	9	8	7	6	5	4	3	2	1	9	8	7	6	5	4	3
대운 남	8	8	9	9	9	10	10	입추	1	1	1	1	2	2	2	3	3	3	4	4	4	5	5	처서	6	6	6	7	7	7	8
운 여	2	2	2	1	1	1	1	입추	10	10	9	9	9	8	8	8	7	7	7	6	6	6	5	처서	5	4	4	4	3	3	3

백로 8일 22시 42분　【음8월】➡　【癸酉月(계유월)】　●일백성　추분 24일 07시 49분

양력 9월 (음력 07/18 ~ 08/18)

양력	1	2	3	4	5	6	7	8	9	10	11	12	13	14	15	16	17	18	19	20	21	22	23	24	25	26	27	28	29	30
요일	일	월	화	수	목	금	토	일	월	화	수	목	금	토	일	월	화	수	목	금	토	일	월	화	수	목	금	토	일	월
일진(日辰)	신축	임인	계묘	갑진	을사	병오	정미	무신	기유	경술	신해	임자	계축	갑인	을묘	병진	정사	무오	기미	경신	신유	임술	계해	갑자	을축	병인	정묘	무진	기사	경오
음력	18	19	20	21	22	23	24	25	26	27	28	29	8/1	2	3	4	5	6	7	8	9	10	11	12	13	14	15	16	17	18
구성	2	1	9	8	7	6	5	4	3	2	1	9	8	7	6	5	4	3	2	1	9	8	7	6	5	4	3	2	1	9
대운 남	8	8	9	9	9	10	10	백로	1	1	1	1	2	2	2	3	3	3	4	4	4	5	5	추분	6	6	6	7	7	7
운 여	2	2	2	1	1	1	1	백로	10	10	9	9	9	8	8	8	7	7	7	6	6	6	5	추분	5	4	4	4	3	3

한로 9일 13시 57분　【음9월】➡　【甲戌月(갑술월)】　●구자성　상강 24일 16시 46분

양력 10월 (음력 08/19 ~ 09/19)

양력	1	2	3	4	5	6	7	8	9	10	11	12	13	14	15	16	17	18	19	20	21	22	23	24	25	26	27	28	29	30	31
요일	화	수	목	금	토	일	월	화	수	목	금	토	일	월	화	수	목	금	토	일	월	화	수	목	금	토	일	월	화	수	목
일진(日辰)	신미	임신	계유	갑술	을해	병자	정축	무인	기묘	경진	신사	임오	계미	갑신	을유	병술	정해	무자	기축	경인	신묘	임진	계사	갑오	을미	병신	정유	무술	기해	경자	신축
음력	19	20	21	22	23	24	25	26	27	28	29	30	9/1	2	3	4	5	6	7	8	9	10	11	12	13	14	15	16	17	18	19
구성	8	7	6	5	4	3	2	1	9	8	7	6	5	4	3	2	1	9	8	7	6	5	4	3	2	1	9	8	7	6	5
대운 남	8	8	8	9	9	9	10	10	한로	1	1	1	1	2	2	2	3	3	3	4	4	4	5	상강	5	6	6	6	7	7	7
운 여	3	2	2	2	1	1	1	1	한로	10	9	9	9	8	8	8	7	7	7	6	6	6	5	상강	5	4	4	4	3	3	3

입동 8일 16시 44분　【음10월】➡　【乙亥月(을해월)】　●팔백성　소설 23일 13시 59분

양력 11월 (음력 09/20 ~ 10/20)

양력	1	2	3	4	5	6	7	8	9	10	11	12	13	14	15	16	17	18	19	20	21	22	23	24	25	26	27	28	29	30
요일	금	토	일	월	화	수	목	금	토	일	월	화	수	목	금	토	일	월	화	수	목	금	토	일	월	화	수	목	금	토
일진(日辰)	임인	계묘	갑진	을사	병오	정미	무신	기유	경술	신해	임자	계축	갑인	을묘	병진	정사	무오	기미	경신	신유	임술	계해	갑자	을축	병인	정묘	무진	기사	경오	신미
음력	20	21	22	23	24	25	26	27	28	29	10/1	2	3	4	5	6	7	8	9	10	11	12	13	14	15	16	17	18	19	20
구성	4	3	2	1	9	8	7	6	5	4	3	2	1	9	8	7	6	5	4	3	2	1	9	8	7	6	5	4	3	2
대운 남	8	8	8	9	9	9	10	입동	1	1	1	1	2	2	2	3	3	3	4	4	4	5	소설	5	6	6	6	7	7	7
운 여	2	2	2	1	1	1	1	입동	10	9	9	9	8	8	8	7	7	7	6	6	6	5	소설	5	4	4	4	3	3	3

대설 8일 09시 17분　【음11월】➡　【丙子月(병자월)】　●칠적성　동지 23일 03시 06분

양력 12월 (음력 10/21 ~ 11/21)

양력	1	2	3	4	5	6	7	8	9	10	11	12	13	14	15	16	17	18	19	20	21	22	23	24	25	26	27	28	29	30	31
요일	일	월	화	수	목	금	토	일	월	화	수	목	금	토	일	월	화	수	목	금	토	일	월	화	수	목	금	토	일	월	화
일진(日辰)	임신	계유	갑술	을해	병자	정축	무인	기묘	경진	신사	임오	계미	갑신	을유	병술	정해	무자	기축	경인	신묘	임진	계사	갑오	을미	병신	정유	무술	기해	경자	신축	임인
음력	21	22	23	24	25	26	27	28	29	30	11/1	2	3	4	5	6	7	8	9	10	11	12	13	14	15	16	17	18	19	20	21
구성	1	9	8	7	6	5	4	3	2	1	9	8	7	6	5	4	3	2	1	9	8	7	7	8	9	1	2	3	4	5	6
대운 남	8	8	8	9	9	9	10	대설	1	1	1	1	2	2	2	3	3	3	4	4	4	5	동지	5	6	6	6	7	7	7	8
운 여	2	2	2	1	1	1	1	대설	9	9	9	8	8	8	7	7	7	6	6	6	5	5	동지	4	4	4	3	3	3	2	2

9월 28일 - 나치 독일과 소비에트 연방, 폴란드 분할점령 위한 우호조약 체결. 일본, 조선징발령세칙 공포 시행. 10월 16일 - 제2차 세계 대전: 독일 공군이 처음으로 영국 영토를 공격하다. 11월 30일 - 제2차 세계 대전: 겨울전쟁 발발.

중원(中元). 경진(庚辰)년, 납음(백납금), 본명성(육백금)

대장군(子북방), 삼살(남방), 상문(午남방), 조객(寅동북방), 납음(백납금), 삼재(인,묘,진)년　臘享(납향):1941년1월23일(음12/26)

소한 6일 20시 24분　【음12월】➡　【丁丑月(정축월)】　●육백성　대한 21일 13시 44분

양력 1월 / 음력 11/22 ~ 12/23

	1	2	3	4	5	6	7	8	9	10	11	12	13	14	15	16	17	18	19	20	21	22	23	24	25	26	27	28	29	30	31
요일	토	일	월	화	수	목	금	토	일	월	화	수	목	금	토	일	월	화	수	목	금	토	일	월	화	수	목	금	토	일	월
일진 日辰	계묘	갑진	을사	병오	정미	무신	기유	경술	신해	임자	계축	갑인	을묘	병진	정사	무오	기미	경신	신유	임술	계해	갑자	을축	병인	정묘	무진	기사	경오	신미	임신	계유
음력	22	23	24	25	26	27	28	29	12/1	2	3	4	5	6	7	8	9	10	11	12	13	14	15	16	17	18	19	20	21	22	23
구성	7	8	9	1	2	3	4	5	6	7	8	9	1	2	3	4	5	6	7	8	9	1	2	3	4	5	6	7	8	9	1
대남	8	8	9	9	9	소한	1	1	1	1	2	2	2	3	3	3	4	4	4	5	대한	5	6	6	6	7	7	7	8	8	8
운여	2	1	1	1	1	소한	10	9	9	9	8	8	8	7	7	7	6	6	6	5	대한	5	4	4	4	3	3	3	2	2	2

입춘 5일 08시 08분　【음1월】➡　【戊寅月(무인월)】　●오황성　우수 20일 04시 04분

양력 2월 / 음력 12/24 ~ 01/22　(경진년)

	1	2	3	4	5	6	7	8	9	10	11	12	13	14	15	16	17	18	19	20	21	22	23	24	25	26	27	28	29
요일	화	수	목	금	토	일	월	화	수	목	금	토	일	월	화	수	목	금	토	일	월	화	수	목	금	토	일	월	화
일진 日辰	갑술	을해	병자	정축	무인	기묘	경진	신사	임오	계미	갑신	을유	병술	정해	무자	기축	경인	신묘	임진	계사	갑오	을미	병신	정유	무술	기해	경자	신축	임인
음력	24	25	26	27	28	29	30	1/1	2	3	4	5	6	7	8	9	10	11	12	13	14	15	16	17	18	19	20	21	22
구성	2	3	4	5	6	7	8	9	1	2	3	4	5	6	7	8	9	1	2	3	4	5	6	7	8	9	1	2	3
대남	9	9	9	10	입춘	10	9	9	9	8	8	8	7	7	7	6	6	6	5	우수	5	4	4	4	3	3	3	2	2
운여	1	1	1	1	입춘	1	1	1	1	2	2	2	3	3	3	4	4	4	5	우수	5	6	6	6	7	7	7	8	8

경칩 6일 02시 24분　【음2월】➡　【己卯月(기묘월)】　●사록성　춘분 21일 03시 24분

양력 3월 / 음력 01/23 ~ 02/23

	1	2	3	4	5	6	7	8	9	10	11	12	13	14	15	16	17	18	19	20	21	22	23	24	25	26	27	28	29	30	31
요일	화	수	목	금	토	일	월	화	수	목	금	토	일	월	화	수	목	금	토	일	월	화	수	목	금	토	일	월	화	수	목
일진 日辰	계묘	갑진	을사	병오	정미	무신	기유	경술	신해	임자	계축	갑인	을묘	병진	정사	무오	기미	경신	신유	임술	계해	갑자	을축	병인	정묘	무진	기사	경오	신미	임신	계유
음력	23	24	25	26	27	28	29	30	2/1	2	3	4	5	6	7	8	9	10	11	12	13	14	15	16	17	18	19	20	21	22	23
구성	4	5	6	7	8	9	1	2	3	4	5	6	7	8	9	1	2	3	4	5	6	7	8	9	1	2	3	4	5	6	7
대남	2	1	1	1	1	경칩	10	9	9	9	8	8	8	7	7	7	6	6	6	5	춘분	5	4	4	4	3	3	3	2	2	2
운여	8	9	9	9	10	경칩	1	1	1	1	2	2	2	3	3	3	4	4	4	5	춘분	5	6	6	6	7	7	7	8	8	8

청명 5일 07시 35분　【음3월】➡　【庚辰月(경진월)】　●삼벽성　곡우 20일 14시 51분

양력 4월 / 음력 02/24 ~ 03/23

	1	2	3	4	5	6	7	8	9	10	11	12	13	14	15	16	17	18	19	20	21	22	23	24	25	26	27	28	29	30
요일	금	토	일	월	화	수	목	금	토	일	월	화	수	목	금	토	일	월	화	수	목	금	토	일	월	화	수	목	금	토
일진 日辰	갑술	을해	병자	정축	무인	기묘	경진	신사	임오	계미	갑신	을유	병술	정해	무자	기축	경인	신묘	임진	계사	갑오	을미	병신	정유	무술	기해	경자	신축	임인	계묘
음력	24	25	26	27	28	29	30	3/1	2	3	4	5	6	7	8	9	10	11	12	13	14	15	16	17	18	19	20	21	22	23
구성	8	9	1	2	3	4	5	6	7	8	9	1	2	3	4	5	6	7	8	9	1	2	3	4	5	6	7	8	9	1
대남	1	1	1	1	청명	10	10	9	9	9	8	8	8	7	7	7	6	6	6	곡우	5	5	4	4	4	3	3	3	2	2
운여	9	9	9	10	청명	1	1	1	1	2	2	2	3	3	3	4	4	4	5	곡우	5	6	6	6	7	7	7	8	8	8

입하 6일 01시 16분　【음4월】➡　【辛巳月(신사월)】　●이흑성　소만 21일 14시 23분

양력 5월 / 음력 03/24 ~ 04/25

	1	2	3	4	5	6	7	8	9	10	11	12	13	14	15	16	17	18	19	20	21	22	23	24	25	26	27	28	29	30	31
요일	일	월	화	수	목	금	토	일	월	화	수	목	금	토	일	월	화	수	목	금	토	일	월	화	수	목	금	토	일	월	화
일진 日辰	갑진	을사	병오	정미	무신	기유	경술	신해	임자	계축	갑인	을묘	병진	정사	무오	기미	경신	신유	임술	계해	갑자	을축	병인	정묘	무진	기사	경오	신미	임신	계유	갑술
음력	24	25	26	27	28	29	4/1	2	3	4	5	6	7	8	9	10	11	12	13	14	15	16	17	18	19	20	21	22	23	24	25
구성	2	3	4	5	6	7	8	9	1	2	3	4	5	6	7	8	9	1	2	3	4	5	6	7	8	9	1	2	3	4	5
대남	2	1	1	1	1	입하	10	10	9	9	9	8	8	8	7	7	7	6	6	6	소만	5	5	4	4	4	3	3	3	2	2
운여	9	9	9	10	10	입하	1	1	1	1	2	2	2	3	3	3	4	4	4	5	소만	5	6	6	6	7	7	7	8	8	8

망종 6일 05시 44분　【음5월】➡　【壬午月(임오월)】　●일백성　하지 21일 22시 36분

양력 6월 / 음력 04/26 ~ 05/25

	1	2	3	4	5	6	7	8	9	10	11	12	13	14	15	16	17	18	19	20	21	22	23	24	25	26	27	28	29	30
요일	수	목	금	토	일	월	화	수	목	금	토	일	월	화	수	목	금	토	일	월	화	수	목	금	토	일	월	화	수	목
일진 日辰	을해	병자	정축	무인	기묘	경진	신사	임오	계미	갑신	을유	병술	정해	무자	기축	경인	신묘	임진	계사	갑오	을미	병신	정유	무술	기해	경자	신축	임인	계묘	갑진
음력	26	27	28	29	30	5/1	2	3	4	5	6	7	8	9	10	11	12	13	14	15	16	17	18	19	20	21	22	23	24	25
구성	6	7	8	9	1	2	3	4	5	6	7	8	9	1	2	3	4	5	6	7	8	9	1	2	3	4	5	6	7	8
대남	2	1	1	1	1	망종	10	10	9	9	9	8	8	8	7	7	7	6	6	6	하지	5	5	4	4	4	3	3	3	2
운여	9	9	9	10	10	망종	1	1	1	1	2	2	2	3	3	3	4	4	4	5	하지	5	6	6	6	7	7	7	8	8

3월 6일 - 겨울전쟁 정전5월 10일 - 제2차 세계 대전: 영국 체임벌린 내각 총사퇴. 5월 10일 - 제2차 세계 대전: 독일군, 베네룩스 삼국 공격 개시. 5월 15일 - 나일론 스타킹이 처음으로 미국에서 판매되다

한식(4월06일), 초복(7월16일), 중복(7월26일), 말복(8월15일)↑춘사(春社)3/16 ☀추사(秋社)9/22
토왕지절(土旺之節):4월17일,7월20일,10월20일,1월17일(신년양력), 臘享(납향):1월23일(신년양력)

一日得辛, 十二龍治水, 1940년 경진年(백납금), 육백금

5황	1백	3벽
4록	6백	8백
9자	2흑	7적

1940

소서 7일 16시 08분　【음6월】➡　癸未月(계미월)　☯구자성　대서 23일 09시 34분
양력 7월 · 음력 05/26 ~ 06/27

	1	2	3	4	5	6	7	8	9	10	11	12	13	14	15	16	17	18	19	20	21	22	23	24	25	26	27	28	29	30	31
요일	금	토	일	월	화	수	목	금	토	일	월	화	수	목	금	토	일	월	화	수	목	금	토	일	월	화	수	목	금	토	일
일진(日辰)	을사	병오	정미	무신	기유	경술	신해	임자	계축	갑인	을묘	병진	정사	무오	기미	경신	신유	임술	계해	갑자	을축	병인	정묘	무진	기사	경오	신미	임신	계유	갑술	을해
음력	26	27	28	29	6/1	2	3	4	5	6	7	8	9	10	11	12	13	14	15	16	17	18	19	20	21	22	23	24	25	26	27
구성	9	1	2	3	4	5	6	7	8	9	1	2	3	4	5	6	7	8	9	9	8	7	6	5	4	3	2	1	9	8	7
대운 남	2	2	1	1	1	1	소서	10	10	10	9	9	9	8	8	8	7	7	7	6	6	6	대서	5	5	4	4	4	3	3	3
대운 여	8	9	9	9	10	10	소서	1	1	1	1	2	2	2	3	3	3	4	4	5	5	5	대서	6	6	6	7	7	7	8	8

입추 8일 01시 52분　【음7월】➡　甲申月(갑신월)　☯팔백성　처서 23일 16시 29분
양력 8월 · 음력 06/28 ~ 07/28

	1	2	3	4	5	6	7	8	9	10	11	12	13	14	15	16	17	18	19	20	21	22	23	24	25	26	27	28	29	30	31
요일	월	화	수	목	금	토	일	월	화	수	목	금	토	일	월	화	수	목	금	토	일	월	화	수	목	금	토	일	월	화	수
일진(日辰)	병자	정축	무인	기묘	경진	신사	임오	계미	갑신	을유	병술	정해	무자	기축	경인	신묘	임진	계사	갑오	을미	병신	정유	무술	기해	경자	신축	임인	계묘	갑진	을사	병오
음력	28	29	30	7/1	2	3	4	5	6	7	8	9	10	11	12	13	14	15	16	17	18	19	20	21	22	23	24	25	26	27	28
구성	6	5	4	3	2	1	9	8	7	6	5	4	3	2	1	9	8	7	6	5	4	3	2	1	9	8	7	6	5	4	3
대운 남	2	2	2	1	1	1	1	입추	10	10	9	9	9	8	8	8	7	7	7	6	6	6	처서	5	5	4	4	4	3	3	3
대운 여	8	9	9	9	10	10	10	입추	1	1	1	1	2	2	2	3	3	3	4	4	4	5	처서	5	6	6	6	7	7	7	8

백로 8일 04시 29분　【음8월】➡　乙酉月(을유월)　☯칠적성　추분 23일 13시 46분
양력 9월 · 음력 07/29 ~ 08/29

	1	2	3	4	5	6	7	8	9	10	11	12	13	14	15	16	17	18	19	20	21	22	23	24	25	26	27	28	29	30
요일	목	금	토	일	월	화	수	목	금	토	일	월	화	수	목	금	토	일	월	화	수	목	금	토	일	월	화	수	목	금
일진(日辰)	정미	무신	기유	경술	신해	임자	계축	갑인	을묘	병진	정사	무오	기미	경신	신유	임술	계해	갑자	을축	병인	정묘	무진	기사	경오	신미	임신	계유	갑술	을해	병자
음력	29	8/1	2	3	4	5	6	7	8	9	10	11	12	13	14	15	16	17	18	19	20	21	22	23	24	25	26	27	28	29
구성	2	1	9	8	7	6	5	4	3	2	1	9	8	7	6	5	4	3	2	1	9	8	7	6	5	4	3	2	1	9
대운 남	2	2	2	1	1	1	1	백로	10	9	9	9	8	8	8	7	7	7	6	6	6	5	추분	5	4	4	4	3	3	3
대운 여	8	8	9	9	9	10	10	백로	1	1	1	1	2	2	2	3	3	3	4	4	4	5	추분	5	6	6	6	7	7	7

한로 8일 19시 42분　【음9월】➡　丙戌月(병술월)　☯육백성　상강 23일 22시 39분
양력 10월 · 음력 09/01 ~ 10/01

	1	2	3	4	5	6	7	8	9	10	11	12	13	14	15	16	17	18	19	20	21	22	23	24	25	26	27	28	29	30	31
요일	토	일	월	화	수	목	금	토	일	월	화	수	목	금	토	일	월	화	수	목	금	토	일	월	화	수	목	금	토	일	월
일진(日辰)	정축	무인	기묘	경진	신사	임오	계미	갑신	을유	병술	정해	무자	기축	경인	신묘	임진	계사	갑오	을미	병신	정유	무술	기해	경자	신축	임인	계묘	갑진	을사	병오	정미
음력	9/1	2	3	4	5	6	7	8	9	10	11	12	13	14	15	16	17	18	19	20	21	22	23	24	25	26	27	28	29	30	10/1
구성	8	7	6	5	4	3	2	1	9	8	7	6	5	4	3	2	1	9	8	7	6	5	4	3	2	1	9	8	7	6	5
대운 남	2	2	2	1	1	1	1	한로	10	9	9	9	8	8	8	7	7	7	6	6	6	5	상강	5	4	4	4	3	3	3	2
대운 여	8	8	8	9	9	9	10	한로	1	1	1	1	2	2	2	3	3	3	4	4	4	5	상강	5	6	6	6	7	7	7	8

입동 7일 22시 27분　【음10월】➡　丁亥月(정해월)　☯오황성　소설 22일 19시 49분
양력 11월 · 음력 10/02 ~ 11/02

	1	2	3	4	5	6	7	8	9	10	11	12	13	14	15	16	17	18	19	20	21	22	23	24	25	26	27	28	29	30
요일	화	수	목	금	토	일	월	화	수	목	금	토	일	월	화	수	목	금	토	일	월	화	수	목	금	토	일	월	화	수
일진(日辰)	무신	기유	경술	신해	임자	계축	갑인	을묘	병진	정사	무오	기미	경신	신유	임술	계해	갑자	을축	병인	정묘	무진	기사	경오	신미	임신	계유	갑술	을해	병자	정축
음력	2	3	4	5	6	7	8	9	10	11	12	13	14	15	16	17	18	19	20	21	22	23	24	25	26	27	28	29	11/1	2
구성	4	3	2	1	9	8	7	6	5	4	3	2	1	9	8	7	6	5	4	3	2	1	9	8	7	6	5	4	3	2
대운 남	2	2	1	1	1	1	입동	10	9	9	9	8	8	8	7	7	7	6	6	6	5	소설	5	4	4	4	3	3	3	2
대운 여	8	8	9	9	9	10	입동	1	1	1	1	2	2	2	3	3	3	4	4	4	5	소설	5	6	6	6	7	7	7	8

대설 7일 14시 58분　【음11월】➡　戊子月(무자월)　☯사록성　동지 22일 08시 55분
양력 12월 · 음력 11/03 ~ 12/03

	1	2	3	4	5	6	7	8	9	10	11	12	13	14	15	16	17	18	19	20	21	22	23	24	25	26	27	28	29	30	31
요일	목	금	토	일	월	화	수	목	금	토	일	월	화	수	목	금	토	일	월	화	수	목	금	토	일	월	화	수	목	금	토
일진(日辰)	무인	기묘	경진	신사	임오	계미	갑신	을유	병술	정해	무자	기축	경인	신묘	임진	계사	갑오	을미	병신	정유	무술	기해	경자	신축	임인	계묘	갑진	을사	병오	정미	무신
음력	3	4	5	6	7	8	9	10	11	12	13	14	15	16	17	18	19	20	21	22	23	24	25	26	27	28	29	30	12/1	2	3
구성	1	9	8	7	6	5	4	3	2	1	9	8	7	6	5	4	3	2	1	9	8	7	6	5	4	3	2	1	9	8	7
대운 남	2	2	1	1	1	1	대설	10	9	9	9	8	8	8	7	7	7	6	6	6	5	동지	5	4	4	4	3	3	3	2	2
대운 여	8	8	9	9	9	10	대설	1	1	1	1	2	2	2	3	3	3	4	4	4	5	동지	5	6	6	6	7	7	7	8	8

6월 14일 - 제2차 세계 대전: 독일군이 파리에 진주하다.8월 11일 - 조선일보, 동아일보는 인하여 조선총독부에 의해 강제 폐간

8월 12일 - 제2차 세계 대전: 독일, 영국 본토 공습 개시 8월 18일 - 미국과 캐나다, 공동방위조약 체결.

1월 — 소한 6일 02시 04분 【음12월】➡ 【己丑月(기축월)】 ☯삼벽성 대한 20일 19시 34분 (음력 12/04 ~ 01/05)

양력	1	2	3	4	5	6	7	8	9	10	11	12	13	14	15	16	17	18	19	20	21	22	23	24	25	26	27	28	29	30	31
요일	수	목	금	토	일	월	화	수	목	금	토	일	월	화	수	목	금	토	일	월	화	수	목	금	토	일	월	화	수	목	금
일진	기	경	신	임	계	갑	을	병	정	무	기	경	신	임	계	갑	을	병	정	무	기	경	신	임	계	갑	을	병	정	무	기
日辰	유	술	해	자	축	인	묘	진	사	오	미	신	유	술	해	자	축	인	묘	진	사	오	미	신	유	술	해	자	축	인	묘
음력	4	5	6	7	8	9	10	11	12	13	14	15	16	17	18	19	20	21	22	23	24	25	26	27	28	29	1/1	2	3	4	5
구성	6	5	4	3	2	1	9	8	7	6	5	4	3	2	1	1	2	3	4	5	6	7	8	9	1	2	3	4	5	6	7
대(남)	2	1	1	1	1	소한	9	9	9	8	8	8	7	7	7	6	6	6	5	대한	5	4	4	4	3	3	3	2	2	2	1
운(여)	8	9	9	9	10	소한	1	1	1	1	2	2	2	3	3	3	4	4	4	대한	5	5	6	6	6	7	7	7	8	8	8

2월 — 입춘 4일 13시 50분 【음1월】➡ 【庚寅月(경인월)】 ☯이흑성 우수 19일 09시 56분 (음력 01/06 ~ 02/03)

양력	1	2	3	4	5	6	7	8	9	10	11	12	13	14	15	16	17	18	19	20	21	22	23	24	25	26	27	28
요일	토	일	월	화	수	목	금	토	일	월	화	수	목	금	토	일	월	화	수	목	금	토	일	월	화	수	목	금
일진	경	신	임	계	갑	을	병	정	무	기	경	신	임	계	갑	을	병	정	무	기	경	신	임	계	갑	을	병	정
日辰	진	사	오	미	신	유	술	해	자	축	인	묘	진	사	오	미	신	유	술	해	자	축	인	묘	진	사	오	미
음력	6	7	8	9	10	11	12	13	14	15	16	17	18	19	20	21	22	23	24	25	26	27	28	29	30	2/1	2	3
구성	8	9	1	2	3	4	5	6	7	8	9	1	2	3	4	5	6	7	8	9	1	2	3	4	5	6	7	8
대(남)	1	1	1	입춘	1	1	1	1	2	2	2	3	3	3	4	4	4	5	우수	5	6	6	6	7	7	7	8	8
운(여)	9	9	9	입춘	10	9	9	9	8	8	8	7	7	7	6	6	6	5	우수	5	4	4	4	3	3	3	2	2

3월 — 경칩 6일 08시 10분 【음2월】➡ 【辛卯月(신묘월)】 ☯일백성 춘분 21일 09시 20분 (음력 02/04 ~ 03/04)

양력	1	2	3	4	5	6	7	8	9	10	11	12	13	14	15	16	17	18	19	20	21	22	23	24	25	26	27	28	29	30	31
요일	토	일	월	화	수	목	금	토	일	월	화	수	목	금	토	일	월	화	수	목	금	토	일	월	화	수	목	금	토	일	월
일진	무	기	경	신	임	계	갑	을	병	정	무	기	경	신	임	계	갑	을	병	정	무	기	경	신	임	계	갑	을	병	정	무
日辰	신	유	술	해	자	축	인	묘	진	사	오	미	신	유	술	해	자	축	인	묘	진	사	오	미	신	유	술	해	자	축	인
음력	4	5	6	7	8	9	10	11	12	13	14	15	16	17	18	19	20	21	22	23	24	25	26	27	28	29	30	3/1	2	3	4
구성	9	1	2	3	4	5	6	7	8	9	1	2	3	4	5	6	7	8	9	1	2	3	4	5	6	7	8	9	1	2	3
대(남)	8	9	9	9	10	경칩	1	1	1	1	2	2	2	3	3	3	4	4	4	5	춘분	5	6	6	6	7	7	7	8	8	8
운(여)	2	1	1	1	1	경칩	10	10	9	9	9	8	8	8	7	7	7	6	6	6	춘분	5	5	4	4	4	3	3	3	2	2

4월 — 청명 5일 13시 25분 【음3월】➡ 【壬辰月(임진월)】 ☯구자성 곡우 20일 20시 50분 (음력 03/05 ~ 04/05)

양력	1	2	3	4	5	6	7	8	9	10	11	12	13	14	15	16	17	18	19	20	21	22	23	24	25	26	27	28	29	30
요일	화	수	목	금	토	일	월	화	수	목	금	토	일	월	화	수	목	금	토	일	월	화	수	목	금	토	일	월	화	수
일진	기	경	신	임	계	갑	을	병	정	무	기	경	신	임	계	갑	을	병	정	무	기	경	신	임	계	갑	을	병	정	무
日辰	묘	진	사	오	미	신	유	술	해	자	축	인	묘	진	사	오	미	신	유	술	해	자	축	인	묘	진	사	오	미	신
음력	5	6	7	8	9	10	11	12	13	14	15	16	17	18	19	20	21	22	23	24	25	26	27	28	29	4/1	2	3	4	5
구성	4	5	6	7	8	9	1	2	3	4	5	6	7	8	9	1	2	3	4	5	6	7	8	9	1	2	3	4	5	6
대(남)	9	9	9	10	청명	1	1	1	1	2	2	2	3	3	3	4	4	4	5	곡우	5	6	6	6	7	7	7	8	8	8
운(여)	1	1	1	1	청명	10	10	9	9	9	8	8	8	7	7	7	6	6	6	곡우	5	5	4	4	4	3	3	3	2	2

5월 — 입하 6일 07시 10분 【음4월】➡ 【癸巳月(계사월)】 ☯팔백성 소만 21일 20시 23분 (음력 04/06 ~ 05/06)

양력	1	2	3	4	5	6	7	8	9	10	11	12	13	14	15	16	17	18	19	20	21	22	23	24	25	26	27	28	29	30	31
요일	목	금	토	일	월	화	수	목	금	토	일	월	화	수	목	금	토	일	월	화	수	목	금	토	일	월	화	수	목	금	토
일진	기	경	신	임	계	갑	을	병	정	무	기	경	신	임	계	갑	을	병	정	무	기	경	신	임	계	갑	을	병	정	무	기
日辰	유	술	해	자	축	인	묘	진	사	오	미	신	유	술	해	자	축	인	묘	진	사	오	미	신	유	술	해	자	축	인	묘
음력	6	7	8	9	10	11	12	13	14	15	16	17	18	19	20	21	22	23	24	25	26	27	28	29	30	5/1	2	3	4	5	6
구성	7	8	9	1	2	3	4	5	6	7	8	9	1	2	3	4	5	6	7	8	9	1	2	3	4	5	6	7	8	9	1
대(남)	9	9	9	10	10	입하	1	1	1	1	2	2	2	3	3	3	4	4	4	5	소만	5	6	6	6	7	7	7	8	8	8
운(여)	2	1	1	1	1	입하	10	10	9	9	9	8	8	8	7	7	7	6	6	6	소만	5	5	4	4	4	3	3	3	2	2

6월 — 망종 6일 11시 39분 【음5월】➡ 【甲午月(갑오월)】 ☯칠적성 하지 22일 04시 33분 (음력 05/07 ~ 06/06)

양력	1	2	3	4	5	6	7	8	9	10	11	12	13	14	15	16	17	18	19	20	21	22	23	24	25	26	27	28	29	30
요일	일	월	화	수	목	금	토	일	월	화	수	목	금	토	일	월	화	수	목	금	토	일	월	화	수	목	금	토	일	월
일진	경	신	임	계	갑	을	병	정	무	기	경	신	임	계	갑	을	병	정	무	기	경	신	임	계	갑	을	병	정	무	기
日辰	진	사	오	미	신	유	술	해	자	축	인	묘	진	사	오	미	신	유	술	해	자	축	인	묘	진	사	오	미	신	유
음력	7	8	9	10	11	12	13	14	15	16	17	18	19	20	21	22	23	24	25	26	27	28	29	30	6/1	2	3	4	5	6
구성	2	3	4	5	6	7	8	9	1	2	3	4	5	6	7	8	9	1	2	3	4	5	6	7	8	9	1	2	3	4
대(남)	9	9	9	10	10	망종	1	1	1	1	2	2	2	3	3	3	4	4	4	5	5	하지	6	6	6	7	7	7	8	8
운(여)	2	1	1	1	1	망종	10	10	9	9	9	8	8	8	7	7	7	6	6	6	5	하지	5	4	4	4	3	3	3	2

6월 22일 - 나치 독일이 소련에게 선전포고, .6월 23일 - 리투아니아 행동주의자 전선(Lithuanian Activist Front)이 소비에트 연방로부터 독립을 선포하다. 그러나 이 독립은 몇 주 후 독일군이 점령하면서 짧은 시간만 지속되었다.

한식(4월6일), 초복(7월21일), 중복(7월31일), 말복(8월10일) ↑춘사(春社)3/21 ☀추사(秋社)9/27
토왕지절(土旺之節):4월17일,7월20일,10월21일,1월18일(신년양력), 臘享(납향):1월18일(신년양력)
七日得辛, 六龍治水, 1941년 신사年(백납금), 오황토

4록	9자	2흑
3벽	5황	7적
8백	1백	6백

소서 7일 22시 03분 　【음6월】➡　【乙未月(을미월)】　☯육백성　대서 23일 15시 26분
양력 7월 / 음력 06/07 ~ 06/27

	1	2	3	4	5	6	7	8	9	10	11	12	13	14	15	16	17	18	19	20	21	22	23	24	25	26	27	28	29	30	31
요일	화	수	목	금	토	일	월	화	수	목	금	토	일	월	화	수	목	금	토	일	월	화	수	목	금	토	일	월	화	수	목
日辰	경술	신해	임자	계축	갑인	을묘	병진	정사	무오	기미	경신	신유	임술	계해	갑자	을축	병인	정묘	무진	기사	경오	신미	임신	계유	갑술	을해	병자	정축	무인	기묘	경진
음력	7	8	9	10	11	12	13	14	15	16	17	18	19	20	21	22	23	24	25	26	27	28	29	윤6	2	3	4	5	6	7	8
구성	5	6	7	8	9	1	2	3	4	5	6	7	8	9	9	8	7	6	5	4	3	2	1	9	8	7	6	5	4	3	2
대남	8	9	9	9	10	10	소서	1	1	1	1	2	2	2	3	3	4	4	4	5	5	5	대서	6	6	6	7	7	7	8	8
운여	2	2	1	1	1	1	소서	10	10	10	9	9	9	8	8	8	7	7	7	6	6	6	대서	5	5	4	4	4	3	3	3

입추 8일 07시 46분 　【음7월】➡　【丙申月(병신월)】　☯오황성　처서 23일 22시 17분
양력 8월 / 음력 윤609 ~ 07/09

	1	2	3	4	5	6	7	8	9	10	11	12	13	14	15	16	17	18	19	20	21	22	23	24	25	26	27	28	29	30	31
요일	금	토	일	월	화	수	목	금	토	일	월	화	수	목	금	토	일	월	화	수	목	금	토	일	월	화	수	목	금	토	일
日辰	신사	임오	계미	갑신	을유	병술	정해	무자	기축	경인	신묘	임진	계사	갑오	을미	병신	정유	무술	기해	경자	신축	임인	계묘	갑진	을사	병오	정미	무신	기유	경술	신해
음력	9	10	11	12	13	14	15	16	17	18	19	20	21	22	23	24	25	26	27	28	29	30	7/1	2	3	4	5	6	7	8	9
구성	1	9	8	7	6	5	4	3	2	1	9	8	7	6	5	4	3	2	1	9	8	7	6	5	4	3	2	1	9	8	7
대남	8	9	9	9	10	10	10	입추	1	1	1	1	2	2	2	3	3	3	4	4	4	5	처서	5	6	6	6	7	7	7	8
운여	2	2	2	1	1	1	1	입추	10	10	9	9	9	8	8	8	7	7	7	6	6	6	처서	5	5	4	4	4	3	3	3

백로 8일 10시 24분 　【음8월】➡　【丁酉月(정유월)】　☯사록성　추분 23일 19시 33분
양력 9월 / 음력 07/08 ~ 08/10

	1	2	3	4	5	6	7	8	9	10	11	12	13	14	15	16	17	18	19	20	21	22	23	24	25	26	27	28	29	30
요일	월	화	수	목	금	토	일	월	화	수	목	금	토	일	월	화	수	목	금	토	일	월	화	수	목	금	토	일	월	화
日辰	임자	계축	갑인	을묘	병진	정사	무오	기미	경신	신유	임술	계해	갑자	을축	병인	정묘	무진	기사	경오	신미	임신	계유	갑술	을해	병자	정축	무인	기묘	경진	신사
음력	10	11	12	13	14	15	16	17	18	19	20	21	22	23	24	25	26	27	28	29	8/1	2	3	4	5	6	7	8	9	10
구성	6	5	4	3	2	1	9	8	7	6	5	4	3	2	1	9	8	7	6	5	4	3	2	1	9	8	7	6	5	4
대남	8	8	9	9	9	10	10	백로	1	1	1	1	2	2	2	3	3	3	4	4	4	5	추분	5	6	6	6	7	7	7
운여	2	2	2	1	1	1	1	백로	10	10	9	9	9	8	8	8	7	7	7	6	6	6	추분	5	5	4	4	4	3	3

한로 9일 01시 38분 　【음9월】➡　【戊戌月(무술월)】　☯삼벽성　상강 24일 04시 27분
양력 10월 / 음력 08/11 ~ 09/12

	1	2	3	4	5	6	7	8	9	10	11	12	13	14	15	16	17	18	19	20	21	22	23	24	25	26	27	28	29	30	31
요일	수	목	금	토	일	월	화	수	목	금	토	일	월	화	수	목	금	토	일	월	화	수	목	금	토	일	월	화	수	목	금
日辰	임오	계미	갑신	을유	병술	정해	무자	기축	경인	신묘	임진	계사	갑오	을미	병신	정유	무술	기해	경자	신축	임인	계묘	갑진	을사	병오	정미	무신	기유	경술	신해	임자
음력	11	12	13	14	15	16	17	18	19	9/1	2	3	4	5	6	7	8	9	10	11	12	13	14	15	16	17	18	19	20	21	22
구성	3	2	1	9	8	7	6	5	4	3	2	1	9	8	7	6	5	4	3	2	1	9	8	7	6	5	4	3	2	1	9
대남	8	8	8	9	9	9	10	10	한로	1	1	1	1	2	2	2	3	3	3	4	4	4	5	상강	5	6	6	6	7	7	7
운여	3	2	2	2	1	1	1	1	한로	10	9	9	9	8	8	8	7	7	7	6	6	6	5	상강	5	4	4	4	3	3	3

음력 비고: 10월 19일 = 음 29, 20일 = 음 9/1

입동 8일 04시 24분 　【음10월】➡　【己亥月(기해월)】　☯이흑성　소설 23일 01시 38분
양력 11월 / 음력 09/13 ~ 10/12

	1	2	3	4	5	6	7	8	9	10	11	12	13	14	15	16	17	18	19	20	21	22	23	24	25	26	27	28	29	30
요일	토	일	월	화	수	목	금	토	일	월	화	수	목	금	토	일	월	화	수	목	금	토	일	월	화	수	목	금	토	일
日辰	계축	갑인	을묘	병진	정사	무오	기미	경신	신유	임술	계해	갑자	을축	병인	정묘	무진	기사	경오	신미	임신	계유	갑술	을해	병자	정축	무인	기묘	경진	신사	임오
음력	13	14	15	16	17	18	19	20	21	22	23	24	25	26	27	28	29	30	10/1	2	3	4	5	6	7	8	9	10	11	12
구성	8	7	6	5	4	3	2	1	9	8	7	6	5	4	3	2	1	9	8	7	6	5	4	3	2	1	9	8	7	6
대남	8	8	8	9	9	9	10	입동	1	1	1	1	2	2	2	3	3	3	4	4	4	5	소설	5	6	6	6	7	7	7
운여	2	2	2	1	1	1	1	입동	9	9	9	8	8	8	7	7	7	6	6	6	5	5	소설	4	4	4	3	3	3	2

대설 7일 20시 56분 　【음11월】➡　【庚子月(경자월)】　☯일백성　동지 22일 14시 44분
양력 12월 / 음력 10/13 ~ 11/14

	1	2	3	4	5	6	7	8	9	10	11	12	13	14	15	16	17	18	19	20	21	22	23	24	25	26	27	28	29	30	31
요일	월	화	수	목	금	토	일	월	화	수	목	금	토	일	월	화	수	목	금	토	일	월	화	수	목	금	토	일	월	화	수
日辰	계미	갑신	을유	병술	정해	무자	기축	경인	신묘	임진	계사	갑오	을미	병신	정유	무술	기해	경자	신축	임인	계묘	갑진	을사	병오	정미	무신	기유	경술	신해	임자	계축
음력	13	14	15	16	17	18	19	20	21	22	23	24	25	26	27	28	29	11/1	2	3	4	5	6	7	8	9	10	11	12	13	14
구성	5	4	3	2	1	9	8	7	6	5	4	3	2	1	9	8	7	6	5	4	3	2	1	9	8	7	6	5	4	3	2
대남	8	8	8	9	9	9	대설	1	1	1	1	2	2	2	3	3	3	4	4	4	5	동지	5	6	6	6	7	7	7	8	8
운여	2	2	1	1	1	1	대설	10	9	9	9	8	8	8	7	7	7	6	6	6	5	동지	5	4	4	4	3	3	3	2	2

11월 26일 - 제2차 세계 대전: 헐 미국 국무장관, 일본에 대륙침략에서 손을 떼도록 최후통첩을 내림.11월 26일 - 제2차 세계 대전: 야마모토 이소로쿠 대장 휘하의 일본 해군 연합함대가 진주만 공격을 위해 일본에서 출발.12월 7일 - 제2차 세계 대전: 진주만 기습.

단기 4275 年	1942년	중원(中元).임오(壬午)년,납음(양류목),본명성(사록목)
불기 2486 年		대장군(卯동방),삼살(북방),상문(申서남방),조객(辰동남방),납음(양류목),【삼재(신,유,술)년】 臘享(납향):1943년1월25일(음12/20)

소한 6일 08시 02분　【음12월】➡　【辛丑月(신축월)】　◉구자성　대한 21일 01시 24분

양력 1월	1	2	3	4	5	6	7	8	9	10	11	12	13	14	15	16	17	18	19	20	21	22	23	24	25	26	27	28	29	30	31
요일	목	금	토	일	월	화	수	목	금	토	일	월	화	수	목	금	토	일	월	화	수	목	금	토	일	월	화	수	목	금	토
일진	갑	을	병	정	무	기	경	신	임	계	갑	을	병	정	무	기	경	신	임	계	갑	을	병	정	무	기	경	신	임	계	갑
日辰	인	묘	진	사	오	미	신	유	술	해	자	축	인	묘	진	사	오	미	신	유	술	해	자	축	인	묘	진	사	오	미	신
음력	15	16	17	18	19	20	21	22	23	24	25	26	27	28	29	30	12/1	2	3	4	5	6	7	8	9	10	11	12	13	14	15
구성	1	9	8	7	6	5	4	3	2	1	1	2	3	4	5	6	7	8	9	1	2	3	4	5	6	7	8	9	1	2	3
대운 남	8	9	9	9	10	소한	1	1	1	1	2	2	2	3	3	3	4	4	4	5	대한	5	6	6	6	7	7	7	8	8	8
운 여	2	1	1	1	1	소한	9	9	9	8	8	8	7	7	7	6	6	6	5	5	대한	4	4	4	3	3	3	2	2	2	1

음력 11/15 ─ 12/15

입춘 4일 19시 49분　【음1월】➡　【壬寅月(임인월)】　◉팔백성　우수 19일 15시 47분

양력 2월	1	2	3	4	5	6	7	8	9	10	11	12	13	14	15	16	17	18	19	20	21	22	23	24	25	26	27	28
요일	일	월	화	수	목	금	토	일	월	화	수	목	금	토	일	월	화	수	목	금	토	일	월	화	수	목	금	토
일진	을	병	정	무	기	경	신	임	계	갑	을	병	정	무	기	경	신	임	계	갑	을	병	정	무	기	경	신	임
日辰	유	술	해	자	축	인	묘	진	사	오	미	신	유	술	해	자	축	인	묘	진	사	오	미	신	유	술	해	자
음력	16	17	18	19	20	21	22	23	24	25	26	27	28	29	1/1	2	3	4	5	6	7	8	9	10	11	12	13	14
구성	4	5	6	7	8	9	1	2	3	4	5	6	7	8	9	1	2	3	4	5	6	7	8	9	1	2	3	4
대운 남	9	9	9	입춘	10	9	9	9	8	8	8	7	7	7	6	6	6	5	우수	5	4	4	4	3	3	3	2	2
운 여	1	1	1	입춘	1	1	1	1	2	2	2	3	3	3	4	4	4	5	우수	5	6	6	6	7	7	7	8	8

음력 01/06 ─ 02/03　（임오년）

경칩 6일 14시 09분　【음2월】➡　【癸卯月(계묘월)】　◉칠적성　춘분 21일 15시 11분

양력 3월	1	2	3	4	5	6	7	8	9	10	11	12	13	14	15	16	17	18	19	20	21	22	23	24	25	26	27	28	29	30	31
요일	일	월	화	수	목	금	토	일	월	화	수	목	금	토	일	월	화	수	목	금	토	일	월	화	수	목	금	토	일	월	화
일진	계	갑	을	병	정	무	기	경	신	임	계	갑	을	병	정	무	기	경	신	임	계	갑	을	병	정	무	기	경	신	임	계
日辰	축	인	묘	진	사	오	미	신	유	술	해	자	축	인	묘	진	사	오	미	신	유	술	해	자	축	인	묘	진	사	오	미
음력	15	16	17	18	19	20	21	22	23	24	25	26	27	28	29	30	2/1	2	3	4	5	6	7	8	9	10	11	12	13	14	15
구성	5	6	7	8	9	1	2	3	4	5	6	7	8	9	1	2	3	4	5	6	7	8	9	1	2	3	4	5	6	7	8
대운 남	2	1	1	1	1	경칩	10	9	9	9	8	8	8	7	7	7	6	6	6	5	춘분	5	4	4	4	3	3	3	2	2	2
운 여	8	9	9	9	10	경칩	1	1	1	1	2	2	2	3	3	3	4	4	4	5	춘분	5	6	6	6	7	7	7	8	8	8

음력 02/04 ─ 03/04

청명 5일 19시 24분　【음3월】➡　【甲辰月(갑진월)】　◉육백성　곡우 21일 02시 39분

양력 4월	1	2	3	4	5	6	7	8	9	10	11	12	13	14	15	16	17	18	19	20	21	22	23	24	25	26	27	28	29	30
요일	수	목	금	토	일	월	화	수	목	금	토	일	월	화	수	목	금	토	일	월	화	수	목	금	토	일	월	화	수	목
일진	갑	을	병	정	무	기	경	신	임	계	갑	을	병	정	무	기	경	신	임	계	갑	을	병	정	무	기	경	신	임	계
日辰	신	유	술	해	자	축	인	묘	진	사	오	미	신	유	술	해	자	축	인	묘	진	사	오	미	신	유	술	해	자	축
음력	16	17	18	19	20	21	22	23	24	25	26	27	28	29	3/1	2	3	4	5	6	7	8	9	10	11	12	13	14	15	16
구성	9	1	2	3	4	5	6	7	8	9	1	2	3	4	5	6	7	8	9	1	2	3	4	5	6	7	8	9	1	2
대운 남	1	1	1	1	청명	10	10	9	9	9	8	8	8	7	7	7	6	6	6	5	곡우	5	4	4	4	3	3	3	2	2
운 여	9	9	9	10	청명	1	1	1	1	2	2	2	3	3	3	4	4	4	5	5	곡우	6	6	6	7	7	7	8	8	8

음력 03/05 ─ 04/05

입하 6일 13시 07분　【음4월】➡　【乙巳月(을사월)】　◉오황성　소만 22일 02시 09분

양력 5월	1	2	3	4	5	6	7	8	9	10	11	12	13	14	15	16	17	18	19	20	21	22	23	24	25	26	27	28	29	30	31
요일	금	토	일	월	화	수	목	금	토	일	월	화	수	목	금	토	일	월	화	수	목	금	토	일	월	화	수	목	금	토	일
일진	갑	을	병	정	무	기	경	신	임	계	갑	을	병	정	무	기	경	신	임	계	갑	을	병	정	무	기	경	신	임	계	갑
日辰	인	묘	진	사	오	미	신	유	술	해	자	축	인	묘	진	사	오	미	신	유	술	해	자	축	인	묘	진	사	오	미	신
음력	17	18	19	20	21	22	23	24	25	26	27	28	29	30	4/1	2	3	4	5	6	7	8	9	10	11	12	13	14	15	16	17
구성	3	4	5	6	7	8	9	1	2	3	4	5	6	7	8	9	1	2	3	4	5	6	7	8	9	1	2	3	4	5	6
대운 남	2	1	1	1	1	입하	10	10	9	9	9	8	8	8	7	7	7	6	6	6	5	소만	5	4	4	4	3	3	3	2	2
운 여	9	9	9	10	10	입하	1	1	1	1	2	2	2	3	3	3	4	4	4	5	5	소만	6	6	6	7	7	7	8	8	8

음력 04/06 ─ 05/06

망종 6일 17시 33분　【음5월】➡　【丙午月(병오월)】　◉사록성　하지 22일 10시 16분

양력 6월	1	2	3	4	5	6	7	8	9	10	11	12	13	14	15	16	17	18	19	20	21	22	23	24	25	26	27	28	29	30
요일	월	화	수	목	금	토	일	월	화	수	목	금	토	일	월	화	수	목	금	토	일	월	화	수	목	금	토	일	월	화
일진	을	병	정	무	기	경	신	임	계	갑	을	병	정	무	기	경	신	임	계	갑	을	병	정	무	기	경	신	임	계	갑
日辰	유	술	해	자	축	인	묘	진	사	오	미	신	유	술	해	자	축	인	묘	진	사	오	미	신	유	술	해	자	축	인
음력	18	19	20	21	22	23	24	25	26	27	28	29	30	5/1	2	3	4	5	6	7	8	9	10	11	12	13	14	15	16	17
구성	7	8	9	1	2	3	4	5	6	7	8	9	1	2	3	4	5	6	7	8	9	1	2	3	4	5	6	7	8	9
대운 남	2	1	1	1	1	망종	10	10	10	9	9	9	8	8	8	7	7	7	6	6	6	하지	5	5	4	4	4	3	3	3
운 여	9	9	9	10	10	망종	1	1	1	1	2	2	2	3	3	3	4	4	4	5	5	하지	6	6	6	7	7	7	8	8

음력 04/18 ─ 05/17

4월 18일 - 제2차 세계 대전:미국 육군 항공대 소속 지미 둘리틀 중령의 지휘하에 16대의 미국 B-25 폭격기 16대가 도쿄, 요코하마, 요코스카, 오사카, 와카야마, 고베, 나고야, 욧카이치, 가와사키 등 일둘리틀 공습(Doolittle raid)이 실행됨.

한식(4월6일), 초복(7월16일), 중복(7월26일), 말복(8월15일) ↑춘사(春社)3/26 ☀추사(秋社)9/22
토왕지절(土旺之節):4월18일,7월20일,10월21일,1월18일(신년양력), 臘享(납향):1월25일(신년양력)

三日得辛, 六龍治水, 1942년 임오年(양류목), 사록목

3벽	8백	1백
2흑	4록	6백
7적	9자	5황

소서 8일 03시 52분 　【음6월】➡ 　【丁未月(정미월)】 ●삼벽성 　대서 23일 21시 07분

양력 7월 / 음력 06/07 ~ 06/27

양력	1	2	3	4	5	6	7	8	9	10	11	12	13	14	15	16	17	18	19	20	21	22	23	24	25	26	27	28	29	30	31
요일	수	목	금	토	일	월	화	수	목	금	토	일	월	화	수	목	금	토	일	월	화	수	목	금	토	일	월	화	수	목	금
일진(日辰)	을묘	병진	정사	무오	기미	경신	신유	임술	계해	갑자	을축	병인	정묘	무진	기사	경오	신미	임신	계유	갑술	을해	병자	정축	무인	기묘	경진	신사	임오	계미	갑신	을유
음력	18	19	20	21	22	23	24	25	26	27	28	29	6/1	2	3	4	5	6	7	8	9	10	11	12	13	14	15	16	17	18	19
구성	1	2	3	4	5	6	7	8	9	9	8	7	6	5	4	3	2	1	9	8	7	6	5	4	3	2	1	9	8	7	6
대운 남	2	2	2	1	1	1	1	소	10	10	9	9	9	8	8	8	7	7	7	6	6	6	대	5	5	4	4	4	3	3	3
대운 여	8	9	9	9	10	10	10	서	1	1	1	1	2	2	2	3	3	3	4	4	4	5	서	5	6	6	6	7	7	7	8

입추 8일 13시 30분 　【음7월】➡ 　【戊申月(무신월)】 ●이흑성 　처서 24일 03시 58분

양력 8월 / 음력 윤6 09 ~ 07/09

양력	1	2	3	4	5	6	7	8	9	10	11	12	13	14	15	16	17	18	19	20	21	22	23	24	25	26	27	28	29	30	31
요일	토	일	월	화	수	목	금	토	일	월	화	수	목	금	토	일	월	화	수	목	금	토	일	월	화	수	목	금	토	일	월
일진(日辰)	병술	정해	무자	기축	경인	신묘	임진	계사	갑오	을미	병신	정유	무술	기해	경자	신축	임인	계묘	갑진	을사	병오	정미	무신	기유	경술	신해	임자	계축	갑인	을묘	병진
음력	20	21	22	23	24	25	26	27	28	29	30	7/1	2	3	4	5	6	7	8	9	10	11	12	13	14	15	16	17	18	19	20
구성	5	4	3	2	1	9	8	7	6	5	4	3	2	1	9	8	7	6	5	4	3	2	1	9	8	7	6	5	4	3	2
대운 남	2	2	2	1	1	1	1	입	10	10	9	9	9	8	8	8	7	7	7	6	6	6	5	처	5	4	4	4	3	3	3
대운 여	8	8	9	9	9	10	10	추	1	1	1	1	2	2	2	3	3	3	4	4	4	5	5	서	6	6	6	7	7	7	8

백로 8일 16시 06분 　【음8월】➡ 　【己酉月(기유월)】 ●일백성 　추분 24일 10시 16분

양력 9월 / 음력 07/08 ~ 08/10

양력	1	2	3	4	5	6	7	8	9	10	11	12	13	14	15	16	17	18	19	20	21	22	23	24	25	26	27	28	29	30
요일	화	수	목	금	토	일	월	화	수	목	금	토	일	월	화	수	목	금	토	일	월	화	수	목	금	토	일	월	화	수
일진(日辰)	정사	무오	기미	경신	신유	임술	계해	갑자	을축	병인	정묘	무진	기사	경오	신미	임신	계유	갑술	을해	병자	정축	무인	기묘	경진	신사	임오	계미	갑신	을유	병술
음력	21	22	23	24	25	26	27	28	29	30	8/1	2	3	4	5	6	7	8	9	10	11	12	13	14	15	16	17	18	19	20
구성	1	9	8	7	6	5	4	3	2	1	9	8	7	6	5	4	3	2	1	9	8	7	6	5	4	3	2	1	9	8
대운 남	2	2	2	1	1	1	1	백	10	10	9	9	9	8	8	8	7	7	7	6	6	6	5	추	5	4	4	4	3	3
대운 여	8	8	8	9	9	10	10	로	1	1	1	1	2	2	2	3	3	3	4	4	4	5	5	분	6	6	6	7	7	7

한로 9일 07시 22분 　【음9월】➡ 　【庚戌月(경술월)】 ●구자성 　상강 24일 10시 15분

양력 10월 / 음력 08/11 ~ 09/12

양력	1	2	3	4	5	6	7	8	9	10	11	12	13	14	15	16	17	18	19	20	21	22	23	24	25	26	27	28	29	30	31
요일	목	금	토	일	월	화	수	목	금	토	일	월	화	수	목	금	토	일	월	화	수	목	금	토	일	월	화	수	목	금	토
일진(日辰)	정해	무자	기축	경인	신묘	임진	계사	갑오	을미	병신	정유	무술	기해	경자	신축	임인	계묘	갑진	을사	병오	정미	무신	기유	경술	신해	임자	계축	갑인	을묘	병진	정사
음력	21	22	23	24	25	26	27	28	29	9/1	2	3	4	5	6	7	8	9	10	11	12	13	14	15	16	17	18	19	20	21	22
구성	7	6	5	4	3	2	1	9	8	7	6	5	4	3	2	1	9	8	7	6	5	4	3	2	1	9	8	7	6	5	4
대운 남	3	2	2	2	1	1	1	1	한	10	9	9	9	9	8	8	8	7	7	7	6	6	6	상	5	4	4	4	3	3	3
대운 여	8	8	8	9	9	9	10	10	로	1	1	1	2	2	2	3	3	3	4	4	4	5	5	강	5	6	6	6	7	7	7

입동 8일 10시 11분 　【음10월】➡ 　【辛亥月(신해월)】 ●팔백성 　소설 23일 07시 30분

양력 11월 / 음력 09/13 ~ 10/12

양력	1	2	3	4	5	6	7	8	9	10	11	12	13	14	15	16	17	18	19	20	21	22	23	24	25	26	27	28	29	30
요일	일	월	화	수	목	금	토	일	월	화	수	목	금	토	일	월	화	수	목	금	토	일	월	화	수	목	금	토	일	월
일진(日辰)	무오	기미	경신	신유	임술	계해	갑자	을축	병인	정묘	무진	기사	경오	신미	임신	계유	갑술	을해	병자	정축	무인	기묘	경진	신사	임오	계미	갑신	을유	병술	정해
음력	23	24	25	26	27	28	29	30	10/1	2	3	4	5	6	7	8	9	10	11	12	13	14	15	16	17	18	19	20	21	22
구성	3	2	1	9	8	7	6	5	4	3	2	1	9	8	7	6	5	4	3	2	1	9	8	7	6	5	4	3	2	1
대운 남	2	2	2	1	1	1	1	입	10	9	9	9	9	8	8	8	7	7	7	6	6	6	소	5	4	4	4	3	3	3
대운 여	8	8	8	9	9	9	10	동	1	1	1	1	2	2	2	3	3	3	4	4	4	5	설	5	6	6	6	7	7	7

대설 8일 02시 47분 　【음11월】➡ 　【壬子月(임자월)】 ●칠적성 　동지 22일 20시 40분

양력 12월 / 음력 10/13 ~ 11/14

양력	1	2	3	4	5	6	7	8	9	10	11	12	13	14	15	16	17	18	19	20	21	22	23	24	25	26	27	28	29	30	31
요일	화	수	목	금	토	일	월	화	수	목	금	토	일	월	화	수	목	금	토	일	월	화	수	목	금	토	일	월	화	수	목
일진(日辰)	무자	기축	경인	신묘	임진	계사	갑오	을미	병신	정유	무술	기해	경자	신축	임인	계묘	갑진	을사	병오	정미	무신	기유	경술	신해	임자	계축	갑인	을묘	병진	정사	무오
음력	23	24	25	26	27	28	29	11/1	2	3	4	5	6	7	8	9	10	11	12	13	14	15	16	17	18	19	20	21	22	23	24
구성	9	8	7	6	5	4	3	2	1	9	8	7	6	5	4	3	2	1	9	8	7	6	5	4	3	2	1	9	8	7	6
대운 남	2	2	2	1	1	1	1	대	9	9	9	8	8	8	7	7	7	6	6	6	5	동	5	4	4	4	3	3	3	2	2
대운 여	8	8	8	9	9	9	10	설	1	1	1	1	2	2	2	3	3	3	4	4	4	지	5	5	6	6	6	7	7	7	8

9월 13일 - 제2차 세계 대전:독일군, 스탈린그라드 시내 돌입.10월 1일 - 최현배, 이극로, 이희승 등 학자 30여 명, 조선어학회 사건으로 구속10월 5일 - 제2차 세계 대전: 2차 엘알라메인 전투가 영국의 승리로 끝나다.

중원(中元).계미(癸未)년,납음(양류목),본명성(삼벽목)
대장군(卯동방). 삼살(서방), 상문(酉서방),조객(巳동남방), 납음(양류목),【삼재(사,오,미)년】臘享(납향):1944년1월20일(음12/25)

소한 6일 13시 55분 【음12월】➡ 【癸丑月(계축월)】 ☯육백성 · 대한 21일 07시 19분

양력 1월 (음력 11/25 ▮ 12/26)

양력	1	2	3	4	5	6	7	8	9	10	11	12	13	14	15	16	17	18	19	20	21	22	23	24	25	26	27	28	29	30	31
요일	금	토	일	월	화	수	목	금	토	일	월	화	수	목	금	토	일	월	화	수	목	금	토	일	월	화	수	목	금	토	일
일진	기	경	신	임	계	갑	을	병	정	무	기	경	신	임	계	갑	을	병	정	무	기	경	신	임	계	갑	을	병	정	무	기
日辰	미	신	유	술	해	자	축	인	묘	진	사	오	미	신	유	술	해	자	축	인	묘	진	사	오	미	신	유	술	해	자	축
음력	25	26	27	28	29	12/1	2	3	4	5	6	7	8	9	10	11	12	13	14	15	16	17	18	19	20	21	22	23	24	25	26
구성	5	4	3	2	1	1	2	3	4	5	6	7	8	9	1	2	3	4	5	6	7	8	9	1	2	3	4	5	6	7	8
대운 남	2	1	1	1	1	소한	10	9	9	9	8	8	8	7	7	7	6	6	6	5	대한	5	4	4	4	3	3	3	2	2	2
대운 여	8	8	9	9	9	소한	1	1	1	1	2	2	2	3	3	3	4	4	4	5	대한	5	6	6	6	7	7	7	8	8	8

입춘 5일 01시 40분 【음1월】➡ 【甲寅月(갑인월)】 ☯오황성 · 우수 21일 21시 40분

양력 2월 (음력 12/27 ▮ 01/24)

양력	1	2	3	4	5	6	7	8	9	10	11	12	13	14	15	16	17	18	19	20	21	22	23	24	25	26	27	28
요일	월	화	수	목	금	토	일	월	화	수	목	금	토	일	월	화	수	목	금	토	일	월	화	수	목	금	토	일
일진	경	신	임	계	갑	을	병	정	무	기	경	신	임	계	갑	을	병	정	무	기	경	신	임	계	갑	을	병	정
日辰	인	묘	진	사	오	미	신	유	술	해	자	축	인	묘	진	사	오	미	신	유	술	해	자	축	인	묘	진	사
음력	27	28	29	30	1/1	2	3	4	5	6	7	8	9	10	11	12	13	14	15	16	17	18	19	20	21	22	23	24
구성	9	1	2	3	4	5	6	7	8	9	1	2	3	4	5	6	7	8	9	1	2	3	4	5	6	7	8	9
대운 남	1	1	1	1	입춘	1	1	1	1	2	2	2	3	3	3	4	4	4	5	5	우수	6	6	6	7	7	7	8
대운 여	9	9	9	10	입춘	9	9	9	8	8	8	7	7	7	6	6	6	5	5	5	우수	4	4	3	3	3	2	2

경칩 6일 19시 59분 【음2월】➡ 【乙卯月(을묘월)】 ☯사록성 · 춘분 21일 21시 03분

양력 3월 (음력 01/25 ▮ 02/26)

양력	1	2	3	4	5	6	7	8	9	10	11	12	13	14	15	16	17	18	19	20	21	22	23	24	25	26	27	28	29	30	31
요일	월	화	수	목	금	토	일	월	화	수	목	금	토	일	월	화	수	목	금	토	일	월	화	수	목	금	토	일	월	화	수
일진	무	기	경	신	임	계	갑	을	병	정	무	기	경	신	임	계	갑	을	병	정	무	기	경	신	임	계	갑	을	병	정	무
日辰	오	미	신	유	술	해	자	축	인	묘	진	사	오	미	신	유	술	해	자	축	인	묘	진	사	오	미	신	유	술	해	자
음력	25	26	27	28	29	2/1	2	3	4	5	6	7	8	9	10	11	12	13	14	15	16	17	18	19	20	21	22	23	24	25	26
구성	1	2	3	4	5	6	7	8	9	1	2	3	4	5	6	7	8	9	1	2	3	4	5	6	7	8	9	1	2	3	4
대운 남	8	8	9	9	9	경칩	1	1	1	1	2	2	2	3	3	3	4	4	4	5	춘분	5	6	6	6	7	7	7	8	8	8
대운 여	2	1	1	1	1	경칩	10	10	9	9	9	8	8	8	7	7	7	6	6	6	춘분	5	5	4	4	4	3	3	3	2	2

청명 6일 01시 11분 【음3월】➡ 【丙辰月(병진월)】 ☯삼벽성 · 곡우 21일 08시 32분

양력 4월 (음력 02/27 ▮ 03/26)

양력	1	2	3	4	5	6	7	8	9	10	11	12	13	14	15	16	17	18	19	20	21	22	23	24	25	26	27	28	29	30
요일	목	금	토	일	월	화	수	목	금	토	일	월	화	수	목	금	토	일	월	화	수	목	금	토	일	월	화	수	목	금
일진	기	경	신	임	계	갑	을	병	정	무	기	경	신	임	계	갑	을	병	정	무	기	경	신	임	계	갑	을	병	정	무
日辰	축	인	묘	진	사	오	미	신	유	술	해	자	축	인	묘	진	사	오	미	신	유	술	해	자	축	인	묘	진	사	오
음력	27	28	29	30	3/1	2	3	4	5	6	7	8	9	10	11	12	13	14	15	16	17	18	19	20	21	22	23	24	25	26
구성	5	6	7	8	9	1	2	3	4	5	6	7	8	9	1	2	3	4	5	6	7	8	9	1	2	3	4	5	6	7
대운 남	9	9	9	10	10	청명	1	1	1	1	2	2	2	3	3	3	4	4	4	5	곡우	5	6	6	6	7	7	7	8	8
대운 여	2	1	1	1	1	청명	10	9	9	9	8	8	8	7	7	7	6	6	6	5	곡우	5	4	4	4	3	3	3	2	2

입하 6일 18시 53분 【음4월】➡ 【丁巳月(정사월)】 ☯이흑성 · 소만 22일 08시 03분

양력 5월 (음력 03/27 ▮ 04/28)

양력	1	2	3	4	5	6	7	8	9	10	11	12	13	14	15	16	17	18	19	20	21	22	23	24	25	26	27	28	29	30	31
요일	토	일	월	화	수	목	금	토	일	월	화	수	목	금	토	일	월	화	수	목	금	토	일	월	화	수	목	금	토	일	월
일진	기	경	신	임	계	갑	을	병	정	무	기	경	신	임	계	갑	을	병	정	무	기	경	신	임	계	갑	을	병	정	무	기
日辰	미	신	유	술	해	자	축	인	묘	진	사	오	미	신	유	술	해	자	축	인	묘	진	사	오	미	신	유	술	해	자	축
음력	27	28	29	4/1	2	3	4	5	6	7	8	9	10	11	12	13	14	15	16	17	18	19	20	21	22	23	24	25	26	27	28
구성	8	9	1	2	3	4	5	6	7	8	9	1	2	3	4	5	6	7	8	9	1	2	3	4	5	6	7	8	9	1	2
대운 남	8	9	9	9	10	입하	1	1	1	1	2	2	2	3	3	3	4	4	4	5	5	소만	6	6	6	7	7	7	8	8	8
대운 여	2	1	1	1	1	입하	10	10	9	9	9	8	8	8	7	7	7	6	6	6	5	소만	5	4	4	4	3	3	3	2	2

망종 6일 23시 19분 【음5월】➡ 【戊午月(무오월)】 ☯일백성 · 하지 22일 16시 12분

양력 6월 (음력 04/29 ▮ 05/28)

양력	1	2	3	4	5	6	7	8	9	10	11	12	13	14	15	16	17	18	19	20	21	22	23	24	25	26	27	28	29	30
요일	화	수	목	금	토	일	월	화	수	목	금	토	일	월	화	수	목	금	토	일	월	화	수	목	금	토	일	월	화	수
일진	경	신	임	계	갑	을	병	정	무	기	경	신	임	계	갑	을	병	정	무	기	경	신	임	계	갑	을	병	정	무	기
日辰	인	묘	진	사	오	미	신	유	술	해	자	축	인	묘	진	사	오	미	신	유	술	해	자	축	인	묘	진	사	오	미
음력	29	30	5/1	2	3	4	5	6	7	8	9	10	11	12	13	14	15	16	17	18	19	20	21	22	23	24	25	26	27	28
구성	3	4	5	6	7	8	9	1	2	3	4	5	6	7	8	9	1	2	3	4	5	6	7	8	9	1	2	3	4	5
대운 남	9	9	9	10	10	망종	1	1	1	1	2	2	2	3	3	3	4	4	4	5	5	하지	6	6	6	7	7	7	8	8
대운 여	2	1	1	1	1	망종	10	10	10	9	9	9	8	8	8	7	7	7	6	6	6	하지	5	5	4	4	4	3	3	3

계미년

7월 4일 - 제2차 세계 대전: 동부 전선 최대 전차전인 쿠르스크 전투개시8월 23일 - 제2차 세계 대전: 동부 전선 최대 전차전인 쿠르스크 전투가 종결되다.10월 5일 - 제2차 세계 대전: 부관연락선 곤륜 호 미국 잠수함에 격침, 544명 사망

한식(4월6일), 중복(7월31일), 초복(7월21일), 말복(8월10일) ↑춘사(春社)3/21 ☀추사(秋社)9/27
토왕지절(土旺之節):4월18일,7월20일,10월21일,1월18일(신년양력), 臘享(납향):1월20일(신년양력)

八日得辛, 十一龍治水, 1943년 계미년(양류목), 삼벽목

2흑	7적	9자
1백	3벽	5황
6백	8백	4록

7월

소서 8일 09시 39분 　【음6월】➡ 　己未月(기미월) 　●구자성 　대서 24일 03시 05분

양력	1	2	3	4	5	6	7	8	9	10	11	12	13	14	15	16	17	18	19	20	21	22	23	24	25	26	27	28	29	30	31
요일	목	금	토	일	월	화	수	목	금	토	일	월	화	수	목	금	토	일	월	화	수	목	금	토	일	월	화	수	목	금	토
일진(日辰)	경신	신유	임술	계해	갑자	을축	병인	정묘	무진	기사	경오	신미	임신	계유	갑술	을해	병자	정축	무인	기묘	경진	신사	임오	계미	갑신	을유	병술	정해	무자	기축	경인
음력	29	6/1	2	3	4	5	6	7	8	9	10	11	12	13	14	15	16	17	18	19	20	21	22	23	24	25	26	27	28	29	30
구성	6	7	8	9	9	8	7	6	5	4	3	2	1	9	8	7	6	5	4	3	2	1	9	8	7	6	5	4	3	2	1
대운 남	8	9	9	9	10	10	10	소서	1	1	1	1	2	2	2	3	3	3	4	4	4	5	5	대서	6	6	6	7	7	7	8
대운 여	2	2	2	1	1	1	1	소서	10	10	9	9	9	8	8	8	7	7	7	6	6	6	5	대서	5	4	4	4	3	3	3

음력 05/29 ― 06/30

8월

입추 8일 19시 19분 　【음7월】➡ 　庚申月(경신월) 　●팔백성 　처서 24일 09시 55분

양력	1	2	3	4	5	6	7	8	9	10	11	12	13	14	15	16	17	18	19	20	21	22	23	24	25	26	27	28	29	30	31
요일	일	월	화	수	목	금	토	일	월	화	수	목	금	토	일	월	화	수	목	금	토	일	월	화	수	목	금	토	일	월	화
일진(日辰)	신묘	임진	계사	갑오	을미	병신	정유	무술	기해	경자	신축	임인	계묘	갑진	을사	병오	정미	무신	기유	경술	신해	임자	계축	갑인	을묘	병진	정사	무오	기미	경신	신유
음력	7/1	2	3	4	5	6	7	8	9	10	11	12	13	14	15	16	17	18	19	20	21	22	23	24	25	26	27	28	29	30	8/1
구성	9	8	7	6	5	4	3	2	1	9	8	7	6	5	4	3	2	1	9	8	7	6	5	4	3	2	1	9	8	7	6
대운 남	8	8	9	9	9	10	10	입추	1	1	1	1	2	2	2	3	3	3	4	4	4	5	5	처서	6	6	6	7	7	7	8
대운 여	2	2	2	1	1	1	1	입추	10	10	9	9	9	8	8	8	7	7	7	6	6	6	5	처서	5	4	4	4	3	3	3

음력 07/01 ― 08/01

9월

백로 8일 21시 55분 　【음8월】➡ 　辛酉月(신유월) 　●칠적성 　추분 24일 07시 12분

양력	1	2	3	4	5	6	7	8	9	10	11	12	13	14	15	16	17	18	19	20	21	22	23	24	25	26	27	28	29	30
요일	수	목	금	토	일	월	화	수	목	금	토	일	월	화	수	목	금	토	일	월	화	수	목	금	토	일	월	화	수	목
일진(日辰)	임술	계해	갑자	을축	병인	정묘	무진	기사	경오	신미	임신	계유	갑술	을해	병자	정축	무인	기묘	경진	신사	임오	계미	갑신	을유	병술	정해	무자	기축	경인	신묘
음력	2	3	4	5	6	7	8	9	10	11	12	13	14	15	16	17	18	19	20	21	22	23	24	25	26	27	28	29	9/1	2
구성	5	4	3	2	1	9	8	7	6	5	4	3	2	1	9	8	7	6	5	4	3	2	1	9	8	7	6	5	4	3
대운 남	8	8	9	9	9	10	10	백로	1	1	1	1	2	2	2	3	3	3	4	4	4	5	5	추분	6	6	6	7	7	7
대운 여	2	2	2	1	1	1	1	백로	10	10	9	9	9	8	8	8	7	7	7	6	6	6	5	추분	5	4	4	4	3	3

음력 08/02 ― 09/02

10월

한로 9일 13시 11분 　【음9월】➡ 　壬戌月(임술월) 　●육백성 　상강 24일 16시 08분

양력	1	2	3	4	5	6	7	8	9	10	11	12	13	14	15	16	17	18	19	20	21	22	23	24	25	26	27	28	29	30	31
요일	금	토	일	월	화	수	목	금	토	일	월	화	수	목	금	토	일	월	화	수	목	금	토	일	월	화	수	목	금	토	일
일진(日辰)	임진	계사	갑오	을미	병신	정유	무술	기해	경자	신축	임인	계묘	갑진	을사	병오	정미	무신	기유	경술	신해	임자	계축	갑인	을묘	병진	정사	무오	기미	경신	신유	임술
음력	3	4	5	6	7	8	9	10	11	12	13	14	15	16	17	18	19	20	21	22	23	24	25	26	27	28	29	30	10/1	2	3
구성	2	1	9	8	7	6	5	4	3	2	1	9	8	7	6	5	4	3	2	1	9	8	7	6	5	4	3	2	1	9	8
대운 남	8	8	8	9	9	9	10	10	한로	1	1	1	1	2	2	2	3	3	3	4	4	4	5	상강	5	6	6	6	7	7	7
대운 여	3	2	2	2	1	1	1	1	한로	10	9	9	9	8	8	8	7	7	7	6	6	6	5	상강	5	4	4	4	3	3	3

음력 09/03 ― 10/03

11월

입동 8일 15시 59분 　【음10월】➡ 　癸亥月(계해월) 　●오황성 　소설 23일 13시 22분

양력	1	2	3	4	5	6	7	8	9	10	11	12	13	14	15	16	17	18	19	20	21	22	23	24	25	26	27	28	29	30
요일	월	화	수	목	금	토	일	월	화	수	목	금	토	일	월	화	수	목	금	토	일	월	화	수	목	금	토	일	월	화
일진(日辰)	계해	갑자	을축	병인	정묘	무진	기사	경오	신미	임신	계유	갑술	을해	병자	정축	무인	기묘	경진	신사	임오	계미	갑신	을유	병술	정해	무자	기축	경인	신묘	임진
음력	4	5	6	7	8	9	10	11	12	13	14	15	16	17	18	19	20	21	22	23	24	25	26	27	28	29	30	11/1	2	3
구성	7	6	5	4	3	2	1	9	8	7	6	5	4	3	2	1	9	8	7	6	5	4	3	2	1	9	8	7	6	5
대운 남	8	8	8	9	9	9	10	입동	1	1	1	1	2	2	2	3	3	3	4	4	4	5	소설	5	6	6	6	7	7	7
대운 여	2	2	2	1	1	1	1	입동	10	9	9	9	8	8	8	7	7	7	6	6	6	5	소설	5	4	4	4	3	3	3

음력 10/04 ― 11/03

12월

대설 8일 08시 33분 　【음11월】➡ 　甲子月(갑자월) 　●사록성 　동지 23일 02시 29분

양력	1	2	3	4	5	6	7	8	9	10	11	12	13	14	15	16	17	18	19	20	21	22	23	24	25	26	27	28	29	30	31
요일	수	목	금	토	일	월	화	수	목	금	토	일	월	화	수	목	금	토	일	월	화	수	목	금	토	일	월	화	수	목	금
일진(日辰)	계사	갑오	을미	병신	정유	무술	기해	경자	신축	임인	계묘	갑진	을사	병오	정미	무신	기유	경술	신해	임자	계축	갑인	을묘	병진	정사	무오	기미	경신	신유	임술	계해
음력	4	5	6	7	8	9	10	11	12	13	14	15	16	17	18	19	20	21	22	23	24	25	26	27	28	29	12/1	2	3	4	5
구성	4	3	2	1	9	8	7	6	5	4	3	2	1	9	8	7	6	5	4	3	2	1	9	8	7	6	5	4	3	2	1
대운 남	8	8	8	9	9	9	10	대설	1	1	1	1	2	2	2	3	3	3	4	4	4	5	동지	5	6	6	6	7	7	7	8
대운 여	2	2	2	1	1	1	1	대설	10	9	9	9	8	8	8	7	7	7	6	6	6	5	동지	5	4	4	4	3	3	3	3

음력 11/04 ― 12/05

10월 14일 - 제2차 세계 대전: 카사블랑카 회담에서 프랭클린 D. 루스벨트 미국 대통령과 윈스턴 처칠 영국 총리가 나치 독일의 무조건 항복을 요구하는 성명 발표11월 6일 - 제2차 세계 대전: 소련군, 키예프 탈환.11월 27일 - 카이로 선언 발표.

단기 4277 年　불기 2488 年　1944년 윤4월

중원(中元). 갑신(甲申)년. 납음(천중수) 본명성, (이흑토)

대장군(午남방),　삼살(남방),　상문(戌서북방),　조객(午남방), 납음(천중수),　삼재(인,묘,진)년　臘享(납향):1945년1월26일(음12/13)

소한 6일 19시 39분　【음12월】➡　【乙丑月(을축월)】　◑삼벽성　대한 21일 13시 07분

음력 12/06 ― 01/06

양력	1	2	3	4	5	6	7	8	9	10	11	12	13	14	15	16	17	18	19	20	21	22	23	24	25	26	27	28	29	30	31
요일	토	일	월	화	수	목	금	토	일	월	화	수	목	금	토	일	월	화	수	목	금	토	일	월	화	수	목	금	토	일	월
日辰	갑자	을축	병인	정묘	무진	기사	경오	신미	임신	계유	갑술	을해	병자	정축	무인	기묘	경진	신사	임오	계미	갑신	을유	병술	정해	무자	기축	경인	신묘	임진	계사	갑오
음력	6	7	8	9	10	11	12	13	14	15	16	17	18	19	20	21	22	23	24	25	26	27	28	29	30	1/1	2	3	4	5	6
구성	1	2	3	4	5	6	7	8	9	1	2	3	4	5	6	7	8	9	1	2	3	4	5	6	7	8	9	1	2	3	4
대운 남	8	8	9	9	9	소	1	1	1	1	2	2	2	3	3	3	4	4	4	5	대	5	6	6	6	7	7	7	8	8	8
대운 여	2	1	1	1	1	한	10	9	9	9	8	8	8	7	7	7	6	6	6	5	한	5	4	4	4	3	3	3	2	2	2

입춘 5일 07시 23분　【음1월】➡　【丙寅月(병인월)】　◑이흑성　우수 20일 03시 27분

음력 01/07 ― 02/06

양력	1	2	3	4	5	6	7	8	9	10	11	12	13	14	15	16	17	18	19	20	21	22	23	24	25	26	27	28	29
요일	화	수	목	금	토	일	월	화	수	목	금	토	일	월	화	수	목	금	토	일	월	화	수	목	금	토	일	월	화
日辰	을미	병신	정유	무술	기해	경자	신축	임인	계묘	갑진	을사	병오	정미	무신	기유	경술	신해	임자	계축	갑인	을묘	병진	정사	무오	기미	경신	신유	임술	계해
음력	7	8	9	10	11	12	13	14	15	16	17	18	19	20	21	22	23	24	25	26	27	28	29	2/1	2	3	4	5	6
구성	5	6	7	8	9	1	2	3	4	5	6	7	8	9	1	2	3	4	5	6	7	8	9	1	2	3	4	5	6
대운 남	9	9	9	10	입	10	9	9	9	8	8	8	7	7	7	6	6	6	5	우	5	4	4	4	3	3	3	2	2
대운 여	1	1	1	1	춘	1	1	1	1	2	2	2	3	3	3	4	4	4	5	수	5	6	6	6	7	7	7	8	8

경칩 6일 01시 40분　【음2월】➡　【丁卯月(정묘월)】　◑일백성　춘분 21일 02시 49분

음력 02/07 ― 03/08

양력	1	2	3	4	5	6	7	8	9	10	11	12	13	14	15	16	17	18	19	20	21	22	23	24	25	26	27	28	29	30	31
요일	수	목	금	토	일	월	화	수	목	금	토	일	월	화	수	목	금	토	일	월	화	수	목	금	토	일	월	화	수	목	금
日辰	갑자	을축	병인	정묘	무진	기사	경오	신미	임신	계유	갑술	을해	병자	정축	무인	기묘	경진	신사	임오	계미	갑신	을유	병술	정해	무자	기축	경인	신묘	임진	계사	갑오
음력	7	8	9	10	11	12	13	14	15	16	17	18	19	20	21	22	23	24	25	26	27	28	29	3/1	2	3	4	5	6	7	8
구성	7	8	9	1	2	3	4	5	6	7	8	9	1	2	3	4	5	6	7	8	9	1	2	3	4	5	6	7	8	9	1
대운 남	2	1	1	1	1	경	10	9	9	9	8	8	8	7	7	7	6	6	6	5	춘	5	4	4	4	3	3	3	2	2	2
대운 여	8	9	9	9	10	칩	1	1	1	1	2	2	2	3	3	3	4	4	4	5	분	5	6	6	6	7	7	7	8	8	8

청명 5일 06시 54분　【음3월】➡　【戊辰月(무진월)】　◑구자성　곡우 20일 14시 18분

음력 03/09 ― 04/08

양력	1	2	3	4	5	6	7	8	9	10	11	12	13	14	15	16	17	18	19	20	21	22	23	24	25	26	27	28	29	30
요일	토	일	월	화	수	목	금	토	일	월	화	수	목	금	토	일	월	화	수	목	금	토	일	월	화	수	목	금	토	일
日辰	을미	병신	정유	무술	기해	경자	신축	임인	계묘	갑진	을사	병오	정미	무신	기유	경술	신해	임자	계축	갑인	을묘	병진	정사	무오	기미	경신	신유	임술	계해	갑자
음력	9	10	11	12	13	14	15	16	17	18	19	20	21	22	23	24	25	26	27	28	29	30	4/1	2	3	4	5	6	7	8
구성	2	3	4	5	6	7	8	9	1	2	3	4	5	6	7	8	9	1	2	3	4	5	6	7	8	9	1	2	3	4
대운 남	1	1	1	1	청	10	10	9	9	9	8	8	8	7	7	7	6	6	6	곡	5	5	4	4	4	3	3	3	2	2
대운 여	9	9	9	10	명	1	1	1	1	2	2	2	3	3	3	4	4	4	5	우	5	6	6	6	7	7	7	8	8	8

입하 6일 00시 40분　【음4월】➡　【己巳月(기사월)】　◑팔백성　소만 21일 13시 51분

음력 04/09 ― 윤410

양력	1	2	3	4	5	6	7	8	9	10	11	12	13	14	15	16	17	18	19	20	21	22	23	24	25	26	27	28	29	30	31
요일	월	화	수	목	금	토	일	월	화	수	목	금	토	일	월	화	수	목	금	토	일	월	화	수	목	금	토	일	월	화	수
日辰	을축	병인	정묘	무진	기사	경오	신미	임신	계유	갑술	을해	병자	정축	무인	기묘	경진	신사	임오	계미	갑신	을유	병술	정해	무자	기축	경인	신묘	임진	계사	갑오	을미
음력	9	10	11	12	13	14	15	16	17	18	19	20	21	22	23	24	25	26	27	28	29	윤4	2	3	4	5	6	7	8	9	10
구성	5	6	7	8	9	1	2	3	4	5	6	7	8	9	1	2	3	4	5	6	7	8	9	1	2	3	4	5	6	7	8
대운 남	2	1	1	1	1	입	10	10	9	9	9	8	8	8	7	7	7	6	6	6	소	5	5	4	4	4	3	3	3	2	2
대운 여	9	9	9	10	10	하	1	1	1	1	2	2	2	3	3	3	4	4	4	5	만	5	6	6	6	7	7	7	8	8	8

망종 6일 05시 11분　【음5월】➡　【庚午月(경오월)】　◑칠적성　하지 21일 22시 02분

음력 윤411 ― 05/10

양력	1	2	3	4	5	6	7	8	9	10	11	12	13	14	15	16	17	18	19	20	21	22	23	24	25	26	27	28	29	30
요일	목	금	토	일	월	화	수	목	금	토	일	월	화	수	목	금	토	일	월	화	수	목	금	토	일	월	화	수	목	금
日辰	병신	정유	무술	기해	경자	신축	임인	계묘	갑진	을사	병오	정미	무신	기유	경술	신해	임자	계축	갑인	을묘	병진	정사	무오	기미	경신	신유	임술	계해	갑자	을축
음력	11	12	13	14	15	16	17	18	19	20	21	22	23	24	25	26	27	28	29	30	5/1	2	3	4	5	6	7	8	9	10
구성	9	1	2	3	4	5	6	7	8	9	1	2	3	4	5	6	7	8	9	1	2	3	4	5	6	7	8	9	9	8
대운 남	2	1	1	1	1	망	10	10	9	9	9	8	8	8	7	7	7	6	6	6	하	5	5	4	4	4	3	3	3	2
대운 여	9	9	9	10	10	종	1	1	1	1	2	2	2	3	3	3	4	4	4	5	지	5	6	6	6	7	7	7	8	8

8월 4일 - 《안네의 일기》 저자 안네 프랑크 가족의 은신처가 게슈타포에 의해 발견되어 모두 수용소로 끌려가다. 8월 21일 - 국제연합 창설을 논의하기 위한 덤바튼오크스 회의(미국 워싱턴 D.C. 소재) 개막. 8월 23일 - 일본 후생성이 여자정신근로령을 공포, 시행하다.

한식(4월06일), 초복(7월15일), 중복(7월25일), 말복(8월14일) 춘사(春社)3/25 추사(秋社)9/21
토왕지절(土旺之節):4월17일,7월20일,10월20일,1월17일(신년양력), 臘享(납향):1월26일(신년양력)

三日得辛, 四龍治水, 1944년 갑신年(천중수), 이흑토

1백	6백	8백
9자	2흑	4록
5황	7적	3벽

1 9 4 4

소서 7일 15시 36분 【음6월】➡ 【辛未月(신미월)】 ☯육백성 대서 23일 08시 56분

양력 7월 · 음력 05/11 ~ 06/12

	1	2	3	4	5	6	7	8	9	10	11	12	13	14	15	16	17	18	19	20	21	22	23	24	25	26	27	28	29	30	31
요일	토	일	월	화	수	목	금	토	일	월	화	수	목	금	토	일	월	화	수	목	금	토	일	월	화	수	목	금	토	일	월
日辰	병인	정묘	무진	기사	경오	신미	임신	계유	갑술	을해	병자	정축	무인	기묘	경진	신사	임오	계미	갑신	을유	병술	정해	무자	기축	경인	신묘	임진	계사	갑오	을미	병신
음력	11	12	13	14	15	16	17	18	19	20	21	22	23	24	25	26	27	28	29	6/1	2	3	4	5	6	7	8	9	10	11	12
구성	7	6	5	4	3	2	1	9	8	7	6	5	4	3	2	1	9	8	7	6	5	4	3	2	1	9	8	7	6	5	4
대운 남	2	2	1	1	1	1	소	10	10	10	9	9	9	8	8	8	7	7	7	6	6	6	대	5	5	4	4	4	3	3	3
운 여	8	9	9	9	10	10	서	1	1	1	1	2	2	2	3	3	3	4	4	4	5	5	서	6	6	6	7	7	7	8	8

입추 8일 01시 19분 【음7월】➡ 【壬申月(임신월)】 ☯오황성 처서 23일 15시 46분

양력 8월 · 음력 06/13 ~ 07/13

	1	2	3	4	5	6	7	8	9	10	11	12	13	14	15	16	17	18	19	20	21	22	23	24	25	26	27	28	29	30	31
요일	화	수	목	금	토	일	월	화	수	목	금	토	일	월	화	수	목	금	토	일	월	화	수	목	금	토	일	월	화	수	목
日辰	정유	무술	기해	경자	신축	임인	계묘	갑진	을사	병오	정미	무신	기유	경술	신해	임자	계축	갑인	을묘	병진	정사	무오	기미	경신	신유	임술	계해	갑자	을축	병인	정묘
음력	13	14	15	16	17	18	19	20	21	22	23	24	25	26	27	28	29	30	7/1	2	3	4	5	6	7	8	9	10	11	12	13
구성	3	2	1	9	8	7	6	5	4	3	2	1	9	8	7	6	5	4	3	2	1	9	8	7	6	5	4	3	2	1	9
대운 남	2	2	2	1	1	1	1	입	10	10	9	9	9	8	8	8	7	7	7	6	6	6	처	5	5	4	4	4	3	3	3
운 여	8	9	9	9	10	10	10	추	1	1	1	2	2	2	3	3	3	4	4	4	5	5	서	5	5	6	6	6	7	7	8

백로 8일 03시 56분 【음8월】➡ 【癸酉月(계유월)】 ☯사록성 추분 23일 13시 02분

양력 9월 · 음력 07/14 ~ 08/14

	1	2	3	4	5	6	7	8	9	10	11	12	13	14	15	16	17	18	19	20	21	22	23	24	25	26	27	28	29	30
요일	금	토	일	월	화	수	목	금	토	일	월	화	수	목	금	토	일	월	화	수	목	금	토	일	월	화	수	목	금	토
日辰	무진	기사	경오	신미	임신	계유	갑술	을해	병자	정축	무인	기묘	경진	신사	임오	계미	갑신	을유	병술	정해	무자	기축	경인	신묘	임진	계사	갑오	을미	병신	정유
음력	14	15	16	17	18	19	20	21	22	23	24	25	26	27	28	29	8/1	2	3	4	5	6	7	8	9	10	11	12	13	14
구성	8	7	6	5	4	3	2	1	9	8	7	6	5	4	3	2	1	9	8	7	6	5	4	3	2	1	9	8	7	6
대운 남	2	2	2	1	1	1	1	백	10	9	9	9	8	8	8	7	7	7	6	6	6	5	추	5	4	4	4	3	3	3
운 여	8	8	9	9	9	10	10	로	1	1	1	1	2	2	2	3	3	3	4	4	4	5	분	5	6	6	6	7	7	7

한로 8일 19시 09분 【음9월】➡ 【甲戌月(갑술월)】 ☯삼벽성 상강 23일 21시 56분

양력 10월 · 음력 08/15 ~ 09/15

	1	2	3	4	5	6	7	8	9	10	11	12	13	14	15	16	17	18	19	20	21	22	23	24	25	26	27	28	29	30	31
요일	일	월	화	수	목	금	토	일	월	화	수	목	금	토	일	월	화	수	목	금	토	일	월	화	수	목	금	토	일	월	화
日辰	무술	기해	경자	신축	임인	계묘	갑진	을사	병오	정미	무신	기유	경술	신해	임자	계축	갑인	을묘	병진	정사	무오	기미	경신	신유	임술	계해	갑자	을축	병인	정묘	무진
음력	15	16	17	18	19	20	21	22	23	24	25	26	27	28	29	30	9/1	2	3	4	5	6	7	8	9	10	11	12	13	14	15
구성	5	4	3	2	1	9	8	7	6	5	4	3	2	1	9	8	7	6	5	4	3	2	1	9	8	7	6	5	4	3	2
대운 남	2	2	2	1	1	1	1	한	10	9	9	9	8	8	8	7	7	7	6	6	6	5	상	5	4	4	4	3	3	3	2
운 여	8	8	8	9	9	9	10	로	1	1	1	1	2	2	2	3	3	3	4	4	4	5	강	5	6	6	6	7	7	7	8

입동 7일 21시 55분 【음10월】➡ 【乙亥月(을해월)】 ☯이흑성 소설 22일 19시 08분

양력 11월 · 음력 09/16 ~ 10/15

	1	2	3	4	5	6	7	8	9	10	11	12	13	14	15	16	17	18	19	20	21	22	23	24	25	26	27	28	29	30
요일	수	목	금	토	일	월	화	수	목	금	토	일	월	화	수	목	금	토	일	월	화	수	목	금	토	일	월	화	수	목
日辰	기사	경오	신미	임신	계유	갑술	을해	병자	정축	무인	기묘	경진	신사	임오	계미	갑신	을유	병술	정해	무자	기축	경인	신묘	임진	계사	갑오	을미	병신	정유	무술
음력	16	17	18	19	20	21	22	23	24	25	26	27	28	29	30	10/1	2	3	4	5	6	7	8	9	10	11	12	13	14	15
구성	1	9	8	7	6	5	4	3	2	1	9	8	7	6	5	4	3	2	1	9	8	7	6	5	4	3	2	1	9	8
대운 남	2	2	1	1	1	1	입	10	9	9	9	8	8	8	7	7	7	6	6	6	5	소	5	4	4	4	3	3	3	2
운 여	8	8	9	9	9	10	동	1	1	1	1	2	2	2	3	3	3	4	4	4	5	설	5	6	6	6	7	7	7	8

대설 7일 14시 28분 【음11월】➡ 【丙子月(병자월)】 ☯일백성 동지 22일 08시 15분

양력 12월 · 음력 10/16 ~ 11/17

	1	2	3	4	5	6	7	8	9	10	11	12	13	14	15	16	17	18	19	20	21	22	23	24	25	26	27	28	29	30	31
요일	금	토	일	월	화	수	목	금	토	일	월	화	수	목	금	토	일	월	화	수	목	금	토	일	월	화	수	목	금	토	일
日辰	기해	경자	신축	임인	계묘	갑진	을사	병오	정미	무신	기유	경술	신해	임자	계축	갑인	을묘	병진	정사	무오	기미	경신	신유	임술	계해	갑자	을축	병인	정묘	무진	기사
음력	16	17	18	19	20	21	22	23	24	25	26	27	28	29	11/1	2	3	4	5	6	7	8	9	10	11	12	13	14	15	16	17
구성	7	6	5	4	3	2	1	9	8	7	6	5	4	3	2	1	9	8	7	6	5	4	3	2	1	1	2	3	4	5	6
대운 남	2	2	1	1	1	1	대	10	9	9	9	8	8	8	7	7	7	6	6	6	5	동	5	4	4	4	3	3	3	2	2
운 여	8	8	9	9	9	10	설	1	1	1	1	2	2	2	3	3	3	4	4	4	5	지	5	6	6	6	7	7	7	8	8

9월 4일 - 제2차 세계 대전: 소련군 헝가리에 진입9월 8일 - 제2차 세계 대전: 독일이 V2 로켓으로 런던 공격을 시작하다.9월 9일 - 제2차 세계 대전: 프랑스 임시정부수립, 수상에 샤를 드골

<table>
<tr><td>단기 4278 年
불기 2489 年</td><td>1945년</td><td>중원(中元).을유(乙酉)년.납음(천중수),본명성(일백수)
대장군(午남방), 삼살(동방), 상문(亥서북방),조객(未서남방), 납음(천중수),【삼재(해,자,축)년】臘享(납향):1946년1월21일(음12/19)</td><td></td></tr>
</table>

1월 — 소한 6일 01시 34분 【음12월】➡ 【丁丑月(정축월)】 ●구자성 대한 20일 18시 54분

음력 11/18 ~ 12/18

양력	1	2	3	4	5	6	7	8	9	10	11	12	13	14	15	16	17	18	19	20	21	22	23	24	25	26	27	28	29	30	31
요일	월	화	수	목	금	토	일	월	화	수	목	금	토	일	월	화	수	목	금	토	일	월	화	수	목	금	토	일	월	화	수
일진(干)	경	신	임	계	갑	을	병	정	무	기	경	신	임	계	갑	을	병	정	무	기	경	신	임	계	갑	을	병	정	무	기	경
日辰(支)	오	미	신	유	술	해	자	축	인	묘	진	사	오	미	신	유	술	해	자	축	인	묘	진	사	오	미	신	유	술	해	자
음력	18	19	20	21	22	23	24	25	26	27	28	29	30	12/1	2	3	4	5	6	7	8	9	10	11	12	13	14	15	16	17	18
구성	7	8	9	1	2	3	4	5	6	7	8	9	1	2	3	4	5	6	7	8	9	1	2	3	4	5	6	7	8	9	1
대운 남	2	1	1	1	1	소한	9	9	9	8	8	8	7	7	7	6	6	6	5	대한	5	4	4	4	3	3	3	2	2	2	1
대운 여	8	9	9	9	10	소한	1	1	1	1	2	2	2	3	3	3	4	4	4	대한	5	5	5	6	6	6	7	7	7	8	8

2월 — 입춘 4일 13시 19분 【음1월】➡ 【戊寅月(무인월)】 ●팔백성 우수 19일 09시 15분

음력 12/19 ~ 01/16

양력	1	2	3	4	5	6	7	8	9	10	11	12	13	14	15	16	17	18	19	20	21	22	23	24	25	26	27	28
요일	목	금	토	일	월	화	수	목	금	토	일	월	화	수	목	금	토	일	월	화	수	목	금	토	일	월	화	수
일진(干)	신	임	계	갑	을	병	정	무	기	경	신	임	계	갑	을	병	정	무	기	경	신	임	계	갑	을	병	정	무
日辰(支)	축	인	묘	진	사	오	미	신	유	술	해	자	축	인	묘	진	사	오	미	신	유	술	해	자	축	인	묘	진
음력	19	20	21	22	23	24	25	26	27	28	29	30	1/1	2	3	4	5	6	7	8	9	10	11	12	13	14	15	16
구성	2	3	4	5	6	7	8	9	1	2	3	4	5	6	7	8	9	1	2	3	4	5	6	7	8	9	1	2
대운 남	1	1	1	입춘	1	1	1	1	2	2	2	3	3	3	4	4	4	5	우수	5	6	6	6	7	7	7	8	8
대운 여	9	9	9	입춘	10	9	9	9	8	8	8	7	7	7	6	6	6	5	우수	5	5	4	4	4	3	3	3	2

을유년

3월 — 경칩 6일 07시 38분 【음2월】➡ 【己卯月(기묘월)】 ●칠적성 춘분 21일 08시 37분

음력 01/17 ~ 02/18

양력	1	2	3	4	5	6	7	8	9	10	11	12	13	14	15	16	17	18	19	20	21	22	23	24	25	26	27	28	29	30	31
요일	목	금	토	일	월	화	수	목	금	토	일	월	화	수	목	금	토	일	월	화	수	목	금	토	일	월	화	수	목	금	토
일진(干)	기	경	신	임	계	갑	을	병	정	무	기	경	신	임	계	갑	을	병	정	무	기	경	신	임	계	갑	을	병	정	무	기
日辰(支)	사	오	미	신	유	술	해	자	축	인	묘	진	사	오	미	신	유	술	해	자	축	인	묘	진	사	오	미	신	유	술	해
음력	17	18	19	20	21	22	23	24	25	26	27	28	29	2/1	2	3	4	5	6	7	8	9	10	11	12	13	14	15	16	17	18
구성	3	4	5	6	7	8	9	1	2	3	4	5	6	7	8	9	1	2	3	4	5	6	7	8	9	1	2	3	4	5	6
대운 남	8	9	9	9	10	경칩	1	1	1	1	2	2	2	3	3	3	4	4	4	5	춘분	5	6	6	6	7	7	7	8	8	8
대운 여	2	1	1	1	1	경칩	10	9	9	9	8	8	8	7	7	7	6	6	6	5	춘분	5	4	4	4	3	3	3	2	2	2

4월 — 청명 5일 12시 52분 【음3월】➡ 【庚辰月(경진월)】 ●육백성 곡우 20일 20시 07분

음력 02/19 ~ 03/19

양력	1	2	3	4	5	6	7	8	9	10	11	12	13	14	15	16	17	18	19	20	21	22	23	24	25	26	27	28	29	30
요일	일	월	화	수	목	금	토	일	월	화	수	목	금	토	일	월	화	수	목	금	토	일	월	화	수	목	금	토	일	월
일진(干)	경	신	임	계	갑	을	병	정	무	기	경	신	임	계	갑	을	병	정	무	기	경	신	임	계	갑	을	병	정	무	기
日辰(支)	자	축	인	묘	진	사	오	미	신	유	술	해	자	축	인	묘	진	사	오	미	신	유	술	해	자	축	인	묘	진	사
음력	19	20	21	22	23	24	25	26	27	28	29	3/1	2	3	4	5	6	7	8	9	10	11	12	13	14	15	16	17	18	19
구성	7	8	9	1	2	3	4	5	6	7	8	9	1	2	3	4	5	6	7	8	9	1	2	3	4	5	6	7	8	9
대운 남	9	9	9	10	청명	1	1	1	1	2	2	2	3	3	3	4	4	4	5	곡우	5	6	6	6	7	7	7	8	8	8
대운 여	1	1	1	1	청명	10	10	9	9	9	8	8	8	7	7	7	6	6	6	곡우	5	5	4	4	4	3	3	3	2	2

5월 — 입하 6일 06시 37분 【음4월】➡ 【辛巳月(신사월)】 ●오황성 소만 21일 19시 40분

음력 03/20 ~ 04/20

양력	1	2	3	4	5	6	7	8	9	10	11	12	13	14	15	16	17	18	19	20	21	22	23	24	25	26	27	28	29	30	31
요일	화	수	목	금	토	일	월	화	수	목	금	토	일	월	화	수	목	금	토	일	월	화	수	목	금	토	일	월	화	수	목
일진(干)	경	신	임	계	갑	을	병	정	무	기	경	신	임	계	갑	을	병	정	무	기	경	신	임	계	갑	을	병	정	무	기	경
日辰(支)	오	미	신	유	술	해	자	축	인	묘	진	사	오	미	신	유	술	해	자	축	인	묘	진	사	오	미	신	유	술	해	자
음력	20	21	22	23	24	25	26	27	28	29	30	4/1	2	3	4	5	6	7	8	9	10	11	12	13	14	15	16	17	18	19	20
구성	1	2	3	4	5	6	7	8	9	1	2	3	4	5	6	7	8	9	1	2	3	4	5	6	7	8	9	1	2	3	4
대운 남	9	9	9	10	10	입하	1	1	1	1	2	2	2	3	3	3	4	4	4	5	소만	5	6	6	6	7	7	7	8	8	8
대운 여	2	1	1	1	1	입하	10	10	9	9	9	8	8	8	7	7	7	6	6	6	소만	5	5	4	4	4	3	3	3	2	2

6월 — 망종 6일 11시 05분 【음5월】➡ 【壬午月(임오월)】 ●사록성 하지 22일 03시 52분

음력 04/21 ~ 05/21

양력	1	2	3	4	5	6	7	8	9	10	11	12	13	14	15	16	17	18	19	20	21	22	23	24	25	26	27	28	29	30
요일	금	토	일	월	화	수	목	금	토	일	월	화	수	목	금	토	일	월	화	수	목	금	토	일	월	화	수	목	금	토
일진(干)	신	임	계	갑	을	병	정	무	기	경	신	임	계	갑	을	병	정	무	기	경	신	임	계	갑	을	병	정	무	기	경
日辰(支)	축	인	묘	진	사	오	미	신	유	술	해	자	축	인	묘	진	사	오	미	신	유	술	해	자	축	인	묘	진	사	오
음력	21	22	23	24	25	26	27	28	29	5/1	2	3	4	5	6	7	8	9	10	11	12	13	14	15	16	17	18	19	20	21
구성	5	6	7	8	9	1	2	3	4	5	6	7	8	9	1	2	3	4	5	6	7	8	9	9	8	7	6	5	4	3
대운 남	9	9	9	10	10	망종	1	1	1	1	2	2	2	3	3	3	4	4	4	5	5	하지	6	6	6	7	7	7	8	8
대운 여	2	1	1	1	1	망종	10	10	9	9	9	8	8	8	7	7	7	6	6	6	5	하지	5	4	4	4	3	3	3	2

1월 25일 - 독일 최후의 대반격 벌지 전투 종료.2월 13일 - 제2차 세계 대전: 영국과 미국 공군이 독일 작센 주 드레스덴을 폭격하여, 수만 명의 시민이 사망하다.3월 10일 - 제2차 세계 대전: 미 공군 B-29 폭격기의 도쿄 대공습 감행.

한식(4월06일), 초복(7월20일), 중복(7월30일), 말복(8월09일)　↑춘사(春社)3/20　☀추사(秋社)9/26
토왕지절(土旺之節):4월17일,7월20일,10월21일,1월18일(신년양력),臘享(납향):1월21일(신년양력)

九日得辛, 四龍治水, 1945년 을유年(천중수), 일백수

9자	5황	7적
8백	1백	3벽
4록	6백	2흑

소서 7일 21시 27분　【음6월】➡　【癸未月(계미월)】　☯삼벽성　대서 23일 14시 45분

양력 7월 / 음력 05/22 – 06/23

양력	1	2	3	4	5	6	7	8	9	10	11	12	13	14	15	16	17	18	19	20	21	22	23	24	25	26	27	28	29	30	31
요일	일	월	화	수	목	금	토	일	월	화	수	목	금	토	일	월	화	수	목	금	토	일	월	화	수	목	금	토	일	월	화
일진	신	임	계	갑	을	병	정	무	기	경	신	임	계	갑	을	병	정	무	기	경	신	임	계	갑	을	병	정	무	기	경	신
日辰	미	신	유	술	해	자	축	인	묘	진	사	오	미	신	유	술	해	자	축	인	묘	진	사	오	미	신	유	술	해	자	축
음력	22	23	24	25	26	27	28	29	6/1	2	3	4	5	6	7	8	9	10	11	12	13	14	15	16	17	18	19	20	21	22	23
구성	2	1	9	8	7	6	5	4	3	2	1	9	8	7	6	5	4	3	2	1	9	8	7	6	5	4	3	2	1	9	8
대운 남	8	9	9	9	10	10	소서	1	1	1	1	2	2	2	3	3	3	4	4	4	5	5	대서	6	6	6	7	7	7	8	8
대운 여	2	2	1	1	1	1	소서	10	10	10	9	9	9	8	8	8	7	7	7	6	6	6	대서	5	5	5	4	4	4	3	3

입추 8일 07시 05분　【음7월】➡　【甲申月(갑신월)】　☯이흑성　처서 23일 21시 35분

양력 8월 / 음력 06/24 – 07/24

양력	1	2	3	4	5	6	7	8	9	10	11	12	13	14	15	16	17	18	19	20	21	22	23	24	25	26	27	28	29	30	31
요일	수	목	금	토	일	월	화	수	목	금	토	일	월	화	수	목	금	토	일	월	화	수	목	금	토	일	월	화	수	목	금
일진	임	계	갑	을	병	정	무	기	경	신	임	계	갑	을	병	정	무	기	경	신	임	계	갑	을	병	정	무	기	경	신	임
日辰	인	묘	진	사	오	미	신	유	술	해	자	축	인	묘	진	사	오	미	신	유	술	해	자	축	인	묘	진	사	오	미	신
음력	24	25	26	27	28	29	30	7/1	2	3	4	5	6	7	8	9	10	11	12	13	14	15	16	17	18	19	20	21	22	23	24
구성	7	6	5	4	3	2	1	9	8	7	6	5	4	3	2	1	9	8	7	6	5	4	3	2	1	9	8	7	6	5	4
대운 남	8	9	9	9	10	10	10	입추	1	1	1	1	2	2	2	3	3	3	4	4	4	5	처서	5	6	6	6	7	7	7	8
대운 여	2	2	2	1	1	1	1	입추	10	10	9	9	9	8	8	8	7	7	7	6	6	6	처서	5	5	4	4	4	3	3	3

백로 8일 09시 38분　【음8월】➡　【乙酉月(을유월)】　☯일백성　추분 23일 18시 50분

양력 9월 / 음력 07/25 – 08/25

양력	1	2	3	4	5	6	7	8	9	10	11	12	13	14	15	16	17	18	19	20	21	22	23	24	25	26	27	28	29	30
요일	토	일	월	화	수	목	금	토	일	월	화	수	목	금	토	일	월	화	수	목	금	토	일	월	화	수	목	금	토	일
일진	계	갑	을	병	정	무	기	경	신	임	계	갑	을	병	정	무	기	경	신	임	계	갑	을	병	정	무	기	경	신	임
日辰	유	술	해	자	축	인	묘	진	사	오	미	신	유	술	해	자	축	인	묘	진	사	오	미	신	유	술	해	자	축	인
음력	25	26	27	28	29	8/1	2	3	4	5	6	7	8	9	10	11	12	13	14	15	16	17	18	19	20	21	22	23	24	25
구성	3	2	1	9	8	7	6	5	4	3	2	1	9	8	7	6	5	4	3	2	1	9	8	7	6	5	4	3	2	1
대운 남	8	8	9	9	9	10	10	백로	1	1	1	1	2	2	2	3	3	3	4	4	4	5	추분	5	6	6	6	7	7	7
대운 여	2	2	2	1	1	1	1	백로	10	10	9	9	9	8	8	8	7	7	7	6	6	6	추분	5	5	4	4	4	3	3

한로 9일 00시 49분　【음9월】➡　【丙戌月(병술월)】　☯구자성　상강 24일 03시 44분

양력 10월 / 음력 08/26 – 09/26

양력	1	2	3	4	5	6	7	8	9	10	11	12	13	14	15	16	17	18	19	20	21	22	23	24	25	26	27	28	29	30	31
요일	월	화	수	목	금	토	일	월	화	수	목	금	토	일	월	화	수	목	금	토	일	월	화	수	목	금	토	일	월	화	수
일진	계	갑	을	병	정	무	기	경	신	임	계	갑	을	병	정	무	기	경	신	임	계	갑	을	병	정	무	기	경	신	임	계
日辰	묘	진	사	오	미	신	유	술	해	자	축	인	묘	진	사	오	미	신	유	술	해	자	축	인	묘	진	사	오	미	신	유
음력	26	27	28	29	30	9/1	2	3	4	5	6	7	8	9	10	11	12	13	14	15	16	17	18	19	20	21	22	23	24	25	26
구성	9	8	7	6	5	4	3	2	1	9	8	7	6	5	4	3	2	1	9	8	7	6	5	4	3	2	1	9	8	7	6
대운 남	8	8	8	9	9	9	10	10	한로	1	1	1	1	2	2	2	3	3	3	4	4	4	5	상강	5	6	6	6	7	7	7
대운 여	3	2	2	2	1	1	1	1	한로	10	9	9	9	8	8	8	7	7	7	6	6	6	5	상강	5	4	4	4	3	3	3

입동 8일 03시 34분　【음10월】➡　【丁亥月(정해월)】　☯팔백성　소설 23일 00시 55분

양력 11월 / 음력 09/27 – 10/26

양력	1	2	3	4	5	6	7	8	9	10	11	12	13	14	15	16	17	18	19	20	21	22	23	24	25	26	27	28	29	30
요일	목	금	토	일	월	화	수	목	금	토	일	월	화	수	목	금	토	일	월	화	수	목	금	토	일	월	화	수	목	금
일진	갑	을	병	정	무	기	경	신	임	계	갑	을	병	정	무	기	경	신	임	계	갑	을	병	정	무	기	경	신	임	계
日辰	술	해	자	축	인	묘	진	사	오	미	신	유	술	해	자	축	인	묘	진	사	오	미	신	유	술	해	자	축	인	묘
음력	27	28	29	30	10/1	2	3	4	5	6	7	8	9	10	11	12	13	14	15	16	17	18	19	20	21	22	23	24	25	26
구성	5	4	3	2	1	9	8	7	6	5	4	3	2	1	9	8	7	6	5	4	3	2	1	9	8	7	6	5	4	3
대운 남	8	8	8	9	9	9	10	입동	1	1	1	1	2	2	2	3	3	3	4	4	4	5	소설	5	6	6	6	7	7	7
대운 여	2	2	2	1	1	1	1	입동	10	10	9	9	9	8	8	8	7	7	7	6	6	6	소설	5	5	4	4	4	3	3

대설 7일 02시 08분　【음11월】➡　【戊子月(무자월)】　☯칠적성　동지 22일 14시 04분

양력 12월 / 음력 10/27 – 11/27

양력	1	2	3	4	5	6	7	8	9	10	11	12	13	14	15	16	17	18	19	20	21	22	23	24	25	26	27	28	29	30	31
요일	토	일	월	화	수	목	금	토	일	월	화	수	목	금	토	일	월	화	수	목	금	토	일	월	화	수	목	금	토	일	월
일진	갑	을	병	정	무	기	경	신	임	계	갑	을	병	정	무	기	경	신	임	계	갑	을	병	정	무	기	경	신	임	계	갑
日辰	진	사	오	미	신	유	술	해	자	축	인	묘	진	사	오	미	신	유	술	해	자	축	인	묘	진	사	오	미	신	유	술
음력	27	28	29	30	11/1	2	3	4	5	6	7	8	9	10	11	12	13	14	15	16	17	18	19	20	21	22	23	24	25	26	27
구성	2	1	9	8	7	6	5	4	3	2	1	9	8	7	6	5	4	3	2	1	1	2	3	4	5	6	7	8	9	1	2
대운 남	8	8	8	9	9	9	대설	1	1	1	1	2	2	2	3	3	3	4	4	4	5	동지	5	6	6	6	7	7	7	8	8
대운 여	2	2	2	1	1	1	대설	10	10	9	9	9	8	8	8	7	7	7	6	6	6	동지	5	5	5	4	4	4	3	3	2

5월 9일 - 제2차 세계 대전: 나치 독일이 소련에 항복.(서방 연합군에는 5월 8일에 항복)

6월 23일 - 제2차 세계 대전: 일본군이 오키나와 주요 섬의 남쪽 마부니 지역에서 미국군에 대한 조직적 저항이 끝나다.

단기 4279 年 / 불기 2490 年

1946년

중원(中元).병술(丙戌)년,납음(옥상토),본명성(구자화)

대장군(午남방).삼살(북방),상문(子북방),조객(申서남방),납음(옥상토),【삼재(신,유,술)년】 　臘享(납향):1947년1월16일(음12/25)

소한 6일 07시 16분　【음12월】➡　【己丑月(기축월)】　☯육백성　대한 21일 00시 45분

양력 1월 (음력 11/28 ― 12/29)

양력	1	2	3	4	5	6	7	8	9	10	11	12	13	14	15	16	17	18	19	20	21	22	23	24	25	26	27	28	29	30	31
요일	화	수	목	금	토	일	월	화	수	목	금	토	일	월	화	수	목	금	토	일	월	화	수	목	금	토	일	월	화	수	목
일진/日辰	을해	병자	정축	무인	기묘	경진	신사	임오	계미	갑신	을유	병술	정해	무자	기축	경인	신묘	임진	계사	갑오	을미	병신	정유	무술	기해	경자	신축	임인	계묘	갑진	을사
음력	28	29	12/1	2	3	4	5	6	7	8	9	10	11	12	13	14	15	16	17	18	19	20	21	22	23	24	25	26	27	28	29
구성	3	4	5	6	7	8	9	1	2	3	4	5	6	7	8	9	1	2	3	4	5	6	7	8	9	1	2	3	4	5	6
대운 남	8	9	9	9	10	소한	1	1	1	1	2	2	2	3	3	3	4	4	4	5	대한	5	6	6	6	7	7	7	8	8	8
대운 여	2	1	1	1	1	소한	9	9	9	8	8	8	7	7	7	6	6	6	5	5	대한	4	4	4	3	3	3	2	2	2	1

입춘 4일 19시 04분　【음1월】➡　【庚寅月(경인월)】　☯오황성　우수 19일 15시 09분

양력 2월 (음력 12/30 ― 01/27)

양력	1	2	3	4	5	6	7	8	9	10	11	12	13	14	15	16	17	18	19	20	21	22	23	24	25	26	27	28
요일	금	토	일	월	화	수	목	금	토	일	월	화	수	목	금	토	일	월	화	수	목	금	토	일	월	화	수	목
일진/日辰	병오	정미	무신	기유	경술	신해	임자	계축	갑인	을묘	병진	정사	무오	기미	경신	신유	임술	계해	갑자	을축	병인	정묘	무진	기사	경오	신미	임신	계유
음력	30	1/1	2	3	4	5	6	7	8	9	10	11	12	13	14	15	16	17	18	19	20	21	22	23	24	25	26	27
구성	7	8	9	1	2	3	4	5	6	7	8	9	1	2	3	4	5	6	7	8	9	1	2	3	4	5	6	7
대운 남	9	9	9	입춘	10	9	9	9	8	8	8	7	7	7	6	6	6	5	우수	5	4	4	4	3	3	3	2	2
대운 여	1	1	1	입춘	1	1	1	1	2	2	2	3	3	3	4	4	4	5	우수	5	6	6	6	7	7	7	8	8

경칩 6일 13시 25분　【음2월】➡　【辛卯月(신묘월)】　☯사록성　춘분 21일 14시 33분

양력 3월 (음력 01/28 ― 02/28)

양력	1	2	3	4	5	6	7	8	9	10	11	12	13	14	15	16	17	18	19	20	21	22	23	24	25	26	27	28	29	30	31
요일	금	토	일	월	화	수	목	금	토	일	월	화	수	목	금	토	일	월	화	수	목	금	토	일	월	화	수	목	금	토	일
일진/日辰	갑술	을해	병자	정축	무인	기묘	경진	신사	임오	계미	갑신	을유	병술	정해	무자	기축	경인	신묘	임진	계사	갑오	을미	병신	정유	무술	기해	경자	신축	임인	계묘	갑진
음력	28	29	30	2/1	2	3	4	5	6	7	8	9	10	11	12	13	14	15	16	17	18	19	20	21	22	23	24	25	26	27	28
구성	8	9	1	2	3	4	5	6	7	8	9	1	2	3	4	5	6	7	8	9	1	2	3	4	5	6	7	8	9	1	2
대운 남	2	1	1	1	1	경칩	10	9	9	9	8	8	8	7	7	7	6	6	6	5	춘분	5	4	4	4	3	3	3	2	2	2
대운 여	8	9	9	9	10	경칩	1	1	1	1	2	2	2	3	3	3	4	4	4	5	춘분	5	6	6	6	7	7	7	8	8	8

청명 5일 18시 39분　【음3월】➡　【壬辰月(임진월)】　☯삼벽성　곡우 21일 02시 02분

양력 4월 (음력 02/29 ― 03/29)

양력	1	2	3	4	5	6	7	8	9	10	11	12	13	14	15	16	17	18	19	20	21	22	23	24	25	26	27	28	29	30
요일	월	화	수	목	금	토	일	월	화	수	목	금	토	일	월	화	수	목	금	토	일	월	화	수	목	금	토	일	월	화
일진/日辰	을사	병오	정미	무신	기유	경술	신해	임자	계축	갑인	을묘	병진	정사	무오	기미	경신	신유	임술	계해	갑자	을축	병인	정묘	무진	기사	경오	신미	임신	계유	갑술
음력	29	3/1	2	3	4	5	6	7	8	9	10	11	12	13	14	15	16	17	18	19	20	21	22	23	24	25	26	27	28	29
구성	3	4	5	6	7	8	9	1	2	3	4	5	6	7	8	9	1	2	3	4	5	6	7	8	9	1	2	3	4	5
대운 남	1	1	1	1	청명	10	10	9	9	9	8	8	8	7	7	7	6	6	6	5	곡우	5	4	4	4	3	3	3	2	2
대운 여	9	9	9	10	청명	1	1	1	1	2	2	2	3	3	3	4	4	4	5	5	곡우	6	6	6	7	7	7	8	8	8

입하 6일 12시 12분　【음4월】➡　【癸巳月(계사월)】　☯이흑성　소만 22일 01시 34분

양력 5월 (음력 04/01 ― 05/01)

양력	1	2	3	4	5	6	7	8	9	10	11	12	13	14	15	16	17	18	19	20	21	22	23	24	25	26	27	28	29	30	31
요일	수	목	금	토	일	월	화	수	목	금	토	일	월	화	수	목	금	토	일	월	화	수	목	금	토	일	월	화	수	목	금
일진/日辰	을해	병자	정축	무인	기묘	경진	신사	임오	계미	갑신	을유	병술	정해	무자	기축	경인	신묘	임진	계사	갑오	을미	병신	정유	무술	기해	경자	신축	임인	계묘	갑진	을사
음력	4/1	2	3	4	5	6	7	8	9	10	11	12	13	14	15	16	17	18	19	20	21	22	23	24	25	26	27	28	29	30	5/1
구성	6	7	8	9	1	2	3	4	5	6	7	8	9	1	2	3	4	5	6	7	8	9	1	2	3	4	5	6	7	8	9
대운 남	2	1	1	1	1	입하	10	10	9	9	9	8	8	8	7	7	7	6	6	6	5	소만	5	4	4	4	3	3	3	2	2
대운 여	9	9	9	10	10	입하	1	1	1	1	2	2	2	3	3	3	4	4	4	5	5	소만	6	6	6	7	7	7	8	8	8

망종 6일 14시 49분　【음5월】➡　【甲午月(갑오월)】　☯일백성　하지 22일 09시 44분

양력 6월 (음력 05/02 ― 06/02)

양력	1	2	3	4	5	6	7	8	9	10	11	12	13	14	15	16	17	18	19	20	21	22	23	24	25	26	27	28	29	30
요일	토	일	월	화	수	목	금	토	일	월	화	수	목	금	토	일	월	화	수	목	금	토	일	월	화	수	목	금	토	일
일진/日辰	병오	정미	무신	기유	경술	신해	임자	계축	갑인	을묘	병진	정사	무오	기미	경신	신유	임술	계해	갑자	을축	병인	정묘	무진	기사	경오	신미	임신	계유	갑술	을해
음력	2	3	4	5	6	7	8	9	10	11	12	13	14	15	16	17	18	19	20	21	22	23	24	25	26	27	28	29	6/1	2
구성	1	2	3	4	5	6	7	8	9	1	2	3	4	5	6	7	8	9	9	8	7	6	5	4	3	2	1	9	8	7
대운 남	2	1	1	1	1	망종	10	10	10	9	9	9	8	8	8	7	7	7	6	6	6	하지	5	5	4	4	4	3	3	3
대운 여	9	9	9	10	10	망종	1	1	1	1	2	2	2	3	3	3	4	4	4	5	5	하지	6	6	6	7	7	7	8	8

병술년

1월 2일 - 공산당, 모스크바 삼상(三相)회의 결정에 대해 찬성을 결의.1월 15일 - 남조선국방경비대 창설.
1월 16일 - 서울 덕수궁에서 1차 미소(美蘇)공동위원회 개최.2월 - 북조선 임시위원회 결성.

한식(4월06일), 초복(7월15일), 중복(7월25일), 말복(8월14일) ↑춘사(春社)3/25 ☀추사(秋社)9/21
토왕지절(土旺之節):4월18일,7월20일,10월21일,1월18일(신년양력), 臘享(납향):1월16일(신년양력)
午日得辛, 十龍治水, 1946년 병술年(옥상토), 구자화

8백	4록	6백
7적	9자	2흑
3벽	5황	1백

1946

소서 8일 03시 11분 【음6월】 ➡ 【乙未月(을미월)】 ☯구자성 대서 23일 20시 37분

7월 (음력 06/03–07/04)	1	2	3	4	5	6	7	8	9	10	11	12	13	14	15	16	17	18	19	20	21	22	23	24	25	26	27	28	29	30	31
요일	월	화	수	목	금	토	일	월	화	수	목	금	토	일	월	화	수	목	금	토	일	월	화	수	목	금	토	일	월	화	수
일진	병	정	무	기	경	신	임	계	갑	을	병	정	무	기	경	신	임	계	갑	을	병	정	무	기	경	신	임	계	갑	을	병
日辰	자	축	인	묘	진	사	오	미	신	유	술	해	자	축	인	묘	진	사	오	미	신	유	술	해	자	축	인	묘	진	사	오
음력	3	4	5	6	7	8	9	10	11	12	13	14	15	16	17	18	19	20	21	22	23	24	25	26	27	28	29	7/1	2	3	4
구성	6	5	4	3	2	1	9	8	7	6	5	4	3	2	1	9	8	7	6	5	4	3	2	1	9	8	7	6	5	4	3
대운 남	2	2	2	1	1	1	1	소서	10	10	9	9	9	8	8	8	7	7	7	6	6	6	대서	5	5	5	4	4	4	3	3
운 여	8	9	9	9	10	10	10	소서	1	1	1	1	2	2	2	3	3	3	4	4	4	5	대서	5	5	6	6	6	7	7	8

입추 8일 12시 52분 【음7월】 ➡ 【丙申月(병신월)】 ☯팔백성 처서 24일 03시 26분

8월 (음력 07/05–08/05)	1	2	3	4	5	6	7	8	9	10	11	12	13	14	15	16	17	18	19	20	21	22	23	24	25	26	27	28	29	30	31
요일	목	금	토	일	월	화	수	목	금	토	일	월	화	수	목	금	토	일	월	화	수	목	금	토	일	월	화	수	목	금	토
일진	정	무	기	경	신	임	계	갑	을	병	정	무	기	경	신	임	계	갑	을	병	정	무	기	경	신	임	계	갑	을	병	정
日辰	미	신	유	술	해	자	축	인	묘	진	사	오	미	신	유	술	해	자	축	인	묘	진	사	오	미	신	유	술	해	자	축
음력	5	6	7	8	9	10	11	12	13	14	15	16	17	18	19	20	21	22	23	24	25	26	27	28	29	30	8/1	2	3	4	5
구성	2	1	9	8	7	6	5	4	3	2	1	9	8	7	6	5	4	3	2	1	9	8	7	6	5	4	3	2	1	9	8
대운 남	2	2	2	1	1	1	1	입추	10	10	9	9	9	8	8	8	7	7	7	6	6	6	5	처서	5	5	4	4	4	3	3
운 여	8	8	9	9	9	10	10	입추	1	1	1	1	2	2	2	3	3	3	4	4	4	5	5	처서	5	6	6	6	7	7	8

백로 8일 15시 27분 【음8월】 ➡ 【丁酉月(정유월)】 ☯칠적성 추분 24일 00시 41분

9월 (음력 08/06–09/06)	1	2	3	4	5	6	7	8	9	10	11	12	13	14	15	16	17	18	19	20	21	22	23	24	25	26	27	28	29	30
요일	일	월	화	수	목	금	토	일	월	화	수	목	금	토	일	월	화	수	목	금	토	일	월	화	수	목	금	토	일	월
일진	무	기	경	신	임	계	갑	을	병	정	무	기	경	신	임	계	갑	을	병	정	무	기	경	신	임	계	갑	을	병	정
日辰	인	묘	진	사	오	미	신	유	술	해	자	축	인	묘	진	사	오	미	신	유	술	해	자	축	인	묘	진	사	오	미
음력	6	7	8	9	10	11	12	13	14	15	16	17	18	19	20	21	22	23	24	25	26	27	28	29	9/1	2	3	4	5	6
구성	7	6	5	4	3	2	1	9	8	7	6	5	4	3	2	1	9	8	7	6	5	4	3	2	1	9	8	7	6	5
대운 남	2	2	2	1	1	1	1	백로	10	10	9	9	9	8	8	8	7	7	7	6	6	6	5	추분	5	4	4	4	3	3
운 여	8	8	9	9	9	10	10	백로	1	1	1	1	2	2	2	3	3	3	4	4	4	5	5	추분	5	6	6	6	7	7

한로 9일 06시 41분 【음9월】 ➡ 【戊戌月(무술월)】 ☯육백성 상강 24일 09시 35분

10월 (음력 09/07–10/07)	1	2	3	4	5	6	7	8	9	10	11	12	13	14	15	16	17	18	19	20	21	22	23	24	25	26	27	28	29	30	31
요일	화	수	목	금	토	일	월	화	수	목	금	토	일	월	화	수	목	금	토	일	월	화	수	목	금	토	일	월	화	수	목
일진	무	기	경	신	임	계	갑	을	병	정	무	기	경	신	임	계	갑	을	병	정	무	기	경	신	임	계	갑	을	병	정	무
日辰	신	유	술	해	자	축	인	묘	진	사	오	미	신	유	술	해	자	축	인	묘	진	사	오	미	신	유	술	해	자	축	인
음력	7	8	9	10	11	12	13	14	15	16	17	18	19	20	21	22	23	24	25	26	27	28	29	30	10/1	2	3	4	5	6	7
구성	4	3	2	1	9	8	7	6	5	4	3	2	1	9	8	7	6	5	4	3	2	1	9	8	7	6	5	4	3	2	1
대운 남	3	2	2	2	1	1	1	1	한로	10	9	9	9	8	8	8	7	7	7	6	6	6	5	상강	5	4	4	4	3	3	3
운 여	8	8	8	9	9	9	10	10	한로	1	1	1	1	2	2	2	3	3	3	4	4	4	5	상강	5	6	6	6	7	7	7

입동 8일 09시 27분 【음10월】 ➡ 【己亥月(기해월)】 ☯오황성 소설 23일 06시 46분

11월 (음력 10/08–11/07)	1	2	3	4	5	6	7	8	9	10	11	12	13	14	15	16	17	18	19	20	21	22	23	24	25	26	27	28	29	30
요일	금	토	일	월	화	수	목	금	토	일	월	화	수	목	금	토	일	월	화	수	목	금	토	일	월	화	수	목	금	토
일진	기	경	신	임	계	갑	을	병	정	무	기	경	신	임	계	갑	을	병	정	무	기	경	신	임	계	갑	을	병	정	무
日辰	묘	진	사	오	미	신	유	술	해	자	축	인	묘	진	사	오	미	신	유	술	해	자	축	인	묘	진	사	오	미	신
음력	8	9	10	11	12	13	14	15	16	17	18	19	20	21	22	23	24	25	26	27	28	29	30	11/1	2	3	4	5	6	7
구성	9	8	7	6	5	4	3	2	1	9	8	7	6	5	4	3	2	1	9	8	7	6	5	4	3	2	1	9	8	7
대운 남	2	2	2	1	1	1	1	입동	10	9	9	9	8	8	8	7	7	7	6	6	6	5	소설	5	4	4	4	3	3	3
운 여	8	8	8	9	9	9	10	입동	1	1	1	1	2	2	2	3	3	3	4	4	4	5	소설	5	6	6	6	7	7	7

대설 8일 02시 00분 【음11월】 ➡ 【庚子月(경자월)】 ☯사록성 동지 22일 19시 53분

12월 (음력 11/08–12/09)	1	2	3	4	5	6	7	8	9	10	11	12	13	14	15	16	17	18	19	20	21	22	23	24	25	26	27	28	29	30	31
요일	일	월	화	수	목	금	토	일	월	화	수	목	금	토	일	월	화	수	목	금	토	일	월	화	수	목	금	토	일	월	화
일진	기	경	신	임	계	갑	을	병	정	무	기	경	신	임	계	갑	을	병	정	무	기	경	신	임	계	갑	을	병	정	무	기
日辰	유	술	해	자	축	인	묘	진	사	오	미	신	유	술	해	자	축	인	묘	진	사	오	미	신	유	술	해	자	축	인	묘
음력	8	9	10	11	12	13	14	15	16	17	18	19	20	21	22	23	24	25	26	27	28	29	12/1	2	3	4	5	6	7	8	9
구성	6	5	4	3	2	1	9	8	7	6	5	4	3	2	1	1	2	3	4	5	6	7	8	9	1	2	3	4	5	6	7
대운 남	2	2	2	1	1	1	1	대설	9	9	9	8	8	8	7	7	7	6	6	6	5	동지	5	4	4	4	3	3	3	2	2
운 여	8	8	8	9	9	9	10	대설	1	1	1	1	2	2	2	3	3	3	4	4	4	동지	5	5	6	6	6	7	7	8	8

1월 2일 - 공산당, 모스크바 삼상(三相)회의 결정에 대해 찬성을 결의.1월 15일 - 남조선국방경비대 창설.
1월 16일 - 서울 덕수궁에서 1차 미소(美蘇)공동위원회 개최.2월 - 북조선 임시위원회 결성.

단기 4280 年 / 불기 2491 年	**1947년** 윤2월	중원(中元). 정해(丁亥)년, 납음(옥상토), 본명성(팔백토)
		대장군(酉서방). 삼살(서방), 상문(丑동북방), 조객(酉서방), 납음(옥상토), 【삼재(사,오,미)년】 臘享(납향):1948년1월23일(음12/30)

1월 — 소한 6일 13시 06분 【음12월】➡ 【辛丑月(신축월)】 ◑삼벽성 · 대한 21일 06시 32분
(음력 12/10 ~ 01/10)

	1	2	3	4	5	6	7	8	9	10	11	12	13	14	15	16	17	18	19	20	21	22	23	24	25	26	27	28	29	30	31
요일	수	목	금	토	일	월	화	수	목	금	토	일	월	화	수	목	금	토	일	월	화	수	목	금	토	일	월	화	수	목	금
일진(天干)	경	신	임	계	갑	을	병	정	무	기	경	신	임	계	갑	을	병	정	무	기	경	신	임	계	갑	을	병	정	무	기	경
日辰(地支)	진	사	오	미	신	유	술	해	자	축	인	묘	진	사	오	미	신	유	술	해	자	축	인	묘	진	사	오	미	신	유	술
음력	10	11	12	13	14	15	16	17	18	19	20	21	22	23	24	25	26	27	28	29	30	1/1	2	3	4	5	6	7	8	9	10
구성	8	9	1	2	3	4	5	6	7	8	9	1	2	3	4	5	6	7	8	9	1	2	3	4	5	6	7	8	9	1	2
대(남)	2	1	1	1	1	소한	10	9	9	9	8	8	8	7	7	7	6	6	6	5	대한	5	4	4	4	3	3	3	2	2	2
운(여)	8	8	9	9	9	소한	1	1	1	1	2	2	2	3	3	3	4	4	4	5	대한	5	6	6	6	7	7	7	8	8	8

2월 — 입춘 5일 00시 50분 【음1월】➡ 【壬寅月(임인월)】 ◐이흑성 · 우수 19일 20시 52분
(음력 01/11 ~ 02/08) — *정해년*

	1	2	3	4	5	6	7	8	9	10	11	12	13	14	15	16	17	18	19	20	21	22	23	24	25	26	27	28
요일	토	일	월	화	수	목	금	토	일	월	화	수	목	금	토	일	월	화	수	목	금	토	일	월	화	수	목	금
일진(天干)	신	임	계	갑	을	병	정	무	기	경	신	임	계	갑	을	병	정	무	기	경	신	임	계	갑	을	병	정	무
日辰(地支)	해	자	축	인	묘	진	사	오	미	신	유	술	해	자	축	인	묘	진	사	오	미	신	유	술	해	자	축	인
음력	11	12	13	14	15	16	17	18	19	20	21	22	23	24	25	26	27	28	29	30	2/1	2	3	4	5	6	7	8
구성	3	4	5	6	7	8	9	1	2	3	4	5	6	7	8	9	1	2	3	4	5	6	7	8	9	1	2	3
대(남)	1	1	1	1	입춘	1	1	1	1	2	2	2	3	3	3	4	4	4	우수	5	5	6	6	6	7	7	7	8
운(여)	9	9	9	10	입춘	9	9	9	8	8	8	7	7	7	6	6	6	5	우수	5	4	4	4	3	3	3	2	2

3월 — 경칩 6일 19시 08분 【음2월】➡ 【癸卯月(계묘월)】 ◑일백성 · 춘분 21일 20시 13분
(음력 02/09 ~ 윤2/09)

	1	2	3	4	5	6	7	8	9	10	11	12	13	14	15	16	17	18	19	20	21	22	23	24	25	26	27	28	29	30	31
요일	토	일	월	화	수	목	금	토	일	월	화	수	목	금	토	일	월	화	수	목	금	토	일	월	화	수	목	금	토	일	월
일진(天干)	기	경	신	임	계	갑	을	병	정	무	기	경	신	임	계	갑	을	병	정	무	기	경	신	임	계	갑	을	병	정	무	기
日辰(地支)	묘	진	사	오	미	신	유	술	해	자	축	인	묘	진	사	오	미	신	유	술	해	자	축	인	묘	진	사	오	미	신	유
음력	9	10	11	12	13	14	15	16	17	18	19	20	21	22	23	24	25	26	27	28	29	30	윤2	2	3	4	5	6	7	8	9
구성	4	5	6	7	8	9	1	2	3	4	5	6	7	8	9	1	2	3	4	5	6	7	8	9	1	2	3	4	5	6	7
대(남)	8	8	9	9	9	경칩	1	1	1	1	2	2	2	3	3	3	4	4	4	5	춘분	5	6	6	6	7	7	7	8	8	8
운(여)	2	1	1	1	1	경칩	10	10	9	9	8	8	8	7	7	7	6	6	6	6	춘분	5	5	5	4	4	4	3	3	3	2

4월 — 청명 6일 00시 20분 【음3월】➡ 【甲辰月(갑진월)】 ◑구자성 · 곡우 21일 07시 39분
(음력 윤2/10 ~ 03/10)

	1	2	3	4	5	6	7	8	9	10	11	12	13	14	15	16	17	18	19	20	21	22	23	24	25	26	27	28	29	30
요일	화	수	목	금	토	일	월	화	수	목	금	토	일	월	화	수	목	금	토	일	월	화	수	목	금	토	일	월	화	수
일진(天干)	경	신	임	계	갑	을	병	정	무	기	경	신	임	계	갑	을	병	정	무	기	경	신	임	계	갑	을	병	정	무	기
日辰(地支)	술	해	자	축	인	묘	진	사	오	미	신	유	술	해	자	축	인	묘	진	사	오	미	신	유	술	해	자	축	인	묘
음력	10	11	12	13	14	15	16	17	18	19	20	21	22	23	24	25	26	27	28	29	3/1	2	3	4	5	6	7	8	9	10
구성	8	9	1	2	3	4	5	6	7	8	9	1	2	3	4	5	6	7	8	9	1	2	3	4	5	6	7	8	9	1
대(남)	9	9	9	10	10	청명	1	1	1	1	2	2	2	3	3	3	4	4	4	5	곡우	5	6	6	6	7	7	7	8	8
운(여)	2	1	1	1	1	청명	10	9	9	9	8	8	8	7	7	7	6	6	6	5	곡우	5	4	4	4	3	3	3	2	2

5월 — 입하 6일 18시 03분 【음4월】➡ 【乙巳月(을사월)】 ◑팔백성 · 소만 22일 07시 09분
(음력 03/11 ~ 04/12)

	1	2	3	4	5	6	7	8	9	10	11	12	13	14	15	16	17	18	19	20	21	22	23	24	25	26	27	28	29	30	31
요일	목	금	토	일	월	화	수	목	금	토	일	월	화	수	목	금	토	일	월	화	수	목	금	토	일	월	화	수	목	금	토
일진(天干)	경	신	임	계	갑	을	병	정	무	기	경	신	임	계	갑	을	병	정	무	기	경	신	임	계	갑	을	병	정	무	기	경
日辰(地支)	진	사	오	미	신	유	술	해	자	축	인	묘	진	사	오	미	신	유	술	해	자	축	인	묘	진	사	오	미	신	유	술
음력	11	12	13	14	15	16	17	18	19	20	21	22	23	24	25	26	27	28	29	4/1	2	3	4	5	6	7	8	9	10	11	12
구성	2	3	4	5	6	7	8	9	1	2	3	4	5	6	7	8	9	1	2	3	4	5	6	7	8	9	1	2	3	4	5
대(남)	8	9	9	9	10	입하	1	1	1	1	2	2	2	3	3	3	4	4	4	5	5	소만	6	6	6	7	7	7	8	8	8
운(여)	2	1	1	1	1	입하	10	10	9	9	9	8	8	8	7	7	7	6	6	6	5	소만	5	4	4	4	3	3	3	2	2

6월 — 망종 6일 22시 31분 【음5월】➡ 【丙午月(병오월)】 ◑칠적성 · 하지 22일 15시 19분
(음력 04/13 ~ 05/12)

	1	2	3	4	5	6	7	8	9	10	11	12	13	14	15	16	17	18	19	20	21	22	23	24	25	26	27	28	29	30
요일	일	월	화	수	목	금	토	일	월	화	수	목	금	토	일	월	화	수	목	금	토	일	월	화	수	목	금	토	일	월
일진(天干)	신	임	계	갑	을	병	정	무	기	경	신	임	계	갑	을	병	정	무	기	경	신	임	계	갑	을	병	정	무	기	경
日辰(地支)	해	자	축	인	묘	진	사	오	미	신	유	술	해	자	축	인	묘	진	사	오	미	신	유	술	해	자	축	인	묘	진
음력	13	14	15	16	17	18	19	20	21	22	23	24	25	26	27	28	29	30	5/1	2	3	4	5	6	7	8	9	10	11	12
구성	6	7	8	9	1	2	3	4	5	6	7	8	9	9	8	7	6	5	4	3	2	1	9	8	7	6	5	4	3	2
대(남)	9	9	9	10	10	망종	1	1	1	1	2	2	2	3	3	3	4	4	4	5	5	하지	6	6	6	7	7	7	8	8
운(여)	2	1	1	1	1	망종	10	10	10	9	9	9	8	8	8	7	7	7	7	6	6	하지	6	5	5	5	4	4	3	3

3월 1일 - 대한민국 서울 남대문에서 좌,우익 세력 집회도중 충돌. 38여명의 사상자 발생.3월 1일 - 제주 3·1절 발포사건.3월 12일 - 트루먼 독트린 발표5월 21일 - 서울 덕수궁에서 제2차 미소 공동위원회 개최.6월 21일 - 대한민국 국제올림픽위원회(IOC) 가입.

한식(4월06일), 초복(7월20일), 중복(7월30일), 말복(8월09일)　↑춘사(春社)3/20　☀추사(秋社)9/26
토왕지절(土旺之節):4월18일,7월20일,10월21일,1월18일(신년양력),臘享(납향):1월23일(신년양력)

一日得辛, 四龍治水, 1947년 정해年(옥상토), 팔백토

7적	3벽	5황
6백	8백	1백
2흑	4록	9자

소서 8일 08시 56분　【음6월】➡　【丁未月(정미월)】　☯육백성　대서 24일 02시 14분

양력 7월 (음력 05/13 ~ 06/14)

양력	1	2	3	4	5	6	7	8	9	10	11	12	13	14	15	16	17	18	19	20	21	22	23	24	25	26	27	28	29	30	31
요일	화	수	목	금	토	일	월	화	수	목	금	토	일	월	화	수	목	금	토	일	월	화	수	목	금	토	일	월	화	수	목
일진	신사	임오	계미	갑신	을유	병술	정해	무자	기축	경인	신묘	임진	계사	갑오	을미	병신	정유	무술	기해	경자	신축	임인	계묘	갑진	을사	병오	정미	무신	기유	경술	신해
음력	13	14	15	16	17	18	19	20	21	22	23	24	25	26	27	28	29	6/1	2	3	4	5	6	7	8	9	10	11	12	13	14
구성	1	9	8	7	6	5	4	3	2	1	9	8	7	6	5	4	3	2	1	9	8	7	6	5	4	3	2	1	9	8	7
대운 남	8	9	9	9	10	10	10	소서	1	1	1	1	2	2	2	3	3	3	4	4	4	5	5	대서	6	6	6	7	7	7	8
대운 여	2	2	2	1	1	1	1	소서	10	10	9	9	9	8	8	8	7	7	7	6	6	6	5	대서	5	4	4	4	3	3	3

입추 8일 18시 41분　【음7월】➡　【戊申月(무신월)】　☯오황성　처서 24일 09시 09분

양력 8월 (음력 06/15 ~ 07/16)

양력	1	2	3	4	5	6	7	8	9	10	11	12	13	14	15	16	17	18	19	20	21	22	23	24	25	26	27	28	29	30	31
요일	금	토	일	월	화	수	목	금	토	일	월	화	수	목	금	토	일	월	화	수	목	금	토	일	월	화	수	목	금	토	일
일진	임자	계축	갑인	을묘	병진	정사	무오	기미	경신	신유	임술	계해	갑자	을축	병인	정묘	무진	기사	경오	신미	임신	계유	갑술	을해	병자	정축	무인	기묘	경진	신사	임오
음력	15	16	17	18	19	20	21	22	23	24	25	26	27	28	29	7/1	2	3	4	5	6	7	8	9	10	11	12	13	14	15	16
구성	6	5	4	3	2	1	9	8	7	6	5	4	3	2	1	9	8	7	6	5	4	3	2	1	9	8	7	6	5	4	3
대운 남	8	8	9	9	9	10	10	입추	1	1	1	1	2	2	2	3	3	3	4	4	4	5	5	처서	6	6	6	7	7	7	8
대운 여	2	2	2	1	1	1	1	입추	10	10	9	9	9	8	8	8	7	7	7	6	6	6	5	처서	5	4	4	4	3	3	3

백로 8일 21시 21분　【음8월】➡　【己酉月(기유월)】　☯사록성　추분24일 06시 29분

양력 9월 (음력 07/17 ~ 08/16)

양력	1	2	3	4	5	6	7	8	9	10	11	12	13	14	15	16	17	18	19	20	21	22	23	24	25	26	27	28	29	30
요일	월	화	수	목	금	토	일	월	화	수	목	금	토	일	월	화	수	목	금	토	일	월	화	수	목	금	토	일	월	화
일진	계미	갑신	을유	병술	정해	무자	기축	경인	신묘	임진	계사	갑오	을미	병신	정유	무술	기해	경자	신축	임인	계묘	갑진	을사	병오	정미	무신	기유	경술	신해	임자
음력	17	18	19	20	21	22	23	24	25	26	27	28	29	30	8/1	2	3	4	5	6	7	8	9	10	11	12	13	14	15	16
구성	2	1	9	8	7	6	5	4	3	2	1	9	8	7	6	5	4	3	2	1	9	8	7	6	5	4	3	2	1	9
대운 남	8	8	9	9	9	10	10	백로	1	1	1	1	2	2	2	3	3	3	4	4	4	5	5	추분	6	6	6	7	7	7
대운 여	2	2	2	1	1	1	1	백로	10	10	9	9	9	8	8	8	7	7	7	6	6	6	5	추분	5	4	4	4	3	3

한로 9일 12시 37분　【음9월】➡　【庚戌月(경술월)】　☯삼벽성　상강 24일 15시 26분

양력 10월 (음력 08/17 ~ 09/18)

양력	1	2	3	4	5	6	7	8	9	10	11	12	13	14	15	16	17	18	19	20	21	22	23	24	25	26	27	28	29	30	31
요일	수	목	금	토	일	월	화	수	목	금	토	일	월	화	수	목	금	토	일	월	화	수	목	금	토	일	월	화	수	목	금
일진	계축	갑인	을묘	병진	정사	무오	기미	경신	신유	임술	계해	갑자	을축	병인	정묘	무진	기사	경오	신미	임신	계유	갑술	을해	병자	정축	무인	기묘	경진	신사	임오	계미
음력	17	18	19	20	21	22	23	24	25	26	27	28	29	9/1	2	3	4	5	6	7	8	9	10	11	12	13	14	15	16	17	18
구성	8	7	6	5	4	3	2	1	9	8	7	6	5	4	3	2	1	9	8	7	6	5	4	3	2	1	9	8	7	6	5
대운 남	8	8	8	9	9	9	10	10	한로	1	1	1	1	2	2	2	3	3	3	4	4	4	5	상강	5	6	6	6	7	7	7
대운 여	3	2	2	2	2	1	1	1	한로	10	9	9	9	8	8	8	7	7	7	6	6	6	5	상강	5	4	4	4	3	3	3

입동 8일 15시 24분　【음10월】➡　【辛亥月(신해월)】　☯이흑성　소설 23일 12시 38분

양력 11월 (음력 09/19 ~ 10/18)

양력	1	2	3	4	5	6	7	8	9	10	11	12	13	14	15	16	17	18	19	20	21	22	23	24	25	26	27	28	29	30
요일	토	일	월	화	수	목	금	토	일	월	화	수	목	금	토	일	월	화	수	목	금	토	일	월	화	수	목	금	토	일
일진	갑신	을유	병술	정해	무자	기축	경인	신묘	임진	계사	갑오	을미	병신	정유	무술	기해	경자	신축	임인	계묘	갑진	을사	병오	정미	무신	기유	경술	신해	임자	계축
음력	19	20	21	22	23	24	25	26	27	28	29	30	10/1	2	3	4	5	6	7	8	9	10	11	12	13	14	15	16	17	18
구성	4	3	2	1	9	8	7	6	5	4	3	2	1	9	8	7	6	5	4	3	2	1	9	8	7	6	5	4	3	2
대운 남	8	8	8	9	9	9	10	입동	1	1	1	1	2	2	2	3	3	3	4	4	4	5	소설	5	6	6	6	7	7	7
대운 여	2	2	2	1	1	1	1	입동	10	9	9	9	8	8	8	7	7	7	6	6	6	5	소설	5	4	4	4	3	3	3

대설 8일 07시 56분　【음11월】➡　【壬子月(임자월)】　☯일백성　동지 23일 01시 43분

양력 12월 (음력 10/19 ~ 11/20)

양력	1	2	3	4	5	6	7	8	9	10	11	12	13	14	15	16	17	18	19	20	21	22	23	24	25	26	27	28	29	30	31
요일	월	화	수	목	금	토	일	월	화	수	목	금	토	일	월	화	수	목	금	토	일	월	화	수	목	금	토	일	월	화	수
일진	갑인	을묘	병진	정사	무오	기미	경신	신유	임술	계해	갑자	을축	병인	정묘	무진	기사	경오	신미	임신	계유	갑술	을해	병자	정축	무인	기묘	경진	신사	임오	계미	갑신
음력	19	20	21	22	23	24	25	26	27	28	29	11/1	2	3	4	5	6	7	8	9	10	11	12	13	14	15	16	17	18	19	20
구성	1	9	8	7	6	5	4	3	2	1	1	2	3	4	5	6	7	8	9	1	2	3	4	5	6	7	8	9	1	2	3
대운 남	8	8	8	9	9	9	10	대설	1	1	1	1	2	2	2	3	3	3	4	4	4	5	동지	5	6	6	6	7	7	7	8
대운 여	2	2	2	1	1	1	1	대설	9	9	9	8	8	8	7	7	7	6	6	6	5	5	동지	4	4	4	3	3	3	2	2

9월 9일 - 첫 번째 버그(사진) 발견: 하버드 대학교가 만든 마크 II 컴퓨터의 계전기에서 나방이 발견되다. 9월 17일 - 국제연합 총회 한국문제 정식 상정9월 18일 - 미국 중앙정보국(CIA) 발족9월 21일 - 군정기: 반공 청년단체인 대동청년단 결성(단장 지청천)

<table>
<tr><td>단기 4281 年
불기 2492 年</td><td>1948年</td><td>중원(中元).무자(戊子)년.납음(벽력화).본명성(칠적금)
대장군(酉서방), 삼살(남방), 상문(寅동북방), 조객(戌서북방).납음
(벽력화), 삼재(인,묘,진)　臘享(납향):1949년1월17일(음12/19)</td><td>쥐
띠</td></tr>
</table>

1월

소한 6일 19시 00분 【음12월】➡ 【癸丑月(계축월)】 ○구자성 대한 21일 12시 18분

양력	1	2	3	4	5	6	7	8	9	10	11	12	13	14	15	16	17	18	19	20	21	22	23	24	25	26	27	28	29	30	31
요일	목	금	토	일	월	화	수	목	금	토	일	월	화	수	목	금	토	일	월	화	수	목	금	토	일	월	화	수	목	금	토
일진(日辰)	을유	병술	정해	무자	기축	경인	신묘	임진	계사	갑오	을미	병신	정유	무술	기해	경자	신축	임인	계묘	갑진	을사	병오	정미	무신	기유	경술	신해	임자	계축	갑인	을묘
음력	21	22	23	24	25	26	27	28	29	30	12/1	2	3	4	5	6	7	8	9	10	11	12	13	14	15	16	17	18	19	20	21
구성	4	5	6	7	8	9	1	2	3	4	5	6	7	8	9	1	2	3	4	5	6	7	8	9	1	2	3	4	5	6	7
대운 남	8	8	9	9	9	소한	1	1	1	1	2	2	2	3	3	3	4	4	4	5	대한	5	6	6	6	7	7	7	8	8	8
대운 여	2	1	1	1	1	소한	10	9	9	9	8	8	8	7	7	7	6	6	6	5	대한	5	4	4	4	3	3	3	2	2	2

2월

입춘 5일 06시 42분 【음1월】➡ 【甲寅月(갑인월)】 ○팔백성 우수 20일 02시 37분

양력	1	2	3	4	5	6	7	8	9	10	11	12	13	14	15	16	17	18	19	20	21	22	23	24	25	26	27	28	29
요일	일	월	화	수	목	금	토	일	월	화	수	목	금	토	일	월	화	수	목	금	토	일	월	화	수	목	금	토	일
일진(日辰)	병진	정사	무오	기미	경신	신유	임술	계해	갑자	을축	병인	정묘	무진	기사	경오	신미	임신	계유	갑술	을해	병자	정축	무인	기묘	경진	신사	임오	계미	갑신
음력	22	23	24	25	26	27	28	29	30	1/1	2	3	4	5	6	7	8	9	10	11	12	13	14	15	16	17	18	19	20
구성	8	9	1	2	3	4	5	6	7	8	9	1	2	3	4	5	6	7	8	9	1	2	3	4	5	6	7	8	9
대운 남	9	9	9	10	입춘	10	9	9	9	8	8	8	7	7	7	6	6	6	5	우수	5	4	4	4	3	3	3	2	2
대운 여	1	1	1	1	입춘	1	1	1	1	2	2	2	3	3	3	4	4	4	5	우수	5	6	6	6	7	7	7	8	8

무자년

3월

경칩 6일 00시 58분 【음2월】➡ 【乙卯月(을묘월)】 ●칠적성 춘분 21일 01시 57분

양력	1	2	3	4	5	6	7	8	9	10	11	12	13	14	15	16	17	18	19	20	21	22	23	24	25	26	27	28	29	30	31
요일	월	화	수	목	금	토	일	월	화	수	목	금	토	일	월	화	수	목	금	토	일	월	화	수	목	금	토	일	월	화	수
일진(日辰)	을유	병술	정해	무자	기축	경인	신묘	임진	계사	갑오	을미	병신	정유	무술	기해	경자	신축	임인	계묘	갑진	을사	병오	정미	무신	기유	경술	신해	임자	계축	갑인	을묘
음력	21	22	23	24	25	26	27	28	29	30	2/1	2	3	4	5	6	7	8	9	10	11	12	13	14	15	16	17	18	19	20	21
구성	1	2	3	4	5	6	7	8	9	1	2	3	4	5	6	7	8	9	1	2	3	4	5	6	7	8	9	1	2	3	4
대운 남	2	1	1	1	1	경칩	10	9	9	9	8	8	8	7	7	7	6	6	6	5	춘분	5	4	4	4	3	3	3	2	2	2
대운 여	8	9	9	9	10	경칩	1	1	1	1	2	2	2	3	3	3	4	4	4	5	춘분	5	6	6	6	7	7	7	8	8	8

4월

청명 5일 06시 09분 【음3월】➡ 【丙辰月(병진월)】 ●육백성 곡우 20일 13시 25분

양력	1	2	3	4	5	6	7	8	9	10	11	12	13	14	15	16	17	18	19	20	21	22	23	24	25	26	27	28	29	30
요일	목	금	토	일	월	화	수	목	금	토	일	월	화	수	목	금	토	일	월	화	수	목	금	토	일	월	화	수	목	금
일진(日辰)	병진	정사	무오	기미	경신	신유	임술	계해	갑자	을축	병인	정묘	무진	기사	경오	신미	임신	계유	갑술	을해	병자	정축	무인	기묘	경진	신사	임오	계미	갑신	을유
음력	22	23	24	25	26	27	28	29	3/1	2	3	4	5	6	7	8	9	10	11	12	13	14	15	16	17	18	19	20	21	22
구성	5	6	7	8	9	1	2	3	4	5	6	7	8	9	1	2	3	4	5	6	7	8	9	1	2	3	4	5	6	7
대운 남	1	1	1	1	청명	10	9	9	9	8	8	8	7	7	7	6	6	6	5	곡우	5	4	4	4	3	3	3	2	2	2
대운 여	9	9	9	10	청명	1	1	1	1	2	2	2	3	3	3	4	4	4	5	곡우	5	6	6	6	7	7	7	8	8	8

5월

입하 5일 23시 52분 【음4월】➡ 【丁巳月(정사월)】 ●오황성 소만 21일 12시 58분

양력	1	2	3	4	5	6	7	8	9	10	11	12	13	14	15	16	17	18	19	20	21	22	23	24	25	26	27	28	29	30	31
요일	토	일	월	화	수	목	금	토	일	월	화	수	목	금	토	일	월	화	수	목	금	토	일	월	화	수	목	금	토	일	월
일진(日辰)	병술	정해	무자	기축	경인	신묘	임진	계사	갑오	을미	병신	정유	무술	기해	경자	신축	임인	계묘	갑진	을사	병오	정미	무신	기유	경술	신해	임자	계축	갑인	을묘	병진
음력	23	24	25	26	27	28	29	30	4/1	2	3	4	5	6	7	8	9	10	11	12	13	14	15	16	17	18	19	20	21	22	23
구성	8	9	1	2	3	4	5	6	7	8	9	1	2	3	4	5	6	7	8	9	1	2	3	4	5	6	7	8	9	1	2
대운 남	1	1	1	1	입하	10	10	10	9	9	9	8	8	8	7	7	7	6	6	6	소만	5	5	4	4	4	3	3	3	2	2
대운 여	9	9	9	10	입하	1	1	1	1	2	2	2	3	3	3	4	4	4	5	5	소만	6	6	6	7	7	7	8	8	8	9

6월

망종 6일 05시 20분 【음5월】➡ 【戊午月(무오월)】 ●사록성 하지 21일 22시 11분

양력	1	2	3	4	5	6	7	8	9	10	11	12	13	14	15	16	17	18	19	20	21	22	23	24	25	26	27	28	29	30
요일	화	수	목	금	토	일	월	화	수	목	금	토	일	월	화	수	목	금	토	일	월	화	수	목	금	토	일	월	화	수
일진(日辰)	정사	무오	기미	경신	신유	임술	계해	갑자	을축	병인	정묘	무진	기사	경오	신미	임신	계유	갑술	을해	병자	정축	무인	기묘	경진	신사	임오	계미	갑신	을유	병술
음력	24	25	26	27	28	29	5/1	2	3	4	5	6	7	8	9	10	11	12	13	14	15	16	17	18	19	20	21	22	23	24
구성	3	4	5	6	7	8	9	1	2	3	4	5	6	7	8	9	1	2	3	4	5	4	3	2	1	9	8	7	6	5
대운 남	2	1	1	1	1	망종	10	10	9	9	9	8	8	8	7	7	7	6	6	6	하지	5	5	4	4	4	3	3	3	2
대운 여	9	9	10	10	10	망종	1	1	1	1	2	2	2	3	3	3	4	4	4	5	하지	5	6	6	6	7	7	7	8	8

2월 8일 - 조선인민군 창설2월 26일 - UN, UN의 감시가 가능한 38線 이남 지역에서만의 선거 결의.

3월 27일 - 북조선로동당 제2차당대회4월 3일 - 제주 4·3 사건 발발.4월 14일 - 한신교육투쟁 발발.

한식(4월06일), 초복(7월14일), 중복(7월24일), 말복(8월13일) ↑춘사(春社)3/24 ☀추사(秋社)9/20

토왕지절(土旺之節):4월17일,7월20일,10월20일,1월17일(신년양력),

七日得辛, 四龍治水, 1948년 무자年(벽력화), 칠적금

서머타임 시작 5월31일 23시→24시로 조정 / 종료 9월12일 24시→23시로 조정 / 수정한 시간으로 표기(동경표준시 사용)

6백	2흑	4록
5황	7적	9자
1백	3벽	8백

1948

소서 7일 15시 44분　【음6월】→　【己未月(기미월)】　⊙삼벽성　대서 23일 09시 08분

양력 7월 (음력 05/25 ~ 06/25)

	1	2	3	4	5	6	7	8	9	10	11	12	13	14	15	16	17	18	19	20	21	22	23	24	25	26	27	28	29	30	31
요일	목	금	토	일	월	화	수	목	금	토	일	월	화	수	목	금	토	일	월	화	수	목	금	토	일	월	화	수	목	금	토
日辰	정해	무자	기축	경인	신묘	임진	계사	갑오	을미	병신	정유	무술	기해	경자	신축	임인	계묘	갑진	을사	병오	정미	무신	기유	경술	신해	임자	계축	갑인	을묘	병진	정사
음력	25	26	27	28	29	30	6/1	2	3	4	5	6	7	8	9	10	11	12	13	14	15	16	17	18	19	20	21	22	23	24	25
구성	4	3	2	1	9	8	7	6	5	4	3	2	1	9	8	7	6	5	4	3	2	1	9	8	7	6	5	4	3	2	1
대운 남	2	2	1	1	1	1	소서	10	10	10	9	9	9	8	8	8	7	7	7	6	6	6	대서	5	5	4	4	4	3	3	3
대운 여	8	9	9	9	10	10	소서	1	1	1	1	2	2	2	3	3	3	4	4	4	5	5	대서	6	6	6	7	7	7	8	8

입추 8일 01시 26분　【음7월】→　【庚申月(경신월)】　⊙이흑성　처서 23일 16시 03분

양력 8월 (음력 06/26 ~ 07/27)

	1	2	3	4	5	6	7	8	9	10	11	12	13	14	15	16	17	18	19	20	21	22	23	24	25	26	27	28	29	30	31
요일	일	월	화	수	목	금	토	일	월	화	수	목	금	토	일	월	화	수	목	금	토	일	월	화	수	목	금	토	일	월	화
日辰	무오	기미	경신	신유	임술	계해	갑자	을축	병인	정묘	무진	기사	경오	신미	임신	계유	갑술	을해	병자	정축	무인	기묘	경진	신사	임오	계미	갑신	을유	병술	정해	무자
음력	26	27	28	29	7/1	2	3	4	5	6	7	8	9	10	11	12	13	14	15	16	17	18	19	20	21	22	23	24	25	26	27
구성	9	8	7	6	5	4	3	2	1	9	8	7	6	5	4	3	2	1	9	8	7	6	5	4	3	2	1	9	8	7	6
대운 남	2	2	2	1	1	1	1	입추	10	10	9	9	9	8	8	8	7	7	7	6	6	6	처서	5	5	4	4	4	3	3	3
대운 여	8	9	9	9	10	10	10	입추	1	1	1	1	2	2	2	3	3	3	4	4	4	5	처서	5	6	6	6	7	7	7	8

백로 8일 04시 05분　【음8월】→　【辛酉月(신유월)】　⊙일백성　추분23일 12시 22분

양력 9월 (음력 07/28 ~ 08/28)

	1	2	3	4	5	6	7	8	9	10	11	12	13	14	15	16	17	18	19	20	21	22	23	24	25	26	27	28	29	30
요일	수	목	금	토	일	월	화	수	목	금	토	일	월	화	수	목	금	토	일	월	화	수	목	금	토	일	월	화	수	목
日辰	기축	경인	신묘	임진	계사	갑오	을미	병신	정유	무술	기해	경자	신축	임인	계묘	갑진	을사	병오	정미	무신	기유	경술	신해	임자	계축	갑인	을묘	병진	정사	무오
음력	28	29	8/1	2	3	4	5	6	7	8	9	10	11	12	13	14	15	16	17	18	19	20	21	22	23	24	25	26	27	28
구성	5	4	3	2	1	9	8	7	6	5	4	3	2	1	9	8	7	6	5	4	3	2	1	9	8	7	6	5	4	3
대운 남	2	2	2	1	1	1	1	백로	10	9	9	9	8	8	8	7	7	7	6	6	6	5	추분	5	4	4	4	3	3	3
대운 여	8	8	9	9	9	10	10	백로	1	1	1	1	2	2	2	3	3	3	4	4	4	5	추분	5	6	6	6	7	7	7

한로 8일 18시 20분　【음9월】→　【壬戌月(임술월)】　⊙구자성　상강 23일 21시 18분

양력 10월 (음력 08/29 ~ 09/29)

	1	2	3	4	5	6	7	8	9	10	11	12	13	14	15	16	17	18	19	20	21	22	23	24	25	26	27	28	29	30	31
요일	금	토	일	월	화	수	목	금	토	일	월	화	수	목	금	토	일	월	화	수	목	금	토	일	월	화	수	목	금	토	일
日辰	기미	경신	신유	임술	계해	갑자	을축	병인	정묘	무진	기사	경오	신미	임신	계유	갑술	을해	병자	정축	무인	기묘	경진	신사	임오	계미	갑신	을유	병술	정해	무자	기축
음력	29	30	9/1	2	3	4	5	6	7	8	9	10	11	12	13	14	15	16	17	18	19	20	21	22	23	24	25	26	27	28	29
구성	2	1	9	8	7	6	5	4	3	2	1	9	8	7	6	5	4	3	2	1	9	8	7	6	5	4	3	2	1	9	8
대운 남	2	2	2	1	1	1	1	한로	10	9	9	9	8	8	8	7	7	7	6	6	6	5	상강	5	4	4	4	3	3	3	2
대운 여	8	8	8	9	9	9	10	한로	1	1	1	1	2	2	2	3	3	3	4	4	4	5	상강	5	6	6	6	7	7	7	8

입동 7일 21시 07분　【음10월】→　【癸亥月(계해월)】　⊙팔백성　소설 22일 18시 29분

양력 11월 (음력 10/01 ~ 10/30)

	1	2	3	4	5	6	7	8	9	10	11	12	13	14	15	16	17	18	19	20	21	22	23	24	25	26	27	28	29	30
요일	월	화	수	목	금	토	일	월	화	수	목	금	토	일	월	화	수	목	금	토	일	월	화	수	목	금	토	일	월	화
日辰	경인	신묘	임진	계사	갑오	을미	병신	정유	무술	기해	경자	신축	임인	계묘	갑진	을사	병오	정미	무신	기유	경술	신해	임자	계축	갑인	을묘	병진	정사	무오	기미
음력	10/1	2	3	4	5	6	7	8	9	10	11	12	13	14	15	16	17	18	19	20	21	22	23	24	25	26	27	28	29	30
구성	7	6	5	4	3	2	1	9	8	7	6	5	4	3	2	1	9	8	7	6	5	4	3	2	1	9	8	7	6	5
대운 남	2	2	1	1	1	1	입동	10	9	9	9	8	8	8	7	7	7	6	6	6	5	소설	5	4	4	4	3	3	3	2
대운 여	8	8	9	9	9	10	입동	1	1	1	1	2	2	2	3	3	3	4	4	4	5	소설	5	6	6	6	7	7	7	8

대설 7일 13시 38분　【음11월】→　【甲子月(갑자월)】　⊙칠적성　동지 22일 07시 33분

양력 12월 (음력 11/01 ~ 12/02)

	1	2	3	4	5	6	7	8	9	10	11	12	13	14	15	16	17	18	19	20	21	22	23	24	25	26	27	28	29	30	31
요일	수	목	금	토	일	월	화	수	목	금	토	일	월	화	수	목	금	토	일	월	화	수	목	금	토	일	월	화	수	목	금
日辰	경신	신유	임술	계해	갑자	을축	병인	정묘	무진	기사	경오	신미	임신	계유	갑술	을해	병자	정축	무인	기묘	경진	신사	임오	계미	갑신	을유	병술	정해	무자	기축	경인
음력	11/1	2	3	4	5	6	7	8	9	10	11	12	13	14	15	16	17	18	19	20	21	22	23	24	25	26	27	28	29	12/1	2
구성	4	3	2	1	1	2	3	4	5	6	7	8	9	1	2	3	4	5	6	7	8	9	1	2	3	4	5	6	7	8	9
대운 남	2	2	1	1	1	1	대설	10	9	9	9	8	8	8	7	7	7	6	6	6	5	동지	5	4	4	4	3	3	3	2	2
대운 여	8	8	9	9	9	10	대설	1	1	1	1	2	2	2	3	3	3	4	4	4	5	동지	5	6	6	6	7	7	7	8	8

9월 22일 - 대한민국 국회, 친일파 단죄를 위한 반민족행위처벌법 공포　9월 28일 - 대한민국 정부, 남북교역중지 선언

9월 30일 - 대한민국 국회, 한글전용법안 가결　10월 19일 - 여수·순천 사건.　11월 26일 - 반민법개정안 국회통과

1949년 윤7월

중원(中元), 기축(己丑)년, 납음(벽력화), 본명성(육백금)
대장군(酉동방), 삼살(동방), 상문(卯서남방), 조객(亥동방), 납음(대림목), 【삼재(해,자,축)년】 臘享(납향):1950년1월24일(음12/07)

소한 6일 00시 41분 【음12월】➡ 【乙丑月(을축월)】 ◑육백성 · 대한 20일 18시 09분

양력(1월)	1	2	3	4	5	6	7	8	9	10	11	12	13	14	15	16	17	18	19	20	21	22	23	24	25	26	27	28	29	30	31
요일	토	일	월	화	수	목	금	토	일	월	화	수	목	금	토	일	월	화	수	목	금	토	일	월	화	수	목	금	토	일	월
일진/日辰	신묘	임진	계사	갑오	을미	병신	정유	무술	기해	경자	신축	임인	계묘	갑진	을사	병오	정미	무신	기유	경술	신해	임자	계축	갑인	을묘	병진	정사	무오	기미	경신	신유
음력	3	4	5	6	7	8	9	10	11	12	13	14	15	16	17	18	19	20	21	22	23	24	25	26	27	28	29	30	1/1	2	3
구성	1	2	3	4	5	6	7	8	9	1	2	3	4	5	6	7	8	9	1	2	3	4	5	6	7	8	9	1	2	3	4
대운 남	2	1	1	1	1	소한	9	9	9	8	8	8	7	7	7	6	6	6	5	대한	5	4	4	4	3	3	3	2	2	2	1
대운 여	8	9	9	9	10	소한	1	1	1	1	2	2	2	3	3	3	4	4	4	대한	5	5	6	6	6	7	7	7	8	8	8

입춘 4일 12시 23분 【음1월】➡ 【丙寅月(병인월)】 ◐오황성 · 우수 19일 08시 27분

양력(2월)	1	2	3	4	5	6	7	8	9	10	11	12	13	14	15	16	17	18	19	20	21	22	23	24	25	26	27	28
요일	화	수	목	금	토	일	월	화	수	목	금	토	일	월	화	수	목	금	토	일	월	화	수	목	금	토	일	월
일진/日辰	임술	계해	갑자	을축	병인	정묘	무진	기사	경오	신미	임신	계유	갑술	을해	병자	정축	무인	기묘	경진	신사	임오	계미	갑신	을유	병술	정해	무자	기축
음력	4	5	6	7	8	9	10	11	12	13	14	15	16	17	18	19	20	21	22	23	24	25	26	27	28	29	30	2/1
구성	5	6	7	8	9	1	2	3	4	5	6	7	8	9	1	2	3	4	5	6	7	8	9	1	2	3	4	5
대운 남	1	1	1	입춘	1	1	1	1	2	2	2	3	3	3	4	4	4	5	우수	5	6	6	6	7	7	7	8	8
대운 여	9	9	9	입춘	10	9	9	9	8	8	8	7	7	7	6	6	6	5	우수	5	4	4	4	3	3	3	2	2

경칩 6일 06시 39분 【음2월】➡ 【丁卯月(정묘월)】 ◑사록성 · 춘분 21일 07시 48분

양력(3월)	1	2	3	4	5	6	7	8	9	10	11	12	13	14	15	16	17	18	19	20	21	22	23	24	25	26	27	28	29	30	31
요일	화	수	목	금	토	일	월	화	수	목	금	토	일	월	화	수	목	금	토	일	월	화	수	목	금	토	일	월	화	수	목
일진/日辰	경인	신묘	임진	계사	갑오	을미	병신	정유	무술	기해	경자	신축	임인	계묘	갑진	을사	병오	정미	무신	기유	경술	신해	임자	계축	갑인	을묘	병진	정사	무오	기미	경신
음력	2	3	4	5	6	7	8	9	10	11	12	13	14	15	16	17	18	19	20	21	22	23	24	25	26	27	28	29	30	3/1	2
구성	6	7	8	9	1	2	3	4	5	6	7	8	9	1	2	3	4	5	6	7	8	9	1	2	3	4	5	6	7	8	9
대운 남	8	9	9	9	10	경칩	1	1	1	1	2	2	2	3	3	3	4	4	4	5	춘분	5	6	6	6	7	7	7	8	8	8
대운 여	2	1	1	1	1	경칩	10	9	9	9	8	8	8	7	7	7	6	6	6	5	춘분	5	4	4	4	3	3	3	2	2	2

청명 5일 12시 52분 【음3월】➡ 【戊辰月(무진월)】 ◐삼벽성 · 곡우 20일 20시 17분

양력(4월)	1	2	3	4	5	6	7	8	9	10	11	12	13	14	15	16	17	18	19	20	21	22	23	24	25	26	27	28	29	30
요일	금	토	일	월	화	수	목	금	토	일	월	화	수	목	금	토	일	월	화	수	목	금	토	일	월	화	수	목	금	토
일진/日辰	신유	임술	계해	갑자	을축	병인	정묘	무진	기사	경오	신미	임신	계유	갑술	을해	병자	정축	무인	기묘	경진	신사	임오	계미	갑신	을유	병술	정해	무자	기축	경인
음력	3	4	5	6	7	8	9	10	11	12	13	14	15	16	17	18	19	20	21	22	23	24	25	26	27	28	29	4/1	2	3
구성	1	2	3	4	5	6	7	8	9	1	2	3	4	5	6	7	8	9	1	2	3	4	5	6	7	8	9	1	2	3
대운 남	9	9	9	10	청명	1	1	1	1	2	2	2	3	3	3	4	4	4	5	곡우	5	6	6	6	7	7	7	8	8	8
대운 여	1	1	1	1	청명	10	9	9	9	8	8	8	7	7	7	6	6	6	5	곡우	5	4	4	4	3	3	3	2	2	2

입하 6일 06시 37분 【음4월】➡ 【己巳月(기사월)】 ◑이흑성 · 소만 21일 19시 51분

양력(5월)	1	2	3	4	5	6	7	8	9	10	11	12	13	14	15	16	17	18	19	20	21	22	23	24	25	26	27	28	29	30	31
요일	일	월	화	수	목	금	토	일	월	화	수	목	금	토	일	월	화	수	목	금	토	일	월	화	수	목	금	토	일	월	화
일진/日辰	신묘	임진	계사	갑오	을미	병신	정유	무술	기해	경자	신축	임인	계묘	갑진	을사	병오	정미	무신	기유	경술	신해	임자	계축	갑인	을묘	병진	정사	무오	기미	경신	신유
음력	4	5	6	7	8	9	10	11	12	13	14	15	16	17	18	19	20	21	22	23	24	25	26	27	28	29	30	5/1	2	3	4
구성	4	5	6	7	8	9	1	2	3	4	5	6	7	8	9	1	2	3	4	5	6	7	8	9	1	2	3	4	5	6	7
대운 남	9	9	9	9	10	입하	1	1	1	1	2	2	2	3	3	3	4	4	4	5	소만	5	6	6	6	7	7	7	8	8	8
대운 여	1	1	1	1	1	입하	10	9	9	9	8	8	8	7	7	7	6	6	6	5	소만	5	4	4	4	3	3	3	2	2	2

망종 6일 11시 07분 【음5월】➡ 【庚午月(경오월)】 ◑일백성 · 하지 22일 04시 03분

양력(6월)	1	2	3	4	5	6	7	8	9	10	11	12	13	14	15	16	17	18	19	20	21	22	23	24	25	26	27	28	29	30
요일	수	목	금	토	일	월	화	수	목	금	토	일	월	화	수	목	금	토	일	월	화	수	목	금	토	일	월	화	수	목
일진/日辰	임술	계해	갑자	을축	병인	정묘	무진	기사	경오	신미	임신	계유	갑술	을해	병자	정축	무인	기묘	경진	신사	임오	계미	갑신	을유	병술	정해	무자	기축	경인	신묘
음력	5	6	7	8	9	10	11	12	13	14	15	16	17	18	19	20	21	22	23	24	25	26	27	28	29	6/1	2	3	4	5
구성	8	9	1	2	3	4	5	6	7	8	9	1	2	3	4	5	6	7	8	9	1	2	3	4	5	6	7	8	9	1
대운 남	9	9	9	9	10	망종	1	1	1	1	2	2	2	3	3	3	4	4	4	5	5	하지	5	6	6	6	7	7	7	8
대운 여	1	1	1	1	1	망종	10	9	9	9	8	8	8	7	7	7	6	6	6	5	5	하지	5	4	4	4	3	3	3	2

6월 6일 - 반민특위, 내무차관 장경근 등에 의해 특경대가 해산되고 이 활동에 참여한 많은 사람들이 체포되어 심한 고문을 당하는 이른바 6.6 사건이 발생. 중부경찰서장 윤기병이 지휘하는 무장경찰이 특경대원을 비롯해 반민특위 요원 35명을 체포해 수감하는 습격사건.

한식(4월06일), 초복(7월19일), 중복(7월29일), 말복(8월08일) ↑춘사(春社)3/19 ☀추사(秋社)9/25
토왕지절(土旺之節):4월17일,7월20일,10월21일,1월18일(신년양력),
三日得辛, 十龍治水,1949년 기축年(벽력화), 육백금

서머타임 시작 4월02일 23시→24시로 조정
종료 9월10일 24시→23시로 조정
수정한 시간으로 표기(동경표준시 사용)

1949

소서 7일 21시 32분 【음6월】➡ 【辛未月(신미월)】 ●구자성 대서 23일 14시 57분

양력 7월 · 음력 06/06 ― 07/06

양력	1	2	3	4	5	6	7	8	9	10	11	12	13	14	15	16	17	18	19	20	21	22	23	24	25	26	27	28	29	30	31
요일	금	토	일	월	화	수	목	금	토	일	월	화	수	목	금	토	일	월	화	수	목	금	토	일	월	화	수	목	금	토	일
일진(日辰)	임진	계사	갑오	을미	병신	정유	무술	기해	경자	신축	임인	계묘	갑진	을사	병오	정미	무신	기유	경술	신해	임자	계축	갑인	을묘	병진	정사	무오	기미	경신	신유	임술
음력	6	7	8	9	10	11	12	13	14	15	16	17	18	19	20	21	22	23	24	25	26	27	28	29	30	7/1	2	3	4	5	6
구성	8	7	6	5	4	3	2	1	9	8	7	6	5	4	3	2	1	9	8	7	6	5	4	3	2	1	9	8	7	6	5
대·남	8	9	9	9	10	10	소서	1	1	1	1	2	2	2	3	3	3	4	4	4	5	5	대서	6	6	6	7	7	7	8	8
운·여	2	2	1	1	1	1	소서	10	10	10	9	9	9	8	8	8	7	7	7	6	6	6	대서	5	5	4	4	4	3	3	3

입추 8일 07시 15분 【음7월】➡ 【壬申月(임신월)】 ●팔백성 처서 23일 21시 48분

양력 8월 · 음력 07/07 ― 윤708

양력	1	2	3	4	5	6	7	8	9	10	11	12	13	14	15	16	17	18	19	20	21	22	23	24	25	26	27	28	29	30	31
요일	월	화	수	목	금	토	일	월	화	수	목	금	토	일	월	화	수	목	금	토	일	월	화	수	목	금	토	일	월	화	수
일진(日辰)	계해	갑자	을축	병인	정묘	무진	기사	경오	신미	임신	계유	갑술	을해	병자	정축	무인	기묘	경진	신사	임오	계미	갑신	을유	병술	정해	무자	기축	경인	신묘	임진	계사
음력	7	8	9	10	11	12	13	14	15	16	17	18	19	20	21	22	23	24	25	26	27	28	29	윤7	2	3	4	5	6	7	8
구성	4	3	2	1	9	8	7	6	5	4	3	2	1	9	8	7	6	5	4	3	2	1	9	8	7	6	5	4	3	2	1
대·남	8	9	9	9	10	10	10	입추	1	1	1	1	2	2	2	3	3	3	4	4	4	5	처서	5	6	6	6	7	7	7	8
운·여	2	2	2	1	1	1	1	입추	10	10	10	9	9	8	8	8	7	7	7	6	6	6	처서	5	5	4	4	4	3	3	3

백로 8일 09시 54분 【음8월】➡ 【癸酉月(계유월)】 ●칠적성 추분 23일 18시 06분

양력 9월 · 음력 윤709 ― 08/09

양력	1	2	3	4	5	6	7	8	9	10	11	12	13	14	15	16	17	18	19	20	21	22	23	24	25	26	27	28	29	30
요일	목	금	토	일	월	화	수	목	금	토	일	월	화	수	목	금	토	일	월	화	수	목	금	토	일	월	화	수	목	금
일진(日辰)	갑오	을미	병신	정유	무술	기해	경자	신축	임인	계묘	갑진	을사	병오	정미	무신	기유	경술	신해	임자	계축	갑인	을묘	병진	정사	무오	기미	경신	신유	임술	계해
음력	9	10	11	12	13	14	15	16	17	18	19	20	21	22	23	24	25	26	27	28	29	8/1	2	3	4	5	6	7	8	9
구성	9	8	7	6	5	4	3	2	1	9	8	7	6	5	4	3	2	1	9	8	7	6	5	4	3	2	1	9	8	7
대·남	8	8	9	9	9	10	10	백로	1	1	1	1	2	2	2	3	3	3	4	4	4	5	추분	5	6	6	6	7	7	7
운·여	2	2	2	1	1	1	1	백로	10	10	9	9	9	8	8	8	7	7	7	6	6	6	추분	5	5	4	4	4	3	3

한로 9일 00시 11분 【음9월】➡ 【甲戌月(갑술월)】 ●육백성 상강 24일 03시 03분

양력 10월 · 음력 08/10 ― 09/10

양력	1	2	3	4	5	6	7	8	9	10	11	12	13	14	15	16	17	18	19	20	21	22	23	24	25	26	27	28	29	30	31
요일	토	일	월	화	수	목	금	토	일	월	화	수	목	금	토	일	월	화	수	목	금	토	일	월	화	수	목	금	토	일	월
일진(日辰)	갑자	을축	병인	정묘	무진	기사	경오	신미	임신	계유	갑술	을해	병자	정축	무인	기묘	경진	신사	임오	계미	갑신	을유	병술	정해	무자	기축	경인	신묘	임진	계사	갑오
음력	10	11	12	13	14	15	16	17	18	19	20	21	22	23	24	25	26	27	28	29	30	9/1	2	3	4	5	6	7	8	9	10
구성	6	5	4	3	2	1	9	8	7	6	5	4	3	2	1	9	8	7	6	5	4	3	2	1	9	8	7	6	5	4	3
대·남	8	8	8	9	9	9	10	10	한로	1	1	1	1	2	2	2	3	3	3	4	4	4	5	상강	5	6	6	6	7	7	7
운·여	3	2	2	2	1	1	1	1	한로	10	9	9	9	8	8	8	7	7	7	6	6	6	5	상강	5	4	4	4	3	3	3

입동 8일 03시 00분 【음10월】➡ 【乙亥月(을해월)】 ●오황성 소설 23일 00시 16분

양력 11월 · 음력 09/11 ― 10/11

양력	1	2	3	4	5	6	7	8	9	10	11	12	13	14	15	16	17	18	19	20	21	22	23	24	25	26	27	28	29	30
요일	화	수	목	금	토	일	월	화	수	목	금	토	일	월	화	수	목	금	토	일	월	화	수	목	금	토	일	월	화	수
일진(日辰)	을미	병신	정유	무술	기해	경자	신축	임인	계묘	갑진	을사	병오	정미	무신	기유	경술	신해	임자	계축	갑인	을묘	병진	정사	무오	기미	경신	신유	임술	계해	갑자
음력	11	12	13	14	15	16	17	18	19	20	21	22	23	24	25	26	27	28	29	10/1	2	3	4	5	6	7	8	9	10	11
구성	2	1	9	8	7	6	5	4	3	2	1	9	8	7	6	5	4	3	2	1	9	8	7	6	5	4	3	2	1	1
대·남	8	8	8	9	9	9	10	입동	1	1	1	1	2	2	2	3	3	3	4	4	4	5	소설	5	6	6	6	7	7	7
운·여	2	2	2	1	1	1	1	입동	10	9	9	9	8	8	8	7	7	7	6	6	6	5	소설	5	4	4	4	3	3	3

대설 7일 19시 33분 【음11월】➡ 【丙子月(병자월)】 ●사록성 동지 22일 13시 23분

양력 12월 · 음력 10/12 ― 11/12

양력	1	2	3	4	5	6	7	8	9	10	11	12	13	14	15	16	17	18	19	20	21	22	23	24	25	26	27	28	29	30	31
요일	목	금	토	일	월	화	수	목	금	토	일	월	화	수	목	금	토	일	월	화	수	목	금	토	일	월	화	수	목	금	토
일진(日辰)	을축	병인	정묘	무진	기사	경오	신미	임신	계유	갑술	을해	병자	정축	무인	기묘	경진	신사	임오	계미	갑신	을유	병술	정해	무자	기축	경인	신묘	임진	계사	갑오	을미
음력	12	13	14	15	16	17	18	19	20	21	22	23	24	25	26	27	28	29	30	11/1	2	3	4	5	6	7	8	9	10	11	12
구성	2	3	4	5	6	7	8	9	1	2	3	4	5	6	7	8	9	1	2	3	4	5	6	7	8	9	1	2	3	4	5
대·남	8	8	8	9	9	9	대설	1	1	1	1	2	2	2	3	3	3	4	4	4	5	동지	5	6	6	6	7	7	7	8	8
운·여	2	2	1	1	1	1	대설	10	9	9	9	8	8	8	7	7	7	6	6	6	5	동지	5	4	4	4	3	3	3	2	2

6월 8일 - 1984년 출간.6월 15일 - 신 타이완 달러 정식 발행 시작.6월 26일 - 한국에서 미국군 철수. 김구가 육군 소위 안두희에게 살해됨.8월 4일 - 그리스가 대한민국을 승인.8월 6일 장제스 중국 국민당 총재, 첫 대한민국 방문.

| 단기 4283 年 | 불기 2494 年 | **1950년** | 중원(中元). 경인(庚寅)년, 납음(송백목), 본명성(오황토)
대장군(子북방), 삼살(북방), 상문(辰동남방), 조객(子북방), 납음(송백목), 【삼재(신.유.술)년】 臘享(납향):1951년1월19일(음12/12) |

1월 — 소한 6일 06시 39분 【음12월】➡ 【丁丑月(정축월)】 ◑삼벽성 — 대한 21일 00시 00분
(음력 11/13 ～ 12/14)

양력	1	2	3	4	5	6	7	8	9	10	11	12	13	14	15	16	17	18	19	20	21	22	23	24	25	26	27	28	29	30	31
요일	일	월	화	수	목	금	토	일	월	화	수	목	금	토	일	월	화	수	목	금	토	일	월	화	수	목	금	토	일	월	화
일진(日辰)	병신	정유	무술	기해	경자	신축	임인	계묘	갑진	을사	병오	정미	무신	기유	경술	신해	임자	계축	갑인	을묘	병진	정사	무오	기미	경신	신유	임술	계해	갑자	을축	병인
음력	13	14	15	16	17	18	19	20	21	22	23	24	25	26	27	28	29	12/1	2	3	4	5	6	7	8	9	10	11	12	13	14
구성	6	7	8	9	1	2	3	4	5	6	7	8	9	1	2	3	4	5	6	7	8	9	1	2	3	4	5	6	7	8	9
대운 남	8	9	9	9	10	소한	1	1	1	1	2	2	2	3	3	3	4	4	4	5	대한	5	6	6	6	7	7	7	8	8	8
대운 여	2	1	1	1	1	소한	9	9	9	8	8	8	7	7	7	6	6	6	5	5	대한	4	4	4	3	3	3	2	2	2	1

2월 — 입춘 4일 18시 21분 【음1월】➡ 【戊寅月(무인월)】 ◑이흑성 — 우수 19일 14시 18분
(음력 12/15 ～ 01/12)

양력	1	2	3	4	5	6	7	8	9	10	11	12	13	14	15	16	17	18	19	20	21	22	23	24	25	26	27	28
요일	수	목	금	토	일	월	화	수	목	금	토	일	월	화	수	목	금	토	일	월	화	수	목	금	토	일	월	화
일진(日辰)	정묘	무진	기사	경오	신미	임신	계유	갑술	을해	병자	정축	무인	기묘	경진	신사	임오	계미	갑신	을유	병술	정해	무자	기축	경인	신묘	임진	계사	갑오
음력	15	16	17	18	19	20	21	22	23	24	25	26	27	28	29	30	1/1	2	3	4	5	6	7	8	9	10	11	12
구성	1	2	3	4	5	6	7	8	9	1	2	3	4	5	6	7	8	9	1	2	3	4	5	6	7	8	9	1
대운 남	9	9	9	입춘	10	9	9	9	8	8	8	7	7	7	6	6	6	5	우수	5	4	4	4	3	3	3	2	2
대운 여	1	1	1	입춘	1	1	1	1	2	2	2	3	3	3	4	4	4	5	우수	5	6	6	6	7	7	7	8	8

(우측 세로) **경 인 년**

3월 — 경칩 6일 12시 35분 【음2월】➡ 【己卯月(기묘월)】 ◑일백성 — 춘분 21일 13시 35분
(음력 01/13 ～ 02/13)

양력	1	2	3	4	5	6	7	8	9	10	11	12	13	14	15	16	17	18	19	20	21	22	23	24	25	26	27	28	29	30	31
요일	수	목	금	토	일	월	화	수	목	금	토	일	월	화	수	목	금	토	일	월	화	수	목	금	토	일	월	화	수	목	금
일진(日辰)	을미	병신	정유	무술	기해	경자	신축	임인	계묘	갑진	을사	병오	정미	무신	기유	경술	신해	임자	계축	갑인	을묘	병진	정사	무오	기미	경신	신유	임술	계해	갑자	을축
음력	13	14	15	16	17	18	19	20	21	22	23	24	25	26	27	28	29	30	2/1	2	3	4	5	6	7	8	9	10	11	12	13
구성	2	3	4	5	6	7	8	9	1	2	3	4	5	6	7	8	9	1	2	3	4	5	6	7	8	9	1	2	3	4	5
대운 남	2	1	1	1	1	경칩	10	9	9	9	8	8	8	7	7	7	6	6	6	5	춘분	5	4	4	4	3	3	3	2	2	1
대운 여	8	9	9	9	10	경칩	1	1	1	1	2	2	2	3	3	3	4	4	4	5	춘분	5	6	6	6	7	7	7	8	8	9

4월 — 청명 5일 18시 44분 【음3월】➡ 【庚辰月(경진월)】 ◑구자성 — 곡우 21일 01시 59분
(음력 02/14 ～ 03/14)

양력	1	2	3	4	5	6	7	8	9	10	11	12	13	14	15	16	17	18	19	20	21	22	23	24	25	26	27	28	29	30
요일	토	일	월	화	수	목	금	토	일	월	화	수	목	금	토	일	월	화	수	목	금	토	일	월	화	수	목	금	토	일
일진(日辰)	병인	정묘	무진	기사	경오	신미	임신	계유	갑술	을해	병자	정축	무인	기묘	경진	신사	임오	계미	갑신	을유	병술	정해	무자	기축	경인	신묘	임진	계사	갑오	을미
음력	14	15	16	17	18	19	20	21	22	23	24	25	26	27	28	29	3/1	2	3	4	5	6	7	8	9	10	11	12	13	14
구성	6	7	8	9	1	2	3	4	5	6	7	8	9	1	2	3	4	5	6	7	8	9	1	2	3	4	5	6	7	8
대운 남	1	1	1	1	청명	10	10	9	9	9	8	8	8	7	7	7	6	6	6	5	곡우	5	4	4	4	3	3	3	2	2
대운 여	9	9	9	10	청명	1	1	1	1	2	2	2	3	3	3	4	4	4	5	5	곡우	6	6	6	7	7	7	8	8	8

5월 — 입하 6일 12시 25분 【음4월】➡ 【辛巳月(신사월)】 ◑팔백성 — 소만 22일 01시 27분
(음력 03/15 ～ 04/15)

양력	1	2	3	4	5	6	7	8	9	10	11	12	13	14	15	16	17	18	19	20	21	22	23	24	25	26	27	28	29	30	31
요일	월	화	수	목	금	토	일	월	화	수	목	금	토	일	월	화	수	목	금	토	일	월	화	수	목	금	토	일	월	화	수
일진(日辰)	병신	정유	무술	기해	경자	신축	임인	계묘	갑진	을사	병오	정미	무신	기유	경술	신해	임자	계축	갑인	을묘	병진	정사	무오	기미	경신	신유	임술	계해	갑자	을축	병인
음력	15	16	17	18	19	20	21	22	23	24	25	26	27	28	29	30	4/1	2	3	4	5	6	7	8	9	10	11	12	13	14	15
구성	9	1	2	3	4	5	6	7	8	9	1	2	3	4	5	6	7	8	9	1	2	3	4	5	6	7	8	9	9	8	7
대운 남	2	1	1	1	1	입하	10	10	9	9	9	8	8	8	7	7	7	6	6	6	5	소만	5	4	4	4	3	3	3	2	2
대운 여	9	9	9	10	10	입하	1	1	1	1	2	2	2	3	3	3	4	4	4	5	5	소만	5	6	6	6	7	7	7	8	8

6월 — 망종 6일 16시 51분 【음5월】➡ 【壬午月(임오월)】 ◑칠적성 — 하지 22일 09시 36분
(음력 04/16 ～ 05/15)

양력	1	2	3	4	5	6	7	8	9	10	11	12	13	14	15	16	17	18	19	20	21	22	23	24	25	26	27	28	29	30
요일	목	금	토	일	월	화	수	목	금	토	일	월	화	수	목	금	토	일	월	화	수	목	금	토	일	월	화	수	목	금
일진(日辰)	정묘	무진	기사	경오	신미	임신	계유	갑술	을해	병자	정축	무인	기묘	경진	신사	임오	계미	갑신	을유	병술	정해	무자	기축	경인	신묘	임진	계사	갑오	을미	병신
음력	16	17	18	19	20	21	22	23	24	25	26	27	28	29	30	5/1	2	3	4	5	6	7	8	9	10	11	12	13	14	15
구성	6	5	4	3	2	1	9	8	7	6	5	4	3	2	1	9	8	7	6	5	4	3	2	1	9	8	7	6	5	4
대운 남	2	1	1	1	1	망종	10	10	10	9	9	9	8	8	8	7	7	7	6	6	6	하지	5	5	4	4	4	3	3	3
대운 여	9	9	9	10	10	망종	1	1	1	1	2	2	2	3	3	3	4	4	4	5	5	하지	5	6	6	6	7	7	7	8

6월 25일 한국전쟁: 조선민주주의인민공화국 공산군, 38線 전역에서 남침 개시. 6·25 전쟁 발발.1950년 FIFA 월드컵: 브라질에서 개막.(7월 16일까지 개최함.) 이 두 사건은 똑같은 시간(서울 기준시 새벽 4시 정각)에 동시에 발생했다.

한식(4월06일), 초복(7월14일), 중복(7월24일), 말복(8월13일)　♠춘사(春社)3/24　☀추사(秋社)9/20
토왕지절(土旺之節):4월17일,7월20일,10월21일,1월18일(신년양력),
九日得辛, 十龍治水, 1950년 경인년(송백목), 오황토

서머타임 시작 3월31일 23시→24시로 조정
　　　종료 9월09일 24시→23시로 조정
수정한 시간으로 표기(동경표준시 사용)

4록	9자	2흑
3벽	5황	7적
8백	1백	6백

1950

소서 8일 03시 13분　【음6월】➡　【癸未月(계미월)】　☯육백성　대서 23일 20시 30분
양력 7월 / 음력 05/16 ― 06/17

양력	1	2	3	4	5	6	7	8	9	10	11	12	13	14	15	16	17	18	19	20	21	22	23	24	25	26	27	28	29	30	31
요일	토	일	월	화	수	목	금	토	일	월	화	수	목	금	토	일	월	화	수	목	금	토	일	월	화	수	목	금	토	일	월
일진(日辰)	정유	무술	기해	경자	신축	임인	계묘	갑진	을사	병오	정미	무신	기유	경술	신해	임자	계축	갑인	을묘	병진	정사	무오	기미	경신	신유	임술	계해	갑자	을축	병인	정묘
음력	16	17	18	19	20	21	22	23	24	25	26	27	28	29	6/1	2	3	4	5	6	7	8	9	10	11	12	13	14	15	16	17
구성	3	2	1	9	8	7	6	5	4	3	2	1	9	8	7	6	5	4	3	2	1	9	8	7	6	5	4	3	2	1	9
대운 남	2	2	2	1	1	1	1	소	10	10	9	9	9	8	8	8	7	7	7	6	6	6	대	5	5	4	4	4	3	3	3
대운 여	8	9	9	9	10	10	10	서	1	1	1	1	2	2	2	3	3	3	4	4	4	5	서	5	6	6	6	7	7	7	8

입추 8일 12시 55분　【음7월】➡　【甲申月(갑신월)】　☯오황성　처서 24일 03시 23분
양력 8월 / 음력 06/18 ― 07/18

양력	1	2	3	4	5	6	7	8	9	10	11	12	13	14	15	16	17	18	19	20	21	22	23	24	25	26	27	28	29	30	31
요일	화	수	목	금	토	일	월	화	수	목	금	토	일	월	화	수	목	금	토	일	월	화	수	목	금	토	일	월	화	수	목
일진(日辰)	무진	기사	경오	신미	임신	계유	갑술	을해	병자	정축	무인	기묘	경진	신사	임오	계미	갑신	을유	병술	정해	무자	기축	경인	신묘	임진	계사	갑오	을미	병신	정유	무술
음력	18	19	20	21	22	23	24	25	26	27	28	29	30	7/1	2	3	4	5	6	7	8	9	10	11	12	13	14	15	16	17	18
구성	8	7	6	5	4	3	2	1	9	8	7	6	5	4	3	2	1	9	8	7	6	5	4	3	2	1	9	8	7	6	5
대운 남	2	2	2	1	1	1	1	입	10	10	9	9	9	8	8	8	7	7	7	6	6	6	처	5	5	4	4	4	3	3	3
대운 여	8	8	9	9	9	10	10	추	1	1	1	1	2	2	2	3	3	3	4	4	4	5	서	5	6	6	6	7	7	7	8

백로 8일 15시 34분　【음8월】➡　【乙酉月(을유월)】　☯사록성　추분 23일 23시 44분
양력 9월 / 음력 07/19 ― 08/19

양력	1	2	3	4	5	6	7	8	9	10	11	12	13	14	15	16	17	18	19	20	21	22	23	24	25	26	27	28	29	30
요일	금	토	일	월	화	수	목	금	토	일	월	화	수	목	금	토	일	월	화	수	목	금	토	일	월	화	수	목	금	토
일진(日辰)	기해	경자	신축	임인	계묘	갑진	을사	병오	정미	무신	기유	경술	신해	임자	계축	갑인	을묘	병진	정사	무오	기미	경신	신유	임술	계해	갑자	을축	병인	정묘	무진
음력	19	20	21	22	23	24	25	26	27	28	29	8/1	2	3	4	5	6	7	8	9	10	11	12	13	14	15	16	17	18	19
구성	4	3	2	1	9	8	7	6	5	4	3	2	1	9	8	7	6	5	4	3	2	1	9	8	7	6	5	4	3	2
대운 남	2	2	2	1	1	1	1	백	10	10	9	9	9	8	8	8	7	7	7	6	6	6	추	5	5	4	4	4	3	3
대운 여	8	8	9	9	9	10	10	로	1	1	1	1	2	2	2	3	3	3	4	4	4	5	분	5	6	6	6	7	7	7

한로 9일 05시 52분　【음9월】➡　【丙戌月(병술월)】　☯삼벽성　상강 24일 08시 45분
양력 10월 / 음력 08/20 ― 09/21

양력	1	2	3	4	5	6	7	8	9	10	11	12	13	14	15	16	17	18	19	20	21	22	23	24	25	26	27	28	29	30	31
요일	일	월	화	수	목	금	토	일	월	화	수	목	금	토	일	월	화	수	목	금	토	일	월	화	수	목	금	토	일	월	화
일진(日辰)	기사	경오	신미	임신	계유	갑술	을해	병자	정축	무인	기묘	경진	신사	임오	계미	갑신	을유	병술	정해	무자	기축	경인	신묘	임진	계사	갑오	을미	병신	정유	무술	기해
음력	20	21	22	23	24	25	26	27	28	29	9/1	2	3	4	5	6	7	8	9	10	11	12	13	14	15	16	17	18	19	20	21
구성	1	9	8	7	6	5	4	3	2	1	9	8	7	6	5	4	3	2	1	9	8	7	6	5	4	3	2	1	9	8	7
대운 남	3	2	2	2	1	1	1	1	한	10	9	9	9	8	8	8	7	7	7	6	6	6	5	상	5	4	4	4	3	3	3
대운 여	8	8	8	9	9	9	9	10	로	1	1	1	1	2	2	2	3	3	3	4	4	4	5	강	5	6	6	6	7	7	7

입동 8일 08시 44분　【음10월】➡　【丁亥月(정해월)】　☯이흑성　소설 23일 06시 03분
양력 11월 / 음력 09/22 ― 10/21

양력	1	2	3	4	5	6	7	8	9	10	11	12	13	14	15	16	17	18	19	20	21	22	23	24	25	26	27	28	29	30
요일	수	목	금	토	일	월	화	수	목	금	토	일	월	화	수	목	금	토	일	월	화	수	목	금	토	일	월	화	수	목
일진(日辰)	경자	신축	임인	계묘	갑진	을사	병오	정미	무신	기유	경술	신해	임자	계축	갑인	을묘	병진	정사	무오	기미	경신	신유	임술	계해	갑자	을축	병인	정묘	무진	기사
음력	22	23	24	25	26	27	28	29	30	10/1	2	3	4	5	6	7	8	9	10	11	12	13	14	15	16	17	18	19	20	21
구성	6	5	4	3	2	1	9	8	7	6	5	4	3	2	1	9	8	7	6	5	4	3	2	1	1	2	3	4	5	6
대운 남	2	2	2	1	1	1	1	입	10	9	9	9	8	8	8	7	7	7	6	6	6	5	소	5	4	4	4	3	3	3
대운 여	8	8	8	9	9	9	10	동	1	1	1	1	2	2	2	3	3	3	4	4	4	5	설	5	6	6	6	7	7	7

대설 8일 01시 22분　【음11월】➡　【戊子月(무자월)】　☯일백성　동지 22일 19시 13분
양력 12월 / 음력 10/22 ― 11/23

양력	1	2	3	4	5	6	7	8	9	10	11	12	13	14	15	16	17	18	19	20	21	22	23	24	25	26	27	28	29	30	31
요일	금	토	일	월	화	수	목	금	토	일	월	화	수	목	금	토	일	월	화	수	목	금	토	일	월	화	수	목	금	토	일
일진(日辰)	경오	신미	임신	계유	갑술	을해	병자	정축	무인	기묘	경진	신사	임오	계미	갑신	을유	병술	정해	무자	기축	경인	신묘	임진	계사	갑오	을미	병신	정유	무술	기해	경자
음력	22	23	24	25	26	27	28	29	11/1	2	3	4	5	6	7	8	9	10	11	12	13	14	15	16	17	18	19	20	21	22	23
구성	7	8	9	1	2	3	4	5	6	7	8	9	1	2	3	4	5	6	7	8	9	1	2	3	4	5	6	7	8	9	1
대운 남	2	2	2	1	1	1	1	대	9	9	9	8	8	8	7	7	7	6	6	6	5	동	5	4	4	4	3	3	3	2	2
대운 여	8	8	8	9	9	9	10	설	1	1	1	1	2	2	2	3	3	3	4	4	4	지	5	5	6	6	6	7	7	7	8

11월 26일 - 유엔 한국통일부흥위원회(UNCURK) 일행 12명, 서울 도착. 12월 4일 - 한국전쟁: 대한민국 국군이 맨 마지막으로 평양을 철수하다.

12월 14일 - 한국전쟁 : 흥남 철수작전 개시.(~ 24일까지)

중원(中元). 신묘(辛卯)년, 납음(송백목), 본명성(사록목)

대장군(子북방). 삼살(酉서방), 상문(巳동남방), 조객(丑동북방), 납음(송백목), 【삼재(사,오,미)년】 臘享(납향):1952년1월26일(음12/30)

1월 (양력) — 소한 6일 12시 30분 【음12월】 → 己丑月(기축월) · 구자성 · 대한 21일 05시 52분
음력 11/24 ~ 12/24

	1	2	3	4	5	6	7	8	9	10	11	12	13	14	15	16	17	18	19	20	21	22	23	24	25	26	27	28	29	30	31
요일	월	화	수	목	금	토	일	월	화	수	목	금	토	일	월	화	수	목	금	토	일	월	화	수	목	금	토	일	월	화	수
일진(日辰)	신축	임인	계묘	갑진	을사	병오	정미	무신	기유	경술	신해	임자	계축	갑인	을묘	병진	정사	무오	기미	경신	신유	임술	계해	갑자	을축	병인	정묘	무진	기사	경오	신미
음력	24	25	26	27	28	29	30	12/1	2	3	4	5	6	7	8	9	10	11	12	13	14	15	16	17	18	19	20	21	22	23	24
구성	2	3	4	5	6	7	8	9	1	2	3	4	5	6	7	8	9	1	2	3	4	5	6	7	8	9	1	2	3	4	5
대운 남	2	1	1	1	1	소한	10	9	9	9	8	8	8	7	7	7	6	6	6	5	대한	5	4	4	4	3	3	3	2	2	2
대운 여	8	8	9	9	9	소한	1	1	1	1	2	2	2	3	3	3	4	4	4	5	대한	5	6	6	6	7	7	7	8	8	8

2월 (양력) — 입춘 5일 00시 13분 【음1월】 → 庚寅月(경인월) · 팔백성 · 우수 19일 20시 10분
음력 12/25 ~ 01/23

	1	2	3	4	5	6	7	8	9	10	11	12	13	14	15	16	17	18	19	20	21	22	23	24	25	26	27	28
요일	목	금	토	일	월	화	수	목	금	토	일	월	화	수	목	금	토	일	월	화	수	목	금	토	일	월	화	수
일진(日辰)	임신	계유	갑술	을해	병자	정축	무인	기묘	경진	신사	임오	계미	갑신	을유	병술	정해	무자	기축	경인	신묘	임진	계사	갑오	을미	병신	정유	무술	기해
음력	25	26	27	28	29	1/1	2	3	4	5	6	7	8	9	10	11	12	13	14	15	16	17	18	19	20	21	22	23
구성	6	7	8	9	1	2	3	4	5	6	7	8	9	1	2	3	4	5	6	7	8	9	1	2	3	4	5	6
대운 남	1	1	1	1	입춘	1	1	1	1	2	2	2	3	3	3	4	4	4	우수	5	5	6	6	6	7	7	7	8
대운 여	9	9	9	10	입춘	9	9	9	8	8	8	7	7	7	6	6	6	5	우수	5	4	4	4	3	3	3	2	2

3월 (양력) — 경칩 6일 18시 27분 【음2월】 → 辛卯月(신묘월) · 칠적성 · 춘분 21일 19시 26분
음력 01/24 ~ 02/24

	1	2	3	4	5	6	7	8	9	10	11	12	13	14	15	16	17	18	19	20	21	22	23	24	25	26	27	28	29	30	31
요일	목	금	토	일	월	화	수	목	금	토	일	월	화	수	목	금	토	일	월	화	수	목	금	토	일	월	화	수	목	금	토
일진(日辰)	경자	신축	임인	계묘	갑진	을사	병오	정미	무신	기유	경술	신해	임자	계축	갑인	을묘	병진	정사	무오	기미	경신	신유	임술	계해	갑자	을축	병인	정묘	무진	기사	경오
음력	24	25	26	27	28	29	30	2/1	2	3	4	5	6	7	8	9	10	11	12	13	14	15	16	17	18	19	20	21	22	23	24
구성	7	8	9	1	2	3	4	5	6	7	8	9	1	2	3	4	5	6	7	8	9	1	2	3	4	5	6	7	8	9	1
대운 남	8	8	9	9	9	경칩	1	1	1	1	2	2	2	3	3	3	4	4	4	5	춘분	5	6	6	6	7	7	7	8	8	8
대운 여	2	1	1	1	1	경칩	10	9	9	9	8	8	8	7	7	7	6	6	6	5	춘분	5	4	4	4	3	3	3	2	2	2

4월 (양력) — 청명 5일 23시 33분 【음3월】 → 壬辰月(임진월) · 육백성 · 곡우 21일 06시 48분
음력 02/25 ~ 03/25

	1	2	3	4	5	6	7	8	9	10	11	12	13	14	15	16	17	18	19	20	21	22	23	24	25	26	27	28	29	30
요일	일	월	화	수	목	금	토	일	월	화	수	목	금	토	일	월	화	수	목	금	토	일	월	화	수	목	금	토	일	월
일진(日辰)	신미	임신	계유	갑술	을해	병자	정축	무인	기묘	경진	신사	임오	계미	갑신	을유	병술	정해	무자	기축	경인	신묘	임진	계사	갑오	을미	병신	정유	무술	기해	경자
음력	25	26	27	28	29	3/1	2	3	4	5	6	7	8	9	10	11	12	13	14	15	16	17	18	19	20	21	22	23	24	25
구성	2	3	4	5	6	7	8	9	1	2	3	4	5	6	7	8	9	1	2	3	4	5	6	7	8	9	1	2	3	4
대운 남	9	9	9	10	청명	1	1	1	1	2	2	2	3	3	3	4	4	4	5	5	곡우	6	6	6	7	7	7	8	8	8
대운 여	1	1	1	1	청명	10	10	9	9	9	8	8	8	7	7	7	6	6	6	5	곡우	5	4	4	4	3	3	3	2	2

5월 (양력) — 입하 6일 17시 09분 【음4월】 → 癸巳月(계사월) · 오황성 · 소만 22일 07시 15분
음력 03/26 ~ 04/26

	1	2	3	4	5	6	7	8	9	10	11	12	13	14	15	16	17	18	19	20	21	22	23	24	25	26	27	28	29	30	31
요일	화	수	목	금	토	일	월	화	수	목	금	토	일	월	화	수	목	금	토	일	월	화	수	목	금	토	일	월	화	수	목
일진(日辰)	신축	임인	계묘	갑진	을사	병오	정미	무신	기유	경술	신해	임자	계축	갑인	을묘	병진	정사	무오	기미	경신	신유	임술	계해	갑자	을축	병인	정묘	무진	기사	경오	신미
음력	26	27	28	29	30	4/1	2	3	4	5	6	7	8	9	10	11	12	13	14	15	16	17	18	19	20	21	22	23	24	25	26
구성	5	6	7	8	9	1	2	3	4	5	6	7	8	9	1	2	3	4	5	6	7	8	9	1	2	3	4	5	6	7	8
대운 남	9	9	9	10	10	입하	1	1	1	1	2	2	2	3	3	3	4	4	4	5	5	소만	6	6	6	7	7	7	8	8	8
대운 여	2	1	1	1	1	입하	10	10	9	9	9	8	8	8	7	7	7	6	6	6	5	소만	5	4	4	4	3	3	3	2	2

6월 (양력) — 망종 6일 22시 33분 【음5월】 → 甲午月(갑오월) · 사록성 · 하지 22일 15시 25분
음력 04/27 ~ 05/26

	1	2	3	4	5	6	7	8	9	10	11	12	13	14	15	16	17	18	19	20	21	22	23	24	25	26	27	28	29	30
요일	금	토	일	월	화	수	목	금	토	일	월	화	수	목	금	토	일	월	화	수	목	금	토	일	월	화	수	목	금	토
일진(日辰)	임신	계유	갑술	을해	병자	정축	무인	기묘	경진	신사	임오	계미	갑신	을유	병술	정해	무자	기축	경인	신묘	임진	계사	갑오	을미	병신	정유	무술	기해	경자	신축
음력	27	28	29	30	5/1	2	3	4	5	6	7	8	9	10	11	12	13	14	15	16	17	18	19	20	21	22	23	24	25	26
구성	9	1	2	3	4	5	6	7	8	9	1	2	3	4	5	6	7	8	9	1	2	3	3	2	1	9	8	7	6	5
대운 남	9	9	9	10	10	망종	1	1	1	1	2	2	2	3	3	3	4	4	4	5	5	하지	6	6	6	7	7	7	8	8
대운 여	2	1	1	1	1	망종	10	10	10	9	9	9	8	8	8	7	7	7	6	6	6	하지	5	5	4	4	4	3	3	3

1월 4일 - 한국 전쟁: 대한민국 국군이 서울에서 퇴각하다. (1·4 후퇴)3월 14일 - 한국 전쟁: 대한민국 국군이 서울을 함락된지 2개월만에 수복하다7월 10일 - 한국 전쟁: 개성시에서 휴전 회담 개시.8월 10일 - 울산항선 완공8월 16일 - 서울 ~ 부산간 전화 개통

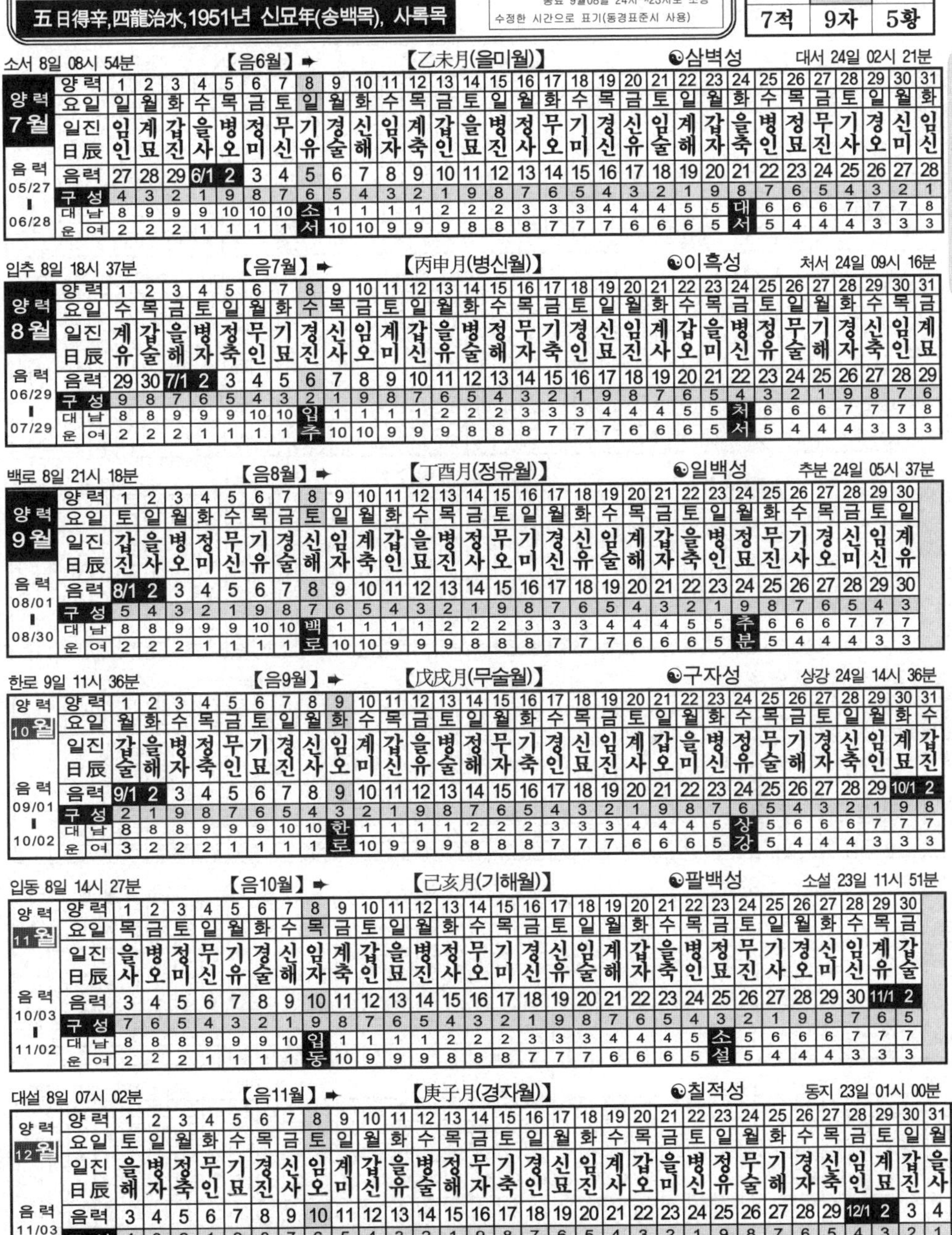

한식(4월06일), 초복(7월19일), 중복(7월29일), 말복(8월08일) ⚑춘사(春社)3/19 ☀추사(秋社)9/25
토왕지절(土旺之節):4월18일,7월20일,10월21일,1월18일(신년양력),

五日得辛,四龍治水,1951년 신묘年(송백목), 사록목

서머타임 시작 5월06일 23시→24시로 조정
종료 9월08일 24시→23시로 조정
수정한 시간으로 표기(동경표준시 사용)

3벽	8백	1백
2흑	4록	6백
7적	9자	5황

1951

소서 8일 08시 54분 【음6월】➡ 【乙未月(을미월)】 ☯삼벽성 대서 24일 02시 21분
양력 7월 (음력 05/27 ~ 06/28)

양력	1	2	3	4	5	6	7	8	9	10	11	12	13	14	15	16	17	18	19	20	21	22	23	24	25	26	27	28	29	30	31
요일	일	월	화	수	목	금	토	일	월	화	수	목	금	토	일	월	화	수	목	금	토	일	월	화	수	목	금	토	일	월	화
일진	임인	계묘	갑진	을사	병오	정미	무신	기유	경술	신해	임자	계축	갑인	을묘	병진	정사	무오	기미	경신	신유	임술	계해	갑자	을축	병인	정묘	무진	기사	경오	신미	임신
음력	27	28	29	6/1	2	3	4	5	6	7	8	9	10	11	12	13	14	15	16	17	18	19	20	21	22	23	24	25	26	27	28
구성	4	3	2	1	9	8	7	6	5	4	3	2	1	9	8	7	6	5	4	3	2	1	9	8	7	6	5	4	3	2	1
대운 남	8	9	9	9	10	10	10	소서	1	1	1	1	2	2	2	3	3	3	4	4	4	5	5	대서	6	6	6	7	7	7	8
대운 여	2	2	2	1	1	1	1	소서	10	10	9	9	9	8	8	8	7	7	7	6	6	6	5	대서	5	4	4	4	3	3	3

입추 8일 18시 37분 【음7월】➡ 【丙申月(병신월)】 ☯이흑성 처서 24일 09시 16분
양력 8월 (음력 06/29 ~ 07/29)

양력	1	2	3	4	5	6	7	8	9	10	11	12	13	14	15	16	17	18	19	20	21	22	23	24	25	26	27	28	29	30	31
요일	수	목	금	토	일	월	화	수	목	금	토	일	월	화	수	목	금	토	일	월	화	수	목	금	토	일	월	화	수	목	금
일진	계유	갑술	을해	병자	정축	무인	기묘	경진	신사	임오	계미	갑신	을유	병술	정해	무자	기축	경인	신묘	임진	계사	갑오	을미	병신	정유	무술	기해	경자	신축	임인	계묘
음력	29	30	7/1	2	3	4	5	6	7	8	9	10	11	12	13	14	15	16	17	18	19	20	21	22	23	24	25	26	27	28	29
구성	9	8	7	6	5	4	3	2	1	9	8	7	6	5	4	3	2	1	9	8	7	6	5	4	3	2	1	9	8	7	6
대운 남	8	8	9	9	9	10	10	입추	1	1	1	1	2	2	2	3	3	3	4	4	4	5	5	처서	6	6	6	7	7	7	8
대운 여	2	2	2	1	1	1	1	입추	10	10	9	9	9	8	8	8	7	7	7	6	6	6	5	처서	5	4	4	4	3	3	3

백로 8일 21시 18분 【음8월】➡ 【丁酉月(정유월)】 ☯일백성 추분 24일 05시 37분
양력 9월 (음력 08/01 ~ 08/30)

양력	1	2	3	4	5	6	7	8	9	10	11	12	13	14	15	16	17	18	19	20	21	22	23	24	25	26	27	28	29	30
요일	토	일	월	화	수	목	금	토	일	월	화	수	목	금	토	일	월	화	수	목	금	토	일	월	화	수	목	금	토	일
일진	갑진	을사	병오	정미	무신	기유	경술	신해	임자	계축	갑인	을묘	병진	정사	무오	기미	경신	신유	임술	계해	갑자	을축	병인	정묘	무진	기사	경오	신미	임신	계유
음력	8/1	2	3	4	5	6	7	8	9	10	11	12	13	14	15	16	17	18	19	20	21	22	23	24	25	26	27	28	29	30
구성	5	4	3	2	1	9	8	7	6	5	4	3	2	1	9	8	7	6	5	4	3	2	1	9	8	7	6	5	4	3
대운 남	8	8	9	9	9	10	10	백로	1	1	1	1	2	2	2	3	3	3	4	4	4	5	5	추분	6	6	6	7	7	7
대운 여	2	2	2	1	1	1	1	백로	10	10	9	9	9	8	8	8	7	7	7	6	6	6	5	추분	5	4	4	4	3	3

한로 9일 11시 36분 【음9월】➡ 【戊戌月(무술월)】 ☯구자성 상강 24일 14시 36분
양력 10월 (음력 09/01 ~ 10/02)

양력	1	2	3	4	5	6	7	8	9	10	11	12	13	14	15	16	17	18	19	20	21	22	23	24	25	26	27	28	29	30	31
요일	월	화	수	목	금	토	일	월	화	수	목	금	토	일	월	화	수	목	금	토	일	월	화	수	목	금	토	일	월	화	수
일진	갑술	을해	병자	정축	무인	기묘	경진	신사	임오	계미	갑신	을유	병술	정해	무자	기축	경인	신묘	임진	계사	갑오	을미	병신	정유	무술	기해	경자	신축	임인	계묘	갑진
음력	9/1	2	3	4	5	6	7	8	9	10	11	12	13	14	15	16	17	18	19	20	21	22	23	24	25	26	27	28	29	10/1	2
구성	2	1	9	8	7	6	5	4	3	2	1	9	8	7	6	5	4	3	2	1	9	8	7	6	5	4	3	2	1	9	8
대운 남	8	8	8	9	9	9	10	10	한로	1	1	1	2	2	2	3	3	3	4	4	4	5	5	상강	5	6	6	6	7	7	7
대운 여	3	2	2	2	2	1	1	1	한로	10	9	9	9	8	8	8	7	7	7	6	6	6	5	상강	5	4	4	4	3	3	3

입동 8일 14시 27분 【음10월】➡ 【己亥月(기해월)】 ☯팔백성 소설 23일 11시 51분
양력 11월 (음력 10/03 ~ 11/02)

양력	1	2	3	4	5	6	7	8	9	10	11	12	13	14	15	16	17	18	19	20	21	22	23	24	25	26	27	28	29	30
요일	목	금	토	일	월	화	수	목	금	토	일	월	화	수	목	금	토	일	월	화	수	목	금	토	일	월	화	수	목	금
일진	을사	병오	정미	무신	기유	경술	신해	임자	계축	갑인	을묘	병진	정사	무오	기미	경신	신유	임술	계해	갑자	을축	병인	정묘	무진	기사	경오	신미	임신	계유	갑술
음력	3	4	5	6	7	8	9	10	11	12	13	14	15	16	17	18	19	20	21	22	23	24	25	26	27	28	29	30	11/1	2
구성	7	6	5	4	3	2	1	9	8	7	6	5	4	3	2	1	9	8	7	6	5	4	3	2	1	9	8	7	6	5
대운 남	8	8	8	9	9	9	10	입동	1	1	1	1	2	2	2	3	3	3	4	4	4	5	소설	5	6	6	6	7	7	7
대운 여	2	2	2	1	1	1	1	입동	10	9	9	9	8	8	8	7	7	7	6	6	6	5	소설	5	4	4	4	3	3	3

대설 8일 07시 02분 【음11월】➡ 【庚子月(경자월)】 ☯칠적성 동지 23일 01시 00분
양력 12월 (음력 11/03 ~ 12/04)

양력	1	2	3	4	5	6	7	8	9	10	11	12	13	14	15	16	17	18	19	20	21	22	23	24	25	26	27	28	29	30	31
요일	토	일	월	화	수	목	금	토	일	월	화	수	목	금	토	일	월	화	수	목	금	토	일	월	화	수	목	금	토	일	월
일진	을해	병자	정축	무인	기묘	경진	신사	임오	계미	갑신	을유	병술	정해	무자	기축	경인	신묘	임진	계사	갑오	을미	병신	정유	무술	기해	경자	신축	임인	계묘	갑진	을사
음력	3	4	5	6	7	8	9	10	11	12	13	14	15	16	17	18	19	20	21	22	23	24	25	26	27	28	29	12/1	2	3	4
구성	4	3	2	1	9	8	7	6	5	4	3	2	1	9	8	7	6	5	4	3	2	1	9	8	7	6	5	4	3	2	1
대운 남	8	8	8	9	9	9	10	대설	1	1	1	1	2	2	2	3	3	3	4	4	4	5	동지	5	6	6	6	7	7	7	8
대운 여	2	2	2	1	1	1	1	대설	9	9	9	8	8	8	7	7	7	6	6	6	5	5	동지	5	4	4	4	3	3	3	2

9월 6일 - 한국전쟁: 매슈 리지웨이 유엔군 사령관, 정전회담 장소로 판문점 제의9월 8일 - 일본과 48개국 연합이 샌프란시스코 강화조약을 조인함으로써 제2차 세계 대전을 마무리지었다.9월 20일 - 한국전쟁: 대한민국 이승만 대통령, 중공군 철수 등 4개항의 6.25 휴전 조건 제시

단기 4285 年 / 불기 2496 年 — 1952년 윤5월

중원(中元). 임진(壬辰)년, 납음(장류수), 본명성(삼벽목)

대장군(子북방), 삼살(남방), 상문(午남방), 조객(寅동북방), 납음(장류수), 삼재(인.묘.진) 臘享(납향):1953년1월20일(음12/06)

1월 【辛丑月(신축월)】

소한 6일 18시 10분 【음12월】 ➡ ◐육백성 대한 21일 11시 38분 — 음력 12/05 ～ 01/05

양력	1	2	3	4	5	6	7	8	9	10	11	12	13	14	15	16	17	18	19	20	21	22	23	24	25	26	27	28	29	30	31
요일	화	수	목	금	토	일	월	화	수	목	금	토	일	월	화	수	목	금	토	일	월	화	수	목	금	토	일	월	화	수	목
日辰	병오	정미	무신	기유	경술	신해	임자	계축	갑인	을묘	병진	정사	무오	기미	경신	신유	임술	계해	갑자	을축	병인	정묘	무진	기사	경오	신미	임신	계유	갑술	을해	병자
음력	5	6	7	8	9	10	11	12	13	14	15	16	17	18	19	20	21	22	23	24	25	26	27	28	29	30	1/1	2	3	4	5
구성	9	8	7	6	5	4	3	2	1	9	8	7	6	5	4	3	2	1	1	2	3	4	5	6	7	8	9	1	2	3	4
대운 남	8	8	9	9	9	소한	1	1	1	1	2	2	2	3	3	3	4	4	4	5	대한	5	6	6	6	7	7	7	8	8	8
운 여	2	1	1	1	1	소한	10	9	9	9	8	8	8	7	7	7	6	6	6	5	대한	5	4	4	4	3	3	3	2	2	2

2월 【壬寅月(임인월)】

입춘 5일 05시 53분 【음1월】 ➡ ◑오황성 우수 20일 01시 57분 — 음력 01/06 ～ 02/05

양력	1	2	3	4	5	6	7	8	9	10	11	12	13	14	15	16	17	18	19	20	21	22	23	24	25	26	27	28	29
요일	금	토	일	월	화	수	목	금	토	일	월	화	수	목	금	토	일	월	화	수	목	금	토	일	월	화	수	목	금
日辰	정축	무인	기묘	경진	신사	임오	계미	갑신	을유	병술	정해	무자	기축	경인	신묘	임진	계사	갑오	을미	병신	정유	무술	기해	경자	신축	임인	계묘	갑진	을사
음력	6	7	8	9	10	11	12	13	14	15	16	17	18	19	20	21	22	23	24	25	26	27	28	29	2/1	2	3	4	5
구성	5	6	7	8	9	1	2	3	4	5	6	7	8	9	1	2	3	4	5	6	7	8	9	1	2	3	4	5	6
대운 남	9	9	9	10	입춘	10	9	9	9	8	8	8	7	7	7	6	6	6	5	우수	5	4	4	4	3	3	3	2	2
운 여	1	1	1	1	입춘	1	1	1	1	2	2	2	3	3	3	4	4	4	5	우수	5	6	6	6	7	7	7	8	8

3월 【癸卯月(계묘월)】

경칩 6일 00시 07분 【음2월】 ➡ ◑사록성 춘분 21일 01시 14분 — 음력 02/06 ～ 03/06

양력	1	2	3	4	5	6	7	8	9	10	11	12	13	14	15	16	17	18	19	20	21	22	23	24	25	26	27	28	29	30	31
요일	토	일	월	화	수	목	금	토	일	월	화	수	목	금	토	일	월	화	수	목	금	토	일	월	화	수	목	금	토	일	월
日辰	병오	정미	무신	기유	경술	신해	임자	계축	갑인	을묘	병진	정사	무오	기미	경신	신유	임술	계해	갑자	을축	병인	정묘	무진	기사	경오	신미	임신	계유	갑술	을해	병자
음력	6	7	8	9	10	11	12	13	14	15	16	17	18	19	20	21	22	23	24	25	26	27	28	29	30	3/1	2	3	4	5	6
구성	7	8	9	1	2	3	4	5	6	7	8	9	1	2	3	4	5	6	7	8	9	1	2	3	4	5	6	7	8	9	1
대운 남	2	1	1	1	1	경칩	10	9	9	9	8	8	8	7	7	7	6	6	6	5	춘분	5	4	4	4	3	3	3	2	2	2
운 여	8	9	9	9	10	경칩	1	1	1	1	2	2	2	3	3	3	4	4	4	5	춘분	5	6	6	6	7	7	7	8	8	8

4월 【甲辰月(갑진월)】

청명 5일 05시 15분 【음3월】 ➡ ◑삼벽성 곡우 20일 12시 37분 — 음력 03/07 ～ 04/07

양력	1	2	3	4	5	6	7	8	9	10	11	12	13	14	15	16	17	18	19	20	21	22	23	24	25	26	27	28	29	30
요일	화	수	목	금	토	일	월	화	수	목	금	토	일	월	화	수	목	금	토	일	월	화	수	목	금	토	일	월	화	수
日辰	정축	무인	기묘	경진	신사	임오	계미	갑신	을유	병술	정해	무자	기축	경인	신묘	임진	계사	갑오	을미	병신	정유	무술	기해	경자	신축	임인	계묘	갑진	을사	병오
음력	7	8	9	10	11	12	13	14	15	16	17	18	19	20	21	22	23	24	25	26	27	28	29	4/1	2	3	4	5	6	7
구성	2	3	4	5	6	7	8	9	1	2	3	4	5	6	7	8	9	1	2	3	4	5	6	7	8	9	1	2	3	4
대운 남	1	1	1	1	청명	10	9	9	9	8	8	8	7	7	7	6	6	6	5	곡우	5	4	4	4	3	3	3	2	2	2
운 여	9	9	9	10	청명	1	1	1	1	2	2	2	3	3	3	4	4	4	5	곡우	5	6	6	6	7	7	7	8	8	8

5월 【乙巳月(을사월)】

입하 5일 22시 54분 【음4월】 ➡ ◑이흑성 소만 21일 12시 04분 — 음력 04/08 ～ 05/08

양력	1	2	3	4	5	6	7	8	9	10	11	12	13	14	15	16	17	18	19	20	21	22	23	24	25	26	27	28	29	30	31
요일	목	금	토	일	월	화	수	목	금	토	일	월	화	수	목	금	토	일	월	화	수	목	금	토	일	월	화	수	목	금	토
日辰	정미	무신	기유	경술	신해	임자	계축	갑인	을묘	병진	정사	무오	기미	경신	신유	임술	계해	갑자	을축	병인	정묘	무진	기사	경오	신미	임신	계유	갑술	을해	병자	정축
음력	8	9	10	11	12	13	14	15	16	17	18	19	20	21	22	23	24	25	26	27	28	29	30	5/1	2	3	4	5	6	7	8
구성	5	6	7	8	9	1	2	3	4	5	6	7	8	9	1	2	3	4	5	6	7	8	9	1	2	3	4	5	6	7	8
대운 남	1	1	1	1	입하	10	10	10	9	9	9	8	8	8	7	7	7	6	6	6	소만	5	4	4	4	3	3	3	2	2	2
운 여	9	9	9	10	입하	1	1	1	1	2	2	2	3	3	3	4	4	4	5	5	소만	6	6	6	7	7	7	8	8	8	9

6월 【丙午月(병오월)】

망종 6일 03시 20분 【음5월】 ➡ ◑일백성 하지 21일 20시 13분 — 음력 05/09 ～ 윤5/09

양력	1	2	3	4	5	6	7	8	9	10	11	12	13	14	15	16	17	18	19	20	21	22	23	24	25	26	27	28	29	30
요일	일	월	화	수	목	금	토	일	월	화	수	목	금	토	일	월	화	수	목	금	토	일	월	화	수	목	금	토	일	월
日辰	무인	기묘	경진	신사	임오	계미	갑신	을유	병술	정해	무자	기축	경인	신묘	임진	계사	갑오	을미	병신	정유	무술	기해	경자	신축	임인	계묘	갑진	을사	병오	정미
음력	9	10	11	12	13	14	15	16	17	18	19	20	21	22	23	24	25	26	27	28	29	윤5	2	3	4	5	6	7	8	9
구성	9	1	2	3	4	5	6	7	8	9	1	2	3	4	5	6	7	8	9	1	2	3	4	5	6	7	8	9	1	2
대운 남	2	1	1	1	1	망종	10	10	9	9	9	8	8	8	7	7	7	6	6	6	하지	5	5	4	4	4	3	3	3	2
운 여	9	9	10	10	10	망종	1	1	1	1	2	2	2	3	3	3	4	4	4	5	하지	5	6	6	6	7	7	7	8	8

2월 1일 - 대한민국, 재향군인회가 창설됨.3월 10일 - 독일 통일 을 위한 '스탈린 노트'가 발간됨: 통일의 기본조건으로 독일의 중립성을 요구.3월 19일 - 광무신문지법(光武新聞紙法)이 폐기되다.

한식(4월06일), 초복(7월13일), 중복(7월23일), 말복(8월12일) ⛰춘사(春社)3/23 ☀추사(秋社)9/19
토왕지절(土旺之節):4월17일,7월20일,10월20일,1월17일(신년양력),
✝日得辛,九龍治水,　　1952년 임진年(장류수), 삼벽목

2흑	7적	9자
1백	3벽	5황
6백	8백	4록

소서 7일 13시 45분　【음6월】➡　丁未月(정미월)　●구자성　대서 23일 07시 07분

양력 7월 / 음력 윤5 10 ~ 06/10

	1	2	3	4	5	6	7	8	9	10	11	12	13	14	15	16	17	18	19	20	21	22	23	24	25	26	27	28	29	30	31
요일	화	수	목	금	토	일	월	화	수	목	금	토	일	월	화	수	목	금	토	일	월	화	수	목	금	토	일	월	화	수	목
일진(천간)	무	기	경	신	임	계	갑	을	병	정	무	기	경	신	임	계	갑	을	병	정	무	기	경	신	임	계	갑	을	병	정	무
日辰(지지)	신	유	술	해	자	축	인	묘	진	사	오	미	신	유	술	해	자	축	인	묘	진	사	오	미	신	유	술	해	자	축	인
음력	10	11	12	13	14	15	16	17	18	19	20	21	22	23	24	25	26	27	28	29	30	6/1	2	3	4	5	6	7	8	9	10
구성	3	4	5	6	7	8	9	1	2	3	4	5	6	7	8	9	9	8	7	6	5	4	3	2	1	9	8	7	6	5	4
대운 남	2	2	1	1	1	1	소서	10	10	9	9	9	8	8	8	7	7	7	6	6	6	5	대서	5	4	4	4	3	3	3	2
대운 여	8	9	9	9	9	10	소서	1	1	1	1	2	2	2	3	3	3	4	4	4	5	5	대서	6	6	6	7	7	7	8	8

입추 7일 23시 31분　【음7월】➡　戊申月(무신월)　●팔백성　처서 23일 14시 03분

양력 8월 / 음력 06/11 ~ 07/11

	1	2	3	4	5	6	7	8	9	10	11	12	13	14	15	16	17	18	19	20	21	22	23	24	25	26	27	28	29	30	31
요일	금	토	일	월	화	수	목	금	토	일	월	화	수	목	금	토	일	월	화	수	목	금	토	일	월	화	수	목	금	토	일
일진(천간)	기	경	신	임	계	갑	을	병	정	무	기	경	신	임	계	갑	을	병	정	무	기	경	신	임	계	갑	을	병	정	무	기
日辰(지지)	묘	진	사	오	미	신	유	술	해	자	축	인	묘	진	사	오	미	신	유	술	해	자	축	인	묘	진	사	오	미	신	유
음력	11	12	13	14	15	16	17	18	19	20	21	22	23	24	25	26	27	28	29	30	7/1	2	3	4	5	6	7	8	9	10	11
구성	3	2	1	9	8	7	6	5	4	3	2	1	9	8	7	6	5	4	3	2	1	9	8	7	6	5	4	3	2	1	9
대운 남	2	2	1	1	1	1	입추	10	10	10	9	9	9	8	8	8	7	7	7	6	6	6	처서	5	5	4	4	4	3	3	3
대운 여	8	9	9	9	10	10	입추	1	1	1	1	2	2	2	3	3	3	4	4	4	5	5	처서	6	6	6	7	7	7	8	8

백로 8일 02시 14분　【음8월】➡　己酉月(기유월)　●칠적성　추분 23일 11시 24분

양력 9월 / 음력 07/12 ~ 08/12

	1	2	3	4	5	6	7	8	9	10	11	12	13	14	15	16	17	18	19	20	21	22	23	24	25	26	27	28	29	30
요일	월	화	수	목	금	토	일	월	화	수	목	금	토	일	월	화	수	목	금	토	일	월	화	수	목	금	토	일	월	화
일진(천간)	경	신	임	계	갑	을	병	정	무	기	경	신	임	계	갑	을	병	정	무	기	경	신	임	계	갑	을	병	정	무	기
日辰(지지)	술	해	자	축	인	묘	진	사	오	미	신	유	술	해	자	축	인	묘	진	사	오	미	신	유	술	해	자	축	인	묘
음력	12	13	14	15	16	17	18	19	20	21	22	23	24	25	26	27	28	29	8/1	2	3	4	5	6	7	8	9	10	11	12
구성	8	7	6	5	4	3	2	1	9	8	7	6	5	4	3	2	1	9	8	7	6	5	4	3	2	1	9	8	7	6
대운 남	2	2	2	1	1	1	1	백로	10	9	9	9	8	8	8	7	7	7	6	6	6	5	추분	5	4	4	4	3	3	3
대운 여	8	8	9	9	9	10	10	백로	1	1	1	1	2	2	2	3	3	3	4	4	4	5	추분	5	6	6	6	7	7	7

한로 8일 17시 32분　【음9월】➡　庚戌月(경술월)　●육백성　상강 23일 20시 22분

양력 10월 / 음력 08/13 ~ 09/13

	1	2	3	4	5	6	7	8	9	10	11	12	13	14	15	16	17	18	19	20	21	22	23	24	25	26	27	28	29	30	31
요일	수	목	금	토	일	월	화	수	목	금	토	일	월	화	수	목	금	토	일	월	화	수	목	금	토	일	월	화	수	목	금
일진(천간)	경	신	임	계	갑	을	병	정	무	기	경	신	임	계	갑	을	병	정	무	기	경	신	임	계	갑	을	병	정	무	기	경
日辰(지지)	진	사	오	미	신	유	술	해	자	축	인	묘	진	사	오	미	신	유	술	해	자	축	인	묘	진	사	오	미	신	유	술
음력	13	14	15	16	17	18	19	20	21	22	23	24	25	26	27	28	29	30	9/1	2	3	4	5	6	7	8	9	10	11	12	13
구성	5	4	3	2	1	9	8	7	6	5	4	3	2	1	9	8	7	6	5	4	3	2	1	9	8	7	6	5	4	3	2
대운 남	2	2	2	1	1	1	1	한로	10	9	9	9	8	8	8	7	7	7	6	6	6	5	상강	5	4	4	4	3	3	3	2
대운 여	8	8	8	9	9	9	10	한로	1	1	1	1	2	2	2	3	3	3	4	4	4	5	상강	5	6	6	6	7	7	7	8

입동 7일 20시 22분　【음10월】➡　辛亥月(신해월)　●오황성　소설 22일 17시 36분

양력 11월 / 음력 09/14 ~ 10/14

	1	2	3	4	5	6	7	8	9	10	11	12	13	14	15	16	17	18	19	20	21	22	23	24	25	26	27	28	29	30
요일	토	일	월	화	수	목	금	토	일	월	화	수	목	금	토	일	월	화	수	목	금	토	일	월	화	수	목	금	토	일
일진(천간)	신	임	계	갑	을	병	정	무	기	경	신	임	계	갑	을	병	정	무	기	경	신	임	계	갑	을	병	정	무	기	경
日辰(지지)	해	자	축	인	묘	진	사	오	미	신	유	술	해	자	축	인	묘	진	사	오	미	신	유	술	해	자	축	인	묘	진
음력	14	15	16	17	18	19	20	21	22	23	24	25	26	27	28	29	10/1	2	3	4	5	6	7	8	9	10	11	12	13	14
구성	1	9	8	7	6	5	4	3	2	1	9	8	7	6	5	4	3	2	1	9	8	7	6	5	4	3	2	1	9	8
대운 남	2	2	1	1	1	1	입동	10	9	9	9	8	8	8	7	7	7	6	6	6	5	소설	5	4	4	4	3	3	3	2
대운 여	8	8	9	9	9	10	입동	1	1	1	1	2	2	2	3	3	3	4	4	4	5	소설	5	6	6	6	7	7	7	8

대설 7일 12시 56분　【음11월】➡　壬子月(임자월)　●사록성　동지 22일 06시 43분

양력 12월 / 음력 10/15 ~ 11/15

	1	2	3	4	5	6	7	8	9	10	11	12	13	14	15	16	17	18	19	20	21	22	23	24	25	26	27	28	29	30	31
요일	월	화	수	목	금	토	일	월	화	수	목	금	토	일	월	화	수	목	금	토	일	월	화	수	목	금	토	일	월	화	수
일진(천간)	신	임	계	갑	을	병	정	무	기	경	신	임	계	갑	을	병	정	무	기	경	신	임	계	갑	을	병	정	무	기	경	신
日辰(지지)	사	오	미	신	유	술	해	자	축	인	묘	진	사	오	미	신	유	술	해	자	축	인	묘	진	사	오	미	신	유	술	해
음력	15	16	17	18	19	20	21	22	23	24	25	26	27	28	29	30	11/1	2	3	4	5	6	7	8	9	10	11	12	13	14	15
구성	7	6	5	4	3	2	1	9	8	7	6	5	4	3	2	1	9	8	7	6	5	4	3	2	1	9	8	7	6	5	4
대운 남	2	2	1	1	1	1	대설	10	9	9	9	8	8	8	7	7	7	6	6	6	5	동지	5	4	4	4	3	3	3	2	2
대운 여	8	8	9	9	9	10	대설	1	1	1	1	2	2	2	3	3	3	4	4	4	5	동지	5	6	6	6	7	7	7	8	8

9월 12일 - 한국전쟁: 중국과 소비에트 연방, 한국전쟁 휴전회담 공동선언 발표9월 24일 - 한국전쟁: 마크 클라크 유엔군총사령관, 한국방위수역선을 설정. 9월 27일 - 마크 클라크 유엔군 총사령관, 한국 전(全)해안 봉쇄 발표.

단기 4286 年 / 불기 2497 年	**1953년**	중원(中元).계사(癸巳)년,납음(장류수),본명성(이흑토) 대장군(卯동방). 삼살(동방), 상문(未서남방),조객(卯동방), 납음(장류수), 【삼재(해,자,축)년】 臘享(납향):1954년1월15일(음12/11)	 뱀띠

1월

소한 6일 00시 02분　【음12월】➡　【癸丑月(계축월)】　◐삼벽성　대한 20일 17시 21분

양력	1	2	3	4	5	6	7	8	9	10	11	12	13	14	15	16	17	18	19	20	21	22	23	24	25	26	27	28	29	30	31
요일	목	금	토	일	월	화	수	목	금	토	일	월	화	수	목	금	토	일	월	화	수	목	금	토	일	월	화	수	목	금	토
일진	임자	계축	갑인	을묘	병진	정사	무오	기미	경신	신유	임술	계해	갑자	을축	병인	정묘	무진	기사	경오	신미	임신	계유	갑술	을해	병자	정축	무인	기묘	경진	신사	임오
음력 11/16~12/17	16	17	18	19	20	21	22	23	24	25	26	27	28	29	12/1	2	3	4	5	6	7	8	9	10	11	12	13	14	15	16	17
구성	3	2	1	9	8	7	6	5	4	3	2	1	1	2	3	4	5	6	7	8	9	1	2	3	4	5	6	7	8	9	1
대운 남	2	1	1	1	1	소	9	9	9	8	8	8	7	7	7	6	6	6	5	대	5	4	4	4	3	3	3	2	2	2	1
대운 여	8	9	9	9	10	한	1	1	1	1	2	2	2	3	3	3	4	4	4	한	5	5	6	6	6	7	7	7	8	8	8

2월

입춘 4일 11시 46분　【음1월】➡　【甲寅月(갑인월)】　◑이흑성　우수 19일 07시 41분

양력	1	2	3	4	5	6	7	8	9	10	11	12	13	14	15	16	17	18	19	20	21	22	23	24	25	26	27	28
요일	일	월	화	수	목	금	토	일	월	화	수	목	금	토	일	월	화	수	목	금	토	일	월	화	수	목	금	토
일진	계미	갑신	을유	병술	정해	무자	기축	경인	신묘	임진	계사	갑오	을미	병신	정유	무술	기해	경자	신축	임인	계묘	갑진	을사	병오	정미	무신	기유	경술
음력 12/18~01/15	18	19	20	21	22	23	24	25	26	27	28	29	30	1/1	2	3	4	5	6	7	8	9	10	11	12	13	14	15
구성	2	3	4	5	6	7	8	9	1	2	3	4	5	6	7	8	9	1	2	3	4	5	6	7	8	9	1	2
대운 남	1	1	1	입	1	1	1	1	2	2	2	3	3	3	4	4	4	5	우	5	6	6	6	7	7	7	8	8
대운 여	9	9	9	춘	10	9	9	9	8	8	8	7	7	7	6	6	6	5	수	5	4	4	4	3	3	3	2	2

계사년

3월

경칩 6일 06시 02분　【음2월】➡　【乙卯月(을묘월)】　◑일백성　춘분 21일 07시 01분

양력	1	2	3	4	5	6	7	8	9	10	11	12	13	14	15	16	17	18	19	20	21	22	23	24	25	26	27	28	29	30	31
요일	일	월	화	수	목	금	토	일	월	화	수	목	금	토	일	월	화	수	목	금	토	일	월	화	수	목	금	토	일	월	화
일진	신해	임자	계축	갑인	을묘	병진	정사	무오	기미	경신	신유	임술	계해	갑자	을축	병인	정묘	무진	기사	경오	신미	임신	계유	갑술	을해	병자	정축	무인	기묘	경진	신사
음력 01/16~02/17	16	17	18	19	20	21	22	23	24	25	26	27	28	29	2/1	2	3	4	5	6	7	8	9	10	11	12	13	14	15	16	17
구성	3	4	5	6	7	8	9	1	2	3	4	5	6	7	8	9	1	2	3	4	5	6	7	8	9	1	2	3	4	5	6
대운 남	8	9	9	9	10	경	1	1	1	1	2	2	2	3	3	3	4	4	4	5	춘	5	6	6	6	7	7	7	8	8	8
대운 여	2	1	1	1	1	칩	10	9	9	9	8	8	8	7	7	7	6	6	6	5	분	5	4	4	4	3	3	3	2	2	2

4월

청명 5일 11시 13분　【음3월】➡　【丙辰月(병진월)】　◐구자성　곡우 20일 18시 25분

양력	1	2	3	4	5	6	7	8	9	10	11	12	13	14	15	16	17	18	19	20	21	22	23	24	25	26	27	28	29	30
요일	수	목	금	토	일	월	화	수	목	금	토	일	월	화	수	목	금	토	일	월	화	수	목	금	토	일	월	화	수	목
일진	임오	계미	갑신	을유	병술	정해	무자	기축	경인	신묘	임진	계사	갑오	을미	병신	정유	무술	기해	경자	신축	임인	계묘	갑진	을사	병오	정미	무신	기유	경술	신해
음력 02/18~03/17	18	19	20	21	22	23	24	25	26	27	28	29	30	3/1	2	3	4	5	6	7	8	9	10	11	12	13	14	15	16	17
구성	7	8	9	1	2	3	4	5	6	7	8	9	1	2	3	4	5	6	7	8	9	1	2	3	4	5	6	7	8	9
대운 남	9	9	9	10	청	1	1	1	1	2	2	2	3	3	3	4	4	4	5	곡	5	6	6	6	7	7	7	8	8	8
대운 여	1	1	1	1	명	10	10	9	9	9	8	8	8	7	7	7	6	6	6	우	5	5	4	4	4	3	3	3	2	2

5월

입하 6일 04시 52분　【음4월】➡　【丁巳月(정사월)】　◑팔백성　소만 21일 17시 53분

양력	1	2	3	4	5	6	7	8	9	10	11	12	13	14	15	16	17	18	19	20	21	22	23	24	25	26	27	28	29	30	31
요일	금	토	일	월	화	수	목	금	토	일	월	화	수	목	금	토	일	월	화	수	목	금	토	일	월	화	수	목	금	토	일
일진	임자	계축	갑인	을묘	병진	정사	무오	기미	경신	신유	임술	계해	갑자	을축	병인	정묘	무진	기사	경오	신미	임신	계유	갑술	을해	병자	정축	무인	기묘	경진	신사	임오
음력 03/18~04/19	18	19	20	21	22	23	24	25	26	27	28	29	4/1	2	3	4	5	6	7	8	9	10	11	12	13	14	15	16	17	18	19
구성	1	2	3	4	5	6	7	8	9	1	2	3	4	5	6	7	8	9	1	2	3	4	5	6	7	8	9	1	2	3	4
대운 남	9	9	9	10	10	입	1	1	1	1	2	2	2	3	3	3	4	4	4	5	소	5	6	6	6	7	7	7	8	8	8
대운 여	2	1	1	1	1	하	10	10	9	9	9	8	8	8	7	7	7	6	6	6	만	5	5	4	4	4	3	3	3	2	2

6월

망종 6일 09시 16분　【음5월】➡　【戊午月(무오월)】　◑칠적성　하지 22일 02시 00분

양력	1	2	3	4	5	6	7	8	9	10	11	12	13	14	15	16	17	18	19	20	21	22	23	24	25	26	27	28	29	30
요일	월	화	수	목	금	토	일	월	화	수	목	금	토	일	월	화	수	목	금	토	일	월	화	수	목	금	토	일	월	화
일진	계미	갑신	을유	병술	정해	무자	기축	경인	신묘	임진	계사	갑오	을미	병신	정유	무술	기해	경자	신축	임인	계묘	갑진	을사	병오	정미	무신	기유	경술	신해	임자
음력 04/20~05/20	20	21	22	23	24	25	26	27	28	29	5/1	2	3	4	5	6	7	8	9	10	11	12	13	14	15	16	17	18	19	20
구성	5	6	7	8	9	1	2	3	4	5	6	7	8	9	1	2	3	4	5	6	7	8	9	1	2	3	4	5	6	7
대운 남	9	9	9	10	10	망	1	1	1	1	2	2	2	3	3	3	4	4	4	5	5	하	6	6	6	7	7	7	8	8
대운 여	2	1	1	1	1	종	10	10	9	9	9	8	8	8	7	7	7	6	6	6	5	지	5	4	4	4	3	3	3	2

5월 25일 - 세계 최초 전투기 노스아메리칸 F-100 슈퍼세이버탄생7월 27일 - 한국 전쟁 휴전.

8월 3일 - 유엔 중립국 감시위원회, 판문점에 군사정전위원회 본부 설치.8월 5일 - 판문점에서 남북 포로 교환 시작.

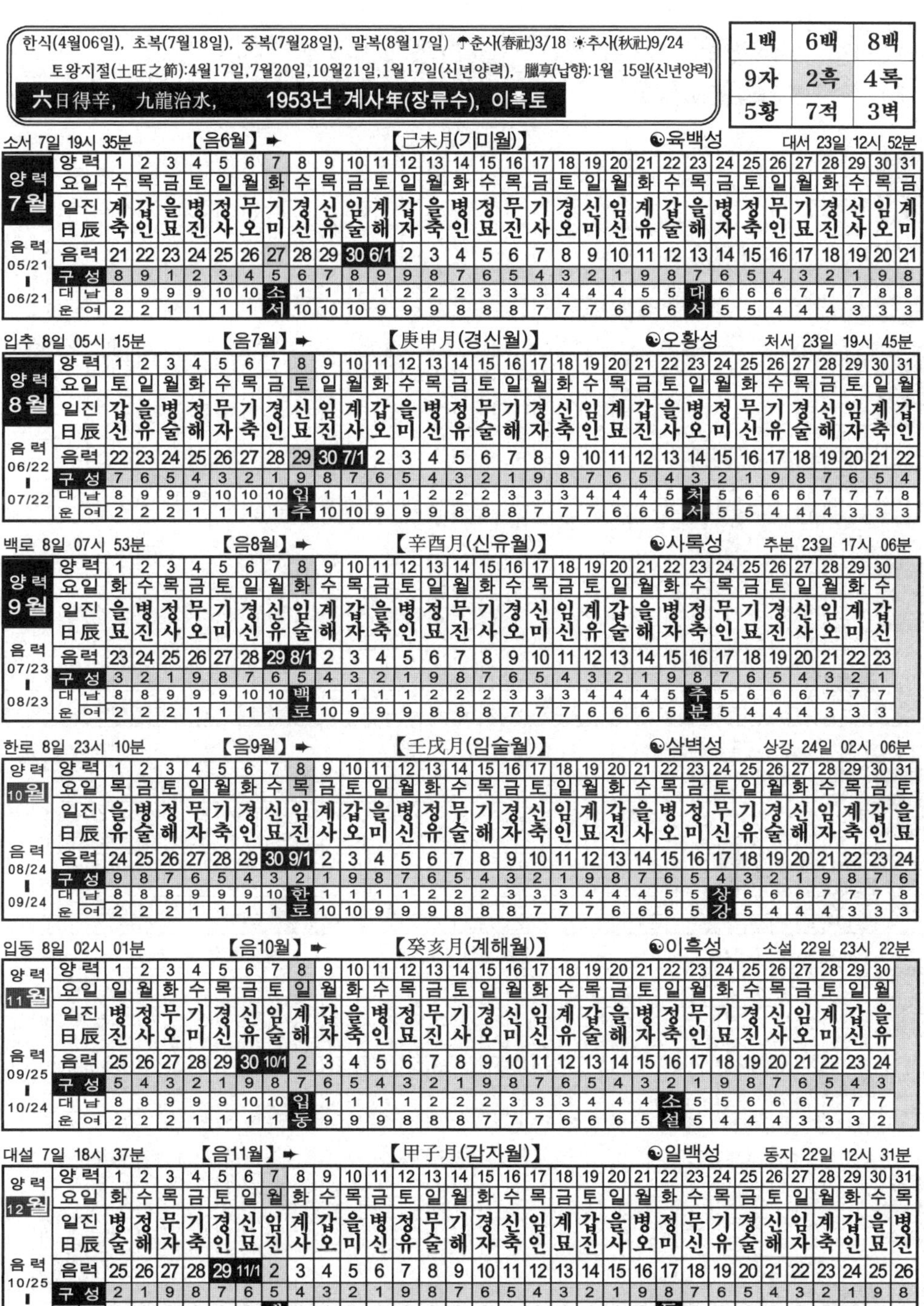

한식(4월06일), 초복(7월18일), 중복(7월28일), 말복(8월17일) ↑춘사(春社)3/18 ☀추사(秋社)9/24
토왕지절(土旺之節):4월17일,7월20일,10월21일,1월17일(신년양력), 臘享(납향):1월 15일(신년양력)

六日得辛, 九龍治水, 1953년 계사年(장류수), 이흑토

1백	6백	8백
9자	2흑	4록
5황	7적	3벽

1 9 5 3

소서 7일 19시 35분 【음6월】➡ 【己未月(기미월)】 ●육백성 — 대서 23일 12시 52분

양력 7월 / 음력 05/21 ~ 06/21

	1	2	3	4	5	6	7	8	9	10	11	12	13	14	15	16	17	18	19	20	21	22	23	24	25	26	27	28	29	30	31
요일	수	목	금	토	일	월	화	수	목	금	토	일	월	화	수	목	금	토	일	월	화	수	목	금	토	일	월	화	수	목	금
일진 日辰	계축	갑인	을묘	병진	정사	무오	기미	경신	신유	임술	계해	갑자	을축	병인	정묘	무진	기사	경오	신미	임신	계유	갑술	을해	병자	정축	무인	기묘	경진	신사	임오	계미
음력	21	22	23	24	25	26	27	28	29	30	6/1	2	3	4	5	6	7	8	9	10	11	12	13	14	15	16	17	18	19	20	21
구성	8	9	1	2	3	4	5	6	7	8	9	9	8	7	6	5	4	3	2	1	9	8	7	6	5	4	3	2	1	9	8
대운 남	8	9	9	9	10	10	소서	1	1	1	1	2	2	2	3	3	3	4	4	4	5	5	대서	6	6	6	7	7	7	8	8
대운 여	2	2	1	1	1	1	소서	10	10	10	9	9	9	8	8	8	7	7	7	6	6	6	대서	5	5	4	4	4	3	3	3

입추 8일 05시 15분 【음7월】➡ 【庚申月(경신월)】 ●오황성 — 처서 23일 19시 45분

양력 8월 / 음력 06/22 ~ 07/22

	1	2	3	4	5	6	7	8	9	10	11	12	13	14	15	16	17	18	19	20	21	22	23	24	25	26	27	28	29	30	31
요일	토	일	월	화	수	목	금	토	일	월	화	수	목	금	토	일	월	화	수	목	금	토	일	월	화	수	목	금	토	일	월
일진 日辰	갑신	을유	병술	정해	무자	기축	경인	신묘	임진	계사	갑오	을미	병신	정유	무술	기해	경자	신축	임인	계묘	갑진	을사	병오	정미	무신	기유	경술	신해	임자	계축	갑인
음력	22	23	24	25	26	27	28	29	30	7/1	2	3	4	5	6	7	8	9	10	11	12	13	14	15	16	17	18	19	20	21	22
구성	7	6	5	4	3	2	1	9	8	7	6	5	4	3	2	1	9	8	7	6	5	4	3	2	1	9	8	7	6	5	4
대운 남	8	9	9	9	10	10	10	입추	1	1	1	1	2	2	2	3	3	3	4	4	4	5	처서	5	6	6	6	7	7	7	8
대운 여	2	2	2	1	1	1	1	입추	10	10	9	9	9	8	8	8	7	7	7	6	6	6	처서	5	5	4	4	4	3	3	3

백로 8일 07시 53분 【음8월】➡ 【辛酉月(신유월)】 ●사록성 — 추분 23일 17시 06분

양력 9월 / 음력 07/23 ~ 08/23

	1	2	3	4	5	6	7	8	9	10	11	12	13	14	15	16	17	18	19	20	21	22	23	24	25	26	27	28	29	30
요일	화	수	목	금	토	일	월	화	수	목	금	토	일	월	화	수	목	금	토	일	월	화	수	목	금	토	일	월	화	수
일진 日辰	을묘	병진	정사	무오	기미	경신	신유	임술	계해	갑자	을축	병인	정묘	무진	기사	경오	신미	임신	계유	갑술	을해	병자	정축	무인	기묘	경진	신사	임오	계미	갑신
음력	23	24	25	26	27	28	29	8/1	2	3	4	5	6	7	8	9	10	11	12	13	14	15	16	17	18	19	20	21	22	23
구성	3	2	1	9	8	7	6	5	4	3	2	1	9	8	7	6	5	4	3	2	1	9	8	7	6	5	4	3	2	1
대운 남	8	8	9	9	9	10	10	백로	1	1	1	1	2	2	2	3	3	3	4	4	4	5	추분	5	6	6	6	7	7	7
대운 여	2	2	2	1	1	1	1	백로	10	10	9	9	9	8	8	8	7	7	7	6	6	6	추분	5	5	4	4	4	3	3

한로 8일 23시 10분 【음9월】➡ 【壬戌月(임술월)】 ●삼벽성 — 상강 24일 02시 06분

양력 10월 / 음력 08/24 ~ 09/24

	1	2	3	4	5	6	7	8	9	10	11	12	13	14	15	16	17	18	19	20	21	22	23	24	25	26	27	28	29	30	31
요일	목	금	토	일	월	화	수	목	금	토	일	월	화	수	목	금	토	일	월	화	수	목	금	토	일	월	화	수	목	금	토
일진 日辰	을유	병술	정해	무자	기축	경인	신묘	임진	계사	갑오	을미	병신	정유	무술	기해	경자	신축	임인	계묘	갑진	을사	병오	정미	무신	기유	경술	신해	임자	계축	갑인	을묘
음력	24	25	26	27	28	29	30	9/1	2	3	4	5	6	7	8	9	10	11	12	13	14	15	16	17	18	19	20	21	22	23	24
구성	9	8	7	6	5	4	3	2	1	9	8	7	6	5	4	3	2	1	9	8	7	6	5	4	3	2	1	9	8	7	6
대운 남	8	8	8	9	9	9	10	한로	1	1	1	1	2	2	2	3	3	3	4	4	4	5	5	상강	6	6	6	7	7	7	8
대운 여	2	2	2	1	1	1	1	한로	10	10	10	9	9	9	8	8	8	7	7	7	6	6	6	상강	5	5	4	4	4	3	3

입동 8일 02시 01분 【음10월】➡ 【癸亥月(계해월)】 ●이흑성 — 소설 22일 23시 22분

양력 11월 / 음력 09/25 ~ 10/24

	1	2	3	4	5	6	7	8	9	10	11	12	13	14	15	16	17	18	19	20	21	22	23	24	25	26	27	28	29	30
요일	일	월	화	수	목	금	토	일	월	화	수	목	금	토	일	월	화	수	목	금	토	일	월	화	수	목	금	토	일	월
일진 日辰	병진	정사	무오	기미	경신	신유	임술	계해	갑자	을축	병인	정묘	무진	기사	경오	신미	임신	계유	갑술	을해	병자	정축	무인	기묘	경진	신사	임오	계미	갑신	을유
음력	25	26	27	28	29	30	10/1	2	3	4	5	6	7	8	9	10	11	12	13	14	15	16	17	18	19	20	21	22	23	24
구성	5	4	3	2	1	9	8	7	6	5	4	3	2	1	9	8	7	6	5	4	3	2	1	9	8	7	6	5	4	3
대운 남	8	8	9	9	9	10	10	입동	1	1	1	2	2	2	3	3	3	4	4	4	5	소설	5	6	6	6	7	7	7	8
대운 여	2	2	2	1	1	1	1	입동	10	10	9	9	9	8	8	8	7	7	7	6	6	소설	5	5	4	4	4	3	3	3

대설 7일 18시 37분 【음11월】➡ 【甲子月(갑자월)】 ●일백성 — 동지 22일 12시 31분

양력 12월 / 음력 10/25 ~ 11/26

	1	2	3	4	5	6	7	8	9	10	11	12	13	14	15	16	17	18	19	20	21	22	23	24	25	26	27	28	29	30	31
요일	화	수	목	금	토	일	월	화	수	목	금	토	일	월	화	수	목	금	토	일	월	화	수	목	금	토	일	월	화	수	목
일진 日辰	병술	정해	무자	기축	경인	신묘	임진	계사	갑오	을미	병신	정유	무술	기해	경자	신축	임인	계묘	갑진	을사	병오	정미	무신	기유	경술	신해	임자	계축	갑인	을묘	병진
음력	25	26	27	28	29	11/1	2	3	4	5	6	7	8	9	10	11	12	13	14	15	16	17	18	19	20	21	22	23	24	25	26
구성	2	1	9	8	7	6	5	4	3	2	1	9	8	7	6	5	4	3	2	1	9	8	7	6	5	4	3	2	1	9	8
대운 남	8	8	9	9	9	10	대설	1	1	1	1	2	2	2	3	3	3	4	4	4	5	동지	6	6	6	7	7	7	8	8	8
대운 여	2	2	1	1	1	1	대설	10	10	10	9	9	9	8	8	8	7	7	7	6	6	동지	5	5	4	4	4	3	3	3	3

5월 25일 - 세계 최초 전투기 노스아메리칸 F-100 슈퍼세이버탄생. 7월 27일 - 한국 전쟁 휴전.

8월 3일 - 유엔 중립국 감시위원회, 판문점에 군사정전위원회 본부 설치. 8월 5일 - 판문점에서 남북 포로 교환 시작.

단기 4287 年	**1954년**	중원(中元), 갑오(甲午)년, 납음(사중금), 본명성(일백수)
불기 2498 年		대장군(동방), 삼살(북방), 상문(서남방), 조객(동남방), 납음(사중금), 【삼재(신,유,술)년】 臘享(납향):1955년1월22일(음12/29)

소한 6일 05시 45분 【음12월】➡ 【乙丑月(을축월)】 ◐구자성 대한 20일 23시 11분

양력 1월	1	2	3	4	5	6	7	8	9	10	11	12	13	14	15	16	17	18	19	20	21	22	23	24	25	26	27	28	29	30	31
요일	금	토	일	월	화	수	목	금	토	일	월	화	수	목	금	토	일	월	화	수	목	금	토	일	월	화	수	목	금	토	일
일진 日辰	정사	무오	기미	경신	신유	임술	계해	갑자	을축	병인	정묘	무진	기사	경오	신미	임신	계유	갑술	을해	병자	정축	무인	기묘	경진	신사	임오	계미	갑신	을유	병술	정해
음력 11/27~12/27	27	28	29	30	12/1	2	3	4	5	6	7	8	9	10	11	12	13	14	15	16	17	18	19	20	21	22	23	24	25	26	27
구성	7	6	5	4	3	2	1	1	2	3	4	5	6	7	8	9	1	2	3	4	5	6	7	8	9	1	2	3	4	5	6
대운 남	8	9	9	9	10	소한	1	1	1	1	2	2	2	3	3	3	4	4	4	대한	5	5	6	6	6	7	7	7	8	8	8
대운 여	2	1	1	1	1	소한	9	9	9	8	8	8	7	7	7	6	6	6	5	대한	5	4	4	4	3	3	3	2	2	2	1

입춘 4일 17시 31분 【음1월】➡ 【丙寅月(병인월)】 ◐팔백성 우수 19일 13시 32분

양력 2월	1	2	3	4	5	6	7	8	9	10	11	12	13	14	15	16	17	18	19	20	21	22	23	24	25	26	27	28
요일	월	화	수	목	금	토	일	월	화	수	목	금	토	일	월	화	수	목	금	토	일	월	화	수	목	금	토	일
일진 日辰	무자	기축	경인	신묘	임진	계사	갑오	을미	병신	정유	무술	기해	경자	신축	임인	계묘	갑진	을사	병오	정미	무신	기유	경술	신해	임자	계축	갑인	을묘
음력 12/28~01/25	28	29	30	1/1	2	3	4	5	6	7	8	9	10	11	12	13	14	15	16	17	18	19	20	21	22	23	24	25
구성	7	8	9	1	2	3	4	5	6	7	8	9	1	2	3	4	5	6	7	8	9	1	2	3	4	5	6	7
대운 남	9	9	9	입춘	10	9	9	9	8	8	8	7	7	7	6	6	6	5	우수	5	4	4	4	3	3	3	2	2
대운 여	1	1	1	입춘	1	1	1	1	2	2	2	3	3	3	4	4	4	5	우수	5	6	6	6	7	7	7	8	8

경칩 6일 11시 49분 【음2월】➡ 【丁卯月(정묘월)】 ◐칠적성 춘분 21일 12시 53분

양력 3월	1	2	3	4	5	6	7	8	9	10	11	12	13	14	15	16	17	18	19	20	21	22	23	24	25	26	27	28	29	30	31
요일	월	화	수	목	금	토	일	월	화	수	목	금	토	일	월	화	수	목	금	토	일	월	화	수	목	금	토	일	월	화	수
일진 日辰	병진	정사	무오	기미	경신	신유	임술	계해	갑자	을축	병인	정묘	무진	기사	경오	신미	임신	계유	갑술	을해	병자	정축	무인	기묘	경진	신사	임오	계미	갑신	을유	병술
음력 01/26~02/27	26	27	28	29	2/1	2	3	4	5	6	7	8	9	10	11	12	13	14	15	16	17	18	19	20	21	22	23	24	25	26	27
구성	8	9	1	2	3	4	5	6	7	8	9	1	2	3	4	5	6	7	8	9	1	2	3	4	5	6	7	8	9	1	2
대운 남	2	1	1	1	1	경칩	10	9	9	9	8	8	8	7	7	7	6	6	6	5	춘분	5	4	4	4	3	3	3	2	2	2
대운 여	8	9	9	9	10	경칩	1	1	1	1	2	2	2	3	3	3	4	4	4	5	춘분	5	6	6	6	7	7	7	8	8	8

청명 5일 16시 59분 【음3월】➡ 【戊辰月(무진월)】 ◐육백성 곡우 21일 00시 20분

양력 4월	1	2	3	4	5	6	7	8	9	10	11	12	13	14	15	16	17	18	19	20	21	22	23	24	25	26	27	28	29	30
요일	목	금	토	일	월	화	수	목	금	토	일	월	화	수	목	금	토	일	월	화	수	목	금	토	일	월	화	수	목	금
일진 日辰	정해	무자	기축	경인	신묘	임진	계사	갑오	을미	병신	정유	무술	기해	경자	신축	임인	계묘	갑진	을사	병오	정미	무신	기유	경술	신해	임자	계축	갑인	을묘	병진
음력 02/28~03/28	28	29	3/1	2	3	4	5	6	7	8	9	10	11	12	13	14	15	16	17	18	19	20	21	22	23	24	25	26	27	28
구성	3	4	5	6	7	8	9	1	2	3	4	5	6	7	8	9	1	2	3	4	5	6	7	8	9	1	2	3	4	5
대운 남	1	1	1	1	청명	10	10	9	9	9	8	8	8	7	7	7	6	6	6	5	곡우	5	4	4	4	3	3	3	2	2
대운 여	9	9	9	10	청명	1	1	1	1	2	2	2	3	3	3	4	4	4	5	5	곡우	6	6	6	7	7	7	8	8	8

입하 6일 10시 38분 【음4월】➡ 【己巳月(기사월)】 ◐오황성 소만 21일 23시 47분

양력 5월	1	2	3	4	5	6	7	8	9	10	11	12	13	14	15	16	17	18	19	20	21	22	23	24	25	26	27	28	29	30	31
요일	토	일	월	화	수	목	금	토	일	월	화	수	목	금	토	일	월	화	수	목	금	토	일	월	화	수	목	금	토	일	월
일진 日辰	정사	무오	기미	경신	신유	임술	계해	갑자	을축	병인	정묘	무진	기사	경오	신미	임신	계유	갑술	을해	병자	정축	무인	기묘	경진	신사	임오	계미	갑신	을유	병술	정해
음력 03/29~04/29	29	30	4/1	2	3	4	5	6	7	8	9	10	11	12	13	14	15	16	17	18	19	20	21	22	23	24	25	26	27	28	29
구성	6	7	8	9	1	2	3	4	5	6	7	8	9	1	2	3	4	5	6	7	8	9	1	2	3	4	5	6	7	8	9
대운 남	2	1	1	1	1	입하	10	10	9	9	9	8	8	8	7	7	7	6	6	6	소만	5	5	4	4	4	3	3	3	2	2
대운 여	9	9	9	9	10	입하	1	1	1	1	2	2	2	3	3	3	4	4	4	5	소만	5	6	6	6	7	7	7	8	8	8

망종 6일 15시 01분 【음5월】➡ 【庚午月(경오월)】 ◐사록성 하지 22일 07시 54분

양력 6월	1	2	3	4	5	6	7	8	9	10	11	12	13	14	15	16	17	18	19	20	21	22	23	24	25	26	27	28	29	30
요일	화	수	목	금	토	일	월	화	수	목	금	토	일	월	화	수	목	금	토	일	월	화	수	목	금	토	일	월	화	수
일진 日辰	무자	기축	경인	신묘	임진	계사	갑오	을미	병신	정유	무술	기해	경자	신축	임인	계묘	갑진	을사	병오	정미	무신	기유	경술	신해	임자	계축	갑인	을묘	병진	정사
음력 05/01~06/01	5/1	2	3	4	5	6	7	8	9	10	11	12	13	14	15	16	17	18	19	20	21	22	23	24	25	26	27	28	29	6/1
구성	1	2	3	4	5	6	7	8	9	1	2	3	4	5	6	7	8	9	1	2	3	4	5	6	7	8	9	1	2	3
대운 남	2	1	1	1	1	망종	10	10	10	9	9	9	8	8	8	7	7	7	6	6	6	하지	5	5	4	4	4	3	3	3
대운 여	9	9	9	10	10	망종	1	1	1	1	2	2	2	3	3	3	4	4	4	5	5	하지	6	6	6	7	7	7	8	8

3월 21일 - 한국표준시가 동경 127도 30분을 기준으로 30분 환원됨.4월 24일 - 인하공과대학 개교.

4월 26일 - 베트남 전쟁: 제네바 협정 개최.5월 22일 - 대한민국 정부, '한국통일에 관한 14개 원칙案' 발표.

한식(4월06일), 초복(7월13일), 중복(7월23일), 말복(8월12일)　↑춘사(春社)3/23　☀추사(秋社)9/19
토왕지절(土旺之節):4월17일,7월20일,10월21일,1월18일(신년양력),양력)

一日得辛, 二龍治水, 1954년 갑오年(사중금), 일백수

9자	5황	7적
8백	1백	3벽
4록	6백	2흑

1954

7월 — 소서 8일 01시 19분　【음6월】➡ 【辛未月(신미월)】　☯삼벽성　대서 23일 18시 45분
(양력 7월 / 음력 06/02 ▪ 07/02)

구분	1	2	3	4	5	6	7	8	9	10	11	12	13	14	15	16	17	18	19	20	21	22	23	24	25	26	27	28	29	30	31
요일	목	금	토	일	월	화	수	목	금	토	일	월	화	수	목	금	토	일	월	화	수	목	금	토	일	월	화	수	목	금	토
일진(日辰)	무오	기미	경신	신유	임술	계해	갑자	을축	병인	정묘	무진	기사	경오	신미	임신	계유	갑술	을해	병자	정축	무인	기묘	경진	신사	임오	계미	갑신	을유	병술	정해	무자
음력	2	3	4	5	6	7	8	9	10	11	12	13	14	15	16	17	18	19	20	21	22	23	24	25	26	27	28	29	30	7/1	2
구성	4	5	6	7	8	9	9	8	7	6	5	4	3	2	1	9	8	7	6	5	4	3	2	1	9	8	7	6	5	4	3
대운(남)	2	2	2	1	1	1	1	소서	10	10	9	9	9	8	8	8	7	7	7	6	6	6	대서	5	5	4	4	4	3	3	3
대운(여)	8	9	9	9	10	10	10	소서	1	1	1	1	1	2	2	3	3	3	4	4	4	5	대서	5	6	6	6	7	7	7	8

8월 — 입추 8일 10시 59분　【음7월】➡ 【壬申月(임신월)】　☯이흑성　처서 24일 01시 36분
(양력 8월 / 음력 07/03 ▪ 08/04)

구분	1	2	3	4	5	6	7	8	9	10	11	12	13	14	15	16	17	18	19	20	21	22	23	24	25	26	27	28	29	30	31
요일	일	월	화	수	목	금	토	일	월	화	수	목	금	토	일	월	화	수	목	금	토	일	월	화	수	목	금	토	일	월	화
일진(日辰)	기축	경인	신묘	임진	계사	갑오	을미	병신	정유	무술	기해	경자	신축	임인	계묘	갑진	을사	병오	정미	무신	기유	경술	신해	임자	계축	갑인	을묘	병진	정사	무오	기미
음력	3	4	5	6	7	8	9	10	11	12	13	14	15	16	17	18	19	20	21	22	23	24	25	26	27	28	29	8/1	2	3	4
구성	2	1	9	8	7	6	5	4	3	2	1	9	8	7	6	5	4	3	2	1	9	8	7	6	5	4	3	2	1	9	8
대운(남)	2	2	2	1	1	1	1	입추	10	10	9	9	9	8	8	8	7	7	7	6	6	6	5	처서	5	4	4	4	3	3	3
대운(여)	8	8	9	9	9	10	10	입추	1	1	1	1	1	2	2	3	3	3	4	4	4	5	5	처서	6	6	6	7	7	7	8

9월 — 백로 8일 13시 38분　【음8월】➡ 【癸酉月(계유월)】　☯일백성　추분 23일 22시 55분
(양력 9월 / 음력 08/05 ▪ 09/04)

구분	1	2	3	4	5	6	7	8	9	10	11	12	13	14	15	16	17	18	19	20	21	22	23	24	25	26	27	28	29	30
요일	수	목	금	토	일	월	화	수	목	금	토	일	월	화	수	목	금	토	일	월	화	수	목	금	토	일	월	화	수	목
일진(日辰)	경신	신유	임술	계해	갑자	을축	병인	정묘	무진	기사	경오	신미	임신	계유	갑술	을해	병자	정축	무인	기묘	경진	신사	임오	계미	갑신	을유	병술	정해	무자	기축
음력	5	6	7	8	9	10	11	12	13	14	15	16	17	18	19	20	21	22	23	24	25	26	27	28	29	30	9/1	2	3	4
구성	7	6	5	4	3	2	1	9	8	7	6	5	4	3	2	1	9	8	7	6	5	4	3	2	1	9	8	7	6	5
대운(남)	2	2	2	1	1	1	1	백로	10	10	9	9	9	8	8	8	7	7	7	6	6	6	추분	5	5	4	4	4	3	3
대운(여)	8	8	9	9	9	10	10	백로	1	1	1	1	1	2	2	3	3	3	4	4	4	5	추분	5	6	6	6	7	7	7

10월 — 한로 9일 04시 57분　【음9월】➡ 【甲戌月(갑술월)】　☯구자성　상강 24일 07시 56분
(양력 10월 / 음력 09/05 ▪ 10/05)

구분	1	2	3	4	5	6	7	8	9	10	11	12	13	14	15	16	17	18	19	20	21	22	23	24	25	26	27	28	29	30	31
요일	금	토	일	월	화	수	목	금	토	일	월	화	수	목	금	토	일	월	화	수	목	금	토	일	월	화	수	목	금	토	일
일진(日辰)	경인	신묘	임진	계사	갑오	을미	병신	정유	무술	기해	경자	신축	임인	계묘	갑진	을사	병오	정미	무신	기유	경술	신해	임자	계축	갑인	을묘	병진	정사	무오	기미	경신
음력	5	6	7	8	9	10	11	12	13	14	15	16	17	18	19	20	21	22	23	24	25	26	27	28	29	30	10/1	2	3	4	5
구성	4	3	2	1	9	8	7	6	5	4	3	2	1	9	8	7	6	5	4	3	2	1	9	8	7	6	5	4	3	2	1
대운(남)	3	2	2	2	1	1	1	1	한로	10	9	9	9	8	8	8	7	7	7	6	6	6	5	상강	5	4	4	4	3	3	3
대운(여)	8	8	8	9	9	9	10	10	한로	1	1	1	1	2	2	2	3	3	3	4	4	4	5	상강	5	6	6	6	7	7	7

11월 — 입동 8일 07시 51분　【음10월】➡ 【乙亥月(을해월)】　☯팔백성　소설 23일 05시 14분
(양력 11월 / 음력 10/06 ▪ 11/06)

구분	1	2	3	4	5	6	7	8	9	10	11	12	13	14	15	16	17	18	19	20	21	22	23	24	25	26	27	28	29	30
요일	월	화	수	목	금	토	일	월	화	수	목	금	토	일	월	화	수	목	금	토	일	월	화	수	목	금	토	일	월	화
일진(日辰)	신유	임술	계해	갑자	을축	병인	정묘	무진	기사	경오	신미	임신	계유	갑술	을해	병자	정축	무인	기묘	경진	신사	임오	계미	갑신	을유	병술	정해	무자	기축	경인
음력	6	7	8	9	10	11	12	13	14	15	16	17	18	19	20	21	22	23	24	25	26	27	28	29	11/1	2	3	4	5	6
구성	9	8	7	6	5	4	3	2	1	9	8	7	6	5	4	3	2	1	9	8	7	6	5	4	3	2	1	9	8	7
대운(남)	2	2	2	1	1	1	1	입동	10	10	9	9	9	8	8	8	7	7	7	6	6	6	소설	5	5	4	4	4	3	3
대운(여)	8	8	9	9	9	10	10	입동	1	1	1	1	1	2	2	3	3	3	4	4	4	5	소설	5	6	6	6	7	7	7

12월 — 대설 8일 00시 29분　【음11월】➡ 【丙子月(병자월)】　☯칠적성　동지 22일 18시 24분
(양력 12월 / 음력 11/07 ▪ 12/07)

구분	1	2	3	4	5	6	7	8	9	10	11	12	13	14	15	16	17	18	19	20	21	22	23	24	25	26	27	28	29	30	31
요일	수	목	금	토	일	월	화	수	목	금	토	일	월	화	수	목	금	토	일	월	화	수	목	금	토	일	월	화	수	목	금
일진(日辰)	신묘	임진	계사	갑오	을미	병신	정유	무술	기해	경자	신축	임인	계묘	갑진	을사	병오	정미	무신	기유	경술	신해	임자	계축	갑인	을묘	병진	정사	무오	기미	경신	신유
음력	7	8	9	10	11	12	13	14	15	16	17	18	19	20	21	22	23	24	25	26	27	28	29	30	12/1	2	3	4	5	6	7
구성	6	5	4	3	2	1	9	8	7	6	5	4	3	2	1	9	8	7	6	5	4	3	2	1	9	8	7	6	5	4	3
대운(남)	2	2	2	1	1	1	1	대설	10	10	9	9	9	8	8	8	7	7	7	6	6	동지	5	5	5	4	4	4	3	3	3
대운(여)	8	8	9	9	9	10	10	대설	1	1	1	1	1	2	2	3	3	3	4	4	4	동지	5	5	6	6	6	7	7	7	8

9월 8일 - 동남 아시아의 반공산주의 집단방위기구인 동남아시아조약기구(SEATO) 발족. 9월 15일 - 3월 1일의 비키니 섬 수소 폭탄 실험에 참가했던 158명 중 11명 갑상선종양에 걸려 2세 유전 등 문제가 됨. 대한민국에서 3종의 독도 우표 발행.

1955년 (단기 4288年 / 불기 2499年) 윤3월

중원(中元). 을미(乙未)년, 납음(사중금), 본명성(구자화)
대장군(卯동방). 삼살(酉서방), 상문(酉서방), 조객(巳동남방), 납음(사중금). 【삼재(사,오,미)년】 臘享(납향):1956년1월18일(음12/06)

을미년

소한 6일 11시 36분 【음12월】➡ 【丁丑月(정축월)】 ☯육백성 대한 21일 05시 02분

양력	1	2	3	4	5	6	7	8	9	10	11	12	13	14	15	16	17	18	19	20	21	22	23	24	25	26	27	28	29	30	31
요일	토	일	월	화	수	목	금	토	일	월	화	수	목	금	토	일	월	화	수	목	금	토	일	월	화	수	목	금	토	일	월
日辰	임술	계해	갑자	을축	병인	정묘	무진	기사	경오	신미	임신	계유	갑술	을해	병자	정축	무인	기묘	경진	신사	임오	계미	갑신	을유	병술	정해	무자	기축	경인	신묘	임진
음력	8	9	10	11	12	13	14	15	16	17	18	19	20	21	22	23	24	25	26	27	28	29	30	1/1	2	3	4	5	6	7	8
구성	2	1	1	2	3	4	5	6	7	8	9	1	2	3	4	5	6	7	8	9	1	2	3	4	5	6	7	8	9	1	2
대남	2	1	1	1	1	소한	9	9	9	8	8	8	7	7	7	6	6	6	5	5	대한	4	4	4	3	3	3	2	2	2	1
운여	8	9	9	9	10	소한	1	1	1	1	2	2	2	3	3	3	4	4	4	5	대한	5	6	6	6	7	7	7	8	8	8

음력 12/08 ~ 01/08

입춘 4일 23시 18분 【음1월】➡ 【戊寅月(무인월)】 ☯오황성 우수 19일 19시 19분

양력	1	2	3	4	5	6	7	8	9	10	11	12	13	14	15	16	17	18	19	20	21	22	23	24	25	26	27	28
요일	화	수	목	금	토	일	월	화	수	목	금	토	일	월	화	수	목	금	토	일	월	화	수	목	금	토	일	월
日辰	계사	갑오	을미	병신	정유	무술	기해	경자	신축	임인	계묘	갑진	을사	병오	정미	무신	기유	경술	신해	임자	계축	갑인	을묘	병진	정사	무오	기미	경신
음력	9	10	11	12	13	14	15	16	17	18	19	20	21	22	23	24	25	26	27	28	29	30	2/1	2	3	4	5	6
구성	3	4	5	6	7	8	9	1	2	3	4	5	6	7	8	9	1	2	3	4	5	6	7	8	9	1	2	3
대남	1	1	1	입춘	1	1	1	1	2	2	2	3	3	3	4	4	4	5	우수	5	6	6	6	7	7	7	8	8
운여	9	9	9	입춘	10	9	9	9	8	8	8	7	7	7	7	6	6	6	우수	5	5	4	4	4	3	3	3	2

음력 01/09 ~ 02/06

경칩 6일 17시 31분 【음2월】➡ 【己卯月(기묘월)】 ☯사록성 춘분 21일 18시 35분

양력	1	2	3	4	5	6	7	8	9	10	11	12	13	14	15	16	17	18	19	20	21	22	23	24	25	26	27	28	29	30	31
요일	화	수	목	금	토	일	월	화	수	목	금	토	일	월	화	수	목	금	토	일	월	화	수	목	금	토	일	월	화	수	목
日辰	신유	임술	계해	갑자	을축	병인	정묘	무진	기사	경오	신미	임신	계유	갑술	을해	병자	정축	무인	기묘	경진	신사	임오	계미	갑신	을유	병술	정해	무자	기축	경인	신묘
음력	7	8	9	10	11	12	13	14	15	16	17	18	19	20	21	22	23	24	25	26	27	28	29	3/1	2	3	4	5	6	7	8
구성	4	5	6	7	8	9	1	2	3	4	5	6	7	8	9	1	2	3	4	5	6	7	8	9	1	2	3	4	5	6	7
대남	8	9	9	9	10	경칩	1	1	1	1	2	2	2	3	3	3	4	4	4	5	춘분	5	6	6	6	7	7	7	8	8	8
운여	2	1	1	1	1	경칩	10	9	9	9	8	8	8	7	7	7	6	6	6	5	춘분	5	4	4	4	3	3	3	2	2	2

음력 02/07 ~ 03/08

청명 5일 22시 39분 【음3월】➡ 【庚辰月(경진월)】 ☯삼벽성 곡우 21일 05시 28분

양력	1	2	3	4	5	6	7	8	9	10	11	12	13	14	15	16	17	18	19	20	21	22	23	24	25	26	27	28	29	30
요일	금	토	일	월	화	수	목	금	토	일	월	화	수	목	금	토	일	월	화	수	목	금	토	일	월	화	수	목	금	토
日辰	임진	계사	갑오	을미	병신	정유	무술	기해	경자	신축	임인	계묘	갑진	을사	병오	정미	무신	기유	경술	신해	임자	계축	갑인	을묘	병진	정사	무오	기미	경신	신유
음력	9	10	11	12	13	14	15	16	17	18	19	20	21	22	23	24	25	26	27	28	29	윤3	2	3	4	5	6	7	8	9
구성	8	9	1	2	3	4	5	6	7	8	9	1	2	3	4	5	6	7	8	9	1	2	3	4	5	6	7	8	9	1
대남	9	9	9	10	청명	1	1	1	1	2	2	2	3	3	3	4	4	4	5	5	곡우	6	6	6	7	7	7	8	8	8
운여	1	1	1	1	청명	10	10	9	9	9	8	8	8	7	7	7	6	6	6	5	곡우	5	4	4	4	3	3	3	2	2

음력 03/09 ~ 윤3 09

입하 6일 17시 18분 【음4월】➡ 【辛巳月(신사월)】 ☯이흑성 소만 22일 06시 24분

양력	1	2	3	4	5	6	7	8	9	10	11	12	13	14	15	16	17	18	19	20	21	22	23	24	25	26	27	28	29	30	31
요일	일	월	화	수	목	금	토	일	월	화	수	목	금	토	일	월	화	수	목	금	토	일	월	화	수	목	금	토	일	월	화
日辰	임술	계해	갑자	을축	병인	정묘	무진	기사	경오	신미	임신	계유	갑술	을해	병자	정축	무인	기묘	경진	신사	임오	계미	갑신	을유	병술	정해	무자	기축	경인	신묘	임진
음력	10	11	12	13	14	15	16	17	18	19	20	21	22	23	24	25	26	27	28	29	30	4/1	2	3	4	5	6	7	8	9	10
구성	2	3	4	5	6	7	8	9	1	2	3	4	5	6	7	8	9	1	2	3	4	5	6	7	8	9	1	2	3	4	5
대남	9	9	9	10	10	입하	1	1	1	1	2	2	2	3	3	3	4	4	4	5	5	소만	6	6	6	7	7	7	8	8	8
운여	2	1	1	1	1	입하	10	10	9	9	9	8	8	8	7	7	7	6	6	6	5	소만	5	4	4	4	3	3	3	2	2

음력 윤3 10 ~ 04/10

망종 6일 21시 43분 【음5월】➡ 【壬午月(임오월)】 ☯일백성 하지 22일 14시 31분

양력	1	2	3	4	5	6	7	8	9	10	11	12	13	14	15	16	17	18	19	20	21	22	23	24	25	26	27	28	29	30
요일	수	목	금	토	일	월	화	수	목	금	토	일	월	화	수	목	금	토	일	월	화	수	목	금	토	일	월	화	수	목
日辰	계사	갑오	을미	병신	정유	무술	기해	경자	신축	임인	계묘	갑진	을사	병오	정미	무신	기유	경술	신해	임자	계축	갑인	을묘	병진	정사	무오	기미	경신	신유	임술
음력	11	12	13	14	15	16	17	18	19	20	21	22	23	24	25	26	27	28	29	5/1	2	3	4	5	6	7	8	9	10	11
구성	6	7	8	9	1	2	3	4	5	6	7	8	9	1	2	3	4	5	6	7	8	9	1	2	3	4	5	6	7	8
대남	9	9	9	10	10	망종	1	1	1	1	2	2	2	3	3	3	4	4	4	5	5	하지	6	6	6	7	7	7	8	8
운여	2	1	1	1	1	망종	10	10	10	9	9	9	8	8	8	7	7	7	6	6	6	하지	5	5	4	4	4	3	3	3

음력 04/11 ~ 05/11

1월 29일 - 대한민국 단성사 앞 저격사건이 일어나다. 1월 31일 - 중국 국무원, <원자력의 평화적 이용의 연구를 위해 중국을 원조하는 소련의 제안에 관한 결의> 채택. 3월 1일 - 육군 본부, 대구서 서울로 이전.

서머타임 시작 5월5일 00시→＊01시로 조정
종료 9월09일 01시→＊00시로 조정
수정한 시간으로 표기(동경표준시 사용)

8백	4록	6백
7적	9자	2흑
3벽	5황	1백

1955

소서 8일 08시 06분　【음6월】➡　【癸未月(계미월)】　●구자성　대서 24일 01시 25분

양력 7월 (음력 05/12 ~ 06/13)

	1	2	3	4	5	6	7	8	9	10	11	12	13	14	15	16	17	18	19	20	21	22	23	24	25	26	27	28	29	30	31
요일	금	토	일	월	화	수	목	금	토	일	월	화	수	목	금	토	일	월	화	수	목	금	토	일	월	화	수	목	금	토	일
일진(日辰)	계해	갑자	을축	병인	정묘	무진	기사	경오	신미	임신	계유	갑술	을해	병자	정축	무인	기묘	경진	신사	임오	계미	갑신	을유	병술	정해	무자	기축	경인	신묘	임진	계사
음력	12	13	14	15	16	17	18	19	20	21	22	23	24	25	26	27	28	29	6/1	2	3	4	5	6	7	8	9	10	11	12	13
구성	9	9	8	7	6	5	4	3	2	1	9	8	7	6	5	4	3	2	1	9	8	7	6	5	4	3	2	1	9	8	7
대(남)	8	9	9	9	10	10	10	소서	1	1	1	1	2	2	2	3	3	3	4	4	4	5	5	대서	6	6	6	7	7	7	8
운(여)	2	2	2	1	1	1	1	소서	10	10	9	9	9	8	8	8	7	7	7	6	6	6	5	대서	5	5	4	4	4	3	3

입추 8일 17시 50분　【음7월】➡　【甲申月(갑신월)】　●팔백성　처서 24일 08시 19분

양력 8월 (음력 06/14 ~ 07/14)

	1	2	3	4	5	6	7	8	9	10	11	12	13	14	15	16	17	18	19	20	21	22	23	24	25	26	27	28	29	30	31
요일	월	화	수	목	금	토	일	월	화	수	목	금	토	일	월	화	수	목	금	토	일	월	화	수	목	금	토	일	월	화	수
일진(日辰)	갑오	을미	병신	정유	무술	기해	경자	신축	임인	계묘	갑진	을사	병오	정미	무신	기유	경술	신해	임자	계축	갑인	을묘	병진	정사	무오	기미	경신	신유	임술	계해	갑자
음력	14	15	16	17	18	19	20	21	22	23	24	25	26	27	28	29	30	7/1	2	3	4	5	6	7	8	9	10	11	12	13	14
구성	6	5	4	3	2	1	9	8	7	6	5	4	3	2	1	9	8	7	6	5	4	3	2	1	9	8	7	6	5	4	3
대(남)	8	8	9	9	9	10	10	입추	1	1	1	1	2	2	2	3	3	3	4	4	4	5	5	처서	6	6	6	7	7	7	8
운(여)	2	2	2	1	1	1	1	입추	10	10	9	9	9	8	8	8	7	7	7	6	6	6	5	처서	5	5	4	4	4	3	3

백로 8일 20시 32분　【음8월】➡　【乙酉月(을유월)】　●칠적성　추분 24일 04시 41분

양력 9월 (음력 07/15 ~ 08/15)

	1	2	3	4	5	6	7	8	9	10	11	12	13	14	15	16	17	18	19	20	21	22	23	24	25	26	27	28	29	30
요일	목	금	토	일	월	화	수	목	금	토	일	월	화	수	목	금	토	일	월	화	수	목	금	토	일	월	화	수	목	금
일진(日辰)	을축	병인	정묘	무진	기사	경오	신미	임신	계유	갑술	을해	병자	정축	무인	기묘	경진	신사	임오	계미	갑신	을유	병술	정해	무자	기축	경인	신묘	임진	계사	갑오
음력	15	16	17	18	19	20	21	22	23	24	25	26	27	28	29	8/1	2	3	4	5	6	7	8	9	10	11	12	13	14	15
구성	2	1	9	8	7	6	5	4	3	2	1	9	8	7	6	5	4	3	2	1	9	8	7	6	5	4	3	2	1	9
대(남)	8	8	9	9	9	10	10	백로	1	1	1	1	2	2	2	3	3	3	4	4	4	5	5	추분	6	6	6	7	7	7
운(여)	2	2	2	1	1	1	1	백로	10	10	9	9	9	8	8	8	7	7	7	6	6	6	5	추분	5	4	4	4	3	3

한로 9일 10시 52분　【음9월】➡　【丙戌月(병술월)】　●육백성　상강 24일 13시 43분

양력 10월 (음력 08/16 ~ 09/16)

	1	2	3	4	5	6	7	8	9	10	11	12	13	14	15	16	17	18	19	20	21	22	23	24	25	26	27	28	29	30	31
요일	토	일	월	화	수	목	금	토	일	월	화	수	목	금	토	일	월	화	수	목	금	토	일	월	화	수	목	금	토	일	월
일진(日辰)	을미	병신	정유	무술	기해	경자	신축	임인	계묘	갑진	을사	병오	정미	무신	기유	경술	신해	임자	계축	갑인	을묘	병진	정사	무오	기미	경신	신유	임술	계해	갑자	을축
음력	16	17	18	19	20	21	22	23	24	25	26	27	28	29	30	9/1	2	3	4	5	6	7	8	9	10	11	12	13	14	15	16
구성	8	7	6	5	4	3	2	1	9	8	7	6	5	4	3	2	1	9	8	7	6	5	4	3	2	1	9	8	7	6	5
대(남)	8	8	8	9	9	9	10	10	한로	1	1	1	1	2	2	2	3	3	3	4	4	4	5	상강	5	6	6	6	7	7	7
운(여)	3	2	2	2	1	1	1	1	한로	10	9	9	9	8	8	8	7	7	7	6	6	6	5	상강	5	4	4	4	3	3	3

입동 8일 3시 45분　【음10월】➡　【丁亥月(정해월)】　●오황성　소설 23일 11시 01분

양력 11월 (음력 09/17 ~ 10/17)

	1	2	3	4	5	6	7	8	9	10	11	12	13	14	15	16	17	18	19	20	21	22	23	24	25	26	27	28	29	30
요일	화	수	목	금	토	일	월	화	수	목	금	토	일	월	화	수	목	금	토	일	월	화	수	목	금	토	일	월	화	수
일진(日辰)	병인	정묘	무진	기사	경오	신미	임신	계유	갑술	을해	병자	정축	무인	기묘	경진	신사	임오	계미	갑신	을유	병술	정해	무자	기축	경인	신묘	임진	계사	갑오	을미
음력	17	18	19	20	21	22	23	24	25	26	27	28	29	10/1	2	3	4	5	6	7	8	9	10	11	12	13	14	15	16	17
구성	4	3	2	1	9	8	7	6	5	4	3	2	1	9	8	7	6	5	4	3	2	1	9	8	7	6	5	4	3	2
대(남)	8	8	8	9	9	9	10	입동	1	1	1	1	2	2	2	3	3	3	4	4	4	5	소설	5	6	6	6	7	7	7
운(여)	2	2	2	1	1	1	1	입동	10	9	9	9	8	8	8	7	7	7	6	6	6	5	소설	5	4	4	4	3	3	3

대설 8일 06시 23분　【음11월】➡　【戊子月(무자월)】　●사록성　동지 23일 00시 11분

양력 12월 (음력 10/18 ~ 11/18)

	1	2	3	4	5	6	7	8	9	10	11	12	13	14	15	16	17	18	19	20	21	22	23	24	25	26	27	28	29	30	31
요일	목	금	토	일	월	화	수	목	금	토	일	월	화	수	목	금	토	일	월	화	수	목	금	토	일	월	화	수	목	금	토
일진(日辰)	병신	정유	무술	기해	경자	신축	임인	계묘	갑진	을사	병오	정미	무신	기유	경술	신해	임자	계축	갑인	을묘	병진	정사	무오	기미	경신	신유	임술	계해	갑자	을축	병인
음력	18	19	20	21	22	23	24	25	26	27	28	29	30	11/1	2	3	4	5	6	7	8	9	10	11	12	13	14	15	16	17	18
구성	1	9	8	7	6	5	4	3	2	1	9	8	7	6	5	4	3	2	1	9	8	7	6	5	4	3	2	1	1	2	3
대(남)	8	8	8	9	9	9	10	대설	1	1	1	1	2	2	2	3	3	3	4	4	4	5	동지	5	6	6	6	7	7	7	8
운(여)	2	2	2	1	1	1	1	대설	9	9	9	8	8	8	7	7	7	6	6	6	5	5	동지	4	4	4	3	3	3	2	2

9월 13일 - 서독-소련 국교수립. 9월 17일 - 대구 매일신문 최석채 주필의 '학도를 도구로 이용하지 말라'는 사설에 항의하는 괴청년 40여명이 신문사에 난입. 9월 19일 - 대한민국, 민주당 창당. 9월 19일 - 아르헨티나 독재자 후안 페론 대통령, 군부 쿠데타로 실각.

1956년

<table>
<tr><td>단기 4289 年
불기 2500 年</td><td>1956년</td><td>중원(中元), 병신(丙申)년, 납음(산하화), 본명성(팔백토)
대장군(午남방), 삼살(남방), 상문(戌서북방), 조객(午남방), 납음(산하화), 삼재(인,묘,진)　臘享(납향):1957년1월23일(음12/23)</td><td></td></tr>
</table>

1월

소한 6일 17시 30분　【음12월】➡　【己丑月(기축월)】　●삼벽성　대한 21일 10시 48분

음력 11/19 ~ 12/19

양력	1	2	3	4	5	6	7	8	9	10	11	12	13	14	15	16	17	18	19	20	21	22	23	24	25	26	27	28	29	30	31
요일	일	월	화	수	목	금	토	일	월	화	수	목	금	토	일	월	화	수	목	금	토	일	월	화	수	목	금	토	일	월	화
일진	정묘	무진	기사	경오	신미	임신	계유	갑술	을해	병자	정축	무인	기묘	경진	신사	임오	계미	갑신	을유	병술	정해	무자	기축	경인	신묘	임진	계사	갑오	을미	병신	정유
음력	19	20	21	22	23	24	25	26	27	28	29	30	12/1	2	3	4	5	6	7	8	9	10	11	12	13	14	15	16	17	18	19
구성	4	5	6	7	8	9	1	2	3	4	5	6	7	8	9	1	2	3	4	5	6	7	8	9	1	2	3	4	5	6	7
대운 남	8	8	9	9	9	소	1	1	1	1	2	2	2	3	3	3	4	4	4	5	대	5	6	6	6	7	7	7	8	8	8
대운 여	2	1	1	1	1	한	10	9	9	9	8	8	8	7	7	7	6	6	6	5	한	5	4	4	4	3	3	3	2	2	2

2월

입춘 5일 05시 12분　【음1월】➡　【庚寅月(경인월)】　●이흑성　우수 20일 01시 05분

음력 12/20 ~ 01/18

양력	1	2	3	4	5	6	7	8	9	10	11	12	13	14	15	16	17	18	19	20	21	22	23	24	25	26	27	28	29
요일	수	목	금	토	일	월	화	수	목	금	토	일	월	화	수	목	금	토	일	월	화	수	목	금	토	일	월	화	수
일진	무술	기해	경자	신축	임인	계묘	갑진	을사	병오	정미	무신	기유	경술	신해	임자	계축	갑인	을묘	병진	정사	무오	기미	경신	신유	임술	계해	갑자	을축	병인
음력	20	21	22	23	24	25	26	27	28	29	30	1/1	2	3	4	5	6	7	8	9	10	11	12	13	14	15	16	17	18
구성	8	9	1	2	3	4	5	6	7	8	9	1	2	3	4	5	6	7	8	9	1	2	3	4	5	6	7	8	9
대운 남	9	9	9	10	입	9	9	9	8	8	8	7	7	7	6	6	6	5	5	우	4	4	4	3	3	3	2	2	2
대운 여	1	1	1	1	춘	1	1	1	1	2	2	2	3	3	3	4	4	4	5	수	5	6	6	6	7	7	7	8	8

3월

경칩 5일 23시 24분　【음2월】➡　【辛卯月(신묘월)】　●일백성　춘분 21일 00시 20분

음력 01/19 ~ 02/20

양력	1	2	3	4	5	6	7	8	9	10	11	12	13	14	15	16	17	18	19	20	21	22	23	24	25	26	27	28	29	30	31
요일	목	금	토	일	월	화	수	목	금	토	일	월	화	수	목	금	토	일	월	화	수	목	금	토	일	월	화	수	목	금	토
일진	정묘	무진	기사	경오	신미	임신	계유	갑술	을해	병자	정축	무인	기묘	경진	신사	임오	계미	갑신	을유	병술	정해	무자	기축	경인	신묘	임진	계사	갑오	을미	병신	정유
음력	19	20	21	22	23	24	25	26	27	28	29	2/1	2	3	4	5	6	7	8	9	10	11	12	13	14	15	16	17	18	19	20
구성	1	2	3	4	5	6	7	8	9	1	2	3	4	5	6	7	8	9	1	2	3	4	5	6	7	8	9	1	2	3	4
대운 남	1	1	1	1	경	10	10	9	9	9	8	8	8	7	7	7	6	6	6	5	춘	5	4	4	4	3	3	3	2	2	2
대운 여	8	9	9	9	칩	1	1	1	1	2	2	2	3	3	3	4	4	4	5	5	분	6	6	6	7	7	7	8	8	8	9

4월

청명 5일 04시 31분　【음3월】➡　【壬辰月(임진월)】　●구자성　곡우 20일 11시 43분

음력 02/21 ~ 03/20

양력	1	2	3	4	5	6	7	8	9	10	11	12	13	14	15	16	17	18	19	20	21	22	23	24	25	26	27	28	29	30
요일	일	월	화	수	목	금	토	일	월	화	수	목	금	토	일	월	화	수	목	금	토	일	월	화	수	목	금	토	일	월
일진	무술	기해	경자	신축	임인	계묘	갑진	을사	병오	정미	무신	기유	경술	신해	임자	계축	갑인	을묘	병진	정사	무오	기미	경신	신유	임술	계해	갑자	을축	병인	정묘
음력	21	22	23	24	25	26	27	28	29	30	3/1	2	3	4	5	6	7	8	9	10	11	12	13	14	15	16	17	18	19	20
구성	5	6	7	8	9	1	2	3	4	5	6	7	8	9	1	2	3	4	5	6	7	8	9	1	2	3	4	5	6	7
대운 남	1	1	1	1	청	10	9	9	9	8	8	8	7	7	7	6	6	6	5	곡	5	4	4	4	3	3	3	2	2	2
대운 여	9	1	1	1	명	1	1	1	2	2	2	3	3	3	4	4	4	5	5	우	5	6	6	6	7	7	7	8	8	8

5월

입하 5일 22시 10분　【음4월】➡　【癸巳月(계사월)】　●팔백성　소만 21일 12시 13분

음력 03/21 ~ 04/22

양력	1	2	3	4	5	6	7	8	9	10	11	12	13	14	15	16	17	18	19	20	21	22	23	24	25	26	27	28	29	30	31
요일	화	수	목	금	토	일	월	화	수	목	금	토	일	월	화	수	목	금	토	일	월	화	수	목	금	토	일	월	화	수	목
일진	무진	기사	경오	신미	임신	계유	갑술	을해	병자	정축	무인	기묘	경진	신사	임오	계미	갑신	을유	병술	정해	무자	기축	경인	신묘	임진	계사	갑오	을미	병신	정유	무술
음력	21	22	23	24	25	26	27	28	29	4/1	2	3	4	5	6	7	8	9	10	11	12	13	14	15	16	17	18	19	20	21	22
구성	8	9	1	2	3	4	5	6	7	8	9	1	2	3	4	5	6	7	8	9	1	2	3	4	5	6	7	8	9	1	2
대운 남	1	1	1	1	입	10	10	10	9	9	9	8	8	7	7	7	6	6	6	5	소	5	5	4	4	4	3	3	2	2	2
대운 여	9	9	9	10	하	1	1	1	1	2	2	2	3	3	3	4	4	4	5	5	만	5	6	6	6	7	7	7	8	8	8

6월

망종 6일 03시 36분　【음5월】➡　【甲午月(갑오월)】　●칠적성　하지 21일 20시 24분

음력 04/23 ~ 05/22

양력	1	2	3	4	5	6	7	8	9	10	11	12	13	14	15	16	17	18	19	20	21	22	23	24	25	26	27	28	29	30
요일	금	토	일	월	화	수	목	금	토	일	월	화	수	목	금	토	일	월	화	수	목	금	토	일	월	화	수	목	금	토
일진	기해	경자	신축	임인	계묘	갑진	을사	병오	정미	무신	기유	경술	신해	임자	계축	갑인	을묘	병진	정사	무오	기미	경신	신유	임술	계해	갑자	을축	병인	정묘	무진
음력	23	24	25	26	27	28	29	30	5/1	2	3	4	5	6	7	8	9	10	11	12	13	14	15	16	17	18	19	20	21	22
구성	3	4	5	6	7	8	9	1	2	3	4	5	6	7	8	9	1	2	3	4	5	6	7	8	9	9	8	7	6	5
대운 남	2	1	1	1	1	망	10	10	9	9	9	8	8	8	7	7	7	6	6	6	하	5	5	4	4	4	3	3	3	2
대운 여	9	9	10	10	10	종	1	1	1	1	2	2	2	3	3	3	4	4	4	5	지	5	6	6	6	7	7	7	8	8

4월 28일 - 조선로동당 제3차당대회.9월 7일 - 제네바에서 노예제도 폐지를 위한 국제조약 조인

9월 28일 - 장면 부통령, 민주당 전당대회서 김상봉에게 피격되어 경상을 입음.

한식(4월05일), 초복(7월12일), 중복(7월22일), 말복(8월11일)　↑춘사(春社)3/22　☀추사(秋社)9/18

토왕지절(土旺之節):4월17일,7월20일,10월20일,1월17일(신년양력),

三日得辛,八龍治水,1956년 병신년(산하화), 팔백토

서머타임 시작 5월20일 00시→01시로 조정　／　종료 9월30일 01시→00시로 조정　／　수정한 시간으로 표기(동경표준시 사용)

7적	3벽	5황
6백	8백	1백
2흑	4록	9자

1956

소서 7일 13시 58분　【음6월】→　【乙未月(을미월)】　◑육백성　대서 23일 07시 20분

음력 05/23 ~ 06/24

양력 7월	1	2	3	4	5	6	7	8	9	10	11	12	13	14	15	16	17	18	19	20	21	22	23	24	25	26	27	28	29	30	31
요일	일	월	화	수	목	금	토	일	월	화	수	목	금	토	일	월	화	수	목	금	토	일	월	화	수	목	금	토	일	월	화
일진(日辰)	기사	경오	신미	임신	계유	갑술	을해	병자	정축	무인	기묘	경진	신사	임오	계미	갑신	을유	병술	정해	무자	기축	경인	신묘	임진	계사	갑오	을미	병신	정유	무술	기해
음력	23	24	25	26	27	28	29	6/1	2	3	4	5	6	7	8	9	10	11	12	13	14	15	16	17	18	19	20	21	22	23	24
구성	4	3	2	1	9	8	7	6	5	4	3	2	1	9	8	7	6	5	4	3	2	1	9	8	7	6	5	4	3	2	1
대운 남	2	2	1	1	1	1	소서	10	10	9	9	9	8	8	8	7	7	7	6	6	6	5	대서	5	4	4	4	3	3	3	2
대운 여	8	9	9	9	10	10	소서	1	1	1	1	1	2	2	2	3	3	3	4	4	5	5	대서	6	6	6	7	7	7	8	8

입추 7일 23시 40분　【음7월】　【丙申月(병신월)】　◑오황성　처서 23일 14시 15분

음력 06/25 ~ 07/26

양력 8월	1	2	3	4	5	6	7	8	9	10	11	12	13	14	15	16	17	18	19	20	21	22	23	24	25	26	27	28	29	30	31
요일	수	목	금	토	일	월	화	수	목	금	토	일	월	화	수	목	금	토	일	월	화	수	목	금	토	일	월	화	수	목	금
일진(日辰)	경자	신축	임인	계묘	갑진	을사	병오	정미	무신	기유	경술	신해	임자	계축	갑인	을묘	병진	정사	무오	기미	경신	신유	임술	계해	갑자	을축	병인	정묘	무진	기사	경오
음력	25	26	27	28	29	7/1	2	3	4	5	6	7	8	9	10	11	12	13	14	15	16	17	18	19	20	21	22	23	24	25	26
구성	9	8	7	6	5	4	3	2	1	9	8	7	6	5	4	3	2	1	9	8	7	6	5	4	3	2	1	9	8	7	6
대운 남	2	2	1	1	1	1	입추	10	10	10	9	9	9	8	8	8	7	7	7	6	6	6	처서	5	5	4	4	4	3	3	3
대운 여	8	9	9	9	10	10	입추	1	1	1	1	1	2	2	2	3	3	3	4	4	5	5	처서	6	6	6	7	7	7	8	8

백로 8일 02시 19분　【음8월】→　【丁酉月(정유월)】　◑사록성　추분 23일 11시 35분

음력 07/27 ~ 08/26

양력 9월	1	2	3	4	5	6	7	8	9	10	11	12	13	14	15	16	17	18	19	20	21	22	23	24	25	26	27	28	29	30
요일	토	일	월	화	수	목	금	토	일	월	화	수	목	금	토	일	월	화	수	목	금	토	일	월	화	수	목	금	토	일
일진(日辰)	신미	임신	계유	갑술	을해	병자	정축	무인	기묘	경진	신사	임오	계미	갑신	을유	병술	정해	무자	기축	경인	신묘	임진	계사	갑오	을미	병신	정유	무술	기해	경자
음력	27	28	29	30	8/1	2	3	4	5	6	7	8	9	10	11	12	13	14	15	16	17	18	19	20	21	22	23	24	25	26
구성	5	4	3	2	1	9	8	7	6	5	4	3	2	1	9	8	7	6	5	4	3	2	1	9	8	7	6	5	4	3
대운 남	2	2	2	1	1	1	1	백로	10	9	9	9	8	8	8	7	7	7	6	6	6	5	추분	5	4	4	4	3	3	3
대운 여	8	9	9	9	10	10	10	백로	1	1	1	1	2	2	2	3	3	3	4	4	4	5	추분	5	6	6	6	7	7	7

한로 8일 16시 36분　【음9월】→　【戊戌月(무술월)】　◑삼벽성　상강 23일 19시 34분

음력 08/27 ~ 09/28

양력 10월	1	2	3	4	5	6	7	8	9	10	11	12	13	14	15	16	17	18	19	20	21	22	23	24	25	26	27	28	29	30	31
요일	월	화	수	목	금	토	일	월	화	수	목	금	토	일	월	화	수	목	금	토	일	월	화	수	목	금	토	일	월	화	수
일진(日辰)	신축	임인	계묘	갑진	을사	병오	정미	무신	기유	경술	신해	임자	계축	갑인	을묘	병진	정사	무오	기미	경신	신유	임술	계해	갑자	을축	병인	정묘	무진	기사	경오	신미
음력	27	28	29	9/1	2	3	4	5	6	7	8	9	10	11	12	13	14	15	16	17	18	19	20	21	22	23	24	25	26	27	28
구성	2	1	9	8	7	6	5	4	3	2	1	9	8	7	6	5	4	3	2	1	9	8	7	6	5	4	3	2	1	9	8
대운 남	2	2	2	1	1	1	1	한로	10	9	9	9	8	8	8	7	7	7	6	6	6	5	상강	5	4	4	4	3	3	3	2
대운 여	8	8	8	9	9	9	10	한로	1	1	1	1	2	2	2	3	3	3	4	4	4	5	상강	5	6	6	6	7	7	7	8

입동 7일 19시 26분　【음10월】→　【己亥月(기해월)】　◑이흑성　소설 22일 16시 50분

음력 09/29 ~ 10/28

양력 11월	1	2	3	4	5	6	7	8	9	10	11	12	13	14	15	16	17	18	19	20	21	22	23	24	25	26	27	28	29	30
요일	목	금	토	일	월	화	수	목	금	토	일	월	화	수	목	금	토	일	월	화	수	목	금	토	일	월	화	수	목	금
일진(日辰)	임신	계유	갑술	을해	병자	정축	무인	기묘	경진	신사	임오	계미	갑신	을유	병술	정해	무자	기축	경인	신묘	임진	계사	갑오	을미	병신	정유	무술	기해	경자	신축
음력	29	30	10/1	2	3	4	5	6	7	8	9	10	11	12	13	14	15	16	17	18	19	20	21	22	23	24	25	26	27	28
구성	7	6	5	4	3	2	1	9	8	7	6	5	4	3	2	1	9	8	7	6	5	4	3	2	1	9	8	7	6	5
대운 남	2	2	1	1	1	1	입동	10	9	9	9	8	8	8	7	7	7	6	6	6	5	소설	5	4	4	4	3	3	3	2
대운 여	8	8	9	9	9	10	입동	1	1	1	1	2	2	2	3	3	3	4	4	4	5	소설	5	6	6	6	7	7	7	8

대설 7일 12시 02분　【음11월】→　【庚子月(경자월)】　◑일백성　동지 22일 05시 59분

음력 10/29 ~ 11/30

양력 12월	1	2	3	4	5	6	7	8	9	10	11	12	13	14	15	16	17	18	19	20	21	22	23	24	25	26	27	28	29	30	31
요일	토	일	월	화	수	목	금	토	일	월	화	수	목	금	토	일	월	화	수	목	금	토	일	월	화	수	목	금	토	일	월
일진(日辰)	임인	계묘	갑진	을사	병오	정미	무신	기유	경술	신해	임자	계축	갑인	을묘	병진	정사	무오	기미	경신	신유	임술	계해	갑자	을축	병인	정묘	무진	기사	경오	신미	임신
음력	29	11/1	2	3	4	5	6	7	8	9	10	11	12	13	14	15	16	17	18	19	20	21	22	23	24	25	26	27	28	29	30
구성	4	3	2	1	9	8	7	6	5	4	3	2	1	9	8	7	6	5	4	3	2	1	1	2	3	4	5	6	7	8	9
대운 남	2	2	1	1	1	1	대설	9	9	9	8	8	8	7	7	7	6	6	6	5	5	동지	4	4	4	3	3	3	2	2	2
대운 여	8	8	9	9	9	10	대설	1	1	1	1	2	2	2	3	3	3	4	4	4	5	동지	5	6	6	6	7	7	7	8	8

10월 6일 - 대한민국과 미국, 한미우호통상조약 체결.11월 6일 - 아이젠하워 , 미국 대통령에 재선.11월 12일 - 모로코, 수단, 튀니지 국제연합 가입.11월 22일 - 1956년 하계 올림픽 개막.12월 18일 - 일본, 국제연합 가입.국제 형사 경찰 기구의 설립.

단기 4290 年 / 불기 2501 年	**1957년** 윤8월	중원(中元). 정유(丁酉)년, 납음(산하화), 본명성(칠적금)

대장군(午남방), 삼살(동방), 상문(亥서북방), 조객(未서남방), 납음(산하화), 【삼재(해,자,축)년】 臘享(납향):1958년1월30일(음12/11)

소한 5일 23시 10분【음12월】➡ 　　　【辛丑月(신축월)】　　　●구자성　　　대한 20일 16시 39분

1월 （음력 12/01 ─ 01/01）

양력	1	2	3	4	5	6	7	8	9	10	11	12	13	14	15	16	17	18	19	20	21	22	23	24	25	26	27	28	29	30	31
요일	화	수	목	금	토	일	월	화	수	목	금	토	일	월	화	수	목	금	토	일	월	화	수	목	금	토	일	월	화	수	목
일진 日辰	계유	갑술	을해	병자	정축	무인	기묘	경진	신사	임오	계미	갑신	을유	병술	정해	무자	기축	경인	신묘	임진	계사	갑오	을미	병신	정유	무술	기해	경자	신축	임인	계묘
음력	12/1	2	3	4	5	6	7	8	9	10	11	12	13	14	15	16	17	18	19	20	21	22	23	24	25	26	27	28	29	30	1/1
구성	1	2	3	4	5	6	7	8	9	1	2	3	4	5	6	7	8	9	1	2	3	4	5	6	7	8	9	1	2	3	4
대남	1	1	1	1	소한	10	9	9	9	8	8	8	7	7	7	6	6	6	5	대한	5	4	4	4	3	3	3	2	2	2	1
운여	8	9	9	9	소한	1	1	1	1	2	2	2	3	3	3	4	4	4	5	대한	5	6	6	6	7	7	7	8	8	8	9

입춘 4일 10시 55분【음1월】➡ 　　　【壬寅月(임인월)】　　　●팔백성　　　우수 19일 06시 58분

2월 （음력 01/02 ─ 01/29）

양력	1	2	3	4	5	6	7	8	9	10	11	12	13	14	15	16	17	18	19	20	21	22	23	24	25	26	27	28
요일	금	토	일	월	화	수	목	금	토	일	월	화	수	목	금	토	일	월	화	수	목	금	토	일	월	화	수	목
일진 日辰	갑진	을사	병오	정미	무신	기유	경술	신해	임자	계축	갑인	을묘	병진	정사	무오	기미	경신	신유	임술	계해	갑자	을축	병인	정묘	무진	기사	경오	신미
음력	2	3	4	5	6	7	8	9	10	11	12	13	14	15	16	17	18	19	20	21	22	23	24	25	26	27	28	29
구성	5	6	7	8	9	1	2	3	4	5	6	7	8	9	1	2	3	4	5	6	7	8	9	1	2	3	4	5
대남	1	1	1	입춘	1	1	1	1	2	2	2	3	3	3	4	4	4	5	우수	5	6	6	6	7	7	7	8	8
운여	9	9	10	입춘	10	9	9	9	8	8	8	7	7	7	6	6	6	5	우수	5	4	4	4	3	3	3	2	2

경칩 6일 05시 10분【음2월】➡ 　　　【癸卯月(계묘월)】　　　●칠적성　　　춘분 21일 06시 16분

3월 （음력 01/30 ─ 03/01）

양력	1	2	3	4	5	6	7	8	9	10	11	12	13	14	15	16	17	18	19	20	21	22	23	24	25	26	27	28	29	30	31
요일	금	토	일	월	화	수	목	금	토	일	월	화	수	목	금	토	일	월	화	수	목	금	토	일	월	화	수	목	금	토	일
일진 日辰	임신	계유	갑술	을해	병자	정축	무인	기묘	경진	신사	임오	계미	갑신	을유	병술	정해	무자	기축	경인	신묘	임진	계사	갑오	을미	병신	정유	무술	기해	경자	신축	임인
음력	30	2/1	2	3	4	5	6	7	8	9	10	11	12	13	14	15	16	17	18	19	20	21	22	23	24	25	26	27	28	29	3/1
구성	6	7	8	9	1	2	3	4	5	6	7	8	9	1	2	3	4	5	6	7	8	9	1	2	3	4	5	6	7	8	9
대남	8	9	9	9	10	경칩	1	1	1	1	2	2	2	3	3	3	4	4	4	5	춘분	5	6	6	6	7	7	7	8	8	8
운여	2	1	1	1	1	경칩	10	9	9	9	8	8	8	7	7	7	6	6	6	5	춘분	5	4	4	4	3	3	3	2	2	2

청명 5일 10시 19분【음3월】➡ 　　　【甲辰月(갑진월)】　　　●육백성　　　곡우 20일 17시 41분

4월 （음력 03/02 ─ 04/01）

양력	1	2	3	4	5	6	7	8	9	10	11	12	13	14	15	16	17	18	19	20	21	22	23	24	25	26	27	28	29	30
요일	월	화	수	목	금	토	일	월	화	수	목	금	토	일	월	화	수	목	금	토	일	월	화	수	목	금	토	일	월	화
일진 日辰	계묘	갑진	을사	병오	정미	무신	기유	경술	신해	임자	계축	갑인	을묘	병진	정사	무오	기미	경신	신유	임술	계해	갑자	을축	병인	정묘	무진	기사	경오	신미	임신
음력	2	3	4	5	6	7	8	9	10	11	12	13	14	15	16	17	18	19	20	21	22	23	24	25	26	27	28	29	30	4/1
구성	1	2	3	4	5	6	7	8	9	1	2	3	4	5	6	7	8	9	1	2	3	4	5	6	7	8	9	1	2	3
대남	9	9	9	10	청명	1	1	1	1	2	2	2	3	3	3	4	4	4	5	곡우	5	6	6	6	7	7	7	8	8	8
운여	1	1	1	1	청명	10	10	9	9	9	8	8	8	7	7	7	6	6	6	곡우	5	5	4	4	4	3	3	3	2	2

입하 6일 04시 58분【음4월】➡ 　　　【乙巳月(을사월)】　　　●오황성　　　소만 21일 18시 10분

5월 （음력 04/02 ─ 05/03）

양력	1	2	3	4	5	6	7	8	9	10	11	12	13	14	15	16	17	18	19	20	21	22	23	24	25	26	27	28	29	30	31
요일	수	목	금	토	일	월	화	수	목	금	토	일	월	화	수	목	금	토	일	월	화	수	목	금	토	일	월	화	수	목	금
일진 日辰	계유	갑술	을해	병자	정축	무인	기묘	경진	신사	임오	계미	갑신	을유	병술	정해	무자	기축	경인	신묘	임진	계사	갑오	을미	병신	정유	무술	기해	경자	신축	임인	계묘
음력	2	3	4	5	6	7	8	9	10	11	12	13	14	15	16	17	18	19	20	21	22	23	24	25	26	27	28	29	5/1	2	3
구성	4	5	6	7	8	9	1	2	3	4	5	6	7	8	9	1	2	3	4	5	6	7	8	9	1	2	3	4	5	6	7
대남	9	9	9	10	10	입하	1	1	1	1	2	2	2	3	3	3	4	4	4	5	소만	5	6	6	6	7	7	7	8	8	8
운여	2	1	1	1	1	입하	10	10	9	9	9	8	8	8	7	7	7	6	6	6	소만	5	5	4	4	4	3	3	3	2	2

망종 6일 09시 25분【음5월】➡ 　　　【丙午月(병오월)】　　　●사록성　　　하지 22일 02시 21분

6월 （음력 05/04 ─ 06/03）

양력	1	2	3	4	5	6	7	8	9	10	11	12	13	14	15	16	17	18	19	20	21	22	23	24	25	26	27	28	29	30
요일	토	일	월	화	수	목	금	토	일	월	화	수	목	금	토	일	월	화	수	목	금	토	일	월	화	수	목	금	토	일
일진 日辰	갑진	을사	병오	정미	무신	기유	경술	신해	임자	계축	갑인	을묘	병진	정사	무오	기미	경신	신유	임술	계해	갑자	을축	병인	정묘	무진	기사	경오	신미	임신	계유
음력	4	5	6	7	8	9	10	11	12	13	14	15	16	17	18	19	20	21	22	23	24	25	26	27	28	29	30	6/1	2	3
구성	8	9	1	2	3	4	5	6	7	8	9	1	2	3	4	5	6	7	8	9	9	8	7	6	5	4	3	2	1	9
대남	9	9	9	10	10	망종	1	1	1	1	2	2	2	3	3	3	4	4	4	5	5	하지	6	6	6	7	7	7	8	8
운여	2	1	1	1	1	망종	10	10	9	9	9	8	8	8	7	7	7	6	6	6	5	하지	5	4	4	4	3	3	3	2

정유년

1월 5일 - 연희대학교가 세브란스병원과 통합하여 연세대학교로 교명을 변경.3월 6일 - 가나가 영국령으로부터 독립.

.3월 25일 - 로마 조약이 체결.5월 21일 - 중국, 장보쥔 민주동맹부주석,민주당파의 정치참여를 요구.7월 29일 - 국제원자력기구 설립.

한식(4월06일), 초복(7월17일), 중복(7월27일), 말복(8월15일)　↑춘사(春社)3/17　☀추사(秋社)9/23
토왕지절(土旺之節):4월17일,7월20일,10월21일,1월17일(신년양력),

九日得辛,二龍治水,1957년 정유年(산하화), 칠적금

서머타임 시작 5월05일 00시→01시로 조정
종료 9월22일 01시→00시로 조정
수정한 시간으로 표기(동경표준시 사용)

6백	2흑	4록
5황	7적	9자
1백	3벽	8백

1957

소서 7일 19시 48분　【음6월】➡　【丁未月(정미월)】　☽삼벽성　대서 23일 13시 15분

양력 7월 / 음력 06/04–07/05

양력	1	2	3	4	5	6	7	8	9	10	11	12	13	14	15	16	17	18	19	20	21	22	23	24	25	26	27	28	29	30	31
요일	월	화	수	목	금	토	일	월	화	수	목	금	토	일	월	화	수	목	금	토	일	월	화	수	목	금	토	일	월	화	수
일진 日辰	갑술	을해	병자	정축	무인	기묘	경진	신사	임오	계미	갑신	을유	병술	정해	무자	기축	경인	신묘	임진	계사	갑오	을미	병신	정유	무술	기해	경자	신축	임인	계묘	갑진
음력	4	5	6	7	8	9	10	11	12	13	14	15	16	17	18	19	20	21	22	23	24	25	26	27	28	29	7/1	2	3	4	5
구성	8	7	6	5	4	3	2	1	9	8	7	6	5	4	3	2	1	9	8	7	6	5	4	3	2	1	9	8	7	6	5
대남	8	9	9	9	10	10	소서	1	1	1	1	2	2	2	3	3	3	4	4	4	5	5	대서	5	6	6	6	7	7	7	8
운여	2	2	1	1	1	1	소서	10	10	9	9	9	8	8	8	7	7	7	6	6	6	5	대서	5	5	4	4	4	3	3	3

입추 8일 05시 32분　【음7월】➡　【戊申月(무신월)】　☽이흑성　처서 23일 20시 08분

양력 8월 / 음력 07/06–08/07

양력	1	2	3	4	5	6	7	8	9	10	11	12	13	14	15	16	17	18	19	20	21	22	23	24	25	26	27	28	29	30	31
요일	목	금	토	일	월	화	수	목	금	토	일	월	화	수	목	금	토	일	월	화	수	목	금	토	일	월	화	수	목	금	토
일진 日辰	을사	병오	정미	무신	기유	경술	신해	임자	계축	갑인	을묘	병진	정사	무오	기미	경신	신유	임술	계해	갑자	을축	병인	정묘	무진	기사	경오	신미	임신	계유	갑술	을해
음력	6	7	8	9	10	11	12	13	14	15	16	17	18	19	20	21	22	23	24	25	26	27	28	29	8/1	2	3	4	5	6	7
구성	4	3	2	1	9	8	7	6	5	4	3	2	1	9	8	7	6	5	4	3	2	1	9	8	7	6	5	4	3	2	1
대남	8	9	9	9	10	10	10	입추	1	1	1	1	2	2	2	3	3	3	4	4	4	5	처서	5	6	6	6	7	7	7	8
운여	2	2	2	1	1	1	1	입추	10	10	9	9	9	8	8	8	7	7	7	6	6	6	처서	5	5	4	4	4	3	3	3

백로 8일 08시 12분　【음8월】➡　【己酉月(기유월)】　☯일백성　추분 23일 16시 26분

양력 9월 / 음력 08/08–윤807

양력	1	2	3	4	5	6	7	8	9	10	11	12	13	14	15	16	17	18	19	20	21	22	23	24	25	26	27	28	29	30
요일	일	월	화	수	목	금	토	일	월	화	수	목	금	토	일	월	화	수	목	금	토	일	월	화	수	목	금	토	일	월
일진 日辰	병자	정축	무인	기묘	경진	신사	임오	계미	갑신	을유	병술	정해	무자	기축	경인	신묘	임진	계사	갑오	을미	병신	정유	무술	기해	경자	신축	임인	계묘	갑진	을사
음력	8	9	10	11	12	13	14	15	16	17	18	19	20	21	22	23	24	25	26	27	28	29	30	윤8	2	3	4	5	6	7
구성	9	8	7	6	5	4	3	2	1	9	8	7	6	5	4	3	2	1	9	8	7	6	5	4	3	2	1	9	8	7
대남	8	8	9	9	9	10	10	백로	1	1	1	1	2	2	2	3	3	3	4	4	4	5	추분	5	6	6	6	7	7	7
운여	2	2	2	1	1	1	1	백로	10	9	9	9	8	8	8	7	7	7	6	6	6	5	추분	5	4	4	4	3	3	3

한로 8일 22시 30분　【음9월】➡　【庚戌月(경술월)】　☾구자성　상강 24일 01시 24분

양력 10월 / 음력 윤808–09/09

양력	1	2	3	4	5	6	7	8	9	10	11	12	13	14	15	16	17	18	19	20	21	22	23	24	25	26	27	28	29	30	31
요일	화	수	목	금	토	일	월	화	수	목	금	토	일	월	화	수	목	금	토	일	월	화	수	목	금	토	일	월	화	수	목
일진 日辰	병오	정미	무신	기유	경술	신해	임자	계축	갑인	을묘	병진	정사	무오	기미	경신	신유	임술	계해	갑자	을축	병인	정묘	무진	기사	경오	신미	임신	계유	갑술	을해	병자
음력	8	9	10	11	12	13	14	15	16	17	18	19	20	21	22	23	24	25	26	27	28	29	9/1	2	3	4	5	6	7	8	9
구성	6	5	4	3	2	1	9	8	7	6	5	4	3	2	1	9	8	7	6	5	4	3	2	1	9	8	7	6	5	4	3
대남	8	8	8	9	9	9	10	한로	1	1	1	1	2	2	2	3	3	3	4	4	4	5	5	상강	6	6	6	7	7	7	8
운여	2	2	2	1	1	1	1	한로	10	10	9	9	9	8	8	8	7	7	7	6	6	6	5	상강	5	4	4	4	3	3	3

입동 8일 01시 20분　【음10월】➡　【辛亥月(신해월)】　☯팔백성　소설 22일 22시 39분

양력 11월 / 음력 09/10–10/09

양력	1	2	3	4	5	6	7	8	9	10	11	12	13	14	15	16	17	18	19	20	21	22	23	24	25	26	27	28	29	30
요일	금	토	일	월	화	수	목	금	토	일	월	화	수	목	금	토	일	월	화	수	목	금	토	일	월	화	수	목	금	토
일진 日辰	정축	무인	기묘	경진	신사	임오	계미	갑신	을유	병술	정해	무자	기축	경인	신묘	임진	계사	갑오	을미	병신	정유	무술	기해	경자	신축	임인	계묘	갑진	을사	병오
음력	10	11	12	13	14	15	16	17	18	19	20	21	22	23	24	25	26	27	28	29	30	10/1	2	3	4	5	6	7	8	9
구성	2	1	9	8	7	6	5	4	3	2	1	9	8	7	6	5	4	3	2	1	9	8	7	6	5	4	3	2	1	9
대남	8	8	9	9	9	10	10	입동	1	1	1	1	2	2	2	3	3	3	4	4	4	소설	5	5	6	6	6	7	7	7
운여	2	2	2	1	1	1	1	입동	9	9	9	8	8	8	7	7	7	6	6	6	5	소설	5	4	4	4	3	3	3	2

대설 7일 17시 56분　【음11월】➡　【壬子月(임자월)】　☾칠적성　동지 22일 11시 49분

양력 12월 / 음력 10/10–11/11

양력	1	2	3	4	5	6	7	8	9	10	11	12	13	14	15	16	17	18	19	20	21	22	23	24	25	26	27	28	29	30	31
요일	일	월	화	수	목	금	토	일	월	화	수	목	금	토	일	월	화	수	목	금	토	일	월	화	수	목	금	토	일	월	화
일진 日辰	정미	무신	기유	경술	신해	임자	계축	갑인	을묘	병진	정사	무오	기미	경신	신유	임술	계해	갑자	을축	병인	정묘	무진	기사	경오	신미	임신	계유	갑술	을해	병자	정축
음력	10	11	12	13	14	15	16	17	18	19	20	21	22	23	24	25	26	27	28	29	11/1	2	3	4	5	6	7	8	9	10	11
구성	8	7	6	5	4	3	2	1	9	8	7	6	5	4	3	2	1	1	2	3	4	5	6	7	8	9	1	2	3	4	5
대남	8	8	8	9	9	9	대설	1	1	1	1	2	2	2	3	3	3	4	4	4	5	동지	5	6	6	6	7	7	7	8	8
운여	2	2	1	1	1	1	대설	10	9	9	9	8	8	8	7	7	7	6	6	6	5	동지	5	4	4	4	3	3	3	2	2

9월 1일 – 대한민국, 가짜 이강석(李康石.이승만 대통령 양아들) 사건의 주인공 강성병(姜聖炳), 대구에서 검거.10월 4일 – 소비에트 연방이 지구 궤도에 오른 첫 인공위성인 스푸트니크 1호를 발사하다.11월 6일 – 중국군사대표단 (단장: 펑더화이), 소련방문 (~12. 3); 소련정부 수뇌와 회담.

단기 4291 年	**1958년**	중원(中元).무술(戊戌)년,납음(평지목),본명성(육백금)
불기 2502 年		대장군(午서방), 삼살(서방), 상문(子북방),조객(申서남방),납음(평지목),【삼재(신,유,술)년】臘享(납향):1959년1월25일(음12/17)

소한 6일 05시 04분 　【음12월】➡　【癸丑月(계축월)】　☯육백성　대한 20일 22시 28분

양력 1월 (음력 11/12 ~ 12/12)	1	2	3	4	5	6	7	8	9	10	11	12	13	14	15	16	17	18	19	20	21	22	23	24	25	26	27	28	29	30	31
요일	수	목	금	토	일	월	화	수	목	금	토	일	월	화	수	목	금	토	일	월	화	수	목	금	토	일	월	화	수	목	금
일진(日辰)	무인	기묘	경진	신사	임오	계미	갑신	을유	병술	정해	무자	기축	경인	신묘	임진	계사	갑오	을미	병신	정유	무술	기해	경자	신축	임인	계묘	갑진	을사	병오	정미	무신
음력	12	13	14	15	16	17	18	19	20	21	22	23	24	25	26	27	28	29	30	12/1	2	3	4	5	6	7	8	9	10	11	12
구성	6	7	8	9	1	2	3	4	5	6	7	8	9	1	2	3	4	5	6	7	8	9	1	2	3	4	5	6	7	8	9
대운 남	8	9	9	9	10	소한	1	1	1	1	2	2	2	3	3	3	4	4	4	대한	5	5	6	6	6	7	7	7	8	8	8
운 여	2	1	1	1	1	소한	9	9	9	8	8	8	7	7	7	6	6	6	5	대한	5	4	4	4	3	3	3	2	2	2	1

입춘 4일 16시 49분 　【음1월】➡　【甲寅月(갑인월)】　☯오황성　우수 19일 12시 48분

양력 2월 (음력 12/13 ~ 01/10)	1	2	3	4	5	6	7	8	9	10	11	12	13	14	15	16	17	18	19	20	21	22	23	24	25	26	27	28
요일	토	일	월	화	수	목	금	토	일	월	화	수	목	금	토	일	월	화	수	목	금	토	일	월	화	수	목	금
일진(日辰)	기유	경술	신해	임자	계축	갑인	을묘	병진	정사	무오	기미	경신	신유	임술	계해	갑자	을축	병인	정묘	무진	기사	경오	신미	임신	계유	갑술	을해	병자
음력	13	14	15	16	17	18	19	20	21	22	23	24	25	26	27	28	29	30	1/1	2	3	4	5	6	7	8	9	10
구성	1	2	3	4	5	6	7	8	9	1	2	3	4	5	6	7	8	9	1	2	3	4	5	6	7	8	9	1
대운 남	9	9	9	입춘	10	9	9	9	8	8	8	7	7	7	6	6	6	5	우수	5	4	4	4	3	3	3	2	2
운 여	1	1	1	입춘	1	1	1	1	2	2	2	3	3	3	4	4	4	5	우수	5	6	6	6	7	7	7	8	8

경칩 6일 11시 05분 　【음2월】➡　【乙卯月(을묘월)】　☯사록성　춘분 21일 12시 06분

양력 3월 (음력 01/11 ~ 02/12)	1	2	3	4	5	6	7	8	9	10	11	12	13	14	15	16	17	18	19	20	21	22	23	24	25	26	27	28	29	30	31
요일	토	일	월	화	수	목	금	토	일	월	화	수	목	금	토	일	월	화	수	목	금	토	일	월	화	수	목	금	토	일	월
일진(日辰)	정축	무인	기묘	경진	신사	임오	계미	갑신	을유	병술	정해	무자	기축	경인	신묘	임진	계사	갑오	을미	병신	정유	무술	기해	경자	신축	임인	계묘	갑진	을사	병오	정미
음력	11	12	13	14	15	16	17	18	19	20	21	22	23	24	25	26	27	28	29	2/1	2	3	4	5	6	7	8	9	10	11	12
구성	2	3	4	5	6	7	8	9	1	2	3	4	5	6	7	8	9	1	2	3	4	5	6	7	8	9	1	2	3	4	5
대운 남	2	1	1	1	1	경칩	10	9	9	9	8	8	8	7	7	7	6	6	6	5	춘분	5	4	4	4	3	3	3	2	2	2
운 여	8	9	9	9	10	경칩	1	1	1	1	2	2	2	3	3	3	4	4	4	5	춘분	5	6	6	6	7	7	7	8	8	8

청명 5일 16시 12분 　【음3월】➡　【丙辰月(병진월)】　☯삼벽성　곡우 20일 23시 27분

양력 4월 (음력 02/13 ~ 03/12)	1	2	3	4	5	6	7	8	9	10	11	12	13	14	15	16	17	18	19	20	21	22	23	24	25	26	27	28	29	30
요일	화	수	목	금	토	일	월	화	수	목	금	토	일	월	화	수	목	금	토	일	월	화	수	목	금	토	일	월	화	수
일진(日辰)	무신	기유	경술	신해	임자	계축	갑인	을묘	병진	정사	무오	기미	경신	신유	임술	계해	갑자	을축	병인	정묘	무진	기사	경오	신미	임신	계유	갑술	을해	병자	정축
음력	13	14	15	16	17	18	19	20	21	22	23	24	25	26	27	28	29	30	3/1	2	3	4	5	6	7	8	9	10	11	12
구성	6	7	8	9	1	2	3	4	5	6	7	8	9	1	2	3	4	5	6	7	8	9	1	2	3	4	5	6	7	8
대운 남	1	1	1	1	청명	10	10	9	9	9	8	8	8	7	7	7	6	6	6	곡우	5	5	4	4	4	3	3	3	2	2
운 여	9	9	9	10	청명	1	1	1	1	2	2	2	3	3	3	4	4	4	5	곡우	5	6	6	6	7	7	7	8	8	8

입하 6일 10시 49분 　【음4월】➡　【丁巳月(정사월)】　☯이흑성　소만 21일 23시 51분

양력 5월 (음력 03/13 ~ 04/13)	1	2	3	4	5	6	7	8	9	10	11	12	13	14	15	16	17	18	19	20	21	22	23	24	25	26	27	28	29	30	31
요일	목	금	토	일	월	화	수	목	금	토	일	월	화	수	목	금	토	일	월	화	수	목	금	토	일	월	화	수	목	금	토
일진(日辰)	무인	기묘	경진	신사	임오	계미	갑신	을유	병술	정해	무자	기축	경인	신묘	임진	계사	갑오	을미	병신	정유	무술	기해	경자	신축	임인	계묘	갑진	을사	병오	정미	무신
음력	13	14	15	16	17	18	19	20	21	22	23	24	25	26	27	28	29	30	4/1	2	3	4	5	6	7	8	9	10	11	12	13
구성	9	1	2	3	4	5	6	7	8	9	1	2	3	4	5	6	7	8	9	1	2	3	4	5	6	7	8	9	1	2	3
대운 남	2	1	1	1	1	입하	10	10	9	9	9	8	8	8	7	7	7	6	6	6	소만	5	5	4	4	4	3	3	3	2	2
운 여	9	9	9	10	10	입하	1	1	1	1	2	2	2	3	3	3	4	4	4	5	소만	5	6	6	6	7	7	7	8	8	8

망종 6일 15시 12분 　【음5월】➡　【戊午月(무오월)】　☯일백성　하지 22일 07시 57분

양력 6월 (음력 04/14 ~ 05/14)	1	2	3	4	5	6	7	8	9	10	11	12	13	14	15	16	17	18	19	20	21	22	23	24	25	26	27	28	29	30
요일	일	월	화	수	목	금	토	일	월	화	수	목	금	토	일	월	화	수	목	금	토	일	월	화	수	목	금	토	일	월
일진(日辰)	기유	경술	신해	임자	계축	갑인	을묘	병진	정사	무오	기미	경신	신유	임술	계해	갑자	을축	병인	정묘	무진	기사	경오	신미	임신	계유	갑술	을해	병자	정축	무인
음력	14	15	16	17	18	19	20	21	22	23	24	25	26	27	28	29	5/1	2	3	4	5	6	7	8	9	10	11	12	13	14
구성	4	5	6	7	8	9	1	2	3	4	5	6	7	8	9	1	2	3	4	5	6	9	8	7	6	5	4	3	2	1
대운 남	2	1	1	1	1	망종	10	10	9	9	9	8	8	8	7	7	7	6	6	6	6	하지	5	5	4	4	4	3	3	3
운 여	9	9	9	10	10	망종	1	1	1	1	2	2	2	3	3	3	4	4	4	5	5	하지	6	6	6	7	7	7	8	8

2월 16일 - 창랑호가 조선민주주의인민공화국에 납치된 후 평양순안국제공항에 강제 착륙하였다.6월 8일 - 1958년 FIFA 월드컵 개막.8월 17일 - 미국 공군의 우주 탐사선인 파이어니어 0호가 발사되다.8월 23일 - 진먼 포격전 시작.

한식(4월06일), 초복(7월12일), 중복(7월22일), 말복(8월11일) ↑춘사(春社)3/22 ☀추사(秋社)9/28

토왕지절(土旺之節):4월17일,7월20일,10월21일,1월18일(신년양력),

五 日得辛,二龍治水,1958년 무술年(평지목, 육백금

서머타임 시작 5월04일 00시→01시로 조정 / 종료 9월21일 01시→00시로 조정 / 수정한 시간으로 표기(동경표준시 사용)

5황	1백	3벽
4록	6백	8백
9자	2흑	7적

소서 8일 01시 33분 【음6월】➡ 【己未月(기미월)】 ☯구자성 대서 23일 18시 50분

양력 7월 (음력 05/15 ~ 06/15)

	1	2	3	4	5	6	7	8	9	10	11	12	13	14	15	16	17	18	19	20	21	22	23	24	25	26	27	28	29	30	31
요일	화	수	목	금	토	일	월	화	수	목	금	토	일	월	화	수	목	금	토	일	월	화	수	목	금	토	일	월	화	수	목
일진(日辰)	기묘	경진	신사	임오	계미	갑신	을유	병술	정해	무자	기축	경인	신묘	임진	계사	갑오	을미	병신	정유	무술	기해	경자	신축	임인	계묘	갑진	을사	병오	정미	무신	기유
음력	15	16	17	18	19	20	21	22	23	24	25	26	27	28	29	30	6/1	2	3	4	5	6	7	8	9	10	11	12	13	14	15
구성	3	2	1	9	8	7	6	5	4	3	2	1	9	8	7	6	5	4	3	2	1	9	8	7	6	5	4	3	2	1	9
대운 남	2	2	2	1	1	1	1	소	10	10	9	9	9	8	8	8	7	7	7	6	6	6	대	5	5	4	4	4	3	3	3
운 여	8	9	9	9	10	10	10	서	1	1	1	1	2	2	2	3	3	3	4	4	4	5	서	5	6	6	6	7	7	7	8

입추 8일 11시 17분 【음7월】➡ 【庚申月(경신월)】 ☯팔백성 처서 24일 01시 46분

양력 8월 (음력 06/16 ~ 07/17)

	1	2	3	4	5	6	7	8	9	10	11	12	13	14	15	16	17	18	19	20	21	22	23	24	25	26	27	28	29	30	31
요일	금	토	일	월	화	수	목	금	토	일	월	화	수	목	금	토	일	월	화	수	목	금	토	일	월	화	수	목	금	토	일
일진(日辰)	경술	신해	임자	계축	갑인	을묘	병진	정사	무오	기미	경신	신유	임술	계해	갑자	을축	병인	정묘	무진	기사	경오	신미	임신	계유	갑술	을해	병자	정축	무인	기묘	경진
음력	16	17	18	19	20	21	22	23	24	25	26	27	28	29	7/1	2	3	4	5	6	7	8	9	10	11	12	13	14	15	16	17
구성	8	7	6	5	4	3	2	1	9	8	7	6	5	4	3	2	1	9	8	7	6	5	4	3	2	1	9	8	7	6	5
대운 남	2	2	2	1	1	1	1	입	10	10	9	9	9	8	8	8	7	7	7	6	6	6	5	처	5	4	4	4	3	3	3
운 여	8	8	9	9	9	10	10	추	1	1	1	1	2	2	2	3	3	3	4	4	4	5	5	서	6	6	6	7	7	7	8

백로 8일 13시 59분 【음8월】➡ 【辛酉月(신유월)】 ☯칠적성 추분 23일 22시 09분

양력 9월 (음력 07/18 ~ 08/18)

	1	2	3	4	5	6	7	8	9	10	11	12	13	14	15	16	17	18	19	20	21	22	23	24	25	26	27	28	29	30
요일	월	화	수	목	금	토	일	월	화	수	목	금	토	일	월	화	수	목	금	토	일	월	화	수	목	금	토	일	월	화
일진(日辰)	신사	임오	계미	갑신	을유	병술	정해	무자	기축	경인	신묘	임진	계사	갑오	을미	병신	정유	무술	기해	경자	신축	임인	계묘	갑진	을사	병오	정미	무신	기유	경술
음력	18	19	20	21	22	23	24	25	26	27	28	29	8/1	2	3	4	5	6	7	8	9	10	11	12	13	14	15	16	17	18
구성	4	3	2	1	9	8	7	6	5	4	3	2	1	9	8	7	6	5	4	3	2	1	9	8	7	6	5	4	3	2
대운 남	2	2	2	1	1	1	1	백	10	10	9	9	9	8	8	8	7	7	7	6	6	6	추	5	5	4	4	4	3	3
운 여	8	8	9	9	9	10	10	로	1	1	1	1	2	2	2	3	3	3	4	4	4	5	분	5	6	6	6	7	7	7

한로 9일 04시 19분 【음9월】➡ 【壬戌月(임술월)】 ☯육백성 상강 24일 07시 11분

양력 10월 (음력 08/19 ~ 09/19)

	1	2	3	4	5	6	7	8	9	10	11	12	13	14	15	16	17	18	19	20	21	22	23	24	25	26	27	28	29	30	31
요일	수	목	금	토	일	월	화	수	목	금	토	일	월	화	수	목	금	토	일	월	화	수	목	금	토	일	월	화	수	목	금
일진(日辰)	신해	임자	계축	갑인	을묘	병진	정사	무오	기미	경신	신유	임술	계해	갑자	을축	병인	정묘	무진	기사	경오	신미	임신	계유	갑술	을해	병자	정축	무인	기묘	경진	신사
음력	19	20	21	22	23	24	25	26	27	28	29	30	9/1	2	3	4	5	6	7	8	9	10	11	12	13	14	15	16	17	18	19
구성	1	9	8	7	6	5	4	3	2	1	9	8	7	6	5	4	3	2	1	9	8	7	6	5	4	3	2	1	9	8	7
대운 남	3	2	2	2	1	1	1	1	한	10	9	9	9	8	8	8	7	7	7	6	6	6	5	상	5	5	4	4	4	3	3
운 여	8	8	8	9	9	9	10	10	로	1	1	1	1	2	2	2	3	3	3	4	4	4	5	강	5	6	6	6	7	7	7

입동 8일 07시 12분 【음10월】➡ 【癸亥月(계해월)】 ☯오황성 소설 23일 04시 29분

양력 11월 (음력 09/20 ~ 10/20)

	1	2	3	4	5	6	7	8	9	10	11	12	13	14	15	16	17	18	19	20	21	22	23	24	25	26	27	28	29	30
요일	토	일	월	화	수	목	금	토	일	월	화	수	목	금	토	일	월	화	수	목	금	토	일	월	화	수	목	금	토	일
일진(日辰)	임오	계미	갑신	을유	병술	정해	무자	기축	경인	신묘	임진	계사	갑오	을미	병신	정유	무술	기해	경자	신축	임인	계묘	갑진	을사	병오	정미	무신	기유	경술	신해
음력	20	21	22	23	24	25	26	27	28	29	10/1	2	3	4	5	6	7	8	9	10	11	12	13	14	15	16	17	18	19	20
구성	6	5	4	3	2	1	9	8	7	6	5	4	3	2	1	9	8	7	6	5	4	3	2	1	9	8	7	6	5	4
대운 남	2	2	2	1	1	1	1	입	9	9	9	8	8	8	7	7	7	6	6	6	5	5	소	4	4	4	3	3	3	2
운 여	8	8	8	9	9	9	10	동	1	1	1	1	2	2	2	3	3	3	4	4	4	5	설	5	6	6	6	7	7	7

대설 7일 23시 50분 【음11월】➡ 【甲子月(갑자월)】 ☯사록성 동지 22일 17시 40분

양력 12월 (음력 10/21 ~ 11/21)

	1	2	3	4	5	6	7	8	9	10	11	12	13	14	15	16	17	18	19	20	21	22	23	24	25	26	27	28	29	30	31
요일	월	화	수	목	금	토	일	월	화	수	목	금	토	일	월	화	수	목	금	토	일	월	화	수	목	금	토	일	월	화	수
일진(日辰)	임자	계축	갑인	을묘	병진	정사	무오	기미	경신	신유	임술	계해	갑자	을축	병인	정묘	무진	기사	경오	신미	임신	계유	갑술	을해	병자	정축	무인	기묘	경진	신사	임오
음력	21	22	23	24	25	26	27	28	29	30	11/1	2	3	4	5	6	7	8	9	10	11	12	13	14	15	16	17	18	19	20	21
구성	3	2	1	9	8	7	6	5	4	3	2	1	9	8	7	6	5	4	3	2	1	9	8	7	6	5	4	3	2	1	9
대운 남	2	2	2	1	1	1	대	10	9	9	9	8	8	8	7	7	7	6	6	6	5	동	5	4	4	4	3	3	3	2	2
운 여	8	8	8	9	9	9	설	1	1	1	1	2	2	2	3	3	3	4	4	4	5	지	5	6	6	6	7	7	7	8	8

9월 28일 - 프랑스, 국민투표 통해 제5공화국 헌법 승인.10월 1일 - 대한민국, 타이와 국교 수립.10월 2일 - 기니 독립.10월 5일 - 프랑스, 제5공화국 출범.10월 28일 - 교황 요한 23세 즉위.12월 12일 - 기니, 국제 연합 가입

<table>
<tr><td>단기 4292 年
불기 2503 年</td><td>1959년</td><td>중원(中元), 기해(己亥)년, 납음(평지목), 본명성(오황토)
대장군(酉서방), 삼살(酉서방), 상문(丑동북방), 조객(酉서방), 납음
(평지목), 【삼재(사,오,미년】 臘享(납향):1960년1월20일(음12/22)</td><td> 돼지띠</td></tr>
</table>

기해년

1월 — 소한 6일 10시 58분 【음12월】 ➡ 乙丑月(을축월) ● 삼벽성 대한 21일 04시 19분
음력 11/22 ~ 12/23

	1	2	3	4	5	6	7	8	9	10	11	12	13	14	15	16	17	18	19	20	21	22	23	24	25	26	27	28	29	30	31
요일	목	금	토	일	월	화	수	목	금	토	일	월	화	수	목	금	토	일	월	화	수	목	금	토	일	월	화	수	목	금	토
日	계	갑	을	병	정	무	기	경	신	임	계	갑	을	병	정	무	기	경	신	임	계	갑	을	병	정	무	기	경	신	임	계
辰	미	신	유	술	해	자	축	인	묘	진	사	오	미	신	유	술	해	자	축	인	묘	진	사	오	미	신	유	술	해	자	축
음력	22	23	24	25	26	27	28	29	12/1	2	3	4	5	6	7	8	9	10	11	12	13	14	15	16	17	18	19	20	21	22	23
구성	2	3	4	5	6	7	8	9	1	2	3	4	5	6	7	8	9	1	2	3	4	5	6	7	8	9	1	2	3	4	5
대(남)	2	1	1	1	1	소한	9	9	9	8	8	8	7	7	7	6	6	6	5	5	대한	4	4	4	3	3	3	2	2	2	1
운(여)	8	9	9	9	10	한	1	1	1	1	2	2	2	3	3	3	4	4	4	5	한	5	6	6	6	7	7	7	8	8	8

2월 — 입춘 4일 22시 42분 【음1월】 ➡ 丙寅月(병인월) ● 이흑성 우수 19일 18시 38분
음력 12/24 ~ 01/21

	1	2	3	4	5	6	7	8	9	10	11	12	13	14	15	16	17	18	19	20	21	22	23	24	25	26	27	28
요일	일	월	화	수	목	금	토	일	월	화	수	목	금	토	일	월	화	수	목	금	토	일	월	화	수	목	금	토
日	갑	을	병	정	무	기	경	신	임	계	갑	을	병	정	무	기	경	신	임	계	갑	을	병	정	무	기	경	신
辰	인	묘	진	사	오	미	신	유	술	해	자	축	인	묘	진	사	오	미	신	유	술	해	자	축	인	묘	진	사
음력	24	25	26	27	28	29	30	1/1	2	3	4	5	6	7	8	9	10	11	12	13	14	15	16	17	18	19	20	21
구성	6	7	8	9	1	2	3	4	5	6	7	8	9	1	2	3	4	5	6	7	8	9	1	2	3	4	5	6
대(남)	1	1	1	입춘	1	1	1	1	2	2	2	3	3	3	4	4	4	5	우수	5	6	6	6	7	7	7	8	8
운(여)	9	9	9	춘	10	9	9	9	8	8	8	7	7	7	6	6	6	5	수	5	4	4	4	3	3	3	2	2

3월 — 경칩 6일 16시 57분 【음2월】 ➡ 丁卯月(정묘월) ● 일백성 춘분 21일 17시 55분
음력 01/22 ~ 02/23

	1	2	3	4	5	6	7	8	9	10	11	12	13	14	15	16	17	18	19	20	21	22	23	24	25	26	27	28	29	30	31
요일	일	월	화	수	목	금	토	일	월	화	수	목	금	토	일	월	화	수	목	금	토	일	월	화	수	목	금	토	일	월	화
日	임	계	갑	을	병	정	무	기	경	신	임	계	갑	을	병	정	무	기	경	신	임	계	갑	을	병	정	무	기	경	신	임
辰	오	미	신	유	술	해	자	축	인	묘	진	사	오	미	신	유	술	해	자	축	인	묘	진	사	오	미	신	유	술	해	자
음력	22	23	24	25	26	27	28	29	2/1	2	3	4	5	6	7	8	9	10	11	12	13	14	15	16	17	18	19	20	21	22	23
구성	7	8	9	1	2	3	4	5	6	7	8	9	1	2	3	4	5	6	7	8	9	1	2	3	4	5	6	7	8	9	1
대(남)	8	9	9	9	10	경칩	1	1	1	1	2	2	2	3	3	3	4	4	4	5	춘분	5	6	6	6	7	7	7	8	8	8
운(여)	2	1	1	1	1	칩	10	9	9	9	8	8	8	7	7	7	6	6	6	5	분	5	4	4	4	3	3	3	2	2	2

4월 — 청명 5일 22시 03분 【음3월】 ➡ 戊辰月(무진월) ● 구자성 곡우 21일 05시 16분
음력 02/24 ~ 03/23

	1	2	3	4	5	6	7	8	9	10	11	12	13	14	15	16	17	18	19	20	21	22	23	24	25	26	27	28	29	30
요일	수	목	금	토	일	월	화	수	목	금	토	일	월	화	수	목	금	토	일	월	화	수	목	금	토	일	월	화	수	목
日	계	갑	을	병	정	무	기	경	신	임	계	갑	을	병	정	무	기	경	신	임	계	갑	을	병	정	무	기	경	신	임
辰	축	인	묘	진	사	오	미	신	유	술	해	자	축	인	묘	진	사	오	미	신	유	술	해	자	축	인	묘	진	사	오
음력	24	25	26	27	28	29	30	3/1	2	3	4	5	6	7	8	9	10	11	12	13	14	15	16	17	18	19	20	21	22	23
구성	2	3	4	5	6	7	8	9	1	2	3	4	5	6	7	8	9	1	2	3	4	5	6	7	8	9	1	2	3	4
대(남)	9	9	9	10	청명	1	1	1	1	2	2	2	3	3	3	4	4	4	5	5	곡우	6	6	6	7	7	7	8	8	8
운(여)	1	1	1	1	명	10	10	9	9	9	8	8	8	7	7	7	6	6	6	5	우	5	4	4	4	3	3	3	2	2

5월 — 입하 6일 16시 39분 【음4월】 ➡ 己巳月(기사월) ● 팔백성 소만 22일 05시 42분
음력 03/24 ~ 04/24

	1	2	3	4	5	6	7	8	9	10	11	12	13	14	15	16	17	18	19	20	21	22	23	24	25	26	27	28	29	30	31
요일	금	토	일	월	화	수	목	금	토	일	월	화	수	목	금	토	일	월	화	수	목	금	토	일	월	화	수	목	금	토	일
日	계	갑	을	병	정	무	기	경	신	임	계	갑	을	병	정	무	기	경	신	임	계	갑	을	병	정	무	기	경	신	임	계
辰	미	신	유	술	해	자	축	인	묘	진	사	오	미	신	유	술	해	자	축	인	묘	진	사	오	미	신	유	술	해	자	축
음력	24	25	26	27	28	29	30	4/1	2	3	4	5	6	7	8	9	10	11	12	13	14	15	16	17	18	19	20	21	22	23	24
구성	5	6	7	8	9	1	2	3	4	5	6	7	8	9	1	2	3	4	5	6	7	8	9	1	2	3	4	5	6	7	8
대(남)	9	9	9	10	10	입하	1	1	1	1	2	2	2	3	3	3	4	4	4	5	5	소만	6	6	6	7	7	7	8	8	8
운(여)	2	1	1	1	1	하	10	10	9	9	9	8	8	8	7	7	7	6	6	6	5	만	5	4	4	4	3	3	3	2	2

6월 — 망종 6일 21시 00분 【음5월】 ➡ 庚午月(경오월) ● 칠적성 하지 22일 13시 50분
음력 04/25 ~ 05/25

	1	2	3	4	5	6	7	8	9	10	11	12	13	14	15	16	17	18	19	20	21	22	23	24	25	26	27	28	29	30
요일	월	화	수	목	금	토	일	월	화	수	목	금	토	일	월	화	수	목	금	토	일	월	화	수	목	금	토	일	월	화
日	갑	을	병	정	무	기	경	신	임	계	갑	을	병	정	무	기	경	신	임	계	갑	을	병	정	무	기	경	신	임	계
辰	인	묘	진	사	오	미	신	유	술	해	자	축	인	묘	진	사	오	미	신	유	술	해	자	축	인	묘	진	사	오	미
음력	25	26	27	28	29	5/1	2	3	4	5	6	7	8	9	10	11	12	13	14	15	16	17	18	19	20	21	22	23	24	25
구성	9	1	2	3	4	5	6	7	8	9	1	2	3	4	5	6	7	8	9	1	2	3	4	5	6	7	8	9	1	2
대(남)	9	9	9	10	10	망종	1	1	1	1	2	2	2	3	3	3	4	4	4	5	5	하지	6	6	6	7	7	7	8	8
운(여)	2	1	1	1	1	종	10	10	9	9	9	8	8	8	7	7	7	6	6	6	5	지	5	4	4	4	3	3	3	2

4월 15일 - 부산문화방송 라디오 방송 개국. (국내 최초의 민간 상업방송) 8월 7일 - 미국 인공위성 익스플로러 6호, 우주에서 찍은 지구사진 첫 전송. 8월 13일 - 일본과 조선민주주의인민공화국, 재일교포 북송 협정에 조인.

한식(4월06일), 초복(7월17일), 중복(7월27일), 말복(8월16일) ↑춘사(春社)3/17 ☀추사(秋社)9/23
토왕지절(土旺之節):4월18일,7월20일,10월21일,1월18일(신년양력),
一日得辛,八龍治水,1959년 기해年(평지목, 오황토

서머타임 시작 5월03일 00시→01시로 조정
종료 9월20일 01시→00시로 조정
수정한 시간으로 표기(동경표준시 사용)

4록	9자	2흑
3벽	5황	7적
8백	1백	6백

소서 8일 07시 20분　【음6월】➡　【辛未月(신미월)】　☯육백성　대서 24일 00시 45분

양력 7월 / 음력 05/26 ~ 06/26

구분	1	2	3	4	5	6	7	8	9	10	11	12	13	14	15	16	17	18	19	20	21	22	23	24	25	26	27	28	29	30	31
요일	수	목	금	토	일	월	화	수	목	금	토	일	월	화	수	목	금	토	일	월	화	수	목	금	토	일	월	화	수	목	금
일진(日辰)	갑신	을유	병술	정해	무자	기축	경인	신묘	임진	계사	갑오	을미	병신	정유	무술	기해	경자	신축	임인	계묘	갑진	을사	병오	정미	무신	기유	경술	신해	임자	계축	갑인
음력	26	27	28	29	30	6/1	2	3	4	5	6	7	8	9	10	11	12	13	14	15	16	17	18	19	20	21	22	23	24	25	26
구성	7	6	5	4	3	2	1	9	8	7	6	5	4	3	2	1	9	8	7	6	5	4	3	2	1	9	8	7	6	5	4
대남	8	9	9	9	10	10	10	소서	1	1	1	1	2	2	2	3	3	3	4	4	4	5	5	대서	6	6	6	7	7	7	8
운여	2	2	2	1	1	1	1	소서	10	10	9	9	9	8	8	8	7	7	7	6	6	6	5	대서	5	4	4	4	3	3	3

입추 8일 17시 04분　【음7월】➡　【壬申月(임신월)】　☯오황성　처서 24일 07시 44분

양력 8월 / 음력 06/27 ~ 07/28

구분	1	2	3	4	5	6	7	8	9	10	11	12	13	14	15	16	17	18	19	20	21	22	23	24	25	26	27	28	29	30	31
요일	토	일	월	화	수	목	금	토	일	월	화	수	목	금	토	일	월	화	수	목	금	토	일	월	화	수	목	금	토	일	월
일진(日辰)	을묘	병진	정사	무오	기미	경신	신유	임술	계해	갑자	을축	병인	정묘	무진	기사	경오	신미	임신	계유	갑술	을해	병자	정축	무인	기묘	경진	신사	임오	계미	갑신	을유
음력	27	28	29	7/1	2	3	4	5	6	7	8	9	10	11	12	13	14	15	16	17	18	19	20	21	22	23	24	25	26	27	28
구성	3	2	1	9	8	7	6	5	4	3	2	1	9	8	7	6	5	4	3	2	1	9	8	7	6	5	4	3	2	1	9
대남	8	8	9	9	9	10	10	입추	1	1	1	1	2	2	2	3	3	3	4	4	4	5	5	처서	6	6	6	7	7	7	8
운여	2	2	2	1	1	1	1	입추	10	10	9	9	9	8	8	8	7	7	7	6	6	6	5	처서	5	4	4	4	3	3	3

백로 8일 19시 48분　【음8월】➡　【癸酉月(계유월)】　☯사록성　추분 24일 04시 08분

양력 9월 / 음력 07/29 ~ 08/28

구분	1	2	3	4	5	6	7	8	9	10	11	12	13	14	15	16	17	18	19	20	21	22	23	24	25	26	27	28	29	30
요일	화	수	목	금	토	일	월	화	수	목	금	토	일	월	화	수	목	금	토	일	월	화	수	목	금	토	일	월	화	수
일진(日辰)	병술	정해	무자	기축	경인	신묘	임진	계사	갑오	을미	병신	정유	무술	기해	경자	신축	임인	계묘	갑진	을사	병오	정미	무신	기유	경술	신해	임자	계축	갑인	을묘
음력	29	30	8/1	2	3	4	5	6	7	8	9	10	11	12	13	14	15	16	17	18	19	20	21	22	23	24	25	26	27	28
구성	8	7	6	5	4	3	2	1	9	8	7	6	5	4	3	2	1	9	8	7	6	5	4	3	2	1	9	8	7	6
대남	8	8	9	9	9	10	10	백로	1	1	1	1	2	2	2	3	3	3	4	4	4	5	5	추분	6	6	6	7	7	7
운여	2	2	2	1	1	1	1	백로	10	10	9	9	9	8	8	8	7	7	7	6	6	6	5	추분	5	4	4	4	3	3

한로 9일 10시 10분　【음9월】➡　【甲戌月(갑술월)】　☯삼벽성　상강 24일 13시 11분

양력 10월 / 음력 08/29 ~ 10/01

구분	1	2	3	4	5	6	7	8	9	10	11	12	13	14	15	16	17	18	19	20	21	22	23	24	25	26	27	28	29	30	31
요일	목	금	토	일	월	화	수	목	금	토	일	월	화	수	목	금	토	일	월	화	수	목	금	토	일	월	화	수	목	금	토
일진(日辰)	병진	정사	무오	기미	경신	신유	임술	계해	갑자	을축	병인	정묘	무진	기사	경오	신미	임신	계유	갑술	을해	병자	정축	무인	기묘	경진	신사	임오	계미	갑신	을유	병술
음력	29	9/1	2	3	4	5	6	7	8	9	10	11	12	13	14	15	16	17	18	19	20	21	22	23	24	25	26	27	28	29	30
구성	5	4	3	2	1	9	8	7	6	5	4	3	2	1	9	8	7	6	5	4	3	2	1	9	8	7	6	5	4	3	2
대남	8	8	8	9	9	9	10	10	한로	1	1	1	1	2	2	2	3	3	3	4	4	5	5	상강	5	6	6	6	7	7	7
운여	3	2	2	2	1	1	1	1	한로	10	9	9	9	8	8	8	7	7	7	6	6	6	5	상강	5	4	4	4	3	3	3

입동 8일 13시 02분　【음10월】➡　【乙亥月(을해월)】　☯이흑성　소설 23일 10시 27분

양력 11월 / 음력 10/01 ~ 11/01

구분	1	2	3	4	5	6	7	8	9	10	11	12	13	14	15	16	17	18	19	20	21	22	23	24	25	26	27	28	29	30
요일	일	월	화	수	목	금	토	일	월	화	수	목	금	토	일	월	화	수	목	금	토	일	월	화	수	목	금	토	일	월
일진(日辰)	정해	무자	기축	경인	신묘	임진	계사	갑오	을미	병신	정유	무술	기해	경자	신축	임인	계묘	갑진	을사	병오	정미	무신	기유	경술	신해	임자	계축	갑인	을묘	병진
음력	10/1	2	3	4	5	6	7	8	9	10	11	12	13	14	15	16	17	18	19	20	21	22	23	24	25	26	27	28	29	11/1
구성	1	9	8	7	6	5	4	3	2	1	9	8	7	6	5	4	3	2	1	9	8	7	6	5	4	3	2	1	9	8
대남	8	8	8	9	9	9	10	입동	1	1	1	1	2	2	2	3	3	3	4	4	4	5	소설	5	6	6	6	7	7	7
운여	2	2	2	1	1	1	1	입동	10	9	9	9	8	8	8	7	7	7	6	6	6	5	소설	5	4	4	4	3	3	3

대설 8일 05시 37분　【음11월】➡　【丙子月(병자월)】　☯일백성　동지 22일 23시 34분

양력 12월 / 음력 11/02 ~ 12/02

구분	1	2	3	4	5	6	7	8	9	10	11	12	13	14	15	16	17	18	19	20	21	22	23	24	25	26	27	28	29	30	31
요일	화	수	목	금	토	일	월	화	수	목	금	토	일	월	화	수	목	금	토	일	월	화	수	목	금	토	일	월	화	수	목
일진(日辰)	정사	무오	기미	경신	신유	임술	계해	갑자	을축	병인	정묘	무진	기사	경오	신미	임신	계유	갑술	을해	병자	정축	무인	기묘	경진	신사	임오	계미	갑신	을유	병술	정해
음력	2	3	4	5	6	7	8	9	10	11	12	13	14	15	16	17	18	19	20	21	22	23	24	25	26	27	28	29	30	12/1	2
구성	7	6	5	4	3	2	1	1	2	3	4	5	6	7	8	9	1	2	3	4	5	6	7	8	9	1	2	3	4	5	6
대남	8	8	8	9	9	9	10	대설	1	1	1	1	2	2	2	3	3	3	4	4	4	동지	5	5	6	6	6	7	7	7	8
운여	2	2	2	1	1	1	1	대설	9	9	9	8	8	8	7	7	7	6	6	6	5	동지	5	4	4	4	3	3	3	2	2

9월 15일 - 태풍 사라 발생. 18일까지 지속.10월 4일 - 소비에트 연방이 우주선 루나 3호를 발사하다. 루나 3호는 처음으로 달의 뒷면을 촬영하는 데 성공한다.11월 16일 - 대한민국 능의선 기공식. (능곡-의정부)

1월 — 소한 6일 16시 42분 【음12월】➡ 【丁丑月(정축월)】 ◑구자성 대한 21일 10시 10분
음력 12/03 ~ 01/04

양력	1	2	3	4	5	6	7	8	9	10	11	12	13	14	15	16	17	18	19	20	21	22	23	24	25	26	27	28	29	30	31
요일	금	토	일	월	화	수	목	금	토	일	월	화	수	목	금	토	일	월	화	수	목	금	토	일	월	화	수	목	금	토	일
일진(日辰)	무자	기축	경인	신묘	임진	계사	갑오	을미	병신	정유	무술	기해	경자	신축	임인	계묘	갑진	을사	병오	정미	무신	기유	경술	신해	임자	계축	갑인	을묘	병진	정사	무오
음력	3	4	5	6	7	8	9	10	11	12	13	14	15	16	17	18	19	20	21	22	23	24	25	26	27	28	29	1/1	2	3	4
구성	7	8	9	1	2	3	4	5	6	7	8	9	1	2	3	4	5	6	7	8	9	1	2	3	4	5	6	7	8	9	1
대남	8	8	9	9	9	소	1	1	1	1	2	2	2	3	3	3	4	4	4	5	대	5	6	6	6	7	7	7	8	8	8
운여	2	1	1	1	1	한	10	9	9	9	8	8	8	7	7	7	6	6	6	5	한	5	4	4	4	3	3	3	2	2	2

2월 — 입춘 5일 04시 23분 【음1월】➡ 【戊寅月(무인월)】 ◐팔백성 우수 19일 00시 26분
음력 01/05 ~ 02/03

양력	1	2	3	4	5	6	7	8	9	10	11	12	13	14	15	16	17	18	19	20	21	22	23	24	25	26	27	28	29
요일	월	화	수	목	금	토	일	월	화	수	목	금	토	일	월	화	수	목	금	토	일	월	화	수	목	금	토	일	월
일진(日辰)	기미	경신	신유	임술	계해	갑자	을축	병인	정묘	무진	기사	경오	신미	임신	계유	갑술	을해	병자	정축	무인	기묘	경진	신사	임오	계미	갑신	을유	병술	정해
음력	5	6	7	8	9	10	11	12	13	14	15	16	17	18	19	20	21	22	23	24	25	26	27	28	29	30	2/1	2	3
구성	2	3	4	5	6	7	8	9	1	2	3	4	5	6	7	8	9	1	2	3	4	5	6	7	8	9	1	2	3
대남	9	9	9	10	입	9	9	9	8	8	8	7	7	7	6	6	6	5	우	5	4	4	4	3	3	3	2	2	2
운여	1	1	1	1	춘	1	1	1	1	2	2	2	3	3	3	4	4	4	수	5	5	6	6	6	7	7	7	8	8

3월 — 경칩 5일 22시 36분 【음2월】➡ 【己卯月(기묘월)】 ◑칠적성 춘분 20일 23시 43분
음력 02/04 ~ 03/05

양력	1	2	3	4	5	6	7	8	9	10	11	12	13	14	15	16	17	18	19	20	21	22	23	24	25	26	27	28	29	30	31
요일	화	수	목	금	토	일	월	화	수	목	금	토	일	월	화	수	목	금	토	일	월	화	수	목	금	토	일	월	화	수	목
일진(日辰)	무자	기축	경인	신묘	임진	계사	갑오	을미	병신	정유	무술	기해	경자	신축	임인	계묘	갑진	을사	병오	정미	무신	기유	경술	신해	임자	계축	갑인	을묘	병진	정사	무오
음력	4	5	6	7	8	9	10	11	12	13	14	15	16	17	18	19	20	21	22	23	24	25	26	27	28	29	3/1	2	3	4	5
구성	4	5	6	7	8	9	1	2	3	4	5	6	7	8	9	1	2	3	4	5	6	7	8	9	1	2	3	4	5	6	7
대남	1	1	1	1	경	10	10	9	9	9	8	8	8	7	7	7	6	6	6	춘	6	5	5	4	4	3	3	3	2	2	2
운여	8	9	9	9	칩	1	1	1	1	2	2	2	3	3	3	4	4	4	5	분	5	5	6	6	7	7	7	8	8	8	9

4월 — 청명 5일 03시 44분 【음3월】➡ 【庚辰月(경진월)】 ◑육백성 곡우 20일 11시 06분
음력 03/06 ~ 04/05

양력	1	2	3	4	5	6	7	8	9	10	11	12	13	14	15	16	17	18	19	20	21	22	23	24	25	26	27	28	29	30
요일	금	토	일	월	화	수	목	금	토	일	월	화	수	목	금	토	일	월	화	수	목	금	토	일	월	화	수	목	금	토
일진(日辰)	기미	경신	신유	임술	계해	갑자	을축	병인	정묘	무진	기사	경오	신미	임신	계유	갑술	을해	병자	정축	무인	기묘	경진	신사	임오	계미	갑신	을유	병술	정해	무자
음력	6	7	8	9	10	11	12	13	14	15	16	17	18	19	20	21	22	23	24	25	26	27	28	29	30	4/1	2	3	4	5
구성	8	9	1	2	3	4	5	6	7	8	9	1	2	3	4	5	6	7	8	9	1	2	3	4	5	6	7	8	9	1
대남	1	1	1	1	청	10	9	9	9	8	8	8	7	7	7	6	6	6	5	곡	5	4	4	4	3	3	3	2	2	2
운여	9	9	10	10	명	1	1	1	1	2	2	2	3	3	3	4	4	4	5	우	5	6	6	6	7	7	7	8	8	8

5월 — 입하 5일 22시 23분 【음4월】➡ 【辛巳月(신사월)】 ◑오황성 소만 21일 11시 34분
음력 04/06 ~ 05/07

양력	1	2	3	4	5	6	7	8	9	10	11	12	13	14	15	16	17	18	19	20	21	22	23	24	25	26	27	28	29	30	31
요일	일	월	화	수	목	금	토	일	월	화	수	목	금	토	일	월	화	수	목	금	토	일	월	화	수	목	금	토	일	월	화
일진(日辰)	기축	경인	신묘	임진	계사	갑오	을미	병신	정유	무술	기해	경자	신축	임인	계묘	갑진	을사	병오	정미	무신	기유	경술	신해	임자	계축	갑인	을묘	병진	정사	무오	기미
음력	6	7	8	9	10	11	12	13	14	15	16	17	18	19	20	21	22	23	24	25	26	27	28	29	5/1	2	3	4	5	6	7
구성	2	3	4	5	6	7	8	9	1	2	3	4	5	6	7	8	9	1	2	3	4	5	6	7	8	9	1	2	3	4	5
대남	1	1	1	1	입	10	10	10	9	9	9	8	8	8	7	7	7	6	6	6	소	5	5	4	4	4	3	3	3	2	2
운여	9	9	9	10	하	1	1	1	1	2	2	2	3	3	3	4	4	4	5	5	만	6	6	6	7	7	7	8	8	8	9

6월 — 망종 6일 02시 49분 【음5월】➡ 【壬午月(임오월)】 ●사록성 하지 21일 19시 42분
음력 05/08 ~ 06/07

양력	1	2	3	4	5	6	7	8	9	10	11	12	13	14	15	16	17	18	19	20	21	22	23	24	25	26	27	28	29	30
요일	수	목	금	토	일	월	화	수	목	금	토	일	월	화	수	목	금	토	일	월	화	수	목	금	토	일	월	화	수	목
일진(日辰)	경신	신유	임술	계해	갑자	을축	병인	정묘	무진	기사	경오	신미	임신	계유	갑술	을해	병자	정축	무인	기묘	경진	신사	임오	계미	갑신	을유	병술	정해	무자	기축
음력	8	9	10	11	12	13	14	15	16	17	18	19	20	21	22	23	24	25	26	27	28	29	30	6/1	2	3	4	5	6	7
구성	6	7	8	9	9	8	7	6	5	4	3	2	1	9	8	7	6	5	4	3	2	1	9	8	7	6	5	4	3	2
대남	2	1	1	1	1	망	10	10	9	9	9	8	8	8	7	7	7	6	6	6	하	5	5	4	4	4	3	3	3	2
운여	9	9	10	10	10	종	1	1	1	1	2	2	2	3	3	3	4	4	4	5	지	5	6	6	6	7	7	7	8	8

경자년

4월 26일 - 제1·2·3대 대통령 이승만이 하야하였다.5월 21일 - 대한민국, 내각책임제 개헌안 공고.(대한민국의 헌법 참조)

6월 15일 - 제2공화국 헌법안 가결.8월 7일 - 피델 카스트로, 쿠바 내 미국 자산 몰수 선언.8월 8일 - 대한민국, 제2공화국 출범.

한식(4월05일), 초복(7월11일), 중복(7월21일), 말복(8월10일) ↑춘사(春社)3/21 ☀추사(秋社)9/27
토왕지절(土旺之節):4월17일,7월20일,10월20일,1월17일(신년양력),
七日得辛,二龍治水,1960년 경자年(벽상토), 사록목

서머타임 시작 5월01일 00시→01시로 조정 / 종료 9월18일 01시→00시로 조정 / 수정한 시간으로 표기(동경표준시 사용)

3벽	8백	1백
2흑	4록	6백
7적	9자	5황

1960

소서 7일 13시 13분　【음6월】➡　癸未月(계미월)　☯삼벽성　대서 23일 06시 37분

양력 7월 · 음력 06/08 ~ 윤608

양력	1	2	3	4	5	6	7	8	9	10	11	12	13	14	15	16	17	18	19	20	21	22	23	24	25	26	27	28	29	30	31
요일	금	토	일	월	화	수	목	금	토	일	월	화	수	목	금	토	일	월	화	수	목	금	토	일	월	화	수	목	금	토	일
일진/日辰	경인	신묘	임진	계사	갑오	을미	병신	정유	무술	기해	경자	신축	임인	계묘	갑진	을사	병오	정미	무신	기유	경술	신해	임자	계축	갑인	을묘	병진	정사	무오	기미	경신
음력	8	9	10	11	12	13	14	15	16	17	18	19	20	21	22	23	24	25	26	27	28	29	30	윤6	2	3	4	5	6	7	8
구성	1	9	8	7	6	5	4	3	2	1	9	8	7	6	5	4	3	2	1	9	8	7	6	5	4	3	2	1	9	8	7
대운 남	2	2	1	1	1	1	소서	10	10	9	9	9	8	8	8	7	7	7	6	6	6	5	대서	5	4	4	4	3	3	3	2
대운 여	8	9	9	9	10	10	소서	1	1	1	1	2	2	2	3	3	3	4	4	4	5	5	대서	6	6	6	7	7	7	8	8

입추 7일 23시 00분　【음7월】➡　甲申月(갑신월)　☯이흑성　처서 23일 13시 34분

양력 8월 · 음력 윤609 ~ 07/10

양력	1	2	3	4	5	6	7	8	9	10	11	12	13	14	15	16	17	18	19	20	21	22	23	24	25	26	27	28	29	30	31
요일	월	화	수	목	금	토	일	월	화	수	목	금	토	일	월	화	수	목	금	토	일	월	화	수	목	금	토	일	월	화	수
일진/日辰	신유	임술	계해	갑자	을축	병인	정묘	무진	기사	경오	신미	임신	계유	갑술	을해	병자	정축	무인	기묘	경진	신사	임오	계미	갑신	을유	병술	정해	무자	기축	경인	신묘
음력	9	10	11	12	13	14	15	16	17	18	19	20	21	22	23	24	25	26	27	28	29	7/1	2	3	4	5	6	7	8	9	10
구성	6	5	4	3	2	1	9	8	7	6	5	4	3	2	1	9	8	7	6	5	4	3	2	1	9	8	7	6	5	4	3
대운 남	2	2	1	1	1	1	입추	10	10	10	9	9	9	8	8	8	7	7	7	6	6	6	처서	5	5	4	4	4	3	3	3
대운 여	8	9	9	9	10	10	입추	1	1	1	1	2	2	2	3	3	3	4	4	4	5	5	처서	6	6	6	7	7	7	8	8

백로 8일 01시 45분　【음8월】➡　乙酉月(을유월)　☯일백성　추분 23일 09시 59분

양력 9월 · 음력 07/11 ~ 08/10

양력	1	2	3	4	5	6	7	8	9	10	11	12	13	14	15	16	17	18	19	20	21	22	23	24	25	26	27	28	29	30
요일	목	금	토	일	월	화	수	목	금	토	일	월	화	수	목	금	토	일	월	화	수	목	금	토	일	월	화	수	목	금
일진/日辰	임진	계사	갑오	을미	병신	정유	무술	기해	경자	신축	임인	계묘	갑진	을사	병오	정미	무신	기유	경술	신해	임자	계축	갑인	을묘	병진	정사	무오	기미	경신	신유
음력	11	12	13	14	15	16	17	18	19	20	21	22	23	24	25	26	27	28	29	30	8/1	2	3	4	5	6	7	8	9	10
구성	2	1	9	8	7	6	5	4	3	2	1	9	8	7	6	5	4	3	2	1	9	8	7	6	5	4	3	2	1	9
대운 남	2	2	2	1	1	1	1	백로	10	9	9	9	8	8	8	7	7	7	6	6	6	5	추분	5	4	4	4	3	3	3
대운 여	8	9	9	9	10	10	10	백로	1	1	1	1	2	2	2	3	3	3	4	4	4	5	추분	5	6	6	6	7	7	7

한로 8일 16시 09분　【음9월】➡　丙戌月(병술월)　☯구자성　상강 23일 19시 02분

양력 10월 · 음력 08/11 ~ 09/12

양력	1	2	3	4	5	6	7	8	9	10	11	12	13	14	15	16	17	18	19	20	21	22	23	24	25	26	27	28	29	30	31
요일	토	일	월	화	수	목	금	토	일	월	화	수	목	금	토	일	월	화	수	목	금	토	일	월	화	수	목	금	토	일	월
일진/日辰	임술	계해	갑자	을축	병인	정묘	무진	기사	경오	신미	임신	계유	갑술	을해	병자	정축	무인	기묘	경진	신사	임오	계미	갑신	을유	병술	정해	무자	기축	경인	신묘	임진
음력	11	12	13	14	15	16	17	18	19	20	21	22	23	24	25	26	27	28	29	9/1	2	3	4	5	6	7	8	9	10	11	12
구성	8	7	6	5	4	3	2	1	9	8	7	6	5	4	3	2	1	9	8	7	6	5	4	3	2	1	9	8	7	6	5
대운 남	2	2	2	1	1	1	1	한로	10	9	9	9	8	8	8	7	7	7	6	6	6	5	상강	5	4	4	4	3	3	3	2
대운 여	8	8	8	9	9	9	10	한로	1	1	1	1	2	2	2	3	3	3	4	4	4	5	상강	5	6	6	6	7	7	7	8

입동 7일 19시 02분　【음10월】➡　丁亥月(정해월)　☯팔백성　소설 22일 16시 18분

양력 11월 · 음력 09/13 ~ 10/12

양력	1	2	3	4	5	6	7	8	9	10	11	12	13	14	15	16	17	18	19	20	21	22	23	24	25	26	27	28	29	30
요일	화	수	목	금	토	일	월	화	수	목	금	토	일	월	화	수	목	금	토	일	월	화	수	목	금	토	일	월	화	수
일진/日辰	계사	갑오	을미	병신	정유	무술	기해	경자	신축	임인	계묘	갑진	을사	병오	정미	무신	기유	경술	신해	임자	계축	갑인	을묘	병진	정사	무오	기미	경신	신유	임술
음력	13	14	15	16	17	18	19	20	21	22	23	24	25	26	27	28	29	30	10/1	2	3	4	5	6	7	8	9	10	11	12
구성	4	3	2	1	9	8	7	6	5	4	3	2	1	9	8	7	6	5	4	3	2	1	9	8	7	6	5	4	3	2
대운 남	2	2	1	1	1	1	입동	10	9	9	9	8	8	8	7	7	7	6	6	6	5	소설	5	4	4	4	3	3	3	2
대운 여	8	8	9	9	9	10	입동	1	1	1	1	2	2	2	3	3	3	4	4	4	5	소설	5	6	6	6	7	7	7	8

대설 7일 11시 38분　【음11월】➡　戊子月(무자월)　☯칠적성　동지 22일 05시 26분

양력 12월 · 음력 10/13 ~ 11/14

양력	1	2	3	4	5	6	7	8	9	10	11	12	13	14	15	16	17	18	19	20	21	22	23	24	25	26	27	28	29	30	31
요일	목	금	토	일	월	화	수	목	금	토	일	월	화	수	목	금	토	일	월	화	수	목	금	토	일	월	화	수	목	금	토
일진/日辰	계해	갑자	을축	병인	정묘	무진	기사	경오	신미	임신	계유	갑술	을해	병자	정축	무인	기묘	경진	신사	임오	계미	갑신	을유	병술	정해	무자	기축	경인	신묘	임진	계사
음력	13	14	15	16	17	18	19	20	21	22	23	24	25	26	27	28	29	11/1	2	3	4	5	6	7	8	9	10	11	12	13	14
구성	1	1	2	3	4	5	6	7	8	9	1	2	3	4	5	6	7	8	9	1	2	3	4	5	6	7	8	9	1	2	3
대운 남	2	2	1	1	1	1	대설	9	9	9	8	8	8	7	7	7	6	6	6	5	5	동지	4	4	4	3	3	3	2	2	2
대운 여	8	8	9	9	9	10	대설	1	1	1	1	2	2	2	3	3	3	4	4	4	5	동지	5	6	6	6	7	7	7	8	8

10월 12일 - 서울특별시 용산구 소재 효창 운동장 개장.11월 1일 - 조선민주주의인민공화국의 함흥시가 함경남도에서 분리되어 "함흥직할시"로 신설되다. 이듬해 흥남시가 함흥시로 흡수.11월 7일 - 미국 35대 대통령존 F. 케네디 당선.11월 28일 - 모리타니가 프랑스로부터 독립하였다

단기 4294 年		불기 2505 年

1961년

중원(中元).신축(辛丑)년, 납음(벽상토), 본명성(삼벽목)

대장군(酉서방), 삼살(동방), 상문(卯동방), 조객(亥서북방), 납음(벽상토), 【삼재(해,자,축)년】 臘享(납향):1962년1월23일(음12/18)

신축년

1월 — 소한 5일 22시 43분 【음12월】 ➡ 【己丑月(기축월)】 ☯육백성 · 대한 20일 16시 01분

음력 11/15 ~ 12/15

양력	1	2	3	4	5	6	7	8	9	10	11	12	13	14	15	16	17	18	19	20	21	22	23	24	25	26	27	28	29	30	31
요일	일	월	화	수	목	금	토	일	월	화	수	목	금	토	일	월	화	수	목	금	토	일	월	화	수	목	금	토	일	월	화
일진(日辰)	갑오	을미	병신	정유	무술	기해	경자	신축	임인	계묘	갑진	을사	병오	정미	무신	기유	경술	신해	임자	계축	갑인	을묘	병진	정사	무오	기미	경신	신유	임술	계해	갑자
음력	15	16	17	18	19	20	21	22	23	24	25	26	27	28	29	30	12/1	2	3	4	5	6	7	8	9	10	11	12	13	14	15
구성	4	5	6	7	8	9	1	2	3	4	5	6	7	8	9	1	2	3	4	5	6	7	8	9	1	2	3	4	5	6	7
대(남)	1	1	1	1	소한	10	9	9	9	8	8	8	7	7	7	6	6	6	5	대한	5	4	4	4	3	3	3	2	2	2	1
운(여)	8	9	9	9	소한	1	1	1	1	2	2	2	3	3	3	4	4	4	5	대한	5	6	6	6	7	7	7	8	8	8	9

2월 — 입춘 4일 10시 22분 【음1월】 ➡ 【庚寅月(경인월)】 ☯오황성 · 우수 19일 06시 16분

음력 12/16 ~ 01/14

양력	1	2	3	4	5	6	7	8	9	10	11	12	13	14	15	16	17	18	19	20	21	22	23	24	25	26	27	28
요일	수	목	금	토	일	월	화	수	목	금	토	일	월	화	수	목	금	토	일	월	화	수	목	금	토	일	월	화
일진(日辰)	을축	병인	정묘	무진	기사	경오	신미	임신	계유	갑술	을해	병자	정축	무인	기묘	경진	신사	임오	계미	갑신	을유	병술	정해	무자	기축	경인	신묘	임진
음력	16	17	18	19	20	21	22	23	24	25	26	27	28	29	1/1	2	3	4	5	6	7	8	9	10	11	12	13	14
구성	8	9	1	2	3	4	5	6	7	8	9	1	2	3	4	5	6	7	8	9	1	2	3	4	5	6	7	8
대(남)	1	1	1	입춘	1	1	1	1	2	2	2	3	3	3	4	4	4	5	우수	5	6	6	6	7	7	7	8	8
운(여)	9	9	10	입춘	10	9	9	9	8	8	8	7	7	7	6	6	6	5	우수	5	4	4	4	3	3	3	2	2

3월 — 경칩 6일 04시 35분 【음2월】 ➡ 【辛卯月(신묘월)】 ☯사록성 · 춘분 21일 05시 32분

음력 01/15 ~ 02/15

양력	1	2	3	4	5	6	7	8	9	10	11	12	13	14	15	16	17	18	19	20	21	22	23	24	25	26	27	28	29	30	31
요일	수	목	금	토	일	월	화	수	목	금	토	일	월	화	수	목	금	토	일	월	화	수	목	금	토	일	월	화	수	목	금
일진(日辰)	계사	갑오	을미	병신	정유	무술	기해	경자	신축	임인	계묘	갑진	을사	병오	정미	무신	기유	경술	신해	임자	계축	갑인	을묘	병진	정사	무오	기미	경신	신유	임술	계해
음력	15	16	17	18	19	20	21	22	23	24	25	26	27	28	29	30	2/1	2	3	4	5	6	7	8	9	10	11	12	13	14	15
구성	9	1	2	3	4	5	6	7	8	9	1	2	3	4	5	6	7	8	9	1	2	3	4	5	6	7	8	9	1	2	3
대(남)	8	9	9	9	10	경칩	1	1	1	1	2	2	2	3	3	3	4	4	4	5	춘분	5	6	6	6	7	7	7	8	8	8
운(여)	2	1	1	1	1	경칩	10	9	9	9	8	8	8	7	7	7	6	6	6	5	춘분	5	4	4	4	3	3	3	2	2	1

4월 — 청명 5일 09시 42분 【음3월】 ➡ 【壬辰月(임진월)】 ☯삼벽성 · 곡우 20일 16시 55분

음력 02/16 ~ 03/16

양력	1	2	3	4	5	6	7	8	9	10	11	12	13	14	15	16	17	18	19	20	21	22	23	24	25	26	27	28	29	30
요일	토	일	월	화	수	목	금	토	일	월	화	수	목	금	토	일	월	화	수	목	금	토	일	월	화	수	목	금	토	일
일진(日辰)	갑자	을축	병인	정묘	무진	기사	경오	신미	임신	계유	갑술	을해	병자	정축	무인	기묘	경진	신사	임오	계미	갑신	을유	병술	정해	무자	기축	경인	신묘	임진	계사
음력	16	17	18	19	20	21	22	23	24	25	26	27	28	29	3/1	2	3	4	5	6	7	8	9	10	11	12	13	14	15	16
구성	4	5	6	7	8	9	1	2	3	4	5	6	7	8	9	1	2	3	4	5	6	7	8	9	1	2	3	4	5	6
대(남)	9	9	9	10	청명	1	1	1	2	2	2	3	3	3	4	4	4	5	5	곡우	5	6	6	6	7	7	7	8	8	9
운(여)	1	1	1	1	청명	10	10	9	9	8	8	8	7	7	7	6	6	6	5	곡우	5	4	4	4	3	3	3	2	2	2

5월 — 입하 6일 03시 21분 【음4월】 ➡ 【癸巳月(계사월)】 ☯이흑성 · 소만 21일 16시 22분

음력 03/17 ~ 04/17

양력	1	2	3	4	5	6	7	8	9	10	11	12	13	14	15	16	17	18	19	20	21	22	23	24	25	26	27	28	29	30	31
요일	월	화	수	목	금	토	일	월	화	수	목	금	토	일	월	화	수	목	금	토	일	월	화	수	목	금	토	일	월	화	수
일진(日辰)	갑오	을미	병신	정유	무술	기해	경자	신축	임인	계묘	갑진	을사	병오	정미	무신	기유	경술	신해	임자	계축	갑인	을묘	병진	정사	무오	기미	경신	신유	임술	계해	갑자
음력	17	18	19	20	21	22	23	24	25	26	27	28	29	30	4/1	2	3	4	5	6	7	8	9	10	11	12	13	14	15	16	17
구성	7	8	9	1	2	3	4	5	6	7	8	9	1	2	3	4	5	6	7	8	9	1	2	3	4	5	6	7	8	9	1
대(남)	9	9	9	10	10	입하	1	1	1	2	2	2	3	3	3	4	4	4	5	5	소만	5	6	6	6	7	7	7	8	8	8
운(여)	2	1	1	1	1	입하	10	10	9	9	8	8	8	7	7	7	6	6	6	5	소만	5	4	4	4	3	3	3	2	2	2

6월 — 망종 6일 07시 46분 【음5월】 ➡ 【甲午月(갑오월)】 ☯일백성 · 하지 22일 00시 30분

음력 04/18 ~ 05/18

양력	1	2	3	4	5	6	7	8	9	10	11	12	13	14	15	16	17	18	19	20	21	22	23	24	25	26	27	28	29	30
요일	목	금	토	일	월	화	수	목	금	토	일	월	화	수	목	금	토	일	월	화	수	목	금	토	일	월	화	수	목	금
일진(日辰)	을축	병인	정묘	무진	기사	경오	신미	임신	계유	갑술	을해	병자	정축	무인	기묘	경진	신사	임오	계미	갑신	을유	병술	정해	무자	기축	경인	신묘	임진	계사	갑오
음력	18	19	20	21	22	23	24	25	26	27	28	29	5/1	2	3	4	5	6	7	8	9	10	11	12	13	14	15	16	17	18
구성	8	7	6	5	4	3	2	1	9	8	7	6	5	4	3	2	1	9	8	7	6	5	4	3	2	1	9	8	7	6
대(남)	9	9	10	10	10	망종	1	1	1	2	2	2	3	3	3	4	4	4	5	5	5	하지	6	6	6	7	7	8	8	8
운(여)	2	1	1	1	1	망종	10	10	9	9	8	8	8	7	7	7	6	6	6	5	5	하지	4	4	4	3	3	3	2	2

5월 16일 - 5·16 쿠데타로 군정이 실시되다. 7월 11일 - 중조 우호 협력 상호 원조 조약 체결. 8월 6일 - 소련, 제2호 유인 우주선 발사에 성공. 8월 10일 - 대한민국, 카메룬 수교. 8월 10일 - 한국표준시가 동경 135도를 기준으로 30분 앞당겨짐.

한식(4월06일), 초복(7월16일), 중복(7월26일), 말복(8월15일) ↑춘사(春社)3/16 ☀추사(秋社)9/22
토왕지절(土旺之節):4월17일,7월20일,10월20일,1월17일(신년양력), 臘享(납향):1월23일(신년양력)
三 日得辛,二龍治水, 1961년 신축年(벽상토), 삼벽목

2흑	7적	9자
1백	3벽	5황
6백	8백	4록

1961

소서 7일 18시 07분 　【음6월】➡　【乙未月(을미월)】　●구자성　대서 23일 11시 24분

양력 7월 (음력 05/19 ─ 06/19)

양력	1	2	3	4	5	6	7	8	9	10	11	12	13	14	15	16	17	18	19	20	21	22	23	24	25	26	27	28	29	30	31
요일	토	일	월	화	수	목	금	토	일	월	화	수	목	금	토	일	월	화	수	목	금	토	일	월	화	수	목	금	토	일	월
일진	을미	병신	정유	무술	기해	경자	신축	임인	계묘	갑진	을사	병오	정미	무신	기유	경술	신해	임자	계축	갑인	을묘	병진	정사	무오	기미	경신	신유	임술	계해	갑자	을축
음력	19	20	21	22	23	24	25	26	27	28	29	30	6/1	2	3	4	5	6	7	8	9	10	11	12	13	14	15	16	17	18	19
구성	5	4	3	2	1	9	8	7	6	5	4	3	2	1	9	8	7	6	5	4	3	2	1	9	8	7	6	5	4	3	2
대남	8	9	9	9	10	10	소서	1	1	1	1	2	2	2	3	3	3	4	4	4	5	5	대서	6	6	6	7	7	7	8	8
운여	2	2	1	1	1	1	소서	10	10	10	9	9	9	8	8	8	7	7	7	6	6	6	대서	5	5	4	4	4	3	3	3

입추 8일 03시 48분 　【음7월】➡　【丙申月(병신월)】　●팔백성　처서 23일 18시 19분

양력 8월 (음력 06/20 ─ 07/21)

양력	1	2	3	4	5	6	7	8	9	10	11	12	13	14	15	16	17	18	19	20	21	22	23	24	25	26	27	28	29	30	31
요일	화	수	목	금	토	일	월	화	수	목	금	토	일	월	화	수	목	금	토	일	월	화	수	목	금	토	일	월	화	수	목
일진	병인	정묘	무진	기사	경오	신미	임신	계유	갑술	을해	병자	정축	무인	기묘	경진	신사	임오	계미	갑신	을유	병술	정해	무자	기축	경인	신묘	임진	계사	갑오	을미	병신
음력	20	21	22	23	24	25	26	27	28	29	7/1	2	3	4	5	6	7	8	9	10	11	12	13	14	15	16	17	18	19	20	21
구성	1	9	8	7	6	5	4	3	2	1	9	8	7	6	5	4	3	2	1	9	8	7	6	5	4	3	2	1	9	8	7
대남	8	9	9	9	10	10	10	입추	1	1	1	1	2	2	2	3	3	3	4	4	4	5	처서	5	6	6	6	7	7	7	8
운여	2	2	2	1	1	1	1	입추	10	10	9	9	9	8	8	8	7	7	7	6	6	6	처서	5	5	4	4	4	3	3	3

백로 8일 06시 29분 　【음8월】➡　【丁酉月(정유월)】　●칠적성　추분 23일 15시 42분

양력 9월 (음력 07/22 ─ 08/21)

양력	1	2	3	4	5	6	7	8	9	10	11	12	13	14	15	16	17	18	19	20	21	22	23	24	25	26	27	28	29	30
요일	금	토	일	월	화	수	목	금	토	일	월	화	수	목	금	토	일	월	화	수	목	금	토	일	월	화	수	목	금	토
일진	정유	무술	기해	경자	신축	임인	계묘	갑진	을사	병오	정미	무신	기유	경술	신해	임자	계축	갑인	을묘	병진	정사	무오	기미	경신	신유	임술	계해	갑자	을축	병인
음력	22	23	24	25	26	27	28	29	30	8/1	2	3	4	5	6	7	8	9	10	11	12	13	14	15	16	17	18	19	20	21
구성	6	5	4	3	2	1	9	8	7	6	5	4	3	2	1	9	8	7	6	5	4	3	2	1	9	8	7	6	5	4
대남	8	8	9	9	9	10	10	백로	1	1	1	1	2	2	2	3	3	3	4	4	4	5	추분	5	6	6	6	7	7	7
운여	2	2	2	1	1	1	1	백로	10	9	9	9	8	8	8	7	7	7	6	6	6	5	추분	5	4	4	4	3	3	3

한로 8일 21시 51분 　【음9월】➡　【戊戌月(무술월)】　●육백성　상강 24일 00시 47분

양력 10월 (음력 08/22 ─ 09/22)

양력	1	2	3	4	5	6	7	8	9	10	11	12	13	14	15	16	17	18	19	20	21	22	23	24	25	26	27	28	29	30	31
요일	일	월	화	수	목	금	토	일	월	화	수	목	금	토	일	월	화	수	목	금	토	일	월	화	수	목	금	토	일	월	화
일진	정묘	무진	기사	경오	신미	임신	계유	갑술	을해	병자	정축	무인	기묘	경진	신사	임오	계미	갑신	을유	병술	정해	무자	기축	경인	신묘	임진	계사	갑오	을미	병신	정유
음력	22	23	24	25	26	27	28	29	30	9/1	2	3	4	5	6	7	8	9	10	11	12	13	14	15	16	17	18	19	20	21	22
구성	3	2	1	9	8	7	6	5	4	3	2	1	9	8	7	6	5	4	3	2	1	9	8	7	6	5	4	3	2	1	9
대남	8	8	8	9	9	9	10	한로	1	1	1	1	2	2	2	3	3	3	4	4	4	5	5	상강	6	6	6	7	7	8	8
운여	2	2	2	1	1	1	1	한로	10	10	9	9	9	8	8	8	7	7	7	6	6	6	5	상강	5	4	4	4	3	3	3

입동 8일 00시 46분 　【음10월】➡　【己亥月(기해월)】　●오황성　소설 22일 22시 08분

양력 11월 (음력 09/23 ─ 10/23)

양력	1	2	3	4	5	6	7	8	9	10	11	12	13	14	15	16	17	18	19	20	21	22	23	24	25	26	27	28	29	30
요일	수	목	금	토	일	월	화	수	목	금	토	일	월	화	수	목	금	토	일	월	화	수	목	금	토	일	월	화	수	목
일진	무술	기해	경자	신축	임인	계묘	갑진	을사	병오	정미	무신	기유	경술	신해	임자	계축	갑인	을묘	병진	정사	무오	기미	경신	신유	임술	계해	갑자	을축	병인	정묘
음력	23	24	25	26	27	28	29	10/1	2	3	4	5	6	7	8	9	10	11	12	13	14	15	16	17	18	19	20	21	22	23
구성	8	7	6	5	4	3	2	1	9	8	7	6	5	4	3	2	1	9	8	7	6	5	4	3	2	1	1	2	3	4
대남	8	8	9	9	9	10	10	입동	1	1	1	1	2	2	2	3	3	3	4	4	4	소설	5	5	6	6	6	7	7	7
운여	2	2	2	1	1	1	1	입동	9	9	9	8	8	8	7	7	7	6	6	6	5	소설	5	4	4	4	3	3	3	2

대설 7일 17시 26분 　【음11월】➡　【庚子月(경자월)】　●사록성　동지 22일 11시 19분

양력 12월 (음력 10/24 ─ 11/24)

양력	1	2	3	4	5	6	7	8	9	10	11	12	13	14	15	16	17	18	19	20	21	22	23	24	25	26	27	28	29	30	31
요일	금	토	일	월	화	수	목	금	토	일	월	화	수	목	금	토	일	월	화	수	목	금	토	일	월	화	수	목	금	토	일
일진	무진	기사	경오	신미	임신	계유	갑술	을해	병자	정축	무인	기묘	경진	신사	임오	계미	갑신	을유	병술	정해	무자	기축	경인	신묘	임진	계사	갑오	을미	병신	정유	무술
음력	24	25	26	27	28	29	30	11/1	2	3	4	5	6	7	8	9	10	11	12	13	14	15	16	17	18	19	20	21	22	23	24
구성	5	6	7	8	9	1	2	3	4	5	6	7	8	9	1	2	3	4	5	6	7	8	9	1	2	3	4	5	6	7	8
대남	8	8	8	9	9	9	대설	1	1	1	1	2	2	2	3	3	3	4	4	4	5	동지	5	6	6	6	7	7	7	8	8
운여	2	2	1	1	1	1	대설	10	9	9	9	9	8	8	8	7	7	7	6	6	6	동지	5	5	4	4	4	3	3	3	2

9월 15일 - 미국, 지하 핵실험 실시.9월 16일 - 미국, 네바다 주에서 두 번째 지하핵실험 실시.9월 18일 - 다그 함마르셸드 국제 연합 사무총장, 콩고 내전 해결을 위해 아프리카로 가던 중에 잠비아에서 비행기 추락사고로 사망.9월 27일 - 시에라리온, 국제 연합 가입.

단기 4295 年 · 불기 2506 年 — **1962년**

중원(中元). 임인(壬寅)년, 납음(금박금), 본명성(이흑토)
대장군(子북방), 삼살(북방), 상문(辰동남방), 조객(子북방), 납음(금박금), 【삼재(신, 유, 술)년】 臘享(납향):1963년1월16일(음12/21)

1월 — 소한 6일 04시 35분 【음12월】→ 【辛丑月(신축월)】 ●삼벽성 · 대한 20일 21시 58분 (음력 11/25 ~ 12/26)

양력	1	2	3	4	5	6	7	8	9	10	11	12	13	14	15	16	17	18	19	20	21	22	23	24	25	26	27	28	29	30	31
요일	월	화	수	목	금	토	일	월	화	수	목	금	토	일	월	화	수	목	금	토	일	월	화	수	목	금	토	일	월	화	수
일진	기	경	신	임	계	갑	을	병	정	무	기	경	신	임	계	갑	을	병	정	무	기	경	신	임	계	갑	을	병	정	무	기
日辰	해	자	축	인	묘	진	사	오	미	신	유	술	해	자	축	인	묘	진	사	오	미	신	유	술	해	자	축	인	묘	진	사
음력	25	26	27	28	29	12/1	2	3	4	5	6	7	8	9	10	11	12	13	14	15	16	17	18	19	20	21	22	23	24	25	26
구성	9	1	2	3	4	5	6	7	8	9	1	2	3	4	5	6	7	8	9	1	2	3	4	5	6	7	8	9	1	2	3
대운 남	8	9	9	9	10	소한	1	1	1	1	2	2	2	3	3	3	4	4	4	대한	5	5	6	6	6	7	7	7	8	8	8
대운 여	2	1	1	1	1	소한	9	9	9	8	8	8	7	7	7	6	6	6	5	대한	5	4	4	4	3	3	3	2	2	2	1

2월 — 입춘 4일 16시 17분 【음1월】→ 【壬寅月(임인월)】 ●이흑성 · 우수 19일 12시 15분 (음력 12/27 ~ 01/24)

양력	1	2	3	4	5	6	7	8	9	10	11	12	13	14	15	16	17	18	19	20	21	22	23	24	25	26	27	28
요일	목	금	토	일	월	화	수	목	금	토	일	월	화	수	목	금	토	일	월	화	수	목	금	토	일	월	화	수
일진	경	신	임	계	갑	을	병	정	무	기	경	신	임	계	갑	을	병	정	무	기	경	신	임	계	갑	을	병	정
日辰	오	미	신	유	술	해	자	축	인	묘	진	사	오	미	신	유	술	해	자	축	인	묘	진	사	오	미	신	유
음력	27	28	29	30	1/1	2	3	4	5	6	7	8	9	10	11	12	13	14	15	16	17	18	19	20	21	22	23	24
구성	4	5	6	7	8	9	1	2	3	4	5	6	7	8	9	1	2	3	4	5	6	7	8	9	1	2	3	4
대운 남	9	9	9	입춘	10	9	9	9	8	8	8	7	7	7	6	6	6	5	우수	5	4	4	4	3	3	3	2	2
대운 여	1	1	1	입춘	1	1	1	1	1	2	2	2	3	3	4	4	4	5	우수	5	6	6	6	7	7	7	8	8

3월 — 경칩 6일 10시 30분 【음2월】→ 【癸卯月(계묘월)】 ●일백성 · 춘분 21일 11시 30분 (음력 01/25 ~ 02/26)

양력	1	2	3	4	5	6	7	8	9	10	11	12	13	14	15	16	17	18	19	20	21	22	23	24	25	26	27	28	29	30	31
요일	목	금	토	일	월	화	수	목	금	토	일	월	화	수	목	금	토	일	월	화	수	목	금	토	일	월	화	수	목	금	토
일진	무	기	경	신	임	계	갑	을	병	정	무	기	경	신	임	계	갑	을	병	정	무	기	경	신	임	계	갑	을	병	정	무
日辰	술	해	자	축	인	묘	진	사	오	미	신	유	술	해	자	축	인	묘	진	사	오	미	신	유	술	해	자	축	인	묘	진
음력	25	26	27	28	29	2/1	2	3	4	5	6	7	8	9	10	11	12	13	14	15	16	17	18	19	20	21	22	23	24	25	26
구성	5	6	7	8	9	1	2	3	4	5	6	7	8	9	1	2	3	4	5	6	7	8	9	1	2	3	4	5	6	7	8
대운 남	2	1	1	1	1	경칩	10	9	9	9	9	8	8	7	7	7	6	6	6	5	춘분	5	4	4	4	3	3	3	2	2	2
대운 여	8	9	9	9	10	경칩	1	1	1	1	1	2	2	3	3	3	4	4	4	5	춘분	5	6	6	6	7	7	7	8	8	8

4월 — 청명 5일 15시 34분 【음3월】→ 【甲辰月(갑진월)】 ●구자성 · 곡우 20일 22시 51분 (음력 02/27 ~ 03/26)

양력	1	2	3	4	5	6	7	8	9	10	11	12	13	14	15	16	17	18	19	20	21	22	23	24	25	26	27	28	29	30
요일	일	월	화	수	목	금	토	일	월	화	수	목	금	토	일	월	화	수	목	금	토	일	월	화	수	목	금	토	일	월
일진	기	경	신	임	계	갑	을	병	정	무	기	경	신	임	계	갑	을	병	정	무	기	경	신	임	계	갑	을	병	정	무
日辰	사	오	미	신	유	술	해	자	축	인	묘	진	사	오	미	신	유	술	해	자	축	인	묘	진	사	오	미	신	유	술
음력	27	28	29	30	3/1	2	3	4	5	6	7	8	9	10	11	12	13	14	15	16	17	18	19	20	21	22	23	24	25	26
구성	9	1	2	3	4	5	6	7	8	9	1	2	3	4	5	6	7	8	9	1	2	3	4	5	6	7	8	9	1	2
대운 남	1	1	1	1	청명	10	10	9	9	9	8	8	8	7	7	7	6	6	6	곡우	5	5	4	4	4	3	3	3	2	2
대운 여	9	9	9	10	청명	1	1	1	1	1	2	2	2	3	3	3	4	4	4	곡우	5	5	6	6	6	7	7	7	8	8

5월 — 입하 6일 09시 10분 【음4월】→ 【乙巳月(을사월)】 ●팔백성 · 소만 21일 22시 17분 (음력 03/27 ~ 04/28)

양력	1	2	3	4	5	6	7	8	9	10	11	12	13	14	15	16	17	18	19	20	21	22	23	24	25	26	27	28	29	30	31
요일	화	수	목	금	토	일	월	화	수	목	금	토	일	월	화	수	목	금	토	일	월	화	수	목	금	토	일	월	화	수	목
일진	기	경	신	임	계	갑	을	병	정	무	기	경	신	임	계	갑	을	병	정	무	기	경	신	임	계	갑	을	병	정	무	기
日辰	해	자	축	인	묘	진	사	오	미	신	유	술	해	자	축	인	묘	진	사	오	미	신	유	술	해	자	축	인	묘	진	사
음력	27	28	29	4/1	2	3	4	5	6	7	8	9	10	11	12	13	14	15	16	17	18	19	20	21	22	23	24	25	26	27	28
구성	3	4	5	6	7	8	9	1	2	3	4	5	6	7	8	9	1	2	3	4	5	6	7	8	9	1	2	3	4	5	6
대운 남	2	1	1	1	1	입하	10	10	9	9	9	8	8	8	7	7	7	6	6	6	소만	5	5	4	4	4	3	3	3	2	2
대운 여	9	9	9	10	10	입하	1	1	1	1	2	2	2	3	3	3	4	4	4	5	소만	5	6	6	6	7	7	7	8	8	8

6월 — 망종 6일 13시 31분 【음5월】→ 【丙午月(병오월)】 ●칠적성 · 하지 22일 06시 24분 (음력 04/29 ~ 05/29)

양력	1	2	3	4	5	6	7	8	9	10	11	12	13	14	15	16	17	18	19	20	21	22	23	24	25	26	27	28	29	30
요일	금	토	일	월	화	수	목	금	토	일	월	화	수	목	금	토	일	월	화	수	목	금	토	일	월	화	수	목	금	토
일진	경	신	임	계	갑	을	병	정	무	기	경	신	임	계	갑	을	병	정	무	기	경	신	임	계	갑	을	병	정	무	기
日辰	오	미	신	유	술	해	자	축	인	묘	진	사	오	미	신	유	술	해	자	축	인	묘	진	사	오	미	신	유	술	해
음력	29	5/1	2	3	4	5	6	7	8	9	10	11	12	13	14	15	16	17	18	19	20	21	22	23	24	25	26	27	28	29
구성	3	2	1	9	8	7	6	5	4	3	2	1	9	8	7	6	5	4	3	2	1	9	8	7	6	5	4	3	2	1
대운 남	2	1	1	1	1	망종	10	10	9	9	9	8	8	8	7	7	7	6	6	6	5	하지	5	4	4	4	3	3	3	2
대운 여	9	9	9	10	10	망종	1	1	1	1	2	2	2	3	3	3	4	4	4	5	5	하지	5	6	6	6	7	7	7	8

9월 15일 - 미국, 지하 핵실험 실시. 9월 16일 - 미국, 네바다 주에서 두 번째 지하핵실험 실시. 9월 18일 - 다그 함마르셸드 국제 연합 사무총장, 콩고 내전 해결을 위해 아프리카로 가던 중에 잠비아에서 비행기 추락사고로 사망. 9월 27일 - 시에라리온, 국제 연합 가입.

한식(4월06일), 초복(7월21일), 중복(7월31일), 말복(8월10일) ☂춘사(春社)3/21 ☀추사(秋社)9/27
토왕지절(土旺之節):4월17일,7월20일,10월21일,신년 1월18일,(양력)

八日得辛, 七龍治水,1962년 임인年(금박금), 이흑토 臘享(납향):1월16일 신년

1백	6백	8백
9자	2흑	4록
5황	7적	3벽

1962

소서 7일 23시 51분 【음6월】➡ 【丁未月(정미월)】 ☯육백성 대서 23일 17시 18분

양력 7월		1	2	3	4	5	6	7	8	9	10	11	12	13	14	15	16	17	18	19	20	21	22	23	24	25	26	27	28	29	30	31
	요일	일	월	화	수	목	금	토	일	월	화	수	목	금	토	일	월	화	수	목	금	토	일	월	화	수	목	금	토	일	월	화
	일진 日辰	경자	신축	임인	계묘	갑진	을사	병오	정미	무신	기유	경술	신해	임자	계축	갑인	을묘	병진	정사	무오	기미	경신	신유	임술	계해	갑자	을축	병인	정묘	무진	기사	경오
음력 05/30 ~ 07/01	음력	29	6/1	2	3	4	5	6	7	8	9	10	11	12	13	14	15	16	17	18	19	20	21	22	23	24	25	26	27	28	29	7/1
	구성	9	8	7	6	5	4	3	2	1	9	8	7	6	5	4	3	2	1	9	8	7	6	5	4	3	2	1	9	8	7	6
대운	남	2	2	1	1	1	1	소	10	10	10	9	9	9	8	8	8	7	7	7	6	6	6	대	5	5	4	4	4	3	3	3
	여	8	9	9	9	10	10	서	1	1	1	1	2	2	2	3	3	3	4	4	4	5	5	서	6	6	6	7	7	7	8	8

입추 8일 09시 34분 【음7월】➡ 【戊申月(무신월)】 ☯오황성 처서 24일 00시 12분

양력 8월		1	2	3	4	5	6	7	8	9	10	11	12	13	14	15	16	17	18	19	20	21	22	23	24	25	26	27	28	29	30	31
	요일	수	목	금	토	일	월	화	수	목	금	토	일	월	화	수	목	금	토	일	월	화	수	목	금	토	일	월	화	수	목	금
	일진 日辰	신미	임신	계유	갑술	을해	병자	정축	무인	기묘	경진	신사	임오	계미	갑신	을유	병술	정해	무자	기축	경인	신묘	임진	계사	갑오	을미	병신	정유	무술	기해	경자	신축
음력 07/02 ~ 08/02	음력	2	3	4	5	6	7	8	9	10	11	12	13	14	15	16	17	18	19	20	21	22	23	24	25	26	27	28	29	30	8/1	2
	구성	5	4	3	2	1	9	8	7	6	5	4	3	2	1	9	8	7	6	5	4	3	2	1	9	8	7	6	5	4	3	2
대운	남	2	2	2	1	1	1	1	입	10	10	9	9	9	8	8	8	7	7	7	6	6	6	5	처	5	4	4	4	3	3	3
	여	8	9	9	9	10	10	10	추	1	1	1	1	2	2	2	3	3	3	4	4	4	5	5	서	6	6	6	7	7	7	8

백로 8일 12시 15분 【음8월】➡ 【己酉月(기유월)】 ☯사록성 추분 23일 21시 35분

양력 9월		1	2	3	4	5	6	7	8	9	10	11	12	13	14	15	16	17	18	19	20	21	22	23	24	25	26	27	28	29	30
	요일	토	일	월	화	수	목	금	토	일	월	화	수	목	금	토	일	월	화	수	목	금	토	일	월	화	수	목	금	토	일
	일진 日辰	임인	계묘	갑진	을사	병오	정미	무신	기유	경술	신해	임자	계축	갑인	을묘	병진	정사	무오	기미	경신	신유	임술	계해	갑자	을축	병인	정묘	무진	기사	경오	신미
음력 08/03 ~ 09/02	음력	3	4	5	6	7	8	9	10	11	12	13	14	15	16	17	18	19	20	21	22	23	24	25	26	27	28	29	30	9/1	2
	구성	1	9	8	7	6	5	4	3	2	1	9	8	7	6	5	4	3	2	1	9	8	7	6	5	4	3	2	1	9	8
대운	남	2	2	2	1	1	1	1	백	10	10	9	9	9	8	8	8	7	7	7	6	6	6	추	5	5	4	4	4	3	3
	여	8	8	9	9	9	10	10	로	1	1	1	1	2	2	2	3	3	3	4	4	4	5	분	5	6	6	6	7	7	7

한로 9일 03시 38분 【음9월】➡ 【庚戌月(경술월)】 ☯삼벽성 상강 24일 06시 40분

양력 10월		1	2	3	4	5	6	7	8	9	10	11	12	13	14	15	16	17	18	19	20	21	22	23	24	25	26	27	28	29	30	31
	요일	월	화	수	목	금	토	일	월	화	수	목	금	토	일	월	화	수	목	금	토	일	월	화	수	목	금	토	일	월	화	수
	일진 日辰	임신	계유	갑술	을해	병자	정축	무인	기묘	경진	신사	임오	계미	갑신	을유	병술	정해	무자	기축	경인	신묘	임진	계사	갑오	을미	병신	정유	무술	기해	경자	신축	임인
음력 09/03 ~ 10/04	음력	3	4	5	6	7	8	9	10	11	12	13	14	15	16	17	18	19	20	21	22	23	24	25	26	27	28	29	10/1	2	3	4
	구성	7	6	5	4	3	2	1	9	8	7	6	5	4	3	2	1	9	8	7	6	5	4	3	2	1	9	8	7	6	5	4
대운	남	3	2	2	2	1	1	1	1	한	10	9	9	9	8	8	8	7	7	7	6	6	6	5	상	5	4	4	4	3	3	3
	여	8	8	8	9	9	9	10	10	로	1	1	1	1	2	2	2	3	3	3	4	4	4	5	강	5	6	6	6	7	7	7

입동 8일 06시 35분 【음10월】➡ 【辛亥月(신해월)】 ☯이흑성 소설 23일 04시 02분

양력 11월		1	2	3	4	5	6	7	8	9	10	11	12	13	14	15	16	17	18	19	20	21	22	23	24	25	26	27	28	29	30
	요일	목	금	토	일	월	화	수	목	금	토	일	월	화	수	목	금	토	일	월	화	수	목	금	토	일	월	화	수	목	금
	일진 日辰	계묘	갑진	을사	병오	정미	무신	기유	경술	신해	임자	계축	갑인	을묘	병진	정사	무오	기미	경신	신유	임술	계해	갑자	을축	병인	정묘	무진	기사	경오	신미	임신
음력 10/05 ~ 11/04	음력	5	6	7	8	9	10	11	12	13	14	15	16	17	18	19	20	21	22	23	24	25	26	27	28	29	30	11/1	2	3	4
	구성	3	2	1	9	8	7	6	5	4	3	2	1	9	8	7	6	5	4	3	2	1	9	8	7	6	5	4	3	2	1
대운	남	2	2	2	1	1	1	1	입	9	9	9	8	8	8	7	7	7	6	6	6	5	5	소	4	4	4	3	3	3	2
	여	8	8	8	9	9	9	10	동	1	1	1	1	2	2	2	3	3	3	4	4	4	5	설	5	6	6	6	7	7	7

대설 7일 23시 17분 【음11월】➡ 【壬子月(임자월)】 ☯일백성 동지 22일 17시 15분

양력 12월		1	2	3	4	5	6	7	8	9	10	11	12	13	14	15	16	17	18	19	20	21	22	23	24	25	26	27	28	29	30	31
	요일	토	일	월	화	수	목	금	토	일	월	화	수	목	금	토	일	월	화	수	목	금	토	일	월	화	수	목	금	토	일	월
	일진 日辰	계유	갑술	을해	병자	정축	무인	기묘	경진	신사	임오	계미	갑신	을유	병술	정해	무자	기축	경인	신묘	임진	계사	갑오	을미	병신	정유	무술	기해	경자	신축	임인	계묘
음력 11/05 ~ 12/05	음력	5	6	7	8	9	10	11	12	13	14	15	16	17	18	19	20	21	22	23	24	25	26	27	28	29	30	12/1	2	3	4	5
	구성	9	8	7	6	5	4	3	2	1	9	8	7	6	5	4	3	2	1	9	8	7	7	8	9	1	2	3	4	5	6	7
대운	남	2	2	1	1	1	1	대	10	9	9	9	8	8	8	7	7	7	6	6	6	5	동	5	4	4	4	3	3	3	2	2
	여	8	8	8	9	9	9	설	1	1	1	1	2	2	2	3	3	3	4	4	4	5	지	5	6	6	6	7	7	7	8	8

9월 15일 - 미국, 지하 핵실험 실시.9월 16일 - 미국, 네바다 주에서 두 번째 지하핵실험 실시.9월 18일 - 다그 함마르셸드 국제 연합 사무총장, 콩고 내전 해결을 위해 아프리카로 가던 중에 잠비아에서 비행기 추락사고로 사망.9월 27일 - 시에라리온, 국제 연합 가입.

단기 4296 年
불기 2507 年

1963년 윤4월

중원(中元). 계묘(癸卯)년, 납음(금박금), 본명성(일백수)

대장군(子북방). 삼살(酉서방), 상문(巳동남방), 조객(표동북방), 납음(금박금), 【삼재(사,오,미)년】 臘享(납향):1964년1월23일(음12/09)

계묘년

소한 6일 10시 26분 【음12월】➡ 【癸丑月(계축월)】 ●구자성 대한 21일 03시 54분

양력 1월 (음력 12/06 ~ 01/07)	1	2	3	4	5	6	7	8	9	10	11	12	13	14	15	16	17	18	19	20	21	22	23	24	25	26	27	28	29	30	31
요일	화	수	목	금	토	일	월	화	수	목	금	토	일	월	화	수	목	금	토	일	월	화	수	목	금	토	일	월	화	수	목
일진/日辰	갑진	을사	병오	정미	무신	기유	경술	신해	임자	계축	갑인	을묘	병진	정사	무오	기미	경신	신유	임술	계해	갑자	을축	병인	정묘	무진	기사	경오	신미	임신	계유	갑술
음력	6	7	8	9	10	11	12	13	14	15	16	17	18	19	20	21	22	23	24	25	26	27	28	29	1/1	2	3	4	5	6	7
구성	8	9	1	2	3	4	5	6	7	8	9	1	2	3	4	5	6	7	8	9	1	2	3	4	5	6	7	8	9	1	2
대(남)	2	1	1	1	1	소한	9	9	9	8	8	8	7	7	7	6	6	6	5	5	대한	4	4	4	3	3	3	2	2	2	1
운(여)	8	9	9	9	10		1	1	1	1	2	2	2	3	3	3	4	4	4	5		5	6	6	6	7	7	7	8	8	8

입춘 4일 22시 08분 【음1월】➡ 【甲寅月(갑인월)】 ●팔백성 우수 19일 18시 09분

양력 2월 (음력 01/06 ~ 02/05)	1	2	3	4	5	6	7	8	9	10	11	12	13	14	15	16	17	18	19	20	21	22	23	24	25	26	27	28
요일	금	토	일	월	화	수	목	금	토	일	월	화	수	목	금	토	일	월	화	수	목	금	토	일	월	화	수	목
일진/日辰	을해	병자	정축	무인	기묘	경진	신사	임오	계미	갑신	을유	병술	정해	무자	기축	경인	신묘	임진	계사	갑오	을미	병신	정유	무술	기해	경자	신축	임인
음력	8	9	10	11	12	13	14	15	16	17	18	19	20	21	22	23	24	25	26	27	28	29	30	2/1	2	3	4	5
구성	3	4	5	6	7	8	9	1	2	3	4	5	6	7	8	9	1	2	3	4	5	6	7	8	9	1	2	3
대(남)	1	1	1	입춘	1	1	1	1	2	2	2	3	3	3	4	4	4	5	우수	5	6	6	6	7	7	7	8	8
운(여)	9	9	9		10	9	9	9	8	8	8	7	7	7	6	6	6	5		5	4	4	4	3	3	3	2	2

경칩 6일 16시 17분 【음2월】➡ 【乙卯月(을묘월)】 ●칠적성 춘분 21일 17시 20분

양력 3월 (음력 02/06 ~ 03/07)	1	2	3	4	5	6	7	8	9	10	11	12	13	14	15	16	17	18	19	20	21	22	23	24	25	26	27	28	29	30	31
요일	금	토	일	월	화	수	목	금	토	일	월	화	수	목	금	토	일	월	화	수	목	금	토	일	월	화	수	목	금	토	일
일진/日辰	계묘	갑진	을사	병오	정미	무신	기유	경술	신해	임자	계축	갑인	을묘	병진	정사	무오	기미	경신	신유	임술	계해	갑자	을축	병인	정묘	무진	기사	경오	신미	임신	계유
음력	6	7	8	9	10	11	12	13	14	15	16	17	18	19	20	21	22	23	24	25	26	27	28	29	3/1	2	3	4	5	6	7
구성	4	5	6	7	8	9	1	2	3	4	5	6	7	8	9	1	2	3	4	5	6	7	8	9	1	2	3	4	5	6	7
대(남)	8	9	9	9	10	경칩	1	1	1	1	2	2	2	3	3	3	4	4	4	5	춘분	5	6	6	6	7	7	7	8	8	8
운(여)	2	1	1	1	1		10	9	9	9	8	8	8	7	7	7	6	6	6	5		5	4	4	4	3	3	3	2	2	2

청명 5일 21시 19분 【음3월】➡ 【丙辰月(병진월)】 ●육백성 곡우 21일 04시 36분

양력 4월 (음력 03/08 ~ 04/07)	1	2	3	4	5	6	7	8	9	10	11	12	13	14	15	16	17	18	19	20	21	22	23	24	25	26	27	28	29	30
요일	월	화	수	목	금	토	일	월	화	수	목	금	토	일	월	화	수	목	금	토	일	월	화	수	목	금	토	일	월	화
일진/日辰	갑술	을해	병자	정축	무인	기묘	경진	신사	임오	계미	갑신	을유	병술	정해	무자	기축	경인	신묘	임진	계사	갑오	을미	병신	정유	무술	기해	경자	신축	임인	계묘
음력	8	9	10	11	12	13	14	15	16	17	18	19	20	21	22	23	24	25	26	27	28	29	30	4/1	2	3	4	5	6	7
구성	8	9	1	2	3	4	5	6	7	8	9	1	2	3	4	5	6	7	8	9	1	2	3	4	5	6	7	8	9	1
대(남)	9	9	9	10	청명	1	1	1	1	2	2	2	3	3	3	4	4	4	5	5	곡우	6	6	6	7	7	7	8	8	8
운(여)	1	1	1	1		10	10	9	9	9	8	8	8	7	7	7	6	6	6	5		5	4	4	4	3	3	3	2	2

입하 6일 14시 52분 【음4월】➡ 【丁巳月(정사월)】 ●오황성 소만 22일 03시 58분

양력 5월 (음력 04/08 ~ 윤4 09)	1	2	3	4	5	6	7	8	9	10	11	12	13	14	15	16	17	18	19	20	21	22	23	24	25	26	27	28	29	30	31
요일	수	목	금	토	일	월	화	수	목	금	토	일	월	화	수	목	금	토	일	월	화	수	목	금	토	일	월	화	수	목	금
일진/日辰	갑진	을사	병오	정미	무신	기유	경술	신해	임자	계축	갑인	을묘	병진	정사	무오	기미	경신	신유	임술	계해	갑자	을축	병인	정묘	무진	기사	경오	신미	임신	계유	갑술
음력	8	9	10	11	12	13	14	15	16	17	18	19	20	21	22	23	24	25	26	27	28	29	윤4	2	3	4	5	6	7	8	9
구성	2	3	4	5	6	7	8	9	1	2	3	4	5	6	7	8	9	1	2	3	4	5	6	7	8	9	1	2	3	4	5
대(남)	9	9	9	10	10	입하	1	1	1	2	2	2	3	3	3	4	4	4	5	5	5	소만	6	6	6	7	7	7	8	8	8
운(여)	2	1	1	1	1		10	10	10	9	9	9	8	8	8	7	7	7	6	6	6		5	5	4	4	4	3	3	3	2

망종 6일 19시 14분 【음5월】➡ 【戊午月(무오월)】 ●사록성 하지 22일 12시 04분

양력 6월 (음력 윤4 10 ~ 05/10)	1	2	3	4	5	6	7	8	9	10	11	12	13	14	15	16	17	18	19	20	21	22	23	24	25	26	27	28	29	30
요일	토	일	월	화	수	목	금	토	일	월	화	수	목	금	토	일	월	화	수	목	금	토	일	월	화	수	목	금	토	일
일진/日辰	을해	병자	정축	무인	기묘	경진	신사	임오	계미	갑신	을유	병술	정해	무자	기축	경인	신묘	임진	계사	갑오	을미	병신	정유	무술	기해	경자	신축	임인	계묘	갑진
음력	10	11	12	13	14	15	16	17	18	19	20	21	22	23	24	25	26	27	28	29	5/1	2	3	4	5	6	7	8	9	10
구성	6	7	8	9	1	2	3	4	5	6	7	8	9	1	2	3	4	5	6	7	8	9	1	2	3	4	5	6	7	8
대(남)	9	9	9	10	10	망종	1	1	1	2	2	2	3	3	3	4	4	4	5	5	5	하지	6	6	6	7	7	7	8	8
운(여)	2	1	1	1	1		10	10	10	9	9	9	8	8	8	7	7	7	6	6	6		5	5	5	4	4	4	3	3

1월 1일 - 경상남도 부산시와 동래군 구포읍, 사상면, 북면, 기장면 송정리를 관할로 부산직할시가 설치되었다.8월 5일 -김활란 이화여대 총장, 막사이사이상 수상.8월 28일 - 워싱턴 대행진에서, 마틴 루서의 "나에게는 꿈이 있습니다"라는 연설을 하다.

9자	5황	7적
8백	1백	3벽
4록	6백	2흑

1963

소서 8일 05시 38분 【음6월】➡ 【己未月(기미월)】 ●삼벽성 대서 23일 22시 59분

양력 7월 / 음력 05/11 ~ 06/11

	1	2	3	4	5	6	7	8	9	10	11	12	13	14	15	16	17	18	19	20	21	22	23	24	25	26	27	28	29	30	31
요일	월	화	수	목	금	토	일	월	화	수	목	금	토	일	월	화	수	목	금	토	일	월	화	수	목	금	토	일	월	화	수
일진(日辰)	을사	병오	정미	무신	기유	경술	신해	임자	계축	갑인	을묘	병진	정사	무오	기미	경신	신유	임술	계해	갑자	을축	병인	정묘	무진	기사	경오	신미	임신	계유	갑술	을해
음력	11	12	13	14	15	16	17	18	19	20	30	6/1	2	3	4	5	6	7	8	9	10	11	23	24	25	26	27	28	29	30	11
구성	9	1	2	3	4	5	6	7	8	9	1	2	3	4	5	6	7	8	9	9	8	7	6	5	4	3	2	1	9	8	7
대남	8	9	9	9	10	10	10	소서	1	1	1	1	2	2	2	3	3	3	4	4	4	5	대서	5	6	6	6	7	7	7	8
운여	2	2	2	1	1	1	1	소서	10	10	9	9	9	8	8	8	7	7	7	6	6	6	대서	5	5	4	4	4	3	3	3

(음력: 19일=29, 20일=30, 21일=6/1, 22일=2 … 31일=11)

입추 8일 15시 25분 【음7월】➡ 【庚申月(경신월)】 ●이흑성 처서 24일 05시 58분

양력 8월 / 음력 06/12 ~ 07/13

	1	2	3	4	5	6	7	8	9	10	11	12	13	14	15	16	17	18	19	20	21	22	23	24	25	26	27	28	29	30	31
요일	목	금	토	일	월	화	수	목	금	토	일	월	화	수	목	금	토	일	월	화	수	목	금	토	일	월	화	수	목	금	토
일진(日辰)	병자	정축	무인	기묘	경진	신사	임오	계미	갑신	을유	병술	정해	무자	기축	경인	신묘	임진	계사	갑오	을미	병신	정유	무술	기해	경자	신축	임인	계묘	갑진	을사	병오
음력	12	13	14	15	16	17	18	19	20	21	22	23	24	25	26	27	28	29	7/1	2	3	4	5	6	7	8	9	10	11	12	13
구성	6	5	4	3	2	1	9	8	7	6	5	4	3	2	1	9	8	7	6	5	4	3	2	1	9	8	7	6	5	4	3
대남	8	8	9	9	9	10	10	입추	1	1	1	1	2	2	2	3	3	3	4	4	4	5	5	처서	6	6	6	7	7	7	8
운여	2	2	2	1	1	1	1	입추	10	10	9	9	9	8	8	8	7	7	7	6	6	6	5	처서	5	5	4	4	4	3	3

백로 8일 18시 12분 【음8월】➡ 【辛酉月(신유월)】 ●일백성 추분 24일 03시 24분

양력 9월 / 음력 07/14 ~ 08/13

	1	2	3	4	5	6	7	8	9	10	11	12	13	14	15	16	17	18	19	20	21	22	23	24	25	26	27	28	29	30
요일	일	월	화	수	목	금	토	일	월	화	수	목	금	토	일	월	화	수	목	금	토	일	월	화	수	목	금	토	일	월
일진(日辰)	정미	무신	기유	경술	신해	임자	계축	갑인	을묘	병진	정사	무오	기미	경신	신유	임술	계해	갑자	을축	병인	정묘	무진	기사	경오	신미	임신	계유	갑술	을해	병자
음력	14	15	16	17	18	19	20	21	22	23	24	25	26	27	28	29	8/1	2	3	4	5	6	7	8	9	10	11	12	13	14
구성	2	1	9	8	7	6	5	4	3	2	1	9	8	7	6	5	4	3	2	1	9	8	7	6	5	4	3	2	1	9
대남	8	8	9	9	9	10	10	백로	1	1	1	1	2	2	2	3	3	3	4	4	4	5	5	추분	6	6	6	7	7	7
운여	2	2	2	1	1	1	1	백로	10	10	9	9	9	8	8	8	7	7	7	6	6	6	5	추분	5	4	4	4	3	3

한로 9일 09시 36분 【음9월】➡ 【壬戌月(임술월)】 ●구자성 상강 24일 12시 29분

양력 10월 / 음력 08/14 ~ 09/15

	1	2	3	4	5	6	7	8	9	10	11	12	13	14	15	16	17	18	19	20	21	22	23	24	25	26	27	28	29	30	31
요일	화	수	목	금	토	일	월	화	수	목	금	토	일	월	화	수	목	금	토	일	월	화	수	목	금	토	일	월	화	수	목
일진(日辰)	정축	무인	기묘	경진	신사	임오	계미	갑신	을유	병술	정해	무자	기축	경인	신묘	임진	계사	갑오	을미	병신	정유	무술	기해	경자	신축	임인	계묘	갑진	을사	병오	정미
음력	14	15	16	17	18	19	20	21	22	23	24	25	26	27	28	29	9/1	2	3	4	5	6	7	8	9	10	11	12	13	14	15
구성	8	7	6	5	4	3	2	1	9	8	7	6	5	4	3	2	1	9	8	7	6	5	4	3	2	1	9	8	7	6	5
대남	8	8	8	9	9	9	10	10	한로	1	1	1	1	2	2	2	3	3	3	4	4	4	5	상강	5	6	6	6	7	7	7
운여	3	2	2	2	1	1	1	1	한로	10	9	9	9	8	8	8	7	7	7	6	6	6	5	상강	5	4	4	4	3	3	3

입동 8일 12시 32분 【음10월】➡ 【癸亥月(계해월)】 ●팔백성 소설 23일 09시 49분

양력 11월 / 음력 09/16 ~ 10/15

	1	2	3	4	5	6	7	8	9	10	11	12	13	14	15	16	17	18	19	20	21	22	23	24	25	26	27	28	29	30
요일	금	토	일	월	화	수	목	금	토	일	월	화	수	목	금	토	일	월	화	수	목	금	토	일	월	화	수	목	금	토
일진(日辰)	무신	기유	경술	신해	임자	계축	갑인	을묘	병진	정사	무오	기미	경신	신유	임술	계해	갑자	을축	병인	정묘	무진	기사	경오	신미	임신	계유	갑술	을해	병자	정축
음력	16	17	18	19	20	21	22	23	24	25	26	27	28	29	30	10/1	2	3	4	5	6	7	8	9	10	11	12	13	14	15
구성	4	3	2	1	9	8	7	6	5	4	3	2	1	9	8	7	6	5	4	3	2	1	9	8	7	6	5	4	3	2
대남	8	8	8	9	9	9	10	입동	1	1	1	1	2	2	2	3	3	3	4	4	4	5	소설	5	6	6	6	7	7	7
운여	2	2	2	1	1	1	1	입동	10	9	9	9	8	8	8	7	7	7	6	6	6	5	소설	5	4	4	4	3	3	3

대설 8일 05시 13분 【음11월】➡ 【甲子月(병자월)】 ●칠적성 동지 22일 23시 02분

양력 12월 / 음력 10/16 ~ 11/16

	1	2	3	4	5	6	7	8	9	10	11	12	13	14	15	16	17	18	19	20	21	22	23	24	25	26	27	28	29	30	31
요일	일	월	화	수	목	금	토	일	월	화	수	목	금	토	일	월	화	수	목	금	토	일	월	화	수	목	금	토	일	월	화
일진(日辰)	무인	기묘	경진	신사	임오	계미	갑신	을유	병술	정해	무자	기축	경인	신묘	임진	계사	갑오	을미	병신	정유	무술	기해	경자	신축	임인	계묘	갑진	을사	병오	정미	무신
음력	16	17	18	19	20	21	22	23	24	25	26	27	28	29	30	11/1	2	3	4	5	6	7	8	9	10	11	12	13	14	15	16
구성	1	9	8	7	6	5	4	3	2	1	9	8	7	6	5	4	3	2	1	9	8	7	6	5	4	3	2	1	9	8	7
대남	8	8	8	9	9	9	10	대설	1	1	1	1	2	2	2	3	3	3	4	4	4	동지	5	5	6	6	6	7	7	7	8
운여	2	2	2	1	1	1	1	대설	9	9	9	8	8	8	7	7	7	6	6	6	5	동지	5	4	4	4	3	3	3	2	2

9월 30일 - 이준(李儁)의 유해, 56년 만에 네덜란드서 귀환해 서울 수유리에 안장.10월 14일 - 대한민국과 캐나다가 국교를 수립하다.

10월 15일 - 대한민국, 제5대 대통령 선거에서 박정희 후보가 당선.11월 22일 - 존 F. 케네디 암살 사건이 일어나다.

<table>
<tr><td>단기 4297 年
불기 2508 年</td><td>1964년</td><td>중원(中元). 갑진(甲辰)년, 납음(복등화), 본명성(구자화)
대장군(子북방), 삼살(남방), 상문(午남방), 조객(寅동북방), 납음(복등화), 삼재(인,묘,진) 臘享(납향):1965년1월17일(음12/15)</td><td></td></tr>
</table>

양력 1월 — 소한 6일 16시 22분 【음12월】➡ 【乙丑月(을축월)】 ●육백성 / 대한 21일 09시 41분 (음력 11/17 ~ 12/17)

양력	1	2	3	4	5	6	7	8	9	10	11	12	13	14	15	16	17	18	19	20	21	22	23	24	25	26	27	28	29	30	31
요일	수	목	금	토	일	월	화	수	목	금	토	일	월	화	수	목	금	토	일	월	화	수	목	금	토	일	월	화	수	목	금
日辰	기유	경술	신해	임자	계축	갑인	을묘	병진	정사	무오	기미	경신	신유	임술	계해	갑자	을축	병인	정묘	무진	기사	경오	신미	임신	계유	갑술	을해	병자	정축	무인	기묘
음력	17	18	19	20	21	22	23	24	25	26	27	28	29	30	12/1	2	3	4	5	6	7	8	9	10	11	12	13	14	15	16	17
구성	6	5	4	3	2	1	9	8	7	6	5	4	3	2	1	1	2	3	4	5	6	7	8	9	1	2	3	4	5	6	7
대운(남)	8	8	9	9	9	소한	1	1	1	1	2	2	2	3	3	3	4	4	4	5	대한	5	6	6	6	7	7	7	8	8	8
대운(여)	2	1	1	1	1	소한	10	9	9	9	8	8	8	7	7	7	6	6	6	5	대한	5	4	4	4	3	3	3	2	2	2

양력 2월 — 입춘 5일 04시 05분 【음1월】➡ 【丙寅月(병인월)】 ◐오황성 / 우수 19일 23시 57분 (음력 12/18 ~ 01/17)

양력	1	2	3	4	5	6	7	8	9	10	11	12	13	14	15	16	17	18	19	20	21	22	23	24	25	26	27	28	29
요일	토	일	월	화	수	목	금	토	일	월	화	수	목	금	토	일	월	화	수	목	금	토	일	월	화	수	목	금	토
日辰	경진	신사	임오	계미	갑신	을유	병술	정해	무자	기축	경인	신묘	임진	계사	갑오	을미	병신	정유	무술	기해	경자	신축	임인	계묘	갑진	을사	병오	정미	무신
음력	18	19	20	21	22	23	24	25	26	27	28	29	1/1	2	3	4	5	6	7	8	9	10	11	12	13	14	15	16	17
구성	8	9	1	2	3	4	5	6	7	8	9	1	2	3	4	5	6	7	8	9	1	2	3	4	5	6	7	8	9
대운(남)	9	9	9	10	입춘	1	1	1	1	2	2	2	3	3	3	4	4	4	우수	5	5	6	6	6	7	7	7	8	8
대운(여)	1	1	1	1	입춘	10	9	9	9	8	8	8	7	7	7	6	6	6	우수	5	5	4	4	4	3	3	3	2	2

양력 3월 — 경칩 5일 22시 16분 【음2월】➡ 【丁卯月(정묘월)】 ◑사록성 / 춘분 20일 23시 10분 (음력 01/18 ~ 02/18)

양력	1	2	3	4	5	6	7	8	9	10	11	12	13	14	15	16	17	18	19	20	21	22	23	24	25	26	27	28	29	30	31
요일	일	월	화	수	목	금	토	일	월	화	수	목	금	토	일	월	화	수	목	금	토	일	월	화	수	목	금	토	일	월	화
日辰	기유	경술	신해	임자	계축	갑인	을묘	병진	정사	무오	기미	경신	신유	임술	계해	갑자	을축	병인	정묘	무진	기사	경오	신미	임신	계유	갑술	을해	병자	정축	무인	기묘
음력	18	19	20	21	22	23	24	25	26	27	28	29	30	2/1	2	3	4	5	6	7	8	9	10	11	12	13	14	15	16	17	18
구성	1	2	3	4	5	6	7	8	9	1	2	3	4	5	6	7	8	9	1	2	3	4	5	6	7	8	9	1	2	3	4
대운(남)	8	9	9	9	경칩	1	1	1	1	2	2	2	3	3	3	4	4	4	5	춘분	5	6	6	6	7	7	7	8	8	8	9
대운(여)	2	1	1	1	경칩	10	9	9	9	8	8	8	7	7	7	6	6	6	5	춘분	5	4	4	4	3	3	3	2	2	2	1

양력 4월 — 청명 5일 03시 18분 【음3월】➡ 【戊辰月(무진월)】 ◐삼벽성 / 곡우 20일 10시 27분 (음력 02/19 ~ 03/19)

양력	1	2	3	4	5	6	7	8	9	10	11	12	13	14	15	16	17	18	19	20	21	22	23	24	25	26	27	28	29	30
요일	수	목	금	토	일	월	화	수	목	금	토	일	월	화	수	목	금	토	일	월	화	수	목	금	토	일	월	화	수	목
日辰	경진	신사	임오	계미	갑신	을유	병술	정해	무자	기축	경인	신묘	임진	계사	갑오	을미	병신	정유	무술	기해	경자	신축	임인	계묘	갑진	을사	병오	정미	무신	기유
음력	19	20	21	22	23	24	25	26	27	28	29	3/1	2	3	4	5	6	7	8	9	10	11	12	13	14	15	16	17	18	19
구성	5	6	7	8	9	1	2	3	4	5	6	7	8	9	1	2	3	4	5	6	7	8	9	1	2	3	4	5	6	7
대운(남)	9	9	10	10	청명	1	1	1	1	2	2	2	3	3	3	4	4	4	5	곡우	5	6	6	6	7	7	7	8	8	8
대운(여)	1	1	1	1	청명	10	9	9	9	8	8	8	7	7	7	6	6	6	5	곡우	5	4	4	4	3	3	3	2	2	2

양력 5월 — 입하 5일 20시 51분 【음4월】➡ 【己巳月(기사월)】 ◐이흑성 / 소만 21일 09시 50분 (음력 03/20 ~ 04/20)

양력	1	2	3	4	5	6	7	8	9	10	11	12	13	14	15	16	17	18	19	20	21	22	23	24	25	26	27	28	29	30	31
요일	금	토	일	월	화	수	목	금	토	일	월	화	수	목	금	토	일	월	화	수	목	금	토	일	월	화	수	목	금	토	일
日辰	경술	신해	임자	계축	갑인	을묘	병진	정사	무오	기미	경신	신유	임술	계해	갑자	을축	병인	정묘	무진	기사	경오	신미	임신	계유	갑술	을해	병자	정축	무인	기묘	경진
음력	20	21	22	23	24	25	26	27	28	29	30	4/1	2	3	4	5	6	7	8	9	10	11	12	13	14	15	16	17	18	19	20
구성	8	9	1	2	3	4	5	6	7	8	9	1	2	3	4	5	6	7	8	9	1	2	3	4	5	6	7	8	9	1	2
대운(남)	9	9	9	10	입하	1	1	1	1	2	2	2	3	3	3	4	4	4	5	5	소만	6	6	6	7	7	7	8	8	8	9
대운(여)	1	1	1	1	입하	10	9	9	9	8	8	8	7	7	7	6	6	6	5	5	소만	4	4	4	3	3	3	2	2	2	1

양력 6월 — 망종 6일 01시 12분 【음5월】➡ 【庚午月(경오월)】 ◑일백성 / 하지 21일 17시 57분 (음력 04/21 ~ 05/21)

양력	1	2	3	4	5	6	7	8	9	10	11	12	13	14	15	16	17	18	19	20	21	22	23	24	25	26	27	28	29	30
요일	월	화	수	목	금	토	일	월	화	수	목	금	토	일	월	화	수	목	금	토	일	월	화	수	목	금	토	일	월	화
日辰	신사	임오	계미	갑신	을유	병술	정해	무자	기축	경인	신묘	임진	계사	갑오	을미	병신	정유	무술	기해	경자	신축	임인	계묘	갑진	을사	병오	정미	무신	기유	경술
음력	21	22	23	24	25	26	27	28	29	5/1	2	3	4	5	6	7	8	9	10	11	12	13	14	15	16	17	18	19	20	21
구성	3	4	5	6	7	8	9	1	2	3	4	5	6	7	8	9	1	2	3	4	5	6	7	8	9	1	2	3	4	5
대운(남)	9	9	10	10	10	망종	1	1	1	1	2	2	2	3	3	3	4	4	4	5	하지	5	6	6	6	7	7	7	8	8
대운(여)	2	1	1	1	1	망종	10	9	9	9	8	8	8	7	7	7	6	6	6	5	하지	5	4	4	4	3	3	3	2	2

갑진년

5월 21일 - 대한민국, 무장 공수단 군인들의 법원 난입 사건 발생. 6월 3일 - 서울시 일원에 비상계엄령 선포, 6·3 항쟁 발발. 7월 6일 - 말라위가 영국으로부터 독립. 8월 2일 - 통킹 만 사건: 북베트남의 어뢰정이 미국 구축함을 공격하다. 8월 4일 - 한국군의 월남 파병안 국회 통과.

한식(4월05일), 초복(7월20일), 중복(7월30일), 말복(8월09일) ↑춘사(春社)3/20 ☀추사(秋社)9/26
土王토왕지절(土旺之節):4월17일,7월20일,10월20일,신년 1월18일,(양력)
十日得辛, 一龍治水,1964년 갑진年(복등화), 구자화 臘享(납향):1월17일 신년(양)

8백	4록	6백
7적	9자	2흑
3벽	5황	1백

1 9 6 4

소서 7일 11시 32분 【음6월】➡ 【辛未月(신미월)】 ◐구자성 대서 23일 04시 53분

양력 7월 · 음력 05/22 — 06/23

	1	2	3	4	5	6	7	8	9	10	11	12	13	14	15	16	17	18	19	20	21	22	23	24	25	26	27	28	29	30	31
요일	수	목	금	토	일	월	화	수	목	금	토	일	월	화	수	목	금	토	일	월	화	수	목	금	토	일	월	화	수	목	금
일진	신	임	계	갑	을	병	정	무	기	경	신	임	계	갑	을	병	정	무	기	경	신	임	계	갑	을	병	정	무	기	경	신
日辰	해	자	축	인	묘	진	사	오	미	신	유	술	해	자	축	인	묘	진	사	오	미	신	유	술	해	자	축	인	묘	진	사
음력	22	23	24	25	26	27	28	29	6/1	2	3	4	5	6	7	8	9	10	11	12	13	14	15	16	17	18	19	20	21	22	23
구성	6	7	8	9	1	2	3	4	5	6	7	8	9	9	8	7	6	5	4	3	2	1	9	8	7	6	5	4	3	2	1
대남	2	2	1	1	1	1	소	10	10	9	9	9	8	8	8	7	7	7	6	6	6	5	대	5	4	4	4	3	3	3	2
운여	8	9	9	9	10	10	서	1	1	1	1	2	2	2	3	3	3	4	4	4	5	5	서	6	6	6	7	7	7	8	8

입추 7일 21시 16분 【음7월】➡ 【壬申月(임신월)】 ◐팔백성 처서 23일 11시 51분

양력 8월 · 음력 06/24 — 07/24

	1	2	3	4	5	6	7	8	9	10	11	12	13	14	15	16	17	18	19	20	21	22	23	24	25	26	27	28	29	30	31
요일	토	일	월	화	수	목	금	토	일	월	화	수	목	금	토	일	월	화	수	목	금	토	일	월	화	수	목	금	토	일	월
일진	임	계	갑	을	병	정	무	기	경	신	임	계	갑	을	병	정	무	기	경	신	임	계	갑	을	병	정	무	기	경	신	임
日辰	오	미	신	유	술	해	자	축	인	묘	진	사	오	미	신	유	술	해	자	축	인	묘	진	사	오	미	신	유	술	해	자
음력	24	25	26	27	28	29	30	7/1	2	3	4	5	6	7	8	9	10	11	12	13	14	15	16	17	18	19	20	21	22	23	24
구성	9	8	7	6	5	4	3	2	1	9	8	7	6	5	4	3	2	1	9	8	7	6	5	4	3	2	1	9	8	7	6
대남	2	2	1	1	1	1	입	10	10	9	9	9	8	8	8	7	7	7	6	6	6	5	처	5	4	4	4	3	3	3	2
운여	8	9	9	9	10	10	추	1	1	1	1	2	2	2	3	3	3	4	4	4	5	5	서	6	6	6	7	7	7	8	8

백로 7일 23시 59분 【음8월】➡ 【癸酉月(계유월)】 ◐칠적성 추분23일 09시 17분

양력 9월 · 음력 07/25 — 08/25

	1	2	3	4	5	6	7	8	9	10	11	12	13	14	15	16	17	18	19	20	21	22	23	24	25	26	27	28	29	30
요일	화	수	목	금	토	일	월	화	수	목	금	토	일	월	화	수	목	금	토	일	월	화	수	목	금	토	일	월	화	수
일진	계	갑	을	병	정	무	기	경	신	임	계	갑	을	병	정	무	기	경	신	임	계	갑	을	병	정	무	기	경	신	임
日辰	축	인	묘	진	사	오	미	신	유	술	해	자	축	인	묘	진	사	오	미	신	유	술	해	자	축	인	묘	진	사	오
음력	25	26	27	28	29	8/1	2	3	4	5	6	7	8	9	10	11	12	13	14	15	16	17	18	19	20	21	22	23	24	25
구성	5	4	3	2	1	9	8	7	6	5	4	3	2	1	9	8	7	6	5	4	3	2	1	9	8	7	6	5	4	3
대남	2	2	1	1	1	1	백	10	10	9	9	9	8	8	8	7	7	7	6	6	6	5	추	5	4	4	4	3	3	3
운여	8	9	9	9	10	10	로	1	1	1	1	2	2	2	3	3	3	4	4	4	5	5	분	6	6	6	7	7	7	8

한로 8일 15시 22분 【음9월】➡ 【甲戌月(갑술월)】 ◐육백성 상강 23일 18시 21분

양력 10월 · 음력 08/26 — 09/26

	1	2	3	4	5	6	7	8	9	10	11	12	13	14	15	16	17	18	19	20	21	22	23	24	25	26	27	28	29	30	31
요일	목	금	토	일	월	화	수	목	금	토	일	월	화	수	목	금	토	일	월	화	수	목	금	토	일	월	화	수	목	금	토
일진	계	갑	을	병	정	무	기	경	신	임	계	갑	을	병	정	무	기	경	신	임	계	갑	을	병	정	무	기	경	신	임	계
日辰	미	신	유	술	해	자	축	인	묘	진	사	오	미	신	유	술	해	자	축	인	묘	진	사	오	미	신	유	술	해	자	축
음력	26	27	28	29	30	9/1	2	3	4	5	6	7	8	9	10	11	12	13	14	15	16	17	18	19	20	21	22	23	24	25	26
구성	2	1	9	8	7	6	5	4	3	2	1	9	8	7	6	5	4	3	2	1	9	8	7	6	5	4	3	2	1	9	8
대남	2	2	2	1	1	1	1	한	10	9	9	9	8	8	8	7	7	7	6	6	6	5	상	5	4	4	4	3	3	3	2
운여	8	8	9	9	9	10	10	로	1	1	1	1	2	2	2	3	3	3	4	4	4	5	강	5	6	6	6	7	7	7	8

입동 7일 18시 15분 【음10월】➡ 【乙亥月(을해월)】 ◐오황성 소설 22일 15시 39분

양력 11월 · 음력 09/27 — 10/27

	1	2	3	4	5	6	7	8	9	10	11	12	13	14	15	16	17	18	19	20	21	22	23	24	25	26	27	28	29	30
요일	일	월	화	수	목	금	토	일	월	화	수	목	금	토	일	월	화	수	목	금	토	일	월	화	수	목	금	토	일	월
일진	갑	을	병	정	무	기	경	신	임	계	갑	을	병	정	무	기	경	신	임	계	갑	을	병	정	무	기	경	신	임	계
日辰	인	묘	진	사	오	미	신	유	술	해	자	축	인	묘	진	사	오	미	신	유	술	해	자	축	인	묘	진	사	오	미
음력	27	28	29	10/1	2	3	4	5	6	7	8	9	10	11	12	13	14	15	16	17	18	19	20	21	22	23	24	25	26	27
구성	7	6	5	4	3	2	1	9	8	7	6	5	4	3	2	1	9	8	7	6	5	4	3	2	1	9	8	7	6	5
대남	2	2	1	1	1	1	입	10	9	9	9	8	8	8	7	7	7	6	6	6	5	소	5	4	4	4	3	3	3	2
운여	8	8	9	9	9	10	동	1	1	1	1	2	2	2	3	3	3	4	4	4	5	설	5	6	6	6	7	7	7	8

대설 7일 10시 53분 【음11월】➡ 【丙子月(병자월)】 ◐사록성 동지 22일 04시 50분

양력 12월 · 음력 10/28 — 11/28

	1	2	3	4	5	6	7	8	9	10	11	12	13	14	15	16	17	18	19	20	21	22	23	24	25	26	27	28	29	30	31
요일	화	수	목	금	토	일	월	화	수	목	금	토	일	월	화	수	목	금	토	일	월	화	수	목	금	토	일	월	화	수	목
일진	갑	을	병	정	무	기	경	신	임	계	갑	을	병	정	무	기	경	신	임	계	갑	을	병	정	무	기	경	신	임	계	갑
日辰	신	유	술	해	자	축	인	묘	진	사	오	미	신	유	술	해	자	축	인	묘	진	사	오	미	신	유	술	해	자	축	인
음력	28	29	30	11/1	2	3	4	5	6	7	8	9	10	11	12	13	14	15	16	17	18	19	20	21	22	23	24	25	26	27	28
구성	4	3	2	1	9	8	7	6	5	4	3	2	1	9	8	7	6	5	4	3	2	1	9	8	7	6	5	4	3	2	1
대남	2	2	1	1	1	1	대	9	9	9	8	8	8	7	7	7	6	6	6	5	5	동	4	4	4	3	3	3	2	2	2
운여	8	8	9	9	9	10	설	1	1	1	1	2	2	2	3	3	3	4	4	4	5	지	5	6	6	6	7	7	7	8	8

9월 22일 - 대한민국 군사원조단 140명 최초로 베트남 도착.10월 16일 - 중화인민공화국, 최초의 핵실험 실시.11월 19일 - 프랑스의 시사주간지 르 누벨 옵세르바퇴르 첫 발간.11월 28일 - 마리너 4호, 화성으로 발사됨.12월 1일 - 말라위, 몰타, 잠비아, 국제연합 가입.

단기 4298 年		
불기 2509 年	**1965년**	중원(中元), 을사(乙巳)년, 납음(복등화), 본명성(팔백토)

대장군(卯동방), 삼살(동방), 상문(未서남방), 조객(卯동방), 납음(복등화), 【삼재(해,자,축)년】 臘享(납향):1966년1월12일(음12/21)

소한 5일 22시 02분 【음12월】➡ 　【丁丑月(정축월)】　 ☯삼벽성　 대한 20일 15시 29분

1월 (음력 11/29 ~ 12/29)

양력	1	2	3	4	5	6	7	8	9	10	11	12	13	14	15	16	17	18	19	20	21	22	23	24	25	26	27	28	29	30	31
요일	금	토	일	월	화	수	목	금	토	일	월	화	수	목	금	토	일	월	화	수	목	금	토	일	월	화	수	목	금	토	일
일진	을묘	병진	정사	무오	기미	경신	신유	임술	계해	갑자	을축	병인	정묘	무진	기사	경오	신미	임신	계유	갑술	을해	병자	정축	무인	기묘	경진	신사	임오	계미	갑신	을유
음력	29	30	12/1	2	3	4	5	6	7	8	9	10	11	12	13	14	15	16	17	18	19	20	21	22	23	24	25	26	27	28	29
구성	9	8	7	6	5	4	3	2	1	1	2	3	4	5	6	7	8	9	1	2	3	4	5	6	7	8	9	1	2	3	4
대운 남	1	1	1	1	소한	10	9	9	9	8	8	8	7	7	7	6	6	6	5	대한	5	4	4	4	3	3	3	2	2	2	1
대운 여	8	9	9	9	소한	1	1	1	1	2	2	2	3	3	3	4	4	4	5	대한	5	6	6	6	7	7	7	8	8	8	9

입춘 4일 09시 46분 【음1월】➡ 　【戊寅月(무인월)】　 ☯이흑성　 우수 19일 05시 48분

2월 (음력 12/30 ~ 01/27)

양력	1	2	3	4	5	6	7	8	9	10	11	12	13	14	15	16	17	18	19	20	21	22	23	24	25	26	27	28
요일	월	화	수	목	금	토	일	월	화	수	목	금	토	일	월	화	수	목	금	토	일	월	화	수	목	금	토	일
일진	병술	정해	무자	기축	경인	신묘	임진	계사	갑오	을미	병신	정유	무술	기해	경자	신축	임인	계묘	갑진	을사	병오	정미	무신	기유	경술	신해	임자	계축
음력	30	1/1	2	3	4	5	6	7	8	9	10	11	12	13	14	15	16	17	18	19	20	21	22	23	24	25	26	27
구성	5	6	7	8	9	1	2	3	4	5	6	7	8	9	1	2	3	4	5	6	7	8	9	1	2	3	4	5
대운 남	1	1	1	입춘	1	1	1	1	2	2	2	3	3	3	4	4	4	4	우수	5	5	6	6	6	7	7	7	8
대운 여	9	9	10	입춘	9	9	9	9	8	8	8	7	7	7	6	6	6	6	우수	5	5	4	4	4	3	3	3	2

경칩 6일 04시 01분 【음2월】➡ 　【己卯月(기묘월)】　 ☯일백성　 춘분 21일 05시 05분

3월 (음력 01/28 ~ 02/29)

양력	1	2	3	4	5	6	7	8	9	10	11	12	13	14	15	16	17	18	19	20	21	22	23	24	25	26	27	28	29	30	31
요일	월	화	수	목	금	토	일	월	화	수	목	금	토	일	월	화	수	목	금	토	일	월	화	수	목	금	토	일	월	화	수
일진	갑인	을묘	병진	정사	무오	기미	경신	신유	임술	계해	갑자	을축	병인	정묘	무진	기사	경오	신미	임신	계유	갑술	을해	병자	정축	무인	기묘	경진	신사	임오	계미	갑신
음력	28	29	2/1	2	3	4	5	6	7	8	9	10	11	12	13	14	15	16	17	18	19	20	21	22	23	24	25	26	27	28	29
구성	6	7	8	9	1	2	3	4	5	6	7	8	9	1	2	3	4	5	6	7	8	9	1	2	3	4	5	6	7	8	9
대운 남	8	9	9	9	10	경칩	1	1	1	1	2	2	2	3	3	3	4	4	4	5	춘분	5	6	6	6	7	7	7	8	8	8
대운 여	2	1	1	1	1	경칩	10	10	9	9	9	8	8	8	7	7	7	6	6	6	춘분	5	4	4	4	3	3	3	2	2	2

청명 5일 09시 07분 【음3월】➡ 　【庚辰月(경진월)】　 ☯구자성　 곡우 20일 16시 26분

4월 (음력 02/30 ~ 03/29)

양력	1	2	3	4	5	6	7	8	9	10	11	12	13	14	15	16	17	18	19	20	21	22	23	24	25	26	27	28	29	30
요일	목	금	토	일	월	화	수	목	금	토	일	월	화	수	목	금	토	일	월	화	수	목	금	토	일	월	화	수	목	금
일진	을유	병술	정해	무자	기축	경인	신묘	임진	계사	갑오	을미	병신	정유	무술	기해	경자	신축	임인	계묘	갑진	을사	병오	정미	무신	기유	경술	신해	임자	계축	갑인
음력	30	3/1	2	3	4	5	6	7	8	9	10	11	12	13	14	15	16	17	18	19	20	21	22	23	24	25	26	27	28	29
구성	1	2	3	4	5	6	7	8	9	1	2	3	4	5	6	7	8	9	1	2	3	4	5	6	7	8	9	1	2	3
대운 남	9	9	9	10	청명	1	1	1	1	2	2	2	3	3	3	4	4	4	5	곡우	5	6	6	6	7	7	7	8	8	8
대운 여	1	1	1	1	청명	10	10	9	9	9	8	8	8	7	7	7	6	6	6	곡우	5	5	4	4	4	3	3	3	2	2

입하 6일 02시 42분 【음4월】➡ 　【辛巳月(신사월)】　 ☯팔백성　 소만 21일 15시 50분

5월 (음력 04/01 ~ 05/01)

양력	1	2	3	4	5	6	7	8	9	10	11	12	13	14	15	16	17	18	19	20	21	22	23	24	25	26	27	28	29	30	31
요일	토	일	월	화	수	목	금	토	일	월	화	수	목	금	토	일	월	화	수	목	금	토	일	월	화	수	목	금	토	일	월
일진	을묘	병진	정사	무오	기미	경신	신유	임술	계해	갑자	을축	병인	정묘	무진	기사	경오	신미	임신	계유	갑술	을해	병자	정축	무인	기묘	경진	신사	임오	계미	갑신	을유
음력	30	4/1	2	4	5	6	7	8	9	10	11	12	13	14	15	16	17	18	19	20	21	22	23	24	25	26	27	28	29	30	5/1
구성	4	5	6	7	8	9	1	2	3	4	5	6	7	8	9	1	2	3	4	5	6	7	8	9	1	2	3	4	5	6	7
대운 남	9	9	9	10	10	입하	1	1	1	1	2	2	2	3	3	3	4	4	4	5	소만	5	6	6	6	7	7	7	8	8	8
대운 여	2	1	1	1	1	입하	10	10	9	9	9	8	8	8	7	7	7	6	6	6	소만	5	5	4	4	4	3	3	3	2	2

망종 6일 07시 02분 【음5월】➡ 　【壬午月(임오월)】　 ☯칠적성　 하지 21일 23시 56분

6월 (음력 05/02 ~ 06/02)

양력	1	2	3	4	5	6	7	8	9	10	11	12	13	14	15	16	17	18	19	20	21	22	23	24	25	26	27	28	29	30
요일	화	수	목	금	토	일	월	화	수	목	금	토	일	월	화	수	목	금	토	일	월	화	수	목	금	토	일	월	화	수
일진	병술	정해	무자	기축	경인	신묘	임진	계사	갑오	을미	병신	정유	무술	기해	경자	신축	임인	계묘	갑진	을사	병오	정미	무신	기유	경술	신해	임자	계축	갑인	을묘
음력	2	3	4	5	6	7	8	9	10	11	12	13	14	15	16	17	18	19	20	21	22	23	24	25	26	27	28	29	6/1	2
구성	8	9	1	2	3	4	5	6	7	8	9	1	2	3	4	5	6	7	8	9	1	2	3	4	5	6	7	8	9	1
대운 남	9	9	9	10	10	망종	1	1	1	1	2	2	2	3	3	3	4	4	4	5	하지	5	6	6	6	7	7	7	8	8
대운 여	2		1	1	1	망종	10	10	9	9	9	8	8	8	7	7	7	6	6	6	하지	5	5	4	4	4	3	3	3	2

2월 15일 - 캐나다의 국기가 변경.2월 18일 - 감비아 독립.6월 22일 - 한일기본조약 조인.7월 26일 - 몰디브 독립.

8월 7일 - 미국 의회, 사실상 베트민(월맹)에 대한 선전포고인 '통킹만 결의'를 의결. 이후 미국의 공개적인 군사개입 시작됨.

한식(4월06일), 초복(7월15일), 중복(7월25일), 말복(8월14일)↑춘사(春社)3/25 ☀추사(秋社)9/21
토왕지절(土旺之節):4월17일,7월20일,10월20일,신년 1월17일,(신년양력)

五日得辛, 六龍治水,1965년 을사年(복등화), 팔백토 臘享(납향):1월12일 신년

7적	3벽	5황
6백	8백	1백
2흑	4록	9자

1965

7월

소서 7일 17시 21분 【음6월】→ 【癸未月(계미월)】 ☯육백성 대서 23일 10시 48분
양력 7월 / 음력 06/03 ～ 07/04

양력	요일	일진	日辰	음력	구성	대운 남	대운 여
1	목	병	丙辰	3	2	8	2
2	금	정	丁巳	4	3	9	2
3	토	무	戊午	5	4	9	1
4	일	기	己未	6	5	9	1
5	월	경	庚申	7	6	10	1
6	화	신	辛酉	8	7	10	1
7	수	임	壬戌	9	8	소서	소서
8	목	계	癸亥	10	9	1	10
9	금	갑	甲子	11	9	1	10
10	토	을	乙丑	12	8	1	10
11	일	병	丙寅	13	7	1	9
12	월	정	丁卯	14	6	2	9
13	화	무	戊辰	15	5	2	9
14	수	기	己巳	16	4	2	8
15	목	경	庚午	17	3	3	8
16	금	신	辛未	18	2	3	8
17	토	임	壬申	19	1	3	7
18	일	계	癸酉	20	9	4	7
19	월	갑	甲戌	21	8	4	7
20	화	을	乙亥	22	7	4	6
21	수	병	丙子	23	6	5	6
22	목	정	丁丑	24	5	5	6
23	금	무	戊寅	25	4	대서	대서
24	토	기	己卯	26	3	6	5
25	일	경	庚辰	27	2	6	5
26	월	신	辛巳	28	1	6	5
27	화	임	壬午	29	9	7	4
28	수	계	癸未	7/1	8	7	4
29	목	갑	甲申	2	7	7	4
30	금	을	乙酉	3	6	8	3
31	토	병	丙戌	4	5	8	3

8월

입추 8일 03시 05분 【음7월】→ 【甲申月(갑신월)】 ☯오황성 처서 23일 17시 43분
양력 8월 / 음력 07/05 ～ 08/05

양력	요일	일진	日辰	음력	구성	대운 남	대운 여
1	일	정	丁亥	5	4	8	2
2	월	무	戊子	6	3	9	2
3	화	기	己丑	7	2	9	2
4	수	경	庚寅	8	1	9	1
5	목	신	辛卯	9	9	10	1
6	금	임	壬辰	10	8	10	1
7	토	계	癸巳	11	7	10	1
8	일	갑	甲午	12	6	입추	입추
9	월	을	乙未	13	5	1	10
10	화	병	丙申	14	4	1	10
11	수	정	丁酉	15	3	1	9
12	목	무	戊戌	16	2	1	9
13	금	기	己亥	17	1	2	9
14	토	경	庚子	18	9	2	8
15	일	신	辛丑	19	8	2	8
16	월	임	壬寅	20	7	3	8
17	화	계	癸卯	21	6	3	7
18	수	갑	甲辰	22	5	3	7
19	목	을	乙巳	23	4	4	7
20	금	병	丙午	24	3	4	6
21	토	정	丁未	25	2	4	6
22	일	무	戊申	26	1	5	6
23	월	기	己酉	27	9	처서	처서
24	화	경	庚戌	28	8	5	5
25	수	신	辛亥	29	7	6	5
26	목	임	壬子	30	6	6	5
27	금	계	癸丑	8/1	5	6	4
28	토	갑	甲寅	2	4	7	4
29	일	을	乙卯	3	3	7	4
30	월	병	丙辰	4	2	7	3
31	화	정	丁巳	5	1	8	3

9월

백로 8일 05시 48분 【음8월】→ 【乙酉月(을유월)】 ☯사록성 추분 23일 15시 06분
양력 9월 / 음력 08/06 ～ 09/06

양력	요일	일진	日辰	음력	구성	대운 남	대운 여
1	수	무	戊午	6	9	8	2
2	목	기	己未	7	8	8	2
3	금	경	庚申	8	7	9	2
4	토	신	辛酉	9	6	9	1
5	일	임	壬戌	10	5	9	1
6	월	계	癸亥	11	4	10	1
7	화	갑	甲子	12	3	10	1
8	수	을	乙丑	13	2	백로	백로
9	목	병	丙寅	14	1	1	10
10	금	정	丁卯	15	9	1	9
11	토	무	戊辰	16	8	1	9
12	일	기	己巳	17	7	1	9
13	월	경	庚午	18	6	2	8
14	화	신	辛未	19	5	2	8
15	수	임	壬申	20	4	2	8
16	목	계	癸酉	21	3	3	7
17	금	갑	甲戌	22	2	3	7
18	토	을	乙亥	23	1	3	7
19	일	병	丙子	24	9	4	6
20	월	정	丁丑	25	8	4	6
21	화	무	戊寅	26	7	4	6
22	수	기	己卯	27	6	5	5
23	목	경	庚辰	28	5	추분	추분
24	금	신	辛巳	29	4	5	5
25	토	임	壬午	9/1	3	6	4
26	일	계	癸未	2	2	6	4
27	월	갑	甲申	3	1	6	4
28	화	을	乙酉	4	9	7	3
29	수	병	丙戌	5	8	7	3
30	목	정	丁亥	6	7	7	3

10월

한로 8일 21시 11분 【음9월】→ 【丙戌月(병술월)】 ☯삼벽성 상강 24일 00시 10분
양력 10월 / 음력 09/07 ～ 10/08

양력	요일	일진	日辰	음력	구성	대운 남	대운 여
1	금	무	戊子	7	6	8	2
2	토	기	己丑	8	5	8	2
3	일	경	庚寅	9	4	8	2
4	월	신	辛卯	10	3	9	1
5	화	임	壬辰	11	2	9	1
6	수	계	癸巳	12	1	9	1
7	목	갑	甲午	13	9	10	1
8	금	을	乙未	14	8	한로	한로
9	토	병	丙申	15	7	1	10
10	일	정	丁酉	16	6	1	10
11	월	무	戊戌	17	5	1	9
12	화	기	己亥	18	4	1	9
13	수	경	庚子	19	3	2	9
14	목	신	辛丑	20	2	2	8
15	금	임	壬寅	21	1	2	8
16	토	계	癸卯	22	9	3	8
17	일	갑	甲辰	23	8	3	7
18	월	을	乙巳	24	7	3	7
19	화	병	丙午	25	6	4	7
20	수	정	丁未	26	5	4	6
21	목	무	戊申	27	4	4	6
22	금	기	己酉	28	3	5	6
23	토	경	庚戌	29	2	5	5
24	일	신	辛亥	10/1	1	상강	상강
25	월	임	壬子	2	9	6	5
26	화	계	癸丑	3	8	6	4
27	수	갑	甲寅	4	7	6	4
28	목	을	乙卯	5	6	7	4
29	금	병	丙辰	6	5	7	3
30	토	정	丁巳	7	4	7	3
31	일	무	戊午	8	3	8	3

11월

입동 8일 00시 07분 【음10월】→ 【丁亥月(정해월)】 ☯이흑성 소설 22일 21시 29분
양력 11월 / 음력 10/09 ～ 11/08

양력	요일	일진	日辰	음력	구성	대운 남	대운 여
1	월	기	己未	9	2	8	2
2	화	경	庚申	10	1	8	2
3	수	신	辛酉	11	9	9	2
4	목	임	壬戌	12	8	9	1
5	금	계	癸亥	13	7	9	1
6	토	갑	甲子	14	6	10	1
7	일	을	乙丑	15	5	10	1
8	월	병	丙寅	16	4	입동	입동
9	화	정	丁卯	17	3	1	9
10	수	무	戊辰	18	2	1	9
11	목	기	己巳	19	1	1	9
12	금	경	庚午	20	9	1	9
13	토	신	辛未	21	8	2	8
14	일	임	壬申	22	7	2	8
15	월	계	癸酉	23	6	2	8
16	화	갑	甲戌	24	5	3	7
17	수	을	乙亥	25	4	3	7
18	목	병	丙子	26	3	3	7
19	금	정	丁丑	27	2	4	6
20	토	무	戊寅	28	1	4	6
21	일	기	己卯	29	9	4	6
22	월	경	庚辰	30	8	소설	소설
23	화	신	辛巳	11/1	7	5	5
24	수	임	壬午	2	6	5	5
25	목	계	癸未	3	5	6	4
26	금	갑	甲申	4	4	6	4
27	토	을	乙酉	5	3	6	4
28	일	병	丙戌	6	2	7	3
29	월	정	丁亥	7	1	7	3
30	화	무	戊子	8	9	7	3

12월

대설 7일 16시 46분 【음11월】→ 【戊子月(무자월)】 ☯일백성 동지 22일 10시 40분
양력 12월 / 음력 11/09 ～ 12/09

양력	요일	일진	日辰	음력	구성	대운 남	대운 여
1	수	기	己丑	9	8	8	2
2	목	경	庚寅	10	7	8	2
3	금	신	辛卯	11	6	8	2
4	토	임	壬辰	12	5	9	1
5	일	계	癸巳	13	4	9	1
6	월	갑	甲午	14	3	9	1
7	화	을	乙未	15	2	대설	대설
8	수	병	丙申	16	1	1	10
9	목	정	丁酉	17	9	1	9
10	금	무	戊戌	18	8	1	9
11	토	기	己亥	19	7	1	9
12	일	경	庚子	20	6	2	8
13	월	신	辛丑	21	5	2	8
14	화	임	壬寅	22	4	2	8
15	수	계	癸卯	23	3	3	7
16	목	갑	甲辰	24	2	3	7
17	금	을	乙巳	25	1	3	7
18	토	병	丙午	26	9	4	6
19	일	정	丁未	27	8	4	6
20	월	무	戊申	28	7	4	6
21	화	기	己酉	29	6	5	5
22	수	경	庚戌	30	5	동지	동지
23	목	신	辛亥	12/1	4	5	5
24	금	임	壬子	2	3	6	4
25	토	계	癸丑	3	2	6	4
26	일	갑	甲寅	4	1	6	4
27	월	을	乙卯	5	9	7	3
28	화	병	丙辰	6	8	7	3
29	수	정	丁巳	7	7	7	3
30	목	무	戊午	8	6	8	2
31	금	기	己未	9	5	8	2

9월 6일 - 파키스탄, 인도와 전쟁상태 선포.9월 18일 - 경인선(영등포-인천) 복선 개통. 9월 21일 감비아, 몰디브, 싱가포르, 국제 연합 가입.베트남 전쟁: 대한민국 최초의 월남파견 전투부대인 청룡부대 결단식 포항서 열림. 9월 22일 - 대한민국의 4대 일간지 중앙일보 창간.

단기 4299 年
불기 2510 年

1966년
윤3월

중원(中元). 병오(丙午)년, 납음(천하수), 본명성(칠적금)

대장군(동방). 삼살(북방). 상문(서남방), 조객(동남방). 납음(천하수). 【삼재(신,유,술)년】 臘享(납향):1967년1월19일(음12/09)

말띠

소한 6일 03시 54분 【음12월】 ➡ 【己丑月(기축월)】 ☯구자성 대한 20일 21시 20분

양력 1월	양력	1	2	3	4	5	6	7	8	9	10	11	12	13	14	15	16	17	18	19	20	21	22	23	24	25	26	27	28	29	30	31
	요일	토	일	월	화	수	목	금	토	일	월	화	수	목	금	토	일	월	화	수	목	금	토	일	월	화	수	목	금	토	일	월
	일진 日辰	경신	신유	임술	계해	갑자	을축	병인	정묘	무진	기사	경오	신미	임신	계유	갑술	을해	병자	정축	무인	기묘	경진	신사	임오	계미	갑신	을유	병술	정해	무자	기축	경인
음력 12/10 ~ 01/10	음력	10	11	12	13	14	15	16	17	18	19	20	21	22	23	24	25	26	27	28	29	30	1/1	2	3	4	5	6	7	8	9	10
	구성	4	3	2	1	1	2	3	4	5	6	7	8	9	1	2	3	4	5	6	7	8	9	1	2	3	4	5	6	7	8	9
	대운 남	8	9	9	9	10	소	1	1	1	1	2	2	2	3	3	3	4	4	4	대	5	5	6	6	6	7	7	7	8	8	8
	대운 여	2	1	1	1	1	한	9	9	9	8	8	8	7	7	7	6	6	6	5	한	5	4	4	4	3	3	3	2	2	2	1

입춘 4일 15시 38분 【음1월】 ➡ 【庚寅月(경인월)】 ☯팔백성 우수 19일 11시 38분

양력 2월	양력	1	2	3	4	5	6	7	8	9	10	11	12	13	14	15	16	17	18	19	20	21	22	23	24	25	26	27	28
	요일	화	수	목	금	토	일	월	화	수	목	금	토	일	월	화	수	목	금	토	일	월	화	수	목	금	토	일	월
	일진 日辰	신묘	임진	계사	갑오	을미	병신	정유	무술	기해	경자	신축	임인	계묘	갑진	을사	병오	정미	무신	기유	경술	신해	임자	계축	갑인	을묘	병진	정사	무오
음력 01/11 ~ 02/09	음력	11	12	13	14	15	16	17	18	19	20	21	22	23	24	25	26	27	28	29	2/1	2	3	4	5	6	7	8	9
	구성	1	2	3	4	5	6	7	8	9	1	2	3	4	5	6	7	8	9	1	2	3	4	5	6	7	8	9	1
	대운 남	9	9	9	입	10	9	9	9	8	8	8	7	7	7	6	6	6	5	우	5	4	4	4	3	3	3	2	2
	대운 여	1	1	1	춘	1	1	1	1	2	2	2	3	3	3	4	4	4	5	수	5	6	6	6	7	7	7	8	8

병오년

경칩 6일 09시 51분 【음2월】 ➡ 【辛卯月(신묘월)】 ☯칠적성 춘분 21일 10시 53분

양력 3월	양력	1	2	3	4	5	6	7	8	9	10	11	12	13	14	15	16	17	18	19	20	21	22	23	24	25	26	27	28	29	30	31
	요일	화	수	목	금	토	일	월	화	수	목	금	토	일	월	화	수	목	금	토	일	월	화	수	목	금	토	일	월	화	수	목
	일진 日辰	기미	경신	신유	임술	계해	갑자	을축	병인	정묘	무진	기사	경오	신미	임신	계유	갑술	을해	병자	정축	무인	기묘	경진	신사	임오	계미	갑신	을유	병술	정해	무자	기축
음력 02/10 ~ 03/10	음력	10	11	12	13	14	15	16	17	18	19	20	21	22	23	24	25	26	27	28	29	30	3/1	2	3	4	5	6	7	8	9	10
	구성	2	3	4	5	6	7	8	9	1	2	3	4	5	6	7	8	9	1	2	3	4	5	6	7	8	9	1	2	3	4	5
	대운 남	2	1	1	1	1	경	10	9	9	9	8	8	8	7	7	7	6	6	6	5	춘	5	4	4	4	3	3	3	2	2	2
	대운 여	8	9	9	9	10	칩	1	1	1	1	2	2	2	3	3	3	4	4	4	5	분	5	6	6	6	7	7	7	8	8	8

청명 5일 14시 57분 【음3월】 ➡ 【壬辰月(임진월)】 ☯육백성 곡우 20일 22시 12분

양력 4월	양력	1	2	3	4	5	6	7	8	9	10	11	12	13	14	15	16	17	18	19	20	21	22	23	24	25	26	27	28	29	30
	요일	금	토	일	월	화	수	목	금	토	일	월	화	수	목	금	토	일	월	화	수	목	금	토	일	월	화	수	목	금	토
	일진 日辰	경인	신묘	임진	계사	갑오	을미	병신	정유	무술	기해	경자	신축	임인	계묘	갑진	을사	병오	정미	무신	기유	경술	신해	임자	계축	갑인	을묘	병진	정사	무오	기미
음력 03/11 ~ 윤 310	음력	11	12	13	14	15	16	17	18	19	20	21	22	23	24	25	26	27	28	29	30	윤3	2	3	4	5	6	7	8	9	10
	구성	6	7	8	9	1	2	3	4	5	6	7	8	9	1	2	3	4	5	6	7	8	9	1	2	3	4	5	6	7	8
	대운 남	1	1	1	1	청	10	10	9	9	9	8	8	8	7	7	7	6	6	6	곡	5	5	4	4	4	3	3	3	2	2
	대운 여	9	9	9	10	명	1	1	1	1	2	2	2	3	3	3	4	4	4	5	우	5	6	6	6	7	7	7	8	8	8

입하 6일 08시 30분 【음4월】 ➡ 【癸巳月(계사월)】 ☯오황성 소만 21일 21시 32분

양력 5월	양력	1	2	3	4	5	6	7	8	9	10	11	12	13	14	15	16	17	18	19	20	21	22	23	24	25	26	27	28	29	30	31
	요일	일	월	화	수	목	금	토	일	월	화	수	목	금	토	일	월	화	수	목	금	토	일	월	화	수	목	금	토	일	월	화
	일진 日辰	경신	신유	임술	계해	갑자	을축	병인	정묘	무진	기사	경오	신미	임신	계유	갑술	을해	병자	정축	무인	기묘	경진	신사	임오	계미	갑신	을유	병술	정해	무자	기축	경인
음력 윤 311 ~ 04/12	음력	11	12	13	14	15	16	17	18	19	20	21	22	23	24	25	26	27	28	29	4/1	2	3	4	5	6	7	8	9	10	11	12
	구성	9	1	2	3	4	5	6	7	8	9	1	2	3	4	5	6	7	8	9	1	2	3	4	5	6	7	8	9	1	2	3
	대운 남	2	1	1	1	1	입	10	10	9	9	9	8	8	8	7	7	7	6	6	6	소	5	5	4	4	4	3	3	3	2	2
	대운 여	9	9	9	10	10	하	1	1	1	1	2	2	2	3	3	3	4	4	4	5	만	5	6	6	6	7	7	7	8	8	8

망종 6일 12시 50분 【음5월】 ➡ 【甲午月(갑오월)】 ☯사록성 하지 22일 05시 31분

양력 6월	양력	1	2	3	4	5	6	7	8	9	10	11	12	13	14	15	16	17	18	19	20	21	22	23	24	25	26	27	28	29	30
	요일	수	목	금	토	일	월	화	수	목	금	토	일	월	화	수	목	금	토	일	월	화	수	목	금	토	일	월	화	수	목
	일진 日辰	신묘	임진	계사	갑오	을미	병신	정유	무술	기해	경자	신축	임인	계묘	갑진	을사	병오	정미	무신	기유	경술	신해	임자	계축	갑인	을묘	병진	정사	무오	기미	경신
음력 04/13 ~ 05/12	음력	13	14	15	16	17	18	19	20	21	22	23	24	25	26	27	28	29	30	5/1	2	3	4	5	6	7	8	9	10	11	12
	구성	4	5	6	7	8	9	1	2	3	4	5	6	7	8	9	1	2	3	4	5	6	7	8	9	1	2	3	4	5	6
	대운 남	2	1	1	1	1	망	10	10	9	9	9	8	8	8	7	7	7	6	6	6	5	하	5	4	4	4	3	3	3	2
	대운 여	9	9	9	10	10	종	1	1	1	1	2	2	2	3	3	3	4	4	4	5	5	지	6	6	6	7	7	7	8	8

2월 28일 - 대한민국 수산청 발족.3월 3일 - 대한민국 국세청 설립.5월 10일 - 한국독립당 내란음모사건으로 구속된 김두한 등 재판에서 무죄선고.5월 26일 - 가이아나 독립.7월 11일 - 1966년 FIFA 월드컵이 영국에서 개막. 8월 1일 - 텍사스 오스틴대학에서 텍사스 총기 난사사건일어남.

한식(4월6일), 초복(7월20일), 초복(7월30일), 말복(8월09일) ↑춘사(春社)3/20 ☀추사(秋社)9/26
토왕지절(土旺之節):4월17일,7월20일,10월21일, 신년 1월18일,(양력)

一日得辛, 十二龍治水,1966년 병오年(천하수), 칠적금 臘享(납향):1월19일 신년

6白	2黑	4綠
5黃	7赤	9紫
1白	3碧	8白

소서 7일 23시 07분 【음6월】➡ 【乙未月(을미월)】 ☯삼벽성 대서 23일 16시 23분

양력 7월 · 음력 05/13 ~ 06/14

양력	1	2	3	4	5	6	7	8	9	10	11	12	13	14	15	16	17	18	19	20	21	22	23	24	25	26	27	28	29	30	31
요일	금	토	일	월	화	수	목	금	토	일	월	화	수	목	금	토	일	월	화	수	목	금	토	일	월	화	수	목	금	토	일
일진(日辰)	신유	임술	계해	갑자	을축	병인	정묘	무진	기사	경오	신미	임신	계유	갑술	을해	병자	정축	무인	기묘	경진	신사	임오	계미	갑신	을유	병술	정해	무자	기축	경인	신묘
음력	13	14	15	16	17	18	19	20	21	22	23	24	25	26	27	28	29	6/1	2	3	4	5	6	7	8	9	10	11	12	13	14
구성	7	8	9	9	8	7	6	5	4	3	2	1	9	8	7	6	5	4	3	2	1	9	8	7	6	5	4	3	2	1	9
대운(남)	2	2	1	1	1	1	소서	10	10	10	9	9	9	8	8	8	7	7	7	6	6	6	대서	5	5	4	4	4	3	3	3
대운(여)	8	9	9	9	10	10	소서	1	1	1	1	2	2	2	3	3	3	4	4	4	5	5	대서	6	6	6	7	7	7	8	8

입추 8일 08시 49분 【음7월】➡ 【丙申月(병신월)】 ☯이흑성 처서 23일 23시 18분

양력 8월 · 음력 06/15 ~ 07/16

양력	1	2	3	4	5	6	7	8	9	10	11	12	13	14	15	16	17	18	19	20	21	22	23	24	25	26	27	28	29	30	31
요일	월	화	수	목	금	토	일	월	화	수	목	금	토	일	월	화	수	목	금	토	일	월	화	수	목	금	토	일	월	화	수
일진(日辰)	임진	계사	갑오	을미	병신	정유	무술	기해	경자	신축	임인	계묘	갑진	을사	병오	정미	무신	기유	경술	신해	임자	계축	갑인	을묘	병진	정사	무오	기미	경신	신유	임술
음력	15	16	17	18	19	20	21	22	23	24	25	26	27	28	29	7/1	2	3	4	5	6	7	8	9	10	11	12	13	14	15	16
구성	8	7	6	5	4	3	2	1	9	8	7	6	5	4	3	2	1	9	8	7	6	5	4	3	2	1	9	8	7	6	5
대운(남)	2	2	2	1	1	1	1	입추	10	10	9	9	9	8	8	8	7	7	7	6	6	6	처서	5	5	5	4	4	4	3	3
대운(여)	8	9	9	9	10	10	10	입추	1	1	1	1	2	2	2	3	3	3	4	4	4	5	처서	5	6	6	6	7	7	7	8

백로 8일 11시 32분 【음8월】➡ 【丁酉月(정유월)】 ☯일백성 추분 23일 20시 43분

양력 9월 · 음력 07/17 ~ 08/16

양력	1	2	3	4	5	6	7	8	9	10	11	12	13	14	15	16	17	18	19	20	21	22	23	24	25	26	27	28	29	30
요일	목	금	토	일	월	화	수	목	금	토	일	월	화	수	목	금	토	일	월	화	수	목	금	토	일	월	화	수	목	금
일진(日辰)	계해	갑자	을축	병인	정묘	무진	기사	경오	신미	임신	계유	갑술	을해	병자	정축	무인	기묘	경진	신사	임오	계미	갑신	을유	병술	정해	무자	기축	경인	신묘	임진
음력	17	18	19	20	21	22	23	24	25	26	27	28	29	30	8/1	2	3	4	5	6	7	8	9	10	11	12	13	14	15	16
구성	4	3	2	1	9	8	7	6	5	4	3	2	1	9	8	7	6	5	4	3	2	1	9	8	7	6	5	4	3	2
대운(남)	2	2	2	1	1	1	1	백로	10	10	9	9	9	8	8	8	7	7	7	6	6	6	추분	5	5	5	4	4	4	3
대운(여)	8	8	9	9	9	10	10	백로	1	1	1	1	2	2	2	3	3	3	4	4	4	5	추분	5	5	6	6	6	7	7

한로 9일 02시 57분 【음9월】➡ 【戊戌月(무술월)】 ☯구자성 상강 24일 05시 51분

양력 10월 · 음력 08/17 ~ 09/18

양력	1	2	3	4	5	6	7	8	9	10	11	12	13	14	15	16	17	18	19	20	21	22	23	24	25	26	27	28	29	30	31
요일	토	일	월	화	수	목	금	토	일	월	화	수	목	금	토	일	월	화	수	목	금	토	일	월	화	수	목	금	토	일	월
일진(日辰)	계사	갑오	을미	병신	정유	무술	기해	경자	신축	임인	계묘	갑진	을사	병오	정미	무신	기유	경술	신해	임자	계축	갑인	을묘	병진	정사	무오	기미	경신	신유	임술	계해
음력	17	18	19	20	21	22	23	24	25	26	27	28	29	9/1	2	3	4	5	6	7	8	9	10	11	12	13	14	15	16	17	18
구성	1	9	8	7	6	5	4	3	2	1	9	8	7	6	5	4	3	2	1	9	8	7	6	5	4	3	2	1	9	8	7
대운(남)	3	2	2	1	1	1	1	1	한로	10	10	9	9	9	8	8	8	7	7	7	6	6	6	상강	5	4	4	4	3	3	3
대운(여)	8	8	8	9	9	9	10	10	한로	1	1	1	1	2	2	2	3	3	3	4	4	4	5	상강	5	6	6	6	7	7	7

입동 8일 05시 55분 【음10월】➡ 【己亥月(기해월)】 ☯팔백성 소설 23일 03시 14분

양력 11월 · 음력 09/19 ~ 10/19

양력	1	2	3	4	5	6	7	8	9	10	11	12	13	14	15	16	17	18	19	20	21	22	23	24	25	26	27	28	29	30
요일	화	수	목	금	토	일	월	화	수	목	금	토	일	월	화	수	목	금	토	일	월	화	수	목	금	토	일	월	화	수
일진(日辰)	갑자	을축	병인	정묘	무진	기사	경오	신미	임신	계유	갑술	을해	병자	정축	무인	기묘	경진	신사	임오	계미	갑신	을유	병술	정해	무자	기축	경인	신묘	임진	계사
음력	19	20	21	22	23	24	25	26	27	28	29	10/1	2	3	4	5	6	7	8	9	10	11	12	13	14	15	16	17	18	19
구성	6	5	4	3	2	1	9	8	7	6	5	4	3	2	1	9	8	7	6	5	4	3	2	1	9	8	7	6	5	4
대운(남)	2	2	2	1	1	1	1	입동	9	9	9	8	8	8	7	7	7	6	6	6	5	5	소설	4	4	4	3	3	3	2
대운(여)	8	8	8	9	9	9	10	입동	1	1	1	1	2	2	2	3	3	3	4	4	4	5	소설	5	6	6	6	7	7	7

대설 7일 22시 38분 【음11월】➡ 【庚子月(경자월)】 ☯칠적성 동지 22일 16시 28분

양력 12월 · 음력 10/20 ~ 11/20

양력	1	2	3	4	5	6	7	8	9	10	11	12	13	14	15	16	17	18	19	20	21	22	23	24	25	26	27	28	29	30	31
요일	목	금	토	일	월	화	수	목	금	토	일	월	화	수	목	금	토	일	월	화	수	목	금	토	일	월	화	수	목	금	토
일진(日辰)	갑오	을미	병신	정유	무술	기해	경자	신축	임인	계묘	갑진	을사	병오	정미	무신	기유	경술	신해	임자	계축	갑인	을묘	병진	정사	무오	기미	경신	신유	임술	계해	갑자
음력	20	21	22	23	24	25	26	27	28	29	30	11/1	2	3	4	5	6	7	8	9	10	11	12	13	14	15	16	17	18	19	20
구성	3	2	1	9	8	7	6	5	4	3	2	1	9	8	7	6	5	4	3	2	1	9	8	7	6	5	4	3	2	1	1
대운(남)	2	2	1	1	1	1	대설	10	9	9	9	8	8	8	7	7	7	6	6	6	5	동지	5	4	4	4	3	3	3	2	2
대운(여)	8	8	8	9	9	9	대설	1	1	1	1	2	2	2	3	3	3	4	4	4	5	동지	5	5	6	6	6	7	7	7	8

9월 27일 - 선린상고가 동아일보사 주최 제20회 전국지구별 초청 고교야구 쟁패전 최종 결승전에서 부산고를 4-0으로 물리치고 황금사자기를 쟁취. 9월 30일 - 대한민국, 서울 광화문 지하도 개통. 10월 2일 - 대한민국 간호사 251명, 서독 파견.

소한 6일 09시 48분 【음12월】➡ 【辛丑月(신축월)】 ☯육백성 대한 21일 03시 08분

1월 (음력 11/21 ~ 12/21)

양력	1	2	3	4	5	6	7	8	9	10	11	12	13	14	15	16	17	18	19	20	21	22	23	24	25	26	27	28	29	30	31
요일	일	월	화	수	목	금	토	일	월	화	수	목	금	토	일	월	화	수	목	금	토	일	월	화	수	목	금	토	일	월	화
일진(日辰)	을축	병인	정묘	무진	기사	경오	신미	임신	계유	갑술	을해	병자	정축	무인	기묘	경진	신사	임오	계미	갑신	을유	병술	정해	무자	기축	경인	신묘	임진	계사	갑오	을미
음력	21	22	23	24	25	26	27	28	29	30	12/1	2	3	4	5	6	7	8	9	10	11	12	13	14	15	16	17	18	19	20	21
구성	2	3	4	5	6	7	8	9	1	2	3	4	5	6	7	8	9	1	2	3	4	5	6	7	8	9	1	2	3	4	5
대운 남	2	1	1	1	1	소	9	9	9	8	8	8	7	7	7	6	6	6	5	5	대	4	4	4	3	3	3	2	2	2	1
운 여	8	9	9	9	10	한	1	1	1	1	2	2	2	3	3	3	4	4	4	5	한	5	6	6	6	7	7	7	8	8	8

입춘 4일 21시 31분 【음1월】➡ 【壬寅月(임인월)】 ☯오황성 우수 19일 17시 24분

2월 (음력 12/22 ~ 01/20)

양력	1	2	3	4	5	6	7	8	9	10	11	12	13	14	15	16	17	18	19	20	21	22	23	24	25	26	27	28
요일	수	목	금	토	일	월	화	수	목	금	토	일	월	화	수	목	금	토	일	월	화	수	목	금	토	일	월	화
일진(日辰)	병신	정유	무술	기해	경자	신축	임인	계묘	갑진	을사	병오	정미	무신	기유	경술	신해	임자	계축	갑인	을묘	병진	정사	무오	기미	경신	신유	임술	계해
음력	22	23	24	25	26	27	28	29	1/1	2	3	4	5	6	7	8	9	10	11	12	13	14	15	16	17	18	19	20
구성	6	7	8	9	1	2	3	4	5	6	7	8	9	1	2	3	4	5	6	7	8	9	1	2	3	4	5	6
대운 남	1	1	1	입	1	1	1	1	2	2	2	3	3	3	4	4	4	5	우	5	6	6	6	7	7	7	8	8
운 여	9	9	9	춘	10	9	9	9	8	8	8	7	7	7	6	6	6	5	수	5	4	4	4	3	3	3	2	2

(우측 세로: 정미년 *)*

경칩 6일 15시 42분 【음2월】➡ 【癸卯月(계묘월)】 ☯사록성 춘분 21일 16시 37분

3월 (음력 01/21 ~ 02/21)

양력	1	2	3	4	5	6	7	8	9	10	11	12	13	14	15	16	17	18	19	20	21	22	23	24	25	26	27	28	29	30	31
요일	수	목	금	토	일	월	화	수	목	금	토	일	월	화	수	목	금	토	일	월	화	수	목	금	토	일	월	화	수	목	금
일진(日辰)	갑자	을축	병인	정묘	무진	기사	경오	신미	임신	계유	갑술	을해	병자	정축	무인	기묘	경진	신사	임오	계미	갑신	을유	병술	정해	무자	기축	경인	신묘	임진	계사	갑오
음력	21	22	23	24	25	26	27	28	29	30	2/1	2	3	4	5	6	7	8	9	10	11	12	13	14	15	16	17	18	19	20	21
구성	7	8	9	1	2	3	4	5	6	7	8	9	1	2	3	4	5	6	7	8	9	1	2	3	4	5	6	7	8	9	1
대운 남	8	9	9	9	10	경	1	1	1	2	2	2	3	3	3	4	4	4	5	5	춘	5	6	6	6	7	7	7	8	8	8
운 여	2	1	1	1	1	칩	10	9	9	9	8	8	8	7	7	7	6	6	6	5	분	5	4	4	4	3	3	3	2	2	2

청명 5일 20시 45분 【음3월】➡ 【甲辰月(갑진월)】 ☯삼벽성 곡우 21일 03시 55분

4월 (음력 02/22 ~ 03/21)

양력	1	2	3	4	5	6	7	8	9	10	11	12	13	14	15	16	17	18	19	20	21	22	23	24	25	26	27	28	29	30
요일	토	일	월	화	수	목	금	토	일	월	화	수	목	금	토	일	월	화	수	목	금	토	일	월	화	수	목	금	토	일
일진(日辰)	을미	병신	정유	무술	기해	경자	신축	임인	계묘	갑진	을사	병오	정미	무신	기유	경술	신해	임자	계축	갑인	을묘	병진	정사	무오	기미	경신	신유	임술	계해	갑자
음력	22	23	24	25	26	27	28	29	30	3/1	2	3	4	5	6	7	8	9	10	11	12	13	14	15	16	17	18	19	20	21
구성	2	3	4	5	6	7	8	9	1	2	3	4	5	6	7	8	9	1	2	3	4	5	6	7	8	9	1	2	3	4
대운 남	9	9	9	10	청	1	1	1	1	2	2	2	3	3	3	4	4	4	5	5	곡	6	6	6	7	7	7	8	8	8
운 여	1	1	1	1	명	10	10	9	9	9	8	8	8	7	7	7	6	6	6	5	우	5	4	4	4	3	3	3	2	2

입하 6일 14시 17분 【음4월】➡ 【乙巳月(을사월)】 ☯이흑성 소만 22일 03시 18분

5월 (음력 03/22 ~ 04/23)

양력	1	2	3	4	5	6	7	8	9	10	11	12	13	14	15	16	17	18	19	20	21	22	23	24	25	26	27	28	29	30	31
요일	월	화	수	목	금	토	일	월	화	수	목	금	토	일	월	화	수	목	금	토	일	월	화	수	목	금	토	일	월	화	수
일진(日辰)	을축	병인	정묘	무진	기사	경오	신미	임신	계유	갑술	을해	병자	정축	무인	기묘	경진	신사	임오	계미	갑신	을유	병술	정해	무자	기축	경인	신묘	임진	계사	갑오	을미
음력	22	23	24	25	26	27	28	29	4/1	2	3	4	5	6	7	8	9	10	11	12	13	14	15	16	17	18	19	20	21	22	23
구성	5	6	7	8	9	1	2	3	4	5	6	7	8	9	1	2	3	4	5	6	7	8	9	1	2	3	4	5	6	7	8
대운 남	9	9	9	10	10	입	1	1	1	2	2	2	3	3	3	4	4	4	5	5	5	소	6	6	6	7	7	7	8	8	8
운 여	2	1	1	1	1	하	10	10	9	9	9	8	8	8	7	7	7	6	6	6	5	만	5	4	4	4	3	3	3	2	2

망종 6일 18시 36분 【음5월】➡ 【丙午月(병오월)】 ☯일백성 하지 22일 11시 23분

6월 (음력 04/24 ~ 05/23)

양력	1	2	3	4	5	6	7	8	9	10	11	12	13	14	15	16	17	18	19	20	21	22	23	24	25	26	27	28	29	30
요일	목	금	토	일	월	화	수	목	금	토	일	월	화	수	목	금	토	일	월	화	수	목	금	토	일	월	화	수	목	금
일진(日辰)	병신	정유	무술	기해	경자	신축	임인	계묘	갑진	을사	병오	정미	무신	기유	경술	신해	임자	계축	갑인	을묘	병진	정사	무오	기미	경신	신유	임술	계해	갑자	을축
음력	24	25	26	27	28	29	30	5/1	2	3	4	5	6	7	8	9	10	11	12	13	14	15	16	17	18	19	20	21	22	23
구성	9	1	2	3	4	5	6	7	8	9	1	2	3	4	5	6	7	8	9	1	2	3	4	5	6	7	8	9	9	8
대운 남	9	9	9	10	10	망	1	1	1	1	2	2	2	3	3	3	4	4	4	5	5	하	6	6	6	7	7	7	8	8
운 여	2	1	1	1	1	종	10	10	10	9	9	9	8	8	8	7	7	7	6	6	6	지	5	5	4	4	4	3	3	3

6일 전쟁으로 이스라엘이 사실상 승리, 특히 예루살렘 전체를 점령함으로써 이슬람 각국의 반발 초래. 6월 23일 - 냉전: 미국 대통령 린든 B. 존슨과 소비에트 연방 수상 알렉세이 코시긴이 뉴저지 주 글래스보로에서 만나 글래스보로 정상 회담 갖다.

한식(4월6일), 초복(7월15일), 초복(7월25일), 말복(8월14일) 춘사(春社)3/25 추사(秋社)9/21
토왕지절(土旺之節):4월18일,7월20일,10월21일, 신년 1월18일,(양력)

八日得辛, 一龍治水, 1967년 정미年(천하수), 육백금   臘享(납향):1월26일 신년

5황	1백	3벽
4록	6백	8백
9자	2흑	7적

1967

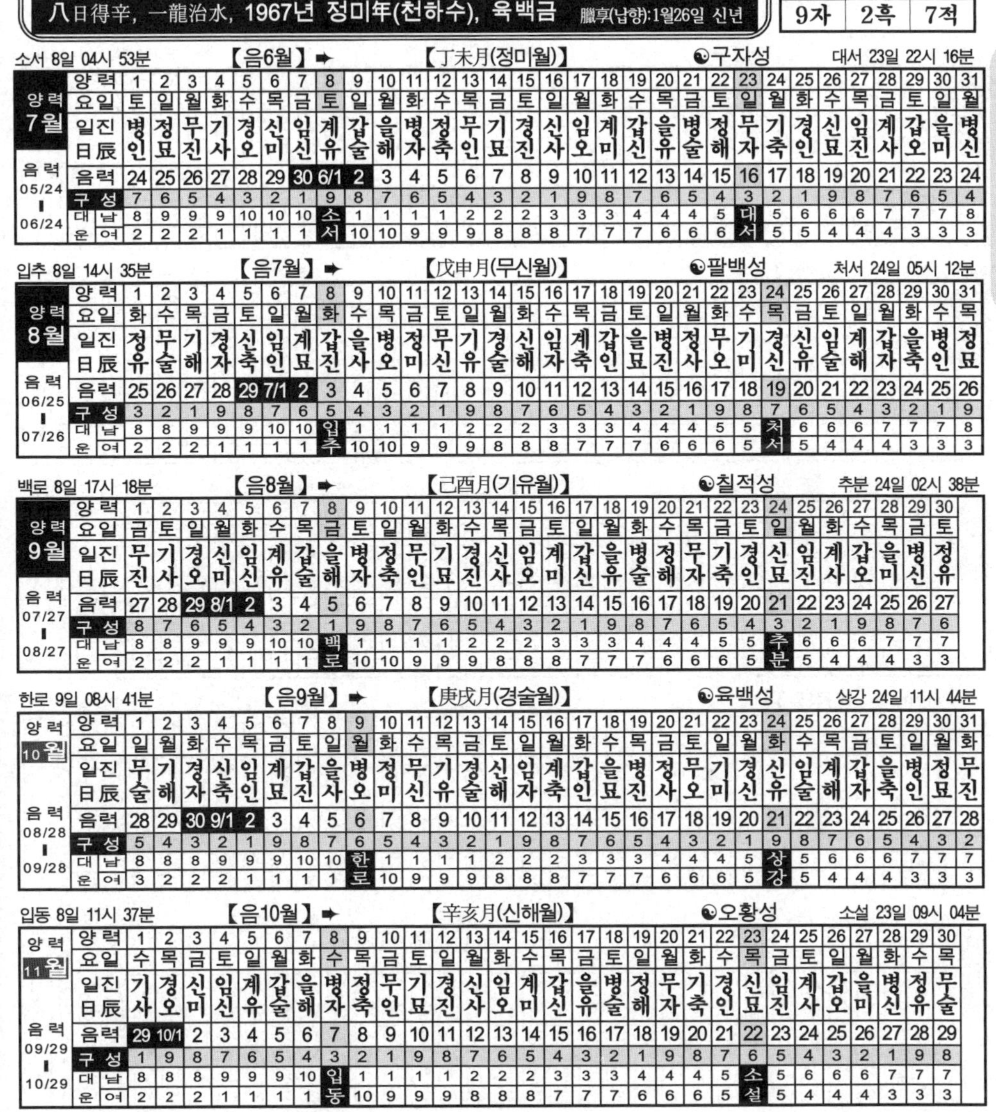

소서 8일 04시 53분　【음6월】➡　【丁未月(정미월)】　☯구자성　대서 23일 22시 16분

양력 7월	1	2	3	4	5	6	7	8	9	10	11	12	13	14	15	16	17	18	19	20	21	22	23	24	25	26	27	28	29	30	31
요일	토	일	월	화	수	목	금	토	일	월	화	수	목	금	토	일	월	화	수	목	금	토	일	월	화	수	목	금	토	일	월
일진 日辰	병인	정묘	무진	기사	경오	신미	임신	계유	갑술	을해	병자	정축	무인	기묘	경진	신사	임오	계미	갑신	을유	병술	정해	무자	기축	경인	신묘	임진	계사	갑오	을미	병신
음력	24	25	26	27	28	29	30	6/1	2	3	4	5	6	7	8	9	10	11	12	13	14	15	16	17	18	19	20	21	22	23	24
구성	7	6	5	4	3	2	1	9	8	7	6	5	4	3	2	1	9	8	7	6	5	4	3	2	1	9	8	7	6	5	4
대남	8	9	9	9	10	10	10	소	1	1	1	1	2	2	2	3	3	3	4	4	4	5	대	5	6	6	6	7	7	7	8
운여	2	2	2	1	1	1	1	서	10	10	9	9	9	8	8	8	7	7	7	6	6	6	서	5	5	4	4	4	3	3	3

(음력 05/24 ~ 06/24)

입추 8일 14시 35분　【음7월】➡　【戊申月(무신월)】　☯팔백성　처서 24일 05시 12분

양력 8월	1	2	3	4	5	6	7	8	9	10	11	12	13	14	15	16	17	18	19	20	21	22	23	24	25	26	27	28	29	30	31
요일	화	수	목	금	토	일	월	화	수	목	금	토	일	월	화	수	목	금	토	일	월	화	수	목	금	토	일	월	화	수	목
일진 日辰	정유	무술	기해	경자	신축	임인	계묘	갑진	을사	병오	정미	무신	기유	경술	신해	임자	계축	갑인	을묘	병진	정사	무오	기미	경신	신유	임술	계해	갑자	을축	병인	정묘
음력	25	26	27	28	29	7/1	2	3	4	5	6	7	8	9	10	11	12	13	14	15	16	17	18	19	20	21	22	23	24	25	26
구성	3	2	1	9	8	7	6	5	4	3	2	1	9	8	7	6	5	4	3	2	1	9	8	7	6	5	4	3	2	1	9
대남	8	8	9	9	9	10	10	입	1	1	1	1	2	2	2	3	3	3	4	4	4	5	5	처	6	6	6	7	7	7	8
운여	2	2	2	1	1	1	1	추	10	10	9	9	9	8	8	8	7	7	7	6	6	6	5	서	5	5	4	4	4	3	3

(음력 06/25 ~ 07/26)

백로 8일 17시 18분　【음8월】➡　【己酉月(기유월)】　☯칠적성　추분 24일 02시 38분

양력 9월	1	2	3	4	5	6	7	8	9	10	11	12	13	14	15	16	17	18	19	20	21	22	23	24	25	26	27	28	29	30
요일	금	토	일	월	화	수	목	금	토	일	월	화	수	목	금	토	일	월	화	수	목	금	토	일	월	화	수	목	금	토
일진 日辰	무진	기사	경오	신미	임신	계유	갑술	을해	병자	정축	무인	기묘	경진	신사	임오	계미	갑신	을유	병술	정해	무자	기축	경인	신묘	임진	계사	갑오	을미	병신	정유
음력	27	28	29	8/1	2	3	4	5	6	7	8	9	10	11	12	13	14	15	16	17	18	19	20	21	22	23	24	25	26	27
구성	8	7	6	5	4	3	2	1	9	8	7	6	5	4	3	2	1	9	8	7	6	5	4	3	2	1	9	8	7	6
대남	8	8	9	9	9	10	10	백	1	1	1	1	2	2	2	3	3	3	4	4	4	5	5	추	6	6	6	7	7	7
운여	2	2	2	1	1	1	1	로	10	10	9	9	9	8	8	8	7	7	7	6	6	6	5	분	5	4	4	4	3	3

(음력 07/27 ~ 08/27)

한로 9일 08시 41분　【음9월】➡　【庚戌月(경술월)】　☯육백성　상강 24일 11시 44분

양력 10월	1	2	3	4	5	6	7	8	9	10	11	12	13	14	15	16	17	18	19	20	21	22	23	24	25	26	27	28	29	30	31
요일	일	월	화	수	목	금	토	일	월	화	수	목	금	토	일	월	화	수	목	금	토	일	월	화	수	목	금	토	일	월	화
일진 日辰	무술	기해	경자	신축	임인	계묘	갑진	을사	병오	정미	무신	기유	경술	신해	임자	계축	갑인	을묘	병진	정사	무오	기미	경신	신유	임술	계해	갑자	을축	병인	정묘	무진
음력	28	29	30	9/1	2	3	4	5	6	7	8	9	10	11	12	13	14	15	16	17	18	19	20	21	22	23	24	25	26	27	28
구성	5	4	3	2	1	9	8	7	6	5	4	3	2	1	9	8	7	6	5	4	3	2	1	9	8	7	6	5	4	3	2
대남	8	8	8	9	9	9	10	10	한	1	1	1	1	2	2	2	3	3	3	4	4	4	5	상	5	6	6	6	7	7	7
운여	3	2	2	2	1	1	1	1	로	10	9	9	9	8	8	8	7	7	7	6	6	6	5	강	5	4	4	4	3	3	3

(음력 08/28 ~ 09/28)

입동 8일 11시 37분　【음10월】➡　【辛亥月(신해월)】　☯오황성　소설 23일 09시 04분

양력 11월	1	2	3	4	5	6	7	8	9	10	11	12	13	14	15	16	17	18	19	20	21	22	23	24	25	26	27	28	29	30
요일	수	목	금	토	일	월	화	수	목	금	토	일	월	화	수	목	금	토	일	월	화	수	목	금	토	일	월	화	수	목
일진 日辰	기사	경오	신미	임신	계유	갑술	을해	병자	정축	무인	기묘	경진	신사	임오	계미	갑신	을유	병술	정해	무자	기축	경인	신묘	임진	계사	갑오	을미	병신	정유	무술
음력	29	10/1	2	3	4	5	6	7	8	9	10	11	12	13	14	15	16	17	18	19	20	21	22	23	24	25	26	27	28	29
구성	1	9	8	7	6	5	4	3	2	1	9	8	7	6	5	4	3	2	1	9	8	7	6	5	4	3	2	1	9	8
대남	8	8	8	9	9	9	10	입	1	1	1	1	2	2	2	3	3	3	4	4	4	5	소	5	6	6	6	7	7	7
운여	2	2	2	1	1	1	10	동	10	9	9	9	8	8	8	7	7	7	6	6	6	5	설	5	4	4	4	3	3	3

(음력 09/29 ~ 10/29)

대설 8일 04시 18분　【음11월】➡　【壬子月(임자월)】　☯사록성　동지 22일 22시 16분

양력 12월	1	2	3	4	5	6	7	8	9	10	11	12	13	14	15	16	17	18	19	20	21	22	23	24	25	26	27	28	29	30	31
요일	금	토	일	월	화	수	목	금	토	일	월	화	수	목	금	토	일	월	화	수	목	금	토	일	월	화	수	목	금	토	일
일진 日辰	기해	경자	신축	임인	계묘	갑진	을사	병오	정미	무신	기유	경술	신해	임자	계축	갑인	을묘	병진	정사	무오	기미	경신	신유	임술	계해	갑자	을축	병인	정묘	무진	기사
음력	30	11/1	2	3	4	5	6	7	8	9	10	11	12	13	14	15	16	17	18	19	20	21	22	23	24	25	26	27	28	29	12/1
구성	7	6	5	4	3	2	1	9	8	7	6	5	4	3	2	1	9	8	7	6	5	4	3	2	1	1	2	3	4	5	6
대남	8	8	8	9	9	9	10	대	1	1	1	1	2	2	2	3	3	3	4	4	4	동	5	5	5	6	6	7	7	7	8
운여	2	2	2	1	1	1	10	설	9	9	9	8	8	8	7	7	7	6	6	6	5	지	5	5	4	4	4	3	3	2	2

(음력 10/30 ~ 12/01)

9월 23일 - 대한민국 서울특별시의 첫 유료도로인 강변1로(한강대교 ~ 영등포) 개통. 10월 3일 - 대한민국의 대표 철강기업 포항종합제철 기공식.10월 8일 - 아르헨티나 출신의 의사이자 혁명가인 체 게바라, 볼리비아 정부군에 체포되다.12월 29일 - 현대자동차 설립.

단기 4301 年	1968년
불기 2512 年	윤7월

중원(中元).무신(戊申)년,납음(대역토),본명성(오황토)

대장군(午남방), 삼살(남방), 상문(戊서북방), 조객(午남방),납음(대역토), 삼재(인,묘,진)년 臘享(납향):1969년1월20일(음12/03)

원숭이띠

소한 6일 15시 26분 【음12월】➡ 【癸丑月(계축월)】 ☯삼벽성 대한 21일 08시 54분

양력 1월 / 음력 12/02 ▮ 01/02

양력	1	2	3	4	5	6	7	8	9	10	11	12	13	14	15	16	17	18	19	20	21	22	23	24	25	26	27	28	29	30	31
요일	월	화	수	목	금	토	일	월	화	수	목	금	토	일	월	화	수	목	금	토	일	월	화	수	목	금	토	일	월	화	수
일진 日辰	경오	신미	임신	계유	갑술	을해	병자	정축	무인	기묘	경진	신사	임오	계미	갑신	을유	병술	정해	무자	기축	경인	신묘	임진	계사	갑오	을미	병신	정유	무술	기해	경자
음력	2	3	4	5	6	7	8	9	10	11	12	13	14	15	16	17	18	19	20	21	22	23	24	25	26	27	28	29	29	1/1	2
구성	7	8	9	1	2	3	4	5	6	7	8	9	1	2	3	4	5	6	7	8	9	1	2	3	4	5	6	7	8	9	1
대운 남	8	8	9	9	9	소	1	1	1	1	2	2	2	3	3	3	4	4	4	5	대	5	6	6	6	7	7	7	8	8	8
대운 여	2	1	1	1	1	한	10	9	9	9	8	8	8	7	7	7	6	6	6	5	한	5	4	4	4	3	3	3	2	2	2

입춘 5일 03시 07분 【음1월】➡ 【甲寅月(갑인월)】 ☯이흑성 우수 19일 23시 09분

양력 2월 / 음력 01/03 ▮ 02/02

양력	1	2	3	4	5	6	7	8	9	10	11	12	13	14	15	16	17	18	19	20	21	22	23	24	25	26	27	28	29
요일	목	금	토	일	월	화	수	목	금	토	일	월	화	수	목	금	토	일	월	화	수	목	금	토	일	월	화	수	목
일진 日辰	신축	임인	계묘	갑진	을사	병오	정미	무신	기유	경술	신해	임자	계축	갑인	을묘	병진	정사	무오	기미	경신	신유	임술	계해	갑자	을축	병인	정묘	무진	기사
음력	3	4	5	6	7	8	9	10	11	12	13	14	15	16	17	18	19	20	21	22	23	24	25	26	27	28	29	2/1	2
구성	2	3	4	5	6	7	8	9	1	2	3	4	5	6	7	8	9	1	2	3	4	5	6	7	8	9	1	2	3
대운 남	9	9	9	10	입	9	9	9	8	8	8	7	7	7	6	6	6	5	우	5	4	4	4	3	3	3	2	2	2
대운 여	1	1	1	1	춘	1	1	1	1	2	2	2	3	3	3	4	4	4	수	5	5	6	6	6	7	7	7	8	8

무신년

경칩 5일 21시 18분 【음2월】➡ 【乙卯月(을묘월)】 ☯일백성 춘분 20일 22시 22분

양력 3월 / 음력 02/03 ▮ 03/03

양력	1	2	3	4	5	6	7	8	9	10	11	12	13	14	15	16	17	18	19	20	21	22	23	24	25	26	27	28	29	30	31
요일	금	토	일	월	화	수	목	금	토	일	월	화	수	목	금	토	일	월	화	수	목	금	토	일	월	화	수	목	금	토	일
일진 日辰	경오	신미	임신	계유	갑술	을해	병자	정축	무인	기묘	경진	신사	임오	계미	갑신	을유	병술	정해	무자	기축	경인	신묘	임진	계사	갑오	을미	병신	정유	무술	기해	경자
음력	3	4	5	6	7	8	9	10	11	12	13	14	15	16	17	18	19	20	21	22	23	24	25	26	27	28	29	30	3/1	2	3
구성	4	5	6	7	8	9	1	2	3	4	5	6	7	8	9	1	2	3	4	5	6	7	8	9	1	2	3	4	5	6	7
대운 남	1	1	1	1	소	10	10	9	9	9	8	8	8	7	7	7	6	6	6	춘	5	5	4	4	4	3	3	3	2	2	2
대운 여	8	9	9	9	한	1	1	1	1	2	2	2	3	3	3	4	4	4	5	분	5	6	6	6	7	7	7	8	8	8	9

청명 5일 02시 21분 【음3월】➡ 【丙辰月(병진월)】 ☯구자성 곡우 20일 09시 41분

양력 4월 / 음력 03/04 ▮ 04/03

양력	1	2	3	4	5	6	7	8	9	10	11	12	13	14	15	16	17	18	19	20	21	22	23	24	25	26	27	28	29	30
요일	월	화	수	목	금	토	일	월	화	수	목	금	토	일	월	화	수	목	금	토	일	월	화	수	목	금	토	일	월	화
일진 日辰	신축	임인	계묘	갑진	을사	병오	정미	무신	기유	경술	신해	임자	계축	갑인	을묘	병진	정사	무오	기미	경신	신유	임술	계해	갑자	을축	병인	정묘	무진	기사	경오
음력	4	5	6	7	8	9	10	11	12	13	14	15	16	17	18	19	20	21	22	23	24	25	26	27	28	29	30	4/1	2	3
구성	8	9	1	2	3	4	5	6	7	8	9	1	2	3	4	5	6	7	8	9	1	2	3	4	5	6	7	8	9	1
대운 남	1	1	1	1	청	10	9	9	9	8	8	8	7	7	7	6	6	6	5	곡	5	4	4	4	3	3	3	2	2	2
대운 여	9	9	10	10	명	1	1	1	1	2	2	2	3	3	3	4	4	4	5	우	5	6	6	6	7	7	7	8	8	8

입하 5일 19시 56분 【음4월】➡ 【丁巳月(정사월)】 ☯팔백성 소만 21일 09시 06분

양력 5월 / 음력 04/04 ▮ 05/05

양력	1	2	3	4	5	6	7	8	9	10	11	12	13	14	15	16	17	18	19	20	21	22	23	24	25	26	27	28	29	30	31
요일	수	목	금	토	일	월	화	수	목	금	토	일	월	화	수	목	금	토	일	월	화	수	목	금	토	일	월	화	수	목	금
일진 日辰	신미	임신	계유	갑술	을해	병자	정축	무인	기묘	경진	신사	임오	계미	갑신	을유	병술	정해	무자	기축	경인	신묘	임진	계사	갑오	을미	병신	정유	무술	기해	경자	신축
음력	4	5	6	7	8	9	10	11	12	13	14	15	16	17	18	19	20	21	22	23	24	25	26	27	28	29	5/1	2	3	4	5
구성	2	3	4	5	6	7	8	9	1	2	3	4	5	6	7	8	9	1	2	3	4	5	6	7	8	9	1	2	3	4	5
대운 남	1	1	1	1	입	10	10	10	9	9	9	8	8	8	7	7	7	6	6	6	소	5	5	4	4	4	3	3	3	2	2
대운 여	9	9	9	10	하	1	1	1	1	2	2	2	3	3	3	4	4	4	5	5	만	6	6	6	7	7	7	8	8	8	9

망종 6일 00시 19분 【음5월】➡ 【戊午月(무오월)】 ☯칠적성 하지 21일 17시 13분

양력 6월 / 음력 05/06 ▮ 06/05

양력	1	2	3	4	5	6	7	8	9	10	11	12	13	14	15	16	17	18	19	20	21	22	23	24	25	26	27	28	29	30
요일	토	일	월	화	수	목	금	토	일	월	화	수	목	금	토	일	월	화	수	목	금	토	일	월	화	수	목	금	토	일
일진 日辰	임인	계묘	갑진	을사	병오	정미	무신	기유	경술	신해	임자	계축	갑인	을묘	병진	정사	무오	기미	경신	신유	임술	계해	갑자	을축	병인	정묘	무진	기사	경오	신미
음력	6	7	8	9	10	11	12	13	14	15	16	17	18	19	20	21	22	23	24	25	26	27	28	29	30	6/1	2	3	4	5
구성	6	7	8	9	1	2	3	4	5	6	7	8	9	1	2	3	4	5	6	7	8	9	9	8	7	6	5	4	3	2
대운 남	2	1	1	1	1	망	10	10	9	9	9	8	8	8	7	7	7	6	6	6	하	5	5	4	4	4	3	3	3	2
대운 여	9	9	10	10	10	종	1	1	1	1	2	2	2	3	3	3	4	4	4	5	지	5	6	6	6	7	7	7	8	8

1월 21일 - 1·21 사태: 북한 무장공비의 청와대 기습 미수사건.(김신조 간첩일당 청와대 피습사건)1월 23일 - 푸에블로 호 납치사건 발생함.1월 31일 - 나우루 독립.2월 7일 - 경전선이 광양~진주 구간의 개통으로 전구간이 개통됨.2월 12일 - 퐁니·퐁넛 양민학살 사건.

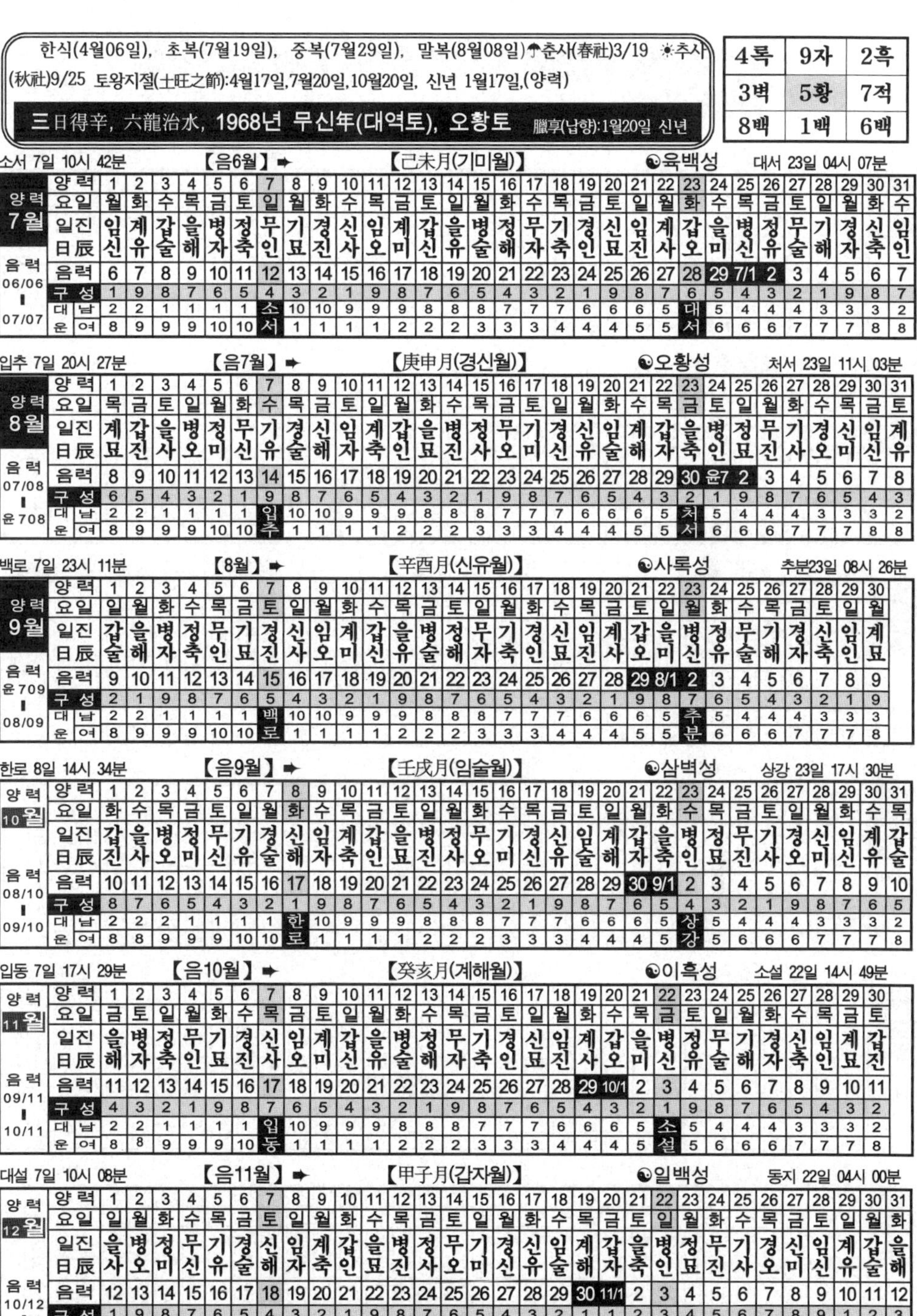

한식(4월06일), 초복(7월19일), 중복(7월29일), 말복(8월08일) ↑춘사(春社)3/19 ☀추사(秋社)9/25 토왕지절(土旺之節):4월17일,7월20일,10월20일, 신년 1월17일,(양력)

三日得辛, 六龍治水, 1968년 무신年(대역토), 오황토　臘享(납향):1월20일 신년

4록	9자	2흑
3벽	5황	7적
8백	1백	6백

1968

소서 7일 10시 42분　【음6월】→　己未月(기미월)　육백성　대서 23일 04시 07분

7월	1	2	3	4	5	6	7	8	9	10	11	12	13	14	15	16	17	18	19	20	21	22	23	24	25	26	27	28	29	30	31
요일	월	화	수	목	금	토	일	월	화	수	목	금	토	일	월	화	수	목	금	토	일	월	화	수	목	금	토	일	월	화	수
일진	임신	계유	갑술	을해	병자	정축	무인	기묘	경진	신사	임오	계미	갑신	을유	병술	정해	무자	기축	경인	신묘	임진	계사	갑오	을미	병신	정유	무술	기해	경자	신축	임인
음력 06/06	6	7	8	9	10	11	12	13	14	15	16	17	18	19	20	21	22	23	24	25	26	27	28	29	7/1	2	3	4	5	6	7
구성	1	9	8	7	6	5	4	3	2	1	9	8	7	6	5	4	3	2	1	9	8	7	6	5	4	3	2	1	9	8	7
대(남)	2	2	1	1	1	1	소서	10	10	9	9	9	8	8	8	7	7	7	6	6	6	5	대서	5	4	4	4	3	3	3	2
운(여)	8	9	9	9	10	10	소서	1	1	1	1	2	2	2	3	3	3	4	4	4	5	5	대서	6	6	6	7	7	7	8	8

입추 7일 20시 27분　【음7월】→　庚申月(경신월)　오황성　처서 23일 11시 03분

8월	1	2	3	4	5	6	7	8	9	10	11	12	13	14	15	16	17	18	19	20	21	22	23	24	25	26	27	28	29	30	31
요일	목	금	토	일	월	화	수	목	금	토	일	월	화	수	목	금	토	일	월	화	수	목	금	토	일	월	화	수	목	금	토
일진	계묘	갑진	을사	병오	정미	무신	기유	경술	신해	임자	계축	갑인	을묘	병진	정사	무오	기미	경신	신유	임술	계해	갑자	을축	병인	정묘	무진	기사	경오	신미	임신	계유
음력 07/08	8	9	10	11	12	13	14	15	16	17	18	19	20	21	22	23	24	25	26	27	28	29	30	윤7	2	3	4	5	6	7	8
구성	6	5	4	3	2	1	9	8	7	6	5	4	3	2	1	9	8	7	6	5	4	3	2	1	9	8	7	6	5	4	3
대(남)	2	2	1	1	1	1	입추	10	10	9	9	9	8	8	8	7	7	7	6	6	6	5	처서	5	4	4	4	3	3	3	2
운(여)	8	9	9	9	10	10	입추	1	1	1	1	2	2	2	3	3	3	4	4	4	5	5	처서	6	6	6	7	7	7	8	8

백로 7일 23시 11분　【8월】→　辛酉月(신유월)　사록성　추분23일 08시 26분

9월	1	2	3	4	5	6	7	8	9	10	11	12	13	14	15	16	17	18	19	20	21	22	23	24	25	26	27	28	29	30
요일	일	월	화	수	목	금	토	일	월	화	수	목	금	토	일	월	화	수	목	금	토	일	월	화	수	목	금	토	일	월
일진	갑술	을해	병자	정축	무인	기묘	경진	신사	임오	계미	갑신	을유	병술	정해	무자	기축	경인	신묘	임진	계사	갑오	을미	병신	정유	무술	기해	경자	신축	임인	계묘
음력 윤709	9	10	11	12	13	14	15	16	17	18	19	20	21	22	23	24	25	26	27	28	29	8/1	2	3	4	5	6	7	8	9
구성	2	1	9	8	7	6	5	4	3	2	1	9	8	7	6	5	4	3	2	1	9	8	7	6	5	4	3	2	1	9
대(남)	2	2	1	1	1	1	백로	10	10	9	9	9	8	8	8	7	7	7	6	6	6	5	추분	5	4	4	4	3	3	3
운(여)	8	9	9	9	10	10	백로	1	1	1	1	2	2	2	3	3	3	4	4	4	5	5	추분	6	6	6	7	7	7	8

한로 8일 14시 34분　【음9월】→　壬戌月(임술월)　삼벽성　상강 23일 17시 30분

10월	1	2	3	4	5	6	7	8	9	10	11	12	13	14	15	16	17	18	19	20	21	22	23	24	25	26	27	28	29	30	31
요일	화	수	목	금	토	일	월	화	수	목	금	토	일	월	화	수	목	금	토	일	월	화	수	목	금	토	일	월	화	수	목
일진	갑진	을사	병오	정미	무신	기유	경술	신해	임자	계축	갑인	을묘	병진	정사	무오	기미	경신	신유	임술	계해	갑자	을축	병인	정묘	무진	기사	경오	신미	임신	계유	갑술
음력 08/10	10	11	12	13	14	15	16	17	18	19	20	21	22	23	24	25	26	27	28	29	30	9/1	2	3	4	5	6	7	8	9	10
구성	8	7	6	5	4	3	2	1	9	8	7	6	5	4	3	2	1	9	8	7	6	5	4	3	2	1	9	8	7	6	5
대(남)	2	2	2	1	1	1	1	한로	10	9	9	9	8	8	8	7	7	7	6	6	6	5	상강	5	4	4	4	3	3	3	2
운(여)	8	8	9	9	9	10	10	한로	1	1	1	1	2	2	2	3	3	3	4	4	4	5	상강	5	6	6	6	7	7	7	8

입동 7일 17시 29분　【음10월】→　癸亥月(계해월)　이흑성　소설 22일 14시 49분

11월	1	2	3	4	5	6	7	8	9	10	11	12	13	14	15	16	17	18	19	20	21	22	23	24	25	26	27	28	29	30
요일	금	토	일	월	화	수	목	금	토	일	월	화	수	목	금	토	일	월	화	수	목	금	토	일	월	화	수	목	금	토
일진	을해	병자	정축	무인	기묘	경진	신사	임오	계미	갑신	을유	병술	정해	무자	기축	경인	신묘	임진	계사	갑오	을미	병신	정유	무술	기해	경자	신축	임인	계묘	갑진
음력 09/11	11	12	13	14	15	16	17	18	19	20	21	22	23	24	25	26	27	28	29	10/1	2	3	4	5	6	7	8	9	10	11
구성	4	3	2	1	9	8	7	6	5	4	3	2	1	9	8	7	6	5	4	3	2	1	9	8	7	6	5	4	3	2
대(남)	2	2	1	1	1	1	입동	10	9	9	9	8	8	8	7	7	7	6	6	6	5	소설	5	4	4	4	3	3	3	2
운(여)	8	9	9	9	10	10	입동	1	1	1	1	2	2	2	3	3	3	4	4	4	5	소설	5	6	6	6	7	7	7	8

대설 7일 10시 08분　【음11월】→　甲子月(갑자월)　일백성　동지 22일 04시 00분

12월	1	2	3	4	5	6	7	8	9	10	11	12	13	14	15	16	17	18	19	20	21	22	23	24	25	26	27	28	29	30	31
요일	일	월	화	수	목	금	토	일	월	화	수	목	금	토	일	월	화	수	목	금	토	일	월	화	수	목	금	토	일	월	화
일진	을사	병오	정미	무신	기유	경술	신해	임자	계축	갑인	을묘	병진	정사	무오	기미	경신	신유	임술	계해	갑자	을축	병인	정묘	무진	기사	경오	신미	임신	계유	갑술	을해
음력 10/12	12	13	14	15	16	17	18	19	20	21	22	23	24	25	26	27	28	29	30	11/1	2	3	4	5	6	7	8	9	10	11	12
구성	1	9	8	7	6	5	4	3	2	1	9	8	7	6	5	4	3	2	1	9	8	7	6	5	4	3	2	1	9	8	7
대(남)	2	2	1	1	1	1	대설	10	9	9	9	8	8	8	7	7	7	6	6	6	5	동지	5	4	4	4	3	3	3	2	2
운(여)	8	8	9	9	9	10	대설	1	1	1	1	2	2	2	3	3	3	4	4	4	5	동지	5	6	6	6	7	7	7	8	8

9월 9일 - 제1회 한국무역박람회 서울 개막(박람회역).9월 24일 - 스와질란드, 국제 연합 가입.9월 28일 - 북악 스카이웨이 준공 개통.10월 5일 - 대한민국 정부, 자연보호헌장 선포.10월 12일 - 제 19회 멕시코 올림픽이 개막하다.11월 2일 - 울진·삼척 무장 공비 침투 사건 발생

단기 4302 年		중원(中元),기유(己酉)년,납음(대역토),본명성(사록목)
불기 2513 年	**1969년**	대장군(午남방), 삼살(동방), 상문(亥서북방),조객(未서남방),납음(대역토),【삼재(해,자,축)년】 臘享(납향):1970년1월15일(음12/08)

소한 5일 21시 17분 【음12월】➡ 【乙丑月(을축월)】 ●구자성 대한 20일 14시 38분

양력 1월 · 음력 11/13 ～ 12/14

양력	1	2	3	4	5	6	7	8	9	10	11	12	13	14	15	16	17	18	19	20	21	22	23	24	25	26	27	28	29	30	31
요일	수	목	금	토	일	월	화	수	목	금	토	일	월	화	수	목	금	토	일	월	화	수	목	금	토	일	월	화	수	목	금
일진	병	정	무	기	경	신	임	계	갑	을	병	정	무	기	경	신	임	계	갑	을	병	정	무	기	경	신	임	계	갑	을	병
日辰	자	축	인	묘	진	사	오	미	신	유	술	해	자	축	인	묘	진	사	오	미	신	유	술	해	자	축	인	묘	진	사	오
음력	13	14	15	16	17	18	19	20	21	22	23	24	25	26	27	28	29	12/1	2	3	4	5	6	7	8	9	10	11	12	13	14
구성	4	5	6	7	8	9	1	2	3	4	5	6	7	8	9	1	2	3	4	5	6	7	8	9	1	2	3	4	5	6	7
대운 남	1	1	1	1	소	10	9	9	9	8	8	8	7	7	7	6	6	6	5	대	5	4	4	4	3	3	3	2	2	2	1
운 여	8	9	9	9	한	1	1	1	1	2	2	2	3	3	3	4	4	4	5	한	5	6	6	6	7	7	7	8	8	8	9

입춘 4일 08시 59분 【음1월】➡ 【丙寅月(병인월)】 ●팔백성 우수 19일 04시 55분

양력 2월 · 음력 12/15 ～ 01/12

양력	1	2	3	4	5	6	7	8	9	10	11	12	13	14	15	16	17	18	19	20	21	22	23	24	25	26	27	28
요일	토	일	월	화	수	목	금	토	일	월	화	수	목	금	토	일	월	화	수	목	금	토	일	월	화	수	목	금
일진	정	무	기	경	신	임	계	갑	을	병	정	무	기	경	신	임	계	갑	을	병	정	무	기	경	신	임	계	갑
日辰	미	신	유	술	해	자	축	인	묘	진	사	오	미	신	유	술	해	자	축	인	묘	진	사	오	미	신	유	술
음력	15	16	17	18	19	20	21	22	23	24	25	26	27	28	29	30	1/1	2	3	4	5	6	7	8	9	10	11	12
구성	8	9	1	2	3	4	5	6	7	8	9	1	2	3	4	5	6	7	8	9	1	2	3	4	5	6	7	8
대운 남	1	1	1	입	1	1	1	1	2	2	2	3	3	3	4	4	4	5	우	5	6	6	6	7	7	7	8	8
운 여	9	9	10	춘	10	9	9	9	8	8	8	7	7	7	6	6	6	5	수	5	4	4	4	3	3	3	2	2

기유년

경칩 6일 03시 11분 【음2월】➡ 【丁卯月(정묘월)】 ●칠적성 춘분 21일 04시 08분

양력 3월 · 음력 01/13 ～ 02/14

양력	1	2	3	4	5	6	7	8	9	10	11	12	13	14	15	16	17	18	19	20	21	22	23	24	25	26	27	28	29	30	31
요일	토	일	월	화	수	목	금	토	일	월	화	수	목	금	토	일	월	화	수	목	금	토	일	월	화	수	목	금	토	일	월
일진	을	병	정	무	기	경	신	임	계	갑	을	병	정	무	기	경	신	임	계	갑	을	병	정	무	기	경	신	임	계	갑	을
日辰	해	자	축	인	묘	진	사	오	미	신	유	술	해	자	축	인	묘	진	사	오	미	신	유	술	해	자	축	인	묘	진	사
음력	13	14	15	16	17	18	19	20	21	22	23	24	25	26	27	28	29	2/1	2	3	4	5	6	7	8	9	10	11	12	13	14
구성	9	1	2	3	4	5	6	7	8	9	1	2	3	4	5	6	7	8	9	1	2	3	4	5	6	7	8	9	1	2	3
대운 남	8	9	9	9	10	경	1	1	1	1	2	2	2	3	3	3	4	4	4	5	춘	5	6	6	6	7	7	7	8	8	8
운 여	2	1	1	1	1	칩	10	9	9	9	8	8	8	7	7	7	6	6	6	5	분	5	4	4	4	3	3	3	2	2	2

청명 5일 08시 15분 【음3월】➡ 【戊辰月(무진월)】 ●육백성 곡우 20일 15시 27분

양력 4월 · 음력 02/15 ～ 03/14

양력	1	2	3	4	5	6	7	8	9	10	11	12	13	14	15	16	17	18	19	20	21	22	23	24	25	26	27	28	29	30
요일	화	수	목	금	토	일	월	화	수	목	금	토	일	월	화	수	목	금	토	일	월	화	수	목	금	토	일	월	화	수
일진	병	정	무	기	경	신	임	계	갑	을	병	정	무	기	경	신	임	계	갑	을	병	정	무	기	경	신	임	계	갑	을
日辰	오	미	신	유	술	해	자	축	인	묘	진	사	오	미	신	유	술	해	자	축	인	묘	진	사	오	미	신	유	술	해
음력	15	16	17	18	19	20	21	22	23	24	25	26	27	28	29	30	3/1	2	3	4	5	6	7	8	9	10	11	12	13	14
구성	4	5	6	7	8	9	1	2	3	4	5	6	7	8	9	1	2	3	4	5	6	7	8	9	1	2	3	4	5	6
대운 남	9	9	9	10	청	1	1	1	1	2	2	2	3	3	3	4	4	4	5	곡	5	6	6	6	7	7	7	8	8	8
운 여	1	1	1	1	명	10	10	9	9	9	8	8	8	7	7	7	6	6	6	우	5	5	4	4	4	3	3	3	2	2

입하 6일 01시 50분 【음4월】➡ 【己巳月(기사월)】 ●오황성 소만 21일 14시 50분

양력 5월 · 음력 03/15 ～ 04/16

양력	1	2	3	4	5	6	7	8	9	10	11	12	13	14	15	16	17	18	19	20	21	22	23	24	25	26	27	28	29	30	31
요일	목	금	토	일	월	화	수	목	금	토	일	월	화	수	목	금	토	일	월	화	수	목	금	토	일	월	화	수	목	금	토
일진	병	정	무	기	경	신	임	계	갑	을	병	정	무	기	경	신	임	계	갑	을	병	정	무	기	경	신	임	계	갑	을	병
日辰	자	축	인	묘	진	사	오	미	신	유	술	해	자	축	인	묘	진	사	오	미	신	유	술	해	자	축	인	묘	진	사	오
음력	15	16	17	18	19	20	21	22	23	24	25	26	27	28	29	4/1	2	3	4	5	6	7	8	9	10	11	12	13	14	15	16
구성	7	8	9	1	2	3	4	5	6	7	8	9	1	2	3	4	5	6	7	8	9	1	2	3	4	5	6	7	8	9	1
대운 남	9	9	9	10	10	입	1	1	1	1	2	2	2	3	3	3	4	4	4	5	소	5	6	6	6	7	7	7	8	8	8
운 여	2	1	1	1	1	하	10	10	9	9	9	8	8	8	7	7	7	6	6	6	만	5	5	4	4	4	3	3	3	2	2

망종 6일 06시 12분 【음5월】➡ 【庚午月(경오월)】 ●사록성 하지 21일 22시 55분

양력 6월 · 음력 04/17 ～ 05/16

양력	1	2	3	4	5	6	7	8	9	10	11	12	13	14	15	16	17	18	19	20	21	22	23	24	25	26	27	28	29	30
요일	일	월	화	수	목	금	토	일	월	화	수	목	금	토	일	월	화	수	목	금	토	일	월	화	수	목	금	토	일	월
일진	정	무	기	경	신	임	계	갑	을	병	정	무	기	경	신	임	계	갑	을	병	정	무	기	경	신	임	계	갑	을	병
日辰	미	신	유	술	해	자	축	인	묘	진	사	오	미	신	유	술	해	자	축	인	묘	진	사	오	미	신	유	술	해	자
음력	17	18	19	20	21	22	23	24	25	26	27	28	29	30	5/1	2	3	4	5	6	7	8	9	10	11	12	13	14	15	16
구성	2	3	4	5	6	7	8	9	1	2	3	4	5	6	7	8	9	9	8	7	6	5	4	3	2	1	9	8	7	6
대운 남	9	9	9	10	10	망	1	1	1	1	2	2	2	3	3	3	4	4	4	5	하	5	6	6	6	7	7	7	8	8
운 여	2	1	1	1	1	종	10	10	9	9	9	8	8	8	7	7	7	6	6	6	지	5	5	4	4	4	3	3	3	2

3월 2일 - 중소 국경 분쟁 - 우수리강의 진보도(珍寶島, 다만스키도)에서 두 나라 무력 충돌.3월 2일 - 콩코드의 첫 비행이 성공.3월 17일 - 골다 메이어가 이스라엘의 총리에 취임. 3월 28일 - 교황 바오로 6세가 천주교 서울대교구장 김수환(스테파노) 대주교를 추기경으로 임명하다.

한식(4월06일), 초복(7월14일), 중복(7월24일), 말복(8월13일)↑춘사(春社)3/24 ☀추사(秋社)9/20
토왕지절(土旺之節):4월17일,7월20일,10월20일, 신년 1월17일,(양력) 臘享(납향):음12/08

九日得辛, 六龍治水, 1969년 기유年(대역토), 사록목 臘享(납향):1월15일 신년(양)

3벽	8백	1백
2흑	4록	6백
7적	9자	5황

소서 7일 16시 32분 　【음6월】➡　【辛未月(신미월)】　☯삼벽성　대서 23일 09시 48분

음력 05/17 ▬ 06/18

양력	1	2	3	4	5	6	7	8	9	10	11	12	13	14	15	16	17	18	19	20	21	22	23	24	25	26	27	28	29	30	31
요일	화	수	목	금	토	일	월	화	수	목	금	토	일	월	화	수	목	금	토	일	월	화	수	목	금	토	일	월	화	수	목
日辰	정축	무인	기묘	경진	신사	임오	계미	갑신	을유	병술	정해	무자	기축	경인	신묘	임진	계사	갑오	을미	병신	정유	무술	기해	경자	신축	임인	계묘	갑진	을사	병오	정미
음력	17	18	19	20	21	22	23	24	25	26	27	28	29	6/1	2	3	4	5	6	7	8	9	10	11	12	13	14	15	16	17	18
구성	5	4	3	2	1	9	8	7	6	5	4	3	2	1	9	8	7	6	5	4	3	2	1	9	8	7	6	5	4	3	2
대운 남	8	9	9	9	10	10	소서	1	1	1	1	2	2	2	3	3	3	4	4	4	5	5	대서	6	6	6	7	7	7	8	8
대운 여	2	2	1	1	1	1	소서	10	10	10	9	9	9	8	8	8	7	7	7	6	6	6	대서	5	5	4	4	4	3	3	3

입추 8일 02시 14분 　【음7월】➡　【壬申月(임신월)】　☯이흑성　처서 23일 16시 43분

음력 06/19 ▬ 07/19

양력	1	2	3	4	5	6	7	8	9	10	11	12	13	14	15	16	17	18	19	20	21	22	23	24	25	26	27	28	29	30	31
요일	금	토	일	월	화	수	목	금	토	일	월	화	수	목	금	토	일	월	화	수	목	금	토	일	월	화	수	목	금	토	일
日辰	무신	기유	경술	신해	임자	계축	갑인	을묘	병진	정사	무오	기미	경신	신유	임술	계해	갑자	을축	병인	정묘	무진	기사	경오	신미	임신	계유	갑술	을해	병자	정축	무인
음력	19	20	21	22	23	24	25	26	27	28	29	30	7/1	2	3	4	5	6	7	8	9	10	11	12	13	14	15	16	17	18	19
구성	1	9	8	7	6	5	4	3	2	1	9	8	7	6	5	4	3	2	1	9	8	7	6	5	4	3	2	1	9	8	7
대운 남	8	9	9	9	10	10	10	입추	1	1	1	1	2	2	2	3	3	3	4	4	4	5	처서	5	6	6	6	7	7	7	8
대운 여	2	2	2	1	1	1	1	입추	10	10	9	9	9	8	8	8	7	7	7	6	6	6	처서	5	5	4	4	4	3	3	3

백로 8일 04시 55분 　【음8월】➡　【癸酉月(계유월)】　☯일백성　추분 23일 14시 07분

음력 07/20 ▬ 08/19

양력	1	2	3	4	5	6	7	8	9	10	11	12	13	14	15	16	17	18	19	20	21	22	23	24	25	26	27	28	29	30
요일	월	화	수	목	금	토	일	월	화	수	목	금	토	일	월	화	수	목	금	토	일	월	화	수	목	금	토	일	월	화
日辰	기묘	경진	신사	임오	계미	갑신	을유	병술	정해	무자	기축	경인	신묘	임진	계사	갑오	을미	병신	정유	무술	기해	경자	신축	임인	계묘	갑진	을사	병오	정미	무신
음력	20	21	22	23	24	25	26	27	28	29	30	8/1	2	3	4	5	6	7	8	9	10	11	12	13	14	15	16	17	18	19
구성	6	5	4	3	2	1	9	8	7	6	5	4	3	2	1	9	8	7	6	5	4	3	2	1	9	8	7	6	5	4
대운 남	8	8	9	9	9	10	10	백로	1	1	1	1	2	2	2	3	3	3	4	4	4	5	추분	5	6	6	6	7	7	7
대운 여	2	2	2	1	1	1	1	백로	10	9	9	9	8	8	8	7	7	7	6	6	6	5	추분	5	4	4	4	3	3	3

한로 8일 20시 17분 　【음9월】➡　【甲戌月(갑술월)】　☯구자성　상강 23일 23시 11분

음력 09/20 ▬ 09/21

양력	1	2	3	4	5	6	7	8	9	10	11	12	13	14	15	16	17	18	19	20	21	22	23	24	25	26	27	28	29	30	31
요일	수	목	금	토	일	월	화	수	목	금	토	일	월	화	수	목	금	토	일	월	화	수	목	금	토	일	월	화	수	목	금
日辰	기유	경술	신해	임자	계축	갑인	을묘	병진	정사	무오	기미	경신	신유	임술	계해	갑자	을축	병인	정묘	무진	기사	경오	신미	임신	계유	갑술	을해	병자	정축	무인	기묘
음력	20	21	22	23	24	25	26	27	28	29	9/1	2	3	4	5	6	7	8	9	10	11	12	13	14	15	16	17	18	19	20	21
구성	3	2	1	9	8	7	6	5	4	3	2	1	9	8	7	6	5	4	3	2	1	9	8	7	6	5	4	3	2	1	9
대운 남	8	8	9	9	9	10	10	한로	1	1	1	1	2	2	2	3	3	3	4	4	4	5	상강	5	6	6	6	7	7	7	8
대운 여	2	2	2	1	1	1	1	한로	10	9	9	9	8	8	8	7	7	7	6	6	6	5	상강	5	4	4	4	3	3	3	2

입동 7일 23시 11분 　【음10월】➡　【乙亥月(을해월)】　☯팔백성　소설 22일 20시 31분

음력 09/22 ▬ 10/21

양력	1	2	3	4	5	6	7	8	9	10	11	12	13	14	15	16	17	18	19	20	21	22	23	24	25	26	27	28	29	30
요일	토	일	월	화	수	목	금	토	일	월	화	수	목	금	토	일	월	화	수	목	금	토	일	월	화	수	목	금	토	일
日辰	경진	신사	임오	계미	갑신	을유	병술	정해	무자	기축	경인	신묘	임진	계사	갑오	을미	병신	정유	무술	기해	경자	신축	임인	계묘	갑진	을사	병오	정미	무신	기유
음력	22	23	24	25	26	27	28	29	30	10/1	2	3	4	5	6	7	8	9	10	11	12	13	14	15	16	17	18	19	20	21
구성	8	7	6	5	4	3	2	1	9	8	7	6	5	4	3	2	1	9	8	7	6	5	4	3	2	1	9	8	7	6
대운 남	8	8	9	9	9	10	입동	1	1	1	1	2	2	2	3	3	3	4	4	4	5	소설	5	6	6	6	7	7	7	8
대운 여	2	2	1	1	1	1	입동	10	9	9	9	8	8	8	7	7	7	6	6	6	5	소설	5	4	4	4	3	3	3	2

대설 7일 15시 51분 　【음11월】➡　【丙子月(병자월)】　☯칠적성　동지 22일 09시 44분

음력 10/22 ▬ 11/23

양력	1	2	3	4	5	6	7	8	9	10	11	12	13	14	15	16	17	18	19	20	21	22	23	24	25	26	27	28	29	30	31
요일	월	화	수	목	금	토	일	월	화	수	목	금	토	일	월	화	수	목	금	토	일	월	화	수	목	금	토	일	월	화	수
日辰	경술	신해	임자	계축	갑인	을묘	병진	정사	무오	기미	경신	신유	임술	계해	갑자	을축	병인	정묘	무진	기사	경오	신미	임신	계유	갑술	을해	병자	정축	무인	기묘	경진
음력	22	23	24	25	26	27	28	29	11/1	2	3	4	5	6	7	8	9	10	11	12	13	14	15	16	17	18	19	20	21	22	23
구성	5	4	3	2	1	9	8	7	6	5	4	3	2	1	9	8	7	6	5	4	3	2	1	2	3	4	5	6	7	8	9
대운 남	8	8	9	9	9	10	대설	1	1	1	1	2	2	2	3	3	3	4	4	4	5	동지	5	6	6	6	7	7	7	8	8
대운 여	2	2	1	1	1	1	대설	10	9	9	9	8	8	8	7	7	7	6	6	6	5	동지	5	4	4	4	3	3	3	2	2

9월 14일 - 민주공화당, 3선개헌안과 국민투표법안 국회서 변칙 통과시킴.10월 11일 - 소비에트 연방, 우주선 소유즈 6호 발사.10월 14일 - 미국 원자력 항공모함 CVN-65 엔터프라이즈에서 폭발사고가 발생. 10월 15일 - 베트남 전쟁: 수십만명의 사람들이 미국에서 반전 시위를 벌이다.

단기 4303 年	**1970년**	중원(中元). 경술(庚戌)년, 납음(차천금), 본명성(삼벽목)
불기 2514 年		대장군(午남방), 삼살(북방), 상문(子북방), 조객(申서남방), 납음(차천금), 【삼재(신,유,술)년】 臘享(납향):1971년1월22일(음12/26)

소한 6일 03시 02분　【음12월】➡　【丁丑月(정축월)】　육백성　대한 20일 20시 24분

1월 (음력 11/24 ~ 12/24)

양력	1	2	3	4	5	6	7	8	9	10	11	12	13	14	15	16	17	18	19	20	21	22	23	24	25	26	27	28	29	30	31
요일	목	금	토	일	월	화	수	목	금	토	일	월	화	수	목	금	토	일	월	화	수	목	금	토	일	월	화	수	목	금	토
일진 日辰	신사	임오	계미	갑신	을유	병술	정해	무자	기축	경인	신묘	임진	계사	갑오	을미	병신	정유	무술	기해	경자	신축	임인	계묘	갑진	을사	병오	정미	무신	기유	경술	신해
음력	24	25	26	27	28	29	30	12/1	2	3	4	5	6	7	8	9	10	11	12	13	14	15	16	17	18	19	20	21	22	23	24
구성	9	1	2	3	4	5	6	7	8	9	1	2	3	4	5	6	7	8	9	1	2	3	4	5	6	7	8	9	1	2	3
대운 남	8	9	9	9	10	소한	1	1	1	1	2	2	2	3	3	3	4	4	4	대한	5	5	6	6	6	7	7	7	8	8	8
운 여	2	1	1	1	1	소한	9	9	9	8	8	8	7	7	7	6	6	6	5	대한	5	4	4	4	3	3	3	2	2	2	1

입춘 4일 14시 46분　【음1월】➡　【戊寅月(무인월)】　오황성　우수 19일 10시 42분

2월 (음력 12/25 ~ 01/23)

양력	1	2	3	4	5	6	7	8	9	10	11	12	13	14	15	16	17	18	19	20	21	22	23	24	25	26	27	28
요일	일	월	화	수	목	금	토	일	월	화	수	목	금	토	일	월	화	수	목	금	토	일	월	화	수	목	금	토
일진 日辰	임자	계축	갑인	을묘	병진	정사	무오	기미	경신	신유	임술	계해	갑자	을축	병인	정묘	무진	기사	경오	신미	임신	계유	갑술	을해	병자	정축	무인	기묘
음력	25	26	27	28	29	1/1	2	3	4	5	6	7	8	9	10	11	12	13	14	15	16	17	18	19	20	21	22	23
구성	4	5	6	7	8	9	1	2	3	4	5	6	7	8	9	1	2	3	4	5	6	7	8	9	1	2	3	4
대운 남	9	9	9	입춘	10	9	9	9	8	8	8	7	7	7	6	6	6	5	우수	5	4	4	4	3	3	3	2	2
운 여	1	1	1	입춘	1	1	1	1	2	2	2	3	3	3	4	4	4	5	우수	5	6	6	6	7	7	7	8	8

경칩 6일 08시 58분　【음2월】➡　【己卯月(기묘월)】　사록성　춘분 21일 09시 56분

3월 (음력 01/24 ~ 02/24)

양력	1	2	3	4	5	6	7	8	9	10	11	12	13	14	15	16	17	18	19	20	21	22	23	24	25	26	27	28	29	30	31
요일	일	월	화	수	목	금	토	일	월	화	수	목	금	토	일	월	화	수	목	금	토	일	월	화	수	목	금	토	일	월	화
일진 日辰	경진	신사	임오	계미	갑신	을유	병술	정해	무자	기축	경인	신묘	임진	계사	갑오	을미	병신	정유	무술	기해	경자	신축	임인	계묘	갑진	을사	병오	정미	무신	기유	경술
음력	24	25	26	27	28	29	30	2/1	2	3	4	5	6	7	8	9	10	11	12	13	14	15	16	17	18	19	20	21	22	23	24
구성	5	6	7	8	9	1	2	3	4	5	6	7	8	9	1	2	3	4	5	6	7	8	9	1	2	3	4	5	6	7	8
대운 남	2	1	1	1	1	경칩	10	9	9	9	8	8	8	7	7	7	6	6	6	5	춘분	5	4	4	4	3	3	3	2	2	2
운 여	8	9	9	9	10	경칩	1	1	1	1	2	2	2	3	3	3	4	4	4	5	춘분	5	6	6	6	7	7	7	8	8	8

청명 5일 14시 02분　【음3월】➡　【庚辰月(경진월)】　삼벽성　곡우 20일 21시 15분

4월 (음력 02/25 ~ 03/25)

양력	1	2	3	4	5	6	7	8	9	10	11	12	13	14	15	16	17	18	19	20	21	22	23	24	25	26	27	28	29	30
요일	수	목	금	토	일	월	화	수	목	금	토	일	월	화	수	목	금	토	일	월	화	수	목	금	토	일	월	화	수	목
일진 日辰	신해	임자	계축	갑인	을묘	병진	정사	무오	기미	경신	신유	임술	계해	갑자	을축	병인	정묘	무진	기사	경오	신미	임신	계유	갑술	을해	병자	정축	무인	기묘	경진
음력	25	26	27	28	29	3/1	2	3	4	5	6	7	8	9	10	11	12	13	14	15	16	17	18	19	20	21	22	23	24	25
구성	9	1	2	3	4	5	6	7	8	9	1	2	3	4	5	6	7	8	9	1	2	3	4	5	6	7	8	9	1	2
대운 남	1	1	1	1	청명	10	10	9	9	9	8	8	8	7	7	7	6	6	6	곡우	5	5	4	4	4	3	3	3	2	2
운 여	9	9	9	10	청명	1	1	1	1	2	2	2	3	3	3	4	4	4	5	곡우	5	6	6	6	7	7	7	8	8	8

입하 6일 07시 34분　【음4월】➡　【辛巳月(신사월)】　이흑성　소만 21일 20시 37분

5월 (음력 03/26 ~ 04/27)

양력	1	2	3	4	5	6	7	8	9	10	11	12	13	14	15	16	17	18	19	20	21	22	23	24	25	26	27	28	29	30	31
요일	금	토	일	월	화	수	목	금	토	일	월	화	수	목	금	토	일	월	화	수	목	금	토	일	월	화	수	목	금	토	일
일진 日辰	신사	임오	계미	갑신	을유	병술	정해	무자	기축	경인	신묘	임진	계사	갑오	을미	병신	정유	무술	기해	경자	신축	임인	계묘	갑진	을사	병오	정미	무신	기유	경술	신해
음력	26	27	28	29	4/1	2	3	4	5	6	7	8	9	10	11	12	13	14	15	16	17	18	19	20	21	22	23	24	25	26	27
구성	3	4	5	6	7	8	9	1	2	3	4	5	6	7	8	9	1	2	3	4	5	6	7	8	9	1	2	3	4	5	6
대운 남	2	1	1	1	1	입하	10	10	9	9	9	8	8	8	7	7	7	6	6	6	소만	5	5	4	4	4	3	3	3	2	2
운 여	9	9	9	10	10	입하	1	1	1	1	2	2	2	3	3	3	4	4	4	5	소만	5	6	6	6	7	7	7	8	8	8

망종 6일 11시 52분　【음5월】➡　【壬午月(임오월)】　일백성　하지 22일 04시 43분

6월 (음력 04/28 ~ 05/27)

양력	1	2	3	4	5	6	7	8	9	10	11	12	13	14	15	16	17	18	19	20	21	22	23	24	25	26	27	28	29	30
요일	월	화	수	목	금	토	일	월	화	수	목	금	토	일	월	화	수	목	금	토	일	월	화	수	목	금	토	일	월	화
일진 日辰	임자	계축	갑인	을묘	병진	정사	무오	기미	경신	신유	임술	계해	갑자	을축	병인	정묘	무진	기사	경오	신미	임신	계유	갑술	을해	병자	정축	무인	기묘	경진	신사
음력	28	29	30	5/1	2	3	4	5	6	7	8	9	10	11	12	13	14	15	16	17	18	19	20	21	22	23	24	25	26	27
구성	7	8	9	1	2	3	4	5	6	7	8	9	9	8	7	6	5	4	3	2	1	9	8	7	6	5	4	3	2	1
대운 남	2	1	1	1	1	망종	10	10	9	9	9	8	8	8	7	7	7	6	6	6	5	하지	5	4	4	4	3	3	3	2
운 여	9	9	9	10	10	망종	1	1	1	1	2	2	2	3	3	3	4	4	4	5	5	하지	6	6	6	7	7	7	8	8

경술년

3월 15일 - 핵 확산 금지 조약 인준.4월 8일 - 와우아파트가 무너져 33명의 사망자와 40명의 부상자가 발생하다.4월 11일 ~ 4월 17일 - 아폴로 13호 4월 24일 - 중국 최초의 인공위성 발사. 5월 4일 - 켄트 주립대학교 발포 사건

한식(4월06일), 초복(7월19일), 중복(7월29일), 말복(8월08일)　↑춘사(春社)3/19　☀추사(秋社)9/25
토왕지절(土旺之節):4월17일,7월20일,10월20일, 신년 1월18일,(양력)　● 臘享(납향):음12/26

五日得辛, 十二龍治水,1970년 경술年(차천금), 삼벽목　臘享(납향):1월 22일 신년

2흑	7적	9자
1백	3벽	5황
6백	8백	4록

1970

소서 7일 22시 11분　【음6월】　【癸未月(계미월)】　●구자성　대서 23일 15시 37분

양력 7월 / 음력 05/30 ~ 06/28

양력	1	2	3	4	5	6	7	8	9	10	11	12	13	14	15	16	17	18	19	20	21	22	23	24	25	26	27	28	29	30	31
요일	수	목	금	토	일	월	화	수	목	금	토	일	월	화	수	목	금	토	일	월	화	수	목	금	토	일	월	화	수	목	금
일진(日辰)	임오	계미	갑신	을유	병술	정해	무자	기축	경인	신묘	임진	계사	갑오	을미	병신	정유	무술	기해	경자	신축	임인	계묘	갑진	을사	병오	정미	무신	기유	경술	신해	임자
음력	28	29	30	6/1	2	3	4	5	6	7	8	9	10	11	12	13	14	15	16	17	18	19	20	21	22	23	24	25	26	27	28
구성	9	8	7	6	5	4	3	2	1	9	8	7	6	5	4	3	2	1	9	8	7	6	5	4	3	2	1	9	8	7	6
대운 남	2	2	1	1	1	1	소서	10	10	10	9	9	9	8	8	8	7	7	7	6	6	6	대서	5	5	4	4	4	3	3	3
대운 여	8	9	9	9	10	10	소서	1	1	1	1	2	2	2	3	3	3	4	4	4	5	5	대서	6	6	6	7	7	7	8	8

입추 8일 07시 54분　【음7월】　【甲申月(갑신월)】　●팔백성　처서 23일 22시 34분

양력 8월 / 음력 06/29 ~ 07/30

양력	1	2	3	4	5	6	7	8	9	10	11	12	13	14	15	16	17	18	19	20	21	22	23	24	25	26	27	28	29	30	31
요일	토	일	월	화	수	목	금	토	일	월	화	수	목	금	토	일	월	화	수	목	금	토	일	월	화	수	목	금	토	일	월
일진(日辰)	계축	갑인	을묘	병진	정사	무오	기미	경신	신유	임술	계해	갑자	을축	병인	정묘	무진	기사	경오	신미	임신	계유	갑술	을해	병자	정축	무인	기묘	경진	신사	임오	계미
음력	29	7/1	2	3	4	5	6	7	8	9	10	11	12	13	14	15	16	17	18	19	20	21	22	23	24	25	26	27	28	29	30
구성	5	4	3	2	1	9	8	7	6	5	4	3	2	1	9	8	7	6	5	4	3	2	1	9	8	7	6	5	4	3	2
대운 남	2	2	2	1	1	1	1	입추	10	10	9	9	9	8	8	8	7	7	7	6	6	6	처서	5	5	4	4	4	3	3	3
대운 여	8	9	9	9	10	10	10	입추	1	1	1	1	2	2	2	3	3	3	4	4	4	5	처서	5	5	6	6	6	7	7	8

백로 8일 10시 38분　【음8월】　【乙酉月(을유월)】　●칠적성　추분 23일 19시 59분

양력 9월 / 음력 08/01 ~ 09/01

양력	1	2	3	4	5	6	7	8	9	10	11	12	13	14	15	16	17	18	19	20	21	22	23	24	25	26	27	28	29	30
요일	화	수	목	금	토	일	월	화	수	목	금	토	일	월	화	수	목	금	토	일	월	화	수	목	금	토	일	월	화	수
일진(日辰)	갑신	을유	병술	정해	무자	기축	경인	신묘	임진	계사	갑오	을미	병신	정유	무술	기해	경자	신축	임인	계묘	갑진	을사	병오	정미	무신	기유	경술	신해	임자	계축
음력	8/1	2	3	4	5	6	7	8	9	10	11	12	13	14	15	16	17	18	19	20	21	22	23	24	25	26	27	28	29	9/1
구성	1	9	8	7	6	5	4	3	2	1	9	8	7	6	5	4	3	2	1	9	8	7	6	5	4	3	2	1	9	8
대운 남	2	2	2	1	1	1	1	백로	10	10	9	9	9	8	8	8	7	7	7	6	6	6	추분	5	5	4	4	4	3	3
대운 여	8	8	9	9	9	10	10	백로	1	1	1	1	2	2	2	3	3	3	4	4	4	5	추분	5	6	6	6	7	7	7

한로 9일 02시 02분　【음9월】　【丙戌月(병술월)】　●육백성　상강 24일 05시 04분

양력 10월 / 음력 09/02 ~ 10/02

양력	1	2	3	4	5	6	7	8	9	10	11	12	13	14	15	16	17	18	19	20	21	22	23	24	25	26	27	28	29	30	31
요일	목	금	토	일	월	화	수	목	금	토	일	월	화	수	목	금	토	일	월	화	수	목	금	토	일	월	화	수	목	금	토
일진(日辰)	갑인	을묘	병진	정사	무오	기미	경신	신유	임술	계해	갑자	을축	병인	정묘	무진	기사	경오	신미	임신	계유	갑술	을해	병자	정축	무인	기묘	경진	신사	임오	계미	갑신
음력	2	3	4	5	6	7	8	9	10	11	12	13	14	15	16	17	18	19	20	21	22	23	24	25	26	27	28	29	30	10/1	2
구성	7	6	5	4	3	2	1	9	8	7	6	5	4	3	2	1	9	8	7	6	5	4	3	2	1	9	8	7	6	5	4
대운 남	3	2	2	2	1	1	1	1	한로	10	9	9	9	8	8	8	7	7	7	6	6	6	5	상강	5	4	4	4	3	3	3
대운 여	8	8	8	9	9	9	10	10	한로	1	1	1	1	2	2	2	3	3	3	4	4	4	5	상강	5	6	6	6	7	7	7

입동 8일 04시 58분　【음10월】　【丁亥月(정해월)】　●오황성　소설 23일 02시 25분

양력 11월 / 음력 10/03 ~ 11/02

양력	1	2	3	4	5	6	7	8	9	10	11	12	13	14	15	16	17	18	19	20	21	22	23	24	25	26	27	28	29	30
요일	일	월	화	수	목	금	토	일	월	화	수	목	금	토	일	월	화	수	목	금	토	일	월	화	수	목	금	토	일	월
일진(日辰)	을유	병술	정해	무자	기축	경인	신묘	임진	계사	갑오	을미	병신	정유	무술	기해	경자	신축	임인	계묘	갑진	을사	병오	정미	무신	기유	경술	신해	임자	계축	갑인
음력	3	4	5	6	7	8	9	10	11	12	13	14	15	16	17	18	19	20	21	22	23	24	25	26	27	28	29	30	11/1	2
구성	3	2	1	9	8	7	6	5	4	3	2	1	9	8	7	6	5	4	3	2	1	9	8	7	6	5	4	3	2	1
대운 남	2	2	2	1	1	1	1	입동	9	9	9	8	8	8	7	7	7	6	6	6	5	5	소설	4	4	4	3	3	3	2
대운 여	8	8	8	9	9	9	10	입동	1	1	1	1	2	2	2	3	3	3	4	4	4	5	소설	5	6	6	6	7	7	7

대설 7일 21시 37분　【음11월】　【戊子月(무자월)】　●사록성　동지 22일 15시 36분

양력 12월 / 음력 11/03 ~ 12/04

양력	1	2	3	4	5	6	7	8	9	10	11	12	13	14	15	16	17	18	19	20	21	22	23	24	25	26	27	28	29	30	31
요일	화	수	목	금	토	일	월	화	수	목	금	토	일	월	화	수	목	금	토	일	월	화	수	목	금	토	일	월	화	수	목
일진(日辰)	을묘	병진	정사	무오	기미	경신	신유	임술	계해	갑자	을축	병인	정묘	무진	기사	경오	신미	임신	계유	갑술	을해	병자	정축	무인	기묘	경진	신사	임오	계미	갑신	을유
음력	3	4	5	6	7	8	9	10	11	12	13	14	15	16	17	18	19	20	21	22	23	24	25	26	27	28	29	12/1	2	3	4
구성	9	8	7	6	5	4	3	2	1	1	2	3	4	5	6	7	8	9	1	2	3	4	5	6	7	8	9	1	2	3	4
대운 남	2	2	1	1	1	1	대설	10	9	9	9	8	8	8	7	7	7	6	6	6	5	동지	5	4	4	4	3	3	3	2	2
대운 여	8	8	8	9	9	9	대설	1	1	1	1	2	2	2	3	3	3	4	4	4	5	동지	5	6	6	6	7	7	7	8	8

10월 17일 - 원주 삼광터널 열차 충돌 사고가 발생 11월 2일 - 조선로동당 제5차당대회 11월 6일 - 이탈리아와 중국, 국교 수립 11월 12일 - 방글라데시에 사이클론 볼라(Bhola) 상륙, 최소 300,000명 이상 사망. 12월 15일 - 대한민국 남해안에서 남영호 침몰 사고 발발로 326명이 사망.

중원(中元), 신해(辛亥)년, 납음(차천금), 본명성(이흑토)
대장군(酉서방), 삼살(酉서방), 상문(丑동북방), 조객(酉서방), 납음(차천금), 【삼재(사,오,미)년】 臘享(납향):1972년1월17일(음12/02)

1월 (양력)

소한 6일 08시 45분 【음12월】➡ 【己丑月(기축월)】 ◑삼벽성 대한 21일 02시 13분
음력 12/05 ~ 01/05

양력	1	2	3	4	5	6	7	8	9	10	11	12	13	14	15	16	17	18	19	20	21	22	23	24	25	26	27	28	29	30	31
요일	금	토	일	월	화	수	목	금	토	일	월	화	수	목	금	토	일	월	화	수	목	금	토	일	월	화	수	목	금	토	일
일진(日辰)	병술	정해	무자	기축	경인	신묘	임진	계사	갑오	을미	병신	정유	무술	기해	경자	신축	임인	계묘	갑진	을사	병오	정미	무신	기유	경술	신해	임자	계축	갑인	을묘	병진
음력	5	6	7	8	9	10	11	12	13	14	15	16	17	18	19	20	21	22	23	24	25	26	27	28	29	30	1/1	2	3	4	5
구성	5	6	7	8	9	1	2	3	4	5	6	7	8	9	1	2	3	4	5	6	7	8	9	1	2	3	4	5	6	7	8
대(남)	2	1	1	1	1	소한	9	9	9	8	8	8	7	7	7	6	6	6	5	5	대한	4	4	4	3	3	3	2	2	2	1
운(여)	8	9	9	9	10	소한	1	1	1	1	2	2	2	3	3	3	4	4	4	5	대한	5	6	6	6	7	7	7	8	8	8

2월 (양력)

입춘 4일 20시 25분 【음1월】➡ 【庚寅月(경인월)】 ◑이흑성 우수 19일 16시 27분
음력 01/06 ~ 02/04

양력	1	2	3	4	5	6	7	8	9	10	11	12	13	14	15	16	17	18	19	20	21	22	23	24	25	26	27	28
요일	월	화	수	목	금	토	일	월	화	수	목	금	토	일	월	화	수	목	금	토	일	월	화	수	목	금	토	일
일진(日辰)	정사	무오	기미	경신	신유	임술	계해	갑자	을축	병인	정묘	무진	기사	경오	신미	임신	계유	갑술	을해	병자	정축	무인	기묘	경진	신사	임오	계미	갑신
음력	6	7	8	9	10	11	12	13	14	15	16	17	18	19	20	21	22	23	24	25	26	27	28	29	2/1	2	3	4
구성	9	1	2	3	4	5	6	7	8	9	1	2	3	4	5	6	7	8	9	1	2	3	4	5	6	7	8	9
대(남)	1	1	1	입춘	1	1	1	1	2	2	2	3	3	3	4	4	4	5	우수	5	6	6	6	7	7	7	8	8
운(여)	9	9	9	입춘	10	9	9	9	8	8	8	7	7	7	6	6	6	5	우수	5	4	4	4	3	3	3	2	2

3월 (양력)

경칩 6일 14시 35분 【음2월】➡ 【辛卯月(신묘월)】 ◑일백성 춘분 21일 15시 38분
음력 02/05 ~ 03/05

양력	1	2	3	4	5	6	7	8	9	10	11	12	13	14	15	16	17	18	19	20	21	22	23	24	25	26	27	28	29	30	31
요일	월	화	수	목	금	토	일	월	화	수	목	금	토	일	월	화	수	목	금	토	일	월	화	수	목	금	토	일	월	화	수
일진(日辰)	을유	병술	정해	무자	기축	경인	신묘	임진	계사	갑오	을미	병신	정유	무술	기해	경자	신축	임인	계묘	갑진	을사	병오	정미	무신	기유	경술	신해	임자	계축	갑인	을묘
음력	5	6	7	8	9	10	11	12	13	14	15	16	17	18	19	20	21	22	23	24	25	26	27	28	29	30	3/1	2	3	4	5
구성	1	2	3	4	5	6	7	8	9	1	2	3	4	5	6	7	8	9	1	2	3	4	5	6	7	8	9	1	2	3	4
대(남)	8	9	9	9	10	경칩	1	1	1	1	2	2	2	3	3	3	4	4	4	5	춘분	5	6	6	6	7	7	7	8	8	8
운(여)	2	1	1	1	1	경칩	10	9	9	9	8	8	8	7	7	7	6	6	6	5	춘분	5	4	4	4	3	3	3	2	2	2

4월 (양력)

청명 5일 19시 35분 【음3월】➡ 【壬辰月(임진월)】 ◑구자성 곡우 21일 02시 54분
음력 03/06 ~ 04/06

양력	1	2	3	4	5	6	7	8	9	10	11	12	13	14	15	16	17	18	19	20	21	22	23	24	25	26	27	28	29	30
요일	목	금	토	일	월	화	수	목	금	토	일	월	화	수	목	금	토	일	월	화	수	목	금	토	일	월	화	수	목	금
일진(日辰)	병진	정사	무오	기미	경신	신유	임술	계해	갑자	을축	병인	정묘	무진	기사	경오	신미	임신	계유	갑술	을해	병자	정축	무인	기묘	경진	신사	임오	계미	갑신	을유
음력	6	7	8	9	10	11	12	13	14	15	16	17	18	19	20	21	22	23	24	25	26	27	28	29	4/1	2	3	4	5	6
구성	5	6	7	8	9	1	2	3	4	5	6	7	8	9	1	2	3	4	5	6	7	8	9	1	2	3	4	5	6	7
대(남)	9	9	9	10	청명	1	1	1	1	2	2	2	3	3	3	4	4	4	5	5	곡우	6	6	6	7	7	7	8	8	8
운(여)	1	1	1	1	청명	10	10	9	9	9	8	8	8	7	7	7	6	6	6	5	곡우	5	4	4	4	3	3	3	2	2

5월 (양력)

입하 6일 13시 08분 【음4월】➡ 【癸巳月(계사월)】 ◑팔백성 소만 22일 02시 15분
음력 04/07 ~ 05/08

양력	1	2	3	4	5	6	7	8	9	10	11	12	13	14	15	16	17	18	19	20	21	22	23	24	25	26	27	28	29	30	31
요일	토	일	월	화	수	목	금	토	일	월	화	수	목	금	토	일	월	화	수	목	금	토	일	월	화	수	목	금	토	일	월
일진(日辰)	병술	정해	무자	기축	경인	신묘	임진	계사	갑오	을미	병신	정유	무술	기해	경자	신축	임인	계묘	갑진	을사	병오	정미	무신	기유	경술	신해	임자	계축	갑인	을묘	병진
음력	7	8	9	10	11	12	13	14	15	16	17	18	19	20	21	22	23	24	25	26	27	28	29	5/1	2	3	4	5	6	7	8
구성	8	9	1	2	3	4	5	6	7	8	9	1	2	3	4	5	6	7	8	9	1	2	3	4	5	6	7	8	9	1	2
대(남)	9	9	9	10	10	입하	1	1	1	1	2	2	2	3	3	3	4	4	4	5	5	소만	6	6	6	7	7	7	8	8	8
운(여)	2	1	1	1	1	입하	10	10	9	9	9	8	8	8	7	7	7	6	6	6	5	소만	5	4	4	4	3	3	3	2	2

6월 (양력)

망종 6일 17시 29분 【음5월】➡ 【甲午月(갑오월)】 ◑칠적성 하지 22일 10시 20분
음력 05/09 ~ 윤5 08

양력	1	2	3	4	5	6	7	8	9	10	11	12	13	14	15	16	17	18	19	20	21	22	23	24	25	26	27	28	29	30
요일	화	수	목	금	토	일	월	화	수	목	금	토	일	월	화	수	목	금	토	일	월	화	수	목	금	토	일	월	화	수
일진(日辰)	정사	무오	기미	경신	신유	임술	계해	갑자	을축	병인	정묘	무진	기사	경오	신미	임신	계유	갑술	을해	병자	정축	무인	기묘	경진	신사	임오	계미	갑신	을유	병술
음력	9	10	11	12	13	14	15	16	17	18	19	20	21	22	23	24	25	26	27	28	29	30	윤5	2	3	4	5	6	7	8
구성	3	4	5	6	7	8	9	9	8	7	6	5	4	3	2	1	9	8	7	6	5	4	3	2	1	9	8	7	6	5
대(남)	9	9	9	10	10	망종	1	1	1	1	2	2	2	3	3	3	4	4	4	5	5	하지	6	6	6	7	7	7	8	8
운(여)	2	1	1	1	1	망종	10	10	10	9	9	9	8	8	8	7	7	7	6	6	6	하지	5	5	4	4	4	3	3	3

8월 10일 - 경기도 광주시 철거민 5만여 명이 정부의 약속위반에 대규모 소요 8월 19일 -서울대학교 문리대 교수들, 대학자유화 요구 선언 발표 8월 20일 - 남북적십자 대표, 분단후 판문점에서 회의. 8월 23일 - 실미도에서 훈련받던 특수부대원들이 서울로 진입하여 군경과 교전

한식(4월06일), 초복(7월14일), 중복(7월24일), 말복(8월13일)↑춘사(春社)3/24 ☀추사(秋社)9/20
토왕지절(土旺之節):4월18일,7월20일,10월21일,신년1월18일,(양력)臘享(납향):1월17일신년(음12/02)

十日得辛, 五龍治水, 1971년 신해年(차천금), 이흑토 臘享(납향):1월 17일 신년

1백	6백	8백
9자	2흑	4록
5황	7적	3벽

소서 8일 03시 51분 【음6월】➡ 【乙未月(을미월)】 ☯육백성 대서 23일 21시 15분

양력 7월 / 음력 윤5 09 ― 06/10

	1	2	3	4	5	6	7	8	9	10	11	12	13	14	15	16	17	18	19	20	21	22	23	24	25	26	27	28	29	30	31
요일	목	금	토	일	월	화	수	목	금	토	일	월	화	수	목	금	토	일	월	화	수	목	금	토	일	월	화	수	목	금	토
일진 日辰	정해	무자	기축	경인	신묘	임진	계사	갑오	을미	병신	정유	무술	기해	경자	신축	임인	계묘	갑진	을사	병오	정미	무신	기유	경술	신해	임자	계축	갑인	을묘	병진	정사
음력	9	10	11	12	13	14	15	16	17	18	19	20	21	22	23	24	25	26	27	28	29	6/1	2	3	4	5	6	7	8	9	10
구성	4	3	2	1	9	8	7	6	5	4	3	2	1	9	8	7	6	5	4	3	2	1	9	8	7	6	5	4	3	2	1
대운 남	8	9	9	9	10	10	10	소서	1	1	1	1	2	2	2	3	3	3	4	4	4	5	대서	5	6	6	6	7	7	7	8
대운 여	2	2	2	1	1	1	1	소서	10	10	9	9	9	8	8	8	7	7	7	6	6	6	대서	5	5	4	4	4	3	3	3

입추 8일 13시 40분 【음7월】➡ 【丙申月(병신월)】 ☯오황성 처서 24일 04시 15분

양력 8월 / 음력 06/11 ― 07/11

	1	2	3	4	5	6	7	8	9	10	11	12	13	14	15	16	17	18	19	20	21	22	23	24	25	26	27	28	29	30	31
요일	일	월	화	수	목	금	토	일	월	화	수	목	금	토	일	월	화	수	목	금	토	일	월	화	수	목	금	토	일	월	화
일진 日辰	무오	기미	경신	신유	임술	계해	갑자	을축	병인	정묘	무진	기사	경오	신미	임신	계유	갑술	을해	병자	정축	무인	기묘	경진	신사	임오	계미	갑신	을유	병술	정해	무자
음력	11	12	13	14	15	16	17	18	19	20	21	22	23	24	25	26	27	28	29	30	7/1	2	3	4	5	6	7	8	9	10	11
구성	9	8	7	6	5	4	3	2	1	9	8	7	6	5	4	3	2	1	9	8	7	6	5	4	3	2	1	9	8	7	6
대운 남	8	8	9	9	9	10	10	입추	1	1	1	1	2	2	2	3	3	3	4	4	4	5	5	처서	6	6	6	7	7	7	8
대운 여	2	2	2	1	1	1	1	입추	10	10	9	9	9	8	8	8	7	7	7	6	6	6	5	처서	5	4	4	4	3	3	3

백로 8일 16시 30분 【음8월】➡ 【丁酉月(정유월)】 ☯사록성 추분 24일 01시 45분

양력 9월 / 음력 07/12 ― 08/12

	1	2	3	4	5	6	7	8	9	10	11	12	13	14	15	16	17	18	19	20	21	22	23	24	25	26	27	28	29	30
요일	수	목	금	토	일	월	화	수	목	금	토	일	월	화	수	목	금	토	일	월	화	수	목	금	토	일	월	화	수	목
일진 日辰	기축	경인	신묘	임진	계사	갑오	을미	병신	정유	무술	기해	경자	신축	임인	계묘	갑진	을사	병오	정미	무신	기유	경술	신해	임자	계축	갑인	을묘	병진	정사	무오
음력	12	13	14	15	16	17	18	19	20	21	22	23	24	25	26	27	28	29	8/1	2	3	4	5	6	7	8	9	10	11	12
구성	5	4	3	2	1	9	8	7	6	5	4	3	2	1	9	8	7	6	5	4	3	2	1	9	8	7	6	5	4	3
대운 남	8	8	9	9	9	10	10	백로	1	1	1	1	2	2	2	3	3	3	4	4	4	5	5	추분	6	6	6	7	7	7
대운 여	2	2	2	1	1	1	1	백로	10	10	9	9	9	8	8	8	7	7	7	6	6	6	5	추분	5	4	4	4	3	3

한로 9일 07시 59분 【음9월】➡ 【戊戌月(무술월)】 ☯삼벽성 상강 24일 10시 53분

양력 10월 / 음력 08/13 ― 09/13

	1	2	3	4	5	6	7	8	9	10	11	12	13	14	15	16	17	18	19	20	21	22	23	24	25	26	27	28	29	30	31
요일	금	토	일	월	화	수	목	금	토	일	월	화	수	목	금	토	일	월	화	수	목	금	토	일	월	화	수	목	금	토	일
일진 日辰	기미	경신	신유	임술	계해	갑자	을축	병인	정묘	무진	기사	경오	신미	임신	계유	갑술	을해	병자	정축	무인	기묘	경진	신사	임오	계미	갑신	을유	병술	정해	무자	기축
음력	13	14	15	16	17	18	19	20	21	22	23	24	25	26	27	28	29	30	9/1	2	3	4	5	6	7	8	9	10	11	12	13
구성	2	1	9	8	7	6	5	4	3	2	1	9	8	7	6	5	4	3	2	1	9	8	7	6	5	4	3	2	1	9	8
대운 남	8	8	8	9	9	9	10	10	한로	1	1	1	1	2	2	2	3	3	3	4	4	4	5	상강	5	6	6	6	7	7	7
대운 여	2	2	2	1	1	1	1	1	한로	10	9	9	9	8	8	8	7	7	7	6	6	6	5	상강	5	4	4	4	3	3	3

입동 8일 10시 57분 【음10월】➡ 【己亥月(기해월)】 ☯이흑성 소설 23일 08시 14분

양력 11월 / 음력 09/14 ― 10/13

	1	2	3	4	5	6	7	8	9	10	11	12	13	14	15	16	17	18	19	20	21	22	23	24	25	26	27	28	29	30
요일	월	화	수	목	금	토	일	월	화	수	목	금	토	일	월	화	수	목	금	토	일	월	화	수	목	금	토	일	월	화
일진 日辰	경인	신묘	임진	계사	갑오	을미	병신	정유	무술	기해	경자	신축	임인	계묘	갑진	을사	병오	정미	무신	기유	경술	신해	임자	계축	갑인	을묘	병진	정사	무오	기미
음력	14	15	16	17	18	19	20	21	22	23	24	25	26	27	28	29	30	10/1	2	3	4	5	6	7	8	9	10	11	12	13
구성	7	6	5	4	3	2	1	9	8	7	6	5	4	3	2	1	9	8	7	6	5	4	3	2	1	9	8	7	6	5
대운 남	8	8	8	9	9	9	10	입동	1	1	1	1	2	2	2	3	3	3	4	4	4	5	소설	5	6	6	6	7	7	7
대운 여	2	2	2	1	1	1	1	입동	10	9	9	9	8	8	8	7	7	7	6	6	6	5	소설	5	4	4	4	3	3	3

대설 8일 03시 36분 【음11월】➡ 【庚子月(경자월)】 ☯일백성 동지 22일 21시 24분

양력 12월 / 음력 10/14 ― 11/14

	1	2	3	4	5	6	7	8	9	10	11	12	13	14	15	16	17	18	19	20	21	22	23	24	25	26	27	28	29	30	31
요일	수	목	금	토	일	월	화	수	목	금	토	일	월	화	수	목	금	토	일	월	화	수	목	금	토	일	월	화	수	목	금
일진 日辰	경신	신유	임술	계해	갑자	을축	병인	정묘	무진	기사	경오	신미	임신	계유	갑술	을해	병자	정축	무인	기묘	경진	신사	임오	계미	갑신	을유	병술	정해	무자	기축	경인
음력	14	15	16	17	18	19	20	21	22	23	24	25	26	27	28	29	30	11/1	2	3	4	5	6	7	8	9	10	11	12	13	14
구성	4	3	2	1	1	2	3	4	5	6	7	8	9	1	2	3	4	5	6	7	8	9	1	2	3	4	5	6	7	8	9
대운 남	8	8	8	9	9	9	10	대설	1	1	1	1	2	2	2	3	3	3	4	4	4	동지	5	5	6	6	6	7	7	7	8
대운 여	2	2	2	1	1	1	1	대설	9	9	9	8	8	8	7	7	7	6	6	6	5	동지	5	4	4	4	3	3	3	2	2

11월 26일 - 동남아시아국가연합(ASEAN) , 5개국 중립화안에 조인.12월 12일 - 고려대학교가 우석대학교를 인수 하기로 하고 합병하여 고려대학교는 의과대학을 보유하게 되었다.12월 25일 - 서울 대연각호텔 화재 사고가 발생하다.김포국제공항의 국내선 청사가 준공된다.

<table>
<tr><td>檀紀 4305 年
佛紀 2516 年</td><td>1972년</td><td>中元-임자(壬子)년, 납음(상자목),본명성(일백수)
대장군(酉서방), 삼살(남방), 상문(寅동북방), 조객(戌서북방),
납음(상자목), 삼재(인,묘,진)년　臘享(납향):1972년1월23일(음12/19)</td><td>
쥐띠</td></tr>
</table>

소한 6일 14시 42분　【음12월】➡　【辛丑月(신축월)】　☾구자성　대한 21일 07시 59분

양력 1월 (음력 11/15 - 12/16)

양력	1	2	3	4	5	6	7	8	9	10	11	12	13	14	15	16	17	18	19	20	21	22	23	24	25	26	27	28	29	30	31
요일	토	일	월	화	수	목	금	토	일	월	화	수	목	금	토	일	월	화	수	목	금	토	일	월	화	수	목	금	토	일	월
일진 日辰	신묘	임진	계사	갑오	을미	병신	정유	무술	기해	경자	신축	임인	계묘	갑진	을사	병오	정미	무신	기유	경술	신해	임자	계축	갑인	을묘	병진	정사	무오	기미	경신	신유
음력	15	16	17	18	19	20	21	22	23	24	25	26	27	28	29	12/1	2	3	4	5	6	7	8	9	10	11	12	13	14	15	16
구성	1	2	3	4	5	6	7	8	9	1	2	3	4	5	6	7	8	9	1	2	3	4	5	6	7	8	9	1	2	3	4
대운 날	8	8	9	9	9	소한	1	1	1	1	2	2	2	3	3	3	4	4	4	5	대한	5	6	6	6	7	7	7	8	8	8
운 여	2	1	1	1	1	소한	10	9	9	9	8	8	8	7	7	7	6	6	6	5	대한	5	4	4	4	3	3	3	2	2	2

입춘 5일 02시 20분　【음1월】➡　【壬寅月(임인월)】　☾팔백성　우수 19일 22시 11분

양력 2월 (음력 12/17 - 01/15)

양력	1	2	3	4	5	6	7	8	9	10	11	12	13	14	15	16	17	18	19	20	21	22	23	24	25	26	27	28	29
요일	화	수	목	금	토	일	월	화	수	목	금	토	일	월	화	수	목	금	토	일	월	화	수	목	금	토	일	월	화
일진 日辰	임술	계해	갑자	을축	병인	정묘	무진	기사	경오	신미	임신	계유	갑술	을해	병자	정축	무인	기묘	경진	신사	임오	계미	갑신	을유	병술	정해	무자	기축	경인
음력	17	18	19	20	21	22	23	24	25	26	27	28	29	30	1/1	2	3	4	5	6	7	8	9	10	11	12	13	14	15
구성	5	6	7	8	9	1	2	3	4	5	6	7	8	9	1	2	3	4	5	6	7	8	9	1	2	3	4	5	6
대운 날	9	9	9	10	입춘	9	9	9	8	8	8	7	7	7	6	6	6	5	우수	5	4	4	4	3	3	3	2	2	2
운 여	1	1	1	1	입춘	1	1	1	1	2	2	2	3	3	3	4	4	4	우수	5	5	6	6	6	7	7	7	8	8

임자년

경칩 5일 20시 28분　【음2월】➡　【癸卯月(계묘월)】　☾칠적성　춘분 20일 21시 21분

양력 3월 (음력 01/16 - 02/17)

양력	1	2	3	4	5	6	7	8	9	10	11	12	13	14	15	16	17	18	19	20	21	22	23	24	25	26	27	28	29	30	31
요일	수	목	금	토	일	월	화	수	목	금	토	일	월	화	수	목	금	토	일	월	화	수	목	금	토	일	월	화	수	목	금
일진 日辰	신묘	임진	계사	갑오	을미	병신	정유	무술	기해	경자	신축	임인	계묘	갑진	을사	병오	정미	무신	기유	경술	신해	임자	계축	갑인	을묘	병진	정사	무오	기미	경신	신유
음력	16	17	18	19	20	21	22	23	24	25	26	27	28	29	2/1	2	3	4	5	6	7	8	9	10	11	12	13	14	15	16	17
구성	7	8	9	1	2	3	4	5	6	7	8	9	1	2	3	4	5	6	7	8	9	1	2	3	4	5	6	7	8	9	1
대운 날	1	1	1	1	경칩	10	10	9	9	9	8	8	8	7	7	7	6	6	6	춘분	5	5	4	4	4	3	3	3	2	2	2
운 여	8	9	9	9	경칩	1	1	1	1	2	2	2	3	3	3	4	4	4	5	춘분	5	5	6	6	6	7	7	7	8	8	9

청명 5일 01시 29분　【음3월】➡　【甲辰月(갑진월)】　☾육백성　곡우 20일 08시 37분

양력 4월 (음력 02/18 - 03/17)

양력	1	2	3	4	5	6	7	8	9	10	11	12	13	14	15	16	17	18	19	20	21	22	23	24	25	26	27	28	29	30
요일	토	일	월	화	수	목	금	토	일	월	화	수	목	금	토	일	월	화	수	목	금	토	일	월	화	수	목	금	토	일
일진 日辰	임술	계해	갑자	을축	병인	정묘	무진	기사	경오	신미	임신	계유	갑술	을해	병자	정축	무인	기묘	경진	신사	임오	계미	갑신	을유	병술	정해	무자	기축	경인	신묘
음력	18	19	20	21	22	23	24	25	26	27	28	29	30	3/1	2	3	4	5	6	7	8	9	10	11	12	13	14	15	16	17
구성	2	3	4	5	6	7	8	9	1	2	3	4	5	6	7	8	9	1	2	3	4	5	6	7	8	9	1	2	3	4
대운 날	1	1	1	1	청명	10	9	9	9	8	8	8	7	7	7	6	6	6	5	곡우	5	4	4	4	3	3	3	2	2	2
운 여	9	9	10	10	청명	1	1	1	1	2	2	2	3	3	3	4	4	4	5	곡우	5	6	6	6	7	7	7	8	8	8

입하 5일 19시 01분　【음4월】➡　【乙巳月(을사월)】　☾오황성　소만 21일 08시 00분

양력 5월 (음력 03/18 - 04/19)

양력	1	2	3	4	5	6	7	8	9	10	11	12	13	14	15	16	17	18	19	20	21	22	23	24	25	26	27	28	29	30	31
요일	월	화	수	목	금	토	일	월	화	수	목	금	토	일	월	화	수	목	금	토	일	월	화	수	목	금	토	일	월	화	수
일진 日辰	임진	계사	갑오	을미	병신	정유	무술	기해	경자	신축	임인	계묘	갑진	을사	병오	정미	무신	기유	경술	신해	임자	계축	갑인	을묘	병진	정사	무오	기미	경신	신유	임술
음력	18	19	20	21	22	23	24	25	26	27	28	29	4/1	2	3	4	5	6	7	8	9	10	11	12	13	14	15	16	17	18	19
구성	5	6	7	8	9	1	2	3	4	5	6	7	8	9	1	2	3	4	5	6	7	8	9	1	2	3	4	5	6	7	8
대운 날	1	1	1	1	입하	10	10	9	9	9	8	8	8	7	7	7	6	6	6	5	소만	5	4	4	4	3	3	3	2	2	2
운 여	9	9	9	10	입하	1	1	1	1	2	2	2	3	3	3	4	4	4	5	5	소만	6	6	6	7	7	7	8	8	8	9

망종 5일 23시 22분　【음5월】➡　【丙午月(병오월)】　☾사록성　하지 21일 16시 06분

양력 6월 (음력 04/20 - 05/20)

양력	1	2	3	4	5	6	7	8	9	10	11	12	13	14	15	16	17	18	19	20	21	22	23	24	25	26	27	28	29	30
요일	목	금	토	일	월	화	수	목	금	토	일	월	화	수	목	금	토	일	월	화	수	목	금	토	일	월	화	수	목	금
일진 日辰	계해	갑자	을축	병인	정묘	무진	기사	경오	신미	임신	계유	갑술	을해	병자	정축	무인	기묘	경진	신사	임오	계미	갑신	을유	병술	정해	무자	기축	경인	신묘	임진
음력	20	21	22	23	24	25	26	27	28	29	5/1	2	3	4	5	6	7	8	9	10	11	12	13	14	15	16	17	18	19	20
구성	9	9	8	7	6	5	4	3	2	1	9	8	7	6	5	4	3	2	1	9	8	7	6	5	4	3	2	1	9	8
대운 날	1	1	1	1	망종	10	10	10	9	9	9	8	8	8	7	7	7	6	6	6	하지	5	5	4	4	4	3	3	3	2
운 여	9	9	10	10	망종	1	1	1	1	2	2	2	3	3	3	4	4	4	5	5	하지	6	6	6	7	7	7	8	8	8

7월 4일 - 7.4 남북 공동 성명.8월 3일 - 박정희 대통령, `경제안정과 성장에 관한 긴급명령 제15호'(8.3 조치)발표.8월 11일 - 베트남 전쟁, 미국의 마지막 지상 전투 부대가 남베트남에서 철군하다.8월 29일 - 대한적십자사, 제1차 남북적십자회담 참석위해 평양 도착.

한식(4월05일), 초복(7월18일), 중복(7월28일), 말복(8월07일)☂춘사(春社)3/23 ☀추사(秋社)9/19
토왕지절(土旺之節):4월17일,7월20일,10월20일,신년1월18일(음12/13)臘享(납향):1월23일(음12/19)

六日得辛, 五龍治水, 1972년 임자年(상자목), 일백수

9자	5황	7적
8백	1백	3벽
4록	6백	2흑

1972

소서 7일 09시 43분 【음6월】➡ 【丁未月(정미월)】 ☯삼벽성 대서 23일 03시 03분

양력 7월	양력	1	2	3	4	5	6	7	8	9	10	11	12	13	14	15	16	17	18	19	20	21	22	23	24	25	26	27	28	29	30	31
	요일	토	일	월	화	수	목	금	토	일	월	화	수	목	금	토	일	월	화	수	목	금	토	일	월	화	수	목	금	토	일	월
	일진 日辰	계사	갑오	을미	병신	정유	무술	기해	경자	신축	임인	계묘	갑진	을사	병오	정미	무신	기유	경술	신해	임자	계축	갑인	을묘	병진	정사	무오	기미	경신	신유	임술	계해
음력 05/21 ▮ 06/21	음력	21	22	23	24	25	26	27	28	29	30	6/1	2	3	4	5	6	7	8	9	10	11	12	13	14	15	16	17	18	19	20	21
	구성	7	6	5	4	3	2	1	9	8	7	6	5	4	3	2	1	9	8	7	6	5	4	3	2	1	9	8	7	6	5	4
대운	남	2	2	1	1	1	1	소	10	10	9	9	9	8	8	8	7	7	7	6	6	6	5	대	5	4	4	4	3	3	3	2
	여	9	9	9	10	10	10	서	1	1	1	1	2	2	2	3	3	3	4	4	4	5	5	서	6	6	6	7	7	7	8	8

입추 7일 19시 29분 【음7월】➡ 【戊申月(무신월)】 ☯이흑성 처서 23일 10시 03분

양력 8월	양력	1	2	3	4	5	6	7	8	9	10	11	12	13	14	15	16	17	18	19	20	21	22	23	24	25	26	27	28	29	30	31
	요일	화	수	목	금	토	일	월	화	수	목	금	토	일	월	화	수	목	금	토	일	월	화	수	목	금	토	일	월	화	수	목
	일진 日辰	갑자	을축	병인	정묘	무진	기사	경오	신미	임신	계유	갑술	을해	병자	정축	무인	기묘	경진	신사	임오	계미	갑신	을유	병술	정해	무자	기축	경인	신묘	임진	계사	갑오
음력 06/22 ▮ 07/23	음력	22	23	24	25	26	27	28	29	7/1	2	3	4	5	6	7	8	9	10	11	12	13	14	15	16	17	18	19	20	21	22	23
	구성	3	2	1	9	8	7	6	5	4	3	2	1	9	8	7	6	5	4	3	2	1	9	8	7	6	5	4	3	2	1	9
대운	남	2	2	1	1	1	1	입	10	10	9	9	9	8	8	8	7	7	7	6	6	6	5	처	5	4	4	4	3	3	3	2
	여	8	9	9	9	10	10	추	1	1	1	1	2	2	2	3	3	3	4	4	4	5	5	서	6	6	6	7	7	7	8	8

백로 7일 22시 15분 【음8월】➡ 【己酉月(기유월)】 ☯일백성 추분 23일 07시 33분

양력 9월	양력	1	2	3	4	5	6	7	8	9	10	11	12	13	14	15	16	17	18	19	20	21	22	23	24	25	26	27	28	29	30
	요일	금	토	일	월	화	수	목	금	토	일	월	화	수	목	금	토	일	월	화	수	목	금	토	일	월	화	수	목	금	토
	일진 日辰	을미	병신	정유	무술	기해	경자	신축	임인	계묘	갑진	을사	병오	정미	무신	기유	경술	신해	임자	계축	갑인	을묘	병진	정사	무오	기미	경신	신유	임술	계해	갑자
음력 07/24 ▮ 08/23	음력	24	25	26	27	28	29	30	8/1	2	3	4	5	6	7	8	9	10	11	12	13	14	15	16	17	18	19	20	21	22	23
	구성	8	7	6	5	4	3	2	1	9	8	7	6	5	4	3	2	1	9	8	7	6	5	4	3	2	1	9	8	7	6
대운	남	2	2	1	1	1	1	백	10	10	9	9	9	8	8	8	7	7	7	6	6	6	5	추	5	4	4	4	3	3	3
	여	8	9	9	9	10	10	로	1	1	1	1	2	2	2	3	3	3	4	4	4	5	5	분	6	6	6	7	7	7	8

한로 8일 13시 42분 【음9월】➡ 【庚戌月(경술월)】 ☯구자성 상강 23일 16시 41분

양력 10월	양력	1	2	3	4	5	6	7	8	9	10	11	12	13	14	15	16	17	18	19	20	21	22	23	24	25	26	27	28	29	30	31
	요일	일	월	화	수	목	금	토	일	월	화	수	목	금	토	일	월	화	수	목	금	토	일	월	화	수	목	금	토	일	월	화
	일진 日辰	을축	병인	정묘	무진	기사	경오	신미	임신	계유	갑술	을해	병자	정축	무인	기묘	경진	신사	임오	계미	갑신	을유	병술	정해	무자	기축	경인	신묘	임진	계사	갑오	을미
음력 08/24 ▮ 09/25	음력	24	25	26	27	28	29	9/1	2	3	4	5	6	7	8	9	10	11	12	13	14	15	16	17	18	19	20	21	22	23	24	25
	구성	5	4	3	2	1	9	8	7	6	5	4	3	2	1	9	8	7	6	5	4	3	2	1	9	8	7	6	5	4	3	2
대운	남	2	2	2	1	1	1	1	한	10	9	9	9	8	8	8	7	7	7	6	6	6	5	상	5	4	4	4	3	3	3	2
	여	8	8	9	9	9	10	10	로	1	1	1	1	2	2	2	3	3	3	4	4	4	5	강	5	6	6	6	7	7	7	8

입동 7일 16시 39분 【음10월】➡ 【辛亥月(신해월)】 ☯팔백성 소설 22일 14시 03분

양력 11월	양력	1	2	3	4	5	6	7	8	9	10	11	12	13	14	15	16	17	18	19	20	21	22	23	24	25	26	27	28	29	30
	요일	수	목	금	토	일	월	화	수	목	금	토	일	월	화	수	목	금	토	일	월	화	수	목	금	토	일	월	화	수	목
	일진 日辰	병신	정유	무술	기해	경자	신축	임인	계묘	갑진	을사	병오	정미	무신	기유	경술	신해	임자	계축	갑인	을묘	병진	정사	무오	기미	경신	신유	임술	계해	갑자	을축
음력 09/26 ▮ 10/25	음력	26	27	28	29	30	10/1	2	3	4	5	6	7	8	9	10	11	12	13	14	15	16	17	18	19	20	21	22	23	24	25
	구성	1	9	8	7	6	5	4	3	2	1	9	8	7	6	5	4	3	2	1	9	8	7	6	5	4	3	2	1	1	2
대운	남	2	2	1	1	1	1	입	10	9	9	9	8	8	8	7	7	7	6	6	6	5	소	5	4	4	4	3	3	3	2
	여	8	8	9	9	9	10	동	1	1	1	1	2	2	2	3	3	3	4	4	4	5	설	5	6	6	6	7	7	7	8

대설 7일 09시 19분 【음11월】➡ 【壬子月(임자월)】 ☯칠적성 동지 22일 03시 13분

양력 12월	양력	1	2	3	4	5	6	7	8	9	10	11	12	13	14	15	16	17	18	19	20	21	22	23	24	25	26	27	28	29	30	31
	요일	금	토	일	월	화	수	목	금	토	일	월	화	수	목	금	토	일	월	화	수	목	금	토	일	월	화	수	목	금	토	일
	일진 日辰	병인	정묘	무진	기사	경오	신미	임신	계유	갑술	을해	병자	정축	무인	기묘	경진	신사	임오	계미	갑신	을유	병술	정해	무자	기축	경인	신묘	임진	계사	갑오	을미	병신
음력 10/26 ▮ 11/26	음력	26	27	28	29	30	11/1	2	3	4	5	6	7	8	9	10	11	12	13	14	15	16	17	18	19	20	21	22	23	24	25	26
	구성	3	4	5	6	7	8	9	1	2	3	4	5	6	7	8	9	1	2	3	4	5	6	7	8	9	1	2	3	4	5	6
대운	남	2	2	1	1	1	1	대	9	9	9	8	8	8	7	7	7	6	6	6	5	5	동	4	4	4	3	3	3	2	2	2
	여	8	8	9	9	9	10	설	1	1	1	1	2	2	2	3	3	3	4	4	4	5	지	5	6	6	6	7	7	7	8	8

10월 17일 - 10월 유신의 시작.11월 21일 - 유신헌법에 대한 국민투표. (투표율 91.9%, 찬성률 91.5%)12월 23일 - 니카라과 수도 마나구아 일대에서 지진이 일어나 약 5만명이 사망했다.12월 27일 - 유신헌법 공포, 박정희 제8 대 대통령 취임

| 檀紀 4306 年 | **1973년** | 中元-계축(癸丑)년, 납음(상자목), 본명성(구자화) |
| 佛紀 2517 年 | | 대장군(酉서방), 삼살(동방), 상문(卯동방), 조객(亥서북방), 납음(상자목), 【삼재(해,자,축)년】 臘享(납향):1974년 1월 18일(음12/25) |

계축년

양력 1월 — 소한 5일 20시 25분 【음12월】 ➡ 癸丑月(계축월) ☯육백성 — 대한 20일 13시 48분
음력 11/27 ~ 12/27

항목	1	2	3	4	5	6	7	8	9	10	11	12	13	14	15	16	17	18	19	20	21	22	23	24	25	26	27	28	29	30	31
요일	월	화	수	목	금	토	일	월	화	수	목	금	토	일	월	화	수	목	금	토	일	월	화	수	목	금	토	일	월	화	수
일진 日辰	정유	무술	기해	경자	신축	임인	계묘	갑진	을사	병오	정미	무신	기유	경술	신해	임자	계축	갑인	을묘	병진	정사	무오	기미	경신	신유	임술	계해	갑자	을축	병인	정묘
음력	27	28	29	30	12/1	2	3	4	5	6	7	8	9	10	11	12	13	14	15	16	17	18	19	20	21	22	23	24	25	26	27
구성	7	8	9	1	2	3	4	5	6	7	8	9	1	2	3	4	5	6	7	8	9	1	2	3	4	5	6	7	8	9	1
대운 남	1	1	1	1	소한	10	9	9	9	8	8	8	7	7	7	6	6	6	5	대한	5	4	4	4	3	3	3	2	2	2	1
대운 여	8	9	9	9	소한	10	1	1	1	1	2	2	2	3	3	3	4	4	4	대한	5	5	6	6	6	7	7	7	8	8	8

양력 2월 — 입춘 4일 08시 04분 【음1월】 ➡ 甲寅月(갑인월) ☯오황성 — 우수 19일 04시 01분
음력 12/28 ~ 01/26

항목	1	2	3	4	5	6	7	8	9	10	11	12	13	14	15	16	17	18	19	20	21	22	23	24	25	26	27	28
요일	목	금	토	일	월	화	수	목	금	토	일	월	화	수	목	금	토	일	월	화	수	목	금	토	일	월	화	수
일진 日辰	무진	기사	경오	신미	임신	계유	갑술	을해	병자	정축	무인	기묘	경진	신사	임오	계미	갑신	을유	병술	정해	무자	기축	경인	신묘	임진	계사	갑오	을미
음력	28	29	1/1	2	3	4	5	6	7	8	9	10	11	12	13	14	15	16	17	18	19	20	21	22	23	24	25	26
구성	2	3	4	5	6	7	8	9	1	2	3	4	5	6	7	8	9	1	2	3	4	5	6	7	8	9	1	2
대운 남	1	1	1	입춘	1	1	1	1	2	2	2	3	3	3	4	4	4	5	우수	5	6	6	6	7	7	7	8	8
대운 여	9	9	9	입춘	10	9	9	9	8	8	8	7	7	7	6	6	6	5	우수	5	4	4	4	3	3	3	2	2

양력 3월 — 경칩 6일 02시 13분 【음2월】 ➡ 乙卯月(을묘월) ☯사록성 — 춘분 21일 03시 12분
음력 01/27 ~ 02/27

항목	1	2	3	4	5	6	7	8	9	10	11	12	13	14	15	16	17	18	19	20	21	22	23	24	25	26	27	28	29	30	31
요일	목	금	토	일	월	화	수	목	금	토	일	월	화	수	목	금	토	일	월	화	수	목	금	토	일	월	화	수	목	금	토
일진 日辰	병신	정유	무술	기해	경자	신축	임인	계묘	갑진	을사	병오	정미	무신	기유	경술	신해	임자	계축	갑인	을묘	병진	정사	무오	기미	경신	신유	임술	계해	갑자	을축	병인
음력	27	28	29	30	2/1	2	3	4	5	6	7	8	9	10	11	12	13	14	15	16	17	18	19	20	21	22	23	24	25	26	27
구성	3	4	5	6	7	8	9	1	2	3	4	5	6	7	8	9	1	2	3	4	5	6	7	8	9	1	2	3	4	5	6
대운 남	8	9	9	9	10	경칩	1	1	1	1	2	2	2	3	3	3	4	4	4	5	춘분	5	6	6	6	7	7	7	8	8	8
대운 여	2	1	1	1	1	경칩	10	9	9	9	8	8	8	7	7	7	6	6	6	5	춘분	5	4	4	4	3	3	3	2	2	2

양력 4월 — 청명 5일 07시 14분 【음3월】 ➡ 丙辰月(병진월) ☯삼벽성 — 곡우 20일 14시 30분
음력 02/28 ~ 03/28

항목	1	2	3	4	5	6	7	8	9	10	11	12	13	14	15	16	17	18	19	20	21	22	23	24	25	26	27	28	29	30
요일	일	월	화	수	목	금	토	일	월	화	수	목	금	토	일	월	화	수	목	금	토	일	월	화	수	목	금	토	일	월
일진 日辰	정묘	무진	기사	경오	신미	임신	계유	갑술	을해	병자	정축	무인	기묘	경진	신사	임오	계미	갑신	을유	병술	정해	무자	기축	경인	신묘	임진	계사	갑오	을미	병신
음력	28	29	3/1	2	3	4	5	6	7	8	9	10	11	12	13	14	15	16	17	18	19	20	21	22	23	24	25	26	27	28
구성	7	8	9	1	2	3	4	5	6	7	8	9	1	2	3	4	5	6	7	8	9	1	2	3	4	5	6	7	8	9
대운 남	9	9	9	10	청명	1	1	1	1	2	2	2	3	3	3	4	4	4	5	곡우	5	6	6	6	7	7	7	8	8	8
대운 여	1	1	1	1	청명	10	10	9	9	9	8	8	8	7	7	7	6	6	6	곡우	5	5	4	4	4	3	3	3	2	2

양력 5월 — 입하 6일 00시 46분 【음4월】 ➡ 丁巳月(정사월) ☯이흑성 — 소만 21일 13시 54분
음력 03/29 ~ 04/29

항목	1	2	3	4	5	6	7	8	9	10	11	12	13	14	15	16	17	18	19	20	21	22	23	24	25	26	27	28	29	30	31
요일	화	수	목	금	토	일	월	화	수	목	금	토	일	월	화	수	목	금	토	일	월	화	수	목	금	토	일	월	화	수	목
일진 日辰	정유	무술	기해	경자	신축	임인	계묘	갑진	을사	병오	정미	무신	기유	경술	신해	임자	계축	갑인	을묘	병진	정사	무오	기미	경신	신유	임술	계해	갑자	을축	병인	정묘
음력	29	30	4/1	2	3	4	5	6	7	8	9	10	11	12	13	14	15	16	17	18	19	20	21	22	23	24	25	26	27	28	29
구성	1	2	3	4	5	6	7	8	9	1	2	3	4	5	6	7	8	9	1	2	3	4	5	6	7	8	9	9	8	7	6
대운 남	9	9	9	10	10	입하	1	1	1	1	2	2	2	3	3	3	4	4	4	5	소만	5	6	6	6	7	7	7	8	8	8
대운 여	2	1	1	1	1	입하	10	10	9	9	9	8	8	8	7	7	7	6	6	6	소만	5	5	4	4	4	3	3	3	2	2

양력 6월 — 망종 6일 05시 07분 【음5월】 ➡ 戊午月(무오월) ☯일백성 — 하지 21일 22시 01분
음력 05/01 ~ 06/01

항목	1	2	3	4	5	6	7	8	9	10	11	12	13	14	15	16	17	18	19	20	21	22	23	24	25	26	27	28	29	30
요일	금	토	일	월	화	수	목	금	토	일	월	화	수	목	금	토	일	월	화	수	목	금	토	일	월	화	수	목	금	토
일진 日辰	무진	기사	경오	신미	임신	계유	갑술	을해	병자	정축	무인	기묘	경진	신사	임오	계미	갑신	을유	병술	정해	무자	기축	경인	신묘	임진	계사	갑오	을미	병신	정유
음력	30	5/1	2	3	4	5	6	7	8	9	10	11	12	13	14	15	16	17	18	19	20	21	22	23	24	25	26	27	28	29
구성	5	4	3	2	1	9	8	7	6	5	4	3	2	1	9	8	7	6	5	4	3	2	1	9	8	7	6	5	4	3
대운 남	9	9	9	10	10	망종	1	1	1	1	2	2	2	3	3	3	4	4	4	5	하지	5	6	6	6	7	7	7	8	8
대운 여	2	1	1	1	1	망종	10	10	9	9	9	8	8	8	7	7	7	6	6	6	하지	5	5	4	4	4	3	3	2	2

1월 1일 - 덴마크, 아일랜드, 영국이 유럽 공동체에 가입.1월 27일 - 미국, 남베트남, 베트콩 간 파리 평화조약의 조인.3월 30일 - 5월 8일로 지정된 어머니날 명칭을 어버이날로 개칭하다.8월 8일 - 김대중 납치사건.8월 24일 - 대한민국과 핀란드, 국교수립

二日得辛, 十一龍治水, 1973년 계축년(상자목), 구자화

한식(4월06일), 초복(7월13일), 중복(7월23일), 말복(8월12일)↑춘사(春社)3/23 ☀추사(秋社)9/19
토왕지절(土旺之節):4월17일,7월20일,10월20일,신년1월17일(음12/24) 臘享(납향):1974년1월18일(음12/25)

8백	4록	6백
7적	9자	2흑
3벽	5황	1백

1973

소서 7일 15시 27분 　【음6월】→　【己未月(기미월)】　☯구자성　대서 23일 08시 56분

양력 7월 — 음력 06/02 ~ 07/02

	1	2	3	4	5	6	7	8	9	10	11	12	13	14	15	16	17	18	19	20	21	22	23	24	25	26	27	28	29	30	31
요일	일	월	화	수	목	금	토	일	월	화	수	목	금	토	일	월	화	수	목	금	토	일	월	화	수	목	금	토	일	월	화
일진(日辰)	무술	기해	경자	신축	임인	계묘	갑진	을사	병오	정미	무신	기유	경술	신해	임자	계축	갑인	을묘	병진	정사	무오	기미	경신	신유	임술	계해	갑자	을축	병인	정묘	무진
음력	2	3	4	5	6	7	8	9	10	11	12	13	14	15	16	17	18	19	20	21	22	23	24	25	26	27	28	29	30	7/1	2
구성	2	1	9	8	7	6	5	4	3	2	1	9	8	7	6	5	4	3	2	1	9	8	7	6	5	4	3	2	1	9	8
대운남	8	9	9	9	10	10	소	1	1	1	1	2	2	2	3	3	3	4	4	4	5	5	대	6	6	6	7	7	7	8	8
대운여	2	2	1	1	1	1	서	10	10	10	9	9	9	8	8	8	7	7	7	6	6	6	서	5	5	5	4	4	4	3	3

입추 8일 01시 13분 　【음7월】→　【庚申月(경신월)】　☯팔백성　처서 23일 15시 53분

양력 8월 — 음력 07/03 ~ 08/04

	1	2	3	4	5	6	7	8	9	10	11	12	13	14	15	16	17	18	19	20	21	22	23	24	25	26	27	28	29	30	31
요일	수	목	금	토	일	월	화	수	목	금	토	일	월	화	수	목	금	토	일	월	화	수	목	금	토	일	월	화	수	목	금
일진(日辰)	기사	경오	신미	임신	계유	갑술	을해	병자	정축	무인	기묘	경진	신사	임오	계미	갑신	을유	병술	정해	무자	기축	경인	신묘	임진	계사	갑오	을미	병신	정유	무술	기해
음력	3	4	5	6	7	8	9	10	11	12	13	14	15	16	17	18	19	20	21	22	23	24	25	26	27	28	29	8/1	2	3	4
구성	7	6	5	4	3	2	1	9	8	7	6	5	4	3	2	1	9	8	7	6	5	4	3	2	1	9	8	7	6	5	4
대운남	8	9	9	9	10	10	10	입	1	1	1	1	2	2	2	3	3	3	4	4	4	5	처	6	6	6	7	7	7	8	8
대운여	2	2	2	1	1	1	1	추	10	10	9	9	9	8	8	8	7	7	7	6	6	6	서	5	5	5	4	4	4	3	3

백로 8일 03시 59분 　【음8월】→　【辛酉月(신유월)】　☯칠적성　추분 23일 13시 21분

양력 9월 — 음력 08/05 ~ 09/05

	1	2	3	4	5	6	7	8	9	10	11	12	13	14	15	16	17	18	19	20	21	22	23	24	25	26	27	28	29	30
요일	토	일	월	화	수	목	금	토	일	월	화	수	목	금	토	일	월	화	수	목	금	토	일	월	화	수	목	금	토	일
일진(日辰)	경자	신축	임인	계묘	갑진	을사	병오	정미	무신	기유	경술	신해	임자	계축	갑인	을묘	병진	정사	무오	기미	경신	신유	임술	계해	갑자	을축	병인	정묘	무진	기사
음력	5	6	7	8	9	10	11	12	13	14	15	16	17	18	19	20	21	22	23	24	25	26	27	28	29	9/1	2	3	4	5
구성	3	2	1	9	8	7	6	5	4	3	2	1	9	8	7	6	5	4	3	2	1	9	8	7	6	5	4	3	2	1
대운남	8	8	9	9	9	10	10	백	1	1	1	1	2	2	2	3	3	3	4	4	4	5	추	5	6	6	6	7	7	7
대운여	2	2	2	1	1	1	1	로	10	9	9	9	8	8	8	7	7	7	6	6	6	5	분	5	4	4	4	3	3	3

한로 8일 19시 27분 　【음9월】→　【壬戌月(임술월)】　☯육백성　상강 23일 22시 30분

양력 10월 — 음력 09/06 ~ 10/06

	1	2	3	4	5	6	7	8	9	10	11	12	13	14	15	16	17	18	19	20	21	22	23	24	25	26	27	28	29	30	31
요일	월	화	수	목	금	토	일	월	화	수	목	금	토	일	월	화	수	목	금	토	일	월	화	수	목	금	토	일	월	화	수
일진(日辰)	경오	신미	임신	계유	갑술	을해	병자	정축	무인	기묘	경진	신사	임오	계미	갑신	을유	병술	정해	무자	기축	경인	신묘	임진	계사	갑오	을미	병신	정유	무술	기해	경자
음력	6	7	8	9	10	11	12	13	14	15	16	17	18	19	20	21	22	23	24	25	26	27	28	29	30	10/1	2	3	4	5	6
구성	9	8	7	6	5	4	3	2	1	9	8	7	6	5	4	3	2	1	9	8	7	6	5	4	3	2	1	9	8	7	6
대운남	8	8	8	9	9	9	10	한	1	1	1	1	2	2	2	3	3	3	4	4	4	5	상	5	6	6	6	7	7	7	8
대운여	2	2	2	1	1	1	1	로	10	9	9	9	8	8	8	7	7	7	6	6	6	5	강	5	4	4	4	3	3	3	2

입동 7일 22시 28분 　【음10월】→　【癸亥月(계해월)】　☯오황성　소설 22일 19시 54분

양력 11월 — 음력 10/07 ~ 11/06

	1	2	3	4	5	6	7	8	9	10	11	12	13	14	15	16	17	18	19	20	21	22	23	24	25	26	27	28	29	30
요일	목	금	토	일	월	화	수	목	금	토	일	월	화	수	목	금	토	일	월	화	수	목	금	토	일	월	화	수	목	금
일진(日辰)	신축	임인	계묘	갑진	을사	병오	정미	무신	기유	경술	신해	임자	계축	갑인	을묘	병진	정사	무오	기미	경신	신유	임술	계해	갑자	을축	병인	정묘	무진	기사	경오
음력	7	8	9	10	11	12	13	14	15	16	17	18	19	20	21	22	23	24	25	26	27	28	29	30	11/1	2	3	4	5	6
구성	5	4	3	2	1	9	8	7	6	5	4	3	2	1	9	8	7	6	5	4	3	2	1	1	2	3	4	5	6	7
대운남	8	8	9	9	9	10	입	1	1	1	1	2	2	2	3	3	3	4	4	4	5	소	5	6	6	6	7	7	7	8
대운여	2	2	1	1	1	1	동	10	9	9	9	8	8	8	7	7	7	6	6	6	5	설	5	4	4	4	3	3	3	2

대설 7일 15시 10분 　【음11월】→　【甲子月(갑자월)】　☯사록성　동지 22일 09시 08분

양력 12월 — 음력 11/07 ~ 12/07

	1	2	3	4	5	6	7	8	9	10	11	12	13	14	15	16	17	18	19	20	21	22	23	24	25	26	27	28	29	30	31
요일	토	일	월	화	수	목	금	토	일	월	화	수	목	금	토	일	월	화	수	목	금	토	일	월	화	수	목	금	토	일	월
일진(日辰)	신미	임신	계유	갑술	을해	병자	정축	무인	기묘	경진	신사	임오	계미	갑신	을유	병술	정해	무자	기축	경인	신묘	임진	계사	갑오	을미	병신	정유	무술	기해	경자	신축
음력	7	8	9	10	11	12	13	14	15	16	17	18	19	20	21	22	23	24	25	26	27	28	29	30	12/1	2	3	4	5	6	7
구성	8	9	1	2	3	4	5	6	7	8	9	1	2	3	4	5	6	7	8	9	1	2	3	4	5	6	7	8	9	1	2
대운남	8	8	9	9	9	10	대	1	1	1	1	2	2	2	3	3	3	4	4	4	5	동	5	6	6	6	7	7	7	8	8
대운여	2	2	1	1	1	1	설	10	9	9	9	8	8	8	7	7	7	6	6	6	5	지	5	4	4	4	3	3	3	2	2

10월 10일 해병대, 해군에 통합.스피로 애그뉴 미국 부통령 탈세 혐의로 사임하다.12월 3일 - 에너지 파동으로 인해 1981년 5월 24일까지 KBS TV, MBC TV, TBC TV 아침방송 전면 중단.12월 24일 - 대한민국, 개헌청원운동본부가 발족하고 개헌 청원 100만인 서명운동을 전개하다

단기 4307 年	**1974년**	中元-갑인(甲寅)년, 납음(대계수), 본명성(팔백토)
불기 2518 年	윤4월	대장군(子북방), 삼살(북방), 상문(辰동남방), 조객(子북방), 납음(대계수), 【삼재(신,유,술)년】 臘享(납향):1975년 1월 25일(음12/14)

갑인년

1월 — 소한 6일 02시 20분 【음12월】➡ 【乙丑月(을축월)】 ●삼벽성 · 대한 20일 19시 46분

양력	1	2	3	4	5	6	7	8	9	10	11	12	13	14	15	16	17	18	19	20	21	22	23	24	25	26	27	28	29	30	31
요일	화	수	목	금	토	일	월	화	수	목	금	토	일	월	화	수	목	금	토	일	월	화	수	목	금	토	일	월	화	수	목
일진	임	계	갑	을	병	정	무	기	경	신	임	계	갑	을	병	정	무	기	경	신	임	계	갑	을	병	정	무	기	경	신	임
日辰	인	묘	진	사	오	미	신	유	술	해	자	축	인	묘	진	사	오	미	신	유	술	해	자	축	인	묘	진	사	오	미	신
음력	8	9	10	11	12	13	14	15	16	17	18	19	20	21	22	23	24	25	26	27	28	29	1/1	2	3	4	5	6	7	8	9
구성	3	4	5	6	7	8	9	1	2	3	4	5	6	7	8	9	1	2	3	4	5	6	7	8	9	1	2	3	4	5	6
대남	8	9	9	9	10	소	1	1	1	1	2	2	2	3	3	3	4	4	4	대	5	5	6	6	6	7	7	7	8	8	8
운여	2	1	1	1	1	한	9	9	9	8	8	8	7	7	7	6	6	6	5	한	5	4	4	4	3	3	3	2	2	2	1

(음력 12/08 — 01/09)

2월 — 입춘 4일 14시 00분 【음1월】➡ 【丙寅月(병인월)】 ☯이흑성 · 우수 19일 09시 59분

양력	1	2	3	4	5	6	7	8	9	10	11	12	13	14	15	16	17	18	19	20	21	22	23	24	25	26	27	28
요일	금	토	일	월	화	수	목	금	토	일	월	화	수	목	금	토	일	월	화	수	목	금	토	일	월	화	수	목
일진	계	갑	을	병	정	무	기	경	신	임	계	갑	을	병	정	무	기	경	신	임	계	갑	을	병	정	무	기	경
日辰	유	술	해	자	축	인	묘	진	사	오	미	신	유	술	해	자	축	인	묘	진	사	오	미	신	유	술	해	자
음력	10	11	12	13	14	15	16	17	18	19	20	21	22	23	24	25	26	27	28	29	30	2/1	2	3	4	5	6	7
구성	7	8	9	1	2	3	4	5	6	7	8	9	1	2	3	4	5	6	7	8	9	1	2	3	4	5	6	7
대남	9	9	9	입	10	9	9	9	8	8	8	7	7	7	6	6	6	5	우	5	4	4	4	3	3	3	2	2
운여	1	1	1	춘	1	1	1	1	2	2	2	3	3	3	4	4	4	5	수	5	6	6	6	7	7	7	8	8

(음력 01/10 — 02/07)

3월 — 경칩 6일 08시 07분 【음2월】➡ 【丁卯月(정묘월)】 ☯일백성 · 춘분 21일 09시 07분

양력	1	2	3	4	5	6	7	8	9	10	11	12	13	14	15	16	17	18	19	20	21	22	23	24	25	26	27	28	29	30	31
요일	금	토	일	월	화	수	목	금	토	일	월	화	수	목	금	토	일	월	화	수	목	금	토	일	월	화	수	목	금	토	일
일진	신	임	계	갑	을	병	정	무	기	경	신	임	계	갑	을	병	정	무	기	경	신	임	계	갑	을	병	정	무	기	경	신
日辰	축	인	묘	진	사	오	미	신	유	술	해	자	축	인	묘	진	사	오	미	신	유	술	해	자	축	인	묘	진	사	오	미
음력	8	9	10	11	12	13	14	15	16	17	18	19	20	21	22	23	24	25	26	27	28	29	30	3/1	2	3	4	5	6	7	8
구성	8	9	1	2	3	4	5	6	7	8	9	1	2	3	4	5	6	7	8	9	1	2	3	4	5	6	7	8	9	1	2
대남	2	1	1	1	1	경	10	9	9	9	8	8	8	7	7	7	6	6	6	춘	5	5	4	4	4	3	3	3	2	2	2
운여	8	9	9	9	10	칩	1	1	1	1	2	2	2	3	3	3	4	4	5	분	5	5	6	6	6	7	7	7	8	8	8

(음력 02/08 — 03/08)

4월 — 청명 5일 13시 05분 【음3월】➡ 【戊辰月(무진월)】 ☯구자성 · 곡우 20일 20시 19분

양력	1	2	3	4	5	6	7	8	9	10	11	12	13	14	15	16	17	18	19	20	21	22	23	24	25	26	27	28	29	30
요일	월	화	수	목	금	토	일	월	화	수	목	금	토	일	월	화	수	목	금	토	일	월	화	수	목	금	토	일	월	화
일진	임	계	갑	을	병	정	무	기	경	신	임	계	갑	을	병	정	무	기	경	신	임	계	갑	을	병	정	무	기	경	신
日辰	신	유	술	해	자	축	인	묘	진	사	오	미	신	유	술	해	자	축	인	묘	진	사	오	미	신	유	술	해	자	축
음력	9	10	11	12	13	14	15	16	17	18	19	20	21	22	23	24	25	26	27	28	29	4/1	2	3	4	5	6	7	8	9
구성	3	4	5	6	7	8	9	1	2	3	4	5	6	7	8	9	1	2	3	4	5	6	7	8	9	1	2	3	4	5
대남	1	1	1	1	청	10	10	9	9	9	8	8	8	7	7	7	6	6	6	곡	5	5	4	4	4	3	3	3	2	2
운여	9	9	9	10	명	1	1	1	1	2	2	2	3	3	3	4	4	4	5	우	5	5	6	6	6	7	7	7	8	8

(음력 03/09 — 04/09)

5월 — 입하 6일 06시 34분 【음4월】➡ 【己巳月(기사월)】 ☯팔백성 · 소만 21일 19시 36분

양력	1	2	3	4	5	6	7	8	9	10	11	12	13	14	15	16	17	18	19	20	21	22	23	24	25	26	27	28	29	30	31
요일	수	목	금	토	일	월	화	수	목	금	토	일	월	화	수	목	금	토	일	월	화	수	목	금	토	일	월	화	수	목	금
일진	임	계	갑	을	병	정	무	기	경	신	임	계	갑	을	병	정	무	기	경	신	임	계	갑	을	병	정	무	기	경	신	임
日辰	인	묘	진	사	오	미	신	유	술	해	자	축	인	묘	진	사	오	미	신	유	술	해	자	축	인	묘	진	사	오	미	신
음력	10	11	12	13	14	15	16	17	18	19	20	21	22	23	24	25	26	27	28	29	30	윤4	2	3	4	5	6	7	8	9	10
구성	6	7	8	9	1	2	3	4	5	6	7	8	9	1	2	3	4	5	6	7	8	9	1	2	3	4	5	6	7	8	9
대남	2	1	1	1	1	입	10	10	9	9	9	8	8	8	7	7	7	6	6	6	소	5	5	4	4	4	3	3	3	2	2
운여	9	9	9	10	10	하	1	1	1	1	2	2	2	3	3	3	4	4	4	5	만	5	6	6	6	7	7	7	8	8	8

(음력 04/10 — 윤410)

6월 — 망종 6일 10시 52분 【음5월】➡ 【庚午月(경오월)】 ☯칠적성 · 하지 22일 03시 38분

양력	1	2	3	4	5	6	7	8	9	10	11	12	13	14	15	16	17	18	19	20	21	22	23	24	25	26	27	28	29	30
요일	토	일	월	화	수	목	금	토	일	월	화	수	목	금	토	일	월	화	수	목	금	토	일	월	화	수	목	금	토	일
일진	계	갑	을	병	정	무	기	경	신	임	계	갑	을	병	정	무	기	경	신	임	계	갑	을	병	정	무	기	경	신	임
日辰	유	술	해	자	축	인	묘	진	사	오	미	신	유	술	해	자	축	인	묘	진	사	오	미	신	유	술	해	자	축	인
음력	11	12	13	14	15	16	17	18	19	20	21	22	23	24	25	26	27	28	29	5/1	2	3	4	5	6	7	8	9	10	11
구성	1	2	3	4	5	6	7	8	9	1	2	3	4	5	6	7	8	9	1	2	3	3	2	1	9	8	7	6	5	4
대남	2	1	1	1	1	망	10	10	9	9	9	8	8	8	7	7	7	6	6	6	5	하	5	4	4	4	3	3	3	2
운여	9	9	9	10	10	종	1	1	1	1	2	2	2	3	3	3	4	4	4	5	5	지	6	6	6	7	7	7	8	8

(음력 윤411 — 05/11)

5월 18일 - 인도, 서부 라자스탄의 타르 사막에서 핵실험 .8월 9일 - 워터게이트 사건: 닉슨 미국 대통령이 사임하고 부통령 포드가 38대 대통령으로 취임. .8월 15일 광복절 기념행사장에서 재일교포 문세광이 박정희 대통령을 살해하려다 부인 육영수 여사를 피격·살해한 사건이 발생.

八日得辛, 五龍治水, 1974년 갑인年(대계수), 팔백토

7적	3벽	5황
6백	8백	1백
2흑	4록	9자

1974

양력 7월

소서 7일 21시 11분 · 【음6월】→ 【辛未月(신미월)】 · ◉육백성 · 대서 23일 14시 30분 · 음력 05/12 ~ 06/13

양력	요일	일진	日辰	음력	구성	대(남)	운(여)
1	월	계묘	癸卯	12	3	2	8
2	화	갑진	甲辰	13	2	2	9
3	수	을사	乙巳	14	1	1	9
4	목	병오	丙午	15	9	1	9
5	금	정미	丁未	16	8	1	10
6	토	무신	戊申	17	7	1	10
7	일	기유	己酉	18	6	소서	소서
8	월	경술	庚戌	19	5	10	1
9	화	신해	辛亥	20	4	10	1
10	수	임자	壬子	21	3	10	1
11	목	계축	癸丑	22	2	9	1
12	금	갑인	甲寅	23	1	9	2
13	토	을묘	乙卯	24	9	9	2
14	일	병진	丙辰	25	8	8	2
15	월	정사	丁巳	26	7	8	3
16	화	무오	戊午	27	6	8	3
17	수	기미	己未	28	5	7	3
18	목	경신	庚申	29	4	7	4
19	금	신유	辛酉	6/1	3	7	4
20	토	임술	壬戌	2	2	6	4
21	일	계해	癸亥	3	1	6	5
22	월	갑자	甲子	4	9	6	5
23	화	을축	乙丑	5	8	대서	대서
24	수	병인	丙寅	6	7	5	6
25	목	정묘	丁卯	7	6	5	6
26	금	무진	戊辰	8	5	4	6
27	토	기사	己巳	9	4	4	7
28	일	경오	庚午	10	3	4	7
29	월	신미	辛未	11	2	3	7
30	화	임신	壬申	12	1	3	8
31	수	계유	癸酉	13	9	3	8

양력 8월

입추 8일 06시 57분 · 【음7월】→ 【壬申月(임신월)】 · ◉오황성 · 처서 23일 21시 29분 · 음력 06/14 ~ 07/14

양력	요일	일진	日辰	음력	구성	대(남)	운(여)
1	목	갑술	甲戌	14	8	2	8
2	금	을해	乙亥	15	7	2	9
3	토	병자	丙子	16	6	1	9
4	일	정축	丁丑	17	5	1	9
5	월	무인	戊寅	18	4	1	10
6	화	기묘	己卯	19	3	1	10
7	수	경진	庚辰	20	2	1	10
8	목	신사	辛巳	21	1	입추	입추
9	금	임오	壬午	22	9	10	1
10	토	계미	癸未	23	8	10	1
11	일	갑신	甲申	24	7	9	1
12	월	을유	乙酉	25	6	9	1
13	화	병술	丙戌	26	5	9	2
14	수	정해	丁亥	27	4	8	2
15	목	무자	戊子	28	3	8	2
16	금	기축	己丑	29	2	8	3
17	토	경인	庚寅	30	1	7	3
18	일	신묘	辛卯	7/1	9	7	3
19	월	임진	壬辰	2	8	7	4
20	화	계사	癸巳	3	7	6	4
21	수	갑오	甲午	4	6	6	4
22	목	을미	乙未	5	5	6	5
23	금	병신	丙申	6	4	처서	처서
24	토	정유	丁酉	7	3	5	5
25	일	무술	戊戌	8	2	5	6
26	월	기해	己亥	9	1	4	6
27	화	경자	庚子	10	9	4	6
28	수	신축	辛丑	11	8	4	7
29	목	임인	壬寅	12	7	3	7
30	금	계묘	癸卯	13	6	3	7
31	토	갑진	甲辰	14	5	3	8

양력 9월

백로 8일 09시 45분 · 【음8월】→ 【癸酉月(계유월)】 · ◉사록성 · 추분 23일 18시 58분 · 음력 07/15 ~ 08/15

양력	요일	일진	日辰	음력	구성	대(남)	운(여)
1	일	을사	乙巳	15	4	2	8
2	월	병오	丙午	16	3	2	9
3	화	정미	丁未	17	2	1	9
4	수	무신	戊申	18	1	1	9
5	목	기유	己酉	19	9	1	9
6	금	경술	庚戌	20	8	1	10
7	토	신해	辛亥	21	7	1	10
8	일	임자	壬子	22	6	백로	백로
9	월	계축	癸丑	23	5	10	1
10	화	갑인	甲寅	24	4	10	1
11	수	을묘	乙卯	25	3	9	1
12	목	병진	丙辰	26	2	9	1
13	금	정사	丁巳	27	1	9	2
14	토	무오	戊午	28	9	8	2
15	일	기미	己未	29	8	8	2
16	월	경신	庚申	8/1	7	8	3
17	화	신유	辛酉	2	6	7	3
18	수	임술	壬戌	3	5	7	3
19	목	계해	癸亥	4	4	7	4
20	금	갑자	甲子	5	3	6	4
21	토	을축	乙丑	6	2	6	4
22	일	병인	丙寅	7	1	6	5
23	월	정묘	丁卯	8	9	추분	추분
24	화	무진	戊辰	9	8	5	5
25	수	기사	己巳	10	7	5	6
26	목	경오	庚午	11	6	4	6
27	금	신미	辛未	12	5	4	6
28	토	임신	壬申	13	4	4	7
29	일	계유	癸酉	14	3	3	7
30	월	갑술	甲戌	15	2	3	7

양력 10월

한로 9일 01시 15분 · 【음9월】→ 【甲戌月(갑술월)】 · ◉삼벽성 · 상강 24일 04시 11분 · 음력 08/16 ~ 09/17

양력	요일	일진	日辰	음력	구성	대(남)	운(여)
1	화	을해	乙亥	16	1	3	8
2	수	병자	丙子	17	9	2	8
3	목	정축	丁丑	18	8	2	9
4	금	무인	戊寅	19	7	2	9
5	토	기묘	己卯	20	6	1	9
6	일	경진	庚辰	21	5	1	9
7	월	신사	辛巳	22	4	1	10
8	화	임오	壬午	23	3	1	10
9	수	계미	癸未	24	2	한로	한로
10	목	갑신	甲申	25	1	10	1
11	금	을유	乙酉	26	9	9	1
12	토	병술	丙戌	27	8	9	1
13	일	정해	丁亥	28	7	9	1
14	월	무자	戊子	29	6	8	2
15	화	기축	己丑	9/1	5	8	2
16	수	경인	庚寅	2	4	8	2
17	목	신묘	辛卯	3	3	7	3
18	금	임진	壬辰	4	2	7	3
19	토	계사	癸巳	5	1	7	3
20	일	갑오	甲午	6	9	6	4
21	월	을미	乙未	7	8	6	4
22	화	병신	丙申	8	7	6	4
23	수	정유	丁酉	9	6	5	5
24	목	무술	戊戌	10	5	상강	상강
25	금	기해	己亥	11	4	5	5
26	토	경자	庚子	12	3	4	6
27	일	신축	辛丑	13	2	4	6
28	월	임인	壬寅	14	1	4	6
29	화	계묘	癸卯	15	9	3	7
30	수	갑진	甲辰	16	8	3	7
31	목	을사	乙巳	17	7	3	7

양력 11월

입동 8일 04시 18분 · 【음10월】→ 【乙亥月(을해월)】 · ◉이흑성 · 소설 23일 01시 38분 · 음력 09/18 ~ 10/17

양력	요일	일진	日辰	음력	구성	대(남)	운(여)
1	금	병오	丙午	18	6	2	8
2	토	정미	丁未	19	5	2	9
3	일	무신	戊申	20	4	1	9
4	월	기유	己酉	21	3	1	9
5	화	경술	庚戌	22	2	1	9
6	수	신해	辛亥	23	1	1	9
7	목	임자	壬子	24	9	1	10
8	금	계축	癸丑	25	8	입동	입동
9	토	갑인	甲寅	26	7	9	1
10	일	을묘	乙卯	27	6	9	1
11	월	병진	丙辰	28	5	9	1
12	화	정사	丁巳	29	4	8	2
13	수	무오	戊午	30	3	8	2
14	목	기미	己未	10/1	2	8	2
15	금	경신	庚申	2	1	7	3
16	토	신유	辛酉	3	9	7	3
17	일	임술	壬戌	4	8	7	3
18	월	계해	癸亥	5	7	6	4
19	화	갑자	甲子	6	6	6	4
20	수	을축	乙丑	7	5	6	4
21	목	병인	丙寅	8	4	5	5
22	금	정묘	丁卯	9	3	5	5
23	토	무진	戊辰	10	2	소설	소설
24	일	기사	己巳	11	1	4	5
25	월	경오	庚午	12	9	4	6
26	화	신미	辛未	13	8	4	6
27	수	임신	壬申	14	7	3	6
28	목	계유	癸酉	15	6	3	7
29	금	갑술	甲戌	16	5	3	7
30	토	을해	乙亥	17	4	2	7

양력 12월

대설 7일 21시 05분 · 【음11월】→ 【丙子月(병자월)】 · ◉일백성 · 동지 22일 14시 56분 · 음력 10/18 ~ 11/18

양력	요일	일진	日辰	음력	구성	대(남)	운(여)
1	일	병자	丙子	18	3	2	8
2	월	정축	丁丑	19	2	2	9
3	화	무인	戊寅	20	1	1	9
4	수	기묘	己卯	21	9	1	9
5	목	경진	庚辰	22	8	1	10
6	금	신사	辛巳	23	7	1	10
7	토	임오	壬午	24	6	대설	대설
8	일	계미	癸未	25	5	10	1
9	월	갑신	甲申	26	4	10	1
10	화	을유	乙酉	27	3	10	1
11	수	병술	丙戌	28	2	9	1
12	목	정해	丁亥	29	1	9	2
13	금	무자	戊子	30	9	9	2
14	토	기축	己丑	11/1	8	8	2
15	일	경인	庚寅	2	7	8	3
16	월	신묘	辛卯	3	6	8	3
17	화	임진	壬辰	4	5	7	3
18	수	계사	癸巳	5	4	7	4
19	목	갑오	甲午	6	3	7	4
20	금	을미	乙未	7	2	6	4
21	토	병신	丙申	8	1	6	5
22	일	정유	丁酉	9	9	동지	동지
23	월	무술	戊戌	10	8	5	5
24	화	기해	己亥	11	7	5	6
25	수	경자	庚子	12	6	5	6
26	목	신축	辛丑	13	5	4	6
27	금	임인	壬寅	14	4	4	7
28	토	계묘	癸卯	15	3	4	7
29	일	갑진	甲辰	16	2	3	7
30	월	을사	乙巳	17	1	3	8
31	화	병오	丙午	18	9	3	8

이준(李儁)의 유해, 56년 만에 네덜란드서 귀환해 서울 수유리에 안장.10월 14일 - 대한민국과 캐나다가 국교를 수립하다.

10월 15일 - 대한민국, 제5대 대통령 선거에서 박정희 후보가 당선.11월 22일 - 존 F. 케네디 암살 사건이 일어나다.

단기 4308 年	**1975년**	中元-을묘(乙卯)년, 납음(대계수),본명성(칠적금)
불기 2519 年		대장군(子북방), 삼살(酉서방), 상문(巳동남방),조객(丑동북방), 납음(대계수),【삼재(사,오,미)년】 臘享(납향):1976년1월20일(음12/20)

소한 6일 08시 18분 【음12월】➡ 【丁丑月(정축월)】 ●구자성 대한 21일 01시 36분

양력 1월 (음력 11/19 ~ 12/20)

양력	1	2	3	4	5	6	7	8	9	10	11	12	13	14	15	16	17	18	19	20	21	22	23	24	25	26	27	28	29	30	31
요일	수	목	금	토	일	월	화	수	목	금	토	일	월	화	수	목	금	토	일	월	화	수	목	금	토	일	월	화	수	목	금
일진/日辰	정미	무신	기유	경술	신해	임자	계축	갑인	을묘	병진	정사	무오	기미	경신	신유	임술	계해	갑자	을축	병인	정묘	무진	기사	경오	신미	임신	계유	갑술	을해	병자	정축
음력	19	20	21	22	23	24	25	26	27	28	29	12/1	2	3	4	5	6	7	8	9	10	11	12	13	14	15	16	17	18	19	20
구성	8	7	6	5	4	3	2	1	9	8	7	6	5	4	3	2	1	1	2	3	4	5	6	7	8	9	1	2	3	4	5
대운 남	2	1	1	1	1	소한	9	9	9	8	8	8	7	7	7	6	6	6	5	5	대한	4	4	4	3	3	3	2	2	2	1
대운 여	8	9	9	9	10	소한	1	1	1	1	2	2	2	3	3	3	4	4	4	5	대한	5	6	6	6	7	7	7	8	8	8

입춘 4일 19시 59분 【음1월】➡ 【戊寅月(무인월)】 ●팔백성 우수 19일 15시 50분

양력 2월 (음력 12/21 ~ 01/18) · 을묘년

양력	1	2	3	4	5	6	7	8	9	10	11	12	13	14	15	16	17	18	19	20	21	22	23	24	25	26	27	28
요일	토	일	월	화	수	목	금	토	일	월	화	수	목	금	토	일	월	화	수	목	금	토	일	월	화	수	목	금
일진/日辰	무인	기묘	경진	신사	임오	계미	갑신	을유	병술	정해	무자	기축	경인	신묘	임진	계사	갑오	을미	병신	정유	무술	기해	경자	신축	임인	계묘	갑진	을사
음력	21	22	23	24	25	26	27	28	29	30	1/1	2	3	4	5	6	7	8	9	10	11	12	13	14	15	16	17	18
구성	6	7	8	9	1	2	3	4	5	6	7	8	9	1	2	3	4	5	6	7	8	9	1	2	3	4	5	6
대운 남	1	1	1	입춘	1	1	1	1	2	2	2	3	3	3	4	4	4	우수	5	5	6	6	6	7	7	7	8	8
대운 여	9	9	9	입춘	10	9	9	9	8	8	8	7	7	7	6	6	6	우수	5	5	4	4	4	3	3	3	2	2

경칩 6일 14시 06분 【음2월】➡ 【己卯月(기묘월)】 ●칠적성 춘분 21일 14시 57분

양력 3월 (음력 01/19 ~ 02/19)

양력	1	2	3	4	5	6	7	8	9	10	11	12	13	14	15	16	17	18	19	20	21	22	23	24	25	26	27	28	29	30	31
요일	토	일	월	화	수	목	금	토	일	월	화	수	목	금	토	일	월	화	수	목	금	토	일	월	화	수	목	금	토	일	월
일진/日辰	병오	정미	무신	기유	경술	신해	임자	계축	갑인	을묘	병진	정사	무오	기미	경신	신유	임술	계해	갑자	을축	병인	정묘	무진	기사	경오	신미	임신	계유	갑술	을해	병자
음력	19	20	21	22	23	24	25	26	27	28	29	30	2/1	2	3	4	5	6	7	8	9	10	11	12	13	14	15	16	17	18	19
구성	7	8	9	1	2	3	4	5	6	7	8	9	1	2	3	4	5	6	7	8	9	1	2	3	4	5	6	7	8	9	1
대운 남	8	9	9	9	10	경칩	1	1	1	1	2	2	2	3	3	3	4	4	4	춘분	5	5	6	6	6	7	7	7	8	8	8
대운 여	2	1	1	1	1	경칩	10	9	9	9	8	8	8	7	7	7	6	6	6	춘분	5	4	4	4	3	3	3	2	2	2	2

청명 5일 19시 02분 【음3월】➡ 【庚辰月(경진월)】 ●육백성 곡우 21일 02시 07분

양력 4월 (음력 02/20 ~ 03/19)

양력	1	2	3	4	5	6	7	8	9	10	11	12	13	14	15	16	17	18	19	20	21	22	23	24	25	26	27	28	29	30
요일	화	수	목	금	토	일	월	화	수	목	금	토	일	월	화	수	목	금	토	일	월	화	수	목	금	토	일	월	화	수
일진/日辰	정축	무인	기묘	경진	신사	임오	계미	갑신	을유	병술	정해	무자	기축	경인	신묘	임진	계사	갑오	을미	병신	정유	무술	기해	경자	신축	임인	계묘	갑진	을사	병오
음력	20	21	22	23	24	25	26	27	28	29	30	3/1	2	3	4	5	6	7	8	9	10	11	12	13	14	15	16	17	18	19
구성	2	3	4	5	6	7	8	9	1	2	3	4	5	6	7	8	9	1	2	3	4	5	6	7	8	9	1	2	3	4
대운 남	9	9	9	10	청명	1	1	1	2	2	2	3	3	3	4	4	4	곡우	5	5	6	6	6	7	7	7	8	8	8	8
대운 여	1	1	1	1	청명	10	10	9	9	9	8	8	8	7	7	7	6	곡우	6	5	5	4	4	4	3	3	3	2	2	2

입하 6일 12시 27분 【음4월】➡ 【辛巳月(신사월)】 ●오황성 소만 22일 01시 24분

양력 5월 (음력 03/20 ~ 04/21)

양력	1	2	3	4	5	6	7	8	9	10	11	12	13	14	15	16	17	18	19	20	21	22	23	24	25	26	27	28	29	30	31
요일	목	금	토	일	월	화	수	목	금	토	일	월	화	수	목	금	토	일	월	화	수	목	금	토	일	월	화	수	목	금	토
일진/日辰	정미	무신	기유	경술	신해	임자	계축	갑인	을묘	병진	정사	무오	기미	경신	신유	임술	계해	갑자	을축	병인	정묘	무진	기사	경오	신미	임신	계유	갑술	을해	병자	정축
음력	20	21	22	23	24	25	26	27	28	29	4/1	2	3	4	5	6	7	8	9	10	11	12	13	14	15	16	17	18	19	20	21
구성	5	6	7	8	9	1	2	3	4	5	6	7	8	9	1	2	3	4	5	6	7	8	9	1	2	3	4	5	6	7	8
대운 남	9	9	9	10	10	입하	1	1	1	2	2	2	3	3	3	4	4	4	소만	5	5	6	6	6	7	7	7	8	8	8	8
대운 여	2	1	1	1	1	입하	10	10	9	9	9	8	8	8	7	7	7	6	소만	5	5	4	4	4	3	3	3	2	2	2	2

망종 6일 16시 42분 【음5월】➡ 【壬午月(임오월)】 ●사록성 하지 22일 09시 26분

양력 6월 (음력 04/22 ~ 05/21)

양력	1	2	3	4	5	6	7	8	9	10	11	12	13	14	15	16	17	18	19	20	21	22	23	24	25	26	27	28	29	30
요일	일	월	화	수	목	금	토	일	월	화	수	목	금	토	일	월	화	수	목	금	토	일	월	화	수	목	금	토	일	월
일진/日辰	무인	기묘	경진	신사	임오	계미	갑신	을유	병술	정해	무자	기축	경인	신묘	임진	계사	갑오	을미	병신	정유	무술	기해	경자	신축	임인	계묘	갑진	을사	병오	정미
음력	22	23	24	25	26	27	28	29	30	5/1	2	3	4	5	6	7	8	9	10	11	12	13	14	15	16	17	18	19	20	21
구성	9	1	2	3	4	5	6	7	8	9	1	2	3	4	5	6	7	8	9	1	2	3	4	5	6	7	8	9	1	2
대운 남	9	9	9	10	10	망종	1	1	1	2	2	2	3	3	3	4	4	4	하지	5	5	6	6	6	7	7	7	8	8	8
대운 여	2	1	1	1	1	망종	10	10	10	9	9	9	8	8	8	7	7	7	하지	5	5	4	4	4	3	3	3	2	2	2

2월 12일 - 대한민국, 유신 헌법 찬반을 묻는 국민투표를 실시하다.4월 30일 - 월맹군이 사이공을 함락시켜 남베트남 패망. 베트남 전쟁이 끝나다.6월 25일 - 모잠비크 독립7월 5일 - 카보베르데 독립7월 6일 - 코모로 독립7월 12일 - 상투메프린시페 독립

한식(4월06일), 초복(7월13일), 중복(7월23일), 말복(8월12일) 춘사(春社)3/23 추사(秋社)9/19
토왕지절(土旺之節):4월18일,7월20일,10월21일,1월18일(음12/18)臘享(납향):1976년1월20일(음12/20)

四日得辛, 五龍治水, 1975년 을묘年(대계수), 칠적금

6백	2흑	4록
5황	7적	9자
1백	3벽	8백

1975

소서 8일 02시 59분 【음6월】➡ 【癸未月(계미월)】 ☯삼벽성 대서 23일 20시 22분

양력 7월	양력	1	2	3	4	5	6	7	8	9	10	11	12	13	14	15	16	17	18	19	20	21	22	23	24	25	26	27	28	29	30	31
	요일	화	수	목	금	토	일	월	화	수	목	금	토	일	월	화	수	목	금	토	일	월	화	수	목	금	토	일	월	화	수	목
	일진 日辰	무신	기유	경술	신해	임자	계축	갑인	을묘	병진	정사	무오	기미	경신	신유	임술	계해	갑자	을축	병인	정묘	무진	기사	경오	신미	임신	계유	갑술	을해	병자	정축	무인
음력 05/22 ~ 06/23	음력	22	23	24	25	26	27	28	29	6/1	2	3	4	5	6	7	8	9	10	11	12	13	14	15	16	17	18	19	20	21	22	23
	구성	3	4	5	6	7	8	9	1	2	3	4	5	6	7	8	9	9	8	7	6	5	4	3	2	1	9	8	7	6	5	4
	대운 남	8	9	9	9	10	10	10	소	1	1	1	1	2	2	2	3	3	3	4	4	4	5	대	5	6	6	6	7	7	7	8
	대운 여	2	2	2	1	1	1	1	서	10	10	9	9	9	8	8	8	7	7	7	6	6	6	서	5	5	4	4	4	3	3	3

입추 8일 12시 45분 【음7월】➡ 【甲申月(갑신월)】 ☯이흑성 처서 24일 03시 24분

양력 8월	양력	1	2	3	4	5	6	7	8	9	10	11	12	13	14	15	16	17	18	19	20	21	22	23	24	25	26	27	28	29	30	31
	요일	금	토	일	월	화	수	목	금	토	일	월	화	수	목	금	토	일	월	화	수	목	금	토	일	월	화	수	목	금	토	일
	일진 日辰	기묘	경진	신사	임오	계미	갑신	을유	병술	정해	무자	기축	경인	신묘	임진	계사	갑오	을미	병신	정유	무술	기해	경자	신축	임인	계묘	갑진	을사	병오	정미	무신	기유
음력 06/24 ~ 07/25	음력	24	25	26	27	28	29	7/1	2	3	4	5	6	7	8	9	10	11	12	13	14	15	16	17	18	19	20	21	22	23	24	25
	구성	3	2	1	9	8	7	6	5	4	3	2	1	9	8	7	6	5	4	3	2	1	9	8	7	6	5	4	3	2	1	9
	대운 남	8	8	9	9	9	10	10	입	1	1	1	1	2	2	2	3	3	3	4	4	4	5	5	처	6	6	6	7	7	7	8
	대운 여	2	2	2	1	1	1	1	추	10	10	9	9	9	8	8	8	7	7	7	6	6	6	5	서	5	4	4	4	3	3	3

백로 8일 15시 33분 【음8월】➡ 【乙酉月(을유월)】 ☯일백성 추분 24일 00시 55분

양력 9월	양력	1	2	3	4	5	6	7	8	9	10	11	12	13	14	15	16	17	18	19	20	21	22	23	24	25	26	27	28	29	30
	요일	월	화	수	목	금	토	일	월	화	수	목	금	토	일	월	화	수	목	금	토	일	월	화	수	목	금	토	일	월	화
	일진 日辰	경술	신해	임자	계축	갑인	을묘	병진	정사	무오	기미	경신	신유	임술	계해	갑자	을축	병인	정묘	무진	기사	경오	신미	임신	계유	갑술	을해	병자	정축	무인	기묘
음력 07/26 ~ 08/25	음력	26	27	28	29	30	8/1	2	3	4	5	6	7	8	9	10	11	12	13	14	15	16	17	18	19	20	21	22	23	24	25
	구성	8	7	6	5	4	3	2	1	9	8	7	6	5	4	3	2	1	9	8	7	6	5	4	3	2	1	9	8	7	6
	대운 남	8	8	9	9	9	10	10	백	1	1	1	1	2	2	2	3	3	3	4	4	4	5	5	추	6	6	6	7	7	7
	대운 여	2	2	2	1	1	1	1	로	10	10	9	9	9	8	8	8	7	7	7	6	6	6	5	분	5	4	4	4	3	3

한로 9일 07시 02분 【음9월】➡ 【丙戌月(병술월)】 ☯구자성 상강 24일 10시 06분

양력 10월	양력	1	2	3	4	5	6	7	8	9	10	11	12	13	14	15	16	17	18	19	20	21	22	23	24	25	26	27	28	29	30	31
	요일	수	목	금	토	일	월	화	수	목	금	토	일	월	화	수	목	금	토	일	월	화	수	목	금	토	일	월	화	수	목	금
	일진 日辰	경진	신사	임오	계미	갑신	을유	병술	정해	무자	기축	경인	신묘	임진	계사	갑오	을미	병신	정유	무술	기해	경자	신축	임인	계묘	갑진	을사	병오	정미	무신	기유	경술
음력 08/26 ~ 09/27	음력	26	27	28	29	9/1	2	3	4	5	6	7	8	9	10	11	12	13	14	15	16	17	18	19	20	21	22	23	24	25	26	27
	구성	5	4	3	2	1	9	8	7	6	5	4	3	2	1	9	8	7	6	5	4	3	2	1	9	8	7	6	5	4	3	2
	대운 남	8	8	8	9	9	9	10	10	한	1	1	1	1	2	2	2	3	3	3	4	4	4	5	상	5	6	6	6	7	7	7
	대운 여	3	2	2	2	1	1	1	1	로	10	9	9	9	8	8	8	7	7	7	6	6	6	5	강	5	4	4	4	3	3	3

입동 8일 10시 03분 【음10월】➡ 【丁亥月(정해월)】 ☯팔백성 소설 23일 07시 31분

양력 11월	양력	1	2	3	4	5	6	7	8	9	10	11	12	13	14	15	16	17	18	19	20	21	22	23	24	25	26	27	28	29	30
	요일	토	일	월	화	수	목	금	토	일	월	화	수	목	금	토	일	월	화	수	목	금	토	일	월	화	수	목	금	토	일
	일진 日辰	신해	임자	계축	갑인	을묘	병진	정사	무오	기미	경신	신유	임술	계해	갑자	을축	병인	정묘	무진	기사	경오	신미	임신	계유	갑술	을해	병자	정축	무인	기묘	경진
음력 09/28 ~ 10/28	음력	28	29	10/1	2	3	4	5	6	7	8	9	10	11	12	13	14	15	16	17	18	19	20	21	22	23	24	25	26	27	28
	구성	1	9	8	7	6	5	4	3	2	1	9	8	7	6	5	4	3	2	1	9	8	7	6	5	4	3	2	1	9	8
	대운 남	8	8	8	9	9	9	10	입	1	1	1	1	2	2	2	3	3	3	4	4	4	5	소	5	6	6	6	7	7	7
	대운 여	2	2	2	1	1	1	1	동	10	9	9	9	8	8	8	7	7	7	6	6	6	5	설	5	4	4	4	3	3	3

대설 8일 02시 46분 【음11월】➡ 【戊子月(무자월)】 ☯칠적성 동지 22일 20시 46분

양력 12월	양력	1	2	3	4	5	6	7	8	9	10	11	12	13	14	15	16	17	18	19	20	21	22	23	24	25	26	27	28	29	30	31
	요일	월	화	수	목	금	토	일	월	화	수	목	금	토	일	월	화	수	목	금	토	일	월	화	수	목	금	토	일	월	화	수
	일진 日辰	신사	임오	계미	갑신	을유	병술	정해	무자	기축	경인	신묘	임진	계사	갑오	을미	병신	정유	무술	기해	경자	신축	임인	계묘	갑진	을사	병오	정미	무신	기유	경술	신해
음력 10/29 ~ 11/29	음력	29	30	11/1	2	3	4	5	6	7	8	9	10	11	12	13	14	15	16	17	18	19	20	21	22	23	24	25	26	27	28	29
	구성	7	6	5	4	3	2	1	9	8	7	6	5	4	3	2	1	9	8	7	6	5	4	3	2	1	9	8	7	6	5	4
	대운 남	8	8	8	9	9	9	10	대	1	1	1	1	2	2	2	3	3	3	4	4	4	동	5	5	6	6	6	7	7	7	8
	대운 여	2	2	2	1	1	1	1	설	9	9	9	8	8	8	7	7	7	6	6	6	5	지	5	4	4	4	3	3	3	2	2

10월 8일 외딴집 주민 17명 죽인 연쇄 살인범 김대두 경찰에 체포.신민당 김옥선 의원, 국회서 `관제 안보 궐기대회' 발언해 큰 파문(13일 의원직 자진 사퇴).10월 9일 - 소비에트 연방 핵물리학자 안드레이 사하로프, 소련인으로는 최초로 노벨 평화상 수상.

단기 4309 年 / 불기 2520 年	**1976년** 윤8월	中元-병진(丙辰)년. 납음(사중토), 본명성(육백금)

대장군(子북방), 삼살(남방), 상문(午남방), 조객(寅동북방), 납음(사중토), 삼재(인,묘,진)년 臘享(납향):1977년1월26일(음12/08)

1월 — 소한 6일 13시 57분 【음12월】 ➡ 【己丑月(기축월)】 ⊙육백성　대한 21일 07시 25분

	1	2	3	4	5	6	7	8	9	10	11	12	13	14	15	16	17	18	19	20	21	22	23	24	25	26	27	28	29	30	31
양력	1	2	3	4	5	6	7	8	9	10	11	12	13	14	15	16	17	18	19	20	21	22	23	24	25	26	27	28	29	30	31
요일	목	금	토	일	월	화	수	목	금	토	일	월	화	수	목	금	토	일	월	화	수	목	금	토	일	월	화	수	목	금	토
日辰	임자	계축	갑인	을묘	병진	정사	무오	기미	경신	신유	임술	계해	갑자	을축	병인	정묘	무진	기사	경오	신미	임신	계유	갑술	을해	병자	정축	무인	기묘	경진	신사	임오
음력	30	12/1	2	3	4	5	6	7	8	9	10	11	12	13	14	15	16	17	18	19	20	21	22	23	24	25	26	27	28	29	1/1
구성	3	2	1	9	8	7	6	5	4	3	2	1	1	2	3	4	5	6	7	8	9	1	2	3	4	5	6	7	8	9	1
대(남)	2	1	1	1	1	소	10	9	9	9	8	8	8	7	7	7	6	6	6	5	대	5	4	4	4	3	3	3	2	2	2
운(여)	9	9	9	10	10	한	1	1	1	1	2	2	2	3	3	3	4	4	4	5	한	5	6	6	6	7	7	7	8	8	8

2월 — 입춘 5일 01시 39분 【음1월】 ➡ 【庚寅月(경인월)】 ⊙오황성　우수 19일 21시 40분

	1	2	3	4	5	6	7	8	9	10	11	12	13	14	15	16	17	18	19	20	21	22	23	24	25	26	27	28	29
양력	1	2	3	4	5	6	7	8	9	10	11	12	13	14	15	16	17	18	19	20	21	22	23	24	25	26	27	28	29
요일	일	월	화	수	목	금	토	일	월	화	수	목	금	토	일	월	화	수	목	금	토	일	월	화	수	목	금	토	일
日辰	계미	갑신	을유	병술	정해	무자	기축	경인	신묘	임진	계사	갑오	을미	병신	정유	무술	기해	경자	신축	임인	계묘	갑진	을사	병오	정미	무신	기유	경술	신해
음력	2	3	4	5	6	7	8	9	10	11	12	13	14	15	16	17	18	19	20	21	22	23	24	25	26	27	28	29	30
구성	2	3	4	5	6	7	8	9	1	2	3	4	5	6	7	8	9	1	2	3	4	5	6	7	8	9	1	2	3
대(남)	1	1	1	1	입	10	9	9	9	8	8	8	7	7	7	6	6	6	우	5	4	4	4	3	3	3	2	2	2
운(여)	9	9	10	10	춘	1	1	1	1	2	2	2	3	3	3	4	4	4	수	5	6	6	6	7	7	7	8	8	8

(세로 표기: 병진년)

3월 — 경칩 5일 19시 48분 【음2월】 ➡ 【辛卯月(신묘월)】 ⊙사록성　춘분 20일 20시 50분

	1	2	3	4	5	6	7	8	9	10	11	12	13	14	15	16	17	18	19	20	21	22	23	24	25	26	27	28	29	30	31
양력	1	2	3	4	5	6	7	8	9	10	11	12	13	14	15	16	17	18	19	20	21	22	23	24	25	26	27	28	29	30	31
요일	월	화	수	목	금	토	일	월	화	수	목	금	토	일	월	화	수	목	금	토	일	월	화	수	목	금	토	일	월	화	수
日辰	임자	계축	갑인	을묘	병진	정사	무오	기미	경신	신유	임술	계해	갑자	을축	병인	정묘	무진	기사	경오	신미	임신	계유	갑술	을해	병자	정축	무인	기묘	경진	신사	임오
음력	2/1	2	3	4	5	6	7	8	9	10	11	12	13	14	15	16	17	18	19	20	21	22	23	24	25	26	27	28	29	30	3/1
구성	4	5	6	7	8	9	1	2	3	4	5	6	7	8	9	1	2	3	4	5	6	7	8	9	1	2	3	4	5	6	7
대(남)	1	1	1	1	경	10	10	9	9	9	8	8	8	7	7	7	6	6	6	춘	5	5	4	4	4	3	3	3	2	2	2
운(여)	8	9	9	9	칩	1	1	1	1	2	2	2	3	3	3	4	4	4	5	분	5	6	6	6	7	7	7	8	8	8	9

4월 — 청명 5일 00시 46분 【음3월】 ➡ 【壬辰月(임진월)】 ⊙삼벽성　곡우 20일 08시 03분

	1	2	3	4	5	6	7	8	9	10	11	12	13	14	15	16	17	18	19	20	21	22	23	24	25	26	27	28	29	30
양력	1	2	3	4	5	6	7	8	9	10	11	12	13	14	15	16	17	18	19	20	21	22	23	24	25	26	27	28	29	30
요일	목	금	토	일	월	화	수	목	금	토	일	월	화	수	목	금	토	일	월	화	수	목	금	토	일	월	화	수	목	금
日辰	계미	갑신	을유	병술	정해	무자	기축	경인	신묘	임진	계사	갑오	을미	병신	정유	무술	기해	경자	신축	임인	계묘	갑진	을사	병오	정미	무신	기유	경술	신해	임자
음력	2	3	4	5	6	7	8	9	10	11	12	13	14	15	16	17	18	19	20	21	22	23	24	25	26	27	28	29	4/1	2
구성	8	9	1	2	3	4	5	6	7	8	9	1	2	3	4	5	6	7	8	9	1	2	3	4	5	6	7	8	9	1
대(남)	1	1	1	1	청	10	9	9	9	8	8	8	7	7	7	6	6	6	5	곡	5	4	4	4	3	3	3	2	2	2
운(여)	9	9	10	10	명	1	1	1	1	2	2	2	3	3	3	4	4	4	5	우	5	6	6	6	7	7	7	8	8	8

5월 — 입하 5일 18시 14분 【음4월】 ◉ 【癸巳月(계사월)】 ⊙이흑성　소만 21일 07시 21분

	1	2	3	4	5	6	7	8	9	10	11	12	13	14	15	16	17	18	19	20	21	22	23	24	25	26	27	28	29	30	31
양력	1	2	3	4	5	6	7	8	9	10	11	12	13	14	15	16	17	18	19	20	21	22	23	24	25	26	27	28	29	30	31
요일	토	일	월	화	수	목	금	토	일	월	화	수	목	금	토	일	월	화	수	목	금	토	일	월	화	수	목	금	토	일	월
日辰	계축	갑인	을묘	병진	정사	무오	기미	경신	신유	임술	계해	갑자	을축	병인	정묘	무진	기사	경오	신미	임신	계유	갑술	을해	병자	정축	무인	기묘	경진	신사	임오	계미
음력	3	4	5	6	7	8	9	10	11	12	13	14	15	16	17	18	19	20	21	22	23	24	25	26	27	28	29	30	5/1	2	3
구성	2	3	4	5	6	7	8	9	1	2	3	4	5	6	7	8	9	1	2	3	4	5	6	7	8	9	1	2	3	4	5
대(남)	1	1	1	1	입	10	10	9	9	9	8	8	8	7	7	7	6	6	6	5	소	5	4	4	4	3	3	3	2	2	2
운(여)	9	9	9	10	하	1	1	1	1	2	2	2	3	3	3	4	4	4	5	5	만	6	6	6	7	7	7	8	8	8	9

6월 — 망종 5일 22시 31분 【음5월】 ◉ 【甲午月(갑오월)】 ⊙일백성　하지 21일 15시 24분

	1	2	3	4	5	6	7	8	9	10	11	12	13	14	15	16	17	18	19	20	21	22	23	24	25	26	27	28	29	30
양력	1	2	3	4	5	6	7	8	9	10	11	12	13	14	15	16	17	18	19	20	21	22	23	24	25	26	27	28	29	30
요일	화	수	목	금	토	일	월	화	수	목	금	토	일	월	화	수	목	금	토	일	월	화	수	목	금	토	일	월	화	수
日辰	갑신	을유	병술	정해	무자	기축	경인	신묘	임진	계사	갑오	을미	병신	정유	무술	기해	경자	신축	임인	계묘	갑진	을사	병오	정미	무신	기유	경술	신해	임자	계축
음력	4	5	6	7	8	9	10	11	12	13	14	15	16	17	18	19	20	21	22	23	24	25	26	27	28	29	6/1	2	3	4
구성	6	7	8	9	1	2	3	4	5	6	7	8	9	1	2	3	4	5	6	7	8	9	1	2	3	4	5	6	7	8
대(남)	1	1	1	1	망	10	10	10	9	9	9	8	8	8	7	7	7	6	6	6	하	5	5	4	4	4	3	3	3	2
운(여)	9	9	10	10	종	1	1	1	1	2	2	2	3	3	3	4	4	4	5	5	지	6	6	6	7	7	7	8	8	8

7월 10일 - 이탈리아 세베소에서 화학 물질 유출 사고가 발생함.7월 28일 - 당산 지진 발생8월 18일 - 판문점 도끼 만행 사건 발생함.8월 27일 - 미국 매사추세츠 공과대학교, 최초로 유전자 합성에 성공.9월 3일 - 미국 우주선 바이킹 2호, 화성에 착륙

한식(4월06일), 초복(7월17일), 중복(7월27일), 말복(8월16일)⬆춘사(春社)3/18 ☀추사(秋社)9/24
토왕지절(土旺之節):4월17일,7월19일,10월20일,1월17일(음11/28)臘享(납향):1977년1월26일(음12/08)

十日得辛, 十一龍治水, 1976년 병진年(사중토), 육백금

5황	1백	3벽
4록	6백	8백
9자	2흑	7적

소서 7일 08시 51분　【음6월】➡　【乙未月(을미월)】　●구자성　대서 23일 02시 18분

양력 7월 / 음력 06/05 ~ 07/05

양력	1	2	3	4	5	6	7	8	9	10	11	12	13	14	15	16	17	18	19	20	21	22	23	24	25	26	27	28	29	30	31
요일	목	금	토	일	월	화	수	목	금	토	일	월	화	수	목	금	토	일	월	화	수	목	금	토	일	월	화	수	목	금	토
日辰	갑인	을묘	병진	정사	무오	기미	경신	신유	임술	계해	갑자	을축	병인	정묘	무진	기사	경오	신미	임신	계유	갑술	을해	병자	정축	무인	기묘	경진	신사	임오	계미	갑신
음력	5	6	7	8	9	10	11	12	13	14	15	16	17	18	19	20	21	22	23	24	25	26	27	28	29	30	7/1	2	3	4	5
구성	9	1	2	3	4	5	6	7	8	9	9	8	7	6	5	4	3	2	1	9	8	7	6	5	4	3	2	1	9	8	7
대운 남	2	2	1	1	1	1	소서	10	10	9	9	9	8	8	8	7	7	7	6	6	6	5	대서	5	4	4	4	3	3	3	2
운 여	9	9	9	10	10	10	소서	1	1	1	1	2	2	2	3	3	3	4	4	4	5	5	대서	6	6	6	7	7	7	8	8

입추 7일 18시 38분　【음7월】➡　【丙申月(병신월)】　●팔백성　처서 23일 09시 18분

양력 8월 / 음력 07/06 ~ 08/07

양력	1	2	3	4	5	6	7	8	9	10	11	12	13	14	15	16	17	18	19	20	21	22	23	24	25	26	27	28	29	30	31
요일	일	월	화	수	목	금	토	일	월	화	수	목	금	토	일	월	화	수	목	금	토	일	월	화	수	목	금	토	일	월	화
日辰	을유	병술	정해	무자	기축	경인	신묘	임진	계사	갑오	을미	병신	정유	무술	기해	경자	신축	임인	계묘	갑진	을사	병오	정미	무신	기유	경술	신해	임자	계축	갑인	을묘
음력	6	7	8	9	10	11	12	13	14	15	16	17	18	19	20	21	22	23	24	25	26	27	28	29	8/1	2	3	4	5	6	7
구성	6	5	4	3	2	1	9	8	7	6	5	4	3	2	1	9	8	7	6	5	4	3	2	1	9	8	7	6	5	4	3
대운 남	2	2	1	1	1	1	입추	10	10	9	9	9	8	8	8	7	7	7	6	6	6	5	처서	5	4	4	4	3	3	3	2
운 여	8	9	9	9	10	10	입추	1	1	1	1	2	2	2	3	3	3	4	4	4	5	5	처서	6	6	6	7	7	7	8	8

백로 7일 21시 28분　【음8월】➡　【丁酉月(정유월)】　●칠적성　추분 23일 06시 48분

양력 9월 / 음력 08/08 ~ 윤 807

양력	1	2	3	4	5	6	7	8	9	10	11	12	13	14	15	16	17	18	19	20	21	22	23	24	25	26	27	28	29	30
요일	수	목	금	토	일	월	화	수	목	금	토	일	월	화	수	목	금	토	일	월	화	수	목	금	토	일	월	화	수	목
日辰	병진	정사	무오	기미	경신	신유	임술	계해	갑자	을축	병인	정묘	무진	기사	경오	신미	임신	계유	갑술	을해	병자	정축	무인	기묘	경진	신사	임오	계미	갑신	을유
음력	8	9	10	11	12	13	14	15	16	17	18	19	20	21	22	23	24	25	26	27	28	29	30	윤8	2	3	4	5	6	7
구성	2	1	9	8	7	6	5	4	3	2	1	9	8	7	6	5	4	3	2	1	9	8	7	6	5	4	3	2	1	9
대운 남	2	2	1	1	1	1	백로	10	10	9	9	9	8	8	8	7	7	7	6	6	6	5	추분	5	4	4	4	3	3	3
운 여	8	9	9	9	10	10	백로	1	1	1	1	2	2	2	3	3	3	4	4	4	5	5	추분	6	6	6	7	7	7	8

한로 8일 12시 58분　【음9월】➡　【戊戌月(무술월)】　●육백성　상강 23일 15시 58분

양력 10월 / 음력 윤 808 ~ 09/09

양력	1	2	3	4	5	6	7	8	9	10	11	12	13	14	15	16	17	18	19	20	21	22	23	24	25	26	27	28	29	30	31
요일	금	토	일	월	화	수	목	금	토	일	월	화	수	목	금	토	일	월	화	수	목	금	토	일	월	화	수	목	금	토	일
日辰	병술	정해	무자	기축	경인	신묘	임진	계사	갑오	을미	병신	정유	무술	기해	경자	신축	임인	계묘	갑진	을사	병오	정미	무신	기유	경술	신해	임자	계축	갑인	을묘	병진
음력	8	9	10	11	12	13	14	15	16	17	18	19	20	21	22	23	24	25	26	27	28	29	9/1	2	3	4	5	6	7	8	9
구성	8	7	6	5	4	3	2	1	9	8	7	6	5	4	3	2	1	9	8	7	6	5	4	3	2	1	9	8	7	6	5
대운 남	2	2	2	1	1	1	1	한로	10	9	9	9	8	8	8	7	7	7	6	6	6	5	상강	5	4	4	4	3	3	3	2
운 여	8	8	9	9	9	10	10	한로	1	1	1	1	2	2	2	3	3	3	4	4	4	5	상강	5	6	6	6	7	7	7	8

입동 7일 15시 59분　【음10월】➡　【己亥月(기해월)】　●오황성　소설 22일 13시 22분

양력 11월 / 음력 09/10 ~ 10/09

양력	1	2	3	4	5	6	7	8	9	10	11	12	13	14	15	16	17	18	19	20	21	22	23	24	25	26	27	28	29	30
요일	월	화	수	목	금	토	일	월	화	수	목	금	토	일	월	화	수	목	금	토	일	월	화	수	목	금	토	일	월	화
日辰	정사	무오	기미	경신	신유	임술	계해	갑자	을축	병인	정묘	무진	기사	경오	신미	임신	계유	갑술	을해	병자	정축	무인	기묘	경진	신사	임오	계미	갑신	을유	병술
음력	10	11	12	13	14	15	16	17	18	19	20	21	22	23	24	25	26	27	28	29	30	10/1	2	3	4	5	6	7	8	9
구성	4	3	2	1	9	8	7	6	5	4	3	2	1	9	8	7	6	5	4	3	2	1	9	8	7	6	5	4	3	2
대운 남	2	2	1	1	1	1	입동	10	9	9	9	8	8	8	7	7	7	6	6	6	5	소설	5	4	4	4	3	3	3	2
운 여	8	8	9	9	9	10	입동	1	1	1	1	2	2	2	3	3	3	4	4	4	5	소설	5	6	6	6	7	7	7	8

대설 7일 08시 41분　【음11월】➡　【庚子月(경자월)】　●사록성　동지 22일 02시 35분

양력 12월 / 음력 10/10 ~ 11/11

양력	1	2	3	4	5	6	7	8	9	10	11	12	13	14	15	16	17	18	19	20	21	22	23	24	25	26	27	28	29	30	31
요일	수	목	금	토	일	월	화	수	목	금	토	일	월	화	수	목	금	토	일	월	화	수	목	금	토	일	월	화	수	목	금
日辰	정해	무자	기축	경인	신묘	임진	계사	갑오	을미	병신	정유	무술	기해	경자	신축	임인	계묘	갑진	을사	병오	정미	무신	기유	경술	신해	임자	계축	갑인	을묘	병진	정사
음력	10	11	12	13	14	15	16	17	18	19	20	21	22	23	24	25	26	27	28	29	11/1	2	3	4	5	6	7	8	9	10	11
구성	1	9	8	7	6	5	4	3	2	1	9	8	7	6	5	4	3	2	1	9	8	7	6	5	4	3	2	1	9	8	7
대운 남	2	2	1	1	1	1	대설	10	10	9	9	9	8	8	8	7	7	7	6	6	6	동지	5	4	4	4	3	3	3	2	2
운 여	8	8	9	9	9	10	대설	1	1	1	1	2	2	2	3	3	3	4	4	4	5	동지	5	6	6	6	7	7	7	8	8

9월 10일 - 크로아티아 자그레브 상공에서 영국과 유고슬라비아 국적 여객기가 충돌하여 176명 사망함.9월 21일 - 세이셸, 국제 연합 가입.10월 6일 - 중화인민공화국의 화궈펑 총리가 장칭·왕훙원·장춘차오·야오원위안 등 사인방 체포를 지시함.10월 9일 - 화궈펑, 중국 공산당 주석에 임명.

<table>
<tr><td>단기 4310 年
불기 2521 年</td><td>1977년</td><td>中元-정사(丁巳)년, 납음(사중토),본명성(오황토)
대장군(卯동방), 삼살(동방), 상문(未서남방),조객(卯동방), 납음(사중토),【삼재(해,자,축)년】臘享(납향):1978년1월21일(음12/13)</td><td></td></tr>
</table>

1월

소한 5일 19시 51분 【음12월】➡ 【辛丑月(신축월)】 ●삼벽성 대한 20일 13시 14분

음력 11/12 ~ 12/13

양력	1	2	3	4	5	6	7	8	9	10	11	12	13	14	15	16	17	18	19	20	21	22	23	24	25	26	27	28	29	30	31
요일	토	일	월	화	수	목	금	토	일	월	화	수	목	금	토	일	월	화	수	목	금	토	일	월	화	수	목	금	토	일	월
일진	무	기	경	신	임	계	갑	을	병	정	무	기	경	신	임	계	갑	을	병	정	무	기	경	신	임	계	갑	을	병	정	무
日辰	오	미	신	유	술	해	자	축	인	묘	진	사	오	미	신	유	술	해	자	축	인	묘	진	사	오	미	신	유	술	해	자
음력	12	13	14	15	16	17	18	19	20	21	22	23	24	25	26	27	28	29	12/1	2	3	4	5	6	7	8	9	10	11	12	13
구성	6	5	4	3	2	1	1	2	3	4	5	6	7	8	9	1	2	3	4	5	6	7	8	9	1	2	3	4	5	6	7
대운 남	1	1	1	1	소한	10	9	9	9	8	8	8	7	7	7	6	6	6	5	대한	5	4	4	4	3	3	3	2	2	2	1
대운 여	8	9	9	9	소한	1	1	1	1	2	2	2	3	3	3	4	4	4	5	대한	5	6	6	6	7	7	7	8	8	8	9

2월

입춘 4일 07시 33분 【음1월】➡ 【壬寅月(임인월)】 ●이흑성 우수 19일 03시 30분

음력 12/14 ~ 01/11

양력	1	2	3	4	5	6	7	8	9	10	11	12	13	14	15	16	17	18	19	20	21	22	23	24	25	26	27	28
요일	화	수	목	금	토	일	월	화	수	목	금	토	일	월	화	수	목	금	토	일	월	화	수	목	금	토	일	월
일진	기	경	신	임	계	갑	을	병	정	무	기	경	신	임	계	갑	을	병	정	무	기	경	신	임	계	갑	을	병
日辰	축	인	묘	진	사	오	미	신	유	술	해	자	축	인	묘	진	사	오	미	신	유	술	해	자	축	인	묘	진
음력	14	15	16	17	18	19	20	21	22	23	24	25	26	27	28	29	30	1/1	2	3	4	5	6	7	8	9	10	11
구성	8	9	1	2	3	4	5	6	7	8	9	1	2	3	4	5	6	7	8	9	1	2	3	4	5	6	7	8
대운 남	1	1	1	입춘	1	1	1	1	2	2	2	3	3	3	4	4	4	5	우수	5	6	6	6	7	7	7	8	8
대운 여	9	9	10	입춘	10	9	9	9	8	8	8	7	7	7	6	6	6	5	우수	5	4	4	4	3	3	3	2	2

정사년

3월

경칩 6일 01시 44분 【음2월】➡ 【癸卯月(계묘월)】 ●일백성 춘분 21일 02시 42분

음력 01/12 ~ 02/12

양력	1	2	3	4	5	6	7	8	9	10	11	12	13	14	15	16	17	18	19	20	21	22	23	24	25	26	27	28	29	30	31
요일	화	수	목	금	토	일	월	화	수	목	금	토	일	월	화	수	목	금	토	일	월	화	수	목	금	토	일	월	화	수	목
일진	정	무	기	경	신	임	계	갑	을	병	정	무	기	경	신	임	계	갑	을	병	정	무	기	경	신	임	계	갑	을	병	정
日辰	사	오	미	신	유	술	해	자	축	인	묘	진	사	오	미	신	유	술	해	자	축	인	묘	진	사	오	미	신	유	술	해
음력	12	13	14	15	16	17	18	19	20	21	22	23	24	25	26	27	28	29	30	2/1	2	3	4	5	6	7	8	9	10	11	12
구성	9	1	2	3	4	5	6	7	8	9	1	2	3	4	5	6	7	8	9	1	2	3	4	5	6	7	8	9	1	2	3
대운 남	8	9	9	9	10	경칩	1	1	1	1	2	2	2	3	3	3	4	4	4	5	춘분	5	6	6	6	7	7	7	8	8	8
대운 여	2	1	1	1	1	경칩	10	9	9	9	8	8	8	7	7	7	6	6	6	5	춘분	5	4	4	4	3	3	3	2	2	2

4월

청명 5일 06시 46분 【음3월】➡ 【甲辰月(갑진월)】 ●구자성 곡우 20일 13시 57분

음력 02/13 ~ 03/13

양력	1	2	3	4	5	6	7	8	9	10	11	12	13	14	15	16	17	18	19	20	21	22	23	24	25	26	27	28	29	30
요일	금	토	일	월	화	수	목	금	토	일	월	화	수	목	금	토	일	월	화	수	목	금	토	일	월	화	수	목	금	토
일진	무	기	경	신	임	계	갑	을	병	정	무	기	경	신	임	계	갑	을	병	정	무	기	경	신	임	계	갑	을	병	정
日辰	자	축	인	묘	진	사	오	미	신	유	술	해	자	축	인	묘	진	사	오	미	신	유	술	해	자	축	인	묘	진	사
음력	13	14	15	16	17	18	19	20	21	22	23	24	25	26	27	28	29	3/1	2	3	4	5	6	7	8	9	10	11	12	13
구성	4	5	6	7	8	9	1	2	3	4	5	6	7	8	9	1	2	3	4	5	6	7	8	9	1	2	3	4	5	6
대운 남	9	9	9	10	청명	1	1	1	1	2	2	2	3	3	3	4	4	4	5	곡우	5	6	6	6	7	7	7	8	8	8
대운 여	1	1	1	1	청명	10	10	9	9	9	8	8	8	7	7	7	6	6	6	곡우	5	5	4	4	4	3	3	3	2	2

5월

입하 6일 00시 16분 【음4월】➡ 【乙巳月(을사월)】 ●팔백성 소만 21일 13시 14분

음력 03/14 ~ 04/14

양력	1	2	3	4	5	6	7	8	9	10	11	12	13	14	15	16	17	18	19	20	21	22	23	24	25	26	27	28	29	30	31
요일	일	월	화	수	목	금	토	일	월	화	수	목	금	토	일	월	화	수	목	금	토	일	월	화	수	목	금	토	일	월	화
일진	무	기	경	신	임	계	갑	을	병	정	무	기	경	신	임	계	갑	을	병	정	무	기	경	신	임	계	갑	을	병	정	무
日辰	오	미	신	유	술	해	자	축	인	묘	진	사	오	미	신	유	술	해	자	축	인	묘	진	사	오	미	신	유	술	해	자
음력	14	15	16	17	18	19	20	21	22	23	24	25	26	27	28	29	30	4/1	2	3	4	5	6	7	8	9	10	11	12	13	14
구성	7	8	9	1	2	3	4	5	6	7	8	9	1	2	3	4	5	6	7	8	9	1	2	3	4	5	6	7	8	9	1
대운 남	9	9	9	10	10	입하	1	1	1	1	2	2	2	3	3	3	4	4	4	5	소만	5	6	6	6	7	7	7	8	8	8
대운 여	2	1	1	1	1	입하	10	10	9	9	9	8	8	8	7	7	7	6	6	6	소만	5	5	4	4	4	3	3	3	2	2

6월

망종 6일 04시 32분 【음5월】➡ 【丙午月(병오월)】 ●칠적성 하지 21일 21시 14분

음력 04/15 ~ 05/14

양력	1	2	3	4	5	6	7	8	9	10	11	12	13	14	15	16	17	18	19	20	21	22	23	24	25	26	27	28	29	30
요일	수	목	금	토	일	월	화	수	목	금	토	일	월	화	수	목	금	토	일	월	화	수	목	금	토	일	월	화	수	목
일진	기	경	신	임	계	갑	을	병	정	무	기	경	신	임	계	갑	을	병	정	무	기	경	신	임	계	갑	을	병	정	무
日辰	축	인	묘	진	사	오	미	신	유	술	해	자	축	인	묘	진	사	오	미	신	유	술	해	자	축	인	묘	진	사	오
음력	15	16	17	18	19	20	21	22	23	24	25	26	27	28	29	30	5/1	2	3	4	5	6	7	8	9	10	11	12	13	14
구성	2	3	4	5	6	7	8	9	1	2	3	4	5	6	7	8	9	1	2	3	4	5	6	7	8	9	1	2	3	4
대운 남	9	9	9	10	10	망종	1	1	1	1	2	2	2	3	3	3	4	4	4	5	하지	5	6	6	6	7	7	7	8	8
대운 여	2	1	1	1	1	망종	10	10	9	9	9	8	8	8	7	7	7	6	6	6	하지	5	5	4	4	4	3	3	3	2

.3월 27일 - 테네리페 참사 : 카나리아 제도의 테네리페 섬에서 두 대의 보잉 747 항공기가 충돌, 543명이 사망 8월 20일 미국의 우주선 보이저 2호, 목성과 토성을 경유하여 탐사하기 위해 발사되다.대한민국, 최초의 원자력 발전소 고리 1호기 송전시작.

六日得辛, 十一龍治水, 1977년 정사年(사중토), 오황토

4록	9자	2흑
3벽	5황	7적
8백	1백	6백

1977

소서 7일 14시 48분 【음6월】➡ 【丁未月(정미월)】 ◐육백성 대서 23일 08시 04분

양력 7월 / 음력 05/15 - 06/16

	1	2	3	4	5	6	7	8	9	10	11	12	13	14	15	16	17	18	19	20	21	22	23	24	25	26	27	28	29	30	31
요일	금	토	일	월	화	수	목	금	토	일	월	화	수	목	금	토	일	월	화	수	목	금	토	일	월	화	수	목	금	토	일
일진	기미	경신	신유	임술	계해	갑자	을축	병인	정묘	무진	기사	경오	신미	임신	계유	갑술	을해	병자	정축	무인	기묘	경진	신사	임오	계미	갑신	을유	병술	정해	무자	기축
음력	15	16	17	18	19	20	21	22	23	24	25	26	27	28	29	6/1	2	3	4	5	6	7	8	9	10	11	12	13	14	15	16
구성	5	6	7	8	9	9	8	7	6	5	4	3	2	1	9	8	7	6	5	4	3	2	1	9	8	7	6	5	4	3	2
대운 남	8	9	9	9	10	10	소서	1	1	1	1	2	2	2	3	3	3	4	4	4	5	5	대서	6	6	6	7	7	7	8	8
대운 여	2	2	1	1	1	1	소서	10	10	10	9	9	9	8	8	8	7	7	7	6	6	6	대서	5	5	4	4	4	3	3	3

입추 8일 00시 30분 【음7월】➡ 【戊申月(무신월)】 ◐오황성 처서 23일 15시 00분

양력 8월 / 음력 06/17 - 07/17

	1	2	3	4	5	6	7	8	9	10	11	12	13	14	15	16	17	18	19	20	21	22	23	24	25	26	27	28	29	30	31
요일	월	화	수	목	금	토	일	월	화	수	목	금	토	일	월	화	수	목	금	토	일	월	화	수	목	금	토	일	월	화	수
일진	경인	신묘	임진	계사	갑오	을미	병신	정유	무술	기해	경자	신축	임인	계묘	갑진	을사	병오	정미	무신	기유	경술	신해	임자	계축	갑인	을묘	병진	정사	무오	기미	경신
음력	17	18	19	20	21	22	23	24	25	26	27	28	29	30	7/1	2	3	4	5	6	7	8	9	10	11	12	13	14	15	16	17
구성	1	9	8	7	6	5	4	3	2	1	9	8	7	6	5	4	3	2	1	9	8	7	6	5	4	3	2	1	9	8	7
대운 남	8	9	9	9	10	10	10	입추	1	1	1	1	2	2	2	3	3	3	4	4	4	5	처서	5	6	6	6	7	7	7	8
대운 여	2	2	2	1	1	1	1	입추	10	10	9	9	9	8	8	8	7	7	7	6	6	6	처서	5	5	4	4	4	3	3	3

백로 8일 03시 16분 【음8월】➡ 【己酉月(기유월)】 ◐사록성 추분 23일 12시 29분

양력 9월 / 음력 07/18 - 08/18

	1	2	3	4	5	6	7	8	9	10	11	12	13	14	15	16	17	18	19	20	21	22	23	24	25	26	27	28	29	30
요일	목	금	토	일	월	화	수	목	금	토	일	월	화	수	목	금	토	일	월	화	수	목	금	토	일	월	화	수	목	금
일진	신유	임술	계해	갑자	을축	병인	정묘	무진	기사	경오	신미	임신	계유	갑술	을해	병자	정축	무인	기묘	경진	신사	임오	계미	갑신	을유	병술	정해	무자	기축	경인
음력	18	19	20	21	22	23	24	25	26	27	28	29	8/1	2	3	4	5	6	7	8	9	10	11	12	13	14	15	16	17	18
구성	6	5	4	3	2	1	9	8	7	6	5	4	3	2	1	9	8	7	6	5	4	3	2	1	9	8	7	6	5	4
대운 남	8	8	9	9	9	10	10	백로	1	1	1	1	2	2	2	3	3	3	4	4	4	5	추분	5	6	6	6	7	7	7
대운 여	2	2	2	1	1	1	1	백로	10	9	9	9	8	8	8	7	7	7	6	6	6	5	추분	5	4	4	4	3	3	3

한로 8일 18시 44분 【음9월】➡ 【庚戌月(경술월)】 ◐삼벽성 상강 23일 21시 41분

양력 10월 / 음력 08/19 - 09/19

	1	2	3	4	5	6	7	8	9	10	11	12	13	14	15	16	17	18	19	20	21	22	23	24	25	26	27	28	29	30	31
요일	토	일	월	화	수	목	금	토	일	월	화	수	목	금	토	일	월	화	수	목	금	토	일	월	화	수	목	금	토	일	월
일진	신묘	임진	계사	갑오	을미	병신	정유	무술	기해	경자	신축	임인	계묘	갑진	을사	병오	정미	무신	기유	경술	신해	임자	계축	갑인	을묘	병진	정사	무오	기미	경신	신유
음력	19	20	21	22	23	24	25	26	27	28	29	30	9/1	2	3	4	5	6	7	8	9	10	11	12	13	14	15	16	17	18	19
구성	3	2	1	9	8	7	6	5	4	3	2	1	9	8	7	6	5	4	3	2	1	9	8	7	6	5	4	3	2	1	9
대운 남	8	8	8	9	9	9	10	한로	1	1	1	1	2	2	2	3	3	3	4	4	4	5	상강	5	6	6	6	7	7	7	8
대운 여	2	2	2	1	1	1	1	한로	10	9	9	9	8	8	8	7	7	7	6	6	6	5	상강	5	4	4	4	3	3	3	2

입동 7일 21시 46분 【음10월】➡ 【辛亥月(신해월)】 ◐이흑성 소설 22일 19시 07분

양력 11월 / 음력 09/20 - 10/20

	1	2	3	4	5	6	7	8	9	10	11	12	13	14	15	16	17	18	19	20	21	22	23	24	25	26	27	28	29	30
요일	화	수	목	금	토	일	월	화	수	목	금	토	일	월	화	수	목	금	토	일	월	화	수	목	금	토	일	월	화	수
일진	임술	계해	갑자	을축	병인	정묘	무진	기사	경오	신미	임신	계유	갑술	을해	병자	정축	무인	기묘	경진	신사	임오	계미	갑신	을유	병술	정해	무자	기축	경인	신묘
음력	20	21	22	23	24	25	26	27	28	29	10/1	2	3	4	5	6	7	8	9	10	11	12	13	14	15	16	17	18	19	20
구성	8	7	6	5	4	3	2	1	9	8	7	6	5	4	3	2	1	9	8	7	6	5	4	3	2	1	9	8	7	6
대운 남	8	8	9	9	9	10	입동	1	1	1	1	2	2	2	3	3	3	4	4	4	5	소설	5	6	6	6	7	7	7	8
대운 여	2	2	1	1	1	1	입동	10	9	9	9	8	8	8	7	7	7	6	6	6	5	소설	5	4	4	4	3	3	3	2

대설 7일 14시 31분 【음11월】➡ 【壬子月(임자월)】 ◐일백성 동지 22일 08시 23분

양력 12월 / 음력 10/21 - 11/21

	1	2	3	4	5	6	7	8	9	10	11	12	13	14	15	16	17	18	19	20	21	22	23	24	25	26	27	28	29	30	31
요일	목	금	토	일	월	화	수	목	금	토	일	월	화	수	목	금	토	일	월	화	수	목	금	토	일	월	화	수	목	금	토
일진	임진	계사	갑오	을미	병신	정유	무술	기해	경자	신축	임인	계묘	갑진	을사	병오	정미	무신	기유	경술	신해	임자	계축	갑인	을묘	병진	정사	무오	기미	경신	신유	임술
음력	21	22	23	24	25	26	27	28	29	30	11/1	2	3	4	5	6	7	8	9	10	11	12	13	14	15	16	17	18	19	20	21
구성	5	4	3	2	1	9	8	7	6	5	4	3	2	1	9	8	7	6	5	4	3	2	1	9	8	7	6	5	4	3	2
대운 남	8	8	9	9	9	10	대설	1	1	1	1	2	2	2	3	3	3	4	4	4	5	동지	5	6	6	6	7	7	7	8	8
대운 여	2	2	1	1	1	1	대설	10	9	9	9	8	8	8	7	7	7	6	6	6	5	동지	5	4	4	4	3	3	3	2	2

9월 15일 - 고상돈, 한국인으론 처음으로 에베레스트 산 정복, 9월 20일 - 베트남, 지부티, 국제 연합 가입 9월 28일 - 일본 적군파, 156명 탑승한 JAL기 납치 10월 13일 - 서독 루프트한자 여객기, 자국 적군파 게릴라들이 납치하다

단기 4311 年	1978년	中元-무오(戊午)년, 납음(천상화),본명성(사록목)
불기 2522 年		대장군(卯동방), 삼살(북방), 상문(申서남방),조객(辰동남방), 납음(천상화), 【삼재(신,유,술)년】 臘享(납향):1979년1월16일(음12/18)

소한 6일 01시 43분 【음12월】 ➡ 【癸丑月(계축월)】 ☯구자성 대한 20일 19시 04분

양력 1월 / 음력 11/22 ~ 12/23

양력	1	2	3	4	5	6	7	8	9	10	11	12	13	14	15	16	17	18	19	20	21	22	23	24	25	26	27	28	29	30	31
요일	일	월	화	수	목	금	토	일	월	화	수	목	금	토	일	월	화	수	목	금	토	일	월	화	수	목	금	토	일	월	화
일진 日辰	계해	갑자	을축	병인	정묘	무진	기사	경오	신미	임신	계유	갑술	을해	병자	정축	무인	기묘	경진	신사	임오	계미	갑신	을유	병술	정해	무자	기축	경인	신묘	임진	계사
음력	22	23	24	25	26	27	28	29	12/1	2	3	4	5	6	7	8	9	10	11	12	13	14	15	16	17	18	19	20	21	22	23
구성	1	1	2	3	4	5	6	7	8	9	1	2	3	4	5	6	7	8	9	1	2	3	4	5	6	7	8	9	1	2	3
대운 남	8	9	9	9	10	소	1	1	1	1	2	2	2	3	3	3	4	4	4	대	5	5	6	6	6	7	7	7	8	8	8
대운 여	2	1	1	1	1	한	9	9	9	8	8	8	7	7	7	6	6	6	5	한	5	4	4	4	3	3	3	2	2	2	1

입춘 4일 13시 27분 【음1월】 ➡ 【甲寅月(갑인월)】 ☯팔백성 우수 19일 09시 21분

양력 2월 / 음력 12/24 ~ 01/22

양력	1	2	3	4	5	6	7	8	9	10	11	12	13	14	15	16	17	18	19	20	21	22	23	24	25	26	27	28
요일	수	목	금	토	일	월	화	수	목	금	토	일	월	화	수	목	금	토	일	월	화	수	목	금	토	일	월	화
일진 日辰	갑오	을미	병신	정유	무술	기해	경자	신축	임인	계묘	갑진	을사	병오	정미	무신	기유	경술	신해	임자	계축	갑인	을묘	병진	정사	무오	기미	경신	신유
음력	24	25	26	27	28	29	1/1	2	3	4	5	6	7	8	9	10	11	12	13	14	15	16	17	18	19	20	21	22
구성	4	5	6	7	8	9	1	2	3	4	5	6	7	8	9	1	2	3	4	5	6	7	8	9	1	2	3	4
대운 남	9	9	9	입	10	9	9	9	8	8	8	7	7	7	6	6	6	5	우	5	4	4	4	3	3	3	2	2
대운 여	1	1	1	춘	1	1	1	1	2	2	2	3	3	3	4	4	4	5	수	5	6	6	6	7	7	7	8	8

무 오 년

경칩 6일 07시 38분 【음2월】 ➡ 【乙卯月(을묘월)】 ☯칠적성 춘분 21일 08시 34분

양력 3월 / 음력 01/23 ~ 02/23

양력	1	2	3	4	5	6	7	8	9	10	11	12	13	14	15	16	17	18	19	20	21	22	23	24	25	26	27	28	29	30	31
요일	수	목	금	토	일	월	화	수	목	금	토	일	월	화	수	목	금	토	일	월	화	수	목	금	토	일	월	화	수	목	금
일진 日辰	임술	계해	갑자	을축	병인	정묘	무진	기사	경오	신미	임신	계유	갑술	을해	병자	정축	무인	기묘	경진	신사	임오	계미	갑신	을유	병술	정해	무자	기축	경인	신묘	임진
음력	23	24	25	26	27	28	29	30	2/1	2	3	4	5	6	7	8	9	10	11	12	13	14	15	16	17	18	19	20	21	22	23
구성	5	6	7	8	9	1	2	3	4	5	6	7	8	9	1	2	3	4	5	6	7	8	9	1	2	3	4	5	6	7	8
대운 남	2	1	1	1	1	경	10	9	9	9	8	8	8	7	7	7	6	6	6	5	춘	5	4	4	4	3	3	3	2	2	2
대운 여	8	9	9	9	10	칩	1	1	1	1	2	2	2	3	3	3	4	4	4	5	분	5	6	6	6	7	7	7	8	8	8

청명 5일 12시 39분 【음3월】 ➡ 【丙辰月(병진월)】 ☯육백성 곡우 20일 19시 50분

양력 4월 / 음력 02/24 ~ 03/23

양력	1	2	3	4	5	6	7	8	9	10	11	12	13	14	15	16	17	18	19	20	21	22	23	24	25	26	27	28	29	30
요일	토	일	월	화	수	목	금	토	일	월	화	수	목	금	토	일	월	화	수	목	금	토	일	월	화	수	목	금	토	일
일진 日辰	계사	갑오	을미	병신	정유	무술	기해	경자	신축	임인	계묘	갑진	을사	병오	정미	무신	기유	경술	신해	임자	계축	갑인	을묘	병진	정사	무오	기미	경신	신유	임술
음력	24	25	26	27	28	29	30	3/1	2	3	4	5	6	7	8	9	10	11	12	13	14	15	16	17	18	19	20	21	22	23
구성	9	1	2	3	4	5	6	7	8	9	1	2	3	4	5	6	7	8	9	1	2	3	4	5	6	7	8	9	1	2
대운 남	1	1	1	1	청	10	10	9	9	9	8	8	8	7	7	7	6	6	6	곡	5	5	4	4	4	3	3	3	2	2
대운 여	9	9	9	10	명	1	1	1	1	2	2	2	3	3	3	4	4	4	5	우	5	6	6	6	7	7	7	8	8	8

입하 6일 06시 09분 【음4월】 ➡ 【丁巳月(정사월)】 ☯오황성 소만 21일 19시 08분

양력 5월 / 음력 03/24 ~ 04/25

양력	1	2	3	4	5	6	7	8	9	10	11	12	13	14	15	16	17	18	19	20	21	22	23	24	25	26	27	28	29	30	31
요일	월	화	수	목	금	토	일	월	화	수	목	금	토	일	월	화	수	목	금	토	일	월	화	수	목	금	토	일	월	화	수
일진 日辰	계해	갑자	을축	병인	정묘	무진	기사	경오	신미	임신	계유	갑술	을해	병자	정축	무인	기묘	경진	신사	임오	계미	갑신	을유	병술	정해	무자	기축	경인	신묘	임진	계사
음력	24	25	26	27	28	29	4/1	2	3	4	5	6	7	8	9	10	11	12	13	14	15	16	17	18	19	20	21	22	23	24	25
구성	3	4	5	6	7	8	9	1	2	3	4	5	6	7	8	9	1	2	3	4	5	6	7	8	9	1	2	3	4	5	6
대운 남	2	1	1	1	1	입	10	10	9	9	9	8	8	8	7	7	7	6	6	6	소	5	5	4	4	4	3	3	3	2	2
대운 여	9	9	9	10	10	하	1	1	1	1	2	2	2	3	3	3	4	4	4	5	만	5	6	6	6	7	7	7	8	8	8

망종 6일 10시 23분 【음5월】 ➡ 【戊午月(무오월)】 ☯사록성 하지 22일 03시 10분

양력 6월 / 음력 04/26 ~ 05/25

양력	1	2	3	4	5	6	7	8	9	10	11	12	13	14	15	16	17	18	19	20	21	22	23	24	25	26	27	28	29	30
요일	목	금	토	일	월	화	수	목	금	토	일	월	화	수	목	금	토	일	월	화	수	목	금	토	일	월	화	수	목	금
일진 日辰	갑오	을미	병신	정유	무술	기해	경자	신축	임인	계묘	갑진	을사	병오	정미	무신	기유	경술	신해	임자	계축	갑인	을묘	병진	정사	무오	기미	경신	신유	임술	계해
음력	26	27	28	29	30	5/1	2	3	4	5	6	7	8	9	10	11	12	13	14	15	16	17	18	19	20	21	22	23	24	25
구성	7	8	9	1	2	3	4	5	6	7	8	9	1	2	3	4	5	6	7	8	9	1	2	3	4	5	6	7	8	9
대운 남	2	1	1	1	1	망	10	10	9	9	9	8	8	8	7	7	7	6	6	6	5	하	5	4	4	4	3	3	3	2
대운 여	9	9	9	10	10	종	1	1	1	1	2	2	2	3	3	3	4	4	4	5	5	지	6	6	6	7	7	7	8	8

1월 14일 - 대한민국의 영화배우 최은희, 홍콩에서 납북.7월 7일 - 솔로몬 제도 독립8월 12일 - 중국과 일본, 평화우호조약 조인.
9월 3일 - 신현확 보사부 장관, 세계보건기구(WHO) 회의 참석위해 대한민국 정부 각료로는 최초로 소비에트 연방 입국.

한식(4월06일), 초복(7월17일), 중복(7월27일), 말복(8월16일)↑춘사(春社)3/17 ☀추사(秋社)9/23
토왕지절(土旺之節):4월17일,7월20일,10월21일, 1월18일(음12/20)臘享(납향):1979년1월16일(음12/18)

二日得辛, 五龍治水, 1978년 무오년(천상화), 사록목

3벽	8백	1백
2흑	4록	6백
7적	9자	5황

1978

소서 7일 20시 37분 【음6월】➡ 【己未月(기미월)】 ●삼벽성 대서 23일 14시 00분

양력 7월 / 음력 05/26 ~ 06/27

양력	1	2	3	4	5	6	7	8	9	10	11	12	13	14	15	16	17	18	19	20	21	22	23	24	25	26	27	28	29	30	31
요일	토	일	월	화	수	목	금	토	일	월	화	수	목	금	토	일	월	화	수	목	금	토	일	월	화	수	목	금	토	일	월
日辰	갑자	을축	병인	정묘	무진	기사	경오	신미	임신	계유	갑술	을해	병자	정축	무인	기묘	경진	신사	임오	계미	갑신	을유	병술	정해	무자	기축	경인	신묘	임진	계사	갑오
음력	26	27	28	29	6/1	2	3	4	5	6	7	8	9	10	11	12	13	14	15	16	17	18	19	20	21	22	23	24	25	26	27
구성	9	8	7	6	5	4	3	2	1	9	8	7	6	5	4	3	2	1	9	8	7	6	5	4	3	2	1	9	8	7	6
대운 남	2	2	1	1	1	1	소	10	10	10	9	9	9	8	8	8	7	7	7	6	6	6	대	5	5	4	4	4	3	3	3
대운 여	8	9	9	9	10	10	서	1	1	1	1	2	2	2	3	3	3	4	4	4	5	5	서	6	6	6	7	7	7	8	8

입추 8일 06시 18분 【음7월】➡ 【庚申月(경신월)】 ●이흑성 처서 23일 20시 57분

양력 8월 / 음력 06/28 ~ 07/28

양력	1	2	3	4	5	6	7	8	9	10	11	12	13	14	15	16	17	18	19	20	21	22	23	24	25	26	27	28	29	30	31
요일	화	수	목	금	토	일	월	화	수	목	금	토	일	월	화	수	목	금	토	일	월	화	수	목	금	토	일	월	화	수	목
日辰	을미	병신	정유	무술	기해	경자	신축	임인	계묘	갑진	을사	병오	정미	무신	기유	경술	신해	임자	계축	갑인	을묘	병진	정사	무오	기미	경신	신유	임술	계해	갑자	을축
음력	28	29	30	7/1	2	3	4	5	6	7	8	9	10	11	12	13	14	15	16	17	18	19	20	21	22	23	24	25	26	27	28
구성	5	4	3	2	1	9	8	7	6	5	4	3	2	1	9	8	7	6	5	4	3	2	1	9	8	7	6	5	4	3	2
대운 남	2	2	2	1	1	1	1	입	10	10	9	9	9	8	8	8	7	7	7	6	6	6	처	5	5	4	4	4	3	3	3
대운 여	8	9	9	9	10	10	10	추	1	1	1	1	2	2	2	3	3	3	4	4	4	5	서	5	6	6	6	7	7	7	8

백로 8일 09시 02분 【음8월】➡ 【辛酉月(신유월)】 ●일백성 추분 23일 18시 25분

양력 9월 / 음력 07/29 ~ 08/28

양력	1	2	3	4	5	6	7	8	9	10	11	12	13	14	15	16	17	18	19	20	21	22	23	24	25	26	27	28	29	30
요일	금	토	일	월	화	수	목	금	토	일	월	화	수	목	금	토	일	월	화	수	목	금	토	일	월	화	수	목	금	토
日辰	병인	정묘	무진	기사	경오	신미	임신	계유	갑술	을해	병자	정축	무인	기묘	경진	신사	임오	계미	갑신	을유	병술	정해	무자	기축	경인	신묘	임진	계사	갑오	을미
음력	29	30	8/1	2	3	4	5	6	7	8	9	10	11	12	13	14	15	16	17	18	19	20	21	22	23	24	25	26	27	28
구성	1	9	8	7	6	5	4	3	2	1	9	8	7	6	5	4	3	2	1	9	8	7	6	5	4	3	2	1	9	8
대운 남	2	2	2	1	1	1	1	백	10	10	9	9	9	8	8	8	7	7	7	6	6	6	추	5	5	4	4	4	3	3
대운 여	8	8	9	9	9	10	10	로	1	1	1	1	2	2	2	3	3	3	4	4	4	5	분	5	6	6	6	7	7	7

한로 9일 00시 31분 【음9월】➡ 【壬戌月(임술월)】 ●구자성 상강 24일 03시 37분

양력 10월 / 음력 08/29 ~ 09/30

양력	1	2	3	4	5	6	7	8	9	10	11	12	13	14	15	16	17	18	19	20	21	22	23	24	25	26	27	28	29	30	31
요일	일	월	화	수	목	금	토	일	월	화	수	목	금	토	일	월	화	수	목	금	토	일	월	화	수	목	금	토	일	월	화
日辰	병신	정유	무술	기해	경자	신축	임인	계묘	갑진	을사	병오	정미	무신	기유	경술	신해	임자	계축	갑인	을묘	병진	정사	무오	기미	경신	신유	임술	계해	갑자	을축	병인
음력	29	9/1	2	3	4	5	6	7	8	9	10	11	12	13	14	15	16	17	18	19	20	21	22	23	24	25	26	27	28	29	30
구성	7	6	5	4	3	2	1	9	8	7	6	5	4	3	2	1	9	8	7	6	5	4	3	2	1	9	8	7	6	5	4
대운 남	3	2	2	2	1	1	1	1	한	10	10	9	9	9	8	8	8	7	7	7	6	6	6	상	5	4	4	4	3	3	3
대운 여	8	8	8	9	9	9	10	10	로	1	1	1	1	2	2	2	3	3	3	4	4	4	5	강	5	6	6	6	7	7	7

입동 8일 03시 34분 【음10월】➡ 【癸亥月(계해월)】 ●팔백성 소설 23일 01시 05분

양력 11월 / 음력 10/01 ~ 11/01

양력	1	2	3	4	5	6	7	8	9	10	11	12	13	14	15	16	17	18	19	20	21	22	23	24	25	26	27	28	29	30
요일	수	목	금	토	일	월	화	수	목	금	토	일	월	화	수	목	금	토	일	월	화	수	목	금	토	일	월	화	수	목
日辰	정묘	무진	기사	경오	신미	임신	계유	갑술	을해	병자	정축	무인	기묘	경진	신사	임오	계미	갑신	을유	병술	정해	무자	기축	경인	신묘	임진	계사	갑오	을미	병신
음력	10/1	2	3	4	5	6	7	8	9	10	11	12	13	14	15	16	17	18	19	20	21	22	23	24	25	26	27	28	29	11/1
구성	3	2	1	9	8	7	6	5	4	3	2	1	9	8	7	6	5	4	3	2	1	9	8	7	6	5	4	3	2	1
대운 남	2	2	2	1	1	1	1	입	9	9	9	8	8	8	7	7	7	6	6	6	5	5	소	4	4	4	3	3	3	2
대운 여	8	8	8	9	9	9	10	동	1	1	1	1	2	2	2	3	3	3	4	4	4	5	설	5	6	6	6	7	7	7

대설 7일 20시 20분 【음11월】➡ 【甲子月(갑자월)】 ●칠적성 동지 22일 14시 21분

양력 12월 / 음력 11/02 ~ 12/02

양력	1	2	3	4	5	6	7	8	9	10	11	12	13	14	15	16	17	18	19	20	21	22	23	24	25	26	27	28	29	30	31
요일	금	토	일	월	화	수	목	금	토	일	월	화	수	목	금	토	일	월	화	수	목	금	토	일	월	화	수	목	금	토	일
日辰	정유	무술	기해	경자	신축	임인	계묘	갑진	을사	병오	정미	무신	기유	경술	신해	임자	계축	갑인	을묘	병진	정사	무오	기미	경신	신유	임술	계해	갑자	을축	병인	정묘
음력	2	3	4	5	6	7	8	9	10	11	12	13	14	15	16	17	18	19	20	21	22	23	24	25	26	27	28	29	30	12/1	2
구성	9	8	7	6	5	4	3	2	1	9	8	7	6	5	4	3	2	1	9	8	7	6	5	4	3	2	1	1	2	3	4
대운 남	2	2	1	1	1	1	대	10	9	9	9	8	8	8	7	7	7	6	6	6	5	동	5	4	4	4	3	3	3	2	2
대운 여	8	8	8	9	9	9	설	1	1	1	1	2	2	2	3	3	3	4	4	4	5	지	5	6	6	6	7	7	7	8	8

9월 17일 대한민국, 소련군 침공후 들어선 아프가니스탄 친소정부와 단교.이집트의 안와르 사다트 대통령과 이스라엘의 메나헴 베긴 총리가 캠프데이비드 협정에 서명하다.10월 7일 - 대한민국에서 홍성 지진이 발생하다.11월 3일 - 도미니카 연방 독립11월 6일 - 이란, 군사정권 성립.

단기 4312 年	**1979년**	中元-기미(己未)년. 납음(천상화),본명성(삼벽목)	
불기 2523 年	윤6월	대장군(卯동방). 삼살(酉서방), 상문(酉서방),조객(巳동남방), 납음(천상화),【삼재(사,오,미)년】	양띠

1월 — 소한 6일 07시 32분 【음12월】➡ 【乙丑月(을축월)】 ☯육백성 대한 21일 01시 00분 （음력 12/03 ~ 01/04）

양력	1	2	3	4	5	6	7	8	9	10	11	12	13	14	15	16	17	18	19	20	21	22	23	24	25	26	27	28	29	30	31
요일	월	화	수	목	금	토	일	월	화	수	목	금	토	일	월	화	수	목	금	토	일	월	화	수	목	금	토	일	월	화	수
日辰	무진	기사	경오	신미	임신	계유	갑술	을해	병자	정축	무인	기묘	경진	신사	임오	계미	갑신	을유	병술	정해	무자	기축	경인	신묘	임진	계사	갑오	을미	병신	정유	무술
음력	3	4	5	6	7	8	9	10	11	12	13	14	15	16	17	18	19	20	21	22	23	24	25	26	27	28	29	1/1	2	3	4
구성	5	6	7	8	9	1	2	3	4	5	6	7	8	9	1	2	3	4	5	6	7	8	9	1	2	3	4	5	6	7	8
대운 남	2	1	1	1	1	소한	9	9	9	8	8	8	7	7	7	6	6	6	5	5	대한	4	4	4	3	3	3	2	2	1	1
대운 여	8	9	9	9	10	소한	1	1	1	1	2	2	2	3	3	3	4	4	4	5	대한	5	6	6	6	7	7	7	8	8	9

2월 — 입춘 4일 19시 12분 【음1월】➡ 【丙寅月(병인월)】 ☯오황성 우수 19일 15시 13분 （음력 01/05 ~ 02/02）

양력	1	2	3	4	5	6	7	8	9	10	11	12	13	14	15	16	17	18	19	20	21	22	23	24	25	26	27	28
요일	목	금	토	일	월	화	수	목	금	토	일	월	화	수	목	금	토	일	월	화	수	목	금	토	일	월	화	수
日辰	기해	경자	신축	임인	계묘	갑진	을사	병오	정미	무신	기유	경술	신해	임자	계축	갑인	을묘	병진	정사	무오	기미	경신	신유	임술	계해	갑자	을축	병인
음력	5	6	7	8	9	10	11	12	13	14	15	16	17	18	19	20	21	22	23	24	25	26	27	28	29	30	2/1	2
구성	9	1	2	3	4	5	6	7	8	9	1	2	3	4	5	6	7	8	9	1	2	3	4	5	6	7	8	9
대운 남	1	1	1	입춘	1	1	1	1	2	2	2	3	3	3	4	4	4	5	우수	5	6	6	6	7	7	7	8	8
대운 여	9	9	9	입춘	10	9	9	9	8	8	8	7	7	7	6	6	6	5	우수	5	4	4	4	3	3	3	2	2

3월 — 경칩 6일 13시 20분 【음2월】➡ 【丁卯月(정묘월)】 ☯사록성 춘분 21일 14시 22분 （음력 02/03 ~ 03/04）

양력	1	2	3	4	5	6	7	8	9	10	11	12	13	14	15	16	17	18	19	20	21	22	23	24	25	26	27	28	29	30	31
요일	목	금	토	일	월	화	수	목	금	토	일	월	화	수	목	금	토	일	월	화	수	목	금	토	일	월	화	수	목	금	토
日辰	정묘	무진	기사	경오	신미	임신	계유	갑술	을해	병자	정축	무인	기묘	경진	신사	임오	계미	갑신	을유	병술	정해	무자	기축	경인	신묘	임진	계사	갑오	을미	병신	정유
음력	3	4	5	6	7	8	9	10	11	12	13	14	15	16	17	18	19	20	21	22	23	24	25	26	27	28	29	3/1	2	3	4
구성	1	2	3	4	5	6	7	8	9	1	2	3	4	5	6	7	8	9	1	2	3	4	5	6	7	8	9	1	2	3	4
대운 남	8	9	9	9	10	경칩	1	1	1	1	2	2	2	3	3	3	4	4	4	5	춘분	5	6	6	6	7	7	7	8	8	9
대운 여	2	1	1	1	1	경칩	10	9	9	9	8	8	8	7	7	7	6	6	6	5	춘분	5	4	4	4	3	3	3	2	2	1

4월 — 청명 5일 18시 18분 【음3월】➡ 【戊辰月(무진월)】 ☯삼벽성 곡우 21일 01시 35분 （음력 03/05 ~ 04/05）

양력	1	2	3	4	5	6	7	8	9	10	11	12	13	14	15	16	17	18	19	20	21	22	23	24	25	26	27	28	29	30
요일	일	월	화	수	목	금	토	일	월	화	수	목	금	토	일	월	화	수	목	금	토	일	월	화	수	목	금	토	일	월
日辰	무술	기해	경자	신축	임인	계묘	갑진	을사	병오	정미	무신	기유	경술	신해	임자	계축	갑인	을묘	병진	정사	무오	기미	경신	신유	임술	계해	갑자	을축	병인	정묘
음력	5	6	7	8	9	10	11	12	13	14	15	16	17	18	19	20	21	22	23	24	25	26	27	28	29	4/1	2	3	4	5
구성	5	6	7	8	9	1	2	3	4	5	6	7	8	9	1	2	3	4	5	6	7	8	9	1	2	3	4	5	6	7
대운 남	9	9	9	10	청명	1	1	1	1	2	2	2	3	3	3	4	4	4	5	5	곡우	6	6	6	7	7	7	8	8	9
대운 여	1	1	1	1	청명	10	10	10	9	9	9	8	8	8	7	7	7	6	6	5	곡우	5	4	4	4	3	3	3	2	2

5월 — 입하 6일 11시 47분 【음4월】➡ 【己巳月(기사월)】 ☯이흑성 소만 22일 00시 54분 （음력 04/06 ~ 05/06）

양력	1	2	3	4	5	6	7	8	9	10	11	12	13	14	15	16	17	18	19	20	21	22	23	24	25	26	27	28	29	30	31
요일	화	수	목	금	토	일	월	화	수	목	금	토	일	월	화	수	목	금	토	일	월	화	수	목	금	토	일	월	화	수	목
日辰	무진	기사	경오	신미	임신	계유	갑술	을해	병자	정축	무인	기묘	경진	신사	임오	계미	갑신	을유	병술	정해	무자	기축	경인	신묘	임진	계사	갑오	을미	병신	정유	무술
음력	6	7	8	9	10	11	12	13	14	15	16	17	18	19	20	21	22	23	24	25	26	27	28	29	30	5/1	2	3	4	5	6
구성	8	9	1	2	3	4	5	6	7	8	9	1	2	3	4	5	6	7	8	9	1	2	3	4	5	6	7	8	9	1	2
대운 남	9	9	9	10	10	입하	1	1	1	1	2	2	2	3	3	3	4	4	4	5	5	소만	6	6	6	7	7	7	8	8	9
대운 여	2	1	1	1	1	입하	10	10	10	9	9	9	8	8	8	7	7	7	6	6	6	소만	5	5	4	4	4	3	3	3	2

6월 — 망종 6일 16시 05분 【음5월】➡ 【庚午月(경오월)】 ☯일백성 하지 22일 08시 56분 （음력 05/07 ~ 06/07）

양력	1	2	3	4	5	6	7	8	9	10	11	12	13	14	15	16	17	18	19	20	21	22	23	24	25	26	27	28	29	30
요일	금	토	일	월	화	수	목	금	토	일	월	화	수	목	금	토	일	월	화	수	목	금	토	일	월	화	수	목	금	토
日辰	기해	경자	신축	임인	계묘	갑진	을사	병오	정미	무신	기유	경술	신해	임자	계축	갑인	을묘	병진	정사	무오	기미	경신	신유	임술	계해	갑자	을축	병인	정묘	무진
음력	7	8	9	10	11	12	13	14	15	16	17	18	19	20	21	22	23	24	25	26	27	28	29	6/1	2	3	4	5	6	7
구성	3	4	5	6	7	8	9	1	2	3	4	5	6	7	8	9	1	2	3	4	5	6	7	8	9	9	8	7	6	5
대운 남	9	9	9	10	10	망종	1	1	1	1	2	2	2	3	3	3	4	4	4	5	5	하지	6	6	6	7	7	7	8	8
대운 여	2	1	1	1	1	망종	10	10	10	9	9	9	8	8	8	7	7	7	6	6	6	하지	5	5	4	4	4	3	3	3

1월 16일 - 이란 국왕, 이집트로 망명3월 26일 - 이집트와 이스라엘, 백악관에서 평화조약 체결.3월 28일 - 미국 스리마일섬 원자력발전소 사고.5월 4일 - 마거릿 대처가 영국의 총리로 취임하다.8월 13일 - 중국, 산아제한 정책 발표.8월 25일 - 태풍 쥬디, 대한민국에 상륙

2흑	7적	9자
1백	3벽	5황
6백	8백	4록

1979

7월 — 소서 8일 02시 25분 【음6월】➡ 【辛未月(신미월)】 ☯구자성 대서 23일 19시 49분

음력 06/08 ~ 윤608

양력	1	2	3	4	5	6	7	8	9	10	11	12	13	14	15	16	17	18	19	20	21	22	23	24	25	26	27	28	29	30	31
요일	일	월	화	수	목	금	토	일	월	화	수	목	금	토	일	월	화	수	목	금	토	일	월	화	수	목	금	토	일	월	화
일진/日辰	기사	경오	신미	임신	계유	갑술	을해	병자	정축	무인	기묘	경진	신사	임오	계미	갑신	을유	병술	정해	무자	기축	경인	신묘	임진	계사	갑오	을미	병신	정유	무술	기해
음력	8	9	10	11	12	13	14	15	16	17	18	19	20	21	22	23	24	25	26	27	28	29	30	윤6	2	3	4	5	6	7	8
구성	4	3	2	1	9	8	7	6	5	4	3	2	1	9	8	7	6	5	4	3	2	1	9	8	7	6	5	4	3	2	1
대(남)	8	9	9	9	10	10	10	소	1	1	1	1	2	2	2	3	3	3	4	4	4	5	대	5	6	6	6	7	7	7	8
운(여)	2	2	2	1	1	1	1	서	10	10	9	9	9	8	8	8	7	7	7	6	6	6	서	5	5	4	4	4	3	3	3

8월 — 입추 8일 12시 11분 【음7월】➡ 【壬申月(임신월)】 ☯팔백성 처서 24일 02시 47분

음력 윤609 ~ 07/09

양력	1	2	3	4	5	6	7	8	9	10	11	12	13	14	15	16	17	18	19	20	21	22	23	24	25	26	27	28	29	30	31
요일	수	목	금	토	일	월	화	수	목	금	토	일	월	화	수	목	금	토	일	월	화	수	목	금	토	일	월	화	수	목	금
일진/日辰	경자	신축	임인	계묘	갑진	을사	병오	정미	무신	기유	경술	신해	임자	계축	갑인	을묘	병진	정사	무오	기미	경신	신유	임술	계해	갑자	을축	병인	정묘	무진	기사	경오
음력	9	10	11	12	13	14	15	16	17	18	19	20	21	22	23	24	25	26	27	28	29	30	7/1	2	3	4	5	6	7	8	9
구성	9	8	7	6	5	4	3	2	1	9	8	7	6	5	4	3	2	1	9	8	7	6	5	4	3	2	1	9	8	7	6
대(남)	8	8	9	9	9	10	10	입	1	1	1	1	2	2	2	3	3	3	4	4	4	5	5	처	6	6	6	7	7	7	8
운(여)	2	2	2	1	1	1	1	추	10	10	9	9	9	8	8	8	7	7	7	6	6	6	5	서	5	4	4	4	3	3	3

9월 — 백로 8일 15시 00분 【음8월】➡ 【癸酉月(계유월)】 ☯칠적성 추분 24일 00시 16분

음력 07/10 ~ 08/10

양력	1	2	3	4	5	6	7	8	9	10	11	12	13	14	15	16	17	18	19	20	21	22	23	24	25	26	27	28	29	30
요일	토	일	월	화	수	목	금	토	일	월	화	수	목	금	토	일	월	화	수	목	금	토	일	월	화	수	목	금	토	일
일진/日辰	신미	임신	계유	갑술	을해	병자	정축	무인	기묘	경진	신사	임오	계미	갑신	을유	병술	정해	무자	기축	경인	신묘	임진	계사	갑오	을미	병신	정유	무술	기해	경자
음력	10	11	12	13	14	15	16	17	18	19	20	21	22	23	24	25	26	27	28	29	8/1	2	3	4	5	6	7	8	9	10
구성	5	4	3	2	1	9	8	7	6	5	4	3	2	1	9	8	7	6	5	4	3	2	1	9	8	7	6	5	4	3
대(남)	8	8	9	9	9	10	10	백	1	1	1	1	2	2	2	3	3	3	4	4	4	5	5	추	6	6	6	7	7	7
운(여)	2	2	2	1	1	1	1	로	10	10	9	9	9	8	8	8	7	7	7	6	6	6	5	분	5	4	4	4	3	3

10월 — 한로 9일 06시 30분 【음9월】➡ 【甲戌月(갑술월)】 ☯육백성 상강 24일 09시 28분

음력 08/11 ~ 09/11

양력	1	2	3	4	5	6	7	8	9	10	11	12	13	14	15	16	17	18	19	20	21	22	23	24	25	26	27	28	29	30	31
요일	월	화	수	목	금	토	일	월	화	수	목	금	토	일	월	화	수	목	금	토	일	월	화	수	목	금	토	일	월	화	수
일진/日辰	신축	임인	계묘	갑진	을사	병오	정미	무신	기유	경술	신해	임자	계축	갑인	을묘	병진	정사	무오	기미	경신	신유	임술	계해	갑자	을축	병인	정묘	무진	기사	경오	신미
음력	11	12	13	14	15	16	17	18	19	20	21	22	23	24	25	26	27	28	29	30	9/1	2	3	4	5	6	7	8	9	10	11
구성	2	1	9	8	7	6	5	4	3	2	1	9	8	7	6	5	4	3	2	1	9	8	7	6	5	4	3	2	1	9	8
대(남)	8	8	8	9	9	9	10	10	한	1	1	1	1	2	2	2	3	3	3	4	4	4	5	상	5	6	6	6	7	7	7
운(여)	3	2	2	2	1	1	1	1	로	10	9	9	9	8	8	8	7	7	7	6	6	6	5	강	5	4	4	4	3	3	3

11월 — 입동 8일 09시 33분 【음10월】➡ 【乙亥月(을해월)】 ☯오황성 소설 23일 06시 54분

음력 09/12 ~ 10/11

양력	1	2	3	4	5	6	7	8	9	10	11	12	13	14	15	16	17	18	19	20	21	22	23	24	25	26	27	28	29	30
요일	목	금	토	일	월	화	수	목	금	토	일	월	화	수	목	금	토	일	월	화	수	목	금	토	일	월	화	수	목	금
일진/日辰	임신	계유	갑술	을해	병자	정축	무인	기묘	경진	신사	임오	계미	갑신	을유	병술	정해	무자	기축	경인	신묘	임진	계사	갑오	을미	병신	정유	무술	기해	경자	신축
음력	12	13	14	15	16	17	18	19	20	21	22	23	24	25	26	27	28	29	30	10/1	2	3	4	5	6	7	8	9	10	11
구성	7	6	5	4	3	2	1	9	8	7	6	5	4	3	2	1	9	8	7	6	5	4	3	2	1	9	8	7	6	5
대(남)	8	8	8	9	9	9	10	입	1	1	1	1	2	2	2	3	3	3	4	4	4	5	소	5	6	6	6	7	7	7
운(여)	2	2	2	1	1	1	1	동	10	9	9	9	8	8	8	7	7	7	6	6	6	5	설	5	4	4	4	3	3	3

12월 — 대설 8일 02시 18분 【음11월】➡ 【丙子月(병자월)】 ☯사록성 동지 22일 20시 10분

음력 10/12 ~ 11/13

양력	1	2	3	4	5	6	7	8	9	10	11	12	13	14	15	16	17	18	19	20	21	22	23	24	25	26	27	28	29	30	31
요일	토	일	월	화	수	목	금	토	일	월	화	수	목	금	토	일	월	화	수	목	금	토	일	월	화	수	목	금	토	일	월
일진/日辰	임인	계묘	갑진	을사	병오	정미	무신	기유	경술	신해	임자	계축	갑인	을묘	병진	정사	무오	기미	경신	신유	임술	계해	갑자	을축	병인	정묘	무진	기사	경오	신미	임신
음력	12	13	14	15	16	17	18	19	20	21	22	23	24	25	26	27	28	29	11/1	2	3	4	5	6	7	8	9	10	11	12	13
구성	4	3	2	1	9	8	7	6	5	4	3	2	1	9	8	7	6	5	4	3	2	1	1	2	3	4	5	6	7	8	9
대(남)	8	8	8	9	9	9	10	대	1	1	1	1	2	2	2	3	3	3	4	4	4	동	5	5	6	6	6	7	7	7	8
운(여)	2	2	2	1	1	1	1	설	9	9	9	8	8	8	7	7	7	6	6	6	5	지	5	4	4	4	3	3	3	2	2

10월 15일 - 부마항쟁이 시작됨.10월 26일 - 대한민국 대통령 박정희 서거.11월 3일 - 박정희 대통령의 국장.11월 26일 - 계엄사, YWCA 사건 발표. 이 사건은 결혼식을 위장하여 민주 세력들이 대통령의 통일주체국민회의에 의한 선출을 반대한 시위 사건임.

단기 4313 年 / 불기 2524 年	**1980년**	中元-경신(庚申)년, 납음(석류목), 본명성(이흑토)

대장군(午남방), 삼살(남방), 상문(戌서북방), 조객(午남방), 납음(석류목), 삼재(인,묘,진)　臘享(납향):1981년1월17일(음12/12)

1월 (양력 1월 · 음력 11/14 ~ 12/14)

소한 6일 13시 29분　【음12월】➡　【丁丑月(정축월)】　☯삼벽성　대한 21일 06시 49분

양력	1	2	3	4	5	6	7	8	9	10	11	12	13	14	15	16	17	18	19	20	21	22	23	24	25	26	27	28	29	30	31
요일	화	수	목	금	토	일	월	화	수	목	금	토	일	월	화	수	목	금	토	일	월	화	수	목	금	토	일	월	화	수	목
일진(日辰)	계유	갑술	을해	병자	정축	무인	기묘	경진	신사	임오	계미	갑신	을유	병술	정해	무자	기축	경인	신묘	임진	계사	갑오	을미	병신	정유	무술	기해	경자	신축	임인	계묘
음력	14	15	16	17	18	19	20	21	22	23	24	25	26	27	28	29	30	12/1	2	3	4	5	6	7	8	9	10	11	12	13	14
구성	1	2	3	4	5	6	7	8	9	1	2	3	4	5	6	7	8	9	1	2	3	4	5	6	7	8	9	1	2	3	4
대운 남	8	8	9	9	9	소한	1	1	1	1	2	2	2	3	3	3	4	4	4	5	대한	5	6	6	6	7	7	7	8	8	8
대운 여	2	1	1	1	1	소한	10	9	9	9	8	8	8	7	7	7	6	6	6	5	대한	5	4	4	4	3	3	3	2	2	2

2월 (양력 2월 · 음력 12/15 ~ 01/14)

입춘 5일 01시 09분　【음1월】➡　【戊寅月(무인월)】　☯이흑성　우수 19일 21시 02분

양력	1	2	3	4	5	6	7	8	9	10	11	12	13	14	15	16	17	18	19	20	21	22	23	24	25	26	27	28	29
요일	금	토	일	월	화	수	목	금	토	일	월	화	수	목	금	토	일	월	화	수	목	금	토	일	월	화	수	목	금
일진(日辰)	갑진	을사	병오	정미	무신	기유	경술	신해	임자	계축	갑인	을묘	병진	정사	무오	기미	경신	신유	임술	계해	갑자	을축	병인	정묘	무진	기사	경오	신미	임신
음력	15	16	17	18	19	20	21	22	23	24	25	26	27	28	29	1/1	2	3	4	5	6	7	8	9	10	11	12	13	14
구성	5	6	7	8	9	1	2	3	4	5	6	7	8	9	1	2	3	4	5	6	7	8	9	1	2	3	4	5	6
대운 남	9	9	9	10	입춘	9	9	9	8	8	8	7	7	7	6	6	6	5	우수	5	4	4	4	3	3	3	2	2	2
대운 여	1	1	1	1	입춘	1	1	1	1	2	2	2	3	3	3	4	4	4	우수	5	5	6	6	6	7	7	7	8	8

3월 (양력 3월 · 음력 01/15 ~ 02/15)

경칩 5일 19시 17분　【음2월】➡　【己卯月(기묘월)】　☯일백성　춘분 20일 20시 10분

양력	1	2	3	4	5	6	7	8	9	10	11	12	13	14	15	16	17	18	19	20	21	22	23	24	25	26	27	28	29	30	31
요일	토	일	월	화	수	목	금	토	일	월	화	수	목	금	토	일	월	화	수	목	금	토	일	월	화	수	목	금	토	일	월
일진(日辰)	계유	갑술	을해	병자	정축	무인	기묘	경진	신사	임오	계미	갑신	을유	병술	정해	무자	기축	경인	신묘	임진	계사	갑오	을미	병신	정유	무술	기해	경자	신축	임인	계묘
음력	15	16	17	18	19	20	21	22	23	24	25	26	27	28	29	30	2/1	2	3	4	5	6	7	8	9	10	11	12	13	14	15
구성	7	8	9	1	2	3	4	5	6	7	8	9	1	2	3	4	5	6	7	8	9	1	2	3	4	5	6	7	8	9	1
대운 남	1	1	1	1	경칩	10	10	9	9	9	8	8	8	7	7	7	6	6	6	춘분	5	5	4	4	4	3	3	3	2	2	2
대운 여	8	9	9	9	경칩	1	1	1	1	2	2	2	3	3	3	4	4	4	5	춘분	5	6	6	6	7	7	7	8	8	8	9

4월 (양력 4월 · 음력 02/16 ~ 03/16)

청명 5일 00시 15분　【음3월】➡　【庚辰月(경진월)】　☯구자성　곡우 20일 07시 23분

양력	1	2	3	4	5	6	7	8	9	10	11	12	13	14	15	16	17	18	19	20	21	22	23	24	25	26	27	28	29	30
요일	화	수	목	금	토	일	월	화	수	목	금	토	일	월	화	수	목	금	토	일	월	화	수	목	금	토	일	월	화	수
일진(日辰)	갑진	을사	병오	정미	무신	기유	경술	신해	임자	계축	갑인	을묘	병진	정사	무오	기미	경신	신유	임술	계해	갑자	을축	병인	정묘	무진	기사	경오	신미	임신	계유
음력	16	17	18	19	20	21	22	23	24	25	26	27	28	29	3/1	2	3	4	5	6	7	8	9	10	11	12	13	14	15	16
구성	2	3	4	5	6	7	8	9	1	2	3	4	5	6	7	8	9	1	2	3	4	5	6	7	8	9	1	2	3	4
대운 남	1	1	1	1	청명	10	10	9	9	9	8	8	8	7	7	7	6	6	6	곡우	5	4	4	4	3	3	3	2	2	2
대운 여	9	9	10	10	청명	1	1	1	1	2	2	2	3	3	3	4	4	4	5	곡우	5	6	6	6	7	7	7	8	8	8

5월 (양력 5월 · 음력 03/17 ~ 04/18)

입하 5일 17시 45분　【음4월】➡　【辛巳月(신사월)】　☯팔백성　소만 21일 06시 42분

양력	1	2	3	4	5	6	7	8	9	10	11	12	13	14	15	16	17	18	19	20	21	22	23	24	25	26	27	28	29	30	31
요일	목	금	토	일	월	화	수	목	금	토	일	월	화	수	목	금	토	일	월	화	수	목	금	토	일	월	화	수	목	금	토
일진(日辰)	갑술	을해	병자	정축	무인	기묘	경진	신사	임오	계미	갑신	을유	병술	정해	무자	기축	경인	신묘	임진	계사	갑오	을미	병신	정유	무술	기해	경자	신축	임인	계묘	갑진
음력	17	18	19	20	21	22	23	24	25	26	27	28	29	4/1	2	3	4	5	6	7	8	9	10	11	12	13	14	15	16	17	18
구성	5	6	7	8	9	1	2	3	4	5	6	7	8	9	1	2	3	4	5	6	7	8	9	1	2	3	4	5	6	7	8
대운 남	1	1	1	1	입하	10	10	9	9	9	8	8	8	7	7	7	6	6	6	5	소만	5	4	4	4	3	3	3	2	2	2
대운 여	9	9	9	10	입하	1	1	1	1	2	2	2	3	3	3	4	4	4	5	5	소만	5	6	6	6	7	7	7	8	8	8

6월 (양력 6월 · 음력 04/19 ~ 05/18)

망종 5일 22시 04분　【음5월】➡　【壬午月(임오월)】　☯칠적성　하지 21일 14시 47분

양력	1	2	3	4	5	6	7	8	9	10	11	12	13	14	15	16	17	18	19	20	21	22	23	24	25	26	27	28	29	30
요일	일	월	화	수	목	금	토	일	월	화	수	목	금	토	일	월	화	수	목	금	토	일	월	화	수	목	금	토	일	월
일진(日辰)	을사	병오	정미	무신	기유	경술	신해	임자	계축	갑인	을묘	병진	정사	무오	기미	경신	신유	임술	계해	갑자	을축	병인	정묘	무진	기사	경오	신미	임신	계유	갑술
음력	19	20	21	22	23	24	25	26	27	28	29	30	5/1	2	3	4	5	6	7	8	9	10	11	12	13	14	15	16	17	18
구성	9	1	2	3	4	5	6	7	8	9	1	2	3	4	5	6	7	8	9	1	2	3	4	5	6	7	8	9	1	2
대운 남	1	1	1	1	망종	10	10	10	9	9	9	8	8	8	7	7	7	6	6	6	하지	5	5	5	4	4	4	3	3	3
대운 여	9	9	10	10	망종	1	1	1	1	2	2	2	3	3	3	4	4	4	5	5	하지	6	6	6	7	7	7	8	8	8

경 신 년

4월 21일 - 경부선 부산 덕포동 화물열차 전복사고 황산조차 쏟아져 발생 5월 17일 - 전두환을 비롯한 신군부, 집권 시나리오에 따라 내각에 비상계엄 전국확대 강요. 5월 18일 - 광주민주화운동.전남대 공수부대와 첫 충돌 가톨릭센터 전남대 집결 데모 경찰과 대치 최루탄발사하며 해산

한식(4월06일), 초복(7월16일), 중복(7월26일), 말복(8월15일)↑춘사(春社)3/16 ☀추사(秋社)9/22
토왕지절(土旺之節):4월17일,7월19일,10월20일,1월17일(음12/12)臘享(납향):1981년1월17일(음12/12)

三日得辛, 十龍治水, 1980년 경신년(석류목), 이흑토

1백	6백	8백
9자	2흑	4록
5황	7적	3벽

양력 7월 — 소서 7일 08시 24분 【음6월】→ 【癸未月(계미월)】 ◑육백성 대서 23일 01시 42분 (음력 05/19 ~ 06/20)

	1	2	3	4	5	6	7	8	9	10	11	12	13	14	15	16	17	18	19	20	21	22	23	24	25	26	27	28	29	30	31
요일	화	수	목	금	토	일	월	화	수	목	금	토	일	월	화	수	목	금	토	일	월	화	수	목	금	토	일	월	화	수	목
일진(天干)	을	병	정	무	기	경	신	임	계	갑	을	병	정	무	기	경	신	임	계	갑	을	병	정	무	기	경	신	임	계	갑	을
日辰(地支)	해	자	축	인	묘	진	사	오	미	신	유	술	해	자	축	인	묘	진	사	오	미	신	유	술	해	자	축	인	묘	진	사
음력	19	20	21	22	23	24	25	26	27	28	29	6/1	2	3	4	5	6	7	8	9	10	11	12	13	14	15	16	17	18	19	20
구성	7	6	5	4	3	2	1	9	8	7	6	5	4	3	2	1	9	8	7	6	5	4	3	2	1	9	8	7	6	5	4
대운(남)	2	2	1	1	1	1	소서	10	10	9	9	9	8	8	8	7	7	7	6	6	6	5	대서	5	4	4	4	3	3	3	2
대운(여)	9	9	9	10	10	10	소서	1	1	1	1	2	2	2	3	3	3	4	4	4	5	5	대서	6	6	6	7	7	7	8	8

양력 8월 — 입추 7일 18시 09분 【음7월】→ 【甲申月(갑신월)】 ◑오황성 처서 23일 08시 41분 (음력 06/21 ~ 07/21)

	1	2	3	4	5	6	7	8	9	10	11	12	13	14	15	16	17	18	19	20	21	22	23	24	25	26	27	28	29	30	31
요일	금	토	일	월	화	수	목	금	토	일	월	화	수	목	금	토	일	월	화	수	목	금	토	일	월	화	수	목	금	토	일
일진(天干)	병	정	무	기	경	신	임	계	갑	을	병	정	무	기	경	신	임	계	갑	을	병	정	무	기	경	신	임	계	갑	을	병
日辰(地支)	오	미	신	유	술	해	자	축	인	묘	진	사	오	미	신	유	술	해	자	축	인	묘	진	사	오	미	신	유	술	해	자
음력	21	22	23	24	25	26	27	28	29	30	7/1	2	3	4	5	6	7	8	9	10	11	12	13	14	15	16	17	18	19	20	21
구성	3	2	1	9	8	7	6	5	4	3	2	1	9	8	7	6	5	4	3	2	1	9	8	7	6	5	4	3	2	1	9
대운(남)	2	2	1	1	1	1	입추	10	10	9	9	9	8	8	8	7	7	7	6	6	6	5	처서	5	4	4	4	3	3	3	2
대운(여)	8	9	9	9	10	10	입추	1	1	1	1	2	2	2	3	3	3	4	4	4	5	5	처서	6	6	6	7	7	7	8	8

양력 9월 — 백로 7일 20시 53분 【음8월】→ 【乙酉月(을유월)】 ◐사록성 추분 23일 06시 09분 (음력 07/22 ~ 08/22)

	1	2	3	4	5	6	7	8	9	10	11	12	13	14	15	16	17	18	19	20	21	22	23	24	25	26	27	28	29	30
요일	월	화	수	목	금	토	일	월	화	수	목	금	토	일	월	화	수	목	금	토	일	월	화	수	목	금	토	일	월	화
일진(天干)	정	무	기	경	신	임	계	갑	을	병	정	무	기	경	신	임	계	갑	을	병	정	무	기	경	신	임	계	갑	을	병
日辰(地支)	축	인	묘	진	사	오	미	신	유	술	해	자	축	인	묘	진	사	오	미	신	유	술	해	자	축	인	묘	진	사	오
음력	22	23	24	25	26	27	28	29	8/1	2	3	4	5	6	7	8	9	10	11	12	13	14	15	16	17	18	19	20	21	22
구성	8	7	6	5	4	3	2	1	9	8	7	6	5	4	3	2	1	9	8	7	6	5	4	3	2	1	9	8	7	6
대운(남)	2	2	1	1	1	1	백로	10	10	9	9	9	8	8	8	7	7	7	6	6	6	5	추분	5	4	4	4	3	3	3
대운(여)	8	9	9	9	10	10	백로	1	1	1	1	2	2	2	3	3	3	4	4	4	5	5	추분	6	6	6	7	7	7	8

양력 10월 — 한로 8일 12시 19분 【음9월】→ 【丙戌月(병술월)】 ◐삼벽성 상강 23일 15시 18분 (음력 08/23 ~ 09/23)

	1	2	3	4	5	6	7	8	9	10	11	12	13	14	15	16	17	18	19	20	21	22	23	24	25	26	27	28	29	30	31
요일	수	목	금	토	일	월	화	수	목	금	토	일	월	화	수	목	금	토	일	월	화	수	목	금	토	일	월	화	수	목	금
일진(天干)	정	무	기	경	신	임	계	갑	을	병	정	무	기	경	신	임	계	갑	을	병	정	무	기	경	신	임	계	갑	을	병	정
日辰(地支)	미	신	유	술	해	자	축	인	묘	진	사	오	미	신	유	술	해	자	축	인	묘	진	사	오	미	신	유	술	해	자	축
음력	23	24	25	26	27	28	29	30	9/1	2	3	4	5	6	7	8	9	10	11	12	13	14	15	16	17	18	19	20	21	22	23
구성	5	4	3	2	1	9	8	7	6	5	4	3	2	1	9	8	7	6	5	4	3	2	1	9	8	7	6	5	4	3	2
대운(남)	2	2	2	1	1	1	1	한로	10	9	9	9	8	8	8	7	7	7	6	6	6	5	상강	5	4	4	4	3	3	3	2
대운(여)	8	8	9	9	9	10	10	한로	1	1	1	1	2	2	2	3	3	3	4	4	4	5	상강	5	6	6	6	7	7	7	8

양력 11월 — 입동 7일 15시 18분 【음10월】→ 【丁亥月(정해월)】 ◐이흑성 소설 22일 12시 41분 (음력 09/24 ~ 10/23)

	1	2	3	4	5	6	7	8	9	10	11	12	13	14	15	16	17	18	19	20	21	22	23	24	25	26	27	28	29	30
요일	토	일	월	화	수	목	금	토	일	월	화	수	목	금	토	일	월	화	수	목	금	토	일	월	화	수	목	금	토	일
일진(天干)	무	기	경	신	임	계	갑	을	병	정	무	기	경	신	임	계	갑	을	병	정	무	기	경	신	임	계	갑	을	병	정
日辰(地支)	인	묘	진	사	오	미	신	유	술	해	자	축	인	묘	진	사	오	미	신	유	술	해	자	축	인	묘	진	사	오	미
음력	24	25	26	27	28	29	30	10/1	2	3	4	5	6	7	8	9	10	11	12	13	14	15	16	17	18	19	20	21	22	23
구성	1	9	8	7	6	5	4	3	2	1	9	8	7	6	5	4	3	2	1	9	8	7	6	5	4	3	2	1	9	8
대운(남)	2	2	1	1	1	1	입동	10	9	9	9	8	8	8	7	7	7	6	6	6	5	소설	5	4	4	4	3	3	3	2
대운(여)	8	8	9	9	9	10	입동	1	1	1	1	2	2	2	3	3	3	4	4	4	5	소설	5	6	6	6	7	7	7	8

양력 12월 — 대설 7일 08시 01분 【음11월】→ 【戊子月(무자월)】 ◐일백성 동지 22일 01시 56분 (음력 10/24 ~ 11/25)

	1	2	3	4	5	6	7	8	9	10	11	12	13	14	15	16	17	18	19	20	21	22	23	24	25	26	27	28	29	30	31
요일	월	화	수	목	금	토	일	월	화	수	목	금	토	일	월	화	수	목	금	토	일	월	화	수	목	금	토	일	월	화	수
일진(天干)	무	기	경	신	임	계	갑	을	병	정	무	기	경	신	임	계	갑	을	병	정	무	기	경	신	임	계	갑	을	병	정	무
日辰(地支)	신	유	술	해	자	축	인	묘	진	사	오	미	신	유	술	해	자	축	인	묘	진	사	오	미	신	유	술	해	자	축	인
음력	24	25	26	27	28	29	11/1	2	3	4	5	6	7	8	9	10	11	12	13	14	15	16	17	18	19	20	21	22	23	24	25
구성	7	6	5	4	3	2	1	9	8	7	6	5	4	3	2	1	1	2	3	4	5	6	7	8	9	1	2	3	4	5	6
대운(남)	2	2	1	1	1	1	대설	9	9	9	8	8	8	7	7	7	6	6	6	5	5	동지	4	4	4	3	3	3	2	2	2
대운(여)	8	8	9	9	9	10	대설	1	1	1	1	2	2	2	3	3	3	4	4	4	5	동지	5	6	6	6	7	7	7	8	8

10월 27일 대한민국 제8 차 개정 헌법(이른바 제5 공화국 헌법)이 공포되었다.10·27 법난11월 6일 - 조치훈, 일본 바둑 명인위 획득1월 14일 - 정부, 언론통폐합 조치 발표..11월 30일 - 정부의 언론통폐합 .12월 8일 - 미국 뉴욕 시에서 마크 채프먼이 존 레논을 암살하였다.

1월 — 소한 5일 19시 13분 【음12월】 ➡ 【己丑月(기축월)】 ●구자성　대한 20일 12시 36분
(음력 11/26 ~ 12/26)

	1	2	3	4	5	6	7	8	9	10	11	12	13	14	15	16	17	18	19	20	21	22	23	24	25	26	27	28	29	30	31
요일	목	금	토	일	월	화	수	목	금	토	일	월	화	수	목	금	토	일	월	화	수	목	금	토	일	월	화	수	목	금	토
일진(日辰)	기묘	경진	신사	임오	계미	갑신	을유	병술	정해	무자	기축	경인	신묘	임진	계사	갑오	을미	병신	정유	무술	기해	경자	신축	임인	계묘	갑진	을사	병오	정미	무신	기유
음력	26	27	28	29	30	12/1	2	3	4	5	6	7	8	9	10	11	12	13	14	15	16	17	18	19	20	21	22	23	24	25	26
구성	7	8	9	1	2	3	4	5	6	7	8	9	1	2	3	4	5	6	7	8	9	1	2	3	4	5	6	7	8	9	1
대운 남	1	1	1	1	소한	10	9	9	9	8	8	8	7	7	7	6	6	6	5	대한	5	4	4	4	3	3	3	2	2	2	1
운 여	8	9	9	9	소한	1	1	1	1	2	2	2	3	3	3	4	4	4	5	대한	5	6	6	6	7	7	7	8	8	8	9

2월 — 입춘 4일 06시 55분 【음1월】 ➡ 【庚寅月(경인월)】 ●팔백성　우수 19일 02시 52분
(음력 12/27 ~ 01/24)

	1	2	3	4	5	6	7	8	9	10	11	12	13	14	15	16	17	18	19	20	21	22	23	24	25	26	27	28
요일	일	월	화	수	목	금	토	일	월	화	수	목	금	토	일	월	화	수	목	금	토	일	월	화	수	목	금	토
일진(日辰)	경술	신해	임자	계축	갑인	을묘	병진	정사	무오	기미	경신	신유	임술	계해	갑자	을축	병인	정묘	무진	기사	경오	신미	임신	계유	갑술	을해	병자	정축
음력	27	28	29	30	1/1	2	3	4	5	6	7	8	9	10	11	12	13	14	15	16	17	18	19	20	21	22	23	24
구성	2	3	4	5	6	7	8	9	1	2	3	4	5	6	7	8	9	1	2	3	4	5	6	7	8	9	1	2
대운 남	1	1	1	입춘	1	1	1	1	2	2	2	3	3	3	4	4	4	5	우수	5	6	6	6	7	7	7	8	8
운 여	9	9	10	입춘	10	9	9	9	8	8	8	7	7	7	6	6	6	5	우수	5	4	4	4	3	3	3	2	2

3월 — 경칩 6일 01시 05분 【음2월】 ➡ 【辛卯月(신묘월)】 ●칠적성　춘분 21일 02시 03분
(음력 01/25 ~ 02/26)

	1	2	3	4	5	6	7	8	9	10	11	12	13	14	15	16	17	18	19	20	21	22	23	24	25	26	27	28	29	30	31
요일	일	월	화	수	목	금	토	일	월	화	수	목	금	토	일	월	화	수	목	금	토	일	월	화	수	목	금	토	일	월	화
일진(日辰)	무인	기묘	경진	신사	임오	계미	갑신	을유	병술	정해	무자	기축	경인	신묘	임진	계사	갑오	을미	병신	정유	무술	기해	경자	신축	임인	계묘	갑진	을사	병오	정미	무신
음력	25	26	27	28	29	2/1	2	3	4	5	6	7	8	9	10	11	12	13	14	15	16	17	18	19	20	21	22	23	24	25	26
구성	3	4	5	6	7	8	9	1	2	3	4	5	6	7	8	9	1	2	3	4	5	6	7	8	9	1	2	3	4	5	6
대운 남	8	9	9	9	10	경칩	1	1	1	1	2	2	2	3	3	3	4	4	4	5	춘분	5	6	6	6	7	7	7	8	8	8
운 여	2	1	1	1	1	경칩	10	9	9	9	8	8	8	7	7	7	6	6	6	5	춘분	5	4	4	4	3	3	3	2	2	2

4월 — 청명 5일 06시 05분 【음3월】 ➡ 【壬辰月(임진월)】 ●육백성　곡우 20일 13시 19분
(음력 02/27 ~ 03/26)

	1	2	3	4	5	6	7	8	9	10	11	12	13	14	15	16	17	18	19	20	21	22	23	24	25	26	27	28	29	30
요일	수	목	금	토	일	월	화	수	목	금	토	일	월	화	수	목	금	토	일	월	화	수	목	금	토	일	월	화	수	목
일진(日辰)	기유	경술	신해	임자	계축	갑인	을묘	병진	정사	무오	기미	경신	신유	임술	계해	갑자	을축	병인	정묘	무진	기사	경오	신미	임신	계유	갑술	을해	병자	정축	무인
음력	27	28	29	30	3/1	2	3	4	5	6	7	8	9	10	11	12	13	14	15	16	17	18	19	20	21	22	23	24	25	26
구성	7	8	9	1	2	3	4	5	6	7	8	9	1	2	3	4	5	6	7	8	9	1	2	3	4	5	6	7	8	9
대운 남	9	9	9	10	청명	1	1	1	1	2	2	2	3	3	3	4	4	4	5	곡우	5	6	6	6	7	7	7	8	8	8
운 여	1	1	1	1	청명	10	9	9	9	8	8	8	7	7	7	6	6	6	5	곡우	5	4	4	4	3	3	3	2	2	2

5월 — 입하 5일 23시 55분 【음4월】 ➡ 【癸巳月(계사월)】 ●오황성　소만 21일 12시 39분
(음력 04/29 ~ 05/29)

	1	2	3	4	5	6	7	8	9	10	11	12	13	14	15	16	17	18	19	20	21	22	23	24	25	26	27	28	29	30	31
요일	금	토	일	월	화	수	목	금	토	일	월	화	수	목	금	토	일	월	화	수	목	금	토	일	월	화	수	목	금	토	일
일진(日辰)	기묘	경진	신사	임오	계미	갑신	을유	병술	정해	무자	기축	경인	신묘	임진	계사	갑오	을미	병신	정유	무술	기해	경자	신축	임인	계묘	갑진	을사	병오	정미	무신	기유
음력	27	28	29	4/1	2	3	4	5	6	7	8	9	10	11	12	13	14	15	16	17	18	19	20	21	22	23	24	25	26	27	28
구성	1	2	3	4	5	6	7	8	9	1	2	3	4	5	6	7	8	9	1	2	3	4	5	6	7	8	9	1	2	3	4
대운 남	9	9	9	10	입하	1	1	1	1	2	2	2	3	3	3	4	4	4	5	5	소만	6	6	6	7	7	7	8	8	8	9
운 여	1	1	1	1	입하	10	10	10	9	9	9	8	8	8	7	7	7	6	6	6	소만	5	5	4	4	4	3	3	3	2	2

6월 — 망종 6일 03시 53분 【음5월】 ➡ 【甲午月(갑오월)】 ●사록성　하지 21일 20시 45분
(음력 04/29 ~ 05/29)

	1	2	3	4	5	6	7	8	9	10	11	12	13	14	15	16	17	18	19	20	21	22	23	24	25	26	27	28	29	30
요일	월	화	수	목	금	토	일	월	화	수	목	금	토	일	월	화	수	목	금	토	일	월	화	수	목	금	토	일	월	화
일진(日辰)	경술	신해	임자	계축	갑인	을묘	병진	정사	무오	기미	경신	신유	임술	계해	갑자	을축	병인	정묘	무진	기사	경오	신미	임신	계유	갑술	을해	병자	정축	무인	기묘
음력	29	5/1	2	3	4	5	6	7	8	9	10	11	12	13	14	15	16	17	18	19	20	21	22	23	24	25	26	27	28	29
구성	5	6	7	8	9	1	2	3	4	5	6	7	8	9	1	2	3	4	5	6	7	8	9	9	8	7	6	5	4	3
대운 남	9	9	10	10	10	망종	1	1	1	1	2	2	2	3	3	3	4	4	4	5	하지	5	6	6	6	7	7	7	8	8
운 여	2	2	1	1	1	망종	10	10	9	9	9	8	8	8	7	7	7	6	6	6	하지	5	5	4	4	4	3	3	3	2

3월 3일 - 전두환, 제12대 대통령 취임.5월 14일 경부선 경산 열차 추돌사고 56명 사망 부상자 244명 7월 1일 경상북도 대구시와 달성군 월배읍, 성서읍, 공산면 및 칠곡군의 칠곡읍, 경산군의 안심읍, 고산면 일원을 관할로 대구직할시가, 경기도 인천시일원을 관할로 인천직할시가 각각 설치

한식(4월06일), 초복(7월11일), 중복(7월21일), 말복(8월10일) ↑춘사(春社)3/21 ☀추사(秋社)9/27
토왕지절(土旺之節):4월17일,7월20일,10월20일,1월17일(음12/23) 臘享(납향):1982년1월24일(음12/20)

八日得辛, 三龍治水, 1981년 신유년(석류목), 일백수

9자	5황	7적
8백	1백	3벽
4록	6백	2흑

소서 7일 14시 12분 【음6월】 → 【乙未月(을미월)】 ☯삼벽성　대서 23일 07시 40분

양력 7월 / 음력 05/30 - 07/01

양력	1	2	3	4	5	6	7	8	9	10	11	12	13	14	15	16	17	18	19	20	21	22	23	24	25	26	27	28	29	30	31
요일	수	목	금	토	일	월	화	수	목	금	토	일	월	화	수	목	금	토	일	월	화	수	목	금	토	일	월	화	수	목	금
일진(日辰)	경진	신사	임오	계미	갑신	을유	병술	정해	무자	기축	경인	신묘	임진	계사	갑오	을미	병신	정유	무술	기해	경자	신축	임인	계묘	갑진	을사	병오	정미	무신	기유	경술
음력	30	6/1	2	3	4	5	6	7	8	9	10	11	12	13	14	15	16	17	18	19	20	21	22	23	24	25	26	27	28	29	7/1
구성	2	1	9	8	7	6	5	4	3	2	1	9	8	7	6	5	4	3	2	1	9	8	7	6	5	4	3	2	1	9	8
대(남)	8	9	9	9	10	10	소서	1	1	1	1	2	2	2	3	3	3	4	4	4	5	5	대서	6	6	6	7	7	7	8	8
운(여)	2	2	1	1	1	1	소서	10	10	10	9	9	9	8	8	8	7	7	7	6	6	6	대서	5	5	4	4	4	3	3	3

입추 7일 23시 57분 【음7월】 → 【丙申月(병신월)】 ☯이흑성　처서 23일 14시 38분

양력 8월 / 음력 07/02 - 08/03

양력	1	2	3	4	5	6	7	8	9	10	11	12	13	14	15	16	17	18	19	20	21	22	23	24	25	26	27	28	29	30	31
요일	토	일	월	화	수	목	금	토	일	월	화	수	목	금	토	일	월	화	수	목	금	토	일	월	화	수	목	금	토	일	월
일진(日辰)	신해	임자	계축	갑인	을묘	병진	정사	무오	기미	경신	신유	임술	계해	갑자	을축	병인	정묘	무진	기사	경오	신미	임신	계유	갑술	을해	병자	정축	무인	기묘	경진	신사
음력	2	3	4	5	6	7	8	9	10	11	12	13	14	15	16	17	18	19	20	21	22	23	24	25	26	27	28	29	8/1	2	3
구성	7	6	5	4	3	2	1	9	8	7	6	5	4	3	2	1	9	8	7	6	5	4	3	2	1	9	8	7	6	5	4
대(남)	8	9	9	9	10	10	입추	1	1	1	1	2	2	2	3	3	3	4	4	4	5	5	처서	6	6	6	7	7	7	8	8
운(여)	2	2	1	1	1	1	입추	10	10	10	9	9	9	8	8	8	7	7	7	6	6	6	처서	5	5	4	4	4	3	3	3

백로 8일 02시 43분 【음8월】 → 【丁酉月(정유월)】 ☯일백성　추분 23일 12시 06분

양력 9월 / 음력 08/04 - 09/03

양력	1	2	3	4	5	6	7	8	9	10	11	12	13	14	15	16	17	18	19	20	21	22	23	24	25	26	27	28	29	30
요일	화	수	목	금	토	일	월	화	수	목	금	토	일	월	화	수	목	금	토	일	월	화	수	목	금	토	일	월	화	수
일진(日辰)	임오	계미	갑신	을유	병술	정해	무자	기축	경인	신묘	임진	계사	갑오	을미	병신	정유	무술	기해	경자	신축	임인	계묘	갑진	을사	병오	정미	무신	기유	경술	신해
음력	4	5	6	7	8	9	10	11	12	13	14	15	16	17	18	19	20	21	22	23	24	25	26	27	28	29	30	9/1	2	3
구성	3	2	1	9	8	7	6	5	4	3	2	1	9	8	7	6	5	4	3	2	1	9	8	7	6	5	4	3	2	1
대(남)	8	9	9	9	10	10	10	백로	1	1	1	1	2	2	2	3	3	3	4	4	4	5	추분	5	6	6	6	7	7	7
운(여)	2	2	2	1	1	1	1	백로	10	9	9	9	8	8	8	7	7	7	6	6	6	5	추분	5	4	4	4	3	3	3

한로 8일 18시 10분 【음9월】 → 【戊戌月(무술월)】 ☯구자성　상강 23일 21시 13분

양력 10월 / 음력 09/04 - 10/04

양력	1	2	3	4	5	6	7	8	9	10	11	12	13	14	15	16	17	18	19	20	21	22	23	24	25	26	27	28	29	30	31
요일	목	금	토	일	월	화	수	목	금	토	일	월	화	수	목	금	토	일	월	화	수	목	금	토	일	월	화	수	목	금	토
일진(日辰)	임자	계축	갑인	을묘	병진	정사	무오	기미	경신	신유	임술	계해	갑자	을축	병인	정묘	무진	기사	경오	신미	임신	계유	갑술	을해	병자	정축	무인	기묘	경진	신사	임오
음력	4	5	6	7	8	9	10	11	12	13	14	15	16	17	18	19	20	21	22	23	24	25	26	27	28	29	30	10/1	2	3	4
구성	9	8	7	6	5	4	3	2	1	9	8	7	6	5	4	3	2	1	9	8	7	6	5	4	3	2	1	9	8	7	6
대(남)	8	8	8	9	9	9	10	한로	1	1	1	1	2	2	2	3	3	3	4	4	4	5	상강	5	6	6	6	7	7	7	8
운(여)	2	2	2	1	1	1	1	한로	10	9	9	9	8	8	8	7	7	7	6	6	6	5	상강	5	4	4	4	3	3	3	3

입동 7일 12시 09분 【음10월】 → 【己亥月(기해월)】 ☯팔백성　소설 22일 18시 36분

양력 11월 / 음력 10/05 - 11/05

양력	1	2	3	4	5	6	7	8	9	10	11	12	13	14	15	16	17	18	19	20	21	22	23	24	25	26	27	28	29	30
요일	일	월	화	수	목	금	토	일	월	화	수	목	금	토	일	월	화	수	목	금	토	일	월	화	수	목	금	토	일	월
일진(日辰)	계미	갑신	을유	병술	정해	무자	기축	경인	신묘	임진	계사	갑오	을미	병신	정유	무술	기해	경자	신축	임인	계묘	갑진	을사	병오	정미	무신	기유	경술	신해	임자
음력	5	6	7	8	9	10	11	12	13	14	15	16	17	18	19	20	21	22	23	24	25	26	27	28	29	11/1	2	3	4	5
구성	5	4	3	2	1	9	8	7	6	5	4	3	2	1	9	8	7	6	5	4	3	2	1	9	8	7	6	5	4	3
대(남)	8	8	9	9	9	10	입동	1	1	1	1	2	2	2	3	3	3	4	4	4	5	소설	5	6	6	6	7	7	7	8
운(여)	2	2	1	1	1	1	입동	10	9	9	9	8	8	8	7	7	7	6	6	6	5	소설	5	4	4	4	3	3	3	3

대설 7일 13시 51분 【음11월】 → 【庚子月(경자월)】 ☯칠적성　동지 22일 07시 51분

양력 12월 / 음력 11/06 - 12/06

양력	1	2	3	4	5	6	7	8	9	10	11	12	13	14	15	16	17	18	19	20	21	22	23	24	25	26	27	28	29	30	31
요일	화	수	목	금	토	일	월	화	수	목	금	토	일	월	화	수	목	금	토	일	월	화	수	목	금	토	일	월	화	수	목
일진(日辰)	계축	갑인	을묘	병진	정사	무오	기미	경신	신유	임술	계해	갑자	을축	병인	정묘	무진	기사	경오	신미	임신	계유	갑술	을해	병자	정축	무인	기묘	경진	신사	임오	계미
음력	6	7	8	9	10	11	12	13	14	15	16	17	18	19	20	21	22	23	24	25	26	27	28	29	30	12/1	2	3	4	5	6
구성	2	1	9	8	7	6	5	4	3	2	1	1	2	3	4	5	6	7	8	9	1	2	3	4	5	6	7	8	9	1	2
대(남)	8	8	9	9	9	10	대설	1	1	1	1	2	2	2	3	3	3	4	4	4	5	동지	5	6	6	6	7	7	7	8	8
운(여)	2	2	1	1	1	1	대설	10	9	9	9	8	8	8	7	7	7	6	6	6	5	동지	5	4	4	4	3	3	3	2	2

10월 6일 - 안와르 사다트 이집트 대통령, 4차 중동전쟁 8주년 기념식장서 회교 극단주의 군인들에게 피살.10월 21일 - 벨리즈 독립11월 1일 - 앤티가 바부다 독립11월 6일 - 대한민국 안기부 , 학원침투 교포간첩단 검거 발표.11월 11일 - 앤티가 바부다, 국제연합 가입.

단기 4315 年 불기 2526 年	**1982**년 윤4월	中元-임술(壬戌)년, 납음(대해수),본명성(구자화) 대장군(午남방), 삼살(북방), 상문(子북방),조객(申서남방), 납음 (대해수), 【삼재(신,유,술)년】 臘享(납향):1983년1월19일(음12/06)

1월 — 소한 6일 01시 03분 【음12월】➡ 【辛丑月(신축월)】 ○육백성 — 대한 20일 18시 31분

양력	1	2	3	4	5	6	7	8	9	10	11	12	13	14	15	16	17	18	19	20	21	22	23	24	25	26	27	28	29	30	31
요일	금	토	일	월	화	수	목	금	토	일	월	화	수	목	금	토	일	월	화	수	목	금	토	일	월	화	수	목	금	토	일
일진/日辰	갑신	을유	병술	정해	무자	기축	경인	신묘	임진	계사	갑오	을미	병신	정유	무술	기해	경자	신축	임인	계묘	갑진	을사	병오	정미	무신	기유	경술	신해	임자	계축	갑인
음력	7	8	9	10	11	12	13	14	15	16	17	18	19	20	21	22	23	24	25	26	27	28	29	30	1/1	2	3	4	5	6	7
구성	3	4	5	6	7	8	9	1	2	3	4	5	6	7	8	9	1	2	3	4	5	6	7	8	9	1	2	3	4	5	6
대운 남	8	9	9	9	10	소한	1	1	1	1	2	2	2	3	3	3	4	4	4	대한	5	5	6	6	6	7	7	7	8	8	
운 여	2	1	1	1	1	소한	9	9	9	8	8	8	7	7	7	6	6	6	5	대한	5	4	4	4	3	3	3	2	2		

음력 12/07 ~ 01/07

2월 — 입춘 4일 12시 45분 【음1월】➡ 【壬寅月(임인월)】 ○오황성 — 우수 19일 08시 47분

양력	1	2	3	4	5	6	7	8	9	10	11	12	13	14	15	16	17	18	19	20	21	22	23	24	25	26	27	28
요일	월	화	수	목	금	토	일	월	화	수	목	금	토	일	월	화	수	목	금	토	일	월	화	수	목	금	토	일
일진/日辰	을묘	병진	정사	무오	기미	경신	신유	임술	계해	갑자	을축	병인	정묘	무진	기사	경오	신미	임신	계유	갑술	을해	병자	정축	무인	기묘	경진	신사	임오
음력	8	9	10	11	12	13	14	15	16	17	18	19	20	21	22	23	24	25	26	27	28	29	30	2/1	2	3	4	5
구성	7	8	9	1	2	3	4	5	6	7	8	9	1	2	3	4	5	6	7	8	9	1	2	3	4	5	6	7
대운 남	9	9	9	입춘	10	9	9	9	8	8	8	7	7	7	6	6	6	5	우수	5	4	4	4	3	3	3	2	2
운 여	1	1	1	입춘	1	1	1	1	2	2	2	3	3	3	4	4	4	5	우수	5	6	6	6	7	7	7	8	8

음력 01/08 ~ 02/05

3월 — 경칩 6일 06시 55분 【음2월】➡ 【癸卯月(계묘월)】 ○사록성 — 춘분 21일 07시 56분

양력	1	2	3	4	5	6	7	8	9	10	11	12	13	14	15	16	17	18	19	20	21	22	23	24	25	26	27	28	29	30	31
요일	월	화	수	목	금	토	일	월	화	수	목	금	토	일	월	화	수	목	금	토	일	월	화	수	목	금	토	일	월	화	수
일진/日辰	계미	갑신	을유	병술	정해	무자	기축	경인	신묘	임진	계사	갑오	을미	병신	정유	무술	기해	경자	신축	임인	계묘	갑진	을사	병오	정미	무신	기유	경술	신해	임자	계축
음력	6	7	8	9	10	11	12	13	14	15	16	17	18	19	20	21	22	23	24	25	26	27	28	29	3/1	2	3	4	5	6	7
구성	8	9	1	2	3	4	5	6	7	8	9	1	2	3	4	5	6	7	8	9	1	2	3	4	5	6	7	8	9	1	2
대운 남	2	1	1	1	1	경칩	10	9	9	9	8	8	8	7	7	7	6	6	6	5	춘분	5	4	4	4	3	3	3	2	2	
운 여	8	9	9	9	10	경칩	1	1	1	1	2	2	2	3	3	3	4	4	4	5	춘분	5	6	6	6	7	7	7	8	8	

음력 02/06 ~ 03/07

4월 — 청명 5일 11시 53분 【음3월】➡ 【甲辰月(갑진월)】 ○삼벽성 — 곡우 20일 19시 07분

양력	1	2	3	4	5	6	7	8	9	10	11	12	13	14	15	16	17	18	19	20	21	22	23	24	25	26	27	28	29	30
요일	목	금	토	일	월	화	수	목	금	토	일	월	화	수	목	금	토	일	월	화	수	목	금	토	일	월	화	수	목	금
일진/日辰	갑인	을묘	병진	정사	무오	기미	경신	신유	임술	계해	갑자	을축	병인	정묘	무진	기사	경오	신미	임신	계유	갑술	을해	병자	정축	무인	기묘	경진	신사	임오	계미
음력	8	9	10	11	12	13	14	15	16	17	18	19	20	21	22	23	24	25	26	27	28	29	30	4/1	2	3	4	5	6	7
구성	3	4	5	6	7	8	9	1	2	3	4	5	6	7	8	9	1	2	3	4	5	6	7	8	9	1	2	3	4	5
대운 남	1	1	1	1	청명	10	10	9	9	9	8	8	8	7	7	7	6	6	6	곡우	5	5	4	4	4	3	3	3	2	2
운 여	9	9	9	10	청명	1	1	1	1	2	2	2	3	3	3	4	4	4	5	곡우	5	6	6	6	7	7	7	8	8	8

음력 03/08 ~ 04/07

5월 — 입하 6일 05시 20분 【음4월】➡ 【乙巳月(을사월)】 ○이흑성 — 소만 21일 18시 23분

양력	1	2	3	4	5	6	7	8	9	10	11	12	13	14	15	16	17	18	19	20	21	22	23	24	25	26	27	28	29	30	31
요일	토	일	월	화	수	목	금	토	일	월	화	수	목	금	토	일	월	화	수	목	금	토	일	월	화	수	목	금	토	일	월
일진/日辰	갑신	을유	병술	정해	무자	기축	경인	신묘	임진	계사	갑오	을미	병신	정유	무술	기해	경자	신축	임인	계묘	갑진	을사	병오	정미	무신	기유	경술	신해	임자	계축	갑인
음력	8	9	10	11	12	13	14	15	16	17	18	19	20	21	22	23	24	25	26	27	28	29	윤4	2	3	4	5	6	7	8	9
구성	6	7	8	9	1	2	3	4	5	6	7	8	9	1	2	3	4	5	6	7	8	9	1	2	3	4	5	6	7	8	9
대운 남	2	1	1	1	1	입하	10	10	9	9	9	8	8	8	7	7	7	6	6	6	소만	5	5	4	4	4	3	3	3	2	2
운 여	9	9	9	10	10	입하	1	1	1	2	2	2	3	3	3	4	4	4	5	5	소만	5	6	6	6	7	7	7	8	8	

음력 04/08 ~ 윤4 09

6월 — 망종 6일 09시 36분 【음5월】➡ 【丙午月(병오월)】 ○일백성 — 하지 22일 02시 23분

양력	1	2	3	4	5	6	7	8	9	10	11	12	13	14	15	16	17	18	19	20	21	22	23	24	25	26	27	28	29	30
요일	화	수	목	금	토	일	월	화	수	목	금	토	일	월	화	수	목	금	토	일	월	화	수	목	금	토	일	월	화	수
일진/日辰	을묘	병진	정사	무오	기미	경신	신유	임술	계해	갑자	을축	병인	정묘	무진	기사	경오	신미	임신	계유	갑술	을해	병자	정축	무인	기묘	경진	신사	임오	계미	갑신
음력	10	11	12	13	14	15	16	17	18	19	20	21	22	23	24	25	26	27	28	29	5/1	2	3	4	5	6	7	8	9	10
구성	1	2	3	4	5	6	7	8	9	1	2	3	4	5	6	7	8	9	1	2	3	4	5	6	7	3	2	1	9	8
대운 남	2	1	1	1	1	망종	10	10	9	9	9	8	8	8	7	7	7	6	6	6	5	하지	5	4	4	4	3	3	2	1
운 여	9	9	9	10	10	망종	1	1	1	1	2	2	2	3	3	3	4	4	4	5	5	하지	6	6	6	6	7	7	7	8

음력 윤4 10 ~ 05/10

임술년

1월 5일 - 대한민국 정부, 야간통행금지 해제.4월 2일 - 포클랜드 전쟁 발발.4월 26일 - 경상남도 의령에서 우순경 사건 발생.5월 20일 - 대한민국, 검찰이 이철희 장영자 어음 사기 사건 수사 결과를 발표하다.8월 21일 - 팔레스타인해방기구(PLO), 레바논 철수 개시.

한식(4월06일), 초복(7월16일), 중복(7월26일), 말복(8월15일)　↑춘사(春社)3/16　☀추사(秋社)9/22
토왕지절(土旺之節):4월17일,7월20일,10월21일,1월18일(음12/05) 臘享(납향):1983년1월19일(음12/06)

四日得辛, 九龍治水, 1982년 임술年(대해수), 구자화

8백	4록	6백
7적	9자	2흑
3벽	5황	1백

1982

소서 7일 19시 55분　【음6월】➡　【丁未月(정미월)】　☯구자성　대서 23일 13시 15분

양력 7월 / 음력 05/11 - 06/11

양력	1	2	3	4	5	6	7	8	9	10	11	12	13	14	15	16	17	18	19	20	21	22	23	24	25	26	27	28	29	30	31
요일	목	금	토	일	월	화	수	목	금	토	일	월	화	수	목	금	토	일	월	화	수	목	금	토	일	월	화	수	목	금	토
일진 日辰	을유	병술	정해	무자	기축	경인	신묘	임진	계사	갑오	을미	병신	정유	무술	기해	경자	신축	임인	계묘	갑진	을사	병오	정미	무신	기유	경술	신해	임자	계축	갑인	을묘
음력	11	12	13	14	15	16	17	18	19	20	21	22	23	24	25	26	27	28	29	30	6/1	2	3	4	5	6	7	8	9	10	11
구성	6	5	4	3	2	1	9	8	7	6	5	4	3	2	1	9	8	7	6	5	4	3	2	1	9	8	7	6	5	4	3
대운 남	2	2	1	1	1	1	소서	10	10	10	9	9	9	8	8	8	7	7	7	6	6	6	대서	5	5	5	4	4	4	3	3
운 여	8	9	9	9	10	10	소서	1	1	1	1	2	2	2	3	3	3	3	4	4	4	5	대서	6	6	6	7	7	7	8	8

입추 8일 05시 42분　【음7월】➡　【戊申月(무신월)】　☯팔백성　처서 23일 20시 15분

양력 8월 / 음력 06/12 - 07/13

양력	1	2	3	4	5	6	7	8	9	10	11	12	13	14	15	16	17	18	19	20	21	22	23	24	25	26	27	28	29	30	31
요일	일	월	화	수	목	금	토	일	월	화	수	목	금	토	일	월	화	수	목	금	토	일	월	화	수	목	금	토	일	월	화
일진 日辰	병진	정사	무오	기미	경신	신유	임술	계해	갑자	을축	병인	정묘	무진	기사	경오	신미	임신	계유	갑술	을해	병자	정축	무인	기묘	경진	신사	임오	계미	갑신	을유	병술
음력	12	13	14	15	16	17	18	19	20	21	22	23	24	25	26	27	28	29	7/1	2	3	4	5	6	7	8	9	10	11	12	13
구성	2	1	9	8	7	6	5	4	3	2	1	9	8	7	6	5	4	3	2	1	9	8	7	6	5	4	3	2	1	9	8
대운 남	2	2	2	1	1	1	1	입추	10	10	9	9	9	8	8	8	7	7	7	6	6	6	처서	5	5	4	4	4	3	3	3
운 여	8	9	9	9	10	10	10	입추	1	1	1	1	2	2	2	3	3	3	4	4	4	5	처서	5	6	6	6	7	7	7	8

백로 8일 08시 32분　【음8월】➡　【己酉月(기유월)】　☯칠적성　추분 23일 17시 46분

양력 9월 / 음력 07/14 - 08/14

양력	1	2	3	4	5	6	7	8	9	10	11	12	13	14	15	16	17	18	19	20	21	22	23	24	25	26	27	28	29	30
요일	수	목	금	토	일	월	화	수	목	금	토	일	월	화	수	목	금	토	일	월	화	수	목	금	토	일	월	화	수	목
일진 日辰	정해	무자	기축	경인	신묘	임진	계사	갑오	을미	병신	정유	무술	기해	경자	신축	임인	계묘	갑진	을사	병오	정미	무신	기유	경술	신해	임자	계축	갑인	을묘	병진
음력	14	15	16	17	18	19	20	21	22	23	24	25	26	27	28	29	8/1	2	3	4	5	6	7	8	9	10	11	12	13	14
구성	7	6	5	4	3	2	1	9	8	7	6	5	4	3	2	1	9	8	7	6	5	4	3	2	1	9	8	7	6	5
대운 남	2	2	2	1	1	1	1	백로	10	10	9	9	9	8	8	8	7	7	7	6	6	6	추분	5	5	4	4	4	3	3
운 여	8	8	9	9	9	10	10	백로	1	1	1	1	2	2	2	3	3	3	4	4	4	5	추분	5	6	6	6	7	7	7

한로 9일 00시 02분　【음9월】➡　【庚戌月(경술월)】　☯육백성　상강 24일 02시 58분

양력 10월 / 음력 08/15 - 09/15

양력	1	2	3	4	5	6	7	8	9	10	11	12	13	14	15	16	17	18	19	20	21	22	23	24	25	26	27	28	29	30	31
요일	금	토	일	월	화	수	목	금	토	일	월	화	수	목	금	토	일	월	화	수	목	금	토	일	월	화	수	목	금	토	일
일진 日辰	정사	무오	기미	경신	신유	임술	계해	갑자	을축	병인	정묘	무진	기사	경오	신미	임신	계유	갑술	을해	병자	정축	무인	기묘	경진	신사	임오	계미	갑신	을유	병술	정해
음력	15	16	17	18	19	20	21	22	23	24	25	26	27	28	29	30	9/1	2	3	4	5	6	7	8	9	10	11	12	13	14	15
구성	4	3	2	1	9	8	7	6	5	4	3	2	1	9	8	7	6	5	4	3	2	1	9	8	7	6	5	4	3	2	1
대운 남	3	2	2	2	1	1	1	1	한로	10	9	9	9	8	8	8	7	7	7	6	6	6	5	상강	5	4	4	4	3	3	3
운 여	8	8	8	9	9	9	10	10	한로	1	1	1	1	2	2	2	3	3	3	4	4	4	5	상강	5	6	6	6	7	7	7

입동 8일 03시 04분　【음10월】➡　【辛亥月(신해월)】　☯오황성　소설 23일 00시 23분

양력 11월 / 음력 09/16 - 10/15

양력	1	2	3	4	5	6	7	8	9	10	11	12	13	14	15	16	17	18	19	20	21	22	23	24	25	26	27	28	29	30
요일	월	화	수	목	금	토	일	월	화	수	목	금	토	일	월	화	수	목	금	토	일	월	화	수	목	금	토	일	월	화
일진 日辰	무자	기축	경인	신묘	임진	계사	갑오	을미	병신	정유	무술	기해	경자	신축	임인	계묘	갑진	을사	병오	정미	무신	기유	경술	신해	임자	계축	갑인	을묘	병진	정사
음력	16	17	18	19	20	21	22	23	24	25	26	27	28	29	30	10/1	2	3	4	5	6	7	8	9	10	11	12	13	14	15
구성	9	8	7	6	5	4	3	2	1	9	8	7	6	5	4	3	2	1	9	8	7	6	5	4	3	2	1	9	8	7
대운 남	2	2	2	2	1	1	1	입동	9	9	9	8	8	8	7	7	7	6	6	6	6	5	소설	4	4	4	3	3	3	2
운 여	8	8	8	9	9	9	10	입동	1	1	1	1	2	2	2	3	3	3	4	4	4	5	소설	5	6	6	6	7	7	7

대설 7일 19시 48분　【음11월】➡　【壬子月(임자월)】　☯사록성　동지 22일 13시 38분

양력 12월 / 음력 10/16 - 11/17

양력	1	2	3	4	5	6	7	8	9	10	11	12	13	14	15	16	17	18	19	20	21	22	23	24	25	26	27	28	29	30	31
요일	수	목	금	토	일	월	화	수	목	금	토	일	월	화	수	목	금	토	일	월	화	수	목	금	토	일	월	화	수	목	금
일진 日辰	무오	기미	경신	신유	임술	계해	갑자	을축	병인	정묘	무진	기사	경오	신미	임신	계유	갑술	을해	병자	정축	무인	기묘	경진	신사	임오	계미	갑신	을유	병술	정해	무자
음력	16	17	18	19	20	21	22	23	24	25	26	27	28	29	11/1	2	3	4	5	6	7	8	9	10	11	12	13	14	15	16	17
구성	6	5	4	3	2	1	1	2	3	4	5	6	7	8	9	1	2	3	4	5	6	7	8	9	1	2	3	4	5	6	7
대운 남	2	2	1	1	1	1	대설	10	9	9	9	8	8	8	7	7	7	6	6	6	5	동지	5	4	4	4	3	3	3	2	2
운 여	8	8	8	9	9	9	대설	1	1	1	1	2	2	2	3	3	3	4	4	4	5	동지	5	6	6	6	7	7	7	8	8

9월 12일 - 중국, 당주석제도 폐지, 당총서기에 후야오방(胡耀邦) 선출.9월 21일 - 대한민국 16대 김상협 국무총리 취임.

11월 12일 - 유리 안드로포프가 소련의 서기장에 취임.12월 29일 - 대구에서 호텔 화재사고가 일어났다.

1983년

단기	4316 年
불기	2527 年

1983년 中元-계해(癸亥)년. 납음(대해수),본명성(팔백토)

대장군(酉서방). 삼살(酉서방), 상문(丑동북방),조객(酉서방), 납음(대해수),【삼재(사,오,미)년】臘享(납향):1984년1월26일(음12/24)

소한 6일 06시 59분　【음12월】➡　【癸丑月(계축월)】　◐삼벽성　대한 21일 00시 17분

양력 1월 (음력 11/18 ~ 12/18)

양력	1	2	3	4	5	6	7	8	9	10	11	12	13	14	15	16	17	18	19	20	21	22	23	24	25	26	27	28	29	30	31
요일	토	일	월	화	수	목	금	토	일	월	화	수	목	금	토	일	월	화	수	목	금	토	일	월	화	수	목	금	토	일	월
일진(日辰)	기축	경인	신묘	임진	계사	갑오	을미	병신	정유	무술	기해	경자	신축	임인	계묘	갑진	을사	병오	정미	무신	기유	경술	신해	임자	계축	갑인	을묘	병진	정사	무오	기미
음력	18	19	20	21	22	23	24	25	26	27	28	29	30	12/1	2	3	4	5	6	7	8	9	10	11	12	13	14	15	16	17	18
구성	8	9	1	2	3	4	5	6	7	8	9	1	2	3	4	5	6	7	8	9	1	2	3	4	5	6	7	8	9	1	2
대운 남	2	1	1	1	1	소한	9	9	9	8	8	8	7	7	7	6	6	6	5	5	대한	4	4	4	3	3	3	2	2	2	1
대운 여	8	9	9	9	10	소한	1	1	1	1	2	2	2	3	3	3	4	4	4	5	대한	5	6	6	6	7	7	7	8	8	8

입춘 4일 18시 40분　【음1월】➡　【甲寅月(갑인월)】　◑이흑성　우수 19일 14시 31분

양력 2월 (음력 12/19 ~ 01/16)　　계해년

양력	1	2	3	4	5	6	7	8	9	10	11	12	13	14	15	16	17	18	19	20	21	22	23	24	25	26	27	28
요일	화	수	목	금	토	일	월	화	수	목	금	토	일	월	화	수	목	금	토	일	월	화	수	목	금	토	일	월
일진(日辰)	경신	신유	임술	계해	갑자	을축	병인	정묘	무진	기사	경오	신미	임신	계유	갑술	을해	병자	정축	무인	기묘	경진	신사	임오	계미	갑신	을유	병술	정해
음력	19	20	21	22	23	24	25	26	27	28	29	30	1/1	2	3	4	5	6	7	8	9	10	11	12	13	14	15	16
구성	3	4	5	6	7	8	9	1	2	3	4	5	6	7	8	9	1	2	3	4	5	6	7	8	9	1	2	3
대운 남	1	1	1	입춘	1	1	1	1	2	2	2	3	3	3	4	4	4	5	우수	5	6	6	6	7	7	7	8	8
대운 여	9	9	9	입춘	10	9	9	9	8	8	8	7	7	7	6	6	6	5	우수	5	4	4	4	3	3	3	2	2

경칩 6일 12시 47분　【음2월】➡　【乙卯月(을묘월)】　◑일백성　춘분 21일 13시 39분

양력 3월 (음력 01/17 ~ 02/17)

양력	1	2	3	4	5	6	7	8	9	10	11	12	13	14	15	16	17	18	19	20	21	22	23	24	25	26	27	28	29	30	31
요일	화	수	목	금	토	일	월	화	수	목	금	토	일	월	화	수	목	금	토	일	월	화	수	목	금	토	일	월	화	수	목
일진(日辰)	무자	기축	경인	신묘	임진	계사	갑오	을미	병신	정유	무술	기해	경자	신축	임인	계묘	갑진	을사	병오	정미	무신	기유	경술	신해	임자	계축	갑인	을묘	병진	정사	무오
음력	17	18	19	20	21	22	23	24	25	26	27	28	29	30	2/1	2	3	4	5	6	7	8	9	10	11	12	13	14	15	16	17
구성	4	5	6	7	8	9	1	2	3	4	5	6	7	8	9	1	2	3	4	5	6	7	8	9	1	2	3	4	5	6	7
대운 남	8	9	9	9	10	경칩	1	1	1	1	2	2	2	3	3	3	4	4	4	5	춘분	5	6	6	6	7	7	7	8	8	8
대운 여	2	1	1	1	1	경칩	10	9	9	9	8	8	8	7	7	7	6	6	6	5	춘분	5	4	4	4	3	3	3	2	2	2

청명 5일 17시 44분　【음3월】➡　【丙辰月(병진월)】　◑구자성　곡우 21일 00시 50분

양력 4월 (음력 02/18 ~ 03/18)

양력	1	2	3	4	5	6	7	8	9	10	11	12	13	14	15	16	17	18	19	20	21	22	23	24	25	26	27	28	29	30
요일	금	토	일	월	화	수	목	금	토	일	월	화	수	목	금	토	일	월	화	수	목	금	토	일	월	화	수	목	금	토
일진(日辰)	기미	경신	신유	임술	계해	갑자	을축	병인	정묘	무진	기사	경오	신미	임신	계유	갑술	을해	병자	정축	무인	기묘	경진	신사	임오	계미	갑신	을유	병술	정해	무자
음력	18	19	20	21	22	23	24	25	26	27	28	29	3/1	2	3	4	5	6	7	8	9	10	11	12	13	14	15	16	17	18
구성	8	9	1	2	3	4	5	6	7	8	9	1	2	3	4	5	6	7	8	9	1	2	3	4	5	6	7	8	9	1
대운 남	9	9	9	10	청명	1	1	1	1	2	2	2	3	3	3	4	4	4	5	5	곡우	6	6	6	7	7	7	8	8	8
대운 여	1	1	1	1	청명	10	10	9	9	9	8	8	8	7	7	7	6	6	6	5	곡우	5	4	4	4	3	3	3	2	2

입하 6일 11시 11분　【음4월】➡　【丁巳月(정사월)】　◐팔백성　소만 22일 00시 06분

양력 5월 (음력 03/19 ~ 04/19)

양력	1	2	3	4	5	6	7	8	9	10	11	12	13	14	15	16	17	18	19	20	21	22	23	24	25	26	27	28	29	30	31
요일	일	월	화	수	목	금	토	일	월	화	수	목	금	토	일	월	화	수	목	금	토	일	월	화	수	목	금	토	일	월	화
일진(日辰)	기축	경인	신묘	임진	계사	갑오	을미	병신	정유	무술	기해	경자	신축	임인	계묘	갑진	을사	병오	정미	무신	기유	경술	신해	임자	계축	갑인	을묘	병진	정사	무오	기미
음력	19	20	21	22	23	24	25	26	27	28	29	30	4/1	2	3	4	5	6	7	8	9	10	11	12	13	14	15	16	17	18	19
구성	2	3	4	5	6	7	8	9	1	2	3	4	5	6	7	8	9	1	2	3	4	5	6	7	8	9	1	2	3	4	5
대운 남	9	9	9	10	10	입하	1	1	1	1	2	2	2	3	3	3	4	4	4	5	5	소만	6	6	6	7	7	7	8	8	8
대운 여	2	1	1	1	1	입하	10	10	9	9	9	8	8	8	7	7	7	6	6	6	5	소만	5	4	4	4	3	3	3	2	2

망종 6일 15시 26분　【음5월】➡　【戊午月(무오월)】　◑칠적성　하지 22일 08시 09분

양력 6월 (음력 04/20 ~ 05/20)

양력	1	2	3	4	5	6	7	8	9	10	11	12	13	14	15	16	17	18	19	20	21	22	23	24	25	26	27	28	29	30
요일	수	목	금	토	일	월	화	수	목	금	토	일	월	화	수	목	금	토	일	월	화	수	목	금	토	일	월	화	수	목
일진(日辰)	경신	신유	임술	계해	갑자	을축	병인	정묘	무진	기사	경오	신미	임신	계유	갑술	을해	병자	정축	무인	기묘	경진	신사	임오	계미	갑신	을유	병술	정해	무자	기축
음력	20	21	22	23	24	25	26	27	28	29	5/1	2	3	4	5	6	7	8	9	10	11	12	13	14	15	16	17	18	19	20
구성	6	7	8	9	9	8	7	6	5	4	3	2	1	9	8	7	6	5	4	3	2	1	9	8	7	6	5	4	3	2
대운 남	9	9	9	10	10	망종	1	1	1	1	2	2	2	3	3	3	4	4	4	5	5	하지	6	6	6	7	7	7	8	8
대운 여	2	1	1	1	1	망종	10	10	10	9	9	9	8	8	8	7	7	7	6	6	6	하지	5	5	4	4	4	3	3	3

1월 11일 - 나카소네 야스히로, 일본의 현직 총리로서는 처음으로 대한민국을 공식 방문 대통령과 정상회담을 가짐. 총 40억달러의 경제협력 지원에 합의. 1월 14일 - 청량리 가스 폭발 사고 발생. 2월 25일 - 이웅평이 대한민국으로 귀순하다.

한식(4월06일), 초복(7월21일), 중복(7월31일), 말복(8월10일) ↑춘사(春社)3/21 ☀추사(秋社)9/27
토왕지절(土旺之節):4월17일,7월20일,10월21일,1월18일(음12/16)臘享(납향):1984년1월26일(음12/24)

十日得辛, 九龍治水, 1983년 계해년(대해수), 팔백토

7적	3벽	5황
6백	8백	1백
2흑	4록	9자

소서 8일 01시 43분 【음6월】→ 【己未月(기미월)】 ☯육백성　대서 23일 19시 04분

양력 7월 / 음력 05/21 ─ 06/22

양력	1	2	3	4	5	6	7	8	9	10	11	12	13	14	15	16	17	18	19	20	21	22	23	24	25	26	27	28	29	30	31
요일	금	토	일	월	화	수	목	금	토	일	월	화	수	목	금	토	일	월	화	수	목	금	토	일	월	화	수	목	금	토	일
일진/日辰	경인	신묘	임진	계사	갑오	을미	병신	정유	무술	기해	경자	신축	임인	계묘	갑진	을사	병오	정미	무신	기유	경술	신해	임자	계축	갑인	을묘	병진	정사	무오	기미	경신
음력	21	22	23	24	25	26	27	28	29	6/1	2	3	4	5	6	7	8	9	10	11	12	13	14	15	16	17	18	19	20	21	22
구성	1	9	8	7	6	5	4	3	2	1	9	8	7	6	5	4	3	2	1	9	8	7	6	5	4	3	2	1	9	8	7
대운 남	8	9	9	9	10	10	10	소서	1	1	1	1	2	2	2	3	3	3	4	4	4	5	대서	5	6	6	6	7	7	7	8
운여	2	2	2	1	1	1	1	소서	10	10	9	9	9	8	8	8	7	7	7	6	6	6	대서	5	5	4	4	4	3	3	3

입추 8일 11시 30분 【음7월】→ 【庚申月(경신월)】 ☯오황성　처서 24일 02시 07분

양력 8월 / 음력 06/23 ─ 07/23

양력	1	2	3	4	5	6	7	8	9	10	11	12	13	14	15	16	17	18	19	20	21	22	23	24	25	26	27	28	29	30	31
요일	월	화	수	목	금	토	일	월	화	수	목	금	토	일	월	화	수	목	금	토	일	월	화	수	목	금	토	일	월	화	수
일진/日辰	신유	임술	계해	갑자	을축	병인	정묘	무진	기사	경오	신미	임신	계유	갑술	을해	병자	정축	무인	기묘	경진	신사	임오	계미	갑신	을유	병술	정해	무자	기축	경인	신묘
음력	23	24	25	26	27	28	29	30	7/1	2	3	4	5	6	7	8	9	10	11	12	13	14	15	16	17	18	19	20	21	22	23
구성	6	5	4	3	2	1	9	8	7	6	5	4	3	2	1	9	8	7	6	5	4	3	2	1	9	8	7	6	5	4	3
대운 남	8	8	9	9	9	10	10	입추	1	1	1	1	2	2	2	3	3	3	4	4	4	5	5	처서	6	6	6	7	7	7	8
운여	2	2	2	1	1	1	1	입추	10	10	9	9	9	8	8	8	7	7	7	6	6	6	5	처서	5	4	4	4	3	3	3

백로 8일 14시 20분 【음8월】→ 【辛酉月(신유월)】 ☯사록성　추분 23일 23시 42분

양력 9월 / 음력 07/24 ─ 08/24

양력	1	2	3	4	5	6	7	8	9	10	11	12	13	14	15	16	17	18	19	20	21	22	23	24	25	26	27	28	29	30
요일	목	금	토	일	월	화	수	목	금	토	일	월	화	수	목	금	토	일	월	화	수	목	금	토	일	월	화	수	목	금
일진/日辰	임진	계사	갑오	을미	병신	정유	무술	기해	경자	신축	임인	계묘	갑진	을사	병오	정미	무신	기유	경술	신해	임자	계축	갑인	을묘	병진	정사	무오	기미	경신	신유
음력	24	25	26	27	28	29	8/1	2	3	4	5	6	7	8	9	10	11	12	13	14	15	16	17	18	19	20	21	22	23	24
구성	2	1	9	8	7	6	5	4	3	2	1	9	8	7	6	5	4	3	2	1	9	8	7	6	5	4	3	2	1	9
대운 남	8	8	9	9	9	10	10	백로	1	1	1	1	2	2	2	3	3	3	4	4	4	5	추분	5	6	6	6	7	7	7
운여	2	2	2	1	1	1	1	백로	10	10	9	9	9	8	8	8	7	7	7	6	6	6	추분	5	5	4	4	4	3	3

한로 9일 05시 51분 【음9월】→ 【壬戌月(임술월)】 ☯삼벽성　상강 24일 08시 54분

양력 10월 / 음력 08/25 ─ 09/26

양력	1	2	3	4	5	6	7	8	9	10	11	12	13	14	15	16	17	18	19	20	21	22	23	24	25	26	27	28	29	30	31
요일	토	일	월	화	수	목	금	토	일	월	화	수	목	금	토	일	월	화	수	목	금	토	일	월	화	수	목	금	토	일	월
일진/日辰	임술	계해	갑자	을축	병인	정묘	무진	기사	경오	신미	임신	계유	갑술	을해	병자	정축	무인	기묘	경진	신사	임오	계미	갑신	을유	병술	정해	무자	기축	경인	신묘	임진
음력	25	26	27	28	29	9/1	2	3	4	5	6	7	8	9	10	11	12	13	14	15	16	17	18	19	20	21	22	23	24	25	26
구성	8	7	6	5	4	3	2	1	9	8	7	6	5	4	3	2	1	9	8	7	6	5	4	3	2	1	9	8	7	6	5
대운 남	8	8	8	9	9	9	10	10	한로	1	1	1	1	2	2	2	3	3	3	4	4	4	5	상강	5	6	6	6	7	7	7
운여	3	2	2	2	1	1	1	1	한로	10	9	9	9	8	8	8	7	7	7	6	6	6	5	상강	5	4	4	4	3	3	3

입동 8일 08시 52분 【음10월】→ 【癸亥月(계해월)】 ☯이흑성　소설 23일 06시 18분

양력 11월 / 음력 09/27 ─ 10/26

양력	1	2	3	4	5	6	7	8	9	10	11	12	13	14	15	16	17	18	19	20	21	22	23	24	25	26	27	28	29	30
요일	화	수	목	금	토	일	월	화	수	목	금	토	일	월	화	수	목	금	토	일	월	화	수	목	금	토	일	월	화	수
일진/日辰	계사	갑오	을미	병신	정유	무술	기해	경자	신축	임인	계묘	갑진	을사	병오	정미	무신	기유	경술	신해	임자	계축	갑인	을묘	병진	정사	무오	기미	경신	신유	임술
음력	27	28	29	30	10/1	2	3	4	5	6	7	8	9	10	11	12	13	14	15	16	17	18	19	20	21	22	23	24	25	26
구성	4	3	2	1	9	8	7	6	5	4	3	2	1	9	8	7	6	5	4	3	2	1	9	8	7	6	5	4	3	2
대운 남	8	8	8	9	9	9	10	입동	1	1	1	1	2	2	2	3	3	3	4	4	4	5	소설	5	6	6	6	7	7	7
운여	2	2	2	1	1	1	1	입동	10	9	9	9	8	8	8	7	7	7	6	6	6	5	소설	5	4	4	4	3	3	3

대설 8일 01시 34분 【음11월】→ 【甲子月(갑자월)】 ☯일백성　동지 22일 19시 30분

양력 12월 / 음력 10/27 ─ 11/28

양력	1	2	3	4	5	6	7	8	9	10	11	12	13	14	15	16	17	18	19	20	21	22	23	24	25	26	27	28	29	30	31
요일	목	금	토	일	월	화	수	목	금	토	일	월	화	수	목	금	토	일	월	화	수	목	금	토	일	월	화	수	목	금	토
일진/日辰	계해	갑자	을축	병인	정묘	무진	기사	경오	신미	임신	계유	갑술	을해	병자	정축	무인	기묘	경진	신사	임오	계미	갑신	을유	병술	정해	무자	기축	경인	신묘	임진	계사
음력	27	28	29	11/1	2	3	4	5	6	7	8	9	10	11	12	13	14	15	16	17	18	19	20	21	22	23	24	25	26	27	28
구성	1	1	2	3	4	5	6	7	8	9	1	2	3	4	5	6	7	8	9	1	2	3	4	5	6	7	8	9	1	2	3
대운 남	8	8	8	9	9	9	10	대설	1	1	1	1	2	2	2	3	3	3	4	4	4	동지	5	5	6	6	6	7	7	7	8
운여	2	2	2	1	1	1	1	대설	9	9	9	8	8	8	7	7	7	6	6	6	5	동지	5	4	4	4	3	3	3	2	2

9월 22일 - 대구 미국문화원 폭발 사건 발생.9월 23일 - 세인트키츠 네비스, 국제 연합 가입.9월 25일 - 38명의 IRA 포로가 형무소 식사 화물 자동차를 납치, 앤트림주의 HM 형무소 미로로 도주.10월 8일 - 대한민국 전두환 대통령, 버마(현 미얀마) 등 서남아·대양주 6개국 순방 시작.

1984년 (윤10월)

단기 4317 年	下元-갑자(甲子)년. 납음(해중금), 본명성(칠적금)
불기 2528 年	대장군(酉서방), 삼살(남방), 상문(寅동북방), 조객(戌서북방), 납음(해중금), 삼재(인,묘,진)　臘享(납향):1985년2월01일(음12/12)

1월 (음력 11/29 ~ 12/29)

소한 6일 12시 41분　【음12월】➡　【乙丑月(을축월)】　☯구자성　대한 21일 06시 05분

양력	1	2	3	4	5	6	7	8	9	10	11	12	13	14	15	16	17	18	19	20	21	22	23	24	25	26	27	28	29	30	31
요일	일	월	화	수	목	금	토	일	월	화	수	목	금	토	일	월	화	수	목	금	토	일	월	화	수	목	금	토	일	월	화
일진(日辰)	갑오	을미	병신	정유	무술	기해	경자	신축	임인	계묘	갑진	을사	병오	정미	무신	기유	경술	신해	임자	계축	갑인	을묘	병진	정사	무오	기미	경신	신유	임술	계해	갑자
음력	29	30	12/1	2	3	4	5	6	7	8	9	10	11	12	13	14	15	16	17	18	19	20	21	22	23	24	25	26	27	28	29
구성	4	5	6	7	8	9	1	2	3	4	5	6	7	8	9	1	2	3	4	5	6	7	8	9	1	2	3	4	5	6	7
대운(남)	8	8	9	9	9	소한	1	1	1	1	2	2	2	3	3	3	4	4	4	5	대한	5	6	6	6	7	7	7	8	8	8
대운(여)	2	1	1	1	1	소한	10	9	9	9	8	8	8	7	7	7	6	6	6	5	대한	5	4	4	4	3	3	3	2	2	2

2월 (음력 12/30 ~ 01/28)

입춘 5일 00시 19분　【음1월】➡　【丙寅月(병인월)】　☯팔백성　우수 19일 20시 16분

양력	1	2	3	4	5	6	7	8	9	10	11	12	13	14	15	16	17	18	19	20	21	22	23	24	25	26	27	28	29
요일	수	목	금	토	일	월	화	수	목	금	토	일	월	화	수	목	금	토	일	월	화	수	목	금	토	일	월	화	수
일진(日辰)	을축	병인	정묘	무진	기사	경오	신미	임신	계유	갑술	을해	병자	정축	무인	기묘	경진	신사	임오	계미	갑신	을유	병술	정해	무자	기축	경인	신묘	임진	계사
음력	30	1/1	2	3	4	5	6	7	8	9	10	11	12	13	14	15	16	17	18	19	20	21	22	23	24	25	26	27	28
구성	8	9	1	2	3	4	5	6	7	8	9	1	2	3	4	5	6	7	8	9	1	2	3	4	5	6	7	8	9
대운(남)	9	9	9	10	입춘	9	9	9	8	8	8	7	7	7	6	6	6	5	우수	5	4	4	4	3	3	3	2	2	2
대운(여)	1	1	1	1	입춘	1	1	1	1	2	2	2	3	3	3	4	4	5	우수	5	5	6	6	6	7	7	7	8	8

갑자년

3월 (음력 01/29 ~ 02/29)

경칩 5일 18시 25분　【음2월】➡　【丁卯月(정묘월)】　☯칠적성　춘분 20일 19시 24분

양력	1	2	3	4	5	6	7	8	9	10	11	12	13	14	15	16	17	18	19	20	21	22	23	24	25	26	27	28	29	30	31
요일	목	금	토	일	월	화	수	목	금	토	일	월	화	수	목	금	토	일	월	화	수	목	금	토	일	월	화	수	목	금	토
일진(日辰)	갑오	을미	병신	정유	무술	기해	경자	신축	임인	계묘	갑진	을사	병오	정미	무신	기유	경술	신해	임자	계축	갑인	을묘	병진	정사	무오	기미	경신	신유	임술	계해	갑자
음력	29	30	2/1	2	3	4	5	6	7	8	9	10	11	12	13	14	15	16	17	18	19	20	21	22	23	24	25	26	27	28	29
구성	1	2	3	4	5	6	7	8	9	1	2	3	4	5	6	7	8	9	1	2	3	4	5	6	7	8	9	1	2	3	4
대운(남)	1	1	1	1	경칩	10	9	9	9	8	8	8	7	7	7	6	6	6	5	춘분	5	4	4	4	3	3	3	2	2	2	1
대운(여)	8	9	9	9	경칩	1	1	1	1	2	2	2	3	3	3	4	4	4	5	춘분	5	6	6	6	7	7	7	8	8	8	9

4월 (음력 03/01 ~ 03/30)

청명 4일 23시 22분　【음3월】➡　【戊辰月(무진월)】　☯육백성　곡우 20일 06시 38분

양력	1	2	3	4	5	6	7	8	9	10	11	12	13	14	15	16	17	18	19	20	21	22	23	24	25	26	27	28	29	30
요일	일	월	화	수	목	금	토	일	월	화	수	목	금	토	일	월	화	수	목	금	토	일	월	화	수	목	금	토	일	월
일진(日辰)	을축	병인	정묘	무진	기사	경오	신미	임신	계유	갑술	을해	병자	정축	무인	기묘	경진	신사	임오	계미	갑신	을유	병술	정해	무자	기축	경인	신묘	임진	계사	갑오
음력	3/1	2	3	4	5	6	7	8	9	10	11	12	13	14	15	16	17	18	19	20	21	22	23	24	25	26	27	28	29	30
구성	5	6	7	8	9	1	2	3	4	5	6	7	8	9	1	2	3	4	5	6	7	8	9	1	2	3	4	5	6	7
대운(남)	1	1	1	청명	10	10	9	9	9	8	8	8	7	7	7	6	6	6	5	곡우	5	4	4	4	3	3	3	2	2	2
대운(여)	9	9	10	청명	1	1	1	1	2	2	2	3	3	3	4	4	4	5	5	곡우	6	6	6	7	7	7	8	8	8	9

5월 (음력 04/01 ~ 05/01)

입하 5일 16시 51분　【음4월】➡　【己巳月(기사월)】　☯오황성　소만 21일 05시 58분

양력	1	2	3	4	5	6	7	8	9	10	11	12	13	14	15	16	17	18	19	20	21	22	23	24	25	26	27	28	29	30	31
요일	화	수	목	금	토	일	월	화	수	목	금	토	일	월	화	수	목	금	토	일	월	화	수	목	금	토	일	월	화	수	목
일진(日辰)	을미	병신	정유	무술	기해	경자	신축	임인	계묘	갑진	을사	병오	정미	무신	기유	경술	신해	임자	계축	갑인	을묘	병진	정사	무오	기미	경신	신유	임술	계해	갑자	을축
음력	4/1	2	3	4	5	6	7	8	9	10	11	12	13	14	15	16	17	18	19	20	21	22	23	24	25	26	27	28	29	30	5/1
구성	8	9	1	2	3	4	5	6	7	8	9	1	2	3	4	5	6	7	8	9	1	2	3	4	5	6	7	8	9	9	8
대운(남)	1	1	1	1	입하	10	10	9	9	9	8	8	8	7	7	7	6	6	6	5	소만	5	4	4	4	3	3	3	2	2	2
대운(여)	9	9	10	10	입하	1	1	1	1	2	2	2	3	3	3	4	4	4	5	5	소만	6	6	6	7	7	7	8	8	8	9

6월 (음력 05/02 ~ 06/02)

망종 5일 21시 09분　【음5월】➡　【庚午月(경오월)】　☯사록성　하지 21일 14시 02분

양력	1	2	3	4	5	6	7	8	9	10	11	12	13	14	15	16	17	18	19	20	21	22	23	24	25	26	27	28	29	30
요일	금	토	일	월	화	수	목	금	토	일	월	화	수	목	금	토	일	월	화	수	목	금	토	일	월	화	수	목	금	토
일진(日辰)	병인	정묘	무진	기사	경오	신미	임신	계유	갑술	을해	병자	정축	무인	기묘	경진	신사	임오	계미	갑신	을유	병술	정해	무자	기축	경인	신묘	임진	계사	갑오	을미
음력	2	3	4	5	6	7	8	9	10	11	12	13	14	15	16	17	18	19	20	21	22	23	24	25	26	27	28	29	6/1	2
구성	7	6	5	4	3	2	1	9	8	7	6	5	4	3	2	1	9	8	7	6	5	4	3	2	1	9	8	7	6	5
대운(남)	1	1	1	1	망종	10	10	10	9	9	9	8	8	8	7	7	7	6	6	6	하지	5	5	4	4	4	3	3	3	2
대운(여)	9	9	10	10	망종	1	1	1	1	2	2	2	3	3	3	4	4	4	5	5	하지	6	6	6	7	7	7	8	8	8

영국에서 광우병으로 의심되는 소가 최초로 발견됨.1월 14일 – 부산광역시 대아관광호텔에서 화재가 발생하여 38명이 사망하다. 9월 6일 – 대한민국 전두환 대통령, 국가원수로는 처음으로 일본을 방문. 히로히토 일본 천황, 과거의 한일관계에 대해 사죄 표명

한식(4월05일), 초복(7월15일), 중복(7월25일), 말복(8월14일) ↥춘사(春社)3/25 ☀추사(秋社)9/21
토왕지절(土旺之節):4월17일,7월19일,10월20일,1월17일(음11/27) 臘享(납향):1985년2월01일(음12/12)

六日得辛, 三龍治水, 1984년 갑자년(해중금), 칠적금

6백	2흑	4록
5황	7적	9자
1백	3벽	8백

1984

소서 7일 07시 29분　【음6월】➡　【辛未月(신미월)】　●삼벽성　대서 23일 00시 58분

양력 7월 · 음력 06/03 – 07/04

양력	1	2	3	4	5	6	7	8	9	10	11	12	13	14	15	16	17	18	19	20	21	22	23	24	25	26	27	28	29	30	31
요일	일	월	화	수	목	금	토	일	월	화	수	목	금	토	일	월	화	수	목	금	토	일	월	화	수	목	금	토	일	월	화
일진(日辰)	병신	정유	무술	기해	경자	신축	임인	계묘	갑진	을사	병오	정미	무신	기유	경술	신해	임자	계축	갑인	을묘	병진	정사	무오	기미	경신	신유	임술	계해	갑자	을축	병인
음력	3	4	5	6	7	8	9	10	11	12	13	14	15	16	17	18	19	20	21	22	23	24	25	26	27	28	29	7/1	2	3	4
구성	4	3	2	1	9	8	7	6	5	4	3	2	1	9	8	7	6	5	4	3	2	1	9	8	7	6	5	4	3	2	1
대남	2	2	1	1	1	1	소	10	10	9	9	9	8	8	8	7	7	7	6	6	6	5	대	5	4	4	4	3	3	3	2
운여	9	9	9	10	10	10	서	1	1	1	1	1	2	2	3	3	3	3	4	4	4	5	서	6	6	6	7	7	7	8	8

입추 7일 17시 18분　【음7월】➡　【壬申月(임신월)】　●이흑성　처서 23일 08시 00분

양력 8월 · 음력 07/05 – 08/05

양력	1	2	3	4	5	6	7	8	9	10	11	12	13	14	15	16	17	18	19	20	21	22	23	24	25	26	27	28	29	30	31
요일	수	목	금	토	일	월	화	수	목	금	토	일	월	화	수	목	금	토	일	월	화	수	목	금	토	일	월	화	수	목	금
일진(日辰)	정묘	무진	기사	경오	신미	임신	계유	갑술	을해	병자	정축	무인	기묘	경진	신사	임오	계미	갑신	을유	병술	정해	무자	기축	경인	신묘	임진	계사	갑오	을미	병신	정유
음력	5	6	7	8	9	10	11	12	13	14	15	16	17	18	19	20	21	22	23	24	25	26	27	28	29	30	8/1	2	3	4	5
구성	9	8	7	6	5	4	3	2	1	9	8	7	6	5	4	3	2	1	9	8	7	6	5	4	3	2	1	9	8	7	6
대남	2	2	1	1	1	1	입	10	10	9	9	9	8	8	8	7	7	7	6	6	6	5	처	5	4	4	4	3	3	3	2
운여	8	9	9	9	10	10	추	1	1	1	1	1	2	2	3	3	3	4	4	4	5	5	서	6	6	6	7	7	7	8	8

백로 7일 20시 10분　【음8월】➡　【癸酉月(계유월)】　●일백성　추분 23일 05시 33분

양력 9월 · 음력 08/06 – 09/06

양력	1	2	3	4	5	6	7	8	9	10	11	12	13	14	15	16	17	18	19	20	21	22	23	24	25	26	27	28	29	30
요일	토	일	월	화	수	목	금	토	일	월	화	수	목	금	토	일	월	화	수	목	금	토	일	월	화	수	목	금	토	일
일진(日辰)	무술	기해	경자	신축	임인	계묘	갑진	을사	병오	정미	무신	기유	경술	신해	임자	계축	갑인	을묘	병진	정사	무오	기미	경신	신유	임술	계해	갑자	을축	병인	정묘
음력	6	7	8	9	10	11	12	13	14	15	16	17	18	19	20	21	22	23	24	25	26	27	28	29	9/1	2	3	4	5	6
구성	5	4	3	2	1	9	8	7	6	5	4	3	2	1	9	8	7	6	5	4	3	2	1	9	8	7	6	5	4	3
대남	2	2	1	1	1	1	백	10	10	9	9	9	8	8	8	7	7	7	6	6	6	5	추	5	4	4	4	3	3	3
운여	8	9	9	9	10	10	로	1	1	1	1	2	2	2	3	3	3	4	4	4	5	5	분	6	6	6	7	7	7	8

한로 8일 11시 43분　【음9월】➡　【甲戌月(갑술월)】　●구자성　상강 23일 14시 46분

양력 10월 · 음력 09/07 – 10/08

양력	1	2	3	4	5	6	7	8	9	10	11	12	13	14	15	16	17	18	19	20	21	22	23	24	25	26	27	28	29	30	31
요일	월	화	수	목	금	토	일	월	화	수	목	금	토	일	월	화	수	목	금	토	일	월	화	수	목	금	토	일	월	화	수
일진(日辰)	무진	기사	경오	신미	임신	계유	갑술	을해	병자	정축	무인	기묘	경진	신사	임오	계미	갑신	을유	병술	정해	무자	기축	경인	신묘	임진	계사	갑오	을미	병신	정유	무술
음력	7	8	9	10	11	12	13	14	15	16	17	18	19	20	21	22	23	24	25	26	27	28	29	10/1	2	3	4	5	6	7	8
구성	2	1	9	8	7	6	5	4	3	2	1	9	8	7	6	5	4	3	2	1	9	8	7	6	5	4	3	2	1	9	8
대남	2	2	2	1	1	1	1	한	10	9	9	9	8	8	8	7	7	7	6	6	6	5	상	5	4	4	4	3	3	3	2
운여	8	8	9	9	9	10	10	로	1	1	1	1	2	2	2	3	3	3	4	4	4	5	강	5	6	6	6	7	7	7	8

입동 7일 14시 46분　【음10월】➡　【乙亥月(을해월)】　●팔백성　소설 22일 12시 11분

양력 11월 · 음력 10/09 – 윤10/08

양력	1	2	3	4	5	6	7	8	9	10	11	12	13	14	15	16	17	18	19	20	21	22	23	24	25	26	27	28	29	30
요일	목	금	토	일	월	화	수	목	금	토	일	월	화	수	목	금	토	일	월	화	수	목	금	토	일	월	화	수	목	금
일진(日辰)	기해	경자	신축	임인	계묘	갑진	을사	병오	정미	무신	기유	경술	신해	임자	계축	갑인	을묘	병진	정사	무오	기미	경신	신유	임술	계해	갑자	을축	병인	정묘	무진
음력	9	10	11	12	13	14	15	16	17	18	19	20	21	22	23	24	25	26	27	28	29	30	윤10/1	2	3	4	5	6	7	8
구성	7	6	5	4	3	2	1	9	8	7	6	5	4	3	2	1	9	8	7	6	5	4	3	2	1	1	2	3	4	5
대남	2	2	1	1	1	1	입	10	9	9	9	8	8	8	7	7	7	6	6	6	5	소	5	4	4	4	3	3	3	2
운여	8	8	9	9	9	10	동	1	1	1	1	2	2	2	3	3	3	4	4	4	5	설	5	6	6	6	7	7	7	8

대설 7일 07시 28분　【음11월】➡　【丙子月(병자월)】　●칠적성　동지 22일 01시 23분

양력 12월 · 음력 윤10/09 – 11/10

양력	1	2	3	4	5	6	7	8	9	10	11	12	13	14	15	16	17	18	19	20	21	22	23	24	25	26	27	28	29	30	31
요일	토	일	월	화	수	목	금	토	일	월	화	수	목	금	토	일	월	화	수	목	금	토	일	월	화	수	목	금	토	일	월
일진(日辰)	기사	경오	신미	임신	계유	갑술	을해	병자	정축	무인	기묘	경진	신사	임오	계미	갑신	을유	병술	정해	무자	기축	경인	신묘	임진	계사	갑오	을미	병신	정유	무술	기해
음력	9	10	11	12	13	14	15	16	17	18	19	20	21	22	23	24	25	26	27	28	29	11/1	2	3	4	5	6	7	8	9	10
구성	6	7	8	9	1	2	3	4	5	6	7	8	9	1	2	3	4	5	6	7	8	9	1	2	3	4	5	6	7	8	9
대남	2	2	1	1	1	1	대	10	9	9	9	8	8	8	7	7	6	6	6	5	5	동	5	4	4	4	3	3	3	2	2
운여	8	8	9	9	9	10	설	1	1	1	1	2	2	2	3	3	3	4	4	4	5	지	5	6	6	6	7	7	7	8	8

9월 21일 - 브루나이, 국제 연합 가입.10월 2일 - 회기역 추돌 사고 발발.11월 26일 - 미국-이라크, 17년 만에 외교관계 재개.12월 2일 - 인도 보팔에서 유니언카바이드사 화학공장이 폭발하다.12월 19일 - 영국과 중국, 홍콩 반환 협정에 조인.

단기 4318 年	**1985년**	下元-을축(乙丑)년. 납음(해중금),본명성(육백금)
불기 2529 年		대장군(酉서방). 삼살(동방), 상문(卯동방),조객(亥서북방), 납음(해중금),【삼재(해,자,축)년】 臘享(납향):1986년1월15일(음12/06)

소한 5일 18시 35분 【음12월】➡ 【丁丑月(정축월)】 ◎육백성 대한 20일 11시 58분

양력 1월 / 음력 11/11 ~ 12/11

양력	1	2	3	4	5	6	7	8	9	10	11	12	13	14	15	16	17	18	19	20	21	22	23	24	25	26	27	28	29	30	31
요일	화	수	목	금	토	일	월	화	수	목	금	토	일	월	화	수	목	금	토	일	월	화	수	목	금	토	일	월	화	수	목
日辰	경자	신축	임인	계묘	갑진	을사	병오	정미	무신	기유	경술	신해	임자	계축	갑인	을묘	병진	정사	무오	기미	경신	신유	임술	계해	갑자	을축	병인	정묘	무진	기사	경오
음력	11	12	13	14	15	16	17	18	19	20	21	22	23	24	25	26	27	28	29	30	12/1	2	3	4	5	6	7	8	9	10	11
구성	1	2	3	4	5	6	7	8	9	1	2	3	4	5	6	7	8	9	1	2	3	4	5	6	7	8	9	1	2	3	4
대운-남	1	1	1	1	소한	10	9	9	9	8	8	8	7	7	7	6	6	6	5	대한	5	4	4	4	3	3	3	2	2	2	1
대운-여	8	9	9	9	소한	1	1	1	1	2	2	2	3	3	3	4	4	4	5	대한	5	6	6	6	7	7	7	8	8	8	9

입춘 4일 06시 12분 【음1월】➡ 【戊寅月(무인월)】 ◎오황성 우수 19일 02시 07분

양력 2월 / 음력 12/12 ~ 01/09

양력	1	2	3	4	5	6	7	8	9	10	11	12	13	14	15	16	17	18	19	20	21	22	23	24	25	26	27	28
요일	금	토	일	월	화	수	목	금	토	일	월	화	수	목	금	토	일	월	화	수	목	금	토	일	월	화	수	목
日辰	신미	임신	계유	갑술	을해	병자	정축	무인	기묘	경진	신사	임오	계미	갑신	을유	병술	정해	무자	기축	경인	신묘	임진	계사	갑오	을미	병신	정유	무술
음력	12	13	14	15	16	17	18	19	20	21	22	23	24	25	26	27	28	29	30	1/1	2	3	4	5	6	7	8	9
구성	5	6	7	8	9	1	2	3	4	5	6	7	8	9	1	2	3	4	5	6	7	8	9	1	2	3	4	5
대운-남	1	1	1	입춘	1	1	1	1	2	2	2	3	3	3	4	4	4	5	우수	5	6	6	6	7	7	7	8	8
대운-여	9	9	10	입춘	10	9	9	9	8	8	8	7	7	7	6	6	6	5	우수	5	4	4	4	3	3	3	2	2

(오른쪽 여백: 을 축 년)

경칩 6일 00시 16분 【음2월】➡ 【己卯月(기묘월)】 ◎사록성 춘분 21일 01시 14분

양력 3월 / 음력 01/10 ~ 02/11

양력	1	2	3	4	5	6	7	8	9	10	11	12	13	14	15	16	17	18	19	20	21	22	23	24	25	26	27	28	29	30	31
요일	금	토	일	월	화	수	목	금	토	일	월	화	수	목	금	토	일	월	화	수	목	금	토	일	월	화	수	목	금	토	일
日辰	기해	경자	신축	임인	계묘	갑진	을사	병오	정미	무신	기유	경술	신해	임자	계축	갑인	을묘	병진	정사	무오	기미	경신	신유	임술	계해	갑자	을축	병인	정묘	무진	기사
음력	10	11	12	13	14	15	16	17	18	19	20	21	22	23	24	25	26	27	28	29	2/1	2	3	4	5	6	7	8	9	10	11
구성	6	7	8	9	1	2	3	4	5	6	7	8	9	1	2	3	4	5	6	7	8	9	1	2	3	4	5	6	7	8	9
대운-남	8	9	9	9	10	경칩	1	1	1	1	2	2	2	3	3	3	4	4	4	5	춘분	5	6	6	6	7	7	7	8	8	8
대운-여	2	1	1	1	1	경칩	10	9	9	9	8	8	8	7	7	7	6	6	6	5	춘분	5	4	4	4	3	3	3	2	2	2

청명 5일 05시 14분 【음3월】➡ 【庚辰月(경진월)】 ◎삼벽성 곡우 20일 12시 26분

양력 4월 / 음력 02/12 ~ 03/11

양력	1	2	3	4	5	6	7	8	9	10	11	12	13	14	15	16	17	18	19	20	21	22	23	24	25	26	27	28	29	30
요일	월	화	수	목	금	토	일	월	화	수	목	금	토	일	월	화	수	목	금	토	일	월	화	수	목	금	토	일	월	화
日辰	경오	신미	임신	계유	갑술	을해	병자	정축	무인	기묘	경진	신사	임오	계미	갑신	을유	병술	정해	무자	기축	경인	신묘	임진	계사	갑오	을미	병신	정유	무술	기해
음력	12	13	14	15	16	17	18	19	20	21	22	23	24	25	26	27	28	29	30	3/1	2	3	4	5	6	7	8	9	10	11
구성	1	2	3	4	5	6	7	8	9	1	2	3	4	5	6	7	8	9	1	2	3	4	5	6	7	8	9	1	2	3
대운-남	9	9	9	10	청명	1	1	1	1	2	2	2	3	3	3	4	4	4	5	곡우	5	6	6	6	7	7	7	8	8	8
대운-여	1	1	1	1	청명	10	9	9	9	8	8	8	7	7	7	6	6	6	5	곡우	5	4	4	4	3	3	3	2	2	2

입하 5일 22시 43분 【음4월】➡ 【辛巳月(신사월)】 ◎이흑성 소만 21일 11시 43분

양력 5월 / 음력 03/12 ~ 04/12

양력	1	2	3	4	5	6	7	8	9	10	11	12	13	14	15	16	17	18	19	20	21	22	23	24	25	26	27	28	29	30	31
요일	수	목	금	토	일	월	화	수	목	금	토	일	월	화	수	목	금	토	일	월	화	수	목	금	토	일	월	화	수	목	금
日辰	경자	신축	임인	계묘	갑진	을사	병오	정미	무신	기유	경술	신해	임자	계축	갑인	을묘	병진	정사	무오	기미	경신	신유	임술	계해	갑자	을축	병인	정묘	무진	기사	경오
음력	12	13	14	15	16	17	18	19	20	21	22	23	24	25	26	27	28	29	30	4/1	2	3	4	5	6	7	8	9	10	11	12
구성	4	5	6	7	8	9	1	2	3	4	5	6	7	8	9	1	2	3	4	5	6	7	8	9	9	8	7	6	5	4	3
대운-남	9	9	9	10	입하	1	1	1	1	2	2	2	3	3	3	4	4	4	5	5	소만	6	6	6	7	7	7	8	8	8	9
대운-여	1	1	1	1	입하	10	10	10	9	9	9	8	8	8	7	7	7	6	6	6	소만	5	5	4	4	4	3	3	3	2	2

망종 6일 03시 00분 【음5월】➡ 【壬午月(임오월)】 ◎일백성 하지 21일 19시 44분

양력 6월 / 음력 04/13 ~ 05/13

양력	1	2	3	4	5	6	7	8	9	10	11	12	13	14	15	16	17	18	19	20	21	22	23	24	25	26	27	28	29	30
요일	토	일	월	화	수	목	금	토	일	월	화	수	목	금	토	일	월	화	수	목	금	토	일	월	화	수	목	금	토	일
日辰	신미	임신	계유	갑술	을해	병자	정축	무인	기묘	경진	신사	임오	계미	갑신	을유	병술	정해	무자	기축	경인	신묘	임진	계사	갑오	을미	병신	정유	무술	기해	경자
음력	13	14	15	16	17	18	19	20	21	22	23	24	25	26	27	28	29	5/1	2	3	4	5	6	7	8	9	10	11	12	13
구성	2	1	9	8	7	6	5	4	3	2	1	9	8	7	6	5	4	3	2	1	9	8	7	6	5	4	3	2	1	9
대운-남	9	9	10	10	10	망종	1	1	1	1	2	2	2	3	3	3	4	4	4	5	하지	5	6	6	6	7	7	7	8	8
대운-여	9	9	9	10	10	망종	10	10	9	9	9	8	8	8	7	7	7	6	6	6	하지	5	5	4	4	4	3	3	3	2

2월 12일 - 12대 국회의원 총선거..6월 23일 - 테러리스트의 공격으로 인도 항공 182편이 아일랜드 섬 남쪽 해안 근처에 추락, 329명이 사망하다.8월 12일 - 일본항공 123편이 군마 현에 추락, 524명 중 520명이 사망하다. 단일 항공 사고로는 사상 최악의 사건

한식(4월06일), 초복(7월20일), 중복(7월30일), 말복(8월09일) ⬆춘사(春社)3/20 ☀추사(秋社)9/26
토왕지절(土旺之節):4월17일,7월20일,10월20일,1월17일(음12/08) 臘享(납향):1986년1월15일(음12/06)

二日得辛, 三龍治水, 1985년 을축년(해중금), 육백금

5황	1백	3벽
4록	6백	8백
9자	2흑	7적

1985

소서 7일 13시 19분　【음6월】➡　【癸未月(계미월)】　●구자성　대서 23일 06시 36분

양력 7월　음력 05/14 ~ 06/14

양력	1	2	3	4	5	6	7	8	9	10	11	12	13	14	15	16	17	18	19	20	21	22	23	24	25	26	27	28	29	30	31
요일	월	화	수	목	금	토	일	월	화	수	목	금	토	일	월	화	수	목	금	토	일	월	화	수	목	금	토	일	월	화	수
일진 日辰	신축	임인	계묘	갑진	을사	병오	정미	무신	기유	경술	신해	임자	계축	갑인	을묘	병진	정사	무오	기미	경신	신유	임술	계해	갑자	을축	병인	정묘	무진	기사	경오	신미
음력	14	15	16	17	18	19	20	21	22	23	24	25	26	27	28	29	30	6/1	2	3	4	5	6	7	8	9	10	11	12	13	14
구성	8	7	6	5	4	3	2	1	9	8	7	6	5	4	3	2	1	9	8	7	6	5	4	3	2	1	9	8	7	6	5
대운 남	8	9	9	9	10	10	소서	1	1	1	1	2	2	2	3	3	3	4	4	4	5	5	대서	6	6	6	7	7	7	8	8
대운 여	2	2	1	1	1	1		10	10	9	9	9	8	8	8	7	7	7	6	6	6	5		5	4	4	4	3	3	3	2

입추 7일 23시 04분　【음7월】➡　【甲申月(갑신월)】　●팔백성　처서 23일 13시 36분

양력 8월　음력 06/15 ~ 07/16

양력	1	2	3	4	5	6	7	8	9	10	11	12	13	14	15	16	17	18	19	20	21	22	23	24	25	26	27	28	29	30	31
요일	목	금	토	일	월	화	수	목	금	토	일	월	화	수	목	금	토	일	월	화	수	목	금	토	일	월	화	수	목	금	토
일진 日辰	임신	계유	갑술	을해	병자	정축	무인	기묘	경진	신사	임오	계미	갑신	을유	병술	정해	무자	기축	경인	신묘	임진	계사	갑오	을미	병신	정유	무술	기해	경자	신축	임인
음력	15	16	17	18	19	20	21	22	23	24	25	26	27	28	29	7/1	2	3	4	5	6	7	8	9	10	11	12	13	14	15	16
구성	4	3	2	1	9	8	7	6	5	4	3	2	1	9	8	7	6	5	4	3	2	1	9	8	7	6	5	4	3	2	1
대운 남	8	9	9	9	10	10	입추	1	1	1	1	2	2	2	3	3	3	4	4	4	5	5	처서	6	6	6	7	7	7	8	8
대운 여	2	2	1	1	1	1		10	10	10	9	9	9	8	8	8	7	7	7	6	6	6		5	5	4	4	4	3	3	3

백로 8일 01시 53분　【음8월】➡　【乙酉月(을유월)】　●칠적성　추분 23일 11시 07분

양력 9월　음력 07/17 ~ 08/16

양력	1	2	3	4	5	6	7	8	9	10	11	12	13	14	15	16	17	18	19	20	21	22	23	24	25	26	27	28	29	30
요일	일	월	화	수	목	금	토	일	월	화	수	목	금	토	일	월	화	수	목	금	토	일	월	화	수	목	금	토	일	월
일진 日辰	계묘	갑진	을사	병오	정미	무신	기유	경술	신해	임자	계축	갑인	을묘	병진	정사	무오	기미	경신	신유	임술	계해	갑자	을축	병인	정묘	무진	기사	경오	신미	임신
음력	17	18	19	20	21	22	23	24	25	26	27	28	29	30	8/1	2	3	4	5	6	7	8	9	10	11	12	13	14	15	16
구성	9	8	7	6	5	4	3	2	1	9	8	7	6	5	4	3	2	1	9	8	7	6	5	4	3	2	1	9	8	7
대운 남	8	9	9	9	10	10	10	백로	1	1	1	1	2	2	2	3	3	3	4	4	4	5	추분	5	6	6	6	7	7	7
대운 여	2	2	2	1	1	1	1		10	9	9	9	8	8	8	7	7	7	6	6	6	5		5	4	4	4	3	3	3

한로 8일 17시 25분　【음9월】➡　【丙戌月(병술월)】　●육백성　상강 23일 20시 22분

양력 10월　음력 08/17 ~ 09/18

양력	1	2	3	4	5	6	7	8	9	10	11	12	13	14	15	16	17	18	19	20	21	22	23	24	25	26	27	28	29	30	31
요일	화	수	목	금	토	일	월	화	수	목	금	토	일	월	화	수	목	금	토	일	월	화	수	목	금	토	일	월	화	수	목
일진 日辰	계유	갑술	을해	병자	정축	무인	기묘	경진	신사	임오	계미	갑신	을유	병술	정해	무자	기축	경인	신묘	임진	계사	갑오	을미	병신	정유	무술	기해	경자	신축	임인	계묘
음력	17	18	19	20	21	22	23	24	25	26	27	28	29	9/1	2	3	4	5	6	7	8	9	10	11	12	13	14	15	16	17	18
구성	6	5	4	3	2	1	9	8	7	6	5	4	3	2	1	9	8	7	6	5	4	3	2	1	9	8	7	6	5	4	3
대운 남	8	8	8	9	9	9	10	한로	1	1	1	1	2	2	2	3	3	3	4	4	4	5	상강	5	6	6	6	7	7	7	8
대운 여	2	2	2	1	1	1	1		10	9	9	9	8	8	8	7	7	7	6	6	6	5		5	4	4	4	3	3	3	2

입동 7일 20시 29분　【음10월】➡　【丁亥月(정해월)】　●오황성　소설 22일 17시 51분

양력 11월　음력 09/19 ~ 10/19

양력	1	2	3	4	5	6	7	8	9	10	11	12	13	14	15	16	17	18	19	20	21	22	23	24	25	26	27	28	29	30
요일	금	토	일	월	화	수	목	금	토	일	월	화	수	목	금	토	일	월	화	수	목	금	토	일	월	화	수	목	금	토
일진 日辰	갑진	을사	병오	정미	무신	기유	경술	신해	임자	계축	갑인	을묘	병진	정사	무오	기미	경신	신유	임술	계해	갑자	을축	병인	정묘	무진	기사	경오	신미	임신	계유
음력	19	20	21	22	23	24	25	26	27	28	29	10/1	2	3	4	5	6	7	8	9	10	11	12	13	14	15	16	17	18	19
구성	2	1	9	8	7	6	5	4	3	2	1	9	8	7	6	5	4	3	2	1	9	8	7	6	5	4	3	2	1	9
대운 남	8	8	8	9	9	9	입동	1	1	1	1	2	2	2	3	3	3	4	4	4	5	소설	5	6	6	6	7	7	7	8
대운 여	2	2	1	1	1	1		10	10	9	9	9	8	8	8	7	7	7	6	6	6		5	4	4	4	3	3	3	2

대설 7일 13시 16분　【음11월】➡　【戊子月(무자월)】　●사록성　동지 22일 07시 08분

양력 12월　음력 10/20 ~ 11/20

양력	1	2	3	4	5	6	7	8	9	10	11	12	13	14	15	16	17	18	19	20	21	22	23	24	25	26	27	28	29	30	31
요일	일	월	화	수	목	금	토	일	월	화	수	목	금	토	일	월	화	수	목	금	토	일	월	화	수	목	금	토	일	월	화
일진 日辰	갑술	을해	병자	정축	무인	기묘	경진	신사	임오	계미	갑신	을유	병술	정해	무자	기축	경인	신묘	임진	계사	갑오	을미	병신	정유	무술	기해	경자	신축	임인	계묘	갑진
음력	20	21	22	23	24	25	26	27	28	29	30	11/1	2	3	4	5	6	7	8	9	10	11	12	13	14	15	16	17	18	19	20
구성	8	7	6	5	4	3	2	1	9	8	7	6	5	4	3	2	1	9	8	7	6	5	4	3	2	1	9	8	7	6	5
대운 남	8	8	8	9	9	9	대설	1	1	1	1	2	2	2	3	3	3	4	4	4	5	동지	5	6	6	6	7	7	7	8	8
대운 여	2	2	1	1	1	1		10	10	9	9	9	8	8	8	7	7	7	6	6	6		5	4	4	4	3	3	3	2	2

9월 13일 - 미국 국방부, 위성요격무기실험 성공 발표. 9월 21일 - 서울과 평양에서 분단 이후 처음으로 남북 이산가족 상봉이 이루어지다..9월 25일 - 남북 국회회담 제2차 예비접촉 판문점에서 열림.10월 12일 - 서울대학교 의과대학 연구팀, 한국 최초로 시험관 아기 출산 성공.

1986년

단기 4319 年 / 불기 2530 年	**1986년**	下元-병인(丙寅)년, 납음(노중화),본명성(오황토)

대장군(子북방), 삼살(북방), 상문(辰동남방),조객(子북방), 납음(노중화),【삼재(신,유,술)년】臘享(납향):1987년1월22일(음12/23)

소한 6일 00시 28분　【음12월】➡　【己丑月(기축월)】　●삼벽성　대한 20일 17시 46분

양력 1월 · 음력 11/21 ― 12/22

양력	1	2	3	4	5	6	7	8	9	10	11	12	13	14	15	16	17	18	19	20	21	22	23	24	25	26	27	28	29	30	31
요일	수	목	금	토	일	월	화	수	목	금	토	일	월	화	수	목	금	토	일	월	화	수	목	금	토	일	월	화	수	목	금
일진	을	병	정	무	기	경	신	임	계	갑	을	병	정	무	기	경	신	임	계	갑	을	병	정	무	기	경	신	임	계	갑	을
日辰	사	오	미	신	유	술	해	자	축	인	묘	진	사	오	미	신	유	술	해	자	축	인	묘	진	사	오	미	신	유	술	해
음력	21	22	23	24	25	26	27	28	29	12/1	2	3	4	5	6	7	8	9	10	11	12	13	14	15	16	17	18	19	20	21	22
구성	9	1	2	3	4	5	6	7	8	9	1	2	3	4	5	6	7	8	9	1	2	3	4	5	6	7	8	9	1	2	3
대남	8	9	9	9	10	소	1	1	1	1	2	2	2	3	3	3	4	4	4	대	5	5	6	6	6	7	7	7	8	8	8
운여	2	1	1	1	1	한	9	9	9	8	8	8	7	7	7	6	6	6	5	한	5	4	4	4	4	3	3	3	2	2	1

입춘 4일 12시 08분　【음1월】➡　【庚寅月(경인월)】　●이흑성　우수 19일 07시 58분

양력 2월 · 음력 12/23 ― 01/20

양력	1	2	3	4	5	6	7	8	9	10	11	12	13	14	15	16	17	18	19	20	21	22	23	24	25	26	27	28
요일	토	일	월	화	수	목	금	토	일	월	화	수	목	금	토	일	월	화	수	목	금	토	일	월	화	수	목	금
일진	병	정	무	기	경	신	임	계	갑	을	병	정	무	기	경	신	임	계	갑	을	병	정	무	기	경	신	임	계
日辰	자	축	인	묘	진	사	오	미	신	유	술	해	자	축	인	묘	진	사	오	미	신	유	술	해	자	축	인	묘
음력	23	24	25	26	27	28	29	30	1/1	2	3	4	5	6	7	8	9	10	11	12	13	14	15	16	17	18	19	20
구성	4	5	6	7	8	9	1	2	3	4	5	6	7	8	9	1	2	3	4	5	6	7	8	9	1	2	3	4
대남	9	9	9	입	10	9	9	9	8	8	8	7	7	7	6	6	6	5	5	우	5	4	4	4	3	3	3	2
운여	1	1	1	춘	1	1	1	1	2	2	2	3	3	3	4	4	4	5	5	수	5	6	6	6	7	7	7	8

오른쪽 세로: **병인년**

경칩 6일 06시 12분　【음2월】➡　【辛卯月(신묘월)】　●일백성　춘분 21일 07시 03분

양력 3월 · 음력 01/21 ― 02/22

양력	1	2	3	4	5	6	7	8	9	10	11	12	13	14	15	16	17	18	19	20	21	22	23	24	25	26	27	28	29	30	31
요일	토	일	월	화	수	목	금	토	일	월	화	수	목	금	토	일	월	화	수	목	금	토	일	월	화	수	목	금	토	일	월
일진	갑	을	병	정	무	기	경	신	임	계	갑	을	병	정	무	기	경	신	임	계	갑	을	병	정	무	기	경	신	임	계	갑
日辰	진	사	오	미	신	유	술	해	자	축	인	묘	진	사	오	미	신	유	술	해	자	축	인	묘	진	사	오	미	신	유	술
음력	21	22	23	24	25	26	27	28	29	2/1	2	3	4	5	6	7	8	9	10	11	12	13	14	15	16	17	18	19	20	21	22
구성	5	6	7	8	9	1	2	3	4	5	6	7	8	9	1	2	3	4	5	6	7	8	9	1	2	3	4	5	6	7	8
대남	2	1	1	1	1	경	10	9	9	9	8	8	8	7	7	7	6	6	6	5	춘	5	4	4	4	3	3	3	2	2	2
운여	8	9	9	9	10	칩	1	1	1	1	2	2	2	3	3	3	4	4	4	5	분	5	6	6	6	7	7	7	8	8	8

청명 5일 11시 06분　【음3월】➡　【壬辰月(임진월)】　●구자성　곡우 20일 18시 12분

양력 4월 · 음력 02/23 ― 03/22

양력	1	2	3	4	5	6	7	8	9	10	11	12	13	14	15	16	17	18	19	20	21	22	23	24	25	26	27	28	29	30
요일	화	수	목	금	토	일	월	화	수	목	금	토	일	월	화	수	목	금	토	일	월	화	수	목	금	토	일	월	화	수
일진	을	병	정	무	기	경	신	임	계	갑	을	병	정	무	기	경	신	임	계	갑	을	병	정	무	기	경	신	임	계	갑
日辰	해	자	축	인	묘	진	사	오	미	신	유	술	해	자	축	인	묘	진	사	오	미	신	유	술	해	자	축	인	묘	진
음력	23	24	25	26	27	28	29	30	3/1	2	3	4	5	6	7	8	9	10	11	12	13	14	15	16	17	18	19	20	21	22
구성	9	1	2	3	4	5	6	7	8	9	1	2	3	4	5	6	7	8	9	1	2	3	4	5	6	7	8	9	1	2
대남	1	1	1	1	청	10	10	9	9	9	8	8	8	7	7	7	6	6	6	곡	5	5	4	4	4	3	3	3	2	2
운여	9	9	9	10	명	1	1	1	1	2	2	2	3	3	3	4	4	4	5	우	5	6	6	6	7	7	7	8	8	8

입하 6일 04시 31분　【음4월】➡　【癸巳月(계사월)】　●팔백성　소만 21일 17시 28분

양력 5월 · 음력 03/23 ― 04/23

양력	1	2	3	4	5	6	7	8	9	10	11	12	13	14	15	16	17	18	19	20	21	22	23	24	25	26	27	28	29	30	31
요일	목	금	토	일	월	화	수	목	금	토	일	월	화	수	목	금	토	일	월	화	수	목	금	토	일	월	화	수	목	금	토
일진	을	병	정	무	기	경	신	임	계	갑	을	병	정	무	기	경	신	임	계	갑	을	병	정	무	기	경	신	임	계	갑	을
日辰	사	오	미	신	유	술	해	자	축	인	묘	진	사	오	미	신	유	술	해	자	축	인	묘	진	사	오	미	신	유	술	해
음력	23	24	25	26	27	28	29	30	4/1	2	3	4	5	6	7	8	9	10	11	12	13	14	15	16	17	18	19	20	21	22	23
구성	3	4	5	6	7	8	9	1	2	3	4	5	6	7	8	9	1	2	3	4	5	6	7	8	9	1	2	3	4	5	6
대남	2	1	1	1	1	입	10	10	9	9	9	8	8	8	7	7	7	6	6	6	소	5	5	4	4	4	3	3	3	2	2
운여	9	9	9	10	10	하	1	1	1	1	2	2	2	3	3	3	4	4	4	5	만	5	6	6	6	7	7	7	8	8	8

망종 6일 08시 44분　【음5월】➡　【甲午月(갑오월)】　●칠적성　하지 22일 01시 30분

양력 6월 · 음력 04/24 ― 05/24

양력	1	2	3	4	5	6	7	8	9	10	11	12	13	14	15	16	17	18	19	20	21	22	23	24	25	26	27	28	29	30
요일	일	월	화	수	목	금	토	일	월	화	수	목	금	토	일	월	화	수	목	금	토	일	월	화	수	목	금	토	일	월
일진	병	정	무	기	경	신	임	계	갑	을	병	정	무	기	경	신	임	계	갑	을	병	정	무	기	경	신	임	계	갑	을
日辰	자	축	인	묘	진	사	오	미	신	유	술	해	자	축	인	묘	진	사	오	미	신	유	술	해	자	축	인	묘	진	사
음력	24	25	26	27	28	29	5/1	2	3	4	5	6	7	8	9	10	11	12	13	14	15	16	17	18	19	20	21	22	23	24
구성	7	8	9	1	2	3	4	5	6	7	8	9	1	2	3	4	5	6	7	8	9	1	2	3	4	5	6	7	8	9
대남	2	1	1	1	1	망	10	10	9	9	9	8	8	8	7	7	7	6	6	6	하	5	5	4	4	4	3	3	3	2
운여	9	9	9	10	10	종	1	1	1	1	2	2	2	3	3	3	4	4	4	5	지	5	6	6	6	7	7	7	8	8

4월 26일 - 소비에트 연방의 체르노빌 원자력 발전소 4호기가 실험 중 사고로 폭발하다.5월 3일 - 5.3 인천 사태 발생5월 10일 - 대한민국의 교사 546명이 교육 민주화 선언을 발표하다.7월 3일 - 부천경찰서 성고문 사건 발생하다.

한식(4월06일), 초복(7월15일), 중복(7월25일), 말복(8월14일) ↑춘사(春社)3/25 ☀추사(秋社)9/21
토왕지절(土旺之節):4월17일,7월20일,10월21일,1월18일(음12/19)臘享(납향):1987년1월22일(음12/23)

八日得辛, 九龍治水, 1986년 병인年(노중화), 오황토

4록	9자	2흑
3벽	5황	7적
8백	1백	6백

1986

소서 7일 19시 01분　【음6월】→　【乙未月(을미월)】　☯육백성　대서 23일 12시 24분

양력 7월 (음력 05/25~06/25)	1	2	3	4	5	6	7	8	9	10	11	12	13	14	15	16	17	18	19	20	21	22	23	24	25	26	27	28	29	30	31
요일	화	수	목	금	토	일	월	화	수	목	금	토	일	월	화	수	목	금	토	일	월	화	수	목	금	토	일	월	화	수	목
일진 日辰	병오	정미	무신	기유	경술	신해	임자	계축	갑인	을묘	병진	정사	무오	기미	경신	신유	임술	계해	갑자	을축	병인	정묘	무진	기사	경오	신미	임신	계유	갑술	을해	병자
음력	25	26	27	28	29	30	6/1	2	3	4	5	6	7	8	9	10	11	12	13	14	15	16	17	18	19	20	21	22	23	24	25
구성	1	2	3	4	5	6	7	8	9	9	8	7	6	5	4	3	2	1	9	8	7	6	5	4	3	2	1	9	8	7	6
대운 남	2	2	1	1	1	1	소	10	10	10	9	9	9	8	8	8	7	7	7	6	6	6	대	5	5	4	4	4	3	3	3
대운 여	8	9	9	9	10	10	서	1	1	1	1	2	2	2	3	3	3	4	4	4	5	5	서	6	6	6	7	7	7	8	8

입추 8일 04시 46분　【음7월】→　【丙申月(병신월)】　☯오황성　처서 23일 19시 26분

양력 8월 (음력 06/26~07/26)	1	2	3	4	5	6	7	8	9	10	11	12	13	14	15	16	17	18	19	20	21	22	23	24	25	26	27	28	29	30	31
요일	금	토	일	월	화	수	목	금	토	일	월	화	수	목	금	토	일	월	화	수	목	금	토	일	월	화	수	목	금	토	일
일진 日辰	정축	무인	기묘	경진	신사	임오	계미	갑신	을유	병술	정해	무자	기축	경인	신묘	임진	계사	갑오	을미	병신	정유	무술	기해	경자	신축	임인	계묘	갑진	을사	병오	정미
음력	26	27	28	29	30	7/1	2	3	4	5	6	7	8	9	10	11	12	13	14	15	16	17	18	19	20	21	22	23	24	25	26
구성	5	4	3	2	1	9	8	7	6	5	4	3	2	1	9	8	7	6	5	4	3	2	1	9	8	7	6	5	4	3	2
대운 남	2	2	2	1	1	1	1	입	10	10	9	9	9	8	8	8	7	7	7	6	6	6	처	5	5	4	4	4	3	3	3
대운 여	8	9	9	9	10	10	10	추	1	1	1	1	2	2	2	3	3	3	4	4	4	5	서	5	6	6	6	7	7	7	8

백로 8일 07시 35분　【음8월】→　【丁酉月(정유월)】　☯사록성　추분 23일 16시 59분

양력 9월 (음력 07/27~08/27)	1	2	3	4	5	6	7	8	9	10	11	12	13	14	15	16	17	18	19	20	21	22	23	24	25	26	27	28	29	30
요일	월	화	수	목	금	토	일	월	화	수	목	금	토	일	월	화	수	목	금	토	일	월	화	수	목	금	토	일	월	화
일진 日辰	무신	기유	경술	신해	임자	계축	갑인	을묘	병진	정사	무오	기미	경신	신유	임술	계해	갑자	을축	병인	정묘	무진	기사	경오	신미	임신	계유	갑술	을해	병자	정축
음력	27	28	29	8/1	2	3	4	5	6	7	8	9	10	11	12	13	14	15	16	17	18	19	20	21	22	23	24	25	26	27
구성	1	9	8	7	6	5	4	3	2	1	9	8	7	6	5	4	3	2	1	9	8	7	6	5	4	3	2	1	9	8
대운 남	2	2	2	1	1	1	1	백	10	10	9	9	9	8	8	8	7	7	7	6	6	6	추	5	5	4	4	4	3	3
대운 여	8	8	9	9	9	10	10	로	1	1	1	1	2	2	2	3	3	3	4	4	4	5	분	5	6	6	6	7	7	7

한로 8일 23시 07분　【음9월】→　【戊戌月(무술월)】　☯삼벽성　상강 24일 02시 14분

양력 10월 (음력 08/28~09/28)	1	2	3	4	5	6	7	8	9	10	11	12	13	14	15	16	17	18	19	20	21	22	23	24	25	26	27	28	29	30	31
요일	수	목	금	토	일	월	화	수	목	금	토	일	월	화	수	목	금	토	일	월	화	수	목	금	토	일	월	화	수	목	금
일진 日辰	무인	기묘	경진	신사	임오	계미	갑신	을유	병술	정해	무자	기축	경인	신묘	임진	계사	갑오	을미	병신	정유	무술	기해	경자	신축	임인	계묘	갑진	을사	병오	정미	무신
음력	28	29	30	9/1	2	3	4	5	6	7	8	9	10	11	12	13	14	15	16	17	18	19	20	21	22	23	24	25	26	27	28
구성	7	6	5	4	3	2	1	9	8	7	6	5	4	3	2	1	9	8	7	6	5	4	3	2	1	9	8	7	6	5	4
대운 남	2	2	2	1	1	1	1	한	10	10	9	9	9	8	8	8	7	7	7	6	6	6	5	상	5	4	4	4	3	3	3
대운 여	8	8	8	9	9	9	10	로	1	1	1	1	2	2	2	3	3	3	4	4	4	5	5	강	6	6	6	7	7	7	8

입동 8일 02시 13분　【음10월】→　【己亥月(기해월)】　☯이흑성　소설 22일 23시 44분

양력 11월 (음력 09/29~10/29)	1	2	3	4	5	6	7	8	9	10	11	12	13	14	15	16	17	18	19	20	21	22	23	24	25	26	27	28	29	30
요일	토	일	월	화	수	목	금	토	일	월	화	수	목	금	토	일	월	화	수	목	금	토	일	월	화	수	목	금	토	일
일진 日辰	기유	경술	신해	임자	계축	갑인	을묘	병진	정사	무오	기미	경신	신유	임술	계해	갑자	을축	병인	정묘	무진	기사	경오	신미	임신	계유	갑술	을해	병자	정축	무인
음력	29	10/1	2	3	4	5	6	7	8	9	10	11	12	13	14	15	16	17	18	19	20	21	22	23	24	25	26	27	28	29
구성	3	2	1	9	8	7	6	5	4	3	2	1	9	8	7	6	5	4	3	2	1	9	8	7	6	5	4	3	2	1
대운 남	2	2	2	1	1	1	1	입	9	9	9	8	8	8	7	7	7	6	6	6	5	소	5	4	4	4	3	3	3	2
대운 여	8	8	9	9	9	10	10	동	1	1	1	1	2	2	2	3	3	3	4	4	4	설	5	5	6	6	6	7	7	7

대설 7일 19시 01분　【음11월】→　【庚子月(경자월)】　☯일백성　동지 22일 13시 02분

양력 12월 (음력 10/30~12/01)	1	2	3	4	5	6	7	8	9	10	11	12	13	14	15	16	17	18	19	20	21	22	23	24	25	26	27	28	29	30	31
요일	월	화	수	목	금	토	일	월	화	수	목	금	토	일	월	화	수	목	금	토	일	월	화	수	목	금	토	일	월	화	수
일진 日辰	기묘	경진	신사	임오	계미	갑신	을유	병술	정해	무자	기축	경인	신묘	임진	계사	갑오	을미	병신	정유	무술	기해	경자	신축	임인	계묘	갑진	을사	병오	정미	무신	기유
음력	30	11/1	2	3	4	5	6	7	8	9	10	11	12	13	14	15	16	17	18	19	20	21	22	23	24	25	26	27	28	29	12/1
구성	9	8	7	6	5	4	3	2	1	9	8	7	6	5	4	3	2	1	9	8	7	6	5	4	3	2	1	9	8	7	6
대운 남	2	2	1	1	1	1	대	10	9	9	9	8	8	8	7	7	7	6	6	6	5	동	5	4	4	4	3	3	3	2	2
대운 여	8	8	8	9	9	9	설	1	1	1	1	2	2	2	3	3	3	4	4	4	5	지	5	6	6	6	7	7	7	8	8

9월 14일 - 서울 아시안게임의 개막을 앞두고 김포공항에서 폭발물 테러가 발생해 5명이 사망.9월 15일 - 대한민국의 화성연쇄살인사건의 첫 번째 사건발생하다.9월 27일 - 전국교직원노동조합(전교조)의 모태가 된 전국교사협의회(전교협) 발족.10월 21일 - 마셜제도가 미국에서 독립하다

下元-정묘(丁卯)년, 납음(노중화),본명성(사록목)

대장군(子북방). 삼살(酉서방), 상문(巳동남방),조객(丑동북방),납음(노중화), 【삼재(사,오,미)년】臘享(납향):1988년1월29일(음12/11)

정묘년

소한 6일 06시 13분　【음12월】➡　【辛丑月(신축월)】　●구자성　대한 20일 23시 40분

양력 1월 / 음력 12/02 ~ 01/03

	1	2	3	4	5	6	7	8	9	10	11	12	13	14	15	16	17	18	19	20	21	22	23	24	25	26	27	28	29	30	31
양력	1	2	3	4	5	6	7	8	9	10	11	12	13	14	15	16	17	18	19	20	21	22	23	24	25	26	27	28	29	30	31
요일	목	금	토	일	월	화	수	목	금	토	일	월	화	수	목	금	토	일	월	화	수	목	금	토	일	월	화	수	목	금	토
일진 日辰	경술	신해	임자	계축	갑인	을묘	병진	정사	무오	기미	경신	신유	임술	계해	갑자	을축	병인	정묘	무진	기사	경오	신미	임신	계유	갑술	을해	병자	정축	무인	기묘	경진
음력	2	3	4	5	6	7	8	9	10	11	12	13	14	15	16	17	18	19	20	21	22	23	24	25	26	27	28	29	1/1	2	3
구성	5	4	3	2	1	9	8	7	6	5	4	3	2	1	1	2	3	4	5	6	7	8	9	1	2	3	4	5	6	7	8
대운 남	2	1	1	1	1	소	9	9	9	8	8	8	7	7	7	6	6	6	5	대	5	4	4	4	3	3	3	2	2	2	1
대운 여	8	9	9	9	10	한	1	1	1	1	2	2	2	3	3	3	4	4	4	한	5	5	6	6	6	7	7	7	8	8	8

입춘 4일 17시 52분　【음1월】➡　【壬寅月(임인월)】　●팔백성　우수 19일 13시 50분

양력 2월 / 음력 01/04 ~ 02/01

	1	2	3	4	5	6	7	8	9	10	11	12	13	14	15	16	17	18	19	20	21	22	23	24	25	26	27	28
양력	1	2	3	4	5	6	7	8	9	10	11	12	13	14	15	16	17	18	19	20	21	22	23	24	25	26	27	28
요일	일	월	화	수	목	금	토	일	월	화	수	목	금	토	일	월	화	수	목	금	토	일	월	화	수	목	금	토
일진 日辰	신사	임오	계미	갑신	을유	병술	정해	무자	기축	경인	신묘	임진	계사	갑오	을미	병신	정유	무술	기해	경자	신축	임인	계묘	갑진	을사	병오	정미	무신
음력	4	5	6	7	8	9	10	11	12	13	14	15	16	17	18	19	20	21	22	23	24	25	26	27	28	29	30	2/1
구성	9	1	2	3	4	5	6	7	8	9	1	2	3	4	5	6	7	8	9	1	2	3	4	5	6	7	8	9
대운 남	1	1	1	입	1	1	1	1	2	2	2	3	3	3	4	4	4	5	우	5	6	6	6	7	7	7	8	8
대운 여	9	9	9	춘	10	9	9	9	8	8	8	7	7	7	6	6	6	5	수	5	4	4	4	3	3	3	2	2

경칩 6일 11시 54분　【음2월】➡　【癸卯月(계묘월)】　●칠적성　춘분 21일 12시 52분

양력 3월 / 음력 02/02 ~ 03/03

	1	2	3	4	5	6	7	8	9	10	11	12	13	14	15	16	17	18	19	20	21	22	23	24	25	26	27	28	29	30	31
양력	1	2	3	4	5	6	7	8	9	10	11	12	13	14	15	16	17	18	19	20	21	22	23	24	25	26	27	28	29	30	31
요일	일	월	화	수	목	금	토	일	월	화	수	목	금	토	일	월	화	수	목	금	토	일	월	화	수	목	금	토	일	월	화
일진 日辰	기유	경술	신해	임자	계축	갑인	을묘	병진	정사	무오	기미	경신	신유	임술	계해	갑자	을축	병인	정묘	무진	기사	경오	신미	임신	계유	갑술	을해	병자	정축	무인	기묘
음력	2	3	4	5	6	7	8	9	10	11	12	13	14	15	16	17	18	19	20	21	22	23	24	25	26	27	28	29	3/1	2	3
구성	1	2	3	4	5	6	7	8	9	1	2	3	4	5	6	7	8	9	1	2	3	4	5	6	7	8	9	1	2	3	4
대운 남	8	9	9	9	10	경	1	1	1	2	2	2	3	3	3	4	4	4	5	5	춘	5	6	6	6	7	7	7	8	8	8
대운 여	2	1	1	1	1	칩	10	9	9	9	8	8	8	7	7	7	6	6	6	5	분	5	4	4	4	3	3	3	2	2	2

청명 5일 16시 44분　【음3월】➡　【甲辰月(갑진월)】　●육백성　곡우 20일 23시 58분

양력 4월 / 음력 03/04 ~ 04/03

	1	2	3	4	5	6	7	8	9	10	11	12	13	14	15	16	17	18	19	20	21	22	23	24	25	26	27	28	29	30
양력	1	2	3	4	5	6	7	8	9	10	11	12	13	14	15	16	17	18	19	20	21	22	23	24	25	26	27	28	29	30
요일	수	목	금	토	일	월	화	수	목	금	토	일	월	화	수	목	금	토	일	월	화	수	목	금	토	일	월	화	수	목
일진 日辰	경진	신사	임오	계미	갑신	을유	병술	정해	무자	기축	경인	신묘	임진	계사	갑오	을미	병신	정유	무술	기해	경자	신축	임인	계묘	갑진	을사	병오	정미	무신	기유
음력	4	5	6	7	8	9	10	11	12	13	14	15	16	17	18	19	20	21	22	23	24	25	26	27	28	29	30	4/1	2	3
구성	5	6	7	8	9	1	2	3	4	5	6	7	8	9	1	2	3	4	5	6	7	8	9	1	2	3	4	5	6	7
대운 남	9	9	9	10	청	1	1	1	1	2	2	2	3	3	3	4	4	4	5	곡	5	6	6	6	7	7	7	8	8	8
대운 여	1	1	1	1	명	10	10	9	9	9	8	8	8	7	7	7	6	6	6	우	5	5	4	4	4	3	3	3	2	2

입하 6일 10시 06분　【음4월】➡　【乙巳月(을사월)】　●오황성　소만 22일 00시 10분

양력 5월 / 음력 04/04 ~ 05/04

	1	2	3	4	5	6	7	8	9	10	11	12	13	14	15	16	17	18	19	20	21	22	23	24	25	26	27	28	29	30	31
양력	1	2	3	4	5	6	7	8	9	10	11	12	13	14	15	16	17	18	19	20	21	22	23	24	25	26	27	28	29	30	31
요일	금	토	일	월	화	수	목	금	토	일	월	화	수	목	금	토	일	월	화	수	목	금	토	일	월	화	수	목	금	토	일
일진 日辰	경술	신해	임자	계축	갑인	을묘	병진	정사	무오	기미	경신	신유	임술	계해	갑자	을축	병인	정묘	무진	기사	경오	신미	임신	계유	갑술	을해	병자	정축	무인	기묘	경진
음력	4	5	6	7	8	9	10	11	12	13	14	15	16	17	18	19	20	21	22	23	24	25	26	27	28	29	30	5/1	2	3	4
구성	8	9	1	2	3	4	5	6	7	8	9	1	2	3	4	5	6	7	8	9	1	2	3	4	5	6	7	8	9	1	2
대운 남	9	9	9	10	10	입	1	1	1	1	2	2	2	3	3	3	4	4	4	5	5	소	6	6	6	7	7	7	8	8	8
대운 여	2	1	1	1	1	하	10	10	9	9	9	8	8	8	7	7	7	6	6	6	5	만	5	4	4	4	3	3	3	2	2

망종 6일 15시 19분　【음5월】➡　【丙午月(병오월)】　●사록성　하지 22일 08시 11분

양력 6월 / 음력 05/05 ~ 06/05

	1	2	3	4	5	6	7	8	9	10	11	12	13	14	15	16	17	18	19	20	21	22	23	24	25	26	27	28	29	30
양력	1	2	3	4	5	6	7	8	9	10	11	12	13	14	15	16	17	18	19	20	21	22	23	24	25	26	27	28	29	30
요일	월	화	수	목	금	토	일	월	화	수	목	금	토	일	월	화	수	목	금	토	일	월	화	수	목	금	토	일	월	화
일진 日辰	신사	임오	계미	갑신	을유	병술	정해	무자	기축	경인	신묘	임진	계사	갑오	을미	병신	정유	무술	기해	경자	신축	임인	계묘	갑진	을사	병오	정미	무신	기유	경술
음력	5	6	7	8	9	10	11	12	13	14	15	16	17	18	19	20	21	22	23	24	25	26	27	28	29	6/1	2	3	4	5
구성	3	4	5	6	7	8	9	1	2	3	4	5	6	7	8	9	1	2	3	4	5	6	7	8	9	1	2	3	4	5
대운 남	9	9	9	10	10	망	1	1	1	1	2	2	2	3	3	3	4	4	4	5	5	하	6	6	6	7	7	7	8	8
대운 여	2	1	1	1	1	종	10	10	10	9	9	9	8	8	8	7	7	7	6	6	6	지	5	5	5	4	4	4	3	3

1월 14일 - 서울대생 박종철 고문치사 사건 발생.3월 22일 - 부산 형제복지원 사건 발생.5월 1일 - 서울 지하철 3호선 중앙청역을 경복궁역으로 변경.5월 3일 - 일본의 우익단체 적보대(赤報隊), 아사히 신문 한신 지국에 난입하여 기자와 직원 살해한 사건 발생.

한식(4월06일), 초복(7월20일), 중복(7월30일), 말복(8월09일) ↑춘사(春社)3/20 ☀추사(秋社)9/26
토왕지절(土旺之節):4월17일,7월20일,10월21일,1월18일(음11/29)

서머타임 시작 5월10일 02시→03시로 조정
종료10월11일 03시→02시로 조정
수정한 시간으로 표기(동경표준시 사용)

四日得辛, 三龍治水, 1987년 정묘년(노중화), 사록목

3벽	8백	1백
2흑	4록	6백
7적	9자	5황

1987

소서 8일 01시 39분　【음6월】➡　【丁未月(정미월)】　●삼벽성　대서 23일 19시 06분

양력 7월 · 음력 06/06 — 윤606

양력	1	2	3	4	5	6	7	8	9	10	11	12	13	14	15	16	17	18	19	20	21	22	23	24	25	26	27	28	29	30	31
요일	수	목	금	토	일	월	화	수	목	금	토	일	월	화	수	목	금	토	일	월	화	수	목	금	토	일	월	화	수	목	금
일진	신	임	계	갑	을	병	정	무	기	경	신	임	계	갑	을	병	정	무	기	경	신	임	계	갑	을	병	정	무	기	경	신
日辰	해	자	축	인	묘	진	사	오	미	신	유	술	해	자	축	인	묘	진	사	오	미	신	유	술	해	자	축	인	묘	진	사
음력	6	7	8	9	10	11	12	13	14	15	16	17	18	19	20	21	22	23	24	25	26	27	28	29	30	윤6	2	3	4	5	6
구성	6	7	8	9	1	2	3	4	5	6	7	8	9	9	8	7	6	5	4	3	2	1	9	8	7	6	5	4	3	2	1
대남	8	9	9	9	10	10	10	소서	1	1	1	1	2	2	2	3	3	3	4	4	4	5	대서	5	6	6	6	7	7	7	8
운여	2	2	2	1	1	1	1	소서	10	10	9	9	9	8	8	8	8	7	7	7	6	6	대서	5	5	4	4	4	3	3	3

입추 8일 11시 29분　【음7월】➡　【戊申月(무신월)】　●이흑성　처서 24일 02시 10분

양력 8월 · 음력 윤607 — 07/08

양력	1	2	3	4	5	6	7	8	9	10	11	12	13	14	15	16	17	18	19	20	21	22	23	24	25	26	27	28	29	30	31
요일	토	일	월	화	수	목	금	토	일	월	화	수	목	금	토	일	월	화	수	목	금	토	일	월	화	수	목	금	토	일	월
일진	임	계	갑	을	병	정	무	기	경	신	임	계	갑	을	병	정	무	기	경	신	임	계	갑	을	병	정	무	기	경	신	임
日辰	오	미	신	유	술	해	자	축	인	묘	진	사	오	미	신	유	술	해	자	축	인	묘	진	사	오	미	신	유	술	해	자
음력	7	8	9	10	11	12	13	14	15	16	17	18	19	20	21	22	23	24	25	26	27	28	29	7/1	2	3	4	5	6	7	8
구성	9	8	7	6	5	4	3	2	1	9	8	7	6	5	4	3	2	1	9	8	7	6	5	4	3	2	1	9	8	7	6
대남	8	8	9	9	9	10	10	입추	1	1	1	1	2	2	2	3	3	3	4	4	4	5	5	처서	6	6	6	7	7	7	8
운여	2	2	2	1	1	1	1	입추	10	10	9	9	9	8	8	8	8	7	7	7	6	6	6	처서	5	5	4	4	4	3	3

백로 8일 14시 24분　【음8월】➡　【己酉月(기유월)】　●일백성　추분 23일 23시 45분

양력 9월 · 음력 07/09 — 08/08

양력	1	2	3	4	5	6	7	8	9	10	11	12	13	14	15	16	17	18	19	20	21	22	23	24	25	26	27	28	29	30
요일	화	수	목	금	토	일	월	화	수	목	금	토	일	월	화	수	목	금	토	일	월	화	수	목	금	토	일	월	화	수
일진	계	갑	을	병	정	무	기	경	신	임	계	갑	을	병	정	무	기	경	신	임	계	갑	을	병	정	무	기	경	신	임
日辰	축	인	묘	진	사	오	미	신	유	술	해	자	축	인	묘	진	사	오	미	신	유	술	해	자	축	인	묘	진	사	오
음력	9	10	11	12	13	14	15	16	17	18	19	20	21	22	23	24	25	26	27	28	29	30	8/1	2	3	4	5	6	7	8
구성	5	4	3	2	1	9	8	7	6	5	4	3	2	1	9	8	7	6	5	4	3	2	1	9	8	7	6	5	4	3
대남	8	8	9	9	9	10	10	백로	1	1	1	1	2	2	2	3	3	3	4	4	4	5	추분	5	6	6	6	7	7	7
운여	2	2	2	1	1	1	1	백로	10	10	9	9	9	8	8	8	8	7	7	7	6	6	추분	5	5	4	4	4	3	3

한로 9일 05시 00분　【음9월】➡　【庚戌月(경술월)】　●구자성　상강 24일 08시 01분

양력 10월 · 음력 08/09 — 09/09

양력	1	2	3	4	5	6	7	8	9	10	11	12	13	14	15	16	17	18	19	20	21	22	23	24	25	26	27	28	29	30	31
요일	목	금	토	일	월	화	수	목	금	토	일	월	화	수	목	금	토	일	월	화	수	목	금	토	일	월	화	수	목	금	토
일진	계	갑	을	병	정	무	기	경	신	임	계	갑	을	병	정	무	기	경	신	임	계	갑	을	병	정	무	기	경	신	임	계
日辰	미	신	유	술	해	자	축	인	묘	진	사	오	미	신	유	술	해	자	축	인	묘	진	사	오	미	신	유	술	해	자	축
음력	9	10	11	12	13	14	15	16	17	18	19	20	21	22	23	24	25	26	27	28	29	30	9/1	2	3	4	5	6	7	8	9
구성	2	1	9	8	7	6	5	4	3	2	1	9	8	7	6	5	4	3	2	1	9	8	7	6	5	4	3	2	1	9	8
대남	8	8	8	9	9	9	10	10	한로	1	1	1	1	2	2	2	3	3	3	4	4	4	5	상강	5	6	6	6	7	7	7
운여	3	2	2	2	1	1	1	1	한로	10	9	9	9	8	8	8	7	7	7	6	6	6	5	상강	5	4	4	4	3	3	3

입동 8일 08시 06분　【음10월】➡　【辛亥月(신해월)】　●팔백성　소설 23일 05시 29분

양력 11월 · 음력 09/10 — 10/10

양력	1	2	3	4	5	6	7	8	9	10	11	12	13	14	15	16	17	18	19	20	21	22	23	24	25	26	27	28	29	30
요일	일	월	화	수	목	금	토	일	월	화	수	목	금	토	일	월	화	수	목	금	토	일	월	화	수	목	금	토	일	월
일진	갑	을	병	정	무	기	경	신	임	계	갑	을	병	정	무	기	경	신	임	계	갑	을	병	정	무	기	경	신	임	계
日辰	인	묘	진	사	오	미	신	유	술	해	자	축	인	묘	진	사	오	미	신	유	술	해	자	축	인	묘	진	사	오	미
음력	10	11	12	13	14	15	16	17	18	19	20	21	22	23	24	25	26	27	28	29	10/1	2	3	4	5	6	7	8	9	10
구성	7	6	5	4	3	2	1	9	8	7	6	5	4	3	2	1	9	8	7	6	5	4	3	2	1	9	8	7	6	5
대남	8	8	8	9	9	9	10	입동	1	1	1	1	2	2	2	3	3	3	4	4	4	5	소설	5	6	6	6	7	7	7
운여	2	2	2	1	1	1	1	입동	10	10	9	9	9	8	8	8	8	7	7	7	6	6	소설	5	5	4	4	4	3	3

대설 8일 00시 52분　【음11월】➡　【壬子月(임자월)】　●칠적성　동지 22일 18시 46분

양력 12월 · 음력 10/11 — 11/11

양력	1	2	3	4	5	6	7	8	9	10	11	12	13	14	15	16	17	18	19	20	21	22	23	24	25	26	27	28	29	30	31
요일	화	수	목	금	토	일	월	화	수	목	금	토	일	월	화	수	목	금	토	일	월	화	수	목	금	토	일	월	화	수	목
일진	갑	을	병	정	무	기	경	신	임	계	갑	을	병	정	무	기	경	신	임	계	갑	을	병	정	무	기	경	신	임	계	갑
日辰	신	유	술	해	자	축	인	묘	진	사	오	미	신	유	술	해	자	축	인	묘	진	사	오	미	신	유	술	해	자	축	인
음력	11	12	13	14	15	16	17	18	19	20	21	22	23	24	25	26	27	28	29	30	11/1	2	3	4	5	6	7	8	9	10	11
구성	4	3	2	1	9	8	7	6	5	4	3	2	1	9	8	7	6	5	4	3	2	1	9	8	7	6	5	4	3	2	1
대남	8	8	8	9	9	9	10	대설	1	1	1	1	2	2	2	3	3	3	4	4	4	동지	5	5	6	6	6	7	7	7	8
운여	2	2	2	1	1	1	1	대설	9	9	9	8	8	8	7	7	7	6	6	6	5	동지	5	5	4	4	4	3	3	3	2

9월 24일 - 체외수정으로 임신된 다섯 쌍둥이, 서울대병원서 출생.9월 29일 - 통일민주당 김영삼 총재와 김대중 고문, 대통령후보 단일화회담 결렬.10월 5일 - 아파르트헤이트: 남아프리카 공화국에서 로벤 섬에서 24년을 복역한 고반 므베키가 석방되었다.

단기 4321 年	**1988**년	下元-무진(戊辰)년, 납음(대림목),본명성(삼벽목)
불기 2532 年		대장군(子북방), 삼살(남방), 상문(午남방), 조객(寅동북방),납음(대림목), 삼재(인,묘,진) 臘享(납향):1989년1월23일(음12/16)

소한 6일 12시 04분 **【음12월】➡** 【癸丑月(계축월)】 ☯육백성 대한 21일 05시 24분

양력 1월 / 음력 11/12 ~ 12/13

양력	1	2	3	4	5	6	7	8	9	10	11	12	13	14	15	16	17	18	19	20	21	22	23	24	25	26	27	28	29	30	31
요일	금	토	일	월	화	수	목	금	토	일	월	화	수	목	금	토	일	월	화	수	목	금	토	일	월	화	수	목	금	토	일
일진 日辰	을묘	병진	정사	무오	기미	경신	신유	임술	계해	갑자	을축	병인	정묘	무진	기사	경오	신미	임신	계유	갑술	을해	병자	정축	무인	기묘	경진	신사	임오	계미	갑신	을유
음력	12	13	14	15	16	17	18	19	20	21	22	23	24	25	26	27	28	29	12/1	2	3	4	5	6	7	8	9	10	11	12	13
구성	9	8	7	6	5	4	3	2	1	1	2	3	4	5	6	7	8	9	1	2	3	4	5	6	7	8	9	1	2	3	4
대운 남	8	8	9	9	9	소	1	1	1	1	2	2	2	3	3	3	4	4	4	5	대	5	6	6	6	7	7	7	8	8	8
대운 여	2	1	1	1	1	한	9	9	9	8	8	8	7	7	7	6	6	6	5	5	한	4	4	4	3	3	3	2	2	2	1

입춘 4일 23시 43분 **【음1월】➡** 【甲寅月(갑인월)】 ☯오황성 우수 19일 19시 35분

양력 2월 / 음력 12/14 ~ 01/02

양력	1	2	3	4	5	6	7	8	9	10	11	12	13	14	15	16	17	18	19	20	21	22	23	24	25	26	27	28	29
요일	월	화	수	목	금	토	일	월	화	수	목	금	토	일	월	화	수	목	금	토	일	월	화	수	목	금	토	일	월
일진 日辰	병술	정해	무자	기축	경인	신묘	임진	계사	갑오	을미	병신	정유	무술	기해	경자	신축	임인	계묘	갑진	을사	병오	정미	무신	기유	경술	신해	임자	계축	갑인
음력	14	15	16	17	18	19	20	21	22	23	24	25	26	27	28	29	30	1/1	2	3	4	5	6	7	8	9	10	11	12
구성	5	6	7	8	9	1	2	3	4	5	6	7	8	9	1	2	3	4	5	6	7	8	9	1	2	3	4	5	6
대운 남	9	9	9	입	10	9	9	9	8	8	8	7	7	7	6	6	6	5	우	5	4	4	4	3	3	3	2	2	2
대운 여	1	1	1	춘	1	1	1	1	2	2	2	3	3	3	4	4	4	5	수	5	6	6	6	7	7	7	8	8	8

무진년

경칩 5일 17시 47분 **【음2월】➡** 【乙卯月(을묘월)】 ☯사록성 춘분 20일 18시 39분

양력 3월 / 음력 01/13 ~ 02/14

양력	1	2	3	4	5	6	7	8	9	10	11	12	13	14	15	16	17	18	19	20	21	22	23	24	25	26	27	28	29	30	31
요일	화	수	목	금	토	일	월	화	수	목	금	토	일	월	화	수	목	금	토	일	월	화	수	목	금	토	일	월	화	수	목
일진 日辰	을묘	병진	정사	무오	기미	경신	신유	임술	계해	갑자	을축	병인	정묘	무진	기사	경오	신미	임신	계유	갑술	을해	병자	정축	무인	기묘	경진	신사	임오	계미	갑신	을유
음력	13	14	15	16	17	18	19	20	21	22	23	24	25	26	27	28	29	2/1	2	3	4	5	6	7	8	9	10	11	12	13	14
구성	7	8	9	1	2	3	4	5	6	7	8	9	1	2	3	4	5	6	7	8	9	1	2	3	4	5	6	7	8	9	1
대운 남	1	1	1	1	경	10	9	9	9	8	8	8	7	7	7	6	6	6	5	춘	5	4	4	4	3	3	3	2	2	2	1
대운 여	9	9	9	10	칩	1	1	1	1	2	2	2	3	3	3	4	4	4	5	분	5	6	6	6	7	7	7	8	8	8	9

청명 4일 22시 39분 **【음3월】➡** 【丙辰月(병진월)】 ☯삼벽성 곡우 20일 05시 45분

양력 4월 / 음력 02/15 ~ 03/15

양력	1	2	3	4	5	6	7	8	9	10	11	12	13	14	15	16	17	18	19	20	21	22	23	24	25	26	27	28	29	30
요일	금	토	일	월	화	수	목	금	토	일	월	화	수	목	금	토	일	월	화	수	목	금	토	일	월	화	수	목	금	토
일진 日辰	병술	정해	무자	기축	경인	신묘	임진	계사	갑오	을미	병신	정유	무술	기해	경자	신축	임인	계묘	갑진	을사	병오	정미	무신	기유	경술	신해	임자	계축	갑인	을묘
음력	15	16	17	18	19	20	21	22	23	24	25	26	27	28	29	3/1	2	3	4	5	6	7	8	9	10	11	12	13	14	15
구성	2	3	4	5	6	7	8	9	1	2	3	4	5	6	7	8	9	1	2	3	4	5	6	7	8	9	1	2	3	4
대운 남	1	1	1	청	10	10	9	9	9	8	8	8	7	7	7	6	6	6	5	곡	5	4	4	4	3	3	3	2	2	2
대운 여	9	9	10	명	1	1	1	1	2	2	2	3	3	3	4	4	4	5	5	우	6	6	6	7	7	7	8	8	8	9

입하 5일 16시 02분 **【음4월】➡** 【丁巳月(정사월)】 ☯이흑성 소만 21일 05시 57분

양력 5월 / 음력 03/16 ~ 04/16

양력	1	2	3	4	5	6	7	8	9	10	11	12	13	14	15	16	17	18	19	20	21	22	23	24	25	26	27	28	29	30	31
요일	일	월	화	수	목	금	토	일	월	화	수	목	금	토	일	월	화	수	목	금	토	일	월	화	수	목	금	토	일	월	화
일진 日辰	병진	정사	무오	기미	경신	신유	임술	계해	갑자	을축	병인	정묘	무진	기사	경오	신미	임신	계유	갑술	을해	병자	정축	무인	기묘	경진	신사	임오	계미	갑신	을유	병술
음력	16	17	18	19	20	21	22	23	24	25	26	27	28	29	30	4/1	2	3	4	5	6	7	8	9	10	11	12	13	14	15	16
구성	5	6	7	8	9	1	2	3	4	5	6	7	8	9	1	2	3	4	5	6	7	8	9	1	2	3	4	5	6	7	8
대운 남	1	1	1	1	입	10	10	9	9	9	8	8	8	7	7	7	6	6	6	5	소	5	4	4	4	3	3	3	2	2	2
대운 여	9	9	10	10	하	1	1	1	1	2	2	2	3	3	3	4	4	4	5	5	만	6	6	6	7	7	7	8	8	8	9

망종 5일 21시 15분 **【음5월】➡** 【戊午月(무오월)】 ☯일백성 하지 21일 13시 57분

양력 6월 / 음력 04/17 ~ 05/17

양력	1	2	3	4	5	6	7	8	9	10	11	12	13	14	15	16	17	18	19	20	21	22	23	24	25	26	27	28	29	30
요일	수	목	금	토	일	월	화	수	목	금	토	일	월	화	수	목	금	토	일	월	화	수	목	금	토	일	월	화	수	목
일진 日辰	정해	무자	기축	경인	신묘	임진	계사	갑오	을미	병신	정유	무술	기해	경자	신축	임인	계묘	갑진	을사	병오	정미	무신	기유	경술	신해	임자	계축	갑인	을묘	병진
음력	17	18	19	20	21	22	23	24	25	26	27	28	29	5/1	2	3	4	5	6	7	8	9	10	11	12	13	14	15	16	17
구성	9	1	2	3	4	5	6	7	8	9	1	2	3	4	5	6	7	8	9	1	2	3	4	5	6	7	8	9	1	2
대운 남	1	1	1	1	망	10	10	10	9	9	9	8	8	8	7	7	7	6	6	6	하	5	5	4	4	4	3	3	3	2
대운 여	9	9	10	10	종	1	1	1	1	2	2	2	3	3	3	4	4	4	5	5	지	6	6	6	7	7	7	8	8	8

2월 25일 - 노태우가 대한민국의 제13대 대통령으로 취임하다.4월 26일 - 대한민국에서 제13대 총선이 치루어지다.7월 2일 - 국회, 정기승 대법원장 임명 동의안이 부결됨.7월 7일 - 7·7 선언 발표.8월 4일 - MBC 본사에서 도청장치 방송사고 발생. 8월 8일 - 미얀마에서 8888 항쟁 발생.

한식(4월05일), 초복(7월14일), 중복(7월24일), 말복(8월13일) ↑춘사(春社)3/24 ☀추사(秋社)9/20
토왕지절(土旺之節):4월17일,7월19일,10월20일,1월17일(음12/10)
九日得辛, 二龍治水, 1988년 무진年(대림목), 삼벽목

서머타임 시작 5월08일 02시→03시로 조정
종료10월09일 03시→02시로 조정
수정한 시간으로 표기(동경표준시 사용)

2흑	7적	9자
1백	3벽	5황
6백	8백	4록

양력 7월 — 소서 7일 07시 33분 【음6월】 ➡ 己未月(기미월) ◑구자성 — 대서 23일 00시 51분 (음력 05/18 ~ 06/18)

양력	1	2	3	4	5	6	7	8	9	10	11	12	13	14	15	16	17	18	19	20	21	22	23	24	25	26	27	28	29	30	31
요일	금	토	일	월	화	수	목	금	토	일	월	화	수	목	금	토	일	월	화	수	목	금	토	일	월	화	수	목	금	토	일
日辰	정사	무오	기미	경신	신유	임술	계해	갑자	을축	병인	정묘	무진	기사	경오	신미	임신	계유	갑술	을해	병자	정축	무인	기묘	경진	신사	임오	계미	갑신	을유	병술	정해
음력	18	19	20	21	22	23	24	25	26	27	28	29	30	6/1	2	3	4	5	6	7	8	9	10	11	12	13	14	15	16	17	18
구성	3	4	5	6	7	8	9	9	8	7	6	5	4	3	2	1	9	8	7	6	5	4	3	2	1	9	8	7	6	5	4
대운 남	2	2	1	1	1	1	소서	10	10	9	9	9	8	8	8	7	7	7	6	6	6	5	대	5	4	4	4	3	3	3	2
대운 여	9	9	9	10	10	10	소서	1	1	1	1	2	2	2	3	3	3	4	4	4	5	5	서	6	6	6	7	7	7	8	8

양력 8월 — 입추 7일 17시 20분 【음7월】 ➡ 庚申月(경신월) ◑팔백성 — 처서 23일 07시 54분 (음력 06/19 ~ 07/20)

양력	1	2	3	4	5	6	7	8	9	10	11	12	13	14	15	16	17	18	19	20	21	22	23	24	25	26	27	28	29	30	31
요일	월	화	수	목	금	토	일	월	화	수	목	금	토	일	월	화	수	목	금	토	일	월	화	수	목	금	토	일	월	화	수
日辰	무자	기축	경인	신묘	임진	계사	갑오	을미	병신	정유	무술	기해	경자	신축	임인	계묘	갑진	을사	병오	정미	무신	기유	경술	신해	임자	계축	갑인	을묘	병진	정사	무오
음력	19	20	21	22	23	24	25	26	27	28	29	7/1	2	3	4	5	6	7	8	9	10	11	12	13	14	15	16	17	18	19	20
구성	3	2	1	9	8	7	6	5	4	3	2	1	9	8	7	6	5	4	3	2	1	9	8	7	6	5	4	3	2	1	9
대운 남	2	2	1	1	1	1	입추	10	10	9	9	9	8	8	8	7	7	7	6	6	6	5	처	5	4	4	4	3	3	3	2
대운 여	8	9	9	9	10	10	입추	1	1	1	1	2	2	2	3	3	3	4	4	4	5	5	서	6	6	6	7	7	7	8	8

양력 9월 — 백로 7일 20시 12분 【음8월】 ➡ 辛酉月(신유월) ◑칠적성 — 추분 23일 05시 29분 (음력 07/21 ~ 08/20)

양력	1	2	3	4	5	6	7	8	9	10	11	12	13	14	15	16	17	18	19	20	21	22	23	24	25	26	27	28	29	30
요일	목	금	토	일	월	화	수	목	금	토	일	월	화	수	목	금	토	일	월	화	수	목	금	토	일	월	화	수	목	금
日辰	기미	경신	신유	임술	계해	갑자	을축	병인	정묘	무진	기사	경오	신미	임신	계유	갑술	을해	병자	정축	무인	기묘	경진	신사	임오	계미	갑신	을유	병술	정해	무자
음력	21	22	23	24	25	26	27	28	29	30	8/1	2	3	4	5	6	7	8	9	10	11	12	13	14	15	16	17	18	19	20
구성	8	7	6	5	4	3	2	1	9	8	7	6	5	4	3	2	1	9	8	7	6	5	4	3	2	1	9	8	7	6
대운 남	2	2	1	1	1	1	백로	10	10	9	9	9	8	8	8	7	7	7	6	6	6	5	추	5	4	4	4	3	3	3
대운 여	8	9	9	9	10	10	백로	1	1	1	1	2	2	2	3	3	3	4	4	4	5	5	분	6	6	6	7	7	7	8

양력 10월 — 한로 8일 11시 45분 【음9월】 ➡ 壬戌月(임술월) ◑육백성 — 상강 23일 13시 44분 (음력 08/21 ~ 09/21)

양력	1	2	3	4	5	6	7	8	9	10	11	12	13	14	15	16	17	18	19	20	21	22	23	24	25	26	27	28	29	30	31
요일	토	일	월	화	수	목	금	토	일	월	화	수	목	금	토	일	월	화	수	목	금	토	일	월	화	수	목	금	토	일	월
日辰	기축	경인	신묘	임진	계사	갑오	을미	병신	정유	무술	기해	경자	신축	임인	계묘	갑진	을사	병오	정미	무신	기유	경술	신해	임자	계축	갑인	을묘	병진	정사	무오	기미
음력	21	22	23	24	25	26	27	28	29	30	9/1	2	3	4	5	6	7	8	9	10	11	12	13	14	15	16	17	18	19	20	21
구성	5	4	3	2	1	9	8	7	6	5	4	3	2	1	9	8	7	6	5	4	3	2	1	9	8	7	6	5	4	3	2
대운 남	2	2	2	1	1	1	1	한로	10	9	9	9	8	8	8	7	7	7	6	6	6	5	상	5	4	4	4	3	3	3	2
대운 여	8	8	9	9	9	10	10	한로	1	1	1	1	2	2	2	3	3	3	4	4	4	5	강	5	6	6	6	7	7	7	8

양력 11월 — 입동 7일 13시 49분 【음10월】 ➡ 癸亥月(계해월) ◑오황성 — 소설 22일 11시 12분 (음력 09/22 ~ 10/22)

양력	1	2	3	4	5	6	7	8	9	10	11	12	13	14	15	16	17	18	19	20	21	22	23	24	25	26	27	28	29	30
요일	화	수	목	금	토	일	월	화	수	목	금	토	일	월	화	수	목	금	토	일	월	화	수	목	금	토	일	월	화	수
日辰	경신	신유	임술	계해	갑자	을축	병인	정묘	무진	기사	경오	신미	임신	계유	갑술	을해	병자	정축	무인	기묘	경진	신사	임오	계미	갑신	을유	병술	정해	무자	기축
음력	22	23	24	25	26	27	28	29	10/1	2	3	4	5	6	7	8	9	10	11	12	13	14	15	16	17	18	19	20	21	22
구성	1	9	8	7	6	5	4	3	2	1	9	8	7	6	5	4	3	2	1	9	8	7	6	5	4	3	2	1	9	8
대운 남	2	2	1	1	1	1	입동	10	9	9	9	8	8	8	7	7	7	6	6	6	5	소	5	4	4	4	3	3	3	2
대운 여	8	8	9	9	9	10	입동	1	1	1	1	2	2	2	3	3	3	4	4	4	5	설	5	6	6	6	7	7	7	8

양력 12월 — 대설 7일 06시 34분 【음11월】 ➡ 甲子月(갑자월) ◑사록성 — 동지 22일 00시 28분 (음력 10/23 ~ 11/23)

양력	1	2	3	4	5	6	7	8	9	10	11	12	13	14	15	16	17	18	19	20	21	22	23	24	25	26	27	28	29	30	31
요일	목	금	토	일	월	화	수	목	금	토	일	월	화	수	목	금	토	일	월	화	수	목	금	토	일	월	화	수	목	금	토
日辰	경인	신묘	임진	계사	갑오	을미	병신	정유	무술	기해	경자	신축	임인	계묘	갑진	을사	병오	정미	무신	기유	경술	신해	임자	계축	갑인	을묘	병진	정사	무오	기미	경신
음력	23	24	25	26	27	28	29	30	11/1	2	3	4	5	6	7	8	9	10	11	12	13	14	15	16	17	18	19	20	21	22	23
구성	7	6	5	4	3	2	1	9	8	7	6	5	4	3	2	1	9	8	7	6	5	4	3	2	1	9	8	7	6	5	4
대운 남	2	2	1	1	1	1	대설	9	9	9	8	8	8	7	7	7	6	6	6	5	5	동	4	4	4	3	3	3	2	2	2
대운 여	8	8	9	9	9	10	대설	1	1	1	1	2	2	2	3	3	3	4	4	4	5	지	5	6	6	6	7	7	7	8	8

9월 24일 - 통일민주당 창당 방해 사건 김용남(일명 용팔이) 검거.9월 27일 - 서울 올림픽 100m 우승자 벤 존슨 약물복용판명.10월 5일 국회, 16년 만에 국정감사를 다시 시작하다.10월 7일 - 대한민국 정부, 7개항의 대북경제개방조치 발표.11월 8일 - 1988년 미국 대통령 선거,

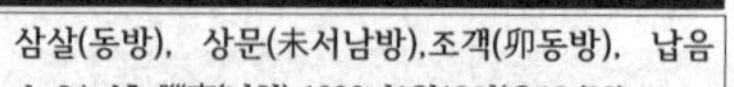 

下元-기사(己巳)년, 납음(대림목), 본명성(이흑토)
대장군(卯동방), 삼살(동방), 상문(未서남방), 조객(卯동방), 납음(대림목), 【삼재(해,자,축)년】 臘享(납향):1990년1월18일(음12/22)

기사년(己巳년)

양력 1월

소한 5일 17시 46분 【음12월】 ➡ 【乙丑月(을축월)】 ☯삼벽성 대한 20일 11시 07분
음력 11/24 ~ 12/24

양력	1	2	3	4	5	6	7	8	9	10	11	12	13	14	15	16	17	18	19	20	21	22	23	24	25	26	27	28	29	30	31
요일	일	월	화	수	목	금	토	일	월	화	수	목	금	토	일	월	화	수	목	금	토	일	월	화	수	목	금	토	일	월	화
일진/日辰	신유	임술	계해	갑자	을축	병인	정묘	무진	기사	경오	신미	임신	계유	갑술	을해	병자	정축	무인	기묘	경진	신사	임오	계미	갑신	을유	병술	정해	무자	기축	경인	신묘
음력	24	25	26	27	28	29	30	12/1	2	3	4	5	6	7	8	9	10	11	12	13	14	15	16	17	18	19	20	21	22	23	24
구성	3	2	1	1	2	3	4	5	6	7	8	9	1	2	3	4	5	6	7	8	9	1	2	3	4	5	6	7	8	9	1
대운 남	1	1	1	1	소한	10	9	9	9	8	8	8	7	7	7	6	6	6	5	대한	5	4	4	4	3	3	3	2	2	2	1
대운 여	8	9	9	9	소한	1	1	1	1	2	2	2	3	3	3	4	4	4	5	대한	5	6	6	6	7	7	7	8	8	8	9

양력 2월

입춘 4일 05시 27분 【음1월】 ➡ 【丙寅月(병인월)】 ☯이흑성 우수 19일 01시 21분
음력 12/25 ~ 01/23

양력	1	2	3	4	5	6	7	8	9	10	11	12	13	14	15	16	17	18	19	20	21	22	23	24	25	26	27	28
요일	수	목	금	토	일	월	화	수	목	금	토	일	월	화	수	목	금	토	일	월	화	수	목	금	토	일	월	화
일진/日辰	임진	계사	갑오	을미	병신	정유	무술	기해	경자	신축	임인	계묘	갑진	을사	병오	정미	무신	기유	경술	신해	임자	계축	갑인	을묘	병진	정사	무오	기미
음력	25	26	27	28	29	1/1	2	3	4	5	6	7	8	9	10	11	12	13	14	15	16	17	18	19	20	21	22	23
구성	2	3	4	5	6	7	8	9	1	2	3	4	5	6	7	8	9	1	2	3	4	5	6	7	8	9	1	2
대운 남	1	1	1	입춘	1	1	1	1	2	2	2	3	3	3	4	4	4	5	우수	5	6	6	6	7	7	7	8	8
대운 여	9	9	10	입춘	9	9	9	8	8	8	7	7	7	6	6	6	5	5	우수	4	4	4	3	3	3	2	2	2

양력 3월

경칩 5일 23시 34분 【음2월】 ➡ 【丁卯月(정묘월)】 ☯일백성 춘분 21일 00시 28분
음력 01/24 ~ 02/24

양력	1	2	3	4	5	6	7	8	9	10	11	12	13	14	15	16	17	18	19	20	21	22	23	24	25	26	27	28	29	30	31
요일	수	목	금	토	일	월	화	수	목	금	토	일	월	화	수	목	금	토	일	월	화	수	목	금	토	일	월	화	수	목	금
일진/日辰	경신	신유	임술	계해	갑자	을축	병인	정묘	무진	기사	경오	신미	임신	계유	갑술	을해	병자	정축	무인	기묘	경진	신사	임오	계미	갑신	을유	병술	정해	무자	기축	경인
음력	24	25	26	27	28	29	30	2/1	2	3	4	5	6	7	8	9	10	11	12	13	14	15	16	17	18	19	20	21	22	23	24
구성	3	4	5	6	7	8	9	1	2	3	4	5	6	7	8	9	1	2	3	4	5	6	7	8	9	1	2	3	4	5	6
대운 남	9	9	9	10	경칩	1	1	1	1	2	2	2	3	3	3	4	4	4	5	5	춘분	6	6	6	7	7	7	8	8	8	9
대운 여	1	1	1	1	경칩	10	10	9	9	9	8	8	8	7	7	7	6	6	6	5	춘분	5	4	4	4	3	3	3	2	2	2

양력 4월

청명 5일 04시 30분 【음3월】 ➡ 【戊辰月(무진월)】 ☯구자성 곡우 20일 11시 39분
음력 02/25 ~ 03/25

양력	1	2	3	4	5	6	7	8	9	10	11	12	13	14	15	16	17	18	19	20	21	22	23	24	25	26	27	28	29	30
요일	토	일	월	화	수	목	금	토	일	월	화	수	목	금	토	일	월	화	수	목	금	토	일	월	화	수	목	금	토	일
일진/日辰	신묘	임진	계사	갑오	을미	병신	정유	무술	기해	경자	신축	임인	계묘	갑진	을사	병오	정미	무신	기유	경술	신해	임자	계축	갑인	을묘	병진	정사	무오	기미	경신
음력	25	26	27	28	29	3/1	2	3	4	5	6	7	8	9	10	11	12	13	14	15	16	17	18	19	20	21	22	23	24	25
구성	7	8	9	1	2	3	4	5	6	7	8	9	1	2	3	4	5	6	7	8	9	1	2	3	4	5	6	7	8	9
대운 남	9	9	10	10	청명	1	1	1	1	2	2	2	3	3	3	4	4	4	5	곡우	5	6	6	6	7	7	7	8	8	8
대운 여	1	1	1	1	청명	10	9	9	9	8	8	8	7	7	7	6	6	6	5	곡우	5	4	4	4	3	3	3	2	2	2

양력 5월

입하 5일 21시 54분 【음4월】 ➡ 【己巳月(기사월)】 ☯팔백성 소만 21일 10시 54분
음력 03/26 ~ 04/27

양력	1	2	3	4	5	6	7	8	9	10	11	12	13	14	15	16	17	18	19	20	21	22	23	24	25	26	27	28	29	30	31
요일	월	화	수	목	금	토	일	월	화	수	목	금	토	일	월	화	수	목	금	토	일	월	화	수	목	금	토	일	월	화	수
일진/日辰	신유	임술	계해	갑자	을축	병인	정묘	무진	기사	경오	신미	임신	계유	갑술	을해	병자	정축	무인	기묘	경진	신사	임오	계미	갑신	을유	병술	정해	무자	기축	경인	신묘
음력	26	27	28	29	4/1	2	3	4	5	6	7	8	9	10	11	12	13	14	15	16	17	18	19	20	21	22	23	24	25	26	27
구성	1	2	3	4	5	6	7	8	9	1	2	3	4	5	6	7	8	9	1	2	3	4	5	6	7	8	9	1	2	3	4
대운 남	9	9	9	10	입하	1	1	1	1	2	2	2	3	3	3	4	4	4	5	5	소만	6	6	6	7	7	7	8	8	8	9
대운 여	1	1	1	1	입하	10	10	10	9	9	9	8	8	8	7	7	7	6	6	6	소만	5	5	4	4	4	3	3	3	2	2

양력 6월

망종 6일 02시 05분 【음5월】 ➡ 【庚午月(경오월)】 ☯칠적성 하지 21일 18시 53분
음력 04/28 ~ 05/27

양력	1	2	3	4	5	6	7	8	9	10	11	12	13	14	15	16	17	18	19	20	21	22	23	24	25	26	27	28	29	30
요일	목	금	토	일	월	화	수	목	금	토	일	월	화	수	목	금	토	일	월	화	수	목	금	토	일	월	화	수	목	금
일진/日辰	임진	계사	갑오	을미	병신	정유	무술	기해	경자	신축	임인	계묘	갑진	을사	병오	정미	무신	기유	경술	신해	임자	계축	갑인	을묘	병진	정사	무오	기미	경신	신유
음력	28	29	30	5/1	2	3	4	5	6	7	8	9	10	11	12	13	14	15	16	17	18	19	20	21	22	23	24	25	26	27
구성	5	6	7	8	9	1	2	3	4	5	6	7	8	9	1	2	3	4	5	6	7	8	9	1	2	3	4	5	6	7
대운 남	9	9	10	10	10	망종	1	1	1	1	2	2	2	3	3	3	4	4	4	5	하지	5	6	6	6	7	7	7	8	8
대운 여	2	1	1	1	1	망종	10	10	9	9	9	8	8	8	7	7	7	6	6	6	하지	5	5	4	4	4	3	3	3	2

1월 1일 - 충청남도 대전시 일원과 대덕군 진잠면 남선리 로 편입되었다.)를 제외한 전역을 관할로 대전직할시가 설치되었다.1월 7일 - 일본 제124대 천황인 히로히토가 87세로 죽다. 이 날 황태자 아키히토가 즉위하고, 연호를 "헤이세이" 이라고 결정.

한식(4월06일), 초복(7월19일), 중복(7월29일), 말복(8월08일) ↑춘사(春社)3/19 ☀추사(秋社)9/25
토왕지절(土旺之節):4월17일,7월20일,10월20일,1월17일(음12/21) 臘享(납향):1990년1월18일(음12/22)

五日得辛, 八龍治水, 1989년 기사年(대림목), 이흑토

1백	6백	8백
9자	2흑	4록
5황	7적	3벽

1989

소서 7일 12시 19분　【음6월】➡　【辛未月(신미월)】　☯육백성　대서 23일 05시 45분

양력 7월 / 음력 05/28 ~ 06/29

양력	1	2	3	4	5	6	7	8	9	10	11	12	13	14	15	16	17	18	19	20	21	22	23	24	25	26	27	28	29	30	31
요일	토	일	월	화	수	목	금	토	일	월	화	수	목	금	토	일	월	화	수	목	금	토	일	월	화	수	목	금	토	일	월
日辰	임술	계해	갑자	을축	병인	정묘	무진	기사	경오	신미	임신	계유	갑술	을해	병자	정축	무인	기묘	경진	신사	임오	계미	갑신	을유	병술	정해	무자	기축	경인	신묘	임진
음력	28	29	6/1	2	3	4	5	6	7	8	9	10	11	12	13	14	15	16	17	18	19	20	21	22	23	24	25	26	27	28	29
구성	8	9	9	8	7	6	5	4	3	2	1	9	8	7	6	5	4	3	2	1	9	8	7	6	5	4	3	2	1	9	8
대운 남	8	9	9	9	10	10	소서	1	1	1	1	2	2	2	3	3	3	4	4	4	5	5	대서	6	6	6	7	7	7	8	8
대운 여	2	2	1	1	1	1	소서	10	10	9	9	9	8	8	8	7	7	7	6	6	6	5	대서	5	4	4	4	3	3	3	2

입추 7일 22시 04분　【음7월】➡　【壬申月(임신월)】　☯오황성　처서 23일 12시 46분

양력 8월 / 음력 06/30 ~ 08/01

양력	1	2	3	4	5	6	7	8	9	10	11	12	13	14	15	16	17	18	19	20	21	22	23	24	25	26	27	28	29	30	31
요일	화	수	목	금	토	일	월	화	수	목	금	토	일	월	화	수	목	금	토	일	월	화	수	목	금	토	일	월	화	수	목
日辰	계사	갑오	을미	병신	정유	무술	기해	경자	신축	임인	계묘	갑진	을사	병오	정미	무신	기유	경술	신해	임자	계축	갑인	을묘	병진	정사	무오	기미	경신	신유	임술	계해
음력	30	7/1	2	3	4	5	6	7	8	9	10	11	12	13	14	15	16	17	18	19	20	21	22	23	24	25	26	27	28	29	8/1
구성	7	6	5	4	3	2	1	9	8	7	6	5	4	3	2	1	9	8	7	6	5	4	3	2	1	9	8	7	6	5	4
대운 남	8	9	9	9	10	10	입추	1	1	1	1	2	2	2	3	3	3	4	4	4	5	5	처서	6	6	6	7	7	7	8	8
대운 여	2	2	1	1	1	1	입추	10	10	10	9	9	9	8	8	8	7	7	7	6	6	6	처서	5	5	4	4	4	3	3	3

백로 8일 00시 54분　【음8월】➡　【癸酉月(계유월)】　☯사록성　추분 23일 10시 20분

양력 9월 / 음력 08/02 ~ 09/01

양력	1	2	3	4	5	6	7	8	9	10	11	12	13	14	15	16	17	18	19	20	21	22	23	24	25	26	27	28	29	30
요일	금	토	일	월	화	수	목	금	토	일	월	화	수	목	금	토	일	월	화	수	목	금	토	일	월	화	수	목	금	토
日辰	갑자	을축	병인	정묘	무진	기사	경오	신미	임신	계유	갑술	을해	병자	정축	무인	기묘	경진	신사	임오	계미	갑신	을유	병술	정해	무자	기축	경인	신묘	임진	계사
음력	2	3	4	5	6	7	8	9	10	11	12	13	14	15	16	17	18	19	20	21	22	23	24	25	26	27	28	29	30	9/1
구성	3	2	1	9	8	7	6	5	4	3	2	1	9	8	7	6	5	4	3	2	1	9	8	7	6	5	4	3	2	1
대운 남	8	9	9	9	10	10	10	백로	1	1	1	1	2	2	2	3	3	3	4	4	4	5	추분	5	6	6	6	7	7	7
대운 여	2	2	2	1	1	1	1	백로	10	9	9	9	8	8	8	7	7	7	6	6	6	5	추분	5	4	4	4	3	3	3

한로 8일 16시 27분　【음9월】➡　【甲戌月(갑술월)】　☯삼벽성　상강 23일 19시 35분

양력 10월 / 음력 09/02 ~ 10/02

양력	1	2	3	4	5	6	7	8	9	10	11	12	13	14	15	16	17	18	19	20	21	22	23	24	25	26	27	28	29	30	31
요일	일	월	화	수	목	금	토	일	월	화	수	목	금	토	일	월	화	수	목	금	토	일	월	화	수	목	금	토	일	월	화
日辰	갑오	을미	병신	정유	무술	기해	경자	신축	임인	계묘	갑진	을사	병오	정미	무신	기유	경술	신해	임자	계축	갑인	을묘	병진	정사	무오	기미	경신	신유	임술	계해	갑자
음력	2	3	4	5	6	7	8	9	10	11	12	13	14	15	16	17	18	19	20	21	22	23	24	25	26	27	28	29	30	10/1	2
구성	9	8	7	6	5	4	3	2	1	9	8	7	6	5	4	3	2	1	9	8	7	6	5	4	3	2	1	9	8	7	6
대운 남	8	8	8	9	9	9	10	한로	1	1	1	1	2	2	2	3	3	3	4	4	4	5	상강	5	6	6	6	7	7	7	8
대운 여	2	2	2	1	1	1	1	한로	10	9	9	9	8	8	8	7	7	7	6	6	6	5	상강	5	4	4	4	3	3	3	2

입동 7일 19시 34분　【음10월】➡　【乙亥月(을해월)】　☯이흑성　소설 22일 17시 05분

양력 11월 / 음력 10/03 ~ 11/03

양력	1	2	3	4	5	6	7	8	9	10	11	12	13	14	15	16	17	18	19	20	21	22	23	24	25	26	27	28	29	30
요일	수	목	금	토	일	월	화	수	목	금	토	일	월	화	수	목	금	토	일	월	화	수	목	금	토	일	월	화	수	목
日辰	을축	병인	정묘	무진	기사	경오	신미	임신	계유	갑술	을해	병자	정축	무인	기묘	경진	신사	임오	계미	갑신	을유	병술	정해	무자	기축	경인	신묘	임진	계사	갑오
음력	3	4	5	6	7	8	9	10	11	12	13	14	15	16	17	18	19	20	21	22	23	24	25	26	27	28	29	11/1	2	3
구성	5	4	3	2	1	9	8	7	6	5	4	3	2	1	9	8	7	6	5	4	3	2	1	9	8	7	6	5	4	3
대운 남	8	8	9	9	9	10	입동	1	1	1	1	2	2	2	3	3	3	4	4	4	5	소설	5	6	6	6	7	7	7	8
대운 여	2	2	1	1	1	1	입동	10	9	9	9	8	8	8	7	7	7	6	6	6	5	소설	5	4	4	4	3	3	3	2

대설 7일 12시 21분　【음11월】➡　【丙子月(병자월)】　☯일백성　동지 22일 06시 22분

양력 12월 / 음력 11/04 ~ 12/04

양력	1	2	3	4	5	6	7	8	9	10	11	12	13	14	15	16	17	18	19	20	21	22	23	24	25	26	27	28	29	30	31
요일	금	토	일	월	화	수	목	금	토	일	월	화	수	목	금	토	일	월	화	수	목	금	토	일	월	화	수	목	금	토	일
日辰	을미	병신	정유	무술	기해	경자	신축	임인	계묘	갑진	을사	병오	정미	무신	기유	경술	신해	임자	계축	갑인	을묘	병진	정사	무오	기미	경신	신유	임술	계해	갑자	을축
음력	4	5	6	7	8	9	10	11	12	13	14	15	16	17	18	19	20	21	22	23	24	25	26	27	28	29	30	12/1	2	3	4
구성	2	1	9	8	7	6	5	4	3	2	1	9	8	7	6	5	4	3	2	1	9	8	7	6	5	4	3	2	1	1	2
대운 남	8	8	9	9	9	10	대설	1	1	1	1	2	2	2	3	3	3	4	4	4	5	동지	5	6	6	6	7	7	7	8	8
대운 여	2	2	1	1	1	1	대설	9	9	9	8	8	8	7	7	7	6	6	6	5	5	동지	4	4	4	3	3	3	2	2	2

9월 8일 - 대한민국 국가안전기획부, 한국외국어대학교 학생 임수경 밀입북 사건 수사결과 발표.9월 11일 - 대한민국, 노태우 대통령, 국회 특별 연설서 한민족공동체통일방안 제시.11월 9일 - 베를린 장벽이 붕괴되다.12월 20일 - 미국이 파나마를 침공하다.

| 단기 4323 年 | 1990년 | 下元-경오(庚午)년, 납음(노방토), 본명성(일백수) |  |
| 불기 2534 年 | 윤5월 | 대장군(卯동방), 삼살(북방), 상문(申서남방), 조객(辰동남방), 납음(노방토), 【삼재(신,유,술)년】 臘享(납향):1991년 1월25일 (음12/10) | 말띠 |

1월 【음12월】 ➡ 【丁丑月(정축월)】 ◉구자성
소한 5일 23시 33분 · 대한 20일 17시 02분 · 음력 12/05 ~ 01/05

	1	2	3	4	5	6	7	8	9	10	11	12	13	14	15	16	17	18	19	20	21	22	23	24	25	26	27	28	29	30	31
요일	월	화	수	목	금	토	일	월	화	수	목	금	토	일	월	화	수	목	금	토	일	월	화	수	목	금	토	일	월	화	수
일진	병	정	무	기	경	신	임	계	갑	을	병	정	무	기	경	신	임	계	갑	을	병	정	무	기	경	신	임	계	갑	을	병
日辰	인	묘	진	사	오	미	신	유	술	해	자	축	인	묘	진	사	오	미	신	유	술	해	자	축	인	묘	진	사	오	미	신
음력	5	6	7	8	9	10	11	12	13	14	15	16	17	18	19	20	21	22	23	24	25	26	27	28	29	30	1/1	2	3	4	5
구성	3	4	5	6	7	8	9	1	2	3	4	5	6	7	8	9	1	2	3	4	5	6	7	8	9	1	2	3	4	5	6
대남	8	9	9	9	소한	1	1	1	1	2	2	2	3	3	3	4	4	4	5	대한	5	6	6	6	7	7	7	8	8	8	9
운여	1	1	1	1	소한	10	9	9	9	8	8	8	7	7	7	6	6	6	5	대한	5	4	4	4	3	3	3	2	2	2	1

2월 【음1월】 ➡ 【戊寅月(무인월)】 ◉팔백성
입춘 4일 11시 14분 · 우수 19일 07시 14분 · 음력 01/06 ~ 02/04

(우측 여백: 경오년)

	1	2	3	4	5	6	7	8	9	10	11	12	13	14	15	16	17	18	19	20	21	22	23	24	25	26	27	28
요일	목	금	토	일	월	화	수	목	금	토	일	월	화	수	목	금	토	일	월	화	수	목	금	토	일	월	화	수
일진	정	무	기	경	신	임	계	갑	을	병	정	무	기	경	신	임	계	갑	을	병	정	무	기	경	신	임	계	갑
日辰	유	술	해	자	축	인	묘	진	사	오	미	신	유	술	해	자	축	인	묘	진	사	오	미	신	유	술	해	자
음력	6	7	8	9	10	11	12	13	14	15	16	17	18	19	20	21	22	23	24	25	26	27	28	29	2/1	2	3	4
구성	7	8	9	1	2	3	4	5	6	7	8	9	1	2	3	4	5	6	7	8	9	1	2	3	4	5	6	7
대남	9	9	10	입춘	10	9	9	9	8	8	8	7	7	7	6	6	6	5	우수	5	4	4	4	3	3	3	2	2
운여	1	1	1	입춘	1	1	1	1	2	2	2	3	3	3	4	4	4	5	우수	5	6	6	6	7	7	7	8	8

3월 【음2월】 ➡ 【己卯月(기묘월)】 ◉칠적성
경칩 6일 05시 19분 · 춘분 21일 06시 19분 · 음력 02/05 ~ 03/05

	1	2	3	4	5	6	7	8	9	10	11	12	13	14	15	16	17	18	19	20	21	22	23	24	25	26	27	28	29	30	31
요일	목	금	토	일	월	화	수	목	금	토	일	월	화	수	목	금	토	일	월	화	수	목	금	토	일	월	화	수	목	금	토
일진	을	병	정	무	기	경	신	임	계	갑	을	병	정	무	기	경	신	임	계	갑	을	병	정	무	기	경	신	임	계	갑	을
日辰	축	인	묘	진	사	오	미	신	유	술	해	자	축	인	묘	진	사	오	미	신	유	술	해	자	축	인	묘	진	사	오	미
음력	5	6	7	8	9	10	11	12	13	14	15	16	17	18	19	20	21	22	23	24	25	26	27	28	29	30	3/1	2	3	4	5
구성	8	9	1	2	3	4	5	6	7	8	9	1	2	3	4	5	6	7	8	9	1	2	3	4	5	6	7	8	9	1	2
대남	2	1	1	1	1	경칩	10	9	9	9	8	8	8	7	7	7	6	6	6	5	춘분	5	4	4	4	3	3	3	2	2	2
운여	8	9	9	9	10	경칩	1	1	1	1	2	2	2	3	3	3	4	4	4	5	춘분	5	6	6	6	7	7	7	8	8	8

4월 【음3월】 ➡ 【庚辰月(경진월)】 ◉육백성
청명 5일 10시 13분 · 곡우 20일 17시 27분 · 음력 03/06 ~ 04/06

	1	2	3	4	5	6	7	8	9	10	11	12	13	14	15	16	17	18	19	20	21	22	23	24	25	26	27	28	29	30
요일	일	월	화	수	목	금	토	일	월	화	수	목	금	토	일	월	화	수	목	금	토	일	월	화	수	목	금	토	일	월
일진	병	정	무	기	경	신	임	계	갑	을	병	정	무	기	경	신	임	계	갑	을	병	정	무	기	경	신	임	계	갑	을
日辰	신	유	술	해	자	축	인	묘	진	사	오	미	신	유	술	해	자	축	인	묘	진	사	오	미	신	유	술	해	자	축
음력	6	7	8	9	10	11	12	13	14	15	16	17	18	19	20	21	22	23	24	25	26	27	28	29	4/1	2	3	4	5	6
구성	3	4	5	6	7	8	9	1	2	3	4	5	6	7	8	9	1	2	3	4	5	6	7	8	9	1	2	3	4	5
대남	1	1	1	1	청명	10	10	9	9	9	8	8	8	7	7	7	6	6	6	곡우	5	5	4	4	4	3	3	3	2	2
운여	9	9	9	10	청명	1	1	1	1	2	2	2	3	3	3	4	4	4	5	곡우	5	5	6	6	6	7	7	7	8	8

5월 【음4월】 ➡ 【辛巳月(신사월)】 ◉오황성
입하 6일 03시 35분 · 소만 21일 16시 37분 · 음력 04/07 ~ 05/08

	1	2	3	4	5	6	7	8	9	10	11	12	13	14	15	16	17	18	19	20	21	22	23	24	25	26	27	28	29	30	31
요일	화	수	목	금	토	일	월	화	수	목	금	토	일	월	화	수	목	금	토	일	월	화	수	목	금	토	일	월	화	수	목
일진	병	정	무	기	경	신	임	계	갑	을	병	정	무	기	경	신	임	계	갑	을	병	정	무	기	경	신	임	계	갑	을	병
日辰	인	묘	진	사	오	미	신	유	술	해	자	축	인	묘	진	사	오	미	신	유	술	해	자	축	인	묘	진	사	오	미	신
음력	7	8	9	10	11	12	13	14	15	16	17	18	19	20	21	22	23	24	25	26	27	28	29	5/1	2	3	4	5	6	7	8
구성	6	7	8	9	1	2	3	4	5	6	7	8	9	1	2	3	4	5	6	7	8	9	1	2	3	4	5	6	7	8	9
대남	2	1	1	1	1	입하	10	10	9	9	9	8	8	8	7	7	7	6	6	6	소만	5	5	4	4	4	3	3	3	2	2
운여	9	9	9	10	10	입하	1	1	1	1	2	2	2	3	3	3	4	4	4	5	소만	5	6	6	6	7	7	7	8	8	8

6월 【음5월】 ➡ 【壬午月(임오월)】 ◉사록성
망종 6일 07시 46분 · 하지 22일 00시 33분 · 음력 05/09 ~ 윤508

	1	2	3	4	5	6	7	8	9	10	11	12	13	14	15	16	17	18	19	20	21	22	23	24	25	26	27	28	29	30
요일	금	토	일	월	화	수	목	금	토	일	월	화	수	목	금	토	일	월	화	수	목	금	토	일	월	화	수	목	금	토
일진	정	무	기	경	신	임	계	갑	을	병	정	무	기	경	신	임	계	갑	을	병	정	무	기	경	신	임	계	갑	을	병
日辰	유	술	해	자	축	인	묘	진	사	오	미	신	유	술	해	자	축	인	묘	진	사	오	미	신	유	술	해	자	축	인
음력	9	10	11	12	13	14	15	16	17	18	19	20	21	22	23	24	25	26	27	28	29	30	윤5	2	3	4	5	6	7	8
구성	1	2	3	4	5	6	7	8	9	1	2	3	4	5	6	7	8	9	1	2	3	4	5	6	7	8	9	9	8	7
대남	2	1	1	1	1	망종	10	10	9	9	9	8	8	8	7	7	7	6	6	6	5	하지	5	4	4	4	3	3	3	2
운여	9	9	9	10	10	망종	1	1	1	1	2	2	2	3	3	3	4	4	4	5	5	하지	6	6	6	7	7	7	8	8

4월 1일 - 서울 지하철 2호선이 교대역을 교대 (법원·검찰청)역과 서울 지하철 3호선이 화물터미널 예술의 전당역을 남부터미널 예술의 전당역으로 역명 변경. 4월 23일 - 나미비아, 국제연합에 가입하다. 4월 24일 - 미국 허블 우주 망원경을 발사하다.

한식(4월06일), 초복(7월14일), 중복(7월24일), 말복(8월13일) ⬆춘사(春社)3/24 ☀추사(秋社)9/20
토왕지절(土旺之節):4월17일,7월20일,10월21일,1월18일(음12/02) 臘享(납향):1991년1월25일(음12/10)

十日得辛, 一龍治水, 1990년 경오年(노방토), 일백수

9자	5황	7적
8백	1백	3벽
4록	6백	2흑

소서 7일 18시 00분　【음6월】➡　【癸未月(계미월)】　☯삼벽성　대서 23일 11시 22분

양력 7월 (음력 윤509∼06/10)	1	2	3	4	5	6	7	8	9	10	11	12	13	14	15	16	17	18	19	20	21	22	23	24	25	26	27	28	29	30	31
요일	일	월	화	수	목	금	토	일	월	화	수	목	금	토	일	월	화	수	목	금	토	일	월	화	수	목	금	토	일	월	화
日辰(일진)	정묘	무진	기사	경오	신미	임신	계유	갑술	을해	병자	정축	무인	기묘	경진	신사	임오	계미	갑신	을유	병술	정해	무자	기축	경인	신묘	임진	계사	갑오	을미	병신	정유
음력	9	10	11	12	13	14	15	16	17	18	19	20	21	22	23	24	25	26	27	28	29	6/1	2	3	4	5	6	7	8	9	10
구성	6	5	4	3	2	1	9	8	7	6	5	4	3	2	1	9	8	7	6	5	4	3	2	1	9	8	7	6	5	4	3
대운 남	2	2	1	1	1	1	소서	10	10	10	9	9	9	8	8	8	7	7	7	6	6	6	대서	5	5	4	4	4	3	3	3
대운 여	8	9	9	9	10	10	소서	1	1	1	1	2	2	2	3	3	3	4	4	4	5	5	대서	6	6	6	7	7	7	8	8

입추 8일 03시 46분　【음7월】➡　【甲申月(갑신월)】　☯이흑성　처서 23일 18시 21분

양력 8월 (음력 06/11∼07/12)	1	2	3	4	5	6	7	8	9	10	11	12	13	14	15	16	17	18	19	20	21	22	23	24	25	26	27	28	29	30	31
요일	수	목	금	토	일	월	화	수	목	금	토	일	월	화	수	목	금	토	일	월	화	수	목	금	토	일	월	화	수	목	금
日辰(일진)	무술	기해	경자	신축	임인	계묘	갑진	을사	병오	정미	무신	기유	경술	신해	임자	계축	갑인	을묘	병진	정사	무오	기미	경신	신유	임술	계해	갑자	을축	병인	정묘	무진
음력	11	12	13	14	15	16	17	18	19	20	21	22	23	24	25	26	27	28	29	7/1	2	3	4	5	6	7	8	9	10	11	12
구성	2	1	9	8	7	6	5	4	3	2	1	9	8	7	6	5	4	3	2	1	9	8	7	6	5	4	3	2	1	9	8
대운 남	2	2	2	1	1	1	1	입추	10	10	9	9	9	8	8	8	7	7	7	6	6	6	처서	5	5	4	4	4	3	3	3
대운 여	8	9	9	9	10	10	10	입추	1	1	1	1	2	2	2	3	3	3	4	4	4	5	처서	5	6	6	6	7	7	7	8

백로 8일 06시 37분　【음8월】➡　【乙酉月(을유월)】　☯일백성　추분 23일 15시 56분

양력 9월 (음력 07/13∼08/12)	1	2	3	4	5	6	7	8	9	10	11	12	13	14	15	16	17	18	19	20	21	22	23	24	25	26	27	28	29	30
요일	토	일	월	화	수	목	금	토	일	월	화	수	목	금	토	일	월	화	수	목	금	토	일	월	화	수	목	금	토	일
日辰(일진)	기사	경오	신미	임신	계유	갑술	을해	병자	정축	무인	기묘	경진	신사	임오	계미	갑신	을유	병술	정해	무자	기축	경인	신묘	임진	계사	갑오	을미	병신	정유	무술
음력	13	14	15	16	17	18	19	20	21	22	23	24	25	26	27	28	29	30	8/1	2	3	4	5	6	7	8	9	10	11	12
구성	7	6	5	4	3	2	1	9	8	7	6	5	4	3	2	1	9	8	7	6	5	4	3	2	1	9	8	7	6	5
대운 남	2	2	2	1	1	1	1	백로	10	9	9	9	8	8	8	7	7	7	6	6	6	5	추분	5	4	4	4	3	3	3
대운 여	8	8	9	9	9	10	10	백로	1	1	1	1	2	2	2	3	3	3	4	4	4	5	추분	5	6	6	6	7	7	7

한로 8일 22시 14분　【음9월】➡　【丙戌月(병술월)】　☯구자성　상강 24일 01시 14분

양력 10월 (음력 08/13∼09/13)	1	2	3	4	5	6	7	8	9	10	11	12	13	14	15	16	17	18	19	20	21	22	23	24	25	26	27	28	29	30	31
요일	월	화	수	목	금	토	일	월	화	수	목	금	토	일	월	화	수	목	금	토	일	월	화	수	목	금	토	일	월	화	수
日辰(일진)	기해	경자	신축	임인	계묘	갑진	을사	병오	정미	무신	기유	경술	신해	임자	계축	갑인	을묘	병진	정사	무오	기미	경신	신유	임술	계해	갑자	을축	병인	정묘	무진	기사
음력	13	14	15	16	17	18	19	20	21	22	23	24	25	26	27	28	29	30	9/1	2	3	4	5	6	7	8	9	10	11	12	13
구성	4	3	2	1	9	8	7	6	5	4	3	2	1	9	8	7	6	5	4	3	2	1	9	8	7	6	5	4	3	2	1
대운 남	2	2	2	1	1	1	1	한로	10	10	9	9	9	8	8	8	7	7	7	6	6	6	5	상강	5	4	4	4	3	3	3
대운 여	8	8	8	9	9	9	10	한로	1	1	1	1	2	2	2	3	3	3	4	4	4	5	5	상강	6	6	6	7	7	7	8

입동 8일 01시 23분　【음10월】➡　【丁亥月(정해월)】　☯팔백성　소설 22일 22시 47분

양력 11월 (음력 09/14∼10/14)	1	2	3	4	5	6	7	8	9	10	11	12	13	14	15	16	17	18	19	20	21	22	23	24	25	26	27	28	29	30
요일	목	금	토	일	월	화	수	목	금	토	일	월	화	수	목	금	토	일	월	화	수	목	금	토	일	월	화	수	목	금
日辰(일진)	경오	신미	임신	계유	갑술	을해	병자	정축	무인	기묘	경진	신사	임오	계미	갑신	을유	병술	정해	무자	기축	경인	신묘	임진	계사	갑오	을미	병신	정유	무술	기해
음력	14	15	16	17	18	19	20	21	22	23	24	25	26	27	28	29	10/1	2	3	4	5	6	7	8	9	10	11	12	13	14
구성	9	8	7	6	5	4	3	2	1	9	8	7	6	5	4	3	2	1	9	8	7	6	5	4	3	2	1	9	8	7
대운 남	2	2	2	1	1	1	1	입동	9	9	9	8	8	8	7	7	7	6	6	6	5	소설	5	4	4	4	3	3	3	2
대운 여	8	8	9	9	9	10	10	입동	1	1	1	1	2	2	2	3	3	3	4	4	4	소설	5	5	6	6	6	7	7	7

대설 7일 18시 14분　【음11월】➡　【戊子月(무자월)】　☯칠적성　동지 22일 12시 07분

양력 12월 (음력 10/15∼11/15)	1	2	3	4	5	6	7	8	9	10	11	12	13	14	15	16	17	18	19	20	21	22	23	24	25	26	27	28	29	30	31
요일	토	일	월	화	수	목	금	토	일	월	화	수	목	금	토	일	월	화	수	목	금	토	일	월	화	수	목	금	토	일	월
日辰(일진)	경자	신축	임인	계묘	갑진	을사	병오	정미	무신	기유	경술	신해	임자	계축	갑인	을묘	병진	정사	무오	기미	경신	신유	임술	계해	갑자	을축	병인	정묘	무진	기사	경오
음력	15	16	17	18	19	20	21	22	23	24	25	26	27	28	29	30	11/1	2	3	4	5	6	7	8	9	10	11	12	13	14	15
구성	6	5	4	3	2	1	9	8	7	6	5	4	3	2	1	9	8	7	6	5	4	3	2	1	1	2	3	4	5	6	7
대운 남	2	2	1	1	1	1	대설	10	9	9	9	8	8	8	7	7	7	6	6	6	5	동지	5	4	4	4	3	3	3	2	2
대운 여	8	8	8	9	9	9	대설	1	1	1	1	2	2	2	3	3	3	4	4	4	5	동지	5	6	6	6	7	7	7	8	8

10월 3일 독일의 재통일, 분단 41년 만에 서독과 동독이 하나의 독일로 통일되다.대한민국과 베냉, 수교.

10월 5일 - 윤석양 이병 양심선언 사건.10월 13일 - 대한민국의 노태우 대통령, `범죄와의 전쟁'을 선포하다.

단기 4324 年	1991년	下元-신미(辛未)년, 납음(노방토), 본명성(구자화)
불기 2535 年		대장군(卯동방), 삼살(酉서방), 상문(酉서방), 조객(巳동남방), 납음(노방토), 【삼재(사,오,미)년】 臘享(납향):1992년1월20일(음12/16)

양 띠

소한 6일 05시 28분 【음12월】➡ 【己丑月(기축월)】 ☯육백성 대한 20일 22시 47분

양력 1월 (음력 11/16 ~ 12/16)	1	2	3	4	5	6	7	8	9	10	11	12	13	14	15	16	17	18	19	20	21	22	23	24	25	26	27	28	29	30	31
요일	화	수	목	금	토	일	월	화	수	목	금	토	일	월	화	수	목	금	토	일	월	화	수	목	금	토	일	월	화	수	목
일진/日辰	신미	임신	계유	갑술	을해	병자	정축	무인	기묘	경진	신사	임오	계미	갑신	을유	병술	정해	무자	기축	경인	신묘	임진	계사	갑오	을미	병신	정유	무술	기해	경자	신축
음력	16	17	18	19	20	21	22	23	24	25	26	27	28	29	30	12/1	2	3	4	5	6	7	8	9	10	11	12	13	14	15	16
구성	8	9	1	2	3	4	5	6	7	8	9	1	2	3	4	5	6	7	8	9	1	2	3	4	5	6	7	8	9	1	2
대운 남	2	1	1	1	1	소한	9	9	9	8	8	8	7	7	7	6	6	6	5	대한	5	4	4	4	3	3	3	2	2	2	1
대운 여	8	9	9	9	10	소한	1	1	1	1	2	2	2	3	3	3	4	4	4	대한	5	5	5	6	6	6	7	7	7	8	8

입춘 4일 17시 08분 【음1월】➡ 【庚寅月(경인월)】 ☯오황성 우수 19일 12시 58분

양력 2월 (음력 12/17 ~ 01/14)	1	2	3	4	5	6	7	8	9	10	11	12	13	14	15	16	17	18	19	20	21	22	23	24	25	26	27	28
요일	금	토	일	월	화	수	목	금	토	일	월	화	수	목	금	토	일	월	화	수	목	금	토	일	월	화	수	목
일진/日辰	임인	계묘	갑진	을사	병오	정미	무신	기유	경술	신해	임자	계축	갑인	을묘	병진	정사	무오	기미	경신	신유	임술	계해	갑자	을축	병인	정묘	무진	기사
음력	17	18	19	20	21	22	23	24	25	26	27	28	29	30	1/1	2	3	4	5	6	7	8	9	10	11	12	13	14
구성	3	4	5	6	7	8	9	1	2	3	4	5	6	7	8	9	1	2	3	4	5	6	7	8	9	1	2	3
대운 남	1	1	1	입춘	1	1	1	1	2	2	2	3	3	3	4	4	4	5	우수	5	6	6	6	7	7	7	8	8
대운 여	9	9	9	입춘	10	9	9	9	8	8	8	7	7	7	6	6	6	5	우수	5	4	4	4	3	3	3	2	2

경칩 6일 11시 12분 【음2월】➡ 【辛卯月(신묘월)】 ☯사록성 춘분 21일 12시 02분

양력 3월 (음력 01/15 ~ 02/16)	1	2	3	4	5	6	7	8	9	10	11	12	13	14	15	16	17	18	19	20	21	22	23	24	25	26	27	28	29	30	31
요일	금	토	일	월	화	수	목	금	토	일	월	화	수	목	금	토	일	월	화	수	목	금	토	일	월	화	수	목	금	토	일
일진/日辰	경오	신미	임신	계유	갑술	을해	병자	정축	무인	기묘	경진	신사	임오	계미	갑신	을유	병술	정해	무자	기축	경인	신묘	임진	계사	갑오	을미	병신	정유	무술	기해	경자
음력	15	16	17	18	19	20	21	22	23	24	25	26	27	28	29	2/1	2	3	4	5	6	7	8	9	10	11	12	13	14	15	16
구성	4	5	6	7	8	9	1	2	3	4	5	6	7	8	9	1	2	3	4	5	6	7	8	9	1	2	3	4	5	6	7
대운 남	8	9	9	9	10	경칩	1	1	1	1	2	2	2	3	3	3	4	4	4	5	춘분	5	6	6	6	7	7	7	8	8	8
대운 여	2	1	1	1	1	경칩	10	9	9	9	8	8	8	7	7	7	6	6	6	5	춘분	5	4	4	4	3	3	3	2	2	2

청명 5일 16시 05분 【음3월】➡ 【壬辰月(임진월)】 ☯삼벽성 곡우 20일 23시 08분

양력 4월 (음력 02/17 ~ 03/16)	1	2	3	4	5	6	7	8	9	10	11	12	13	14	15	16	17	18	19	20	21	22	23	24	25	26	27	28	29	30
요일	월	화	수	목	금	토	일	월	화	수	목	금	토	일	월	화	수	목	금	토	일	월	화	수	목	금	토	일	월	화
일진/日辰	신축	임인	계묘	갑진	을사	병오	정미	무신	기유	경술	신해	임자	계축	갑인	을묘	병진	정사	무오	기미	경신	신유	임술	계해	갑자	을축	병인	정묘	무진	기사	경오
음력	17	18	19	20	21	22	23	24	25	26	27	28	29	30	3/1	2	3	4	5	6	7	8	9	10	11	12	13	14	15	16
구성	8	9	1	2	3	4	5	6	7	8	9	1	2	3	4	5	6	7	8	9	1	2	3	4	5	6	7	8	9	1
대운 남	9	9	9	10	청명	1	1	1	1	2	2	2	3	3	3	4	4	4	5	곡우	5	6	6	6	7	7	7	8	8	8
대운 여	1	1	1	1	청명	10	10	9	9	9	8	8	8	7	7	7	6	6	6	곡우	5	5	4	4	4	3	3	3	2	2

입하 6일 09시 27분 【음4월】➡ 【癸巳月(계사월)】 ☯이흑성 소만 21일 22시 20분

양력 5월 (음력 03/17 ~ 04/18)	1	2	3	4	5	6	7	8	9	10	11	12	13	14	15	16	17	18	19	20	21	22	23	24	25	26	27	28	29	30	31
요일	수	목	금	토	일	월	화	수	목	금	토	일	월	화	수	목	금	토	일	월	화	수	목	금	토	일	월	화	수	목	금
일진/日辰	신미	임신	계유	갑술	을해	병자	정축	무인	기묘	경진	신사	임오	계미	갑신	을유	병술	정해	무자	기축	경인	신묘	임진	계사	갑오	을미	병신	정유	무술	기해	경자	신축
음력	17	18	19	20	21	22	23	24	25	26	27	28	29	4/1	2	3	4	5	6	7	8	9	10	11	12	13	14	15	16	17	18
구성	2	3	4	5	6	7	8	9	1	2	3	4	5	6	7	8	9	1	2	3	4	5	6	7	8	9	1	2	3	4	5
대운 남	9	9	9	10	10	입하	1	1	1	1	2	2	2	3	3	3	4	4	4	5	소만	5	6	6	6	7	7	7	8	8	8
대운 여	2	1	1	1	1	입하	10	10	9	9	9	8	8	8	7	7	7	6	6	6	소만	5	5	4	4	4	3	3	3	2	2

망종 6일 13시 38분 【음5월】➡ 【甲午月(갑오월)】 ☯일백성 하지 22일 06시 19분

양력 6월 (음력 04/19 ~ 05/19)	1	2	3	4	5	6	7	8	9	10	11	12	13	14	15	16	17	18	19	20	21	22	23	24	25	26	27	28	29	30
요일	토	일	월	화	수	목	금	토	일	월	화	수	목	금	토	일	월	화	수	목	금	토	일	월	화	수	목	금	토	일
일진/日辰	임인	계묘	갑진	을사	병오	정미	무신	기유	경술	신해	임자	계축	갑인	을묘	병진	정사	무오	기미	경신	신유	임술	계해	갑자	을축	병인	정묘	무진	기사	경오	신미
음력	19	20	21	22	23	24	25	26	27	28	29	5/1	2	3	4	5	6	7	8	9	10	11	12	13	14	15	16	17	18	19
구성	6	7	8	9	1	2	3	4	5	6	7	8	9	1	2	3	4	5	6	7	8	9	9	8	7	6	5	4	3	2
대운 남	9	9	9	10	10	망종	1	1	1	1	2	2	2	3	3	3	4	4	4	5	5	하지	6	6	6	7	7	7	8	8
대운 여	2	1	1	1	1	망종	10	10	9	9	9	8	8	8	7	7	7	6	6	6	5	하지	5	4	4	4	3	3	3	2

2월 27일 - 걸프전 종전. 쿠웨이트 해방. 3월 26일 5·16 군사 정변 이후 중단된 지방자치제가 30년 만에 부활, 지방선거가 다시 시행되었다. 대구에서 개구리 소년 실종사건이 발생하다. 4월 26일 - 명지대생 강경대 구타치사 사건이 발생하다.

한식(4월06일), 초복(7월19일), 중복(7월29일), 말복(8월08일) ↑춘사(春社)3/19 ☀추사(秋社)9/25
토왕지절(土旺之節):4월17일,7월20일,10월21일,1월18일(음12/14) 臘享(납향):1992년1월20일(음12/16)

六日得辛, 一龍治水, 1991년 신미年(노방토), 구자화

8백	4록	6백
7적	9자	2흑
3벽	5황	1백

소서 7일 23시 53분　【음6월】➡　【乙未月(을미월)】　☯구자성　대서 23일 17시 11분

양력 7월 (음력 05/20–06/20)	1	2	3	4	5	6	7	8	9	10	11	12	13	14	15	16	17	18	19	20	21	22	23	24	25	26	27	28	29	30	31
요일	월	화	수	목	금	토	일	월	화	수	목	금	토	일	월	화	수	목	금	토	일	월	화	수	목	금	토	일	월	화	수
日辰	임신	계유	갑술	을해	병자	정축	무인	기묘	경진	신사	임오	계미	갑신	을유	병술	정해	무자	기축	경인	신묘	임진	계사	갑오	을미	병신	정유	무술	기해	경자	신축	임인
음력	20	21	22	23	24	25	26	27	28	29	30	6/1	2	3	4	5	6	7	8	9	10	11	12	13	14	15	16	17	18	19	20
구성	1	9	8	7	6	5	4	3	2	1	9	8	7	6	5	4	3	2	1	9	8	7	6	5	4	3	2	1	9	8	7
대남	8	9	9	9	10	10	소서	1	1	1	1	2	2	2	3	3	3	4	4	4	5	5	대서	6	6	6	7	7	7	8	8
운여	2	2	1	1	1	1	소서	10	10	10	9	9	9	8	8	8	7	7	7	6	6	6	대서	5	5	5	4	4	4	3	3

입추 8일 09시 37분　【음7월】➡　【丙申月(병신월)】　☯팔백성　처서 24일 00시 13분

양력 8월 (음력 06/21–07/22)	1	2	3	4	5	6	7	8	9	10	11	12	13	14	15	16	17	18	19	20	21	22	23	24	25	26	27	28	29	30	31
요일	목	금	토	일	월	화	수	목	금	토	일	월	화	수	목	금	토	일	월	화	수	목	금	토	일	월	화	수	목	금	토
日辰	계묘	갑진	을사	병오	정미	무신	기유	경술	신해	임자	계축	갑인	을묘	병진	정사	무오	기미	경신	신유	임술	계해	갑자	을축	병인	정묘	무진	기사	경오	신미	임신	계유
음력	21	22	23	24	25	26	27	28	29	7/1	2	3	4	5	6	7	8	9	10	11	12	13	14	15	16	17	18	19	20	21	22
구성	6	5	4	3	2	1	9	8	7	6	5	4	3	2	1	9	8	7	6	5	4	3	2	1	9	8	7	6	5	4	3
대남	8	9	9	9	10	10	10	입추	1	1	1	1	2	2	2	3	3	3	4	4	4	5	5	처서	6	6	6	7	7	7	8
운여	2	2	2	1	1	1	1	입추	10	10	9	9	9	8	8	8	7	7	7	6	6	6	5	처서	5	4	4	4	3	3	2

백로 8일 12시 27분　【음8월】➡　【丁酉月(정유월)】　☯칠적성　추분 23일 21시 48분

양력 9월 (음력 07/23–08/23)	1	2	3	4	5	6	7	8	9	10	11	12	13	14	15	16	17	18	19	20	21	22	23	24	25	26	27	28	29	30
요일	일	월	화	수	목	금	토	일	월	화	수	목	금	토	일	월	화	수	목	금	토	일	월	화	수	목	금	토	일	월
日辰	갑술	을해	병자	정축	무인	기묘	경진	신사	임오	계미	갑신	을유	병술	정해	무자	기축	경인	신묘	임진	계사	갑오	을미	병신	정유	무술	기해	경자	신축	임인	계묘
음력	23	24	25	26	27	28	29	8/1	2	3	4	5	6	7	8	9	10	11	12	13	14	15	16	17	18	19	20	21	22	23
구성	2	1	9	8	7	6	5	4	3	2	1	9	8	7	6	5	4	3	2	1	9	8	7	6	5	4	3	2	1	9
대남	8	8	9	9	9	10	10	백로	1	1	1	1	2	2	2	3	3	3	4	4	4	5	추분	5	6	6	6	7	7	7
운여	2	2	2	1	1	1	1	백로	10	10	9	9	9	8	8	8	7	7	7	6	6	6	추분	5	5	4	4	4	3	3

한로 9일 04시 01분　【음9월】➡　【戊戌月(무술월)】　☯육백성　상강 24일 07시 05분

양력 10월 (음력 08/24–09/24)	1	2	3	4	5	6	7	8	9	10	11	12	13	14	15	16	17	18	19	20	21	22	23	24	25	26	27	28	29	30	31
요일	화	수	목	금	토	일	월	화	수	목	금	토	일	월	화	수	목	금	토	일	월	화	수	목	금	토	일	월	화	수	목
日辰	갑진	을사	병오	정미	무신	기유	경술	신해	임자	계축	갑인	을묘	병진	정사	무오	기미	경신	신유	임술	계해	갑자	을축	병인	정묘	무진	기사	경오	신미	임신	계유	갑술
음력	24	25	26	27	28	29	30	9/1	2	3	4	5	6	7	8	9	10	11	12	13	14	15	16	17	18	19	20	21	22	23	24
구성	8	7	6	5	4	3	2	1	9	8	7	6	5	4	3	2	1	9	8	7	6	5	4	3	2	1	9	8	7	6	5
대남	8	8	8	9	9	9	10	10	한로	1	1	1	1	2	2	2	3	3	3	4	4	4	5	상강	5	6	6	6	7	7	7
운여	3	2	2	2	1	1	1	1	한로	10	9	9	9	8	8	8	7	7	7	6	6	6	5	상강	5	4	4	4	3	3	3

입동 8일 07시 08분　【음10월】➡　【己亥月(기해월)】　☯오황성　소설 23일 04시 36분

양력 11월 (음력 09/25–10/25)	1	2	3	4	5	6	7	8	9	10	11	12	13	14	15	16	17	18	19	20	21	22	23	24	25	26	27	28	29	30
요일	금	토	일	월	화	수	목	금	토	일	월	화	수	목	금	토	일	월	화	수	목	금	토	일	월	화	수	목	금	토
日辰	을해	병자	정축	무인	기묘	경진	신사	임오	계미	갑신	을유	병술	정해	무자	기축	경인	신묘	임진	계사	갑오	을미	병신	정유	무술	기해	경자	신축	임인	계묘	갑진
음력	25	26	27	28	29	10/1	2	3	4	5	6	7	8	9	10	11	12	13	14	15	16	17	18	19	20	21	22	23	24	25
구성	4	3	2	1	9	8	7	6	5	4	3	2	1	9	8	7	6	5	4	3	2	1	9	8	7	6	5	4	3	2
대남	8	8	9	9	9	10	10	입동	1	1	1	1	2	2	2	3	3	3	4	4	4	5	소설	5	6	6	6	7	7	7
운여	2	2	2	1	1	1	1	입동	10	10	9	9	9	8	8	8	7	7	7	6	6	6	소설	5	5	4	4	4	3	3

대설 7일 23시 56분　【음11월】➡　【庚子月(경자월)】　☯사록성　동지 22일 17시 54분

양력 12월 (음력 10/26–11/26)	1	2	3	4	5	6	7	8	9	10	11	12	13	14	15	16	17	18	19	20	21	22	23	24	25	26	27	28	29	30	31
요일	일	월	화	수	목	금	토	일	월	화	수	목	금	토	일	월	화	수	목	금	토	일	월	화	수	목	금	토	일	월	화
日辰	을사	병오	정미	무신	기유	경술	신해	임자	계축	갑인	을묘	병진	정사	무오	기미	경신	신유	임술	계해	갑자	을축	병인	정묘	무진	기사	경오	신미	임신	계유	갑술	을해
음력	26	27	28	29	30	11/1	2	3	4	5	6	7	8	9	10	11	12	13	14	15	16	17	18	19	20	21	22	23	24	25	26
구성	1	9	8	7	6	5	4	3	2	1	9	8	7	6	5	4	3	2	1	9	8	7	6	5	4	3	2	1	9	8	7
대남	8	9	9	9	10	10	대설	1	1	1	1	2	2	2	3	3	3	4	4	4	5	동지	5	6	6	6	7	7	7	8	8
운여	2	2	1	1	1	1	대설	10	10	10	9	9	9	8	8	8	7	7	7	6	6	동지	5	5	4	4	4	3	3	2	2

9월 24일 - 대한민국 노태우 대통령, 유엔총회에서 기조연설을 하다. 10월 3일 - 대한민국과 부룬디가 수교하다. 10월 17일 - 거성관 화재 사고 발생. 12월 13일- 남북기본합의서를 체결하다. 12월 24일 - 러시아, 국제연합에 가입하다.

단기 4325 年	1992년	下元-임신(壬申)년, 납음(검봉금), 본명성(팔백토)
불기 2536 年		대장군(午남방), 삼살(남방), 상문(戌서북방), 조객(午남방), 납음(검봉금), 【삼재(인,묘,진)년】 臘享(납향):1993년1월14일(음12/22)

소한 6일 11시 09분 【음12월】 ➡ 【辛丑月(신축월)】 ●삼벽성 대한 21일 04시 32분

양력 1월 (음력 11/27 ~ 12/27)	1	2	3	4	5	6	7	8	9	10	11	12	13	14	15	16	17	18	19	20	21	22	23	24	25	26	27	28	29	30	31
요일	수	목	금	토	일	월	화	수	목	금	토	일	월	화	수	목	금	토	일	월	화	수	목	금	토	일	월	화	수	목	금
일진 日辰	병자	정축	무인	기묘	경진	신사	임오	계미	갑신	을유	병술	정해	무자	기축	경인	신묘	임진	계사	갑오	을미	병신	정유	무술	기해	경자	신축	임인	계묘	갑진	을사	병오
음력	27	28	29	30	12/1	2	3	4	5	6	7	8	9	10	11	12	13	14	15	16	17	18	19	20	21	22	23	24	25	26	27
구성	4	5	6	7	8	9	1	2	3	4	5	6	7	8	9	1	2	3	4	5	6	7	8	9	1	2	3	4	5	6	7
대운 남	8	9	9	9	10	소한	1	1	1	1	2	2	2	3	3	3	4	4	4	5	대한	5	6	6	6	7	7	7	8	8	8
대운 여	2	1	1	1	1	소한	9	9	9	8	8	8	7	7	7	6	6	6	5	5	대한	4	4	4	3	3	3	2	2	2	1

입춘 4일 22시 48분 【음1월】 ➡ 【壬寅月(임인월)】 ●이흑성 우수 19일 18시 44분

양력 2월 (음력 11/28 ~ 01/26)	1	2	3	4	5	6	7	8	9	10	11	12	13	14	15	16	17	18	19	20	21	22	23	24	25	26	27	28	29
요일	토	일	월	화	수	목	금	토	일	월	화	수	목	금	토	일	월	화	수	목	금	토	일	월	화	수	목	금	토
일진 日辰	정미	무신	기유	경술	신해	임자	계축	갑인	을묘	병진	정사	무오	기미	경신	신유	임술	계해	갑자	을축	병인	정묘	무진	기사	경오	신미	임신	계유	갑술	을해
음력	28	29	30	1/1	2	3	4	5	6	7	8	9	10	11	12	13	14	15	16	17	18	19	20	21	22	23	24	25	26
구성	8	9	1	2	3	4	5	6	7	8	9	1	2	3	4	5	6	7	8	9	1	2	3	4	5	6	7	8	9
대운 남	9	9	9	입춘	10	9	9	9	8	8	8	7	7	7	6	6	6	5	우수	5	4	4	4	3	3	3	2	2	2
대운 여	1	1	1	입춘	1	1	1	1	2	2	2	3	3	3	4	4	4	5	우수	5	6	6	6	7	7	7	8	8	8

임신년

경칩 5일 16시 52분 【음2월】 ➡ 【癸卯月(계묘월)】 ●일백성 춘분 20일 17시 48분

양력 3월 (음력 01/27 ~ 02/28)	1	2	3	4	5	6	7	8	9	10	11	12	13	14	15	16	17	18	19	20	21	22	23	24	25	26	27	28	29	30	31
요일	일	월	화	수	목	금	토	일	월	화	수	목	금	토	일	월	화	수	목	금	토	일	월	화	수	목	금	토	일	월	화
일진 日辰	병자	정축	무인	기묘	경진	신사	임오	계미	갑신	을유	병술	정해	무자	기축	경인	신묘	임진	계사	갑오	을미	병신	정유	무술	기해	경자	신축	임인	계묘	갑진	을사	병오
음력	27	28	29	2/1	2	3	4	5	6	7	8	9	10	11	12	13	14	15	16	17	18	19	20	21	22	23	24	25	26	27	28
구성	1	2	3	4	5	6	7	8	9	1	2	3	4	5	6	7	8	9	1	2	3	4	5	6	7	8	9	1	2	3	4
대운 남	1	1	1	1	경칩	10	9	9	9	8	8	8	7	7	7	6	6	6	5	춘분	5	4	4	4	3	3	3	2	2	2	1
대운 여	9	9	9	10	경칩	1	1	1	1	2	2	2	3	3	3	4	4	4	5	춘분	5	6	6	6	7	7	7	8	8	8	9

청명 4일 21시 45분 【음3월】 ➡ 【甲辰月(갑진월)】 ●구자성 곡우 20일 04시 57분

양력 4월 (음력 02/29 ~ 03/28)	1	2	3	4	5	6	7	8	9	10	11	12	13	14	15	16	17	18	19	20	21	22	23	24	25	26	27	28	29	30
요일	수	목	금	토	일	월	화	수	목	금	토	일	월	화	수	목	금	토	일	월	화	수	목	금	토	일	월	화	수	목
일진 日辰	정미	무신	기유	경술	신해	임자	계축	갑인	을묘	병진	정사	무오	기미	경신	신유	임술	계해	갑자	을축	병인	정묘	무진	기사	경오	신미	임신	계유	갑술	을해	병자
음력	29	30	3/1	2	3	4	5	6	7	8	9	10	11	12	13	14	15	16	17	18	19	20	21	22	23	24	25	26	27	28
구성	5	6	7	8	9	1	2	3	4	5	6	7	8	9	1	2	3	4	5	6	7	8	9	1	2	3	4	5	6	7
대운 남	1	1	1	청명	10	10	9	9	9	8	8	8	7	7	7	6	6	6	5	곡우	5	4	4	4	3	3	3	2	2	2
대운 여	9	9	10	청명	1	1	1	1	2	2	2	3	3	3	4	4	4	5	5	곡우	6	6	6	7	7	7	8	8	8	9

입하 5일 15시 09분 【음4월】 ➡ 【乙巳月(을사월)】 ●팔백성 소만 21일 04시 12분

양력 5월 (음력 03/29 ~ 04/29)	1	2	3	4	5	6	7	8	9	10	11	12	13	14	15	16	17	18	19	20	21	22	23	24	25	26	27	28	29	30	31
요일	금	토	일	월	화	수	목	금	토	일	월	화	수	목	금	토	일	월	화	수	목	금	토	일	월	화	수	목	금	토	일
일진 日辰	정축	무인	기묘	경진	신사	임오	계미	갑신	을유	병술	정해	무자	기축	경인	신묘	임진	계사	갑오	을미	병신	정유	무술	기해	경자	신축	임인	계묘	갑진	을사	병오	정미
음력	29	30	4/1	2	3	4	5	6	7	8	9	10	11	12	13	14	15	16	17	18	19	20	21	22	23	24	25	26	27	28	29
구성	8	9	1	2	3	4	5	6	7	8	9	1	2	3	4	5	6	7	8	9	1	2	3	4	5	6	7	8	9	1	2
대운 남	1	1	1	1	입하	10	10	9	9	9	8	8	8	7	7	7	6	6	6	5	소만	5	4	4	4	3	3	3	2	2	2
대운 여	9	9	10	10	입하	1	1	1	1	2	2	2	3	3	3	4	4	4	5	5	소만	6	6	6	7	7	7	8	8	8	9

망종 5일 19시 22분 【음5월】 ➡ 【丙午月(병오월)】 ●칠적성 하지 21일 12시 14분

양력 6월 (음력 05/01 ~ 06/01)	1	2	3	4	5	6	7	8	9	10	11	12	13	14	15	16	17	18	19	20	21	22	23	24	25	26	27	28	29	30
요일	월	화	수	목	금	토	일	월	화	수	목	금	토	일	월	화	수	목	금	토	일	월	화	수	목	금	토	일	월	화
일진 日辰	무신	기유	경술	신해	임자	계축	갑인	을묘	병진	정사	무오	기미	경신	신유	임술	계해	갑자	을축	병인	정묘	무진	기사	경오	신미	임신	계유	갑술	을해	병자	정축
음력	5/1	2	3	4	5	6	7	8	9	10	11	12	13	14	15	16	17	18	19	20	21	22	23	24	25	26	27	28	29	6/1
구성	3	4	5	6	7	8	9	8	7	6	5	4	3	2	1	9	8	7	6	5	4	3	2	1	9	8	7	6	6	5
대운 남	1	1	1	1	망종	10	10	10	9	9	9	8	8	8	7	7	7	6	6	6	하지	5	5	4	4	4	3	3	3	2
대운 여	9	9	10	10	망종	1	1	1	2	2	2	3	3	3	4	4	4	5	5	5	하지	6	6	7	7	7	8	8	8	9

1월 1일 대한민국, 자본시장개방. 외국인의 주식 매수가 허용되다. (실제 매수는 개장일인 1월 3일부터 가능)2월 1일 대한민국, 경기도 고양군이 도농복합시인 고양시로 승격 되었다. 군이였던 지역의 전부가 하나의 시로 승격된 최초의 사례다.2월 7일 - 마스트리흐트 조약이 체결된다.

한식(4월05일), 초복(7월13일), 중복(7월23일), 말복(8월12일) ↑춘사(春社)3/23 ☀추사(秋社)9/19
토왕지절(土旺之節):4월17일,7월19일,10월20일,1월17일(음12/25) 臘享(납향):1993년1월14일(음12/22)

二日得辛, 七龍治水, 1992년 임신年(검봉금), 팔백토

7적	3벽	5황
6백	8백	1백
2흑	4록	9자

1992

양력 7월 (음력 06/02 ~ 07/02)

소서 7일 05시 40분 【음6월】➡ 【丁未月(정미월)】 ☾육백성 대서 22일 23시 09분

구분	1	2	3	4	5	6	7	8	9	10	11	12	13	14	15	16	17	18	19	20	21	22	23	24	25	26	27	28	29	30	31
요일	수	목	금	토	일	월	화	수	목	금	토	일	월	화	수	목	금	토	일	월	화	수	목	금	토	일	월	화	수	목	금
일진日辰	무인	기묘	경진	신사	임오	계미	갑신	을유	병술	정해	무자	기축	경인	신묘	임진	계사	갑오	을미	병신	정유	무술	기해	경자	신축	임인	계묘	갑진	을사	병오	정미	무신
음력	2	3	4	5	6	7	8	9	10	11	12	13	14	15	16	17	18	19	20	21	22	23	24	25	26	27	28	29	30	7/1	2
구성	4	3	2	1	9	8	7	6	5	4	3	2	1	9	8	7	6	5	4	3	2	1	9	8	7	6	5	4	3	2	1
대운 남	2	2	1	1	1	1	소서	10	10	9	9	9	8	8	8	7	7	7	6	6	6	대서	5	5	4	4	4	3	3	3	2
대운 여	9	9	9	10	10	10	소서	1	1	1	1	2	2	2	3	3	3	4	4	4	5	대서	5	5	6	6	6	7	7	7	8

양력 8월 (음력 07/03 ~ 08/04)

입추 7일 15시 27분 【음7월】➡ 【戊申月(무신월)】 ☯오황성 처서 23일 06시 10분

구분	1	2	3	4	5	6	7	8	9	10	11	12	13	14	15	16	17	18	19	20	21	22	23	24	25	26	27	28	29	30	31
요일	토	일	월	화	수	목	금	토	일	월	화	수	목	금	토	일	월	화	수	목	금	토	일	월	화	수	목	금	토	일	월
일진日辰	기유	경술	신해	임자	계축	갑인	을묘	병진	정사	무오	기미	경신	신유	임술	계해	갑자	을축	병인	정묘	무진	기사	경오	신미	임신	계유	갑술	을해	병자	정축	무인	기묘
음력	3	4	5	6	7	8	9	10	11	12	13	14	15	16	17	18	19	20	21	22	23	24	25	26	27	28	29	8/1	2	3	4
구성	9	8	7	6	5	4	3	2	1	9	8	7	6	5	4	3	2	1	9	8	7	6	5	4	3	2	1	9	8	7	6
대운 남	2	2	1	1	1	1	입추	10	10	9	9	9	8	8	8	7	7	7	6	6	6	처서	5	5	4	4	4	3	3	3	2
대운 여	8	9	9	9	10	10	입추	1	1	1	1	2	2	2	3	3	3	4	4	4	5	처서	5	6	6	6	7	7	7	8	8

양력 9월 (음력 08/05 ~ 09/05)

백로 7일 18시 18분 【음8월】➡ 【己酉月(기유월)】 ☯사록성 추분 23일 03시 43분

구분	1	2	3	4	5	6	7	8	9	10	11	12	13	14	15	16	17	18	19	20	21	22	23	24	25	26	27	28	29	30
요일	화	수	목	금	토	일	월	화	수	목	금	토	일	월	화	수	목	금	토	일	월	화	수	목	금	토	일	월	화	수
일진日辰	경진	신사	임오	계미	갑신	을유	병술	정해	무자	기축	경인	신묘	임진	계사	갑오	을미	병신	정유	무술	기해	경자	신축	임인	계묘	갑진	을사	병오	정미	무신	기유
음력	5	6	7	8	9	10	11	12	13	14	15	16	17	18	19	20	21	22	23	24	25	26	27	28	29	9/1	2	3	4	5
구성	5	4	3	2	1	9	8	7	6	5	4	3	2	1	9	8	7	6	5	4	3	2	1	9	8	7	6	5	4	3
대운 남	2	2	1	1	1	1	백로	10	10	9	9	9	8	8	8	7	7	7	6	6	6	5	추분	5	4	4	4	3	3	3
대운 여	8	9	9	9	10	10	백로	1	1	1	1	2	2	2	3	3	3	4	4	4	5	5	추분	6	6	6	7	7	7	8

양력 10월 (음력 09/06 ~ 10/06)

한로 8일 09시 51분 【음9월】➡ 【庚戌月(경술월)】 ☯삼벽성 상강 23일 12시 57분

구분	1	2	3	4	5	6	7	8	9	10	11	12	13	14	15	16	17	18	19	20	21	22	23	24	25	26	27	28	29	30	31
요일	목	금	토	일	월	화	수	목	금	토	일	월	화	수	목	금	토	일	월	화	수	목	금	토	일	월	화	수	목	금	토
일진日辰	경술	신해	임자	계축	갑인	을묘	병진	정사	무오	기미	경신	신유	임술	계해	갑자	을축	병인	정묘	무진	기사	경오	신미	임신	계유	갑술	을해	병자	정축	무인	기묘	경진
음력	6	7	8	9	10	11	12	13	14	15	16	17	18	19	20	21	22	23	24	25	26	27	28	29	30	10/1	2	3	4	5	6
구성	2	1	9	8	7	6	5	4	3	2	1	9	8	7	6	5	4	3	2	1	9	8	7	6	5	4	3	2	1	9	8
대운 남	2	2	2	1	1	1	1	한로	10	9	9	9	8	8	8	7	7	7	6	6	6	5	상강	5	4	4	4	3	3	3	2
대운 여	8	8	8	9	9	9	10	한로	1	1	1	1	2	2	2	3	3	3	4	4	4	5	상강	5	6	6	6	7	7	7	8

양력 11월 (음력 10/07 ~ 11/07)

입동 7일 12시 57분 【음10월】➡ 【辛亥月(신해월)】 ☯이흑성 소설 22일 10시 26분

구분	1	2	3	4	5	6	7	8	9	10	11	12	13	14	15	16	17	18	19	20	21	22	23	24	25	26	27	28	29	30
요일	일	월	화	수	목	금	토	일	월	화	수	목	금	토	일	월	화	수	목	금	토	일	월	화	수	목	금	토	일	월
일진日辰	신사	임오	계미	갑신	을유	병술	정해	무자	기축	경인	신묘	임진	계사	갑오	을미	병신	정유	무술	기해	경자	신축	임인	계묘	갑진	을사	병오	정미	무신	기유	경술
음력	7	8	9	10	11	12	13	14	15	16	17	18	19	20	21	22	23	24	25	26	27	28	29	11/1	2	3	4	5	6	7
구성	7	6	5	4	3	2	1	9	8	7	6	5	4	3	2	1	9	8	7	6	5	4	3	2	1	9	8	7	6	5
대운 남	2	2	1	1	1	1	입동	10	9	9	9	8	8	8	7	7	7	6	6	6	5	소설	5	4	4	4	3	3	3	2
대운 여	8	8	9	9	9	10	입동	1	1	1	1	2	2	2	3	3	3	4	4	4	5	소설	5	6	6	6	7	7	7	8

양력 12월 (음력 11/08 ~ 12/08)

대설 7일 05시 44분 【음11월】➡ 【壬子月(임자월)】 ☯일백성 동지 21일 23시 43분

구분	1	2	3	4	5	6	7	8	9	10	11	12	13	14	15	16	17	18	19	20	21	22	23	24	25	26	27	28	29	30	31
요일	화	수	목	금	토	일	월	화	수	목	금	토	일	월	화	수	목	금	토	일	월	화	수	목	금	토	일	월	화	수	목
일진日辰	신해	임자	계축	갑인	을묘	병진	정사	무오	기미	경신	신유	임술	계해	갑자	을축	병인	정묘	무진	기사	경오	신미	임신	계유	갑술	을해	병자	정축	무인	기묘	경진	신사
음력	8	9	10	11	12	13	14	15	16	17	18	19	20	21	22	23	24	25	26	27	28	29	30	12/1	2	3	4	5	6	7	8
구성	4	3	2	1	9	8	7	6	5	4	3	2	1	1	2	3	4	5	6	7	8	9	1	2	3	4	5	6	7	8	9
대운 남	2	2	1	1	1	1	대설	9	9	9	8	8	8	7	7	7	6	6	6	5	동지	5	4	4	4	3	3	3	2	2	2
대운 여	8	8	9	9	9	10	대설	1	1	1	1	2	2	2	3	3	3	4	4	4	동지	5	5	6	6	6	7	7	7	8	8

7월 31일 그루지야, 국제연합에 가입하다.대한민국 서울에서 신행주대교 붕괴 사건이 일어나다.9월 6일 - 대한민국, 조선민주주의인민공화국, 일본 여성 대표, 위안부 문제 공동대처 결의하다.9월 23일 - 대한민국과 중화민국, 8월 24일 외교 관계 단절 이후 대사관 완전히 철수하다.

양력 1월 — 소한 5일 16시 57분 【음12월】 ➡ 【癸丑月(계축월)】 ☯구자성 / 대한 20일 10시 23분 （음력 12/09 ~ 01/09）

	1	2	3	4	5	6	7	8	9	10	11	12	13	14	15	16	17	18	19	20	21	22	23	24	25	26	27	28	29	30	31
요일	금	토	일	월	화	수	목	금	토	일	월	화	수	목	금	토	일	월	화	수	목	금	토	일	월	화	수	목	금	토	일
일진(日辰)	임오	계미	갑신	을유	병술	정해	무자	기축	경인	신묘	임진	계사	갑오	을미	병신	정유	무술	기해	경자	신축	임인	계묘	갑진	을사	병오	정미	무신	기유	경술	신해	임자
음력	9	10	11	12	13	14	15	16	17	18	19	20	21	22	23	24	25	26	27	28	29	30	1/1	2	3	4	5	6	7	8	9
구성	1	2	3	4	5	6	7	8	9	1	2	3	4	5	6	7	8	9	1	2	3	4	5	6	7	8	9	1	2	3	4
대운 남	1	1	1	1	소	10	9	9	9	8	8	8	7	7	7	6	6	6	5	대	5	4	4	4	3	3	3	2	2	2	1
대운 여	8	9	9	9	한	1	1	1	1	2	2	2	3	3	3	4	4	4	5	한	5	6	6	6	7	7	7	8	8	8	9

양력 2월 — 입춘 4일 04시 37분 【음1월】 ➡ 【甲寅月(갑인월)】 ☯팔백성 / 우수 19일 00시 35분 （음력 01/10 ~ 02/08）

	1	2	3	4	5	6	7	8	9	10	11	12	13	14	15	16	17	18	19	20	21	22	23	24	25	26	27	28
요일	월	화	수	목	금	토	일	월	화	수	목	금	토	일	월	화	수	목	금	토	일	월	화	수	목	금	토	일
일진(日辰)	계축	갑인	을묘	병진	정사	무오	기미	경신	신유	임술	계해	갑자	을축	병인	정묘	무진	기사	경오	신미	임신	계유	갑술	을해	병자	정축	무인	기묘	경진
음력	10	11	12	13	14	15	16	17	18	19	20	21	22	23	24	25	26	27	28	29	2/1	2	3	4	5	6	7	8
구성	5	6	7	8	9	1	2	3	4	5	6	7	8	9	1	2	3	4	5	6	7	8	9	1	2	3	4	5
대운 남	1	1	1	입	1	1	1	1	2	2	2	3	3	3	4	4	4	5	우	5	6	6	6	7	7	7	8	8
대운 여	9	9	10	춘	9	9	9	8	8	8	7	7	7	6	6	6	5	5	수	4	4	4	3	3	3	2	2	2

（우측 세로: 계유년）

양력 3월 — 경칩 5일 22시 43분 【음2월】 ➡ 【乙卯月(을묘월)】 ☯칠적성 / 춘분 20일 23시 41분 （음력 02/09 ~ 03/09）

	1	2	3	4	5	6	7	8	9	10	11	12	13	14	15	16	17	18	19	20	21	22	23	24	25	26	27	28	29	30	31
요일	월	화	수	목	금	토	일	월	화	수	목	금	토	일	월	화	수	목	금	토	일	월	화	수	목	금	토	일	월	화	수
일진(日辰)	신사	임오	계미	갑신	을유	병술	정해	무자	기축	경인	신묘	임진	계사	갑오	을미	병신	정유	무술	기해	경자	신축	임인	계묘	갑진	을사	병오	정미	무신	기유	경술	신해
음력	9	10	11	12	13	14	15	16	17	18	19	20	21	22	23	24	25	26	27	28	29	30	3/1	2	3	4	5	6	7	8	9
구성	6	7	8	9	1	2	3	4	5	6	7	8	9	1	2	3	4	5	6	7	8	9	1	2	3	4	5	6	7	8	9
대운 남	8	9	9	9	경	1	1	1	1	2	2	2	3	3	3	4	4	4	5	춘	5	6	6	6	7	7	7	8	8	8	9
대운 여	1	1	1	1	칩	10	10	9	9	9	8	8	8	7	7	7	6	6	6	분	5	5	4	4	4	3	3	3	2	2	2

양력 4월 — 청명 5일 03시 37분 【음3월】 ➡ 【丙辰月(병진월)】 ☯육백성 / 곡우 20일 10시 49분 （음력 03/10 ~ 윤3/09）

	1	2	3	4	5	6	7	8	9	10	11	12	13	14	15	16	17	18	19	20	21	22	23	24	25	26	27	28	29	30
요일	목	금	토	일	월	화	수	목	금	토	일	월	화	수	목	금	토	일	월	화	수	목	금	토	일	월	화	수	목	금
일진(日辰)	임자	계축	갑인	을묘	병진	정사	무오	기미	경신	신유	임술	계해	갑자	을축	병인	정묘	무진	기사	경오	신미	임신	계유	갑술	을해	병자	정축	무인	기묘	경진	신사
음력	10	11	12	13	14	15	16	17	18	19	20	21	22	23	24	25	26	27	28	29	30	윤3	2	3	4	5	6	7	8	9
구성	1	2	3	4	5	6	7	8	9	1	2	3	4	5	6	7	8	9	1	2	3	4	5	6	7	8	9	1	2	3
대운 남	9	9	10	10	청	1	1	1	1	2	2	2	3	3	3	4	4	4	5	곡	5	6	6	6	7	7	7	8	8	8
대운 여	1	1	1	1	명	10	10	10	9	9	9	8	8	8	7	7	7	6	6	우	5	5	4	4	4	3	3	3	2	2

양력 5월 — 입하 5일 21시 02분 【음4월】 ➡ 【丁巳月(정사월)】 ☯오황성 / 소만 21일 10시 02분 （음력 윤3/10 ~ 04/11）

	1	2	3	4	5	6	7	8	9	10	11	12	13	14	15	16	17	18	19	20	21	22	23	24	25	26	27	28	29	30	31
요일	토	일	월	화	수	목	금	토	일	월	화	수	목	금	토	일	월	화	수	목	금	토	일	월	화	수	목	금	토	일	월
일진(日辰)	임오	계미	갑신	을유	병술	정해	무자	기축	경인	신묘	임진	계사	갑오	을미	병신	정유	무술	기해	경자	신축	임인	계묘	갑진	을사	병오	정미	무신	기유	경술	신해	임자
음력	10	11	12	13	14	15	16	17	18	19	20	21	22	23	24	25	26	27	28	29	4/1	2	3	4	5	6	7	8	9	10	11
구성	4	5	6	7	8	9	1	2	3	4	5	6	7	8	9	1	2	3	4	5	6	7	8	9	1	2	3	4	5	6	7
대운 남	9	9	9	10	입	1	1	1	1	2	2	2	3	3	3	4	4	4	5	5	소	5	6	6	6	7	7	8	8	8	9
대운 여	1	1	1	1	하	10	10	10	9	9	9	8	8	8	7	7	7	6	6	6	만	5	5	4	4	4	3	3	3	2	2

양력 6월 — 망종 6일 01시 15분 【음5월】 ➡ 【戊午月(무오월)】 ☯사록성 / 하지 21일 18시 00분 （음력 04/12 ~ 05/11）

	1	2	3	4	5	6	7	8	9	10	11	12	13	14	15	16	17	18	19	20	21	22	23	24	25	26	27	28	29	30
요일	화	수	목	금	토	일	월	화	수	목	금	토	일	월	화	수	목	금	토	일	월	화	수	목	금	토	일	월	화	수
일진(日辰)	계축	갑인	을묘	병진	정사	무오	기미	경신	신유	임술	계해	갑자	을축	병인	정묘	무진	기사	경오	신미	임신	계유	갑술	을해	병자	정축	무인	기묘	경진	신사	임오
음력	12	13	14	15	16	17	18	19	20	21	22	23	24	25	26	27	28	29	30	5/1	2	3	4	5	6	7	8	9	10	11
구성	8	9	1	2	3	4	5	6	7	8	9	9	8	7	6	5	4	3	2	1	9	8	7	6	5	4	3	2	1	9
대운 남	9	9	10	10	10	망	1	1	1	1	2	2	2	3	3	3	4	4	4	5	하	5	6	6	6	7	7	7	8	8
대운 여	2	1	1	1	1	종	10	10	9	9	9	8	8	8	7	7	7	6	6	6	지	5	5	4	4	4	3	3	3	2

1월 20일 - 빌 클린턴, 미국 제42대 대통령으로 취임.2월 25일 - 김영삼, 대한민국 제14대 대통령으로 취임하다.2월 26일 - 세계무역센터에서 폭탄 테러가 발생.3월 19일 - 이인모가 북한으로 송환.3월 28일 - 부산, 구포역 열차 전복 사고로 인해 사망자 78명, 부상자 193명을 기록하였다.

한식(4월06일), 초복(7월18일), 중복(7월28일), 말복(8월07일)　↑춘사(春社)3/18　☀추사(秋社)9/24
토왕지절(土旺之節):4월17일,7월20일,10월20일,1월17일(음12/06)臘享(납향):1994년1월21일(음12/10)

6백	2흑	4록
5황	7적	9자
1백	3벽	8백

1993

소서 7일 11시 32분　【음6월】➡　　【己未月(기미월)】　●삼벽성　대서 23일 04시 51분

양력 7월	1	2	3	4	5	6	7	8	9	10	11	12	13	14	15	16	17	18	19	20	21	22	23	24	25	26	27	28	29	30	31
요일	목	금	토	일	월	화	수	목	금	토	일	월	화	수	목	금	토	일	월	화	수	목	금	토	일	월	화	수	목	금	토
일진 日辰	계미	갑신	을유	병술	정해	무자	기축	경인	신묘	임진	계사	갑오	을미	병신	정유	무술	기해	경자	신축	임인	계묘	갑진	을사	병오	정미	무신	기유	경술	신해	임자	계축
음력	12	13	14	15	16	17	18	19	20	21	22	23	24	25	26	27	28	29	6/1	2	3	4	5	6	7	8	9	10	11	12	13
구성	8	7	6	5	4	3	2	1	9	8	7	6	5	4	3	2	1	9	8	7	6	5	4	3	2	1	9	8	7	6	5
대 남	8	9	9	9	10	10	소서	1	1	1	1	2	2	2	3	3	3	4	4	4	5	5	대서	6	6	6	7	7	7	8	8
운 여	2	2	1	1	1	1	소서	10	10	9	9	9	8	8	8	7	7	7	6	6	6	5	대서	5	4	4	4	3	3	3	2

음력 05/12 ~ 06/13

입추 7일 21시 18분　【음7월】➡　　【庚申月(경신월)】　●이흑성　처서 23일 11시 50분

양력 8월	1	2	3	4	5	6	7	8	9	10	11	12	13	14	15	16	17	18	19	20	21	22	23	24	25	26	27	28	29	30	31
요일	일	월	화	수	목	금	토	일	월	화	수	목	금	토	일	월	화	수	목	금	토	일	월	화	수	목	금	토	일	월	화
일진 日辰	갑인	을묘	병진	정사	무오	기미	경신	신유	임술	계해	갑자	을축	병인	정묘	무진	기사	경오	신미	임신	계유	갑술	을해	병자	정축	무인	기묘	경진	신사	임오	계미	갑신
음력	14	15	16	17	18	19	20	21	22	23	24	25	26	27	28	29	30	7/1	2	3	4	5	6	7	8	9	10	11	12	13	14
구성	4	3	2	1	9	8	7	6	5	4	3	2	1	9	8	7	6	5	4	3	2	1	9	8	7	6	5	4	3	2	1
대 남	8	9	9	9	10	10	입추	1	1	1	1	2	2	2	3	3	3	4	4	4	5	5	처서	6	6	6	7	7	7	8	8
운 여	2	2	1	1	1	1	입추	10	10	9	9	9	8	8	8	7	7	7	6	6	6	5	처서	5	4	4	4	3	3	3	2

음력 06/14 ~ 07/14

백로 8일 00시 08분　【음8월】➡　　【辛酉月(신유월)】　●일백성　추분 23일 09시 22분

양력 9월	1	2	3	4	5	6	7	8	9	10	11	12	13	14	15	16	17	18	19	20	21	22	23	24	25	26	27	28	29	30
요일	수	목	금	토	일	월	화	수	목	금	토	일	월	화	수	목	금	토	일	월	화	수	목	금	토	일	월	화	수	목
일진 日辰	을유	병술	정해	무자	기축	경인	신묘	임진	계사	갑오	을미	병신	정유	무술	기해	경자	신축	임인	계묘	갑진	을사	병오	정미	무신	기유	경술	신해	임자	계축	갑인
음력	15	16	17	18	19	20	21	22	23	24	25	26	27	28	29	8/1	2	3	4	5	6	7	8	9	10	11	12	13	14	15
구성	9	8	7	6	5	4	3	2	1	9	8	7	6	5	4	3	2	1	9	8	7	6	5	4	3	2	1	9	8	7
대 남	8	9	9	9	10	10	10	백로	1	1	1	1	2	2	2	3	3	3	4	4	4	5	추분	5	6	6	6	7	7	7
운 여	2	2	2	1	1	1	1	백로	10	9	9	9	8	8	8	7	7	7	6	6	6	5	추분	5	4	4	4	3	3	3

음력 07/15 ~ 08/15

한로 8일 15시 40분　【음9월】➡　　【壬戌月(임술월)】　●구자성　상강 23일 18시 37분

양력 10월	1	2	3	4	5	6	7	8	9	10	11	12	13	14	15	16	17	18	19	20	21	22	23	24	25	26	27	28	29	30	31
요일	금	토	일	월	화	수	목	금	토	일	월	화	수	목	금	토	일	월	화	수	목	금	토	일	월	화	수	목	금	토	일
일진 日辰	을묘	병진	정사	무오	기미	경신	신유	임술	계해	갑자	을축	병인	정묘	무진	기사	경오	신미	임신	계유	갑술	을해	병자	정축	무인	기묘	경진	신사	임오	계미	갑신	을유
음력	16	17	18	19	20	21	22	23	24	25	26	27	28	29	9/1	2	3	4	5	6	7	8	9	10	11	12	13	14	15	16	17
구성	6	5	4	3	2	1	9	8	7	6	5	4	3	2	1	9	8	7	6	5	4	3	2	1	9	8	7	6	5	4	3
대 남	8	8	9	9	9	10	10	한로	1	1	1	2	2	2	3	3	3	4	4	4	5	5	상강	5	6	6	6	7	7	7	8
운 여	2	2	2	1	1	1	1	한로	10	9	9	9	8	8	8	7	7	7	6	6	6	5	상강	5	4	4	4	3	3	3	2

음력 08/16 ~ 09/17

입동 7일 18시 46분　【음10월】➡　　【癸亥月(계해월)】　●팔백성　소설 22일 16시 07분

양력 11월	1	2	3	4	5	6	7	8	9	10	11	12	13	14	15	16	17	18	19	20	21	22	23	24	25	26	27	28	29	30
요일	월	화	수	목	금	토	일	월	화	수	목	금	토	일	월	화	수	목	금	토	일	월	화	수	목	금	토	일	월	화
일진 日辰	병술	정해	무자	기축	경인	신묘	임진	계사	갑오	을미	병신	정유	무술	기해	경자	신축	임인	계묘	갑진	을사	병오	정미	무신	기유	경술	신해	임자	계축	갑인	을묘
음력	18	19	20	21	22	23	24	25	26	27	28	29	30	10/1	2	3	4	5	6	7	8	9	10	11	12	13	14	15	16	17
구성	2	1	9	8	7	6	5	4	3	2	1	9	8	7	6	5	4	3	2	1	9	8	7	6	5	4	3	2	1	9
대 남	8	8	9	9	9	10	입동	1	1	1	1	2	2	2	3	3	3	4	4	4	5	소설	5	6	6	6	7	7	7	8
운 여	2	2	2	1	1	1	입동	10	10	9	9	9	8	8	8	7	7	7	6	6	6	소설	5	4	4	4	3	3	3	2

음력 09/18 ~ 10/17

대설 7일 11시 34분　【음11월】➡　　【甲子月(갑자월)】　●칠적성　동지 22일 05시 26분

양력 12월	1	2	3	4	5	6	7	8	9	10	11	12	13	14	15	16	17	18	19	20	21	22	23	24	25	26	27	28	29	30	31
요일	수	목	금	토	일	월	화	수	목	금	토	일	월	화	수	목	금	토	일	월	화	수	목	금	토	일	월	화	수	목	금
일진 日辰	병진	정사	무오	기미	경신	신유	임술	계해	갑자	을축	병인	정묘	무진	기사	경오	신미	임신	계유	갑술	을해	병자	정축	무인	기묘	경진	신사	임오	계미	갑신	을유	병술
음력	18	19	20	21	22	23	24	25	26	27	28	29	11/1	2	3	4	5	6	7	8	9	10	11	12	13	14	15	16	17	18	19
구성	8	7	6	5	4	3	2	1	1	2	3	4	5	6	7	8	9	1	2	3	4	5	6	7	8	9	1	2	3	4	5
대 남	8	8	9	9	9	10	대설	1	1	1	1	2	2	2	3	3	3	4	4	4	5	동지	5	6	6	6	7	7	7	8	8
운 여	2	2	1	1	1	1	대설	9	9	9	8	8	8	7	7	7	6	6	6	5	5	동지	4	4	4	3	3	3	2	2	2

음력 10/18 ~ 11/19

9월 14일 김영삼 대통령과 프랑수아 미테랑 프랑스 대통령이 청와대에서 정상회담을 하다.빌 클린턴 미국 대통령, 북미자유무역협정에 서명.9월 19일 - 세인트키츠 네비스가 독립.9월 23일 - 대한민국 김영삼 대통령, 새 대법원장에 윤관 대법관 겸 중앙선거관리위원회 위원장에 지명.

단기 4327 年 / 불기 2538 年	**1994년**	下元-갑술(甲戌)년. 납음(산두화),본명성(육백금)

대장군(午남방). 삼살(북방), 상문(子북방),조객(申서남방), 납음(산두화),【삼재(신,유,술)년】臘享(납향):1995년1월16일(음12/16)

갑술년

1월

소한 5일 22시 48분 【음12월】➡ 【乙丑月(을축월)】 ◐육백성 대한 20일 16시 07분

양력 1월 (음력 11/20 ~ 12/20)

	1	2	3	4	5	6	7	8	9	10	11	12	13	14	15	16	17	18	19	20	21	22	23	24	25	26	27	28	29	30	31
요일	토	일	월	화	수	목	금	토	일	월	화	수	목	금	토	일	월	화	수	목	금	토	일	월	화	수	목	금	토	일	월
일진(日辰)	정해	무자	기축	경인	신묘	임진	계사	갑오	을미	병신	정유	무술	기해	경자	신축	임인	계묘	갑진	을사	병오	정미	무신	기유	경술	신해	임자	계축	갑인	을묘	병진	정사
음력	20	21	22	23	24	25	26	27	28	29	30	12/1	2	3	4	5	6	7	8	9	10	11	12	13	14	15	16	17	18	19	20
구성	6	7	8	9	1	2	3	4	5	6	7	8	9	1	2	3	4	5	6	7	8	9	1	2	3	4	5	6	7	8	9
대운 남	8	9	9	9	소한	1	1	1	1	2	2	2	3	3	3	4	4	4	5	대한	5	6	6	6	7	7	7	8	8	8	9
대운 여	1	1	1	1	소한	10	9	9	9	8	8	8	7	7	7	6	6	6	5	대한	5	4	4	4	3	3	3	2	2	2	1

2월

입춘 4일 10시 31분 【음1월】➡ 【丙寅月(병인월)】 ◐오황성 우수 19일 06시 22분

양력 2월 (음력 12/21 ~ 01/19)

	1	2	3	4	5	6	7	8	9	10	11	12	13	14	15	16	17	18	19	20	21	22	23	24	25	26	27	28
요일	화	수	목	금	토	일	월	화	수	목	금	토	일	월	화	수	목	금	토	일	월	화	수	목	금	토	일	월
일진(日辰)	무오	기미	경신	신유	임술	계해	갑자	을축	병인	정묘	무진	기사	경오	신미	임신	계유	갑술	을해	병자	정축	무인	기묘	경진	신사	임오	계미	갑신	을유
음력	21	22	23	24	25	26	27	28	29	1/1	2	3	4	5	6	7	8	9	10	11	12	13	14	15	16	17	18	19
구성	1	2	3	4	5	6	7	8	9	1	2	3	4	5	6	7	8	9	1	2	3	4	5	6	7	8	9	1
대운 남	9	9	10	입춘	10	9	9	9	8	8	8	7	7	7	6	6	6	5	우수	5	4	4	4	3	3	3	2	2
대운 여	1	1	1	입춘	1	1	1	1	2	2	2	3	3	3	4	4	4	5	우수	5	6	6	6	7	7	7	8	8

3월

경칩 6일 04시 38분 【음2월】➡ 【丁卯月(정묘월)】 ◐사록성 춘분 21일 05시 28분

양력 3월 (음력 01/20 ~ 02/20)

	1	2	3	4	5	6	7	8	9	10	11	12	13	14	15	16	17	18	19	20	21	22	23	24	25	26	27	28	29	30	31
요일	화	수	목	금	토	일	월	화	수	목	금	토	일	월	화	수	목	금	토	일	월	화	수	목	금	토	일	월	화	수	목
일진(日辰)	병술	정해	무자	기축	경인	신묘	임진	계사	갑오	을미	병신	정유	무술	기해	경자	신축	임인	계묘	갑진	을사	병오	정미	무신	기유	경술	신해	임자	계축	갑인	을묘	병진
음력	20	21	22	23	24	25	26	27	28	29	30	2/1	2	3	4	5	6	7	8	9	10	11	12	13	14	15	16	17	18	19	20
구성	2	3	4	5	6	7	8	9	1	2	3	4	5	6	7	8	9	1	2	3	4	5	6	7	8	9	1	2	3	4	5
대운 남	2	1	1	1	1	경칩	10	9	9	9	8	8	8	7	7	7	6	6	6	5	춘분	5	4	4	4	3	3	3	2	2	2
대운 여	8	9	9	9	10	경칩	1	1	1	1	2	2	2	3	3	3	4	4	4	5	춘분	5	6	6	6	7	7	7	8	8	8

4월

청명 5일 09시 32분 【음3월】➡ 【戊辰月(무진월)】 ◐삼벽성 곡우 20일 16시 36분

양력 4월 (음력 02/21 ~ 03/20)

	1	2	3	4	5	6	7	8	9	10	11	12	13	14	15	16	17	18	19	20	21	22	23	24	25	26	27	28	29	30
요일	금	토	일	월	화	수	목	금	토	일	월	화	수	목	금	토	일	월	화	수	목	금	토	일	월	화	수	목	금	토
일진(日辰)	정사	무오	기미	경신	신유	임술	계해	갑자	을축	병인	정묘	무진	기사	경오	신미	임신	계유	갑술	을해	병자	정축	무인	기묘	경진	신사	임오	계미	갑신	을유	병술
음력	21	22	23	24	25	26	27	28	29	30	3/1	2	3	4	5	6	7	8	9	10	11	12	13	14	15	16	17	18	19	20
구성	6	7	8	9	1	2	3	4	5	6	7	8	9	1	2	3	4	5	6	7	8	9	1	2	3	4	5	6	7	8
대운 남	1	1	1	1	청명	10	10	9	9	9	8	8	8	7	7	7	6	6	6	곡우	5	5	4	4	4	3	3	3	2	2
대운 여	9	9	9	10	청명	1	1	1	1	2	2	2	3	3	3	4	4	4	5	곡우	5	6	6	6	7	7	7	8	8	8

5월

입하 6일 02시 54분 【음4월】➡ 【己巳月(기사월)】 ◐이흑성 소만 21일 15시 48분

양력 5월 (음력 03/21 ~ 04/21)

	1	2	3	4	5	6	7	8	9	10	11	12	13	14	15	16	17	18	19	20	21	22	23	24	25	26	27	28	29	30	31
요일	일	월	화	수	목	금	토	일	월	화	수	목	금	토	일	월	화	수	목	금	토	일	월	화	수	목	금	토	일	월	화
일진(日辰)	정해	무자	기축	경인	신묘	임진	계사	갑오	을미	병신	정유	무술	기해	경자	신축	임인	계묘	갑진	을사	병오	정미	무신	기유	경술	신해	임자	계축	갑인	을묘	병진	정사
음력	21	22	23	24	25	26	27	28	29	30	4/1	2	3	4	5	6	7	8	9	10	11	12	13	14	15	16	17	18	19	20	21
구성	9	1	2	3	4	5	6	7	8	9	1	2	3	4	5	6	7	8	9	1	2	3	4	5	6	7	8	9	1	2	3
대운 남	2	1	1	1	1	입하	10	9	9	9	8	8	8	7	7	7	6	6	6	5	소만	5	4	4	4	3	3	3	2	2	2
대운 여	8	9	9	9	10	입하	1	1	1	1	2	2	2	3	3	3	4	4	4	5	소만	5	6	6	6	7	7	7	8	8	8

6월

망종 6일 07시 05분 【음5월】➡ 【庚午月(경오월)】 ◐일백성 하지 21일 23시 48분

양력 6월 (음력 04/22 ~ 05/22)

	1	2	3	4	5	6	7	8	9	10	11	12	13	14	15	16	17	18	19	20	21	22	23	24	25	26	27	28	29	30
요일	수	목	금	토	일	월	화	수	목	금	토	일	월	화	수	목	금	토	일	월	화	수	목	금	토	일	월	화	수	목
일진(日辰)	무오	기미	경신	신유	임술	계해	갑자	을축	병인	정묘	무진	기사	경오	신미	임신	계유	갑술	을해	병자	정축	무인	기묘	경진	신사	임오	계미	갑신	을유	병술	정해
음력	22	23	24	25	26	27	28	29	5/1	2	3	4	5	6	7	8	9	10	11	12	13	14	15	16	17	18	19	20	21	22
구성	4	5	6	7	8	9	1	2	3	4	5	6	7	8	9	1	2	3	4	5	6	7	8	9	1	9	8	7	6	5
대운 남	2	1	1	1	1	망종	10	9	9	9	8	8	8	7	7	7	6	6	6	5	하지	5	4	4	4	3	3	3	2	2
대운 여	8	9	9	9	10	망종	1	1	1	1	2	2	2	3	3	3	4	4	4	5	하지	5	6	6	6	7	7	7	8	8

2월 18일 - 사이비 종교 문제를 폭로해오던 탁명환 임홍천에게 살해당하다. 4월 27일 - 넬슨 만델라가 남아프리카 공화국 대통령으로 당선되면서 아파르트헤이트 완전 폐지를 선언하였다. 4월 30일 - 북한의 여만철과 그 가족 5명이 대한민국으로 귀순하다.

한식(4월06일), 초복(7월13일), 중복(7월23일), 말복(8월12일)　↑춘사(春社)3/23　☀추사(秋社)9/19
토왕지절(土旺之節):4월17일,7월20일,10월21일,1월17일(음12/17)臘享(납향):1995년1월16일(음12/16)

五日得辛, 二龍治水, 1994년 갑술年(산두화), 육백금

5황	1백	3벽
4록	6백	8백
9자	2흑	7적

소서 7일 17시 19분　【음6월】➡　【辛未月(신미월)】　●구자성　대서 23일 10시 41분

양력 7월 (음력 05/23 ~ 06/23)

양력	요일	일진(日辰)	음력	구성	대(남)	(운)여
1	금	무자	23	3	2	8
2	토	기축	24	2	2	9
3	일	경인	25	1	1	9
4	월	신묘	26	9	1	9
5	화	임진	27	8	1	10
6	수	계사	28	7	1	10
7	목	갑오	29	6	소서	소서
8	금	을미	30	5	10	1
9	토	병신	6/1	4	10	1
10	일	정유	2	3	10	1
11	월	무술	3	2	9	1
12	화	기해	4	1	9	2
13	수	경자	5	9	9	2
14	목	신축	6	8	8	2
15	금	임인	7	7	8	3
16	토	계묘	8	6	8	3
17	일	갑진	9	5	7	3
18	월	을사	10	4	7	4
19	화	병오	11	3	7	4
20	수	정미	12	2	6	4
21	목	무신	13	1	6	5
22	금	기유	14	9	6	5
23	토	경술	15	8	대서	대서
24	일	신해	16	7	5	6
25	월	임자	17	6	5	6
26	화	계축	18	5	4	6
27	수	갑인	19	4	4	7
28	목	을묘	20	3	4	7
29	금	병진	21	2	3	7
30	토	정사	22	1	3	8
31	일	무오	23	9	3	8

입추 8일 03시 04분　【음7월】➡　【壬申月(임신월)】　●팔백성　처서 23일 17시 44분

양력 8월 (음력 06/24 ~ 07/25)

양력	요일	일진(日辰)	음력	구성	대(남)	(운)여
1	월	기미	24	8	2	8
2	화	경신	25	7	2	9
3	수	신유	26	6	2	9
4	목	임술	27	5	1	9
5	금	계해	28	4	1	10
6	토	갑자	29	3	1	10
7	일	을축	7/1	2	1	10
8	월	병인	2	1	입추	입추
9	화	정묘	3	9	10	1
10	수	무진	4	8	10	1
11	목	기사	5	7	9	1
12	금	경오	6	6	9	1
13	토	신미	7	5	9	2
14	일	임신	8	4	8	2
15	월	계유	9	3	8	2
16	화	갑술	10	2	8	3
17	수	을해	11	1	7	3
18	목	병자	12	9	7	3
19	금	정축	13	8	7	4
20	토	무인	14	7	6	4
21	일	기묘	15	6	6	4
22	월	경진	16	5	6	5
23	화	신사	17	4	처서	처서
24	수	임오	18	3	5	5
25	목	계미	19	2	5	6
26	금	갑신	20	1	4	6
27	토	을유	21	9	4	6
28	일	병술	22	8	4	7
29	월	정해	23	7	3	7
30	화	무자	24	6	3	7
31	수	기축	25	5	3	8

백로 8일 05시 55분　【음8월】➡　【癸酉月(계유월)】　●칠적성　추분 23일 15시 19분

양력 9월 (음력 07/26 ~ 08/25)

양력	요일	일진(日辰)	음력	구성	대(남)	(운)여
1	목	경인	26	4	2	8
2	금	신묘	27	3	2	8
3	토	임진	28	2	2	9
4	일	계사	29	1	1	9
5	월	갑오	30	9	1	9
6	화	을미	8/1	8	1	10
7	수	병신	2	7	1	10
8	목	정유	3	6	백로	백로
9	금	무술	4	5	10	1
10	토	기해	5	4	9	1
11	일	경자	6	3	9	1
12	월	신축	7	2	9	1
13	화	임인	8	1	8	2
14	수	계묘	9	9	8	2
15	목	갑진	10	8	8	2
16	금	을사	11	7	7	3
17	토	병오	12	6	7	3
18	일	정미	13	5	7	3
19	월	무신	14	4	6	4
20	화	기유	15	3	6	4
21	수	경술	16	2	6	4
22	목	신해	17	1	5	5
23	금	임자	18	9	추분	추분
24	토	계축	19	8	5	5
25	일	갑인	20	7	4	6
26	월	을묘	21	6	4	6
27	화	병진	22	5	4	6
28	수	정사	23	4	3	7
29	목	무오	24	3	3	7
30	금	기미	25	2	3	7

한로 8일 21시 29분　【음9월】➡　【甲戌月(갑술월)】　●육백성　상강 24일 00시 36분

양력 10월 (음력 08/26 ~ 09/27)

양력	요일	일진(日辰)	음력	구성	대(남)	(운)여
1	토	경인	26	1	2	8
2	일	신묘	27	9	2	8
3	월	임진	28	8	2	8
4	화	계사	29	7	1	9
5	수	갑오	9/1	6	1	9
6	목	을미	2	5	1	9
7	금	병신	3	4	1	10
8	토	정유	4	3	한로	한로
9	일	무술	5	2	10	1
10	월	기해	6	1	10	1
11	화	경자	7	9	9	1
12	수	신축	8	8	9	1
13	목	임인	9	7	9	2
14	금	계묘	10	6	8	2
15	토	갑진	11	5	8	2
16	일	을사	12	4	8	3
17	월	병오	13	3	7	3
18	화	정미	14	2	7	3
19	수	무신	15	1	7	4
20	목	기유	16	9	6	4
21	금	경술	17	8	6	4
22	토	신해	18	7	6	5
23	일	임자	19	6	5	5
24	월	계축	20	5	상강	상강
25	화	갑인	21	4	5	6
26	수	을묘	22	3	4	6
27	목	병진	23	2	4	6
28	금	정사	24	1	4	7
29	토	무오	25	9	3	7
30	일	기미	26	8	3	7
31	월	경신	27	7	3	8

입동 8일 00시 36분　【음10월】➡　【乙亥月(을해월)】　●오황성　소설 22일 22시 06분

양력 11월 (음력 09/28 ~ 10/28)

양력	요일	일진(日辰)	음력	구성	대(남)	(운)여
1	화	신묘	28	6	2	8
2	수	임진	29	5	2	8
3	목	계사	10/1	4	2	9
4	금	갑오	2	3	1	9
5	토	을미	3	2	1	9
6	일	병신	4	1	1	10
7	월	정유	5	9	1	10
8	화	무술	6	8	입동	입동
9	수	기해	7	7	10	1
10	목	경자	8	6	10	1
11	금	신축	9	5	9	1
12	토	임인	10	4	9	2
13	일	계묘	11	3	9	2
14	월	갑진	12	2	8	2
15	화	을사	13	1	8	3
16	수	병오	14	9	8	3
17	목	정미	15	8	7	3
18	금	무신	16	7	7	4
19	토	기유	17	6	7	4
20	일	경술	18	5	6	4
21	월	신해	19	4	6	5
22	화	임자	20	3	소설	소설
23	수	계축	21	2	5	5
24	목	갑인	22	1	5	6
25	금	을묘	23	9	4	6
26	토	병진	24	8	4	6
27	일	정사	25	7	4	7
28	월	무오	26	6	3	7
29	화	기미	27	5	3	7
30	수	경신	28	4	3	8

대설 7일 17시 23분　【음11월】➡　【丙子月(병자월)】　●사록성　동지 22일 11시 23분

양력 12월 (음력 10/29 ~ 11/29)

양력	요일	일진(日辰)	음력	구성	대(남)	(운)여
1	목	신유	29	3	2	8
2	금	임술	30	2	2	8
3	토	계해	11/1	1	1	9
4	일	갑자	2	9	1	9
5	월	을축	3	8	1	9
6	화	병인	4	7	1	10
7	수	정묘	5	6	대설	대설
8	목	무진	6	5	10	1
9	금	기사	7	4	10	1
10	토	경오	8	3	9	1
11	일	신미	9	2	9	2
12	월	임신	10	1	9	2
13	화	계유	11	9	8	2
14	수	갑술	12	8	8	3
15	목	을해	13	7	8	3
16	금	병자	14	6	7	3
17	토	정축	15	5	7	4
18	일	무인	16	4	7	4
19	월	기묘	17	3	6	4
20	화	경진	18	2	6	5
21	수	신사	19	1	6	5
22	목	임오	20	9	동지	동지
23	금	계미	21	8	5	5
24	토	갑신	22	7	5	6
25	일	을유	23	6	4	6
26	월	병술	24	5	4	6
27	화	정해	25	4	4	7
28	수	무자	26	3	3	7
29	목	기축	27	2	3	7
30	금	경인	28	1	3	8
31	토	신묘	29	9	2	8

10월 2일 - 일본 자위대 병력 470명이 르완다에 제2차 세계 대전 종전 이후 처음으로 해외에 파견.10월 21일 - 대한민국 서울에서 성수대교 붕괴 사고. 10월 24일 - 대한민국 충청북도 단양군에서 충주호 유람선 화재 사고. 12월 7일 - 서울 아현동 도시가스 폭발 사고가 일어나다.

단기	4328 年
불기	2539 年

1995년 윤8월

下元-을해(乙亥)년, 납음(산두화), 본명성(오황토)

대장군(酉서방), 삼살(酉서방), 상문(丑동북방), 조객(酉서방), 납음(산두화), 【삼재(사,오,미)년】 臘享(납향):1996년1월23일(음12/04)

소한 6일 04시 34분 【음12월】➡ 【丁丑月(정축월)】 ●삼벽성 대한 20일 22시 00분

양력 1월 / 음력 12/01 ~ 01/01

양력	1	2	3	4	5	6	7	8	9	10	11	12	13	14	15	16	17	18	19	20	21	22	23	24	25	26	27	28	29	30	31
요일	일	월	화	수	목	금	토	일	월	화	수	목	금	토	일	월	화	수	목	금	토	일	월	화	수	목	금	토	일	월	화
일진	임진	계사	갑오	을미	병신	정유	무술	기해	경자	신축	임인	계묘	갑진	을사	병오	정미	무신	기유	경술	신해	임자	계축	갑인	을묘	병진	정사	무오	기미	경신	신유	임술
음력	12/1	2	3	4	5	6	7	8	9	10	11	12	13	14	15	16	17	18	19	20	21	22	23	24	25	26	27	28	29	30	1/1
구성	2	3	4	5	6	7	8	9	1	2	3	4	5	6	7	8	9	1	2	3	4	5	6	7	8	9	1	2	3	4	5
대(남)	2	1	1	1	1	소한	9	9	9	8	8	8	7	7	7	6	6	6	5	대한	5	4	4	4	3	3	3	2	2	2	1
운(여)	8	9	9	9	10	소한	1	1	1	1	2	2	2	3	3	3	4	4	4	대한	5	5	6	6	6	7	7	7	8	8	8

입춘 4일 16시 13분 【음1월】➡ 【戊寅月(무인월)】 ◐이흑성 우수 19일 12시 11분

양력 2월 / 음력 01/02 ~ 01/29 ・ 을해년

양력	1	2	3	4	5	6	7	8	9	10	11	12	13	14	15	16	17	18	19	20	21	22	23	24	25	26	27	28
요일	수	목	금	토	일	월	화	수	목	금	토	일	월	화	수	목	금	토	일	월	화	수	목	금	토	일	월	화
일진	계해	갑자	을축	병인	정묘	무진	기사	경오	신미	임신	계유	갑술	을해	병자	정축	무인	기묘	경진	신사	임오	계미	갑신	을유	병술	정해	무자	기축	경인
음력	2	3	4	5	6	7	8	9	10	11	12	13	14	15	16	17	18	19	20	21	22	23	24	25	26	27	28	29
구성	6	7	8	9	1	2	3	4	5	6	7	8	9	1	2	3	4	5	6	7	8	9	1	2	3	4	5	6
대(남)	1	1	1	입춘	1	1	1	1	2	2	2	3	3	3	4	4	4	5	우수	5	6	6	6	7	7	7	8	8
운(여)	9	9	9	입춘	10	9	9	9	8	8	8	7	7	7	6	6	6	5	우수	5	4	4	4	3	3	3	2	2

경칩 6일 10시 16분 【음2월】➡ 【己卯月(기묘월)】 ◐일백성 춘분 21일 11시 14분

양력 3월 / 음력 02/01 ~ 03/01

양력	1	2	3	4	5	6	7	8	9	10	11	12	13	14	15	16	17	18	19	20	21	22	23	24	25	26	27	28	29	30	31
요일	수	목	금	토	일	월	화	수	목	금	토	일	월	화	수	목	금	토	일	월	화	수	목	금	토	일	월	화	수	목	금
일진	신묘	임진	계사	갑오	을미	병신	정유	무술	기해	경자	신축	임인	계묘	갑진	을사	병오	정미	무신	기유	경술	신해	임자	계축	갑인	을묘	병진	정사	무오	기미	경신	신유
음력	2/1	2	3	4	5	6	7	8	9	10	11	12	13	14	15	16	17	18	19	20	21	22	23	24	25	26	27	28	29	30	3/1
구성	7	8	9	1	2	3	4	5	6	7	8	9	1	2	3	4	5	6	7	8	9	1	2	3	4	5	6	7	8	9	1
대(남)	8	9	9	9	10	경칩	1	1	1	1	2	2	2	3	3	3	4	4	4	5	춘분	5	6	6	6	7	7	7	8	8	8
운(여)	2	1	1	1	1	경칩	10	9	9	9	8	8	8	7	7	7	6	6	6	5	춘분	5	4	4	4	3	3	3	2	2	2

청명 5일 15시 08분 【음3월】➡ 【庚辰月(경진월)】 ◐구자성 곡우 20일 22시 21분

양력 4월 / 음력 03/02 ~ 04/01

양력	1	2	3	4	5	6	7	8	9	10	11	12	13	14	15	16	17	18	19	20	21	22	23	24	25	26	27	28	29	30
요일	토	일	월	화	수	목	금	토	일	월	화	수	목	금	토	일	월	화	수	목	금	토	일	월	화	수	목	금	토	일
일진	임술	계해	갑자	을축	병인	정묘	무진	기사	경오	신미	임신	계유	갑술	을해	병자	정축	무인	기묘	경진	신사	임오	계미	갑신	을유	병술	정해	무자	기축	경인	신묘
음력	2	3	4	5	6	7	8	9	10	11	12	13	14	15	16	17	18	19	20	21	22	23	24	25	26	27	28	29	30	4/1
구성	2	3	4	5	6	7	8	9	1	2	3	4	5	6	7	8	9	1	2	3	4	5	6	7	8	9	1	2	3	4
대(남)	9	9	9	10	청명	1	1	1	1	2	2	2	3	3	3	3	4	4	4	곡우	5	5	6	6	6	7	7	7	8	8
운(여)	1	1	1	1	청명	10	10	9	9	9	8	8	8	7	7	7	6	6	6	곡우	5	5	4	4	4	3	3	3	2	2

입하 6일 08시 30분 【음4월】➡ 【辛巳月(신사월)】 ◑팔백성 소만 21일 21시 34분

양력 5월 / 음력 04/02 ~ 05/03

양력	1	2	3	4	5	6	7	8	9	10	11	12	13	14	15	16	17	18	19	20	21	22	23	24	25	26	27	28	29	30	31
요일	월	화	수	목	금	토	일	월	화	수	목	금	토	일	월	화	수	목	금	토	일	월	화	수	목	금	토	일	월	화	수
일진	임진	계사	갑오	을미	병신	정유	무술	기해	경자	신축	임인	계묘	갑진	을사	병오	정미	무신	기유	경술	신해	임자	계축	갑인	을묘	병진	정사	무오	기미	경신	신유	임술
음력	2	3	4	5	6	7	8	9	10	11	12	13	14	15	16	17	18	19	20	21	22	23	24	25	26	27	28	29	5/1	2	3
구성	5	6	7	8	9	1	2	3	4	5	6	7	8	9	1	2	3	4	5	6	7	8	9	1	2	3	4	5	6	7	8
대(남)	9	9	9	10	10	입하	1	1	1	1	2	2	2	3	3	3	4	4	4	5	소만	5	6	6	6	7	7	7	8	8	8
운(여)	2	1	1	1	1	입하	10	10	9	9	9	8	8	8	7	7	7	6	6	6	소만	5	5	4	4	4	3	3	3	2	2

망종 6일 12시 43분 【음5월】➡ 【壬午月(임오월)】 ●칠적성 하지 22일 05시 34분

양력 6월 / 음력 05/04 ~ 06/03

양력	1	2	3	4	5	6	7	8	9	10	11	12	13	14	15	16	17	18	19	20	21	22	23	24	25	26	27	28	29	30
요일	목	금	토	일	월	화	수	목	금	토	일	월	화	수	목	금	토	일	월	화	수	목	금	토	일	월	화	수	목	금
일진	계해	갑자	을축	병인	정묘	무진	기사	경오	신미	임신	계유	갑술	을해	병자	정축	무인	기묘	경진	신사	임오	계미	갑신	을유	병술	정해	무자	기축	경인	신묘	임진
음력	4	5	6	7	8	9	10	11	12	13	14	15	16	17	18	19	20	21	22	23	24	25	26	27	28	29	30	6/1	2	3
구성	9	9	8	7	6	5	4	3	2	1	9	8	7	6	5	4	3	2	1	9	8	7	6	5	4	3	2	1	9	8
대(남)	9	9	9	10	10	망종	1	1	1	1	2	2	2	3	3	3	4	4	4	5	5	하지	6	6	6	7	7	7	8	8
운(여)	2	1	1	1	1	망종	10	10	9	9	9	8	8	8	7	7	7	6	6	6	5	하지	5	4	4	4	3	3	3	2

3월 20일 - 옴진리교가 일본 도쿄 지하철에 사린 가스를 살포하다.(도쿄 지하철 사린 사건) 12명이 사망하였고, 5000여 명이 중독되었다. 3월 30일 - 김종필, 자유민주연합을 창당하다. 4월 28일 - 대구 상인동 가스 폭발 사고가 일어나다.

한식(4월06일), 초복(7월18일), 중복(7월28일), 말복(8월17일) ↑춘사(春社)3/18 ☀추사(秋社)9/24
토왕지절(土旺之節):4월17일,7월20일,10월21일,1월18일(음11/28) 臘享(납향):1996년1월23일(음12/04)

十日得辛, 七龍治水, 1995년 을해年(산두화), 오황토

소서 7일 23시 01분　【음6월】➡　【癸未月(계미월)】　☯육백성　대서 23일 16시 30분

양력 7월 / 음력 06/04 ~ 07/04

양력	1	2	3	4	5	6	7	8	9	10	11	12	13	14	15	16	17	18	19	20	21	22	23	24	25	26	27	28	29	30	31
요일	토	일	월	화	수	목	금	토	일	월	화	수	목	금	토	일	월	화	수	목	금	토	일	월	화	수	목	금	토	일	월
일진(日辰)	계사	갑오	을미	병신	정유	무술	기해	경자	신축	임인	계묘	갑진	을사	병오	정미	무신	기유	경술	신해	임자	계축	갑인	을묘	병진	정사	무오	기미	경신	신유	임술	계해
음력	4	5	6	7	8	9	10	11	12	13	14	15	16	17	18	19	20	21	22	23	24	25	26	27	28	29	30	7/1	2	3	4
구성	7	6	5	4	3	2	1	9	8	7	6	5	4	3	2	1	9	8	7	6	5	4	3	2	1	9	8	7	6	5	4
대남	8	9	9	9	10	10	소	1	1	1	1	2	2	2	3	3	3	4	4	4	5	5	대	6	6	6	7	7	7	8	8
운여	2	2	1	1	1	1	서	10	10	10	9	9	9	8	8	8	7	7	7	6	6	6	서	5	5	4	4	4	3	3	3

입추 8일 08시 52분　【음7월】➡　【甲申月(갑신월)】　☯오황성　처서 23일 23시 35분

양력 8월 / 음력 07/05 ~ 08/06

양력	1	2	3	4	5	6	7	8	9	10	11	12	13	14	15	16	17	18	19	20	21	22	23	24	25	26	27	28	29	30	31
요일	화	수	목	금	토	일	월	화	수	목	금	토	일	월	화	수	목	금	토	일	월	화	수	목	금	토	일	월	화	수	목
일진(日辰)	갑자	을축	병인	정묘	무진	기사	경오	신미	임신	계유	갑술	을해	병자	정축	무인	기묘	경진	신사	임오	계미	갑신	을유	병술	정해	무자	기축	경인	신묘	임진	계사	갑오
음력	5	6	7	8	9	10	11	12	13	14	15	16	17	18	19	20	21	22	23	24	25	26	27	28	29	8/1	2	3	4	5	6
구성	3	2	1	9	8	7	6	5	4	3	2	1	9	8	7	6	5	4	3	2	1	9	8	7	6	5	4	3	2	1	9
대남	8	9	9	9	10	10	10	입	1	1	1	1	2	2	2	3	3	3	4	4	4	5	처	5	6	6	6	7	7	7	8
운여	2	2	2	1	1	1	1	추	10	10	9	9	9	8	8	8	7	7	7	6	6	6	서	5	5	4	4	4	3	3	3

백로 8일 11시 49분　【음8월】➡　【乙酉月(을유월)】　☯사록성　추분 23일 21시 13분

양력 9월 / 음력 08/07 ~ 윤8 06

양력	1	2	3	4	5	6	7	8	9	10	11	12	13	14	15	16	17	18	19	20	21	22	23	24	25	26	27	28	29	30
요일	금	토	일	월	화	수	목	금	토	일	월	화	수	목	금	토	일	월	화	수	목	금	토	일	월	화	수	목	금	토
일진(日辰)	을미	병신	정유	무술	기해	경자	신축	임인	계묘	갑진	을사	병오	정미	무신	기유	경술	신해	임자	계축	갑인	을묘	병진	정사	무오	기미	경신	신유	임술	계해	갑자
음력	7	8	9	10	11	12	13	14	15	16	17	18	19	20	21	22	23	24	25	26	27	28	29	30	윤8	2	3	4	5	6
구성	8	7	6	5	4	3	2	1	9	8	7	6	5	4	3	2	1	9	8	7	6	5	4	3	2	1	9	8	7	6
대남	8	8	9	9	9	10	10	백	1	1	1	1	2	2	2	3	3	3	4	4	4	5	추	5	6	6	6	7	1	7
운여	2	2	2	1	1	1	1	로	10	10	9	9	9	8	8	8	7	7	7	6	6	6	분	5	5	4	4	4	3	3

한로 9일 03시 27분　【음9월】➡　【丙戌月(병술월)】　☯삼벽성　상강 24일 06시 32분

양력 10월 / 음력 윤8 07 ~ 09/08

양력	1	2	3	4	5	6	7	8	9	10	11	12	13	14	15	16	17	18	19	20	21	22	23	24	25	26	27	28	29	30	31
요일	일	월	화	수	목	금	토	일	월	화	수	목	금	토	일	월	화	수	목	금	토	일	월	화	수	목	금	토	일	월	화
일진(日辰)	을축	병인	정묘	무진	기사	경오	신미	임신	계유	갑술	을해	병자	정축	무인	기묘	경진	신사	임오	계미	갑신	을유	병술	정해	무자	기축	경인	신묘	임진	계사	갑오	을미
음력	7	8	9	10	11	12	13	14	15	16	17	18	19	20	21	22	23	24	25	26	27	28	29	9/1	2	3	4	5	6	7	8
구성	5	4	3	2	1	9	8	7	6	5	4	3	2	1	9	8	7	6	5	4	3	2	1	9	8	7	6	5	4	3	2
대남	8	8	9	9	9	10	10	10	한	1	1	1	1	2	2	2	3	3	3	4	4	4	5	상	5	6	6	6	7	7	7
운여	3	2	2	2	1	1	1	1	로	10	9	9	9	8	8	8	7	7	7	6	6	6	5	강	5	5	4	4	4	3	3

입동 8일 06시 36분　【음10월】➡　【丁亥月(정해월)】　☯이흑성　소설 23일 04시 01분

양력 11월 / 음력 09/09 ~ 10/08

양력	1	2	3	4	5	6	7	8	9	10	11	12	13	14	15	16	17	18	19	20	21	22	23	24	25	26	27	28	29	30
요일	수	목	금	토	일	월	화	수	목	금	토	일	월	화	수	목	금	토	일	월	화	수	목	금	토	일	월	화	수	목
일진(日辰)	병신	정유	무술	기해	경자	신축	임인	계묘	갑진	을사	병오	정미	무신	기유	경술	신해	임자	계축	갑인	을묘	병진	정사	무오	기미	경신	신유	임술	계해	갑자	을축
음력	9	10	11	12	13	14	15	16	17	18	19	20	21	22	23	24	25	26	27	28	29	30	10/1	2	3	4	5	6	7	8
구성	1	9	8	7	6	5	4	3	2	1	9	8	7	6	5	4	3	2	1	9	8	7	6	5	4	3	2	1	1	2
대남	8	8	9	9	9	10	10	입	1	1	1	1	2	2	2	3	3	3	4	4	4	5	소	5	6	6	6	7	7	7
운여	2	2	2	1	1	1	1	동	10	9	9	9	8	8	8	7	7	7	6	6	6	5	설	5	4	4	4	3	3	2

대설 7일 23시 22분　【음11월】➡　【戊子月(무자월)】　☯일백성　동지 22일 17시 17분

양력 12월 / 음력 10/09 ~ 11/10

양력	1	2	3	4	5	6	7	8	9	10	11	12	13	14	15	16	17	18	19	20	21	22	23	24	25	26	27	28	29	30	31
요일	금	토	일	월	화	수	목	금	토	일	월	화	수	목	금	토	일	월	화	수	목	금	토	일	월	화	수	목	금	토	일
일진(日辰)	병인	정묘	무진	기사	경오	신미	임신	계유	갑술	을해	병자	정축	무인	기묘	경진	신사	임오	계미	갑신	을유	병술	정해	무자	기축	경인	신묘	임진	계사	갑오	을미	병신
음력	9	10	11	12	13	14	15	16	17	18	19	20	21	22	23	24	25	26	27	28	29	11/1	2	3	4	5	6	7	8	9	10
구성	3	4	5	6	7	8	9	1	2	3	4	5	6	7	8	9	1	2	3	4	5	6	7	8	9	1	2	3	4	5	6
대남	8	8	9	9	9	10	대	1	1	1	1	2	2	2	3	3	3	4	4	4	5	동	5	6	6	6	7	7	7	8	8
운여	2	2	2	1	1	1	설	10	9	9	9	8	8	8	7	7	7	6	6	6	5	지	5	4	4	4	3	3	2	2	2

11월 16일 - 노태우 전 대통령, 대통령 재임 당시 5,000억원의 비자금을 조성한 것과 뇌물 받은 혐의로 구속 수감. 헌정 사상 전직 대통령이 구속된 것은 광복 이후 처음이다. 12월 3일 - 전두환 전 대통령, 12·12 사태와 5·18 광주 민주화 운동 유혈 진압을 주도한 혐의로 구속 수감.

단기 4329 年	**1996**년	下元-병자(丙子)년. 납음(간하수),본명성(사록목)
불기 2540 年		대장군(酉서방). 삼살(남방), 상문(寅동북방),조객(戌서북방), 납음(간하수), 【삼재(인,묘,진)년】 臘享(납향):1997년1월17일(음12/09)

병자년

소한 6일 10시 31분 【음12월】➡ 【己丑月(기축월)】 ●구자성 대한 21일 03시 53분

양력 1월 / 음력 11/11 ~ 12/12

양력	1	2	3	4	5	6	7	8	9	10	11	12	13	14	15	16	17	18	19	20	21	22	23	24	25	26	27	28	29	30	31
요일	월	화	수	목	금	토	일	월	화	수	목	금	토	일	월	화	수	목	금	토	일	월	화	수	목	금	토	일	월	화	수
일진/日辰	정유	무술	기해	경자	신축	임인	계묘	갑진	을사	병오	정미	무신	기유	경술	신해	임자	계축	갑인	을묘	병진	정사	무오	기미	경신	신유	임술	계해	갑자	을축	병인	정묘
음력	11	12	13	14	15	16	17	18	19	20	21	22	23	24	25	26	27	28	29	12/1	2	3	4	5	6	7	8	9	10	11	12
구성	7	8	9	1	2	3	4	5	6	7	8	9	1	2	3	4	5	6	7	8	9	1	2	3	4	5	6	7	8	9	1
대운 남	8	9	9	9	10	소한	1	1	1	1	2	2	2	3	3	3	4	4	4	5	대한	5	6	6	6	7	7	7	8	8	8
대운 여	2	1	1	1	1	소한	9	9	9	8	8	8	7	7	7	6	6	6	5	5	대한	4	4	4	3	3	3	2	2	2	1

입춘 4일 22시 08분 【음1월】➡ 【庚寅月(경인월)】 ●팔백성 우수 19일 18시 01분

양력 2월 / 음력 12/13 ~ 01/11

양력	1	2	3	4	5	6	7	8	9	10	11	12	13	14	15	16	17	18	19	20	21	22	23	24	25	26	27	28	29
요일	목	금	토	일	월	화	수	목	금	토	일	월	화	수	목	금	토	일	월	화	수	목	금	토	일	월	화	수	목
일진/日辰	무진	기사	경오	신미	임신	계유	갑술	을해	병자	정축	무인	기묘	경진	신사	임오	계미	갑신	을유	병술	정해	무자	기축	경인	신묘	임진	계사	갑오	을미	병신
음력	13	14	15	16	17	18	19	20	21	22	23	24	25	26	27	28	29	30	1/1	2	3	4	5	6	7	8	9	10	11
구성	2	3	4	5	6	7	8	9	1	2	3	4	5	6	7	8	9	1	2	3	4	5	6	7	8	9	1	2	3
대운 남	9	9	9	입춘	10	9	9	9	8	8	8	7	7	7	6	6	6	5	우수	5	4	4	4	3	3	3	2	2	2
대운 여	1	1	1	입춘	1	1	1	1	2	2	2	3	3	3	4	4	4	5	우수	5	6	6	6	7	7	7	8	8	8

경칩 5일 16시 10분 【음2월】➡ 【辛卯月(신묘월)】 ●칠적성 춘분 20일 17시 03분

양력 3월 / 음력 01/12 ~ 02/13

양력	1	2	3	4	5	6	7	8	9	10	11	12	13	14	15	16	17	18	19	20	21	22	23	24	25	26	27	28	29	30	31
요일	금	토	일	월	화	수	목	금	토	일	월	화	수	목	금	토	일	월	화	수	목	금	토	일	월	화	수	목	금	토	일
일진/日辰	정유	무술	기해	경자	신축	임인	계묘	갑진	을사	병오	정미	무신	기유	경술	신해	임자	계축	갑인	을묘	병진	정사	무오	기미	경신	신유	임술	계해	갑자	을축	병인	정묘
음력	12	13	14	15	16	17	18	19	20	21	22	23	24	25	26	27	28	29	2/1	2	3	4	5	6	7	8	9	10	11	12	13
구성	4	5	6	7	8	9	1	2	3	4	5	6	7	8	9	1	2	3	4	5	6	7	8	9	1	2	3	4	5	6	7
대운 남	1	1	1	1	경칩	10	9	9	9	8	8	8	7	7	7	6	6	6	5	춘분	5	4	4	4	3	3	3	2	2	2	1
대운 여	9	9	9	10	경칩	1	1	1	1	2	2	2	3	3	3	4	4	4	5	춘분	5	6	6	6	7	7	7	8	8	8	9

청명 4일 21시 02분 【음3월】➡ 【壬辰月(임진월)】 ●육백성 곡우 20일 04시 10분

양력 4월 / 음력 02/14 ~ 03/13

양력	1	2	3	4	5	6	7	8	9	10	11	12	13	14	15	16	17	18	19	20	21	22	23	24	25	26	27	28	29	30
요일	월	화	수	목	금	토	일	월	화	수	목	금	토	일	월	화	수	목	금	토	일	월	화	수	목	금	토	일	월	화
일진/日辰	무진	기사	경오	신미	임신	계유	갑술	을해	병자	정축	무인	기묘	경진	신사	임오	계미	갑신	을유	병술	정해	무자	기축	경인	신묘	임진	계사	갑오	을미	병신	정유
음력	14	15	16	17	18	19	20	21	22	23	24	25	26	27	28	29	30	3/1	2	3	4	5	6	7	8	9	10	11	12	13
구성	8	9	1	2	3	4	5	6	7	8	9	1	2	3	4	5	6	7	8	9	1	2	3	4	5	6	7	8	9	1
대운 남	1	1	1	청명	10	10	9	9	9	8	8	8	7	7	7	6	6	6	5	곡우	5	4	4	4	3	3	3	2	2	2
대운 여	9	9	10	청명	1	1	1	1	2	2	2	3	3	3	4	4	4	5	5	곡우	6	6	6	7	7	7	8	8	8	9

입하 5일 14시 26분 【음4월】➡ 【癸巳月(계사월)】 ●오황성 소만 21일 03시 23분

양력 5월 / 음력 03/14 ~ 04/15

양력	1	2	3	4	5	6	7	8	9	10	11	12	13	14	15	16	17	18	19	20	21	22	23	24	25	26	27	28	29	30	31
요일	수	목	금	토	일	월	화	수	목	금	토	일	월	화	수	목	금	토	일	월	화	수	목	금	토	일	월	화	수	목	금
일진/日辰	무술	기해	경자	신축	임인	계묘	갑진	을사	병오	정미	무신	기유	경술	신해	임자	계축	갑인	을묘	병진	정사	무오	기미	경신	신유	임술	계해	갑자	을축	병인	정묘	무진
음력	14	15	16	17	18	19	20	21	22	23	24	25	26	27	28	29	4/1	2	3	4	5	6	7	8	9	10	11	12	13	14	15
구성	2	3	4	5	6	7	8	9	1	2	3	4	5	6	7	8	9	1	2	3	4	5	6	7	8	9	1	2	3	4	5
대운 남	1	1	1	1	입하	10	10	9	9	9	8	8	8	7	7	7	6	6	6	5	소만	5	4	4	4	3	3	3	2	2	2
대운 여	9	9	9	10	입하	1	1	1	2	2	2	3	3	3	4	4	4	5	5	5	소만	6	6	6	7	7	7	8	8	8	9

망종 5일 18시 41분 【음5월】➡ 【甲午月(갑오월)】 ●사록성 하지 21일 11시 24분

양력 6월 / 음력 04/16 ~ 05/15

양력	1	2	3	4	5	6	7	8	9	10	11	12	13	14	15	16	17	18	19	20	21	22	23	24	25	26	27	28	29	30
요일	토	일	월	화	수	목	금	토	일	월	화	수	목	금	토	일	월	화	수	목	금	토	일	월	화	수	목	금	토	일
일진/日辰	기사	경오	신미	임신	계유	갑술	을해	병자	정축	무인	기묘	경진	신사	임오	계미	갑신	을유	병술	정해	무자	기축	경인	신묘	임진	계사	갑오	을미	병신	정유	무술
음력	16	17	18	19	20	21	22	23	24	25	26	27	28	29	30	5/1	2	3	4	5	6	7	8	9	10	11	12	13	14	15
구성	4	3	2	1	9	8	7	6	5	4	3	2	1	9	8	7	6	5	4	3	2	1	9	8	7	6	5	4	3	2
대운 남	1	1	1	1	망종	10	10	9	9	9	8	8	8	7	7	7	6	6	6	5	하지	5	5	4	4	4	3	3	3	2
대운 여	9	9	10	10	망종	1	1	1	2	2	2	3	3	3	4	4	4	5	5	5	하지	6	6	6	7	7	7	8	8	8

1월 28일 - 서울지방검찰청, 전 프로권투 동양챔피언 포함된 무허가 슬롯머신 업소 소유주 10명 구속.노르웨이 유조선 토리노호, 탱크 파손으로 경상남도 통영 앞바다에 기름 유출.2월 14일 중화인민공화국에서 창정 3호 참사가 발생. 6명 사망, 57명 부상.4월 11일 - 15대 총선이 실시되다

六日得辛, 七龍治水, 1996년 병자年(간하수), 사록목

3벽	8백	1백
2흑	4록	6백
7적	9자	5황

1996

양력 7월 — 소서 7일 05시 00분 【음6월】→ 【乙未月(을미월)】 ☯삼벽성 대서 22일 22시 19분

음력 05/16 — 06/16

양력	1	2	3	4	5	6	7	8	9	10	11	12	13	14	15	16	17	18	19	20	21	22	23	24	25	26	27	28	29	30	31
요일	월	화	수	목	금	토	일	월	화	수	목	금	토	일	월	화	수	목	금	토	일	월	화	수	목	금	토	일	월	화	수
일진(日辰)	기해	경자	신축	임인	계묘	갑진	을사	병오	정미	무신	기유	경술	신해	임자	계축	갑인	을묘	병진	정사	무오	기미	경신	신유	임술	계해	갑자	을축	병인	정묘	무진	기사
음력	16	17	18	19	20	21	22	23	24	25	26	27	28	29	30	6/1	2	3	4	5	6	7	8	9	10	11	12	13	14	15	16
구성	1	9	8	7	6	5	4	3	2	1	9	8	7	6	5	4	3	2	1	9	8	7	6	5	4	3	2	1	9	8	7
대남	2	2	1	1	1	1	소	10	10	9	9	9	8	8	8	7	7	7	6	6	6	대	5	5	4	4	4	3	3	3	2
운여	9	9	9	10	10	10	서	1	1	1	1	2	2	2	3	3	3	4	4	4	5	서	5	6	6	6	7	7	7	8	8

양력 8월 — 입추 7일 14시 49분 【음7월】→ 【丙申月(병신월)】 ☯이흑성 처서 23일 05시 23분

음력 06/17 — 07/18

양력	1	2	3	4	5	6	7	8	9	10	11	12	13	14	15	16	17	18	19	20	21	22	23	24	25	26	27	28	29	30	31
요일	목	금	토	일	월	화	수	목	금	토	일	월	화	수	목	금	토	일	월	화	수	목	금	토	일	월	화	수	목	금	토
일진(日辰)	경오	신미	임신	계유	갑술	을해	병자	정축	무인	기묘	경진	신사	임오	계미	갑신	을유	병술	정해	무자	기축	경인	신묘	임진	계사	갑오	을미	병신	정유	무술	기해	경자
음력	17	18	19	20	21	22	23	24	25	26	27	28	29	7/1	2	3	4	5	6	7	8	9	10	11	12	13	14	15	16	17	18
구성	6	5	4	3	2	1	9	8	7	6	5	4	3	2	1	9	8	7	6	5	4	3	2	1	9	8	7	6	5	4	3
대남	2	2	1	1	1	1	입	10	10	9	9	9	8	8	8	7	7	7	6	6	6	5	처	5	4	4	4	3	3	3	2
운여	8	9	9	9	10	10	추	1	1	1	1	2	2	2	3	3	3	4	4	4	5	5	서	6	6	6	7	7	7	8	8

양력 9월 — 백로 7일 17시 42분 【음8월】→ 【丁酉月(정유월)】 ☯일백성 추분 23일 03시 00분

음력 07/19 — 08/18

양력	1	2	3	4	5	6	7	8	9	10	11	12	13	14	15	16	17	18	19	20	21	22	23	24	25	26	27	28	29	30
요일	일	월	화	수	목	금	토	일	월	화	수	목	금	토	일	월	화	수	목	금	토	일	월	화	수	목	금	토	일	월
일진(日辰)	신축	임인	계묘	갑진	을사	병오	정미	무신	기유	경술	신해	임자	계축	갑인	을묘	병진	정사	무오	기미	경신	신유	임술	계해	갑자	을축	병인	정묘	무진	기사	경오
음력	19	20	21	22	23	24	25	26	27	28	29	30	8/1	2	3	4	5	6	7	8	9	10	11	12	13	14	15	16	17	18
구성	2	1	9	8	7	6	5	4	3	2	1	9	8	7	6	5	4	3	2	1	9	8	7	6	5	4	3	2	1	9
대남	2	2	1	1	1	1	백	10	10	9	9	9	8	8	8	7	7	7	6	6	6	5	추	5	4	4	4	3	3	3
운여	8	9	9	9	10	10	로	1	1	1	1	2	2	2	3	3	3	4	4	4	5	5	분	6	6	6	7	7	7	8

양력 10월 — 한로 8일 09시 19분 【음9월】→ 【戊戌月(무술월)】 ☯구자성 상강 23일 12시 19분

음력 08/19 — 09/20

양력	1	2	3	4	5	6	7	8	9	10	11	12	13	14	15	16	17	18	19	20	21	22	23	24	25	26	27	28	29	30	31
요일	화	수	목	금	토	일	월	화	수	목	금	토	일	월	화	수	목	금	토	일	월	화	수	목	금	토	일	월	화	수	목
일진(日辰)	신미	임신	계유	갑술	을해	병자	정축	무인	기묘	경진	신사	임오	계미	갑신	을유	병술	정해	무자	기축	경인	신묘	임진	계사	갑오	을미	병신	정유	무술	기해	경자	신축
음력	19	20	21	22	23	24	25	26	27	28	29	9/1	2	3	4	5	6	7	8	9	10	11	12	13	14	15	16	17	18	19	20
구성	8	7	6	5	4	3	2	1	9	8	7	6	5	4	3	2	1	9	8	7	6	5	4	3	2	1	9	8	7	6	5
대남	2	2	2	1	1	1	1	한	10	9	9	9	8	8	8	7	7	7	6	6	6	5	상	5	4	4	4	3	3	3	2
운여	8	8	9	9	9	10	10	로	1	1	1	1	2	2	2	3	3	3	4	4	4	5	강	5	6	6	6	7	7	7	8

양력 11월 — 입동 7일 12시 27분 【음10월】→ 【己亥月(기해월)】 ☯팔백성 소설 22일 09시 49분

음력 09/21 — 10/20

양력	1	2	3	4	5	6	7	8	9	10	11	12	13	14	15	16	17	18	19	20	21	22	23	24	25	26	27	28	29	30
요일	금	토	일	월	화	수	목	금	토	일	월	화	수	목	금	토	일	월	화	수	목	금	토	일	월	화	수	목	금	토
일진(日辰)	임인	계묘	갑진	을사	병오	정미	무신	기유	경술	신해	임자	계축	갑인	을묘	병진	정사	무오	기미	경신	신유	임술	계해	갑자	을축	병인	정묘	무진	기사	경오	신미
음력	21	22	23	24	25	26	27	28	29	30	10/1	2	3	4	5	6	7	8	9	10	11	12	13	14	15	16	17	18	19	20
구성	4	3	2	1	9	8	7	6	5	4	3	2	1	9	8	7	6	5	4	3	2	1	9	8	7	6	5	4	3	2
대남	2	2	1	1	1	1	입	10	9	9	9	8	8	8	7	7	7	6	6	6	5	소	5	4	4	4	3	3	3	2
운여	8	8	9	9	9	10	동	1	1	1	1	2	2	2	3	3	3	4	4	4	5	설	5	6	6	6	7	7	7	8

양력 12월 — 대설 7일 05시 14분 【음11월】→ 【庚子月(경자월)】 ☯칠적성 동지 21일 23시 06분

음력 10/21 — 11/21

양력	1	2	3	4	5	6	7	8	9	10	11	12	13	14	15	16	17	18	19	20	21	22	23	24	25	26	27	28	29	30	31
요일	일	월	화	수	목	금	토	일	월	화	수	목	금	토	일	월	화	수	목	금	토	일	월	화	수	목	금	토	일	월	화
일진(日辰)	임신	계유	갑술	을해	병자	정축	무인	기묘	경진	신사	임오	계미	갑신	을유	병술	정해	무자	기축	경인	신묘	임진	계사	갑오	을미	병신	정유	무술	기해	경자	신축	임인
음력	21	22	23	24	25	26	27	28	29	30	11/1	2	3	4	5	6	7	8	9	10	11	12	13	14	15	16	17	18	19	20	21
구성	9	1	2	3	4	5	6	7	8	9	1	2	3	4	5	6	7	8	9	1	2	3	4	5	6	7	8	9	1	2	3
대남	2	2	1	1	1	1	대	9	9	9	8	8	8	7	7	7	6	6	6	5	동	5	4	4	4	3	3	3	2	2	2
운여	8	8	9	9	9	10	설	1	1	1	1	2	2	2	3	3	3	4	4	4	지	5	5	6	6	6	7	7	7	8	8

10월 29일 - 단란주점 여주인을 납치한 후 경기도 화성에 위치해있는 화염전 창고에 생매장한 혐의로 막가파 일당 9명 전원이 검거되었다. 11월 5일 - 미국 대선이 치러져 빌 클린턴이 재선하다. 11월 18일 - 채널 터널 내에서 화재가 발생하다.

下元-정축(丁丑)년, 납음(간하수), 본명성(삼벽목)

대장군(酉서방). 삼살(동방). 상문(卯동방), 조객(亥서북방), 납음(간하수), 【삼재(해,자,축)년】 臘享(납향):1998년1월24일(음12/26)

양력 1월

소한 5일 16시 24분 【음12월】 ➡ 【辛丑月(신축월)】 ◑육백성 대한 20일 09시 43분

음력 11/22 ~ 12/23

양력	1	2	3	4	5	6	7	8	9	10	11	12	13	14	15	16	17	18	19	20	21	22	23	24	25	26	27	28	29	30	31
요일	수	목	금	토	일	월	화	수	목	금	토	일	일	화	수	목	금	토	일	월	화	수	목	금	토	일	월	화	수	목	금
日辰	계묘	갑진	을사	병오	정미	무신	기유	경술	신해	임자	계축	갑인	을묘	병진	정사	무오	기미	경신	신유	임술	계해	갑자	을축	병인	정묘	무진	기사	경오	신미	임신	계유
음력	22	23	24	25	26	27	28	29	12/1	2	3	4	5	6	7	8	9	10	11	12	13	14	15	16	17	18	19	20	21	22	23
구성	4	5	6	7	8	9	1	2	3	4	5	6	7	8	9	1	2	3	4	5	6	7	8	9	1	2	3	4	5	6	7
대운 남	1	1	1	1	소한	10	9	9	9	8	8	8	7	7	7	6	6	6	5	대한	5	4	4	4	3	3	3	2	2	2	1
대운 여	8	9	9	9	소한	1	1	1	1	2	2	2	3	3	3	4	4	4	5	대한	5	6	6	6	7	7	7	8	8	8	9

양력 2월

입춘 4일 04시 02분 【음1월】 ➡ 【壬寅月(임인월)】 ◑오황성 우수 18일 23시 51분

음력 12/24 ~ 01/21

정축년

양력	1	2	3	4	5	6	7	8	9	10	11	12	13	14	15	16	17	18	19	20	21	22	23	24	25	26	27	28
요일	토	일	월	화	수	목	금	토	일	월	화	수	목	금	토	일	월	화	수	목	금	토	일	월	화	수	목	금
日辰	갑술	을해	병자	정축	무인	기묘	경진	신사	임오	계미	갑신	을유	병술	정해	무자	기축	경인	신묘	임진	계사	갑오	을미	병신	정유	무술	기해	경자	신축
음력	24	25	26	27	28	29	30	1/1	2	3	4	5	6	7	8	9	10	11	12	13	14	15	16	17	18	19	20	21
구성	8	9	1	2	3	4	5	6	7	8	9	1	2	3	4	5	6	7	8	9	1	2	3	4	5	6	7	8
대운 남	1	1	1	입춘	1	1	1	1	2	2	2	3	3	3	4	4	4	우수	5	5	6	6	6	7	7	7	8	8
대운 여	9	9	10	입춘	9	9	9	9	8	8	8	7	7	7	6	6	6	우수	5	5	4	4	4	3	3	3	2	2

양력 3월

경칩 5일 22시 04분 【음2월】 ➡ 【癸卯月(계묘월)】 ◑사록성 춘분 20일 22시 55분

음력 01/22 ~ 02/23

양력	1	2	3	4	5	6	7	8	9	10	11	12	13	14	15	16	17	18	19	20	21	22	23	24	25	26	27	28	29	30	31
요일	토	일	월	화	수	목	금	토	일	월	화	수	목	금	토	일	월	화	수	목	금	토	일	월	화	수	목	금	토	일	월
日辰	임인	계묘	갑진	을사	병오	정미	무신	기유	경술	신해	임자	계축	갑인	을묘	병진	정사	무오	기미	경신	신유	임술	계해	갑자	을축	병인	정묘	무진	기사	경오	신미	임신
음력	22	23	24	25	26	27	28	29	2/1	2	3	4	5	6	7	8	9	10	11	12	13	14	15	16	17	18	19	20	21	22	23
구성	9	1	2	3	4	5	6	7	8	9	1	2	3	4	5	6	7	8	9	1	2	3	4	5	6	7	8	9	1	2	3
대운 남	8	9	9	9	경칩	1	1	1	1	2	2	2	3	3	3	4	4	4	5	춘분	5	6	6	6	7	7	7	8	8	8	9
대운 여	1	1	1	1	경칩	10	10	9	9	9	8	8	8	7	7	7	6	6	6	춘분	5	5	4	4	4	3	3	3	2	2	2

양력 4월

청명 5일 02시 56분 【음3월】 ➡ 【甲辰月(갑진월)】 ◑삼벽성 곡우 20일 10시 03분

음력 02/24 ~ 03/24

양력	1	2	3	4	5	6	7	8	9	10	11	12	13	14	15	16	17	18	19	20	21	22	23	24	25	26	27	28	29	30
요일	화	수	목	금	토	일	월	화	수	목	금	토	일	월	화	수	목	금	토	일	월	화	수	목	금	토	일	월	화	수
日辰	계유	갑술	을해	병자	정축	무인	기묘	경진	신사	임오	계미	갑신	을유	병술	정해	무자	기축	경인	신묘	임진	계사	갑오	을미	병신	정유	무술	기해	경자	신축	임인
음력	24	25	26	27	28	29	3/1	2	3	4	5	6	7	8	9	10	11	12	13	14	15	16	17	18	19	20	21	22	23	24
구성	4	5	6	7	8	9	1	2	3	4	5	6	7	8	9	1	2	3	4	5	6	7	8	9	1	2	3	4	5	6
대운 남	9	9	10	10	청명	1	1	1	1	2	2	2	3	3	3	4	4	4	5	곡우	5	6	6	6	7	7	7	8	8	8
대운 여	1	1	1	1	청명	10	9	9	9	8	8	8	7	7	7	6	6	6	5	곡우	5	4	4	4	3	3	3	2	2	2

양력 5월

입하 5일 20시 19분 【음4월】 ➡ 【乙巳月(을사월)】 ◑이흑성 소만 21일 09시 18분

음력 03/25 ~ 04/25

양력	1	2	3	4	5	6	7	8	9	10	11	12	13	14	15	16	17	18	19	20	21	22	23	24	25	26	27	28	29	30	31
요일	목	금	토	일	월	화	수	목	금	토	일	월	화	수	목	금	토	일	월	화	수	목	금	토	일	월	화	수	목	금	토
日辰	계묘	갑진	을사	병오	정미	무신	기유	경술	신해	임자	계축	갑인	을묘	병진	정사	무오	기미	경신	신유	임술	계해	갑자	을축	병인	정묘	무진	기사	경오	신미	임신	계유
음력	25	26	27	28	29	30	4/1	2	3	4	5	6	7	8	9	10	11	12	13	14	15	16	17	18	19	20	21	22	23	24	25
구성	7	8	9	1	2	3	4	5	6	7	8	9	1	2	3	4	5	6	7	8	9	1	2	3	4	5	6	7	8	9	1
대운 남	9	9	9	10	입하	1	1	1	1	2	2	2	3	3	3	4	4	4	5	5	소만	6	6	6	7	7	7	8	8	8	9
대운 여	1	1	1	1	입하	10	10	10	9	9	9	8	8	8	7	7	7	6	6	6	소만	5	5	4	4	4	3	3	3	2	2

양력 6월

망종 6일 00시 33분 【음5월】 ➡ 【丙午月(병오월)】 ◑일백성 하지 21일 17시 20분

음력 04/26 ~ 05/26

양력	1	2	3	4	5	6	7	8	9	10	11	12	13	14	15	16	17	18	19	20	21	22	23	24	25	26	27	28	29	30
요일	일	월	화	수	목	금	토	일	월	화	수	목	금	토	일	월	화	수	목	금	토	일	월	화	수	목	금	토	일	월
日辰	갑술	을해	병자	정축	무인	기묘	경진	신사	임오	계미	갑신	을유	병술	정해	무자	기축	경인	신묘	임진	계사	갑오	을미	병신	정유	무술	기해	경자	신축	임인	계묘
음력	26	27	28	29	5/1	2	3	4	5	6	7	8	9	10	11	12	13	14	15	16	17	18	19	20	21	22	23	24	25	26
구성	2	3	4	5	6	7	8	9	1	2	3	4	5	6	7	8	9	1	2	3	3	2	1	9	8	7	6	5	4	3
대운 남	9	9	10	10	10	망종	1	1	1	1	2	2	2	3	3	3	4	4	4	5	하지	5	6	6	6	7	7	7	8	8
대운 여	2		1	1	1	망종	10	10	9	9	9	8	8	8	7	7	7	6	6	6	하지	5	5	4	4	4	3	3	3	2

2월 12일 - 황장엽 조선노동당 국제담당 서기 망명하였다. 2월 21일 - 대한민국 프로 농구가 출범 4월 17일 - 대한민국 대법원이 전두환 전 대통령에게는 무기징역과 2205억원의 추징금을, 노태우 전 대통령에게 징역 17년과 추징금 2628억원을 선고

한식(4월05일), 초복(7월17일), 중복(7월27일), 말복(8월16일)↑춘사(春社)3/17 ☀추사(秋社)9/23
토왕지절(土旺之節):4월17일,7월20일,10월20일,1월17일(음12/19) 臘享(납향):1998년1월24일(음12/26)

一日得辛, 十二龍治水, 1997년 정축년(간하수), 삼벽목

2흑	7적	9자
1백	3벽	5황
6백	8백	4록

소서 7일 10시 49분　【음6월】➡　【丁未月(정미월)】　●구자성　대서 23일 04시 15분

양력 7월 / 음력 05/27 ~ 06/27

	1	2	3	4	5	6	7	8	9	10	11	12	13	14	15	16	17	18	19	20	21	22	23	24	25	26	27	28	29	30	31
요일	화	수	목	금	토	일	월	화	수	목	금	토	일	월	화	수	목	금	토	일	월	화	수	목	금	토	일	월	화	수	목
일진/日辰	갑진	을사	병오	정미	무신	기유	경술	신해	임자	계축	갑인	을묘	병진	정사	무오	기미	경신	신유	임술	계해	갑자	을축	병인	정묘	무진	기사	경오	신미	임신	계유	갑술
음력	27	28	29	30	6/1	2	3	4	5	6	7	8	9	10	11	12	13	14	15	16	17	18	19	20	21	22	23	24	25	26	27
구성	2	1	9	8	7	6	5	4	3	2	1	9	8	7	6	5	4	3	2	1	9	8	7	6	5	4	3	2	1	9	8
대운 남	8	9	9	9	10	10	소서	1	1	1	1	2	2	2	3	3	3	4	4	4	5	5	대서	6	6	6	7	7	7	8	8
대운 여	2	2	1	1	1	1	소서	10	10	9	9	9	8	8	8	7	7	7	6	6	6	5	대서	5	4	4	4	3	3	3	2

입추 7일 20시 36분　【음7월】➡　【戊申月(무신월)】　●팔백성　처서 23일 11시 19분

양력 8월 / 음력 06/28 ~ 07/29

	1	2	3	4	5	6	7	8	9	10	11	12	13	14	15	16	17	18	19	20	21	22	23	24	25	26	27	28	29	30	31
요일	금	토	일	월	화	수	목	금	토	일	월	화	수	목	금	토	일	월	화	수	목	금	토	일	월	화	수	목	금	토	일
일진/日辰	을해	병자	정축	무인	기묘	경진	신사	임오	계미	갑신	을유	병술	정해	무자	기축	경인	신묘	임진	계사	갑오	을미	병신	정유	무술	기해	경자	신축	임인	계묘	갑진	을사
음력	28	29	7/1	2	3	4	5	6	7	8	9	10	11	12	13	14	15	16	17	18	19	20	21	22	23	24	25	26	27	28	29
구성	7	6	5	4	3	2	1	9	8	7	6	5	4	3	2	1	9	8	7	6	5	4	3	2	1	9	8	7	6	5	4
대운 남	8	9	9	9	10	10	입추	1	1	1	1	2	2	2	3	3	3	4	4	4	5	5	처서	6	6	6	7	7	7	8	8
대운 여	2	2	1	1	1	1	입추	10	10	9	9	9	8	8	8	7	7	7	6	6	6	5	처서	5	4	4	4	3	3	3	2

백로 7일 23시 29분　【음8월】➡　【己酉月(기유월)】　●칠적성　추분 23일 08시 56분

양력 9월 / 음력 07/30 ~ 08/29

	1	2	3	4	5	6	7	8	9	10	11	12	13	14	15	16	17	18	19	20	21	22	23	24	25	26	27	28	29	30
요일	월	화	수	목	금	토	일	월	화	수	목	금	토	일	월	화	수	목	금	토	일	월	화	수	목	금	토	일	월	화
일진/日辰	병오	정미	무신	기유	경술	신해	임자	계축	갑인	을묘	병진	정사	무오	기미	경신	신유	임술	계해	갑자	을축	병인	정묘	무진	기사	경오	신미	임신	계유	갑술	을해
음력	30	8/1	2	3	4	5	6	7	8	9	10	11	12	13	14	15	16	17	18	19	20	21	22	23	24	25	26	27	28	29
구성	3	2	1	9	8	7	6	5	4	3	2	1	9	8	7	6	5	4	3	2	1	9	8	7	6	5	4	3	2	1
대운 남	8	9	9	9	10	10	백로	1	1	1	1	2	2	2	3	3	3	4	4	4	5	5	추분	6	6	6	7	7	7	8
대운 여	2	2	1	1	1	1	백로	10	10	9	9	9	8	8	8	7	7	7	6	6	6	5	추분	5	4	4	4	3	3	3

한로 8일 15시 05분　【음9월】➡　【庚戌月(경술월)】　●육백성　상강 23일 18시 15분

양력 10월 / 음력 08/30 ~ 10/01

	1	2	3	4	5	6	7	8	9	10	11	12	13	14	15	16	17	18	19	20	21	22	23	24	25	26	27	28	29	30	31
요일	수	목	금	토	일	월	화	수	목	금	토	일	월	화	수	목	금	토	일	월	화	수	목	금	토	일	월	화	수	목	금
일진/日辰	병자	정축	무인	기묘	경진	신사	임오	계미	갑신	을유	병술	정해	무자	기축	경인	신묘	임진	계사	갑오	을미	병신	정유	무술	기해	경자	신축	임인	계묘	갑진	을사	병오
음력	30	9/1	2	3	4	5	6	7	8	9	10	11	12	13	14	15	16	17	18	19	20	21	22	23	24	25	26	27	28	29	10/1
구성	9	8	7	6	5	4	3	2	1	9	8	7	6	5	4	3	2	1	9	8	7	6	5	4	3	2	1	9	8	7	6
대운 남	8	8	9	9	9	10	10	한로	1	1	1	1	2	2	2	3	3	3	4	4	4	5	상강	5	6	6	6	7	7	7	8
대운 여	2	2	2	1	1	1	1	한로	10	9	9	9	8	8	8	7	7	7	6	6	6	5	상강	5	4	4	4	3	3	3	2

입동 7일 18시 15분　【음10월】➡　【辛亥月(신해월)】　●오황성　소설 22일 15시 48분

양력 11월 / 음력 10/02 ~ 11/01

	1	2	3	4	5	6	7	8	9	10	11	12	13	14	15	16	17	18	19	20	21	22	23	24	25	26	27	28	29	30
요일	토	일	월	화	수	목	금	토	일	월	화	수	목	금	토	일	월	화	수	목	금	토	일	월	화	수	목	금	토	일
일진/日辰	정미	무신	기유	경술	신해	임자	계축	갑인	을묘	병진	정사	무오	기미	경신	신유	임술	계해	갑자	을축	병인	정묘	무진	기사	경오	신미	임신	계유	갑술	을해	병자
음력	2	3	4	5	6	7	8	9	10	11	12	13	14	15	16	17	18	19	20	21	22	23	24	25	26	27	28	29	30	11/1
구성	5	4	3	2	1	9	8	7	6	5	4	3	2	1	9	8	7	6	5	4	3	2	1	9	8	7	6	5	4	3
대운 남	8	8	9	9	9	10	입동	1	1	1	1	2	2	2	3	3	3	4	4	4	5	소설	5	6	6	6	7	7	7	8
대운 여	2	2	1	1	1	1	입동	10	9	9	9	8	8	8	7	7	7	6	6	6	5	소설	5	4	4	4	3	3	3	2

대설 7일 11시 05분　【음11월】➡　【壬子月(임자월)】　●사록성　동지 22일 05시 07분

양력 12월 / 음력 11/02 ~ 12/02

	1	2	3	4	5	6	7	8	9	10	11	12	13	14	15	16	17	18	19	20	21	22	23	24	25	26	27	28	29	30	31
요일	월	화	수	목	금	토	일	월	화	수	목	금	토	일	월	화	수	목	금	토	일	월	화	수	목	금	토	일	월	화	수
일진/日辰	정축	무인	기묘	경진	신사	임오	계미	갑신	을유	병술	정해	무자	기축	경인	신묘	임진	계사	갑오	을미	병신	정유	무술	기해	경자	신축	임인	계묘	갑진	을사	병오	정미
음력	2	3	4	5	6	7	8	9	10	11	12	13	14	15	16	17	18	19	20	21	22	23	24	25	26	27	28	29	30	12/1	2
구성	2	1	9	8	7	6	5	4	3	2	1	9	8	7	6	5	4	3	2	1	9	8	7	6	5	4	3	2	1	9	8
대운 남	8	8	9	9	9	10	대설	1	1	1	1	2	2	2	3	3	3	4	4	4	5	동지	5	6	6	6	7	7	7	8	8
대운 여	2	2	1	1	1	1	대설	9	9	9	8	8	8	7	7	7	6	6	6	5	5	동지	4	4	4	3	3	3	2	2	2

9월 3일 - 원자력 발전소 월성 2호기 준공.베트남 항공 여객기 프놈펜 인근 추락, 한국인 21명 포함 65명 사망.9월 12일 - 박초롱초롱빛나리(박나리)양 유괴사건의 피해자인 박나리양, 13일 만에 숨진 채 발견. 용의자는 20대 여성으로 몸값을 노리고 여아를 살해했다고 자백.

단기 4331 年
불기 2542 年

1998년
윤5월

下元-무인(戊寅)년, 납음(성두토), 본명성(이흑토)

대장군(子북방), 삼살(북방), 상문(辰동남방), 조객(子북방), 납음(성두토), 【삼재(신,유,술)년】 臘享(납향):1999년1월19일(음12/02)

소한 5일 22시 18분 【음12월】➡ 【癸丑月(계축월)】 ☯삼벽성 대한 20일 15시 46분

양력 1월 양력	1	2	3	4	5	6	7	8	9	10	11	12	13	14	15	16	17	18	19	20	21	22	23	24	25	26	27	28	29	30	31
요일	목	금	토	일	월	화	수	목	금	토	일	월	화	수	목	금	토	일	월	화	수	목	금	토	일	월	화	수	목	금	토
일진 日辰	무신	기유	경술	신해	임자	계축	갑인	을묘	병진	정사	무오	기미	경신	신유	임술	계해	갑자	을축	병인	정묘	무진	기사	경오	신미	임신	계유	갑술	을해	병자	정축	무인
음력 (12/03 ~ 01/04)	3	4	5	6	7	8	9	10	11	12	13	14	15	16	17	18	19	20	21	22	23	24	25	26	27	28	29	1/1	2	3	4
구성	7	6	5	4	3	2	1	9	8	7	6	5	4	3	2	1	1	2	3	4	5	6	7	8	9	1	2	3	4	5	6
대운 남	8	9	9	9	소	1	1	1	1	2	2	2	3	3	3	4	4	4	5	대	5	6	6	6	7	7	7	8	8	8	9
대운 여	1	1	1	1	한	10	9	9	9	8	8	8	7	7	7	6	6	6	5	한	5	4	4	4	3	3	3	2	2	2	1

입춘 4일 09시 57분 【음1월】➡ 【甲寅月(갑인월)】 ☯이흑성 우수 19일 05시 55분

양력 2월 양력	1	2	3	4	5	6	7	8	9	10	11	12	13	14	15	16	17	18	19	20	21	22	23	24	25	26	27	28
요일	일	월	화	수	목	금	토	일	월	화	수	목	금	토	일	월	화	수	목	금	토	일	월	화	수	목	금	토
일진 日辰	기묘	경진	신사	임오	계미	갑신	을유	병술	정해	무자	기축	경인	신묘	임진	계사	갑오	을미	병신	정유	무술	기해	경자	신축	임인	계묘	갑진	을사	병오
음력 (01/05 ~ 02/02)	5	6	7	8	9	10	11	12	13	14	15	16	17	18	19	20	21	22	23	24	25	26	27	28	29	30	2/1	2
구성	7	8	9	1	2	3	4	5	6	7	8	9	1	2	3	4	5	6	7	8	9	1	2	3	4	5	6	7
대운 남	9	9	10	입	10	9	9	9	8	8	8	7	7	7	6	6	6	5	우	5	4	4	4	3	3	3	2	2
대운 여	1	1	1	춘	1	1	1	1	2	2	2	3	3	3	4	4	4	5	수	5	6	6	6	7	7	7	8	8

무 인 년

경칩 6일 03시 57분 【음2월】➡ 【乙卯月(을묘월)】 ☯일백성 춘분 21일 04시 55분

양력 3월 양력	1	2	3	4	5	6	7	8	9	10	11	12	13	14	15	16	17	18	19	20	21	22	23	24	25	26	27	28	29	30	31
요일	일	월	화	수	목	금	토	일	월	화	수	목	금	토	일	월	화	수	목	금	토	일	월	화	수	목	금	토	일	월	화
일진 日辰	정미	무신	기유	경술	신해	임자	계축	갑인	을묘	병진	정사	무오	기미	경신	신유	임술	계해	갑자	을축	병인	정묘	무진	기사	경오	신미	임신	계유	갑술	을해	병자	정축
음력 (02/03 ~ 03/04)	3	4	5	6	7	8	9	10	11	12	13	14	15	16	17	18	19	20	21	22	23	24	25	26	27	28	29	3/1	2	3	4
구성	8	9	1	2	3	4	5	6	7	8	9	1	2	3	4	5	6	7	8	9	1	2	3	4	5	6	7	8	9	1	2
대운 남	2	1	1	1	1	경	10	9	9	9	8	8	8	7	7	7	6	6	6	5	춘	5	4	4	4	3	3	3	2	2	2
대운 여	8	9	9	9	10	칩	1	1	1	1	2	2	2	3	3	3	4	4	4	5	분	5	6	6	6	7	7	7	8	8	8

청명 5일 08시 45분 【음3월】➡ 【丙辰月(병진월)】 ☯구자성 곡우 20일 15시 57분

양력 4월 양력	1	2	3	4	5	6	7	8	9	10	11	12	13	14	15	16	17	18	19	20	21	22	23	24	25	26	27	28	29	30
요일	수	목	금	토	일	월	화	수	목	금	토	일	월	화	수	목	금	토	일	월	화	수	목	금	토	일	월	화	수	목
일진 日辰	무인	기묘	경진	신사	임오	계미	갑신	을유	병술	정해	무자	기축	경인	신묘	임진	계사	갑오	을미	병신	정유	무술	기해	경자	신축	임인	계묘	갑진	을사	병오	정미
음력 (03/05 ~ 04/05)	5	6	7	8	9	10	11	12	13	14	15	16	17	18	19	20	21	22	23	24	25	26	27	28	29	4/1	2	3	4	5
구성	3	4	5	6	7	8	9	1	2	3	4	5	6	7	8	9	1	2	3	4	5	6	7	8	9	1	2	3	4	5
대운 남	1	1	1	1	청	10	10	9	9	9	8	8	8	7	7	7	6	6	6	곡	5	5	4	4	4	3	3	3	2	2
대운 여	9	9	9	10	명	1	1	1	1	2	2	2	3	3	3	4	4	4	5	우	5	6	6	6	7	7	7	8	8	8

입하 6일 02시 03분 【음4월】➡ 【丁巳月(정사월)】 ☯팔백성 소만 21일 15시 05분

양력 5월 양력	1	2	3	4	5	6	7	8	9	10	11	12	13	14	15	16	17	18	19	20	21	22	23	24	25	26	27	28	29	30	31
요일	금	토	일	월	화	수	목	금	토	일	월	화	수	목	금	토	일	월	화	수	목	금	토	일	월	화	수	목	금	토	일
일진 日辰	무신	기유	경술	신해	임자	계축	갑인	을묘	병진	정사	무오	기미	경신	신유	임술	계해	갑자	을축	병인	정묘	무진	기사	경오	신미	임신	계유	갑술	을해	병자	정축	무인
음력 (04/06 ~ 05/06)	6	7	8	9	10	11	12	13	14	15	16	17	18	19	20	21	22	23	24	25	26	27	28	29	30	5/1	2	3	4	5	6
구성	6	7	8	9	1	2	3	4	5	6	7	8	9	1	2	3	4	5	6	7	8	9	1	2	3	4	5	6	7	8	9
대운 남	2	1	1	1	1	입	10	10	9	9	9	8	8	8	7	7	7	6	6	6	소	5	5	4	4	4	3	3	3	2	2
대운 여	9	9	9	10	10	하	1	1	1	1	2	2	2	3	3	3	4	4	4	5	만	5	6	6	6	7	7	7	8	8	8

망종 6일 06시 13분 【음5월】➡ 【戊午月(무오월)】 ☯칠적성 하지 21일 23시 03분

양력 6월 양력	1	2	3	4	5	6	7	8	9	10	11	12	13	14	15	16	17	18	19	20	21	22	23	24	25	26	27	28	29	30
요일	월	화	수	목	금	토	일	월	화	수	목	금	토	일	월	화	수	목	금	토	일	월	화	수	목	금	토	일	월	화
일진 日辰	기묘	경진	신사	임오	계미	갑신	을유	병술	정해	무자	기축	경인	신묘	임진	계사	갑오	을미	병신	정유	무술	기해	경자	신축	임인	계묘	갑진	을사	병오	정미	무신
음력 (05/07 ~ 윤507)	7	8	9	10	11	12	13	14	15	16	17	18	19	20	21	22	23	24	25	26	27	28	29	윤5	2	3	4	5	6	7
구성	1	2	3	4	5	6	7	8	9	1	2	3	4	5	6	7	8	9	1	2	3	4	5	6	7	8	9	1	2	3
대운 남	2	1	1	1	1	망	10	10	9	9	9	8	8	8	7	7	7	6	6	6	하	5	5	4	4	4	3	3	3	2
대운 여	9	9	9	10	10	종	1	1	1	1	2	2	2	3	3	3	4	4	4	5	지	5	6	6	6	7	7	7	8	8

1월 10일 - 대한민국 최초의 사이버 여가수 류시아가 탄생되었다.1월 12일 - 아파트 분양가 자율화 조치.1월 14일 - 나산그룹, 최종 부도처리.1월 19일 - 재계 순위 31위, 극동건설 화의 신청.1월 23일 - 일본, 한일 어업협정 일방적 파기 선언.2월 2일 - 경향신문, 한화그룹에서 분리.

1백	6백	8백
9자	2흑	4록
5황	7적	3벽

양력 7월 (음력 05/08 ~ 06/09)

소서 7일 16시 30분 【음6월】➡ 【己未月(기미월)】 ●육백성 대서 23일 09시 55분

구분	1	2	3	4	5	6	7	8	9	10	11	12	13	14	15	16	17	18	19	20	21	22	23	24	25	26	27	28	29	30	31
요일	수	목	금	토	일	월	화	수	목	금	토	일	월	화	수	목	금	토	일	월	화	수	목	금	토	일	월	화	수	목	금
일진/日辰	기유	경술	신해	임자	계축	갑인	을묘	병진	정사	무오	기미	경신	신유	임술	계해	갑자	을축	병인	정묘	무진	기사	경오	신미	임신	계유	갑술	을해	병자	정축	무인	기묘
음력	8	9	10	11	12	13	14	15	16	17	18	19	20	21	22	23	24	25	26	27	28	29	6/1	2	3	4	5	6	7	8	9
구성	4	5	6	7	8	9	1	2	3	4	5	6	7	8	9	9	8	7	6	5	4	3	2	1	9	8	7	6	5	4	3
대운 남	2	2	1	1	1	1	소서	10	10	10	9	9	9	8	8	8	7	7	7	6	6	6	대서	5	5	4	4	4	3	3	3
대운 여	8	9	9	9	10	10	소서	1	1	1	1	1	2	2	2	3	3	3	4	4	4	5	대서	5	6	6	6	7	7	7	8

양력 8월 (음력 06/10 ~ 07/10)

입추 8일 02시 20분 【음7월】➡ 【庚申月(경신월)】 ●오황성 처서 23일 16시 59분

구분	1	2	3	4	5	6	7	8	9	10	11	12	13	14	15	16	17	18	19	20	21	22	23	24	25	26	27	28	29	30	31
요일	토	일	월	화	수	목	금	토	일	월	화	수	목	금	토	일	월	화	수	목	금	토	일	월	화	수	목	금	토	일	월
일진/日辰	경진	신사	임오	계미	갑신	을유	병술	정해	무자	기축	경인	신묘	임진	계사	갑오	을미	병신	정유	무술	기해	경자	신축	임인	계묘	갑진	을사	병오	정미	무신	기유	경술
음력	10	11	12	13	14	15	16	17	18	19	20	21	22	23	24	25	26	27	28	29	30	7/1	2	3	4	5	6	7	8	9	10
구성	2	1	9	8	7	6	5	4	3	2	1	9	8	7	6	5	4	3	2	1	9	8	7	6	5	4	3	2	1	9	8
대운 남	2	2	2	1	1	1	1	입추	10	10	9	9	9	8	8	8	7	7	7	6	6	6	처서	5	5	4	4	4	3	3	3
대운 여	8	9	9	9	10	10	10	입추	1	1	1	1	2	2	2	3	3	3	4	4	4	5	처서	5	6	6	6	7	7	7	8

양력 9월 (음력 07/11 ~ 08/10)

백로8일 05시 16분 【음8월】➡ 【辛酉月(신유월)】 ●사록성 추분 24일 14시 37분

구분	1	2	3	4	5	6	7	8	9	10	11	12	13	14	15	16	17	18	19	20	21	22	23	24	25	26	27	28	29	30
요일	화	수	목	금	토	일	월	화	수	목	금	토	일	월	화	수	목	금	토	일	월	화	수	목	금	토	일	월	화	수
일진/日辰	신해	임자	계축	갑인	을묘	병진	정사	무오	기미	경신	신유	임술	계해	갑자	을축	병인	정묘	무진	기사	경오	신미	임신	계유	갑술	을해	병자	정축	무인	기묘	경진
음력	11	12	13	14	15	16	17	18	19	20	21	22	23	24	25	26	27	28	29	30	8/1	2	3	4	5	6	7	8	9	10
구성	7	6	5	4	3	2	1	9	8	7	6	5	4	3	2	1	9	8	7	6	5	4	3	2	1	9	8	7	6	5
대운 남	2	2	2	1	1	1	1	백로	10	9	9	9	8	8	8	7	7	7	6	6	6	5	5	추분	4	4	4	3	3	3
대운 여	8	8	9	9	9	10	10	백로	1	1	1	1	2	2	2	3	3	3	4	4	4	5	5	추분	6	6	6	7	7	7

양력 10월 (음력 08/11 ~ 09/12)

한로 8일 20시 56분 【음9월】➡ 【壬戌月(임술월)】 ●삼벽성 상강 23일 23시 59분

구분	1	2	3	4	5	6	7	8	9	10	11	12	13	14	15	16	17	18	19	20	21	22	23	24	25	26	27	28	29	30	31
요일	목	금	토	일	월	화	수	목	금	토	일	월	화	수	목	금	토	일	월	화	수	목	금	토	일	월	화	수	목	금	토
일진/日辰	신사	임오	계미	갑신	을유	병술	정해	무자	기축	경인	신묘	임진	계사	갑오	을미	병신	정유	무술	기해	경자	신축	임인	계묘	갑진	을사	병오	정미	무신	기유	경술	신해
음력	11	12	13	14	15	16	17	18	19	20	21	22	23	24	25	26	27	28	29	9/1	2	3	4	5	6	7	8	9	10	11	12
구성	4	3	2	1	9	8	7	6	5	4	3	2	1	9	8	7	6	5	4	3	2	1	9	8	7	6	5	4	3	2	1
대운 남	2	2	2	1	1	1	1	한로	10	10	9	9	9	8	8	8	7	7	7	6	6	6	상강	5	5	4	4	4	3	3	3
대운 여	8	8	8	9	9	9	10	한로	1	1	1	1	2	2	2	3	3	3	4	4	4	5	상강	5	6	6	6	7	7	7	8

양력 11월 (음력 09/13 ~ 10/12)

입동 8일 00시 08분 【음10월】➡ 【癸亥月(계해월)】 ●이흑성 소설 22일 21시 34분

구분	1	2	3	4	5	6	7	8	9	10	11	12	13	14	15	16	17	18	19	20	21	22	23	24	25	26	27	28	29	30
요일	일	월	화	수	목	금	토	일	월	화	수	목	금	토	일	월	화	수	목	금	토	일	월	화	수	목	금	토	일	월
일진/日辰	임자	계축	갑인	을묘	병진	정사	무오	기미	경신	신유	임술	계해	갑자	을축	병인	정묘	무진	기사	경오	신미	임신	계유	갑술	을해	병자	정축	무인	기묘	경진	신사
음력	13	14	15	16	17	18	19	20	21	22	23	24	25	26	27	28	29	30	10/1	2	3	4	5	6	7	8	9	10	11	12
구성	9	8	7	6	5	4	3	2	1	9	8	7	6	5	4	3	2	1	9	8	7	6	5	4	3	2	1	9	8	7
대운 남	2	2	2	1	1	1	1	입동	9	9	9	8	8	8	7	7	7	6	6	6	5	소설	5	4	4	4	3	3	3	2
대운 여	8	8	9	9	9	10	10	입동	1	1	1	1	2	2	2	3	3	3	4	4	4	소설	5	5	6	6	6	7	7	7

양력 12월 (음력 10/13 ~ 11/13)

대설 7일 17시 02분 【음11월】➡ 【甲子月(갑자월)】 ●일백성 동지 22일 10시 56분

구분	1	2	3	4	5	6	7	8	9	10	11	12	13	14	15	16	17	18	19	20	21	22	23	24	25	26	27	28	29	30	31
요일	화	수	목	금	토	일	월	화	수	목	금	토	일	월	화	수	목	금	토	일	월	화	수	목	금	토	일	월	화	수	목
일진/日辰	임오	계미	갑신	을유	병술	정해	무자	기축	경인	신묘	임진	계사	갑오	을미	병신	정유	무술	기해	경자	신축	임인	계묘	갑진	을사	병오	정미	무신	기유	경술	신해	임자
음력	13	14	15	16	17	18	19	20	21	22	23	24	25	26	27	28	29	30	11/1	2	3	4	5	6	7	8	9	10	11	12	13
구성	6	5	4	3	2	1	9	8	7	6	5	4	3	2	1	9	8	7	6	5	4	3	2	1	9	8	7	6	5	4	3
대운 남	2	2	1	1	1	1	대설	10	9	9	9	8	8	8	7	7	7	6	6	6	5	동지	5	4	4	4	3	3	3	2	2
대운 여	8	8	8	9	9	9	대설	1	1	1	1	2	2	2	3	3	3	4	4	4	5	동지	5	6	6	6	7	7	7	8	8

8월 15일 -김대중 대통령, 당면한 국난극복과 민족 재도약을 위한 "제2건국" 제창.8월 17일 - 빌 클린턴 미국 대통령, 섹스 스캔들 사과성명 발표.8월 18일 - 대한민국, 자유민주연합 김종필(金鍾泌) 국무총리에 취임.8월 29일 - 대한민국, 새정치국민회의와 국민신당 합당 공식 선언.

소한 6일 04시 17분　【음12월】➡　【乙丑月(을축월)】　☯구자성　대한 20일 21시 37분

양력 1월 (음력 11/14 ~ 12/14)

양력	1	2	3	4	5	6	7	8	9	10	11	12	13	14	15	16	17	18	19	20	21	22	23	24	25	26	27	28	29	30	31
요일	금	토	일	월	화	수	목	금	토	일	월	화	수	목	금	토	일	월	화	수	목	금	토	일	월	화	수	목	금	토	일
일진	계	갑	을	병	정	무	기	경	신	임	계	갑	을	병	정	무	기	경	신	임	계	갑	을	병	정	무	기	경	신	임	계
日辰	축	인	묘	진	사	오	미	신	유	술	해	자	축	인	묘	진	사	오	미	신	유	술	해	자	축	인	묘	진	사	오	미
음력	14	15	16	17	18	19	20	21	22	23	24	25	26	27	28	29	30	12/1	2	3	4	5	6	7	8	9	10	11	12	13	14
구성	2	1	9	8	7	6	5	4	3	2	1	1	2	3	4	5	6	7	8	9	1	2	3	4	5	6	7	8	9	1	2
대남	2	1	1	1	1	소한	9	9	9	8	8	8	7	7	7	6	6	6	5	대한	5	4	4	4	3	3	3	2	2	2	1
운여	8	9	9	9	10	소한	1	1	1	1	2	2	2	3	3	3	4	4	4	대한	5	5	5	6	6	6	7	7	7	8	8

입춘 4일 15시 57분　【음1월】➡　【丙寅月(병인월)】　☯팔백성　우수 19일 11시 47분

양력 2월 (음력 12/15 ~ 01/13)

양력	1	2	3	4	5	6	7	8	9	10	11	12	13	14	15	16	17	18	19	20	21	22	23	24	25	26	27	28
요일	월	화	수	목	금	토	일	월	화	수	목	금	토	일	월	화	수	목	금	토	일	월	화	수	목	금	토	일
일진	갑	을	병	정	무	기	경	신	임	계	갑	을	병	정	무	기	경	신	임	계	갑	을	병	정	무	기	경	신
日辰	신	유	술	해	자	축	인	묘	진	사	오	미	신	유	술	해	자	축	인	묘	진	사	오	미	신	유	술	해
음력	15	16	17	18	19	20	21	22	23	24	25	26	27	28	29	1/1	2	3	4	5	6	7	8	9	10	11	12	13
구성	3	4	5	6	7	8	9	1	2	3	4	5	6	7	8	9	1	2	3	4	5	6	7	8	9	1	2	3
대남	1	1	1	입춘	1	1	1	1	2	2	2	3	3	3	4	4	4	5	우수	5	6	6	6	7	7	7	8	8
운여	9	9	9	입춘	10	9	9	9	8	8	8	7	7	7	6	6	6	5	우수	5	5	4	4	4	3	3	3	2

(우측 여백: 기묘년)

경칩 6일 09시 58분　【음2월】➡　【丁卯月(정묘월)】　☯칠적성　춘분 21일 10시 46분

양력 3월 (음력 01/14 ~ 02/14)

양력	1	2	3	4	5	6	7	8	9	10	11	12	13	14	15	16	17	18	19	20	21	22	23	24	25	26	27	28	29	30	31
요일	월	화	수	목	금	토	일	월	화	수	목	금	토	일	월	화	수	목	금	토	일	월	화	수	목	금	토	일	월	화	수
일진	임	계	갑	을	병	정	무	기	경	신	임	계	갑	을	병	정	무	기	경	신	임	계	갑	을	병	정	무	기	경	신	임
日辰	자	축	인	묘	진	사	오	미	신	유	술	해	자	축	인	묘	진	사	오	미	신	유	술	해	자	축	인	묘	진	사	오
음력	14	15	16	17	18	19	20	21	22	23	24	25	26	27	28	29	30	2/1	2	3	4	5	6	7	8	9	10	11	12	13	14
구성	4	5	6	7	8	9	1	2	3	4	5	6	7	8	9	1	2	3	4	5	6	7	8	9	1	2	3	4	5	6	7
대남	8	9	9	9	10	경칩	1	1	1	1	2	2	2	3	3	3	4	4	4	5	춘분	5	6	6	6	7	7	7	8	8	8
운여	2	1	1	1	1	경칩	10	9	9	9	8	8	8	7	7	7	6	6	6	5	춘분	5	4	4	4	3	3	3	2	2	2

청명 5일 14시 45분　【음3월】➡　【戊辰月(무진월)】　☯육백성　곡우 20일 21시 46분

양력 4월 (음력 02/15 ~ 03/15)

양력	1	2	3	4	5	6	7	8	9	10	11	12	13	14	15	16	17	18	19	20	21	22	23	24	25	26	27	28	29	30
요일	목	금	토	일	월	화	수	목	금	토	일	월	화	수	목	금	토	일	월	화	수	목	금	토	일	월	화	수	목	금
일진	계	갑	을	병	정	무	기	경	신	임	계	갑	을	병	정	무	기	경	신	임	계	갑	을	병	정	무	기	경	신	임
日辰	미	신	유	술	해	자	축	인	묘	진	사	오	미	신	유	술	해	자	축	인	묘	진	사	오	미	신	유	술	해	자
음력	15	16	17	18	19	20	21	22	23	24	25	26	27	28	29	3/1	2	3	4	5	6	7	8	9	10	11	12	13	14	15
구성	8	9	1	2	3	4	5	6	7	8	9	1	2	3	4	5	6	7	8	9	1	2	3	4	5	6	7	8	9	1
대남	9	9	9	10	청명	1	1	1	1	2	2	2	3	3	3	4	4	4	5	곡우	5	6	6	6	7	7	7	8	8	8
운여	1	1	1	1	청명	10	10	9	9	9	8	8	8	7	7	7	6	6	6	곡우	5	5	4	4	4	3	3	3	2	2

입하 6일 08시 01분　【음4월】➡　【己巳月(기사월)】　☯오황성　소만 21일 20시 52분

양력 5월 (음력 03/16 ~ 04/17)

양력	1	2	3	4	5	6	7	8	9	10	11	12	13	14	15	16	17	18	19	20	21	22	23	24	25	26	27	28	29	30	31
요일	토	일	월	화	수	목	금	토	일	월	화	수	목	금	토	일	월	화	수	목	금	토	일	월	화	수	목	금	토	일	월
일진	계	갑	을	병	정	무	기	경	신	임	계	갑	을	병	정	무	기	경	신	임	계	갑	을	병	정	무	기	경	신	임	계
日辰	축	인	묘	진	사	오	미	신	유	술	해	자	축	인	묘	진	사	오	미	신	유	술	해	자	축	인	묘	진	사	오	미
음력	16	17	18	19	20	21	22	23	24	25	26	27	28	29	4/1	2	3	4	5	6	7	8	9	10	11	12	13	14	15	16	17
구성	2	3	4	5	6	7	8	9	1	2	3	4	5	6	7	8	9	1	2	3	4	5	6	7	8	9	1	2	3	4	5
대남	9	9	9	10	10	입하	1	1	1	1	2	2	2	3	3	3	4	4	4	5	소만	5	6	6	6	7	7	7	8	8	8
운여	2	1	1	1	1	입하	10	10	9	9	9	8	8	8	7	7	7	6	6	6	소만	5	5	4	4	4	3	3	3	2	2

망종 6일 12시 09분　【음5월】➡　【庚午月(경오월)】　☯사록성　하지 22일 04시 49분

양력 6월 (음력 04/18 ~ 05/17)

양력	1	2	3	4	5	6	7	8	9	10	11	12	13	14	15	16	17	18	19	20	21	22	23	24	25	26	27	28	29	30
요일	화	수	목	금	토	일	월	화	수	목	금	토	일	월	화	수	목	금	토	일	월	화	수	목	금	토	일	월	화	수
일진	갑	을	병	정	무	기	경	신	임	계	갑	을	병	정	무	기	경	신	임	계	갑	을	병	정	무	기	경	신	임	계
日辰	신	유	술	해	자	축	인	묘	진	사	오	미	신	유	술	해	자	축	인	묘	진	사	오	미	신	유	술	해	자	축
음력	18	19	20	21	22	23	24	25	26	27	28	29	30	5/1	2	3	4	5	6	7	8	9	10	11	12	13	14	15	16	17
구성	6	7	8	9	1	2	3	4	5	6	7	8	9	1	2	3	4	5	6	7	8	9	1	2	3	4	5	6	7	8
대남	9	9	9	10	10	망종	1	1	1	1	2	2	2	3	3	3	4	4	4	5	5	하지	6	6	6	7	7	7	8	8
운여	2	1	1	1	1	망종	10	10	9	9	9	8	8	8	7	7	7	6	6	6	5	하지	5	4	4	4	3	3	3	2

1월 1일 - 대한민국, 하나은행, 보람은행 합병.1월 30일 - 제 4회 동계아시안게임이 강릉에서 2월 6일까지 개최되었다.2월 11일 - 이스라엘, 헤즈볼라 거점 폭격.2월 12일 - 미국 상원이 빌 클린턴 대통령 탄핵안을 부결시키다.2월 12일 - 복제 소 영롱이가 탄생하다.

한식(4월06일), 초복(7월17일), 중복(7월27일), 말복(8월16일) ↑춘사(春社)3/17 ☀추사(秋社)9/23
토왕지절(土旺之節):4월17일,7월20일,10월21일,1월18일(음12/12) 臘享(납향):2000년1월26일(음12/20)

三日得辛, 六龍治水, 1999년 기묘年(성두토), 일백수

9자	5황	7적
8백	1백	3벽
4록	6백	2흑

1999

양력 7월 — 소서 7일 22시 25분 【음6월】➡ 【辛未月(신미월)】 ☯삼벽성 — 대서 23일 15시 44분 (음력 05/18 ― 06/19)

	1	2	3	4	5	6	7	8	9	10	11	12	13	14	15	16	17	18	19	20	21	22	23	24	25	26	27	28	29	30	31
요일	목	금	토	일	월	화	수	목	금	토	일	월	화	수	목	금	토	일	월	화	수	목	금	토	일	월	화	수	목	금	토
일진 日辰	갑인	을묘	병진	정사	무오	기미	경신	신유	임술	계해	갑자	을축	병인	정묘	무진	기사	경오	신미	임신	계유	갑술	을해	병자	정축	무인	기묘	경진	신사	임오	계미	갑신
음력	18	19	20	21	22	23	24	25	26	27	28	29	6/1	2	3	4	5	6	7	8	9	10	11	12	13	14	15	16	17	18	19
구성	9	1	2	3	4	5	6	7	8	9	9	8	7	6	5	4	3	2	1	9	8	7	6	5	4	3	2	1	9	8	7
대운 남	8	9	9	9	10	10	소	1	1	1	1	2	2	2	3	3	3	4	4	4	5	5	대	6	6	6	7	7	7	8	8
운 여	2	2	1	1	1	1	서	10	10	10	9	9	9	8	8	8	7	7	7	6	6	6	서	5	5	5	4	4	4	3	3

양력 8월 — 입추 8일 08시 14분 【음7월】➡ 【壬申月(임신월)】 ☯이흑성 — 처서 23일 22시 51분 (음력 06/20 ― 07/21)

	1	2	3	4	5	6	7	8	9	10	11	12	13	14	15	16	17	18	19	20	21	22	23	24	25	26	27	28	29	30	31
요일	일	월	화	수	목	금	토	일	월	화	수	목	금	토	일	월	화	수	목	금	토	일	월	화	수	목	금	토	일	월	화
일진 日辰	을유	병술	정해	무자	기축	경인	신묘	임진	계사	갑오	을미	병신	정유	무술	기해	경자	신축	임인	계묘	갑진	을사	병오	정미	무신	기유	경술	신해	임자	계축	갑인	을묘
음력	20	21	22	23	24	25	26	27	28	29	7/1	2	3	4	5	6	7	8	9	10	11	12	13	14	15	16	17	18	19	20	21
구성	6	5	4	3	2	1	9	8	7	6	5	4	3	2	1	9	8	7	6	5	4	3	2	1	9	8	7	6	5	4	3
대운 남	8	9	9	9	10	10	10	입	1	1	1	1	2	2	2	3	3	3	4	4	4	5	처	5	6	6	6	7	7	7	8
운 여	2	2	2	1	1	1	1	추	10	10	9	9	9	8	8	8	7	7	7	6	6	6	서	5	5	4	4	4	3	3	3

양력 9월 — 백로 8일 11시 10분 【음8월】➡ 【癸酉月(계유월)】 ☯일백성 — 추분 23일 20시 32분 (음력 07/22 ― 08/21)

	1	2	3	4	5	6	7	8	9	10	11	12	13	14	15	16	17	18	19	20	21	22	23	24	25	26	27	28	29	30
요일	수	목	금	토	일	월	화	수	목	금	토	일	월	화	수	목	금	토	일	월	화	수	목	금	토	일	월	화	수	목
일진 日辰	병진	정사	무오	기미	경신	신유	임술	계해	갑자	을축	병인	정묘	무진	기사	경오	신미	임신	계유	갑술	을해	병자	정축	무인	기묘	경진	신사	임오	계미	갑신	을유
음력	22	23	24	25	26	27	28	29	30	8/1	2	3	4	5	6	7	8	9	10	11	12	13	14	15	16	17	18	19	20	21
구성	2	1	9	8	7	6	5	4	3	2	1	9	8	7	6	5	4	3	2	1	9	8	7	6	5	4	3	2	1	9
대운 남	8	8	9	9	9	10	10	백	1	1	1	1	2	2	2	3	3	3	4	4	4	5	추	5	6	6	6	7	7	7
운 여	2	2	2	1	1	1	1	로	10	10	9	9	9	8	8	8	7	7	7	6	6	6	분	5	5	4	4	4	3	3

양력 10월 — 한로 9일 02시 48분 【음9월】➡ 【甲戌月(갑술월)】 ☯구자성 — 상강 24일 05시 52분 (음력 08/22 ― 09/23)

	1	2	3	4	5	6	7	8	9	10	11	12	13	14	15	16	17	18	19	20	21	22	23	24	25	26	27	28	29	30	31
요일	금	토	일	월	화	수	목	금	토	일	월	화	수	목	금	토	일	월	화	수	목	금	토	일	월	화	수	목	금	토	일
일진 日辰	병술	정해	무자	기축	경인	신묘	임진	계사	갑오	을미	병신	정유	무술	기해	경자	신축	임인	계묘	갑진	을사	병오	정미	무신	기유	경술	신해	임자	계축	갑인	을묘	병진
음력	22	23	24	25	26	27	28	29	9/1	2	3	4	5	6	7	8	9	10	11	12	13	14	15	16	17	18	19	20	21	22	23
구성	8	7	6	5	4	3	2	1	9	8	7	6	5	4	3	2	1	9	8	7	6	5	4	3	2	1	9	8	7	6	5
대운 남	8	8	8	9	9	9	10	10	한	1	1	1	1	2	2	2	3	3	3	4	4	4	5	상	5	6	6	6	7	7	7
운 여	3	2	2	2	1	1	1	1	로	10	9	9	9	8	8	8	7	7	7	6	6	6	5	강	5	4	4	4	3	3	3

양력 11월 — 입동 8일 05시 58분 【음10월】➡ 【乙亥月(을해월)】 ☯팔백성 — 소설 23일 03시 25분 (음력 09/24 ― 10/23)

	1	2	3	4	5	6	7	8	9	10	11	12	13	14	15	16	17	18	19	20	21	22	23	24	25	26	27	28	29	30
요일	월	화	수	목	금	토	일	월	화	수	목	금	토	일	월	화	수	목	금	토	일	월	화	수	목	금	토	일	월	화
일진 日辰	정사	무오	기미	경신	신유	임술	계해	갑자	을축	병인	정묘	무진	기사	경오	신미	임신	계유	갑술	을해	병자	정축	무인	기묘	경진	신사	임오	계미	갑신	을유	병술
음력	24	25	26	27	28	29	30	10/1	2	3	4	5	6	7	8	9	10	11	12	13	14	15	16	17	18	19	20	21	22	23
구성	4	3	2	1	9	8	7	6	5	4	3	2	1	9	8	7	6	5	4	3	2	1	9	8	7	6	5	4	3	2
대운 남	8	8	8	9	9	9	10	입	1	1	1	1	2	2	2	3	3	3	4	4	4	5	소	5	6	6	6	7	7	7
운 여	2	2	2	1	1	1	1	동	9	9	9	8	8	8	7	7	7	6	6	6	5	5	설	4	4	4	3	3	3	2

양력 12월 — 대설 7일 22시 47분 【음11월】➡ 【丙子月(병자월)】 ☯칠적성 — 동지 22일 16시 44분 (음력 10/24 ― 11/24)

	1	2	3	4	5	6	7	8	9	10	11	12	13	14	15	16	17	18	19	20	21	22	23	24	25	26	27	28	29	30	31
요일	수	목	금	토	일	월	화	수	목	금	토	일	월	화	수	목	금	토	일	월	화	수	목	금	토	일	월	화	수	목	금
일진 日辰	정해	무자	기축	경인	신묘	임진	계사	갑오	을미	병신	정유	무술	기해	경자	신축	임인	계묘	갑진	을사	병오	정미	무신	기유	경술	신해	임자	계축	갑인	을묘	병진	정사
음력	24	25	26	27	28	29	30	11/1	2	3	4	5	6	7	8	9	10	11	12	13	14	15	16	17	18	19	20	21	22	23	24
구성	1	9	8	7	6	5	4	3	2	1	9	8	7	6	5	4	3	2	1	9	8	7	6	5	4	3	2	1	9	8	7
대운 남	8	8	8	9	9	9	대	1	1	1	1	2	2	2	3	3	3	4	4	4	5	동	5	6	6	6	7	7	7	8	8
운 여	2	2	2	1	1	1	설	10	9	9	9	8	8	8	7	7	7	6	6	6	5	지	5	4	4	4	3	3	3	2	2

9월 16일 - 대한민국, 동티모르 파병 결정 9월 24일 포괄적핵실험금지조약(CTBT) 비준 9월 28일 국회, `군대의 동티모르 다국적군 파견 동의안' 가결. 9월 29일 - 미국 AP, 한국전쟁 당시 미군의 노근리 양민 학살사건 첫 보도. 10월 4일 월성3호기 원자로 누설로 작업자 22명 방사능 피폭

단기 4333 年
불기 2544 年

2000년

下元-경진(庚辰)년. 납음(백납금),본명성(구자화)

대장군(子북방), 삼살(남방), 상문(午남방), 조객(寅동북방),납음(백납금), 삼재(인,묘,진) 臘享(납향):2001년1월20일(음12/26)

소한 6일 10시 00분 【음12월】➡ 【丁丑月(정축월)】 ☯육백성 대한 21일 03시 22분

양력 1월 / 음력 11/25 ~ 12/25

양력	1	2	3	4	5	6	7	8	9	10	11	12	13	14	15	16	17	18	19	20	21	22	23	24	25	26	27	28	29	30	31
요일	토	일	월	화	수	목	금	토	일	월	화	수	목	금	토	일	월	화	수	목	금	토	일	월	화	수	목	금	토	일	월
일진 日辰	무오	기미	경신	신유	임술	계해	갑자	을축	병인	정묘	무진	기사	경오	신미	임신	계유	갑술	을해	병자	정축	무인	기묘	경진	신사	임오	계미	갑신	을유	병술	정해	무자
음력	25	26	27	28	29	30	12/1	2	3	4	5	6	7	8	9	10	11	12	13	14	15	16	17	18	19	20	21	22	23	24	25
구성	6	5	4	3	2	1	1	2	3	4	5	6	7	8	9	1	2	3	4	5	6	7	8	9	1	2	3	4	5	6	7
대운 남	8	9	9	9	10	소	1	1	1	1	2	2	2	3	3	3	4	4	4	5	대	5	6	6	6	7	7	7	8	8	8
대운 여	2	1	1	1	1	한	9	9	9	8	8	8	7	7	7	6	6	6	5	5	한	4	4	4	3	3	3	2	2	2	1

입춘 4일 21시 40분 【음1월】➡ 【戊寅月(무인월)】 ☯오황성 우수 19일 17시 33분

양력 2월 / 음력 12/26 ~ 01/25

양력	1	2	3	4	5	6	7	8	9	10	11	12	13	14	15	16	17	18	19	20	21	22	23	24	25	26	27	28	29
요일	화	수	목	금	토	일	월	화	수	목	금	토	일	월	화	수	목	금	토	일	월	화	수	목	금	토	일	월	화
일진 日辰	기축	경인	신묘	임진	계사	갑오	을미	병신	정유	무술	기해	경자	신축	임인	계묘	갑진	을사	병오	정미	무신	기유	경술	신해	임자	계축	갑인	을묘	병진	정사
음력	26	27	28	29	1/1	2	3	4	5	6	7	8	9	10	11	12	13	14	15	16	17	18	19	20	21	22	23	24	25
구성	8	9	1	2	3	4	5	6	7	8	9	1	2	3	4	5	6	7	8	9	1	2	3	4	5	6	7	8	9
대운 남	9	9	9	입	10	9	9	9	8	8	8	7	7	7	6	6	6	5	우	5	4	4	4	3	3	3	2	2	2
대운 여	1	1	1	춘	1	1	1	1	2	2	2	3	3	3	4	4	4	5	수	5	6	6	6	7	7	7	8	8	8

경진년

경칩 5일 15시 42분 【음2월】➡ 【己卯月(기묘월)】 ☯사록성 춘분 20일 16시 35분

양력 3월 / 음력 01/26 ~ 02/26

양력	1	2	3	4	5	6	7	8	9	10	11	12	13	14	15	16	17	18	19	20	21	22	23	24	25	26	27	28	29	30	31
요일	수	목	금	토	일	월	화	수	목	금	토	일	월	화	수	목	금	토	일	월	화	수	목	금	토	일	월	화	수	목	금
일진 日辰	무오	기미	경신	신유	임술	계해	갑자	을축	병인	정묘	무진	기사	경오	신미	임신	계유	갑술	을해	병자	정축	무인	기묘	경진	신사	임오	계미	갑신	을유	병술	정해	무자
음력	26	27	28	29	30	2/1	2	3	4	5	6	7	8	9	10	11	12	13	14	15	16	17	18	19	20	21	22	23	24	25	26
구성	1	2	3	4	5	6	7	8	9	1	2	3	4	5	6	7	8	9	1	2	3	4	5	6	7	8	9	1	2	3	4
대운 남	1	1	1	1	경	10	9	9	9	8	8	8	7	7	7	6	6	6	5	춘	5	4	4	4	3	3	3	2	2	2	1
대운 여	9	9	9	10	칩	1	1	1	1	2	2	2	3	3	3	4	4	4	5	분	5	6	6	6	7	7	7	8	8	8	9

청명 4일 20시 31분 【음3월】➡ 【庚辰月(경진월)】 ☯삼벽성 곡우 20일 03시 39분

양력 4월 / 음력 02/27 ~ 03/26

양력	1	2	3	4	5	6	7	8	9	10	11	12	13	14	15	16	17	18	19	20	21	22	23	24	25	26	27	28	29	30
요일	토	일	월	화	수	목	금	토	일	월	화	수	목	금	토	일	월	화	수	목	금	토	일	월	화	수	목	금	토	일
일진 日辰	기축	경인	신묘	임진	계사	갑오	을미	병신	정유	무술	기해	경자	신축	임인	계묘	갑진	을사	병오	정미	무신	기유	경술	신해	임자	계축	갑인	을묘	병진	정사	무오
음력	27	28	29	30	3/1	2	3	4	5	6	7	8	9	10	11	12	13	14	15	16	17	18	19	20	21	22	23	24	25	26
구성	5	6	7	8	9	1	2	3	4	5	6	7	8	9	1	2	3	4	5	6	7	8	9	1	2	3	4	5	6	7
대운 남	1	1	1	청	10	10	9	9	9	8	8	8	7	7	7	6	6	6	5	곡	5	4	4	4	3	3	3	2	2	2
대운 여	9	9	10	명	1	1	1	1	2	2	2	3	3	3	4	4	4	5	5	우	6	6	6	7	7	7	8	8	8	9

입하 5일 13시 50분 【음4월】➡ 【辛巳月(신사월)】 ☯이흑성 소만 21일 02시 49분

양력 5월 / 음력 03/27 ~ 04/28

양력	1	2	3	4	5	6	7	8	9	10	11	12	13	14	15	16	17	18	19	20	21	22	23	24	25	26	27	28	29	30	31
요일	월	화	수	목	금	토	일	월	화	수	목	금	토	일	월	화	수	목	금	토	일	월	화	수	목	금	토	일	월	화	수
일진 日辰	기미	경신	신유	임술	계해	갑자	을축	병인	정묘	무진	기사	경오	신미	임신	계유	갑술	을해	병자	정축	무인	기묘	경진	신사	임오	계미	갑신	을유	병술	정해	무자	기축
음력	27	28	29	4/1	2	3	4	5	6	7	8	9	10	11	12	13	14	15	16	17	18	19	20	21	22	23	24	25	26	27	28
구성	8	9	1	2	3	4	5	6	7	8	9	1	2	3	4	5	6	7	8	9	1	2	3	4	5	6	7	8	9	1	2
대운 남	1	1	1	1	입	10	10	9	9	9	8	8	8	7	7	7	6	6	6	5	소	5	4	4	4	3	3	3	2	2	2
대운 여	9	9	10	10	하	1	1	1	1	2	2	2	3	3	3	4	4	4	5	5	만	6	6	6	7	7	7	8	8	8	9

망종 5일 17시 58분 【음5월】➡ 【壬午月(임오월)】 ☯일백성 하지 21일 10시 47분

양력 6월 / 음력 04/29 ~ 05/29

양력	1	2	3	4	5	6	7	8	9	10	11	12	13	14	15	16	17	18	19	20	21	22	23	24	25	26	27	28	29	30
요일	목	금	토	일	월	화	수	목	금	토	일	월	화	수	목	금	토	일	월	화	수	목	금	토	일	월	화	수	목	금
일진 日辰	경인	신묘	임진	계사	갑오	을미	병신	정유	무술	기해	경자	신축	임인	계묘	갑진	을사	병오	정미	무신	기유	경술	신해	임자	계축	갑인	을묘	병진	정사	무오	기미
음력	29	5/1	2	3	4	5	6	7	8	9	10	11	12	13	14	15	16	17	18	19	20	21	22	23	24	25	26	27	28	29
구성	3	4	5	6	7	8	9	1	2	3	4	5	6	7	8	9	1	2	3	4	5	6	7	8	9	1	2	3	4	5
대운 남	1	1	1	1	망	10	10	10	9	9	9	8	8	8	7	7	7	6	6	6	하	5	5	4	4	4	3	3	3	2
대운 여	9	9	10	10	종	1	1	1	1	2	2	2	3	3	3	4	4	4	5	5	지	6	6	6	7	7	7	8	8	8

1월 20일 - 새정치국민회의가 새천년민주당으로 이름 변경.1월 22일 - 대구 신남네거리 지하철 공사 현장 붕괴 사고 발생.2000년 선수협 파동 사건 발생.1월 30일 - 민주노동당 창당.2월 9일 - 미국 육군 제8군 용산기지에서 폼알데하이드 223리터를 한강에 무단 방류하다.

한식(4월05일), 초복(7월11일), 중복(7월21일), 말복(8월10일)↑춘사(春社)3/21 ☀추사(秋社)9/27
토왕지절(土旺之節):4월17일,7월19일,10월20일,1월17일(음12/23)臘享(납향):2001년1월20일(음12/26)

九日得辛, 十二龍治水, 2000년 경진年(백납금), 구자화

2 0 0 0

소서 7일 04시 13분 　【음6월】➡　【癸未月(계미월)】　☯구자성　대서 22일 21시 42분

양력 7월 / 음력 05/30 ~ 07/01

	1	2	3	4	5	6	7	8	9	10	11	12	13	14	15	16	17	18	19	20	21	22	23	24	25	26	27	28	29	30	31
요일	토	일	월	화	수	목	금	토	일	월	화	수	목	금	토	일	월	화	수	목	금	토	일	월	화	수	목	금	토	일	월
日辰	경신	신유	임술	계해	갑자	을축	병인	정묘	무진	기사	경오	신미	임신	계유	갑술	을해	병자	정축	무인	기묘	경진	신사	임오	계미	갑신	을유	병술	정해	무자	기축	경인
음력	30	6/1	2	3	4	5	6	7	8	9	10	11	12	13	14	15	16	17	18	19	20	21	22	23	24	25	26	27	28	29	7/1
구성	6	7	8	9	9	8	7	6	5	4	3	2	1	9	8	7	6	5	4	3	2	1	9	8	7	6	5	4	3	2	1
대운남	2	2	1	1	1	1	소서	10	10	9	9	9	8	8	8	7	7	7	6	6	6	대서	5	5	4	4	4	3	3	3	2
대운여	9	9	9	10	10	10	소서	1	1	1	1	2	2	2	3	3	3	4	4	4	5	대서	5	6	6	6	7	7	7	8	8

입추 7일 14시 02분 　【음7월】➡　【甲申月(갑신월)】　☯팔백성　처서 23일 04시 48분

양력 8월 / 음력 07/02 ~ 08/03

	1	2	3	4	5	6	7	8	9	10	11	12	13	14	15	16	17	18	19	20	21	22	23	24	25	26	27	28	29	30	31
요일	화	수	목	금	토	일	월	화	수	목	금	토	일	월	화	수	목	금	토	일	월	화	수	목	금	토	일	월	화	수	목
日辰	신묘	임진	계사	갑오	을미	병신	정유	무술	기해	경자	신축	임인	계묘	갑진	을사	병오	정미	무신	기유	경술	신해	임자	계축	갑인	을묘	병진	정사	무오	기미	경신	신유
음력	2	3	4	5	6	7	8	9	10	11	12	13	14	15	16	17	18	19	20	21	22	23	24	25	26	27	28	30	8/1	2	3
구성	9	8	7	6	5	4	3	2	1	9	8	7	6	5	4	3	2	1	9	8	7	6	5	4	3	2	1	9	8	7	6
대운남	2	2	1	1	1	1	입추	10	10	9	9	9	8	8	8	7	7	7	6	6	6	5	처서	5	4	4	4	3	3	3	2
대운여	8	9	9	9	10	10	입추	1	1	1	1	2	2	2	3	3	3	4	4	4	5	5	처서	6	6	6	7	7	7	8	8

백로 7일 16시 59분 　【음8월】➡　【乙酉月(을유월)】　☯칠적성　추분 23일 02시 27분

양력 9월 / 음력 08/04 ~ 09/03

	1	2	3	4	5	6	7	8	9	10	11	12	13	14	15	16	17	18	19	20	21	22	23	24	25	26	27	28	29	30
요일	금	토	일	월	화	수	목	금	토	일	월	화	수	목	금	토	일	월	화	수	목	금	토	일	월	화	수	목	금	토
日辰	임술	계해	갑자	을축	병인	정묘	무진	기사	경오	신미	임신	계유	갑술	을해	병자	정축	무인	기묘	경진	신사	임오	계미	갑신	을유	병술	정해	무자	기축	경인	신묘
음력	4	5	6	7	8	9	10	11	12	13	14	15	16	17	18	19	20	21	22	23	24	25	26	27	28	29	30	9/1	2	3
구성	5	4	3	2	1	9	8	7	6	5	4	3	2	1	9	8	7	6	5	4	3	2	1	9	8	7	6	5	4	3
대운남	2	2	1	1	1	1	백로	10	10	9	9	9	8	8	8	7	7	7	6	6	6	5	추분	5	4	4	4	3	3	3
대운여	8	9	9	9	10	10	백로	1	1	1	1	2	2	2	3	3	3	4	4	4	5	5	추분	6	6	6	7	7	7	8

한로 8일 08시 38분 　【음9월】➡　【丙戌月(병술월)】　☯육백성　상강 23일 11시 47분

양력 10월 / 음력 09/04 ~ 10/05

	1	2	3	4	5	6	7	8	9	10	11	12	13	14	15	16	17	18	19	20	21	22	23	24	25	26	27	28	29	30	31
요일	일	월	화	수	목	금	토	일	월	화	수	목	금	토	일	월	화	수	목	금	토	일	월	화	수	목	금	토	일	월	화
日辰	임진	계사	갑오	을미	병신	정유	무술	기해	경자	신축	임인	계묘	갑진	을사	병오	정미	무신	기유	경술	신해	임자	계축	갑인	을묘	병진	정사	무오	기미	경신	신유	임술
음력	4	5	6	7	8	9	10	11	12	13	14	15	16	17	18	19	20	21	22	23	24	25	26	27	28	29	10/1	2	3	4	5
구성	2	1	9	8	7	6	5	4	3	2	1	9	8	7	6	5	4	3	2	1	9	8	7	6	5	4	3	2	1	9	8
대운남	2	2	2	1	1	1	1	한로	10	9	9	9	8	8	8	7	7	7	6	6	6	5	상강	5	4	4	4	3	3	3	2
대운여	8	8	9	9	9	10	10	한로	1	1	1	1	2	2	2	3	3	3	4	4	4	5	상강	5	6	6	6	7	7	7	8

입동 7일 11시 47분 　【음10월】➡　【丁亥月(정해월)】　☯오황성　소설 22일 09시 19분

양력 11월 / 음력 10/06 ~ 11/05

	1	2	3	4	5	6	7	8	9	10	11	12	13	14	15	16	17	18	19	20	21	22	23	24	25	26	27	28	29	30
요일	수	목	금	토	일	월	화	수	목	금	토	일	월	화	수	목	금	토	일	월	화	수	목	금	토	일	월	화	수	목
日辰	계해	갑자	을축	병인	정묘	무진	기사	경오	신미	임신	계유	갑술	을해	병자	정축	무인	기묘	경진	신사	임오	계미	갑신	을유	병술	정해	무자	기축	경인	신묘	임진
음력	6	7	8	9	10	11	12	13	14	15	16	17	18	19	20	21	22	23	24	25	26	27	28	29	30	11/1	2	3	4	5
구성	7	6	5	4	3	2	1	9	8	7	6	5	4	3	2	1	9	8	7	6	5	4	3	2	1	9	8	7	6	5
대운남	2	2	1	1	1	1	입동	10	9	9	9	8	8	8	7	7	7	6	6	6	5	소설	5	4	4	4	3	3	3	2
대운여	8	8	9	9	9	10	입동	1	1	1	1	2	2	2	3	3	3	4	4	4	5	소설	5	6	6	6	7	7	7	8

대설7일 04시 36분 　【음11월】➡　【戊子月(무자월)】　☯사록성　동지 21일 22시 37분

양력 12월 / 음력 11/06 ~ 12/06

	1	2	3	4	5	6	7	8	9	10	11	12	13	14	15	16	17	18	19	20	21	22	23	24	25	26	27	28	29	30	31
요일	금	토	일	월	화	수	목	금	토	일	월	화	수	목	금	토	일	월	화	수	목	금	토	일	월	화	수	목	금	토	일
日辰	계사	갑오	을미	병신	정유	무술	기해	경자	신축	임인	계묘	갑진	을사	병오	정미	무신	기유	경술	신해	임자	계축	갑인	을묘	병진	정사	무오	기미	경신	신유	임술	계해
음력	6	7	8	9	10	11	12	13	14	15	16	17	18	19	20	21	22	23	24	25	26	27	28	29	30	12/1	2	3	4	5	6
구성	4	3	2	1	9	8	7	6	5	4	3	2	1	9	8	7	6	5	4	3	2	1	9	8	7	6	5	4	3	2	1
대운남	2	2	1	1	1	1	대설	9	9	9	8	8	8	7	7	7	6	6	6	5	동지	5	4	4	4	3	3	3	2	2	2
대운여	8	8	9	9	9	10	대설	1	1	1	1	2	2	2	3	3	3	4	4	4	동지	5	5	6	6	6	7	7	7	8	8

11월 7일 - 미국 대통령 선거에서 공화당의 조지 W. 부시 후보가 민주당의 앨 고어 후보를 누르고 승리. 최종 결과는 1개월 뒤 플로리다의 법원에 의해 결정됨.11월 14일 - 정선선 마지막 비둘기호 열차가 종운 되었다..12월 31일 - 20세기의 마지막 날.

단기 4334 年	**2001년** 윤4월	下元-신사(辛巳)년, 납음(백납금), 본명성(팔백토)
불기 2545 年		대장군(卯동방), 삼살(동방), 상문(未서남방), 조객(卯동방), 납음(백납금), 【삼재(해,자,축)년】 臘享(납향):2002년1월17일(음12/05)

소한 5일 03시 49분 【음12월】➡ 【己丑月(기축월)】 ☯삼벽성 대한 20일 09시 16분

양력 1월	1	2	3	4	5	6	7	8	9	10	11	12	13	14	15	16	17	18	19	20	21	22	23	24	25	26	27	28	29	30	31
요일	월	화	수	목	금	토	일	월	화	수	목	금	토	일	월	화	수	목	금	토	일	월	화	수	목	금	토	일	월	화	수
일진 日辰	갑자	을축	병인	정묘	무진	기사	경오	신미	임신	계유	갑술	을해	병자	정축	무인	기묘	경진	신사	임오	계미	갑신	을유	병술	정해	무자	기축	경인	신묘	임진	계사	갑오
음력 (12/07 ~ 01/08)	7	8	9	10	11	12	13	14	15	16	17	18	19	20	21	22	23	24	25	26	27	28	29	1/1	2	3	4	5	6	7	8
구성	1	2	3	4	5	6	7	8	9	1	2	3	4	5	6	7	8	9	1	2	3	4	5	6	7	8	9	1	2	3	4
대운 남	1	1	1	1	소	10	9	9	9	8	8	8	7	7	7	6	6	6	5	대	5	4	4	4	3	3	3	2	2	2	1
대운 여	8	9	9	9	한	1	1	1	1	2	2	2	3	3	3	4	4	4	5	한	5	6	6	6	7	7	7	8	8	8	9

입춘 4일 03시 28분 【음1월】➡ 【庚寅月(경인월)】 ☯이흑성 우수 18일 23시 27분

양력 2월	1	2	3	4	5	6	7	8	9	10	11	12	13	14	15	16	17	18	19	20	21	22	23	24	25	26	27	28	
요일	목	금	토	일	월	화	수	목	금	토	일	월	화	수	목	금	토	일	월	화	수	목	금	토	일	월	화	수	신
일진 日辰	을미	병신	정유	무술	기해	경자	신축	임인	계묘	갑진	을사	병오	정미	무신	기유	경술	신해	임자	계축	갑인	을묘	병진	정사	무오	기미	경신	신유	임술	사
음력 (01/09 ~ 02/06)	9	10	11	12	13	14	15	16	17	18	19	20	21	22	23	24	25	26	27	28	29	30	2/1	2	3	4	5	6	년
구성	5	6	7	8	9	1	2	3	4	5	6	7	8	9	1	2	3	4	5	6	7	8	9	1	2	3	4	5	
대운 남	1	1	1	입	1	1	1	1	2	2	2	3	3	3	4	4	4	우	5	5	6	6	6	7	7	7	8	8	
대운 여	9	9	10	춘	9	9	9	8	8	8	7	7	7	6	6	6	5	수	5	4	4	4	3	3	3	2	2	2	

경칩 5일 21시 32분 【음2월】➡ 【辛卯月(신묘월)】 ☯일백성 춘분 20일 22시 30분

양력 3월	1	2	3	4	5	6	7	8	9	10	11	12	13	14	15	16	17	18	19	20	21	22	23	24	25	26	27	28	29	30	31
요일	목	금	토	일	월	화	수	목	금	토	일	월	화	수	목	금	토	일	월	화	수	목	금	토	일	월	화	수	목	금	토
일진 日辰	계해	갑자	을축	병인	정묘	무진	기사	경오	신미	임신	계유	갑술	을해	병자	정축	무인	기묘	경진	신사	임오	계미	갑신	을유	병술	정해	무자	기축	경인	신묘	임진	계사
음력 (02/07 ~ 03/07)	7	8	9	10	11	12	13	14	15	16	17	18	19	20	21	22	23	24	25	26	27	28	29	30	3/1	2	3	4	5	6	7
구성	6	7	8	9	1	2	3	4	5	6	7	8	9	1	2	3	4	5	6	7	8	9	1	2	3	4	5	6	7	8	9
대운 남	8	9	9	9	경	1	1	1	1	2	2	2	3	3	3	4	4	4	5	춘	5	6	6	6	7	7	7	8	8	8	9
대운 여	1	1	1	1	칩	10	10	9	9	9	8	8	8	7	7	7	6	6	6	분	5	5	4	4	4	3	3	3	2	2	2

청명 5일 02시 24분 【음3월】➡ 【壬辰月(임진월)】 ☯구자성 곡우 20일 09시 35분

양력 4월	1	2	3	4	5	6	7	8	9	10	11	12	13	14	15	16	17	18	19	20	21	22	23	24	25	26	27	28	29	30
요일	일	월	화	수	목	금	토	일	월	화	수	목	금	토	일	월	화	수	목	금	토	일	월	화	수	목	금	토	일	월
일진 日辰	갑오	을미	병신	정유	무술	기해	경자	신축	임인	계묘	갑진	을사	병오	정미	무신	기유	경술	신해	임자	계축	갑인	을묘	병진	정사	무오	기미	경신	신유	임술	계해
음력 (03/08 ~ 04/07)	8	9	10	11	12	13	14	15	16	17	18	19	20	21	22	23	24	25	26	27	28	29	30	4/1	2	3	4	5	6	7
구성	1	2	3	4	5	6	7	8	9	1	2	3	4	5	6	7	8	9	1	2	3	4	5	6	7	8	9	1	2	3
대운 남	9	9	10	10	청	1	1	1	1	2	2	2	3	3	3	4	4	4	5	곡	5	6	6	6	7	7	7	8	8	8
대운 여	1	1	1	1	명	10	9	9	9	8	8	8	7	7	7	6	6	6	5	우	5	4	4	4	3	3	3	2	2	2

입하 6일 19시 44분 【음4월】➡ 【癸巳月(계사월)】 ☯팔백성 소만 21일 08시 44분

양력 5월	1	2	3	4	5	6	7	8	9	10	11	12	13	14	15	16	17	18	19	20	21	22	23	24	25	26	27	28	29	30	31
요일	화	수	목	금	토	일	월	화	수	목	금	토	일	월	화	수	목	금	토	일	월	화	수	목	금	토	일	월	화	수	목
일진 日辰	갑자	을축	병인	정묘	무진	기사	경오	신미	임신	계유	갑술	을해	병자	정축	무인	기묘	경진	신사	임오	계미	갑신	을유	병술	정해	무자	기축	경인	신묘	임진	계사	갑오
음력 (04/08 ~ 윤409)	8	9	10	11	12	13	14	15	16	17	18	19	20	21	22	23	24	25	26	27	28	29	윤4	2	3	4	5	6	7	8	9
구성	4	5	6	7	8	9	1	2	3	4	5	6	7	8	9	1	2	3	4	5	6	7	8	9	1	2	3	4	5	6	7
대운 남	9	9	9	10	입	1	1	1	1	2	2	2	3	3	3	4	4	4	5	5	소	6	6	6	7	7	7	8	8	8	9
대운 여	1	1	1	1	하	10	10	9	9	9	8	8	8	7	7	7	6	6	6	5	만	5	4	4	4	3	3	3	2	2	2

망종 5일 23시 53분 【음5월】➡ 【甲午月(갑오월)】 ☯칠적성 하지 21일 16시 37분

양력 6월	1	2	3	4	5	6	7	8	9	10	11	12	13	14	15	16	17	18	19	20	21	22	23	24	25	26	27	28	29	30
요일	금	토	일	월	화	수	목	금	토	일	월	화	수	목	금	토	일	월	화	수	목	금	토	일	월	화	수	목	금	토
일진 日辰	을미	병신	정유	무술	기해	경자	신축	임인	계묘	갑진	을사	병오	정미	무신	기유	경술	신해	임자	계축	갑인	을묘	병진	정사	무오	기미	경신	신유	임술	계해	갑자
음력 (윤410 ~ 05/10)	10	11	12	13	14	15	16	17	18	19	20	21	22	23	24	25	26	27	28	29	5/1	2	3	4	5	6	7	8	9	10
구성	8	9	1	2	3	4	5	6	7	8	9	1	2	3	4	5	6	7	8	9	1	2	3	4	5	6	7	8	9	9
대운 남	9	9	10	10	망	1	1	1	1	2	2	2	3	3	3	4	4	4	5	5	하	6	6	6	7	7	7	8	8	8
대운 여	1	1	1	1	종	10	10	10	9	9	9	8	8	8	7	7	7	6	6	6	지	5	5	4	4	4	3	3	3	2

1월 1일 21세기의 첫 날 (그레고리력).축구 국가대표팀 감독에 거스 히딩크가 선임되다.1월 14일 - 엘살바도르에서 리히터 규모 7.9의 지진이 발생하다.1월 20일 - 조지 W. 부시가 미국의 제43대 대통령으로 취임하다.2월 6일 - 이스라엘에서 총리 선거가 실시되어 아리엘 샤론이 당선되다.

한식(4월05일), 초복(7월16일), 중복(7월26일), 말복(8월15일) ↑춘사(春社)3/16 ☀추사(秋社)9/22
토왕지절(土旺之節):4월17일,7월19일,10월20일,1월15일(음12/03)臘享(납향):2002년1월17일(음12/05)

五日得辛, 六龍治水, 2001년 신사年(백납금), 팔백토

7적	3벽	5황
6백	8백	1백
2흑	4록	9자

소서 7일 10시 06분 　【음6월】→　【乙未月(을미월)】　●육백성　대서 23일 03시 26분

양력 7월 / 음력 05/11 ~ 06/11

양력	1	2	3	4	5	6	7	8	9	10	11	12	13	14	15	16	17	18	19	20	21	22	23	24	25	26	27	28	29	30	31
요일	일	월	화	수	목	금	토	일	월	화	수	목	금	토	일	월	화	수	목	금	토	일	월	화	수	목	금	토	일	월	화
日辰	을축	병인	정묘	무진	기사	경오	신미	임신	계유	갑술	을해	병자	정축	무인	기묘	경진	신사	임오	계미	갑신	을유	병술	정해	무자	기축	경인	신묘	임진	계사	갑오	을미
음력	11	12	13	14	15	16	17	18	19	20	21	22	23	24	25	26	27	28	29	30	6/1	2	3	4	5	6	7	8	9	10	11
구성	8	7	6	5	4	3	2	1	9	8	7	6	5	4	3	2	1	9	8	7	6	5	4	3	2	1	9	8	7	6	5
대운 남	9	9	9	10	10	10	소서	1	1	1	1	2	2	2	3	3	3	4	4	4	5	5	대서	6	6	6	7	7	7	8	8
대운 여	2	2	1	1	1	1	소서	10	10	9	9	9	8	8	8	7	7	7	6	6	6	5	대서	5	4	4	4	3	3	3	2

입추 7일 19시 52분 　【음7월】→　【丙申月(병신월)】　●오황성　처서 23일 10시 26분

양력 8월 / 음력 06/12 ~ 07/13

양력	1	2	3	4	5	6	7	8	9	10	11	12	13	14	15	16	17	18	19	20	21	22	23	24	25	26	27	28	29	30	31
요일	수	목	금	토	일	월	화	수	목	금	토	일	월	화	수	목	금	토	일	월	화	수	목	금	토	일	월	화	수	목	금
日辰	병신	정유	무술	기해	경자	신축	임인	계묘	갑진	을사	병오	정미	무신	기유	경술	신해	임자	계축	갑인	을묘	병진	정사	무오	기미	경신	신유	임술	계해	갑자	을축	병인
음력	12	13	14	15	16	17	18	19	20	21	22	23	24	25	26	27	28	29	7/1	2	3	4	5	6	7	8	9	10	11	12	13
구성	4	3	2	1	9	8	7	6	5	4	3	2	1	9	8	7	6	5	4	3	2	1	9	8	7	6	5	4	3	2	1
대운 남	8	9	9	9	10	10	입추	1	1	1	1	2	2	2	3	3	3	4	4	4	5	5	처서	6	6	6	7	7	7	8	8
대운 여	2	2	1	1	1	1	입추	10	10	9	9	9	8	8	8	7	7	7	6	6	6	5	처서	5	4	4	4	3	3	3	2

백로 7일 22시 46분 　【음8월】→　【丁酉月(정유월)】　●사록성　추분 23일 08시 04분

양력 9월 / 음력 07/14 ~ 08/14

양력	1	2	3	4	5	6	7	8	9	10	11	12	13	14	15	16	17	18	19	20	21	22	23	24	25	26	27	28	29	30
요일	토	일	월	화	수	목	금	토	일	월	화	수	목	금	토	일	월	화	수	목	금	토	일	월	화	수	목	금	토	일
日辰	정묘	무진	기사	경오	신미	임신	계유	갑술	을해	병자	정축	무인	기묘	경진	신사	임오	계미	갑신	을유	병술	정해	무자	기축	경인	신묘	임진	계사	갑오	을미	병신
음력	14	15	16	17	18	19	20	21	22	23	24	25	26	27	28	29	8/1	2	3	4	5	6	7	8	9	10	11	12	13	14
구성	9	8	7	6	5	4	3	2	1	9	8	7	6	5	4	3	2	1	9	8	7	6	5	4	3	2	1	9	8	7
대운 남	8	9	9	9	10	10	백로	1	1	1	1	2	2	2	3	3	3	4	4	4	5	5	추분	6	6	6	7	7	7	8
대운 여	2	2	1	1	1	1	백로	10	10	9	9	9	8	8	8	7	7	7	6	6	6	5	추분	5	4	4	4	3	3	3

한로 8일 14시 24분 　【음9월】→　【戊戌月(무술월)】　●삼벽성　상강 23일 17시 25분

양력 10월 / 음력 08/15 ~ 09/15

양력	1	2	3	4	5	6	7	8	9	10	11	12	13	14	15	16	17	18	19	20	21	22	23	24	25	26	27	28	29	30	31
요일	월	화	수	목	금	토	일	월	화	수	목	금	토	일	월	화	수	목	금	토	일	월	화	수	목	금	토	일	월	화	수
日辰	정유	무술	기해	경자	신축	임인	계묘	갑진	을사	병오	정미	무신	기유	경술	신해	임자	계축	갑인	을묘	병진	정사	무오	기미	경신	신유	임술	계해	갑자	을축	병인	정묘
음력	15	16	17	18	19	20	21	22	23	24	25	26	27	28	29	30	9/1	2	3	4	5	6	7	8	9	10	11	12	13	14	15
구성	6	5	4	3	2	1	9	8	7	6	5	4	3	2	1	9	8	7	6	5	4	3	2	1	9	8	7	6	5	4	3
대운 남	8	8	9	9	9	10	10	한로	1	1	1	1	2	2	2	3	3	3	4	4	4	5	상강	5	6	6	6	7	7	7	8
대운 여	2	2	2	1	1	1	1	한로	10	9	9	9	8	8	8	7	7	7	6	6	6	5	상강	5	4	4	4	3	3	3	2

입동 7일 17시 36분 　【음10월】→　【己亥月(기해월)】　●이흑성　소설 22일 15시 00분

양력 11월 / 음력 09/16 ~ 10/16

양력	1	2	3	4	5	6	7	8	9	10	11	12	13	14	15	16	17	18	19	20	21	22	23	24	25	26	27	28	29	30
요일	목	금	토	일	월	화	수	목	금	토	일	월	화	수	목	금	토	일	월	화	수	목	금	토	일	월	화	수	목	금
日辰	무진	기사	경오	신미	임신	계유	갑술	을해	병자	정축	무인	기묘	경진	신사	임오	계미	갑신	을유	병술	정해	무자	기축	경인	신묘	임진	계사	갑오	을미	병신	정유
음력	16	17	18	19	20	21	22	23	24	25	26	27	28	29	10/1	2	3	4	5	6	7	8	9	10	11	12	13	14	15	16
구성	2	1	9	8	7	6	5	4	3	2	1	9	8	7	6	5	4	3	2	1	9	8	7	6	5	4	3	2	1	9
대운 남	8	8	9	9	9	10	입동	1	1	1	1	2	2	2	3	3	3	4	4	4	5	소설	5	6	6	6	7	7	7	8
대운 여	2	2	1	1	1	1	입동	10	9	9	9	8	8	8	7	7	7	6	6	6	5	소설	5	4	4	4	3	3	3	2

대설 7일 10시 28분 　【음11월】→　【庚子月(경자월)】　●일백성　동지 22일 04시 21분

양력 12월 / 음력 10/17 ~ 11/17

양력	1	2	3	4	5	6	7	8	9	10	11	12	13	14	15	16	17	18	19	20	21	22	23	24	25	26	27	28	29	30	31
요일	토	일	월	화	수	목	금	토	일	월	화	수	목	금	토	일	월	화	수	목	금	토	일	월	화	수	목	금	토	일	월
日辰	무술	기해	경자	신축	임인	계묘	갑진	을사	병오	정미	무신	기유	경술	신해	임자	계축	갑인	을묘	병진	정사	무오	기미	경신	신유	임술	계해	갑자	을축	병인	정묘	무진
음력	17	18	19	20	21	22	23	24	25	26	27	28	29	30	11/1	2	3	4	5	6	7	8	9	10	11	12	13	14	15	16	17
구성	8	7	6	5	4	3	2	1	9	8	7	6	5	4	3	2	1	9	8	7	6	5	4	3	2	1	1	2	3	4	5
대운 남	8	8	9	9	9	10	대설	1	1	1	1	2	2	2	3	3	3	4	4	4	5	동지	5	6	6	6	7	7	8	8	9
대운 여	2	2	1	1	1	1	대설	10	9	9	9	8	8	8	7	7	7	6	6	6	5	동지	5	4	4	4	3	3	3	2	2

10월 15일 대한민국 김대중 대통령과 일본 고이즈미 준이치로 총리가 청와대에서 정상회담을 열다.미국항공우주국의 갈릴레오 우주선이 목성 위성인 이오와 180km 지점을 통과.10월 20일 - 미국 9·11테러의 보복으로 아프가니스탄 공격단행.11월 10일 - 중국이 세계무역기구에 가입하다.

소한 5일 21시 43분 【음12월】➡ 　　　【辛丑月(신축월)】　　　◐구자성　대한 20일 15시 01분

양력 1월 (음력 11/18 ~ 12/19)

양력	1	2	3	4	5	6	7	8	9	10	11	12	13	14	15	16	17	18	19	20	21	22	23	24	25	26	27	28	29	30	31
요일	화	수	목	금	토	일	월	화	수	목	금	토	일	월	화	수	목	금	토	일	월	화	수	목	금	토	일	월	화	수	목
일진	기사	경오	신미	임신	계유	갑술	을해	병자	정축	무인	기묘	경진	신사	임오	계미	갑신	을유	병술	정해	무자	기축	경인	신묘	임진	계사	갑오	을미	병신	정유	무술	기해
음력	18	19	20	21	22	23	24	25	26	27	28	29	12/1	2	3	4	5	6	7	8	9	10	11	12	13	14	15	16	17	18	19
구성	6	7	8	9	1	2	3	4	5	6	7	8	9	1	2	3	4	5	6	7	8	9	1	2	3	4	5	6	7	8	9
대운 남	8	9	9	9	소한	1	1	1	1	2	2	2	3	3	3	4	4	4	5	대한	5	6	6	6	7	7	7	8	8	8	
운 여	1	1	1	1	10	9	9	9	8	8	8	7	7	7	6	6	6	5	5		4	4	4	3	3	3	2	2	2	1	

입춘 4일 09시 23분 【음1월】➡ 　　　【壬寅月(임인월)】　　　◐팔백성　우수 19일 05시 13분

양력 2월 (음력 12/20 ~ 01/17)　　（임오년）

양력	1	2	3	4	5	6	7	8	9	10	11	12	13	14	15	16	17	18	19	20	21	22	23	24	25	26	27	28
요일	금	토	일	월	화	수	목	금	토	일	월	화	수	목	금	토	일	월	화	수	목	금	토	일	월	화	수	목
일진	경자	신축	임인	계묘	갑진	을사	병오	정미	무신	기유	경술	신해	임자	계축	갑인	을묘	병진	정사	무오	기미	경신	신유	임술	계해	갑자	을축	병인	정묘
음력	20	21	22	23	24	25	26	27	28	29	30	1/1	2	3	4	5	6	7	8	9	10	11	12	13	14	15	16	17
구성	1	2	3	4	5	6	7	8	9	1	2	3	4	5	6	7	8	9	1	2	3	4	5	6	7	8	9	1
대운 남	9	9	10	입춘	10	9	9	9	8	8	8	7	7	7	6	6	6	5	우수	5	4	4	4	3	3	3	2	
운 여	1	1	1		1	1	1	2	2	2	3	3	3	4	4	4	5	5		6	6	6	7	7	8	8		

경칩 6일 03시 27분 【음2월】➡ 　　　【癸卯月(계묘월)】　　　◑칠적성　춘분 21일 04시 15분

양력 3월 (음력 01/18 ~ 02/18)

양력	1	2	3	4	5	6	7	8	9	10	11	12	13	14	15	16	17	18	19	20	21	22	23	24	25	26	27	28	29	30	31
요일	금	토	일	월	화	수	목	금	토	일	월	화	수	목	금	토	일	월	화	수	목	금	토	일	월	화	수	목	금	토	일
일진	무진	기사	경오	신미	임신	계유	갑술	을해	병자	정축	무인	기묘	경진	신사	임오	계미	갑신	을유	병술	정해	무자	기축	경인	신묘	임진	계사	갑오	을미	병신	정유	무술
음력	18	19	20	21	22	23	24	25	26	27	28	29	30	2/1	2	3	4	5	6	7	8	9	10	11	12	13	14	15	16	17	18
구성	2	3	4	5	6	7	8	9	1	2	3	4	5	6	7	8	9	1	2	3	4	5	6	7	8	9	1	2	3	4	5
대운 남	2	1	1	1	1	경칩	10	9	9	9	8	8	8	7	7	7	6	6	6	5	춘분	5	4	4	4	3	3	3	2	2	2
운 여	8	9	9	9	10		1	1	1	1	2	2	2	3	3	3	4	4	4	5		5	6	6	6	7	7	7	8	8	8

청명 5일 08시 18분 【음3월】➡ 　　　【甲辰月(갑진월)】　　　◐육백성　곡우 20일 15시 20분

양력 4월 (음력 02/19 ~ 03/18)

양력	1	2	3	4	5	6	7	8	9	10	11	12	13	14	15	16	17	18	19	20	21	22	23	24	25	26	27	28	29	30
요일	월	화	수	목	금	토	일	월	화	수	목	금	토	일	월	화	수	목	금	토	일	월	화	수	목	금	토	일	월	화
일진	기해	경자	신축	임인	계묘	갑진	을사	병오	정미	무신	기유	경술	신해	임자	계축	갑인	을묘	병진	정사	무오	기미	경신	신유	임술	계해	갑자	을축	병인	정묘	무진
음력	19	20	21	22	23	24	25	26	27	28	29	30	3/1	2	3	4	5	6	7	8	9	10	11	12	13	14	15	16	17	18
구성	6	7	8	9	1	2	3	4	5	6	7	8	9	1	2	3	4	5	6	7	8	9	1	2	3	4	5	6	7	8
대운 남	1	1	1	1	청명	10	10	9	9	9	8	8	8	7	7	7	6	6	6	곡우	5	5	5	4	4	4	3	3	3	2
운 여	9	9	9	10		1	1	1	2	2	2	3	3	3	4	4	4	5	5		6	6	6	7	7	7	8	8	8	

입하 6일 01시 37분 【음4월】➡ 　　　【乙巳月(을사월)】　　　◐오황성　소만 21일 14시 28분

양력 5월 (음력 03/19 ~ 04/20)

양력	1	2	3	4	5	6	7	8	9	10	11	12	13	14	15	16	17	18	19	20	21	22	23	24	25	26	27	28	29	30	31
요일	수	목	금	토	일	월	화	수	목	금	토	일	월	화	수	목	금	토	일	월	화	수	목	금	토	일	월	화	수	목	금
일진	기사	경오	신미	임신	계유	갑술	을해	병자	정축	무인	기묘	경진	신사	임오	계미	갑신	을유	병술	정해	무자	기축	경인	신묘	임진	계사	갑오	을미	병신	정유	무술	기해
음력	19	20	21	22	23	24	25	26	27	28	29	4/1	2	3	4	5	6	7	8	9	10	11	12	13	14	15	16	17	18	19	20
구성	9	1	2	3	4	5	6	7	8	9	1	2	3	4	5	6	7	8	9	1	2	3	4	5	6	7	8	9	1	2	3
대운 남	2	1	1	1	1	입하	10	10	9	9	9	8	8	8	7	7	7	6	6	6	소만	5	5	5	4	4	4	3	3	3	
운 여	9	9	9	10	10		1	1	1	2	2	2	3	3	3	4	4	4	5	5		6	6	6	7	7	7	8	8	8	

망종 6일 05시 44분 【음5월】➡ 　　　【丙午月(병오월)】　　　◐사록성　하지 21일 22시 24분

양력 6월 (음력 04/21 ~ 05/20)

양력	1	2	3	4	5	6	7	8	9	10	11	12	13	14	15	16	17	18	19	20	21	22	23	24	25	26	27	28	29	30
요일	토	일	월	화	수	목	금	토	일	월	화	수	목	금	토	일	월	화	수	목	금	토	일	월	화	수	목	금	토	일
일진	경자	신축	임인	계묘	갑진	을사	병오	정미	무신	기유	경술	신해	임자	계축	갑인	을묘	병진	정사	무오	기미	경신	신유	임술	계해	갑자	을축	병인	정묘	무진	기사
음력	21	22	23	24	25	26	27	28	29	30	5/1	2	3	4	5	6	7	8	9	10	11	12	13	14	15	16	17	18	19	20
구성	4	5	6	7	8	9	1	2	3	4	5	6	7	8	9	1	2	3	4	5	6	7	8	9	1	2	3	4	5	6
대운 남	2	1	1	1	1	망종	10	10	9	9	9	8	8	8	7	7	7	6	6	6	하지	5	5	5	4	4	4	3	3	
운 여	9	9	9	10	10		1	1	1	2	2	2	3	3	3	4	4	4	5	5		6	6	6	7	7	7	8	8	

2월 2일 - 가수 유승준, 미국 시민권 취득에 따른 병역기피 의혹으로 입국이 거부되다.2월 25일 - 철도, 가스, 발전공동파업 민영화저지, 3조2교대제 쟁취, 해고자 복직 등의 파업 시작하고 2월 28일까지 열차운행중단.4월 15일 - 경상남도 김해시 부근 중국국제항공 129편 추락 사고

한식(4월06일), 초복(7월11일), 중복(7월21일), 말복(8월10일) ↑춘사(春社)3/21 ☀추사(秋社)9/27
토왕지절(土旺之節):4월17일,7월20일,10월20일,1월17일(음12/15)臘享(납향):2003년1월22일(음12/20)

一日得辛, 六龍治水, 2002년 임오年(양유목), 칠적금

6백	2흑	4록
5황	7적	9자
1백	3벽	8백

2002

양력 7월 【음6월】 → 【丁未月(정미월)】 ●삼벽성
소서 7일 15시 56분 · 대서 23일 09시 14분 · 음력 05/21 ~ 06/22

	1	2	3	4	5	6	7	8	9	10	11	12	13	14	15	16	17	18	19	20	21	22	23	24	25	26	27	28	29	30	31
요일	월	화	수	목	금	토	일	월	화	수	목	금	토	일	월	화	수	목	금	토	일	월	화	수	목	금	토	일	월	화	수
일진	경오	신미	임신	계유	갑술	을해	병자	정축	무인	기묘	경진	신사	임오	계미	갑신	을유	병술	정해	무자	기축	경인	신묘	임진	계사	갑오	을미	병신	정유	무술	기해	경자
음력	21	22	23	24	25	26	27	28	29	6/1	2	3	4	5	6	7	8	9	10	11	12	13	14	15	16	17	18	19	20	21	22
구성	3	2	1	9	8	7	6	5	4	3	2	1	9	8	7	6	5	4	3	2	1	9	8	7	6	5	4	3	2	1	9
대운 남	2	2	1	1	1	1	소서	10	10	10	9	9	9	8	8	8	7	7	7	6	6	6	대서	5	5	4	4	4	3	3	3
운 여	8	9	9	9	10	10	소서	1	1	1	1	2	2	2	3	3	3	4	4	4	5	5	대서	6	6	6	7	7	7	8	8

양력 8월 【음7월】 → 【戊申月(무신월)】 ●이흑성
입추 8일 01시 39분 · 처서 23일 16시 16분 · 음력 06/23 ~ 07/23

	1	2	3	4	5	6	7	8	9	10	11	12	13	14	15	16	17	18	19	20	21	22	23	24	25	26	27	28	29	30	31
요일	목	금	토	일	월	화	수	목	금	토	일	월	화	수	목	금	토	일	월	화	수	목	금	토	일	월	화	수	목	금	토
일진	신축	임인	계묘	갑진	을사	병오	정미	무신	기유	경술	신해	임자	계축	갑인	을묘	병진	정사	무오	기미	경신	신유	임술	계해	갑자	을축	병인	정묘	무진	기사	경오	신미
음력	23	24	25	26	27	28	29	30	7/1	2	3	4	5	6	7	8	9	10	11	12	13	14	15	16	17	18	19	20	21	22	23
구성	8	7	6	5	4	3	2	1	9	8	7	6	5	4	3	2	1	9	8	7	6	5	4	3	2	1	9	8	7	6	5
대운 남	2	2	2	1	1	1	1	입추	10	10	9	9	9	8	8	8	7	7	7	6	6	6	처서	5	5	4	4	4	3	3	3
운 여	8	9	9	9	10	10	10	입추	1	1	1	1	2	2	2	3	3	3	4	4	4	5	처서	5	6	6	6	7	7	7	8

양력 9월 【음8월】 → 【己酉月(기유월)】 ●일백성
백로 8일 04시 30분 · 추분 23일 13시 55분 · 음력 07/24 ~ 08/24

	1	2	3	4	5	6	7	8	9	10	11	12	13	14	15	16	17	18	19	20	21	22	23	24	25	26	27	28	29	30
요일	일	월	화	수	목	금	토	일	월	화	수	목	금	토	일	월	화	수	목	금	토	일	월	화	수	목	금	토	일	월
일진	임신	계유	갑술	을해	병자	정축	무인	기묘	경진	신사	임오	계미	갑신	을유	병술	정해	무자	기축	경인	신묘	임진	계사	갑오	을미	병신	정유	무술	기해	경자	신축
음력	24	25	26	27	28	29	8/1	2	3	4	5	6	7	8	9	10	11	12	13	14	15	16	17	18	19	20	21	22	23	24
구성	4	3	2	1	9	8	7	6	5	4	3	2	1	9	8	7	6	5	4	3	2	1	9	8	7	6	5	4	3	2
대운 남	2	2	2	1	1	1	1	백로	10	9	9	9	8	8	8	7	7	7	6	6	6	5	추분	5	4	4	4	3	3	3
운 여	8	8	9	9	9	10	10	백로	1	1	1	1	2	2	2	3	3	3	4	4	4	5	추분	5	6	6	6	7	7	7

양력 10월 【음9월】 → 【庚戌月(경술월)】 ●구자성
한로 8일 20시 09분 · 상강 23일 23시 17분 · 음력 08/25 ~ 09/26

	1	2	3	4	5	6	7	8	9	10	11	12	13	14	15	16	17	18	19	20	21	22	23	24	25	26	27	28	29	30	31
요일	화	수	목	금	토	일	월	화	수	목	금	토	일	월	화	수	목	금	토	일	월	화	수	목	금	토	일	월	화	수	목
일진	임인	계묘	갑진	을사	병오	정미	무신	기유	경술	신해	임자	계축	갑인	을묘	병진	정사	무오	기미	경신	신유	임술	계해	갑자	을축	병인	정묘	무진	기사	경오	신미	임신
음력	25	26	27	28	29	9/1	2	3	4	5	6	7	8	9	10	11	12	13	14	15	16	17	18	19	20	21	22	23	24	25	26
구성	1	9	8	7	6	5	4	3	2	1	9	8	7	6	5	4	3	2	1	9	8	7	6	5	4	3	2	1	9	8	7
대운 남	2	2	2	1	1	1	1	한로	10	9	9	9	8	8	8	7	7	7	6	6	6	5	상강	5	4	4	4	3	3	3	2
운 여	8	8	8	9	9	9	10	한로	1	1	1	1	2	2	2	3	3	3	4	4	4	5	상강	5	6	6	6	7	7	7	8

양력 11월 【음10월】 → 【辛亥月(신해월)】 ●팔백성
입동 7일 23시 21분 · 소설 22일 20시 53분 · 음력 09/27 ~ 10/26

	1	2	3	4	5	6	7	8	9	10	11	12	13	14	15	16	17	18	19	20	21	22	23	24	25	26	27	28	29	30
요일	금	토	일	월	화	수	목	금	토	일	월	화	수	목	금	토	일	월	화	수	목	금	토	일	월	화	수	목	금	토
일진	계유	갑술	을해	병자	정축	무인	기묘	경진	신사	임오	계미	갑신	을유	병술	정해	무자	기축	경인	신묘	임진	계사	갑오	을미	병신	정유	무술	기해	경자	신축	임인
음력	27	28	29	30	10/1	2	3	4	5	6	7	8	9	10	11	12	13	14	15	16	17	18	19	20	21	22	23	24	25	26
구성	6	5	4	3	2	1	9	8	7	6	5	4	3	2	1	9	8	7	6	5	4	3	2	1	9	8	7	6	5	4
대운 남	2	2	1	1	1	1	입동	10	9	9	9	8	8	8	7	7	7	6	6	6	5	소설	5	4	4	4	3	3	3	2
운 여	8	8	9	9	9	10	입동	1	1	1	1	2	2	2	3	3	3	4	4	4	5	소설	5	6	6	6	7	7	7	8

양력 12월 【음11월】 → 【壬子月(임자월)】 ●칠적성
대설 7일 16시 14분 · 동지 22일 10시 14분 · 음력 10/27 ~ 11/28

	1	2	3	4	5	6	7	8	9	10	11	12	13	14	15	16	17	18	19	20	21	22	23	24	25	26	27	28	29	30	31
요일	일	월	화	수	목	금	토	일	월	화	수	목	금	토	일	월	화	수	목	금	토	일	월	화	수	목	금	토	일	월	화
일진	계묘	갑진	을사	병오	정미	무신	기유	경술	신해	임자	계축	갑인	을묘	병진	정사	무오	기미	경신	신유	임술	계해	갑자	을축	병인	정묘	무진	기사	경오	신미	임신	계유
음력	27	28	29	11/1	2	3	4	5	6	7	8	9	10	11	12	13	14	15	16	17	18	19	20	21	22	23	24	25	26	27	28
구성	3	2	1	9	8	7	6	5	4	3	2	1	9	8	7	6	5	4	3	2	1	1	2	3	4	5	6	7	8	9	1
대운 남	2	2	1	1	1	1	대설	10	9	9	9	8	8	8	7	7	7	6	6	6	5	동지	5	4	4	4	3	3	3	2	2
운 여	8	8	9	9	9	10	대설	1	1	1	1	2	2	2	3	3	3	4	4	4	5	동지	5	6	6	6	7	7	7	8	8

10월 14일 - 신승남 검찰총장, 동생 신승환의 이용호게이트 연루로 사퇴하다. 10월 16일 - 정몽준 의원 푸른치국민통합21 발기인대회 개최하다.
10월 20일 - 개혁국민정당 발기인대회 개최하다. 10월 23일 - 체첸 반군에 의한 러시아 모스크바 극장 점거 사건이 발발하다 - 129명이 사망.

소한 6일 03시 27분 【음12월】➡ 【癸丑月(계축월)】 ●육백성 대한 20일 20시 52분

양력 1월 / 음력 11/29 ~ 12/29

	1	2	3	4	5	6	7	8	9	10	11	12	13	14	15	16	17	18	19	20	21	22	23	24	25	26	27	28	29	30	31
요일	수	목	금	토	일	월	화	수	목	금	토	일	월	화	수	목	금	토	일	월	화	수	목	금	토	일	월	화	수	목	금
일진 日辰	갑술	을해	병자	정축	무인	기묘	경진	신사	임오	계미	갑신	을유	병술	정해	무자	기축	경인	신묘	임진	계사	갑오	을미	병신	정유	무술	기해	경자	신축	임인	계묘	갑진
음력	29	30	12/1	2	3	4	5	6	7	8	9	10	11	12	13	14	15	16	17	18	19	20	21	22	23	24	25	26	27	28	29
구성	2	3	4	5	6	7	8	9	1	2	3	4	5	6	7	8	9	1	2	3	4	5	6	7	8	9	1	2	3	4	5
대운 남	2	1	1	1	1	소한	9	9	9	8	8	8	7	7	7	6	6	6	5	대한	5	4	4	4	3	3	3	2	2	2	1
대운 여	8	9	9	9	10	소한	1	1	1	1	2	2	2	3	3	3	4	4	4	대한	5	5	5	6	6	6	7	7	7	8	8

입춘 4일 15시 05분 【음1월】➡ 【甲寅月(갑인월)】 ●오황성 우수 19일 11시 00분

양력 2월 / 음력 01/01 ~ 01/28 · 계미년

	1	2	3	4	5	6	7	8	9	10	11	12	13	14	15	16	17	18	19	20	21	22	23	24	25	26	27	28
요일	토	일	월	화	수	목	금	토	일	월	화	수	목	금	토	일	월	화	수	목	금	토	일	월	화	수	목	금
일진 日辰	을사	병오	정미	무신	기유	경술	신해	임자	계축	갑인	을묘	병진	정사	무오	기미	경신	신유	임술	계해	갑자	을축	병인	정묘	무진	기사	경오	신미	임신
음력	1/1	2	3	4	5	6	7	8	9	10	11	12	13	14	15	16	17	18	19	20	21	22	23	24	25	26	27	28
구성	6	7	8	9	1	2	3	4	5	6	7	8	9	1	2	3	4	5	6	7	8	9	1	2	3	4	5	6
대운 남	1	1	1	입춘	1	1	1	1	2	2	2	3	3	3	4	4	4	5	우수	5	6	6	6	7	7	7	8	8
대운 여	9	9	9	입춘	10	9	9	9	8	8	8	7	7	7	6	6	6	5	우수	5	4	4	4	3	3	3	2	2

경칩 6일 09시 04분 【음2월】➡ 【乙卯月(을묘월)】 ●사록성 춘분 21일 09시 59분

양력 3월 / 음력 01/29 ~ 02/29

	1	2	3	4	5	6	7	8	9	10	11	12	13	14	15	16	17	18	19	20	21	22	23	24	25	26	27	28	29	30	31
요일	토	일	월	화	수	목	금	토	일	월	화	수	목	금	토	일	월	화	수	목	금	토	일	월	화	수	목	금	토	일	월
일진 日辰	계유	갑술	을해	병자	정축	무인	기묘	경진	신사	임오	계미	갑신	을유	병술	정해	무자	기축	경인	신묘	임진	계사	갑오	을미	병신	정유	무술	기해	경자	신축	임인	계묘
음력	29	30	2/1	2	3	4	5	6	7	8	9	10	11	12	13	14	15	16	17	18	19	20	21	22	23	24	25	26	27	28	29
구성	7	8	9	1	2	3	4	5	6	7	8	9	1	2	3	4	5	6	7	8	9	1	2	3	4	5	6	7	8	9	1
대운 남	8	9	9	9	10	경칩	1	1	1	1	2	2	2	3	3	3	4	4	4	5	춘분	5	6	6	6	7	7	7	8	8	8
대운 여	2	1	1	1	1	경칩	10	9	9	9	8	8	8	7	7	7	6	6	6	5	춘분	5	4	4	4	3	3	3	2	2	2

청명 5일 13시 52분 【음3월】➡ 【丙辰月(병진월)】 ●삼벽성 곡우 20일 21시 02분

양력 4월 / 음력 02/30 ~ 03/29

	1	2	3	4	5	6	7	8	9	10	11	12	13	14	15	16	17	18	19	20	21	22	23	24	25	26	27	28	29	30
요일	화	수	목	금	토	일	월	화	수	목	금	토	일	월	화	수	목	금	토	일	월	화	수	목	금	토	일	월	화	수
일진 日辰	갑진	을사	병오	정미	무신	기유	경술	신해	임자	계축	갑인	을묘	병진	정사	무오	기미	경신	신유	임술	계해	갑자	을축	병인	정묘	무진	기사	경오	신미	임신	계유
음력	30	3/1	2	3	4	5	6	7	8	9	10	11	12	13	14	15	16	17	18	19	20	21	22	23	24	25	26	27	28	29
구성	2	3	4	5	6	7	8	9	1	2	3	4	5	6	7	8	9	1	2	3	4	5	6	7	8	9	1	2	3	4
대운 남	9	9	9	10	청명	1	1	1	1	2	2	2	3	3	3	4	4	4	5	곡우	5	6	6	6	7	7	7	8	8	8
대운 여	1	1	1	1	청명	10	10	9	9	9	8	8	8	7	7	7	6	6	6	곡우	5	5	5	4	4	4	3	3	3	2

입하 6일 07시 10분 【음4월】➡ 【丁巳月(정사월)】 ●이흑성 소만 21일 20시 12분

양력 5월 / 음력 04/01 ~ 05/01

	1	2	3	4	5	6	7	8	9	10	11	12	13	14	15	16	17	18	19	20	21	22	23	24	25	26	27	28	29	30	31
요일	목	금	토	일	월	화	수	목	금	토	일	월	화	수	목	금	토	일	월	화	수	목	금	토	일	월	화	수	목	금	토
일진 日辰	갑술	을해	병자	정축	무인	기묘	경진	신사	임오	계미	갑신	을유	병술	정해	무자	기축	경인	신묘	임진	계사	갑오	을미	병신	정유	무술	기해	경자	신축	임인	계묘	갑진
음력	4/1	2	3	4	5	6	7	8	9	10	11	12	13	14	15	16	17	18	19	20	21	22	23	24	25	26	27	28	29	30	5/1
구성	5	6	7	8	9	1	2	3	4	5	6	7	8	9	1	2	3	4	5	6	7	8	9	1	2	3	4	5	6	7	8
대운 남	9	9	9	10	10	입하	1	1	1	1	2	2	2	3	3	3	4	4	4	5	소만	5	6	6	6	7	7	7	8	8	8
대운 여	2	1	1	1	1	입하	10	10	9	9	9	8	8	8	7	7	7	6	6	6	소만	5	5	5	4	4	4	3	3	3	2

망종 6일 11시 19분 【음5월】➡ 【戊午月(무오월)】 ●일백성 하지 22일 04시 10분

양력 6월 / 음력 05/02 ~ 06/01

	1	2	3	4	5	6	7	8	9	10	11	12	13	14	15	16	17	18	19	20	21	22	23	24	25	26	27	28	29	30
요일	일	월	화	수	목	금	토	일	월	화	수	목	금	토	일	월	화	수	목	금	토	일	월	화	수	목	금	토	일	월
일진 日辰	을사	병오	정미	무신	기유	경술	신해	임자	계축	갑인	을묘	병진	정사	무오	기미	경신	신유	임술	계해	갑자	을축	병인	정묘	무진	기사	경오	신미	임신	계유	갑술
음력	2	3	4	5	6	7	8	9	10	11	12	13	14	15	16	17	18	19	20	21	22	23	24	25	26	27	28	29	30	6/1
구성	9	1	2	3	4	5	6	7	8	9	1	2	3	4	5	6	7	8	9	9	8	7	6	5	4	3	2	1	9	8
대운 남	9	9	9	10	10	망종	1	1	1	1	2	2	2	3	3	3	4	4	4	5	5	하지	6	6	6	7	7	7	8	8
대운 여	2	1	1	1	1	망종	10	10	9	9	9	8	8	8	7	7	7	6	6	6	5	하지	5	4	4	4	3	3	3	2

한식(4월06일), 초복(7월16일), 중복(7월26일), 말복(8월15일)↑춘사(春社)3/16 ☀추사(秋社)9/22
토왕지절(土旺之節):4월17일,7월20일,10월21일,1월17일(음12/06)臘享(납향):2004년1월18일(음12/07)

칠日得辛, 十二龍治水, 2003년 계미年(양유목), 육백금

5황	1백	3벽
4록	6백	8백
9자	2흑	7적

2003

양력 7월

소서 7일 21시 35분　【음6월】➡　【己未月(기미월)】　●구자성　대서 23일 15시 03분
음력 06/02 ~ 07/03

양력	1	2	3	4	5	6	7	8	9	10	11	12	13	14	15	16	17	18	19	20	21	22	23	24	25	26	27	28	29	30	31
요일	화	수	목	금	토	일	월	화	수	목	금	토	일	월	화	수	목	금	토	일	월	화	수	목	금	토	일	월	화	수	목
일진(日辰)	을해	병자	정축	무인	기묘	경진	신사	임오	계미	갑신	을유	병술	정해	무자	기축	경인	신묘	임진	계사	갑오	을미	병신	정유	무술	기해	경자	신축	임인	계묘	갑진	을사
음력	2	3	4	5	6	7	8	9	10	11	12	13	14	15	16	17	18	19	20	21	22	23	24	25	26	27	28	29	7/1	2	3
구성	7	6	5	4	3	2	1	9	8	7	6	5	4	3	2	1	9	8	7	6	5	4	3	2	1	9	8	7	6	5	4
대남	8	9	9	9	10	10	소서	1	1	1	1	2	2	2	3	3	3	4	4	4	5	5	대서	6	6	6	7	7	7	8	8
운여	2	2	1	1	1	1	소서	10	10	10	9	9	9	8	8	8	7	7	7	6	6	6	대서	5	5	5	4	4	4	3	3

양력 8월

입추 8일 07시 24분　【음7월】➡　【庚申月(경신월)】　●팔백성　처서 23일 22시 07분
음력 07/04 ~ 08/04

양력	1	2	3	4	5	6	7	8	9	10	11	12	13	14	15	16	17	18	19	20	21	22	23	24	25	26	27	28	29	30	31
요일	금	토	일	월	화	수	목	금	토	일	월	화	수	목	금	토	일	월	화	수	목	금	토	일	월	화	수	목	금	토	일
일진(日辰)	병오	정미	무신	기유	경술	신해	임자	계축	갑인	을묘	병진	정사	무오	기미	경신	신유	임술	계해	갑자	을축	병인	정묘	무진	기사	경오	신미	임신	계유	갑술	을해	병자
음력	4	5	6	7	8	9	10	11	12	13	14	15	16	17	18	19	20	21	22	23	24	25	26	27	28	29	30	8/1	2	3	4
구성	3	2	1	9	8	7	6	5	4	3	2	1	9	8	7	6	5	4	3	2	1	9	8	7	6	5	4	3	2	1	9
대남	8	9	9	9	10	10	10	입추	1	1	1	1	2	2	2	3	3	3	4	4	4	5	처서	5	6	6	6	7	7	7	8
운여	2	2	2	1	1	1	1	입추	10	10	10	9	9	9	8	8	8	7	7	7	6	6	처서	5	5	5	4	4	4	3	3

양력 9월

백로 8일 10시 20분　【음8월】➡　【辛酉月(신유월)】　●칠적성　추분 23일 19시 46분
음력 08/05 ~ 09/05

양력	1	2	3	4	5	6	7	8	9	10	11	12	13	14	15	16	17	18	19	20	21	22	23	24	25	26	27	28	29	30
요일	월	화	수	목	금	토	일	월	화	수	목	금	토	일	월	화	수	목	금	토	일	월	화	수	목	금	토	일	월	화
일진(日辰)	정축	무인	기묘	경진	신사	임오	계미	갑신	을유	병술	정해	무자	기축	경인	신묘	임진	계사	갑오	을미	병신	정유	무술	기해	경자	신축	임인	계묘	갑진	을사	병오
음력	5	6	7	8	9	10	11	12	13	14	15	16	17	18	19	20	21	22	23	24	25	26	27	28	29	9/1	2	3	4	5
구성	8	7	6	5	4	3	2	1	9	8	7	6	5	4	3	2	1	9	8	7	6	5	4	3	2	1	9	8	7	6
대남	8	8	9	9	9	10	10	백로	1	1	1	1	2	2	2	3	3	3	4	4	4	5	추분	5	6	6	6	7	7	7
운여	2	2	2	1	1	1	1	백로	10	10	9	9	9	8	8	8	7	7	7	6	6	6	추분	5	5	4	4	4	3	3

양력 10월

한로 9일 02시 00분　【음9월】➡　【壬戌月(임술월)】　●육백성　상강 24일 05시 08분
음력 09/06 ~ 10/07

양력	1	2	3	4	5	6	7	8	9	10	11	12	13	14	15	16	17	18	19	20	21	22	23	24	25	26	27	28	29	30	31
요일	수	목	금	토	일	월	화	수	목	금	토	일	월	화	수	목	금	토	일	월	화	수	목	금	토	일	월	화	수	목	금
일진(日辰)	정미	무신	기유	경술	신해	임자	계축	갑인	을묘	병진	정사	무오	기미	경신	신유	임술	계해	갑자	을축	병인	정묘	무진	기사	경오	신미	임신	계유	갑술	을해	병자	정축
음력	6	7	8	9	10	11	12	13	14	15	16	17	18	19	20	21	22	23	24	25	26	27	28	29	10/1	2	3	4	5	6	7
구성	5	4	3	2	1	9	8	7	6	5	4	3	2	1	9	8	7	6	5	4	3	2	1	9	8	7	6	5	4	3	2
대남	8	8	8	9	9	9	10	10	한로	1	1	1	1	2	2	2	3	3	3	4	4	4	5	상강	5	6	6	6	7	7	7
운여	3	2	2	2	1	1	1	1	한로	10	9	9	9	8	8	8	7	7	7	6	6	6	5	상강	5	4	4	4	3	3	3

양력 11월

입동 8일 05시 12분　【음10월】➡　【癸亥月(계해월)】　●오황성　소설 23일 02시 43분
음력 10/08 ~ 11/07

양력	1	2	3	4	5	6	7	8	9	10	11	12	13	14	15	16	17	18	19	20	21	22	23	24	25	26	27	28	29	30
요일	토	일	월	화	수	목	금	토	일	월	화	수	목	금	토	일	월	화	수	목	금	토	일	월	화	수	목	금	토	일
일진(日辰)	무인	기묘	경진	신사	임오	계미	갑신	을유	병술	정해	무자	기축	경인	신묘	임진	계사	갑오	을미	병신	정유	무술	기해	경자	신축	임인	계묘	갑진	을사	병오	정미
음력	8	9	10	11	12	13	14	15	16	17	18	19	20	21	22	23	24	25	26	27	28	29	30	11/1	2	3	4	5	6	7
구성	1	9	8	7	6	5	4	3	2	1	9	8	7	6	5	4	3	2	1	9	8	7	6	5	4	3	2	1	9	8
대남	8	8	8	9	9	9	10	입동	1	1	1	1	2	2	2	3	3	3	4	4	4	5	소설	5	6	6	6	7	7	7
운여	2	2	2	1	1	1	1	입동	9	9	9	8	8	8	7	7	7	6	6	6	5	5	소설	5	4	4	4	3	3	3

양력 12월

대설 7일 22시 04분　【음11월】➡　【甲子月(갑자월)】　●사록성　동지 22일 16시 03분
음력 11/08 ~ 12/09

양력	1	2	3	4	5	6	7	8	9	10	11	12	13	14	15	16	17	18	19	20	21	22	23	24	25	26	27	28	29	30	31
요일	월	화	수	목	금	토	일	월	화	수	목	금	토	일	월	화	수	목	금	토	일	월	화	수	목	금	토	일	월	화	수
일진(日辰)	무신	기유	경술	신해	임자	계축	갑인	을묘	병진	정사	무오	기미	경신	신유	임술	계해	갑자	을축	병인	정묘	무진	기사	경오	신미	임신	계유	갑술	을해	병자	정축	무인
음력	8	9	10	11	12	13	14	15	16	17	18	19	20	21	22	23	24	25	26	27	28	29	12/1	2	3	4	5	6	7	8	9
구성	7	6	5	4	3	2	1	9	8	7	6	5	4	3	2	1	1	2	3	4	5	6	7	8	9	1	2	3	4	5	6
대남	8	8	8	9	9	9	대설	1	1	1	1	2	2	2	3	3	3	4	4	4	5	동지	5	6	6	6	7	7	7	8	8
운여	2	2	1	1	1	1	대설	10	9	9	9	8	8	8	7	7	7	6	6	6	5	동지	5	4	4	4	3	3	3	2	2

9월 20일 - 대한민국, 새천년민주당 신당파, 국민참여통합신당으로 국회에 교섭단체 공식 등록..9월 27일 - 러시아 플레세츠크 우주 기지에서 대한민국의 첫 과학기술위성 과학기술위성 1호, 발사 성공.9월 28일 - 대한민국 노동부, 퇴직연금제 등 '급여자 퇴직급여 보장법안' 입법예고 발표.

下元-갑신(甲申)년, 납음(천중수), 본명성(오황토)

대장군(午남방), 삼살(남방), 상문(戌서북방), 조객(午남방), 납음(천중수), 삼재(인,묘,진)　臘享(납향):2005년1월23일(음12/07)

소한 06일 09시 18분 【음12월】➡　　【乙丑月(을축월)】　　☯삼벽성　　대한 21일 02시 42분

양력 1월 (음력 12/10 ~ 01/10)

양력	1	2	3	4	5	6	7	8	9	10	11	12	13	14	15	16	17	18	19	20	21	22	23	24	25	26	27	28	29	30	31
요일	목	금	토	일	월	화	수	목	금	토	일	월	화	수	목	금	토	일	월	화	수	목	금	토	일	월	화	수	목	금	토
日辰	기묘	경진	신사	임오	계미	갑신	을유	병술	정해	무자	기축	경인	신묘	임진	계사	갑오	을미	병신	정유	무술	기해	경자	신축	임인	계묘	갑진	을사	병오	정미	무신	기유
음력	10	11	12	13	14	15	16	17	18	19	20	21	22	23	24	25	26	27	28	29	30	1/1	2	3	4	5	6	7	8	9	10
구성	7	8	9	1	2	3	4	5	6	7	8	9	1	2	3	4	5	6	7	8	9	1	2	3	4	5	6	7	8	9	1
대운 남	8	9	9	9	10	소	1	1	1	1	2	2	2	3	3	3	4	4	4	5	대	5	6	6	6	7	7	7	8	8	8
대운 여	2	1	1	1	1	한	9	9	9	8	8	8	7	7	7	6	6	6	5	5	한	4	4	4	3	3	3	2	2	2	1

입춘 4일 20시 55분 【음1월】➡　　【丙寅月(병인월)】　　☯이흑성　　우수 19일 16시 49분

양력 2월 (음력 01/11 ~ 02/10)

양력	1	2	3	4	5	6	7	8	9	10	11	12	13	14	15	16	17	18	19	20	21	22	23	24	25	26	27	28	29
요일	일	월	화	수	목	금	토	일	월	화	수	목	금	토	일	월	화	수	목	금	토	일	월	화	수	목	금	토	일
日辰	경술	신해	임자	계축	갑인	을묘	병진	정사	무오	기미	경신	신유	임술	계해	갑자	을축	병인	정묘	무진	기사	경오	신미	임신	계유	갑술	을해	병자	정축	무인
음력	11	12	13	14	15	16	17	18	19	20	21	22	23	24	25	26	27	28	29	2/1	2	3	4	5	6	7	8	9	10
구성	2	3	4	5	6	7	8	9	1	2	3	4	5	6	7	8	9	1	2	3	4	5	6	7	8	9	1	2	3
대운 남	9	9	9	입	10	9	9	9	8	8	8	7	7	7	6	6	6	5	우	5	4	4	4	3	3	3	2	2	2
대운 여	1	1	1	춘	1	1	1	1	2	2	2	3	3	3	4	4	4	5	수	5	6	6	6	7	7	7	8	8	8

경칩 5일 14시 55분 【음2월】➡　　【丁卯月(정묘월)】　　☯일백성　　춘분 20일 15시 48분

양력 3월 (음력 02/11 ~ 윤2 11)

양력	1	2	3	4	5	6	7	8	9	10	11	12	13	14	15	16	17	18	19	20	21	22	23	24	25	26	27	28	29	30	31
요일	월	화	수	목	금	토	일	월	화	수	목	금	토	일	월	화	수	목	금	토	일	월	화	수	목	금	토	일	월	화	수
日辰	기묘	경진	신사	임오	계미	갑신	을유	병술	정해	무자	기축	경인	신묘	임진	계사	갑오	을미	병신	정유	무술	기해	경자	신축	임인	계묘	갑진	을사	병오	정미	무신	기유
음력	11	12	13	14	15	16	17	18	19	20	21	22	23	24	25	26	27	28	29	30	윤2	2	3	4	5	6	7	8	9	10	11
구성	4	5	6	7	8	9	1	2	3	4	5	6	7	8	9	1	2	3	4	5	6	7	8	9	1	2	3	4	5	6	7
대운 남	1	1	1	1	경	10	9	9	9	8	8	8	7	7	7	6	6	6	5	춘	5	4	4	4	3	3	3	2	2	2	1
대운 여	9	9	9	10	칩	1	1	1	1	2	2	2	3	3	3	4	4	4	5	분	5	6	6	6	7	7	7	8	8	8	9

청명 4일 19시 43분 【음3월】➡　　【戊辰月(무진월)】　　☯구자성　　곡우 20일 02시 50분

양력 4월 (음력 윤2/12 ~ 03/12)

양력	1	2	3	4	5	6	7	8	9	10	11	12	13	14	15	16	17	18	19	20	21	22	23	24	25	26	27	28	29	30
요일	목	금	토	일	월	화	수	목	금	토	일	월	화	수	목	금	토	일	월	화	수	목	금	토	일	월	화	수	목	금
日辰	경술	신해	임자	계축	갑인	을묘	병진	정사	무오	기미	경신	신유	임술	계해	갑자	을축	병인	정묘	무진	기사	경오	신미	임신	계유	갑술	을해	병자	정축	무인	기묘
음력	12	13	14	15	16	17	18	19	20	21	22	23	24	25	26	27	28	29	3/1	2	3	4	5	6	7	8	9	10	11	12
구성	8	9	1	2	3	4	5	6	7	8	9	1	2	3	4	5	6	7	8	9	1	2	3	4	5	6	7	8	9	1
대운 남	1	1	1	청	10	10	9	9	9	8	8	8	7	7	7	6	6	6	5	곡	5	4	4	4	3	3	3	2	2	2
대운 여	9	9	10	명	1	1	1	1	2	2	2	3	3	3	4	4	4	5	5	우	6	6	6	7	7	7	8	8	8	9

입하 5일 13시 02분 【음4월】➡　　【己巳月(기사월)】　　☯팔백성　　소만 21일 01시 58분

양력 5월 (음력 03/13 ~ 04/13)

양력	1	2	3	4	5	6	7	8	9	10	11	12	13	14	15	16	17	18	19	20	21	22	23	24	25	26	27	28	29	30	31
요일	토	일	월	화	수	목	금	토	일	월	화	수	목	금	토	일	월	화	수	목	금	토	일	월	화	수	목	금	토	일	월
日辰	경진	신사	임오	계미	갑신	을유	병술	정해	무자	기축	경인	신묘	임진	계사	갑오	을미	병신	정유	무술	기해	경자	신축	임인	계묘	갑진	을사	병오	정미	무신	기유	경술
음력	13	14	15	16	17	18	19	20	21	22	23	24	25	26	27	28	29	30	4/1	2	3	4	5	6	7	8	9	10	11	12	13
구성	2	3	4	5	6	7	8	9	1	2	3	4	5	6	7	8	9	1	2	3	4	5	6	7	8	9	1	2	3	4	5
대운 남	1	1	1	1	입	10	10	9	9	9	8	8	8	7	7	7	6	6	6	5	소	5	4	4	4	3	3	3	2	2	2
대운 여	9	9	10	10	하	1	1	1	1	2	2	2	3	3	3	4	4	4	5	5	만	6	6	6	7	7	7	8	8	8	9

망종 5일 17시 13분 【음5월】➡　　【庚午月(경오월)】　　☯칠적성　　하지 21일 09시 56분

양력 6월 (음력 04/14 ~ 05/13)

양력	1	2	3	4	5	6	7	8	9	10	11	12	13	14	15	16	17	18	19	20	21	22	23	24	25	26	27	28	29	30
요일	화	수	목	금	토	일	월	화	수	목	금	토	일	월	화	수	목	금	토	일	월	화	수	목	금	토	일	월	화	수
日辰	신해	임자	계축	갑인	을묘	병진	정사	무오	기미	경신	신유	임술	계해	갑자	을축	병인	정묘	무진	기사	경오	신미	임신	계유	갑술	을해	병자	정축	무인	기묘	경진
음력	14	15	16	17	18	19	20	21	22	23	24	25	26	27	28	29	30	5/1	2	3	4	5	6	7	8	9	10	11	12	13
구성	6	7	8	9	1	2	3	4	5	6	7	8	9	9	8	7	6	5	4	3	2	1	9	8	7	6	5	4	3	2
대운 남	1	1	1	1	망	10	10	10	9	9	9	8	8	8	7	7	7	6	6	6	하	5	5	4	4	4	3	3	3	2
대운 여	9	9	10	10	종	1	1	1	1	2	2	2	3	3	3	4	4	4	5	5	지	6	6	6	7	7	7	8	8	8

1월 5일 - 부룬디의 후투족 무장 조직인 FNL(fr)이 선전 포고를 철회 도미티앵 은다이제예(fr) 대통령과 협상을 받아들이다. 1월 11일 - 열린우리당 전당대회 열어 정동영 당의장으로 선출. 2월 4일 - 안상영 부산 시장 자살. 3월 12일 - 노무현 대통령 탄핵 소추안 국회 통과.

한식(4월05일), 초복(7월20일), 중복(7월30일), 말복(8월09일)⛅춘사(春社)3/20 ☀추사(秋社)9/26
토왕지절(土旺之節):4월17일,7월19일,10월20일,1월17일(음12/06)臘享(납향):2005년1월23일(음12/07)

二日得辛, 五龍治水, 2004년 갑신年(천중수), 오황토

4록	9자	2흑
3벽	5황	7적
8백	1백	6백

양력 7월 (음력 05/14 ~ 06/15)

소서 7일 03시 31분　【음6월】➡　【辛未月(신미월)】　◐육백성　대서 22일 20시 49분

	1	2	3	4	5	6	7	8	9	10	11	12	13	14	15	16	17	18	19	20	21	22	23	24	25	26	27	28	29	30	31
요일	목	금	토	일	월	화	수	목	금	토	일	월	화	수	목	금	토	일	월	화	수	목	금	토	일	월	화	수	목	금	토
일진	신사	임오	계미	갑신	을유	병술	정해	무자	기축	경인	신묘	임진	계사	갑오	을미	병신	정유	무술	기해	경자	신축	임인	계묘	갑진	을사	병오	정미	무신	기유	경술	신해
음력	14	15	16	17	18	19	20	21	22	23	24	25	26	27	28	29	6/1	2	3	4	5	6	7	8	9	10	11	12	13	14	15
구성	1	9	8	7	6	5	4	3	2	1	9	8	7	6	5	4	3	2	1	9	8	7	6	5	4	3	2	1	9	8	7
대운 남	2	2	1	1	1	1	소서	10	10	9	9	9	8	8	8	7	7	7	6	6	6	대서	5	5	4	4	4	3	3	3	2
운 여	9	9	9	10	10	10	소서	1	1	1	1	2	2	2	3	3	3	4	4	4	5	대서	5	6	6	6	7	7	7	8	8

양력 8월 (음력 06/16 ~ 07/16)

입추 7일 13시 19분　【음7월】➡　【壬申月(임신월)】　◑오황성　처서 23일 03시 53분

	1	2	3	4	5	6	7	8	9	10	11	12	13	14	15	16	17	18	19	20	21	22	23	24	25	26	27	28	29	30	31
요일	일	월	화	수	목	금	토	일	월	화	수	목	금	토	일	월	화	수	목	금	토	일	월	화	수	목	금	토	일	월	화
일진	임자	계축	갑인	을묘	병진	정사	무오	기미	경신	신유	임술	계해	갑자	을축	병인	정묘	무진	기사	경오	신미	임신	계유	갑술	을해	병자	정축	무인	기묘	경진	신사	임오
음력	16	17	18	19	20	21	22	23	24	25	26	27	28	29	30	7/1	2	3	4	5	6	7	8	9	10	11	12	13	14	15	16
구성	6	5	4	3	2	1	9	8	7	6	5	4	3	2	1	9	8	7	6	5	4	3	2	1	9	8	7	6	5	4	3
대운 남	2	2	1	1	1	1	입추	10	10	9	9	9	8	8	8	7	7	7	6	6	6	5	처서	5	4	4	4	3	3	3	2
운 여	8	9	9	9	10	10	입추	1	1	1	1	2	2	2	3	3	3	4	4	4	5	5	처서	6	6	6	7	7	7	8	8

양력 9월 (음력 07/17 ~ 08/17)

백로 7일 16시 12분　【음8월】➡　【癸酉月(계유월)】　◑사록성　추분 23일 01시 29분

	1	2	3	4	5	6	7	8	9	10	11	12	13	14	15	16	17	18	19	20	21	22	23	24	25	26	27	28	29	30
요일	수	목	금	토	일	월	화	수	목	금	토	일	월	화	수	목	금	토	일	월	화	수	목	금	토	일	월	화	수	목
일진	계미	갑신	을유	병술	정해	무자	기축	경인	신묘	임진	계사	갑오	을미	병신	정유	무술	기해	경자	신축	임인	계묘	갑진	을사	병오	정미	무신	기유	경술	신해	임자
음력	17	18	19	20	21	22	23	24	25	26	27	28	29	8/1	2	3	4	5	6	7	8	9	10	11	12	13	14	15	16	17
구성	2	1	9	8	7	6	5	4	3	2	1	9	8	7	6	5	4	3	2	1	9	8	7	6	5	4	3	2	1	9
대운 남	2	2	1	1	1	1	백로	10	10	9	9	9	8	8	8	7	7	7	6	6	6	5	추분	5	4	4	4	3	3	3
운 여	8	8	9	9	9	10	백로	1	1	1	1	2	2	2	3	3	3	4	4	4	5	5	추분	6	6	6	7	7	7	8

양력 10월 (음력 08/18 ~ 09/18)

한로 8일 07시 49분　【음9월】➡　【甲戌月(갑술월)】　◑삼벽성　상강 23일 10시 48분

	1	2	3	4	5	6	7	8	9	10	11	12	13	14	15	16	17	18	19	20	21	22	23	24	25	26	27	28	29	30	31
요일	금	토	일	월	화	수	목	금	토	일	월	화	수	목	금	토	일	월	화	수	목	금	토	일	월	화	수	목	금	토	일
일진	계축	갑인	을묘	병진	정사	무오	기미	경신	신유	임술	계해	갑자	을축	병인	정묘	무진	기사	경오	신미	임신	계유	갑술	을해	병자	정축	무인	기묘	경진	신사	임오	계미
음력	18	19	20	21	22	23	24	25	26	27	28	29	30	9/1	2	3	4	5	6	7	8	9	10	11	12	13	14	15	16	17	18
구성	8	7	6	5	4	3	2	1	9	8	7	6	5	4	3	2	1	9	8	7	6	5	4	3	2	1	9	8	7	6	5
대운 남	2	2	1	1	1	1	1	한로	10	9	9	9	8	8	8	7	7	7	6	6	6	5	상강	5	4	4	4	3	3	3	2
운 여	8	8	9	9	9	10	10	한로	1	1	1	2	2	2	3	3	3	4	4	4	5	5	상강	5	6	6	6	7	7	7	8

양력 11월 (음력 09/19 ~ 10/19)

입동 7일 10시 58분　【음10월】➡　【乙亥月(을해월)】　◑이흑성　소설 22일 08시 21분

	1	2	3	4	5	6	7	8	9	10	11	12	13	14	15	16	17	18	19	20	21	22	23	24	25	26	27	28	29	30
요일	월	화	수	목	금	토	일	월	화	수	목	금	토	일	월	화	수	목	금	토	일	월	화	수	목	금	토	일	월	화
일진	갑신	을유	병술	정해	무자	기축	경인	신묘	임진	계사	갑오	을미	병신	정유	무술	기해	경자	신축	임인	계묘	갑진	을사	병오	정미	무신	기유	경술	신해	임자	계축
음력	19	20	21	22	23	24	25	26	27	28	29	10/1	2	3	4	5	6	7	8	9	10	11	12	13	14	15	16	17	18	19
구성	4	3	2	1	9	8	7	6	5	4	3	2	1	9	8	7	6	5	4	3	2	1	9	8	7	6	5	4	3	2
대운 남	2	2	1	1	1	1	입동	10	9	9	9	8	8	8	7	7	7	6	6	6	5	소설	5	4	4	4	3	3	3	2
운 여	8	8	9	9	9	10	입동	1	1	1	1	2	2	2	3	3	3	4	4	4	5	소설	5	6	6	6	7	7	7	8

양력 12월 (음력 10/20 ~ 11/20)

대설 7일 03시 48분　【음11월】➡　【丙子月(병자월)】　◑일백성　동지 21일 21시 41분

	1	2	3	4	5	6	7	8	9	10	11	12	13	14	15	16	17	18	19	20	21	22	23	24	25	26	27	28	29	30	31
요일	수	목	금	토	일	월	화	수	목	금	토	일	월	화	수	목	금	토	일	월	화	수	목	금	토	일	월	화	수	목	금
일진	갑인	을묘	병진	정사	무오	기미	경신	신유	임술	계해	갑자	을축	병인	정묘	무진	기사	경오	신미	임신	계유	갑술	을해	병자	정축	무인	기묘	경진	신사	임오	계미	갑신
음력	20	21	22	23	24	25	26	27	28	29	30	11/1	2	3	4	5	6	7	8	9	10	11	12	13	14	15	16	17	18	19	20
구성	1	9	8	7	6	5	4	3	2	1	1	2	3	4	5	6	7	8	9	1	2	3	4	5	6	7	8	9	1	2	3
대운 남	2	2	1	1	1	1	대설	9	9	9	8	8	8	7	7	7	6	6	6	5	동지	5	4	4	4	3	3	3	2	2	2
운 여	8	8	9	9	9	10	대설	1	1	1	1	2	2	2	3	3	3	4	4	4	동지	5	5	6	6	6	7	7	7	8	8

10월 21일 - 2004년 대한민국 행정수도 이전: 헌법재판소가 행정수도 이전법을 위헌 판결하다.10월 23일 - 일본 니가타 현에서 지진이 일어나다.10월 26일 - 강원도 중부전선에서 DMZ 3중철책 절단사건이 벌어지다.10월 30일 - 기초단체장 재·보궐 선거가 실시된다.

단기 4338 年	2005년	下元-을유(乙酉)년, 납음(천중수),본명성(사록목)
불기 2549 年		대장군(午남방), 삼살(동방), 상문(亥서북방),조객(未서남방), 납음(천중수), 【삼재(해,자,축)년】 臘享(납향):2006년1월18일(음12/19)

소한 5일 15시 02분 【음12월】 ➡ 【丁丑月(정축월)】 ☯구자성 대한 20일 08시 21분

양력 1월	양력	1	2	3	4	5	6	7	8	9	10	11	12	13	14	15	16	17	18	19	20	21	22	23	24	25	26	27	28	29	30	31
	요일	토	일	월	화	수	목	금	토	일	월	화	수	목	금	토	일	월	화	수	목	금	토	일	월	화	수	목	금	토	일	월
	일진 日辰	을유	병술	정해	무자	기축	경인	신묘	임진	계사	갑오	을미	병신	정유	무술	기해	경자	신축	임인	계묘	갑진	을사	병오	정미	무신	기유	경술	신해	임자	계축	갑인	을묘
음력 11/21 ~ 12/22	음력	21	22	23	24	25	26	27	28	29	12/1	2	3	4	5	6	7	8	9	10	11	12	13	14	15	16	17	18	19	20	21	22
	구성	4	5	6	7	8	9	1	2	3	4	5	6	7	8	9	1	2	3	4	5	6	7	8	9	1	2	3	4	5	6	7
	대운 남	1	1	1	1	소	10	9	9	9	8	8	8	7	7	7	6	6	6	5	대	5	4	4	4	3	3	3	2	2	2	1
	대운 여	8	9	9	9	한	1	1	1	1	2	2	2	3	3	3	4	4	4	5	한	5	6	6	6	7	7	7	8	8	8	9

입춘 4일 02시 42분 【음1월】 ➡ 【戊寅月(무인월)】 ☯팔백성 우수 18일 22시 31분

양력 2월	양력	1	2	3	4	5	6	7	8	9	10	11	12	13	14	15	16	17	18	19	20	21	22	23	24	25	26	27	28
	요일	화	수	목	금	토	일	월	화	수	목	금	토	일	월	화	수	목	금	토	일	월	화	수	목	금	토	일	월
	일진 日辰	병진	정사	무오	기미	경신	신유	임술	계해	갑자	을축	병인	정묘	무진	기사	경오	신미	임신	계유	갑술	을해	병자	정축	무인	기묘	경진	신사	임오	계미
음력 12/23 ~ 01/20	음력	23	24	25	26	27	28	29	30	1/1	2	3	4	5	6	7	8	9	10	11	12	13	14	15	16	17	18	19	20
	구성	8	9	1	2	3	4	5	6	7	8	9	1	2	3	4	5	6	7	8	9	1	2	3	4	5	6	7	8
	대운 남	1	1	1	입	1	1	1	1	2	2	2	3	3	3	4	4	4	우	5	5	6	6	6	7	7	7	8	8
	대운 여	9	9	10	춘	9	9	9	8	8	8	7	7	7	6	6	6	5	수	5	4	4	4	3	3	3	2	2	2

을
유
년

경칩 5일 20시 44분 【음2월】 ➡ 【己卯月(기묘월)】 ☯칠적성 춘분 20일 21시 33분

양력 3월	양력	1	2	3	4	5	6	7	8	9	10	11	12	13	14	15	16	17	18	19	20	21	22	23	24	25	26	27	28	29	30	31
	요일	화	수	목	금	토	일	월	화	수	목	금	토	일	월	화	수	목	금	토	일	월	화	수	목	금	토	일	월	화	수	목
	일진 日辰	갑신	을유	병술	정해	무자	기축	경인	신묘	임진	계사	갑오	을미	병신	정유	무술	기해	경자	신축	임인	계묘	갑진	을사	병오	정미	무신	기유	경술	신해	임자	계축	갑인
음력 01/21 ~ 02/22	음력	21	22	23	24	25	26	27	28	29	2/1	2	3	4	5	6	7	8	9	10	11	12	13	14	15	16	17	18	19	20	21	22
	구성	9	1	2	3	4	5	6	7	8	9	1	2	3	4	5	6	7	8	9	1	2	3	4	5	6	7	8	9	1	2	3
	대운 남	8	9	9	9	경	1	1	1	1	2	2	2	3	3	3	4	4	4	5	춘	5	6	6	6	7	7	7	8	8	8	9
	대운 여	1	1	1	1	칩	10	10	9	9	9	8	8	8	7	7	7	6	6	6	분	5	5	4	4	4	3	3	3	2	2	2

청명 5일 01시 34분 【음3월】 ➡ 【庚辰月(경진월)】 ☯육백성 곡우 20일 08시 36분

양력 4월	양력	1	2	3	4	5	6	7	8	9	10	11	12	13	14	15	16	17	18	19	20	21	22	23	24	25	26	27	28	29	30
	요일	금	토	일	월	화	수	목	금	토	일	월	화	수	목	금	토	일	월	화	수	목	금	토	일	월	화	수	목	금	토
	일진 日辰	을묘	병진	정사	무오	기미	경신	신유	임술	계해	갑자	을축	병인	정묘	무진	기사	경오	신미	임신	계유	갑술	을해	병자	정축	무인	기묘	경진	신사	임오	계미	갑신
음력 02/23 ~ 03/22	음력	23	24	25	26	27	28	29	30	3/1	2	3	4	5	6	7	8	9	10	11	12	13	14	15	16	17	18	19	20	21	22
	구성	4	5	6	7	8	9	1	2	3	4	5	6	7	8	9	1	2	3	4	5	6	7	8	9	1	2	3	4	5	6
	대운 남	9	9	10	10	청	1	1	1	1	2	2	2	3	3	3	4	4	4	5	곡	5	6	6	6	7	7	7	8	8	8
	대운 여	1	1	1	1	명	10	9	9	9	8	8	8	7	7	7	6	6	6	5	우	5	4	4	4	3	3	3	2	2	2

입하 5일 18시 52분 【음4월】 ➡ 【辛巳月(신사월)】 ☯오황성 소만 21일 07시 47분

양력 5월	양력	1	2	3	4	5	6	7	8	9	10	11	12	13	14	15	16	17	18	19	20	21	22	23	24	25	26	27	28	29	30	31
	요일	일	월	화	수	목	금	토	일	월	화	수	목	금	토	일	월	화	수	목	금	토	일	월	화	수	목	금	토	일	월	화
	일진 日辰	을유	병술	정해	무자	기축	경인	신묘	임진	계사	갑오	을미	병신	정유	무술	기해	경자	신축	임인	계묘	갑진	을사	병오	정미	무신	기유	경술	신해	임자	계축	갑인	을묘
음력 03/23 ~ 04/24	음력	23	24	25	26	27	28	29	4/1	2	3	4	5	6	7	8	9	10	11	12	13	14	15	16	17	18	19	20	21	22	23	24
	구성	7	8	9	1	2	3	4	5	6	7	8	9	1	2	3	4	5	6	7	8	9	1	2	3	4	5	6	7	8	9	1
	대운 남	9	9	9	10	입	1	1	1	1	2	2	2	3	3	3	4	4	4	5	5	소	6	6	6	7	7	7	8	8	8	9
	대운 여	1	1	1	1	하	10	10	9	9	9	8	8	8	7	7	7	6	6	6	5	만	5	4	4	4	3	3	3	2	2	2

망종 5일 23시 01분 【음5월】 ➡ 【壬午月(임오월)】 ☯사록성 하지 21일 15시 45분

양력 6월	양력	1	2	3	4	5	6	7	8	9	10	11	12	13	14	15	16	17	18	19	20	21	22	23	24	25	26	27	28	29	30
	요일	수	목	금	토	일	월	화	수	목	금	토	일	월	화	수	목	금	토	일	월	화	수	목	금	토	일	월	화	수	목
	일진 日辰	병진	정사	무오	기미	경신	신유	임술	계해	갑자	을축	병인	정묘	무진	기사	경오	신미	임신	계유	갑술	을해	병자	정축	무인	기묘	경진	신사	임오	계미	갑신	을유
음력 04/25 ~ 05/24	음력	25	26	27	28	29	30	5/1	2	3	4	5	6	7	8	9	10	11	12	13	14	15	16	17	18	19	20	21	22	23	24
	구성	2	3	4	5	6	7	8	9	9	8	7	6	5	4	3	2	1	9	8	7	6	5	4	3	2	1	9	8	7	6
	대운 남	9	9	10	10	망	1	1	1	1	2	2	2	3	3	3	4	4	4	5	5	하	6	6	6	7	7	7	8	8	8
	대운 여	1	1	1	1	종	10	10	10	9	9	9	8	8	8	7	7	7	6	6	6	지	5	5	4	4	4	3	3	3	2

1월 3일 - 서울 지하철 7호선 방화 사건이 일어나다.1월 8일 - 칠곡 시온글러브 화재 발생.1월 30일 - 이라크에서 50여 년 만에 자유 총선거가 치러지다.2월 3일 - 헌법 재판소가 호주제에 대해 헌법 불합치 선고를 내리다.2월 10일 - 조선민주주의인민공화국이 핵보유를 선언하다.

한식(4월05일), 초복(7월15일), 중복(7월25일), 말복(8월14일) ↑춘사(春社)3/25 ☀추사(秋社)9/21
토왕지절(土旺之節):4월17일,7월19일,10월20일,1월17일(음12/18)臘享(납향):2006년1월18일(음12/19)

八日得辛, 五龍治水, 2005년 을유年(천중수), 사록목

3벽	8백	1백
2흑	4록	6백
7적	9자	5황

소서 7일 09시 16분 【음6월】→ 【癸未月(계미월)】 ●삼벽성 대서 23일 02시 40분

양력 7월 / 음력 05/25 ~ 06/26

구분	1	2	3	4	5	6	7	8	9	10	11	12	13	14	15	16	17	18	19	20	21	22	23	24	25	26	27	28	29	30	31
요일	금	토	일	월	화	수	목	금	토	일	월	화	수	목	금	토	일	월	화	수	목	금	토	일	월	화	수	목	금	토	일
日辰	병술	정해	무자	기축	경인	신묘	임진	계사	갑오	을미	병신	정유	무술	기해	경자	신축	임인	계묘	갑진	을사	병오	정미	무신	기유	경술	신해	임자	계축	갑인	을묘	병진
음력	25	26	27	28	29	6/1	2	3	4	5	6	7	8	9	10	11	12	13	14	15	16	17	18	19	20	21	22	23	24	25	26
구성	5	4	3	2	1	9	8	7	6	5	4	3	2	1	9	8	7	6	5	4	3	2	1	9	8	7	6	5	4	3	2
대운 남	9	9	9	10	10	10	소서	1	1	1	1	2	2	2	3	3	3	4	4	4	5	5	대서	6	6	6	7	7	7	8	8
대운 여	2	2	1	1	1	1	소서	10	10	9	9	9	8	8	8	7	7	7	6	6	6	5	대서	5	4	4	4	3	3	3	2

입추 7일 19시 03분 【음7월】→ 【甲申月(갑신월)】 ●이흑성 처서 23일 09시 45분

양력 8월 / 음력 06/27 ~ 07/27

구분	1	2	3	4	5	6	7	8	9	10	11	12	13	14	15	16	17	18	19	20	21	22	23	24	25	26	27	28	29	30	31
요일	월	화	수	목	금	토	일	월	화	수	목	금	토	일	월	화	수	목	금	토	일	월	화	수	목	금	토	일	월	화	수
日辰	정사	무오	기미	경신	신유	임술	계해	갑자	을축	병인	정묘	무진	기사	경오	신미	임신	계유	갑술	을해	병자	정축	무인	기묘	경진	신사	임오	계미	갑신	을유	병술	정해
음력	27	28	29	30	7/1	2	3	4	5	6	7	8	9	10	11	12	13	14	15	16	17	18	19	20	21	22	23	24	25	26	27
구성	1	9	8	7	6	5	4	3	2	1	9	8	7	6	5	4	3	2	1	9	8	7	6	5	4	3	2	1	9	8	7
대운 남	8	9	9	9	10	10	입추	1	1	1	1	2	2	2	3	3	3	4	4	4	5	5	처서	6	6	6	7	7	7	8	8
대운 여	2	2	1	1	1	1	입추	10	10	9	9	9	8	8	8	7	7	7	6	6	6	5	처서	5	4	4	4	3	3	3	2

백로 7일 21시 56분 【음8월】→ 【乙酉月(을유월)】 ●일백성 추분 23일 07시 22분

양력 9월 / 음력 07/28 ~ 08/27

구분	1	2	3	4	5	6	7	8	9	10	11	12	13	14	15	16	17	18	19	20	21	22	23	24	25	26	27	28	29	30
요일	목	금	토	일	월	화	수	목	금	토	일	월	화	수	목	금	토	일	월	화	수	목	금	토	일	월	화	수	목	금
日辰	무자	기축	경인	신묘	임진	계사	갑오	을미	병신	정유	무술	기해	경자	신축	임인	계묘	갑진	을사	병오	정미	무신	기유	경술	신해	임자	계축	갑인	을묘	병진	정사
음력	28	29	30	8/1	2	3	4	5	6	7	8	9	10	11	12	13	14	15	16	17	18	19	20	21	22	23	24	25	26	27
구성	6	5	4	3	2	1	9	8	7	6	5	4	3	2	1	9	8	7	6	5	4	3	2	1	9	8	7	6	5	4
대운 남	8	9	9	9	10	10	백로	1	1	1	1	2	2	2	3	3	3	4	4	4	5	5	추분	6	6	6	7	7	7	8
대운 여	2	2	1	1	1	1	백로	10	10	9	9	9	8	8	8	7	7	7	6	6	6	5	추분	5	4	4	4	3	3	3

한로 8일 13시 33분 【음9월】→ 【丙戌月(병술월)】 ●구자성 상강 23일 16시 42분

양력 10월 / 음력 08/28 ~ 09/29

구분	1	2	3	4	5	6	7	8	9	10	11	12	13	14	15	16	17	18	19	20	21	22	23	24	25	26	27	28	29	30	31
요일	토	일	월	화	수	목	금	토	일	월	화	수	목	금	토	일	월	화	수	목	금	토	일	월	화	수	목	금	토	일	월
日辰	무오	기미	경신	신유	임술	계해	갑자	을축	병인	정묘	무진	기사	경오	신미	임신	계유	갑술	을해	병자	정축	무인	기묘	경진	신사	임오	계미	갑신	을유	병술	정해	무자
음력	28	29	9/1	2	3	4	5	6	7	8	9	10	11	12	13	14	15	16	17	18	19	20	21	22	23	24	25	26	27	28	29
구성	3	2	1	9	8	7	6	5	4	3	2	1	9	8	7	6	5	4	3	2	1	9	8	7	6	5	4	3	2	1	9
대운 남	8	8	9	9	9	10	10	한로	1	1	1	1	2	2	2	3	3	3	4	4	4	5	상강	5	6	6	6	7	7	7	8
대운 여	2	2	2	1	1	1	1	한로	10	9	9	9	8	8	8	7	7	7	6	6	6	5	상강	5	4	4	4	3	3	3	2

입동 7일 16시 42분 【음10월】→ 【丁亥月(정해월)】 ●팔백성 소설 22일 14시 14분

양력 11월 / 음력 09/30 ~ 10/29

구분	1	2	3	4	5	6	7	8	9	10	11	12	13	14	15	16	17	18	19	20	21	22	23	24	25	26	27	28	29	30
요일	화	수	목	금	토	일	월	화	수	목	금	토	일	월	화	수	목	금	토	일	월	화	수	목	금	토	일	월	화	수
日辰	기축	경인	신묘	임진	계사	갑오	을미	병신	정유	무술	기해	경자	신축	임인	계묘	갑진	을사	병오	정미	무신	기유	경술	신해	임자	계축	갑인	을묘	병진	정사	무오
음력	30	10/1	2	3	4	5	6	7	8	9	10	11	12	13	14	15	16	17	18	19	20	21	22	23	24	25	26	27	28	29
구성	8	7	6	5	4	3	2	1	9	8	7	6	5	4	3	2	1	9	8	7	6	5	4	3	2	1	9	8	7	6
대운 남	8	8	9	9	9	10	입동	1	1	1	1	2	2	2	3	3	3	4	4	4	5	소설	5	6	6	6	7	7	7	8
대운 여	2	2	1	1	1	1	입동	10	9	9	9	8	8	8	7	7	7	6	6	6	5	소설	5	4	4	4	3	3	3	2

대설 7일 09시 32분 【음11월】→ 【戊子月(무자월)】 ●칠적성 동지 22일 03시 34분

양력 12월 / 음력 10/30 ~ 12/01

구분	1	2	3	4	5	6	7	8	9	10	11	12	13	14	15	16	17	18	19	20	21	22	23	24	25	26	27	28	29	30	31
요일	목	금	토	일	월	화	수	목	금	토	일	월	화	수	목	금	토	일	월	화	수	목	금	토	일	월	화	수	목	금	토
日辰	기미	경신	신유	임술	계해	갑자	을축	병인	정묘	무진	기사	경오	신미	임신	계유	갑술	을해	병자	정축	무인	기묘	경진	신사	임오	계미	갑신	을유	병술	정해	무자	기축
음력	30	11/1	2	3	4	5	6	7	8	9	10	11	12	13	14	15	16	17	18	19	20	21	22	23	24	25	26	27	28	29	12/1
구성	5	4	3	2	1	1	2	3	4	5	6	7	8	9	1	2	3	4	5	6	7	8	9	1	2	3	4	5	6	7	8
대운 남	8	8	9	9	9	10	대설	1	1	1	1	2	2	2	3	3	3	4	4	4	5	동지	5	6	6	6	7	7	7	8	8
대운 여	2	2	1	1	1	1	대설	9	9	9	8	8	8	7	7	7	6	6	6	5	5	동지	4	4	4	3	3	3	2	2	2

11월 9일 유럽 우주국의 금성 탐사선 비너스 익스프레스가 카자흐스탄 바이코누르 우주 기지에서 발사되다.자살 폭탄 공격대가 요르단 암만에 호텔 3곳을 공격. 12월 16일 - 노성일 미즈메디 병원 이사장이 줄기세포는 하나도 없다는 것을 폭로하다.12월 29일 - 대구 서문시장 화재 발생

단기 4339 年	2006년	下元-병술(丙戌)년, 납음(옥상토),본명성(삼벽목)
불기 2550 年	윤7월	대장군(午남방), 삼살(북방), 상문(子북방),조객(申서남방), 납음(옥상토),【삼재(신,유,술)년】 臘享(납향):2007년1월25일(음12/07)

병술년

소한 5일 20시 46분 【음12월】➡ 【己丑月(기축월)】 ◑육백성 대한 20일 14시 15분

양력 1월 / 음력 12/02 ~ 01/03

	1	2	3	4	5	6	7	8	9	10	11	12	13	14	15	16	17	18	19	20	21	22	23	24	25	26	27	28	29	30	31
요일	일	월	화	수	목	금	토	일	월	화	수	목	금	토	일	월	화	수	목	금	토	일	월	화	수	목	금	토	일	월	화
일진(日辰)	경인	신묘	임진	계사	갑오	을미	병신	정유	무술	기해	경자	신축	임인	계묘	갑진	을사	병오	정미	무신	기유	경술	신해	임자	계축	갑인	을묘	병진	정사	무오	기미	경신
음력	2	3	4	5	6	7	8	9	10	11	12	13	14	15	16	17	18	19	20	21	22	23	24	25	26	27	28	29	1/1	2	3
구성	9	1	2	3	4	5	6	7	8	9	1	2	3	4	5	6	7	8	9	1	2	3	4	5	6	7	8	9	1	2	3
대남	8	9	9	9	소한	1	1	1	1	2	2	2	2	3	3	4	4	4	5	대한	5	6	6	6	7	7	7	8	8	8	9
운여	1	1	1	1	소한	10	9	9	9	9	8	8	8	7	7	6	6	6	5	대한	5	4	4	4	3	3	3	2	2	2	1

입춘 4일 08시 27분 【음1월】➡ 【庚寅月(경인월)】 ◐오황성 우수 19일 04시 25분

양력 2월 / 음력 01/04 ~ 02/01

	1	2	3	4	5	6	7	8	9	10	11	12	13	14	15	16	17	18	19	20	21	22	23	24	25	26	27	28
요일	수	목	금	토	일	월	화	수	목	금	토	일	월	화	수	목	금	토	일	월	화	수	목	금	토	일	월	화
일진(日辰)	신유	임술	계해	갑자	을축	병인	정묘	무진	기사	경오	신미	임신	계유	갑술	을해	병자	정축	무인	기묘	경진	신사	임오	계미	갑신	을유	병술	정해	무자
음력	4	5	6	7	8	9	10	11	12	13	14	15	16	17	18	19	20	21	22	23	24	25	26	27	28	29	30	2/1
구성	4	5	6	7	8	9	1	2	3	4	5	6	7	8	9	1	2	3	4	5	6	7	8	9	1	2	3	4
대남	9	9	10	입춘	10	9	9	9	8	8	8	7	7	7	6	6	6	5	우수	5	4	4	4	3	3	3	2	2
운여	1	1	1	입춘	1	1	1	1	1	2	2	2	3	3	4	4	4	5	우수	5	6	6	6	7	7	7	8	8

경칩 6일 02시 28분 【음2월】➡ 【辛卯月(신묘월)】 ◑사록성 춘분 21일 03시 25분

양력 3월 / 음력 02/02 ~ 03/03

	1	2	3	4	5	6	7	8	9	10	11	12	13	14	15	16	17	18	19	20	21	22	23	24	25	26	27	28	29	30	31
요일	수	목	금	토	일	월	화	수	목	금	토	일	월	화	수	목	금	토	일	월	화	수	목	금	토	일	월	화	수	목	금
일진(日辰)	기축	경인	신묘	임진	계사	갑오	을미	병신	정유	무술	기해	경자	신축	임인	계묘	갑진	을사	병오	정미	무신	기유	경술	신해	임자	계축	갑인	을묘	병진	정사	무오	기미
음력	2	3	4	5	6	7	8	9	10	11	12	13	14	15	16	17	18	19	20	21	22	23	24	25	26	27	28	29	3/1	2	3
구성	5	6	7	8	9	1	2	3	4	5	6	7	8	9	1	2	3	4	5	6	7	8	9	1	2	3	4	5	6	7	8
대남	2	1	1	1	1	경칩	10	9	9	9	8	8	8	7	7	7	6	6	6	5	춘분	5	4	4	4	3	3	3	2	2	2
운여	8	9	9	9	10	경칩	1	1	1	1	2	2	2	3	3	3	4	4	4	5	춘분	5	6	6	6	7	7	7	8	8	8

청명 5일 07시 15분 【음3월】➡ 【壬辰月(임진월)】 ◑삼벽성 곡우 20일 14시 25분

양력 4월 / 음력 03/04 ~ 04/03

	1	2	3	4	5	6	7	8	9	10	11	12	13	14	15	16	17	18	19	20	21	22	23	24	25	26	27	28	29	30
요일	토	일	월	화	수	목	금	토	일	월	화	수	목	금	토	일	월	화	수	목	금	토	일	월	화	수	목	금	토	일
일진(日辰)	경신	신유	임술	계해	갑자	을축	병인	정묘	무진	기사	경오	신미	임신	계유	갑술	을해	병자	정축	무인	기묘	경진	신사	임오	계미	갑신	을유	병술	정해	무자	기축
음력	4	5	6	7	8	9	10	11	12	13	14	15	16	17	18	19	20	21	22	23	24	25	26	27	28	29	30	4/1	2	3
구성	9	1	2	3	4	5	6	7	8	9	1	2	3	4	5	6	7	8	9	1	2	3	4	5	6	7	8	9	1	2
대남	1	1	1	1	청명	10	10	9	9	9	8	8	8	7	7	7	6	6	6	곡우	5	5	4	4	4	3	3	3	2	2
운여	9	9	9	10	청명	1	1	1	1	2	2	2	3	3	3	4	4	4	5	곡우	5	6	6	6	7	7	7	8	8	8

입하 6일 00시 30분 【음4월】➡ 【癸巳月(계사월)】 ◑이흑성 소만 21일 13시 31분

양력 5월 / 음력 04/04 ~ 05/04

	1	2	3	4	5	6	7	8	9	10	11	12	13	14	15	16	17	18	19	20	21	22	23	24	25	26	27	28	29	30	31
요일	월	화	수	목	금	토	일	월	화	수	목	금	토	일	월	화	수	목	금	토	일	월	화	수	목	금	토	일	월	화	수
일진(日辰)	경인	신묘	임진	계사	갑오	을미	병신	정유	무술	기해	경자	신축	임인	계묘	갑진	을사	병오	정미	무신	기유	경술	신해	임자	계축	갑인	을묘	병진	정사	무오	기미	경신
음력	4	5	6	7	8	9	10	11	12	13	14	15	16	17	18	19	20	21	22	23	24	25	26	27	28	29	30	5/1	2	3	4
구성	3	4	5	6	7	8	9	1	2	3	4	5	6	7	8	9	1	2	3	4	5	6	7	8	9	1	2	3	4	5	6
대남	2	1	1	1	1	입하	10	10	9	9	9	8	8	8	7	7	7	6	6	6	소만	5	5	4	4	4	3	3	3	2	2
운여	9	9	9	10	10	입하	1	1	1	1	2	2	2	3	3	3	4	4	4	5	소만	5	6	6	6	7	7	7	8	8	8

망종 6일 04시 36분 【음5월】➡ 【甲午月(갑오월)】 ◑일백성 하지 21일 21시 25분

양력 6월 / 음력 05/06 ~ 06/05

	1	2	3	4	5	6	7	8	9	10	11	12	13	14	15	16	17	18	19	20	21	22	23	24	25	26	27	28	29	30
요일	목	금	토	일	월	화	수	목	금	토	일	월	화	수	목	금	토	일	월	화	수	목	금	토	일	월	화	수	목	금
일진(日辰)	신유	임술	계해	갑자	을축	병인	정묘	무진	기사	경오	신미	임신	계유	갑술	을해	병자	정축	무인	기묘	경진	신사	임오	계미	갑신	을유	병술	정해	무자	기축	경인
음력	6	7	8	9	10	11	12	13	14	15	16	17	18	19	20	21	22	23	24	25	26	27	28	29	30	6/1	2	3	4	5
구성	7	8	9	9	8	7	6	5	4	3	2	1	9	8	7	6	5	4	3	2	1	9	8	7	6	5	4	3	2	1
대남	2	1	1	1	1	망종	10	10	9	9	9	8	8	8	7	7	7	6	6	6	하지	5	5	4	4	4	3	3	3	2
운여	9	9	9	10	10	망종	1	1	1	1	2	2	2	3	3	3	4	4	4	5	하지	5	6	6	6	7	7	7	8	8

1월 15일 - 김정일 조선노동당 총비서가 후진타오 중국 국가주석과 정상회담하다.2월 2일 - 베트남의 수도 하노이에서 교통사고가 발생해 140여 명이 사망하고, 248명이 부상..2월 3일 - 네팔의 수도 카트만두에서 갸넨드라 국왕의 전제정치를 비판하는 반정부시위가 발생.

2흑	7적	9자
1백	3벽	5황
6백	8백	4록

2006

소서 7일 14시 51분　【음6월】➡　【乙未月(을미월)】　●구자성　대서 23일 08시 17분

양력 7월 · 음력 06/06 - 07/07

양력	1	2	3	4	5	6	7	8	9	10	11	12	13	14	15	16	17	18	19	20	21	22	23	24	25	26	27	28	29	30	31
요일	토	일	월	화	수	목	금	토	일	월	화	수	목	금	토	일	월	화	수	목	금	토	일	월	화	수	목	금	토	일	월
일진 日辰	신묘	임진	계사	갑오	을미	병신	정유	무술	기해	경자	신축	임인	계묘	갑진	을사	병오	정미	무신	기유	경술	신해	임자	계축	갑인	을묘	병진	정사	무오	기미	경신	신유
음력	6	7	8	9	10	11	12	13	14	15	16	17	18	19	20	21	22	23	24	25	26	27	28	29	7/1	2	3	4	5	6	7
구성	9	8	7	6	5	4	3	2	1	9	8	7	6	5	4	3	2	1	9	8	7	6	5	4	3	2	1	9	8	7	6
대운 남	2	2	1	1	1	1	소서	10	10	10	9	9	9	8	8	8	7	7	7	6	6	6	대서	5	5	4	4	4	3	3	3
운 여	8	9	9	9	10	10	1	1	1	1	2	2	2	3	3	3	4	4	4	5	5	5	6	6	6	7	7	7	8	8	8

입추 8일 00시 40분　【음7월】➡　【丙申月(병신월)】　●팔백성　처서 23일 15시 22분

양력 8월 · 음력 07/08 - 윤708

양력	1	2	3	4	5	6	7	8	9	10	11	12	13	14	15	16	17	18	19	20	21	22	23	24	25	26	27	28	29	30	31
요일	화	수	목	금	토	일	월	화	수	목	금	토	일	월	화	수	목	금	토	일	월	화	수	목	금	토	일	월	화	수	목
일진 日辰	임술	계해	갑자	을축	병인	정묘	무진	기사	경오	신미	임신	계유	갑술	을해	병자	정축	무인	기묘	경진	신사	임오	계미	갑신	을유	병술	정해	무자	기축	경인	신묘	임진
음력	8	9	10	11	12	13	14	15	16	17	18	19	20	21	22	23	24	25	26	27	28	29	30	윤7	2	3	4	5	6	7	8
구성	5	4	3	2	1	9	8	7	6	5	4	3	2	1	9	8	7	6	5	4	3	2	1	9	8	7	6	5	4	3	2
대운 남	2	2	2	1	1	1	1	입추	10	10	9	9	9	8	8	8	7	7	7	6	6	6	처서	5	5	4	4	4	3	3	3
운 여	8	9	9	9	10	10	10	1	1	1	1	2	2	2	3	3	3	4	4	4	5	5	5	6	6	6	7	7	7	8

백로 8일 03시 38분　【음8월】➡　【丁酉月(정유월)】　●칠적성　추분 23일 13시 03분

양력 9월 · 음력 윤709 - 08/09

양력	1	2	3	4	5	6	7	8	9	10	11	12	13	14	15	16	17	18	19	20	21	22	23	24	25	26	27	28	29	30
요일	금	토	일	월	화	수	목	금	토	일	월	화	수	목	금	토	일	월	화	수	목	금	토	일	월	화	수	목	금	토
일진 日辰	계사	갑오	을미	병신	정유	무술	기해	경자	신축	임인	계묘	갑진	을사	병오	정미	무신	기유	경술	신해	임자	계축	갑인	을묘	병진	정사	무오	기미	경신	신유	임술
음력	9	10	11	12	13	14	15	16	17	18	19	20	21	22	23	24	25	26	27	28	29	8/1	2	3	4	5	6	7	8	9
구성	1	9	8	7	6	5	4	3	2	1	9	8	7	6	5	4	3	2	1	9	8	7	6	5	4	3	2	1	9	8
대운 남	2	2	2	1	1	1	1	백로	10	9	9	9	8	8	8	7	7	7	6	6	6	추분	5	5	5	4	4	4	3	3
운 여	8	8	9	9	10	10	10	로	1	1	1	2	2	2	3	3	3	4	4	4	5	분	5	6	6	6	7	7	7	7

한로 8일 19시 21분　【음9월】➡　【戊戌月(무술월)】　●육백성　상강 23일 22시 26분

양력 10월 · 음력 08/10 - 09/10

양력	1	2	3	4	5	6	7	8	9	10	11	12	13	14	15	16	17	18	19	20	21	22	23	24	25	26	27	28	29	30	31
요일	일	월	화	수	목	금	토	일	월	화	수	목	금	토	일	월	화	수	목	금	토	일	월	화	수	목	금	토	일	월	화
일진 日辰	계해	갑자	을축	병인	정묘	무진	기사	경오	신미	임신	계유	갑술	을해	병자	정축	무인	기묘	경진	신사	임오	계미	갑신	을유	병술	정해	무자	기축	경인	신묘	임진	계사
음력	10	11	12	13	14	15	16	17	18	19	20	21	22	23	24	25	26	27	28	29	30	9/1	2	3	4	5	6	7	8	9	10
구성	7	6	5	4	3	2	1	9	8	7	6	5	4	3	2	1	9	8	7	6	5	4	3	2	1	9	8	7	6	5	4
대운 남	2	2	1	1	1	1	한로	10	9	9	9	8	8	8	7	7	7	6	6	6	상강	5	5	4	4	4	3	3	3	2	2
운 여	8	8	9	9	9	10	로	1	1	1	2	2	2	3	3	3	4	4	4	5	강	5	6	6	6	7	7	7	8	8	8

입동 7일 22시 34분　【음10월】➡　【己亥月(기해월)】　●오황성　소설 22일 20시 01분

양력 11월 · 음력 09/11 - 10/10

양력	1	2	3	4	5	6	7	8	9	10	11	12	13	14	15	16	17	18	19	20	21	22	23	24	25	26	27	28	29	30
요일	수	목	금	토	일	월	화	수	목	금	토	일	월	화	수	목	금	토	일	월	화	수	목	금	토	일	월	화	수	목
일진 日辰	갑오	을미	병신	정유	무술	기해	경자	신축	임인	계묘	갑진	을사	병오	정미	무신	기유	경술	신해	임자	계축	갑인	을묘	병진	정사	무오	기미	경신	신유	임술	계해
음력	11	12	13	14	15	16	17	18	19	20	21	22	23	24	25	26	27	28	29	30	10/1	2	3	4	5	6	7	8	9	10
구성	3	2	1	9	8	7	6	5	4	3	2	1	9	8	7	6	5	4	3	2	1	9	8	7	6	5	4	3	2	1
대운 남	2	2	1	1	1	1	입동	10	9	9	9	8	8	8	7	7	7	6	6	6	소설	5	4	4	4	3	3	3	2	2
운 여	8	8	9	9	9	10	동	1	1	1	2	2	2	3	3	3	4	4	4	5	설	5	6	6	6	7	7	7	8	8

대설 7일 15시 26분　【음11월】➡　【庚子月(경자월)】　●사록성　동지 22일 09시 21분

양력 12월 · 음력 10/11 - 11/12

양력	1	2	3	4	5	6	7	8	9	10	11	12	13	14	15	16	17	18	19	20	21	22	23	24	25	26	27	28	29	30	31
요일	금	토	일	월	화	수	목	금	토	일	월	화	수	목	금	토	일	월	화	수	목	금	토	일	월	화	수	목	금	토	일
일진 日辰	갑자	을축	병인	정묘	무진	기사	경오	신미	임신	계유	갑술	을해	병자	정축	무인	기묘	경진	신사	임오	계미	갑신	을유	병술	정해	무자	기축	경인	신묘	임진	계사	갑오
음력	11	12	13	14	15	16	17	18	19	20	21	22	23	24	25	26	27	28	29	11/1	2	3	4	5	6	7	8	9	10	11	12
구성	1	2	3	4	5	6	7	8	9	1	2	3	4	5	6	7	8	9	1	2	3	4	5	6	7	8	9	1	2	3	4
대운 남	2	2	1	1	1	1	대설	10	9	9	9	8	8	8	7	7	7	6	6	6	동지	5	4	4	4	3	3	3	2	2	2
운 여	8	8	9	9	9	10	설	1	1	1	2	2	2	3	3	3	4	4	4	5	지	5	6	6	6	7	7	7	8	8	8

9월 30일 - 낭파라 총격사건으로 중국의 인민해방군에 의해 네팔로 가던 티베트 민간인이 사망하다. 10월 2일 - 국제 연합 사무총장 선거에서 반기문 장관이 반대표 없이 4차 예비투표에서 1위를 하다. 10월 3일 - 서해대교에서 29중 연쇄 추돌 사고가 발생하다. 11명 사망, 54명 부상.

2007년

단기 4340 年 · 불기 2551 年

下元-정해(丁亥)년. 납음(옥상토),본명성(이흑토)

대장군(酉서방). 삼살(酉서방), 상문(丑동북방),조객(酉서방), 납음(옥상토), 【삼재(사.오.미)년】 臘享(납향):2008년1월20일(음12/13)

소한 6일 02시 39분 【음12월】➡ 【辛丑月(신축월)】 ☽삼벽성 · 대한 20일 20시 00분

양력 1월 · 음력 11/13 ~ 12/13

양력	1	2	3	4	5	6	7	8	9	10	11	12	13	14	15	16	17	18	19	20	21	22	23	24	25	26	27	28	29	30	31
요일	월	화	수	목	금	토	일	월	화	수	목	금	토	일	월	화	수	목	금	토	일	월	화	수	목	금	토	일	월	화	수
일진(日辰)	을미	병신	정유	무술	기해	경자	신축	임인	계묘	갑진	을사	병오	정미	무신	기유	경술	신해	임자	계축	갑인	을묘	병진	정사	무오	기미	경신	신유	임술	계해	갑자	을축
음력	13	14	15	16	17	18	19	20	21	22	23	24	25	26	27	28	29	30	12/1	2	3	4	5	6	7	8	9	10	11	12	13
구성	5	6	7	8	9	1	2	3	4	5	6	7	8	9	1	2	3	4	5	6	7	8	9	1	2	3	4	5	6	7	8
대운 남	2	1	1	1	1	소한	9	9	9	8	8	8	7	7	7	6	6	6	5	대한	5	4	4	4	3	3	3	2	2	2	1
대운 여	8	9	9	9	10	소한	1	1	1	1	2	2	2	3	3	3	4	4	4	대한	5	5	6	6	6	7	7	7	8	8	8

입춘 4일 14시 17분 【음1월】➡ 【壬寅月(임인월)】 ☯이흑성 · 우수 19일 10시 08분

양력 2월 · 음력 12/14 ~ 01/11

양력	1	2	3	4	5	6	7	8	9	10	11	12	13	14	15	16	17	18	19	20	21	22	23	24	25	26	27	28
요일	목	금	토	일	월	화	수	목	금	토	일	월	화	수	목	금	토	일	월	화	수	목	금	토	일	월	화	수
일진(日辰)	병인	정묘	무진	기사	경오	신미	임신	계유	갑술	을해	병자	정축	무인	기묘	경진	신사	임오	계미	갑신	을유	병술	정해	무자	기축	경인	신묘	임진	계사
음력	14	15	16	17	18	19	20	21	22	23	24	25	26	27	28	29	30	1/1	2	3	4	5	6	7	8	9	10	11
구성	9	1	2	3	4	5	6	7	8	9	1	2	3	4	5	6	7	8	9	1	2	3	4	5	6	7	8	9
대운 남	1	1	1	입춘	1	1	1	1	2	2	2	3	3	3	4	4	4	5	우수	5	6	6	6	7	7	7	8	8
대운 여	9	9	9	입춘	10	9	9	9	8	8	8	7	7	7	6	6	6	5	우수	5	4	4	4	3	3	3	2	2

경칩 6일 08시 17분 【음2월】➡ 【癸卯月(계묘월)】 ☯일백성 · 춘분 21일 09시 07분

양력 3월 · 음력 01/12 ~ 02/13

양력	1	2	3	4	5	6	7	8	9	10	11	12	13	14	15	16	17	18	19	20	21	22	23	24	25	26	27	28	29	30	31
요일	목	금	토	일	월	화	수	목	금	토	일	월	화	수	목	금	토	일	월	화	수	목	금	토	일	월	화	수	목	금	토
일진(日辰)	갑오	을미	병신	정유	무술	기해	경자	신축	임인	계묘	갑진	을사	병오	정미	무신	기유	경술	신해	임자	계축	갑인	을묘	병진	정사	무오	기미	경신	신유	임술	계해	갑자
음력	12	13	14	15	16	17	18	19	20	21	22	23	24	25	26	27	28	29	2/1	2	3	4	5	6	7	8	9	10	11	12	13
구성	1	2	3	4	5	6	7	8	9	1	2	3	4	5	6	7	8	9	1	2	3	4	5	6	7	8	9	1	2	3	4
대운 남	8	9	9	9	10	경칩	1	1	1	1	2	2	2	3	3	3	4	4	4	5	춘분	5	6	6	6	7	7	7	8	8	8
대운 여	2	1	1	1	1	경칩	10	9	9	9	8	8	8	7	7	7	6	6	6	5	춘분	5	4	4	4	3	3	3	2	2	2

청명 5일 13시 04분 【음3월】➡ 【甲辰月(갑진월)】 ☯구자성 · 곡우 20일 20시 06분

양력 4월 · 음력 02/14 ~ 03/14

양력	1	2	3	4	5	6	7	8	9	10	11	12	13	14	15	16	17	18	19	20	21	22	23	24	25	26	27	28	29	30
요일	일	월	화	수	목	금	토	일	월	화	수	목	금	토	일	월	화	수	목	금	토	일	월	화	수	목	금	토	일	월
일진(日辰)	을축	병인	정묘	무진	기사	경오	신미	임신	계유	갑술	을해	병자	정축	무인	기묘	경진	신사	임오	계미	갑신	을유	병술	정해	무자	기축	경인	신묘	임진	계사	갑오
음력	14	15	16	17	18	19	20	21	22	23	24	25	26	27	28	29	3/1	2	3	4	5	6	7	8	9	10	11	12	13	14
구성	5	6	7	8	9	1	2	3	4	5	6	7	8	9	1	2	3	4	5	6	7	8	9	1	2	3	4	5	6	7
대운 남	9	9	9	10	청명	1	1	1	2	2	2	3	3	3	4	4	4	5	5	곡우	5	6	6	6	7	7	7	8	8	8
대운 여	1	1	1	1	청명	10	10	9	9	9	8	8	8	7	7	7	6	6	6	곡우	5	5	4	4	4	3	3	3	2	2

입하 6일 06시 20분 【음4월】➡ 【乙巳月(을사월)】 ☯팔백성 · 소만 21일 19시 11분

양력 5월 · 음력 03/15 ~ 04/15

양력	1	2	3	4	5	6	7	8	9	10	11	12	13	14	15	16	17	18	19	20	21	22	23	24	25	26	27	28	29	30	31
요일	화	수	목	금	토	일	월	화	수	목	금	토	일	월	화	수	목	금	토	일	월	화	수	목	금	토	일	월	화	수	목
일진(日辰)	을미	병신	정유	무술	기해	경자	신축	임인	계묘	갑진	을사	병오	정미	무신	기유	경술	신해	임자	계축	갑인	을묘	병진	정사	무오	기미	경신	신유	임술	계해	갑자	을축
음력	15	16	17	18	19	20	21	22	23	24	25	26	27	28	29	30	4/1	2	3	4	5	6	7	8	9	10	11	12	13	14	15
구성	8	9	1	2	3	4	5	6	7	8	9	1	2	3	4	5	6	7	8	9	1	2	3	4	5	6	7	8	9	1	2
대운 남	9	9	9	10	10	입하	1	1	1	2	2	2	3	3	3	4	4	4	5	5	소만	5	6	6	6	7	7	7	8	8	8
대운 여	2	1	1	1	1	입하	10	10	9	9	9	8	8	8	7	7	7	6	6	6	소만	5	5	4	4	4	3	3	3	2	2

망종 6일 10시 26분 【음5월】➡ 【丙午月(병오월)】 ☯칠적성 · 하지 22일 03시 06분

양력 6월 · 음력 04/16 ~ 05/16

양력	1	2	3	4	5	6	7	8	9	10	11	12	13	14	15	16	17	18	19	20	21	22	23	24	25	26	27	28	29	30
요일	금	토	일	월	화	수	목	금	토	일	월	화	수	목	금	토	일	월	화	수	목	금	토	일	월	화	수	목	금	토
일진(日辰)	병인	정묘	무진	기사	경오	신미	임신	계유	갑술	을해	병자	정축	무인	기묘	경진	신사	임오	계미	갑신	을유	병술	정해	무자	기축	경인	신묘	임진	계사	갑오	을미
음력	16	17	18	19	20	21	22	23	24	25	26	27	28	29	5/1	2	3	4	5	6	7	8	9	10	11	12	13	14	15	16
구성	7	6	5	4	3	2	1	9	8	7	6	5	4	3	2	1	9	8	7	6	5	4	3	2	1	9	8	7	6	5
대운 남	9	9	9	10	10	망종	1	1	1	2	2	2	3	3	3	4	4	4	5	5	5	하지	6	6	6	7	7	7	8	8
대운 여	2	1	1	1	1	망종	10	10	9	9	9	8	8	8	7	7	7	6	6	6	5	하지	5	4	4	4	3	3	3	2

정해년

1월 16일 2007년 대한민국 대통령 선거 후보로 거론되던 고건이 대통령 선거에 출마하지 않겠다는 뜻을 밝혔다.대한민국 대검 중수부는 비자금 조성하고, 회삿돈 횡령/ 계열사에 손실을 끼쳐 배임을 저지른 혐의로 기소된 정몽구 현대-기아 자동차 그룹 회장에게 징역 6년을 구형했다.

한식(4월06일), 초복(7월15일), 중복(7월25일), 말복(8월14일) ↑춘사(春社)3/25 ☀추사(秋社)9/21
토왕지절(土旺之節):4월17일,7월20일,10월21일,1월18일(음12/11)臘享(납향):2008년1월20일(음12/13)

九日得辛, 十龍治水, 2007년 정해年(옥상토), 이흑토

1백	6백	8백
9자	2흑	4록
5황	7적	3벽

소서 7일 20시 41분 　【음6월】➡　【丁未月(정미월)】　◐육백성　대서 23일 13시 59분

양력 7월 / 음력 05/17 ～ 06/18

	1	2	3	4	5	6	7	8	9	10	11	12	13	14	15	16	17	18	19	20	21	22	23	24	25	26	27	28	29	30	31
요일	일	월	화	수	목	금	토	일	월	화	수	목	금	토	일	월	화	수	목	금	토	일	월	화	수	목	금	토	일	월	화
日辰	병신	정유	무술	기해	경자	신축	임인	계묘	갑진	을사	병오	정미	무신	기유	경술	신해	임자	계축	갑인	을묘	병진	정사	무오	기미	경신	신유	임술	계해	갑자	을축	병인
음력	17	18	19	20	21	22	23	24	25	26	27	28	29	6/1	2	3	4	5	6	7	8	9	10	11	12	13	14	15	16	17	18
구성	4	3	2	1	9	8	7	6	5	4	3	2	1	9	8	7	6	5	4	3	2	1	9	8	7	6	5	4	3	2	1
대운남	8	9	9	9	10	10	소서	1	1	1	1	2	2	2	3	3	3	4	4	4	5	5	대서	6	6	6	7	7	7	8	8
대운여	2	2	1	1	1	1	소서	10	10	10	9	9	9	8	8	8	7	7	7	6	6	6	대서	5	5	4	4	4	3	3	3

입추 8일 06시 30분 　【음7월】➡　【戊申月(무신월)】　◐오황성　처서 23일 21시 07분

양력 8월 / 음력 06/19 ～ 07/19

	1	2	3	4	5	6	7	8	9	10	11	12	13	14	15	16	17	18	19	20	21	22	23	24	25	26	27	28	29	30	31
요일	수	목	금	토	일	월	화	수	목	금	토	일	월	화	수	목	금	토	일	월	화	수	목	금	토	일	월	화	수	목	금
日辰	정묘	무진	기사	경오	신미	임신	계유	갑술	을해	병자	정축	무인	기묘	경진	신사	임오	계미	갑신	을유	병술	정해	무자	기축	경인	신묘	임진	계사	갑오	을미	병신	정유
음력	19	20	21	22	23	24	25	26	27	28	29	30	7/1	2	3	4	5	6	7	8	9	10	11	12	13	14	15	16	17	18	19
구성	9	8	7	6	5	4	3	2	1	9	8	7	6	5	4	3	2	1	9	8	7	6	5	4	3	2	1	9	8	7	6
대운남	8	9	9	9	10	10	10	입추	1	1	1	1	2	2	2	3	3	3	4	4	4	5	처서	5	6	6	6	7	7	7	8
대운여	2	2	2	1	1	1	1	입추	10	10	9	9	9	8	8	8	7	7	7	6	6	6	처서	5	5	4	4	4	3	3	3

백로 8일 09시 29분 　【음8월】➡　【己酉月(기유월)】　◑사록성　추분 23일 18시 50분

양력 9월 / 음력 07/20 ～ 08/20

	1	2	3	4	5	6	7	8	9	10	11	12	13	14	15	16	17	18	19	20	21	22	23	24	25	26	27	28	29	30
요일	토	일	월	화	수	목	금	토	일	월	화	수	목	금	토	일	월	화	수	목	금	토	일	월	화	수	목	금	토	일
日辰	무술	기해	경자	신축	임인	계묘	갑진	을사	병오	정미	무신	기유	경술	신해	임자	계축	갑인	을묘	병진	정사	무오	기미	경신	신유	임술	계해	갑자	을축	병인	정묘
음력	20	21	22	23	24	25	26	27	28	29	8/1	2	3	4	5	6	7	8	9	10	11	12	13	14	15	16	17	18	19	20
구성	5	4	3	2	1	9	8	7	6	5	4	3	2	1	9	8	7	6	5	4	3	2	1	9	8	7	6	5	4	3
대운남	8	8	9	9	9	10	10	백로	1	1	1	1	2	2	2	3	3	3	4	4	4	5	추분	5	6	6	6	7	7	7
대운여	2	2	2	1	1	1	1	백로	10	10	9	9	9	8	8	8	7	7	7	6	6	6	추분	5	5	4	4	4	3	3

한로 9일 01시 11분 　【음9월】➡　【庚戌月(경술월)】　◑삼벽성　상강 24일 04시 15분

양력 10월 / 음력 08/21 ～ 09/21

	1	2	3	4	5	6	7	8	9	10	11	12	13	14	15	16	17	18	19	20	21	22	23	24	25	26	27	28	29	30	31
요일	월	화	수	목	금	토	일	월	화	수	목	금	토	일	월	화	수	목	금	토	일	월	화	수	목	금	토	일	월	화	수
日辰	무진	기사	경오	신미	임신	계유	갑술	을해	병자	정축	무인	기묘	경진	신사	임오	계미	갑신	을유	병술	정해	무자	기축	경인	신묘	임진	계사	갑오	을미	병신	정유	무술
음력	21	22	23	24	25	26	27	28	29	30	9/1	2	3	4	5	6	7	8	9	10	11	12	13	14	15	16	17	18	19	20	21
구성	2	1	9	8	7	6	5	4	3	2	1	9	8	7	6	5	4	3	2	1	9	8	7	6	5	4	3	2	1	9	8
대운남	8	8	8	9	9	9	10	10	한로	1	1	1	1	2	2	2	3	3	3	4	4	4	5	상강	5	6	6	6	7	7	7
대운여	3	2	2	2	2	1	1	1	한로	10	9	9	9	9	8	8	8	7	7	7	6	6	6	상강	5	4	4	4	4	3	3

입동 8일 04시 23분 　【음10월】➡　【辛亥月(신해월)】　◑이흑성　소설 23일 01시 49분

양력 11월 / 음력 09/22 ～ 10/21

	1	2	3	4	5	6	7	8	9	10	11	12	13	14	15	16	17	18	19	20	21	22	23	24	25	26	27	28	29	30
요일	목	금	토	일	월	화	수	목	금	토	일	월	화	수	목	금	토	일	월	화	수	목	금	토	일	월	화	수	목	금
日辰	기해	경자	신축	임인	계묘	갑진	을사	병오	정미	무신	기유	경술	신해	임자	계축	갑인	을묘	병진	정사	무오	기미	경신	신유	임술	계해	갑자	을축	병인	정묘	무진
음력	22	23	24	25	26	27	28	29	30	10/1	2	3	4	5	6	7	8	9	10	11	12	13	14	15	16	17	18	19	20	21
구성	7	6	5	4	3	2	1	9	8	7	6	5	4	3	2	1	9	8	7	6	5	4	3	2	1	1	2	3	4	5
대운남	8	8	8	9	9	9	10	입동	1	1	1	1	2	2	2	3	3	3	4	4	4	5	소설	5	6	6	6	7	7	7
대운여	2	2	2	1	1	1	1	입동	9	9	9	8	8	8	7	7	7	6	6	6	5	5	소설	4	4	4	3	3	3	2

대설 7일 21시 13분 　【음11월】➡　【壬子月(임자월)】　◑일백성　동지 22일 15시 07분

양력 12월 / 음력 10/22 ～ 11/22

	1	2	3	4	5	6	7	8	9	10	11	12	13	14	15	16	17	18	19	20	21	22	23	24	25	26	27	28	29	30	31
요일	토	일	월	화	수	목	금	토	일	월	화	수	목	금	토	일	월	화	수	목	금	토	일	월	화	수	목	금	토	일	월
日辰	기사	경오	신미	임신	계유	갑술	을해	병자	정축	무인	기묘	경진	신사	임오	계미	갑신	을유	병술	정해	무자	기축	경인	신묘	임진	계사	갑오	을미	병신	정유	무술	기해
음력	22	23	24	25	26	27	28	29	30	11/1	2	3	4	5	6	7	8	9	10	11	12	13	14	15	16	17	18	19	20	21	22
구성	6	7	8	9	1	2	3	4	5	6	7	8	9	1	2	3	4	5	6	7	8	9	1	2	3	4	5	6	7	8	9
대운남	8	8	8	9	9	9	대설	1	1	1	1	2	2	2	3	3	3	4	4	4	5	동지	5	6	6	6	7	7	7	8	8
대운여	2	2	2	1	1	1	대설	10	9	9	9	8	8	8	7	7	7	6	6	6	5	동지	5	4	4	4	3	3	3	2	2

9월 5일- 고산 대한민국 최초의 우주비행사로 선발되다 9월 6일 비자금 조성 수백억원의 회삿돈 횡령한 혐의로 기소되어 1심에서 실형 선고받았던 정몽구 현대-기아 자동차 그룹 회장에게 향후 5년간 8400억원을 사회에 출연하는 등 사회봉사 조건으로 집행유예가 선고되다.

양력 1월 — 소한 6일 08시 24분 【음12월】→ 【癸丑月(계축월)】 ●구자성 — 대한 21일 01시 43분

	1	2	3	4	5	6	7	8	9	10	11	12	13	14	15	16	17	18	19	20	21	22	23	24	25	26	27	28	29	30	31
요일	화	수	목	금	토	일	월	화	수	목	금	토	일	월	화	수	목	금	토	일	월	화	수	목	금	토	일	월	화	수	목
일진(日辰)	경자	신축	임인	계묘	갑진	을사	병오	정미	무신	기유	경술	신해	임자	계축	갑인	을묘	병진	정사	무오	기미	경신	신유	임술	계해	갑자	을축	병인	정묘	무진	기사	경오
음력	23	24	25	26	27	28	29	12/1	2	3	4	5	6	7	8	9	10	11	12	13	14	15	16	17	18	19	20	21	22	23	24
구성	1	2	3	4	5	6	7	8	9	1	2	3	4	5	6	7	8	9	1	2	3	4	5	6	7	8	9	1	2	3	4
대운 남	8	9	9	9	10	소한	1	1	1	1	2	2	2	3	3	3	4	4	4	5	대한	5	6	6	6	7	7	7	8	8	8
운 여	2	1	1	1	1	소한	9	9	9	8	8	8	7	7	7	6	6	6	5	5	대한	4	4	4	3	3	3	2	2	2	1

음력 11/23 ~ 12/24

양력 2월 — 입춘 4일 20시 00분 【음1월】→ 【甲寅月(갑인월)】 ●팔백성 — 우수 19일 15시 49분

	1	2	3	4	5	6	7	8	9	10	11	12	13	14	15	16	17	18	19	20	21	22	23	24	25	26	27	28	29
요일	금	토	일	월	화	수	목	금	토	일	월	화	수	목	금	토	일	월	화	수	목	금	토	일	월	화	수	목	금
일진(日辰)	신미	임신	계유	갑술	을해	병자	정축	무인	기묘	경진	신사	임오	계미	갑신	을유	병술	정해	무자	기축	경인	신묘	임진	계사	갑오	을미	병신	정유	무술	기해
음력	25	26	27	28	29	30	1/1	2	3	4	5	6	7	8	9	10	11	12	13	14	15	16	17	18	19	20	21	22	23
구성	5	6	7	8	9	1	2	3	4	5	6	7	8	9	1	2	3	4	5	6	7	8	9	1	2	3	4	5	6
대운 남	9	9	9	입춘	10	9	9	9	8	8	8	7	7	7	6	6	6	5	우수	5	4	4	4	3	3	3	2	2	2
운 여	1	1	1	입춘	1	1	1	1	2	2	2	3	3	3	4	4	4	5	우수	5	6	6	6	7	7	7	8	8	8

음력 12/25 ~ 01/23 — 무자년

양력 3월 — 경칩 5일 13시 58분 【음2월】→ 【乙卯月(을묘월)】 ●칠적성 — 춘분 20일 14시 47분

	1	2	3	4	5	6	7	8	9	10	11	12	13	14	15	16	17	18	19	20	21	22	23	24	25	26	27	28	29	30	31
요일	토	일	월	화	수	목	금	토	일	월	화	수	목	금	토	일	월	화	수	목	금	토	일	월	화	수	목	금	토	일	월
일진(日辰)	경자	신축	임인	계묘	갑진	을사	병오	정미	무신	기유	경술	신해	임자	계축	갑인	을묘	병진	정사	무오	기미	경신	신유	임술	계해	갑자	을축	병인	정묘	무진	기사	경오
음력	24	25	26	27	28	29	30	2/1	2	3	4	5	6	7	8	9	10	11	12	13	14	15	16	17	18	19	20	21	22	23	24
구성	7	8	9	1	2	3	4	5	6	7	8	9	1	2	3	4	5	6	7	8	9	1	2	3	4	5	6	7	8	9	1
대운 남	1	1	1	1	경칩	10	9	9	9	8	8	8	7	7	7	6	6	6	5	춘분	5	4	4	4	3	3	3	2	2	2	1
운 여	9	9	9	10	경칩	1	1	1	1	2	2	2	3	3	3	4	4	4	5	춘분	5	6	6	6	7	7	7	8	8	8	9

음력 01/24 ~ 02/24

양력 4월 — 청명 4일 18시 45분 【음3월】→ 【丙辰月(병진월)】 ●육백성 — 곡우 20일 01시 50분

	1	2	3	4	5	6	7	8	9	10	11	12	13	14	15	16	17	18	19	20	21	22	23	24	25	26	27	28	29	30
요일	화	수	목	금	토	일	월	화	수	목	금	토	일	월	화	수	목	금	토	일	월	화	수	목	금	토	일	월	화	수
일진(日辰)	신미	임신	계유	갑술	을해	병자	정축	무인	기묘	경진	신사	임오	계미	갑신	을유	병술	정해	무자	기축	경인	신묘	임진	계사	갑오	을미	병신	정유	무술	기해	경자
음력	25	26	27	28	29	3/1	2	3	4	5	6	7	8	9	10	11	12	13	14	15	16	17	18	19	20	21	22	23	24	25
구성	2	3	4	5	6	7	8	9	1	2	3	4	5	6	7	8	9	1	2	3	4	5	6	7	8	9	1	2	3	4
대운 남	1	1	1	청명	10	10	9	9	9	8	8	8	7	7	7	6	6	6	5	곡우	5	4	4	4	3	3	3	2	2	2
운 여	9	9	10	청명	1	1	1	1	2	2	2	3	3	3	4	4	4	5	5	곡우	6	6	6	7	7	7	8	8	8	9

음력 02/25 ~ 03/25

양력 5월 — 입하 5일 12시 03분 【음4월】→ 【丁巳月(정사월)】 ●오황성 — 소만 21일 01시 00분

	1	2	3	4	5	6	7	8	9	10	11	12	13	14	15	16	17	18	19	20	21	22	23	24	25	26	27	28	29	30	31
요일	목	금	토	일	월	화	수	목	금	토	일	월	화	수	목	금	토	일	월	화	수	목	금	토	일	월	화	수	목	금	토
일진(日辰)	신축	임인	계묘	갑진	을사	병오	정미	무신	기유	경술	신해	임자	계축	갑인	을묘	병진	정사	무오	기미	경신	신유	임술	계해	갑자	을축	병인	정묘	무진	기사	경오	신미
음력	26	27	28	29	4/1	2	3	4	5	6	7	8	9	10	11	12	13	14	15	16	17	18	19	20	21	22	23	24	25	26	27
구성	5	6	7	8	9	1	2	3	4	5	6	7	8	9	1	2	3	4	5	6	7	8	9	9	8	7	6	5	4	3	2
대운 남	1	1	1	1	입하	10	10	9	9	9	8	8	8	7	7	7	6	6	6	5	소만	5	4	4	4	3	3	3	2	2	2
운 여	9	9	10	10	입하	1	1	1	1	2	2	2	3	3	3	4	4	4	5	5	소만	6	6	6	7	7	7	8	8	8	9

음력 03/26 ~ 04/27

양력 6월 — 망종 5일 16시 11분 【음5월】→ 【戊午月(무오월)】 ●사록성 — 하지 21일 08시 59분

	1	2	3	4	5	6	7	8	9	10	11	12	13	14	15	16	17	18	19	20	21	22	23	24	25	26	27	28	29	30
요일	일	월	화	수	목	금	토	일	월	화	수	목	금	토	일	월	화	수	목	금	토	일	월	화	수	목	금	토	일	월
일진(日辰)	임신	계유	갑술	을해	병자	정축	무인	기묘	경진	신사	임오	계미	갑신	을유	병술	정해	무자	기축	경인	신묘	임진	계사	갑오	을미	병신	정유	무술	기해	경자	신축
음력	28	29	30	5/1	2	3	4	5	6	7	8	9	10	11	12	13	14	15	16	17	18	19	20	21	22	23	24	25	26	27
구성	1	9	8	7	6	5	4	3	2	1	9	8	7	6	5	4	3	2	1	9	8	7	6	5	4	3	2	1	9	8
대운 남	1	1	1	1	망종	10	10	10	9	9	9	8	8	8	7	7	7	6	6	6	하지	5	5	4	4	4	3	3	3	2
운 여	9	9	10	10	망종	1	1	1	1	2	2	2	3	3	3	4	4	4	5	5	하지	6	6	6	7	7	7	8	8	8

음력 04/28 ~ 05/27

삼성 특검·특검 수사팀은 이건희 회장의 개인 집무실 승지원을 전격 압수수색했다.1월 15일 - 삼성 특검·특검 수사팀은 삼성 그룹 본관 내 이건희 회장의 집무실과 이학수 부회장 집무실, 재무팀, 법무팀 등 전략기획실 핵심 부서들, 이건희 회장 자택을 압수수색했다.

9자	5황	7적
8백	1백	3벽
4록	6백	2흑

2008

양력 7월 — 【음6월】→ 【己未月(기미월)】 ☯삼벽성
소서 7일 02시 26분　대서 22일 19시 54분　(음력 05/28 ~ 06/29)

양력	1	2	3	4	5	6	7	8	9	10	11	12	13	14	15	16	17	18	19	20	21	22	23	24	25	26	27	28	29	30	31
요일	화	수	목	금	토	일	월	화	수	목	금	토	일	월	화	수	목	금	토	일	월	화	수	목	금	토	일	월	화	수	목
일진(천간)	임	계	갑	을	병	정	무	기	경	신	임	계	갑	을	병	정	무	기	경	신	임	계	갑	을	병	정	무	기	경	신	임
日辰(지지)	인	묘	진	사	오	미	신	유	술	해	자	축	인	묘	진	사	오	미	신	유	술	해	자	축	인	묘	진	사	오	미	신
음력	28	29	6/1	2	3	4	5	6	7	8	9	10	11	12	13	14	15	16	17	18	19	20	21	22	23	24	25	26	27	28	29
구성	7	6	5	4	3	2	1	9	8	7	6	5	4	3	2	1	9	8	7	6	5	4	3	2	1	9	8	7	6	5	4
대운 남	2	2	1	1	1	1	소서	10	10	9	9	9	8	8	8	7	7	7	6	6	6	대서	5	5	4	4	4	3	3	3	2
대운 여	9	9	9	10	10	10	소서	1	1	1	1	2	2	2	3	3	3	4	4	4	5	대서	5	6	6	6	7	7	7	8	8

양력 8월 — 【음7월】→ 【庚申月(경신월)】 ☯이흑성
입추 7일 12시 15분　처서 23일 03시 01분　(음력 07/01 ~ 08/01)

양력	1	2	3	4	5	6	7	8	9	10	11	12	13	14	15	16	17	18	19	20	21	22	23	24	25	26	27	28	29	30	31
요일	금	토	일	월	화	수	목	금	토	일	월	화	수	목	금	토	일	월	화	수	목	금	토	일	월	화	수	목	금	토	일
일진(천간)	계	갑	을	병	정	무	기	경	신	임	계	갑	을	병	정	무	기	경	신	임	계	갑	을	병	정	무	기	경	신	임	계
日辰(지지)	유	술	해	자	축	인	묘	진	사	오	미	신	유	술	해	자	축	인	묘	진	사	오	미	신	유	술	해	자	축	인	묘
음력	7/1	2	3	4	5	6	7	8	9	10	11	12	13	14	15	16	17	18	19	20	21	22	23	24	25	26	27	28	29	30	8/1
구성	3	2	1	9	8	7	6	5	4	3	2	1	9	8	7	6	5	4	3	2	1	9	8	7	6	5	4	3	2	1	9
대운 남	2	2	1	1	1	1	입추	10	10	9	9	9	8	8	8	7	7	7	6	6	6	5	처서	5	4	4	4	3	3	3	2
대운 여	8	9	9	9	10	10	입추	1	1	1	1	2	2	2	3	3	3	4	4	4	5	5	처서	6	6	6	7	7	7	8	8

양력 9월 — 【음8월】→ 【辛酉月(신유월)】 ☯일백성
백로 7일 15시 13분　추분 23일 00시 44분　(음력 08/02 ~ 09/02)

양력	1	2	3	4	5	6	7	8	9	10	11	12	13	14	15	16	17	18	19	20	21	22	23	24	25	26	27	28	29	30
요일	월	화	수	목	금	토	일	월	화	수	목	금	토	일	월	화	수	목	금	토	일	월	화	수	목	금	토	일	월	화
일진(천간)	갑	을	병	정	무	기	경	신	임	계	갑	을	병	정	무	기	경	신	임	계	갑	을	병	정	무	기	경	신	임	계
日辰(지지)	진	사	오	미	신	유	술	해	자	축	인	묘	진	사	오	미	신	유	술	해	자	축	인	묘	진	사	오	미	신	유
음력	2	3	4	5	6	7	8	9	10	11	12	13	14	15	16	17	18	19	20	21	22	23	24	25	26	27	28	29	9/1	2
구성	8	7	6	5	4	3	2	1	9	8	7	6	5	4	3	2	1	9	8	7	6	5	4	3	2	1	9	8	7	6
대운 남	2	2	1	1	1	1	백로	10	10	9	9	9	8	8	8	7	7	7	6	6	6	5	추분	5	4	4	4	3	3	3
대운 여	8	9	9	9	10	10	백로	1	1	1	1	2	2	2	3	3	3	4	4	4	5	5	추분	6	6	6	7	7	7	8

양력 10월 — 【음9월】→ 【壬戌月(임술월)】 ☯구자성
한로 8일 06시 56분　상강 23일 10시 08분　(음력 09/03 ~ 10/03)

양력	1	2	3	4	5	6	7	8	9	10	11	12	13	14	15	16	17	18	19	20	21	22	23	24	25	26	27	28	29	30	31
요일	수	목	금	토	일	월	화	수	목	금	토	일	월	화	수	목	금	토	일	월	화	수	목	금	토	일	월	화	수	목	금
일진(천간)	갑	을	병	정	무	기	경	신	임	계	갑	을	병	정	무	기	경	신	임	계	갑	을	병	정	무	기	경	신	임	계	갑
日辰(지지)	술	해	자	축	인	묘	진	사	오	미	신	유	술	해	자	축	인	묘	진	사	오	미	신	유	술	해	자	축	인	묘	진
음력	3	4	5	6	7	8	9	10	11	12	13	14	15	16	17	18	19	20	21	22	23	24	25	26	27	28	29	30	10/1	2	3
구성	5	4	3	2	1	9	8	7	6	5	4	3	2	1	9	8	7	6	5	4	3	2	1	9	8	7	6	5	4	3	2
대운 남	2	2	2	1	1	1	1	한로	10	9	9	9	8	8	8	7	7	7	6	6	6	5	상강	5	4	4	4	3	3	3	2
대운 여	8	8	9	9	9	10	10	한로	1	1	1	1	2	2	2	3	3	3	4	4	4	5	상강	5	6	6	6	7	7	7	8

양력 11월 — 【음10월】→ 【癸亥月(계해월)】 ☯팔백성
입동 7일 10시 10분　소설 22일 07시 44분　(음력 10/04 ~ 11/03)

양력	1	2	3	4	5	6	7	8	9	10	11	12	13	14	15	16	17	18	19	20	21	22	23	24	25	26	27	28	29	30
요일	토	일	월	화	수	목	금	토	일	월	화	수	목	금	토	일	월	화	수	목	금	토	일	월	화	수	목	금	토	일
일진(천간)	을	병	정	무	기	경	신	임	계	갑	을	병	정	무	기	경	신	임	계	갑	을	병	정	무	기	경	신	임	계	갑
日辰(지지)	사	오	미	신	유	술	해	자	축	인	묘	진	사	오	미	신	유	술	해	자	축	인	묘	진	사	오	미	신	유	술
음력	4	5	6	7	8	9	10	11	12	13	14	15	16	17	18	19	20	21	22	23	24	25	26	27	28	29	30	11/1	2	3
구성	1	9	8	7	6	5	4	3	2	1	9	8	7	6	5	4	3	2	1	9	8	7	6	5	4	3	2	1	9	8
대운 남	2	2	1	1	1	1	입동	10	9	9	9	8	8	8	7	7	7	6	6	6	5	소설	5	4	4	4	3	3	3	2
대운 여	8	8	9	9	9	10	입동	1	1	1	1	2	2	2	3	3	3	4	4	4	5	소설	5	6	6	6	7	7	7	8

양력 12월 — 【음11월】→ 【甲子月(갑자월)】 ☯칠적성
대설 7일 03시 02분　동지 21일 21시 03분　(음력 11/04 ~ 12/05)

양력	1	2	3	4	5	6	7	8	9	10	11	12	13	14	15	16	17	18	19	20	21	22	23	24	25	26	27	28	29	30	31
요일	월	화	수	목	금	토	일	월	화	수	목	금	토	일	월	화	수	목	금	토	일	월	화	수	목	금	토	일	월	화	수
일진(천간)	을	병	정	무	기	경	신	임	계	갑	을	병	정	무	기	경	신	임	계	갑	을	병	정	무	기	경	신	임	계	갑	을
日辰(지지)	해	자	축	인	묘	진	사	오	미	신	유	술	해	자	축	인	묘	진	사	오	미	신	유	술	해	자	축	인	묘	진	사
음력	4	5	6	7	8	9	10	11	12	13	14	15	16	17	18	19	20	21	22	23	24	25	26	27	28	29	12/1	2	3	4	5
구성	7	6	5	4	3	2	1	9	8	7	6	5	4	3	2	1	9	8	7	7	8	9	1	2	3	4	5	6	7	8	9
대운 남	2	2	1	1	1	1	대설	9	9	9	8	8	8	7	7	7	6	6	6	5	동지	5	4	4	4	3	3	3	2	2	2
대운 여	8	8	9	9	9	10	대설	1	1	1	1	2	2	2	3	3	3	4	4	4	동지	5	5	6	6	6	7	7	7	8	8

이명박 대통령 취임2월 25일 대한민국 제16대 대통령 노무현 임기가 종료됨. 대한민국 제17대 대통령 이명박 임기가 시작됨.

2월 27일- 1유로 대비 미국 달러 가치가 US$1.5044 대로 떨어지다.2월 28일 - 쿠데타로 축출됐던 탁신 친나 왓 전 타이 총리가 귀국하다.

2009년 윤5월

下元-기축(己丑)년, 납음(벽력화), 본명성(구자화)

대장군(酉서방), 삼살(동방), 상문(卯동방), 조객(亥서북방), 납음(벽력화), 【삼재(해,자,축)년】 臘享(납향):2010년1월21일(음12/07)

1월

소한 5일 14시 13분 【음12월】 ➡ 【乙丑月(을축월)】 ☯육백성 대한 20일 07시 40분

음력 12/06 ~ 01/06

양력	1	2	3	4	5	6	7	8	9	10	11	12	13	14	15	16	17	18	19	20	21	22	23	24	25	26	27	28	29	30	31
요일	목	금	토	일	월	화	수	목	금	토	일	월	화	수	목	금	토	일	월	화	수	목	금	토	일	월	화	수	목	금	토
일진(日辰)	병오	정미	무신	기유	경술	신해	임자	계축	갑인	을묘	병진	정사	무오	기미	경신	신유	임술	계해	갑자	을축	병인	정묘	무진	기사	경오	신미	임신	계유	갑술	을해	병자
음력	6	7	8	9	10	11	12	13	14	15	16	17	18	19	20	21	22	23	24	25	26	27	28	29	30	1/1	2	3	4	5	6
구성	1	2	3	4	5	6	7	8	9	1	2	3	4	5	6	7	8	9	1	2	3	4	5	6	7	8	9	1	2	3	4
대운 날	1	1	1	1	소한	10	9	9	9	8	8	8	7	7	7	6	6	6	5	대한	5	4	4	4	3	3	3	2	2	2	1
대운 여	8	9	9	9	소한	1	1	1	1	2	2	2	3	3	3	4	4	4	5	대한	5	6	6	6	7	7	7	8	8	8	9

2월

입춘 4일 01시 49분 【음1월】 ➡ 【丙寅月(병인월)】 ☯오황성 우수 18일 21시 45분

음력 01/07 ~ 02/04

양력	1	2	3	4	5	6	7	8	9	10	11	12	13	14	15	16	17	18	19	20	21	22	23	24	25	26	27	28
요일	일	월	화	수	목	금	토	일	월	화	수	목	금	토	일	월	화	수	목	금	토	일	월	화	수	목	금	토
일진(日辰)	정축	무인	기묘	경진	신사	임오	계미	갑신	을유	병술	정해	무자	기축	경인	신묘	임진	계사	갑오	을미	병신	정유	무술	기해	경자	신축	임인	계묘	갑진
음력	7	8	9	10	11	12	13	14	15	16	17	18	19	20	21	22	23	24	25	26	27	28	29	30	2/1	2	3	4
구성	5	6	7	8	9	1	2	3	4	5	6	7	8	9	1	2	3	4	5	6	7	8	9	1	2	3	4	5
대운 날	1	1	1	입춘	1	1	1	1	2	2	2	3	3	3	4	4	4	우수	5	5	6	6	6	7	7	7	8	8
대운 여	9	9	10	입춘	9	9	9	8	8	8	7	7	7	6	6	6	5	우수	5	4	4	4	3	3	3	2	2	2

3월

경칩 5일 19시 47분 【음2월】 ➡ 【丁卯月(정묘월)】 ☯사록성 춘분 20일 20시 43분

음력 02/05 ~ 03/05

양력	1	2	3	4	5	6	7	8	9	10	11	12	13	14	15	16	17	18	19	20	21	22	23	24	25	26	27	28	29	30	31
요일	일	월	화	수	목	금	토	일	월	화	수	목	금	토	일	월	화	수	목	금	토	일	월	화	수	목	금	토	일	월	화
일진(日辰)	을사	병오	정미	무신	기유	경술	신해	임자	계축	갑인	을묘	병진	정사	무오	기미	경신	신유	임술	계해	갑자	을축	병인	정묘	무진	기사	경오	신미	임신	계유	갑술	을해
음력	5	6	7	8	9	10	11	12	13	14	15	16	17	18	19	20	21	22	23	24	25	26	27	28	29	30	3/1	2	3	4	5
구성	6	7	8	9	1	2	3	4	5	6	7	8	9	1	2	3	4	5	6	7	8	9	1	2	3	4	5	6	7	8	9
대운 날	8	9	9	9	경칩	1	1	1	1	2	2	2	3	3	3	4	4	4	5	춘분	5	5	6	6	6	7	7	7	8	8	9
대운 여	1	1	1	1	경칩	10	10	9	9	9	8	8	8	7	7	7	6	6	6	춘분	5	5	4	4	4	3	3	3	2	2	2

4월

청명 5일 00시 33분 【음3월】 ➡ 【戊辰月(무진월)】 ☯삼벽성 곡우 20일 07시 44분

음력 03/06 ~ 04/06

양력	1	2	3	4	5	6	7	8	9	10	11	12	13	14	15	16	17	18	19	20	21	22	23	24	25	26	27	28	29	30
요일	수	목	금	토	일	월	화	수	목	금	토	일	월	화	수	목	금	토	일	월	화	수	목	금	토	일	월	화	수	목
일진(日辰)	병자	정축	무인	기묘	경진	신사	임오	계미	갑신	을유	병술	정해	무자	기축	경인	신묘	임진	계사	갑오	을미	병신	정유	무술	기해	경자	신축	임인	계묘	갑진	을사
음력	6	7	8	9	10	11	12	13	14	15	16	17	18	19	20	21	22	23	24	25	26	27	28	29	4/1	2	3	4	5	6
구성	1	2	3	4	5	6	7	8	9	1	2	3	4	5	6	7	8	9	1	2	3	4	5	6	7	8	9	1	2	3
대운 날	9	9	10	10	청명	1	1	1	1	2	2	2	3	3	3	4	4	4	5	곡우	5	6	6	6	7	7	7	8	8	8
대운 여	1	1	1	1	청명	10	10	9	9	9	8	8	8	7	7	6	6	6	5	곡우	5	4	4	4	3	3	3	2	2	2

5월

입하 5일 17시 50분 【음4월】 ➡ 【己巳月(기사월)】 ☯이흑성 소만 21일 06시 50분

음력 04/07 ~ 05/08

양력	1	2	3	4	5	6	7	8	9	10	11	12	13	14	15	16	17	18	19	20	21	22	23	24	25	26	27	28	29	30	31
요일	금	토	일	월	화	수	목	금	토	일	월	화	수	목	금	토	일	월	화	수	목	금	토	일	월	화	수	목	금	토	일
일진(日辰)	병오	정미	무신	기유	경술	신해	임자	계축	갑인	을묘	병진	정사	무오	기미	경신	신유	임술	계해	갑자	을축	병인	정묘	무진	기사	경오	신미	임신	계유	갑술	을해	병자
음력	7	8	9	10	11	12	13	14	15	16	17	18	19	20	21	22	23	24	25	26	27	28	29	5/1	2	3	4	5	6	7	8
구성	4	5	6	7	8	9	1	2	3	4	5	6	7	8	9	1	2	3	4	5	6	7	8	9	1	2	3	4	5	6	7
대운 날	9	9	9	10	입하	1	1	1	1	2	2	2	3	3	3	4	4	4	5	5	소만	5	6	6	6	7	7	8	8	8	9
대운 여	1	1	1	1	입하	10	10	9	9	9	8	8	8	7	7	7	6	6	6	5	소만	5	4	4	4	3	3	3	2	2	2

6월

망종 5일 21시 58분 【음5월】 ➡ 【庚午月(경오월)】 ☯일백성 하지 21일 14시 45분

음력 05/09 ~ 윤5 08

양력	1	2	3	4	5	6	7	8	9	10	11	12	13	14	15	16	17	18	19	20	21	22	23	24	25	26	27	28	29	30
요일	월	화	수	목	금	토	일	월	화	수	목	금	토	일	월	화	수	목	금	토	일	월	화	수	목	금	토	일	월	화
일진(日辰)	정축	무인	기묘	경진	신사	임오	계미	갑신	을유	병술	정해	무자	기축	경인	신묘	임진	계사	갑오	을미	병신	정유	무술	기해	경자	신축	임인	계묘	갑진	을사	병오
음력	9	10	11	12	13	14	15	16	17	18	19	20	21	22	23	24	25	26	27	28	29	30	윤5	2	3	4	5	6	7	8
구성	8	9	1	2	3	4	5	6	7	8	9	1	2	3	4	5	6	7	8	9	1	2	3	4	5	6	7	8	9	1
대운 날	9	9	10	10	망종	1	1	1	1	2	2	2	3	3	3	4	4	4	5	5	하지	5	6	6	6	7	7	8	8	8
대운 여	1	1	1	1	망종	10	10	9	9	9	8	8	8	7	7	7	6	6	6	5	하지	5	4	4	4	3	3	3	2	2

2월 9일 - 대한민국 경상남도 창녕군 화왕산에서 억새태우기 행사를 하던 도중 사고 발생 4명이 사망 60명이 부상. 2월 12일 - 미국 뉴욕 주 버팔로 인근 주택가에 컨티넨탈항공 소속 50인승 항공기 추락 49명이 사망..2월 16일 - 대한민국의 김수환 추기경이 87세를 일기로 선종하였다.

한식(4월05일), 초복(7월14일), 중복(7월24일), 말복(8월13일) ⬆춘사(春社)3/24 ☀추사(秋社)9/20
토왕지절(土旺之節):4월17일,7월19일,10월20일,1월17일(음12/03) 臘享(납향):2010년1월21일(음12/07)

一日得辛, 十龍治水, 2009년 기축年(벽력화), 구자화

8백	4록	6백
7적	9자	2흑
3벽	5황	1백

소서 7일 08시 13분　【음6월】➡　【辛未月(신미월)】　☯구자성　대서 23일 01시 35분

양력 7월 / 음력 윤509 ― 06/10

	1	2	3	4	5	6	7	8	9	10	11	12	13	14	15	16	17	18	19	20	21	22	23	24	25	26	27	28	29	30	31
요일	수	목	금	토	일	월	화	수	목	금	토	일	월	화	수	목	금	토	일	월	화	수	목	금	토	일	월	화	수	목	금
일진 日辰	정미	무신	기유	경술	신해	임자	계축	갑인	을묘	병진	정사	무오	기미	경신	신유	임술	계해	갑자	을축	병인	정묘	무진	기사	경오	신미	임신	계유	갑술	을해	병자	정축
음력	9	10	11	12	13	14	15	16	17	18	19	20	21	22	23	24	25	26	27	28	29	6/1	2	3	4	5	6	7	8	9	10
구성	2	3	4	5	6	7	8	9	1	2	3	4	5	6	7	8	9	9	8	7	6	5	4	3	2	1	9	8	7	6	5
대운 남	9	9	9	10	10	10	소서	1	1	1	1	2	2	2	3	3	3	4	4	4	5	5	대서	6	6	6	7	7	7	8	8
운 여	2	2	1	1	1	1	소서	10	10	9	9	9	8	8	8	7	7	7	6	6	6	5	대서	5	4	4	4	3	3	3	2

입추 7일 18시 00분　【음7월】➡　【壬申月(임신월)】　☯팔백성　처서 23일 08시 38분

양력 8월 / 음력 06/11 ― 07/12

	1	2	3	4	5	6	7	8	9	10	11	12	13	14	15	16	17	18	19	20	21	22	23	24	25	26	27	28	29	30	31
요일	토	일	월	화	수	목	금	토	일	월	화	수	목	금	토	일	월	화	수	목	금	토	일	월	화	수	목	금	토	일	월
일진 日辰	무인	기묘	경진	신사	임오	계미	갑신	을유	병술	정해	무자	기축	경인	신묘	임진	계사	갑오	을미	병신	정유	무술	기해	경자	신축	임인	계묘	갑진	을사	병오	정미	무신
음력	11	12	13	14	15	16	17	18	19	20	21	22	23	24	25	26	27	28	29	7/1	2	3	4	5	6	7	8	9	10	11	12
구성	4	3	2	1	9	8	7	6	5	4	3	2	1	9	8	7	6	5	4	3	2	1	9	8	7	6	5	4	3	2	1
대운 남	8	9	9	9	10	10	입추	1	1	1	1	2	2	2	3	3	3	4	4	4	5	5	처서	6	6	6	7	7	7	8	8
운 여	2	2	1	1	1	1	입추	10	10	9	9	9	8	8	8	7	7	7	6	6	6	5	처서	5	4	4	4	3	3	3	2

백로 7일 20시 57분　【음8월】➡　【癸酉月(계유월)】　☯칠적성　추분 23일 06시 18분

양력 9월 / 음력 07/13 ― 08/12

	1	2	3	4	5	6	7	8	9	10	11	12	13	14	15	16	17	18	19	20	21	22	23	24	25	26	27	28	29	30
요일	화	수	목	금	토	일	월	화	수	목	금	토	일	월	화	수	목	금	토	일	월	화	수	목	금	토	일	월	화	수
일진 日辰	기유	경술	신해	임자	계축	갑인	을묘	병진	정사	무오	기미	경신	신유	임술	계해	갑자	을축	병인	정묘	무진	기사	경오	신미	임신	계유	갑술	을해	병자	정축	무인
음력	13	14	15	16	17	18	19	20	21	22	23	24	25	26	27	28	29	30	8/1	2	3	4	5	6	7	8	9	10	11	12
구성	9	8	7	6	5	4	3	2	1	9	8	7	6	5	4	3	2	1	9	8	7	6	5	4	3	2	1	9	8	7
대운 남	8	9	9	9	10	10	백로	1	1	1	1	2	2	2	3	3	3	4	4	4	5	5	추분	6	6	6	7	7	7	8
운 여	2	2	1	1	1	1	백로	10	10	9	9	9	8	8	8	7	7	7	6	6	6	5	추분	5	4	4	4	3	3	3

한로 8일 12시 39분　【음9월】➡　【甲戌月(갑술월)】　☯육백성　상강 23일 15시 43분

양력 10월 / 음력 08/13 ― 09/14

	1	2	3	4	5	6	7	8	9	10	11	12	13	14	15	16	17	18	19	20	21	22	23	24	25	26	27	28	29	30	31
요일	목	금	토	일	월	화	수	목	금	토	일	월	화	수	목	금	토	일	월	화	수	목	금	토	일	월	화	수	목	금	토
일진 日辰	기묘	경진	신사	임오	계미	갑신	을유	병술	정해	무자	기축	경인	신묘	임진	계사	갑오	을미	병신	정유	무술	기해	경자	신축	임인	계묘	갑진	을사	병오	정미	무신	기유
음력	13	14	15	16	17	18	19	20	21	22	23	24	25	26	27	28	29	9/1	2	3	4	5	6	7	8	9	10	11	12	13	14
구성	6	5	4	3	2	1	9	8	7	6	5	4	3	2	1	9	8	7	6	5	4	3	2	1	9	8	7	6	5	4	3
대운 남	8	8	9	9	9	10	10	한로	1	1	1	1	2	2	2	3	3	3	4	4	4	5	상강	5	6	6	6	7	7	7	8
운 여	2	2	2	2	1	1	1	한로	10	9	9	9	8	8	8	7	7	7	6	6	6	5	상강	5	4	4	4	3	3	3	2

입동 7일 15시 55분　【음10월】➡　【乙亥月(을해월)】　☯오황성　소설 22일 13시 22분

양력 11월 / 음력 09/15 ― 10/14

	1	2	3	4	5	6	7	8	9	10	11	12	13	14	15	16	17	18	19	20	21	22	23	24	25	26	27	28	29	30
요일	일	월	화	수	목	금	토	일	월	화	수	목	금	토	일	월	화	수	목	금	토	일	월	화	수	목	금	토	일	월
일진 日辰	경술	신해	임자	계축	갑인	을묘	병진	정사	무오	기미	경신	신유	임술	계해	갑자	을축	병인	정묘	무진	기사	경오	신미	임신	계유	갑술	을해	병자	정축	무인	기묘
음력	15	16	17	18	19	20	21	22	23	24	25	26	27	28	29	30	10/1	2	3	4	5	6	7	8	9	10	11	12	13	14
구성	2	1	9	8	7	6	5	4	3	2	1	9	8	7	6	5	4	3	2	1	9	8	7	6	5	4	3	2	1	9
대운 남	8	8	9	9	9	10	입동	1	1	1	1	2	2	2	3	3	3	4	4	4	5	소설	5	6	6	6	7	7	7	8
운 여	2	2	1	1	1	1	입동	10	9	9	9	8	8	8	7	7	7	6	6	6	5	소설	5	4	4	4	3	3	3	2

대설 7일 08시 51분　【음11월】➡　【丙子月(병자월)】　☯사록성　동지 22일 02시 46분

양력 12월 / 음력 10/15 ― 11/16

	1	2	3	4	5	6	7	8	9	10	11	12	13	14	15	16	17	18	19	20	21	22	23	24	25	26	27	28	29	30	31
요일	화	수	목	금	토	일	월	화	수	목	금	토	일	월	화	수	목	금	토	일	월	화	수	목	금	토	일	월	화	수	목
일진 日辰	경진	신사	임오	계미	갑신	을유	병술	정해	무자	기축	경인	신묘	임진	계사	갑오	을미	병신	정유	무술	기해	경자	신축	임인	계묘	갑진	을사	병오	정미	무신	기유	경술
음력	15	16	17	18	19	20	21	22	23	24	25	26	27	28	29	11/1	2	3	4	5	6	7	8	9	10	11	12	13	14	15	16
구성	8	7	6	5	4	3	2	1	9	8	7	6	5	4	3	2	1	9	8	7	6	5	4	3	2	1	9	8	7	6	5
대운 남	8	8	9	9	9	10	대설	1	1	1	1	2	2	2	3	3	3	4	4	4	5	동지	5	6	6	6	7	7	7	8	8
운 여	2	2	1	1	1	1	대설	9	9	9	8	8	8	7	7	7	6	6	6	5	5	동지	4	4	4	3	3	3	2	2	2

4월 21일 - 유럽 남방 천문대는 지금까지 발견된 외계 행성들 중 지구와 가장 비슷한 크기의 글리제 581 e를 발견했다고 공식 발표했다.

4월 22일 - 연쇄살인범 강호순이 8명의 부녀자를 살해한 혐의와 장모집 방화사건 등을 모두 유죄로 인정되어 사형을 선고받았다.

<table><tr><td>단기 4343 年
불기 2554 年</td><td>2010년</td><td>下元-경인(庚寅)년. 납음(송백목),본명성(팔백토)
대장군(子북방), 삼살(북방), 상문(辰동남방),조객(子북방), 납음
(송백목),【삼재(신,유,술)년】臘享(납향):2011년1월17일(음12/14)</td><td></td></tr></table>

양력 1월 — 소한 5일 20시 08분 【음12월】➡ 【丁丑月(정축월)】 ●삼벽성 · 대한 20일 13시 27분 (음력 11/17 ~ 12/17)

	1	2	3	4	5	6	7	8	9	10	11	12	13	14	15	16	17	18	19	20	21	22	23	24	25	26	27	28	29	30	31
요일	금	토	일	월	화	수	목	금	토	일	월	화	수	목	금	토	일	월	화	수	목	금	토	일	월	화	수	목	금	토	일
일진(干)	신	임	계	갑	을	병	정	무	기	경	신	임	계	갑	을	병	정	무	기	경	신	임	계	갑	을	병	정	무	기	경	신
日辰(支)	해	자	축	인	묘	진	사	오	미	신	유	술	해	자	축	인	묘	진	사	오	미	신	유	술	해	자	축	인	묘	진	사
음력	17	18	19	20	21	22	23	24	25	26	27	28	29	30	12/1	2	3	4	5	6	7	8	9	10	11	12	13	14	15	16	17
구성	4	3	2	1	9	8	7	6	5	4	3	2	1	1	2	3	4	5	6	7	8	9	1	2	3	4	5	6	7	8	9
대(남)	8	9	9	9	소	1	1	1	1	2	2	2	3	3	3	4	4	4	5	대	5	6	6	6	7	7	7	8	8	8	9
운(여)	1	1	1	1	한	10	9	9	9	8	8	8	7	7	7	6	6	6	5	한	5	4	4	4	3	3	3	2	2	2	1

양력 2월 — 입춘 4일 07시 47분 【음1월】➡ 【戊寅月(무인월)】 ●이흑성 · 우수 19일 03시 35분 (음력 12/18 ~ 01/15)

	1	2	3	4	5	6	7	8	9	10	11	12	13	14	15	16	17	18	19	20	21	22	23	24	25	26	27	28
요일	월	화	수	목	금	토	일	월	화	수	목	금	토	일	월	화	수	목	금	토	일	월	화	수	목	금	토	일
일진(干)	임	계	갑	을	병	정	무	기	경	신	임	계	갑	을	병	정	무	기	경	신	임	계	갑	을	병	정	무	기
日辰(支)	오	미	신	유	술	해	자	축	인	묘	진	사	오	미	신	유	술	해	자	축	인	묘	진	사	오	미	신	유
음력	18	19	20	21	22	23	24	25	26	27	28	29	30	1/1	2	3	4	5	6	7	8	9	10	11	12	13	14	15
구성	1	2	3	4	5	6	7	8	9	1	2	3	4	5	6	7	8	9	1	2	3	4	5	6	7	8	9	1
대(남)	9	9	10	입	10	9	9	9	8	8	8	7	7	7	6	6	6	5	우	5	4	4	4	3	3	3	2	2
운(여)	1	1	1	춘	1	1	1	1	2	2	2	3	3	3	4	4	4	5	수	5	6	6	6	7	7	7	8	8

양력 3월 — 경칩 6일 01시 46분 【음2월】➡ 【己卯月(기묘월)】 ●일백성 · 춘분 21일 02시 31분 (음력 01/16 ~ 02/16)

	1	2	3	4	5	6	7	8	9	10	11	12	13	14	15	16	17	18	19	20	21	22	23	24	25	26	27	28	29	30	31
요일	월	화	수	목	금	토	일	월	화	수	목	금	토	일	월	화	수	목	금	토	일	월	화	수	목	금	토	일	월	화	수
일진(干)	경	신	임	계	갑	을	병	정	무	기	경	신	임	계	갑	을	병	정	무	기	경	신	임	계	갑	을	병	정	무	기	경
日辰(支)	술	해	자	축	인	묘	진	사	오	미	신	유	술	해	자	축	인	묘	진	사	오	미	신	유	술	해	자	축	인	묘	진
음력	16	17	18	19	20	21	22	23	24	25	26	27	28	29	30	2/1	2	3	4	5	6	7	8	9	10	11	12	13	14	15	16
구성	2	3	4	5	6	7	8	9	1	2	3	4	5	6	7	8	9	1	2	3	4	5	6	7	8	9	1	2	3	4	5
대(남)	2	1	1	1	1	경	10	9	9	9	8	8	8	7	7	7	6	6	6	5	춘	5	4	4	4	3	3	3	2	2	2
운(여)	8	9	9	9	10	칩	1	1	1	1	2	2	2	3	3	3	4	4	4	5	분	5	6	6	6	7	7	7	8	8	8

양력 4월 — 청명 5일 06시 30분 【음3월】➡ 【庚辰月(경진월)】 ●구자성 · 곡우 20일 13시 29분 (음력 02/17 ~ 03/17)

	1	2	3	4	5	6	7	8	9	10	11	12	13	14	15	16	17	18	19	20	21	22	23	24	25	26	27	28	29	30
요일	목	금	토	일	월	화	수	목	금	토	일	월	화	수	목	금	토	일	월	화	수	목	금	토	일	월	화	수	목	금
일진(干)	신	임	계	갑	을	병	정	무	기	경	신	임	계	갑	을	병	정	무	기	경	신	임	계	갑	을	병	정	무	기	경
日辰(支)	사	오	미	신	유	술	해	자	축	인	묘	진	사	오	미	신	유	술	해	자	축	인	묘	진	사	오	미	신	유	술
음력	17	18	19	20	21	22	23	24	25	26	27	28	29	3/1	2	3	4	5	6	7	8	9	10	11	12	13	14	15	16	17
구성	6	7	8	9	1	2	3	4	5	6	7	8	9	1	2	3	4	5	6	7	8	9	1	2	3	4	5	6	7	8
대(남)	1	1	1	1	청	10	9	9	9	8	8	8	7	7	7	6	6	6	5	곡	5	4	4	4	3	3	3	2	2	2
운(여)	9	9	9	10	명	1	1	1	1	2	2	2	3	3	3	4	4	4	5	우	6	6	6	6	7	7	7	8	8	8

양력 5월 — 입하 5일 23시 43분 【음4월】➡ 【辛巳月(신사월)】 ●팔백성 · 소만 21일 12시 33분 (음력 03/18 ~ 04/18)

	1	2	3	4	5	6	7	8	9	10	11	12	13	14	15	16	17	18	19	20	21	22	23	24	25	26	27	28	29	30	31
요일	토	일	월	화	수	목	금	토	일	월	화	수	목	금	토	일	월	화	수	목	금	토	일	월	화	수	목	금	토	일	월
일진(干)	신	임	계	갑	을	병	정	무	기	경	신	임	계	갑	을	병	정	무	기	경	신	임	계	갑	을	병	정	무	기	경	신
日辰(支)	해	자	축	인	묘	진	사	오	미	신	유	술	해	자	축	인	묘	진	사	오	미	신	유	술	해	자	축	인	묘	진	사
음력	18	19	20	21	22	23	24	25	26	27	28	29	30	4/1	2	3	4	5	6	7	8	9	10	11	12	13	14	15	16	17	18
구성	9	1	2	3	4	5	6	7	8	9	1	2	3	4	5	6	7	8	9	1	2	3	4	5	6	7	8	9	1	2	3
대(남)	1	1	1	1	입	10	10	9	9	9	8	8	8	7	7	7	6	6	6	5	소	5	5	4	4	4	3	3	3	2	2
운(여)	9	9	9	10	하	1	1	1	1	2	2	2	3	3	3	4	4	4	5	5	만	6	6	6	6	7	7	7	8	8	8

양력 6월 — 망종 6일 03시 49분 【음5월】➡ 【壬午月(임오월)】 ●칠적성 · 하지 21일 20시 28분 (음력 04/19 ~ 05/19)

	1	2	3	4	5	6	7	8	9	10	11	12	13	14	15	16	17	18	19	20	21	22	23	24	25	26	27	28	29	30
요일	화	수	목	금	토	일	월	화	수	목	금	토	일	월	화	수	목	금	토	일	월	화	수	목	금	토	일	월	화	수
일진(干)	임	계	갑	을	병	정	무	기	경	신	임	계	갑	을	병	정	무	기	경	신	임	계	갑	을	병	정	무	기	경	신
日辰(支)	오	미	신	유	술	해	자	축	인	묘	진	사	오	미	신	유	술	해	자	축	인	묘	진	사	오	미	신	유	술	해
음력	19	20	21	22	23	24	25	26	27	28	29	5/1	2	3	4	5	6	7	8	9	10	11	12	13	14	15	16	17	18	19
구성	4	5	6	7	8	9	1	2	3	4	5	6	7	8	9	1	2	3	4	5	6	7	8	9	1	2	3	4	5	6
대(남)	2	1	1	1	1	망	10	10	9	9	9	8	8	8	7	7	7	6	6	6	하	5	5	4	4	4	3	3	3	2
운(여)	9	9	9	10	10	종	1	1	1	1	2	2	2	3	3	3	4	4	4	5	지	5	6	6	6	6	7	7	7	8

(우측 세로: 경인년 / 庚寅년)

1월 1일 대한민국 정부는 성폭력 범죄자의 신상정보를 인터넷에 공개토록 하였다. 일부 전자기기에서 2010년을 제대로 인식하지 못하는 2010년 문제가 발생하였다. 1월 4일: 대한민국의 수도 서울과 중부지방에 기상 관측 이래 최대 폭설이 내렸다.

(한식(4월06일), 초복(7월19일), 중복(7월29일), 말복(8월08일)↑춘사(春社)3/19 ☀추사(秋社)9/25
토왕지절(土旺之節):4월17일,7월20일,10월20일,1월16일(음12/13)臘享(납향):2011년1월17일(음12/14)

七日得辛, 十龍治水, 2010년 경인年(송백목), 팔백토

2 0 1 0

소서 7일 14시 02분 【음6월】➡ 【癸未月(계미월)】 ●육백성 대서 23일 07시 20분

양력 7월 · 음력 05/20 - 06/20

양력	1	2	3	4	5	6	7	8	9	10	11	12	13	14	15	16	17	18	19	20	21	22	23	24	25	26	27	28	29	30	31
요일	목	금	토	일	월	화	수	목	금	토	일	월	화	수	목	금	토	일	월	화	수	목	금	토	일	월	화	수	목	금	토
일진 日辰	임자	계축	갑인	을묘	병진	정사	무오	기미	경신	신유	임술	계해	갑자	을축	병인	정묘	무진	기사	경오	신미	임신	계유	갑술	을해	병자	정축	무인	기묘	경진	신사	임오
음력	20	21	22	23	24	25	26	27	28	29	30	6/1	2	3	4	5	6	7	8	9	10	11	12	13	14	15	16	17	18	19	20
구성	7	8	9	1	2	3	4	5	6	7	8	9	1	2	3	4	5	6	7	8	9	1	9	8	7	6	5	4	3	2	1
대운 남	2	2	1	1	1	1	소서	10	10	9	9	9	8	8	8	7	7	7	6	6	6	5	대서	5	4	4	4	3	3	3	2
대운 여	8	9	9	9	9	10	소서	1	1	1	1	2	2	2	3	3	3	4	4	4	5	5	대서	6	6	6	7	7	7	8	8

입추 7일 23시 48분 【음7월】➡ 【甲申月(갑신월)】 ●오황성 처서 23일 14시 26분

양력 8월 · 음력 06/21 - 07/22

양력	1	2	3	4	5	6	7	8	9	10	11	12	13	14	15	16	17	18	19	20	21	22	23	24	25	26	27	28	29	30	31
요일	일	월	화	수	목	금	토	일	월	화	수	목	금	토	일	월	화	수	목	금	토	일	월	화	수	목	금	토	일	월	화
일진 日辰	계미	갑신	을유	병술	정해	무자	기축	경인	신묘	임진	계사	갑오	을미	병신	정유	무술	기해	경자	신축	임인	계묘	갑진	을사	병오	정미	무신	기유	경술	신해	임자	계축
음력	21	22	23	24	25	26	27	28	29	7/1	2	3	4	5	6	7	8	9	10	11	12	13	14	15	16	17	18	19	20	21	22
구성	8	7	6	5	4	3	2	1	9	8	7	6	5	4	3	2	1	9	8	7	6	5	4	3	2	1	9	8	7	6	5
대운 남	2	2	1	1	1	1	입추	10	10	10	9	9	9	8	8	8	7	7	7	6	6	6	처서	5	5	4	4	4	3	3	3
대운 여	8	9	9	9	9	10	입추	1	1	1	1	2	2	2	3	3	3	4	4	4	5	5	처서	6	6	6	7	7	7	8	8

백로 8일 02시 44분 【음8월】➡ 【乙酉月(을유월)】 ●사록성 추분 23일 12시 08분

양력 9월 · 음력 07/23 - 08/23

양력	1	2	3	4	5	6	7	8	9	10	11	12	13	14	15	16	17	18	19	20	21	22	23	24	25	26	27	28	29	30
요일	수	목	금	토	일	월	화	수	목	금	토	일	월	화	수	목	금	토	일	월	화	수	목	금	토	일	월	화	수	목
일진 日辰	갑인	을묘	병진	정사	무오	기미	경신	신유	임술	계해	갑자	을축	병인	정묘	무진	기사	경오	신미	임신	계유	갑술	을해	병자	정축	무인	기묘	경진	신사	임오	계미
음력	23	24	25	26	27	28	29	8/1	2	3	4	5	6	7	8	9	10	11	12	13	14	15	16	17	18	19	20	21	22	23
구성	4	3	2	1	9	8	7	6	5	4	3	2	1	9	8	7	6	5	4	3	2	1	9	8	7	6	5	4	3	2
대운 남	2	2	2	1	1	1	1	백로	10	9	9	9	8	8	8	7	7	7	6	6	6	5	추분	5	4	4	4	3	3	3
대운 여	8	9	9	9	9	10	10	백로	1	1	1	1	2	2	2	3	3	3	4	4	4	5	추분	5	6	6	6	7	7	7

한로 8일 18시 26분 【음9월】➡ 【丙戌月(병술월)】 ●삼벽성 상강 23일 21시 34분

양력 10월 · 음력 08/24 - 09/24

양력	1	2	3	4	5	6	7	8	9	10	11	12	13	14	15	16	17	18	19	20	21	22	23	24	25	26	27	28	29	30	31
요일	금	토	일	월	화	수	목	금	토	일	월	화	수	목	금	토	일	월	화	수	목	금	토	일	월	화	수	목	금	토	일
일진 日辰	갑신	을유	병술	정해	무자	기축	경인	신묘	임진	계사	갑오	을미	병신	정유	무술	기해	경자	신축	임인	계묘	갑진	을사	병오	정미	무신	기유	경술	신해	임자	계축	갑인
음력	24	25	26	27	28	29	30	9/1	2	3	4	5	6	7	8	9	10	11	12	13	14	15	16	17	18	19	20	21	22	23	24
구성	1	9	8	7	6	5	4	3	2	1	9	8	7	6	5	4	3	2	1	9	8	7	6	5	4	3	2	1	9	8	7
대운 남	2	2	2	1	1	1	1	한로	10	9	9	9	8	8	8	7	7	7	6	6	6	5	상강	5	4	4	4	3	3	3	2
대운 여	8	8	8	8	9	9	9	한로	1	1	1	1	2	2	2	3	3	3	4	4	4	5	상강	5	6	6	6	7	7	7	8

입동 7일 21시 42분 【음10월】➡ 【丁亥月(정해월)】 ●이흑성 소설 22일 19시 14분

양력 11월 · 음력 09/25 - 10/25

양력	1	2	3	4	5	6	7	8	9	10	11	12	13	14	15	16	17	18	19	20	21	22	23	24	25	26	27	28	29	30
요일	월	화	수	목	금	토	일	월	화	수	목	금	토	일	월	화	수	목	금	토	일	월	화	수	목	금	토	일	월	화
일진 日辰	을묘	병진	정사	무오	기미	경신	신유	임술	계해	갑자	을축	병인	정묘	무진	기사	경오	신미	임신	계유	갑술	을해	병자	정축	무인	기묘	경진	신사	임오	계미	갑신
음력	25	26	27	28	29	10/1	2	3	4	5	6	7	8	9	10	11	12	13	14	15	16	17	18	19	20	21	22	23	24	25
구성	6	5	4	3	2	1	9	8	7	6	5	4	3	2	1	9	8	7	6	5	4	3	2	1	9	8	7	6	5	4
대운 남	2	2	1	1	1	1	입동	10	10	9	9	9	8	8	8	7	7	7	6	6	6	소설	5	5	4	4	4	3	3	2
대운 여	8	8	9	9	9	10	입동	1	1	1	1	2	2	2	3	3	3	4	4	4	5	소설	5	6	6	6	7	7	7	8

대설 7일 14시 38분 【음11월】➡ 【戊子月(무자월)】 ●일백성 동지 22일 08시 38분

양력 12월 · 음력 10/26 - 11/26

양력	1	2	3	4	5	6	7	8	9	10	11	12	13	14	15	16	17	18	19	20	21	22	23	24	25	26	27	28	29	30	31
요일	수	목	금	토	일	월	화	수	목	금	토	일	월	화	수	목	금	토	일	월	화	수	목	금	토	일	월	화	수	목	금
일진 日辰	을유	병술	정해	무자	기축	경인	신묘	임진	계사	갑오	을미	병신	정유	무술	기해	경자	신축	임인	계묘	갑진	을사	병오	정미	무신	기유	경술	신해	임자	계축	갑인	을묘
음력	26	27	28	29	30	11/1	2	3	4	5	6	7	8	9	10	11	12	13	14	15	16	17	18	19	20	21	22	23	24	25	26
구성	3	2	1	9	8	7	6	5	4	3	2	1	9	8	7	6	5	4	3	2	1	9	8	7	6	5	4	3	2	1	9
대운 남	2	2	1	1	1	1	대설	10	10	9	9	9	8	8	8	7	7	7	6	6	6	동지	5	5	4	4	4	3	3	2	1
대운 여	8	8	9	9	9	10	대설	1	1	1	1	2	2	2	3	3	3	4	4	4	5	동지	5	6	6	6	7	7	7	8	8

7월 14일: 지구의 평균 기온이 기상 관측 역사상 최고를 기록 .7월 16일: 2010년 4월 석유 시추 설비 폭발 사고 이후 멕시코만에 기름을 유출하고 있던 유정을 막는 '차단 돔'의 시험 가동이 성공.7월 17일: 대한민국이 자체 개발한 현무-3 순항미사일이 실전 배치.

단기 4344 年 / 불기 2555 年 / **2011년**

下元-신묘(辛卯)년, 납음(송백목), 본명성(칠적금)

대장군(子북방), 삼살(酉서방), 상문(巳동남방), 조객(丑동북방), 납음(송백목), 【삼재(사,오,미)년】 臘享(납향):2012년1월18일(음12/25)

신묘년

소한 6일 01시 54분 【음12월】➡ 【己丑月(기축월)】 ●구자성 대한 20일 19시 18분
양력 1월 / 음력 11/27~12/28

	1	2	3	4	5	6	7	8	9	10	11	12	13	14	15	16	17	18	19	20	21	22	23	24	25	26	27	28	29	30	31
요일	토	일	월	화	수	목	금	토	일	월	화	수	목	금	토	일	월	화	수	목	금	토	일	월	화	수	목	금	토	일	월
일진(日辰)	병진	정사	무오	기미	경신	신유	임술	계해	갑자	을축	병인	정묘	무진	기사	경오	신미	임신	계유	갑술	을해	병자	정축	무인	기묘	경진	신사	임오	계미	갑신	을유	병술
음력	27	28	29	12/1	2	3	4	5	6	7	8	9	10	11	12	13	14	15	16	17	18	19	20	21	22	23	24	25	26	27	28
구성	8	7	6	5	4	3	2	1	1	2	3	4	5	6	7	8	9	1	2	3	4	5	6	7	8	9	1	2	3	4	5
대남	2	1	1	1	1	소한	9	9	9	8	8	8	7	7	7	6	6	6	5	대한	5	4	4	4	3	3	3	2	2	2	1
운여	8	9	9	9	10	소한	1	1	1	1	2	2	2	3	3	3	4	4	4	대한	5	5	6	6	6	7	7	7	8	8	8

입춘 4일 13시 32분 【음1월】➡ 【庚寅月(경인월)】 ●팔백성 우수 19일 09시 24분
양력 2월 / 음력 12/29~01/26

	1	2	3	4	5	6	7	8	9	10	11	12	13	14	15	16	17	18	19	20	21	22	23	24	25	26	27	28
요일	화	수	목	금	토	일	월	화	수	목	금	토	일	월	화	수	목	금	토	일	월	화	수	목	금	토	일	월
일진(日辰)	정해	무자	기축	경인	신묘	임진	계사	갑오	을미	병신	정유	무술	기해	경자	신축	임인	계묘	갑진	을사	병오	정미	무신	기유	경술	신해	임자	계축	갑인
음력	29	30	1/1	2	3	4	5	6	7	8	9	10	11	12	13	14	15	16	17	18	19	20	21	22	23	24	25	26
구성	6	7	8	9	1	2	3	4	5	6	7	8	9	1	2	3	4	5	6	7	8	9	1	2	3	4	5	6
대남	1	1	1	입춘	1	1	1	1	2	2	2	3	3	3	4	4	4	5	우수	5	6	6	6	7	7	7	8	8
운여	9	9	9	입춘	10	9	9	9	9	8	8	8	7	7	6	6	6	5	우수	5	4	4	4	3	3	3	2	2

경칩 6일 07시 29분 【음2월】➡ 【辛卯月(신묘월)】 ●칠적성 춘분 21일 08시 20분
양력 3월 / 음력 01/27~02/27

	1	2	3	4	5	6	7	8	9	10	11	12	13	14	15	16	17	18	19	20	21	22	23	24	25	26	27	28	29	30	31
요일	화	수	목	금	토	일	월	화	수	목	금	토	일	월	화	수	목	금	토	일	월	화	수	목	금	토	일	월	화	수	목
일진(日辰)	을묘	병진	정사	무오	기미	경신	신유	임술	계해	갑자	을축	병인	정묘	무진	기사	경오	신미	임신	계유	갑술	을해	병자	정축	무인	기묘	경진	신사	임오	계미	갑신	을유
음력	27	28	29	30	2/1	2	3	4	5	6	7	8	9	10	11	12	13	14	15	16	17	18	19	20	21	22	23	24	25	26	27
구성	7	8	9	1	2	3	4	5	6	7	8	9	1	2	3	4	5	6	7	8	9	1	2	3	4	5	6	7	8	9	1
대남	8	9	9	9	10	경칩	1	1	1	1	2	2	2	3	3	3	4	4	4	5	춘분	5	6	6	6	7	7	7	8	8	8
운여	2	1	1	1	1	경칩	10	9	9	9	8	8	8	7	7	7	6	6	6	5	춘분	5	4	4	4	3	3	3	2	2	2

청명 5일 12시 11분 【음3월】➡ 【壬辰月(임진월)】 ●육백성 곡우 20일 19시 17분
양력 4월 / 음력 02/28~03/28

	1	2	3	4	5	6	7	8	9	10	11	12	13	14	15	16	17	18	19	20	21	22	23	24	25	26	27	28	29	30
요일	금	토	일	월	화	수	목	금	토	일	월	화	수	목	금	토	일	월	화	수	목	금	토	일	월	화	수	목	금	토
일진(日辰)	병술	정해	무자	기축	경인	신묘	임진	계사	갑오	을미	병신	정유	무술	기해	경자	신축	임인	계묘	갑진	을사	병오	정미	무신	기유	경술	신해	임자	계축	갑인	을묘
음력	28	29	3/1	2	3	4	5	6	7	8	9	10	11	12	13	14	15	16	17	18	19	20	21	22	23	24	25	26	27	28
구성	2	3	4	5	6	7	8	9	1	2	3	4	5	6	7	8	9	1	2	3	4	5	6	7	8	9	1	2	3	4
대남	9	9	9	10	청명	1	1	1	1	2	2	2	3	3	3	4	4	4	5	곡우	5	6	6	6	7	7	7	8	8	8
운여	1	1	1	1	청명	10	10	9	9	9	8	8	8	7	7	7	6	6	6	곡우	5	5	4	4	4	3	3	3	2	2

입하 6일 05시 22분 【음4월】➡ 【癸巳月(계사월)】 ●오황성 소만 21일 18시 20분
양력 5월 / 음력 03/29~04/29

	1	2	3	4	5	6	7	8	9	10	11	12	13	14	15	16	17	18	19	20	21	22	23	24	25	26	27	28	29	30	31
요일	일	월	화	수	목	금	토	일	월	화	수	목	금	토	일	월	화	수	목	금	토	일	월	화	수	목	금	토	일	월	화
일진(日辰)	병진	정사	무오	기미	경신	신유	임술	계해	갑자	을축	병인	정묘	무진	기사	경오	신미	임신	계유	갑술	을해	병자	정축	무인	기묘	경진	신사	임오	계미	갑신	을유	병술
음력	29	30	4/1	2	3	4	5	6	7	8	9	10	11	12	13	14	15	16	17	18	19	20	21	22	23	24	25	26	27	28	29
구성	5	6	7	8	9	1	2	3	4	5	6	7	8	9	1	2	3	4	5	6	7	8	9	1	2	3	4	5	6	7	8
대남	9	9	9	10	10	입하	1	1	1	1	2	2	2	3	3	3	4	4	4	5	소만	5	6	6	6	7	7	7	8	8	8
운여	1	1	1	1	1	입하	10	10	9	9	9	8	8	8	7	7	7	6	6	6	소만	5	5	4	4	4	3	3	3	2	2

망종 6일 09시 26분 【음5월】➡ 【甲午月(갑오월)】 ●사록성 하지 22일 02시 16분
양력 6월 / 음력 04/30~05/29

	1	2	3	4	5	6	7	8	9	10	11	12	13	14	15	16	17	18	19	20	21	22	23	24	25	26	27	28	29	30
요일	수	목	금	토	일	월	화	수	목	금	토	일	월	화	수	목	금	토	일	월	화	수	목	금	토	일	월	화	수	목
일진(日辰)	정해	무자	기축	경인	신묘	임진	계사	갑오	을미	병신	정유	무술	기해	경자	신축	임인	계묘	갑진	을사	병오	정미	무신	기유	경술	신해	임자	계축	갑인	을묘	병진
음력	30	5/1	2	3	4	5	6	7	8	9	10	11	12	13	14	15	16	17	18	19	20	21	22	23	24	25	26	27	28	29
구성	9	1	2	3	4	5	6	7	8	9	1	2	3	4	5	6	7	8	9	1	2	3	4	5	6	7	8	9	1	2
대남	9	9	9	10	10	망종	1	1	1	1	2	2	2	3	3	3	4	4	4	5	5	하지	6	6	6	7	7	7	8	8
운여	1	1	1	1	1	망종	10	10	9	9	9	8	8	8	7	7	7	6	6	6	5	하지	5	4	4	4	3	3	3	2

1월 27일 - 강원도의 이광재 지사와 순천시의 국회의원인 서갑원이 대법원에서 징역형을 선고받고 도지사와 국회의원 직을 잃게 됐다.

2월 2일 - 조선민주주의인민공화국이 대한민국 백령도 인근에 고속 상륙침투가 가능한 새 공기부양정 기지를 건설 중인 것으로 밝혀졌다

한식(4월06일), 초복(7월14일), 중복(7월24일), 말복(8월13일) ↑춘사(春社)3/24 ☀추사(秋社)9/20
토왕지절(土旺之節):4월17일,7월20일,10월21일,1월11일(음12/18) 臘享(납향):2012년1월18일(음12/25)

三日得辛, 四龍治水, 2011년 신묘년(송백목), 칠적금

6백	2흑	4록
5황	7적	9자
1백	3벽	8백

양력 7월 — 【음6월】 ➡ 【乙未月(을미월)】 ☯삼벽성

소서 7일 19시 41분 / 대서 23일 13시 11분 / 음력 06/01 ~ 07/01

양력	1	2	3	4	5	6	7	8	9	10	11	12	13	14	15	16	17	18	19	20	21	22	23	24	25	26	27	28	29	30	31
요일	금	토	일	월	화	수	목	금	토	일	월	화	수	목	금	토	일	월	화	수	목	금	토	일	월	화	수	목	금	토	일
일진	정사	무오	기미	경신	신유	임술	계해	갑자	을축	병인	정묘	무진	기사	경오	신미	임신	계유	갑술	을해	병자	정축	무인	기묘	경진	신사	임오	계미	갑신	을유	병술	정해
음력	6/1	2	3	4	5	6	7	8	9	10	11	12	13	14	15	16	17	18	19	20	21	22	23	24	25	26	27	28	29	30	7/1
구성	3	4	5	6	7	8	9	9	8	7	6	5	4	3	2	1	9	8	7	6	5	4	3	2	1	9	8	7	6	5	4
대운 남	8	9	9	9	10	10	소서	1	1	1	1	2	2	2	3	3	3	4	4	4	5	5	대서	6	6	6	7	7	7	8	8
대운 여	2	2	1	1	1	1	소서	10	10	10	9	9	9	8	8	8	7	7	7	6	6	6	대서	5	5	4	4	4	3	3	3

양력 8월 — 【음7월】 ➡ 【丙申月(병신월)】 ☯이흑성

입추 8일 05시 33분 / 처서 23일 20시 20분 / 음력 07/02 ~ 08/03

양력	1	2	3	4	5	6	7	8	9	10	11	12	13	14	15	16	17	18	19	20	21	22	23	24	25	26	27	28	29	30	31
요일	월	화	수	목	금	토	일	월	화	수	목	금	토	일	월	화	수	목	금	토	일	월	화	수	목	금	토	일	월	화	수
일진	무자	기축	경인	신묘	임진	계사	갑오	을미	병신	정유	무술	기해	경자	신축	임인	계묘	갑진	을사	병오	정미	무신	기유	경술	신해	임자	계축	갑인	을묘	병진	정사	무오
음력	2	3	4	5	6	7	8	9	10	11	12	13	14	15	16	17	18	19	20	21	22	23	24	25	26	27	28	29	8/1	2	3
구성	3	2	1	9	8	7	6	5	4	3	2	1	9	8	7	6	5	4	3	2	1	9	8	7	6	5	4	3	2	1	9
대운 남	8	9	9	9	10	10	10	입추	1	1	1	1	2	2	2	3	3	3	4	4	4	5	처서	5	6	6	6	7	7	7	8
대운 여	2	2	2	1	1	1	1	입추	10	10	9	9	9	8	8	8	7	7	7	6	6	6	처서	5	5	4	4	4	3	3	3

양력 9월 — 【음8월】 ➡ 【丁酉月(정유월)】 ☯일백성

백로 8일 08시 33분 / 추분 23일 18시 04분 / 음력 08/04 ~ 09/04

양력	1	2	3	4	5	6	7	8	9	10	11	12	13	14	15	16	17	18	19	20	21	22	23	24	25	26	27	28	29	30
요일	목	금	토	일	월	화	수	목	금	토	일	월	화	수	목	금	토	일	월	화	수	목	금	토	일	월	화	수	목	금
일진	기미	경신	신유	임술	계해	갑자	을축	병인	정묘	무진	기사	경오	신미	임신	계유	갑술	을해	병자	정축	무인	기묘	경진	신사	임오	계미	갑신	을유	병술	정해	무자
음력	4	5	6	7	8	9	10	11	12	13	14	15	16	17	18	19	20	21	22	23	24	25	26	27	28	29	9/1	2	3	4
구성	8	7	6	5	4	3	2	1	9	8	7	6	5	4	3	2	1	9	8	7	6	5	4	3	2	1	9	8	7	6
대운 남	8	8	9	9	9	10	10	백로	1	1	1	1	2	2	2	3	3	3	4	4	4	5	추분	5	6	6	6	7	7	7
대운 여	2	2	2	1	1	1	1	백로	10	10	9	9	9	8	8	8	7	7	7	6	6	6	추분	5	5	4	4	4	3	3

양력 10월 — 【음9월】 ➡ 【戊戌月(무술월)】 ☯구자성

한로 9일 00시 18분 / 상강 24일 03시 29분 / 음력 09/05 ~ 10/06

양력	1	2	3	4	5	6	7	8	9	10	11	12	13	14	15	16	17	18	19	20	21	22	23	24	25	26	27	28	29	30	31
요일	토	일	월	화	수	목	금	토	일	월	화	수	목	금	토	일	월	화	수	목	금	토	일	월	화	수	목	금	토	일	월
일진	기축	경인	신묘	임진	계사	갑오	을미	병신	정유	무술	기해	경자	신축	임인	계묘	갑진	을사	병오	정미	무신	기유	경술	신해	임자	계축	갑인	을묘	병진	정사	무오	기미
음력	5	6	7	8	9	10	11	12	13	14	15	16	17	18	19	20	21	22	23	24	25	26	27	28	29	10/1	2	3	4	5	6
구성	5	4	3	2	1	9	8	7	6	5	4	3	2	1	9	8	7	6	5	4	3	2	1	9	8	7	6	5	4	3	2
대운 남	8	8	8	9	9	9	10	10	한로	1	1	1	1	2	2	2	3	3	3	4	4	4	5	상강	5	6	6	6	7	7	7
대운 여	3	2	2	2	2	1	1	1	한로	10	9	9	9	8	8	8	7	7	7	6	6	6	5	상강	5	4	4	4	4	3	3

양력 11월 — 【음10월】 ➡ 【己亥月(기해월)】 ☯팔백성

입동 8일 03시 34분 / 소설 23일 01시 07분 / 음력 10/07 ~ 11/06

양력	1	2	3	4	5	6	7	8	9	10	11	12	13	14	15	16	17	18	19	20	21	22	23	24	25	26	27	28	29	30
요일	화	수	목	금	토	일	월	화	수	목	금	토	일	월	화	수	목	금	토	일	월	화	수	목	금	토	일	월	화	수
일진	경신	신유	임술	계해	갑자	을축	병인	정묘	무진	기사	경오	신미	임신	계유	갑술	을해	병자	정축	무인	기묘	경진	신사	임오	계미	갑신	을유	병술	정해	무자	기축
음력	7	8	9	10	11	12	13	14	15	16	17	18	19	20	21	22	23	24	25	26	27	28	29	30	11/1	2	3	4	5	6
구성	1	9	8	7	6	5	4	3	2	1	9	8	7	6	5	4	3	2	1	9	8	7	6	5	4	3	2	1	9	8
대운 남	8	8	8	9	9	9	10	입동	1	1	1	1	2	2	2	3	3	3	4	4	4	5	소설	5	6	6	6	7	7	7
대운 여	2	2	2	1	1	1	1	입동	10	9	9	9	8	8	8	7	7	7	6	6	6	5	소설	5	4	4	4	3	3	3

양력 12월 — 【음11월】 ➡ 【庚子月(경자월)】 ☯칠적성

대설 7일 20시 28분 / 동지 22일 14시 29분 / 음력 11/07 ~ 12/07

양력	1	2	3	4	5	6	7	8	9	10	11	12	13	14	15	16	17	18	19	20	21	22	23	24	25	26	27	28	29	30	31
요일	목	금	토	일	월	화	수	목	금	토	일	월	화	수	목	금	토	일	월	화	수	목	금	토	일	월	화	수	목	금	토
일진	경인	신묘	임진	계사	갑오	을미	병신	정유	무술	기해	경자	신축	임인	계묘	갑진	을사	병오	정미	무신	기유	경술	신해	임자	계축	갑인	을묘	병진	정사	무오	기미	경신
음력	7	8	9	10	11	12	13	14	15	16	17	18	19	20	21	22	23	24	25	26	27	28	29	30	12/1	2	3	4	5	6	7
구성	7	6	5	4	3	2	1	9	8	7	6	5	4	3	2	1	9	8	7	6	5	4	3	2	1	9	8	7	6	5	4
대운 남	8	8	8	9	9	9	대설	1	1	1	1	2	2	2	3	3	3	4	4	4	5	동지	5	6	6	6	7	7	7	8	8
대운 여	2	2	2	1	1	1	대설	10	10	9	9	9	8	8	8	7	7	7	6	6	6	동지	5	4	4	4	3	3	3	2	2

4월 5일 대한민국 해군의 청해부대 7진이 소말리아 해역에 있는 자국 선박 보호를 위해 아덴 만으로 출항하였다. 러시아가 유리 가가린의 우주 비행 50주년을 기념해 그의 이름을 따서 만든 소유스 TMA-21 우주선이 3명의 우주비행사를 태우고 성공적으로 발사되었다.

대장군(子북방), 삼살(남방), 상문(午남방), 조객(寅동북방), 납음(장류수), 삼재(인,묘,진) 臘享(납향):2013년1월17일(음12/06)

소한 6일 07시 43분 【음12월】➡ 【辛丑月(신축월)】 ☯육백성 대한 21일 01시 09분

양력 1월 (음력 12/08 ~ 01/09)

양력	1	2	3	4	5	6	7	8	9	10	11	12	13	14	15	16	17	18	19	20	21	22	23	24	25	26	27	28	29	30	31
요일	일	월	화	수	목	금	토	일	월	화	수	목	금	토	일	월	화	수	목	금	토	일	월	화	수	목	금	토	일	월	화
일진/日辰	신유	임술	계해	갑자	을축	병인	정묘	무진	기사	경오	신미	임신	계유	갑술	을해	병자	정축	무인	기묘	경진	신사	임오	계미	갑신	을유	병술	정해	무자	기축	경인	신묘
음력	8	9	10	11	12	13	14	15	16	17	18	19	20	21	22	23	24	25	26	27	28	29	1/1	2	3	4	5	6	7	8	9
구성	3	2	1	1	2	3	4	5	6	7	8	9	1	2	3	4	5	6	7	8	9	1	2	3	4	5	6	7	8	9	1
대운 남	8	9	9	9	10	소한	1	1	1	1	2	2	2	3	3	3	4	4	4	5	대한	5	6	6	6	7	7	7	8	8	8
대운 여	2	1	1	1	1	소한	9	9	9	8	8	8	7	7	7	6	6	6	5	5	대한	4	4	4	3	3	3	2	2	2	1

입춘 4일 19시 22분 【음1월】➡ 【壬寅月(임인월)】 ☯오황성 우수 19일 15시 17분

양력 2월 (음력 01/10 ~ 02/08)

양력	1	2	3	4	5	6	7	8	9	10	11	12	13	14	15	16	17	18	19	20	21	22	23	24	25	26	27	28	29
요일	수	목	금	토	일	월	화	수	목	금	토	일	월	화	수	목	금	토	일	월	화	수	목	금	토	일	월	화	수
일진/日辰	임진	계사	갑오	을미	병신	정유	무술	기해	경자	신축	임인	계묘	갑진	을사	병오	정미	무신	기유	경술	신해	임자	계축	갑인	을묘	병진	정사	무오	기미	경신
음력	10	11	12	13	14	15	16	17	18	19	20	21	22	23	24	25	26	27	28	29	30	2/1	2	3	4	5	6	7	8
구성	2	3	4	5	6	7	8	9	1	2	3	4	5	6	7	8	9	1	2	3	4	5	6	7	8	9	1	2	3
대운 남	9	9	9	입춘	10	9	9	9	8	8	8	7	7	7	6	6	6	5	우수	5	4	4	4	3	3	3	2	2	2
대운 여	1	1	1	입춘	1	1	1	1	2	2	2	3	3	3	4	4	4	5	우수	5	6	6	6	7	7	7	8	8	8

(우측 세로: 임진년)

경칩 5일 13시 20분 【음2월】➡ 【癸卯月(계묘월)】 ☯사록성 춘분 20일 14시 14분

양력 3월 (음력 02/09 ~ 03/10)

양력	1	2	3	4	5	6	7	8	9	10	11	12	13	14	15	16	17	18	19	20	21	22	23	24	25	26	27	28	29	30	31
요일	목	금	토	일	월	화	수	목	금	토	일	월	화	수	목	금	토	일	월	화	수	목	금	토	일	월	화	수	목	금	토
일진/日辰	신유	임술	계해	갑자	을축	병인	정묘	무진	기사	경오	신미	임신	계유	갑술	을해	병자	정축	무인	기묘	경진	신사	임오	계미	갑신	을유	병술	정해	무자	기축	경인	신묘
음력	9	10	11	12	13	14	15	16	17	18	19	20	21	22	23	24	25	26	27	28	29	3/1	2	3	4	5	6	7	8	9	10
구성	4	5	6	7	8	9	1	2	3	4	5	6	7	8	9	1	2	3	4	5	6	7	8	9	1	2	3	4	5	6	7
대운 남	1	1	1	1	경칩	10	9	9	9	8	8	8	7	7	7	6	6	6	5	춘분	5	4	4	4	3	3	3	2	2	2	1
대운 여	9	9	9	10	경칩	1	1	1	1	2	2	2	3	3	3	4	4	4	5	춘분	5	6	6	6	7	7	7	8	8	8	9

청명 4일 18시 05분 【음3월】➡ 【甲辰月(갑진월)】 ☯삼벽성 곡우 20일 01시 11분

양력 4월 (음력 03/11 ~ 윤3 10)

양력	1	2	3	4	5	6	7	8	9	10	11	12	13	14	15	16	17	18	19	20	21	22	23	24	25	26	27	28	29	30
요일	일	월	화	수	목	금	토	일	월	화	수	목	금	토	일	월	화	수	목	금	토	일	월	화	수	목	금	토	일	월
일진/日辰	임진	계사	갑오	을미	병신	정유	무술	기해	경자	신축	임인	계묘	갑진	을사	병오	정미	무신	기유	경술	신해	임자	계축	갑인	을묘	병진	정사	무오	기미	경신	신유
음력	11	12	13	14	15	16	17	18	19	20	21	22	23	24	25	26	27	28	29	30	윤3	2	3	4	5	6	7	8	9	10
구성	8	9	1	2	3	4	5	6	7	8	9	1	2	3	4	5	6	7	8	9	1	2	3	4	5	6	7	8	9	1
대운 남	1	1	1	청명	10	10	9	9	9	8	8	8	7	7	7	6	6	6	5	곡우	5	4	4	4	3	3	3	2	2	2
대운 여	9	9	10	청명	1	1	1	1	2	2	2	3	3	3	4	4	4	5	5	곡우	6	6	6	7	7	7	8	8	8	9

입하 5일 11시 19분 【음4월】➡ 【乙巳月(을사월)】 ☯이흑성 소만 21일 00시 15분

양력 5월 (음력 윤3 11 ~ 04/11)

양력	1	2	3	4	5	6	7	8	9	10	11	12	13	14	15	16	17	18	19	20	21	22	23	24	25	26	27	28	29	30	31
요일	화	수	목	금	토	일	월	화	수	목	금	토	일	월	화	수	목	금	토	일	월	화	수	목	금	토	일	월	화	수	목
일진/日辰	임술	계해	갑자	을축	병인	정묘	무진	기사	경오	신미	임신	계유	갑술	을해	병자	정축	무인	기묘	경진	신사	임오	계미	갑신	을유	병술	정해	무자	기축	경인	신묘	임진
음력	11	12	13	14	15	16	17	18	19	20	21	22	23	24	25	26	27	28	29	30	4/1	2	3	4	5	6	7	8	9	10	11
구성	2	3	4	5	6	7	8	9	1	2	3	4	5	6	7	8	9	1	2	3	4	5	6	7	8	9	1	2	3	4	5
대운 남	1	1	1	1	입하	10	10	9	9	9	8	8	8	7	7	7	6	6	6	5	소만	5	4	4	4	3	3	3	2	2	2
대운 여	9	9	10	10	입하	1	1	1	1	2	2	2	3	3	3	4	4	4	5	5	소만	6	6	6	7	7	7	8	8	8	9

망종 5일 15시 25분 【음5월】➡ 【丙午月(병오월)】 ☯일백성 하지 21일 08시 08분

양력 6월 (음력 04/12 ~ 05/11)

양력	1	2	3	4	5	6	7	8	9	10	11	12	13	14	15	16	17	18	19	20	21	22	23	24	25	26	27	28	29	30
요일	금	토	일	월	화	수	목	금	토	일	월	화	수	목	금	토	일	월	화	수	목	금	토	일	월	화	수	목	금	토
일진/日辰	계사	갑오	을미	병신	정유	무술	기해	경자	신축	임인	계묘	갑진	을사	병오	정미	무신	기유	경술	신해	임자	계축	갑인	을묘	병진	정사	무오	기미	경신	신유	임술
음력	12	13	14	15	16	17	18	19	20	21	22	23	24	25	26	27	28	29	30	5/1	2	3	4	5	6	7	8	9	10	11
구성	6	7	8	9	1	2	3	4	5	6	7	8	9	1	2	3	4	5	6	7	8	9	1	2	3	4	5	6	7	8
대운 남	1	1	1	1	망종	10	10	10	9	9	9	8	8	8	7	7	7	6	6	6	하지	5	5	4	4	4	3	3	3	2
대운 여	9	9	10	10	망종	1	1	1	1	2	2	2	3	3	3	4	4	4	5	5	하지	6	6	6	7	7	7	8	8	8

1월 5일 – 한나라당 고승덕의원이 한나라당 전당대회 돈봉투 의혹을 폭로 .브라질 상파울루 등 남동부 지역 집중 호우 산사태로 피해 속출. 호스니 무바라크 전 이집트 대통령에 대해 이집트 검찰이 사형을 구형. 1월 7일 – 뉴질랜드의 카터턴에서 열기구가 추락해 11명이 사망.

한식(4월05일), 초복(7월18일), 중복(7월28일), 말복(8월07일) ↟춘사(春社)3/18 ☀추사(秋社)9/24
토왕지절(土旺之節):4월16일,7월19일,10월20일,1월17일(음12/06)臘享(납향):2013년1월17일(음12/06)

九日得辛, 十龍治水, 2012년 임진年(장류수), 육백금

5황	1백	3벽
4록	6백	8백
9자	2흑	7적

7월 — 소서 7일 01시 40분 【음6월】➡ 【丁未月(정미월)】 ☯구자성

음력 05/12 ~ 06/13

양력	1	2	3	4	5	6	7	8	9	10	11	12	13	14	15	16	17	18	19	20	21	22	23	24	25	26	27	28	29	30	31
요일	일	월	화	수	목	금	토	일	월	화	수	목	금	토	일	월	화	수	목	금	토	일	월	화	수	목	금	토	일	월	화
일진(日辰)	계해	갑자	을축	병인	정묘	무진	기사	경오	신미	임신	계유	갑술	을해	병자	정축	무인	기묘	경진	신사	임오	계미	갑신	을유	병술	정해	무자	기축	경인	신묘	임진	계사
음력	12	13	14	15	16	17	18	19	20	21	22	23	24	25	26	27	28	29	6/1	2	3	4	5	6	7	8	9	10	11	12	13
구성	9	9	8	7	6	5	4	3	2	1	9	8	7	6	5	4	3	2	1	9	8	7	6	5	4	3	2	1	9	8	7
대운 남	2	2	1	1	1	1	소서	10	10	9	9	9	8	8	8	7	7	7	6	6	6	대서	5	5	5	4	4	4	3	3	3
대운 여	9	9	9	10	10	10	소서	1	1	1	1	2	2	2	3	3	3	4	4	4	5	대서	5	5	6	6	6	7	7	7	8

8월 — 입추 7일 11시 30분 【음7월】➡ 【戊申月(무신월)】 ☯팔백성 　처서 23일 02시 06분

음력 06/14 ~ 07/14

양력	1	2	3	4	5	6	7	8	9	10	11	12	13	14	15	16	17	18	19	20	21	22	23	24	25	26	27	28	29	30	31
요일	수	목	금	토	일	월	화	수	목	금	토	일	월	화	수	목	금	토	일	월	화	수	목	금	토	일	월	화	수	목	금
일진(日辰)	갑오	을미	병신	정유	무술	기해	경자	신축	임인	계묘	갑진	을사	병오	정미	무신	기유	경술	신해	임자	계축	갑인	을묘	병진	정사	무오	기미	경신	신유	임술	계해	갑자
음력	14	15	16	17	18	19	20	21	22	23	24	25	26	27	28	29	30	7/1	2	3	4	5	6	7	8	9	10	11	12	13	14
구성	6	5	4	3	2	1	9	8	7	6	5	4	3	2	1	9	8	7	6	5	4	3	2	1	9	8	7	6	5	4	3
대운 남	2	2	1	1	1	1	입추	10	10	9	9	9	8	8	8	7	7	7	6	6	6	5	처서	5	4	4	4	3	3	3	2
대운 여	8	9	9	9	10	10	입추	1	1	1	1	2	2	2	3	3	3	4	4	4	5	5	처서	5	6	6	6	7	7	7	8

9월 — 백로 7일 14시 28분 【음8월】➡ 【己酉月(기유월)】 ☯칠적성 　추분 22일 23시 48분

음력 07/15 ~ 08/15

양력	1	2	3	4	5	6	7	8	9	10	11	12	13	14	15	16	17	18	19	20	21	22	23	24	25	26	27	28	29	30
요일	토	일	월	화	수	목	금	토	일	월	화	수	목	금	토	일	월	화	수	목	금	토	일	월	화	수	목	금	토	일
일진(日辰)	을축	병인	정묘	무진	기사	경오	신미	임신	계유	갑술	을해	병자	정축	무인	기묘	경진	신사	임오	계미	갑신	을유	병술	정해	무자	기축	경인	신묘	임진	계사	갑오
음력	15	16	17	18	19	20	21	22	23	24	25	26	27	28	29	8/1	2	3	4	5	6	7	8	9	10	11	12	13	14	15
구성	2	1	9	8	7	6	5	4	3	2	1	9	8	7	6	5	4	3	2	1	9	8	7	6	5	4	3	2	1	9
대운 남	2	2	1	1	1	1	백로	10	10	9	9	9	8	8	8	7	7	7	6	6	6	추분	5	5	4	4	4	3	3	3
대운 여	8	8	9	9	9	10	백로	1	1	1	1	2	2	2	3	3	3	4	4	4	5	추분	5	6	6	6	7	7	7	8

10월 — 한로 8일 06시 11분 【음9월】➡ 【庚戌月(경술월)】 ☯육백성 　상강 23일 09시 13분

음력 08/16 ~ 09/17

양력	1	2	3	4	5	6	7	8	9	10	11	12	13	14	15	16	17	18	19	20	21	22	23	24	25	26	27	28	29	30	31
요일	월	화	수	목	금	토	일	월	화	수	목	금	토	일	월	화	수	목	금	토	일	월	화	수	목	금	토	일	월	화	수
일진(日辰)	을미	병신	정유	무술	기해	경자	신축	임인	계묘	갑진	을사	병오	정미	무신	기유	경술	신해	임자	계축	갑인	을묘	병진	정사	무오	기미	경신	신유	임술	계해	갑자	을축
음력	16	17	18	19	20	21	22	23	24	25	26	27	28	29	9/1	2	3	4	5	6	7	8	9	10	11	12	13	14	15	16	17
구성	8	7	6	5	4	3	2	1	9	8	7	6	5	4	3	2	1	9	8	7	6	5	4	3	2	1	9	8	7	6	5
대운 남	2	2	2	1	1	1	1	한로	10	9	9	9	8	8	8	7	7	7	6	6	6	5	상강	5	4	4	4	3	3	3	2
대운 여	8	8	9	9	9	10	10	한로	1	1	1	1	2	2	2	3	3	3	4	4	4	5	상강	5	6	6	6	7	7	7	8

11월 — 입동 7일 09시 25분 【음10월】➡ 【辛亥月(신해월)】 ☯오황성 　소설 22일 06시 49분

음력 09/18 ~ 10/17

양력	1	2	3	4	5	6	7	8	9	10	11	12	13	14	15	16	17	18	19	20	21	22	23	24	25	26	27	28	29	30
요일	목	금	토	일	월	화	수	목	금	토	일	월	화	수	목	금	토	일	월	화	수	목	금	토	일	월	화	수	목	금
일진(日辰)	병인	정묘	무진	기사	경오	신미	임신	계유	갑술	을해	병자	정축	무인	기묘	경진	신사	임오	계미	갑신	을유	병술	정해	무자	기축	경인	신묘	임진	계사	갑오	을미
음력	18	19	20	21	22	23	24	25	26	27	28	29	30	10/1	2	3	4	5	6	7	8	9	10	11	12	13	14	15	16	17
구성	4	3	2	1	9	8	7	6	5	4	3	2	1	9	8	7	6	5	4	3	2	1	9	8	7	6	5	4	3	2
대운 남	2	2	1	1	1	1	입동	10	9	9	9	8	8	8	7	7	7	6	6	6	5	소설	5	4	4	4	3	3	3	2
대운 여	8	8	9	9	9	10	입동	1	1	1	1	2	2	2	3	3	3	4	4	4	5	소설	5	6	6	6	7	7	7	8

12월 — 대설 7일 02시 18분 【음11월】➡ 【壬子月(임자월)】 ☯사록성 　동지 21일 20시 11분

음력 10/18 ~ 11/19

양력	1	2	3	4	5	6	7	8	9	10	11	12	13	14	15	16	17	18	19	20	21	22	23	24	25	26	27	28	29	30	31
요일	토	일	월	화	수	목	금	토	일	월	화	수	목	금	토	일	월	화	수	목	금	토	일	월	화	수	목	금	토	일	월
일진(日辰)	병신	정유	무술	기해	경자	신축	임인	계묘	갑진	을사	병오	정미	무신	기유	경술	신해	임자	계축	갑인	을묘	병진	정사	무오	기미	경신	신유	임술	계해	갑자	을축	병인
음력	18	19	20	21	22	23	24	25	26	27	28	29	11/1	2	3	4	5	6	7	8	9	10	11	12	13	14	15	16	17	18	19
구성	1	9	8	7	6	5	4	3	2	1	9	8	7	6	5	4	3	2	1	9	8	7	6	5	4	3	2	1	1	2	3
대운 남	2	2	1	1	1	1	대설	9	9	9	8	8	8	7	7	7	6	6	6	5	동지	5	4	4	4	3	3	3	2	2	2
대운 여	8	8	9	9	9	10	대설	1	1	1	1	2	2	2	3	3	3	4	4	4	동지	5	5	6	6	6	7	7	7	8	8

2월 8일 - 대한민국의 프로배구에서 승부조작이 사실로 확인되면서 선수3명, 브로커 1명이 구속되다.크리스티나 페르난데스 아르헨티나 대통령이 포클랜드 문제를 UN에 상정하다.2월 9일 - 그리스가 구제금융 협상을 타결시키다.박희태 대한민국 국회의장이 사퇴하다.

2013년

下元-계사(癸巳)년, 납음(장류수),본명성(오황토)

대장군(卯동방), 삼살(동방), 상문(未서남방),조객(卯동방), 납음(장류수),【삼재(해,자,축)년】臘享(납향):2014년1월24일(음12/24)

소한 5일 13시 33분 【음12월】➡ 【癸丑月(계축월)】 ●삼벽성   대한 20일 06시 51분

양력 1월 · 음력 11/20 ~ 12/20

양력	1	2	3	4	5	6	7	8	9	10	11	12	13	14	15	16	17	18	19	20	21	22	23	24	25	26	27	28	29	30	31
요일	화	수	목	금	토	일	월	화	수	목	금	토	일	월	화	수	목	금	토	일	월	화	수	목	금	토	일	월	화	수	목
일진	정	무	기	경	신	임	계	갑	을	병	정	무	기	경	신	임	계	갑	을	병	정	무	기	경	신	임	계	갑	을	병	정
日辰	묘	진	사	오	미	신	유	술	해	자	축	인	묘	진	사	오	미	신	유	술	해	자	축	인	묘	진	사	오	미	신	유
음력	20	21	22	23	24	25	26	27	28	29	30	12/1	2	3	4	5	6	7	8	9	10	11	12	13	14	15	16	17	18	19	20
구성	4	5	6	7	8	9	1	2	3	4	5	6	7	8	9	1	2	3	4	5	6	7	8	9	1	2	3	4	5	6	7
대운 남	1	1	1	1	소한	10	9	9	9	8	8	8	7	7	7	6	6	6	5	대한	5	4	4	4	3	3	3	2	2	2	1
운 여	8	9	9	9	소한	1	1	1	1	2	2	2	3	3	3	4	4	4	5	대한	5	6	6	6	7	7	7	8	8	8	9

입춘 4일 01시 13분 【음1월】➡ 【甲寅月(갑인월)】 ●이흑성   우수 18일 21시 01분

양력 2월 · 음력 12/21 ~ 01/19

양력	1	2	3	4	5	6	7	8	9	10	11	12	13	14	15	16	17	18	19	20	21	22	23	24	25	26	27	28
요일	금	토	일	월	화	수	목	금	토	일	월	화	수	목	금	토	일	월	화	수	목	금	토	일	월	화	수	목
일진	무	기	경	신	임	계	갑	을	병	정	무	기	경	신	임	계	갑	을	병	정	무	기	경	신	임	계	갑	을
日辰	술	해	자	축	인	묘	진	사	오	미	신	유	술	해	자	축	인	묘	진	사	오	미	신	유	술	해	자	축
음력	21	22	23	24	25	26	27	28	29	1/1	2	3	4	5	6	7	8	9	10	11	12	13	14	15	16	17	18	19
구성	8	9	1	2	3	4	5	6	7	8	9	1	2	3	4	5	6	7	8	9	1	2	3	4	5	6	7	8
대운 남	1	1	1	입춘	1	1	1	1	2	2	2	3	3	3	4	4	4	우수	5	5	6	6	6	7	7	7	8	8
운 여	9	9	10	입춘	9	9	9	8	8	8	7	7	7	6	6	6	5	우수	5	4	4	4	3	3	3	2	2	2

경칩 5일 19시 14분 【음2월】➡ 【乙卯月(을묘월)】 ●일백성   춘분 20일 20시 01분

양력 3월 · 음력 01/20 ~ 02/20

양력	1	2	3	4	5	6	7	8	9	10	11	12	13	14	15	16	17	18	19	20	21	22	23	24	25	26	27	28	29	30	31
요일	금	토	일	월	화	수	목	금	토	일	월	화	수	목	금	토	일	월	화	수	목	금	토	일	월	화	수	목	금	토	일
일진	병	정	무	기	경	신	임	계	갑	을	병	정	무	기	경	신	임	계	갑	을	병	정	무	기	경	신	임	계	갑	을	병
日辰	인	묘	진	사	오	미	신	유	술	해	자	축	인	묘	진	사	오	미	신	유	술	해	자	축	인	묘	진	사	오	미	신
음력	20	21	22	23	24	25	26	27	28	29	30	2/1	2	3	4	5	6	7	8	9	10	11	12	13	14	15	16	17	18	19	20
구성	9	1	2	3	4	5	6	7	8	9	1	2	3	4	5	6	7	8	9	1	2	3	4	5	6	7	8	9	1	2	3
대운 남	9	9	9	10	경칩	1	1	1	1	2	2	2	3	3	3	4	4	4	5	춘분	5	6	6	6	7	7	7	8	8	8	9
운 여	1	1	1	1	경칩	10	10	9	9	9	8	8	8	7	7	7	6	6	6	춘분	5	5	4	4	4	3	3	3	2	2	2

청명 5일 00시 02분 【음3월】➡ 【丙辰月(병진월)】 ●구자성   곡우 20일 07시 02분

양력 4월 · 음력 02/21 ~ 03/21

양력	1	2	3	4	5	6	7	8	9	10	11	12	13	14	15	16	17	18	19	20	21	22	23	24	25	26	27	28	29	30
요일	월	화	수	목	금	토	일	월	화	수	목	금	토	일	월	화	수	목	금	토	일	월	화	수	목	금	토	일	월	화
일진	정	무	기	경	신	임	계	갑	을	병	정	무	기	경	신	임	계	갑	을	병	정	무	기	경	신	임	계	갑	을	병
日辰	유	술	해	자	축	인	묘	진	사	오	미	신	유	술	해	자	축	인	묘	진	사	오	미	신	유	술	해	자	축	인
음력	21	22	23	24	25	26	27	28	29	3/1	2	3	4	5	6	7	8	9	10	11	12	13	14	15	16	17	18	19	20	21
구성	4	5	6	7	8	9	1	2	3	4	5	6	7	8	9	1	2	3	4	5	6	7	8	9	1	2	3	4	5	6
대운 남	9	9	10	10	청명	1	1	1	1	2	2	2	3	3	3	4	4	4	5	곡우	5	6	6	6	7	7	7	8	8	8
운 여	1	1	1	1	청명	10	9	9	9	8	8	8	7	7	7	6	6	6	5	곡우	5	4	4	4	3	3	3	2	2	2

입하 5일 17시 17분 【음4월】➡ 【丁巳月(정사월)】 ●팔백성   소만 21일 06시 09분

양력 5월 · 음력 03/22 ~ 04/22

양력	1	2	3	4	5	6	7	8	9	10	11	12	13	14	15	16	17	18	19	20	21	22	23	24	25	26	27	28	29	30	31
요일	수	목	금	토	일	월	화	수	목	금	토	일	월	화	수	목	금	토	일	월	화	수	목	금	토	일	월	화	수	목	금
일진	정	무	기	경	신	임	계	갑	을	병	정	무	기	경	신	임	계	갑	을	병	정	무	기	경	신	임	계	갑	을	병	정
日辰	묘	진	사	오	미	신	유	술	해	자	축	인	묘	진	사	오	미	신	유	술	해	자	축	인	묘	진	사	오	미	신	유
음력	22	23	24	25	26	27	28	29	30	4/1	2	3	4	5	6	7	8	9	10	11	12	13	14	15	16	17	18	19	20	21	22
구성	7	8	9	1	2	3	4	5	6	7	8	9	1	2	3	4	5	6	7	8	9	1	2	3	4	5	6	7	8	9	1
대운 남	9	9	9	10	입하	1	1	1	1	2	2	2	3	3	3	4	4	4	5	5	소만	6	6	6	7	7	7	8	8	8	9
운 여	1	1	1	1	입하	10	10	9	9	9	8	8	8	7	7	7	6	6	6	5	소만	5	4	4	4	3	3	3	2	2	2

망종 5일 21시 22분 【음5월】➡ 【戊午月(무오월)】 ●칠적성   하지 21일 14시 03분

양력 6월 · 음력 04/23 ~ 05/22

양력	1	2	3	4	5	6	7	8	9	10	11	12	13	14	15	16	17	18	19	20	21	22	23	24	25	26	27	28	29	30
요일	토	일	월	화	수	목	금	토	일	월	화	수	목	금	토	일	월	화	수	목	금	토	일	월	화	수	목	금	토	일
일진	무	기	경	신	임	계	갑	을	병	정	무	기	경	신	임	계	갑	을	병	정	무	기	경	신	임	계	갑	을	병	정
日辰	술	해	자	축	인	묘	진	사	오	미	신	유	술	해	자	축	인	묘	진	사	오	미	신	유	술	해	자	축	인	묘
음력	23	24	25	26	27	28	29	30	5/1	2	3	4	5	6	7	8	9	10	11	12	13	14	15	16	17	18	19	20	21	22
구성	2	3	4	5	6	7	8	9	1	2	3	4	5	6	7	8	9	1	2	3	4	5	6	7	8	9	9	8	7	6
대운 남	9	9	10	10	망종	1	1	1	1	2	2	2	3	3	3	4	4	4	5	5	하지	6	6	6	7	7	7	8	8	8
운 여	1	1	1	1	망종	10	10	10	9	9	9	8	8	8	7	7	7	6	6	6	하지	5	5	4	4	4	3	3	3	2

계사년

1월 16일 - 대법원은 수원 토막 살인 사건 피의자 오원춘에 대한 상고심에서 무기징역 확정.알제리에서 테러조직 알 카에다와 연계된 무장 세력이 동남부 인아메나스지역의 천연가스전을 공격. 알제리 정부군이 인질 구출작전을 벌이면서 다수의 외국인 근로자가 사망.

한식(4월06일), 초복(7월13일), 중복(7월23일), 말복(8월12일) ↑춘사(春社)3/23 ☀추사(秋社)9/19
토왕지절(土旺之節):4월17일,7월19일,10월20일,1월17일(음12/17) 臘享(납향):2014년1월24일(음12/24)

五日得辛, 十龍治水, 2013년 계사年(장류수), 오황토

4록	9자	2흑
3벽	5황	7적
8백	1백	6백

소서 7일 07시 34분 【음6월】 → 【己未月(기미월)】 ☾육백성 대서 23일 00시 55분

양력 7월 / 음력 05/23 ~ 06/24

양력	1	2	3	4	5	6	7	8	9	10	11	12	13	14	15	16	17	18	19	20	21	22	23	24	25	26	27	28	29	30	31
요일	월	화	수	목	금	토	일	월	화	수	목	금	토	일	월	화	수	목	금	토	일	월	화	수	목	금	토	일	월	화	수
일진	무	기	경	신	임	계	갑	을	병	정	무	기	경	신	임	계	갑	을	병	정	무	기	경	신	임	계	갑	을	병	정	무
日辰	진	사	오	미	신	유	술	해	자	축	인	묘	진	사	오	미	신	유	술	해	자	축	인	묘	진	사	오	미	신	유	술
음력	23	24	25	26	27	28	29	6/1	2	3	4	5	6	7	8	9	10	11	12	13	14	15	16	17	18	19	20	21	22	23	24
구성	5	4	3	2	1	9	8	7	6	5	4	3	2	1	9	8	7	6	5	4	3	2	1	9	8	7	6	5	4	3	2
대남	9	9	9	10	10	10	소서	1	1	1	1	2	2	2	3	3	3	4	4	4	5	5	대서	6	6	6	7	7	7	8	8
운여	2	2	1	1	1	1	소서	10	10	9	9	9	8	8	8	7	7	7	6	6	6	5	대서	5	5	4	4	4	3	3	2

입추 7일 17시 19분 【음7월】 → 【庚申月(경신월)】 ☾오황성 처서 23일 08시 01분

양력 8월 / 음력 06/25 ~ 07/25

양력	1	2	3	4	5	6	7	8	9	10	11	12	13	14	15	16	17	18	19	20	21	22	23	24	25	26	27	28	29	30	31
요일	목	금	토	일	월	화	수	목	금	토	일	월	화	수	목	금	토	일	월	화	수	목	금	토	일	월	화	수	목	금	토
일진	기	경	신	임	계	갑	을	병	정	무	기	경	신	임	계	갑	을	병	정	무	기	경	신	임	계	갑	을	병	정	무	기
日辰	해	자	축	인	묘	진	사	오	미	신	유	술	해	자	축	인	묘	진	사	오	미	신	유	술	해	자	축	인	묘	진	사
음력	25	26	27	28	29	30	7/1	2	3	4	5	6	7	8	9	10	11	12	13	14	15	16	17	18	19	20	21	22	23	24	25
구성	1	9	8	7	6	5	4	3	2	1	9	8	7	6	5	4	3	2	1	9	8	7	6	5	4	3	2	1	9	8	7
대남	8	9	9	9	10	10	입추	1	1	1	1	2	2	2	3	3	3	4	4	4	5	5	처서	6	6	6	7	7	7	8	8
운여	2	2	1	1	1	1	입추	10	10	9	9	9	8	8	8	7	7	7	6	6	6	5	처서	5	4	4	4	3	3	3	2

백로 7일 20시 15분 【음8월】 → 【辛酉月(신유월)】 ☾사록성 추분 23일 05시 43분

양력 9월 / 음력 07/26 ~ 08/26

양력	1	2	3	4	5	6	7	8	9	10	11	12	13	14	15	16	17	18	19	20	21	22	23	24	25	26	27	28	29	30
요일	일	월	화	수	목	금	토	일	월	화	수	목	금	토	일	월	화	수	목	금	토	일	월	화	수	목	금	토	일	월
일진	경	신	임	계	갑	을	병	정	무	기	경	신	임	계	갑	을	병	정	무	기	경	신	임	계	갑	을	병	정	무	기
日辰	오	미	신	유	술	해	자	축	인	묘	진	사	오	미	신	유	술	해	자	축	인	묘	진	사	오	미	신	유	술	해
음력	26	27	28	29	8/1	2	3	4	5	6	7	8	9	10	11	12	13	14	15	16	17	18	19	20	21	22	23	24	25	26
구성	6	5	4	3	2	1	9	8	7	6	5	4	3	2	1	9	8	7	6	5	4	3	2	1	9	8	7	6	5	4
대남	8	9	9	9	10	10	백로	1	1	1	1	2	2	2	3	3	3	4	4	4	5	5	추분	6	6	6	7	7	7	8
운여	2	2	1	1	1	1	백로	10	10	9	9	9	8	8	8	7	7	7	6	6	6	5	추분	5	4	4	4	3	3	3

한로 8일 11시 58분 【음9월】 → 【壬戌月(임술월)】 ☾삼벽성 상강 23일 15시 09분

양력 10월 / 음력 08/27 ~ 09/27

양력	1	2	3	4	5	6	7	8	9	10	11	12	13	14	15	16	17	18	19	20	21	22	23	24	25	26	27	28	29	30	31
요일	화	수	목	금	토	일	월	화	수	목	금	토	일	월	화	수	목	금	토	일	월	화	수	목	금	토	일	월	화	수	목
일진	경	신	임	계	갑	을	병	정	무	기	경	신	임	계	갑	을	병	정	무	기	경	신	임	계	갑	을	병	정	무	기	경
日辰	자	축	인	묘	진	사	오	미	신	유	술	해	자	축	인	묘	진	사	오	미	신	유	술	해	자	축	인	묘	진	사	오
음력	27	28	29	30	9/1	2	3	4	5	6	7	8	9	10	11	12	13	14	15	16	17	18	19	20	21	22	23	24	25	26	27
구성	3	2	1	9	8	7	6	5	4	3	2	1	9	8	7	6	5	4	3	2	1	9	8	7	6	5	4	3	2	1	9
대남	8	8	9	9	9	10	10	한로	1	1	1	1	2	2	2	3	3	3	4	4	4	5	상강	5	6	6	6	7	7	7	8
운여	2	2	2	1	1	1	1	한로	10	9	9	9	8	8	8	7	7	7	6	6	6	5	상강	5	4	4	4	3	3	3	2

입동 7일 15시 13분 【음10월】 → 【癸亥月(계해월)】 ☾이흑성 소설 22일 12시 47분

양력 11월 / 음력 09/28 ~ 10/28

양력	1	2	3	4	5	6	7	8	9	10	11	12	13	14	15	16	17	18	19	20	21	22	23	24	25	26	27	28	29	30
요일	금	토	일	월	화	수	목	금	토	일	월	화	수	목	금	토	일	월	화	수	목	금	토	일	월	화	수	목	금	토
일진	신	임	계	갑	을	병	정	무	기	경	신	임	계	갑	을	병	정	무	기	경	신	임	계	갑	을	병	정	무	기	경
日辰	미	신	유	술	해	자	축	인	묘	진	사	오	미	신	유	술	해	자	축	인	묘	진	사	오	미	신	유	술	해	자
음력	28	29	10/1	2	3	4	5	6	7	8	9	10	11	12	13	14	15	16	17	18	19	20	21	22	23	24	25	26	27	28
구성	8	7	6	5	4	3	2	1	9	8	7	6	5	4	3	2	1	9	8	7	6	5	4	3	2	1	9	8	7	6
대남	8	8	9	9	9	10	입동	1	1	1	1	2	2	2	3	3	3	4	4	4	5	소설	5	6	6	6	7	7	7	8
운여	2	2	1	1	1	1	입동	10	9	9	9	8	8	8	7	7	7	6	6	6	5	소설	5	4	4	4	3	3	3	2

대설 7일 08시 08분 【음11월】 → 【甲子月(갑자월)】 ☯일백성 동지 22일 02시 10분

양력 12월 / 음력 10/29 ~ 11/29

양력	1	2	3	4	5	6	7	8	9	10	11	12	13	14	15	16	17	18	19	20	21	22	23	24	25	26	27	28	29	30	31
요일	일	월	화	수	목	금	토	일	월	화	수	목	금	토	일	월	화	수	목	금	토	일	월	화	수	목	금	토	일	월	화
일진	신	임	계	갑	을	병	정	무	기	경	신	임	계	갑	을	병	정	무	기	경	신	임	계	갑	을	병	정	무	기	경	신
日辰	축	인	묘	진	사	오	미	신	유	술	해	자	축	인	묘	진	사	오	미	신	유	술	해	자	축	인	묘	진	사	오	미
음력	29	30	11/1	2	3	4	5	6	7	8	9	10	11	12	13	14	15	16	17	18	19	20	21	22	23	24	25	26	27	28	29
구성	5	4	3	2	1	9	8	7	6	5	4	3	2	1	9	8	7	6	5	4	3	2	1	1	2	3	4	5	6	7	8
대남	8	8	9	9	9	10	대설	1	1	1	1	2	2	2	3	3	3	4	4	4	5	동지	5	6	6	6	7	7	7	8	8
운여	2	2	1	1	1	1	대설	9	9	9	8	8	8	7	7	7	6	6	6	5	5	동지	4	4	4	3	3	3	2	2	2

4월 11일 통일부 "북한 당국은 대화의 장으로 나오기를 바란다"는 성명 발표. 대구광역시와 경상북도 지역에서 70년만의 4월 적설이 기록. 4월 13일 - 일본 효고 현 아와지 섬 부근에서 규모 6.0의 지진이 발생. 4월 14일 - 베네수엘라 대통령 선거에서 니콜라스 마두로가 당선.

단기 4347 年	2014년
불기 2558 年	윤9월

下元-갑오(甲午)년, 납음(사중금), 본명성(사록목)

대장군(卯동방), 삼살(북방), 상문(申서남방), 조객(辰동남방), 납음(사중금), 【삼재(신,유,술)년】 臘享(납향):2015년1월31일(음12/12)

소한 5일 19시 23분 **【음12월】➡** **【乙丑月(을축월)】** ☯구자성 대한 20일 12시 50분

양력 1월	양력	1	2	3	4	5	6	7	8	9	10	11	12	13	14	15	16	17	18	19	20	21	22	23	24	25	26	27	28	29	30	31
	요일	수	목	금	토	일	월	화	수	목	금	토	일	월	화	수	목	금	토	일	월	화	수	목	금	토	일	월	화	수	목	금
	일진 日辰	임신	계유	갑술	을해	병자	정축	무인	기묘	경진	신사	임오	계미	갑신	을유	병술	정해	무자	기축	경인	신묘	임진	계사	갑오	을미	병신	정유	무술	기해	경자	신축	임인
음력 12/01 ▮ 01/01	음력	12/1	2	3	4	5	6	7	8	9	10	11	12	13	14	15	16	17	18	19	20	21	22	23	24	25	26	27	28	29	30	1/1
	구성	9	1	2	3	4	5	6	7	8	9	1	2	3	4	5	6	7	8	9	1	2	3	4	5	6	7	8	9	1	2	3
	대운 남	8	9	9	9	소	1	1	1	1	2	2	2	3	3	3	4	4	4	5	대	5	6	6	6	7	7	7	8	8	8	9
	대운 여	1	1	1	1	한	10	9	9	9	8	8	8	7	7	7	6	6	6	5	한	5	4	4	4	3	3	3	2	2	2	1

입춘 4일 07시 02분 **【음1월】➡** **【丙寅月(병인월)】** ☯팔백성 우수 19일 02시 59분

양력 2월	양력	1	2	3	4	5	6	7	8	9	10	11	12	13	14	15	16	17	18	19	20	21	22	23	24	25	26	27	28
	요일	토	일	월	화	수	목	금	토	일	월	화	수	목	금	토	일	월	화	수	목	금	토	일	월	화	수	목	금
	일진 日辰	계묘	갑진	을사	병오	정미	무신	기유	경술	신해	임자	계축	갑인	을묘	병진	정사	무오	기미	경신	신유	임술	계해	갑자	을축	병인	정묘	무진	기사	경오
음력 01/02 ▮ 01/29	음력	2	3	4	5	6	7	8	9	10	11	12	13	14	15	16	17	18	19	20	21	22	23	24	25	26	27	28	29
	구성	4	5	6	7	8	9	1	2	3	4	5	6	7	8	9	1	2	3	4	5	6	7	8	9	1	2	3	4
	대운 남	9	9	10	입	10	9	9	9	8	8	8	7	7	7	6	6	6	5	우	5	4	4	4	3	3	3	2	2
	대운 여	1	1	1	춘	1	1	1	1	2	2	2	3	3	3	4	4	4	5	수	5	6	6	6	7	7	7	8	8

갑 오 년

경칩 6일 01시 01분 **【음2월】➡** **【丁卯月(정묘월)】** ☯칠적성 춘분 21일 01시 56분

양력 3월	양력	1	2	3	4	5	6	7	8	9	10	11	12	13	14	15	16	17	18	19	20	21	22	23	24	25	26	27	28	29	30	31
	요일	토	일	월	화	수	목	금	토	일	월	화	수	목	금	토	일	월	화	수	목	금	토	일	월	화	수	목	금	토	일	월
	일진 日辰	신미	임신	계유	갑술	을해	병자	정축	무인	기묘	경진	신사	임오	계미	갑신	을유	병술	정해	무자	기축	경인	신묘	임진	계사	갑오	을미	병신	정유	무술	기해	경자	신축
음력 02/01 ▮ 03/01	음력	2/1	2	3	4	5	6	7	8	9	10	11	12	13	14	15	16	17	18	19	20	21	22	23	24	25	26	27	28	29	30	3/1
	구성	5	6	7	8	9	1	2	3	4	5	6	7	8	9	1	2	3	4	5	6	7	8	9	1	2	3	4	5	6	7	8
	대운 남	2	1	1	1	1	경	10	9	9	9	8	8	8	7	7	7	6	6	6	5	춘	5	4	4	4	3	3	3	2	2	2
	대운 여	8	9	9	9	10	칩	1	1	1	1	2	2	2	3	3	3	4	4	4	5	분	5	6	6	6	7	7	7	8	8	8

청명 5일 05시 46분 **【음3월】➡** **【戊辰月(무진월)】** ☯육백성 곡우 20일 12시 55분

양력 4월	양력	1	2	3	4	5	6	7	8	9	10	11	12	13	14	15	16	17	18	19	20	21	22	23	24	25	26	27	28	29	30
	요일	화	수	목	금	토	일	월	화	수	목	금	토	일	월	화	수	목	금	토	일	월	화	수	목	금	토	일	월	화	수
	일진 日辰	임인	계묘	갑진	을사	병오	정미	무신	기유	경술	신해	임자	계축	갑인	을묘	병진	정사	무오	기미	경신	신유	임술	계해	갑자	을축	병인	정묘	무진	기사	경오	신미
음력 03/02 ▮ 04/02	음력	2	3	4	5	6	7	8	9	10	11	12	13	14	15	16	17	18	19	20	21	22	23	24	25	26	27	28	29	4/1	2
	구성	9	1	2	3	4	5	6	7	8	9	1	2	3	4	5	6	7	8	9	1	2	3	4	5	6	7	8	9	1	2
	대운 남	1	1	1	1	청	10	9	9	9	8	8	8	7	7	7	6	6	6	5	곡	5	4	4	4	3	3	3	2	2	2
	대운 여	9	9	9	10	명	1	1	1	1	2	2	2	3	3	3	4	4	4	5	우	5	6	6	6	7	7	7	8	8	8

입하 5일 22시 59분 **【음4월】➡** **【己巳月(기사월)】** ☯오황성 소만 21일 11시 58분

양력 5월	양력	1	2	3	4	5	6	7	8	9	10	11	12	13	14	15	16	17	18	19	20	21	22	23	24	25	26	27	28	29	30	31
	요일	목	금	토	일	월	화	수	목	금	토	일	월	화	수	목	금	토	일	월	화	수	목	금	토	일	월	화	수	목	금	토
	일진 日辰	임신	계유	갑술	을해	병자	정축	무인	기묘	경진	신사	임오	계미	갑신	을유	병술	정해	무자	기축	경인	신묘	임진	계사	갑오	을미	병신	정유	무술	기해	경자	신축	임인
음력 04/03 ▮ 05/03	음력	3	4	5	6	7	8	9	10	11	12	13	14	15	16	17	18	19	20	21	22	23	24	25	26	27	28	29	30	5/1	2	3
	구성	3	4	5	6	7	8	9	1	2	3	4	5	6	7	8	9	1	2	3	4	5	6	7	8	9	1	2	3	4	5	6
	대운 남	1	1	1	1	입	10	10	10	9	9	9	8	8	8	7	7	7	6	6	6	소	5	5	4	4	4	3	3	3	2	2
	대운 여	9	9	9	10	하	1	1	1	1	2	2	2	3	3	3	4	4	4	5	5	만	6	6	6	7	7	7	8	8	8	9

망종 6일 03시 02분 **【음5월】➡** **【庚午月(경오월)】** ☯사록성 하지 21일 19시 50분

양력 6월	양력	1	2	3	4	5	6	7	8	9	10	11	12	13	14	15	16	17	18	19	20	21	22	23	24	25	26	27	28	29	30
	요일	일	월	화	수	목	금	토	일	월	화	수	목	금	토	일	월	화	수	목	금	토	일	월	화	수	목	금	토	일	월
	일진 日辰	계묘	갑진	을사	병오	정미	무신	기유	경술	신해	임자	계축	갑인	을묘	병진	정사	무오	기미	경신	신유	임술	계해	갑자	을축	병인	정묘	무진	기사	경오	신미	임신
음력 05/04 ▮ 06/04	음력	4	5	6	7	8	9	10	11	12	13	14	15	16	17	18	19	20	21	22	23	24	25	26	27	28	29	6/1	2	3	4
	구성	7	8	9	1	2	3	4	5	6	7	8	9	1	2	3	4	5	6	7	8	9	9	8	7	6	5	4	3	2	1
	대운 남	2	1	1	1	1	망	10	10	9	9	9	8	8	8	7	7	7	6	6	6	하	5	5	4	4	4	3	3	3	2
	대운 여	9	9	10	10	10	종	1	1	1	1	2	2	2	3	3	3	4	4	4	5	지	5	6	6	6	7	7	7	8	8

1월 1일 - 대한민국에서 백열전구 생산 및 수입이 금지되었다.1월 2일 - 일본 지바현 동쪽 앞바다에서 규모 5.1의 지진이 발생.

1월 3일 - 캄보디아 프놈펜에서 훈센 정권을 퇴진을 요구하는 시위가 발생. 경찰의 발포로 5명이 사망하였고, 20여명이 부상.

한식(4월06일), 초복(7월18일), 중복(7월28일), 말복(8월07일) ↑춘사(春社)3/18 ☀추사(秋社)9/24
토왕지절(土旺之節):4월17일,7월20일,10월20일,1월17일(음11/27) 臘享(납향):2015년1월31일(음12/12)

十日得辛, 三龍治水, 2014년 갑오年(사중금), 사록목

3벽	8백	1백
2흑	4록	6백
7적	9자	5황

2014

소서 7일 13시 14분 【음6월】➡ 【辛未月(신미월)】 ☯삼벽성 대서 23일 06시 40분

양력 7월	1	2	3	4	5	6	7	8	9	10	11	12	13	14	15	16	17	18	19	20	21	22	23	24	25	26	27	28	29	30	31
요일	화	수	목	금	토	일	월	화	수	목	금	토	일	월	화	수	목	금	토	일	월	화	수	목	금	토	일	월	화	수	목
日辰	계유	갑술	을해	병자	정축	무인	기묘	경진	신사	임오	계미	갑신	을유	병술	정해	무자	기축	경인	신묘	임진	계사	갑오	을미	병신	정유	무술	기해	경자	신축	임인	계묘
음력	5	6	7	8	9	10	11	12	13	14	15	16	17	18	19	20	21	22	23	24	25	26	27	28	29	30	7/1	2	3	4	5
구성	9	8	7	6	5	4	3	2	1	9	8	7	6	5	4	3	2	1	9	8	7	6	5	4	3	2	1	9	8	7	6
대운 남	2	2	1	1	1	1	소서	10	10	9	9	9	8	8	8	7	7	7	6	6	6	5	대서	5	4	4	4	3	3	3	2
대운 여	8	9	9	9	10	10	소서	1	1	1	1	2	2	2	3	3	3	4	4	4	5	5	대서	6	6	6	7	7	7	8	8

입추 7일 23시 02분 【음7월】➡ 【壬申月(임신월)】 ☯이흑성 처서 23일 13시 45분

양력 8월	1	2	3	4	5	6	7	8	9	10	11	12	13	14	15	16	17	18	19	20	21	22	23	24	25	26	27	28	29	30	31
요일	금	토	일	월	화	수	목	금	토	일	월	화	수	목	금	토	일	월	화	수	목	금	토	일	월	화	수	목	금	토	일
日辰	갑진	을사	병오	정미	무신	기유	경술	신해	임자	계축	갑인	을묘	병진	정사	무오	기미	경신	신유	임술	계해	갑자	을축	병인	정묘	무진	기사	경오	신미	임신	계유	갑술
음력	6	7	8	9	10	11	12	13	14	15	16	17	18	19	20	21	22	23	24	25	26	27	28	29	8/1	2	3	4	5	6	7
구성	5	4	3	2	1	9	8	7	6	5	4	3	2	1	9	8	7	6	5	4	3	2	1	9	8	7	6	5	4	3	2
대운 남	2	2	1	1	1	1	입추	10	10	10	9	9	9	8	8	8	7	7	7	6	6	6	처서	5	5	4	4	4	3	3	3
대운 여	8	9	9	9	10	10	입추	1	1	1	1	2	2	2	3	3	3	4	4	4	5	5	처서	6	6	6	7	7	7	8	8

백로 8일 02시 01분 【음8월】➡ 【癸酉月(계유월)】 ☯일백성 추분 23일 11시 28분

양력 9월	1	2	3	4	5	6	7	8	9	10	11	12	13	14	15	16	17	18	19	20	21	22	23	24	25	26	27	28	29	30
요일	월	화	수	목	금	토	일	월	화	수	목	금	토	일	월	화	수	목	금	토	일	월	화	수	목	금	토	일	월	화
日辰	을해	병자	정축	무인	기묘	경진	신사	임오	계미	갑신	을유	병술	정해	무자	기축	경인	신묘	임진	계사	갑오	을미	병신	정유	무술	기해	경자	신축	임인	계묘	갑진
음력	8	9	10	11	12	13	14	15	16	17	18	19	20	21	22	23	24	25	26	27	28	29	30	9/1	2	3	4	5	6	7
구성	1	9	8	7	6	5	4	3	2	1	9	8	7	6	5	4	3	2	1	9	8	7	6	5	4	3	2	1	9	8
대운 남	2	2	2	1	1	1	1	백로	10	9	9	9	8	8	8	7	7	7	6	6	6	5	추분	5	4	4	4	3	3	3
대운 여	8	9	9	9	10	10	10	백로	1	1	1	1	2	2	2	3	3	3	4	4	4	5	추분	5	6	6	6	7	7	7

한로 8일 17시 47분 【음9월】➡ 【甲戌月(갑술월)】 ☯구자성 상강 23일 20시 56분

양력 10월	1	2	3	4	5	6	7	8	9	10	11	12	13	14	15	16	17	18	19	20	21	22	23	24	25	26	27	28	29	30	31
요일	수	목	금	토	일	월	화	수	목	금	토	일	월	화	수	목	금	토	일	월	화	수	목	금	토	일	월	화	수	목	금
日辰	을사	병오	정미	무신	기유	경술	신해	임자	계축	갑인	을묘	병진	정사	무오	기미	경신	신유	임술	계해	갑자	을축	병인	정묘	무진	기사	경오	신미	임신	계유	갑술	을해
음력	8	9	10	11	12	13	14	15	16	17	18	19	20	21	22	23	24	25	26	27	28	29	30	윤9	2	3	4	5	6	7	8
구성	7	6	5	4	3	2	1	9	8	7	6	5	4	3	2	1	9	8	7	6	5	4	3	2	1	9	8	7	6	5	4
대운 남	2	2	2	1	1	1	1	한로	10	9	9	9	8	8	8	7	7	7	6	6	6	5	상강	5	4	4	4	3	3	3	2
대운 여	8	8	8	9	9	9	10	한로	1	1	1	1	2	2	2	3	3	3	4	4	4	5	상강	5	6	6	6	7	7	7	8

입동 7일 21시 06분 【음10월】➡ 【乙亥月(을해월)】 ☯팔백성 소설 22일 18시 37분

양력 11월	1	2	3	4	5	6	7	8	9	10	11	12	13	14	15	16	17	18	19	20	21	22	23	24	25	26	27	28	29	30
요일	토	일	월	화	수	목	금	토	일	월	화	수	목	금	토	일	월	화	수	목	금	토	일	월	화	수	목	금	토	일
日辰	병자	정축	무인	기묘	경진	신사	임오	계미	갑신	을유	병술	정해	무자	기축	경인	신묘	임진	계사	갑오	을미	병신	정유	무술	기해	경자	신축	임인	계묘	갑진	을사
음력	9	10	11	12	13	14	15	16	17	18	19	20	21	22	23	24	25	26	27	28	29	10/1	2	3	4	5	6	7	8	9
구성	3	2	1	9	8	7	6	5	4	3	2	1	9	8	7	6	5	4	3	2	1	9	8	7	6	5	4	3	2	1
대운 남	2	2	1	1	1	1	입동	10	10	9	9	9	8	8	8	7	7	7	6	6	6	소설	5	5	4	4	4	3	3	3
대운 여	8	9	9	9	10	10	입동	1	1	1	1	2	2	2	3	3	3	4	4	4	5	소설	5	6	6	6	7	7	7	8

대설 7일 14시 03분 【음11월】➡ 【丙子月(병자월)】 ☯칠적성 동지 22일 08시 02분

양력 12월	1	2	3	4	5	6	7	8	9	10	11	12	13	14	15	16	17	18	19	20	21	22	23	24	25	26	27	28	29	30	31
요일	월	화	수	목	금	토	일	월	화	수	목	금	토	일	월	화	수	목	금	토	일	월	화	수	목	금	토	일	월	화	수
日辰	병오	정미	무신	기유	경술	신해	임자	계축	갑인	을묘	병진	정사	무오	기미	경신	신유	임술	계해	갑자	을축	병인	정묘	무진	기사	경오	신미	임신	계유	갑술	을해	병자
음력	10	11	12	13	14	15	16	17	18	19	20	21	22	23	24	25	26	27	28	29	30	11/1	2	3	4	5	6	7	8	9	10
구성	9	8	7	6	5	4	3	2	1	9	8	7	6	5	4	3	2	1	9	8	7	6	5	4	3	2	1	9	1	2	3
대운 남	2	2	1	1	1	1	대설	10	10	9	9	9	8	8	8	7	7	7	6	6	6	동지	5	5	4	4	4	3	3	3	2
대운 여	8	9	9	9	10	10	대설	1	1	1	1	2	2	2	3	3	3	4	4	4	5	동지	5	6	6	6	7	7	7	8	8

5월 2일 - 서울 지하철 2호선 상왕십리역에서 정차해있던 열차를 뒤따르던 열차가 추돌하여 뒤따르던 열차 2량이 탈선하고, 승객 240여명이 부상을 입었다.아프가니스탄 동북부 바다크샨 주에 대규모 산사태가 발생해서 최대 2500명의 사망자가 발생하였다.

단기	4348 年		불기	2559 年

2015년

下元-을미(乙未)년, 납음(사중금), 본명성(삼벽목)

대장군(卯동방), 삼살(酉서방), 상문(酉서방), 조객(巳서남방), 납음(사중금), 【삼재(사,오,미)년】 臘享(납향):2016년1월26일(음12/17)

소한 6일 01시 20분 【음12월】➡ 【丁丑月(정축월)】 ☯육백성 대한 20일 18시 42분

양력 1월 (음력 11/11 ~ 12/12)

양력	1	2	3	4	5	6	7	8	9	10	11	12	13	14	15	16	17	18	19	20	21	22	23	24	25	26	27	28	29	30	31
요일	목	금	토	일	월	화	수	목	금	토	일	월	화	수	목	금	토	일	월	화	수	목	금	토	일	월	화	수	목	금	토
일진	정	무	기	경	신	임	계	갑	을	병	정	무	기	경	신	임	계	갑	을	병	정	무	기	경	신	임	계	갑	을	병	정
日辰	축	인	묘	진	사	오	미	신	유	술	해	자	축	인	묘	진	사	오	미	신	유	술	해	자	축	인	묘	진	사	오	미
음력	11	12	13	14	15	16	17	18	19	20	21	22	23	24	25	26	27	28	29	12/1	2	3	4	5	6	7	8	9	10	11	12
구성	5	6	7	8	9	1	2	3	4	5	6	7	8	9	1	2	3	4	5	6	7	8	9	1	2	3	4	5	6	7	8
대남	2	1	1	1	1	소한	9	9	9	8	8	8	7	7	7	6	6	6	5	대한	5	4	4	4	3	3	3	2	2	2	1
운여	8	9	9	9	10	소한	1	1	1	2	2	2	3	3	3	4	4	4	5	대한	5	5	6	6	6	7	7	7	8	8	8

입춘 4일 12시 58분 【음1월】➡ 【戊寅月(무인월)】 ☯오황성 우수 19일 08시 49분

양력 2월 (음력 12/13 ~ 01/10) — 을미년

양력	1	2	3	4	5	6	7	8	9	10	11	12	13	14	15	16	17	18	19	20	21	22	23	24	25	26	27	28
요일	일	월	화	수	목	금	토	일	월	화	수	목	금	토	일	월	화	수	목	금	토	일	월	화	수	목	금	토
일진	무	기	경	신	임	계	갑	을	병	정	무	기	경	신	임	계	갑	을	병	정	무	기	경	신	임	계	갑	을
日辰	신	유	술	해	자	축	인	묘	진	사	오	미	신	유	술	해	자	축	인	묘	진	사	오	미	신	유	술	해
음력	13	14	15	16	17	18	19	20	21	22	23	24	25	26	27	28	29	30	1/1	2	3	4	5	6	7	8	9	10
구성	9	1	2	3	4	5	6	7	8	9	1	2	3	4	5	6	7	8	9	1	2	3	4	5	6	7	8	9
대남	1	1	1	입춘	1	1	1	1	2	2	2	3	3	3	4	4	4	5	우수	5	6	6	6	7	7	7	8	8
운여	9	9	9	입춘	10	9	9	9	8	8	8	7	7	7	6	6	6	5	우수	5	4	4	4	3	3	3	2	2

경칩 6일 06시 55분 【음2월】➡ 【己卯月(기묘월)】 ☯사록성 춘분 21일 07시 44분

양력 3월 (음력 01/11 ~ 02/12)

양력	1	2	3	4	5	6	7	8	9	10	11	12	13	14	15	16	17	18	19	20	21	22	23	24	25	26	27	28	29	30	31
요일	일	월	화	수	목	금	토	일	월	화	수	목	금	토	일	월	화	수	목	금	토	일	월	화	수	목	금	토	일	월	화
일진	병	정	무	기	경	신	임	계	갑	을	병	정	무	기	경	신	임	계	갑	을	병	정	무	기	경	신	임	계	갑	을	병
日辰	자	축	인	묘	진	사	오	미	신	유	술	해	자	축	인	묘	진	사	오	미	신	유	술	해	자	축	인	묘	진	사	오
음력	11	12	13	14	15	16	17	18	19	20	21	22	23	24	25	26	27	28	29	2/1	2	3	4	5	6	7	8	9	10	11	12
구성	1	2	3	4	5	6	7	8	9	1	2	3	4	5	6	7	8	9	1	2	3	4	5	6	7	8	9	1	2	3	4
대남	8	9	9	9	10	경칩	1	1	1	1	2	2	2	3	3	3	4	4	4	5	춘분	5	6	6	6	7	7	7	8	8	8
운여	2	1	1	1	1	경칩	10	9	9	9	8	8	8	7	7	7	6	6	6	5	춘분	5	4	4	4	3	3	3	2	2	2

청명 5일 11시 38분 【음3월】➡ 【庚辰月(경진월)】 ☯삼벽성 곡우 20일 18시 41분

양력 4월 (음력 02/13 ~ 03/12)

양력	1	2	3	4	5	6	7	8	9	10	11	12	13	14	15	16	17	18	19	20	21	22	23	24	25	26	27	28	29	30
요일	수	목	금	토	일	월	화	수	목	금	토	일	월	화	수	목	금	토	일	월	화	수	목	금	토	일	월	화	수	목
일진	정	무	기	경	신	임	계	갑	을	병	정	무	기	경	신	임	계	갑	을	병	정	무	기	경	신	임	계	갑	을	병
日辰	미	신	유	술	해	자	축	인	묘	진	사	오	미	신	유	술	해	자	축	인	묘	진	사	오	미	신	유	술	해	자
음력	13	14	15	16	17	18	19	20	21	22	23	24	25	26	27	28	29	30	3/1	2	3	4	5	6	7	8	9	10	11	12
구성	5	6	7	8	9	1	2	3	4	5	6	7	8	9	1	2	3	4	5	6	7	8	9	1	2	3	4	5	6	7
대남	9	9	9	10	청명	1	1	1	1	2	2	2	3	3	3	4	4	4	5	곡우	5	6	6	6	7	7	7	8	8	8
운여	1	1	1	1	청명	10	10	9	9	9	8	8	8	7	7	7	6	6	6	곡우	5	5	4	4	4	3	3	3	2	2

입하 6일 04시 52분 【음4월】➡ 【辛巳月(신사월)】 ☯이흑성 소만 21일 17시 44분

양력 5월 (음력 03/13 ~ 04/14)

양력	1	2	3	4	5	6	7	8	9	10	11	12	13	14	15	16	17	18	19	20	21	22	23	24	25	26	27	28	29	30	31
요일	금	토	일	월	화	수	목	금	토	일	월	화	수	목	금	토	일	월	화	수	목	금	토	일	월	화	수	목	금	토	일
일진	정	무	기	경	신	임	계	갑	을	병	정	무	기	경	신	임	계	갑	을	병	정	무	기	경	신	임	계	갑	을	병	정
日辰	축	인	묘	진	사	오	미	신	유	술	해	자	축	인	묘	진	사	오	미	신	유	술	해	자	축	인	묘	진	사	오	미
음력	13	14	15	16	17	18	19	20	21	22	23	24	25	26	27	28	29	4/1	2	3	4	5	6	7	8	9	10	11	12	13	14
구성	8	9	1	2	3	4	5	6	7	8	9	1	2	3	4	5	6	7	8	9	1	2	3	4	5	6	7	8	9	1	2
대남	9	9	9	10	10	입하	1	1	1	1	2	2	2	3	3	3	4	4	4	5	소만	5	6	6	6	7	7	7	8	8	8
운여	2	1	1	1	1	입하	10	10	9	9	9	8	8	8	7	7	7	6	6	6	소만	5	5	4	4	4	3	3	3	2	2

망종 6일 08시 57분 【음5월】➡ 【壬午月(임오월)】 ☯일백성 하지 22일 01시 37분

양력 6월 (음력 04/15 ~ 05/15)

양력	1	2	3	4	5	6	7	8	9	10	11	12	13	14	15	16	17	18	19	20	21	22	23	24	25	26	27	28	29	30
요일	월	화	수	목	금	토	일	월	화	수	목	금	토	일	월	화	수	목	금	토	일	월	화	수	목	금	토	일	월	화
일진	무	기	경	신	임	계	갑	을	병	정	무	기	경	신	임	계	갑	을	병	정	무	기	경	신	임	계	갑	을	병	정
日辰	신	유	술	해	자	축	인	묘	진	사	오	미	신	유	술	해	자	축	인	묘	진	사	오	미	신	유	술	해	자	축
음력	15	16	17	18	19	20	21	22	23	24	25	26	27	28	29	5/1	2	3	4	5	6	7	8	9	10	11	12	13	14	15
구성	3	4	5	6	7	8	9	1	2	3	4	5	6	7	8	9	9	8	7	6	5	4	3	2	1	9	8	7	6	5
대남	9	9	9	10	10	망종	1	1	1	1	2	2	2	3	3	3	4	4	4	5	5	하지	6	6	6	7	7	7	8	8
운여	2	1	1	1	1	망종	10	10	9	9	9	8	8	8	7	7	7	6	6	6	5	하지	5	4	4	4	3	3	3	2

인천광역시 연수구 송도국제도시에 있는 푸르지오 하버뷰 아파트 내 킨젤스어린이집에서 보육교사가 네살배기 아이를 폭행하는 사건이 발생했다.1월 10일 경기도 의정부시 의정부동의 아파트에서 대형화재가 발생하여 4명이 사망하고, 100명이 부상당하였다.

한식(4월06일), 초복(7월13일), 중복(7월23일), 말복(8월12일) ↑춘사(春社)3/23 ☀추사(秋社)9/19
토왕지절(土旺之節):4월17일,7월20일,10월21일,1월18일(음12/09) 臘享(납향):2016년1월26일(음12/17)

六日得辛, 三龍治水, 2015년 을미년(사중금), 삼벽목

2015년 7월1일부터 윤초시행. 시간을 1초씩 늦추면 된다.

2흑	7적	9자
1백	3벽	5황
6백	8백	4록

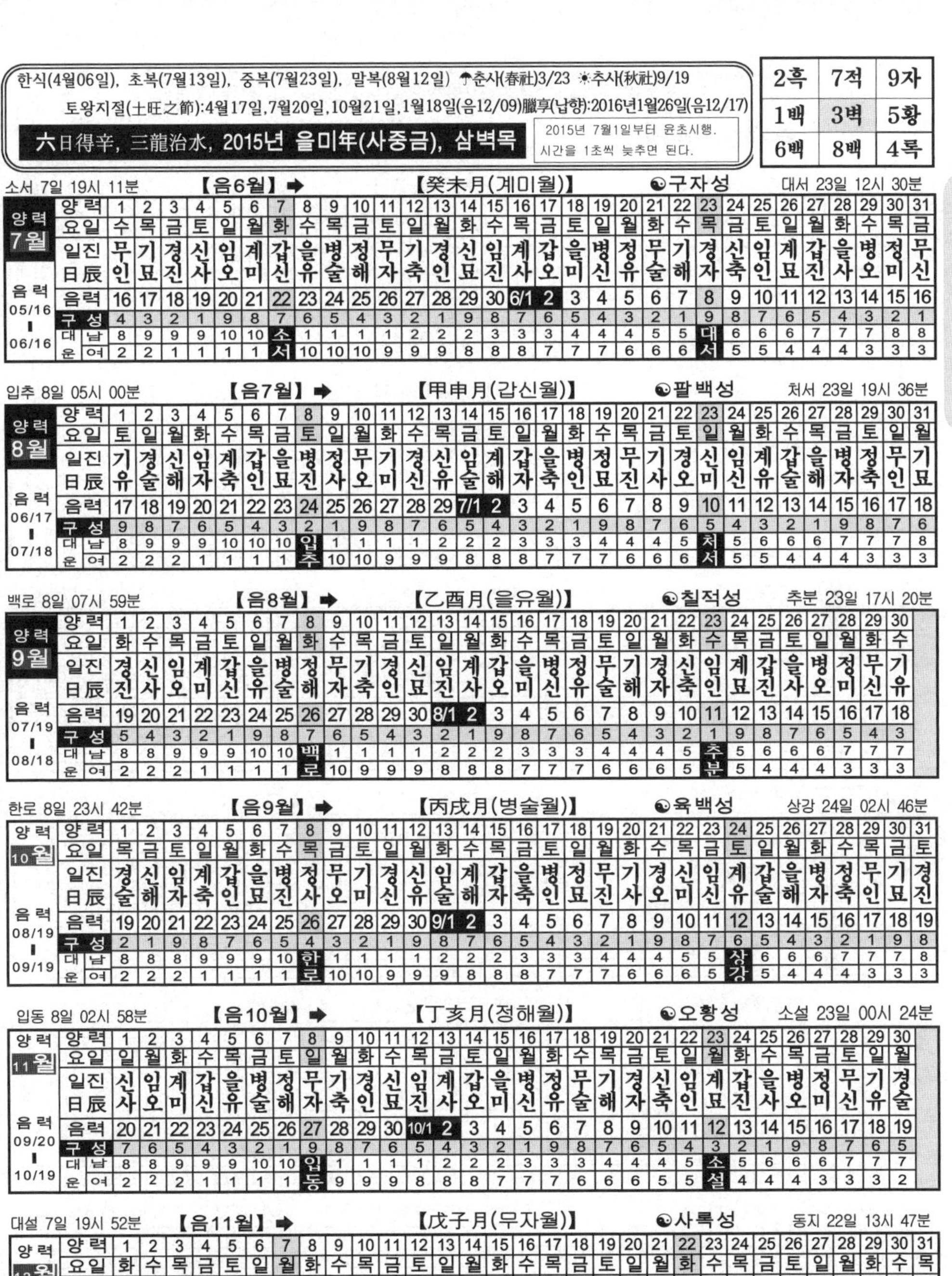

소서 7일 19시 11분 【음6월】➡ 【癸未月(계미월)】 ●구자성 / 대서 23일 12시 30분

양력 7월 (음력 05/16 ~ 06/16)

양력	1	2	3	4	5	6	7	8	9	10	11	12	13	14	15	16	17	18	19	20	21	22	23	24	25	26	27	28	29	30	31
요일	수	목	금	토	일	월	화	수	목	금	토	일	월	화	수	목	금	토	일	월	화	수	목	금	토	일	월	화	수	목	금
일진	무인	기묘	경진	신사	임오	계미	갑신	을유	병술	정해	무자	기축	경인	신묘	임진	계사	갑오	을미	병신	정유	무술	기해	경자	신축	임인	계묘	갑진	을사	병오	정미	무신
음력	16	17	18	19	20	21	22	23	24	25	26	27	28	29	30	6/1	2	3	4	5	6	7	8	9	10	11	12	13	14	15	16
구성	4	3	2	1	9	8	7	6	5	4	3	2	1	9	8	7	6	5	4	3	2	1	9	8	7	6	5	4	3	2	1
대운 남	8	9	9	9	10	10	소서	1	1	1	1	2	2	2	3	3	3	4	4	4	5	5	대서	6	6	6	7	7	7	8	8
대운 여	2	2	1	1	1	1	소서	10	10	10	9	9	9	8	8	8	7	7	7	6	6	대서	5	5	5	4	4	4	3	3	3

입추 8일 05시 00분 【음7월】➡ 【甲申月(갑신월)】 ●팔백성 / 처서 23일 19시 36분

양력 8월 (음력 06/17 ~ 07/18)

양력	1	2	3	4	5	6	7	8	9	10	11	12	13	14	15	16	17	18	19	20	21	22	23	24	25	26	27	28	29	30	31
요일	토	일	월	화	수	목	금	토	일	월	화	수	목	금	토	일	월	화	수	목	금	토	일	월	화	수	목	금	토	일	월
일진	기유	경술	신해	임자	계축	갑인	을묘	병진	정사	무오	기미	경신	신유	임술	계해	갑자	을축	병인	정묘	무진	기사	경오	신미	임신	계유	갑술	을해	병자	정축	무인	기묘
음력	17	18	19	20	21	22	23	24	25	26	27	28	29	7/1	2	3	4	5	6	7	8	9	10	11	12	13	14	15	16	17	18
구성	9	8	7	6	5	4	3	2	1	9	8	7	6	5	4	3	2	1	9	8	7	6	5	4	3	2	1	9	8	7	6
대운 남	8	9	9	9	10	10	10	입추	1	1	1	1	2	2	2	3	3	3	4	4	4	5	처서	5	6	6	6	7	7	7	8
대운 여	2	2	2	1	1	1	1	입추	10	10	9	9	9	8	8	8	7	7	7	6	6	처서	5	5	5	4	4	4	3	3	3

백로 8일 07시 59분 【음8월】➡ 【乙酉月(을유월)】 ●칠적성 / 추분 23일 17시 20분

양력 9월 (음력 07/19 ~ 08/18)

양력	1	2	3	4	5	6	7	8	9	10	11	12	13	14	15	16	17	18	19	20	21	22	23	24	25	26	27	28	29	30
요일	화	수	목	금	토	일	월	화	수	목	금	토	일	월	화	수	목	금	토	일	월	화	수	목	금	토	일	월	화	수
일진	경진	신사	임오	계미	갑신	을유	병술	정해	무자	기축	경인	신묘	임진	계사	갑오	을미	병신	정유	무술	기해	경자	신축	임인	계묘	갑진	을사	병오	정미	무신	기유
음력	19	20	21	22	23	24	25	26	27	28	29	30	8/1	2	3	4	5	6	7	8	9	10	11	12	13	14	15	16	17	18
구성	5	4	3	2	1	9	8	7	6	5	4	3	2	1	9	8	7	6	5	4	3	2	1	9	8	7	6	5	4	3
대운 남	8	8	9	9	9	10	10	백로	1	1	1	2	2	2	3	3	3	4	4	4	5	추분	5	6	6	6	7	7	7	7
대운 여	2	2	2	1	1	1	1	백로	10	9	9	9	8	8	8	7	7	7	6	6	5	추분	5	4	4	4	3	3	3	3

한로 8일 23시 42분 【음9월】➡ 【丙戌月(병술월)】 ●육백성 / 상강 24일 02시 46분

양력 10월 (음력 08/19 ~ 09/19)

양력	1	2	3	4	5	6	7	8	9	10	11	12	13	14	15	16	17	18	19	20	21	22	23	24	25	26	27	28	29	30	31
요일	목	금	토	일	월	화	수	목	금	토	일	월	화	수	목	금	토	일	월	화	수	목	금	토	일	월	화	수	목	금	토
일진	경술	신해	임자	계축	갑인	을묘	병진	정사	무오	기미	경신	신유	임술	계해	갑자	을축	병인	정묘	무진	기사	경오	신미	임신	계유	갑술	을해	병자	정축	무인	기묘	경진
음력	19	20	21	22	23	24	25	26	27	28	29	30	9/1	2	3	4	5	6	7	8	9	10	11	12	13	14	15	16	17	18	19
구성	2	1	9	8	7	6	5	4	3	2	1	9	8	7	6	5	4	3	2	1	9	8	7	6	5	4	3	2	1	9	8
대운 남	8	8	8	9	9	9	10	한로	1	1	1	1	2	2	2	3	3	3	4	4	4	5	상강	5	6	6	6	7	7	7	8
대운 여	2	2	2	1	1	1	1	한로	10	9	9	9	8	8	8	7	7	7	6	6	6	5	상강	5	4	4	4	3	3	3	3

입동 8일 02시 58분 【음10월】➡ 【丁亥月(정해월)】 ●오황성 / 소설 23일 00시 24분

양력 11월 (음력 09/20 ~ 10/19)

양력	1	2	3	4	5	6	7	8	9	10	11	12	13	14	15	16	17	18	19	20	21	22	23	24	25	26	27	28	29	30
요일	일	월	화	수	목	금	토	일	월	화	수	목	금	토	일	월	화	수	목	금	토	일	월	화	수	목	금	토	일	월
일진	신사	임오	계미	갑신	을유	병술	정해	무자	기축	경인	신묘	임진	계사	갑오	을미	병신	정유	무술	기해	경자	신축	임인	계묘	갑진	을사	병오	정미	무신	기유	경술
음력	20	21	22	23	24	25	26	27	28	29	30	10/1	2	3	4	5	6	7	8	9	10	11	12	13	14	15	16	17	18	19
구성	7	6	5	4	3	2	1	9	8	7	6	5	4	3	2	1	9	8	7	6	5	4	3	2	1	9	8	7	6	5
대운 남	8	8	9	9	9	10	10	입동	1	1	1	1	2	2	2	3	3	3	4	4	4	5	소설	5	6	6	6	7	7	7
대운 여	2	2	2	1	1	1	1	입동	9	9	9	8	8	8	7	7	7	6	6	6	5	5	소설	4	4	4	3	3	3	2

대설 7일 19시 52분 【음11월】➡ 【戊子月(무자월)】 ●사록성 / 동지 22일 13시 47분

양력 12월 (음력 10/20 ~ 11/21)

양력	1	2	3	4	5	6	7	8	9	10	11	12	13	14	15	16	17	18	19	20	21	22	23	24	25	26	27	28	29	30	31
요일	화	수	목	금	토	일	월	화	수	목	금	토	일	월	화	수	목	금	토	일	월	화	수	목	금	토	일	월	화	수	목
일진	신해	임자	계축	갑인	을묘	병진	정사	무오	기미	경신	신유	임술	계해	갑자	을축	병인	정묘	무진	기사	경오	신미	임신	계유	갑술	을해	병자	정축	무인	기묘	경진	신사
음력	20	21	22	23	24	25	26	27	28	29	11/1	2	3	4	5	6	7	8	9	10	11	12	13	14	15	16	17	18	19	20	21
구성	4	3	2	1	9	8	7	6	5	4	3	2	1	9	8	7	6	5	4	3	2	1	9	8	7	6	5	4	3	2	1
대운 남	8	8	8	9	9	9	대설	1	1	1	1	2	2	2	3	3	3	4	4	4	5	동지	5	6	6	6	7	7	7	8	8
대운 여	2	2	1	1	1	1	대설	10	10	9	9	9	8	8	8	7	7	7	6	6	5	동지	5	5	4	4	4	3	3	2	2

1월 13일 안산시 상록구에서 인질극이 벌어졌다. 인질범은 체포되었지만 2명이 사망 .경기도 양주시 삼숭동에 한 아파트에서 화재가 발생해 2명이 사망 50여명이 긴급 대피 .경기도 남양주시 와부읍 덕소리의 한 아파트에서 화재가 발생해 4명이 연기를 흡입해 부상을 입었다.

단기 4349 年	**2016**년	下元-병신(丙申)년, 납음(산하화), 본명성(이흑토)
불기 2560 年		대장군(午남방), 삼살(남방), 상문(戌서북방), 조객(午남방), 납음(산하화), 【삼재(인,묘,진)년】 臘享(납향):2017년1월20일(음12/23)

소한 6일 07시 07분 【음12월】➡ 【己丑月(기축월)】 ◑삼벽성 대한 21일 00시 26분

양력 1월 / 음력 11/22 ─ 12/22

양력	1	2	3	4	5	6	7	8	9	10	11	12	13	14	15	16	17	18	19	20	21	22	23	24	25	26	27	28	29	30	31
요일	금	토	일	월	화	수	목	금	토	일	월	화	수	목	금	토	일	월	화	수	목	금	토	일	월	화	수	목	금	토	일
일진(日辰)	임오	계미	갑신	을유	병술	정해	무자	기축	경인	신묘	임진	계사	갑오	을미	병신	정유	무술	기해	경자	신축	임인	계묘	갑진	을사	병오	정미	무신	기유	경술	신해	임자
음력	22	23	24	25	26	27	28	29	30	12/1	2	3	4	5	6	7	8	9	10	11	12	13	14	15	16	17	18	19	20	21	22
구성	1	2	3	4	5	6	7	8	9	1	2	3	4	5	6	7	8	9	1	2	3	4	5	6	7	8	9	1	2	3	4
대운 남	8	9	9	9	10	소한	1	1	1	1	2	2	2	3	3	3	4	4	4	5	대한	5	6	6	6	7	7	7	8	8	8
대운 여	2	1	1	1	1	소한	9	9	9	8	8	8	7	7	7	6	6	6	5	5	대한	4	4	4	3	3	3	2	2	2	1

입춘 4일 18시 45분 【음1월】➡ 【庚寅月(경인월)】 ◑이흑성 우수 19일 14시 33분

양력 2월 / 음력 12/23 ─ 01/22

양력	1	2	3	4	5	6	7	8	9	10	11	12	13	14	15	16	17	18	19	20	21	22	23	24	25	26	27	28	29
요일	월	화	수	목	금	토	일	월	화	수	목	금	토	일	월	화	수	목	금	토	일	월	화	수	목	금	토	일	월
일진(日辰)	계축	갑인	을묘	병진	정사	무오	기미	경신	신유	임술	계해	갑자	을축	병인	정묘	무진	기사	경오	신미	임신	계유	갑술	을해	병자	정축	무인	기묘	경진	신사
음력	23	24	25	26	27	28	29	1/1	2	3	4	5	6	7	8	9	10	11	12	13	14	15	16	17	18	19	20	21	22
구성	5	6	7	8	9	1	2	3	4	5	6	7	8	9	1	2	3	4	5	6	7	8	9	1	2	3	4	5	6
대운 남	9	9	9	입춘	10	9	9	9	8	8	8	7	7	7	6	6	6	5	우수	5	4	4	4	3	3	3	2	2	2
대운 여	1	1	1	입춘	1	1	1	1	2	2	2	3	3	3	4	4	4	5	우수	5	6	6	6	7	7	7	8	8	8

경칩 5일 12시 43분 【음2월】➡ 【辛卯月(신묘월)】 ◑일백성 춘분 20일 13시 29분

양력 3월 / 음력 01/23 ─ 02/23

양력	1	2	3	4	5	6	7	8	9	10	11	12	13	14	15	16	17	18	19	20	21	22	23	24	25	26	27	28	29	30	31
요일	화	수	목	금	토	일	월	화	수	목	금	토	일	월	화	수	목	금	토	일	월	화	수	목	금	토	일	월	화	수	목
일진(日辰)	임오	계미	갑신	을유	병술	정해	무자	기축	경인	신묘	임진	계사	갑오	을미	병신	정유	무술	기해	경자	신축	임인	계묘	갑진	을사	병오	정미	무신	기유	경술	신해	임자
음력	23	24	25	26	27	28	29	30	2/1	2	3	4	5	6	7	8	9	10	11	12	13	14	15	16	17	18	19	20	21	22	23
구성	7	8	9	1	2	3	4	5	6	7	8	9	1	2	3	4	5	6	7	8	9	1	2	3	4	5	6	7	8	9	1
대운 남	1	1	1	1	경칩	10	9	9	9	8	8	8	7	7	7	6	6	6	5	춘분	5	4	4	4	3	3	3	2	2	2	1
대운 여	9	9	9	10	경칩	1	1	1	1	2	2	2	3	3	3	4	4	4	5	춘분	5	6	6	6	7	7	7	8	8	8	9

청명 4일 17시 27분 【음3월】➡ 【壬辰月(임진월)】 ◑구자성 곡우 20일 00시 29분

양력 4월 / 음력 02/24 ─ 03/24

양력	1	2	3	4	5	6	7	8	9	10	11	12	13	14	15	16	17	18	19	20	21	22	23	24	25	26	27	28	29	30
요일	금	토	일	월	화	수	목	금	토	일	월	화	수	목	금	토	일	월	화	수	목	금	토	일	월	화	수	목	금	토
일진(日辰)	계축	갑인	을묘	병진	정사	무오	기미	경신	신유	임술	계해	갑자	을축	병인	정묘	무진	기사	경오	신미	임신	계유	갑술	을해	병자	정축	무인	기묘	경진	신사	임오
음력	24	25	26	27	28	29	3/1	2	3	4	5	6	7	8	9	10	11	12	13	14	15	16	17	18	19	20	21	22	23	24
구성	2	3	4	5	6	7	8	9	1	2	3	4	5	6	7	8	9	1	2	3	4	5	6	7	8	9	1	2	3	4
대운 남	1	1	1	청명	10	10	9	9	9	8	8	8	7	7	7	6	6	6	5	곡우	5	4	4	4	3	3	3	2	2	2
대운 여	9	9	10	청명	1	1	1	1	2	2	2	3	3	3	4	4	4	5	5	곡우	6	6	6	7	7	7	8	8	8	9

입하 5일 10시 41분 【음4월】➡ 【癸巳月(계사월)】 ◑팔백성 소만 20일 23시 36분

양력 5월 / 음력 03/25 ─ 04/25

양력	1	2	3	4	5	6	7	8	9	10	11	12	13	14	15	16	17	18	19	20	21	22	23	24	25	26	27	28	29	30	31
요일	일	월	화	수	목	금	토	일	월	화	수	목	금	토	일	월	화	수	목	금	토	일	월	화	수	목	금	토	일	월	화
일진(日辰)	계미	갑신	을유	병술	정해	무자	기축	경인	신묘	임진	계사	갑오	을미	병신	정유	무술	기해	경자	신축	임인	계묘	갑진	을사	병오	정미	무신	기유	경술	신해	임자	계축
음력	25	26	27	28	29	30	4/1	2	3	4	5	6	7	8	9	10	11	12	13	14	15	16	17	18	19	20	21	22	23	24	25
구성	5	6	7	8	9	1	2	3	4	5	6	7	8	9	1	2	3	4	5	6	7	8	9	1	2	3	4	5	6	7	8
대운 남	1	1	1	1	입하	10	10	9	9	9	8	8	8	7	7	7	6	6	6	소만	5	5	4	4	4	3	3	3	2	2	2
대운 여	9	9	10	10	입하	1	1	1	1	2	2	2	3	3	3	4	4	4	5	소만	5	6	6	6	7	7	7	8	8	8	9

망종 6일 14시 48분 【음5월】➡ 【甲午月(갑오월)】 ◑칠적성 하지 21일 07시 33분

양력 6월 / 음력 04/26 ─ 05/26

양력	1	2	3	4	5	6	7	8	9	10	11	12	13	14	15	16	17	18	19	20	21	22	23	24	25	26	27	28	29	30
요일	수	목	금	토	일	월	화	수	목	금	토	일	월	화	수	목	금	토	일	월	화	수	목	금	토	일	월	화	수	목
일진(日辰)	갑인	을묘	병진	정사	무오	기미	경신	신유	임술	계해	갑자	을축	병인	정묘	무진	기사	경오	신미	임신	계유	갑술	을해	병자	정축	무인	기묘	경진	신사	임오	계미
음력	26	27	28	29	5/1	2	3	4	5	6	7	8	9	10	11	12	13	14	15	16	17	18	19	20	21	22	23	24	25	26
구성	9	1	2	3	4	5	6	7	8	9	9	8	7	6	5	4	3	2	1	9	8	7	6	5	4	3	2	1	9	8
대운 남	1	1	1	1	망종	10	10	10	9	9	9	8	8	8	7	7	7	6	6	6	하지	5	5	4	4	4	3	3	3	2
대운 여	9	9	10	10	망종	1	1	1	1	2	2	2	3	3	3	4	4	4	5	5	하지	6	6	6	7	7	7	8	8	8

1백	6백	8백
9자	2흑	4록
5황	7적	3벽

소서 7일 01시 02분 【음6월】→ 【乙未月(을미월)】 ☯육백성 — 대서 22일 18시 29분

양력 7월 / 음력 05/27 ~ 06/28

구분	1	2	3	4	5	6	7	8	9	10	11	12	13	14	15	16	17	18	19	20	21	22	23	24	25	26	27	28	29	30	31
요일	금	토	일	월	화	수	목	금	토	일	월	화	수	목	금	토	일	월	화	수	목	금	토	일	월	화	수	목	금	토	일
일진	갑신	을유	병술	정해	무자	기축	경인	신묘	임진	계사	갑오	을미	병신	정유	무술	기해	경자	신축	임인	계묘	갑진	을사	병오	정미	무신	기유	경술	신해	임자	계축	갑인
음력	27	28	29	6/1	2	3	4	5	6	7	8	9	10	11	12	13	14	15	16	17	18	19	20	21	22	23	24	25	26	27	28
구성	7	6	5	4	3	2	1	9	8	7	6	5	4	3	2	1	9	8	7	6	5	4	3	2	1	9	8	7	6	5	4
대(남)	2	2	1	1	1	1	소서	10	10	9	9	9	8	8	8	7	7	7	6	6	6	대서	5	5	4	4	4	3	3	3	2
운(여)	9	9	9	10	10	10	소서	1	1	1	1	2	2	2	3	3	3	4	4	4	5	대서	5	6	6	6	7	7	7	8	8

입추 7일 10시 52분 【음7월】→ 【丙申月(병신월)】 ☯오황성 — 처서 23일 01시 38분

양력 8월 / 음력 06/29 ~ 07/29

구분	1	2	3	4	5	6	7	8	9	10	11	12	13	14	15	16	17	18	19	20	21	22	23	24	25	26	27	28	29	30	31
요일	월	화	수	목	금	토	일	월	화	수	목	금	토	일	월	화	수	목	금	토	일	월	화	수	목	금	토	일	월	화	수
일진	을묘	병진	정사	무오	기미	경신	신유	임술	계해	갑자	을축	병인	정묘	무진	기사	경오	신미	임신	계유	갑술	을해	병자	정축	무인	기묘	경진	신사	임오	계미	갑신	을유
음력	29	30	7/1	2	3	4	5	6	7	8	9	10	11	12	13	14	15	16	17	18	19	20	21	22	23	24	25	26	27	28	29
구성	3	2	1	9	8	7	6	5	4	3	2	1	9	8	7	6	5	4	3	2	1	9	8	7	6	5	4	3	2	1	9
대(남)	2	2	1	1	1	1	입추	10	10	9	9	9	8	8	8	7	7	7	6	6	6	5	처서	5	4	4	4	3	3	3	2
운(여)	9	9	9	10	10	10	입추	1	1	1	1	2	2	2	3	3	3	4	4	4	5	5	처서	6	6	6	7	7	7	8	8

백로 7일 13시 50분 【음8월】→ 【丁酉月(정유월)】 ☯사록성 — 추분 22일 23시 20분

양력 9월 / 음력 08/01 ~ 08/30

구분	1	2	3	4	5	6	7	8	9	10	11	12	13	14	15	16	17	18	19	20	21	22	23	24	25	26	27	28	29	30
요일	목	금	토	일	월	화	수	목	금	토	일	월	화	수	목	금	토	일	월	화	수	목	금	토	일	월	화	수	목	금
일진	병술	정해	무자	기축	경인	신묘	임진	계사	갑오	을미	병신	정유	무술	기해	경자	신축	임인	계묘	갑진	을사	병오	정미	무신	기유	경술	신해	임자	계축	갑인	을묘
음력	8/1	2	3	4	5	6	7	8	9	10	11	12	13	14	15	16	17	18	19	20	21	22	23	24	25	26	27	28	29	30
구성	8	7	6	5	4	3	2	1	9	8	7	6	5	4	3	2	1	9	8	7	6	5	4	3	2	1	9	8	7	6
대(남)	2	2	1	1	1	1	백로	10	10	9	9	9	8	8	8	7	7	7	6	6	6	추분	5	5	4	4	4	3	3	3
운(여)	8	9	9	9	10	10	백로	1	1	1	1	2	2	2	3	3	3	4	4	4	5	추분	5	6	6	6	7	7	7	8

한로 8일 05시 32분 【음9월】→ 【戊戌月(무술월)】 ☯삼벽성 — 상강 23일 08시 45분

양력 10월 / 음력 09/01 ~ 10/01

구분	1	2	3	4	5	6	7	8	9	10	11	12	13	14	15	16	17	18	19	20	21	22	23	24	25	26	27	28	29	30	31
요일	토	일	월	화	수	목	금	토	일	월	화	수	목	금	토	일	월	화	수	목	금	토	일	월	화	수	목	금	토	일	월
일진	병진	정사	무오	기미	경신	신유	임술	계해	갑자	을축	병인	정묘	무진	기사	경오	신미	임신	계유	갑술	을해	병자	정축	무인	기묘	경진	신사	임오	계미	갑신	을유	병술
음력	9/1	2	3	4	5	6	7	8	9	10	11	12	13	14	15	16	17	18	19	20	21	22	23	24	25	26	27	28	29	30	10/1
구성	2	1	9	8	7	6	5	4	3	2	1	9	8	7	6	5	4	3	2	1	9	8	7	6	5	4	3	2	1	9	2
대(남)	2	2	1	1	1	1	1	한로	10	10	9	9	9	8	8	8	7	7	7	6	6	6	상강	5	4	4	4	3	3	3	2
운(여)	9	9	9	10	10	10	10	한로	1	1	1	1	2	2	2	3	3	3	4	4	4	5	상강	5	6	6	6	7	7	7	8

입동 6일 08시 47분 【음10월】→ 【己亥月(기해월)】 ☯이흑성 — 소설 22일 06시 21분

양력 11월 / 음력 10/02 ~ 11/02

구분	1	2	3	4	5	6	7	8	9	10	11	12	13	14	15	16	17	18	19	20	21	22	23	24	25	26	27	28	29	30
요일	화	수	목	금	토	일	월	화	수	목	금	토	일	월	화	수	목	금	토	일	월	화	수	목	금	토	일	월	화	수
일진	정해	무자	기축	경인	신묘	임진	계사	갑오	을미	병신	정유	무술	기해	경자	신축	임인	계묘	갑진	을사	병오	정미	무신	기유	경술	신해	임자	계축	갑인	을묘	병진
음력	2	3	4	5	6	7	8	9	10	11	12	13	14	15	16	17	18	19	20	21	22	23	24	25	26	27	28	29	11/1	2
구성	1	9	8	7	6	5	4	3	2	1	9	8	7	6	5	4	3	2	1	9	8	7	6	5	4	3	2	1	9	8
대(남)	2	1	1	1	1	입동	10	10	9	9	9	8	8	8	7	7	7	6	6	6	5	소설	5	4	4	4	3	3	3	2
운(여)	8	9	9	9	10	입동	1	1	1	1	2	2	2	3	3	3	4	4	4	5	5	소설	6	6	6	7	7	7	8	8

대설 7일 01시 40분 【음11월】→ 【庚子月(경자월)】 ☯일백성 — 동지 21일 19시 43분

양력 12월 / 음력 11/03 ~ 12/03

구분	1	2	3	4	5	6	7	8	9	10	11	12	13	14	15	16	17	18	19	20	21	22	23	24	25	26	27	28	29	30	31
요일	목	금	토	일	월	화	수	목	금	토	일	월	화	수	목	금	토	일	월	화	수	목	금	토	일	월	화	수	목	금	토
일진	정사	무오	기미	경신	신유	임술	계해	갑자	을축	병인	정묘	무진	기사	경오	신미	임신	계유	갑술	을해	병자	정축	무인	기묘	경진	신사	임오	계미	갑신	을유	병술	정해
음력	3	4	5	6	7	8	9	10	11	12	13	14	15	16	17	18	19	20	21	22	23	24	25	26	27	28	29	30	12/1	2	3
구성	7	6	5	4	3	2	1	9	8	7	6	5	4	3	2	1	9	8	7	6	7	8	9	1	2	3	4	5	6	7	8
대(남)	2	2	1	1	1	1	대설	10	10	9	9	9	8	8	8	7	7	7	6	6	동지	5	5	5	4	4	4	3	3	3	2
운(여)	9	9	9	10	10	10	대설	1	1	1	1	2	2	2	3	3	3	4	4	4	동지	5	5	6	6	6	7	7	7	8	8

2016

소한 5일 12시 55분 【음12월】 ➡ 【辛丑月(신축월)】　☯구자성　대한 20일 06시 23분

양력 1월 (음력 12/04 ─ 01/04)

	1	2	3	4	5	6	7	8	9	10	11	12	13	14	15	16	17	18	19	20	21	22	23	24	25	26	27	28	29	30	31
요일	일	월	화	수	목	금	토	일	월	화	수	목	금	토	일	월	화	수	목	금	토	일	월	화	수	목	금	토	일	월	화
日辰	무자	기축	경인	신묘	임진	계사	갑오	을미	병신	정유	무술	기해	경자	신축	임인	계묘	갑진	을사	병오	정미	무신	기유	경술	신해	임자	계축	갑인	을묘	병진	정사	무오
음력	4	5	6	7	8	9	10	11	12	13	14	15	16	17	18	19	20	21	22	23	24	25	26	27	28	29	30	1/1	2	3	4
구성	7	8	9	1	2	3	4	5	6	7	8	9	1	2	3	4	5	6	7	8	9	1	2	3	4	5	6	7	8	9	1
대남	1	1	1	1	소한	10	9	9	9	8	8	8	7	7	7	6	6	6	5	대한	5	4	4	4	3	3	3	2	2	2	1
운여	8	9	9	9	소한	1	1	1	1	2	2	2	3	3	3	4	4	4	5	대한	5	6	6	6	7	7	7	8	8	8	9

입춘 4일 00시 33분 【음1월】 ➡ 【壬寅月(임인월)】　☯팔백성　우수 18일 20시 30분

양력 2월 (음력 01/05 ─ 02/03)

	1	2	3	4	5	6	7	8	9	10	11	12	13	14	15	16	17	18	19	20	21	22	23	24	25	26	27	28
요일	수	목	금	토	일	월	화	수	목	금	토	일	월	화	수	목	금	토	일	월	화	수	목	금	토	일	월	화
日辰	기미	경신	신유	임술	계해	갑자	을축	병인	정묘	무진	기사	경오	신미	임신	계유	갑술	을해	병자	정축	무인	기묘	경진	신사	임오	계미	갑신	을유	병술
음력	5	6	7	8	9	10	11	12	13	14	15	16	17	18	19	20	21	22	23	24	25	26	27	28	29	2/1	2	3
구성	2	3	4	5	6	7	8	9	1	2	3	4	5	6	7	8	9	1	2	3	4	5	6	7	8	9	1	2
대남	1	1	1	입춘	1	1	1	1	2	2	2	3	3	3	4	4	4	우수	5	5	6	6	6	7	7	7	8	8
운여	9	9	10	입춘	9	9	9	8	8	8	7	7	7	6	6	6	5	우수	5	4	4	4	3	3	3	2	2	2

정유년

경칩 5일 18시 32분 【음2월】 ➡ 【癸卯月(계묘월)】　☯칠적성　춘분 20일 19시 28분

양력 3월 (음력 02/04 ─ 03/04)

	1	2	3	4	5	6	7	8	9	10	11	12	13	14	15	16	17	18	19	20	21	22	23	24	25	26	27	28	29	30	31
요일	수	목	금	토	일	월	화	수	목	금	토	일	월	화	수	목	금	토	일	월	화	수	목	금	토	일	월	화	수	목	금
日辰	정해	무자	기축	경인	신묘	임진	계사	갑오	을미	병신	정유	무술	기해	경자	신축	임인	계묘	갑진	을사	병오	정미	무신	기유	경술	신해	임자	계축	갑인	을묘	병진	정사
음력	4	5	6	7	8	9	10	11	12	13	14	15	16	17	18	19	20	21	22	23	24	25	26	27	28	29	30	3/1	2	3	4
구성	3	4	5	6	7	8	9	1	2	3	4	5	6	7	8	9	1	2	3	4	5	6	7	8	9	1	2	3	4	5	6
대남	8	9	9	9	경칩	1	1	1	1	2	2	2	3	3	3	4	4	4	5	춘분	5	6	6	6	7	7	7	8	8	8	9
운여	1	1	1	1	경칩	10	9	9	9	8	8	8	7	7	7	6	6	6	5	춘분	5	4	4	4	3	3	3	2	2	2	1

청명 4일 23시 16분 【음3월】 ➡ 【甲辰月(갑진월)】　☯육백성　곡우 20일 06시 26분

양력 4월 (음력 03/05 ─ 04/05)

	1	2	3	4	5	6	7	8	9	10	11	12	13	14	15	16	17	18	19	20	21	22	23	24	25	26	27	28	29	30
요일	토	일	월	화	수	목	금	토	일	월	화	수	목	금	토	일	월	화	수	목	금	토	일	월	화	수	목	금	토	일
日辰	무오	기미	경신	신유	임술	계해	갑자	을축	병인	정묘	무진	기사	경오	신미	임신	계유	갑술	을해	병자	정축	무인	기묘	경진	신사	임오	계미	갑신	을유	병술	정해
음력	5	6	7	8	9	10	11	12	13	14	15	16	17	18	19	20	21	22	23	24	25	26	27	28	29	4/1	2	3	4	5
구성	7	8	9	1	2	3	4	5	6	7	8	9	1	2	3	4	5	6	7	8	9	1	2	3	4	5	6	7	8	9
대남	9	9	10	청명	1	1	1	1	2	2	2	3	3	3	4	4	4	5	5	곡우	6	6	6	7	7	7	8	8	8	9
운여	1	1	1	청명	10	10	9	9	9	8	8	8	7	7	7	6	6	6	5	곡우	5	4	4	4	3	3	3	2	2	2

입하 5일 16시 30분 【음4월】 ➡ 【乙巳月(을사월)】　☯오황성　소만 21일 05시 30분

양력 5월 (음력 04/06 ─ 05/06)

	1	2	3	4	5	6	7	8	9	10	11	12	13	14	15	16	17	18	19	20	21	22	23	24	25	26	27	28	29	30	31
요일	월	화	수	목	금	토	일	월	화	수	목	금	토	일	월	화	수	목	금	토	일	월	화	수	목	금	토	일	월	화	수
日辰	무자	기축	경인	신묘	임진	계사	갑오	을미	병신	정유	무술	기해	경자	신축	임인	계묘	갑진	을사	병오	정미	무신	기유	경술	신해	임자	계축	갑인	을묘	병진	정사	무오
음력	6	7	8	9	10	11	12	13	14	15	16	17	18	19	20	21	22	23	24	25	26	27	28	29	30	5/1	2	3	4	5	6
구성	1	2	3	4	5	6	7	8	9	1	2	3	4	5	6	7	8	9	1	2	3	4	5	6	7	8	9	1	2	3	4
대남	9	9	10	10	입하	1	1	1	1	2	2	2	3	3	3	4	4	4	5	5	소만	6	6	6	7	7	7	8	8	8	9
운여	1	1	1	1	입하	10	10	9	9	9	8	8	8	7	7	7	6	6	6	5	소만	5	4	4	4	3	3	3	2	2	2

망종 5일 20시 36분 【음5월】 ➡ 【丙午月(병오월)】　☯사록성　하지 21일 13시 23분

양력 6월 (음력 05/07 ─ 윤507)

	1	2	3	4	5	6	7	8	9	10	11	12	13	14	15	16	17	18	19	20	21	22	23	24	25	26	27	28	29	30
요일	목	금	토	일	월	화	수	목	금	토	일	월	화	수	목	금	토	일	월	화	수	목	금	토	일	월	화	수	목	금
日辰	기미	경신	신유	임술	계해	갑자	을축	병인	정묘	무진	기사	경오	신미	임신	계유	갑술	을해	병자	정축	무인	기묘	경진	신사	임오	계미	갑신	을유	병술	정해	무자
음력	7	8	9	10	11	12	13	14	15	16	17	18	19	20	21	22	23	24	25	26	27	28	29	윤5	2	3	4	5	6	7
구성	5	6	7	8	9	9	8	7	6	5	4	3	2	1	9	8	7	6	5	4	3	2	1	9	8	7	6	5	4	3
대남	9	9	10	10	망종	1	1	1	1	2	2	2	3	3	3	4	4	4	5	5	하지	6	6	6	7	7	7	8	8	8
운여	1	1	1	1	망종	10	10	10	9	9	9	8	8	8	7	7	7	6	6	6	하지	5	5	4	4	4	3	3	3	2

七日得辛, 二龍治水, 2017년 정유年(산하화), 일백수

9자	5황	7적
8백	1백	3벽
4록	6백	2흑

소서 7일 06시 50분 【음6월】➡ 【丁未月(정미월)】 ☯삼벽성 대서 23일 00시 14분

양력 7월 · 음력 윤508 · 06/09

	1	2	3	4	5	6	7	8	9	10	11	12	13	14	15	16	17	18	19	20	21	22	23	24	25	26	27	28	29	30	31
요일	토	일	월	화	수	목	금	토	일	월	화	수	목	금	토	일	월	화	수	목	금	토	일	월	화	수	목	금	토	일	월
日辰	기축	경인	신묘	임진	계사	갑오	을미	병신	정유	무술	기해	경자	신축	임인	계묘	갑진	을사	병오	정미	무신	기유	경술	신해	임자	계축	갑인	을묘	병진	정사	무오	기미
음력	8	9	10	11	12	13	14	15	16	17	18	19	20	21	22	23	24	25	26	27	28	29	6/1	2	3	4	5	6	7	8	9
구성	2	1	9	8	7	6	5	4	3	2	1	9	8	7	6	5	4	3	2	1	9	8	7	6	5	4	3	2	1	9	8
대남	9	9	9	10	10	10	소서	1	1	1	1	2	2	2	3	3	3	4	4	4	5	5	대서	6	6	6	7	7	7	8	8
운여	2	2	1	1	1	1	소서	10	10	9	9	9	8	8	8	7	7	7	6	6	6	5	대서	5	4	4	4	3	3	3	2

입추 7일 16시 39분 【음7월】➡ 【戊申月(무신월)】 ☯이흑성 처서 23일 07시 19분

양력 8월 · 음력 06/10 · 07/10

	1	2	3	4	5	6	7	8	9	10	11	12	13	14	15	16	17	18	19	20	21	22	23	24	25	26	27	28	29	30	31
요일	화	수	목	금	토	일	월	화	수	목	금	토	일	월	화	수	목	금	토	일	월	화	수	목	금	토	일	월	화	수	목
日辰	경신	신유	임술	계해	갑자	을축	병인	정묘	무진	기사	경오	신미	임신	계유	갑술	을해	병자	정축	무인	기묘	경진	신사	임오	계미	갑신	을유	병술	정해	무자	기축	경인
음력	10	11	12	13	14	15	16	17	18	19	20	21	22	23	24	25	26	27	28	29	30	7/1	2	3	4	5	6	7	8	9	10
구성	7	6	5	4	3	2	1	9	8	7	6	5	4	3	2	1	9	8	7	6	5	4	3	2	1	9	8	7	6	5	4
대남	8	9	9	9	10	10	입추	1	1	1	1	2	2	2	3	3	3	3	4	4	4	5	처서	6	6	6	7	7	7	8	8
운여	2	2	1	1	1	1	입추	10	10	9	9	9	8	8	8	7	7	7	6	6	6	5	처서	5	4	4	4	3	3	3	2

백로 7일 19시 38분 【음8월】➡ 【己酉月(기유월)】 ☯일백성 추분 23일 05시 01분

양력 9월 · 음력 07/11 · 08/11

	1	2	3	4	5	6	7	8	9	10	11	12	13	14	15	16	17	18	19	20	21	22	23	24	25	26	27	28	29	30
요일	금	토	일	월	화	수	목	금	토	일	월	화	수	목	금	토	일	월	화	수	목	금	토	일	월	화	수	목	금	토
日辰	신묘	임진	계사	갑오	을미	병신	정유	무술	기해	경자	신축	임인	계묘	갑진	을사	병오	정미	무신	기유	경술	신해	임자	계축	갑인	을묘	병진	정사	무오	기미	경신
음력	11	12	13	14	15	16	17	18	19	20	21	22	23	24	25	26	27	28	29	8/1	2	3	4	5	6	7	8	9	10	11
구성	3	2	1	9	8	7	6	5	4	3	2	1	9	8	7	6	5	4	3	2	1	9	8	7	6	5	4	3	2	1
대남	8	9	9	9	10	10	백로	1	1	1	1	2	2	2	3	3	3	4	4	4	5	5	추분	6	6	6	7	7	7	8
운여	2	2	1	1	1	1	백로	10	10	9	9	9	8	8	8	7	7	7	6	6	6	5	추분	5	4	4	4	3	3	3

한로 8일 11시 21분 【음9월】➡ 【庚戌月(경술월)】 ☯구자성 상강 23일 14시 26분

양력 10월 · 음력 08/12 · 09/12

	1	2	3	4	5	6	7	8	9	10	11	12	13	14	15	16	17	18	19	20	21	22	23	24	25	26	27	28	29	30	31
요일	일	월	화	수	목	금	토	일	월	화	수	목	금	토	일	월	화	수	목	금	토	일	월	화	수	목	금	토	일	월	화
日辰	신유	임술	계해	갑자	을축	병인	정묘	무진	기사	경오	신미	임신	계유	갑술	을해	병자	정축	무인	기묘	경진	신사	임오	계미	갑신	을유	병술	정해	무자	기축	경인	신묘
음력	12	13	14	15	16	17	18	19	20	21	22	23	24	25	26	27	28	29	30	9/1	2	3	4	5	6	7	8	9	10	11	12
구성	9	8	7	6	5	4	3	2	1	9	8	7	6	5	4	3	2	1	9	8	7	6	5	4	3	2	1	9	8	7	6
대남	8	8	9	9	9	10	10	한로	1	1	1	1	2	2	2	3	3	3	4	4	4	5	상강	5	6	6	6	7	7	7	8
운여	2	2	2	1	1	1	1	한로	10	9	9	9	8	8	8	7	7	7	6	6	6	5	상강	5	4	4	4	3	3	3	2

입동 7일 14시 37분 【음10월】➡ 【辛亥月(신해월)】 ☯팔백성 소설 22일 12시 04분

양력 11월 · 음력 09/13 · 10/13

	1	2	3	4	5	6	7	8	9	10	11	12	13	14	15	16	17	18	19	20	21	22	23	24	25	26	27	28	29	30
요일	수	목	금	토	일	월	화	수	목	금	토	일	월	화	수	목	금	토	일	월	화	수	목	금	토	일	월	화	수	목
日辰	임진	계사	갑오	을미	병신	정유	무술	기해	경자	신축	임인	계묘	갑진	을사	병오	정미	무신	기유	경술	신해	임자	계축	갑인	을묘	병진	정사	무오	기미	경신	신유
음력	13	14	15	16	17	18	19	20	21	22	23	24	25	26	27	28	29	10/1	2	3	4	5	6	7	8	9	10	11	12	13
구성	5	4	3	2	1	9	8	7	6	5	4	3	2	1	9	8	7	6	5	4	3	2	1	9	8	7	6	5	4	3
대남	8	8	9	9	9	10	입동	1	1	1	1	2	2	2	3	3	3	4	4	4	5	소설	5	6	6	6	7	7	7	8
운여	2	2	1	1	1	1	입동	10	9	9	9	8	8	8	7	7	7	6	6	6	5	소설	5	4	4	4	3	3	3	2

대설 7일 07시 32분 【음11월】➡ 【壬子月(임자월)】 ☯칠적성 동지 22일 01시 27분

양력 12월 · 음력 10/14 · 11/14

	1	2	3	4	5	6	7	8	9	10	11	12	13	14	15	16	17	18	19	20	21	22	23	24	25	26	27	28	29	30	31
요일	금	토	일	월	화	수	목	금	토	일	월	화	수	목	금	토	일	월	화	수	목	금	토	일	월	화	수	목	금	토	일
日辰	임술	계해	갑자	을축	병인	정묘	무진	기사	경오	신미	임신	계유	갑술	을해	병자	정축	무인	기묘	경진	신사	임오	계미	갑신	을유	병술	정해	무자	기축	경인	신묘	임진
음력	14	15	16	17	18	19	20	21	22	23	24	25	26	27	28	29	30	11/1	2	3	4	5	6	7	8	9	10	11	12	13	14
구성	2	1	1	2	3	4	5	6	7	8	9	1	2	3	4	5	6	7	8	9	1	2	3	4	5	6	7	8	9	1	2
대남	8	8	9	9	9	10	대설	1	1	1	1	2	2	2	3	3	3	4	4	4	5	동지	5	6	6	6	7	7	7	8	8
운여	2	2	1	1	1	1	대설	9	9	9	8	8	8	7	7	7	6	6	6	5	5	동지	4	4	4	3	3	3	2	2	2

2017

단기 4351 年	**2018**년	下元-무술(戊戌)년, 납음(평지목), 본명성(구자화)
불기 2562 年		대장군(午남방), 삼살(묵방), 상문(子북방), 조객(申서남방), 납음(평지목), 【삼재(신,유,술)년】 臘享(납향):2019년1월22일(음12/17)

1월 — 소한 5일 18시 48분 【음12월】➡ 【癸丑月(계축월)】 ☯육백성　대한 20일 12시 08분

양력 1월 / 음력 11/15 ~ 12/15

양력	1	2	3	4	5	6	7	8	9	10	11	12	13	14	15	16	17	18	19	20	21	22	23	24	25	26	27	28	29	30	31
요일	월	화	수	목	금	토	일	월	화	수	목	금	토	일	월	화	수	목	금	토	일	월	화	수	목	금	토	일	월	화	수
일진	계	갑	을	병	정	무	기	경	신	임	계	갑	을	병	정	무	기	경	신	임	계	갑	을	병	정	무	기	경	신	임	계
日辰	사	오	미	신	유	술	해	자	축	인	묘	진	사	오	미	신	유	술	해	자	축	인	묘	진	사	오	미	신	유	술	해
음력	15	16	17	18	19	20	21	22	23	24	25	26	27	28	29	30	12/1	2	3	4	5	6	7	8	9	10	11	12	13	14	15
구성	3	4	5	6	7	8	9	1	2	3	4	5	6	7	8	9	1	2	3	4	5	6	7	8	9	1	2	3	4	5	6
대운 남	8	9	9	9	소한	1	1	1	1	2	2	2	3	3	3	4	4	4	5	대한	5	6	6	6	7	7	7	8	8	8	9
운 여	1	1	1	1	소한	10	9	9	9	8	8	8	7	7	7	6	6	6	5	대한	5	4	4	4	3	3	3	2	2	2	1

2월 — 입춘 4일 06시 28분 【음1월】➡ 【甲寅月(갑인월)】 ☯오황성　우수 19일 02시 17분

양력 2월 / 음력 12/16 ~ 01/13　(무술년)

양력	1	2	3	4	5	6	7	8	9	10	11	12	13	14	15	16	17	18	19	20	21	22	23	24	25	26	27	28
요일	목	금	토	일	월	화	수	목	금	토	일	월	화	수	목	금	토	일	월	화	수	목	금	토	일	월	화	수
일진	갑	을	병	정	무	기	경	신	임	계	갑	을	병	정	무	기	경	신	임	계	갑	을	병	정	무	기	경	신
日辰	자	축	인	묘	진	사	오	미	신	유	술	해	자	축	인	묘	진	사	오	미	신	유	술	해	자	축	인	묘
음력	16	17	18	19	20	21	22	23	24	25	26	27	28	29	30	1/1	2	3	4	5	6	7	8	9	10	11	12	13
구성	7	8	9	1	2	3	4	5	6	7	8	9	1	2	3	4	5	6	7	8	9	1	2	3	4	5	6	7
대운 남	9	9	10	입춘	10	9	9	9	8	8	8	7	7	7	6	6	6	5	우수	5	4	4	4	3	3	3	2	2
운 여	1	1	1	입춘	1	1	1	1	2	2	2	3	3	3	4	4	4	5	우수	5	6	6	6	7	7	7	8	8

3월 — 경칩 6일 00시 27분 【음2월】➡ 【乙卯月(을묘월)】 ☯사록성　춘분 21일 01시 14분

양력 3월 / 음력 01/14 ~ 02/15

양력	1	2	3	4	5	6	7	8	9	10	11	12	13	14	15	16	17	18	19	20	21	22	23	24	25	26	27	28	29	30	31
요일	목	금	토	일	월	화	수	목	금	토	일	월	화	수	목	금	토	일	월	화	수	목	금	토	일	월	화	수	목	금	토
일진	임	계	갑	을	병	정	무	기	경	신	임	계	갑	을	병	정	무	기	경	신	임	계	갑	을	병	정	무	기	경	신	임
日辰	진	사	오	미	신	유	술	해	자	축	인	묘	진	사	오	미	신	유	술	해	자	축	인	묘	진	사	오	미	신	유	술
음력	14	15	16	17	18	19	20	21	22	23	24	25	26	27	28	29	2/1	2	3	4	5	6	7	8	9	10	11	12	13	14	15
구성	8	9	1	2	3	4	5	6	7	8	9	1	2	3	4	5	6	7	8	9	1	2	3	4	5	6	7	8	9	1	2
대운 남	2	1	1	1	1	경칩	10	9	9	9	8	8	8	7	7	7	6	6	6	5	춘분	5	4	4	4	3	3	3	2	2	2
운 여	8	9	9	9	9	경칩	1	1	1	1	2	2	2	3	3	3	4	4	4	5	춘분	5	6	6	6	7	7	7	8	8	8

4월 — 청명 5일 05시 12분 【음3월】➡ 【丙辰月(병진월)】 ☯삼벽성　곡우 20일 12시 12분

양력 4월 / 음력 02/16 ~ 03/15

양력	1	2	3	4	5	6	7	8	9	10	11	12	13	14	15	16	17	18	19	20	21	22	23	24	25	26	27	28	29	30
요일	일	월	화	수	목	금	토	일	월	화	수	목	금	토	일	월	화	수	목	금	토	일	월	화	수	목	금	토	일	월
일진	계	갑	을	병	정	무	기	경	신	임	계	갑	을	병	정	무	기	경	신	임	계	갑	을	병	정	무	기	경	신	임
日辰	해	자	축	인	묘	진	사	오	미	신	유	술	해	자	축	인	묘	진	사	오	미	신	유	술	해	자	축	인	묘	진
음력	16	17	18	19	20	21	22	23	24	25	26	27	28	29	30	3/1	2	3	4	5	6	7	8	9	10	11	12	13	14	15
구성	3	4	5	6	7	8	9	1	2	3	4	5	6	7	8	9	1	2	3	4	5	6	7	8	9	1	2	3	4	5
대운 남	1	1	1	1	청명	10	9	9	9	8	8	8	7	7	7	6	6	6	5	곡우	5	4	4	4	3	3	3	2	2	2
운 여	9	9	9	10	청명	1	1	1	1	2	2	2	3	3	3	4	4	4	5	곡우	5	6	6	6	7	7	7	8	8	8

5월 — 입하 5일 22시 24분 【음4월】➡ 【丁巳月(정사월)】 ☯이흑성　소만 21일 11시 14분

양력 5월 / 음력 03/16 ~ 04/17

양력	1	2	3	4	5	6	7	8	9	10	11	12	13	14	15	16	17	18	19	20	21	22	23	24	25	26	27	28	29	30	31
요일	화	수	목	금	토	일	월	화	수	목	금	토	일	월	화	수	목	금	토	일	월	화	수	목	금	토	일	월	화	수	목
일진	계	갑	을	병	정	무	기	경	신	임	계	갑	을	병	정	무	기	경	신	임	계	갑	을	병	정	무	기	경	신	임	계
日辰	사	오	미	신	유	술	해	자	축	인	묘	진	사	오	미	신	유	술	해	자	축	인	묘	진	사	오	미	신	유	술	해
음력	16	17	18	19	20	21	22	23	24	25	26	27	28	29	4/1	2	3	4	5	6	7	8	9	10	11	12	13	14	15	16	17
구성	6	7	8	9	1	2	3	4	5	6	7	8	9	1	2	3	4	5	6	7	8	9	1	2	3	4	5	6	7	8	9
대운 남	1	1	1	1	입하	10	10	10	9	9	9	8	8	8	7	7	7	6	6	6	소만	5	5	4	4	4	3	3	3	2	2
운 여	9	9	9	10	입하	1	1	1	1	2	2	2	3	3	3	4	4	4	5	5	소만	6	6	6	7	7	7	8	8	8	9

6월 — 망종 6일 02시 28분 【음5월】➡ 【戊午月(무오월)】 ☯일백성　하지 21일 19시 06분

양력 6월 / 음력 04/18 ~ 05/17

양력	1	2	3	4	5	6	7	8	9	10	11	12	13	14	15	16	17	18	19	20	21	22	23	24	25	26	27	28	29	30
요일	금	토	일	월	화	수	목	금	토	일	월	화	수	목	금	토	일	월	화	수	목	금	토	일	월	화	수	목	금	토
일진	갑	을	병	정	무	기	경	신	임	계	갑	을	병	정	무	기	경	신	임	계	갑	을	병	정	무	기	경	신	임	계
日辰	자	축	인	묘	진	사	오	미	신	유	술	해	자	축	인	묘	진	사	오	미	신	유	술	해	자	축	인	묘	진	사
음력	18	19	20	21	22	23	24	25	26	27	28	29	30	5/1	2	3	4	5	6	7	8	9	10	11	12	13	14	15	16	17
구성	9	8	7	6	5	4	3	2	1	9	8	7	6	5	4	3	2	1	9	8	7	6	5	4	3	2	1	9	8	7
대운 남	2	1	1	1	1	망종	10	10	9	9	9	8	8	8	7	7	7	6	6	6	하지	5	5	4	4	4	3	3	3	2
운 여	9	9	10	10	10	망종	1	1	1	1	2	2	2	3	3	3	4	4	4	5	하지	5	6	6	6	7	7	7	8	8

한식(4월06일), 초복(7월17일), 중복(7월27일), 말복(8월16일) ↑춘사(春社)3/17 ☀추사(秋社)9/23
토왕지절(土旺之節):4월17일,7월20일,10월20일,1월17일(음12/12)臘享(납향):2019년1월22일(음12/17)

三日得辛, 二龍治水, 2018년 무술年(평지목), 구자화

8백	4록	6백
7적	9자	2흑
3벽	5황	1백

소서 7일 12시 41분 　【음6월】➡ 　【己未月(기미월)】 　☯구자성 　대서 23일 05시 59분

양력 7월 (음력 05/18 ~ 06/19)

	1	2	3	4	5	6	7	8	9	10	11	12	13	14	15	16	17	18	19	20	21	22	23	24	25	26	27	28	29	30	31
요일	일	월	화	수	목	금	토	일	월	화	수	목	금	토	일	월	화	수	목	금	토	일	월	화	수	목	금	토	일	월	화
일진	갑	을	병	정	무	기	경	신	임	계	갑	을	병	정	무	기	경	신	임	계	갑	을	병	정	무	기	경	신	임	계	갑
日辰	오	미	신	유	술	해	자	축	인	묘	진	사	오	미	신	유	술	해	자	축	인	묘	진	사	오	미	신	유	술	해	자
음력	18	19	20	21	22	23	24	25	26	27	28	29	6/1	2	3	4	5	6	7	8	9	10	11	12	13	14	15	16	17	18	19
구성	6	5	4	3	2	1	9	8	7	6	5	4	3	2	1	9	8	7	6	5	4	3	2	1	9	8	7	6	5	4	3
대운 남	2	2	1	1	1	1	소서	10	10	9	9	9	8	8	8	7	7	7	6	6	6	5	대서	5	4	4	4	3	3	3	2
운 여	8	9	9	9	10	10	소서	1	1	1	1	2	2	2	3	3	3	4	4	4	5	5	대서	6	6	6	7	7	7	8	8

입추 7일 22시 30분 　【음7월】➡ 　【庚申月(경신월)】 　☯팔백성 　처서 23일 13시 08분

양력 8월 (음력 06/20 ~ 07/21)

	1	2	3	4	5	6	7	8	9	10	11	12	13	14	15	16	17	18	19	20	21	22	23	24	25	26	27	28	29	30	31
요일	수	목	금	토	일	월	화	수	목	금	토	일	월	화	수	목	금	토	일	월	화	수	목	금	토	일	월	화	수	목	금
일진	을	병	정	무	기	경	신	임	계	갑	을	병	정	무	기	경	신	임	계	갑	을	병	정	무	기	경	신	임	계	갑	을
日辰	축	인	묘	진	사	오	미	신	유	술	해	자	축	인	묘	진	사	오	미	신	유	술	해	자	축	인	묘	진	사	오	미
음력	20	21	22	23	24	25	26	27	28	29	7/1	2	3	4	5	6	7	8	9	10	11	12	13	14	15	16	17	18	19	20	21
구성	2	1	9	8	7	6	5	4	3	2	1	9	8	7	6	5	4	3	2	1	9	8	7	6	5	4	3	2	1	9	8
대운 남	2	2	1	1	1	1	입추	10	10	10	9	9	9	8	8	8	7	7	7	6	6	6	처서	5	5	4	4	4	3	3	3
운 여	8	9	9	9	10	10	입추	1	1	1	1	2	2	2	3	3	3	4	4	4	5	5	처서	6	6	6	7	7	7	8	8

백로 8일 01시 29분 　【음8월】➡ 　【辛酉月(신유월)】 　☯칠적성 　추분 23일 10시 53분

양력 9월 (음력 07/22 ~ 08/21)

	1	2	3	4	5	6	7	8	9	10	11	12	13	14	15	16	17	18	19	20	21	22	23	24	25	26	27	28	29	30
요일	토	일	월	화	수	목	금	토	일	월	화	수	목	금	토	일	월	화	수	목	금	토	일	월	화	수	목	금	토	일
일진	병	정	무	기	경	신	임	계	갑	을	병	정	무	기	경	신	임	계	갑	을	병	정	무	기	경	신	임	계	갑	을
日辰	신	유	술	해	자	축	인	묘	진	사	오	미	신	유	술	해	자	축	인	묘	진	사	오	미	신	유	술	해	자	축
음력	22	23	24	25	26	27	28	29	30	8/1	2	3	4	5	6	7	8	9	10	11	12	13	14	15	16	17	18	19	20	21
구성	7	6	5	4	3	2	1	9	8	7	6	5	4	3	2	1	9	8	7	6	5	4	3	2	1	9	8	7	6	5
대운 남	2	2	2	1	1	1	1	백로	10	9	9	9	8	8	8	7	7	7	6	6	6	5	추분	5	4	4	4	3	3	3
운 여	8	9	9	9	10	10	10	백로	1	1	1	1	2	2	2	3	3	3	4	4	4	5	추분	5	6	6	6	7	7	7

한로 8일 17시 14분 　【음9월】➡ 　【壬戌月(임술월)】 　☯육백성 　상강 23일 20시 21분

양력 10월 (음력 08/22 ~ 09/23)

	1	2	3	4	5	6	7	8	9	10	11	12	13	14	15	16	17	18	19	20	21	22	23	24	25	26	27	28	29	30	31
요일	월	화	수	목	금	토	일	월	화	수	목	금	토	일	월	화	수	목	금	토	일	월	화	수	목	금	토	일	월	화	수
일진	병	정	무	기	경	신	임	계	갑	을	병	정	무	기	경	신	임	계	갑	을	병	정	무	기	경	신	임	계	갑	을	병
日辰	인	묘	진	사	오	미	신	유	술	해	자	축	인	묘	진	사	오	미	신	유	술	해	자	축	인	묘	진	사	오	미	신
음력	22	23	24	25	26	27	28	29	9/1	2	3	4	5	6	7	8	9	10	11	12	13	14	15	16	17	18	19	20	21	22	23
구성	4	3	2	1	9	8	7	6	5	4	3	2	1	9	8	7	6	5	4	3	2	1	9	8	7	6	5	4	3	2	1
대운 남	2	2	2	1	1	1	1	한로	10	9	9	9	8	8	8	7	7	7	6	6	6	5	상강	5	4	4	4	3	3	3	2
운 여	8	8	8	9	9	9	10	한로	1	1	1	1	2	2	2	3	3	3	4	4	4	5	상강	5	6	6	6	7	7	7	8

입동 7일 20시 31분 　【음10월】➡ 　【癸亥月(계해월)】 　☯오황성 　소설 22일 18시 01분

양력 11월 (음력 09/24 ~ 10/23)

	1	2	3	4	5	6	7	8	9	10	11	12	13	14	15	16	17	18	19	20	21	22	23	24	25	26	27	28	29	30
요일	목	금	토	일	월	화	수	목	금	토	일	월	화	수	목	금	토	일	월	화	수	목	금	토	일	월	화	수	목	금
일진	정	무	기	경	신	임	계	갑	을	병	정	무	기	경	신	임	계	갑	을	병	정	무	기	경	신	임	계	갑	을	병
日辰	유	술	해	자	축	인	묘	진	사	오	미	신	유	술	해	자	축	인	묘	진	사	오	미	신	유	술	해	자	축	인
음력	24	25	26	27	28	29	30	10/1	2	3	4	5	6	7	8	9	10	11	12	13	14	15	16	17	18	19	20	21	22	23
구성	9	8	7	6	5	4	3	2	1	9	8	7	6	5	4	3	2	1	9	8	7	6	5	4	3	2	1	1	2	3
대운 남	2	2	1	1	1	1	입동	10	9	9	9	8	8	8	7	7	7	6	6	6	5	소설	5	4	4	4	3	3	3	2
운 여	8	8	9	9	9	10	입동	1	1	1	1	2	2	2	3	3	3	4	4	4	5	소설	5	6	6	6	7	7	7	8

대설 7일 13시 25분 　【음11월】➡ 　【甲子月(갑자월)】 　☯사록성 　동지 22일 07시 22분

양력 12월 (음력 10/24 ~ 11/25)

	1	2	3	4	5	6	7	8	9	10	11	12	13	14	15	16	17	18	19	20	21	22	23	24	25	26	27	28	29	30	31
요일	토	일	월	화	수	목	금	토	일	월	화	수	목	금	토	일	월	화	수	목	금	토	일	월	화	수	목	금	토	일	월
일진	정	무	기	경	신	임	계	갑	을	병	정	무	기	경	신	임	계	갑	을	병	정	무	기	경	신	임	계	갑	을	병	정
日辰	묘	진	사	오	미	신	유	술	해	자	축	인	묘	진	사	오	미	신	유	술	해	자	축	인	묘	진	사	오	미	신	유
음력	24	25	26	27	28	29	11/1	2	3	4	5	6	7	8	9	10	11	12	13	14	15	16	17	18	19	20	21	22	23	24	25
구성	4	5	6	7	8	9	1	2	3	4	5	6	7	8	9	1	2	3	4	5	6	7	8	9	1	2	3	4	5	6	7
대운 남	2	2	1	1	1	1	대설	10	9	9	9	8	8	8	7	7	7	6	6	6	5	동지	5	4	4	4	3	3	3	2	2
운 여	8	8	9	9	9	10	대설	1	1	1	1	2	2	2	3	3	3	4	4	4	5	동지	5	6	6	6	7	7	7	8	8

단기 4352 年	**2019년**	下元-기해(己亥)년, 납음(평지목)본명성,(팔백토)
불기 2563 年		대장군(酉서방), 삼살(酉서방), 상문(丑동북방),조객(酉서방), 납음(평지목), 【삼재(사,오,미)년】臘享(납향):2020년1월18일(음12/23)

1월 — 소한 6일 00시 38분 【음12월】➡ 【乙丑月(을축월)】 ☯三碧土 — 대한 20일 17시 59분

음력 11/26 ~ 12/26

	1	2	3	4	5	6	7	8	9	10	11	12	13	14	15	16	17	18	19	20	21	22	23	24	25	26	27	28	29	30	31
요일	화	수	목	금	토	일	월	화	수	목	금	토	일	월	화	수	목	금	토	일	월	화	수	목	금	토	일	월	화	수	목
일진	무	기	경	신	임	계	갑	을	병	정	무	기	경	신	임	계	갑	을	병	정	무	기	경	신	임	계	갑	을	병	정	무
日辰	술	해	자	축	인	묘	진	사	오	미	신	유	술	해	자	축	인	묘	진	사	오	미	신	유	술	해	자	축	인	묘	진
음력	26	27	28	29	30	12/1	2	3	4	5	6	7	8	9	10	11	12	13	14	15	16	17	18	19	20	21	22	23	24	25	26
구성	8	9	1	2	3	4	5	6	7	8	9	1	2	3	4	5	6	7	8	9	1	2	3	4	5	6	7	8	9	1	2
남	2	1	1	1	1	소	9	9	9	8	8	8	7	7	7	6	6	6	5	대	5	4	4	4	3	3	3	2	2	2	1
여	8	9	9	9	10	한	1	1	1	1	2	2	2	3	3	3	4	4	4	한	5	5	6	6	6	7	7	7	8	8	8

2월 — 입춘 4일 12시 13분 【음1월】➡ 【丙寅月(병인월)】 ☯이흑성 — 우수 19일 08시 03분

음력 12/27 ~ 01/24

	1	2	3	4	5	6	7	8	9	10	11	12	13	14	15	16	17	18	19	20	21	22	23	24	25	26	27	28
요일	금	토	일	월	화	수	목	금	토	일	월	화	수	목	금	토	일	월	화	수	목	금	토	일	월	화	수	목
일진	기	경	신	임	계	갑	을	병	정	무	기	경	신	임	계	갑	을	병	정	무	기	경	신	임	계	갑	을	병
日辰	사	오	미	신	유	술	해	자	축	인	묘	진	사	오	미	신	유	술	해	자	축	인	묘	진	사	오	미	신
음력	27	28	29	30	1/1	2	3	4	5	6	7	8	9	10	11	12	13	14	15	16	17	18	19	20	21	22	23	24
구성	3	4	5	6	7	8	9	1	2	3	4	5	6	7	8	9	1	2	3	4	5	6	7	8	9	1	2	3
남	1	1	1	입	1	1	1	1	2	2	2	3	3	3	4	4	4	5	우	5	6	6	6	7	7	7	8	8
여	9	9	9	춘	10	9	9	9	8	8	8	7	7	7	6	6	6	5	수	5	4	4	4	3	3	3	2	2

3월 — 경칩 6일 06시 09분 【음2월】➡ 【丁卯月(정묘월)】 ☯일백성 — 춘분 21일 06시 57분

음력 01/25 ~ 02/25

	1	2	3	4	5	6	7	8	9	10	11	12	13	14	15	16	17	18	19	20	21	22	23	24	25	26	27	28	29	30	31
요일	금	토	일	월	화	수	목	금	토	일	월	화	수	목	금	토	일	월	화	수	목	금	토	일	월	화	수	목	금	토	일
일진	정	무	기	경	신	임	계	갑	을	병	정	무	기	경	신	임	계	갑	을	병	정	무	기	경	신	임	계	갑	을	병	정
日辰	유	술	해	자	축	인	묘	진	사	오	미	신	유	술	해	자	축	인	묘	진	사	오	미	신	유	술	해	자	축	인	묘
음력	25	26	27	28	29	30	2/1	2	3	4	5	6	7	8	9	10	11	12	13	14	15	16	17	18	19	20	21	22	23	24	25
구성	4	5	6	7	8	9	1	2	3	4	5	6	7	8	9	1	2	3	4	5	6	7	8	9	1	2	3	4	5	6	7
남	8	9	9	9	10	경	1	1	1	1	2	2	2	3	3	3	4	4	4	5	춘	5	6	6	6	7	7	7	8	8	8
여	2	1	1	1	1	칩	10	9	9	9	8	8	8	7	7	7	6	6	6	5	분	5	4	4	4	3	3	3	2	2	2

4월 — 청명 5일 10시 50분 【음3월】➡ 【戊辰月(무진월)】 ☯구자성 — 곡우 20일 17시 54분

음력 02/26 ~ 03/26

	1	2	3	4	5	6	7	8	9	10	11	12	13	14	15	16	17	18	19	20	21	22	23	24	25	26	27	28	29	30
요일	월	화	수	목	금	토	일	월	화	수	목	금	토	일	월	화	수	목	금	토	일	월	화	수	목	금	토	일	월	화
일진	무	기	경	신	임	계	갑	을	병	정	무	기	경	신	임	계	갑	을	병	정	무	기	경	신	임	계	갑	을	병	정
日辰	진	사	오	미	신	유	술	해	자	축	인	묘	진	사	오	미	신	유	술	해	자	축	인	묘	진	사	오	미	신	유
음력	26	27	28	29	3/1	2	3	4	5	6	7	8	9	10	11	12	13	14	15	16	17	18	19	20	21	22	23	24	25	26
구성	8	9	1	2	3	4	5	6	7	8	9	1	2	3	4	5	6	7	8	9	1	2	3	4	5	6	7	8	9	1
남	9	9	9	10	청	1	1	1	1	2	2	2	3	3	3	4	4	4	5	곡	5	6	6	6	7	7	7	8	8	8
여	1	1	1	1	명	10	10	9	9	9	8	8	8	7	7	7	6	6	6	우	5	5	4	4	4	3	3	3	2	2

5월 — 입하 6일 04시 02분 【음4월】➡ 【己巳月(기사월)】 ☯팔백성 — 소만 21일 16시 58분

음력 03/27 ~ 04/27

	1	2	3	4	5	6	7	8	9	10	11	12	13	14	15	16	17	18	19	20	21	22	23	24	25	26	27	28	29	30	31
요일	수	목	금	토	일	월	화	수	목	금	토	일	월	화	수	목	금	토	일	월	화	수	목	금	토	일	월	화	수	목	금
일진	무	기	경	신	임	계	갑	을	병	정	무	기	경	신	임	계	갑	을	병	정	무	기	경	신	임	계	갑	을	병	정	무
日辰	술	해	자	축	인	묘	진	사	오	미	신	유	술	해	자	축	인	묘	진	사	오	미	신	유	술	해	자	축	인	묘	진
음력	27	28	29	30	4/1	2	3	4	5	6	7	8	9	10	11	12	13	14	15	16	17	18	19	20	21	22	23	24	25	26	27
구성	2	3	4	5	6	7	8	9	1	2	3	4	5	6	7	8	9	1	2	3	4	5	6	7	8	9	9	8	7	6	5
남	9	9	9	10	10	입	1	1	1	1	2	2	2	3	3	3	4	4	4	5	소	5	6	6	6	7	7	7	8	8	8
여	2	1	1	1	1	하	10	10	9	9	9	8	8	8	7	7	7	6	6	6	만	5	5	4	4	4	3	3	3	2	2

6월 — 망종 6일 08시 05분 【음5월】➡ 【庚午月(경오월)】 ☯칠적성 — 하지 22일 00시 53분

음력 04/28 ~ 05/28

	1	2	3	4	5	6	7	8	9	10	11	12	13	14	15	16	17	18	19	20	21	22	23	24	25	26	27	28	29	30
요일	토	일	월	화	수	목	금	토	일	월	화	수	목	금	토	일	월	화	수	목	금	토	일	월	화	수	목	금	토	일
일진	기	경	신	임	계	갑	을	병	정	무	기	경	신	임	계	갑	을	병	정	무	기	경	신	임	계	갑	을	병	정	무
日辰	사	오	미	신	유	술	해	자	축	인	묘	진	사	오	미	신	유	술	해	자	축	인	묘	진	사	오	미	신	유	술
음력	28	29	5/1	2	3	4	5	6	7	8	9	10	11	12	13	14	15	16	17	18	19	20	21	22	23	24	25	26	27	28
구성	4	3	2	1	9	8	7	6	5	4	3	2	1	9	8	7	6	5	4	3	2	1	9	8	7	6	5	4	3	2
남	9	9	9	10	10	망	1	1	1	1	2	2	2	3	3	3	4	4	4	5	5	하	6	6	6	7	7	7	8	8
여	2	1	1	1	1	종	10	10	9	9	9	8	8	8	7	7	7	6	6	6	5	지	5	4	4	4	3	3	3	2

기해년

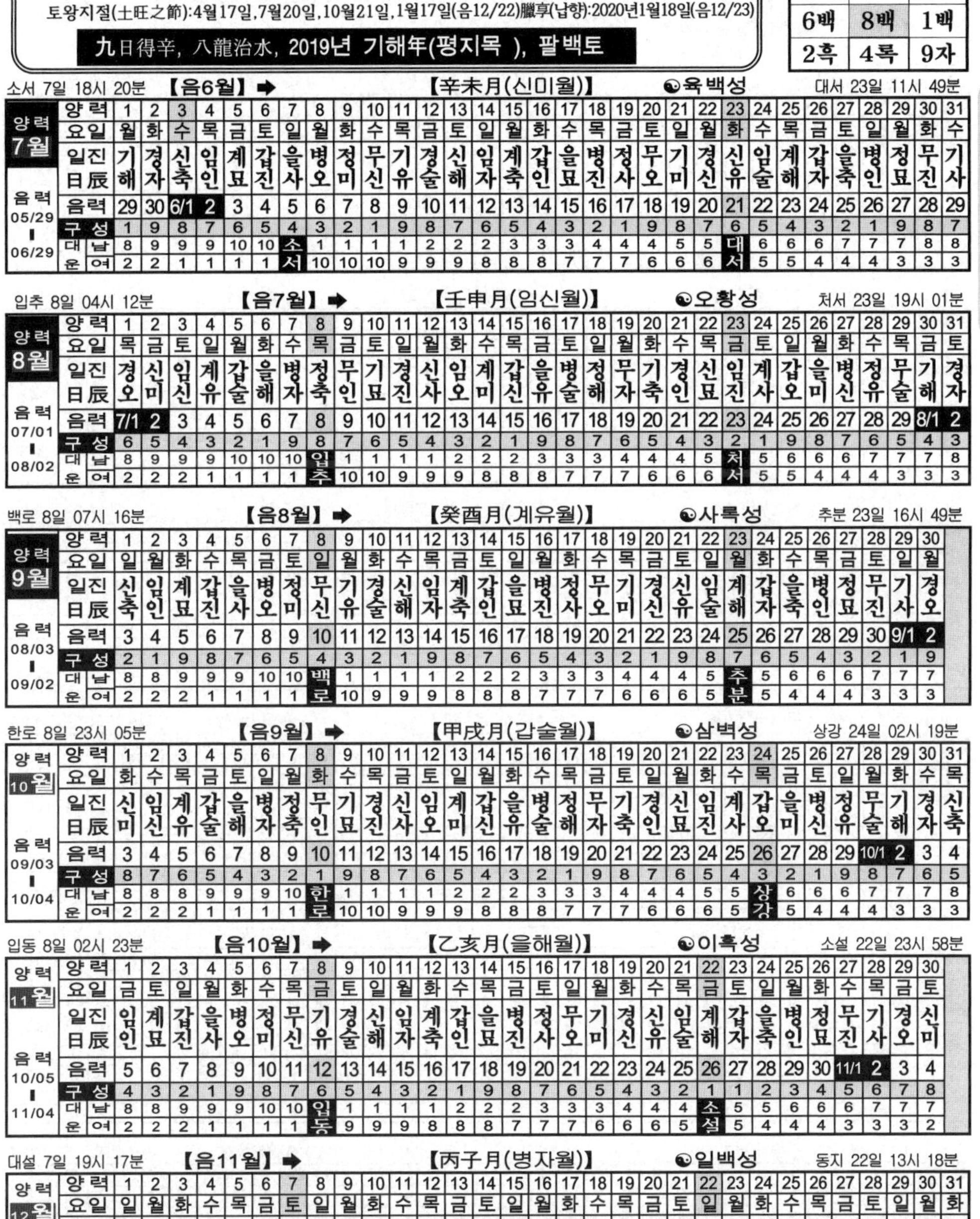

한식(4월06일), 초복(7월12일), 중복(7월22일), 말복(8월11일) ↑춘사(春社)3/22 ☀추사(秋社)9/28
토왕지절(土旺之節):4월17일,7월20일,10월21일,1월17일(음12/22) 臘享(납향):2020년1월18일(음12/23)

九日得辛, 八龍治水, 2019년 기해年(평지목), 팔백토

7적	3벽	5황
6백	8백	1백
2흑	4록	9자

2019

소서 7일 18시 20분 【음6월】➡ 【辛未月(신미월)】 ◑육백성 대서 23일 11시 49분

양력 7월 (음력 05/29 ~ 06/29)

양력	1	2	3	4	5	6	7	8	9	10	11	12	13	14	15	16	17	18	19	20	21	22	23	24	25	26	27	28	29	30	31
요일	월	화	수	목	금	토	일	월	화	수	목	금	토	일	월	화	수	목	금	토	일	월	화	수	목	금	토	일	월	화	수
일진(干)	기	경	신	임	계	갑	을	병	정	무	기	경	신	임	계	갑	을	병	정	무	기	경	신	임	계	갑	을	병	정	무	기
日辰(支)	해	자	축	인	묘	진	사	오	미	신	유	술	해	자	축	인	묘	진	사	오	미	신	유	술	해	자	축	인	묘	진	사
음력	29	30	6/1	2	3	4	5	6	7	8	9	10	11	12	13	14	15	16	17	18	19	20	21	22	23	24	25	26	27	28	29
구성	1	9	8	7	6	5	4	3	2	1	9	8	7	6	5	4	3	2	1	9	8	7	6	5	4	3	2	1	9	8	7
대운 남	8	9	9	9	10	10	소서	1	1	1	1	2	2	2	3	3	3	4	4	4	5	5	대서	6	6	6	7	7	7	8	8
대운 여	2	2	1	1	1	1	소서	10	10	10	9	9	9	8	8	8	7	7	7	6	6	6	대서	5	5	5	4	4	4	3	3

입추 8일 04시 12분 【음7월】➡ 【壬申月(임신월)】 ◑오황성 처서 23일 19시 01분

양력 8월 (음력 07/01 ~ 08/02)

양력	1	2	3	4	5	6	7	8	9	10	11	12	13	14	15	16	17	18	19	20	21	22	23	24	25	26	27	28	29	30	31
요일	목	금	토	일	월	화	수	목	금	토	일	월	화	수	목	금	토	일	월	화	수	목	금	토	일	월	화	수	목	금	토
일진(干)	경	신	임	계	갑	을	병	정	무	기	경	신	임	계	갑	을	병	정	무	기	경	신	임	계	갑	을	병	정	무	기	경
日辰(支)	오	미	신	유	술	해	자	축	인	묘	진	사	오	미	신	유	술	해	자	축	인	묘	진	사	오	미	신	유	술	해	자
음력	7/1	2	3	4	5	6	7	8	9	10	11	12	13	14	15	16	17	18	19	20	21	22	23	24	25	26	27	28	29	8/1	2
구성	6	5	4	3	2	1	9	8	7	6	5	4	3	2	1	9	8	7	6	5	4	3	2	1	9	8	7	6	5	4	3
대운 남	8	9	9	9	10	10	10	입추	1	1	1	1	2	2	2	3	3	3	4	4	4	5	처서	5	6	6	6	7	7	7	8
대운 여	2	2	2	1	1	1	1	입추	10	10	9	9	9	8	8	8	7	7	7	6	6	6	처서	5	5	4	4	4	3	3	3

백로 8일 07시 16분 【음8월】➡ 【癸酉月(계유월)】 ◑사록성 추분 23일 16시 49분

양력 9월 (음력 08/03 ~ 09/02)

양력	1	2	3	4	5	6	7	8	9	10	11	12	13	14	15	16	17	18	19	20	21	22	23	24	25	26	27	28	29	30
요일	일	월	화	수	목	금	토	일	월	화	수	목	금	토	일	월	화	수	목	금	토	일	월	화	수	목	금	토	일	월
일진(干)	신	임	계	갑	을	병	정	무	기	경	신	임	계	갑	을	병	정	무	기	경	신	임	계	갑	을	병	정	무	기	경
日辰(支)	축	인	묘	진	사	오	미	신	유	술	해	자	축	인	묘	진	사	오	미	신	유	술	해	자	축	인	묘	진	사	오
음력	3	4	5	6	7	8	9	10	11	12	13	14	15	16	17	18	19	20	21	22	23	24	25	26	27	28	29	30	9/1	2
구성	2	1	9	8	7	6	5	4	3	2	1	9	8	7	6	5	4	3	2	1	9	8	7	6	5	4	3	2	1	9
대운 남	8	8	9	9	9	10	10	백로	1	1	1	1	2	2	2	3	3	3	4	4	4	5	추분	5	6	6	6	7	7	7
대운 여	2	2	2	1	1	1	1	백로	10	9	9	9	8	8	8	7	7	7	6	6	6	5	추분	5	4	4	4	3	3	3

한로 8일 23시 05분 【음9월】➡ 【甲戌月(갑술월)】 ◑삼벽성 상강 24일 02시 19분

양력 10월 (음력 09/03 ~ 10/04)

양력	1	2	3	4	5	6	7	8	9	10	11	12	13	14	15	16	17	18	19	20	21	22	23	24	25	26	27	28	29	30	31
요일	화	수	목	금	토	일	월	화	수	목	금	토	일	월	화	수	목	금	토	일	월	화	수	목	금	토	일	월	화	수	목
일진(干)	신	임	계	갑	을	병	정	무	기	경	신	임	계	갑	을	병	정	무	기	경	신	임	계	갑	을	병	정	무	기	경	신
日辰(支)	미	신	유	술	해	자	축	인	묘	진	사	오	미	신	유	술	해	자	축	인	묘	진	사	오	미	신	유	술	해	자	축
음력	3	4	5	6	7	8	9	10	11	12	13	14	15	16	17	18	19	20	21	22	23	24	25	26	27	28	29	10/1	2	3	4
구성	8	7	6	5	4	3	2	1	9	8	7	6	5	4	3	2	1	9	8	7	6	5	4	3	2	1	9	8	7	6	5
대운 남	8	8	8	9	9	9	10	한로	1	1	1	1	2	2	2	3	3	3	4	4	4	5	5	상강	6	6	6	7	7	7	8
대운 여	2	2	2	1	1	1	1	한로	10	10	9	9	9	8	8	8	7	7	7	6	6	6	5	상강	5	4	4	4	3	3	3

입동 8일 02시 23분 【음10월】➡ 【乙亥月(을해월)】 ◑이흑성 소설 22일 23시 58분

양력 11월 (음력 10/05 ~ 11/04)

양력	1	2	3	4	5	6	7	8	9	10	11	12	13	14	15	16	17	18	19	20	21	22	23	24	25	26	27	28	29	30
요일	금	토	일	월	화	수	목	금	토	일	월	화	수	목	금	토	일	월	화	수	목	금	토	일	월	화	수	목	금	토
일진(干)	임	계	갑	을	병	정	무	기	경	신	임	계	갑	을	병	정	무	기	경	신	임	계	갑	을	병	정	무	기	경	신
日辰(支)	인	묘	진	사	오	미	신	유	술	해	자	축	인	묘	진	사	오	미	신	유	술	해	자	축	인	묘	진	사	오	미
음력	5	6	7	8	9	10	11	12	13	14	15	16	17	18	19	20	21	22	23	24	25	26	27	28	29	30	11/1	2	3	4
구성	4	3	2	1	9	8	7	6	5	4	3	2	1	9	8	7	6	5	4	3	2	1	1	2	3	4	5	6	7	8
대운 남	8	8	9	9	9	10	10	입동	1	1	1	1	2	2	2	3	3	3	4	4	4	소설	5	5	6	6	6	7	7	7
대운 여	2	2	2	1	1	1	1	입동	9	9	9	8	8	8	7	7	7	6	6	6	5	소설	5	4	4	4	3	3	3	2

대설 7일 19시 17분 【음11월】➡ 【丙子月(병자월)】 ◑일백성 동지 22일 13시 18분

양력 12월 (음력 11/05 ~ 12/06)

양력	1	2	3	4	5	6	7	8	9	10	11	12	13	14	15	16	17	18	19	20	21	22	23	24	25	26	27	28	29	30	31
요일	일	월	화	수	목	금	토	일	월	화	수	목	금	토	일	월	화	수	목	금	토	일	월	화	수	목	금	토	일	월	화
일진(干)	임	계	갑	을	병	정	무	기	경	신	임	계	갑	을	병	정	무	기	경	신	임	계	갑	을	병	정	무	기	경	신	임
日辰(支)	신	유	술	해	자	축	인	묘	진	사	오	미	신	유	술	해	자	축	인	묘	진	사	오	미	신	유	술	해	자	축	인
음력	5	6	7	8	9	10	11	12	13	14	15	16	17	18	19	20	21	22	23	24	25	26	27	28	29	12/1	2	3	4	5	6
구성	9	1	2	3	4	5	6	7	8	9	1	2	3	4	5	6	7	8	9	1	2	3	4	5	6	7	8	9	1	2	3
대운 남	8	8	8	9	9	9	대설	1	1	1	1	2	2	2	3	3	3	4	4	4	5	동지	5	6	6	6	7	7	7	8	8
대운 여	2	2	1	1	1	1	대설	10	9	9	9	8	8	8	7	7	7	6	6	6	5	동지	5	4	4	4	3	3	3	2	2

<table>
<tr><td>단기 4353 年
불기 2564 年</td><td>2020년
윤4월</td><td>下元-경자(庚子)년, 납음(벽상토)본명성(칠적금)
대장군(酉서방), 삼살(남방), 상문(寅동북방), 조객(戌서북방), 납음
(벽상토), 【삼재(인,묘,진년】 臘享(납향):2021년1월23일(음12/11)</td><td>쥐
띠</td></tr>
</table>

1월

소한 6일 06시 29분 【음12월】 → 【丁丑月(정축월)】 　☉구자성　 대한 20일 23시 54분

양력	1	2	3	4	5	6	7	8	9	10	11	12	13	14	15	16	17	18	19	20	21	22	23	24	25	26	27	28	29	30	31
요일	수	목	금	토	일	월	화	수	목	금	토	일	월	화	수	목	금	토	일	월	화	수	목	금	토	일	월	화	수	목	금
일진 日辰	계묘	갑진	을사	병오	정미	무신	기유	경술	신해	임자	계축	갑인	을묘	병진	정사	무오	기미	경신	신유	임술	계해	갑자	을축	병인	정묘	무진	기사	경오	신미	임신	계유
음력	7	8	9	10	11	12	13	14	15	16	17	18	19	20	21	22	23	24	25	26	27	28	29	30	1/1	2	3	4	5	6	7
구성	4	5	6	7	8	9	1	2	3	4	5	6	7	8	9	1	2	3	4	5	6	7	8	9	1	2	3	4	5	6	
대남	8	9	9	9	10	소한	1	1	1	1	2	2	2	3	3	3	4	4	4	대한	5	5	6	6	6	7	7	7	8		
운여	2	1	1	1	1	한	9	9	9	8	8	8	7	7	7	6	6	6	5	한	5	4	4	4	3	3	3	2	2	2	1

음력 12/07 ~ 01/07

2월

입춘 4일 18시 02분 【음1월】 → 【戊寅月(무인월)】 　☉팔백성　 우수 19일 13시 56분

양력	1	2	3	4	5	6	7	8	9	10	11	12	13	14	15	16	17	18	19	20	21	22	23	24	25	26	27	28	29
요일	토	일	월	화	수	목	금	토	일	월	화	수	목	금	토	일	월	화	수	목	금	토	일	월	화	수	목	금	토
일진 日辰	갑술	을해	병자	정축	무인	기묘	경진	신사	임오	계미	갑신	을유	병술	정해	무자	기축	경인	신묘	임진	계사	갑오	을미	병신	정유	무술	기해	경자	신축	임인
음력	8	9	10	11	12	13	14	15	16	17	18	19	20	21	22	23	24	25	26	27	28	29	30	2/1	2	3	4	5	6
구성	8	9	1	2	3	4	5	6	7	8	9	1	2	3	4	5	6	7	8	9	1	2	3	4	5	6	7	8	9
대남	9	9	9	입춘	10	9	9	9	8	8	8	7	7	7	6	6	6	5	5	우수	5	4	4	4	3	3	3	2	2
운여	1	1	1	춘	10	1	1	1	2	2	2	3	3	3	4	4	4	5	5	수	5	6	6	6	7	7	7	8	8

음력 01/08 ~ 02/06　／　경자년

3월

경칩 5일 11시 56분 【음2월】 → 【己卯月(기묘월)】 　☉칠적성　 춘분 20일 12시 49분

양력	1	2	3	4	5	6	7	8	9	10	11	12	13	14	15	16	17	18	19	20	21	22	23	24	25	26	27	28	29	30	31
요일	일	월	화	수	목	금	토	일	월	화	수	목	금	토	일	월	화	수	목	금	토	일	월	화	수	목	금	토	일	월	화
일진 日辰	계묘	갑진	을사	병오	정미	무신	기유	경술	신해	임자	계축	갑인	을묘	병진	정사	무오	기미	경신	신유	임술	계해	갑자	을축	병인	정묘	무진	기사	경오	신미	임신	계유
음력	7	8	9	10	11	12	13	14	15	16	17	18	19	20	21	22	23	24	25	26	27	28	29	3/1	2	3	4	5	6	7	8
구성	1	2	3	4	5	6	7	8	9	1	2	3	4	5	6	7	8	9	1	2	3	4	5	6	7	8	9	1	2	3	4
대남	1	1	1	1	경칩	10	9	9	9	8	8	8	7	7	7	6	6	6	5	춘분	5	5	4	4	4	3	3	3	2	2	1
운여	9	9	9	10	칩	1	1	1	1	2	2	2	3	3	3	4	4	4	5	분	5	6	6	6	7	7	7	8	8	9	

음력 02/07 ~ 03/08

4월

청명 4일 16시 37분 【음3월】 → 【庚辰月(경진월)】 　☉육백성　 곡우 19일 23시 44분

양력	1	2	3	4	5	6	7	8	9	10	11	12	13	14	15	16	17	18	19	20	21	22	23	24	25	26	27	28	29	30
요일	수	목	금	토	일	월	화	수	목	금	토	일	월	화	수	목	금	토	일	월	화	수	목	금	토	일	월	화	수	목
일진 日辰	갑술	을해	병자	정축	무인	기묘	경진	신사	임오	계미	갑신	을유	병술	정해	무자	기축	경인	신묘	임진	계사	갑오	을미	병신	정유	무술	기해	경자	신축	임인	계묘
음력	9	10	11	12	13	14	15	16	17	18	19	20	21	22	23	24	25	26	27	28	29	30	4/1	2	3	4	5	6	7	8
구성	5	6	7	8	9	1	2	3	4	5	6	7	8	9	1	2	3	4	5	6	7	8	9	1	2	3	4	5	6	7
대남	1	1	1	청명	10	10	9	9	9	8	8	8	7	7	7	6	6	6	곡우	5	5	5	4	4	4	3	3	3	2	2
운여	9	9	10	명	1	1	1	1	2	2	2	3	3	3	4	4	4	5	우	5	6	6	6	7	7	7	8	8	9	

음력 03/09 ~ 04/08

5월

입하 5일 09시 50분 【음4월】 → 【辛巳月(신사월)】 　☉오황성　 소만 20일 22시 48분

양력	1	2	3	4	5	6	7	8	9	10	11	12	13	14	15	16	17	18	19	20	21	22	23	24	25	26	27	28	29	30	31
요일	금	토	일	월	화	수	목	금	토	일	월	화	수	목	금	토	일	월	화	수	목	금	토	일	월	화	수	목	금	토	일
일진 日辰	갑진	을사	병오	정미	무신	기유	경술	신해	임자	계축	갑인	을묘	병진	정사	무오	기미	경신	신유	임술	계해	갑자	을축	병인	정묘	무진	기사	경오	신미	임신	계유	갑술
음력	9	10	11	12	13	14	15	16	17	18	19	20	21	22	23	24	25	26	27	28	29	30	윤4	2	3	4	5	6	7	8	9
구성	8	9	1	2	3	4	5	6	7	8	9	1	2	3	4	5	6	7	8	9	1	2	3	4	5	6	7	8	9	1	2
대남	1	1	1	1	입하	10	10	9	9	9	8	8	8	7	7	7	6	6	6	소만	5	5	5	4	4	4	3	3	2	2	2
운여	9	9	10	10	하	1	1	1	1	2	2	2	3	3	3	4	4	4	5	만	5	6	6	6	7	7	7	8	8	8	9

음력 04/09 ~ 윤409

6월

망종 5일 13시 57분 【음5월】 → 【壬午月(임오월)】 　☉사록성　 하지 21일 06시 43분

양력	1	2	3	4	5	6	7	8	9	10	11	12	13	14	15	16	17	18	19	20	21	22	23	24	25	26	27	28	29	30
요일	월	화	수	목	금	토	일	월	화	수	목	금	토	일	월	화	수	목	금	토	일	월	화	수	목	금	토	일	월	화
일진 日辰	을해	병자	정축	무인	기묘	경진	신사	임오	계미	갑신	을유	병술	정해	무자	기축	경인	신묘	임진	계사	갑오	을미	병신	정유	무술	기해	경자	신축	임인	계묘	갑진
음력	10	11	12	13	14	15	16	17	18	19	20	21	22	23	24	25	26	27	28	29	5/1	2	3	4	5	6	7	8	9	10
구성	3	4	5	6	7	8	9	1	2	3	4	5	6	7	8	9	1	2	3	4	5	6	7	8	9	8	7	6	5	4
대남	1	1	1	1	망종	10	10	10	9	9	9	8	8	8	7	7	7	6	6	6	하지	5	5	5	4	4	4	3	3	3
운여	9	9	10	10	종	1	1	1	1	2	2	2	3	3	3	4	4	4	5	5	지	5	6	6	6	7	7	7	8	8

음력 윤410 ~ 05/10

한식(4월5일), 초복(7월16일), 초복(7월26일), 말복(8월15일) ↑춘사(春社)3/16 ☀추사(秋社)9/22
토왕지절(土旺之節):4월16일,7월19일,10월20일,1월17일(음12/05) 臘享(납향):2021년1월23일(음12/11)

五日得辛, 二龍治水, 2020년 경자年(벽상토), 칠적금

6백	2흑	4록
5황	7적	9자
1백	3벽	8백

2020

소서 7일 00시 13분　【음6월】➡　【癸未月(계미월)】　☯삼벽성　대서 22일 17시 36분

구분	1	2	3	4	5	6	7	8	9	10	11	12	13	14	15	16	17	18	19	20	21	22	23	24	25	26	27	28	29	30	31
양력 7월	1	2	3	4	5	6	7	8	9	10	11	12	13	14	15	16	17	18	19	20	21	22	23	24	25	26	27	28	29	30	31
요일	수	목	금	토	일	월	화	수	목	금	토	일	월	화	수	목	금	토	일	월	화	수	목	금	토	일	월	화	수	목	금
일진/日辰	을사	병오	정미	무신	기유	경술	신해	임자	계축	갑인	을묘	병진	정사	무오	기미	경신	신유	임술	계해	갑자	을축	병인	정묘	무진	기사	경오	신미	임신	계유	갑술	을해
음력 05/11~06/11	11	12	13	14	15	16	17	18	19	20	21	22	23	24	25	26	27	28	29	30	6/1	2	3	4	5	6	7	8	9	10	11
구성	1	9	8	7	6	5	4	3	2	1	9	8	7	6	5	4	3	2	1	9	8	7	6	5	4	3	2	1	9	8	7
대운 남	2	2	1	1	1	1	소서	10	10	9	9	9	8	8	8	7	7	7	6	6	6	대서	5	5	4	4	4	3	3	3	2
대운 여	9	9	9	10	10	10	소서	1	1	1	1	2	2	2	3	3	3	4	4	4	5	대서	5	6	6	6	7	7	7	8	8

입추 7일 10시 05분　【음7월】➡　【甲申月(갑신월)】　☯이흑성　처서 23일 00시 44분

구분	1	2	3	4	5	6	7	8	9	10	11	12	13	14	15	16	17	18	19	20	21	22	23	24	25	26	27	28	29	30	31
양력 8월	1	2	3	4	5	6	7	8	9	10	11	12	13	14	15	16	17	18	19	20	21	22	23	24	25	26	27	28	29	30	31
요일	토	일	월	화	수	목	금	토	일	월	화	수	목	금	토	일	월	화	수	목	금	토	일	월	화	수	목	금	토	일	월
일진/日辰	병자	정축	무인	기묘	경진	신사	임오	계미	갑신	을유	병술	정해	무자	기축	경인	신묘	임진	계사	갑오	을미	병신	정유	무술	기해	경자	신축	임인	계묘	갑진	을사	병오
음력 06/12~07/13	12	13	14	15	16	17	18	19	20	21	22	23	24	25	26	27	28	29	7/1	2	3	4	5	6	7	8	9	10	11	12	13
구성	6	5	4	3	2	1	9	8	7	6	5	4	3	2	1	9	8	7	6	5	4	3	2	1	9	8	7	6	5	4	3
대운 남	2	2	1	1	1	1	입추	10	10	9	9	9	8	8	8	7	7	7	6	6	6	5	처서	5	4	4	4	3	3	3	2
대운 여	8	9	9	9	10	10	입추	1	1	1	1	2	2	2	3	3	3	4	4	4	5	5	처서	6	6	6	7	7	7	8	8

백로 7일 13시 07분　【음8월】➡　【乙酉月(을유월)】　☯일백성　추분 22일 22시 30분

구분	1	2	3	4	5	6	7	8	9	10	11	12	13	14	15	16	17	18	19	20	21	22	23	24	25	26	27	28	29	30
양력 9월	1	2	3	4	5	6	7	8	9	10	11	12	13	14	15	16	17	18	19	20	21	22	23	24	25	26	27	28	29	30
요일	화	수	목	금	토	일	월	화	수	목	금	토	일	월	화	수	목	금	토	일	월	화	수	목	금	토	일	월	화	수
일진/日辰	정미	무신	기유	경술	신해	임자	계축	갑인	을묘	병진	정사	무오	기미	경신	신유	임술	계해	갑자	을축	병인	정묘	무진	기사	경오	신미	임신	계유	갑술	을해	병자
음력 07/14~08/14	14	15	16	17	18	19	20	21	22	23	24	25	26	27	28	29	8/1	2	3	4	5	6	7	8	9	10	11	12	13	14
구성	2	1	9	8	7	6	5	4	3	2	1	9	8	7	6	5	4	3	2	1	9	8	7	6	5	4	3	2	1	9
대운 남	2	2	1	1	1	1	백로	10	10	9	9	9	8	8	8	7	7	7	6	6	6	추분	5	5	4	4	4	3	3	3
대운 여	8	9	9	9	10	10	백로	1	1	1	1	2	2	2	3	3	3	4	4	4	5	추분	5	6	6	6	7	7	7	8

한로 8일 04시 54분　【음9월】➡　【丙戌月(병술월)】　☯구자성　상강 23일 07시 59분

구분	1	2	3	4	5	6	7	8	9	10	11	12	13	14	15	16	17	18	19	20	21	22	23	24	25	26	27	28	29	30	31
양력 10월	1	2	3	4	5	6	7	8	9	10	11	12	13	14	15	16	17	18	19	20	21	22	23	24	25	26	27	28	29	30	31
요일	목	금	토	일	월	화	수	목	금	토	일	월	화	수	목	금	토	일	월	화	수	목	금	토	일	월	화	수	목	금	토
일진/日辰	정축	무인	기묘	경진	신사	임오	계미	갑신	을유	병술	정해	무자	기축	경인	신묘	임진	계사	갑오	을미	병신	정유	무술	기해	경자	신축	임인	계묘	갑진	을사	병오	정미
음력 08/15~09/15	15	16	17	18	19	20	21	22	23	24	25	26	27	28	29	30	9/1	2	3	4	5	6	7	8	9	10	11	12	13	14	15
구성	8	7	6	5	4	3	2	1	9	8	7	6	5	4	3	2	1	9	8	7	6	5	4	3	2	1	9	8	7	6	5
대운 남	2	2	2	1	1	1	1	한로	10	9	9	9	8	8	8	7	7	7	6	6	6	5	상강	5	4	4	4	3	3	3	2
대운 여	8	8	9	9	9	10	10	한로	1	1	1	1	2	2	2	3	3	3	4	4	4	5	상강	5	6	6	6	7	7	7	8

입동 7일 08시 13분　【음10월】➡　【丁亥月(정해월)】　☯팔백성　소설 22일 05시 39분

구분	1	2	3	4	5	6	7	8	9	10	11	12	13	14	15	16	17	18	19	20	21	22	23	24	25	26	27	28	29	30
양력 11월	1	2	3	4	5	6	7	8	9	10	11	12	13	14	15	16	17	18	19	20	21	22	23	24	25	26	27	28	29	30
요일	일	월	화	수	목	금	토	일	월	화	수	목	금	토	일	월	화	수	목	금	토	일	월	화	수	목	금	토	일	월
일진/日辰	무신	기유	경술	신해	임자	계축	갑인	을묘	병진	정사	무오	기미	경신	신유	임술	계해	갑자	을축	병인	정묘	무진	기사	경오	신미	임신	계유	갑술	을해	병자	정축
음력 09/16~10/16	16	17	18	19	20	21	22	23	24	25	26	27	28	29	10/1	2	3	4	5	6	7	8	9	10	11	12	13	14	15	16
구성	4	3	2	1	9	8	7	6	5	4	3	2	1	9	8	7	6	5	4	3	2	1	9	8	7	6	5	4	3	2
대운 남	2	2	1	1	1	1	입동	10	9	9	9	8	8	8	7	7	7	6	6	6	5	소설	5	4	4	4	3	3	3	2
대운 여	8	8	9	9	9	10	입동	1	1	1	1	2	2	2	3	3	3	4	4	4	5	소설	5	6	6	6	7	7	7	8

대설 7일 01시 08분　【음11월】➡　【戊子月(무자월)】　☯칠적성　동지 21일 19시 01분

구분	1	2	3	4	5	6	7	8	9	10	11	12	13	14	15	16	17	18	19	20	21	22	23	24	25	26	27	28	29	30	31
양력 12월	1	2	3	4	5	6	7	8	9	10	11	12	13	14	15	16	17	18	19	20	21	22	23	24	25	26	27	28	29	30	31
요일	화	수	목	금	토	일	월	화	수	목	금	토	일	월	화	수	목	금	토	일	월	화	수	목	금	토	일	월	화	수	목
일진/日辰	무인	기묘	경진	신사	임오	계미	갑신	을유	병술	정해	무자	기축	경인	신묘	임진	계사	갑오	을미	병신	정유	무술	기해	경자	신축	임인	계묘	갑진	을사	병오	정미	무신
음력 10/17~11/17	17	18	19	20	21	22	23	24	25	26	27	28	29	30	11/1	2	3	4	5	6	7	8	9	10	11	12	13	14	15	16	17
구성	1	9	8	7	6	5	4	3	2	1	9	8	7	6	5	4	3	2	1	9	8	7	6	5	4	3	2	1	9	8	7
대운 남	2	2	1	1	1	1	대설	9	9	9	8	8	8	7	7	7	6	6	6	5	동지	5	4	4	4	3	3	3	2	2	2
대운 여	8	8	9	9	9	10	대설	1	1	1	1	2	2	2	3	3	3	4	4	4	동지	5	5	6	6	6	7	7	7	8	8

소한 5일 12시 22분 【음12월】➡ 【己丑月(기축월)】 ⦿육백성　대한 20일 05시 39분

양력 1월 / 음력 11/18 ~ 12/19

양력	1	2	3	4	5	6	7	8	9	10	11	12	13	14	15	16	17	18	19	20	21	22	23	24	25	26	27	28	29	30	31
요일	금	토	일	월	화	수	목	금	토	일	월	화	수	목	금	토	일	월	화	수	목	금	토	일	월	화	수	목	금	토	일
일진(日辰)	기유	경술	신해	임자	계축	갑인	을묘	병진	정사	무오	기미	경신	신유	임술	계해	갑자	을축	병인	정묘	무진	기사	경오	신미	임신	계유	갑술	을해	병자	정축	무인	기묘
음력	18	19	20	21	22	23	24	25	26	27	28	29	12/1	2	3	4	5	6	7	8	9	10	11	12	13	14	15	16	17	18	19
구성	6	5	4	3	2	1	9	8	7	6	5	4	3	2	1	1	2	3	4	5	6	7	8	9	1	2	3	4	5	6	7
대운 남	1	1	1	1	소한	9	9	9	8	8	8	7	7	7	6	6	6	5	5	대한	4	4	4	3	3	3	2	2	2	1	1
대운 여	8	9	9	9	소한	1	1	1	1	2	2	2	3	3	3	4	4	4	5	대한	5	6	6	6	7	7	7	8	8	8	8

입춘 3일 23시 58분 【음1월】➡ 【庚寅月(경인월)】 ☯오황성　우수 18일 19시 43분

양력 2월 / 음력 12/20 ~ 01/17　（신축년）

양력	1	2	3	4	5	6	7	8	9	10	11	12	13	14	15	16	17	18	19	20	21	22	23	24	25	26	27	28
요일	월	화	수	목	금	토	일	월	화	수	목	금	토	일	월	화	수	목	금	토	일	월	화	수	목	금	토	일
일진(日辰)	경진	신사	임오	계미	갑신	을유	병술	정해	무자	기축	경인	신묘	임진	계사	갑오	을미	병신	정유	무술	기해	경자	신축	임인	계묘	갑진	을사	병오	정미
음력	20	21	22	23	24	25	26	27	28	29	30	1/1	2	3	4	5	6	7	8	9	10	11	12	13	14	15	16	17
구성	8	9	1	2	3	4	5	6	7	8	9	1	2	3	4	5	6	7	8	9	1	2	3	4	5	6	7	8
대운 남	1	1	입춘	1	1	1	1	2	2	2	3	3	3	4	4	4	5	우수	5	6	6	6	7	7	7	8	8	8
대운 여	9	9	입춘	10	9	9	9	8	8	8	7	7	7	6	6	6	5	우수	5	4	4	4	3	3	3	2	2	2

경칩 5일 17시 53분 【음2월】➡ 【辛卯月(신묘월)】 ⦿사록성　춘분 20일 18시 36분

양력 3월 / 음력 01/18 ~ 02/19

양력	1	2	3	4	5	6	7	8	9	10	11	12	13	14	15	16	17	18	19	20	21	22	23	24	25	26	27	28	29	30	31
요일	월	화	수	목	금	토	일	월	화	수	목	금	토	일	월	화	수	목	금	토	일	월	화	수	목	금	토	일	월	화	수
일진(日辰)	무신	기유	경술	신해	임자	계축	갑인	을묘	병진	정사	무오	기미	경신	신유	임술	계해	갑자	을축	병인	정묘	무진	기사	경오	신미	임신	계유	갑술	을해	병자	정축	무인
음력	18	19	20	21	22	23	24	25	26	27	28	29	2/1	2	3	4	5	6	7	8	9	10	11	12	13	14	15	16	17	18	19
구성	9	1	2	3	4	5	6	7	8	9	1	2	3	4	5	6	7	8	9	1	2	3	4	5	6	7	8	9	1	2	3
대운 남	9	9	9	10	경칩	1	1	1	1	2	2	2	3	3	3	4	4	4	5	춘분	5	6	6	6	7	7	7	8	8	8	9
대운 여	1	1	1	1	경칩	10	9	9	9	8	8	8	7	7	7	6	6	6	5	춘분	5	4	4	4	3	3	3	2	2	2	1

청명 5일 17시 53분 【음3월】➡ 【壬辰月(임진월)】 ☯삼벽성　곡우 20일 05시 32분

양력 4월 / 음력 02/20 ~ 03/19

양력	1	2	3	4	5	6	7	8	9	10	11	12	13	14	15	16	17	18	19	20	21	22	23	24	25	26	27	28	29	30
요일	목	금	토	일	월	화	수	목	금	토	일	월	화	수	목	금	토	일	월	화	수	목	금	토	일	월	화	수	목	금
일진(日辰)	기묘	경진	신사	임오	계미	갑신	을유	병술	정해	무자	기축	경인	신묘	임진	계사	갑오	을미	병신	정유	무술	기해	경자	신축	임인	계묘	갑진	을사	병오	정미	무신
음력	20	21	22	23	24	25	26	27	28	29	30	3/1	2	3	4	5	6	7	8	9	10	11	12	13	14	15	16	17	18	19
구성	4	5	6	7	8	9	1	2	3	4	5	6	7	8	9	1	2	3	4	5	6	7	8	9	1	2	3	4	5	6
대운 남	9	9	9	10	청명	1	1	1	2	2	2	3	3	3	4	4	4	5	5	곡우	6	6	6	7	7	7	8	8	8	9
대운 여	1	1	1	1	청명	10	10	9	9	8	8	8	7	7	7	6	6	5	5	곡우	5	4	4	4	3	3	3	2	2	2

입하 5일 15시 46분 【음4월】➡ 【癸巳月(계사월)】 ☯이흑성　소만 21일 04시 36분

양력 5월 / 음력 03/20 ~ 04/20

양력	1	2	3	4	5	6	7	8	9	10	11	12	13	14	15	16	17	18	19	20	21	22	23	24	25	26	27	28	29	30	31
요일	토	일	월	화	수	목	금	토	일	월	화	수	목	금	토	일	월	화	수	목	금	토	일	월	화	수	목	금	토	일	월
일진(日辰)	기유	경술	신해	임자	계축	갑인	을묘	병진	정사	무오	기미	경신	신유	임술	계해	갑자	을축	병인	정묘	무진	기사	경오	신미	임신	계유	갑술	을해	병자	정축	무인	기묘
음력	20	21	22	23	24	25	26	27	28	29	30	4/1	2	3	4	5	6	7	8	9	10	11	12	13	14	15	16	17	18	19	20
구성	7	8	9	1	2	3	4	5	6	7	8	9	1	2	3	4	5	6	7	8	9	1	2	3	4	5	6	7	8	9	1
대운 남	9	9	10	10	입하	1	1	1	2	2	2	3	3	3	4	4	4	5	5	6	소만	6	6	7	7	7	8	8	8	9	9
대운 여	1	1	1	1	입하	10	10	9	9	9	8	8	8	7	7	7	6	6	6	5	소만	5	4	4	4	3	3	3	2	2	2

망종 5일 19시 51분 【음5월】➡ 【甲午月(갑오월)】 ☯일백성　하지 21일 12시 31분

양력 6월 / 음력 04/21 ~ 05/21

양력	1	2	3	4	5	6	7	8	9	10	11	12	13	14	15	16	17	18	19	20	21	22	23	24	25	26	27	28	29	30
요일	화	수	목	금	토	일	월	화	수	목	금	토	일	월	화	수	목	금	토	일	월	화	수	목	금	토	일	월	화	수
일진(日辰)	경진	신사	임오	계미	갑신	을유	병술	정해	무자	기축	경인	신묘	임진	계사	갑오	을미	병신	정유	무술	기해	경자	신축	임인	계묘	갑진	을사	병오	정미	무신	기유
음력	21	22	23	24	25	26	27	28	29	5/1	2	3	4	5	6	7	8	9	10	11	12	13	14	15	16	17	18	19	20	21
구성	2	3	4	5	6	7	8	9	1	2	3	4	5	6	7	8	9	1	2	3	4	5	6	7	8	9	1	2	3	4
대운 남	9	9	10	10	망종	1	1	1	2	2	2	3	3	3	4	4	4	5	5	6	하지	6	6	7	7	7	8	8	8	9
대운 여	1	1	1	1	망종	10	10	10	9	9	9	8	8	8	7	7	6	6	6	5	하지	5	5	4	4	4	3	3	3	2

한식(4월05일), 초복(7월11일), 중복(7월21일), 말복(8월10일) 춘사(春社)3/21 추사(秋社)9/27
토왕지절(土旺之節):4월17일,7월19일,10월20일,1월17일(음12/15) 납향(臘享):2022년1월18일(음12/16)

一日得辛, 二龍治水, 2021년 신축年(벽상토), 육백금

5황	1백	3벽
4록	6백	8백
9자	2흑	7적

소서 7일 06시 04분 【음6월】➡ 【乙未月(을미월)】 ◉구자성 대서 22일 23시 25분

양력 7월 (음력 05/22–06/22)	1	2	3	4	5	6	7	8	9	10	11	12	13	14	15	16	17	18	19	20	21	22	23	24	25	26	27	28	29	30	31
요일	목	금	토	일	월	화	수	목	금	토	일	월	화	수	목	금	토	일	월	화	수	목	금	토	일	월	화	수	목	금	토
일진	경술	신해	임자	계축	갑인	을묘	병진	정사	무오	기미	경신	신유	임술	계해	갑자	을축	병인	정묘	무진	기사	경오	신미	임신	계유	갑술	을해	병자	정축	무인	기묘	경진
음력	22	23	24	25	26	27	28	29	30	6/1	2	3	4	5	6	7	8	9	10	11	12	13	14	15	16	17	18	19	20	21	22
구성	5	6	7	8	9	1	2	3	4	5	6	7	8	9	9	8	7	6	5	4	3	2	1	9	8	7	6	5	4	3	2
대운 남	9	9	9	10	10	10	소서	1	1	1	1	2	2	2	3	3	3	4	4	4	5	대서	5	6	6	6	7	7	7	8	8
운 여	2	2	1	1	1	1	소서	10	10	9	9	9	8	8	8	7	7	7	6	6	6	대서	5	5	4	4	4	3	3	3	2

입추 7일 15시 53분 【음7월】➡ 【丙申月(병신월)】 ◉팔백성 처서 23일 06시 34분

양력 8월 (음력 06/23–07/24)	1	2	3	4	5	6	7	8	9	10	11	12	13	14	15	16	17	18	19	20	21	22	23	24	25	26	27	28	29	30	31
요일	일	월	화	수	목	금	토	일	월	화	수	목	금	토	일	월	화	수	목	금	토	일	월	화	수	목	금	토	일	월	화
일진	신사	임오	계미	갑신	을유	병술	정해	무자	기축	경인	신묘	임진	계사	갑오	을미	병신	정유	무술	기해	경자	신축	임인	계묘	갑진	을사	병오	정미	무신	기유	경술	신해
음력	23	24	25	26	27	28	29	7/1	2	3	4	5	6	7	8	9	10	11	12	13	14	15	16	17	18	19	20	21	22	23	24
구성	1	9	8	7	6	5	4	3	2	1	9	8	7	6	5	4	3	2	1	9	8	7	6	5	4	3	2	1	9	8	7
대운 남	8	9	9	9	10	10	입추	1	1	1	1	2	2	2	3	3	3	4	4	4	5	5	처서	6	6	6	7	7	7	8	8
운 여	2	2	1	1	1	1	입추	10	10	9	9	9	8	8	8	7	7	7	6	6	6	5	처서	5	4	4	4	3	3	3	2

백로 7일 18시 52분 【음8월】➡ 【丁酉月(정유월)】 ◉칠적성 추분 23일 04시 20분

양력 9월 (음력 07/25–08/24)	1	2	3	4	5	6	7	8	9	10	11	12	13	14	15	16	17	18	19	20	21	22	23	24	25	26	27	28	29	30
요일	수	목	금	토	일	월	화	수	목	금	토	일	월	화	수	목	금	토	일	월	화	수	목	금	토	일	월	화	수	목
일진	임자	계축	갑인	을묘	병진	정사	무오	기미	경신	신유	임술	계해	갑자	을축	병인	정묘	무진	기사	경오	신미	임신	계유	갑술	을해	병자	정축	무인	기묘	경진	신사
음력	25	26	27	28	29	30	8/1	2	3	4	5	6	7	8	9	10	11	12	13	14	15	16	17	18	19	20	21	22	23	24
구성	6	5	4	3	2	1	9	8	7	6	5	4	3	2	1	9	8	7	6	5	4	3	2	1	9	8	7	6	5	4
대운 남	8	9	9	9	10	10	백로	1	1	1	1	2	2	2	3	3	3	4	4	4	5	5	추분	6	6	6	7	7	7	8
운 여	2	2	1	1	1	1	백로	10	10	9	9	9	8	8	8	7	7	7	6	6	6	5	추분	5	4	4	4	3	3	3

한로 8일 10시 38분 【음9월】➡ 【戊戌月(무술월)】 ◉육백성 상강 23일 13시 50분

양력 10월 (음력 08/25–09/26)	1	2	3	4	5	6	7	8	9	10	11	12	13	14	15	16	17	18	19	20	21	22	23	24	25	26	27	28	29	30	31
요일	금	토	일	월	화	수	목	금	토	일	월	화	수	목	금	토	일	월	화	수	목	금	토	일	월	화	수	목	금	토	일
일진	임오	계미	갑신	을유	병술	정해	무자	기축	경인	신묘	임진	계사	갑오	을미	병신	정유	무술	기해	경자	신축	임인	계묘	갑진	을사	병오	정미	무신	기유	경술	신해	임자
음력	25	26	27	28	29	9/1	2	3	4	5	6	7	8	9	10	11	12	13	14	15	16	17	18	19	20	21	22	23	24	25	26
구성	3	2	1	9	8	7	6	5	4	3	2	1	9	8	7	6	5	4	3	2	1	9	8	7	6	5	4	3	2	1	9
대운 남	8	8	9	9	9	10	10	한로	1	1	1	1	2	2	2	3	3	3	4	4	4	5	상강	5	6	6	6	7	7	7	8
운 여	2	2	2	1	1	1	1	한로	10	9	9	9	8	8	8	7	7	7	6	6	6	5	상강	5	4	4	4	3	3	3	2

입동 7일 13시 58분 【음10월】➡ 【己亥月(기해월)】 ◉오황성 소설 22일 11시 33분

양력 11월 (음력 09/27–10/26)	1	2	3	4	5	6	7	8	9	10	11	12	13	14	15	16	17	18	19	20	21	22	23	24	25	26	27	28	29	30
요일	월	화	수	목	금	토	일	월	화	수	목	금	토	일	월	화	수	목	금	토	일	월	화	수	목	금	토	일	월	화
일진	계축	갑인	을묘	병진	정사	무오	기미	경신	신유	임술	계해	갑자	을축	병인	정묘	무진	기사	경오	신미	임신	계유	갑술	을해	병자	정축	무인	기묘	경진	신사	임오
음력	27	28	29	30	10/1	2	3	4	5	6	7	8	9	10	11	12	13	14	15	16	17	18	19	20	21	22	23	24	25	26
구성	8	7	6	5	4	3	2	1	9	8	7	6	5	4	3	2	1	9	8	7	6	5	4	3	2	1	9	8	7	6
대운 남	8	8	9	9	9	10	입동	1	1	1	1	2	2	2	3	3	3	4	4	4	5	소설	5	6	6	6	7	7	7	8
운 여	2	2	1	1	1	1	입동	10	9	9	9	8	8	8	7	7	7	6	6	6	5	소설	5	4	4	4	3	3	3	2

대설 7일 06시 56분 【음11월】➡ 【庚子月(경자월)】 ◉사록성 동지 22일 00시 58분

양력 12월 (음력 10/27–11/28)	1	2	3	4	5	6	7	8	9	10	11	12	13	14	15	16	17	18	19	20	21	22	23	24	25	26	27	28	29	30	31
요일	수	목	금	토	일	월	화	수	목	금	토	일	월	화	수	목	금	토	일	월	화	수	목	금	토	일	월	화	수	목	금
일진	계미	갑신	을유	병술	정해	무자	기축	경인	신묘	임진	계사	갑오	을미	병신	정유	무술	기해	경자	신축	임인	계묘	갑진	을사	병오	정미	무신	기유	경술	신해	임자	계축
음력	27	28	29	11/1	2	3	4	5	6	7	8	9	10	11	12	13	14	15	16	17	18	19	20	21	22	23	24	25	26	27	28
구성	5	4	3	2	1	9	8	7	6	5	4	3	2	1	9	8	7	6	5	4	3	2	1	9	8	7	6	5	4	3	2
대운 남	8	8	9	9	9	10	대설	1	1	1	1	2	2	2	3	3	3	4	4	4	5	동지	5	6	6	6	7	7	7	8	8
운 여	2	2	1	1	1	1	대설	9	9	9	8	8	8	7	7	7	6	6	6	5	5	동지	4	4	4	3	3	3	2	2	2

단기 4355 年	2022년	下元-임인(壬寅)년, 납음(금박금),본명성(오황토)
불기 2566 年		대장군(子북방), 삼살(북방), 상문(辰동남방),조객(子북방), 납음(금박금), 【삼재(신,유,술)년】 臘享(납향):2023년1월17일(음12/26)

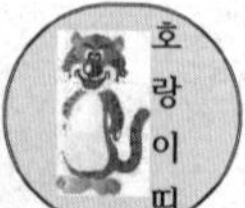

소한 5일 18시 13분 【음12월】 ➡ 【辛丑月(신축월)】 ☯삼벽성 대한 20일 11시 38분

양력 1월 (음력 11/29~12/29)	1	2	3	4	5	6	7	8	9	10	11	12	13	14	15	16	17	18	19	20	21	22	23	24	25	26	27	28	29	30	31
요일	토	일	월	화	수	목	금	토	일	월	화	수	목	금	토	일	월	화	수	목	금	토	일	월	화	수	목	금	토	일	월
일진 日辰	갑인	을묘	병진	정사	무오	기미	경신	신유	임술	계해	갑자	을축	병인	정묘	무진	기사	경오	신미	임신	계유	갑술	을해	병자	정축	무인	기묘	경진	신사	임오	계미	갑신
음력	29	30	12/1	2	3	4	5	6	7	8	9	10	11	12	13	14	15	16	17	18	19	20	21	22	23	24	25	26	27	28	29
구성	1	9	8	7	6	5	4	3	2	1	1	2	3	4	5	6	7	8	9	1	2	3	4	5	6	7	8	9	1	2	3
대운 남	8	9	9	9	소	1	1	1	1	2	2	2	3	3	3	4	4	4	5	대	5	6	6	6	7	7	7	8	8	8	9
대운 여	1	1	1	1	한	10	9	9	9	8	8	8	7	7	7	6	6	6	5	한	5	4	4	4	3	3	3	2	2	2	1

입춘 4일 05시 50분 【음1월】 ➡ 【壬寅月(임인월)】 ☯이흑성 우수 19일 01시 42분

양력 2월 (음력 01/01~01/28)	1	2	3	4	5	6	7	8	9	10	11	12	13	14	15	16	17	18	19	20	21	22	23	24	25	26	27	28
요일	화	수	목	금	토	일	월	화	수	목	금	토	일	월	화	수	목	금	토	일	월	화	수	목	금	토	일	월
일진 日辰	을유	병술	정해	무자	기축	경인	신묘	임진	계사	갑오	을미	병신	정유	무술	기해	경자	신축	임인	계묘	갑진	을사	병오	정미	무신	기유	경술	신해	임자
음력	1/1	2	3	4	5	6	7	8	9	10	11	12	13	14	15	16	17	18	19	20	21	22	23	24	25	26	27	28
구성	4	5	6	7	8	9	1	2	3	4	5	6	7	8	9	1	2	3	4	5	6	7	8	9	1	2	3	4
대운 남	9	9	10	입	9	9	9	8	8	8	7	7	7	6	6	6	5	5	우	4	4	4	3	3	3	2	2	2
대운 여	1	1	1	춘	1	1	1	1	2	2	2	3	3	3	4	4	4	5	수	5	6	6	6	7	7	7	8	8

임 인 년

경칩 5일 23시 43분 【음2월】 ➡ 【癸卯月(계묘월)】 ☯일백성 춘분 21일 00시 32분

양력 3월 (음력 01/29~02/29)	1	2	3	4	5	6	7	8	9	10	11	12	13	14	15	16	17	18	19	20	21	22	23	24	25	26	27	28	29	30	31
요일	화	수	목	금	토	일	월	화	수	목	금	토	일	월	화	수	목	금	토	일	월	화	수	목	금	토	일	월	화	수	목
일진 日辰	계축	갑인	을묘	병진	정사	무오	기미	경신	신유	임술	계해	갑자	을축	병인	정묘	무진	기사	경오	신미	임신	계유	갑술	을해	병자	정축	무인	기묘	경진	신사	임오	계미
음력	29	30	2/1	2	3	4	5	6	7	8	9	10	11	12	13	14	15	16	17	18	19	20	21	22	23	24	25	26	27	28	29
구성	5	6	7	8	9	1	2	3	4	5	6	7	8	9	1	2	3	4	5	6	7	8	9	1	2	3	4	5	6	7	8
대운 남	1	1	1	1	경	10	10	9	9	9	8	8	8	7	7	7	6	6	6	5	춘	5	4	4	4	3	3	3	2	2	2
대운 여	8	9	9	9	칩	1	1	1	1	2	2	2	3	3	3	4	4	4	5	5	분	6	6	6	7	7	7	8	8	8	9

청명 5일 04시 19분 【음3월】 ➡ 【甲辰月(갑진월)】 ☯구자성 곡우 20일 11시 23분

양력 4월 (음력 03/01~03/30)	1	2	3	4	5	6	7	8	9	10	11	12	13	14	15	16	17	18	19	20	21	22	23	24	25	26	27	28	29	30
요일	금	토	일	월	화	수	목	금	토	일	월	화	수	목	금	토	일	월	화	수	목	금	토	일	월	화	수	목	금	토
일진 日辰	갑신	을유	병술	정해	무자	기축	경인	신묘	임진	계사	갑오	을미	병신	정유	무술	기해	경자	신축	임인	계묘	갑진	을사	병오	정미	무신	기유	경술	신해	임자	계축
음력	3/1	2	3	4	5	6	7	8	9	10	11	12	13	14	15	16	17	18	19	20	21	22	23	24	25	26	27	28	29	30
구성	9	1	2	3	4	5	6	7	8	9	1	2	3	4	5	6	7	8	9	1	2	3	4	5	6	7	8	9	1	2
대운 남	1	1	1	1	청	10	9	9	9	8	8	8	7	7	7	6	6	6	5	곡	5	4	4	4	3	3	3	2	2	2
대운 여	9	9	10	10	명	1	1	1	1	2	2	2	3	3	3	4	4	4	5	우	5	6	6	6	7	7	7	8	8	8

입하 5일 21시 25분 【음4월】 ➡ 【乙巳月(을사월)】 ☯팔백성 소만 21일 10시 22분

양력 5월 (음력 04/01~05/02)	1	2	3	4	5	6	7	8	9	10	11	12	13	14	15	16	17	18	19	20	21	22	23	24	25	26	27	28	29	30	31
요일	일	월	화	수	목	금	토	일	월	화	수	목	금	토	일	월	화	수	목	금	토	일	월	화	수	목	금	토	일	월	화
일진 日辰	갑인	을묘	병진	정사	무오	기미	경신	신유	임술	계해	갑자	을축	병인	정묘	무진	기사	경오	신미	임신	계유	갑술	을해	병자	정축	무인	기묘	경진	신사	임오	계미	갑신
음력	4/1	2	3	4	5	6	7	8	9	10	11	12	13	14	15	16	17	18	19	20	21	22	23	24	25	26	27	28	29	5/1	2
구성	3	4	5	6	7	8	9	1	2	3	4	5	6	7	8	9	1	2	3	4	5	6	7	8	9	1	2	3	4	5	6
대운 남	1	1	1	1	입	10	10	10	9	9	9	8	8	8	7	7	7	6	6	6	소	5	5	4	4	4	3	3	3	2	2
대운 여	9	9	9	10	하	1	1	1	1	2	2	2	3	3	3	4	4	4	5	5	만	6	6	6	7	7	7	8	8	8	9

망종 6일 01시 25분 【음5월】 ➡ 【丙午月(병오월)】 ☯칠적성 하지 21일 18시 13분

양력 6월 (음력 05/03~06/02)	1	2	3	4	5	6	7	8	9	10	11	12	13	14	15	16	17	18	19	20	21	22	23	24	25	26	27	28	29	30
요일	수	목	금	토	일	월	화	수	목	금	토	일	월	화	수	목	금	토	일	월	화	수	목	금	토	일	월	화	수	목
일진 日辰	을유	병술	정해	무자	기축	경인	신묘	임진	계사	갑오	을미	병신	정유	무술	기해	경자	신축	임인	계묘	갑진	을사	병오	정미	무신	기유	경술	신해	임자	계축	갑인
음력	3	4	5	6	7	8	9	10	11	12	13	14	15	16	17	18	19	20	21	22	23	24	25	26	27	28	29	30	6/1	2
구성	7	8	9	1	2	3	4	5	6	7	8	9	1	2	3	4	5	6	7	8	9	1	2	3	4	5	6	7	8	9
대운 남	2	1	1	1	1	망	10	10	9	9	9	8	8	8	7	7	7	6	6	6	하	5	5	4	4	4	3	3	3	2
대운 여	9	9	10	10	10	종	1	1	1	1	2	2	2	3	3	3	4	4	4	5	지	5	6	6	6	7	7	7	8	8

한식(4월06일), 초복(7월16일), 중복(7월26일), 말복(8월15일) ↑춘사(春社)3/16 ☀추사(秋社)9/22
토왕지절(土旺之節):4월17일,7월20일,10월20일,1월13일(음12/22) 臘享(납향):2023년1월17일(음12/26)

七日得辛, 八龍治水, 2022년 임인年(금박금), 오황토

4록	9자	2흑
3벽	5황	7적
8백	1백	6백

2 0 2 2

소서 7일 11시 37분　【음6월】➡　【丁未月(정미월)】　☯육백성　대서 23일 05시 06분

양력 7월　음력 06/03 ― 07/03

양력	1	2	3	4	5	6	7	8	9	10	11	12	13	14	15	16	17	18	19	20	21	22	23	24	25	26	27	28	29	30	31
요일	금	토	일	월	화	수	목	금	토	일	월	화	수	목	금	토	일	월	화	수	목	금	토	일	월	화	수	목	금	토	일
日辰	을묘	병진	정사	무오	기미	경신	신유	임술	계해	갑자	을축	병인	정묘	무진	기사	경오	신미	임신	계유	갑술	을해	병자	정축	무인	기묘	경진	신사	임오	계미	갑신	을유
음력	3	4	5	6	7	8	9	10	11	12	13	14	15	16	17	18	19	20	21	22	23	24	25	26	27	28	29	30	7/1	2	3
구성	1	2	3	4	5	6	7	8	9	9	8	7	6	5	4	3	2	1	9	8	7	6	5	4	3	2	1	9	8	7	6
대남	2	2	1	1	1	1	소서	10	10	9	9	9	8	8	8	7	7	7	6	6	6	5	대서	5	5	4	4	4	3	3	3
운여	8	9	9	9	10	10	소서	1	1	1	1	2	2	2	3	3	3	4	4	4	5	5	대서	6	6	6	7	7	7	8	8

입추 7일 21시 28분　【음7월】➡　【戊申月(무신월)】　☯오황성　처서 23일 12시 15분

양력 8월　음력 07/04 ― 08/05

양력	1	2	3	4	5	6	7	8	9	10	11	12	13	14	15	16	17	18	19	20	21	22	23	24	25	26	27	28	29	30	31
요일	월	화	수	목	금	토	일	월	화	수	목	금	토	일	월	화	수	목	금	토	일	월	화	수	목	금	토	일	월	화	수
日辰	병술	정해	무자	기축	경인	신묘	임진	계사	갑오	을미	병신	정유	무술	기해	경자	신축	임인	계묘	갑진	을사	병오	정미	무신	기유	경술	신해	임자	계축	갑인	을묘	병진
음력	4	5	6	7	8	9	10	11	12	13	14	15	16	17	18	19	20	21	22	23	24	25	26	27	28	29	8/1	2	3	4	5
구성	5	4	3	2	1	9	8	7	6	5	4	3	2	1	9	8	7	6	5	4	3	2	1	9	8	7	6	5	4	3	2
대남	2	2	1	1	1	1	입추	10	10	10	9	9	9	8	8	8	7	7	7	6	6	6	처서	5	5	4	4	4	3	3	3
운여	8	9	9	9	10	10	입추	1	1	1	1	2	2	2	3	3	3	4	4	4	5	5	처서	6	6	6	7	7	7	8	8

백로 8일 00시 31분　【음8월】➡　【己酉月(기유월)】　☯사록성　추분 23일 10시 03분

양력 9월　음력 08/06 ― 09/05

양력	1	2	3	4	5	6	7	8	9	10	11	12	13	14	15	16	17	18	19	20	21	22	23	24	25	26	27	28	29	30
요일	목	금	토	일	월	화	수	목	금	토	일	월	화	수	목	금	토	일	월	화	수	목	금	토	일	월	화	수	목	금
日辰	정사	무오	기미	경신	신유	임술	계해	갑자	을축	병인	정묘	무진	기사	경오	신미	임신	계유	갑술	을해	병자	정축	무인	기묘	경진	신사	임오	계미	갑신	을유	병술
음력	6	7	8	9	10	11	12	13	14	15	16	17	18	19	20	21	22	23	24	25	26	27	28	29	30	9/1	2	3	4	5
구성	1	9	8	7	6	5	4	3	2	1	9	8	7	6	5	4	3	2	1	9	8	7	6	5	4	3	2	1	9	8
대남	2	2	2	1	1	1	1	백로	10	9	9	9	8	8	8	7	7	7	6	6	6	5	추분	5	4	4	4	3	3	3
운여	8	9	9	9	10	10	10	백로	1	1	1	1	2	2	2	3	3	3	4	4	4	5	추분	5	6	6	6	7	7	7

한로 8일 16시 21분　【음9월】➡　【庚戌月(경술월)】　☯삼벽성　상강 23일 19시 35분

양력 10월　음력 09/06 ― 10/07

양력	1	2	3	4	5	6	7	8	9	10	11	12	13	14	15	16	17	18	19	20	21	22	23	24	25	26	27	28	29	30	31
요일	토	일	월	화	수	목	금	토	일	월	화	수	목	금	토	일	월	화	수	목	금	토	일	월	화	수	목	금	토	일	월
日辰	정해	무자	기축	경인	신묘	임진	계사	갑오	을미	병신	정유	무술	기해	경자	신축	임인	계묘	갑진	을사	병오	정미	무신	기유	경술	신해	임자	계축	갑인	을묘	병진	정사
음력	6	7	8	9	10	11	12	13	14	15	16	17	18	19	20	21	22	23	24	25	26	27	28	29	10/1	2	3	4	5	6	7
구성	7	6	5	4	3	2	1	9	8	7	6	5	4	3	2	1	9	8	7	6	5	4	3	2	1	9	8	7	6	5	4
대남	2	2	2	1	1	1	1	한로	10	9	9	9	8	8	8	7	7	7	6	6	6	5	상강	5	4	4	4	3	3	3	2
운여	8	8	8	9	9	9	10	한로	1	1	1	1	2	2	2	3	3	3	4	4	4	5	상강	5	6	6	6	7	7	7	8

입동 7일 19시 44분　【음10월】➡　【辛亥月(신해월)】　☯이흑성　소설 22일 17시 19분

양력 11월　음력 10/08 ― 11/07

양력	1	2	3	4	5	6	7	8	9	10	11	12	13	14	15	16	17	18	19	20	21	22	23	24	25	26	27	28	29	30
요일	화	수	목	금	토	일	월	화	수	목	금	토	일	월	화	수	목	금	토	일	월	화	수	목	금	토	일	월	화	수
日辰	무오	기미	경신	신유	임술	계해	갑자	을축	병인	정묘	무진	기사	경오	신미	임신	계유	갑술	을해	병자	정축	무인	기묘	경진	신사	임오	계미	갑신	을유	병술	정해
음력	8	9	10	11	12	13	14	15	16	17	18	19	20	21	22	23	24	25	26	27	28	29	30	11/1	2	3	4	5	6	7
구성	3	2	1	9	8	7	6	5	4	3	2	1	9	8	7	6	5	4	3	2	1	9	8	7	6	5	4	3	2	1
대남	2	2	1	1	1	1	입동	10	9	9	9	8	8	8	7	7	7	6	6	6	5	소설	5	4	4	4	3	3	3	2
운여	8	8	9	9	9	10	입동	1	1	1	1	2	2	2	3	3	3	4	4	4	5	소설	5	6	6	6	7	7	7	8

대설 7일 12시 45분　【음11월】➡　【壬子月(임자월)】　☯일백성　동지 22일 06시 47분

양력 12월　음력 11/08 ― 12/09

양력	1	2	3	4	5	6	7	8	9	10	11	12	13	14	15	16	17	18	19	20	21	22	23	24	25	26	27	28	29	30	31
요일	목	금	토	일	월	화	수	목	금	토	일	월	화	수	목	금	토	일	월	화	수	목	금	토	일	월	화	수	목	금	토
日辰	무자	기축	경인	신묘	임진	계사	갑오	을미	병신	정유	무술	기해	경자	신축	임인	계묘	갑진	을사	병오	정미	무신	기유	경술	신해	임자	계축	갑인	을묘	병진	정사	무오
음력	8	9	10	11	12	13	14	15	16	17	18	19	20	21	22	23	24	25	26	27	28	29	12/1	2	3	4	5	6	7	8	9
구성	9	8	7	6	5	4	3	2	1	9	8	7	6	5	4	3	2	1	9	8	7	6	5	4	3	2	1	9	8	7	6
대남	2	2	1	1	1	1	대설	10	9	9	9	8	8	8	7	7	7	6	6	6	5	동지	5	4	4	4	3	3	3	2	2
운여	8	8	9	9	9	10	대설	1	1	1	1	2	2	2	3	3	3	4	4	4	5	동지	5	6	6	6	7	7	7	8	8

<table>
<tr><td>단기 4356 年
불기 2567 年</td><td>2023년
윤2월</td><td>下元-계묘(癸卯)년, 납음(금박금),본명성(사록목)
대장군(子북방). 삼살(酉서방), 상문(巳동남방),조객(丑동북방), 납음(금박금),【삼재(사,오,미)년】臘享(납향):2024년1월20일(음12/10)</td><td></td></tr>
</table>

1월 — 소한 6일 00시 04분 【음12월】 ➡ 【癸丑月(계축월)】 ☯구자성 · 대한 20일 17시 28분

음력 12/10 ~ 01/10

	1	2	3	4	5	6	7	8	9	10	11	12	13	14	15	16	17	18	19	20	21	22	23	24	25	26	27	28	29	30	31
요일	일	월	화	수	목	금	토	일	월	화	수	목	금	토	일	월	화	수	목	금	토	일	월	화	수	목	금	토	일	월	화
일진	기	경	신	임	계	갑	을	병	정	무	기	경	신	임	계	갑	을	병	정	무	기	경	신	임	계	갑	을	병	정	무	기
日辰	미	신	유	술	해	자	축	인	묘	진	사	오	미	신	유	술	해	자	축	인	묘	진	사	오	미	신	유	술	해	자	축
음력	10	11	12	13	14	15	16	17	18	19	20	21	22	23	24	25	26	27	28	29	30	1/1	2	3	4	5	6	7	8	9	10
구성	5	4	3	2	1	1	2	3	4	5	6	7	8	9	1	2	3	4	5	6	7	8	9	1	2	3	4	5	6	7	8
대(남)	2	1	1	1	1	소한	9	9	9	8	8	8	7	7	7	6	6	6	5	대한	5	4	4	4	3	3	3	2	2	2	1
운(여)	8	9	9	9	10	소한	1	1	1	1	2	2	2	3	3	3	4	4	4	대한	5	5	6	6	6	7	7	7	8	8	8

2월 — 입춘 4일 11시 41분 【음1월】 ➡ 【甲寅月(갑인월)】 ☯팔백성 · 우수 19일 07시 33분

음력 01/11 ~ 02/09

	1	2	3	4	5	6	7	8	9	10	11	12	13	14	15	16	17	18	19	20	21	22	23	24	25	26	27	28
요일	수	목	금	토	일	월	화	수	목	금	토	일	월	화	수	목	금	토	일	월	화	수	목	금	토	일	월	화
일진	경	신	임	계	갑	을	병	정	무	기	경	신	임	계	갑	을	병	정	무	기	경	신	임	계	갑	을	병	정
日辰	인	묘	진	사	오	미	신	유	술	해	자	축	인	묘	진	사	오	미	신	유	술	해	자	축	인	묘	진	사
음력	11	12	13	14	15	16	17	18	19	20	21	22	23	24	25	26	27	28	29	2/1	2	3	4	5	6	7	8	9
구성	9	1	2	3	4	5	6	7	8	9	1	2	3	4	5	6	7	8	9	1	2	3	4	5	6	7	8	9
대(남)	1	1	1	입춘	1	1	1	1	2	2	2	3	3	3	4	4	4	5	우수	5	6	6	6	7	7	7	8	8
운(여)	9	9	9	입춘	10	9	9	9	8	8	8	7	7	7	6	6	6	5	우수	5	4	4	4	3	3	3	2	2

3월 — 경칩 6일 05시 35분 【음2월】 ➡ 【乙卯月(을묘월)】 ☯칠적성 · 춘분 21일 06시 23분

음력 02/10 ~ 윤2/10

	1	2	3	4	5	6	7	8	9	10	11	12	13	14	15	16	17	18	19	20	21	22	23	24	25	26	27	28	29	30	31
요일	수	목	금	토	일	월	화	수	목	금	토	일	월	화	수	목	금	토	일	월	화	수	목	금	토	일	월	화	수	목	금
일진	무	기	경	신	임	계	갑	을	병	정	무	기	경	신	임	계	갑	을	병	정	무	기	경	신	임	계	갑	을	병	정	무
日辰	오	미	신	유	술	해	자	축	인	묘	진	사	오	미	신	유	술	해	자	축	인	묘	진	사	오	미	신	유	술	해	자
음력	10	11	12	13	14	15	16	17	18	19	20	21	22	23	24	25	26	27	28	29	30	윤2	2	3	4	5	6	7	8	9	10
구성	1	2	3	4	5	6	7	8	9	1	2	3	4	5	6	7	8	9	1	2	3	4	5	6	7	8	9	1	2	3	4
대(남)	8	9	9	9	10	경칩	1	1	1	1	1	2	2	2	3	3	3	4	4	4	춘분	5	5	6	6	6	7	7	7	8	8
운(여)	2	1	1	1	1	경칩	10	9	9	9	9	8	8	8	7	7	7	6	6	6	춘분	5	5	4	4	4	3	3	3	2	2

4월 — 청명 5일 10시 12분 【음3월】 ➡ 【丙辰月(병진월)】 ☯육백성 · 곡우 20일 17시 13분

음력 윤2/11 ~ 03/11

	1	2	3	4	5	6	7	8	9	10	11	12	13	14	15	16	17	18	19	20	21	22	23	24	25	26	27	28	29	30
요일	토	일	월	화	수	목	금	토	일	월	화	수	목	금	토	일	월	화	수	목	금	토	일	월	화	수	목	금	토	일
일진	기	경	신	임	계	갑	을	병	정	무	기	경	신	임	계	갑	을	병	정	무	기	경	신	임	계	갑	을	병	정	무
日辰	축	인	묘	진	사	오	미	신	유	술	해	자	축	인	묘	진	사	오	미	신	유	술	해	자	축	인	묘	진	사	오
음력	11	12	13	14	15	16	17	18	19	20	21	22	23	24	25	26	27	28	29	3/1	2	3	4	5	6	7	8	9	10	11
구성	5	6	7	8	9	1	2	3	4	5	6	7	8	9	1	2	3	4	5	6	7	8	9	1	2	3	4	5	6	7
대(남)	9	9	9	10	청명	1	1	1	1	2	2	2	3	3	3	4	4	4	5	곡우	5	6	6	6	7	7	7	8	8	8
운(여)	1	1	1	1	청명	10	10	9	9	9	8	8	8	7	7	7	6	6	6	곡우	5	5	4	4	4	3	3	3	2	2

5월 — 입하 6일 03시 18분 【음4월】 ➡ 【丁巳月(정사월)】 ☯오황성 · 소만 21일 16시 08분

음력 03/12 ~ 04/12

	1	2	3	4	5	6	7	8	9	10	11	12	13	14	15	16	17	18	19	20	21	22	23	24	25	26	27	28	29	30	31
요일	월	화	수	목	금	토	일	월	화	수	목	금	토	일	월	화	수	목	금	토	일	월	화	수	목	금	토	일	월	화	수
일진	기	경	신	임	계	갑	을	병	정	무	기	경	신	임	계	갑	을	병	정	무	기	경	신	임	계	갑	을	병	정	무	기
日辰	미	신	유	술	해	자	축	인	묘	진	사	오	미	신	유	술	해	자	축	인	묘	진	사	오	미	신	유	술	해	자	축
음력	12	13	14	15	16	17	18	19	20	21	22	23	24	25	26	27	28	29	30	4/1	2	3	4	5	6	7	8	9	10	11	12
구성	8	9	1	2	3	4	5	6	7	8	9	1	2	3	4	5	6	7	8	9	1	2	3	4	5	6	7	8	9	1	2
대(남)	9	9	9	10	10	입하	1	1	1	1	2	2	2	3	3	3	4	4	4	5	소만	5	6	6	6	7	7	7	8	8	8
운(여)	2	1	1	1	1	입하	10	10	9	9	9	8	8	8	7	7	7	6	6	6	소만	5	5	4	4	4	3	3	3	2	2

6월 — 망종 6일 07시 17분 【음5월】 ➡ 【戊午月(무오월)】 ☯사록성 · 하지 21일 23시 57분

음력 04/13 ~ 05/13

	1	2	3	4	5	6	7	8	9	10	11	12	13	14	15	16	17	18	19	20	21	22	23	24	25	26	27	28	29	30
요일	목	금	토	일	월	화	수	목	금	토	일	월	화	수	목	금	토	일	월	화	수	목	금	토	일	월	화	수	목	금
일진	경	신	임	계	갑	을	병	정	무	기	경	신	임	계	갑	을	병	정	무	기	경	신	임	계	갑	을	병	정	무	기
日辰	인	묘	진	사	오	미	신	유	술	해	자	축	인	묘	진	사	오	미	신	유	술	해	자	축	인	묘	진	사	오	미
음력	13	14	15	16	17	18	19	20	21	22	23	24	25	26	27	28	29	5/1	2	3	4	5	6	7	8	9	10	11	12	13
구성	3	4	5	6	7	8	9	1	2	3	4	5	6	7	8	9	1	2	3	4	5	6	7	8	9	1	2	3	4	5
대(남)	9	9	9	10	10	망종	1	1	1	1	2	2	2	3	3	3	4	4	4	5	하지	5	5	6	6	6	7	7	7	8
운(여)	2	1	1	1	1	망종	10	10	9	9	9	8	8	8	7	7	7	6	6	6	하지	5	5	4	4	4	3	3	3	2

계묘년

한식(4월06일), 초복(7월11일), 중복(7월21일), 말복(8월10일) ↑춘사(春社)3/21 ☀추사(秋社)9/27
토왕지절(土旺之節):4월17일,7월20일,10월21일,1월18일(음12/08)臘享(납향):2024년1월20일(음12/10)
二日得辛, 一龍治水, 2023년 계묘年(금박금), 사록목

3벽	8백	1백
2흑	4록	6백
7적	9자	5황

2 0 2 3

소서 7일 17시 30분 　【음6월】➡　【己未月(기미월)】　☯삼벽성　대서 23일 10시 49분

양력 7월　음력 05/14 ─ 06/14

양력	1	2	3	4	5	6	7	8	9	10	11	12	13	14	15	16	17	18	19	20	21	22	23	24	25	26	27	28	29	30	31
요일	토	일	월	화	수	목	금	토	일	월	화	수	목	금	토	일	월	화	수	목	금	토	일	월	화	수	목	금	토	일	월
일진 日辰	경신	신유	임술	계해	갑자	을축	병인	정묘	무진	기사	경오	신미	임신	계유	갑술	을해	병자	정축	무인	기묘	경진	신사	임오	계미	갑신	을유	병술	정해	무자	기축	경인
음력	14	15	16	17	18	19	20	21	22	23	24	25	26	27	28	29	30	6/1	2	3	4	5	6	7	8	9	10	11	12	13	14
구성	6	7	8	9	9	8	7	6	5	4	3	2	1	9	8	8	7	6	5	4	3	2	1	9	8	7	6	5	4	3	2
대(남)	8	9	9	9	10	10	소서	1	1	1	1	2	2	2	3	3	3	4	4	4	5	5	대서	6	6	6	7	7	7	8	8
운(여)	2	2	1	1	1	1	소서	10	10	10	9	9	9	8	8	8	7	7	7	6	6	6	대서	5	5	5	4	4	4	3	3

입추 8일 03시 22분 　【음7월】➡　【庚申月(경신월)】　☯이흑성　처서 23일 18시 00분

양력 8월　음력 06/15 ─ 07/16

양력	1	2	3	4	5	6	7	8	9	10	11	12	13	14	15	16	17	18	19	20	21	22	23	24	25	26	27	28	29	30	31
요일	화	수	목	금	토	일	월	화	수	목	금	토	일	월	화	수	목	금	토	일	월	화	수	목	금	토	일	월	화	수	목
일진 日辰	신묘	임진	계사	갑오	을미	병신	정유	무술	기해	경자	신축	임인	계묘	갑진	을사	병오	정미	무신	기유	경술	신해	임자	계축	갑인	을묘	병진	정사	무오	기미	경신	신유
음력	15	16	17	18	19	20	21	22	23	24	25	26	27	28	29	7/1	2	3	4	5	6	7	8	9	10	11	12	13	14	15	16
구성	9	8	7	6	5	4	3	2	1	9	8	7	6	5	4	3	2	1	9	8	7	6	5	4	3	2	1	9	8	7	6
대(남)	8	9	9	9	10	10	10	입추	1	1	1	1	2	2	2	3	3	3	4	4	4	5	처서	5	6	6	6	7	7	7	8
운(여)	2	2	2	1	1	1	1	입추	10	10	9	9	9	8	8	8	7	7	7	6	6	6	처서	5	5	5	4	4	4	3	3

백로 8일 06시 26분 　【음8월】➡　【辛酉月(신유월)】　☯일백성　추분 23일 15시 49분

양력 9월　음력 07/17 ─ 08/16

양력	1	2	3	4	5	6	7	8	9	10	11	12	13	14	15	16	17	18	19	20	21	22	23	24	25	26	27	28	29	30
요일	금	토	일	월	화	수	목	금	토	일	월	화	수	목	금	토	일	월	화	수	목	금	토	일	월	화	수	목	금	토
일진 日辰	임술	계해	갑자	을축	병인	정묘	무진	기사	경오	신미	임신	계유	갑술	을해	병자	정축	무인	기묘	경진	신사	임오	계미	갑신	을유	병술	정해	무자	기축	경인	신묘
음력	17	18	19	20	21	22	23	24	25	26	27	28	29	30	8/1	2	3	4	5	6	7	8	9	10	11	12	13	14	15	16
구성	5	4	3	2	1	9	8	7	6	5	4	3	2	1	9	8	7	6	5	4	3	2	1	9	8	7	6	5	4	3
대(남)	8	8	9	9	9	10	10	백로	1	1	1	1	2	2	2	3	3	3	4	4	4	5	추분	5	6	6	6	7	7	7
운(여)	2	2	2	1	1	1	1	백로	10	9	9	9	8	8	8	7	7	7	6	6	6	5	추분	5	4	4	4	3	3	3

한로 8일 22시 14분 　【음9월】➡　【壬戌月(임술월)】　☯구자성　상강 24일 01시 20분

양력 10월　음력 08/17 ─ 09/17

양력	1	2	3	4	5	6	7	8	9	10	11	12	13	14	15	16	17	18	19	20	21	22	23	24	25	26	27	28	29	30	31
요일	일	월	화	수	목	금	토	일	월	화	수	목	금	토	일	월	화	수	목	금	토	일	월	화	수	목	금	토	일	월	화
일진 日辰	임진	계사	갑오	을미	병신	정유	무술	기해	경자	신축	임인	계묘	갑진	을사	병오	정미	무신	기유	경술	신해	임자	계축	갑인	을묘	병진	정사	무오	기미	경신	신유	임술
음력	17	18	19	20	21	22	23	24	25	26	27	28	29	30	9/1	2	3	4	5	6	7	8	9	10	11	12	13	14	15	16	17
구성	2	1	9	8	7	6	5	4	3	2	1	9	8	7	6	5	4	3	2	1	9	8	7	6	5	4	3	2	1	9	8
대(남)	8	8	8	9	9	9	10	한로	1	1	1	1	2	2	2	3	3	3	4	4	4	5	5	상강	6	6	6	7	7	7	8
운(여)	2	2	2	1	1	1	1	한로	10	10	9	9	9	8	8	8	7	7	7	6	6	6	5	상강	5	4	4	4	3	3	3

입동 8일 01시 35분 　【음10월】➡　【癸亥月(계해월)】　☯팔백성　소설 22일 23시 02분

양력 11월　음력 09/18 ─ 10/18

양력	1	2	3	4	5	6	7	8	9	10	11	12	13	14	15	16	17	18	19	20	21	22	23	24	25	26	27	28	29	30
요일	수	목	금	토	일	월	화	수	목	금	토	일	월	화	수	목	금	토	일	월	화	수	목	금	토	일	월	화	수	목
일진 日辰	계해	갑자	을축	병인	정묘	무진	기사	경오	신미	임신	계유	갑술	을해	병자	정축	무인	기묘	경진	신사	임오	계미	갑신	을유	병술	정해	무자	기축	경인	신묘	임진
음력	18	19	20	21	22	23	24	25	26	27	28	29	10/1	2	3	4	5	6	7	8	9	10	11	12	13	14	15	16	17	18
구성	7	6	5	4	3	2	1	9	8	7	6	5	4	3	2	1	9	8	7	6	5	4	3	2	1	9	8	7	6	5
대(남)	8	8	9	9	9	10	10	입동	1	1	1	1	2	2	2	3	3	3	4	4	4	소설	5	5	6	6	6	7	7	7
운(여)	2	2	2	1	1	1	1	입동	9	9	9	8	8	8	7	7	7	6	6	6	5	소설	5	4	4	4	3	3	3	2

대설 7일 18시 32분 　【음11월】➡　【甲子月(갑자월)】　☯칠적성　동지 22일 12시 26분

양력 12월　음력 10/19 ─ 11/19

양력	1	2	3	4	5	6	7	8	9	10	11	12	13	14	15	16	17	18	19	20	21	22	23	24	25	26	27	28	29	30	31
요일	금	토	일	월	화	수	목	금	토	일	월	화	수	목	금	토	일	월	화	수	목	금	토	일	월	화	수	목	금	토	일
일진 日辰	계사	갑오	을미	병신	정유	무술	기해	경자	신축	임인	계묘	갑진	을사	병오	정미	무신	기유	경술	신해	임자	계축	갑인	을묘	병진	정사	무오	기미	경신	신유	임술	계해
음력	19	20	21	22	23	24	25	26	27	28	29	30	11/1	2	3	4	5	6	7	8	9	10	11	12	13	14	15	16	17	18	19
구성	4	3	2	1	9	8	7	6	5	4	3	2	1	9	8	7	6	5	4	3	2	1	9	8	7	6	5	4	3	2	1
대(남)	8	8	8	9	9	9	대설	1	1	1	1	2	2	2	3	3	3	4	4	4	5	동지	5	6	6	6	7	7	7	8	8
운(여)	2	2	1	1	1	1	대설	10	9	9	9	8	8	8	7	7	7	6	6	6	5	동지	5	4	4	4	3	3	3	2	2

단기 4357 年	2024년	下元-갑진(甲辰)년, 납음(복등화), 본명성(삼벽목)	
불기 2568 年		대장군(子북방), 삼살(남방), 상문(午남방), 조객(寅동북방), 납음(복등화), 【삼재(인,묘,진)년】 臘享(납향):2025년1월14일(음12/15)	

갑진년

1월

소한 06일 05시 48분 【음12월】➡ 【乙丑月(을축월)】 ☯육백성   대한 20일 23시 06분

양력 1월 · 음력 11/20 ~ 12/21

	1	2	3	4	5	6	7	8	9	10	11	12	13	14	15	16	17	18	19	20	21	22	23	24	25	26	27	28	29	30	31
요일	월	화	수	목	금	토	일	월	화	수	목	금	토	일	월	화	수	목	금	토	일	월	화	수	목	금	토	일	월	화	수
일진(日辰)	갑자	을축	병인	정묘	무진	기사	경오	신미	임신	계유	갑술	을해	병자	정축	무인	기묘	경진	신사	임오	계미	갑신	을유	병술	정해	무자	기축	경인	신묘	임진	계사	갑오
음력	20	21	22	23	24	25	26	27	28	29	12/1	2	3	4	5	6	7	8	9	10	11	12	13	14	15	16	17	18	19	20	21
구성	1	2	3	4	5	6	7	8	9	1	2	3	4	5	6	7	8	9	1	2	3	4	5	6	7	8	9	1	2	3	4
대운 남	8	9	9	9	10	소한	1	1	1	1	2	2	2	3	3	3	4	4	4	대한	5	5	6	6	6	7	7	7	8	8	8
대운 여	2	1	1	1	1	소한	9	9	9	8	8	8	7	7	7	6	6	6	5	대한	5	4	4	4	3	3	3	2	2	2	1

2월

입춘 4일 17시 26분 【음1월】➡ 【丙寅月(병인월)】 ☯오황성   우수 19일 13시 12분

양력 2월 · 음력 12/22 ~ 01/20

	1	2	3	4	5	6	7	8	9	10	11	12	13	14	15	16	17	18	19	20	21	22	23	24	25	26	27	28	29
요일	목	금	토	일	월	화	수	목	금	토	일	월	화	수	목	금	토	일	월	화	수	목	금	토	일	월	화	수	목
일진(日辰)	을미	병신	정유	무술	기해	경자	신축	임인	계묘	갑진	을사	병오	정미	무신	기유	경술	신해	임자	계축	갑인	을묘	병진	정사	무오	기미	경신	신유	임술	계해
음력	22	23	24	25	26	27	28	29	30	1/1	2	3	4	5	6	7	8	9	10	11	12	13	14	15	16	17	18	19	20
구성	5	6	7	8	9	1	2	3	4	5	6	7	8	9	1	2	3	4	5	6	7	8	9	1	2	3	4	5	6
대운 남	9	9	9	입춘	10	9	9	9	8	8	8	7	7	7	6	6	6	5	우수	5	4	4	4	3	3	3	2	2	2
대운 여	1	1	1	입춘	1	1	1	1	1	2	2	2	3	3	4	4	4	5	우수	5	6	6	6	7	7	7	8	8	8

3월

경칩 5일 11시 22분 【음2월】➡ 【丁卯月(정묘월)】 ☯사록성   춘분 20일 12시 05분

양력 3월 · 음력 01/21 ~ 02/22

	1	2	3	4	5	6	7	8	9	10	11	12	13	14	15	16	17	18	19	20	21	22	23	24	25	26	27	28	29	30	31
요일	금	토	일	월	화	수	목	금	토	일	월	화	수	목	금	토	일	월	화	수	목	금	토	일	월	화	수	목	금	토	일
일진(日辰)	갑자	을축	병인	정묘	무진	기사	경오	신미	임신	계유	갑술	을해	병자	정축	무인	기묘	경진	신사	임오	계미	갑신	을유	병술	정해	무자	기축	경인	신묘	임진	계사	갑오
음력	21	22	23	24	25	26	27	28	29	2/1	2	3	4	5	6	7	8	9	10	11	12	13	14	15	16	17	18	19	20	21	22
구성	7	8	9	1	2	3	4	5	6	7	8	9	1	2	3	4	5	6	7	8	9	1	2	3	4	5	6	7	8	9	1
대운 남	1	1	1	1	경칩	10	9	9	9	8	8	8	7	7	7	6	6	6	5	춘분	5	4	4	4	3	3	3	2	2	2	1
대운 여	9	9	9	10	경칩	1	1	1	1	2	2	2	3	3	3	4	4	4	5	춘분	5	6	6	6	7	7	7	8	8	8	9

4월

청명 4일 16시 01분 【음3월】➡ 【戊辰月(무진월)】 ☯삼벽성   곡우 19일 20시 59분

양력 4월 · 음력 02/23 ~ 03/22

	1	2	3	4	5	6	7	8	9	10	11	12	13	14	15	16	17	18	19	20	21	22	23	24	25	26	27	28	29	30
요일	월	화	수	목	금	토	일	월	화	수	목	금	토	일	월	화	수	목	금	토	일	월	화	수	목	금	토	일	월	화
일진(日辰)	을미	병신	정유	무술	기해	경자	신축	임인	계묘	갑진	을사	병오	정미	무신	기유	경술	신해	임자	계축	갑인	을묘	병진	정사	무오	기미	경신	신유	임술	계해	갑자
음력	23	24	25	26	27	28	29	30	3/1	2	3	4	5	6	7	8	9	10	11	12	13	14	15	16	17	18	19	20	21	22
구성	2	3	4	5	6	7	8	9	1	2	3	4	5	6	7	8	9	1	2	3	4	5	6	7	8	9	1	2	3	4
대운 남	1	1	1	청명	10	10	9	9	9	8	8	8	7	7	7	6	6	6	곡우	5	5	4	4	4	3	3	3	2	2	2
대운 여	9	9	10	청명	1	1	1	1	2	2	2	3	3	3	4	4	4	5	곡우	5	6	6	6	7	7	7	8	8	8	9

5월

입하 5일 09시 09분 【음4월】➡ 【己巳月(기사월)】 ☯이흑성   소만 20일 21시 58분

양력 5월 · 음력 03/23 ~ 04/24

	1	2	3	4	5	6	7	8	9	10	11	12	13	14	15	16	17	18	19	20	21	22	23	24	25	26	27	28	29	30	31
요일	수	목	금	토	일	월	화	수	목	금	토	일	월	화	수	목	금	토	일	월	화	수	목	금	토	일	월	화	수	목	금
일진(日辰)	을축	병인	정묘	무진	기사	경오	신미	임신	계유	갑술	을해	병자	정축	무인	기묘	경진	신사	임오	계미	갑신	을유	병술	정해	무자	기축	경인	신묘	임진	계사	갑오	을미
음력	23	24	25	26	27	28	29	4/1	2	3	4	5	6	7	8	9	10	11	12	13	14	15	16	17	18	19	20	21	22	23	24
구성	5	6	7	8	9	1	2	3	4	5	6	7	8	9	1	2	3	4	5	6	7	8	9	1	2	3	4	5	6	7	8
대운 남	1	1	1	1	입하	10	10	9	9	9	8	8	8	7	7	7	6	6	6	소만	5	5	4	4	4	3	3	3	2	2	2
대운 여	9	9	10	10	입하	1	1	1	1	2	2	2	3	3	3	4	4	4	5	소만	5	6	6	6	7	7	7	8	8	8	9

6월

망종 5일 13시 09분 【음5월】➡ 【庚午月(경오월)】 ☯일백성   하지 21일 05시 50분

양력 6월 · 음력 04/25 ~ 05/25

	1	2	3	4	5	6	7	8	9	10	11	12	13	14	15	16	17	18	19	20	21	22	23	24	25	26	27	28	29	30
요일	토	일	월	화	수	목	금	토	일	월	화	수	목	금	토	일	월	화	수	목	금	토	일	월	화	수	목	금	토	일
일진(日辰)	병신	정유	무술	기해	경자	신축	임인	계묘	갑진	을사	병오	정미	무신	기유	경술	신해	임자	계축	갑인	을묘	병진	정사	무오	기미	경신	신유	임술	계해	갑자	을축
음력	25	26	27	28	29	5/1	2	3	4	5	6	7	8	9	10	11	12	13	14	15	16	17	18	19	20	21	22	23	24	25
구성	9	1	2	3	4	5	6	7	8	9	1	2	3	4	5	6	7	8	9	1	2	3	4	5	6	7	8	9	9	8
대운 남	1	1	1	1	망종	10	10	9	9	9	8	8	8	7	7	7	6	6	6	5	하지	5	4	4	4	3	3	3	2	2
대운 여	9	9	10	10	망종	1	1	1	1	2	2	2	3	3	3	4	4	4	5	5	하지	6	6	6	7	7	7	8	8	8

八日得辛, 一龍治水, 2024년 갑진年(복등화), 삼벽목

2흑	7적	9자
1백	3벽	5황
6백	8백	4록

소서 6일 23시 19분 【음6월】➡ 【辛未月(신미월)】 ☯구자성 대서 22일 16시 43분

양력 7월 (음력 05/26 ~ 06/26)

양력	1	2	3	4	5	6	7	8	9	10	11	12	13	14	15	16	17	18	19	20	21	22	23	24	25	26	27	28	29	30	31
요일	월	화	수	목	금	토	일	월	화	수	목	금	토	일	월	화	수	목	금	토	일	월	화	수	목	금	토	일	월	화	수
日辰	병인	정묘	무진	기사	경오	신미	임신	계유	갑술	을해	병자	정축	무인	기묘	경진	신사	임오	계미	갑신	을유	병술	정해	무자	기축	경인	신묘	임진	계사	갑오	을미	병신
음력	26	27	28	29	30	6/1	2	3	4	5	6	7	8	9	10	11	12	13	14	15	16	17	18	19	20	21	22	23	24	25	26
구성	7	6	5	4	3	2	1	9	8	7	6	5	4	3	2	1	9	8	7	6	5	4	3	2	1	9	8	7	6	5	4
대남	2	1	1	1	1	소서	10	10	10	9	9	9	8	8	8	7	7	7	6	6	6	대서	5	5	4	4	4	3	3	3	2
운여	9	9	9	10	10	소서	1	1	1	1	2	2	2	3	3	3	4	4	4	5	5	대서	6	6	6	7	7	7	8	8	8

입추 7일 09시 08분 【음7월】➡ 【壬申月(임신월)】 ☯팔백성 처서 22일 23시 54분

양력 8월 (음력 06/27 ~ 07/28)

양력	1	2	3	4	5	6	7	8	9	10	11	12	13	14	15	16	17	18	19	20	21	22	23	24	25	26	27	28	29	30	31
요일	목	금	토	일	월	화	수	목	금	토	일	월	화	수	목	금	토	일	월	화	수	목	금	토	일	월	화	수	목	금	토
日辰	정유	무술	기해	경자	신축	임인	계묘	갑진	을사	병오	정미	무신	기유	경술	신해	임자	계축	갑인	을묘	병진	정사	무오	기미	경신	신유	임술	계해	갑자	을축	병인	정묘
음력	27	28	29	7/1	2	3	4	5	6	7	8	9	10	11	12	13	14	15	16	17	18	19	20	21	22	23	24	25	26	27	28
구성	3	2	1	9	8	7	6	5	4	3	2	1	9	8	7	6	5	4	3	2	1	9	8	7	6	5	4	3	2	1	9
대남	2	2	1	1	1	1	입추	10	10	9	9	9	8	8	8	7	7	7	6	6	6	처서	5	5	4	4	4	3	3	3	2
운여	9	9	9	10	10	10	입추	1	1	1	1	2	2	2	3	3	3	4	4	4	5	처서	5	6	6	6	7	7	7	8	8

백로 7일 12시 10분 【음8월】➡ 【癸酉月(계유월)】 ☯칠적성 추분 22일 21시 43분

양력 9월 (음력 07/29 ~ 08/28)

양력	1	2	3	4	5	6	7	8	9	10	11	12	13	14	15	16	17	18	19	20	21	22	23	24	25	26	27	28	29	30
요일	일	월	화	수	목	금	토	일	월	화	수	목	금	토	일	월	화	수	목	금	토	일	월	화	수	목	금	토	일	월
日辰	무진	기사	경오	신미	임신	계유	갑술	을해	병자	정축	무인	기묘	경진	신사	임오	계미	갑신	을유	병술	정해	무자	기축	경인	신묘	임진	계사	갑오	을미	병신	정유
음력	29	30	8/1	2	3	4	5	6	7	8	9	10	11	12	13	14	15	16	17	18	19	20	21	22	23	24	25	26	27	28
구성	8	7	6	5	4	3	2	1	9	8	7	6	5	4	3	2	1	9	8	7	6	5	4	3	2	1	9	8	7	6
대남	2	2	1	1	1	1	백로	10	10	9	9	9	8	8	8	7	7	7	6	6	6	추분	5	5	4	4	4	3	3	3
운여	8	9	9	9	10	10	백로	1	1	1	1	2	2	2	3	3	3	4	4	4	5	추분	5	6	6	6	7	7	7	8

한로 8일 03시 59분 【음9월】➡ 【甲戌月(갑술월)】 ☯육백성 상강 23일 07시 14분

양력 10월 (음력 08/29 ~ 09/29)

양력	1	2	3	4	5	6	7	8	9	10	11	12	13	14	15	16	17	18	19	20	21	22	23	24	25	26	27	28	29	30	31
요일	화	수	목	금	토	일	월	화	수	목	금	토	일	월	화	수	목	금	토	일	월	화	수	목	금	토	일	월	화	수	목
日辰	무술	기해	경자	신축	임인	계묘	갑진	을사	병오	정미	무신	기유	경술	신해	임자	계축	갑인	을묘	병진	정사	무오	기미	경신	신유	임술	계해	갑자	을축	병인	정묘	무진
음력	29	30	9/1	2	3	4	5	6	7	8	9	10	11	12	13	14	15	16	17	18	19	20	21	22	23	24	25	26	27	28	29
구성	5	4	3	2	1	9	8	7	6	5	4	3	2	1	9	8	7	6	5	4	3	2	1	9	8	7	6	5	4	3	2
대남	2	2	2	1	1	1	1	한로	10	9	9	9	8	8	8	7	7	7	6	6	6	5	상강	5	4	4	4	3	3	3	2
운여	8	8	9	9	9	10	10	한로	1	1	1	1	2	2	2	3	3	3	4	4	4	5	상강	5	6	6	6	7	7	7	8

입동 7일 07시 19분 【음10월】➡ 【乙亥月(을해월)】 ☯오황성 소설 22일 04시 55분

양력 11월 (음력 10/01 ~ 10/30)

양력	1	2	3	4	5	6	7	8	9	10	11	12	13	14	15	16	17	18	19	20	21	22	23	24	25	26	27	28	29	30
요일	금	토	일	월	화	수	목	금	토	일	월	화	수	목	금	토	일	월	화	수	목	금	토	일	월	화	수	목	금	토
日辰	기사	경오	신미	임신	계유	갑술	을해	병자	정축	무인	기묘	경진	신사	임오	계미	갑신	을유	병술	정해	무자	기축	경인	신묘	임진	계사	갑오	을미	병신	정유	무술
음력	10/1	2	3	4	5	6	7	8	9	10	11	12	13	14	15	16	17	18	19	20	21	22	23	24	25	26	27	28	29	30
구성	1	9	8	7	6	5	4	3	2	1	9	8	7	6	5	4	3	2	1	9	8	7	6	5	4	3	2	1	9	8
대남	2	2	1	1	1	1	입동	10	9	9	9	8	8	8	7	7	7	6	6	6	5	소설	5	4	4	4	3	3	3	2
운여	8	8	9	9	9	10	입동	1	1	1	1	2	2	2	3	3	3	4	4	4	5	소설	5	6	6	6	7	7	7	8

대설 7일 00시 16분 【음11월】➡ 【丙子月(병자월)】 ☯사록성 동지 21일 18시 19분

양력 12월 (음력 11/01 ~ 12/01)

양력	1	2	3	4	5	6	7	8	9	10	11	12	13	14	15	16	17	18	19	20	21	22	23	24	25	26	27	28	29	30	31
요일	일	월	화	수	목	금	토	일	월	화	수	목	금	토	일	월	화	수	목	금	토	일	월	화	수	목	금	토	일	월	화
日辰	기해	경자	신축	임인	계묘	갑진	을사	병오	정미	무신	기유	경술	신해	임자	계축	갑인	을묘	병진	정사	무오	기미	경신	신유	임술	계해	갑자	을축	병인	정묘	무진	기사
음력	11/1	2	3	4	5	6	7	8	9	10	11	12	13	14	15	16	17	18	19	20	21	22	23	24	25	26	27	28	29	30	12/1
구성	7	6	5	4	3	2	1	9	8	7	6	5	4	3	2	1	9	8	7	6	5	4	3	2	1	1	2	3	4	5	6
대남	2	2	1	1	1	1	대설	10	10	9	9	9	8	8	8	7	7	7	6	6	동지	5	5	4	4	4	3	3	3	2	2
운여	8	8	9	9	9	10	대설	1	1	2	2	2	3	3	3	4	4	4	5	5	동지	5	6	6	6	7	7	7	8	8	8

소한 5일 11시 32분 【음12월】➡ 【丁丑月(정축월)】 ☯삼벽성　대한 20일 04시 59분

양력 1월	1	2	3	4	5	6	7	8	9	10	11	12	13	14	15	16	17	18	19	20	21	22	23	24	25	26	27	28	29	30	31
요일	수	목	금	토	일	월	화	수	목	금	토	일	월	화	수	목	금	토	일	월	화	수	목	금	토	일	월	화	수	목	금
일진 日辰	경오	신미	임신	계유	갑술	을해	병자	정축	무인	기묘	경진	신사	임오	계미	갑신	을유	병술	정해	무자	기축	경인	신묘	임진	계사	갑오	을미	병신	정유	무술	기해	경자
음력 12/02	2	3	4	5	6	7	8	9	10	11	12	13	14	15	16	17	18	19	20	21	22	23	24	25	26	27	28	29	1/1	2	3
구성	7	8	9	1	2	3	4	5	6	7	8	9	1	2	3	4	5	6	7	8	9	1	2	3	4	5	6	7	8	9	1
대운 남	1	1	1	1	소한	9	9	9	8	8	8	7	7	7	6	6	6	5	5	대한	4	4	4	3	3	3	2	2	2	1	1
운 여	8	9	9	9	소한	1	1	1	1	2	2	2	3	3	3	4	4	4	5	대한	5	6	6	6	7	7	7	8	8	8	9

01/03

입춘 3일 22시 09분 【음1월】➡ 【戊寅月(무인월)】 ●이흑성　우수 18일 19시 05분

양력 2월	1	2	3	4	5	6	7	8	9	10	11	12	13	14	15	16	17	18	19	20	21	22	23	24	25	26	27	28
요일	토	일	월	화	수	목	금	토	일	월	화	수	목	금	토	일	월	화	수	목	금	토	일	월	화	수	목	금
일진 日辰	신축	임인	계묘	갑진	을사	병오	정미	무신	기유	경술	신해	임자	계축	갑인	을묘	병진	정사	무오	기미	경신	신유	임술	계해	갑자	을축	병인	정묘	무진
음력 01/04	4	5	6	7	8	9	10	11	12	13	14	15	16	17	18	19	20	21	22	23	24	25	26	27	28	29	30	2/1
구성	2	3	4	5	6	7	8	9	1	2	3	4	5	6	7	8	9	1	2	3	4	5	6	7	8	9	1	2
대운 남	1	1	입춘	1	1	1	1	2	2	2	3	3	3	4	4	4	5	5	우수	5	6	6	6	7	7	7	8	8
운 여	9	9	입춘	10	9	9	9	8	8	8	7	7	7	6	6	6	5	5	우수	5	4	4	4	3	3	3	2	2

02/01　（을사년）

경칩 5일 17시 06분 【음2월】➡ 【己卯月(기묘월)】 ●일백성　춘분 20일 18시 00분

양력 3월	1	2	3	4	5	6	7	8	9	10	11	12	13	14	15	16	17	18	19	20	21	22	23	24	25	26	27	28	29	30	31
요일	토	일	월	화	수	목	금	토	일	월	화	수	목	금	토	일	월	화	수	목	금	토	일	월	화	수	목	금	토	일	월
일진 日辰	기사	경오	신미	임신	계유	갑술	을해	병자	정축	무인	기묘	경진	신사	임오	계미	갑신	을유	병술	정해	무자	기축	경인	신묘	임진	계사	갑오	을미	병신	정유	무술	기해
음력 02/02	2	3	4	5	6	7	8	9	10	11	12	13	14	15	16	17	18	19	20	21	22	23	24	25	26	27	28	29	3/1	2	3
구성	3	4	5	6	7	8	9	1	2	3	4	5	6	7	8	9	1	2	3	4	5	6	7	8	9	1	2	3	4	5	6
대운 남	9	9	9	10	경칩	1	1	1	1	2	2	2	3	3	3	4	4	4	5	춘분	5	6	6	6	7	7	7	8	8	8	9
운 여	1	1	1	1	경칩	10	9	9	9	8	8	8	7	7	7	6	6	6	5	춘분	5	4	4	4	3	3	3	2	2	2	1

03/03

청명 4일 21시 47분 【음3월】➡ 【庚辰月(경진월)】 ●구자성　곡우 20일 04시 55분

양력 4월	1	2	3	4	5	6	7	8	9	10	11	12	13	14	15	16	17	18	19	20	21	22	23	24	25	26	27	28	29	30
요일	화	수	목	금	토	일	월	화	수	목	금	토	일	월	화	수	목	금	토	일	월	화	수	목	금	토	일	월	화	수
일진 日辰	경자	신축	임인	계묘	갑진	을사	병오	정미	무신	기유	경술	신해	임자	계축	갑인	을묘	병진	정사	무오	기미	경신	신유	임술	계해	갑자	을축	병인	정묘	무진	기사
음력 03/04	4	5	6	7	8	9	10	11	12	13	14	15	16	17	18	19	20	21	22	23	24	25	26	27	28	29	30	4/1	2	3
구성	7	8	9	1	2	3	4	5	6	7	8	9	1	2	3	4	5	6	7	8	9	1	2	3	4	5	6	7	8	9
대운 남	9	9	10	청명	1	1	1	1	2	2	2	3	3	3	4	4	4	5	5	곡우	6	6	6	7	7	7	8	8	8	9
운 여	1	1	1	청명	10	10	9	9	9	8	8	8	7	7	7	6	6	6	5	곡우	5	4	4	4	3	3	3	2	2	2

04/03

입하 5일 14시 56분 【음4월】➡ 【辛巳月(신사월)】 ●팔백성　소만 21일 03시 54분

양력 5월	1	2	3	4	5	6	7	8	9	10	11	12	13	14	15	16	17	18	19	20	21	22	23	24	25	26	27	28	29	30	31
요일	목	금	토	일	월	화	수	목	금	토	일	월	화	수	목	금	토	일	월	화	수	목	금	토	일	월	화	수	목	금	토
일진 日辰	경오	신미	임신	계유	갑술	을해	병자	정축	무인	기묘	경진	신사	임오	계미	갑신	을유	병술	정해	무자	기축	경인	신묘	임진	계사	갑오	을미	병신	정유	무술	기해	경자
음력 04/04	4	5	6	7	8	9	10	11	12	13	14	15	16	17	18	19	20	21	22	23	24	25	26	27	28	29	5/1	2	3	4	5
구성	1	2	3	4	5	6	7	8	9	1	2	3	4	5	6	7	8	9	1	2	3	4	5	6	7	8	9	1	2	3	4
대운 남	9	9	10	10	입하	1	1	1	1	2	2	2	3	3	3	4	4	4	5	5	소만	6	6	6	7	7	7	8	8	8	9
운 여	1	1	1	1	입하	10	10	9	9	9	8	8	8	7	7	7	6	6	6	5	소만	5	4	4	4	3	3	3	2	2	2

05/05

망종 5일 18시 55분 【음5월】➡ 【壬午月(임오월)】 ●칠적성　하지 21일 11시 41분

양력 6월	1	2	3	4	5	6	7	8	9	10	11	12	13	14	15	16	17	18	19	20	21	22	23	24	25	26	27	28	29	30
요일	일	월	화	수	목	금	토	일	월	화	수	목	금	토	일	월	화	수	목	금	토	일	월	화	수	목	금	토	일	월
일진 日辰	신축	임인	계묘	갑진	을사	병오	정미	무신	기유	경술	신해	임자	계축	갑인	을묘	병진	정사	무오	기미	경신	신유	임술	계해	갑자	을축	병인	정묘	무진	기사	경오
음력 05/06	6	7	8	9	10	11	12	13	14	15	16	17	18	19	20	21	22	23	24	25	26	27	28	29	6/1	2	3	4	5	6
구성	5	6	7	8	9	1	2	3	4	5	6	7	8	9	1	2	3	4	5	6	7	8	9	9	8	7	6	5	4	3
대운 남	9	9	10	10	망종	1	1	1	1	2	2	2	3	3	3	4	4	4	5	5	하지	6	6	6	7	7	7	8	8	8
운 여	1	1	1	1	망종	10	10	10	9	9	9	8	8	8	7	7	7	6	6	6	하지	5	5	4	4	4	3	3	3	2

06/06

한식(4월05일), 초복(7월20일), 중복(7월30일), 말복(8월09일) ↑춘사(春社)3/20 ☀추사(秋社)9/26
토왕지절(土旺之節):4월17일,7월20일,10월20일,1월17일(음11/29) 臘享(납향):2026년1월21일(음12/03)

四日得辛, 七龍治水, 2025년 을사年(복등화), 이흑토

1백	6백	8백
9자	2흑	4록
5황	7적	3벽

소서 7일 05시 04분 【음6월】➜ 【癸未月(계미월)】 ☯육백성 　대서 22일 22시 28분

양력 7월 · 음력 06/07 · 윤607

	1	2	3	4	5	6	7	8	9	10	11	12	13	14	15	16	17	18	19	20	21	22	23	24	25	26	27	28	29	30	31
요일	화	수	목	금	토	일	월	화	수	목	금	토	일	월	화	수	목	금	토	일	월	화	수	목	금	토	일	월	화	수	목
일진(日辰)	신미	임신	계유	갑술	을해	병자	정축	무인	기묘	경진	신사	임오	계미	갑신	을유	병술	정해	무자	기축	경인	신묘	임진	계사	갑오	을미	병신	정유	무술	기해	경자	신축
음력	7	8	9	10	11	12	13	14	15	16	17	18	19	20	21	22	23	24	25	26	27	28	29	30	윤6/1	2	3	4	5	6	7
구성	2	1	9	8	7	6	5	4	3	2	1	9	8	7	6	5	4	3	2	1	9	8	7	6	5	4	3	2	1	9	8
대(남)	9	9	9	10	10	10	소	1	1	1	2	2	2	3	3	3	4	4	4	5	5	대	6	6	6	7	7	7	8	8	8
운(여)	2	2	1	1	1	1	서	10	10	9	9	9	8	8	8	7	7	7	6	6	6	서	5	5	4	4	4	3	3	3	2

입추 7일 14시 50분 【음7월】➜ 【甲申月(갑신월)】 ☯오황성 　처서 23일 05시 33분

양력 8월 · 음력 윤608 / 07/09

	1	2	3	4	5	6	7	8	9	10	11	12	13	14	15	16	17	18	19	20	21	22	23	24	25	26	27	28	29	30	31
요일	금	토	일	월	화	수	목	금	토	일	월	화	수	목	금	토	일	월	화	수	목	금	토	일	월	화	수	목	금	토	일
일진(日辰)	임인	계묘	갑진	을사	병오	정미	무신	기유	경술	신해	임자	계축	갑인	을묘	병진	정사	무오	기미	경신	신유	임술	계해	갑자	을축	병인	정묘	무진	기사	경오	신미	임신
음력	8	9	10	11	12	13	14	15	16	17	18	19	20	21	22	23	24	25	26	27	28	29	7/1	2	3	4	5	6	7	8	9
구성	7	6	5	4	3	2	1	9	8	7	6	5	4	3	2	1	9	8	7	6	5	4	3	2	1	9	8	7	6	5	4
대(남)	9	9	9	10	10	10	입	1	1	1	1	2	2	2	3	3	3	4	4	4	5	5	처	6	6	6	7	7	7	8	8
운(여)	2	2	1	1	1	1	추	10	10	9	9	9	8	8	8	7	7	7	6	6	6	5	서	5	4	4	4	3	3	3	2

백로 7일 17시 51분 【음8월】➜ 【乙酉月(을유월)】 ☯사록성 　추분 23일 03시 18분

양력 9월 · 음력 07/10 / 08/09

	1	2	3	4	5	6	7	8	9	10	11	12	13	14	15	16	17	18	19	20	21	22	23	24	25	26	27	28	29	30
요일	월	화	수	목	금	토	일	월	화	수	목	금	토	일	월	화	수	목	금	토	일	월	화	수	목	금	토	일	월	화
일진(日辰)	계유	갑술	을해	병자	정축	무인	기묘	경진	신사	임오	계미	갑신	을유	병술	정해	무자	기축	경인	신묘	임진	계사	갑오	을미	병신	정유	무술	기해	경자	신축	임인
음력	10	11	12	13	14	15	16	17	18	19	20	21	22	23	24	25	26	27	28	29	30	8/1	2	3	4	5	6	7	8	9
구성	3	2	1	9	8	7	6	5	4	3	2	1	9	8	7	6	5	4	3	2	1	9	8	7	6	5	4	3	2	1
대(남)	8	9	9	9	10	10	백	1	1	1	1	2	2	2	3	3	3	4	4	4	5	5	추	6	6	6	7	7	7	8
운(여)	2	2	1	1	1	1	로	10	10	9	9	9	8	8	8	7	7	7	6	6	6	5	분	5	4	4	4	3	3	3

한로 8일 09시 40분 【음9월】➜ 【丙戌月(병술월)】 ☯삼벽성 　상강 23일 12시 50분

양력 10월 · 음력 08/10 / 09/11

	1	2	3	4	5	6	7	8	9	10	11	12	13	14	15	16	17	18	19	20	21	22	23	24	25	26	27	28	29	30	31
요일	수	목	금	토	일	월	화	수	목	금	토	일	월	화	수	목	금	토	일	월	화	수	목	금	토	일	월	화	수	목	금
일진(日辰)	계묘	갑진	을사	병오	정미	무신	기유	경술	신해	임자	계축	갑인	을묘	병진	정사	무오	기미	경신	신유	임술	계해	갑자	을축	병인	정묘	무진	기사	경오	신미	임신	계유
음력	10	11	12	13	14	15	16	17	18	19	20	21	22	23	24	25	26	27	28	29	9/1	2	3	4	5	6	7	8	9	10	11
구성	9	8	7	6	5	4	3	2	1	9	8	7	6	5	4	3	2	1	9	8	7	6	5	4	3	2	1	9	8	7	6
대(남)	8	8	9	9	9	10	10	한	1	1	1	2	2	2	3	3	3	4	4	4	5	5	상	6	6	6	7	7	7	8	8
운(여)	2	2	2	1	1	1	1	로	10	10	9	9	9	8	8	8	7	7	7	6	6	6	강	5	4	4	4	3	3	3	2

입동 7일 13시 03분 【음10월】➜ 【丁亥月(정해월)】 ☯이흑성 　소설 22일 10시 34분

양력 11월 · 음력 09/12 / 10/11

	1	2	3	4	5	6	7	8	9	10	11	12	13	14	15	16	17	18	19	20	21	22	23	24	25	26	27	28	29	30
요일	토	일	월	화	수	목	금	토	일	월	화	수	목	금	토	일	월	화	수	목	금	토	일	월	화	수	목	금	토	일
일진(日辰)	갑술	을해	병자	정축	무인	기묘	경진	신사	임오	계미	갑신	을유	병술	정해	무자	기축	경인	신묘	임진	계사	갑오	을미	병신	정유	무술	기해	경자	신축	임인	계묘
음력	12	13	14	15	16	17	18	19	20	21	22	23	24	25	26	27	28	29	30	10/1	2	3	4	5	6	7	8	9	10	11
구성	5	4	3	2	1	9	8	7	6	5	4	3	2	1	9	8	7	6	5	4	3	2	1	9	8	7	6	5	4	3
대(남)	8	8	9	9	9	10	입	1	1	1	2	2	2	3	3	3	4	4	4	5	5	소	6	6	6	7	7	7	8	8
운(여)	2	2	1	1	1	1	동	10	10	9	9	9	8	8	8	7	7	7	6	6	6	설	5	4	4	4	3	3	3	2

대설 7일 06시 03분 【음11월】➜ 【戊子月(무자월)】 ☯일백성 　동지 21일 00시 02분

양력 12월 · 음력 10/12 / 11/12

	1	2	3	4	5	6	7	8	9	10	11	12	13	14	15	16	17	18	19	20	21	22	23	24	25	26	27	28	29	30	31
요일	월	화	수	목	금	토	일	월	화	수	목	금	토	일	월	화	수	목	금	토	일	월	화	수	목	금	토	일	월	화	수
일진(日辰)	갑진	을사	병오	정미	무신	기유	경술	신해	임자	계축	갑인	을묘	병진	정사	무오	기미	경신	신유	임술	계해	갑자	을축	병인	정묘	무진	기사	경오	신미	임신	계유	갑술
음력	12	13	14	15	16	17	18	19	20	21	22	23	24	25	26	27	28	29	30	11/1	2	3	4	5	6	7	8	9	10	11	12
구성	2	1	9	8	7	6	5	4	3	2	1	9	8	7	6	5	4	3	2	1	9	8	7	6	5	4	3	2	1	9	2
대(남)	8	8	9	9	9	10	대	1	1	1	2	2	2	3	3	3	4	4	4	5	동	5	6	6	6	7	7	7	8	8	8
운(여)	2	2	1	1	1	1	설	10	10	9	9	9	8	8	8	7	7	7	6	6	지	5	5	4	4	4	3	3	3	2	2

단기 4359 年 / 불기 2570 年	**2026년**

下元-병오(丙午)년, 납음(천하수), 본명성(일백수)
대장군(卯동방), 삼살(북방), 상문(申서남방), 조객(辰동남방), 납음(천하수), 【삼재(신유술년)】 臘享(납향):2027년1월16일(음12/08)

소한 5일 17시 22분 【음12월】 ➡ 【己丑月(기축월)】 ☯구자성 대한 20일 10시 44분

양력 1월	1	2	3	4	5	6	7	8	9	10	11	12	13	14	15	16	17	18	19	20	21	22	23	24	25	26	27	28	29	30	31
요일	목	금	토	일	월	화	수	목	금	토	일	월	화	수	목	금	토	일	월	화	수	목	금	토	일	월	화	수	목	금	토
일진	을	병	정	무	기	경	신	임	계	갑	을	병	정	무	기	경	신	임	계	갑	을	병	정	무	기	경	신	임	계	갑	을
日辰	해	자	축	인	묘	진	사	오	미	신	유	술	해	자	축	인	묘	진	사	오	미	신	유	술	해	자	축	인	묘	진	사
음력	13	14	15	16	17	18	19	20	21	22	23	24	25	26	27	28	29	30	12/1	2	3	4	5	6	7	8	9	10	11	12	13
구성	3	4	5	6	7	8	9	1	2	3	4	5	6	7	8	9	1	2	3	4	5	6	7	8	9	1	2	3	4	5	6
대운 남	8	9	9	9	소한	1	1	1	1	2	2	2	3	3	3	4	4	4	5	대한	5	6	6	6	7	7	7	8	8	8	9
대운 여	1	1	1	1	소한	10	9	9	9	8	8	8	7	7	7	6	6	6	5	대한	5	4	4	4	3	3	3	2	2	2	1

음력 11/13 ~ 12/13

입춘 4일 05시 01분 【음1월】 ➡ 【庚寅月(경인월)】 ☯팔백성 우수 19일 00시 51분

양력 2월	1	2	3	4	5	6	7	8	9	10	11	12	13	14	15	16	17	18	19	20	21	22	23	24	25	26	27	28
요일	일	월	화	수	목	금	토	일	월	화	수	목	금	토	일	월	화	수	목	금	토	일	월	화	수	목	금	토
일진	병	정	무	기	경	신	임	계	갑	을	병	정	무	기	경	신	임	계	갑	을	병	정	무	기	경	신	임	계
日辰	오	미	신	유	술	해	자	축	인	묘	진	사	오	미	신	유	술	해	자	축	인	묘	진	사	오	미	신	유
음력	14	15	16	17	18	19	20	21	22	23	24	25	26	27	28	29	1/1	2	3	4	5	6	7	8	9	10	11	12
구성	7	8	9	1	2	3	4	5	6	7	8	9	1	2	3	4	5	6	7	8	9	1	2	3	4	5	6	7
대운 남	9	9	10	입춘	9	9	9	8	8	8	7	7	7	6	6	6	5	5	우수	4	4	4	3	3	3	2	2	2
대운 여	1	1	1	입춘	1	1	1	1	2	2	2	3	3	3	4	4	4	5	우수	5	6	6	6	7	7	7	8	8

음력 12/14 ~ 01/12

병오년

경칩 5일 22시 58분 【음2월】 ➡ 【辛卯月(신묘월)】 ☯칠적성 춘분 20일 23시 45분

양력 3월	1	2	3	4	5	6	7	8	9	10	11	12	13	14	15	16	17	18	19	20	21	22	23	24	25	26	27	28	29	30	31
요일	일	월	화	수	목	금	토	일	월	화	수	목	금	토	일	월	화	수	목	금	토	일	월	화	수	목	금	토	일	월	화
일진	갑	을	병	정	무	기	경	신	임	계	갑	을	병	정	무	기	경	신	임	계	갑	을	병	정	무	기	경	신	임	계	갑
日辰	술	해	자	축	인	묘	진	사	오	미	신	유	술	해	자	축	인	묘	진	사	오	미	신	유	술	해	자	축	인	묘	진
음력	13	14	15	16	17	18	19	20	21	22	23	24	25	26	27	28	29	30	2/1	2	3	4	5	6	7	8	9	10	11	12	13
구성	8	9	1	2	3	4	5	6	7	8	9	1	2	3	4	5	6	7	8	9	1	2	3	4	5	6	7	8	9	1	2
대운 남	1	1	1	1	경칩	10	10	9	9	9	8	8	8	7	7	7	6	6	6	춘분	5	5	5	4	4	4	3	3	3	2	2
대운 여	8	9	9	9	경칩	1	1	1	1	2	2	2	3	3	3	4	4	4	5	춘분	5	6	6	6	7	7	7	8	8	8	9

음력 01/13 ~ 02/13

청명 5일 03시 39분 【음3월】 ➡ 【壬辰月(임진월)】 ☯육백성 곡우 20일 10시 38분

양력 4월	1	2	3	4	5	6	7	8	9	10	11	12	13	14	15	16	17	18	19	20	21	22	23	24	25	26	27	28	29	30
요일	수	목	금	토	일	월	화	수	목	금	토	일	월	화	수	목	금	토	일	월	화	수	목	금	토	일	월	화	수	목
일진	을	병	정	무	기	경	신	임	계	갑	을	병	정	무	기	경	신	임	계	갑	을	병	정	무	기	경	신	임	계	갑
日辰	사	오	미	신	유	술	해	자	축	인	묘	진	사	오	미	신	유	술	해	자	축	인	묘	진	사	오	미	신	유	술
음력	14	15	16	17	18	19	20	21	22	23	24	25	26	27	28	29	3/1	2	3	4	5	6	7	8	9	10	11	12	13	14
구성	3	4	5	6	7	8	9	1	2	3	4	5	6	7	8	9	1	2	3	4	5	6	7	8	9	1	2	3	4	5
대운 남	1	1	1	1	청명	10	9	9	9	8	8	8	7	7	7	6	6	6	5	곡우	5	4	4	4	3	3	3	2	2	2
대운 여	9	9	10	10	청명	1	1	1	1	2	2	2	3	3	3	4	4	4	5	곡우	5	6	6	6	7	7	7	8	8	8

음력 02/14 ~ 03/14

입하 5일 20시 48분 【음4월】 ➡ 【癸巳月(계사월)】 ☯오황성 소만 21일 09시 36분

양력 5월	1	2	3	4	5	6	7	8	9	10	11	12	13	14	15	16	17	18	19	20	21	22	23	24	25	26	27	28	29	30	31
요일	금	토	일	월	화	수	목	금	토	일	월	화	수	목	금	토	일	월	화	수	목	금	토	일	월	화	수	목	금	토	일
일진	을	병	정	무	기	경	신	임	계	갑	을	병	정	무	기	경	신	임	계	갑	을	병	정	무	기	경	신	임	계	갑	을
日辰	해	자	축	인	묘	진	사	오	미	신	유	술	해	자	축	인	묘	진	사	오	미	신	유	술	해	자	축	인	묘	진	사
음력	15	16	17	18	19	20	21	22	23	24	25	26	27	28	29	30	4/1	2	3	4	5	6	7	8	9	10	11	12	13	14	15
구성	6	7	8	9	1	2	3	4	5	6	7	8	9	1	2	3	4	5	6	7	8	9	1	2	3	4	5	6	7	8	9
대운 남	1	1	1	1	입하	10	10	10	9	9	9	8	8	8	7	7	7	6	6	6	소만	5	5	5	4	4	3	3	3	2	2
대운 여	9	9	9	10	입하	1	1	1	1	2	2	2	3	3	3	4	4	4	5	5	소만	6	6	6	7	7	7	8	8	8	9

음력 03/15 ~ 04/15

망종 6일 00시 47분 【음5월】 ➡ 【甲午月(갑오월)】 ☯사록성 하지 21일 17시 23분

양력 6월	1	2	3	4	5	6	7	8	9	10	11	12	13	14	15	16	17	18	19	20	21	22	23	24	25	26	27	28	29	30
요일	월	화	수	목	금	토	일	월	화	수	목	금	토	일	월	화	수	목	금	토	일	월	화	수	목	금	토	일	월	화
일진	병	정	무	기	경	신	임	계	갑	을	병	정	무	기	경	신	임	계	갑	을	병	정	무	기	경	신	임	계	갑	을
日辰	오	미	신	유	술	해	자	축	인	묘	진	사	오	미	신	유	술	해	자	축	인	묘	진	사	오	미	신	유	술	해
음력	16	17	18	19	20	21	22	23	24	25	26	27	28	29	5/1	2	3	4	5	6	7	8	9	10	11	12	13	14	15	16
구성	1	2	3	4	5	6	7	8	9	1	2	3	4	5	6	7	8	9	9	8	7	6	5	4	3	2	1	9	8	7
대운 남	2	1	1	1	1	망종	10	10	9	9	9	8	8	8	7	7	7	6	6	6	하지	5	5	4	4	4	3	3	3	2
대운 여	9	9	10	10	10	망종	1	1	1	1	2	2	2	3	3	3	4	4	4	5	하지	5	6	6	6	7	7	7	8	8

음력 04/16 ~ 05/16

한식(4월05일), 초복(7월15일), 중복(7월25일), 말복(8월14일) ↑춘사(春社)3/15 ☀추사(秋社)9/21
토왕지절(土旺之節):4월17일,7월20일,10월21일,1월17일(음12/09)臘享(납향):2027년1월16일(음12/08)

十日得辛, 七龍治水, 2026년 병오年(천하수), 일백수

9자	5황	7적
8백	1백	3벽
4록	6백	2흑

2026

소서 7일 10시 56분 　【음6월】➡　【乙未月(을미월)】　●삼벽성　대서 23일 04시 12분

양력 7월 (05/17~06/18)	1	2	3	4	5	6	7	8	9	10	11	12	13	14	15	16	17	18	19	20	21	22	23	24	25	26	27	28	29	30	31
요일	수	목	금	토	일	월	화	수	목	금	토	일	월	화	수	목	금	토	일	월	화	수	목	금	토	일	월	화	수	목	금
일진(日辰)	병자	정축	무인	기묘	경진	신사	임오	계미	갑신	을유	병술	정해	무자	기축	경인	신묘	임진	계사	갑오	을미	병신	정유	무술	기해	경자	신축	임인	계묘	갑진	을사	병오
음력	17	18	19	20	21	22	23	24	25	26	27	28	29	6/1	2	3	4	5	6	7	8	9	10	11	12	13	14	15	16	17	18
구성	6	5	4	3	2	1	9	8	7	6	5	4	3	2	1	9	8	7	6	5	4	3	2	1	9	8	7	6	5	4	3
대운 남	2	2	1	1	1	1	소	10	10	9	9	9	8	8	8	7	7	7	6	6	6	5	대	5	4	4	4	3	3	3	2
운 여	8	8	9	9	9	10	서	1	1	1	1	2	2	2	3	3	3	4	4	4	5	5	서	6	6	6	7	7	7	8	8

입추 7일 20시 42분 　【음7월】➡　【丙申月(병신월)】　●이흑성　처서 23일 11시 18분

양력 8월 (06/19~07/19)	1	2	3	4	5	6	7	8	9	10	11	12	13	14	15	16	17	18	19	20	21	22	23	24	25	26	27	28	29	30	31
요일	토	일	월	화	수	목	금	토	일	월	화	수	목	금	토	일	월	화	수	목	금	토	일	월	화	수	목	금	토	일	월
일진(日辰)	정미	무신	기유	경술	신해	임자	계축	갑인	을묘	병진	정사	무오	기미	경신	신유	임술	계해	갑자	을축	병인	정묘	무진	기사	경오	신미	임신	계유	갑술	을해	병자	정축
음력	19	20	21	22	23	24	25	26	27	28	29	30	7/1	2	3	4	5	6	7	8	9	10	11	12	13	14	15	16	17	18	19
구성	2	1	9	8	7	6	5	4	3	2	1	9	8	7	6	5	4	3	2	1	9	8	7	6	5	4	3	2	1	9	8
대운 남	2	2	1	1	1	1	입	10	10	9	9	9	8	8	8	7	7	7	6	6	6	5	처	5	4	4	4	3	3	3	2
운 여	8	8	9	9	9	10	추	1	1	1	1	2	2	2	3	3	3	4	4	4	5	5	서	6	6	6	7	7	7	8	8

백로 7일 23시 40분 　【음8월】➡　【丁酉月(정유월)】　●일백성　추분 23일 09시 04분

양력 9월 (07/20~08/20)	1	2	3	4	5	6	7	8	9	10	11	12	13	14	15	16	17	18	19	20	21	22	23	24	25	26	27	28	29	30
요일	화	수	목	금	토	일	월	화	수	목	금	토	일	월	화	수	목	금	토	일	월	화	수	목	금	토	일	월	화	수
일진(日辰)	무인	기묘	경진	신사	임오	계미	갑신	을유	병술	정해	무자	기축	경인	신묘	임진	계사	갑오	을미	병신	정유	무술	기해	경자	신축	임인	계묘	갑진	을사	병오	정미
음력	20	21	22	23	24	25	26	27	28	29	8/1	2	3	4	5	6	7	8	9	10	11	12	13	14	15	16	17	18	19	20
구성	7	6	5	4	3	2	1	9	8	7	6	5	4	3	2	1	9	8	7	6	5	4	3	2	1	9	8	7	6	5
대운 남	2	2	1	1	1	1	백	10	10	9	9	9	8	8	8	7	7	7	6	6	6	5	추	5	4	4	4	3	3	3
운 여	8	8	9	9	9	10	로	1	1	1	1	2	2	2	3	3	3	4	4	4	5	5	분	6	6	6	7	7	7	8

한로 8일 15시 28분 　【음9월】➡　【戊戌月(무술월)】　●구자성　상강 23일 18시 37분

양력 10월 (08/21~09/21)	1	2	3	4	5	6	7	8	9	10	11	12	13	14	15	16	17	18	19	20	21	22	23	24	25	26	27	28	29	30	31
요일	목	금	토	일	월	화	수	목	금	토	일	월	화	수	목	금	토	일	월	화	수	목	금	토	일	월	화	수	목	금	토
일진(日辰)	무신	기유	경술	신해	임자	계축	갑인	을묘	병진	정사	무오	기미	경신	신유	임술	계해	갑자	을축	병인	정묘	무진	기사	경오	신미	임신	계유	갑술	을해	병자	정축	무인
음력	21	22	23	24	25	26	27	28	29	30	9/1	2	3	4	5	6	7	8	9	10	11	12	13	14	15	16	17	18	19	20	21
구성	4	3	2	1	9	8	7	6	5	4	3	2	1	9	8	7	6	5	4	3	2	1	9	8	7	6	5	4	3	2	1
대운 남	2	2	2	1	1	1	1	한	10	9	9	9	8	8	8	7	7	7	6	6	6	5	상	5	4	4	4	3	3	3	2
운 여	8	8	8	9	9	9	10	로	1	1	1	1	2	2	2	3	3	3	4	4	4	5	강	5	6	6	6	7	7	7	8

입동 7일 18시 51분 　【음10월】➡　【己亥月(기해월)】　●팔백성　소설 22일 16시 22분

양력 11월 (09/22~10/22)	1	2	3	4	5	6	7	8	9	10	11	12	13	14	15	16	17	18	19	20	21	22	23	24	25	26	27	28	29	30
요일	일	월	화	수	목	금	토	일	월	화	수	목	금	토	일	월	화	수	목	금	토	일	월	화	수	목	금	토	일	월
일진(日辰)	기묘	경진	신사	임오	계미	갑신	을유	병술	정해	무자	기축	경인	신묘	임진	계사	갑오	을미	병신	정유	무술	기해	경자	신축	임인	계묘	갑진	을사	병오	정미	무신
음력	22	23	24	25	26	27	28	29	10/1	2	3	4	5	6	7	8	9	10	11	12	13	14	15	16	17	18	19	20	21	22
구성	9	8	7	6	5	4	3	2	1	9	8	7	6	5	4	3	2	1	9	8	7	6	5	4	3	2	1	9	8	7
대운 남	2	2	1	1	1	1	입	10	10	9	9	9	8	8	8	7	7	7	6	6	6	소	5	4	4	4	3	3	3	2
운 여	8	8	9	9	9	10	동	1	1	1	1	2	2	2	3	3	3	4	4	4	5	설	6	6	6	7	7	7	8	8

대설 7일 11시 51분 　【음11월】➡　【庚子月(경자월)】　●칠적성　동지 22일 05시 49분

양력 12월 (10/23~11/23)	1	2	3	4	5	6	7	8	9	10	11	12	13	14	15	16	17	18	19	20	21	22	23	24	25	26	27	28	29	30	31
요일	화	수	목	금	토	일	월	화	수	목	금	토	일	월	화	수	목	금	토	일	월	화	수	목	금	토	일	월	화	수	목
일진(日辰)	기유	경술	신해	임자	계축	갑인	을묘	병진	정사	무오	기미	경신	신유	임술	계해	갑자	을축	병인	정묘	무진	기사	경오	신미	임신	계유	갑술	을해	병자	정축	무인	기묘
음력	23	24	25	26	27	28	29	30	11/1	2	3	4	5	6	7	8	9	10	11	12	13	14	15	16	17	18	19	20	21	22	23
구성	6	5	4	3	2	1	9	8	7	6	5	4	3	2	1	9	8	7	6	5	4	3	1	2	3	4	5	6	7	8	9
대운 남	2	2	1	1	1	1	대	10	10	9	9	9	8	8	8	7	7	7	6	6	6	동	5	4	4	4	3	3	3	2	1
운 여	8	8	9	9	9	10	설	1	1	1	1	2	2	2	3	3	3	4	4	4	5	지	6	6	6	7	7	7	8	8	9

단기 4360 年		불기 2571 年

2027년

下元-정미(丁未)년, 납음(천하수), 본명성(구자화)

대장군(卯동방), 삼살(酉서방), 상문(酉서방)조객(巳동남방), 납음(천하수), 【삼재(사,오,미)년】 臘享(납향):2028년1월23일(음12/27)

소한 5일 23시 09분 【음12월】➡ 【辛丑月(신축월)】 ☯육백성 대한 20일 16시 29분

양력 1월 · 음력 11/24 ~ 12/24

양력	1	2	3	4	5	6	7	8	9	10	11	12	13	14	15	16	17	18	19	20	21	22	23	24	25	26	27	28	29	30	31
요일	금	토	일	월	화	수	목	금	토	일	월	화	수	목	금	토	일	월	화	수	목	금	토	일	월	화	수	목	금	토	일
일진/日辰	경진	신사	임오	계미	갑신	을유	병술	정해	무자	기축	경인	신묘	임진	계사	갑오	을미	병신	정유	무술	기해	경자	신축	임인	계묘	갑진	을사	병오	정미	무신	기유	경술
음력	24	25	26	27	28	29	30	12/1	2	3	4	5	6	7	8	9	10	11	12	13	14	15	16	17	18	19	20	21	22	23	24
구성	8	9	1	2	3	4	5	6	7	8	9	1	2	3	4	5	6	7	8	9	1	2	3	4	5	6	7	8	9	1	2
대남	1	1	1	1	소	10	9	9	9	8	8	8	7	7	7	6	6	6	5	대	5	4	4	4	3	3	3	2	2	2	1
운여	8	9	9	9	한	1	1	1	1	2	2	2	3	3	3	4	4	4	5	한	5	6	6	6	7	7	7	8	8	8	9

입춘 4일 10시 45분 【음1월】➡ 【壬寅月(임인월)】 ☯오황성 우수 19일 06시 32분

양력 2월 · 음력 12/25 ~ 01/22 · (우측: 정미년)

양력	1	2	3	4	5	6	7	8	9	10	11	12	13	14	15	16	17	18	19	20	21	22	23	24	25	26	27	28
요일	월	화	수	목	금	토	일	월	화	수	목	금	토	일	월	화	수	목	금	토	일	월	화	수	목	금	토	일
일진/日辰	신해	임자	계축	갑인	을묘	병진	정사	무오	기미	경신	신유	임술	계해	갑자	을축	병인	정묘	무진	기사	경오	신미	임신	계유	갑술	을해	병자	정축	무인
음력	25	26	27	28	29	30	1/1	2	3	4	5	6	7	8	9	10	11	12	13	14	15	16	17	18	19	20	21	22
구성	3	4	5	6	7	8	9	1	2	3	4	5	6	7	8	9	1	2	3	4	5	6	7	8	9	1	2	3
대남	1	1	1	입	1	1	1	1	2	2	2	3	3	3	4	4	4	5	우	5	6	6	6	7	7	7	8	8
운여	9	9	10	춘	10	9	9	9	8	8	8	7	7	7	6	6	6	5	수	5	4	4	4	3	3	3	2	2

경칩 6일 04시 38분 【음2월】➡ 【癸卯月(계묘월)】 ☯사록성 춘분 21일 05시 24분

양력 3월 · 음력 01/23 ~ 02/24

양력	1	2	3	4	5	6	7	8	9	10	11	12	13	14	15	16	17	18	19	20	21	22	23	24	25	26	27	28	29	30	31
요일	월	화	수	목	금	토	일	월	화	수	목	금	토	일	월	화	수	목	금	토	일	월	화	수	목	금	토	일	월	화	수
일진/日辰	기묘	경진	신사	임오	계미	갑신	을유	병술	정해	무자	기축	경인	신묘	임진	계사	갑오	을미	병신	정유	무술	기해	경자	신축	임인	계묘	갑진	을사	병오	정미	무신	기유
음력	23	24	25	26	27	28	29	2/1	2	3	4	5	6	7	8	9	10	11	12	13	14	15	16	17	18	19	20	21	22	23	24
구성	4	5	6	7	8	9	1	2	3	4	5	6	7	8	9	1	2	3	4	5	6	7	8	9	1	2	3	4	5	6	7
대남	8	9	9	9	10	경	1	1	1	1	2	2	2	3	3	3	4	4	4	5	춘	5	6	6	6	7	7	7	8	8	8
운여	2	1	1	1	1	칩	10	9	9	9	8	8	8	7	7	7	6	6	6	5	분	5	4	4	4	3	3	3	2	2	2

청명 5일 09시 16분 【음3월】➡ 【甲辰月(갑진월)】 ☯삼벽성 곡우 20일 16시 16분

양력 4월 · 음력 02/25 ~ 03/24

양력	1	2	3	4	5	6	7	8	9	10	11	12	13	14	15	16	17	18	19	20	21	22	23	24	25	26	27	28	29	30
요일	목	금	토	일	월	화	수	목	금	토	일	월	화	수	목	금	토	일	월	화	수	목	금	토	일	월	화	수	목	금
일진/日辰	경술	신해	임자	계축	갑인	을묘	병진	정사	무오	기미	경신	신유	임술	계해	갑자	을축	병인	정묘	무진	기사	경오	신미	임신	계유	갑술	을해	병자	정축	무인	기묘
음력	25	26	27	28	29	30	3/1	2	3	4	5	6	7	8	9	10	11	12	13	14	15	16	17	18	19	20	21	22	23	24
구성	8	9	1	2	3	4	5	6	7	8	9	1	2	3	4	5	6	7	8	9	1	2	3	4	5	6	7	8	9	1
대남	9	9	9	10	청	1	1	1	1	2	2	2	3	3	3	4	4	4	5	곡	5	6	6	6	7	7	7	8	8	8
운여	1	1	1	1	명	10	10	9	9	9	8	8	8	7	7	7	6	6	6	우	5	5	4	4	4	3	3	3	2	2

입하 6일 02시 24분 【음4월】➡ 【乙巳月(을사월)】 ☯이흑성 소만 21일 15시 17분

양력 5월 · 음력 03/25 ~ 04/26

양력	1	2	3	4	5	6	7	8	9	10	11	12	13	14	15	16	17	18	19	20	21	22	23	24	25	26	27	28	29	30	31
요일	토	일	월	화	수	목	금	토	일	월	화	수	목	금	토	일	월	화	수	목	금	토	일	월	화	수	목	금	토	일	월
일진/日辰	경진	신사	임오	계미	갑신	을유	병술	정해	무자	기축	경인	신묘	임진	계사	갑오	을미	병신	정유	무술	기해	경자	신축	임인	계묘	갑진	을사	병오	정미	무신	기유	경술
음력	25	26	27	28	29	4/1	2	3	4	5	6	7	8	9	10	11	12	13	14	15	16	17	18	19	20	21	22	23	24	25	26
구성	2	3	4	5	6	7	8	9	1	2	3	4	5	6	7	8	9	1	2	3	4	5	6	7	8	9	1	2	3	4	5
대남	9	9	9	10	10	입	1	1	1	1	2	2	2	3	3	3	4	4	4	5	소	5	6	6	6	7	7	7	8	8	8
운여	2	1	1	1	1	하	10	10	9	9	9	8	8	8	7	7	7	6	6	6	만	5	5	4	4	4	3	3	3	2	2

망종 6일 06시 25분 【음5월】➡ 【丙午月(병오월)】 ☯일백성 하지 21일 23시 10분

양력 6월 · 음력 04/27 ~ 05/26

양력	1	2	3	4	5	6	7	8	9	10	11	12	13	14	15	16	17	18	19	20	21	22	23	24	25	26	27	28	29	30
요일	화	수	목	금	토	일	월	화	수	목	금	토	일	월	화	수	목	금	토	일	월	화	수	목	금	토	일	월	화	수
일진/日辰	신해	임자	계축	갑인	을묘	병진	정사	무오	기미	경신	신유	임술	계해	갑자	을축	병인	정묘	무진	기사	경오	신미	임신	계유	갑술	을해	병자	정축	무인	기묘	경진
음력	27	28	29	30	5/1	2	3	4	5	6	7	8	9	10	11	12	13	14	15	16	17	18	19	20	21	22	23	24	25	26
구성	6	7	8	9	1	2	3	4	5	6	7	8	9	9	8	7	6	5	4	3	2	1	9	8	7	6	5	4	3	2
대남	9	9	9	10	10	망	1	1	1	1	2	2	2	3	3	3	4	4	4	5	하	5	6	6	6	7	7	7	8	8
운여	2	1	1	1	1	종	10	10	9	9	9	8	8	8	7	7	7	6	6	6	지	5	5	4	4	4	3	3	3	2

한식(4월06일), 초복(7월20일), 중복(7월30일), 말복(8월09일) 춘사(春社)3/20 추사(秋社)9/26
토왕지절(土旺之節):4월17일,7월20일,10월21일,1월17일(음12/21) 臘享(납향):2028년1월23일(음12/27)

五日得辛, 十二龍治水, 2027년 정미年 (천하수), 구자화

8백	4록	6백
7적	9자	2흑
3벽	5황	1백

【음6월】 ➡ 丁未月(정미월) ◐구자성
소서 7일 16시 36분 · 대서 23일 10시 03분

양력	요일	일진(日辰)	음력	구성	대(남)	운(여)
1	목	신사	27	1	8	2
2	금	임오	28	9	9	2
3	토	계미	29	8	9	1
4	일	갑신	6/1	7	9	1
5	월	을유	2	6	10	1
6	화	병술	3	5	10	1
7	수	정해	4	4	소서	소서
8	목	무자	5	3	1	10
9	금	기축	6	2	1	10
10	토	경인	7	1	1	10
11	일	신묘	8	9	1	9
12	월	임진	9	8	2	9
13	화	계사	10	7	2	9
14	수	갑오	11	6	2	8
15	목	을미	12	5	3	8
16	금	병신	13	4	3	8
17	토	정유	14	3	3	7
18	일	무술	15	2	4	7
19	월	기해	16	1	4	7
20	화	경자	17	9	4	6
21	수	신축	18	8	5	6
22	목	임인	19	7	5	6
23	금	계묘	20	6	대서	대서
24	토	갑진	21	5	6	5
25	일	을사	22	4	6	5
26	월	병오	23	3	6	4
27	화	정미	24	2	7	4
28	수	무신	25	1	7	4
29	목	기유	26	9	7	3
30	금	경술	27	8	8	3
31	토	신해	28	7	8	3

【음7월】 ➡ 戊申月(무신월) ◐팔백성
입추 8일 02시 26분 · 처서 23일 17시 13분

양력	요일	일진(日辰)	음력	구성	대(남)	운(여)
1	일	임자	29	6	8	2
2	월	계축	7/1	5	9	2
3	화	갑인	2	4	9	2
4	수	을묘	3	3	9	1
5	목	병진	4	2	10	1
6	금	정사	5	1	10	1
7	토	무오	6	9	10	1
8	일	기미	7	8	입추	입추
9	월	경신	8	7	1	10
10	화	신유	9	6	1	10
11	수	임술	10	5	1	9
12	목	계해	11	4	1	9
13	금	갑자	12	3	2	9
14	토	을축	13	2	2	8
15	일	병인	14	1	2	8
16	월	정묘	15	9	3	8
17	화	무진	16	8	3	7
18	수	기사	17	7	3	7
19	목	경오	18	6	4	7
20	금	신미	19	5	4	6
21	토	임신	20	4	4	6
22	일	계유	21	3	5	6
23	월	갑술	22	2	처서	처서
24	화	을해	23	1	5	5
25	수	병자	24	9	6	5
26	목	정축	25	8	6	4
27	금	무인	26	7	6	4
28	토	기묘	27	6	7	4
29	일	경진	28	5	7	3
30	월	신사	29	4	7	3
31	화	임오	30	3	8	3

【음8월】 ➡ 己酉月(기유월) ◐칠적성
백로 8일 05시 27분 · 추분 23일 15시 01분

양력	요일	일진(日辰)	음력	구성	대(남)	운(여)
1	수	계미	8/1	2	8	2
2	목	갑신	2	1	8	2
3	금	을유	3	9	9	2
4	토	병술	4	8	9	1
5	일	정해	5	7	9	1
6	월	무자	6	6	10	1
7	화	기축	7	5	10	1
8	수	경인	8	4	백로	백로
9	목	신묘	9	3	1	10
10	금	임진	10	2	1	9
11	토	계사	11	1	1	9
12	일	갑오	12	9	1	9
13	월	을미	13	8	2	8
14	화	병신	14	7	2	8
15	수	정유	15	6	2	8
16	목	무술	16	5	3	7
17	금	기해	17	4	3	7
18	토	경자	18	3	3	7
19	일	신축	19	2	4	6
20	월	임인	20	1	4	6
21	화	계묘	21	9	4	6
22	수	갑진	22	8	5	5
23	목	을사	23	7	추분	추분
24	금	병오	24	6	5	5
25	토	정미	25	5	6	4
26	일	무신	26	4	6	4
27	월	기유	27	3	6	4
28	화	경술	28	2	7	3
29	수	신해	29	1	7	3
30	목	임자	9/1	9	7	3

【음9월】 ➡ 庚戌月(경술월) ◐육백성
한로 8일 21시 16분 · 상강 24일 00시 32분

양력	요일	일진(日辰)	음력	구성	대(남)	운(여)
1	금	계축	2	8	8	2
2	토	갑인	3	7	8	2
3	일	을묘	4	6	8	2
4	월	병진	5	5	9	1
5	화	정사	6	4	9	1
6	수	무오	7	3	9	1
7	목	기미	8	2	10	1
8	금	경신	9	1	한로	한로
9	토	신유	10	9	1	10
10	일	임술	11	8	1	10
11	월	계해	12	7	1	9
12	화	갑자	13	6	1	9
13	수	을축	14	5	2	9
14	목	병인	15	4	2	8
15	금	정묘	16	3	2	8
16	토	무진	17	2	3	8
17	일	기사	18	1	3	7
18	월	경오	19	9	3	7
19	화	신미	20	8	4	7
20	수	임신	21	7	4	6
21	목	계유	22	6	4	6
22	금	갑술	23	5	5	6
23	토	을해	24	4	5	5
24	일	병자	25	3	상강	상강
25	월	정축	26	2	6	5
26	화	무인	27	1	6	4
27	수	기묘	28	9	6	4
28	목	경진	29	8	7	4
29	금	신사	10/1	7	7	3
30	토	임오	2	6	7	3
31	일	계미	3	5	8	3

【음10월】 ➡ 辛亥月(신해월) ◐오황성
입동 8일 00시 37분 · 소설 22일 22시 15분

양력	요일	일진(日辰)	음력	구성	대(남)	운(여)
1	월	갑신	4	4	8	2
2	화	을유	5	3	8	2
3	수	병술	6	2	9	2
4	목	정해	7	1	9	1
5	금	무자	8	9	9	1
6	토	기축	9	8	10	1
7	일	경인	10	7	10	1
8	월	신묘	11	6	입동	입동
9	화	임진	12	5	1	9
10	수	계사	13	4	1	9
11	목	갑오	14	3	1	9
12	금	을미	15	2	1	8
13	토	병신	16	1	2	8
14	일	정유	17	9	2	8
15	월	무술	18	8	2	7
16	화	기해	19	7	3	7
17	수	경자	20	6	3	7
18	목	신축	21	5	3	6
19	금	임인	22	4	4	6
20	토	계묘	23	3	4	6
21	일	갑진	24	2	4	5
22	월	을사	25	1	소설	소설
23	화	병오	26	9	5	5
24	수	정미	27	8	5	4
25	목	무신	28	7	6	4
26	금	기유	29	6	6	4
27	토	경술	30	5	6	3
28	일	신해	11/1	4	7	3
29	월	임자	2	3	7	3
30	화	계축	3	2	7	2

【음11월】 ➡ 壬子月(임자월) ◐사록성
대설 7일 17시 36분 · 동지 22일 11시 41분

양력	요일	일진(日辰)	음력	구성	대(남)	운(여)
1	수	갑인	4	1	8	2
2	목	을묘	5	9	8	2
3	금	병진	6	8	8	1
4	토	정사	7	7	9	1
5	일	무오	8	6	9	1
6	월	기미	9	5	9	1
7	화	경신	10	4	대설	대설
8	수	신유	11	3	1	10
9	목	임술	12	2	1	9
10	금	계해	13	1	1	9
11	토	갑자	14	1	1	9
12	일	을축	15	2	2	8
13	월	병인	16	3	2	8
14	화	정묘	17	4	2	8
15	수	무진	18	5	3	7
16	목	기사	19	6	3	7
17	금	경오	20	7	3	7
18	토	신미	21	8	4	6
19	일	임신	22	9	4	6
20	월	계유	23	1	4	6
21	화	갑술	24	2	5	5
22	수	을해	25	3	동지	동지
23	목	병자	26	4	5	5
24	금	정축	27	5	6	4
25	토	무인	28	6	6	4
26	일	기묘	29	7	6	4
27	월	경진	30	8	7	3
28	화	신사	12/1	9	7	3
29	수	임오	2	1	7	3
30	목	계미	3	2	8	2
31	금	갑신	4	3	8	2

단기 4361 年	**2028년**	下元-무신(戊申)년, 납음(대역토), 본명성(팔백토)	
불기 2572 年	윤5월	대장군(午남방), 삼살(남방), 상문(戌서북방), 조객(午남방), 납음(대역토), 【삼재(인,묘,진)년】 臘享(납향):2029년1월17일(음12/03)	원숭이띠

1월

소한 6일 04시 53분 【음12월】➡ 　【癸丑月(계축월)】　 ☯삼벽성　 대한 20일 22시 21분
음력 12/05 ~ 01/05

	1	2	3	4	5	6	7	8	9	10	11	12	13	14	15	16	17	18	19	20	21	22	23	24	25	26	27	28	29	30	31
양력	1	2	3	4	5	6	7	8	9	10	11	12	13	14	15	16	17	18	19	20	21	22	23	24	25	26	27	28	29	30	31
요일	토	일	월	화	수	목	금	토	일	월	화	수	목	금	토	일	월	화	수	목	금	토	일	월	화	수	목	금	토	일	월
日辰	을유	병술	정해	무자	기축	경인	신묘	임진	계사	갑오	을미	병신	정유	무술	기해	경자	신축	임인	계묘	갑진	을사	병오	정미	무신	기유	경술	신해	임자	계축	갑인	을묘
음력	5	6	7	8	9	10	11	12	13	14	15	16	17	18	19	20	21	22	23	24	25	26	27	28	29	30	1/1	2	3	4	5
구성	4	5	6	7	8	9	1	2	3	4	5	6	7	8	9	1	2	3	4	5	6	7	8	9	1	2	3	4	5	6	7
대남	8	9	9	9	10	소	1	1	1	1	2	2	2	3	3	3	4	4	4	대	5	5	6	6	6	7	7	7	8	8	8
운여	2	1	1	1	1	한	9	9	9	8	8	8	7	7	7	6	6	6	5	한	5	4	4	4	3	3	3	2	2	2	1

2월

입춘 4일 16시 30분 【음1월】➡ 　【甲寅月(갑인월)】　 ☯이흑성　 우수 19일 12시 25분
음력 01/06 ~ 02/05 — 무신년

	1	2	3	4	5	6	7	8	9	10	11	12	13	14	15	16	17	18	19	20	21	22	23	24	25	26	27	28	29
양력	1	2	3	4	5	6	7	8	9	10	11	12	13	14	15	16	17	18	19	20	21	22	23	24	25	26	27	28	29
요일	화	수	목	금	토	일	월	화	수	목	금	토	일	월	화	수	목	금	토	일	월	화	수	목	금	토	일	월	화
日辰	병진	정사	무오	기미	경신	신유	임술	계해	갑자	을축	병인	정묘	무진	기사	경오	신미	임신	계유	갑술	을해	병자	정축	무인	기묘	경진	신사	임오	계미	갑신
음력	6	7	8	9	10	11	12	13	14	15	16	17	18	19	20	21	22	23	24	25	26	27	28	29	2/1	2	3	4	5
구성	8	9	1	2	3	4	5	6	7	8	9	1	2	3	4	5	6	7	8	9	1	2	3	4	5	6	7	8	9
대남	9	9	9	입	10	9	9	9	8	8	8	7	7	7	6	6	6	5	우	5	4	4	4	3	3	3	2	2	2
운여	1	1	1	춘	1	1	1	1	2	2	2	3	3	3	4	4	4	5	수	5	6	6	6	7	7	7	8	8	8

3월

경칩 5일 10시 24분 【음2월】➡ 　【乙卯月(을묘월)】　 ☯일백성　 춘분 20일 11시 16분
음력 02/06 ~ 03/06

	1	2	3	4	5	6	7	8	9	10	11	12	13	14	15	16	17	18	19	20	21	22	23	24	25	26	27	28	29	30	31
양력	1	2	3	4	5	6	7	8	9	10	11	12	13	14	15	16	17	18	19	20	21	22	23	24	25	26	27	28	29	30	31
요일	수	목	금	토	일	월	화	수	목	금	토	일	월	화	수	목	금	토	일	월	화	수	목	금	토	일	월	화	수	목	금
日辰	을유	병술	정해	무자	기축	경인	신묘	임진	계사	갑오	을미	병신	정유	무술	기해	경자	신축	임인	계묘	갑진	을사	병오	정미	무신	기유	경술	신해	임자	계축	갑인	을묘
음력	6	7	8	9	10	11	12	13	14	15	16	17	18	19	20	21	22	23	24	25	26	27	28	29	30	3/1	2	3	4	5	6
구성	1	2	3	4	5	6	7	8	9	1	2	3	4	5	6	7	8	9	1	2	3	4	5	6	7	8	9	1	2	3	4
대남	1	1	1	1	경	10	9	9	9	8	8	8	7	7	7	6	6	6	5	춘	5	4	4	4	3	3	3	2	2	2	1
운여	9	9	9	10	칩	1	1	1	1	2	2	2	3	3	3	4	4	4	5	분	5	6	6	6	7	7	7	8	8	8	9

4월

청명 4일 15시 02분 【음3월】➡ 　【丙辰月(병진월)】　 ☯구자성　 곡우 19일 22시 08분
음력 03/07 ~ 04/06

	1	2	3	4	5	6	7	8	9	10	11	12	13	14	15	16	17	18	19	20	21	22	23	24	25	26	27	28	29	30
양력	1	2	3	4	5	6	7	8	9	10	11	12	13	14	15	16	17	18	19	20	21	22	23	24	25	26	27	28	29	30
요일	토	일	월	화	수	목	금	토	일	월	화	수	목	금	토	일	월	화	수	목	금	토	일	월	화	수	목	금	토	일
日辰	병진	정사	무오	기미	경신	신유	임술	계해	갑자	을축	병인	정묘	무진	기사	경오	신미	임신	계유	갑술	을해	병자	정축	무인	기묘	경진	신사	임오	계미	갑신	을유
음력	7	8	9	10	11	12	13	14	15	16	17	18	19	20	21	22	23	24	25	26	27	28	29	30	4/1	2	3	4	5	6
구성	5	6	7	8	9	1	2	3	4	5	6	7	8	9	1	2	3	4	5	6	7	8	9	1	2	3	4	5	6	7
대남	1	1	1	청	10	10	9	9	9	8	8	8	7	7	7	6	6	6	곡	5	5	4	4	4	3	3	3	2	2	2
운여	9	9	10	명	1	1	1	1	2	2	2	3	3	3	4	4	4	5	우	5	6	6	6	7	7	7	8	8	8	9

5월

입하 5일 08시 11분 【음4월】➡ 　【丁巳月(정사월)】　 ☯팔백성　 소만 20일 21시 09분
음력 04/07 ~ 05/08

	1	2	3	4	5	6	7	8	9	10	11	12	13	14	15	16	17	18	19	20	21	22	23	24	25	26	27	28	29	30	31
양력	1	2	3	4	5	6	7	8	9	10	11	12	13	14	15	16	17	18	19	20	21	22	23	24	25	26	27	28	29	30	31
요일	월	화	수	목	금	토	일	월	화	수	목	금	토	일	월	화	수	목	금	토	일	월	화	수	목	금	토	일	월	화	수
日辰	병술	정해	무자	기축	경인	신묘	임진	계사	갑오	을미	병신	정유	무술	기해	경자	신축	임인	계묘	갑진	을사	병오	정미	무신	기유	경술	신해	임자	계축	갑인	을묘	병진
음력	7	8	9	10	11	12	13	14	15	16	17	18	19	20	21	22	23	24	25	26	27	28	29	5/1	2	3	4	5	6	7	8
구성	8	9	1	2	3	4	5	6	7	8	9	1	2	3	4	5	6	7	8	9	1	2	3	4	5	6	7	8	9	1	2
대남	1	1	1	1	입	10	10	9	9	9	8	8	8	7	7	7	6	6	6	소	5	5	4	4	4	3	3	3	2	2	2
운여	9	9	9	10	하	1	1	1	1	2	2	2	3	3	3	4	4	4	5	만	5	6	6	6	7	7	7	8	8	8	9

6월

망종 5일 12시 15분 【음5월】➡ 　【戊午月(무오월)】　 ☯칠적성　 하지 21일 05시 01분
음력 05/09 ~ 윤5/08

	1	2	3	4	5	6	7	8	9	10	11	12	13	14	15	16	17	18	19	20	21	22	23	24	25	26	27	28	29	30
양력	1	2	3	4	5	6	7	8	9	10	11	12	13	14	15	16	17	18	19	20	21	22	23	24	25	26	27	28	29	30
요일	목	금	토	일	월	화	수	목	금	토	일	월	화	수	목	금	토	일	월	화	수	목	금	토	일	월	화	수	목	금
日辰	정사	무오	기미	경신	신유	임술	계해	갑자	을축	병인	정묘	무진	기사	경오	신미	임신	계유	갑술	을해	병자	정축	무인	기묘	경진	신사	임오	계미	갑신	을유	병술
음력	9	10	11	12	13	14	15	16	17	18	19	20	21	22	23	24	25	26	27	28	29	30	윤5	2	3	4	5	6	7	8
구성	3	4	5	6	7	8	9	1	2	3	4	5	6	7	8	9	1	2	3	4	9	8	7	6	5	4	3	2	1	9
대남	1	1	1	1	망	10	10	9	9	9	8	8	8	7	7	7	6	6	6	6	하	5	4	4	3	3	3	2	2	2
운여	9	9	10	10	종	1	1	1	1	2	2	2	3	3	3	4	4	4	5	5	지	6	6	6	7	7	7	8	8	8

한식(4월05일), 초복(7월14일), 중복(7월24일), 말복(8월13일)　↑춘사(春社)3/24　☀추사(秋社)9/20
토왕지절(土旺之節):4월16일,7월19일,10월20일,1월17일(음12/03)　臘享(납향):2029년1월17일(음12/03)

一日得辛, 六龍治水, 2028년 무신年 (대역토), 팔백토

7적	3벽	5황
6백	8백	1백
2흑	4록	9자

양력 7월　【음6월】➡　【己未月(기미월)】　☯육백성
소서 6일 22시 29분　대서 22일 15시 53분　음력 윤5/09 ~ 06/10

양력	1	2	3	4	5	6	7	8	9	10	11	12	13	14	15	16	17	18	19	20	21	22	23	24	25	26	27	28	29	30	31
요일	토	일	월	화	수	목	금	토	일	월	화	수	목	금	토	일	월	화	수	목	금	토	일	월	화	수	목	금	토	일	월
일진 日辰	정해	무자	기축	경인	신묘	임진	계사	갑오	을미	병신	정유	무술	기해	경자	신축	임인	계묘	갑진	을사	병오	정미	무신	기유	경술	신해	임자	계축	갑인	을묘	병진	정사
음력	9	10	11	12	13	14	15	16	17	18	19	20	21	22	23	24	25	26	27	28	29	6/1	2	3	4	5	6	7	8	9	10
구성	4	3	2	1	9	8	7	6	5	4	3	2	1	9	8	7	6	5	4	3	2	1	9	8	7	6	5	4	3	2	1
대남	2	1	1	1	1	소서	10	10	10	9	9	9	8	8	8	7	7	7	6	6	6	대서	5	5	4	4	4	3	3	3	2
운여	9	9	9	10	10	소서	1	1	1	1	2	2	2	3	3	3	4	4	4	5	5	대서	6	6	6	7	7	7	8	8	8

양력 8월　【음7월】➡　【庚申月(경신월)】　☯오황성
입추 7일 08시 20분　처서 22일 23시 00분　음력 06/11 ~ 07/12

양력	1	2	3	4	5	6	7	8	9	10	11	12	13	14	15	16	17	18	19	20	21	22	23	24	25	26	27	28	29	30	31
요일	화	수	목	금	토	일	월	화	수	목	금	토	일	월	화	수	목	금	토	일	월	화	수	목	금	토	일	월	화	수	목
일진 日辰	무오	기미	경신	신유	임술	계해	갑자	을축	병인	정묘	무진	기사	경오	신미	임신	계유	갑술	을해	병자	정축	무인	기묘	경진	신사	임오	계미	갑신	을유	병술	정해	무자
음력	11	12	13	14	15	16	17	18	19	20	21	22	23	24	25	26	27	28	29	7/1	2	3	4	5	6	7	8	9	10	11	12
구성	9	8	7	6	5	4	3	2	1	9	8	7	6	5	4	3	2	1	9	8	7	6	5	4	3	2	1	9	8	7	6
대남	2	2	1	1	1	1	입추	10	10	9	9	9	8	8	8	7	7	7	6	6	6	처서	5	5	4	4	4	3	3	3	2
운여	9	9	9	10	10	10	입추	1	1	1	1	2	2	2	3	3	3	4	4	4	5	처서	5	6	6	6	7	7	7	8	8

양력 9월　【음8월】➡　【辛酉月(신유월)】　☯사록성
백로 7일 11시 21분　추분 22일 20시 44분　음력 07/13 ~ 08/12

양력	1	2	3	4	5	6	7	8	9	10	11	12	13	14	15	16	17	18	19	20	21	22	23	24	25	26	27	28	29	30
요일	금	토	일	월	화	수	목	금	토	일	월	화	수	목	금	토	일	월	화	수	목	금	토	일	월	화	수	목	금	토
일진 日辰	기축	경인	신묘	임진	계사	갑오	을미	병신	정유	무술	기해	경자	신축	임인	계묘	갑진	을사	병오	정미	무신	기유	경술	신해	임자	계축	갑인	을묘	병진	정사	무오
음력	13	14	15	16	17	18	19	20	21	22	23	24	25	26	27	28	29	30	8/1	2	3	4	5	6	7	8	9	10	11	12
구성	5	4	3	2	1	9	8	7	6	5	4	3	2	1	9	8	7	6	5	4	3	2	1	9	8	7	6	5	4	3
대남	2	2	1	1	1	1	백로	10	10	9	9	9	8	8	8	7	7	7	6	6	6	추분	5	5	4	4	4	3	3	3
운여	8	9	9	9	10	10	백로	1	1	1	1	2	2	2	3	3	3	4	4	4	5	추분	5	6	6	6	7	7	7	8

양력 10월　【음9월】➡　【壬戌月(임술월)】　☯삼벽성
한로 8일 03시 07분　상강 23일 06시 12분　음력 08/13 ~ 09/14

양력	1	2	3	4	5	6	7	8	9	10	11	12	13	14	15	16	17	18	19	20	21	22	23	24	25	26	27	28	29	30	31
요일	일	월	화	수	목	금	토	일	월	화	수	목	금	토	일	월	화	수	목	금	토	일	월	화	수	목	금	토	일	월	화
일진 日辰	기미	경신	신유	임술	계해	갑자	을축	병인	정묘	무진	기사	경오	신미	임신	계유	갑술	을해	병자	정축	무인	기묘	경진	신사	임오	계미	갑신	을유	병술	정해	무자	기축
음력	13	14	15	16	17	18	19	20	21	22	23	24	25	26	27	28	29	9/1	2	3	4	5	6	7	8	9	10	11	12	13	14
구성	2	1	9	8	7	6	5	4	3	2	1	9	8	7	6	5	4	3	2	1	9	8	7	6	5	4	3	2	1	9	8
대남	2	2	2	1	1	1	1	한로	10	9	9	9	8	8	8	7	7	7	6	6	6	5	상강	5	4	4	4	3	3	3	2
운여	8	8	9	9	9	10	10	한로	1	1	1	1	2	2	2	3	3	3	4	4	4	5	상강	5	6	6	6	7	7	7	8

양력 11월　【음10월】➡　【癸亥月(계해월)】　☯이흑성
입동 7일 06시 26분　소설 22일 03시 53분　음력 09/15 ~ 10/15

양력	1	2	3	4	5	6	7	8	9	10	11	12	13	14	15	16	17	18	19	20	21	22	23	24	25	26	27	28	29	30
요일	수	목	금	토	일	월	화	수	목	금	토	일	월	화	수	목	금	토	일	월	화	수	목	금	토	일	월	화	수	목
일진 日辰	경인	신묘	임진	계사	갑오	을미	병신	정유	무술	기해	경자	신축	임인	계묘	갑진	을사	병오	정미	무신	기유	경술	신해	임자	계축	갑인	을묘	병진	정사	무오	기미
음력	15	16	17	18	19	20	21	22	23	24	25	26	27	28	29	10/1	2	3	4	5	6	7	8	9	10	11	12	13	14	15
구성	7	6	5	4	3	2	1	9	8	7	6	5	4	3	2	1	9	8	7	6	5	4	3	2	1	9	8	7	6	5
대남	2	2	1	1	1	1	입동	9	9	9	8	8	8	7	7	7	6	6	6	5	5	소설	5	4	4	4	3	3	3	2
운여	8	8	9	9	9	10	입동	1	1	1	2	2	2	3	3	3	4	4	4	5	5	소설	5	6	6	6	7	7	7	8

양력 12월　【음11월】➡　【甲子月(갑자월)】　☯일백성
대설 6일 23시 23분　동지 21일 17시 18분　음력 10/16 ~ 11/16

양력	1	2	3	4	5	6	7	8	9	10	11	12	13	14	15	16	17	18	19	20	21	22	23	24	25	26	27	28	29	30	31
요일	금	토	일	월	화	수	목	금	토	일	월	화	수	목	금	토	일	월	화	수	목	금	토	일	월	화	수	목	금	토	일
일진 日辰	경신	신유	임술	계해	갑자	을축	병인	정묘	무진	기사	경오	신미	임신	계유	갑술	을해	병자	정축	무인	기묘	경진	신사	임오	계미	갑신	을유	병술	정해	무자	기축	경인
음력	16	17	18	19	20	21	22	23	24	25	26	27	28	29	30	11/1	2	3	4	5	6	7	8	9	10	11	12	13	14	15	16
구성	4	3	2	1	1	2	3	4	5	6	7	8	9	1	2	3	4	5	6	7	8	9	1	2	3	4	5	6	7	8	9
대남	2	1	1	1	1	대설	10	10	10	9	9	9	8	8	8	7	7	7	6	6	동지	5	5	4	4	4	3	3	3	2	2
운여	9	9	9	10	10	대설	1	1	1	1	2	2	2	3	3	3	4	4	4	5	동지	5	6	6	6	7	7	7	8	8	8

단기 4362 年	2029년	下元-기유(己酉)년. 납음(대역토),본명성(칠적금)
불기 2573 年		대장군(午남방), 삼살(동방), 상문(亥서북방), 조객(未서남방),납음(대역토), 삼재(해,자,축)년 臘享(납향):2030년1월24일(음12/21)

소한 5일 10시 41분 【음12월】➡ 【乙丑月(을축월)】 ☯구자성 대한 20일 04시 00분

양력 1월 · 음력 11/17 ▪ 12/17

양력	1	2	3	4	5	6	7	8	9	10	11	12	13	14	15	16	17	18	19	20	21	22	23	24	25	26	27	28	29	30	31
요일	월	화	수	목	금	토	일	월	화	수	목	금	토	일	월	화	수	목	금	토	일	월	화	수	목	금	토	일	월	화	수
일진	신	임	계	갑	을	병	정	무	기	경	신	임	계	갑	을	병	정	무	기	경	신	임	계	갑	을	병	정	무	기	경	신
日辰	묘	진	사	오	미	신	유	술	해	자	축	인	묘	진	사	오	미	신	유	술	해	자	축	인	묘	진	사	오	미	신	유
음력	17	18	19	20	21	22	23	24	25	26	27	28	29	30	12/1	2	3	4	5	6	7	8	9	10	11	12	13	14	15	16	17
구성	1	2	3	4	5	6	7	8	9	1	2	3	4	5	6	7	8	9	1	2	3	4	5	6	7	8	9	1	2	3	4
대운 남	1	1	1	1	소한	9	9	9	8	8	8	7	7	7	6	6	6	5	5	대한	4	4	4	3	3	3	2	2	2	1	1
운 여	9	9	9	10	소한	1	1	1	1	2	2	2	3	3	3	4	4	4	5	대한	5	6	6	6	7	7	7	8	8	8	9

입춘 3일 22시 20분 【음1월】➡ 【丙寅月(병인월)】 ☯팔백성 우수 18일 18시 07분

양력 2월 · 음력 12/18 ▪ 01/16

양력	1	2	3	4	5	6	7	8	9	10	11	12	13	14	15	16	17	18	19	20	21	22	23	24	25	26	27	28
요일	목	금	토	일	월	화	수	목	금	토	일	월	화	수	목	금	토	일	월	화	수	목	금	토	일	월	화	수
일진	임	계	갑	을	병	정	무	기	경	신	임	계	갑	을	병	정	무	기	경	신	임	계	갑	을	병	정	무	기
日辰	술	해	자	축	인	묘	진	사	오	미	신	유	술	해	자	축	인	묘	진	사	오	미	신	유	술	해	자	축
음력	18	19	20	21	22	23	24	25	26	27	28	29	1/1	2	3	4	5	6	7	8	9	10	11	12	13	14	15	16
구성	5	6	7	8	9	1	2	3	4	5	6	7	8	9	1	2	3	4	5	6	7	8	9	1	2	3	4	5
대운 남	1	1	입춘	1	1	1	1	2	2	2	3	3	3	4	4	4	5	우수	5	6	6	6	7	7	7	8	8	8
운 여	9	9	입춘	10	9	9	9	8	8	8	7	7	7	6	6	6	5	우수	5	4	4	4	3	3	3	2	2	2

경칩 5일 16시 16분 【음2월】➡ 【丁卯月(정묘월)】 ☯칠적성 춘분 20일 17시 01분

양력 3월 · 음력 01/17 ▪ 02/17

양력	1	2	3	4	5	6	7	8	9	10	11	12	13	14	15	16	17	18	19	20	21	22	23	24	25	26	27	28	29	30	31
요일	목	금	토	일	월	화	수	목	금	토	일	월	화	수	목	금	토	일	월	화	수	목	금	토	일	월	화	수	목	금	토
일진	경	신	임	계	갑	을	병	정	무	기	경	신	임	계	갑	을	병	정	무	기	경	신	임	계	갑	을	병	정	무	기	경
日辰	인	묘	진	사	오	미	신	유	술	해	자	축	인	묘	진	사	오	미	신	유	술	해	자	축	인	묘	진	사	오	미	신
음력	17	18	19	20	21	22	23	24	25	26	27	28	29	30	2/1	2	3	4	5	6	7	8	9	10	11	12	13	14	15	16	17
구성	6	7	8	9	1	2	3	4	5	6	7	8	9	1	2	3	4	5	6	7	8	9	1	2	3	4	5	6	7	8	9
대운 남	9	9	9	10	경칩	1	1	1	1	2	2	2	3	3	3	4	4	4	5	춘분	5	6	6	6	7	7	7	8	8	8	9
운 여	1	1	1	1	경칩	10	9	9	9	8	8	8	7	7	7	6	6	6	5	춘분	5	4	4	4	3	3	3	2	2	2	1

청명 4일 20시 57분 【음3월】➡ 【戊辰月(무진월)】 ☯육백성 곡우 20일 03시 54분

양력 4월 · 음력 02/18 ▪ 03/17

양력	1	2	3	4	5	6	7	8	9	10	11	12	13	14	15	16	17	18	19	20	21	22	23	24	25	26	27	28	29	30
요일	일	월	화	수	목	금	토	일	월	화	수	목	금	토	일	월	화	수	목	금	토	일	월	화	수	목	금	토	일	월
일진	신	임	계	갑	을	병	정	무	기	경	신	임	계	갑	을	병	정	무	기	경	신	임	계	갑	을	병	정	무	기	경
日辰	유	술	해	자	축	인	묘	진	사	오	미	신	유	술	해	자	축	인	묘	진	사	오	미	신	유	술	해	자	축	인
음력	18	19	20	21	22	23	24	25	26	27	28	29	30	3/1	2	3	4	5	6	7	8	9	10	11	12	13	14	15	16	17
구성	1	2	3	4	5	6	7	8	9	1	2	3	4	5	6	7	8	9	1	2	3	4	5	6	7	8	9	1	2	3
대운 남	9	9	10	청명	1	1	1	1	2	2	2	3	3	3	4	4	4	5	5	곡우	6	6	6	7	7	7	8	8	8	9
운 여	1	1	1	청명	10	10	9	9	9	8	8	8	7	7	7	6	6	6	5	곡우	5	4	4	4	3	3	3	2	2	2

입하 5일 14시 07분 【음4월】➡ 【己巳月(기사월)】 ☯오황성 소만 21일 02시 55분

양력 5월 · 음력 03/18 ▪ 04/19

양력	1	2	3	4	5	6	7	8	9	10	11	12	13	14	15	16	17	18	19	20	21	22	23	24	25	26	27	28	29	30	31
요일	화	수	목	금	토	일	월	화	수	목	금	토	일	월	화	수	목	금	토	일	월	화	수	목	금	토	일	월	화	수	목
일진	신	임	계	갑	을	병	정	무	기	경	신	임	계	갑	을	병	정	무	기	경	신	임	계	갑	을	병	정	무	기	경	신
日辰	묘	진	사	오	미	신	유	술	해	자	축	인	묘	진	사	오	미	신	유	술	해	자	축	인	묘	진	사	오	미	신	유
음력	18	19	20	21	22	23	24	25	26	27	28	29	4/1	2	3	4	5	6	7	8	9	10	11	12	13	14	15	16	17	18	19
구성	4	5	6	7	8	9	1	2	3	4	5	6	7	8	9	1	2	3	4	5	6	7	8	9	1	2	3	4	5	6	7
대운 남	9	9	10	10	입하	1	1	1	1	2	2	2	3	3	3	4	4	4	5	5	소만	6	6	6	7	7	7	8	8	8	9
운 여	1	1	1	1	입하	10	10	9	9	9	8	8	8	7	7	7	6	6	6	5	소만	5	4	4	4	3	3	3	2	2	2

망종 5일 18시 09분 【음5월】➡ 【庚午月(경오월)】 ☯사록성 하지 21일 10시 47분

양력 6월 · 음력 04/20 ▪ 05/19

양력	1	2	3	4	5	6	7	8	9	10	11	12	13	14	15	16	17	18	19	20	21	22	23	24	25	26	27	28	29	30
요일	금	토	일	월	화	수	목	금	토	일	월	화	수	목	금	토	일	월	화	수	목	금	토	일	월	화	수	목	금	토
일진	임	계	갑	을	병	정	무	기	경	신	임	계	갑	을	병	정	무	기	경	신	임	계	갑	을	병	정	무	기	경	신
日辰	술	해	자	축	인	묘	진	사	오	미	신	유	술	해	자	축	인	묘	진	사	오	미	신	유	술	해	자	축	인	묘
음력	20	21	22	23	24	25	26	27	28	29	30	5/1	2	3	4	5	6	7	8	9	10	11	12	13	14	15	16	17	18	19
구성	8	9	1	2	3	4	5	6	7	8	9	1	2	3	4	5	6	7	8	9	1	2	3	4	5	6	7	8	9	1
대운 남	9	9	10	10	망종	1	1	1	1	2	2	2	3	3	3	4	4	4	5	5	하지	6	6	6	7	7	7	8	8	8
운 여	1	1	1	1	망종	10	10	9	9	9	8	8	8	7	7	7	6	6	6	5	하지	5	4	4	4	3	3	3	2	2

기 유 년

한식(4월05일), 초복(7월19일), 중복(7월29일), 말복(8월08일) ↑춘사(春社)3/19 ☀추사(秋社)9/25
토왕지절(土旺之節):4월17일,7월19일,10월20일,1월17일(음12/14) 臘享(납향):2030년1월24일(음12/21)

八日得辛, 七龍治水, 2029년 기유년 (대역토), 칠적금

6백	2흑	4록
5황	7적	9자
1백	3벽	8백

2029

양력 7월 — 소서 7일 04시 21분 【음6월】→ 【辛未月(신미월)】 ☯삼벽성 · 대서 22일 21시 41분

양력	요일	일진	음력	구성	대남	운여
1	일	임진	20	8	9	2
2	월	계사	21	7	9	2
3	화	갑오	22	6	9	1
4	수	을미	23	5	10	1
5	목	병신	24	4	10	1
6	금	정유	25	3	10	1
7	토	무술	26	2	소서	소서
8	일	기해	27	1	1	10
9	월	경자	28	9	1	10
10	화	신축	29	8	1	9
11	수	임인	30	7	1	9
12	목	계묘	6/1	6	2	9
13	금	갑진	2	5	2	8
14	토	을사	3	4	2	8
15	일	병오	4	3	3	8
16	월	정미	5	2	3	7
17	화	무신	6	1	3	7
18	수	기유	7	9	4	7
19	목	경술	8	8	4	6
20	금	신해	9	7	4	6
21	토	임자	10	6	5	6
22	일	계축	11	5	대서	대서
23	월	갑인	12	4	5	5
24	화	을묘	13	3	6	5
25	수	병진	14	2	6	4
26	목	정사	15	1	6	4
27	금	무오	16	9	7	4
28	토	기미	17	8	7	3
29	일	경신	18	7	7	3
30	월	신유	19	6	8	3
31	화	임술	20	5	8	2

양력 8월 — 입추 7일 14시 11분 【음7월】→ 【壬申月(임신월)】 ☯이흑성 · 처서 23일 04시 50분

양력	요일	일진	음력	구성	대남	운여
1	수	계해	21	4	8	2
2	목	갑자	22	3	9	2
3	금	을축	23	2	9	1
4	토	병인	24	1	9	1
5	일	정묘	25	9	10	1
6	월	무진	26	8	10	1
7	화	기사	27	7	입추	입추
8	수	경오	28	6	1	10
9	목	신미	29	5	1	10
10	금	임신	7/1	4	1	9
11	토	계유	2	3	1	9
12	일	갑술	3	2	2	9
13	월	을해	4	1	2	8
14	화	병자	5	9	2	8
15	수	정축	6	8	3	8
16	목	무인	7	7	3	7
17	금	기묘	8	6	3	7
18	토	경진	9	5	4	7
19	일	신사	10	4	4	6
20	월	임오	11	3	4	6
21	화	계미	12	2	5	6
22	수	갑신	13	1	5	5
23	목	을유	14	9	처서	처서
24	금	병술	15	8	6	5
25	토	정해	16	7	6	4
26	일	무자	17	6	6	4
27	월	기축	18	5	7	4
28	화	경인	19	4	7	3
29	수	신묘	20	3	7	3
30	목	임진	21	2	8	3
31	금	계사	22	1	8	2

양력 9월 — 백로 7일 17시 11분 【음8월】→ 【癸酉月(계유월)】 ☯일백성 · 추분 23일 02시 37분

양력	요일	일진	음력	구성	대남	운여
1	토	갑오	23	9	8	2
2	일	을미	24	8	9	2
3	월	병신	25	7	9	1
4	화	정유	26	6	9	1
5	수	무술	27	5	10	1
6	목	기해	28	4	10	1
7	금	경자	29	3	백로	백로
8	토	신축	8/1	2	1	10
9	일	임인	2	1	1	10
10	월	계묘	3	9	1	9
11	화	갑진	4	8	1	9
12	수	을사	5	7	2	9
13	목	병오	6	6	2	8
14	금	정미	7	5	2	8
15	토	무신	8	4	3	8
16	일	기유	9	3	3	7
17	월	경술	10	2	3	7
18	화	신해	11	1	4	7
19	수	임자	12	9	4	6
20	목	계축	13	8	4	6
21	금	갑인	14	7	5	6
22	토	을묘	15	6	5	5
23	일	병진	16	5	추분	추분
24	월	정사	17	4	6	5
25	화	무오	18	3	6	4
26	수	기미	19	2	6	4
27	목	경신	20	1	7	4
28	금	신유	21	9	7	3
29	토	임술	22	8	7	3
30	일	계해	23	7	8	3

양력 10월 — 한로 8일 08시 57분 【음9월】→ 【甲戌月(갑술월)】 ☯구자성 · 상강 23일 12시 07분

양력	요일	일진	음력	구성	대남	운여
1	월	갑자	24	6	8	2
2	화	을축	25	5	8	2
3	수	병인	26	4	9	2
4	목	정묘	27	3	9	1
5	금	무진	28	2	9	1
6	토	기사	29	1	10	1
7	일	경오	30	9	10	1
8	월	신미	9/1	8	한로	한로
9	화	임신	2	7	1	10
10	수	계유	3	6	1	10
11	목	갑술	4	5	1	9
12	금	을해	5	4	1	9
13	토	병자	6	3	2	9
14	일	정축	7	2	2	8
15	월	무인	8	1	2	8
16	화	기묘	9	9	3	8
17	수	경진	10	8	3	7
18	목	신사	11	7	3	7
19	금	임오	12	6	4	7
20	토	계미	13	5	4	6
21	일	갑신	14	4	4	6
22	월	을유	15	3	5	6
23	화	병술	16	2	상강	상강
24	수	정해	17	1	5	5
25	목	무자	18	9	6	5
26	금	기축	19	8	6	4
27	토	경인	20	7	6	4
28	일	신묘	21	6	7	4
29	월	임진	22	5	7	3
30	화	계사	23	4	7	3
31	수	갑오	24	3	8	3

양력 11월 — 입동 7일 12시 16분 【음10월】→ 【乙亥月(을해월)】 ☯팔백성 · 소설 22일 09시 48분

양력	요일	일진	음력	구성	대남	운여
1	목	을미	25	2	8	2
2	금	병신	26	1	8	2
3	토	정유	27	9	9	1
4	일	무술	28	8	9	1
5	월	기해	29	7	9	1
6	화	경자	10/1	6	10	1
7	수	신축	2	5	입동	입동
8	목	임인	3	4	1	10
9	금	계묘	4	3	1	10
10	토	갑진	5	2	1	9
11	일	을사	6	1	1	9
12	월	병오	7	9	2	9
13	화	정미	8	8	2	8
14	수	무신	9	7	2	8
15	목	기유	10	6	3	8
16	금	경술	11	5	3	7
17	토	신해	12	4	3	7
18	일	임자	13	3	4	7
19	월	계축	14	2	4	6
20	화	갑인	15	1	4	6
21	수	을묘	16	9	5	6
22	목	병진	17	8	소설	소설
23	금	정사	18	7	5	5
24	토	무오	19	6	6	5
25	일	기미	20	5	6	4
26	월	경신	21	4	6	4
27	화	신유	22	3	7	4
28	수	임술	23	2	7	3
29	목	계해	24	1	7	3
30	금	갑자	25	1	8	3

양력 12월 — 대설 7일 05시 13분 【음11월】→ 【丙子月(병자월)】 ☯칠적성 · 동지 21일 23시 13분

양력	요일	일진	음력	구성	대남	운여
1	토	을축	26	2	8	2
2	일	병인	27	3	8	2
3	월	정묘	28	4	9	1
4	화	무진	29	5	9	1
5	수	기사	11/1	6	9	1
6	목	경오	2	7	10	1
7	금	신미	3	8	대설	대설
8	토	임신	4	9	1	9
9	일	계유	5	1	1	9
10	월	갑술	6	2	1	9
11	화	을해	7	3	1	8
12	수	병자	8	4	2	8
13	목	정축	9	5	2	8
14	금	무인	10	6	2	7
15	토	기묘	11	7	3	7
16	일	경진	12	8	3	7
17	월	신사	13	9	3	6
18	화	임오	14	1	4	6
19	수	계미	15	2	4	6
20	목	갑신	16	3	4	5
21	금	을유	17	4	동지	동지
22	토	병술	18	5	5	5
23	일	정해	19	6	5	5
24	월	무자	20	7	6	4
25	화	기축	21	8	6	4
26	수	경인	22	9	6	4
27	목	신묘	23	1	7	3
28	금	임진	24	2	7	3
29	토	계사	25	3	7	3
30	일	갑오	26	4	8	2
31	월	을미	27	5	8	2

下元-경술(庚戌)년.　납음(차천금),본명성(육백금)

대장군(午남방).　삼살(북방),　상문(子북방),조객(申서남방),　납음(차천금),【삼재(신,유,술)년】　臘享(납향):2031년1월19일(음12/06)

1월 — 소한 5일 16시 29분 【음12월】➡ 【丁丑月(정축월)】 ☯육백성　대한 20일 09시 53분
음력 11/28 ~ 12/28

양력	1	2	3	4	5	6	7	8	9	10	11	12	13	14	15	16	17	18	19	20	21	22	23	24	25	26	27	28	29	30	31
요일	화	수	목	금	토	일	월	화	수	목	금	토	일	월	화	수	목	금	토	일	월	화	수	목	금	토	일	월	화	수	목
일진(天干)	병	정	무	기	경	신	임	계	갑	을	병	정	무	기	경	신	임	계	갑	을	병	정	무	기	경	신	임	계	갑	을	병
日辰(地支)	신	유	술	해	자	축	인	묘	진	사	오	미	신	유	술	해	자	축	인	묘	진	사	오	미	신	유	술	해	자	축	인
음력	28	29	30	12/1	2	3	4	5	6	7	8	9	10	11	12	13	14	15	16	17	18	19	20	21	22	23	24	25	26	27	28
구성	6	7	8	9	1	2	3	4	5	6	7	8	9	1	2	3	4	5	6	7	8	9	1	2	3	4	5	6	7	8	9
대운(남)	8	9	9	9	소한	1	1	1	1	2	2	2	3	3	3	4	4	4	5	대한	5	6	6	6	7	7	7	8	8	8	9
대운(여)	1	1	1	1	소한	10	9	9	9	8	8	8	7	7	7	6	6	6	5	대한	5	4	4	4	3	3	3	2	2	2	1

2월 — 입춘 4일 04시 07분 【음1월】➡ 【戊寅月(무인월)】 ☯오황성　우수 18일 23시 59분
음력 12/29 ~ 01/26

양력	1	2	3	4	5	6	7	8	9	10	11	12	13	14	15	16	17	18	19	20	21	22	23	24	25	26	27	28
요일	금	토	일	월	화	수	목	금	토	일	월	화	수	목	금	토	일	월	화	수	목	금	토	일	월	화	수	목
일진(天干)	정	무	기	경	신	임	계	갑	을	병	정	무	기	경	신	임	계	갑	을	병	정	무	기	경	신	임	계	갑
日辰(地支)	묘	진	사	오	미	신	유	술	해	자	축	인	묘	진	사	오	미	신	유	술	해	자	축	인	묘	진	사	오
음력	29	30	1/1	2	3	4	5	6	7	8	9	10	11	12	13	14	15	16	17	18	19	20	21	22	23	24	25	26
구성	1	2	3	4	5	6	7	8	9	1	2	3	4	5	6	7	8	9	1	2	3	4	5	6	7	8	9	1
대운(남)	9	9	10	입춘	9	9	9	8	8	8	7	7	7	6	6	6	5	우수	5	4	4	4	3	3	3	2	2	2
대운(여)	1	1	1	입춘	1	1	1	1	2	2	2	3	3	3	4	4	4	우수	5	5	6	6	6	7	7	7	8	8

(세로 표기) 경술년

3월 — 경칩 5일 22시 02분 【음2월】➡ 【己卯月(기묘월)】 ☯사록성　춘분 20일 22시 51분
음력 01/27 ~ 02/28

양력	1	2	3	4	5	6	7	8	9	10	11	12	13	14	15	16	17	18	19	20	21	22	23	24	25	26	27	28	29	30	31
요일	금	토	일	월	화	수	목	금	토	일	월	화	수	목	금	토	일	월	화	수	목	금	토	일	월	화	수	목	금	토	일
일진(天干)	을	병	정	무	기	경	신	임	계	갑	을	병	정	무	기	경	신	임	계	갑	을	병	정	무	기	경	신	임	계	갑	을
日辰(地支)	미	신	유	술	해	자	축	인	묘	진	사	오	미	신	유	술	해	자	축	인	묘	진	사	오	미	신	유	술	해	자	축
음력	27	28	29	2/1	2	3	4	5	6	7	8	9	10	11	12	13	14	15	16	17	18	19	20	21	22	23	24	25	26	27	28
구성	2	3	4	5	6	7	8	9	1	2	3	4	5	6	7	8	9	1	2	3	4	5	6	7	8	9	1	2	3	4	5
대운(남)	1	1	1	1	경칩	10	10	9	9	9	8	8	8	7	7	7	6	6	6	춘분	5	5	4	4	4	3	3	3	2	2	2
대운(여)	8	9	9	9	경칩	1	1	1	1	2	2	2	3	3	3	4	4	4	5	춘분	5	6	6	6	7	7	7	8	8	8	9

4월 — 청명 5일 02시 40분 【음3월】➡ 【庚辰月(경진월)】 ☯삼벽성　곡우 20일 09시 42분
음력 02/29 ~ 03/28

양력	1	2	3	4	5	6	7	8	9	10	11	12	13	14	15	16	17	18	19	20	21	22	23	24	25	26	27	28	29	30
요일	월	화	수	목	금	토	일	월	화	수	목	금	토	일	월	화	수	목	금	토	일	월	화	수	목	금	토	일	월	화
일진(天干)	병	정	무	기	경	신	임	계	갑	을	병	정	무	기	경	신	임	계	갑	을	병	정	무	기	경	신	임	계	갑	을
日辰(地支)	인	묘	진	사	오	미	신	유	술	해	자	축	인	묘	진	사	오	미	신	유	술	해	자	축	인	묘	진	사	오	미
음력	29	30	3/1	2	3	4	5	6	7	8	9	10	11	12	13	14	15	16	17	18	19	20	21	22	23	24	25	26	27	28
구성	6	7	8	9	1	2	3	4	5	6	7	8	9	1	2	3	4	5	6	7	8	9	1	2	3	4	5	6	7	8
대운(남)	1	1	1	1	청명	10	9	9	9	9	8	8	8	7	7	7	6	6	6	곡우	5	5	4	4	4	3	3	3	2	2
대운(여)	9	9	10	10	청명	1	1	1	1	2	2	2	3	3	3	4	4	4	5	곡우	5	6	6	6	7	7	7	8	8	8

5월 — 입하 5일 19시 45분 【음4월】➡ 【辛巳月(신사월)】 ☯이흑성　소만 21일 08시 40분
음력 03/29 ~ 04/30

양력	1	2	3	4	5	6	7	8	9	10	11	12	13	14	15	16	17	18	19	20	21	22	23	24	25	26	27	28	29	30	31
요일	수	목	금	토	일	월	화	수	목	금	토	일	월	화	수	목	금	토	일	월	화	수	목	금	토	일	월	화	수	목	금
일진(天干)	병	정	무	기	경	신	임	계	갑	을	병	정	무	기	경	신	임	계	갑	을	병	정	무	기	경	신	임	계	갑	을	병
日辰(地支)	신	유	술	해	자	축	인	묘	진	사	오	미	신	유	술	해	자	축	인	묘	진	사	오	미	신	유	술	해	자	축	인
음력	29	4/1	2	3	4	5	6	7	8	9	10	11	12	13	14	15	16	17	18	19	20	21	22	23	24	25	26	27	28	29	30
구성	9	1	2	3	4	5	6	7	8	9	1	2	3	4	5	6	7	8	9	1	2	3	4	5	6	7	8	9	1	2	3
대운(남)	1	1	1	1	입하	10	10	9	9	9	8	8	8	7	7	7	6	6	6	5	소만	5	5	4	4	4	3	3	3	2	2
대운(여)	9	9	9	10	입하	1	1	1	1	2	2	2	3	3	3	4	4	4	5	5	소만	6	6	6	7	7	7	8	8	8	8

6월 — 망종 5일 23시 43분 【음5월】➡ 【壬午月(임오월)】 ☯일백성　하지 21일 16시 30분
음력 05/01 ~ 05/30

양력	1	2	3	4	5	6	7	8	9	10	11	12	13	14	15	16	17	18	19	20	21	22	23	24	25	26	27	28	29	30
요일	토	일	월	화	수	목	금	토	일	월	화	수	목	금	토	일	월	화	수	목	금	토	일	월	화	수	목	금	토	일
일진(天干)	정	무	기	경	신	임	계	갑	을	병	정	무	기	경	신	임	계	갑	을	병	정	무	기	경	신	임	계	갑	을	병
日辰(地支)	묘	진	사	오	미	신	유	술	해	자	축	인	묘	진	사	오	미	신	유	술	해	자	축	인	묘	진	사	오	미	신
음력	5/1	2	3	4	5	6	7	8	9	10	11	12	13	14	15	16	17	18	19	20	21	22	23	24	25	26	27	28	29	30
구성	4	5	6	7	8	9	1	2	3	4	5	6	7	8	9	1	2	3	4	5	6	7	8	9	1	2	3	4	5	6
대운(남)	1	1	1	1	망종	10	10	10	9	9	9	8	8	7	7	7	6	6	6	5	하지	5	5	4	4	4	3	3	3	2
대운(여)	9	9	9	10	망종	1	1	1	1	2	2	2	3	3	3	4	4	4	5	5	하지	6	6	6	7	7	7	8	8	8

한식(4월05일), 초복(7월14일), 중복(7월24일), 말복(8월13일)　♠춘사(春社)3/24　☀추사(秋社)9/20
토왕지절(土旺之節):4월17일,7월19일,10월20일,1월17일(음12/04)臘享(납향):2031년1월19일(음12/06)

三日得辛, 十二龍治水, 2030년 경술年 (차천금), 육백금

5황	1백	3벽
4록	6백	8백
9자	2흑	7적

소서 7일 09시 54분　【음6월】➡　【癸未月(계미월)】　●구자성　대서 23일 03시 24분

양력 7월	1	2	3	4	5	6	7	8	9	10	11	12	13	14	15	16	17	18	19	20	21	22	23	24	25	26	27	28	29	30	31
요일	월	화	수	목	금	토	일	월	화	수	목	금	토	일	월	화	수	목	금	토	일	월	화	수	목	금	토	일	월	화	수
일진(日辰)	정유	무술	기해	경자	신축	임인	계묘	갑진	을사	병오	정미	무신	기유	경술	신해	임자	계축	갑인	을묘	병진	정사	무오	기미	경신	신유	임술	계해	갑자	을축	병인	정묘
음력	6/1	2	3	4	5	6	7	8	9	10	11	12	13	14	15	16	17	18	19	20	21	22	23	24	25	26	27	28	29	7/1	2
구성	3	2	1	9	8	7	6	5	4	3	2	1	9	8	7	6	5	4	3	2	1	9	8	7	6	5	4	3	2	1	9
대운 남	2	2	1	1	1	1	소서	10	10	9	9	9	8	8	8	7	7	7	6	6	6	5	대서	5	4	4	4	3	3	3	2
대운 여	9	9	9	10	10	10	소서	1	1	1	1	2	2	2	3	3	3	4	4	4	5	5	대서	6	6	6	7	7	7	8	8

입추 7일 19시 46분　【음7월】➡　【甲申月(갑신월)】　●팔백성　처서 23일 10시 35분

양력 8월	1	2	3	4	5	6	7	8	9	10	11	12	13	14	15	16	17	18	19	20	21	22	23	24	25	26	27	28	29	30	31
요일	목	금	토	일	월	화	수	목	금	토	일	월	화	수	목	금	토	일	월	화	수	목	금	토	일	월	화	수	목	금	토
일진(日辰)	무진	기사	경오	신미	임신	계유	갑술	을해	병자	정축	무인	기묘	경진	신사	임오	계미	갑신	을유	병술	정해	무자	기축	경인	신묘	임진	계사	갑오	을미	병신	정유	무술
음력	3	4	5	6	7	8	9	10	11	12	13	14	15	16	17	18	19	20	21	22	23	24	25	26	27	28	29	30	8/1	2	3
구성	8	7	6	5	4	3	2	1	9	8	7	6	5	4	3	2	1	9	8	7	6	5	4	3	2	1	9	8	7	6	5
대운 남	2	2	1	1	1	1	입추	10	10	9	9	9	8	8	8	7	7	7	6	6	6	5	처서	5	4	4	4	3	3	3	2
대운 여	8	9	9	9	10	10	입추	1	1	1	1	2	2	2	3	3	3	4	4	4	5	5	처서	6	6	6	7	7	7	8	8

백로 7일 22시 52분　【음8월】➡　【乙酉月(을유월)】　●칠적성　추분 23일 08시 26분

양력 9월	1	2	3	4	5	6	7	8	9	10	11	12	13	14	15	16	17	18	19	20	21	22	23	24	25	26	27	28	29	30
요일	일	월	화	수	목	금	토	일	월	화	수	목	금	토	일	월	화	수	목	금	토	일	월	화	수	목	금	토	일	월
일진(日辰)	기해	경자	신축	임인	계묘	갑진	을사	병오	정미	무신	기유	경술	신해	임자	계축	갑인	을묘	병진	정사	무오	기미	경신	신유	임술	계해	갑자	을축	병인	정묘	무진
음력	4	5	6	7	8	9	10	11	12	13	14	15	16	17	18	19	20	21	22	23	24	25	26	27	28	29	9/1	2	3	4
구성	4	3	2	1	9	8	7	6	5	4	3	2	1	9	8	7	6	5	4	3	2	1	9	8	7	6	5	4	3	2
대운 남	2	2	1	1	1	1	백로	10	10	9	9	9	8	8	8	7	7	7	6	6	6	5	추분	5	4	4	4	3	3	3
대운 여	8	9	9	9	10	10	백로	1	1	1	1	2	2	2	3	3	3	4	4	4	5	5	추분	6	6	6	7	7	7	8

한로 8일 14시 44분　【음9월】➡　【丙戌月(병술월)】　●육백성　상강 23일 17시 59분

양력 10월	1	2	3	4	5	6	7	8	9	10	11	12	13	14	15	16	17	18	19	20	21	22	23	24	25	26	27	28	29	30	31
요일	화	수	목	금	토	일	월	화	수	목	금	토	일	월	화	수	목	금	토	일	월	화	수	목	금	토	일	월	화	수	목
일진(日辰)	기사	경오	신미	임신	계유	갑술	을해	병자	정축	무인	기묘	경진	신사	임오	계미	갑신	을유	병술	정해	무자	기축	경인	신묘	임진	계사	갑오	을미	병신	정유	무술	기해
음력	5	6	7	8	9	10	11	12	13	14	15	16	17	18	19	20	21	22	23	24	25	26	27	28	29	30	10/1	2	3	4	5
구성	1	9	8	7	6	5	4	3	2	1	9	8	7	6	5	4	3	2	1	9	8	7	6	5	4	3	2	1	9	8	7
대운 남	2	2	2	1	1	1	1	한로	10	9	9	9	8	8	8	7	7	7	6	6	6	5	상강	5	4	4	4	3	3	3	2
대운 여	8	8	9	9	9	10	10	한로	1	1	1	1	2	2	2	3	3	3	4	4	4	5	상강	5	6	6	6	7	7	7	8

입동 7일 18시 07분　【음10월】➡　【丁亥月(정해월)】　●오황성　소설 22일 15시 43분

양력 11월	1	2	3	4	5	6	7	8	9	10	11	12	13	14	15	16	17	18	19	20	21	22	23	24	25	26	27	28	29	30
요일	금	토	일	월	화	수	목	금	토	일	월	화	수	목	금	토	일	월	화	수	목	금	토	일	월	화	수	목	금	토
일진(日辰)	경자	신축	임인	계묘	갑진	을사	병오	정미	무신	기유	경술	신해	임자	계축	갑인	을묘	병진	정사	무오	기미	경신	신유	임술	계해	갑자	을축	병인	정묘	무진	기사
음력	6	7	8	9	10	11	12	13	14	15	16	17	18	19	20	21	22	23	24	25	26	27	28	29	11/1	2	3	4	5	6
구성	6	5	4	3	2	1	9	8	7	6	5	4	3	2	1	9	8	7	6	5	4	3	2	1	1	2	3	4	5	6
대운 남	2	2	1	1	1	1	입동	10	9	9	9	8	8	8	7	7	7	6	6	6	5	소설	5	4	4	4	3	3	3	3
대운 여	8	8	9	9	9	10	입동	1	1	1	1	2	2	2	3	3	3	4	4	4	5	소설	5	6	6	6	7	7	7	8

대설 7일 11시 06분　【음11월】➡　【戊子月(무자월)】　●사록성　동지 22일 05시 08분

양력 12월	1	2	3	4	5	6	7	8	9	10	11	12	13	14	15	16	17	18	19	20	21	22	23	24	25	26	27	28	29	30	31
요일	일	월	화	수	목	금	토	일	월	화	수	목	금	토	일	월	화	수	목	금	토	일	월	화	수	목	금	토	일	월	화
일진(日辰)	경오	신미	임신	계유	갑술	을해	병자	정축	무인	기묘	경진	신사	임오	계미	갑신	을유	병술	정해	무자	기축	경인	신묘	임진	계사	갑오	을미	병신	정유	무술	기해	경자
음력	7	8	9	10	11	12	13	14	15	16	17	18	19	20	21	22	23	24	25	26	27	28	29	30	12/1	2	3	4	5	6	7
구성	7	8	9	1	2	3	4	5	6	7	8	9	1	2	3	4	5	6	7	8	9	1	2	3	4	5	6	7	8	9	1
대운 남	2	2	1	1	1	1	대설	9	9	9	8	8	8	7	7	7	6	6	6	5	5	동지	4	4	4	3	3	3	2	2	2
대운 여	8	8	9	9	9	10	대설	1	1	1	2	2	2	3	3	3	4	4	4	5	5	동지	5	6	6	6	7	7	7	8	8

소한 5일 22시 22분 【음12월】➡ 　【己丑月(기축월)】　●삼벽성　대한 20일 15시 47분

양력 1월 (음력 12/08 ~ 01/09)

양력	1	2	3	4	5	6	7	8	9	10	11	12	13	14	15	16	17	18	19	20	21	22	23	24	25	26	27	28	29	30	31
요일	수	목	금	토	일	월	화	수	목	금	토	일	월	화	수	목	금	토	일	월	화	수	목	금	토	일	월	화	수	목	금
일진 日辰	신축	임인	계묘	갑진	을사	병오	정미	무신	기유	경술	신해	임자	계축	갑인	을묘	병진	정사	무오	기미	경신	신유	임술	계해	갑자	을축	병인	정묘	무진	기사	경오	신미
음력	8	9	10	11	12	13	14	15	16	17	18	19	20	21	22	23	24	25	26	27	28	29	1/1	2	3	4	5	6	7	8	9
구성	2	3	4	5	6	7	8	9	1	2	3	4	5	6	7	8	9	1	2	3	4	5	6	7	8	9	1	2	3	4	5
대남	1	1	1	1	소한	10	9	9	9	8	8	8	7	7	7	6	6	6	5	대한	5	4	4	4	3	3	3	2	2	2	1
운여	8	9	9	9	소한	1	1	1	1	2	2	2	3	3	3	4	4	4	5	대한	5	6	6	6	7	7	7	8	8	8	9

입춘 4일 09시 57분 【음1월】➡ 　【庚寅月(경인월)】　●이흑성　우수 19일 05시 50분

양력 2월 (음력 01/10 ~ 02/07)　／　신해년

양력	1	2	3	4	5	6	7	8	9	10	11	12	13	14	15	16	17	18	19	20	21	22	23	24	25	26	27	28
요일	토	일	월	화	수	목	금	토	일	월	화	수	목	금	토	일	월	화	수	목	금	토	일	월	화	수	목	금
일진 日辰	임신	계유	갑술	을해	병자	정축	무인	기묘	경진	신사	임오	계미	갑신	을유	병술	정해	무자	기축	경인	신묘	임진	계사	갑오	을미	병신	정유	무술	기해
음력	10	11	12	13	14	15	16	17	18	19	20	21	22	23	24	25	26	27	28	29	30	2/1	2	3	4	5	6	7
구성	6	7	8	9	1	2	3	4	5	6	7	8	9	1	2	3	4	5	6	7	8	9	1	2	3	4	5	6
대남	1	1	1	입춘	1	1	1	1	2	2	2	3	3	3	4	4	4	5	우수	5	6	6	6	7	7	7	8	8
운여	9	9	10	입춘	10	9	9	9	8	8	8	7	7	7	6	6	6	5	우수	5	4	4	4	3	3	3	2	2

경칩 6일 03시 50분 【음2월】➡ 　【辛卯月(신묘월)】　●일백성　춘분 21일 04시 40분

양력 3월 (음력 02/08 ~ 03/09)

양력	1	2	3	4	5	6	7	8	9	10	11	12	13	14	15	16	17	18	19	20	21	22	23	24	25	26	27	28	29	30	31
요일	토	일	월	화	수	목	금	토	일	월	화	수	목	금	토	일	월	화	수	목	금	토	일	월	화	수	목	금	토	일	월
일진 日辰	경자	신축	임인	계묘	갑진	을사	병오	정미	무신	기유	경술	신해	임자	계축	갑인	을묘	병진	정사	무오	기미	경신	신유	임술	계해	갑자	을축	병인	정묘	무진	기사	경오
음력	8	9	10	11	12	13	14	15	16	17	18	19	20	21	22	23	24	25	26	27	28	29	3/1	2	3	4	5	6	7	8	9
구성	7	8	9	1	2	3	4	5	6	7	8	9	1	2	3	4	5	6	7	8	9	1	2	3	4	5	6	7	8	9	1
대남	8	9	9	9	10	경칩	1	1	1	1	2	2	2	3	3	3	4	4	4	5	춘분	5	6	6	6	7	7	7	8	8	8
운여	2	1	1	1	1	경칩	10	9	9	9	8	8	8	7	7	7	6	6	6	5	춘분	5	4	4	4	3	3	3	2	2	2

청명 5일 08시 27분 【음3월】➡ 　【壬辰月(임진월)】　●구자성　곡우 20일 15시 30분

양력 4월 (음력 03/10 ~ 윤3 09)

양력	1	2	3	4	5	6	7	8	9	10	11	12	13	14	15	16	17	18	19	20	21	22	23	24	25	26	27	28	29	30
요일	화	수	목	금	토	일	월	화	수	목	금	토	일	월	화	수	목	금	토	일	월	화	수	목	금	토	일	월	화	수
일진 日辰	신미	임신	계유	갑술	을해	병자	정축	무인	기묘	경진	신사	임오	계미	갑신	을유	병술	정해	무자	기축	경인	신묘	임진	계사	갑오	을미	병신	정유	무술	기해	경자
음력	10	11	12	13	14	15	16	17	18	19	20	21	22	23	24	25	26	27	28	29	30	윤3	2	3	4	5	6	7	8	9
구성	2	3	4	5	6	7	8	9	1	2	3	4	5	6	7	8	9	1	2	3	4	5	6	7	8	9	1	2	3	4
대남	9	9	9	10	청명	1	1	1	1	2	2	2	3	3	3	4	4	4	5	곡우	5	6	6	6	7	7	7	8	8	8
운여	1	1	1	1	청명	10	10	9	9	9	8	8	8	7	7	7	6	6	6	곡우	5	5	4	4	4	3	3	3	2	2

입하 6일 01시 34분 【음4월】➡ 　【癸巳月(계사월)】　●팔백성　소만 21일 14시 27분

양력 5월 (음력 윤3 10 ~ 04/11)

양력	1	2	3	4	5	6	7	8	9	10	11	12	13	14	15	16	17	18	19	20	21	22	23	24	25	26	27	28	29	30	31
요일	목	금	토	일	월	화	수	목	금	토	일	월	화	수	목	금	토	일	월	화	수	목	금	토	일	월	화	수	목	금	토
일진 日辰	신축	임인	계묘	갑진	을사	병오	정미	무신	기유	경술	신해	임자	계축	갑인	을묘	병진	정사	무오	기미	경신	신유	임술	계해	갑자	을축	병인	정묘	무진	기사	경오	신미
음력	10	11	12	13	14	15	16	17	18	19	20	21	22	23	24	25	26	27	28	29	4/1	2	3	4	5	6	7	8	9	10	11
구성	5	6	7	8	9	1	2	3	4	5	6	7	8	9	1	2	3	4	5	6	7	8	9	9	8	7	6	5	4	3	2
대남	9	9	9	10	10	입하	1	1	1	1	2	2	2	3	3	3	4	4	4	5	소만	5	6	6	6	7	7	7	8	8	8
운여	2	1	1	1	1	입하	10	10	9	9	9	8	8	8	7	7	7	6	6	6	소만	5	5	4	4	4	3	3	3	2	2

망종 6일 05시 34분 【음5월】➡ 　【甲午月(갑오월)】　●칠적성　하지 21일 22시 16분

양력 6월 (음력 04/12 ~ 05/11)

양력	1	2	3	4	5	6	7	8	9	10	11	12	13	14	15	16	17	18	19	20	21	22	23	24	25	26	27	28	29	30
요일	일	월	화	수	목	금	토	일	월	화	수	목	금	토	일	월	화	수	목	금	토	일	월	화	수	목	금	토	일	월
일진 日辰	임신	계유	갑술	을해	병자	정축	무인	기묘	경진	신사	임오	계미	갑신	을유	병술	정해	무자	기축	경인	신묘	임진	계사	갑오	을미	병신	정유	무술	기해	경자	신축
음력	12	13	14	15	16	17	18	19	20	21	22	23	24	25	26	27	28	29	30	5/1	2	3	4	5	6	7	8	9	10	11
구성	1	9	8	7	6	5	4	3	2	1	9	8	7	6	5	4	3	2	1	9	8	7	6	5	4	3	2	1	9	8
대남	9	9	9	10	10	망종	1	1	1	1	2	2	2	3	3	3	4	4	4	5	하지	5	6	6	6	7	7	7	8	8
운여	2	1	1	1	1	망종	10	10	9	9	9	8	8	8	7	7	7	6	6	6	하지	5	5	4	4	4	3	3	3	2

한식(4월06일), 초복(7월19일), 중복(7월29일), 말복(8월08일)　↑춘사(春社)3/19　☀추사(秋社)9/25
토왕지절(土旺之節):4월17일,7월20일,10월20일,1월17일(음12/05)　臘享(납향):2032년1월26일(음12/014)

九日得辛, 六龍治水, 2031년 신해년 (차천금), 오황토

4록	9자	2흑
3벽	5황	7적
8백	1백	6백

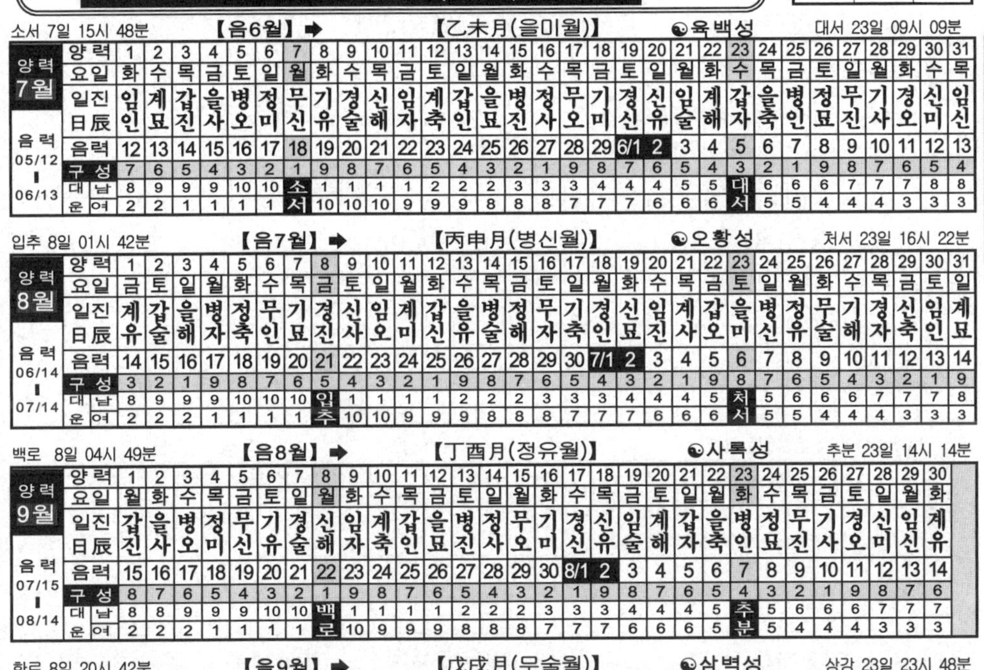

소서 7일 15시 48분　【음6월】➡　乙未月(을미월)　☯육백성　대서 23일 09시 09분
양력 7월 / 음력 05/12 ~ 06/13

	1	2	3	4	5	6	7	8	9	10	11	12	13	14	15	16	17	18	19	20	21	22	23	24	25	26	27	28	29	30	31
요일	화	수	목	금	토	일	월	화	수	목	금	토	일	월	화	수	목	금	토	일	월	화	수	목	금	토	일	월	화	수	목
일진 日辰	임인	계묘	갑진	을사	병오	정미	무신	기유	경술	신해	임자	계축	갑인	을묘	병진	정사	무오	기미	경신	신유	임술	계해	갑자	을축	병인	정묘	무진	기사	경오	신미	임신
음력	12	13	14	15	16	17	18	19	20	21	22	23	24	25	26	27	28	29	6/1	2	3	4	5	6	7	8	9	10	11	12	13
구성	7	6	5	4	3	2	1	9	8	7	6	5	4	3	2	1	9	8	7	6	5	4	3	2	1	9	8	7	6	5	4
대남	8	9	9	9	10	10	소	1	1	1	1	2	2	2	3	3	3	4	4	4	5	5	대	6	6	6	7	7	7	8	8
운여	2	2	1	1	1	1	서	10	10	10	9	9	9	8	8	8	7	7	7	6	6	6	서	5	5	4	4	4	3	3	3

입추 8일 01시 42분　【음7월】➡　丙申月(병신월)　☯오황성　처서 23일 16시 22분
양력 8월 / 음력 06/14 ~ 07/14

	1	2	3	4	5	6	7	8	9	10	11	12	13	14	15	16	17	18	19	20	21	22	23	24	25	26	27	28	29	30	31
요일	금	토	일	월	화	수	목	금	토	일	월	화	수	목	금	토	일	월	화	수	목	금	토	일	월	화	수	목	금	토	일
일진 日辰	계유	갑술	을해	병자	정축	무인	기묘	경진	신사	임오	계미	갑신	을유	병술	정해	무자	기축	경인	신묘	임진	계사	갑오	을미	병신	정유	무술	기해	경자	신축	임인	계묘
음력	14	15	16	17	18	19	20	21	22	23	24	25	26	27	28	29	30	7/1	2	3	4	5	6	7	8	9	10	11	12	13	14
구성	3	2	1	9	8	7	6	5	4	3	2	1	9	8	7	6	5	4	3	2	1	9	8	7	6	5	4	3	2	1	9
대남	8	9	9	9	10	10	10	입	1	1	1	1	2	2	2	3	3	3	4	4	4	5	처	6	6	6	7	7	7	8	8
운여	2	2	2	1	1	1	1	추	10	10	9	9	9	8	8	8	7	7	7	6	6	6	서	5	5	4	4	4	3	3	3

백로 8일 04시 49분　【음8월】➡　丁酉月(정유월)　☯사록성　추분 23일 14시 14분
양력 9월 / 음력 07/15 ~ 08/14

	1	2	3	4	5	6	7	8	9	10	11	12	13	14	15	16	17	18	19	20	21	22	23	24	25	26	27	28	29	30
요일	월	화	수	목	금	토	일	월	화	수	목	금	토	일	월	화	수	목	금	토	일	월	화	수	목	금	토	일	월	화
일진 日辰	갑진	을사	병오	정미	무신	기유	경술	신해	임자	계축	갑인	을묘	병진	정사	무오	기미	경신	신유	임술	계해	갑자	을축	병인	정묘	무진	기사	경오	신미	임신	계유
음력	15	16	17	18	19	20	21	22	23	24	25	26	27	28	29	30	8/1	2	3	4	5	6	7	8	9	10	11	12	13	14
구성	8	7	6	5	4	3	2	1	9	8	7	6	5	4	3	2	1	9	8	7	6	5	4	3	2	1	9	8	7	6
대남	8	8	9	9	9	10	10	백	1	1	1	1	2	2	2	3	3	3	4	4	4	5	추	5	6	6	6	7	7	7
운여	2	2	2	1	1	1	1	로	10	9	9	9	8	8	8	7	7	7	6	6	6	5	분	5	5	4	4	4	3	3

한로 8일 20시 42분　【음9월】➡　戊戌月(무술월)　☯삼벽성　상강 23일 23시 48분
양력 10월 / 음력 08/15 ~ 09/16

	1	2	3	4	5	6	7	8	9	10	11	12	13	14	15	16	17	18	19	20	21	22	23	24	25	26	27	28	29	30	31
요일	수	목	금	토	일	월	화	수	목	금	토	일	월	화	수	목	금	토	일	월	화	수	목	금	토	일	월	화	수	목	금
일진 日辰	갑술	을해	병자	정축	무인	기묘	경진	신사	임오	계미	갑신	을유	병술	정해	무자	기축	경인	신묘	임진	계사	갑오	을미	병신	정유	무술	기해	경자	신축	임인	계묘	갑진
음력	15	16	17	18	19	20	21	22	23	24	25	26	27	28	29	9/1	2	3	4	5	6	7	8	9	10	11	12	13	14	15	16
구성	5	4	3	2	1	9	8	7	6	5	4	3	2	1	9	8	7	6	5	4	3	2	1	9	8	7	6	5	4	3	2
대남	8	8	8	9	9	9	10	한	1	1	1	1	2	2	2	3	3	3	4	4	4	5	상	5	6	6	6	7	7	7	8
운여	2	2	2	1	1	1	1	로	10	10	9	9	9	8	8	8	7	7	7	6	6	6	강	5	5	4	4	4	3	3	3

입동 8일 00시 04분　【음10월】➡　己亥月(기해월)　☯이흑성　소설 22일 21시 31분
양력 11월 / 음력 09/17 ~ 10/16

	1	2	3	4	5	6	7	8	9	10	11	12	13	14	15	16	17	18	19	20	21	22	23	24	25	26	27	28	29	30
요일	토	일	월	화	수	목	금	토	일	월	화	수	목	금	토	일	월	화	수	목	금	토	일	월	화	수	목	금	토	일
일진 日辰	을사	병오	정미	무신	기유	경술	신해	임자	계축	갑인	을묘	병진	정사	무오	기미	경신	신유	임술	계해	갑자	을축	병인	정묘	무진	기사	경오	신미	임신	계유	갑술
음력	17	18	19	20	21	22	23	24	25	26	27	28	29	30	10/1	2	3	4	5	6	7	8	9	10	11	12	13	14	15	16
구성	1	9	8	7	6	5	4	3	2	1	9	8	7	6	5	4	3	2	1	9	8	7	6	5	4	3	2	1	9	8
대남	8	8	9	9	9	10	10	입	1	1	1	1	2	2	2	3	3	3	4	4	4	소	5	5	6	6	6	7	7	7
운여	2	2	2	1	1	1	1	동	9	9	9	8	8	8	7	7	7	6	6	6	5	설	5	4	4	4	3	3	3	2

대설 7일 17시 02분　【음11월】➡　庚子月(경자월)　☯일백성　동지 22일 10시 54분
양력 12월 / 음력 10/17 ~ 11/18

	1	2	3	4	5	6	7	8	9	10	11	12	13	14	15	16	17	18	19	20	21	22	23	24	25	26	27	28	29	30	31
요일	월	화	수	목	금	토	일	월	화	수	목	금	토	일	월	화	수	목	금	토	일	월	화	수	목	금	토	일	월	화	수
일진 日辰	을해	병자	정축	무인	기묘	경진	신사	임오	계미	갑신	을유	병술	정해	무자	기축	경인	신묘	임진	계사	갑오	을미	병신	정유	무술	기해	경자	신축	임인	계묘	갑진	을사
음력	17	18	19	20	21	22	23	24	25	26	27	28	29	11/1	2	3	4	5	6	7	8	9	10	11	12	13	14	15	16	17	18
구성	7	6	5	4	3	2	1	9	8	7	6	5	4	3	2	1	9	8	7	7	8	9	1	2	3	4	5	6	7	8	9
대남	8	8	8	9	9	9	대	1	1	1	1	2	2	2	3	3	3	4	4	4	5	동	5	6	6	6	7	7	7	8	8
운여	2	2	1	1	1	1	설	10	9	9	9	8	8	8	7	7	7	6	6	6	5	지	5	4	4	4	3	3	3	2	2

단기 4365 年	불기 2576 年	**2032년**	下元-임자(壬子)년. 납음(상자목), 본명성(사록목)

대장군(酉서방), 삼살(남방), 상문(寅동북방), 조객(戌서북방), 납음(상자목), 【삼재(인,묘,진)년】 臘享(납향):2033년1월20일(음12/020)

소한 6일 04시 15분 【음12월】 ➡ 　【辛丑月(신축월)】　 ☯구자성　 대한 20일 21시 30분

양력 1월 (음력 11/19 ～ 12/19)

	1	2	3	4	5	6	7	8	9	10	11	12	13	14	15	16	17	18	19	20	21	22	23	24	25	26	27	28	29	30	31
요일	목	금	토	일	월	화	수	목	금	토	일	월	화	수	목	금	토	일	월	화	수	목	금	토	일	월	화	수	목	금	토
일진(天干)	병	정	무	기	경	신	임	계	갑	을	병	정	무	기	경	신	임	계	갑	을	병	정	무	기	경	신	임	계	갑	을	병
日辰(地支)	오	미	신	유	술	해	자	축	인	묘	진	사	오	미	신	유	술	해	자	축	인	묘	진	사	오	미	신	유	술	해	자
음력	19	20	21	22	23	24	25	26	27	28	29	30	12/1	2	3	4	5	6	7	8	9	10	11	12	13	14	15	16	17	18	19
구성	1	2	3	4	5	6	7	8	9	1	2	3	4	5	6	7	8	9	1	2	3	4	5	6	7	8	9	1	2	3	4
대남	8	9	9	9	10	소한	1	1	1	1	2	2	2	3	3	3	4	4	4	대한	5	5	6	6	6	7	7	7	8	8	8
운여	2	1	1	1	1	소한	9	9	9	8	8	8	7	7	7	6	6	6	5	대한	5	4	4	4	3	3	3	2	2	2	1

입춘 4일 15시 48분 【음1월】 ➡ 　【壬寅月(임인월)】　 ☯팔백성　 우수 19일 11시 31분

양력 2월 (음력 12/20 ～ 01/19)

	1	2	3	4	5	6	7	8	9	10	11	12	13	14	15	16	17	18	19	20	21	22	23	24	25	26	27	28	29
요일	일	월	화	수	목	금	토	일	월	화	수	목	금	토	일	월	화	수	목	금	토	일	월	화	수	목	금	토	일
일진(天干)	정	무	기	경	신	임	계	갑	을	병	정	무	기	경	신	임	계	갑	을	병	정	무	기	경	신	임	계	갑	을
日辰(地支)	축	인	묘	진	사	오	미	신	유	술	해	자	축	인	묘	진	사	오	미	신	유	술	해	자	축	인	묘	진	사
음력	20	21	22	23	24	25	26	27	28	29	1/1	2	3	4	5	6	7	8	9	10	11	12	13	14	15	16	17	18	19
구성	5	6	7	8	9	1	2	3	4	5	6	7	8	9	1	2	3	4	5	6	7	8	9	1	2	3	4	5	6
대남	9	9	9	입춘	10	9	9	9	8	8	8	7	7	7	6	6	6	5	우수	5	4	4	4	3	3	3	2	2	2
운여	1	1	1	입춘	1	1	1	1	2	2	2	3	3	3	4	4	4	5	우수	5	6	6	6	7	7	7	8	8	8

（오른쪽 여백 세로: 임자년）

경칩 5일 09시 39분 【음2월】 ➡ 　【癸卯月(계묘월)】　 ☯칠적성　 춘분 20일 10시 21분

양력 3월 (음력 01/20 ～ 02/20)

	1	2	3	4	5	6	7	8	9	10	11	12	13	14	15	16	17	18	19	20	21	22	23	24	25	26	27	28	29	30	31
요일	월	화	수	목	금	토	일	월	화	수	목	금	토	일	월	화	수	목	금	토	일	월	화	수	목	금	토	일	월	화	수
일진(天干)	병	정	무	기	경	신	임	계	갑	을	병	정	무	기	경	신	임	계	갑	을	병	정	무	기	경	신	임	계	갑	을	병
日辰(地支)	오	미	신	유	술	해	자	축	인	묘	진	사	오	미	신	유	술	해	자	축	인	묘	진	사	오	미	신	유	술	해	자
음력	20	21	22	23	24	25	26	27	28	29	30	2/1	2	3	4	5	6	7	8	9	10	11	12	13	14	15	16	17	18	19	20
구성	7	8	9	1	2	3	4	5	6	7	8	9	1	2	3	4	5	6	7	8	9	1	2	3	4	5	6	7	8	9	1
대남	1	1	1	1	경칩	10	9	9	9	8	8	8	7	7	7	6	6	6	5	춘분	5	4	4	4	3	3	3	2	2	2	1
운여	9	9	9	10	경칩	1	1	1	1	2	2	2	3	3	3	4	4	4	5	춘분	5	6	6	6	7	7	7	8	8	8	9

청명 4일 14시 16분 【음3월】 ➡ 　【甲辰月(갑진월)】　 ☯육백성　 곡우 19일 21시 13분

양력 4월 (음력 02/21 ～ 03/21)

	1	2	3	4	5	6	7	8	9	10	11	12	13	14	15	16	17	18	19	20	21	22	23	24	25	26	27	28	29	30
요일	목	금	토	일	월	화	수	목	금	토	일	월	화	수	목	금	토	일	월	화	수	목	금	토	일	월	화	수	목	금
일진(天干)	정	무	기	경	신	임	계	갑	을	병	정	무	기	경	신	임	계	갑	을	병	정	무	기	경	신	임	계	갑	을	병
日辰(地支)	축	인	묘	진	사	오	미	신	유	술	해	자	축	인	묘	진	사	오	미	신	유	술	해	자	축	인	묘	진	사	오
음력	21	22	23	24	25	26	27	28	29	3/1	2	3	4	5	6	7	8	9	10	11	12	13	14	15	16	17	18	19	20	21
구성	2	3	4	5	6	7	8	9	1	2	3	4	5	6	7	8	9	1	2	3	4	5	6	7	8	9	1	2	3	4
대남	1	1	1	청명	10	10	9	9	9	8	8	8	7	7	7	6	6	6	곡우	5	5	4	4	4	3	3	3	2	2	2
운여	9	9	10	청명	1	1	1	1	2	2	2	3	3	3	4	4	4	5	곡우	5	6	6	6	7	7	7	8	8	8	9

입하 5일 07시 25분 【음4월】 ➡ 　【乙巳月(을사월)】　 ☯오황성　 소만 20일 20시 14분

양력 5월 (음력 03/22 ～ 04/23)

	1	2	3	4	5	6	7	8	9	10	11	12	13	14	15	16	17	18	19	20	21	22	23	24	25	26	27	28	29	30	31
요일	토	일	월	화	수	목	금	토	일	월	화	수	목	금	토	일	월	화	수	목	금	토	일	월	화	수	목	금	토	일	월
일진(天干)	정	무	기	경	신	임	계	갑	을	병	정	무	기	경	신	임	계	갑	을	병	정	무	기	경	신	임	계	갑	을	병	정
日辰(地支)	미	신	유	술	해	자	축	인	묘	진	사	오	미	신	유	술	해	자	축	인	묘	진	사	오	미	신	유	술	해	자	축
음력	22	23	24	25	26	27	28	29	4/1	2	3	4	5	6	7	8	9	10	11	12	13	14	15	16	17	18	19	20	21	22	23
구성	5	6	7	8	9	1	2	3	4	5	6	7	8	9	1	2	3	4	5	6	7	8	9	1	2	3	4	5	6	7	8
대남	1	1	1	1	입하	10	10	9	9	9	8	8	8	7	7	7	6	6	6	소만	5	5	4	4	4	3	3	3	2	2	2
운여	9	9	10	10	입하	1	1	1	1	2	2	2	3	3	3	4	4	4	5	소만	5	6	6	6	7	7	7	8	8	8	9

망종 5일 11시 27분 【음5월】 ➡ 　【丙午月(병오월)】　 ☯사록성　 하지 21일 04시 07분

양력 6월 (음력 04/24 ～ 05/23)

	1	2	3	4	5	6	7	8	9	10	11	12	13	14	15	16	17	18	19	20	21	22	23	24	25	26	27	28	29	30
요일	화	수	목	금	토	일	월	화	수	목	금	토	일	월	화	수	목	금	토	일	월	화	수	목	금	토	일	월	화	수
일진(天干)	무	기	경	신	임	계	갑	을	병	정	무	기	경	신	임	계	갑	을	병	정	무	기	경	신	임	계	갑	을	병	정
日辰(地支)	인	묘	진	사	오	미	신	유	술	해	자	축	인	묘	진	사	오	미	신	유	술	해	자	축	인	묘	진	사	오	미
음력	24	25	26	27	28	29	30	5/1	2	3	4	5	6	7	8	9	10	11	12	13	14	15	16	17	18	19	20	21	22	23
구성	9	1	2	3	4	5	6	7	8	9	1	2	3	4	5	6	7	8	9	1	2	3	4	5	6	7	8	9	1	2
대남	1	1	1	1	망종	10	10	9	9	9	8	8	8	7	7	7	6	6	6	5	하지	5	4	4	4	3	3	3	2	2
운여	9	9	10	10	망종	1	1	1	1	2	2	2	3	3	3	4	4	4	5	5	하지	6	6	6	7	7	7	8	8	8

한식(4월05일), 초복(7월13일), 중복(7월23일), 말복(8월12일) ↟춘사(春社)3/23 ☀추사(秋社)9/19
토왕지절(土旺之節):4월16일,7월19일,10월20일,1월17일(음12/17) 臘享(납향):2033년1월20일(음12/20)

五日得辛, 六龍治水, 2032년 임자年 (상자목), 사록목

3벽	8백	1백
2흑	4록	6백
7적	9자	5황

소서 6일 21시 40분 【음6월】➡ 【丁未月(정미월)】 ☯삼벽성 대서 22일 15시 03분

양력 7월 · 음력 05/24–06/25

양력	1	2	3	4	5	6	7	8	9	10	11	12	13	14	15	16	17	18	19	20	21	22	23	24	25	26	27	28	29	30	31
요일	목	금	토	일	월	화	수	목	금	토	일	월	화	수	목	금	토	일	월	화	수	목	금	토	일	월	화	수	목	금	토
일진	무	기	경	신	임	계	갑	을	병	정	무	기	경	신	임	계	갑	을	병	정	무	기	경	신	임	계	갑	을	병	정	무
日辰	신	유	술	해	자	축	인	묘	진	사	오	미	신	유	술	해	자	축	인	묘	진	사	오	미	신	유	술	해	자	축	인
음력	24	25	26	27	28	29	6/1	2	3	4	5	6	7	8	9	10	11	12	13	14	15	16	17	18	19	20	21	22	23	24	25
구성	3	4	5	6	7	8	9	1	2	3	4	5	6	7	8	9	9	8	7	6	5	4	3	2	1	9	8	7	6	5	4
대운 남	2	1	1	1	1	소	10	10	10	9	9	9	8	8	8	7	7	7	6	6	6	대	5	5	4	4	4	3	3	3	2
대운 여	9	9	9	10	10	서	1	1	1	1	2	2	2	3	3	3	4	4	4	5	5	서	6	6	6	7	7	7	8	8	8

입추 7일 07시 31분 【음7월】➡ 【戊申月(무신월)】 ☯이흑성 처서 22일 22시 17분

양력 8월 · 음력 06/26–07/26

양력	1	2	3	4	5	6	7	8	9	10	11	12	13	14	15	16	17	18	19	20	21	22	23	24	25	26	27	28	29	30	31
요일	일	월	화	수	목	금	토	일	월	화	수	목	금	토	일	월	화	수	목	금	토	일	월	화	수	목	금	토	일	월	화
일진	기	경	신	임	계	갑	을	병	정	무	기	경	신	임	계	갑	을	병	정	무	기	경	신	임	계	갑	을	병	정	무	기
日辰	묘	진	사	오	미	신	유	술	해	자	축	인	묘	진	사	오	미	신	유	술	해	자	축	인	묘	진	사	오	미	신	유
음력	26	27	28	29	30	7/1	2	3	4	5	6	7	8	9	10	11	12	13	14	15	16	17	18	19	20	21	22	23	24	25	26
구성	3	2	1	9	8	7	6	5	4	3	2	1	9	8	7	6	5	4	3	2	1	9	8	7	6	5	4	3	2	1	9
대운 남	2	2	1	1	1	1	입	10	10	9	9	9	8	8	8	7	7	7	6	6	6	처	5	5	4	4	4	3	3	3	2
대운 여	9	9	9	10	10	10	추	1	1	1	1	2	2	2	3	3	3	4	4	4	5	서	5	6	6	6	7	7	7	8	8

백로 7일 10시 37분 【음8월】➡ 【己酉月(기유월)】 ☯일백성 추분 22일 20시 10분

양력 9월 · 음력 07/27–08/26

양력	1	2	3	4	5	6	7	8	9	10	11	12	13	14	15	16	17	18	19	20	21	22	23	24	25	26	27	28	29	30
요일	수	목	금	토	일	월	화	수	목	금	토	일	월	화	수	목	금	토	일	월	화	수	목	금	토	일	월	화	수	목
일진	경	신	임	계	갑	을	병	정	무	기	경	신	임	계	갑	을	병	정	무	기	경	신	임	계	갑	을	병	정	무	기
日辰	술	해	자	축	인	묘	진	사	오	미	신	유	술	해	자	축	인	묘	진	사	오	미	신	유	술	해	자	축	인	묘
음력	27	28	29	30	8/1	2	3	4	5	6	7	8	9	10	11	12	13	14	15	16	17	18	19	20	21	22	23	24	25	26
구성	8	7	6	5	4	3	2	1	9	8	7	6	5	4	3	2	1	9	8	7	6	5	4	3	2	1	9	8	7	6
대운 남	2	2	1	1	1	1	백	10	10	9	9	9	8	8	8	7	7	7	6	6	6	추	5	5	4	4	4	3	3	3
대운 여	8	9	9	9	10	10	로	1	1	1	1	2	2	2	3	3	3	4	4	4	5	분	5	6	6	6	7	7	7	8

한로 8일 02시 29분 【음9월】➡ 【庚戌月(경술월)】 ☯구자성 상강 23일 05시 45분

양력 10월 · 음력 08/27–09/28

양력	1	2	3	4	5	6	7	8	9	10	11	12	13	14	15	16	17	18	19	20	21	22	23	24	25	26	27	28	29	30	31
요일	금	토	일	월	화	수	목	금	토	일	월	화	수	목	금	토	일	월	화	수	목	금	토	일	월	화	수	목	금	토	일
일진	경	신	임	계	갑	을	병	정	무	기	경	신	임	계	갑	을	병	정	무	기	경	신	임	계	갑	을	병	정	무	기	경
日辰	진	사	오	미	신	유	술	해	자	축	인	묘	진	사	오	미	신	유	술	해	자	축	인	묘	진	사	오	미	신	유	술
음력	27	28	29	9/1	2	3	4	5	6	7	8	9	10	11	12	13	14	15	16	17	18	19	20	21	22	23	24	25	26	27	28
구성	5	4	3	2	1	9	8	7	6	5	4	3	2	1	9	8	7	6	5	4	3	2	1	9	8	7	6	5	4	3	2
대운 남	2	2	2	1	1	1	1	한	10	9	9	9	8	8	8	7	7	7	6	6	6	5	상	5	4	4	4	3	3	3	2
대운 여	8	8	9	9	9	10	10	로	1	1	1	1	2	2	2	3	3	3	4	4	4	5	강	5	6	6	6	7	7	7	8

입동 7일 05시 53분 【음10월】➡ 【辛亥月(신해월)】 ☯팔백성 소설 22일 03시 30분

양력 11월 · 음력 09/29–10/28

양력	1	2	3	4	5	6	7	8	9	10	11	12	13	14	15	16	17	18	19	20	21	22	23	24	25	26	27	28	29	30
요일	월	화	수	목	금	토	일	월	화	수	목	금	토	일	월	화	수	목	금	토	일	월	화	수	목	금	토	일	월	화
일진	신	임	계	갑	을	병	정	무	기	경	신	임	계	갑	을	병	정	무	기	경	신	임	계	갑	을	병	정	무	기	경
日辰	해	자	축	인	묘	진	사	오	미	신	유	술	해	자	축	인	묘	진	사	오	미	신	유	술	해	자	축	인	묘	진
음력	29	30	10/1	2	3	4	5	6	7	8	9	10	11	12	13	14	15	16	17	18	19	20	21	22	23	24	25	26	27	28
구성	1	9	8	7	6	5	4	3	2	1	9	8	7	6	5	4	3	2	1	9	8	7	6	5	4	3	2	1	9	8
대운 남	2	2	1	1	1	1	입	9	9	9	8	8	8	7	7	7	6	6	6	5	5	소	4	4	4	3	3	3	2	2
대운 여	8	8	9	9	9	10	동	1	1	1	1	2	2	2	3	3	3	4	4	4	5	설	5	6	6	6	7	7	7	8

대설 6일 22시 52분 【음11월】➡ 【壬子月(임자월)】 ☯칠적성 동지 21일 16시 55분

양력 12월 · 음력 10/29–11/29

양력	1	2	3	4	5	6	7	8	9	10	11	12	13	14	15	16	17	18	19	20	21	22	23	24	25	26	27	28	29	30	31
요일	수	목	금	토	일	월	화	수	목	금	토	일	월	화	수	목	금	토	일	월	화	수	목	금	토	일	월	화	수	목	금
일진	신	임	계	갑	을	병	정	무	기	경	신	임	계	갑	을	병	정	무	기	경	신	임	계	갑	을	병	정	무	기	경	신
日辰	사	오	미	신	유	술	해	자	축	인	묘	진	사	오	미	신	유	술	해	자	축	인	묘	진	사	오	미	신	유	술	해
음력	29	30	11/1	2	3	4	5	6	7	8	9	10	11	12	13	14	15	16	17	18	19	20	21	22	23	24	25	26	27	28	29
구성	7	6	5	4	3	2	1	9	8	7	6	5	4	3	2	1	9	8	7	6	5	4	3	2	1	9	8	7	6	5	4
대운 남	2	1	1	1	1	대	10	9	9	9	8	8	8	7	7	7	6	6	6	5	동	5	4	4	4	3	3	3	2	2	2
대운 여	8	8	9	9	9	설	1	1	1	1	2	2	2	3	3	3	4	4	4	5	지	5	6	6	6	7	7	7	8	8	8

단기 4366 年 / 불기 2577 年	**2033년** 윤7월	下元-계축(癸丑)년, 납음(상자목), 본명성(삼벽목)

대장군(酉서방), 삼살(동방), 상문(卯동방), 조객(亥서북방),납음(상자목), 【삼재(해,자축)년】 臘享(납향):2034년1월27일(음12/08)

소한 5일 10시 07분 【음12월】 ➡ 【癸丑月(계축월)】 ☯육백성　대한 20일 03시 31분

양력 1월 / 음력 12/01 ~ 01/01

양력	1	2	3	4	5	6	7	8	9	10	11	12	13	14	15	16	17	18	19	20	21	22	23	24	25	26	27	28	29	30	31
요일	토	일	월	화	수	목	금	토	일	월	화	수	목	금	토	일	월	화	수	목	금	토	일	월	화	수	목	금	토	일	월
일진	임	계	갑	을	병	정	무	기	경	신	임	계	갑	을	병	정	무	기	경	신	임	계	갑	을	병	정	무	기	경	신	임
日辰	자	축	인	묘	진	사	오	미	신	유	술	해	자	축	인	묘	진	사	오	미	신	유	술	해	자	축	인	묘	진	사	오
음력	12/1	2	3	4	5	6	7	8	9	10	11	12	13	14	15	16	17	18	19	20	21	22	23	24	25	26	27	28	29	30	1/1
구성	3	2	1	9	8	7	6	5	4	3	2	1	9	8	7	6	5	4	3	2	1	9	8	7	6	5	4	3	2	1	9
대운 남	1	1	1	1	소	9	9	9	8	8	8	7	7	7	6	6	6	5	5	대	4	4	4	3	3	3	2	2	2	1	1
운 여	9	9	9	10	한	1	1	1	1	2	2	2	3	3	3	4	4	4	5	한	5	6	6	6	7	7	7	8	8	8	9

입춘 3일 21시 40분 【음1월】 ➡ 【甲寅月(갑인월)】 ☯오황성　우수 18일 17시 32분

양력 2월 / 음력 01/02 ~ 01/29 · 계축년

양력	1	2	3	4	5	6	7	8	9	10	11	12	13	14	15	16	17	18	19	20	21	22	23	24	25	26	27	28
요일	화	수	목	금	토	일	월	화	수	목	금	토	일	월	화	수	목	금	토	일	월	화	수	목	금	토	일	월
일진	계	갑	을	병	정	무	기	경	신	임	계	갑	을	병	정	무	기	경	신	임	계	갑	을	병	정	무	기	경
日辰	미	신	유	술	해	자	축	인	묘	진	사	오	미	신	유	술	해	자	축	인	묘	진	사	오	미	신	유	술
음력	2	3	4	5	6	7	8	9	10	11	12	13	14	15	16	17	18	19	20	21	22	23	24	25	26	27	28	29
구성	2	3	4	5	6	7	8	9	1	2	3	4	5	6	7	8	9	1	2	3	4	5	6	7	8	9	1	2
대운 남	1	1	입	1	1	1	1	2	2	2	3	3	3	4	4	4	5	우	5	6	6	6	7	7	7	8	8	8
운 여	9	9	춘	10	9	9	9	8	8	8	7	7	7	6	6	6	5	수	5	4	4	4	3	3	3	2	2	2

경칩 5일 15시 31분 【음2월】 ➡ 【乙卯月(을묘월)】 ☯사록성　춘분 20일 16시 21분

양력 3월 / 음력 02/01 ~ 03/01

양력	1	2	3	4	5	6	7	8	9	10	11	12	13	14	15	16	17	18	19	20	21	22	23	24	25	26	27	28	29	30	31
요일	화	수	목	금	토	일	월	화	수	목	금	토	일	월	화	수	목	금	토	일	월	화	수	목	금	토	일	월	화	수	목
일진	신	임	계	갑	을	병	정	무	기	경	신	임	계	갑	을	병	정	무	기	경	신	임	계	갑	을	병	정	무	기	경	신
日辰	해	자	축	인	묘	진	사	오	미	신	유	술	해	자	축	인	묘	진	사	오	미	신	유	술	해	자	축	인	묘	진	사
음력	2/1	2	3	4	5	6	7	8	9	10	11	12	13	14	15	16	17	18	19	20	21	22	23	24	25	26	27	28	29	30	3/1
구성	3	4	5	6	7	8	9	1	2	3	4	5	6	7	8	9	1	2	3	4	5	6	7	8	9	1	2	3	4	5	6
대운 남	9	9	9	10	경	1	1	1	2	2	2	3	3	3	4	4	4	5	5	춘	5	6	6	6	7	7	7	8	8	8	9
운 여	1	1	1	1	칩	10	9	9	9	8	8	8	7	7	7	6	6	6	5	분	5	4	4	4	3	3	3	2	2	2	1

청명 4일 20시 07분 【음3월】 ➡ 【丙辰月(병진월)】 ☯삼벽성　곡우 20일 03시 12분

양력 4월 / 음력 03/02 ~ 04/02

양력	1	2	3	4	5	6	7	8	9	10	11	12	13	14	15	16	17	18	19	20	21	22	23	24	25	26	27	28	29	30
요일	금	토	일	월	화	수	목	금	토	일	월	화	수	목	금	토	일	월	화	수	목	금	토	일	월	화	수	목	금	토
일진	임	계	갑	을	병	정	무	기	경	신	임	계	갑	을	병	정	무	기	경	신	임	계	갑	을	병	정	무	기	경	신
日辰	오	미	신	유	술	해	자	축	인	묘	진	사	오	미	신	유	술	해	자	축	인	묘	진	사	오	미	신	유	술	해
음력	2	3	4	5	6	7	8	9	10	11	12	13	14	15	16	17	18	19	20	21	22	23	24	25	26	27	28	29	4/1	2
구성	7	8	9	1	2	3	4	5	6	7	8	9	1	2	3	4	5	6	7	8	9	1	2	3	4	5	6	7	8	9
대운 남	9	9	10	청	1	1	1	1	2	2	2	3	3	3	4	4	4	5	5	곡	6	6	6	7	7	7	8	8	8	9
운 여	1	1	1	명	10	10	9	9	9	8	8	8	7	7	7	6	6	6	5	우	5	4	4	4	3	3	3	2	2	2

입하 5일 13시 12분 【음4월】 ➡ 【丁巳月(정사월)】 ☯이흑성　소만 21일 02시 10분

양력 5월 / 음력 04/03 ~ 05/04

양력	1	2	3	4	5	6	7	8	9	10	11	12	13	14	15	16	17	18	19	20	21	22	23	24	25	26	27	28	29	30	31
요일	일	월	화	수	목	금	토	일	월	화	수	목	금	토	일	월	화	수	목	금	토	일	월	화	수	목	금	토	일	월	화
일진	임	계	갑	을	병	정	무	기	경	신	임	계	갑	을	병	정	무	기	경	신	임	계	갑	을	병	정	무	기	경	신	임
日辰	자	축	인	묘	진	사	오	미	신	유	술	해	자	축	인	묘	진	사	오	미	신	유	술	해	자	축	인	묘	진	사	오
음력	3	4	5	6	7	8	9	10	11	12	13	14	15	16	17	18	19	20	21	22	23	24	25	26	27	28	29	5/1	2	3	4
구성	1	2	3	4	5	6	7	8	9	1	2	3	4	5	6	7	8	9	1	2	3	4	5	6	7	8	9	1	2	3	4
대운 남	9	9	10	10	입	1	1	1	1	2	2	2	3	3	3	4	4	4	5	5	소	6	6	6	7	7	7	8	8	8	9
운 여	1	1	1	1	하	10	10	9	9	9	8	8	8	7	7	7	6	6	6	5	만	5	4	4	4	3	3	3	2	2	2

망종 5일 17시 12분 【음5월】 ➡ 【戊午月(무오월)】 ☯일백성　하지 21일 10시 00분

양력 6월 / 음력 05/05 ~ 06/04

양력	1	2	3	4	5	6	7	8	9	10	11	12	13	14	15	16	17	18	19	20	21	22	23	24	25	26	27	28	29	30
요일	수	목	금	토	일	월	화	수	목	금	토	일	월	화	수	목	금	토	일	월	화	수	목	금	토	일	월	화	수	목
일진	계	갑	을	병	정	무	기	경	신	임	계	갑	을	병	정	무	기	경	신	임	계	갑	을	병	정	무	기	경	신	임
日辰	미	신	유	술	해	자	축	인	묘	진	사	오	미	신	유	술	해	자	축	인	묘	진	사	오	미	신	유	술	해	자
음력	5	6	7	8	9	10	11	12	13	14	15	16	17	18	19	20	21	22	23	24	25	26	27	28	29	30	6/1	2	3	4
구성	5	6	7	8	9	1	2	3	4	5	6	7	8	9	1	2	3	4	5	6	7	8	9	1	2	3	4	5	6	7
대운 남	9	9	10	10	망	1	1	1	2	2	2	3	3	3	4	4	4	5	5	5	하	6	6	6	7	7	7	8	8	8
운 여	1	1	1	1	종	10	10	9	9	9	8	8	8	7	7	7	6	6	6	5	지	5	4	4	4	3	3	3	2	2

한식(4월05일), 초복(7월18일), 중복(7월28일), 말복(8월07일)　↑춘사(春社)3/18　☀추사(秋社)9/24
토왕지절(土旺之節):4월17일,7월19일,10월20일,1월17일(음11/27)臘享(납향):2034년1월27일(음12/08)

十日得辛, 十一龍治水, 2033년 계축년 (상자목), 삼벽목

2흑	7적	9자
1백	3벽	5황
6백	8백	4록

2033

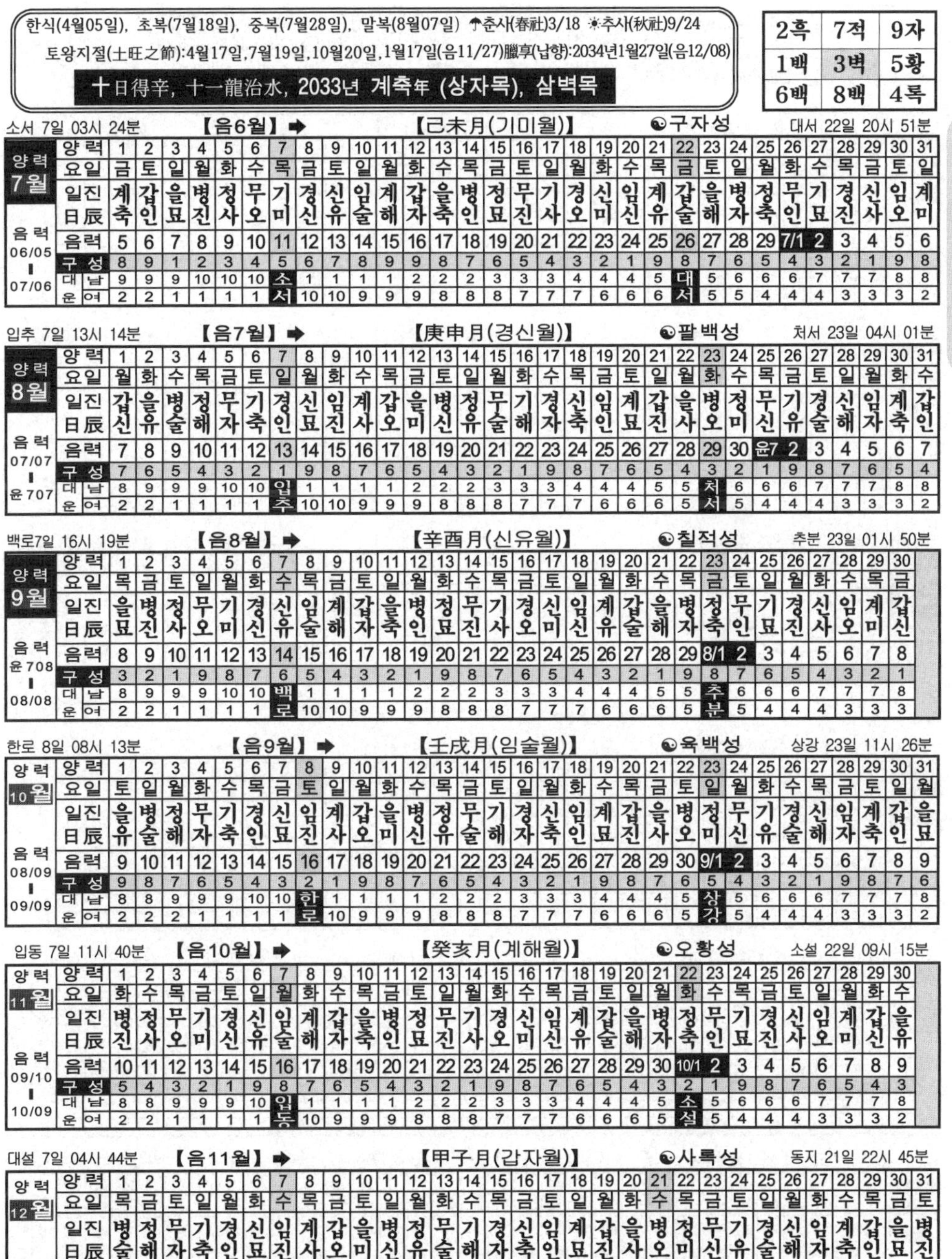

소서 7일 03시 24분　【음6월】➡　【己未月(기미월)】　●구자성　대서 22일 20시 51분 — 양력 7월 (음력 06/05 ~ 07/06)

항목	1	2	3	4	5	6	7	8	9	10	11	12	13	14	15	16	17	18	19	20	21	22	23	24	25	26	27	28	29	30	31
요일	금	토	일	월	화	수	목	금	토	일	월	화	수	목	금	토	일	월	화	수	목	금	토	일	월	화	수	목	금	토	일
일진/日辰	계축	갑인	을묘	병진	정사	무오	기미	경신	신유	임술	계해	갑자	을축	병인	정묘	무진	기사	경오	신미	임신	계유	갑술	을해	병자	정축	무인	기묘	경진	신사	임오	계미
음력	5	6	7	8	9	10	11	12	13	14	15	16	17	18	19	20	21	22	23	24	25	26	27	28	29	7/1	2	3	4	5	6
구성	8	9	1	2	3	4	5	6	7	8	9	9	8	7	6	5	4	3	2	1	9	8	7	6	5	4	3	2	1	9	8
대(남)	9	9	9	10	10	10	소서	1	1	1	1	2	2	2	3	3	3	4	4	4	5	대서	5	6	6	6	7	7	7	8	8
운(여)	2	2	1	1	1	1	소서	10	10	9	9	9	8	8	8	7	7	7	6	6	6	대서	5	5	4	4	4	3	3	3	2

입추 7일 13시 14분　【음7월】➡　【庚申月(경신월)】　●팔백성　처서 23일 04시 01분 — 양력 8월 (음력 07/07 ~ 윤7 07)

항목	1	2	3	4	5	6	7	8	9	10	11	12	13	14	15	16	17	18	19	20	21	22	23	24	25	26	27	28	29	30	31
요일	월	화	수	목	금	토	일	월	화	수	목	금	토	일	월	화	수	목	금	토	일	월	화	수	목	금	토	일	월	화	수
일진/日辰	갑신	을유	병술	정해	무자	기축	경인	신묘	임진	계사	갑오	을미	병신	정유	무술	기해	경자	신축	임인	계묘	갑진	을사	병오	정미	무신	기유	경술	신해	임자	계축	갑인
음력	7	8	9	10	11	12	13	14	15	16	17	18	19	20	21	22	23	24	25	26	27	28	29	30	윤7	2	3	4	5	6	7
구성	7	6	5	4	3	2	1	9	8	7	6	5	4	3	2	1	9	8	7	6	5	4	3	2	1	9	8	7	6	5	4
대(남)	8	9	9	9	10	10	입추	1	1	1	1	2	2	2	3	3	3	4	4	4	5	5	처서	6	6	6	7	7	7	8	8
운(여)	2	2	1	1	1	1	입추	10	10	9	9	9	8	8	8	7	7	7	6	6	6	5	처서	5	4	4	4	3	3	3	2

백로7일 16시 19분　【음8월】➡　【辛酉月(신유월)】　●칠적성　추분 23일 01시 50분 — 양력 9월 (음력 윤7 08 ~ 08/08)

항목	1	2	3	4	5	6	7	8	9	10	11	12	13	14	15	16	17	18	19	20	21	22	23	24	25	26	27	28	29	30
요일	목	금	토	일	월	화	수	목	금	토	일	월	화	수	목	금	토	일	월	화	수	목	금	토	일	월	화	수	목	금
일진/日辰	을묘	병진	정사	무오	기미	경신	신유	임술	계해	갑자	을축	병인	정묘	무진	기사	경오	신미	임신	계유	갑술	을해	병자	정축	무인	기묘	경진	신사	임오	계미	갑신
음력	8	9	10	11	12	13	14	15	16	17	18	19	20	21	22	23	24	25	26	27	28	29	8/1	2	3	4	5	6	7	8
구성	3	2	1	9	8	7	6	5	4	3	2	1	9	8	7	6	5	4	3	2	1	9	8	7	6	5	4	3	2	1
대(남)	8	9	9	9	10	10	백로	1	1	1	2	2	2	3	3	3	4	4	4	5	5	5	추분	6	6	6	7	7	7	8
운(여)	2	2	1	1	1	1	백로	10	10	9	9	9	8	8	8	7	7	7	6	6	6	5	추분	5	4	4	4	3	3	2

한로 8일 08시 13분　【음9월】➡　【壬戌月(임술월)】　●육백성　상강 23일 11시 26분 — 양력 10월 (음력 08/09 ~ 09/09)

항목	1	2	3	4	5	6	7	8	9	10	11	12	13	14	15	16	17	18	19	20	21	22	23	24	25	26	27	28	29	30	31
요일	토	일	월	화	수	목	금	토	일	월	화	수	목	금	토	일	월	화	수	목	금	토	일	월	화	수	목	금	토	일	월
일진/日辰	을유	병술	정해	무자	기축	경인	신묘	임진	계사	갑오	을미	병신	정유	무술	기해	경자	신축	임인	계묘	갑진	을사	병오	정미	무신	기유	경술	신해	임자	계축	갑인	을묘
음력	9	10	11	12	13	14	15	16	17	18	19	20	21	22	23	24	25	26	27	28	29	30	9/1	2	3	4	5	6	7	8	9
구성	9	8	7	6	5	4	3	2	1	9	8	7	6	5	4	3	2	1	9	8	7	6	5	4	3	2	1	9	8	7	6
대(남)	8	8	9	9	9	10	10	한로	1	1	1	1	2	2	2	3	3	3	4	4	4	5	상강	5	6	6	6	7	7	7	8
운(여)	2	2	2	1	1	1	1	한로	10	9	9	9	8	8	8	7	7	7	6	6	6	5	상강	5	4	4	4	3	3	3	2

입동 7일 11시 40분　【음10월】➡　【癸亥月(계해월)】　●오황성　소설 22일 09시 15분 — 양력 11월 (음력 09/10 ~ 10/09)

항목	1	2	3	4	5	6	7	8	9	10	11	12	13	14	15	16	17	18	19	20	21	22	23	24	25	26	27	28	29	30
요일	화	수	목	금	토	일	월	화	수	목	금	토	일	월	화	수	목	금	토	일	월	화	수	목	금	토	일	월	화	수
일진/日辰	병진	정사	무오	기미	경신	신유	임술	계해	갑자	을축	병인	정묘	무진	기사	경오	신미	임신	계유	갑술	을해	병자	정축	무인	기묘	경진	신사	임오	계미	갑신	을유
음력	10	11	12	13	14	15	16	17	18	19	20	21	22	23	24	25	26	27	28	29	30	10/1	2	3	4	5	6	7	8	9
구성	5	4	3	2	1	9	8	7	6	5	4	3	2	1	9	8	7	6	5	4	3	2	1	9	8	7	6	5	4	3
대(남)	8	8	9	9	9	10	입동	1	1	1	1	2	2	2	3	3	3	4	4	4	5	소설	5	6	6	6	7	7	7	8
운(여)	2	2	1	1	1	1	입동	10	9	9	9	8	8	8	7	7	7	6	6	6	5	소설	5	4	4	4	3	3	3	2

대설 7일 04시 44분　【음11월】➡　【甲子月(갑자월)】　●사록성　동지 21일 22시 45분 — 양력 12월 (음력 10/10 ~ 11/10)

항목	1	2	3	4	5	6	7	8	9	10	11	12	13	14	15	16	17	18	19	20	21	22	23	24	25	26	27	28	29	30	31
요일	목	금	토	일	월	화	수	목	금	토	일	월	화	수	목	금	토	일	월	화	수	목	금	토	일	월	화	수	목	금	토
일진/日辰	병술	정해	무자	기축	경인	신묘	임진	계사	갑오	을미	병신	정유	무술	기해	경자	신축	임인	계묘	갑진	을사	병오	정미	무신	기유	경술	신해	임자	계축	갑인	을묘	병진
음력	10	11	12	13	14	15	16	17	18	19	20	21	22	23	24	25	26	27	28	29	30	11/1	2	3	4	5	6	7	8	9	10
구성	2	1	9	8	7	6	5	4	3	2	1	9	8	7	6	5	4	3	2	1	9	8	7	6	5	4	3	2	1	9	8
대(남)	8	8	9	9	9	10	대설	1	1	1	1	2	2	2	3	3	3	4	4	4	동지	5	5	6	6	6	7	7	7	8	8
운(여)	2	2	1	1	1	1	대설	9	9	9	8	8	8	7	7	7	6	6	6	5	동지	5	4	4	4	3	3	3	2	2	2

단기 4367 年	불기 2578 年	**2034년**

下元-갑인(甲寅)년, 납음(대계수), 본명성(이흑토)

대장군(子북방), 삼살(북방), 상문(辰동남방), 조객(子북방), 납음(대계수), 【삼재(신,유,술)년】 臘享(납향):2035년1월22일(음12/13)

1월 — 乙丑月(을축월) · 삼벽성

소한 5일 16시 03분 【음12월】 ➡   대한 20일 09시 26분 · 음력 11/11 ― 12/12

1월	1	2	3	4	5	6	7	8	9	10	11	12	13	14	15	16	17	18	19	20	21	22	23	24	25	26	27	28	29	30	31
요일	일	월	화	수	목	금	토	일	월	화	수	목	금	토	일	월	화	수	목	금	토	일	월	화	수	목	금	토	일	월	화
일진(天干)	정	무	기	경	신	임	계	갑	을	병	정	무	기	경	신	임	계	갑	을	병	정	무	기	경	신	임	계	갑	을	병	정
日辰(地支)	사	오	미	신	유	술	해	자	축	인	묘	진	사	오	미	신	유	술	해	자	축	인	묘	진	사	오	미	신	유	술	해
음력	11	12	13	14	15	16	17	18	19	20	21	22	23	24	25	26	27	28	29	12/1	2	3	4	5	6	7	8	9	10	11	12
구성	7	6	5	4	3	2	1	1	2	3	4	5	6	7	8	9	1	2	3	4	5	6	7	8	9	1	2	3	4	5	6
대운(남)	8	9	9	9	소	1	1	1	1	2	2	2	3	3	3	4	4	4	5	대	5	6	6	6	7	7	7	8	8	8	9
운(여)	1	1	1	1	한	10	9	9	9	8	8	8	7	7	7	6	6	6	5	한	5	4	4	4	3	3	3	2	2	2	1

2월 — 丙寅月(병인월) · 이흑성

입춘 4일 03시 40분 【음1월】 ➡   우수 18일 23시 29분 · 음력 12/13 ― 01/10   〔갑인년〕

2월	1	2	3	4	5	6	7	8	9	10	11	12	13	14	15	16	17	18	19	20	21	22	23	24	25	26	27	28
요일	수	목	금	토	일	월	화	수	목	금	토	일	월	화	수	목	금	토	일	월	화	수	목	금	토	일	월	화
일진(天干)	무	기	경	신	임	계	갑	을	병	정	무	기	경	신	임	계	갑	을	병	정	무	기	경	신	임	계	갑	을
日辰(地支)	자	축	인	묘	진	사	오	미	신	유	술	해	자	축	인	묘	진	사	오	미	신	유	술	해	자	축	인	묘
음력	13	14	15	16	17	18	19	20	21	22	23	24	25	26	27	28	29	30	1/1	2	3	4	5	6	7	8	9	10
구성	7	8	9	1	2	3	4	5	6	7	8	9	1	2	3	4	5	6	7	8	9	1	2	3	4	5	6	7
대운(남)	9	9	10	입	9	9	9	8	8	8	7	7	7	6	6	6	5	우	5	4	4	4	3	3	3	2	2	2
운(여)	1	1	1	춘	1	1	1	1	2	2	2	3	3	3	4	4	4	수	5	5	6	6	6	7	7	7	8	8

3월 — 丁卯月(정묘월) · 일백성

경칩 5일 21시 31분 【음2월】 ➡   춘분 20일 22시 16분 · 음력 01/11 ― 02/12

3월	1	2	3	4	5	6	7	8	9	10	11	12	13	14	15	16	17	18	19	20	21	22	23	24	25	26	27	28	29	30	31
요일	수	목	금	토	일	월	화	수	목	금	토	일	월	화	수	목	금	토	일	월	화	수	목	금	토	일	월	화	수	목	금
일진(天干)	병	정	무	기	경	신	임	계	갑	을	병	정	무	기	경	신	임	계	갑	을	병	정	무	기	경	신	임	계	갑	을	병
日辰(地支)	진	사	오	미	신	유	술	해	자	축	인	묘	진	사	오	미	신	유	술	해	자	축	인	묘	진	사	오	미	신	유	술
음력	11	12	13	14	15	16	17	18	19	20	21	22	23	24	25	26	27	28	29	2/1	2	3	4	5	6	7	8	9	10	11	12
구성	8	9	1	2	3	4	5	6	7	8	9	1	2	3	4	5	6	7	8	9	1	2	3	4	5	6	7	8	9	1	2
대운(남)	1	1	1	1	경	10	10	9	9	9	8	8	8	7	7	7	6	6	6	춘	5	5	4	4	4	3	3	3	2	2	2
운(여)	8	9	9	9	칩	1	1	1	1	2	2	2	3	3	3	4	4	4	5	분	5	6	6	6	7	7	7	8	8	8	9

4월 — 戊辰月(무진월) · 구자성

청명 5일 02시 05분 【음3월】 ➡   곡우 20일 09시 02분 · 음력 02/13 ― 03/12

4월	1	2	3	4	5	6	7	8	9	10	11	12	13	14	15	16	17	18	19	20	21	22	23	24	25	26	27	28	29	30
요일	토	일	월	화	수	목	금	토	일	월	화	수	목	금	토	일	월	화	수	목	금	토	일	월	화	수	목	금	토	일
일진(天干)	정	무	기	경	신	임	계	갑	을	병	정	무	기	경	신	임	계	갑	을	병	정	무	기	경	신	임	계	갑	을	병
日辰(地支)	해	자	축	인	묘	진	사	오	미	신	유	술	해	자	축	인	묘	진	사	오	미	신	유	술	해	자	축	인	묘	진
음력	13	14	15	16	17	18	19	20	21	22	23	24	25	26	27	28	29	30	3/1	2	3	4	5	6	7	8	9	10	11	12
구성	3	4	5	6	7	8	9	1	2	3	4	5	6	7	8	9	1	2	3	4	5	6	7	8	9	1	2	3	4	5
대운(남)	1	1	1	1	청	10	9	9	9	8	8	8	7	7	7	6	6	6	5	곡	5	4	4	4	3	3	3	2	2	2
운(여)	9	9	10	10	명	1	1	1	1	2	2	2	3	3	3	4	4	4	5	우	5	6	6	6	7	7	7	8	8	8

5월 — 己巳月(기사월) · 팔백성

입하 5일 19시 08분 【음4월】 ➡   소만 21일 07시 56분 · 음력 03/13 ― 04/14

5월	1	2	3	4	5	6	7	8	9	10	11	12	13	14	15	16	17	18	19	20	21	22	23	24	25	26	27	28	29	30	31
요일	월	화	수	목	금	토	일	월	화	수	목	금	토	일	월	화	수	목	금	토	일	월	화	수	목	금	토	일	월	화	수
일진(天干)	정	무	기	경	신	임	계	갑	을	병	정	무	기	경	신	임	계	갑	을	병	정	무	기	경	신	임	계	갑	을	병	정
日辰(地支)	사	오	미	신	유	술	해	자	축	인	묘	진	사	오	미	신	유	술	해	자	축	인	묘	진	사	오	미	신	유	술	해
음력	13	14	15	16	17	18	19	20	21	22	23	24	25	26	27	28	29	4/1	2	3	4	5	6	7	8	9	10	11	12	13	14
구성	6	7	8	9	1	2	3	4	5	6	7	8	9	1	2	3	4	5	6	7	8	9	1	2	3	4	5	6	7	8	9
대운(남)	1	1	1	1	입	10	10	9	9	9	8	8	8	7	7	7	6	6	6	5	소	5	4	4	4	3	3	3	2	2	2
운(여)	9	9	9	10	하	1	1	1	1	2	2	2	3	3	3	4	4	4	5	5	만	6	6	6	7	7	7	8	8	8	9

6월 — 庚午月(경오월) · 칠적성

망종 5일 23시 05분 【음5월】 ➡   하지 21일 15시 43분 · 음력 04/15 ― 05/15

6월	1	2	3	4	5	6	7	8	9	10	11	12	13	14	15	16	17	18	19	20	21	22	23	24	25	26	27	28	29	30
요일	목	금	토	일	월	화	수	목	금	토	일	월	화	수	목	금	토	일	월	화	수	목	금	토	일	월	화	수	목	금
일진(天干)	무	기	경	신	임	계	갑	을	병	정	무	기	경	신	임	계	갑	을	병	정	무	기	경	신	임	계	갑	을	병	정
日辰(地支)	자	축	인	묘	진	사	오	미	신	유	술	해	자	축	인	묘	진	사	오	미	신	유	술	해	자	축	인	묘	진	사
음력	15	16	17	18	19	20	21	22	23	24	25	26	27	28	29	5/1	2	3	4	5	6	7	8	9	10	11	12	13	14	15
구성	1	2	3	4	5	6	7	8	9	1	2	3	4	5	6	7	8	9	1	2	3	4	5	6	7	8	9	1	2	3
대운(남)	1	1	1	1	망	10	10	9	9	9	8	8	8	7	7	7	6	6	6	5	하	5	4	4	4	3	3	3	2	2
운(여)	9	9	10	10	종	1	1	1	1	2	2	2	3	3	3	4	4	4	5	5	지	6	6	6	7	7	7	8	8	8

한식(4월05일), 초복(7월13일), 중복(7월23일), 말복(8월12일) ↑춘사(春社)3/22 ☀추사(秋社)9/19
토왕지절(土旺之節):4월17일,7월19일,10월20일,1월17일(음12/08) 臘享(납향):2035년1월22일(음12/13)

六日得辛, 十一龍治水, 2034년 갑인年 (대계수), 이흑토

1백	6백	8백
9자	2흑	4록
5황	7적	3벽

2034

소서 7일 09시 16분 【음6월】→ 【辛未月(신미월)】 ☯육백성 대서 23일 02시 35분

양력 7월 · 음력 05/16 ~ 06/16

양력	1	2	3	4	5	6	7	8	9	10	11	12	13	14	15	16	17	18	19	20	21	22	23	24	25	26	27	28	29	30	31
요일	토	일	월	화	수	목	금	토	일	월	화	수	목	금	토	일	월	화	수	목	금	토	일	월	화	수	목	금	토	일	월
일진(日辰)	무오	기미	경신	신유	임술	계해	갑자	을축	병인	정묘	무진	기사	경오	신미	임신	계유	갑술	을해	병자	정축	무인	기묘	경진	신사	임오	계미	갑신	을유	병술	정해	무자
음력	16	17	18	19	20	21	22	23	24	25	26	27	28	29	30	6/1	2	3	4	5	6	7	8	9	10	11	12	13	14	15	16
구성	4	5	6	7	8	9	9	8	7	6	5	4	3	2	1	9	8	7	6	5	4	3	2	1	9	8	7	6	5	4	3
대남	2	2	1	1	1	1	소	10	10	9	9	9	8	8	8	7	7	7	6	6	6	5	대	5	4	4	4	3	3	3	2
운여	9	9	9	10	10	10	서	1	1	1	1	2	2	2	3	3	3	4	4	4	5	5	서	6	6	6	7	7	7	8	8

입추 7일 19시 08분 【음7월】→ 【壬申月(임신월)】 ☯오황성 처서 23일 09시 46분

양력 8월 · 음력 06/17 ~ 07/18

양력	1	2	3	4	5	6	7	8	9	10	11	12	13	14	15	16	17	18	19	20	21	22	23	24	25	26	27	28	29	30	31
요일	화	수	목	금	토	일	월	화	수	목	금	토	일	월	화	수	목	금	토	일	월	화	수	목	금	토	일	월	화	수	목
일진(日辰)	기축	경인	신묘	임진	계사	갑오	을미	병신	정유	무술	기해	경자	신축	임인	계묘	갑진	을사	병오	정미	무신	기유	경술	신해	임자	계축	갑인	을묘	병진	정사	무오	기미
음력	17	18	19	20	21	22	23	24	25	26	27	28	29	7/1	2	3	4	5	6	7	8	9	10	11	12	13	14	15	16	17	18
구성	2	1	9	8	7	6	5	4	3	2	1	9	8	7	6	5	4	3	2	1	9	8	7	6	5	4	3	2	1	9	8
대남	2	2	1	1	1	1	입	10	10	9	9	9	8	8	8	7	7	7	6	6	6	5	처	5	4	4	4	3	3	3	2
운여	8	9	9	9	10	10	추	1	1	1	1	2	2	2	3	3	3	4	4	4	5	5	서	6	6	6	7	7	7	8	8

백로 7일 22시 13분 【음8월】→ 【癸酉月(계유월)】 ☯사록성 추분 23일 07시 38분

양력 9월 · 음력 07/19 ~ 08/18

양력	1	2	3	4	5	6	7	8	9	10	11	12	13	14	15	16	17	18	19	20	21	22	23	24	25	26	27	28	29	30
요일	금	토	일	월	화	수	목	금	토	일	월	화	수	목	금	토	일	월	화	수	목	금	토	일	월	화	수	목	금	토
일진(日辰)	경신	신유	임술	계해	갑자	을축	병인	정묘	무진	기사	경오	신미	임신	계유	갑술	을해	병자	정축	무인	기묘	경진	신사	임오	계미	갑신	을유	병술	정해	무자	기축
음력	19	20	21	22	23	24	25	26	27	28	29	30	8/1	2	3	4	5	6	7	8	9	10	11	12	13	14	15	16	17	18
구성	7	6	5	4	3	2	1	9	8	7	6	5	4	3	2	1	9	8	7	6	5	4	3	2	1	9	8	7	6	5
대남	2	2	1	1	1	1	백	10	10	9	9	9	8	8	8	7	7	7	6	6	6	5	추	5	4	4	4	3	3	3
운여	8	9	9	9	10	10	로	1	1	1	1	2	2	2	3	3	3	4	4	4	5	5	분	6	6	6	7	7	7	8

한로 8일 14시 06분 【음9월】→ 【甲戌月(갑술월)】 ☯삼벽성 상강 23일 17시 15분

양력 10월 · 음력 08/19 ~ 09/20

양력	1	2	3	4	5	6	7	8	9	10	11	12	13	14	15	16	17	18	19	20	21	22	23	24	25	26	27	28	29	30	31
요일	일	월	화	수	목	금	토	일	월	화	수	목	금	토	일	월	화	수	목	금	토	일	월	화	수	목	금	토	일	월	화
일진(日辰)	경인	신묘	임진	계사	갑오	을미	병신	정유	무술	기해	경자	신축	임인	계묘	갑진	을사	병오	정미	무신	기유	경술	신해	임자	계축	갑인	을묘	병진	정사	무오	기미	경신
음력	19	20	21	22	23	24	25	26	27	28	29	9/1	2	3	4	5	6	7	8	9	10	11	12	13	14	15	16	17	18	19	20
구성	4	3	2	1	9	8	7	6	5	4	3	2	1	9	8	7	6	5	4	3	2	1	9	8	7	6	5	4	3	2	1
대남	2	2	2	1	1	1	1	한	10	9	9	9	8	8	8	7	7	7	6	6	6	5	상	5	4	4	4	3	3	3	2
운여	8	8	9	9	9	10	10	로	1	1	1	1	2	2	2	3	3	3	4	4	4	5	강	5	6	6	6	7	7	7	8

입동 7일 17시 32분 【음10월】→ 【乙亥月(을해월)】 ☯이흑성 소설 22일 15시 04분

양력 11월 · 음력 09/21 ~ 10/20

양력	1	2	3	4	5	6	7	8	9	10	11	12	13	14	15	16	17	18	19	20	21	22	23	24	25	26	27	28	29	30
요일	수	목	금	토	일	월	화	수	목	금	토	일	월	화	수	목	금	토	일	월	화	수	목	금	토	일	월	화	수	목
일진(日辰)	신유	임술	계해	갑자	을축	병인	정묘	무진	기사	경오	신미	임신	계유	갑술	을해	병자	정축	무인	기묘	경진	신사	임오	계미	갑신	을유	병술	정해	무자	기축	경인
음력	21	22	23	24	25	26	27	28	29	30	10/1	2	3	4	5	6	7	8	9	10	11	12	13	14	15	16	17	18	19	20
구성	9	8	7	6	5	4	3	2	1	9	8	7	6	5	4	3	2	1	9	8	7	6	5	4	3	2	1	9	8	7
대남	2	2	1	1	1	1	입	10	9	9	9	8	8	8	7	7	7	6	6	6	5	소	5	4	4	4	3	3	3	2
운여	8	8	9	9	9	10	동	1	1	1	1	2	2	2	3	3	3	4	4	4	5	설	5	6	6	6	7	7	7	8

대설 7일 10시 35분 【음11월】→ 【丙子月(병자월)】 ☯일백성 동지 22일 04시 33분

양력 12월 · 음력 10/21 ~ 11/21

양력	1	2	3	4	5	6	7	8	9	10	11	12	13	14	15	16	17	18	19	20	21	22	23	24	25	26	27	28	29	30	31
요일	금	토	일	월	화	수	목	금	토	일	월	화	수	목	금	토	일	월	화	수	목	금	토	일	월	화	수	목	금	토	일
일진(日辰)	신묘	임진	계사	갑오	을미	병신	정유	무술	기해	경자	신축	임인	계묘	갑진	을사	병오	정미	무신	기유	경술	신해	임자	계축	갑인	을묘	병진	정사	무오	기미	경신	신유
음력	21	22	23	24	25	26	27	28	29	30	11/1	2	3	4	5	6	7	8	9	10	11	12	13	14	15	16	17	18	19	20	21
구성	6	5	4	3	2	1	9	8	7	6	5	4	3	2	1	9	8	7	6	5	4	3	2	1	9	8	7	6	5	4	3
대남	2	2	1	1	1	1	대	9	9	9	8	8	8	7	7	7	6	6	6	5	5	동	4	4	4	3	3	3	2	2	2
운여	8	8	9	9	9	10	설	1	1	1	1	2	2	2	3	3	3	4	4	4	5	지	5	6	6	6	7	7	7	8	8

<table>
<tr><td>단기 4368 年
불기 2579 年</td><td>2035년</td><td>下元-을묘(乙卯)년. 납음(대계수), 본명성(일백수)
대장군(子북방), 삼살(酉서방), 상문(巳동남방),조객(丑동북방),
납음(대계수), 【삼재(사,오,미)년】 臘享(납향):2036년1월17일(음12/20)</td><td></td></tr>
</table>

1월

소한 5일 21시 54분　【음12월】➡　　【丁丑月(정축월)】　☯구자성　대한 20일 15시 13분

양력(1월)	1	2	3	4	5	6	7	8	9	10	11	12	13	14	15	16	17	18	19	20	21	22	23	24	25	26	27	28	29	30	31
요일	월	화	수	목	금	토	일	월	화	수	목	금	토	일	월	화	수	목	금	토	일	월	화	수	목	금	토	일	월	화	수
일진(日辰)	임술	계해	갑자	을축	병인	정묘	무진	기사	경오	신미	임신	계유	갑술	을해	병자	정축	무인	기묘	경진	신사	임오	계미	갑신	을유	병술	정해	무자	기축	경인	신묘	임진
음력	22	23	24	25	26	27	28	29	30	12/1	2	3	4	5	6	7	8	9	10	11	12	13	14	15	16	17	18	19	20	21	22
구성	2	1	1	2	3	4	5	6	7	8	9	1	2	3	4	5	6	7	8	9	1	2	3	4	5	6	7	8	9	1	2
대운 남	1	1	1	1	소한	10	9	9	9	8	8	8	7	7	7	6	6	6	5	대한	5	4	4	4	3	3	3	2	2	2	1
대운 여	8	9	9	9	소한	1	1	1	1	2	2	2	3	3	3	4	4	4	5	대한	5	6	6	6	7	7	7	8	8	8	9

음력 11/22 ─ 12/22

2월

입춘 4일 09시 30분　【음1월】➡　　【戊寅月(무인월)】　☯팔백성　우수 19일 05시 15분

양력(2월)	1	2	3	4	5	6	7	8	9	10	11	12	13	14	15	16	17	18	19	20	21	22	23	24	25	26	27	28
요일	목	금	토	일	월	화	수	목	금	토	일	월	화	수	목	금	토	일	월	화	수	목	금	토	일	월	화	수
일진(日辰)	계사	갑오	을미	병신	정유	무술	기해	경자	신축	임인	계묘	갑진	을사	병오	정미	무신	기유	경술	신해	임자	계축	갑인	을묘	병진	정사	무오	기미	경신
음력	23	24	25	26	27	28	29	1/1	2	3	4	5	6	7	8	9	10	11	12	13	14	15	16	17	18	19	20	21
구성	3	4	5	6	7	8	9	1	2	3	4	5	6	7	8	9	1	2	3	4	5	6	7	8	9	1	2	3
대운 남	1	1	1	입춘	1	1	1	1	2	2	2	3	3	3	4	4	4	5	우수	5	6	6	6	7	7	7	8	8
대운 여	9	9	10	입춘	10	9	9	9	8	8	8	7	7	7	6	6	6	5	우수	5	4	4	4	3	3	3	2	2

음력 12/23 ─ 01/21　（을묘년）

3월

경칩 6일 03시 20분　【음2월】➡　　【己卯月(기묘월)】　☯칠적성　춘분 21일 04시 01분

양력(3월)	1	2	3	4	5	6	7	8	9	10	11	12	13	14	15	16	17	18	19	20	21	22	23	24	25	26	27	28	29	30	31
요일	목	금	토	일	월	화	수	목	금	토	일	월	화	수	목	금	토	일	월	화	수	목	금	토	일	월	화	수	목	금	토
일진(日辰)	신유	임술	계해	갑자	을축	병인	정묘	무진	기사	경오	신미	임신	계유	갑술	을해	병자	정축	무인	기묘	경진	신사	임오	계미	갑신	을유	병술	정해	무자	기축	경인	신묘
음력	22	23	24	25	26	27	28	29	30	2/1	2	3	4	5	6	7	8	9	10	11	12	13	14	15	16	17	18	19	20	21	22
구성	4	5	6	7	8	9	1	2	3	4	5	6	7	8	9	1	2	3	4	5	6	7	8	9	1	2	3	4	5	6	7
대운 남	8	9	9	9	10	경칩	1	1	1	1	2	2	2	3	3	3	4	4	4	5	춘분	5	6	6	6	7	7	7	8	8	8
대운 여	2	1	1	1	1	경칩	10	9	9	9	8	8	8	7	7	7	6	6	6	5	춘분	5	4	4	4	3	3	3	2	2	2

음력 01/22 ─ 02/22

4월

청명 5일 07시 52분　【음3월】➡　　【庚辰月(경진월)】　☯육백성　곡우 20일 14시 18분

양력(4월)	1	2	3	4	5	6	7	8	9	10	11	12	13	14	15	16	17	18	19	20	21	22	23	24	25	26	27	28	29	30
요일	일	월	화	수	목	금	토	일	월	화	수	목	금	토	일	월	화	수	목	금	토	일	월	화	수	목	금	토	일	월
일진(日辰)	임진	계사	갑오	을미	병신	정유	무술	기해	경자	신축	임인	계묘	갑진	을사	병오	정미	무신	기유	경술	신해	임자	계축	갑인	을묘	병진	정사	무오	기미	경신	신유
음력	23	24	25	26	27	28	29	3/1	2	3	4	5	6	7	8	9	10	11	12	13	14	15	16	17	18	19	20	21	22	23
구성	8	9	1	2	3	4	5	6	7	8	9	1	2	3	4	5	6	7	8	9	1	2	3	4	5	6	7	8	9	1
대운 남	9	9	9	10	청명	1	1	1	1	2	2	2	3	3	3	4	4	4	5	곡우	5	6	6	6	7	7	7	8	8	8
대운 여	1	1	1	1	청명	10	10	9	9	9	8	8	8	7	7	7	6	6	6	곡우	5	5	4	4	4	3	3	3	2	2

음력 02/23 ─ 03/23

5월

입하 6일 00시 54분　【음4월】➡　　【辛巳月(신사월)】　☯오황성　소만 21일 13시 42분

양력(5월)	1	2	3	4	5	6	7	8	9	10	11	12	13	14	15	16	17	18	19	20	21	22	23	24	25	26	27	28	29	30	31
요일	화	수	목	금	토	일	월	화	수	목	금	토	일	월	화	수	목	금	토	일	월	화	수	목	금	토	일	월	화	수	목
일진(日辰)	임술	계해	갑자	을축	병인	정묘	무진	기사	경오	신미	임신	계유	갑술	을해	병자	정축	무인	기묘	경진	신사	임오	계미	갑신	을유	병술	정해	무자	기축	경인	신묘	임진
음력	24	25	26	27	28	29	30	4/1	2	3	4	5	6	7	8	9	10	11	12	13	14	15	16	17	18	19	20	21	22	23	24
구성	2	3	4	5	6	7	8	9	1	2	3	4	5	6	7	8	9	1	2	3	4	5	6	7	8	9	1	2	3	4	5
대운 남	9	9	9	10	10	입하	1	1	1	1	2	2	2	3	3	3	4	4	4	5	소만	5	6	6	6	7	7	7	8	8	8
대운 여	2	1	1	1	1	입하	10	10	9	9	9	8	8	8	7	7	7	6	6	6	소만	5	5	4	4	4	3	3	3	2	2

음력 03/24 ─ 04/24

6월

망종 6일 04시 49분　【음5월】➡　　【壬午月(임오월)】　☯사록성　하지 21일 21시 32분

양력(6월)	1	2	3	4	5	6	7	8	9	10	11	12	13	14	15	16	17	18	19	20	21	22	23	24	25	26	27	28	29	30
요일	금	토	일	월	화	수	목	금	토	일	월	화	수	목	금	토	일	월	화	수	목	금	토	일	월	화	수	목	금	토
일진(日辰)	계사	갑오	을미	병신	정유	무술	기해	경자	신축	임인	계묘	갑진	을사	병오	정미	무신	기유	경술	신해	임자	계축	갑인	을묘	병진	정사	무오	기미	경신	신유	임술
음력	25	26	27	28	29	5/1	2	3	4	5	6	7	8	9	10	11	12	13	14	15	16	17	18	19	20	21	22	23	24	25
구성	6	7	8	9	1	2	3	4	5	6	7	8	9	1	2	3	4	5	6	7	8	9	1	2	3	4	5	6	7	8
대운 남	9	9	9	10	10	망종	1	1	1	1	2	2	2	3	3	3	4	4	4	5	하지	5	6	6	6	7	7	7	8	8
대운 여	2	1	1	1	1	망종	10	10	9	9	9	8	8	8	7	7	7	6	6	6	하지	5	5	4	4	4	3	3	3	2

음력 04/25 ─ 05/25

한식(4월06일), 초복(7월18일), 중복(7월28일), 말복(8월17일) ↑춘사(春社)3/18 ☀추사(秋社)9/24
토왕지절(土旺之節):4월17일,7월20일,10월20일,1월17일(음12/20) 臘享(납향):2036년1월17일(음12/20)

이日得辛, 오龍治水, 2035년 을묘年 (대계수), 일백수

9자	5황	7적
8백	1백	3벽
4록	6백	2흑

소서 7일 15시 00분 　【음6월】➡　【癸未月(계미월)】　☯삼벽성　대서 23일 08시 27분

양력 7월 (음력 05/26 ～ 06/27)

	1	2	3	4	5	6	7	8	9	10	11	12	13	14	15	16	17	18	19	20	21	22	23	24	25	26	27	28	29	30	31
양력	1	2	3	4	5	6	7	8	9	10	11	12	13	14	15	16	17	18	19	20	21	22	23	24	25	26	27	28	29	30	31
요일	일	월	화	수	목	금	토	일	월	화	수	목	금	토	일	월	화	수	목	금	토	일	월	화	수	목	금	토	일	월	화
일진(日辰)	계해	갑자	을축	병인	정묘	무진	기사	경오	신미	임신	계유	갑술	을해	병자	정축	무인	기묘	경진	신사	임오	계미	갑신	을유	병술	정해	무자	기축	경인	신묘	임진	계사
음력	26	27	28	29	6/1	2	3	4	5	6	7	8	9	10	11	12	13	14	15	16	17	18	19	20	21	22	23	24	25	26	27
구성	9	9	8	7	6	5	4	3	2	1	9	8	7	6	5	4	3	2	1	9	8	7	6	5	4	3	2	1	9	8	7
대남	8	8	9	9	9	10	소서	1	1	1	1	2	2	2	3	3	3	4	4	4	5	5	대서	6	6	6	7	7	7	8	8
운여	2	2	1	1	1	1	소서	10	10	10	9	9	9	8	8	8	7	7	7	6	6	6	대서	5	5	4	4	4	3	3	3

입추 8일 00시 53분 　【음7월】➡　【甲申月(갑신월)】　☯이흑성　처서 23일 15시 43분

양력 8월 (음력 06/28 ～ 07/28)

	1	2	3	4	5	6	7	8	9	10	11	12	13	14	15	16	17	18	19	20	21	22	23	24	25	26	27	28	29	30	31
양력	1	2	3	4	5	6	7	8	9	10	11	12	13	14	15	16	17	18	19	20	21	22	23	24	25	26	27	28	29	30	31
요일	수	목	금	토	일	월	화	수	목	금	토	일	월	화	수	목	금	토	일	월	화	수	목	금	토	일	월	화	수	목	금
일진(日辰)	갑오	을미	병신	정유	무술	기해	경자	신축	임인	계묘	갑진	을사	병오	정미	무신	기유	경술	신해	임자	계축	갑인	을묘	병진	정사	무오	기미	경신	신유	임술	계해	갑자
음력	28	29	30	7/1	2	3	4	5	6	7	8	9	10	11	12	13	14	15	16	17	18	19	20	21	22	23	24	25	26	27	28
구성	6	5	4	3	2	1	9	8	7	6	5	4	3	2	1	9	8	7	6	5	4	3	2	1	9	8	7	6	5	4	3
대남	8	9	9	9	10	10	10	입추	1	1	1	1	2	2	2	3	3	3	4	4	4	5	처서	5	6	6	6	7	7	7	8
운여	2	2	2	1	1	1	1	입추	10	10	9	9	9	8	8	8	7	7	7	6	6	6	처서	5	5	4	4	4	3	3	3

백로 8일 04시 01분 　【음8월】➡　【乙酉月(을유월)】　☯일백성　추분 23일 13시 38분

양력 9월 (음력 07/29 ～ 08/29)

	1	2	3	4	5	6	7	8	9	10	11	12	13	14	15	16	17	18	19	20	21	22	23	24	25	26	27	28	29	30
양력	1	2	3	4	5	6	7	8	9	10	11	12	13	14	15	16	17	18	19	20	21	22	23	24	25	26	27	28	29	30
요일	토	일	월	화	수	목	금	토	일	월	화	수	목	금	토	일	월	화	수	목	금	토	일	월	화	수	목	금	토	일
일진(日辰)	을축	병인	정묘	무진	기사	경오	신미	임신	계유	갑술	을해	병자	정축	무인	기묘	경진	신사	임오	계미	갑신	을유	병술	정해	무자	기축	경인	신묘	임진	계사	갑오
음력	29	8/1	2	3	4	5	6	7	8	9	10	11	12	13	14	15	16	17	18	19	20	21	22	23	24	25	26	27	28	29
구성	2	1	9	8	7	6	5	4	3	2	1	9	8	7	6	5	4	3	2	1	9	8	7	6	5	4	3	2	1	9
대남	8	8	9	9	9	10	10	백로	1	1	1	1	2	2	2	3	3	3	4	4	4	5	추분	5	6	6	6	7	7	7
운여	2	2	2	1	1	1	1	백로	10	9	9	9	8	8	8	7	7	7	6	6	6	5	추분	5	4	4	4	3	3	3

한로 8일 19시 56분 　【음9월】➡　【丙戌月(병술월)】　☯구자성　상강 23일 23시 15분

양력 10월 (음력 09/01 ～ 10/01)

	1	2	3	4	5	6	7	8	9	10	11	12	13	14	15	16	17	18	19	20	21	22	23	24	25	26	27	28	29	30	31
양력	1	2	3	4	5	6	7	8	9	10	11	12	13	14	15	16	17	18	19	20	21	22	23	24	25	26	27	28	29	30	31
요일	월	화	수	목	금	토	일	월	화	수	목	금	토	일	월	화	수	목	금	토	일	월	화	수	목	금	토	일	월	화	수
일진(日辰)	을미	병신	정유	무술	기해	경자	신축	임인	계묘	갑진	을사	병오	정미	무신	기유	경술	신해	임자	계축	갑인	을묘	병진	정사	무오	기미	경신	신유	임술	계해	갑자	을축
음력	9/1	2	3	4	5	6	7	8	9	10	11	12	13	14	15	16	17	18	19	20	21	22	23	24	25	26	27	28	29	30	10/1
구성	8	7	6	5	4	3	2	1	9	8	7	6	5	4	3	2	1	9	8	7	6	5	4	3	2	1	9	8	7	6	5
대남	8	8	8	9	9	9	10	한로	1	1	1	1	2	2	2	3	3	3	4	4	4	5	상강	5	6	6	6	7	7	7	8
운여	2	2	2	1	1	1	1	한로	10	9	9	9	8	8	8	7	7	7	6	6	6	5	상강	5	4	4	4	3	3	3	2

입동 7일 23시 22분 　【음10월】➡　【丁亥月(정해월)】　☯팔백성　소설 22일 21시 02분

양력 11월 (음력 10/02 ～ 11/01)

	1	2	3	4	5	6	7	8	9	10	11	12	13	14	15	16	17	18	19	20	21	22	23	24	25	26	27	28	29	30
양력	1	2	3	4	5	6	7	8	9	10	11	12	13	14	15	16	17	18	19	20	21	22	23	24	25	26	27	28	29	30
요일	목	금	토	일	월	화	수	목	금	토	일	월	화	수	목	금	토	일	월	화	수	목	금	토	일	월	화	수	목	금
일진(日辰)	병인	정묘	무진	기사	경오	신미	임신	계유	갑술	을해	병자	정축	무인	기묘	경진	신사	임오	계미	갑신	을유	병술	정해	무자	기축	경인	신묘	임진	계사	갑오	을미
음력	2	3	4	5	6	7	8	9	10	11	12	13	14	15	16	17	18	19	20	21	22	23	24	25	26	27	28	29	30	11/1
구성	4	3	2	1	9	8	7	6	5	4	3	2	1	9	8	7	6	5	4	3	2	1	9	8	7	6	5	4	3	2
대남	8	8	9	9	9	10	입동	1	1	1	1	2	2	2	3	3	3	4	4	4	5	소설	5	6	6	6	7	7	7	8
운여	2	2	1	1	1	1	입동	10	9	9	9	8	8	8	7	7	7	6	6	6	5	소설	5	4	4	4	3	3	3	2

대설 7일 16시 24분 　【음11월】➡　【戊子月(무자월)】　☯칠적성　동지 22일 10시 30분

양력 12월 (음력 11/02 ～ 12/03)

	1	2	3	4	5	6	7	8	9	10	11	12	13	14	15	16	17	18	19	20	21	22	23	24	25	26	27	28	29	30	31
양력	1	2	3	4	5	6	7	8	9	10	11	12	13	14	15	16	17	18	19	20	21	22	23	24	25	26	27	28	29	30	31
요일	토	일	월	화	수	목	금	토	일	월	화	수	목	금	토	일	월	화	수	목	금	토	일	월	화	수	목	금	토	일	월
일진(日辰)	병신	정유	무술	기해	경자	신축	임인	계묘	갑진	을사	병오	정미	무신	기유	경술	신해	임자	계축	갑인	을묘	병진	정사	무오	기미	경신	신유	임술	계해	갑자	을축	병인
음력	2	3	4	5	6	7	8	9	10	11	12	13	14	15	16	17	18	19	20	21	22	23	24	25	26	27	28	29	12/1	2	3
구성	1	9	8	7	6	5	4	3	2	1	9	8	7	6	5	4	3	2	1	9	8	7	6	5	4	3	2	1	1	2	3
대남	8	8	9	9	9	10	대설	1	1	1	1	2	2	2	3	3	3	4	4	4	5	동지	5	6	6	6	7	7	7	8	8
운여	2	2	1	1	1	1	대설	10	9	9	9	8	8	8	7	7	7	6	6	6	5	동지	5	4	4	4	3	3	3	2	2

단기 4369 年 · 불기 2580 年

2036년 윤6월

下元-병진(丙辰)년. 납음(사중토),본명성(구자화)

대장군(子북방). 삼살(남방), 상문(午남방),조객(寅동북방), 납음(사중토),【삼재(인,묘,진)년】臘享(납향):2037년1월23일(음12/08)

용띠

1월 (양력) — 소한 6일 03시 42분 【음12월】→ 【己丑月(기축월)】 ☯육백성 · 대한 20일 21시 10분
음력 12/04 ~ 01/04

	1	2	3	4	5	6	7	8	9	10	11	12	13	14	15	16	17	18	19	20	21	22	23	24	25	26	27	28	29	30	31
요일	화	수	목	금	토	일	월	화	수	목	금	토	일	월	화	수	목	금	토	일	월	화	수	목	금	토	일	월	화	수	목
일진	정	무	기	경	신	임	계	갑	을	병	정	무	기	경	신	임	계	갑	을	병	정	무	기	경	신	임	계	갑	을	병	정
日辰	묘	진	사	오	미	신	유	술	해	자	축	인	묘	진	사	오	미	신	유	술	해	자	축	인	묘	진	사	오	미	신	유
음력	4	5	6	7	8	9	10	11	12	13	14	15	16	17	18	19	20	21	22	23	24	25	26	27	28	29	30	1/1	2	3	4
구성	4	5	6	7	8	9	1	2	3	4	5	6	7	8	9	1	2	3	4	5	6	7	8	9	1	2	3	4	5	6	7
대남	8	9	9	9	10	소한	1	1	1	1	2	2	2	3	3	3	4	4	4	대한	5	5	6	6	6	7	7	7	8	8	8
운여	2	1	1	1	1	소한	9	9	9	8	8	8	7	7	7	6	6	6	5	대한	5	4	4	4	3	3	3	2	2	2	1

2월 (양력) — 입춘 4일 15시 19분 【음1월】→ 【庚寅月(경인월)】 ☯오황성 · 우수 19일 11시 13분
음력 01/05 ~ 02/03

	1	2	3	4	5	6	7	8	9	10	11	12	13	14	15	16	17	18	19	20	21	22	23	24	25	26	27	28	29
요일	금	토	일	월	화	수	목	금	토	일	월	화	수	목	금	토	일	월	화	수	목	금	토	일	월	화	수	목	금
일진	무	기	경	신	임	계	갑	을	병	정	무	기	경	신	임	계	갑	을	병	정	무	기	경	신	임	계	갑	을	병
日辰	술	해	자	축	인	묘	진	사	오	미	신	유	술	해	자	축	인	묘	진	사	오	미	신	유	술	해	자	축	인
음력	5	6	7	8	9	10	11	12	13	14	15	16	17	18	19	20	21	22	23	24	25	26	27	28	29	30	2/1	2	3
구성	8	9	1	2	3	4	5	6	7	8	9	1	2	3	4	5	6	7	8	9	1	2	3	4	5	6	7	8	9
대남	9	9	9	입춘	10	9	9	9	8	8	8	7	7	7	6	6	6	5	우수	5	4	4	4	3	3	3	2	2	2
운여	1	1	1	입춘	1	1	1	1	2	2	2	3	3	3	4	4	4	5	우수	5	6	6	6	7	7	7	8	8	8

병진년

3월 (양력) — 경칩 5일 09시 10분 【음2월】→ 【辛卯月(신묘월)】 ☯사록성 · 춘분 20일 10시 01분
음력 02/04 ~ 03/04

	1	2	3	4	5	6	7	8	9	10	11	12	13	14	15	16	17	18	19	20	21	22	23	24	25	26	27	28	29	30	31
요일	토	일	월	화	수	목	금	토	일	월	화	수	목	금	토	일	월	화	수	목	금	토	일	월	화	수	목	금	토	일	월
일진	정	무	기	경	신	임	계	갑	을	병	정	무	기	경	신	임	계	갑	을	병	정	무	기	경	신	임	계	갑	을	병	정
日辰	묘	진	사	오	미	신	유	술	해	자	축	인	묘	진	사	오	미	신	유	술	해	자	축	인	묘	진	사	오	미	신	유
음력	4	5	6	7	8	9	10	11	12	13	14	15	16	17	18	19	20	21	22	23	24	25	26	27	28	29	30	3/1	2	3	4
구성	1	2	3	4	5	6	7	8	9	1	2	3	4	5	6	7	8	9	1	2	3	4	5	6	7	8	9	1	2	3	4
대남	1	1	1	1	경칩	10	9	9	9	8	8	8	7	7	7	6	6	6	5	춘분	5	4	4	4	3	3	3	2	2	2	1
운여	9	9	9	10	경칩	1	1	1	1	2	2	2	3	3	3	4	4	4	5	춘분	5	6	6	6	7	7	7	8	8	8	9

4월 (양력) — 청명 4일 13시 45분 【음3월】→ 【壬辰月(임진월)】 ☯삼벽성 · 곡우 19일 20시 49분
음력 03/05 ~ 04/05

	1	2	3	4	5	6	7	8	9	10	11	12	13	14	15	16	17	18	19	20	21	22	23	24	25	26	27	28	29	30
요일	화	수	목	금	토	일	월	화	수	목	금	토	일	월	화	수	목	금	토	일	월	화	수	목	금	토	일	월	화	수
일진	무	기	경	신	임	계	갑	을	병	정	무	기	경	신	임	계	갑	을	병	정	무	기	경	신	임	계	갑	을	병	정
日辰	술	해	자	축	인	묘	진	사	오	미	신	유	술	해	자	축	인	묘	진	사	오	미	신	유	술	해	자	축	인	묘
음력	5	6	7	8	9	10	11	12	13	14	15	16	17	18	19	20	21	22	23	24	25	26	27	28	29	4/1	2	3	4	5
구성	5	6	7	8	9	1	2	3	4	5	6	7	8	9	1	2	3	4	5	6	7	8	9	1	2	3	4	5	6	7
대남	1	1	1	청명	10	10	9	9	9	8	8	8	7	7	7	6	6	6	곡우	5	5	4	4	4	3	3	3	2	2	2
운여	9	9	10	청명	1	1	1	1	2	2	2	3	3	3	3	4	4	4	곡우	5	6	6	6	7	7	7	8	8	8	9

5월 (양력) — 입하 5일 06시 48분 【음4월】→ 【癸巳月(계사월)】 ☯이흑성 · 소만 20일 19시 43분
음력 04/06 ~ 05/06

	1	2	3	4	5	6	7	8	9	10	11	12	13	14	15	16	17	18	19	20	21	22	23	24	25	26	27	28	29	30	31
요일	목	금	토	일	월	화	수	목	금	토	일	월	화	수	목	금	토	일	월	화	수	목	금	토	일	월	화	수	목	금	토
일진	무	기	경	신	임	계	갑	을	병	정	무	기	경	신	임	계	갑	을	병	정	무	기	경	신	임	계	갑	을	병	정	무
日辰	진	사	오	미	신	유	술	해	자	축	인	묘	진	사	오	미	신	유	술	해	자	축	인	묘	진	사	오	미	신	유	술
음력	6	7	8	9	10	11	12	13	14	15	16	17	18	19	20	21	22	23	24	25	26	27	28	29	30	5/1	2	3	4	5	6
구성	8	9	1	2	3	4	5	6	7	8	9	1	2	3	4	5	6	7	8	9	1	2	3	4	5	6	7	8	9	1	2
대남	1	1	1	1	입하	10	10	10	9	9	9	8	8	8	7	7	7	6	6	소만	5	5	4	4	4	3	3	3	2	2	2
운여	9	9	9	10	입하	1	1	1	1	2	2	2	3	3	3	4	4	4	5	소만	5	6	6	6	7	7	7	8	8	8	9

6월 (양력) — 망종 6일 10시 46분 【음5월】→ 【甲午月(갑오월)】 ☯일백성 · 하지 21일 03시 31분
음력 05/07 ~ 06/07

	1	2	3	4	5	6	7	8	9	10	11	12	13	14	15	16	17	18	19	20	21	22	23	24	25	26	27	28	29	30
요일	일	월	화	수	목	금	토	일	월	화	수	목	금	토	일	월	화	수	목	금	토	일	월	화	수	목	금	토	일	월
일진	기	경	신	임	계	갑	을	병	정	무	기	경	신	임	계	갑	을	병	정	무	기	경	신	임	계	갑	을	병	정	무
日辰	해	자	축	인	묘	진	사	오	미	신	유	술	해	자	축	인	묘	진	사	오	미	신	유	술	해	자	축	인	묘	진
음력	7	8	9	10	11	12	13	14	15	16	17	18	19	20	21	22	23	24	25	26	27	28	29	6/1	2	3	4	5	6	7
구성	3	4	5	6	7	8	9	1	2	3	4	5	6	7	8	9	1	2	3	4	5	6	7	8	9	8	7	6	5	4
대남	2	1	1	1	1	망종	10	10	9	9	9	8	8	8	7	7	7	6	6	6	하지	5	5	4	4	4	3	3	2	2
운여	9	9	10	10	10	망종	1	1	1	2	2	2	3	3	3	4	4	4	5	5	하지	5	6	6	6	7	7	7	8	8

한식(4월05일), 초복(7월12일), 중복(7월22일), 말복(8월11일)　↑춘사(春社)3/22　☀추사(秋社)9/18
토왕지절(土旺之節):4월16일, 7월19일, 10월20일, 1월17일(음12/02)　臘享(납향):2037년1월23일(음12/08)

八日得辛, 十一龍治水, 2036년 병진년(丙辰年) (사중토), 구자화

8백	4록	6백
7적	9자	2흑
3벽	5황	1백

소서 6일 20시 56분　【음6월】→　【乙未月(을미월)】　●구자성　대서 22일 14시 21분

양력 7월　음력 06/08 ~ 윤6 09

양력	1	2	3	4	5	6	7	8	9	10	11	12	13	14	15	16	17	18	19	20	21	22	23	24	25	26	27	28	29	30	31
요일	화	수	목	금	토	일	월	화	수	목	금	토	일	월	화	수	목	금	토	일	월	화	수	목	금	토	일	월	화	수	목
일진(日辰)	기사	경오	신미	임신	계유	갑술	을해	병자	정축	무인	기묘	경진	신사	임오	계미	갑신	을유	병술	정해	무자	기축	경인	신묘	임진	계사	갑오	을미	병신	정유	무술	기해
음력	8	9	10	11	12	13	14	15	16	17	18	19	20	21	22	23	24	25	26	27	28	29	윤6/1	2	3	4	5	6	7	8	9
구성	4	3	2	1	9	8	7	6	5	4	3	2	1	9	8	7	6	5	4	3	2	1	9	8	7	6	5	4	3	2	1
대운 남	2	1	1	1	1	소서	10	10	10	9	9	9	8	8	8	7	7	7	6	6	6	대서	5	5	4	4	4	3	3	3	2
운 여	8	9	9	9	10	소서	1	1	1	1	2	2	2	3	3	3	4	4	4	5	5	대서	6	6	6	7	7	7	8	8	8

입추 7일 06시 48분　【음7월】→　【丙申月(병신월)】　●팔백성　처서 22일 21시 31분

양력 8월　음력 윤6 10 ~ 07/10

양력	1	2	3	4	5	6	7	8	9	10	11	12	13	14	15	16	17	18	19	20	21	22	23	24	25	26	27	28	29	30	31
요일	금	토	일	월	화	수	목	금	토	일	월	화	수	목	금	토	일	월	화	수	목	금	토	일	월	화	수	목	금	토	일
일진(日辰)	경자	신축	임인	계묘	갑진	을사	병오	정미	무신	기유	경술	신해	임자	계축	갑인	을묘	병진	정사	무오	기미	경신	신유	임술	계해	갑자	을축	병인	정묘	무진	기사	경오
음력	10	11	12	13	14	15	16	17	18	19	20	21	22	23	24	25	26	27	28	29	30	7/1	2	3	4	5	6	7	8	9	10
구성	9	8	7	6	5	4	3	2	1	9	8	7	6	5	4	3	2	1	9	8	7	6	5	4	3	2	1	9	8	7	6
대운 남	2	2	1	1	1	1	입추	10	10	9	9	9	8	8	8	7	7	7	6	6	6	처서	5	5	4	4	4	3	3	3	2
운 여	9	9	9	10	10	10	입추	1	1	1	1	2	2	2	3	3	3	4	4	4	5	처서	5	6	6	6	7	7	7	8	8

백로 7일 09시 54분　【음8월】→　【丁酉月(정유월)】　●칠적성　추분 22일 19시 22분

양력 9월　음력 07/11 ~ 08/11

양력	1	2	3	4	5	6	7	8	9	10	11	12	13	14	15	16	17	18	19	20	21	22	23	24	25	26	27	28	29	30
요일	월	화	수	목	금	토	일	월	화	수	목	금	토	일	월	화	수	목	금	토	일	월	화	수	목	금	토	일	월	화
일진(日辰)	신미	임신	계유	갑술	을해	병자	정축	무인	기묘	경진	신사	임오	계미	갑신	을유	병술	정해	무자	기축	경인	신묘	임진	계사	갑오	을미	병신	정유	무술	기해	경자
음력	11	12	13	14	15	16	17	18	19	20	21	22	23	24	25	26	27	28	29	8/1	2	3	4	5	6	7	8	9	10	11
구성	5	4	3	2	1	9	8	7	6	5	4	3	2	1	9	8	7	6	5	4	3	2	1	9	8	7	6	5	4	3
대운 남	2	2	1	1	1	1	백로	10	10	9	9	9	8	8	8	7	7	7	6	6	6	추분	5	5	4	4	4	3	3	3
운 여	9	9	9	10	10	10	백로	1	1	1	1	2	2	2	3	3	3	4	4	4	5	추분	5	6	6	6	7	7	7	8

한로 8일 01시 48분　【음9월】→　【戊戌月(무술월)】　●육백성　상강 23일 04시 57분

양력 10월　음력 08/12 ~ 09/13

양력	1	2	3	4	5	6	7	8	9	10	11	12	13	14	15	16	17	18	19	20	21	22	23	24	25	26	27	28	29	30	31
요일	수	목	금	토	일	월	화	수	목	금	토	일	월	화	수	목	금	토	일	월	화	수	목	금	토	일	월	화	수	목	금
일진(日辰)	신축	임인	계묘	갑진	을사	병오	정미	무신	기유	경술	신해	임자	계축	갑인	을묘	병진	정사	무오	기미	경신	신유	임술	계해	갑자	을축	병인	정묘	무진	기사	경오	신미
음력	12	13	14	15	16	17	18	19	20	21	22	23	24	25	26	27	28	29	9/1	2	3	4	5	6	7	8	9	10	11	12	13
구성	2	1	9	8	7	6	5	4	3	2	1	9	8	7	6	5	4	3	2	1	9	8	7	6	5	4	3	2	1	9	8
대운 남	2	2	2	1	1	1	1	한로	10	9	9	9	8	8	8	7	7	7	6	6	6	5	상강	5	4	4	4	3	3	3	2
운 여	8	8	9	9	9	10	10	한로	1	1	1	1	2	2	2	3	3	3	4	4	4	5	상강	5	6	6	6	7	7	7	8

입동 7일 05시 13분　【음10월】→　【己亥月(기해월)】　●오황성　소설 22일 02시 44분

양력 11월　음력 09/14 ~ 10/13

양력	1	2	3	4	5	6	7	8	9	10	11	12	13	14	15	16	17	18	19	20	21	22	23	24	25	26	27	28	29	30
요일	토	일	월	화	수	목	금	토	일	월	화	수	목	금	토	일	월	화	수	목	금	토	일	월	화	수	목	금	토	일
일진(日辰)	임신	계유	갑술	을해	병자	정축	무인	기묘	경진	신사	임오	계미	갑신	을유	병술	정해	무자	기축	경인	신묘	임진	계사	갑오	을미	병신	정유	무술	기해	경자	신축
음력	14	15	16	17	18	19	20	21	22	23	24	25	26	27	28	29	30	10/1	2	3	4	5	6	7	8	9	10	11	12	13
구성	7	6	5	4	3	2	1	9	8	7	6	5	4	3	2	1	9	8	7	6	5	4	3	2	1	9	8	7	6	5
대운 남	2	2	1	1	1	1	입동	10	9	9	9	8	8	8	7	7	7	6	6	6	5	소설	5	4	4	4	3	3	3	2
운 여	8	8	9	9	9	10	입동	1	1	1	1	2	2	2	3	3	3	4	4	4	5	소설	5	6	6	6	7	7	7	8

대설 6일 22시 15분　【음11월】→　【庚子月(경자월)】　●사록성　동지 21일 16시 11분

양력 12월　음력 10/14 ~ 11/15

양력	1	2	3	4	5	6	7	8	9	10	11	12	13	14	15	16	17	18	19	20	21	22	23	24	25	26	27	28	29	30	31
요일	월	화	수	목	금	토	일	월	화	수	목	금	토	일	월	화	수	목	금	토	일	월	화	수	목	금	토	일	월	화	수
일진(日辰)	임인	계묘	갑진	을사	병오	정미	무신	기유	경술	신해	임자	계축	갑인	을묘	병진	정사	무오	기미	경신	신유	임술	계해	갑자	을축	병인	정묘	무진	기사	경오	신미	임신
음력	14	15	16	17	18	19	20	21	22	23	24	25	26	27	28	29	11/1	2	3	4	5	6	7	8	9	10	11	12	13	14	15
구성	4	3	2	1	9	8	7	6	5	4	3	2	1	9	8	7	6	5	4	3	2	1	1	2	3	4	5	6	7	8	9
대운 남	2	1	1	1	1	대설	10	9	9	9	8	8	8	7	7	7	6	6	6	5	동지	5	4	4	4	3	3	3	2	2	2
운 여	8	8	9	9	9	대설	1	1	1	1	2	2	2	3	3	3	4	4	4	5	동지	5	6	6	6	7	7	7	8	8	8

양력 1월 【음12월】→ 【辛丑月(신축월)】 ☯삼벽성
소한 5일 09시 33분 · 대한 20일 02시 52분 · 음력 11/16 ~ 12/16

양력	1	2	3	4	5	6	7	8	9	10	11	12	13	14	15	16	17	18	19	20	21	22	23	24	25	26	27	28	29	30	31
요일	목	금	토	일	월	화	수	목	금	토	일	월	화	수	목	금	토	일	월	화	수	목	금	토	일	월	화	수	목	금	토
日辰	계유	갑술	을해	병자	정축	무인	기묘	경진	신사	임오	계미	갑신	을유	병술	정해	무자	기축	경인	신묘	임진	계사	갑오	을미	병신	정유	무술	기해	경자	신축	임인	계묘
음력	16	17	18	19	20	21	22	23	24	25	26	27	28	29	30	12/1	2	3	4	5	6	7	8	9	10	11	12	13	14	15	16
구성	1	2	3	4	5	6	7	8	9	1	2	3	4	5	6	7	8	9	1	2	3	4	5	6	7	8	9	1	2	3	4
대운남	1	1	1	1	소한	9	9	9	8	8	8	7	7	7	6	6	6	5	5	대한	4	4	4	3	3	3	2	2	2	1	1
대운여	9	9	9	10	소한	1	1	1	1	2	2	2	3	3	3	4	4	4	5	대한	5	6	6	6	7	7	7	8	8	8	9

양력 2월 【음1월】→ 【壬寅月(임인월)】 ☯이흑성
입춘 3일 21시 10분 · 우수 18일 16시 57분 · 음력 12/17 ~ 01/14

양력	1	2	3	4	5	6	7	8	9	10	11	12	13	14	15	16	17	18	19	20	21	22	23	24	25	26	27	28
요일	일	월	화	수	목	금	토	일	월	화	수	목	금	토	일	월	화	수	목	금	토	일	월	화	수	목	금	토
日辰	갑진	을사	병오	정미	무신	기유	경술	신해	임자	계축	갑인	을묘	병진	정사	무오	기미	경신	신유	임술	계해	갑자	을축	병인	정묘	무진	기사	경오	신미
음력	17	18	19	20	21	22	23	24	25	26	27	28	29	30	1/1	2	3	4	5	6	7	8	9	10	11	12	13	14
구성	5	6	7	8	9	1	2	3	4	5	6	7	8	9	1	2	3	4	5	6	7	8	9	1	2	3	4	5
대운남	1	1	입춘	1	1	1	1	2	2	2	3	3	3	4	4	4	5	우수	5	6	6	6	7	7	7	8	8	8
대운여	9	9	입춘	10	9	9	9	8	8	8	7	7	7	6	6	6	5	우수	5	4	4	4	3	3	3	2	2	2

(우측: 정사년)

양력 3월 【음2월】→ 【癸卯月(계묘월)】 ☯일백성
경칩 5일 15시 05분 · 춘분 20일 15시 49분 · 음력 01/15 ~ 02/15

양력	1	2	3	4	5	6	7	8	9	10	11	12	13	14	15	16	17	18	19	20	21	22	23	24	25	26	27	28	29	30	31
요일	일	월	화	수	목	금	토	일	월	화	수	목	금	토	일	월	화	수	목	금	토	일	월	화	수	목	금	토	일	월	화
日辰	임신	계유	갑술	을해	병자	정축	무인	기묘	경진	신사	임오	계미	갑신	을유	병술	정해	무자	기축	경인	신묘	임진	계사	갑오	을미	병신	정유	무술	기해	경자	신축	임인
음력	15	16	17	18	19	20	21	22	23	24	25	26	27	28	29	30	2/1	2	3	4	5	6	7	8	9	10	11	12	13	14	15
구성	6	7	8	9	1	2	3	4	5	6	7	8	9	1	2	3	4	5	6	7	8	9	1	2	3	4	5	6	7	8	9
대운남	9	9	9	10	경칩	1	1	1	1	2	2	2	3	3	3	4	4	4	5	춘분	5	6	6	6	7	7	7	8	8	8	9
대운여	1	1	1	1	경칩	10	9	9	9	8	8	8	7	7	7	6	6	6	5	춘분	5	4	4	4	3	3	3	2	2	2	1

양력 4월 【음3월】→ 【甲辰月(갑진월)】 ☺구자성
청명 4일 19시 43분 · 곡우 20일 02시 39분 · 음력 02/16 ~ 03/15

양력	1	2	3	4	5	6	7	8	9	10	11	12	13	14	15	16	17	18	19	20	21	22	23	24	25	26	27	28	29	30
요일	수	목	금	토	일	월	화	수	목	금	토	일	월	화	수	목	금	토	일	월	화	수	목	금	토	일	월	화	수	목
日辰	계묘	갑진	을사	병오	정미	무신	기유	경술	신해	임자	계축	갑인	을묘	병진	정사	무오	기미	경신	신유	임술	계해	갑자	을축	병인	정묘	무진	기사	경오	신미	임신
음력	16	17	18	19	20	21	22	23	24	25	26	27	28	29	30	3/1	2	3	4	5	6	7	8	9	10	11	12	13	14	15
구성	1	2	3	4	5	6	7	8	9	1	2	3	4	5	6	7	8	9	1	2	3	4	5	6	7	8	9	1	2	3
대운남	9	9	10	청명	1	1	1	1	2	2	2	3	3	3	4	4	4	5	5	곡우	6	6	6	7	7	7	8	8	8	9
대운여	1	1	1	청명	10	10	9	9	9	8	8	8	7	7	7	6	6	6	5	곡우	5	4	4	4	3	3	3	2	2	2

양력 5월 【음4월】→ 【乙巳月(을사월)】 ☯팔백성
입하 5일 12시 48분 · 소만 21일 01시 34분 · 음력 03/16 ~ 04/17

양력	1	2	3	4	5	6	7	8	9	10	11	12	13	14	15	16	17	18	19	20	21	22	23	24	25	26	27	28	29	30	31
요일	금	토	일	월	화	수	목	금	토	일	월	화	수	목	금	토	일	월	화	수	목	금	토	일	월	화	수	목	금	토	일
日辰	계유	갑술	을해	병자	정축	무인	기묘	경진	신사	임오	계미	갑신	을유	병술	정해	무자	기축	경인	신묘	임진	계사	갑오	을미	병신	정유	무술	기해	경자	신축	임인	계묘
음력	16	17	18	19	20	21	22	23	24	25	26	27	28	29	4/1	2	3	4	5	6	7	8	9	10	11	12	13	14	15	16	17
구성	4	5	6	7	8	9	1	2	3	4	5	6	7	8	9	1	2	3	4	5	6	7	8	9	1	2	3	4	5	6	7
대운남	9	9	9	10	입하	1	1	1	1	2	2	2	3	3	3	4	4	4	5	5	소만	6	6	6	7	7	7	8	8	8	9
대운여	1	1	1	1	입하	10	10	9	9	9	8	8	8	7	7	7	6	6	6	5	소만	5	4	4	4	3	3	3	2	2	2

양력 6월 【음5월】→ 【丙午月(병오월)】 ☯칠적성
망종 5일 16시 45분 · 하지 21일 09시 21분 · 음력 04/18 ~ 05/17

양력	1	2	3	4	5	6	7	8	9	10	11	12	13	14	15	16	17	18	19	20	21	22	23	24	25	26	27	28	29	30
요일	월	화	수	목	금	토	일	월	화	수	목	금	토	일	월	화	수	목	금	토	일	월	화	수	목	금	토	일	월	화
日辰	갑진	을사	병오	정미	무신	기유	경술	신해	임자	계축	갑인	을묘	병진	정사	무오	기미	경신	신유	임술	계해	갑자	을축	병인	정묘	무진	기사	경오	신미	임신	계유
음력	18	19	20	21	22	23	24	25	26	27	28	29	30	5/1	2	3	4	5	6	7	8	9	10	11	12	13	14	15	16	17
구성	8	9	1	2	3	4	5	6	7	8	9	1	2	3	4	5	6	7	8	9	7	6	5	4	3	2	1	9	8	7
대운남	9	9	10	10	망종	1	1	1	1	2	2	2	3	3	3	4	4	4	5	5	하지	6	6	6	7	7	7	8	8	8
대운여	1	1	1	1	망종	10	10	10	9	9	9	8	8	8	7	7	7	6	6	5	하지	5	5	4	4	4	3	3	3	2

한식(4월05일), 초복(7월17일), 중복(7월27일), 말복(8월06일) ↑춘사(春社)3/17 ☀추사(秋社)9/23
토왕지절(土旺之節):4월17일,7월19일,10월20일,1월17일(음12/13)臘享(납향):2038년1월18일(음12/14)
四日得辛, 十一龍治水, 2037년 정사年 (사중토), 팔백토

7적	3벽	5황
6백	8백	1백
2흑	4록	9자

2037

소서 7일 02시 54분 【음6월】➡ 【丁未月(정미월)】 ☯육백성 대서 22일 20시 11분

양력 7월 / 음력 05/18 - 06/19

	1	2	3	4	5	6	7	8	9	10	11	12	13	14	15	16	17	18	19	20	21	22	23	24	25	26	27	28	29	30	31
요일	수	목	금	토	일	월	화	수	목	금	토	일	월	화	수	목	금	토	일	월	화	수	목	금	토	일	월	화	수	목	금
일진	갑술	을해	병자	정축	무인	기묘	경진	신사	임오	계미	갑신	을유	병술	정해	무자	기축	경인	신묘	임진	계사	갑오	을미	병신	정유	무술	기해	경자	신축	임인	계묘	갑진
음력	18	19	20	21	22	23	24	25	26	27	28	29	6/1	2	3	4	5	6	7	8	9	10	11	12	13	14	15	16	17	18	19
구성	8	7	6	5	4	3	2	1	9	8	7	6	5	4	3	2	1	9	8	7	6	5	4	3	2	1	9	8	7	6	5
대남	9	9	9	10	10	10	소서	1	1	1	1	2	2	2	3	3	3	4	4	4	5	대서	5	6	6	6	6	7	7	7	8
운여	2	2	1	1	1	1	소서	10	10	9	9	9	8	8	8	7	7	7	6	6	6	대서	5	5	4	4	4	3	3	3	2

입추 7일 12시 42분 【음7월】➡ 【戊申月(무신월)】 ☯오황성 처서 23일 03시 21분

양력 8월 / 음력 06/20 - 07/21

	1	2	3	4	5	6	7	8	9	10	11	12	13	14	15	16	17	18	19	20	21	22	23	24	25	26	27	28	29	30	31
요일	토	일	월	화	수	목	금	토	일	월	화	수	목	금	토	일	월	화	수	목	금	토	일	월	화	수	목	금	토	일	월
일진	을사	병오	정미	무신	기유	경술	신해	임자	계축	갑인	을묘	병진	정사	무오	기미	경신	신유	임술	계해	갑자	을축	병인	정묘	무진	기사	경오	신미	임신	계유	갑술	을해
음력	20	21	22	23	24	25	26	27	28	29	7/1	2	3	4	5	6	7	8	9	10	11	12	13	14	15	16	17	18	19	20	21
구성	4	3	2	1	9	8	7	6	5	4	3	2	1	9	8	7	6	5	4	3	2	1	9	8	7	6	5	4	3	2	1
대남	8	9	9	9	10	10	입추	1	1	1	1	2	2	2	3	3	3	4	4	4	5	5	처서	6	6	6	7	7	7	8	8
운여	2	2	1	1	1	1	입추	10	10	9	9	9	8	8	8	7	7	7	6	6	6	5	처서	5	4	4	4	3	3	3	2

백로 7일 15시 44분 【음8월】➡ 【己酉月(기유월)】 ☯사록성 추분 23일 01시 12분

양력 9월 / 음력 07/22 - 08/21

	1	2	3	4	5	6	7	8	9	10	11	12	13	14	15	16	17	18	19	20	21	22	23	24	25	26	27	28	29	30
요일	화	수	목	금	토	일	월	화	수	목	금	토	일	월	화	수	목	금	토	일	월	화	수	목	금	토	일	월	화	수
일진	병자	정축	무인	기묘	경진	신사	임오	계미	갑신	을유	병술	정해	무자	기축	경인	신묘	임진	계사	갑오	을미	병신	정유	무술	기해	경자	신축	임인	계묘	갑진	을사
음력	22	23	24	25	26	27	28	29	30	8/1	2	3	4	5	6	7	8	9	10	11	12	13	14	15	16	17	18	19	20	21
구성	9	8	7	6	5	4	3	2	1	9	8	7	6	5	4	3	2	1	9	8	7	6	5	4	3	2	1	9	8	7
대남	8	9	9	9	10	10	백로	1	1	1	1	2	2	2	3	3	3	4	4	4	5	5	추분	6	6	6	7	7	7	8
운여	2	2	1	1	1	1	백로	10	10	9	9	9	8	8	8	7	7	7	6	6	6	5	추분	5	4	4	4	3	3	3

한로 8일 07시 36분 【음9월】➡ 【庚戌月(경술월)】 ☯삼벽성 상강 23일 10시 48분

양력 10월 / 음력 08/22 - 09/23

	1	2	3	4	5	6	7	8	9	10	11	12	13	14	15	16	17	18	19	20	21	22	23	24	25	26	27	28	29	30	31
요일	목	금	토	일	월	화	수	목	금	토	일	월	화	수	목	금	토	일	월	화	수	목	금	토	일	월	화	수	목	금	토
일진	병오	정미	무신	기유	경술	신해	임자	계축	갑인	을묘	병진	정사	무오	기미	경신	신유	임술	계해	갑자	을축	병인	정묘	무진	기사	경오	신미	임신	계유	갑술	을해	병자
음력	22	23	24	25	26	27	28	29	9/1	2	3	4	5	6	7	8	9	10	11	12	13	14	15	16	17	18	19	20	21	22	23
구성	6	5	4	3	2	1	9	8	7	6	5	4	3	2	1	9	8	7	6	5	4	3	2	1	9	8	7	6	5	4	3
대남	8	8	9	9	9	10	10	한로	1	1	1	1	2	2	2	3	3	3	4	4	4	5	상강	5	6	6	6	7	7	7	8
운여	2	2	2	1	1	1	1	한로	10	9	9	9	8	8	8	7	7	7	6	6	6	5	상강	5	4	4	4	3	3	3	2

입동 7일 11시 03분 【음10월】➡ 【辛亥月(신해월)】 ☯이흑성 소설 22일 08시 37분

양력 11월 / 음력 09/24 - 10/24

	1	2	3	4	5	6	7	8	9	10	11	12	13	14	15	16	17	18	19	20	21	22	23	24	25	26	27	28	29	30
요일	일	월	화	수	목	금	토	일	월	화	수	목	금	토	일	월	화	수	목	금	토	일	월	화	수	목	금	토	일	월
일진	정축	무인	기묘	경진	신사	임오	계미	갑신	을유	병술	정해	무자	기축	경인	신묘	임진	계사	갑오	을미	병신	정유	무술	기해	경자	신축	임인	계묘	갑진	을사	병오
음력	24	25	26	27	28	29	10/1	2	3	4	5	6	7	8	9	10	11	12	13	14	15	16	17	18	19	20	21	22	23	24
구성	2	1	9	8	7	6	5	4	3	2	1	9	8	7	6	5	4	3	2	1	9	8	7	6	5	4	3	2	1	9
대남	8	8	9	9	9	10	입동	1	1	1	1	2	2	2	3	3	3	4	4	4	5	소설	5	6	6	6	7	7	7	8
운여	2	2	1	1	1	1	입동	10	9	9	9	8	8	8	7	7	7	6	6	6	5	소설	5	4	4	4	3	3	3	2

대설 7일 04시 06분 【음11월】➡ 【壬子月(임자월)】 ☯일백성 동지 21일 22시 06분

양력 12월 / 음력 10/25 - 11/25

	1	2	3	4	5	6	7	8	9	10	11	12	13	14	15	16	17	18	19	20	21	22	23	24	25	26	27	28	29	30	31
요일	화	수	목	금	토	일	월	화	수	목	금	토	일	월	화	수	목	금	토	일	월	화	수	목	금	토	일	월	화	수	목
일진	정미	무신	기유	경술	신해	임자	계축	갑인	을묘	병진	정사	무오	기미	경신	신유	임술	계해	갑자	을축	병인	정묘	무진	기사	경오	신미	임신	계유	갑술	을해	병자	정축
음력	25	26	27	28	29	30	11/1	2	3	4	5	6	7	8	9	10	11	12	13	14	15	16	17	18	19	20	21	22	23	24	25
구성	8	7	6	5	4	3	2	1	9	8	7	6	5	4	3	2	1	1	2	3	4	5	6	7	8	9	1	2	3	4	5
대남	8	8	9	9	9	10	대설	1	1	1	1	2	2	2	3	3	3	4	4	4	동지	5	5	6	6	6	7	7	7	8	8
운여	2	2	1	1	1	1	대설	9	9	9	8	8	8	7	7	7	6	6	6	5	동지	5	4	4	4	3	3	3	2	2	2

단기 4371 年	**2038년**	下元-무오(戊午)년, 납음(천상화), 본명성(칠적금)
불기 2582 年		대장군(卯동방), 삼살(북방), 상문(申서남방), 조객(辰동남방), 납음(천상화), 【삼재(신.유.술)년】 臘享(납향):2039년1월13일(음12/19)

소한 5일 15시 25분 【음12월】➡ 【癸丑月(계축월)】 ☯구자성 대한 20일 08시 47분

음력 11/26 ~ 12/27

양력	1	2	3	4	5	6	7	8	9	10	11	12	13	14	15	16	17	18	19	20	21	22	23	24	25	26	27	28	29	30	31
요일	금	토	일	월	화	수	목	금	토	일	월	화	수	목	금	토	일	월	화	수	목	금	토	일	월	화	수	목	금	토	일
일진(日辰)	무인	기묘	경진	신사	임오	계미	갑신	을유	병술	정해	무자	기축	경인	신묘	임진	계사	갑오	을미	병신	정유	무술	기해	경자	신축	임인	계묘	갑진	을사	병오	정미	무신
음력	26	27	28	29	12/1	2	3	4	5	6	7	8	9	10	11	12	13	14	15	16	17	18	19	20	21	22	23	24	25	26	27
구성	6	7	8	9	1	2	3	4	5	6	7	8	9	1	2	3	4	5	6	7	8	9	1	2	3	4	5	6	7	8	9
대남	8	9	9	9	소한	1	1	1	1	2	2	2	3	3	3	4	4	4	5	대한	5	6	6	6	7	7	7	8	8	8	9
운여	1	1	1	1	소한	10	9	9	9	8	8	8	7	7	7	6	6	6	5	대한	5	4	4	4	3	3	3	2	2	2	1

입춘 4일 03시 02분 【음1월】➡ 【甲寅月(갑인월)】 ☯팔백성 우수 18일 22시 51분

음력 12/28 ~ 01/25 · 무오년

양력	1	2	3	4	5	6	7	8	9	10	11	12	13	14	15	16	17	18	19	20	21	22	23	24	25	26	27	28
요일	월	화	수	목	금	토	일	월	화	수	목	금	토	일	월	화	수	목	금	토	일	월	화	수	목	금	토	일
일진(日辰)	기유	경술	신해	임자	계축	갑인	을묘	병진	정사	무오	기미	경신	신유	임술	계해	갑자	을축	병인	정묘	무진	기사	경오	신미	임신	계유	갑술	을해	병자
음력	28	29	30	1/1	2	3	4	5	6	7	8	9	10	11	12	13	14	15	16	17	18	19	20	21	22	23	24	25
구성	1	2	3	4	5	6	7	8	9	1	2	3	4	5	6	7	8	9	1	2	3	4	5	6	7	8	9	1
대남	9	9	10	입춘	9	9	9	8	8	8	7	7	7	6	6	6	5	우수	5	4	4	4	3	3	3	2	2	2
운여	1	1	1	입춘	1	1	1	1	2	2	2	3	3	3	4	4	4	우수	5	5	6	6	6	7	7	7	8	8

경칩 5일 20시 54분 【음2월】➡ 【乙卯月(을묘월)】 ☯칠적성 춘분 20일 21시 39분

음력 01/26 ~ 02/26

양력	1	2	3	4	5	6	7	8	9	10	11	12	13	14	15	16	17	18	19	20	21	22	23	24	25	26	27	28	29	30	31
요일	월	화	수	목	금	토	일	월	화	수	목	금	토	일	월	화	수	목	금	토	일	월	화	수	목	금	토	일	월	화	수
일진(日辰)	정축	무인	기묘	경진	신사	임오	계미	갑신	을유	병술	정해	무자	기축	경인	신묘	임진	계사	갑오	을미	병신	정유	무술	기해	경자	신축	임인	계묘	갑진	을사	병오	정미
음력	26	27	28	29	30	2/1	2	3	4	5	6	7	8	9	10	11	12	13	14	15	16	17	18	19	20	21	22	23	24	25	26
구성	2	3	4	5	6	7	8	9	1	2	3	4	5	6	7	8	9	1	2	3	4	5	6	7	8	9	1	2	3	4	5
대남	1	1	1	1	경칩	10	10	9	9	9	8	8	8	7	7	7	6	6	6	춘분	5	5	4	4	4	3	3	3	2	2	2
운여	8	9	9	9	경칩	1	1	1	1	2	2	2	3	3	3	4	4	4	5	춘분	5	6	6	6	7	7	7	8	8	8	9

청명 5일 01시 28분 【음3월】➡ 【丙辰月(병진월)】 ☯육백성 곡우 20일 08시 27분

음력 02/27 ~ 03/26

양력	1	2	3	4	5	6	7	8	9	10	11	12	13	14	15	16	17	18	19	20	21	22	23	24	25	26	27	28	29	30
요일	목	금	토	일	월	화	수	목	금	토	일	월	화	수	목	금	토	일	월	화	수	목	금	토	일	월	화	수	목	금
일진(日辰)	무신	기유	경술	신해	임자	계축	갑인	을묘	병진	정사	무오	기미	경신	신유	임술	계해	갑자	을축	병인	정묘	무진	기사	경오	신미	임신	계유	갑술	을해	병자	정축
음력	27	28	29	30	3/1	2	3	4	5	6	7	8	9	10	11	12	13	14	15	16	17	18	19	20	21	22	23	24	25	26
구성	6	7	8	9	1	2	3	4	5	6	7	8	9	1	2	3	4	5	6	7	8	9	1	2	3	4	5	6	7	8
대남	1	1	1	1	청명	10	9	9	9	8	8	8	7	7	7	6	6	6	5	곡우	5	4	4	4	3	3	3	2	2	2
운여	9	9	10	10	청명	1	1	1	1	2	2	2	3	3	3	4	4	4	5	곡우	5	6	6	6	7	7	7	8	8	8

입하 5일 18시 30분 【음4월】➡ 【丁巳月(정사월)】 ☯오황성 소만 21일 07시 21분

음력 03/27 ~ 04/28

양력	1	2	3	4	5	6	7	8	9	10	11	12	13	14	15	16	17	18	19	20	21	22	23	24	25	26	27	28	29	30	31
요일	토	일	월	화	수	목	금	토	일	월	화	수	목	금	토	일	월	화	수	목	금	토	일	월	화	수	목	금	토	일	월
일진(日辰)	무인	기묘	경진	신사	임오	계미	갑신	을유	병술	정해	무자	기축	경인	신묘	임진	계사	갑오	을미	병신	정유	무술	기해	경자	신축	임인	계묘	갑진	을사	병오	정미	무신
음력	27	28	29	4/1	2	3	4	5	6	7	8	9	10	11	12	13	14	15	16	17	18	19	20	21	22	23	24	25	26	27	28
구성	9	1	2	3	4	5	6	7	8	9	1	2	3	4	5	6	7	8	9	1	2	3	4	5	6	7	8	9	1	2	3
대남	1	1	1	1	입하	10	10	9	9	9	8	8	8	7	7	7	6	6	6	5	소만	5	4	4	4	3	3	3	2	2	2
운여	9	9	9	10	입하	1	1	1	1	2	2	2	3	3	3	4	4	4	5	5	소만	6	6	6	7	7	7	8	8	8	9

망종 5일 22시 24분 【음5월】➡ 【戊午月(무오월)】 ☯사록성 하지 21일 15시 08분

음력 04/29 ~ 05/28

양력	1	2	3	4	5	6	7	8	9	10	11	12	13	14	15	16	17	18	19	20	21	22	23	24	25	26	27	28	29	30
요일	화	수	목	금	토	일	월	화	수	목	금	토	일	월	화	수	목	금	토	일	월	화	수	목	금	토	일	월	화	수
일진(日辰)	기유	경술	신해	임자	계축	갑인	을묘	병진	정사	무오	기미	경신	신유	임술	계해	갑자	을축	병인	정묘	무진	기사	경오	신미	임신	계유	갑술	을해	병자	정축	무인
음력	29	30	5/1	2	3	4	5	6	7	8	9	10	11	12	13	14	15	16	17	18	19	20	21	22	23	24	25	26	27	28
구성	4	5	6	7	8	9	1	2	3	4	5	6	7	8	9	9	8	7	6	5	4	3	2	1	9	8	7	6	5	4
대남	1	1	1	1	망종	10	10	10	9	9	9	8	8	8	7	7	7	6	6	6	하지	5	5	4	4	4	3	3	3	2
운여	9	9	10	10	망종	1	1	1	1	2	2	2	3	3	3	4	4	4	5	5	하지	6	6	6	7	7	7	8	8	8

한식(4월05일), 초복(7월12일), 중복(7월22일), 말복(8월11일) ↑춘사(春社)3/22 ☀추사(秋社)9/18
토왕지절(土旺之節):4월17일,7월19일,10월20일,1월17일(음12/23) 臘享(납향):2039년1월13일(음12/19)

十日得辛, 五龍治水, 2038년 무오年 (천상화), 칠적금

6백	2흑	4록
5황	7적	9자
1백	3벽	8백

소서 7일 08시 31분 【음6월】➡ 【己未月(기미월)】 ☾삼벽성 대서 23일 01시 58분
양력 7월 · 음력 05/29 ― 06/30

양력	1	2	3	4	5	6	7	8	9	10	11	12	13	14	15	16	17	18	19	20	21	22	23	24	25	26	27	28	29	30	31
요일	목	금	토	일	월	화	수	목	금	토	일	월	화	수	목	금	토	일	월	화	수	목	금	토	일	월	화	수	목	금	토
日辰	기묘	경진	신사	임오	계미	갑신	을유	병술	정해	무자	기축	경인	신묘	임진	계사	갑오	을미	병신	정유	무술	기해	경자	신축	임인	계묘	갑진	을사	병오	정미	무신	기유
음력	29	6/1	2	3	4	5	6	7	8	9	10	11	12	13	14	15	16	17	18	19	20	21	22	23	24	25	26	27	28	29	30
구성	3	2	1	9	8	7	6	5	4	3	2	1	9	8	7	6	5	4	3	2	1	9	8	7	6	5	4	3	2	1	9
대남	2	2	1	1	1	1	소서	10	10	9	9	9	8	8	8	7	7	7	6	6	6	5	대서	5	4	4	4	3	3	3	2
운여	9	9	9	10	10	10	소서	1	1	1	1	2	2	2	3	3	3	4	4	4	5	5	대서	6	6	6	7	7	7	8	8

입추 7일 18시 20분 【음7월】➡ 【庚申月(경신월)】 ☾이흑성 처서 23일 09시 09분
양력 8월 · 음력 07/01 ― 08/02

양력	1	2	3	4	5	6	7	8	9	10	11	12	13	14	15	16	17	18	19	20	21	22	23	24	25	26	27	28	29	30	31
요일	일	월	화	수	목	금	토	일	월	화	수	목	금	토	일	월	화	수	목	금	토	일	월	화	수	목	금	토	일	월	화
日辰	경술	신해	임자	계축	갑인	을묘	병진	정사	무오	기미	경신	신유	임술	계해	갑자	을축	병인	정묘	무진	기사	경오	신미	임신	계유	갑술	을해	병자	정축	무인	기묘	경진
음력	7/1	2	3	4	5	6	7	8	9	10	11	12	13	14	15	16	17	18	19	20	21	22	23	24	25	26	27	28	29	8/1	2
구성	8	7	6	5	4	3	2	1	9	8	7	6	5	4	3	2	1	9	8	7	6	5	4	3	2	1	9	8	7	6	5
대남	2	2	1	1	1	1	입추	10	10	9	9	9	8	8	8	7	7	7	6	6	6	5	처서	5	4	4	4	3	3	3	2
운여	8	9	9	9	10	10	입추	1	1	1	1	2	2	2	3	3	3	4	4	4	5	5	처서	6	6	6	7	7	7	8	8

백로 7일 21시 25분 【음8월】➡ 【辛酉月(신유월)】 ☯일백성 추분 23일 07시 01분
양력 9월 · 음력 08/03 ― 09/02

양력	1	2	3	4	5	6	7	8	9	10	11	12	13	14	15	16	17	18	19	20	21	22	23	24	25	26	27	28	29	30
요일	수	목	금	토	일	월	화	수	목	금	토	일	월	화	수	목	금	토	일	월	화	수	목	금	토	일	월	화	수	목
日辰	신사	임오	계미	갑신	을유	병술	정해	무자	기축	경인	신묘	임진	계사	갑오	을미	병신	정유	무술	기해	경자	신축	임인	계묘	갑진	을사	병오	정미	무신	기유	경술
음력	3	4	5	6	7	8	9	10	11	12	13	14	15	16	17	18	19	20	21	22	23	24	25	26	27	28	29	30	9/1	2
구성	4	3	2	1	9	8	7	6	5	4	3	2	1	9	8	7	6	5	4	3	2	1	9	8	7	6	5	4	3	2
대남	2	2	1	1	1	1	백로	10	10	9	9	9	8	8	8	7	7	7	6	6	6	5	추분	5	4	4	4	3	3	3
운여	8	9	9	9	10	10	백로	1	1	1	1	2	2	2	3	3	3	4	4	4	5	5	추분	6	6	6	7	7	7	8

한로 8일 13시 20분 【음9월】➡ 【壬戌月(임술월)】 ☯구자성 상강 23일 16시 39분
양력 10월 · 음력 09/03 ― 10/04

양력	1	2	3	4	5	6	7	8	9	10	11	12	13	14	15	16	17	18	19	20	21	22	23	24	25	26	27	28	29	30	31
요일	금	토	일	월	화	수	목	금	토	일	월	화	수	목	금	토	일	월	화	수	목	금	토	일	월	화	수	목	금	토	일
日辰	신해	임자	계축	갑인	을묘	병진	정사	무오	기미	경신	신유	임술	계해	갑자	을축	병인	정묘	무진	기사	경오	신미	임신	계유	갑술	을해	병자	정축	무인	기묘	경진	신사
음력	3	4	5	6	7	8	9	10	11	12	13	14	15	16	17	18	19	20	21	22	23	24	25	26	27	28	29	10/1	2	3	4
구성	1	9	8	7	6	5	4	3	2	1	9	8	7	6	5	4	3	2	1	9	8	7	6	5	4	3	2	1	9	8	7
대남	2	2	2	1	1	1	1	한로	10	9	9	9	8	8	8	7	7	7	6	6	6	5	상강	5	4	4	4	3	3	3	2
운여	8	8	9	9	9	10	10	한로	1	1	1	1	2	2	2	3	3	3	4	4	4	5	상강	5	6	6	6	7	7	7	8

입동 7일 16시 49분 【음10월】➡ 【癸亥月(계해월)】 ☯팔백성 소설 22일 14시 30분
양력 11월 · 음력 10/05 ― 11/05

양력	1	2	3	4	5	6	7	8	9	10	11	12	13	14	15	16	17	18	19	20	21	22	23	24	25	26	27	28	29	30
요일	월	화	수	목	금	토	일	월	화	수	목	금	토	일	월	화	수	목	금	토	일	월	화	수	목	금	토	일	월	화
日辰	임오	계미	갑신	을유	병술	정해	무자	기축	경인	신묘	임진	계사	갑오	을미	병신	정유	무술	기해	경자	신축	임인	계묘	갑진	을사	병오	정미	무신	기유	경술	신해
음력	5	6	7	8	9	10	11	12	13	14	15	16	17	18	19	20	21	22	23	24	25	26	27	28	29	11/1	2	3	4	5
구성	6	5	4	3	2	1	9	8	7	6	5	4	3	2	1	9	8	7	6	5	4	3	2	1	9	8	7	6	5	4
대남	2	2	1	1	1	1	입동	10	9	9	9	8	8	8	7	7	7	6	6	6	5	소설	5	4	4	4	3	3	3	2
운여	8	8	9	9	9	10	입동	1	1	1	1	2	2	2	3	3	3	4	4	4	5	소설	5	6	6	6	7	7	7	8

대설 7일 09시 55분 【음11월】➡ 【甲子月(갑자월)】 ☯칠적성 동지 22일 04시 01분
양력 12월 · 음력 11/06 ― 12/06

양력	1	2	3	4	5	6	7	8	9	10	11	12	13	14	15	16	17	18	19	20	21	22	23	24	25	26	27	28	29	30	31
요일	수	목	금	토	일	월	화	수	목	금	토	일	월	화	수	목	금	토	일	월	화	수	목	금	토	일	월	화	수	목	금
日辰	임자	계축	갑인	을묘	병진	정사	무오	기미	경신	신유	임술	계해	갑자	을축	병인	정묘	무진	기사	경오	신미	임신	계유	갑술	을해	병자	정축	무인	기묘	경진	신사	임오
음력	6	7	8	9	10	11	12	13	14	15	16	17	18	19	20	21	22	23	24	25	26	27	28	29	30	12/1	2	3	4	5	6
구성	3	2	1	9	8	7	6	5	4	3	2	1	1	2	3	4	5	6	7	8	9	1	2	3	4	5	6	7	8	9	1
대남	2	2	1	1	1	1	대설	9	9	9	8	8	8	7	7	7	6	6	6	5	5	동지	4	4	4	3	3	3	2	2	2
운여	8	8	9	9	9	10	대설	1	1	1	1	2	2	2	3	3	3	4	4	4	5	동지	5	6	6	6	7	7	7	8	8

양 띠

소한 5일 21시 15분 【음12월】➡ 【乙丑月(을축월)】 ☯육백성 ‖ 대한 20일 14시 42분

양력 1월 · 음력 12/07 ▪ 01/08

항목	1	2	3	4	5	6	7	8	9	10	11	12	13	14	15	16	17	18	19	20	21	22	23	24	25	26	27	28	29	30	31
요일	토	일	월	화	수	목	금	토	일	월	화	수	목	금	토	일	월	화	수	목	금	토	일	월	화	수	목	금	토	일	월
日辰	계미	갑신	을유	병술	정해	무자	기축	경인	신묘	임진	계사	갑오	을미	병신	정유	무술	기해	경자	신축	임인	계묘	갑진	을사	병오	정미	무신	기유	경술	신해	임자	계축
음력	7	8	9	10	11	12	13	14	15	16	17	18	19	20	21	22	23	24	25	26	27	28	29	1/1	2	3	4	5	6	7	8
구성	2	3	4	5	6	7	8	9	1	2	3	4	5	6	7	8	9	1	2	3	4	5	6	7	8	9	1	2	3	4	5
대운 남	1	1	1	1	소한	10	9	9	9	8	8	8	7	7	7	6	6	6	5	대한	5	4	4	4	3	3	3	2	2	2	1
운 여	8	9	9	9	소한	1	1	1	1	2	2	2	3	3	3	4	4	4	5	대한	5	6	6	6	7	7	7	8	8	8	9

입춘 4일 08시 51분 【음1월】➡ 【丙寅月(병인월)】 ☯오황성 ‖ 우수 19일 04시 44분

양력 2월 · 음력 01/09 ▪ 02/06

항목	1	2	3	4	5	6	7	8	9	10	11	12	13	14	15	16	17	18	19	20	21	22	23	24	25	26	27	28
요일	화	수	목	금	토	일	월	화	수	목	금	토	일	월	화	수	목	금	토	일	월	화	수	목	금	토	일	월
日辰	갑인	을묘	병진	정사	무오	기미	경신	신유	임술	계해	갑자	을축	병인	정묘	무진	기사	경오	신미	임신	계유	갑술	을해	병자	정축	무인	기묘	경진	신사
음력	9	10	11	12	13	14	15	16	17	18	19	20	21	22	23	24	25	26	27	28	29	30	2/1	2	3	4	5	6
구성	6	7	8	9	1	2	3	4	5	6	7	8	9	1	2	3	4	5	6	7	8	9	1	2	3	4	5	6
대운 남	1	1	1	입춘	1	1	1	1	2	2	2	3	3	3	4	4	4	5	우수	5	6	6	6	7	7	7	8	8
운 여	9	9	10	입춘	10	9	9	9	8	8	8	7	7	7	6	6	6	5	우수	5	4	4	4	3	3	3	2	2

경칩 6일 02시 42분 【음2월】➡ 【丁卯月(정묘월)】 ☯사록성 ‖ 춘분 21일 03시 31분

양력 3월 · 음력 02/07 ▪ 03/07

항목	1	2	3	4	5	6	7	8	9	10	11	12	13	14	15	16	17	18	19	20	21	22	23	24	25	26	27	28	29	30	31
요일	화	수	목	금	토	일	월	화	수	목	금	토	일	월	화	수	목	금	토	일	월	화	수	목	금	토	일	월	화	수	목
日辰	임오	계미	갑신	을유	병술	정해	무자	기축	경인	신묘	임진	계사	갑오	을미	병신	정유	무술	기해	경자	신축	임인	계묘	갑진	을사	병오	정미	무신	기유	경술	신해	임자
음력	7	8	9	10	11	12	13	14	15	16	17	18	19	20	21	22	23	24	25	26	27	28	29	30	3/1	2	3	4	5	6	7
구성	7	8	9	1	2	3	4	5	6	7	8	9	1	2	3	4	5	6	7	8	9	1	2	3	4	5	6	7	8	9	1
대운 남	8	9	9	9	10	경칩	1	1	1	1	2	2	2	3	3	3	4	4	4	5	춘분	5	6	6	6	7	7	7	8	8	8
운 여	2	1	1	1	1	경칩	10	9	9	9	8	8	8	7	7	7	6	6	6	5	춘분	5	4	4	4	3	3	3	2	2	2

청명 5일 07시 14분 【음3월】➡ 【戊辰月(무진월)】 ☯삼벽성 ‖ 곡우 20일 14시 16분

양력 4월 · 음력 03/08 ▪ 04/08

항목	1	2	3	4	5	6	7	8	9	10	11	12	13	14	15	16	17	18	19	20	21	22	23	24	25	26	27	28	29	30
요일	금	토	일	월	화	수	목	금	토	일	월	화	수	목	금	토	일	월	화	수	목	금	토	일	월	화	수	목	금	토
日辰	계축	갑인	을묘	병진	정사	무오	기미	경신	신유	임술	계해	갑자	을축	병인	정묘	무진	기사	경오	신미	임신	계유	갑술	을해	병자	정축	무인	기묘	경진	신사	임오
음력	8	9	10	11	12	13	14	15	16	17	18	19	20	21	22	23	24	25	26	27	28	29	4/1	2	3	4	5	6	7	8
구성	2	3	4	5	6	7	8	9	1	2	3	4	5	6	7	8	9	1	2	3	4	5	6	7	8	9	1	2	3	4
대운 남	9	9	9	10	청명	1	1	1	1	2	2	2	3	3	3	4	4	4	5	곡우	5	6	6	6	7	7	7	8	8	8
운 여	1	1	1	1	청명	10	9	9	9	8	8	8	7	7	7	6	6	6	5	곡우	5	4	4	4	3	3	3	2	2	2

입하 5일 00시 17분 【음4월】➡ 【己巳月(기사월)】 ☯이흑성 ‖ 소만 21일 13시 09분

양력 5월 · 음력 04/09 ▪ 05/09

항목	1	2	3	4	5	6	7	8	9	10	11	12	13	14	15	16	17	18	19	20	21	22	23	24	25	26	27	28	29	30	31
요일	일	월	화	수	목	금	토	일	월	화	수	목	금	토	일	월	화	수	목	금	토	일	월	화	수	목	금	토	일	월	화
日辰	계미	갑신	을유	병술	정해	무자	기축	경인	신묘	임진	계사	갑오	을미	병신	정유	무술	기해	경자	신축	임인	계묘	갑진	을사	병오	정미	무신	기유	경술	신해	임자	계축
음력	9	10	11	12	13	14	15	16	17	18	19	20	21	22	23	24	25	26	27	28	29	30	5/1	2	3	4	5	6	7	8	9
구성	5	6	7	8	9	1	2	3	4	5	6	7	8	9	1	2	3	4	5	6	7	8	9	1	2	3	4	5	6	7	8
대운 남	9	9	9	10	입하	1	1	1	1	2	2	2	3	3	3	4	4	4	5	5	소만	6	6	6	7	7	7	8	8	8	9
운 여	1	1	1	1	입하	10	10	10	9	9	9	8	8	8	7	7	7	6	6	6	소만	5	5	4	4	4	3	3	3	2	2

망종 6일 04시 14분 【음5월】➡ 【庚午月(경오월)】 ☯일백성 ‖ 하지 21일 20시 56분

양력 6월 · 음력 05/10 ▪ 윤509

항목	1	2	3	4	5	6	7	8	9	10	11	12	13	14	15	16	17	18	19	20	21	22	23	24	25	26	27	28	29	30
요일	수	목	금	토	일	월	화	수	목	금	토	일	월	화	수	목	금	토	일	월	화	수	목	금	토	일	월	화	수	목
日辰	갑인	을묘	병진	정사	무오	기미	경신	신유	임술	계해	갑자	을축	병인	정묘	무진	기사	경오	신미	임신	계유	갑술	을해	병자	정축	무인	기묘	경진	신사	임오	계미
음력	10	11	12	13	14	15	16	17	18	19	20	21	22	23	24	25	26	27	28	29	30	윤5/1	2	3	4	5	6	7	8	9
구성	9	1	2	3	4	5	6	7	8	9	9	8	7	6	5	4	3	2	1	9	8	7	6	5	4	3	2	1	9	8
대운 남	9	9	10	10	10	망종	1	1	1	1	2	2	2	3	3	3	4	4	4	5	하지	5	6	6	6	7	7	7	8	8
운 여	2	1	1	1	1	망종	10	10	9	9	9	8	8	8	7	7	7	6	6	6	하지	5	5	4	4	4	3	3	3	2

한식(4월06일), 초복(7월17일), 중복(7월27일), 말복(8월16일)　↑춘사(春社)3/17　☀추사(秋社)9/23
토왕지절(土旺之節):4월17일,7월20일,10월20일,1월17일(음12/04)　臘享(납향):2040년1월20일(음12/07)

六日得辛, 十一龍治水, 2039년 기미년 (천상화), 육백금

5황	1백	3벽
4록	6백	8백
9자	2흑	7적

소서 7일 14시 25분　【음6월】➡　【辛未月(신미월)】　☯구자성　대서 23일 07시 47분

양력 7월 / 음력 윤5/10 ~ 06/11

	1	2	3	4	5	6	7	8	9	10	11	12	13	14	15	16	17	18	19	20	21	22	23	24	25	26	27	28	29	30	31
요일	금	토	일	월	화	수	목	금	토	일	월	화	수	목	금	토	일	월	화	수	목	금	토	일	월	화	수	목	금	토	일
일진	갑신	을유	병술	정해	무자	기축	경인	신묘	임진	계사	갑오	을미	병신	정유	무술	기해	경자	신축	임인	계묘	갑진	을사	병오	정미	무신	기유	경술	신해	임자	계축	갑인
음력	10	11	12	13	14	15	16	17	18	19	20	21	22	23	24	25	26	27	28	29	6/1	2	3	4	5	6	7	8	9	10	11
구성	7	6	5	4	3	2	1	9	8	7	6	5	4	3	2	1	9	8	7	6	5	4	3	2	1	9	8	7	6	5	4
대남	8	9	9	9	10	10	소	1	1	1	1	2	2	2	3	3	3	4	4	4	5	5	대	6	6	6	7	7	7	8	8
운여	2	2	1	1	1	1	서	10	10	10	9	9	9	8	8	8	7	7	7	6	6	6	서	5	5	4	4	4	3	3	3

입추 8일 00시 17분　【음7월】➡　【壬申月(임신월)】　☯팔백성　처서 23일 14시 57분

양력 8월 / 음력 06/12 ~ 07/12

	1	2	3	4	5	6	7	8	9	10	11	12	13	14	15	16	17	18	19	20	21	22	23	24	25	26	27	28	29	30	31
요일	월	화	수	목	금	토	일	월	화	수	목	금	토	일	월	화	수	목	금	토	일	월	화	수	목	금	토	일	월	화	수
일진	을묘	병진	정사	무오	기미	경신	신유	임술	계해	갑자	을축	병인	정묘	무진	기사	경오	신미	임신	계유	갑술	을해	병자	정축	무인	기묘	경진	신사	임오	계미	갑신	을유
음력	12	13	14	15	16	17	18	19	20	21	22	23	24	25	26	27	28	29	30	7/1	2	3	4	5	6	7	8	9	10	11	12
구성	3	2	1	9	8	7	6	5	4	3	2	1	9	8	7	6	5	4	3	2	1	9	8	7	6	5	4	3	2	1	9
대남	8	9	9	9	10	10	10	입	1	1	1	1	2	2	2	3	3	3	4	4	4	5	처	5	6	6	6	7	7	7	8
운여	2	2	2	1	1	1	1	추	10	10	9	9	9	8	8	8	7	7	7	6	6	6	서	5	5	4	4	4	3	3	3

백로 8일 03시 23분　【음8월】➡　【癸酉月(계유월)】　☯칠적성　추분 23일 12시 48분

양력 9월 / 음력 07/13 ~ 08/13

	1	2	3	4	5	6	7	8	9	10	11	12	13	14	15	16	17	18	19	20	21	22	23	24	25	26	27	28	29	30
요일	목	금	토	일	월	화	수	목	금	토	일	월	화	수	목	금	토	일	월	화	수	목	금	토	일	월	화	수	목	금
일진	병술	정해	무자	기축	경인	신묘	임진	계사	갑오	을미	병신	정유	무술	기해	경자	신축	임인	계묘	갑진	을사	병오	정미	무신	기유	경술	신해	임자	계축	갑인	을묘
음력	13	14	15	16	17	18	19	20	21	22	23	24	25	26	27	28	29	8/1	2	3	4	5	6	7	8	9	10	11	12	13
구성	8	7	6	5	4	3	2	1	9	8	7	6	5	4	3	2	1	9	8	7	6	5	4	3	2	1	9	8	7	6
대남	8	8	9	9	9	10	10	백	1	1	1	1	2	2	2	3	3	3	4	4	4	5	추	5	6	6	6	7	7	7
운여	2	2	2	1	1	1	1	로	10	9	9	9	8	8	8	7	7	7	6	6	6	5	분	5	4	4	4	3	3	3

한로 8일 19시 16분　【음9월】➡　【甲戌月(갑술월)】　☯육백성　상강 23일 22시 24분

양력 10월 / 음력 08/14 ~ 09/14

	1	2	3	4	5	6	7	8	9	10	11	12	13	14	15	16	17	18	19	20	21	22	23	24	25	26	27	28	29	30	31
요일	토	일	월	화	수	목	금	토	일	월	화	수	목	금	토	일	월	화	수	목	금	토	일	월	화	수	목	금	토	일	월
일진	병진	정사	무오	기미	경신	신유	임술	계해	갑자	을축	병인	정묘	무진	기사	경오	신미	임신	계유	갑술	을해	병자	정축	무인	기묘	경진	신사	임오	계미	갑신	을유	병술
음력	14	15	16	17	18	19	20	21	22	23	24	25	26	27	28	29	30	9/1	2	3	4	5	6	7	8	9	10	11	12	13	14
구성	5	4	3	2	1	9	8	7	6	5	4	3	2	1	9	8	7	6	5	4	3	2	1	9	8	7	6	5	4	3	2
대남	8	8	8	9	9	9	10	한	1	1	1	1	2	2	2	3	3	3	4	4	4	5	상	5	6	6	6	7	7	7	8
운여	2	2	2	1	1	1	1	로	10	9	9	9	8	8	8	7	7	7	6	6	6	5	강	5	4	4	4	3	3	3	2

입동 7일 22시 41분　【음10월】➡　【乙亥月(을해월)】　☯오황성　소설 22일 20시 11분

양력 11월 / 음력 09/15 ~ 10/15

	1	2	3	4	5	6	7	8	9	10	11	12	13	14	15	16	17	18	19	20	21	22	23	24	25	26	27	28	29	30
요일	화	수	목	금	토	일	월	화	수	목	금	토	일	월	화	수	목	금	토	일	월	화	수	목	금	토	일	월	화	수
일진	정해	무자	기축	경인	신묘	임진	계사	갑오	을미	병신	정유	무술	기해	경자	신축	임인	계묘	갑진	을사	병오	정미	무신	기유	경술	신해	임자	계축	갑인	을묘	병진
음력	15	16	17	18	19	20	21	22	23	24	25	26	27	28	29	10/1	2	3	4	5	6	7	8	9	10	11	12	13	14	15
구성	1	9	8	7	6	5	4	3	2	1	9	8	7	6	5	4	3	2	1	9	8	7	6	5	4	3	2	1	9	8
대남	8	8	9	9	9	10	입	1	1	1	1	2	2	2	3	3	3	4	4	4	5	소	5	6	6	6	7	7	7	8
운여	2	2	1	1	1	1	동	10	9	9	9	8	8	8	7	7	7	6	6	6	5	설	5	4	4	4	3	3	3	2

대설 7일 15시 44분　【음11월】➡　【丙子月(병자월)】　☯사록성　동지 22일 09시 39분

양력 12월 / 음력 10/16 ~ 11/16

	1	2	3	4	5	6	7	8	9	10	11	12	13	14	15	16	17	18	19	20	21	22	23	24	25	26	27	28	29	30	31
요일	목	금	토	일	월	화	수	목	금	토	일	월	화	수	목	금	토	일	월	화	수	목	금	토	일	월	화	수	목	금	토
일진	정사	무오	기미	경신	신유	임술	계해	갑자	을축	병인	정묘	무진	기사	경오	신미	임신	계유	갑술	을해	병자	정축	무인	기묘	경진	신사	임오	계미	갑신	을유	병술	정해
음력	16	17	18	19	20	21	22	23	24	25	26	27	28	29	30	11/1	2	3	4	5	6	7	8	9	10	11	12	13	14	15	16
구성	7	6	5	4	3	2	1	1	2	3	4	5	6	7	8	9	1	2	3	4	5	6	7	8	9	1	2	3	4	5	6
대남	8	8	9	9	9	10	대	1	1	1	1	2	2	2	3	3	3	4	4	4	5	동	5	6	6	6	7	7	7	8	8
운여	2	2	1	1	1	1	설	10	9	9	9	8	8	8	7	7	7	6	6	6	5	지	5	4	4	4	3	3	3	2	2

단기 4373 年	**2040년**	下元-경신(庚申)년, 납음(석류목),본명성(오황토)
불기 2584 年		대장군(午남방), 삼살(남방), 상문(戌서북방),조객(午남방), 납음(석류목),【삼재(인,묘,진)년】臘享(납향):2041년1월14일(음12/12)

소한 6일 03시 02분 【음12월】➡ 【丁丑月(정축월)】 ◑삼벽성 대한 20일 20시 20분

양력 1월 / 음력 11/17 ▮ 12/18

양력	1	2	3	4	5	6	7	8	9	10	11	12	13	14	15	16	17	18	19	20	21	22	23	24	25	26	27	28	29	30	31
요일	일	월	화	수	목	금	토	일	월	화	수	목	금	토	일	월	화	수	목	금	토	일	월	화	수	목	금	토	일	월	화
일진日辰	무자	기축	경인	신묘	임진	계사	갑오	을미	병신	정유	무술	기해	경자	신축	임인	계묘	갑진	을사	병오	정미	무신	기유	경술	신해	임자	계축	갑인	을묘	병진	정사	무오
음력	17	18	19	20	21	22	23	24	25	26	27	28	29	12/1	2	3	4	5	6	7	8	9	10	11	12	13	14	15	16	17	18
구성	7	8	9	1	2	3	4	5	6	7	8	9	1	2	3	4	5	6	7	8	9	1	2	3	4	5	6	7	8	9	1
대운 남	8	9	9	9	10	소	1	1	1	1	2	2	2	3	3	3	4	4	4	대	5	5	6	6	6	7	7	7	8	8	8
대운 여	2	1	1	1	1	한	9	9	9	8	8	8	7	7	7	6	6	6	5	한	5	4	4	4	3	3	3	2	2	2	1

입춘 4일 14시 38분 【음1월】➡ 【戊寅月(무인월)】 ◑이흑성 우수 19일 10시 22분

양력 2월 / 음력 12/19 ▮ 01/18

양력	1	2	3	4	5	6	7	8	9	10	11	12	13	14	15	16	17	18	19	20	21	22	23	24	25	26	27	28	29
요일	수	목	금	토	일	월	화	수	목	금	토	일	월	화	수	목	금	토	일	월	화	수	목	금	토	일	월	화	수
일진日辰	기미	경신	신유	임술	계해	갑자	을축	병인	정묘	무진	기사	경오	신미	임신	계유	갑술	을해	병자	정축	무인	기묘	경진	신사	임오	계미	갑신	을유	병술	정해
음력	19	20	21	22	23	24	25	26	27	28	29	1/1	2	3	4	5	6	7	8	9	10	11	12	13	14	15	16	17	18
구성	2	3	4	5	6	7	8	9	1	2	3	4	5	6	7	8	9	1	2	3	4	5	6	7	8	9	1	2	3
대운 남	9	9	9	입	10	9	9	9	8	8	8	7	7	7	6	6	6	5	우	5	4	4	4	3	3	3	2	2	2
대운 여	1	1	1	춘	1	1	1	1	2	2	2	3	3	3	4	4	4	5	수	5	6	6	6	7	7	7	8	8	8

경신년

경칩 5일 08시 30분 【음2월】➡ 【己卯月(기묘월)】 ◑일백성 춘분 20일 09시 10분

양력 3월 / 음력 01/19 ▮ 02/19

양력	1	2	3	4	5	6	7	8	9	10	11	12	13	14	15	16	17	18	19	20	21	22	23	24	25	26	27	28	29	30	31
요일	목	금	토	일	월	화	수	목	금	토	일	월	화	수	목	금	토	일	월	화	수	목	금	토	일	월	화	수	목	금	토
일진日辰	무자	기축	경인	신묘	임진	계사	갑오	을미	병신	정유	무술	기해	경자	신축	임인	계묘	갑진	을사	병오	정미	무신	기유	경술	신해	임자	계축	갑인	을묘	병진	정사	무오
음력	19	20	21	22	23	24	25	26	27	28	29	30	2/1	2	3	4	5	6	7	8	9	10	11	12	13	14	15	16	17	18	19
구성	4	5	6	7	8	9	1	2	3	4	5	6	7	8	9	1	2	3	4	5	6	7	8	9	1	2	3	4	5	6	7
대운 남	1	1	1	1	경	10	9	9	9	8	8	8	7	7	7	6	6	6	5	춘	5	4	4	4	3	3	3	2	2	2	1
대운 여	9	9	9	10	칩	1	1	1	1	2	2	2	3	3	3	4	4	4	5	분	5	6	6	6	7	7	7	8	8	8	9

청명 4일 13시 04분 【음3월】➡ 【庚辰月(경진월)】 ◑구자성 곡우 19일 19시 58분

양력 4월 / 음력 02/20 ▮ 03/20

양력	1	2	3	4	5	6	7	8	9	10	11	12	13	14	15	16	17	18	19	20	21	22	23	24	25	26	27	28	29	30
요일	일	월	화	수	목	금	토	일	월	화	수	목	금	토	일	월	화	수	목	금	토	일	월	화	수	목	금	토	일	월
일진日辰	기미	경신	신유	임술	계해	갑자	을축	병인	정묘	무진	기사	경오	신미	임신	계유	갑술	을해	병자	정축	무인	기묘	경진	신사	임오	계미	갑신	을유	병술	정해	무자
음력	20	21	22	23	24	25	26	27	28	29	3/1	2	3	4	5	6	7	8	9	10	11	12	13	14	15	16	17	18	19	20
구성	8	9	1	2	3	4	5	6	7	8	9	1	2	3	4	5	6	7	8	9	1	2	3	4	5	6	7	8	9	1
대운 남	1	1	1	청	10	10	9	9	9	8	8	8	7	7	7	6	6	6	곡	5	5	4	4	4	3	3	3	2	2	2
대운 여	9	9	10	명	1	1	1	1	2	2	2	3	3	3	4	4	4	5	우	5	6	6	6	7	7	7	8	8	8	9

입하 5일 06시 08분 【음4월】➡ 【辛巳月(신사월)】 ◑팔백성 소만 20일 18시 54분

양력 5월 / 음력 03/21 ▮ 04/21

양력	1	2	3	4	5	6	7	8	9	10	11	12	13	14	15	16	17	18	19	20	21	22	23	24	25	26	27	28	29	30	31
요일	화	수	목	금	토	일	월	화	수	목	금	토	일	월	화	수	목	금	토	일	월	화	수	목	금	토	일	월	화	수	목
일진日辰	기축	경인	신묘	임진	계사	갑오	을미	병신	정유	무술	기해	경자	신축	임인	계묘	갑진	을사	병오	정미	무신	기유	경술	신해	임자	계축	갑인	을묘	병진	정사	무오	기미
음력	21	22	23	24	25	26	27	28	29	30	4/1	2	3	4	5	6	7	8	9	10	11	12	13	14	15	16	17	18	19	20	21
구성	2	3	4	5	6	7	8	9	1	2	3	4	5	6	7	8	9	1	2	3	4	5	6	7	8	9	1	2	3	4	5
대운 남	1	1	1	1	입	10	10	9	9	9	8	8	8	7	7	7	6	6	6	소	5	5	4	4	4	3	3	3	2	2	2
대운 여	9	9	10	10	하	1	1	1	1	2	2	2	3	3	3	4	4	4	5	만	5	6	6	6	7	7	7	8	8	8	9

망종 5일 10시 07분 【음5월】➡ 【壬午月(임오월)】 ◑칠적성 하지 21일 02시 45분

양력 6월 / 음력 04/22 ▮ 05/21

양력	1	2	3	4	5	6	7	8	9	10	11	12	13	14	15	16	17	18	19	20	21	22	23	24	25	26	27	28	29	30
요일	금	토	일	월	화	수	목	금	토	일	월	화	수	목	금	토	일	월	화	수	목	금	토	일	월	화	수	목	금	토
일진日辰	경신	신유	임술	계해	갑자	을축	병인	정묘	무진	기사	경오	신미	임신	계유	갑술	을해	병자	정축	무인	기묘	경진	신사	임오	계미	갑신	을유	병술	정해	무자	기축
음력	22	23	24	25	26	27	28	29	30	5/1	2	3	4	5	6	7	8	9	10	11	12	13	14	15	16	17	18	19	20	21
구성	6	7	8	9	9	8	7	6	5	4	3	2	1	9	8	7	6	5	4	3	2	1	9	8	7	6	5	4	3	2
대운 남	1	1	1	1	망	10	10	9	9	9	8	8	8	7	7	7	6	6	6	5	하	5	4	4	4	3	3	3	2	2
대운 여	9	9	10	10	종	1	1	1	1	2	2	2	3	3	3	4	4	4	5	5	지	6	6	6	7	7	7	8	8	8

한식(4월05일), 초복(7월11일), 중복(7월21일), 말복(8월10일) ☂춘사(春社)3/21 ☀추사(秋社)9/27

토왕지절(土旺之節):4월16일,7월19일,10월20일,1월17일(음12/15)臘享(납향):2041년1월14일(음12/12)

二日得辛, 十一龍治水, 2040년 경신年 (석류목), 오황토

4록	9자	2흑
3벽	5황	7적
8백	1백	6백

2040

소서 6일 20시 18분 【음6월】➡ 【癸未月(계미월)】 ☯육백성 대서22일 13시 39분

양력 7월 / 음력 05/22 ~ 06/23

양력	1	2	3	4	5	6	7	8	9	10	11	12	13	14	15	16	17	18	19	20	21	22	23	24	25	26	27	28	29	30	31
요일	일	월	화	수	목	금	토	일	월	화	수	목	금	토	일	월	화	수	목	금	토	일	월	화	수	목	금	토	일	월	화
일진	경	신	임	계	갑	을	병	정	무	기	경	신	임	계	갑	을	병	정	무	기	경	신	임	계	갑	을	병	정	무	기	경
日辰	인	묘	진	사	오	미	신	유	술	해	자	축	인	묘	진	사	오	미	신	유	술	해	자	축	인	묘	진	사	오	미	신
음력	22	23	24	25	26	27	28	29	6/1	2	3	4	5	6	7	8	9	10	11	12	13	14	15	16	17	18	19	20	21	22	23
구성	1	9	8	7	6	5	4	3	2	1	9	8	7	6	5	4	3	2	1	9	8	7	6	5	4	3	2	1	9	8	7
대운 남	2	1	1	1	1	소	10	10	10	9	9	9	8	8	8	7	7	7	6	6	6	대	5	5	4	4	4	3	3	3	2
대운 여	9	9	9	10	10	서	1	1	1	1	2	2	2	3	3	3	4	4	4	5	5	서	6	6	6	7	7	7	8	8	8

입추 7일 06시 09분 【음7월】➡ 【甲申月(갑신월)】 ☯오황성 처서 22일 20시 52분

양력 8월 / 음력 06/24 ~ 07/24

양력	1	2	3	4	5	6	7	8	9	10	11	12	13	14	15	16	17	18	19	20	21	22	23	24	25	26	27	28	29	30	31
요일	수	목	금	토	일	월	화	수	목	금	토	일	월	화	수	목	금	토	일	월	화	수	목	금	토	일	월	화	수	목	금
일진	신	임	계	갑	을	병	정	무	기	경	신	임	계	갑	을	병	정	무	기	경	신	임	계	갑	을	병	정	무	기	경	신
日辰	유	술	해	자	축	인	묘	진	사	오	미	신	유	술	해	자	축	인	묘	진	사	오	미	신	유	술	해	자	축	인	묘
음력	24	25	26	27	28	29	30	7/1	2	3	4	5	6	7	8	9	10	11	12	13	14	15	16	17	18	19	20	21	22	23	24
구성	6	5	4	3	2	1	9	8	7	6	5	4	3	2	1	9	8	7	6	5	4	3	2	1	9	8	7	6	5	4	3
대운 남	2	2	1	1	1	1	입	10	10	9	9	9	8	8	8	7	7	7	6	6	6	처	5	5	4	4	4	3	3	3	2
대운 여	9	9	9	10	10	10	추	1	1	1	1	2	2	2	3	3	3	4	4	4	5	서	5	6	6	6	7	7	7	8	8

백로 7일 09시 13분 【음8월】➡ 【乙酉月(을유월)】 ☯사록성 추분 22일 18시 43분

양력 9월 / 음력 07/25 ~ 08/24

양력	1	2	3	4	5	6	7	8	9	10	11	12	13	14	15	16	17	18	19	20	21	22	23	24	25	26	27	28	29	30
요일	토	일	월	화	수	목	금	토	일	월	화	수	목	금	토	일	월	화	수	목	금	토	일	월	화	수	목	금	토	일
일진	임	계	갑	을	병	정	무	기	경	신	임	계	갑	을	병	정	무	기	경	신	임	계	갑	을	병	정	무	기	경	신
日辰	진	사	오	미	신	유	술	해	자	축	인	묘	진	사	오	미	신	유	술	해	자	축	인	묘	진	사	오	미	신	유
음력	25	26	27	28	29	30	8/1	2	3	4	5	6	7	8	9	10	11	12	13	14	15	16	17	18	19	20	21	22	23	24
구성	2	1	9	8	7	6	5	4	3	2	1	9	8	7	6	5	4	3	2	1	9	8	7	6	5	4	3	2	1	9
대운 남	2	2	1	1	1	1	백	10	10	9	9	9	8	8	8	7	7	7	6	6	6	추	5	5	4	4	4	3	3	3
대운 여	8	9	9	9	10	10	로	1	1	1	1	2	2	2	3	3	3	4	4	4	5	분	5	6	6	6	7	7	7	8

한로 8일 01시 04분 【음9월】➡ 【丙戌月(병술월)】 ☯삼벽성 상강 23일 04시 18분

양력 10월 / 음력 08/25 ~ 09/26

양력	1	2	3	4	5	6	7	8	9	10	11	12	13	14	15	16	17	18	19	20	21	22	23	24	25	26	27	28	29	30	31
요일	월	화	수	목	금	토	일	월	화	수	목	금	토	일	월	화	수	목	금	토	일	월	화	수	목	금	토	일	월	화	수
일진	임	계	갑	을	병	정	무	기	경	신	임	계	갑	을	병	정	무	기	경	신	임	계	갑	을	병	정	무	기	경	신	임
日辰	술	해	자	축	인	묘	진	사	오	미	신	유	술	해	자	축	인	묘	진	사	오	미	신	유	술	해	자	축	인	묘	진
음력	25	26	27	28	29	9/1	2	3	4	5	6	7	8	9	10	11	12	13	14	15	16	17	18	19	20	21	22	23	24	25	26
구성	8	7	6	5	4	3	2	1	9	8	7	6	5	4	3	2	1	9	8	7	6	5	4	3	2	1	9	8	7	6	5
대운 남	2	2	2	1	1	1	1	한	10	9	9	9	8	8	8	7	7	7	6	6	6	5	상	5	4	4	4	3	3	3	2
대운 여	8	8	9	9	9	10	10	로	1	1	1	1	2	2	2	3	3	3	4	4	4	5	강	5	6	6	6	7	7	7	8

입동 7일 04시 28분 【음10월】➡ 【丁亥月(정해월)】 ☯이흑성 소설 22일 02시 04분

양력 11월 / 음력 09/27 ~ 10/26

양력	1	2	3	4	5	6	7	8	9	10	11	12	13	14	15	16	17	18	19	20	21	22	23	24	25	26	27	28	29	30
요일	목	금	토	일	월	화	수	목	금	토	일	월	화	수	목	금	토	일	월	화	수	목	금	토	일	월	화	수	목	금
일진	계	갑	을	병	정	무	기	경	신	임	계	갑	을	병	정	무	기	경	신	임	계	갑	을	병	정	무	기	경	신	임
日辰	사	오	미	신	유	술	해	자	축	인	묘	진	사	오	미	신	유	술	해	자	축	인	묘	진	사	오	미	신	유	술
음력	27	28	29	30	10/1	2	3	4	5	6	7	8	9	10	11	12	13	14	15	16	17	18	19	20	21	22	23	24	25	26
구성	4	3	2	1	9	8	7	6	5	4	3	2	1	9	8	7	6	5	4	3	2	1	9	8	7	6	5	4	3	2
대운 남	2	2	1	1	1	1	입	9	9	9	8	8	8	7	7	7	6	6	6	5	5	소	4	4	4	3	3	3	2	2
대운 여	8	8	9	9	9	10	동	1	1	1	1	2	2	2	3	3	3	4	4	4	5	설	5	6	6	6	7	7	7	8

대설 6일 21시 29분 【음11월】➡ 【戊子月(무자월)】 ☯일백성 동지 21일 15시 31분

양력 12월 / 음력 10/27 ~ 11/28

양력	1	2	3	4	5	6	7	8	9	10	11	12	13	14	15	16	17	18	19	20	21	22	23	24	25	26	27	28	29	30	31
요일	토	일	월	화	수	목	금	토	일	월	화	수	목	금	토	일	월	화	수	목	금	토	일	월	화	수	목	금	토	일	월
일진	계	갑	을	병	정	무	기	경	신	임	계	갑	을	병	정	무	기	경	신	임	계	갑	을	병	정	무	기	경	신	임	계
日辰	해	자	축	인	묘	진	사	오	미	신	유	술	해	자	축	인	묘	진	사	오	미	신	유	술	해	자	축	인	묘	진	사
음력	27	28	29	11/1	2	3	4	5	6	7	8	9	10	11	12	13	14	15	16	17	18	19	20	21	22	23	24	25	26	27	28
구성	1	1	2	3	4	5	6	7	8	9	1	2	3	4	5	6	7	8	9	1	2	3	4	5	6	7	8	9	1	2	3
대운 남	2	1	1	1	1	대	10	9	9	9	8	8	8	7	7	7	6	6	6	5	동	5	4	4	4	3	3	3	2	2	2
대운 여	8	8	9	9	9	설	1	1	1	1	2	2	2	3	3	3	4	4	4	5	지	5	6	6	6	7	7	7	8	8	8

소한 5일 08시 47분 【음12월】 ➡ 【己丑月(기축월)】 ☯구자성 · 대한 20일 02시 12분

양력 1월 (음력 11/29 ~ 12/29)

	1	2	3	4	5	6	7	8	9	10	11	12	13	14	15	16	17	18	19	20	21	22	23	24	25	26	27	28	29	30	31
요일	화	수	목	금	토	일	월	화	수	목	금	토	일	월	화	수	목	금	토	일	월	화	수	목	금	토	일	월	화	수	목
일진	갑오	을미	병신	정유	무술	기해	경자	신축	임인	계묘	갑진	을사	병오	정미	무신	기유	경술	신해	임자	계축	갑인	을묘	병진	정사	무오	기미	경신	신유	임술	계해	갑자
음력	29	30	12/1	2	3	4	5	6	7	8	9	10	11	12	13	14	15	16	17	18	19	20	21	22	23	24	25	26	27	28	29
구성	4	5	6	7	8	9	1	2	3	4	5	6	7	8	9	1	2	3	4	5	6	7	8	9	1	2	3	4	5	6	7
대운 남	1	1	1	1	소한	9	9	9	8	8	8	7	7	7	6	6	6	5	5	대한	4	4	4	3	3	3	2	2	2	1	1
대운 여	9	9	9	10	소한	1	1	1	2	2	2	3	3	3	4	4	4	5	5	대한	6	6	6	7	7	7	8	8	8	9	9

입춘 3일 20시 24분 【음1월】 ➡ 【庚寅月(경인월)】 ☯팔백성 · 우수 18일 16시 16분

양력 2월 (음력 01/01 ~ 01/28)

	1	2	3	4	5	6	7	8	9	10	11	12	13	14	15	16	17	18	19	20	21	22	23	24	25	26	27	28
요일	금	토	일	월	화	수	목	금	토	일	월	화	수	목	금	토	일	월	화	수	목	금	토	일	월	화	수	목
일진	을축	병인	정묘	무진	기사	경오	신미	임신	계유	갑술	을해	병자	정축	무인	기묘	경진	신사	임오	계미	갑신	을유	병술	정해	무자	기축	경인	신묘	임진
음력	1/1	2	3	4	5	6	7	8	9	10	11	12	13	14	15	16	17	18	19	20	21	22	23	24	25	26	27	28
구성	8	9	1	2	3	4	5	6	7	8	9	1	2	3	4	5	6	7	8	9	1	2	3	4	5	6	7	8
대운 남	1	1	입춘	1	1	1	1	2	2	2	3	3	3	4	4	4	5	우수	5	6	6	6	6	7	7	7	8	8
대운 여	9	9	입춘	10	9	9	9	8	8	8	7	7	7	6	6	6	5	우수	5	4	4	4	4	3	3	3	2	2

경칩 5일 14시 16분 【음2월】 ➡ 【辛卯月(신묘월)】 ☯칠적성 · 춘분 20일 15시 05분

양력 3월 (음력 01/29 ~ 02/29)

	1	2	3	4	5	6	7	8	9	10	11	12	13	14	15	16	17	18	19	20	21	22	23	24	25	26	27	28	29	30	31
요일	금	토	일	월	화	수	목	금	토	일	월	화	수	목	금	토	일	월	화	수	목	금	토	일	월	화	수	목	금	토	일
일진	계사	갑오	을미	병신	정유	무술	기해	경자	신축	임인	계묘	갑진	을사	병오	정미	무신	기유	경술	신해	임자	계축	갑인	을묘	병진	정사	무오	기미	경신	신유	임술	계해
음력	29	30	2/1	2	3	4	5	6	7	8	9	10	11	12	13	14	15	16	17	18	19	20	21	22	23	24	25	26	27	28	29
구성	9	1	2	3	4	5	6	7	8	9	1	2	3	4	5	6	7	8	9	1	2	3	4	5	6	7	8	9	1	2	3
대운 남	9	9	9	10	경칩	1	1	1	1	2	2	2	3	3	3	4	4	4	5	춘분	5	6	6	6	7	7	7	8	8	8	9
대운 여	1	1	1	1	경칩	10	9	9	9	8	8	8	7	7	7	6	6	6	5	춘분	5	4	4	4	3	3	3	2	2	2	1

청명 4일 18시 51분 【음3월】 ➡ 【壬辰月(임진월)】 ☯육백성 · 곡우 20일 01시 53분

양력 4월 (음력 03/01 ~ 04/01)

	1	2	3	4	5	6	7	8	9	10	11	12	13	14	15	16	17	18	19	20	21	22	23	24	25	26	27	28	29	30
요일	월	화	수	목	금	토	일	월	화	수	목	금	토	일	월	화	수	목	금	토	일	월	화	수	목	금	토	일	월	화
일진	갑자	을축	병인	정묘	무진	기사	경오	신미	임신	계유	갑술	을해	병자	정축	무인	기묘	경진	신사	임오	계미	갑신	을유	병술	정해	무자	기축	경인	신묘	임진	계사
음력	3/1	2	3	4	5	6	7	8	9	10	11	12	13	14	15	16	17	18	19	20	21	22	23	24	25	26	27	28	29	4/1
구성	4	5	6	7	8	9	1	2	3	4	5	6	7	8	9	1	2	3	4	5	6	7	8	9	1	2	3	4	5	6
대운 남	9	9	10	청명	1	1	1	1	2	2	2	3	3	3	4	4	4	5	5	곡우	6	6	6	7	7	7	8	8	8	9
대운 여	1	1	1	청명	10	10	9	9	9	8	8	8	7	7	7	6	6	6	5	곡우	5	4	4	4	3	3	3	2	2	2

입하 5일 11시 53분 【음4월】 ➡ 【癸巳月(계사월)】 ☯오황성 · 소만 21일 00시 47분

양력 5월 (음력 04/02 ~ 05/02)

	1	2	3	4	5	6	7	8	9	10	11	12	13	14	15	16	17	18	19	20	21	22	23	24	25	26	27	28	29	30	31
요일	수	목	금	토	일	월	화	수	목	금	토	일	월	화	수	목	금	토	일	월	화	수	목	금	토	일	월	화	수	목	금
일진	갑오	을미	병신	정유	무술	기해	경자	신축	임인	계묘	갑진	을사	병오	정미	무신	기유	경술	신해	임자	계축	갑인	을묘	병진	정사	무오	기미	경신	신유	임술	계해	갑자
음력	2	3	4	5	6	7	8	9	10	11	12	13	14	15	16	17	18	19	20	21	22	23	24	25	26	27	28	29	30	5/1	2
구성	7	8	9	1	2	3	4	5	6	7	8	9	1	2	3	4	5	6	7	8	9	1	2	3	4	5	6	7	8	9	9
대운 남	9	9	10	10	입하	1	1	1	1	2	2	2	3	3	3	4	4	4	5	5	소만	6	6	6	7	7	7	8	8	8	9
대운 여	1	1	1	1	입하	10	10	9	9	9	8	8	8	7	7	7	6	6	6	5	소만	5	4	4	4	3	3	3	2	2	2

망종 5일 15시 48분 【음5월】 ➡ 【甲午月(갑오월)】 ☯사록성 · 하지 21일 08시 34분

양력 6월 (음력 05/03 ~ 06/03)

	1	2	3	4	5	6	7	8	9	10	11	12	13	14	15	16	17	18	19	20	21	22	23	24	25	26	27	28	29	30
요일	토	일	월	화	수	목	금	토	일	월	화	수	목	금	토	일	월	화	수	목	금	토	일	월	화	수	목	금	토	일
일진	을축	병인	정묘	무진	기사	경오	신미	임신	계유	갑술	을해	병자	정축	무인	기묘	경진	신사	임오	계미	갑신	을유	병술	정해	무자	기축	경인	신묘	임진	계사	갑오
음력	3	4	5	6	7	8	9	10	11	12	13	14	15	16	17	18	19	20	21	22	23	24	25	26	27	28	29	6/1	2	3
구성	8	7	6	5	4	3	2	1	9	8	7	6	5	4	3	2	1	9	8	7	6	5	4	3	2	1	9	8	7	6
대운 남	9	9	10	10	망종	1	1	1	1	2	2	2	3	3	3	4	4	4	5	5	하지	6	6	6	7	7	7	8	8	9
대운 여	1	1	1	1	망종	10	10	9	9	9	8	8	8	7	7	7	6	6	6	5	하지	5	4	4	4	3	3	3	2	2

신유년

한식(4월05일), 초복(7월16일), 중복(7월26일), 말복(8월15일) ↑춘사(春社)3/16 ☀추사(秋社)9/22
토왕지절(土旺之節):4월16일,7월19일,10월20일,1월17일(음12/26) 臘享(납향):2042년1월21일(음12/30)

七日得辛, 四龍治水, 2041년 신유年 (석류목), 사록목

3벽	8백	1백
2흑	4록	6백
7적	9자	5황

소서 7일 01시 57분 【음6월】➡ 乙未月(을미월) ☯삼벽성 — 대서 22일 19시 25분

양력 7월 / 음력 06/04 ~ 07/04

양력	요일	일진(日辰)	음력	구성	대운남	대운여
1	월	을미	4	5	9	2
2	화	병신	5	4	9	2
3	수	정유	6	3	9	1
4	목	무술	7	2	10	1
5	금	기해	8	1	10	1
6	토	경자	9	9	10	1
7	일	신축	10	8	소서	소서
8	월	임인	11	7	1	10
9	화	계묘	12	6	1	10
10	수	갑진	13	5	1	9
11	목	을사	14	4	1	9
12	금	병오	15	3	2	9
13	토	정미	16	2	2	8
14	일	무신	17	1	2	8
15	월	기유	18	9	3	8
16	화	경술	19	8	3	7
17	수	신해	20	7	3	7
18	목	임자	21	6	3	7
19	금	계축	22	5	4	6
20	토	갑인	23	4	4	6
21	일	을묘	24	3	4	6
22	월	병진	25	2	대서	대서
23	화	정사	26	1	5	5
24	수	무오	27	9	6	5
25	목	기미	28	8	6	4
26	금	경신	29	7	6	4
27	토	신유	30	6	7	4
28	일	임술	7/1	5	7	3
29	월	계해	2	4	7	3
30	화	갑자	3	3	8	3
31	수	을축	4	2	8	2

입추 7일 11시 47분 【음7월】➡ 丙申月(병신월) ☯이흑성 — 처서 23일 02시 35분

양력 8월 / 음력 07/05 ~ 08/05

양력	요일	일진(日辰)	음력	구성	대운남	대운여
1	목	병인	5	1	8	2
2	금	정묘	6	9	9	2
3	토	무진	7	8	9	1
4	일	기사	8	7	9	1
5	월	경오	9	6	10	1
6	화	신미	10	5	10	1
7	수	임신	11	4	입추	입추
8	목	계유	12	3	1	10
9	금	갑술	13	2	1	10
10	토	을해	14	1	1	9
11	일	병자	15	9	1	9
12	월	정축	16	8	2	9
13	화	무인	17	7	2	8
14	수	기묘	18	6	2	8
15	목	경진	19	5	3	8
16	금	신사	20	4	3	7
17	토	임오	21	3	3	7
18	일	계미	22	2	4	7
19	월	갑신	23	1	4	6
20	화	을유	24	9	4	6
21	수	병술	25	8	5	6
22	목	정해	26	7	5	5
23	금	무자	27	6	처서	처서
24	토	기축	28	5	6	5
25	일	경인	29	4	6	4
26	월	신묘	30	3	6	4
27	화	임진	8/1	2	7	4
28	수	계사	2	1	7	3
29	목	갑오	3	9	7	3
30	금	을미	4	8	8	3
31	토	병신	5	7	8	2

백로 7일 14시 52분 【음8월】➡ 丁酉月(정유월) ☯일백성 — 추분 23일 00시 25분

양력 9월 / 음력 08/06 ~ 09/06

양력	요일	일진(日辰)	음력	구성	대운남	대운여
1	일	정유	6	6	8	2
2	월	무술	7	5	9	2
3	화	기해	8	4	9	1
4	수	경자	9	3	9	1
5	목	신축	10	2	10	1
6	금	임인	11	1	10	1
7	토	계묘	12	9	백로	백로
8	일	갑진	13	8	1	10
9	월	을사	14	7	1	10
10	화	병오	15	6	1	9
11	수	정미	16	5	1	9
12	목	무신	17	4	2	9
13	금	기유	18	3	2	8
14	토	경술	19	2	2	8
15	일	신해	20	1	3	8
16	월	임자	21	9	3	7
17	화	계축	22	8	3	7
18	수	갑인	23	7	4	7
19	목	을묘	24	6	4	6
20	금	병진	25	5	4	6
21	토	정사	26	4	5	6
22	일	무오	27	3	5	5
23	월	기미	28	2	추분	추분
24	화	경신	29	1	6	5
25	수	신유	9/1	9	6	4
26	목	임술	2	8	6	4
27	금	계해	3	7	7	4
28	토	갑자	4	6	7	3
29	일	을축	5	5	7	3
30	월	병인	6	4	8	3

한로 8일 06시 45분 【음9월】➡ 戊戌月(무술월) ☯구자성 — 상강 23일 10시 00분

양력 10월 / 음력 09/07 ~ 10/07

양력	요일	일진(日辰)	음력	구성	대운남	대운여
1	화	정묘	7	3	8	2
2	수	무진	8	2	8	2
3	목	기사	9	1	9	2
4	금	경오	10	9	9	1
5	토	신미	11	8	9	1
6	일	임신	12	7	10	1
7	월	계유	13	6	10	1
8	화	갑술	14	5	한로	한로
9	수	을해	15	4	1	10
10	목	병자	16	3	1	9
11	금	정축	17	2	1	9
12	토	무인	18	1	1	9
13	일	기묘	19	9	2	8
14	월	경진	20	8	2	8
15	화	신사	21	7	2	8
16	수	임오	22	6	3	7
17	목	계미	23	5	3	7
18	금	갑신	24	4	3	7
19	토	을유	25	3	4	6
20	일	병술	26	2	4	6
21	월	정해	27	1	4	6
22	화	무자	28	9	5	5
23	수	기축	29	8	상강	상강
24	목	경인	30	7	5	5
25	금	신묘	10/1	6	6	4
26	토	임진	2	5	6	4
27	일	계사	3	4	6	4
28	월	갑오	4	3	7	3
29	화	을미	5	2	7	3
30	수	병신	6	1	7	3
31	목	정유	7	9	8	2

입동 7일 10시 12분 【음10월】➡ 己亥月(기해월) ☯팔백성 — 소설 22일 07시 48분

양력 11월 / 음력 10/08 ~ 11/07

양력	요일	일진(日辰)	음력	구성	대운남	대운여
1	금	무술	8	8	8	2
2	토	기해	9	7	8	2
3	일	경자	10	6	9	1
4	월	신축	11	5	9	1
5	화	임인	12	4	9	1
6	수	계묘	13	3	10	1
7	목	갑진	14	2	입동	입동
8	금	을사	15	1	1	10
9	토	병오	16	9	1	9
10	일	정미	17	8	1	9
11	월	무신	18	7	1	9
12	화	기유	19	6	2	8
13	수	경술	20	5	2	8
14	목	신해	21	4	2	8
15	금	임자	22	3	3	7
16	토	계축	23	2	3	7
17	일	갑인	24	1	3	7
18	월	을묘	25	9	4	6
19	화	병진	26	8	4	6
20	수	정사	27	7	4	6
21	목	무오	28	6	5	5
22	금	기미	29	5	소설	소설
23	토	경신	30	4	5	5
24	일	신유	11/1	3	6	4
25	월	임술	2	2	6	4
26	화	계해	3	1	6	4
27	수	갑자	4	9	7	3
28	목	을축	5	8	7	3
29	금	병인	6	7	7	3
30	토	정묘	7	6	8	2

대설 7일 03시 14분 【음11월】➡ 庚子月(경자월) ☯칠적성 — 동지 21일 21시 17분

양력 12월 / 음력 11/08 ~ 12/09

양력	요일	일진(日辰)	음력	구성	대운남	대운여
1	일	무진	8	5	8	2
2	월	기사	9	6	8	2
3	화	경오	10	7	9	1
4	수	신미	11	8	9	1
5	목	임신	12	9	9	1
6	금	계유	13	1	10	1
7	토	갑술	14	2	대설	대설
8	일	을해	15	3	1	10
9	월	병자	16	4	1	9
10	화	정축	17	5	1	9
11	수	무인	18	6	1	9
12	목	기묘	19	7	2	8
13	금	경진	20	8	2	8
14	토	신사	21	9	2	8
15	일	임오	22	1	3	7
16	월	계미	23	2	3	7
17	화	갑신	24	3	3	7
18	수	을유	25	4	4	6
19	목	병술	26	5	4	6
20	금	정해	27	6	4	6
21	토	무자	28	7	동지	동지
22	일	기축	29	8	5	5
23	월	경인	12/1	9	5	5
24	화	신묘	2	1	6	4
25	수	임진	3	2	6	4
26	목	계사	4	3	6	4
27	금	갑오	5	4	7	3
28	토	을미	6	5	7	3
29	일	병신	7	6	7	3
30	월	정유	8	7	8	2
31	화	무술	9	8	8	2

대장군(午남방), 삼살(북방), 상문(子북방), 조객(申서남방), 납음(대해수), 【삼재(신,유,술)년】 臘享(납향):2043년1월16일(음12/06)

소한 5일 14시 34분 【음12월】➡ 【辛丑月(신축월)】 ☯육백성　대한 20일 07시 59분

양력 1월 / 음력 12/10 ~ 01/10

	1	2	3	4	5	6	7	8	9	10	11	12	13	14	15	16	17	18	19	20	21	22	23	24	25	26	27	28	29	30	31
요일	수	목	금	토	일	월	화	수	목	금	토	일	월	화	수	목	금	토	일	월	화	수	목	금	토	일	월	화	수	목	금
일진(天干)	기	경	신	임	계	갑	을	병	정	무	기	경	신	임	계	갑	을	병	정	무	기	경	신	임	계	갑	을	병	정	무	기
日辰(地支)	해	자	축	인	묘	진	사	오	미	신	유	술	해	자	축	인	묘	진	사	오	미	신	유	술	해	자	축	인	묘	진	사
음력	10	11	12	13	14	15	16	17	18	19	20	21	22	23	24	25	26	27	28	29	30	1/1	2	3	4	5	6	7	8	9	10
구성	9	1	2	3	4	5	6	7	8	9	1	2	3	4	5	6	7	8	9	1	2	3	4	5	6	7	8	9	1	2	3
대남	8	9	9	9	소	1	1	1	1	2	2	2	3	3	3	4	4	4	5	대	5	6	6	6	7	7	7	8	8	8	9
운여	1	1	1	1	한	10	9	9	9	8	8	8	7	7	7	6	6	6	5	한	5	4	4	4	3	3	3	2	2	2	1

입춘 4일 02시 11분 【음1월】➡ 【壬寅月(임인월)】 ☯오황성　우수 18일 22시 03분

양력 2월 / 음력 01/11 ~ 02/09

	1	2	3	4	5	6	7	8	9	10	11	12	13	14	15	16	17	18	19	20	21	22	23	24	25	26	27	28
요일	토	일	월	화	수	목	금	토	일	월	화	수	목	금	토	일	월	화	수	목	금	토	일	월	화	수	목	금
일진(天干)	경	신	임	계	갑	을	병	정	무	기	경	신	임	계	갑	을	병	정	무	기	경	신	임	계	갑	을	병	정
日辰(地支)	오	미	신	유	술	해	자	축	인	묘	진	사	오	미	신	유	술	해	자	축	인	묘	진	사	오	미	신	유
음력	11	12	13	14	15	16	17	18	19	20	21	22	23	24	25	26	27	28	29	2/1	2	3	4	5	6	7	8	9
구성	4	5	6	7	8	9	1	2	3	4	5	6	7	8	9	1	2	3	4	5	6	7	8	9	1	2	3	4
대남	9	9	10	입	9	9	9	8	8	8	7	7	7	6	6	6	5	우	5	4	4	4	3	3	3	2	2	2
운여	1	1	1	춘	1	1	1	1	2	2	2	3	3	3	4	4	4	수	5	5	6	6	6	7	7	7	8	8

경칩 5일 20시 04분 【음2월】➡ 【癸卯月(계묘월)】 ☯사록성　춘분 20일 20시 52분

양력 3월 / 음력 02/10 ~ 윤210

	1	2	3	4	5	6	7	8	9	10	11	12	13	14	15	16	17	18	19	20	21	22	23	24	25	26	27	28	29	30	31
요일	토	일	월	화	수	목	금	토	일	월	화	수	목	금	토	일	월	화	수	목	금	토	일	월	화	수	목	금	토	일	월
일진(天干)	무	기	경	신	임	계	갑	을	병	정	무	기	경	신	임	계	갑	을	병	정	무	기	경	신	임	계	갑	을	병	정	무
日辰(地支)	술	해	자	축	인	묘	진	사	오	미	신	유	술	해	자	축	인	묘	진	사	오	미	신	유	술	해	자	축	인	묘	진
음력	10	11	12	13	14	15	16	17	18	19	20	21	22	23	24	25	26	27	28	29	30	윤2	2	3	4	5	6	7	8	9	10
구성	5	6	7	8	9	1	2	3	4	5	6	7	8	9	1	2	3	4	5	6	7	8	9	1	2	3	4	5	6	7	8
대남	1	1	1	1	경	10	10	9	9	9	8	8	8	7	7	7	6	6	6	춘	5	5	4	4	4	3	3	3	2	2	2
운여	8	9	9	9	칩	1	1	1	1	2	2	2	3	3	3	4	4	4	5	분	5	6	6	6	7	7	7	8	8	8	9

청명 5일 00시 39분 【음3월】➡ 【甲辰月(갑진월)】 ☯삼벽성　곡우 20일 07시 38분

양력 4월 / 음력 윤211 ~ 03/11

	1	2	3	4	5	6	7	8	9	10	11	12	13	14	15	16	17	18	19	20	21	22	23	24	25	26	27	28	29	30
요일	화	수	목	금	토	일	월	화	수	목	금	토	일	월	화	수	목	금	토	일	월	화	수	목	금	토	일	월	화	수
일진(天干)	기	경	신	임	계	갑	을	병	정	무	기	경	신	임	계	갑	을	병	정	무	기	경	신	임	계	갑	을	병	정	무
日辰(地支)	사	오	미	신	유	술	해	자	축	인	묘	진	사	오	미	신	유	술	해	자	축	인	묘	진	사	오	미	신	유	술
음력	11	12	13	14	15	16	17	18	19	20	21	22	23	24	25	26	27	28	29	3/1	2	3	4	5	6	7	8	9	10	11
구성	9	1	2	3	4	5	6	7	8	9	1	2	3	4	5	6	7	8	9	1	2	3	4	5	6	7	8	9	1	2
대남	1	1	1	1	청	10	9	9	9	8	8	8	7	7	7	6	6	6	5	곡	5	4	4	4	3	3	3	2	2	2
운여	9	9	10	10	명	1	1	1	1	2	2	2	3	3	3	4	4	4	5	우	5	6	6	6	7	7	7	8	8	8

입하 5일 17시 41분 【음4월】➡ 【乙巳月(을사월)】 ☯이흑성　소만 21일 06시 30분

양력 5월 / 음력 03/12 ~ 04/13

	1	2	3	4	5	6	7	8	9	10	11	12	13	14	15	16	17	18	19	20	21	22	23	24	25	26	27	28	29	30	31
요일	목	금	토	일	월	화	수	목	금	토	일	월	화	수	목	금	토	일	월	화	수	목	금	토	일	월	화	수	목	금	토
일진(天干)	기	경	신	임	계	갑	을	병	정	무	기	경	신	임	계	갑	을	병	정	무	기	경	신	임	계	갑	을	병	정	무	기
日辰(地支)	해	자	축	인	묘	진	사	오	미	신	유	술	해	자	축	인	묘	진	사	오	미	신	유	술	해	자	축	인	묘	진	사
음력	12	13	14	15	16	17	18	19	20	21	22	23	24	25	26	27	28	29	4/1	2	3	4	5	6	7	8	9	10	11	12	13
구성	3	4	5	6	7	8	9	1	2	3	4	5	6	7	8	9	1	2	3	4	5	6	7	8	9	9	8	7	6	5	4
대남	1	1	1	1	입	10	10	9	9	9	8	8	8	7	7	7	6	6	6	5	소	5	4	4	4	3	3	3	2	2	2
운여	9	9	9	10	하	1	1	1	1	2	2	2	3	3	3	4	4	4	5	5	만	6	6	6	7	7	7	8	8	8	9

망종 5일 21시 37분 【음5월】➡ 【丙午月(병오월)】 ☯일백성　하지 21일 14시 14분

양력 6월 / 음력 04/14 ~ 05/13

	1	2	3	4	5	6	7	8	9	10	11	12	13	14	15	16	17	18	19	20	21	22	23	24	25	26	27	28	29	30
요일	일	월	화	수	목	금	토	일	월	화	수	목	금	토	일	월	화	수	목	금	토	일	월	화	수	목	금	토	일	월
일진(天干)	경	신	임	계	갑	을	병	정	무	기	경	신	임	계	갑	을	병	정	무	기	경	신	임	계	갑	을	병	정	무	기
日辰(地支)	오	미	신	유	술	해	자	축	인	묘	진	사	오	미	신	유	술	해	자	축	인	묘	진	사	오	미	신	유	술	해
음력	14	15	16	17	18	19	20	21	22	23	24	25	26	27	28	29	30	5/1	2	3	4	5	6	7	8	9	10	11	12	13
구성	3	2	1	9	8	7	6	5	4	3	2	1	9	8	7	6	5	4	3	2	1	9	8	7	6	5	4	3	2	1
대남	1	1	1	1	망	10	10	10	9	9	9	8	8	8	7	7	7	6	6	6	하	5	5	4	4	4	3	3	3	2
운여	9	9	10	10	종	1	1	1	1	2	2	2	3	3	3	4	4	4	5	5	지	6	6	6	7	7	7	8	8	8

임술년

한식(4월05일), 초복(7월11일), 중복(7월21일), 말복(8월10일) ↑춘사(春社)3/21 ☀추사(秋社)9/27
토왕지절(土旺之節):4월17일,7월19일,10월20일,1월17일(음12/07) 臘享(납향):2043년1월16일(음12/06)

二日得辛, 九龍治水, 2042년 임술年 (대해수), 삼벽목

2흑	7적	9자
1백	3벽	5황
6백	8백	4록

소서 7일 07시 46분 【음6월】➡ 【丁未月(정미월)】 ☯구자성 대서 23일 01시 05분

양력 7월 · 음력 05/26 ~ 06/15

양력	1	2	3	4	5	6	7	8	9	10	11	12	13	14	15	16	17	18	19	20	21	22	23	24	25	26	27	28	29	30	31
요일	화	수	목	금	토	일	월	화	수	목	금	토	일	월	화	수	목	금	토	일	월	화	수	목	금	토	일	월	화	수	목
日辰	경자	신축	임인	계묘	갑진	을사	병오	정미	무신	기유	경술	신해	임자	계축	갑인	을묘	병진	정사	무오	기미	경신	신유	임술	계해	갑자	을축	병인	정묘	무진	기사	경오
음력	14	15	16	17	18	19	20	21	22	23	24	25	26	27	28	29	6/1	2	3	4	5	6	7	8	9	10	11	12	13	14	15
구성	9	8	7	6	5	4	3	2	1	9	8	7	6	5	4	3	2	1	9	8	7	6	5	4	3	2	1	9	8	7	6
대남	2	2	1	1	1	1	소서	10	10	9	9	9	8	8	8	7	7	7	6	6	6	5	대서	5	4	4	4	3	3	3	2
운여	9	9	9	10	10	10	소서	1	1	1	1	2	2	2	3	3	3	4	4	4	5	5	대서	6	6	6	7	7	7	8	8

입추 7일 17시 37분 【음7월】➡ 【戊申月(무신월)】 ☯팔백성 처서 23일 08시 17분

양력 8월 · 음력 06/16 ~ 07/16

양력	1	2	3	4	5	6	7	8	9	10	11	12	13	14	15	16	17	18	19	20	21	22	23	24	25	26	27	28	29	30	31
요일	금	토	일	월	화	수	목	금	토	일	월	화	수	목	금	토	일	월	화	수	목	금	토	일	월	화	수	목	금	토	일
日辰	신미	임신	계유	갑술	을해	병자	정축	무인	기묘	경진	신사	임오	계미	갑신	을유	병술	정해	무자	기축	경인	신묘	임진	계사	갑오	을미	병신	정유	무술	기해	경자	신축
음력	16	17	18	19	20	21	22	23	24	25	26	27	28	29	30	7/1	2	3	4	5	6	7	8	9	10	11	12	13	14	15	16
구성	5	4	3	2	1	9	8	7	6	5	4	3	2	1	9	8	7	6	5	4	3	2	1	9	8	7	6	5	4	3	2
대남	2	2	1	1	1	1	입추	10	10	9	9	9	8	8	8	7	7	7	6	6	6	5	처서	5	4	4	4	3	3	3	2
운여	8	9	9	9	10	10	입추	1	1	1	1	2	2	2	3	3	3	4	4	4	5	5	처서	6	6	6	7	7	7	8	8

백로 7일 20시 44분 【음8월】➡ 【己酉月(기유월)】 ☯칠적성 추분 23일 06시 10분

양력 9월 · 음력 07/17 ~ 08/17

양력	1	2	3	4	5	6	7	8	9	10	11	12	13	14	15	16	17	18	19	20	21	22	23	24	25	26	27	28	29	30
요일	월	화	수	목	금	토	일	월	화	수	목	금	토	일	월	화	수	목	금	토	일	월	화	수	목	금	토	일	월	화
日辰	임인	계묘	갑진	을사	병오	정미	무신	기유	경술	신해	임자	계축	갑인	을묘	병진	정사	무오	기미	경신	신유	임술	계해	갑자	을축	병인	정묘	무진	기사	경오	신미
음력	17	18	19	20	21	22	23	24	25	26	27	28	29	8/1	2	3	4	5	6	7	8	9	10	11	12	13	14	15	16	17
구성	1	9	8	7	6	5	4	3	2	1	9	8	7	6	5	4	3	2	1	9	8	7	6	5	4	3	2	1	9	8
대남	2	2	1	1	1	1	백로	10	10	9	9	9	8	8	8	7	7	7	6	6	6	5	추분	5	4	4	4	3	3	3
운여	8	9	9	9	10	10	백로	1	1	1	1	2	2	2	3	3	3	4	4	4	5	5	추분	6	6	6	7	7	7	8

한로 8일 12시 39분 【음9월】➡ 【庚戌月(경술월)】 ☯육백성 상강 23일 15시 46분

양력 10월 · 음력 08/18 ~ 09/18

양력	1	2	3	4	5	6	7	8	9	10	11	12	13	14	15	16	17	18	19	20	21	22	23	24	25	26	27	28	29	30	31
요일	수	목	금	토	일	월	화	수	목	금	토	일	월	화	수	목	금	토	일	월	화	수	목	금	토	일	월	화	수	목	금
日辰	임신	계유	갑술	을해	병자	정축	무인	기묘	경진	신사	임오	계미	갑신	을유	병술	정해	무자	기축	경인	신묘	임진	계사	갑오	을미	병신	정유	무술	기해	경자	신축	임인
음력	18	19	20	21	22	23	24	25	26	27	28	29	30	9/1	2	3	4	5	6	7	8	9	10	11	12	13	14	15	16	17	18
구성	7	6	5	4	3	2	1	9	8	7	6	5	4	3	2	1	9	8	7	6	5	4	3	2	1	9	8	7	6	5	4
대남	2	2	2	1	1	1	1	한로	10	9	9	9	8	8	8	7	7	7	6	6	6	5	상강	5	4	4	4	3	3	3	2
운여	8	8	9	9	9	10	10	한로	1	1	1	1	2	2	2	3	3	3	4	4	4	5	상강	5	6	6	6	7	7	7	8

입동 7일 16시 06분 【음10월】➡ 【辛亥月(신해월)】 ☯오황성 소설 22일 13시 36분

양력 11월 · 음력 09/19 ~ 10/18

양력	1	2	3	4	5	6	7	8	9	10	11	12	13	14	15	16	17	18	19	20	21	22	23	24	25	26	27	28	29	30
요일	토	일	월	화	수	목	금	토	일	월	화	수	목	금	토	일	월	화	수	목	금	토	일	월	화	수	목	금	토	일
日辰	계묘	갑진	을사	병오	정미	무신	기유	경술	신해	임자	계축	갑인	을묘	병진	정사	무오	기미	경신	신유	임술	계해	갑자	을축	병인	정묘	무진	기사	경오	신미	임신
음력	19	20	21	22	23	24	25	26	27	28	29	30	10/1	2	3	4	5	6	7	8	9	10	11	12	13	14	15	16	17	18
구성	3	2	1	9	8	7	6	5	4	3	2	1	9	8	7	6	5	4	3	2	1	1	2	3	4	5	6	7	8	9
대남	2	2	1	1	1	1	입동	10	9	9	9	8	8	8	7	7	7	6	6	6	5	소설	5	4	4	4	3	3	3	2
운여	8	8	9	9	9	10	입동	1	1	1	1	2	2	2	3	3	3	4	4	4	5	소설	5	6	6	6	7	7	7	8

대설 7일 09시 08분 【음11월】➡ 【壬子月(임자월)】 ☯사록성 동지 22일 03시 03분

양력 12월 · 음력 10/19 ~ 11/19

양력	1	2	3	4	5	6	7	8	9	10	11	12	13	14	15	16	17	18	19	20	21	22	23	24	25	26	27	28	29	30	31
요일	월	화	수	목	금	토	일	월	화	수	목	금	토	일	월	화	수	목	금	토	일	월	화	수	목	금	토	일	월	화	수
日辰	계유	갑술	을해	병자	정축	무인	기묘	경진	신사	임오	계미	갑신	을유	병술	정해	무자	기축	경인	신묘	임진	계사	갑오	을미	병신	정유	무술	기해	경자	신축	임인	계묘
음력	19	20	21	22	23	24	25	26	27	28	29	30	11/1	2	3	4	5	6	7	8	9	10	11	12	13	14	15	16	17	18	19
구성	1	2	3	4	5	6	7	8	9	1	2	3	4	5	6	7	8	9	1	2	3	4	5	6	7	8	9	1	2	3	4
대남	2	2	1	1	1	1	대설	9	9	9	8	8	8	7	7	7	6	6	6	5	5	동지	4	4	4	3	3	3	2	2	2
운여	8	8	9	9	9	10	대설	1	1	1	1	2	2	2	3	3	3	4	4	4	5	동지	5	6	6	6	7	7	7	8	8

단기 4376 年	2043년	下元-계해(癸亥)년, 납음(대해수),본명성(이흑토)
불기 2587 年		대장군(酉서방), 삼살(酉서방), 상문(丑동북방),조객(酉서방), 납음(대해수), 【삼재(사,오,미)년】 臘享(납향):2044년1월23일(음12/24

소한 5일 20시 24분 【음12월】➡ 【癸丑月(계축월)】 ●삼벽성 대한 20일 13시 40분

양력 1월 · 음력 11/20 ~ 12/21

양력	1	2	3	4	5	6	7	8	9	10	11	12	13	14	15	16	17	18	19	20	21	22	23	24	25	26	27	28	29	30	31
요일	목	금	토	일	월	화	수	목	금	토	일	월	화	수	목	금	토	일	월	화	수	목	금	토	일	월	화	수	목	금	토
日辰	갑진	을사	병오	정미	무신	기유	경술	신해	임자	계축	갑인	을묘	병진	정사	무오	기미	경신	신유	임술	계해	갑자	을축	병인	정묘	무진	기사	경오	신미	임신	계유	갑술
음력	20	21	22	23	24	25	26	27	28	29	12/1	2	3	4	5	6	7	8	9	10	11	12	13	14	15	16	17	18	19	20	21
구성	5	6	7	8	9	1	2	3	4	5	6	7	8	9	1	2	3	4	5	6	7	8	9	1	2	3	4	5	6	7	8
대남	1	1	1	1	소한	10	9	9	9	8	8	8	7	7	7	6	6	6	5	대한	5	4	4	4	3	3	3	2	2	2	1
운여	8	9	9	9	소한	1	1	1	1	2	2	2	3	3	3	4	4	4	5	대한	5	6	6	6	7	7	7	8	8	8	9

입춘 4일 07시 57분 【음1월】➡ 【甲寅月(갑인월)】 ●이흑성 우수 19일 03시 40분

양력 2월 · 음력 12/22 ~ 01/19

양력	1	2	3	4	5	6	7	8	9	10	11	12	13	14	15	16	17	18	19	20	21	22	23	24	25	26	27	28
요일	일	월	화	수	목	금	토	일	월	화	수	목	금	토	일	월	화	수	목	금	토	일	월	화	수	목	금	토
日辰	을해	병자	정축	무인	기묘	경진	신사	임오	계미	갑신	을유	병술	정해	무자	기축	경인	신묘	임진	계사	갑오	을미	병신	정유	무술	기해	경자	신축	임인
음력	22	23	24	25	26	27	28	29	30	1/1	2	3	4	5	6	7	8	9	10	11	12	13	14	15	16	17	18	19
구성	9	1	2	3	4	5	6	7	8	9	1	2	3	4	5	6	7	8	9	1	2	3	4	5	6	7	8	9
대남	1	1	1	입춘	1	1	1	1	2	2	2	3	3	3	4	4	4	5	우수	5	6	6	6	7	7	7	8	8
운여	9	9	10	입춘	10	9	9	9	8	8	8	7	7	7	6	6	6	5	우수	5	4	4	4	3	3	3	2	2

계해년

경칩 6일 01시 46분 【음2월】➡ 【乙卯月(을묘월)】 ●일백성 춘분 21일 02시 26분

양력 3월 · 음력 01/20 ~ 02/21

양력	1	2	3	4	5	6	7	8	9	10	11	12	13	14	15	16	17	18	19	20	21	22	23	24	25	26	27	28	29	30	31
요일	일	월	화	수	목	금	토	일	월	화	수	목	금	토	일	월	화	수	목	금	토	일	월	화	수	목	금	토	일	월	화
日辰	계묘	갑진	을사	병오	정미	무신	기유	경술	신해	임자	계축	갑인	을묘	병진	정사	무오	기미	경신	신유	임술	계해	갑자	을축	병인	정묘	무진	기사	경오	신미	임신	계유
음력	20	21	22	23	24	25	26	27	28	29	2/1	2	3	4	5	6	7	8	9	10	11	12	13	14	15	16	17	18	19	20	21
구성	1	2	3	4	5	6	7	8	9	1	2	3	4	5	6	7	8	9	1	2	3	4	5	6	7	8	9	1	2	3	4
대남	8	9	9	9	10	경칩	1	1	1	1	2	2	2	3	3	3	4	4	4	5	춘분	5	6	6	6	7	7	7	8	8	8
운여	2	1	1	1	1	경칩	10	9	9	9	8	8	8	7	7	7	6	6	6	5	춘분	5	4	4	4	3	3	3	2	2	2

청명 5일 06시 19분 【음3월】➡ 【丙辰月(병진월)】 ●구자성 곡우 20일 13시 13분

양력 4월 · 음력 02/22 ~ 03/21

양력	1	2	3	4	5	6	7	8	9	10	11	12	13	14	15	16	17	18	19	20	21	22	23	24	25	26	27	28	29	30
요일	수	목	금	토	일	월	화	수	목	금	토	일	월	화	수	목	금	토	일	월	화	수	목	금	토	일	월	화	수	목
日辰	갑술	을해	병자	정축	무인	기묘	경진	신사	임오	계미	갑신	을유	병술	정해	무자	기축	경인	신묘	임진	계사	갑오	을미	병신	정유	무술	기해	경자	신축	임인	계묘
음력	22	23	24	25	26	27	28	29	30	3/1	2	3	4	5	6	7	8	9	10	11	12	13	14	15	16	17	18	19	20	21
구성	5	6	7	8	9	1	2	3	4	5	6	7	8	9	1	2	3	4	5	6	7	8	9	1	2	3	4	5	6	7
대남	9	9	9	10	청명	1	1	1	1	2	2	2	3	3	3	4	4	4	5	곡우	5	6	6	6	7	7	7	8	8	8
운여	1	1	1	1	청명	10	9	9	9	8	8	8	7	7	7	6	6	6	5	곡우	5	4	4	4	3	3	3	2	2	2

입하 5일 23시 21분 【음4월】➡ 【丁巳月(정사월)】 ●팔백성 소만 21일 12시 08분

양력 5월 · 음력 03/22 ~ 04/23

양력	1	2	3	4	5	6	7	8	9	10	11	12	13	14	15	16	17	18	19	20	21	22	23	24	25	26	27	28	29	30	31
요일	금	토	일	월	화	수	목	금	토	일	월	화	수	목	금	토	일	월	화	수	목	금	토	일	월	화	수	목	금	토	일
日辰	갑진	을사	병오	정미	무신	기유	경술	신해	임자	계축	갑인	을묘	병진	정사	무오	기미	경신	신유	임술	계해	갑자	을축	병인	정묘	무진	기사	경오	신미	임신	계유	갑술
음력	22	23	24	25	26	27	28	29	4/1	2	3	4	5	6	7	8	9	10	11	12	13	14	15	16	17	18	19	20	21	22	23
구성	8	9	1	2	3	4	5	6	7	8	9	1	2	3	4	5	6	7	8	9	1	2	3	4	5	6	7	8	9	1	2
대남	9	9	9	10	입하	1	1	1	1	2	2	2	3	3	3	4	4	4	5	5	소만	6	6	6	7	7	7	8	8	8	9
운여	1	1	1	1	입하	10	10	10	9	9	9	8	8	8	7	7	7	6	6	6	소만	5	5	4	4	4	3	3	3	2	2

망종 6일 03시 17분 【음5월】➡ 【戊午月(무오월)】 ●칠적성 하지 21일 19시 57분

양력 6월 · 음력 04/24 ~ 05/24

양력	1	2	3	4	5	6	7	8	9	10	11	12	13	14	15	16	17	18	19	20	21	22	23	24	25	26	27	28	29	30
요일	월	화	수	목	금	토	일	월	화	수	목	금	토	일	월	화	수	목	금	토	일	월	화	수	목	금	토	일	월	화
日辰	을해	병자	정축	무인	기묘	경진	신사	임오	계미	갑신	을유	병술	정해	무자	기축	경인	신묘	임진	계사	갑오	을미	병신	정유	무술	기해	경자	신축	임인	계묘	갑진
음력	24	25	26	27	28	29	5/1	2	3	4	5	6	7	8	9	10	11	12	13	14	15	16	17	18	19	20	21	22	23	24
구성	3	4	5	6	7	8	9	1	2	3	4	5	6	7	8	9	1	2	3	3	2	1	9	8	7	6	5	4	3	2
대남	9	9	10	10	10	망종	1	1	1	1	2	2	2	3	3	3	4	4	4	5	하지	5	6	6	6	7	7	7	8	8
운여	2	1	1	1	1	망종	10	10	9	9	9	8	8	8	7	7	7	6	6	6	하지	5	5	4	4	4	3	3	3	2

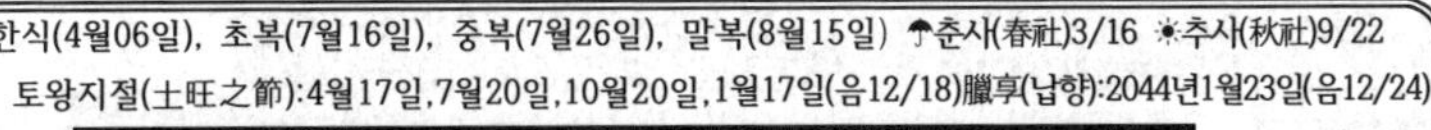

한식(4월06일), 초복(7월16일), 중복(7월26일), 말복(8월15일) ↑춘사(春社)3/16 ☀추사(秋社)9/22
토왕지절(土旺之節):4월17일,7월20일,10월20일,1월17일(음12/18) 臘享(납향):2044년1월23일(음12/24)

八日得辛, 九龍治水, 2043년 계해년 (대해수), 이흑토

1백	6백	8백
9자	2흑	4록
5황	7적	3벽

2043

양력 7월 — 소서 7일 13시 26분 【음6월】➡ 【己未月(기미월)】 ☯육백성 — 대서 23일 06시 52분 (음력 05/25 ~ 06/25)

양력	요일	일진	음력	구성	대(남)	운(여)
1	수	을사	25	1	8	2
2	목	병오	26	9	9	2
3	금	정미	27	8	9	1
4	토	무신	28	7	9	1
5	일	기유	29	6	10	1
6	월	경술	30	5	10	1
7	화	신해	6/1	4	소서	소서
8	수	임자	2	3	1	10
9	목	계축	3	2	1	10
10	금	갑인	4	1	1	9
11	토	을묘	5	9	1	9
12	일	병진	6	8	2	9
13	월	정사	7	7	2	8
14	화	무오	8	6	2	8
15	수	기미	9	5	3	8
16	목	경신	10	4	3	7
17	금	신유	11	3	3	7
18	토	임술	12	2	4	7
19	일	계해	13	1	4	6
20	월	갑자	14	9	4	6
21	화	을축	15	8	5	6
22	수	병인	16	7	5	5
23	목	정묘	17	6	대서	대서
24	금	무진	18	5	6	5
25	토	기사	19	4	6	4
26	일	경오	20	3	6	4
27	월	신미	21	2	7	4
28	화	임신	22	1	7	3
29	수	계유	23	9	7	3
30	목	갑술	24	8	8	3
31	금	을해	25	7	8	2

양력 8월 — 입추 7일 23시 19분 【음7월】➡ 庚申月(경신월) ☯오황성 — 처서 23일 14시 08분 (음력 06/26 ~ 07/27)

양력	요일	일진	음력	구성	대(남)	운(여)
1	토	병자	26	6	8	2
2	일	정축	27	5	9	2
3	월	무인	28	4	9	1
4	화	기묘	29	3	9	1
5	수	경진	7/1	2	10	1
6	목	신사	2	1	10	1
7	금	임오	3	9	입추	입추
8	토	계미	4	8	1	10
9	일	갑신	5	7	1	10
10	월	을유	6	6	1	10
11	화	병술	7	5	1	9
12	수	정해	8	4	2	9
13	목	무자	9	3	2	9
14	금	기축	10	2	2	8
15	토	경인	11	1	3	8
16	일	신묘	12	9	3	8
17	월	임진	13	8	3	7
18	화	계사	14	7	4	7
19	수	갑오	15	6	4	7
20	목	을미	16	5	4	6
21	금	병신	17	4	5	6
22	토	정유	18	3	5	6
23	일	무술	19	2	처서	처서
24	월	기해	20	1	6	5
25	화	경자	21	9	6	5
26	수	신축	22	8	6	4
27	목	임인	23	7	7	4
28	금	계묘	24	6	7	4
29	토	갑진	25	5	7	3
30	일	을사	26	4	8	3
31	월	병오	27	3	8	3

양력 9월 — 백로 8일 02시 29분 【음8월】➡ 【辛酉月(신유월)】 ☯사록성 — 추분 23일 12시 05분 (음력 07/28 ~ 08/28)

양력	요일	일진	음력	구성	대(남)	운(여)
1	화	정미	28	2	8	2
2	수	무신	29	1	9	2
3	목	기유	8/1	9	9	2
4	금	경술	2	8	9	1
5	토	신해	3	7	10	1
6	일	임자	4	6	10	1
7	월	계축	5	5	10	1
8	화	갑인	6	4	백로	백로
9	수	을묘	7	3	1	10
10	목	병진	8	2	1	9
11	금	정사	9	1	1	9
12	토	무오	10	9	1	9
13	일	기미	11	8	2	8
14	월	경신	12	7	2	8
15	화	신유	13	6	2	8
16	수	임술	14	5	3	7
17	목	계해	15	4	3	7
18	금	갑자	16	3	3	7
19	토	을축	17	2	4	6
20	일	병인	18	1	4	6
21	월	정묘	19	9	4	6
22	화	무진	20	8	5	5
23	수	기사	21	7	추분	추분
24	목	경오	22	6	5	5
25	금	신미	23	5	6	4
26	토	임신	24	4	6	4
27	일	계유	25	3	6	4
28	월	갑술	26	2	7	3
29	화	을해	27	1	7	3
30	수	병자	28	9	7	3

양력 10월 — 한로 8일 18시 26분 【음9월】➡ 【壬戌月(임술월)】 ☯삼벽성 — 상강 23일 21시 45분 (음력 08/29 ~ 09/29)

양력	요일	일진	음력	구성	대(남)	운(여)
1	목	정축	29	8	8	2
2	금	무인	30	7	8	2
3	토	기묘	9/1	6	8	2
4	일	경진	2	5	9	1
5	월	신사	3	4	9	1
6	화	임오	4	3	9	1
7	수	계미	5	2	10	1
8	목	갑신	6	1	한로	한로
9	금	을유	7	9	1	10
10	토	병술	8	8	1	9
11	일	정해	9	7	1	9
12	월	무자	10	6	1	9
13	화	기축	11	5	2	8
14	수	경인	12	4	2	8
15	목	신묘	13	3	2	8
16	금	임진	14	2	3	7
17	토	계사	15	1	3	7
18	일	갑오	16	9	3	7
19	월	을미	17	8	4	6
20	화	병신	18	7	4	6
21	수	정유	19	6	4	6
22	목	무술	20	5	5	5
23	금	기해	21	4	상강	상강
24	토	경자	22	3	5	5
25	일	신축	23	2	6	4
26	월	임인	24	1	6	4
27	화	계묘	25	9	6	4
28	수	갑진	26	8	7	3
29	목	을사	27	7	7	3
30	금	병오	28	6	7	3
31	토	정미	29	5	8	2

양력 11월 — 입동 7일 21시 54분 【음10월】➡ 【癸亥月(계해월)】 ☯이흑성 — 소설 22일 19시 34분 (음력 09/30 ~ 10/29)

양력	요일	일진	음력	구성	대(남)	운(여)
1	일	무신	30	4	8	2
2	월	기유	10/1	3	8	2
3	화	경술	2	2	9	1
4	수	신해	3	1	9	1
5	목	임자	4	9	9	1
6	금	계축	5	8	10	1
7	토	갑인	6	7	입동	입동
8	일	을묘	7	6	1	10
9	월	병진	8	5	1	9
10	화	정사	9	4	1	9
11	수	무오	10	3	1	9
12	목	기미	11	2	2	8
13	금	경신	12	1	2	8
14	토	신유	13	9	2	8
15	일	임술	14	8	3	7
16	월	계해	15	7	3	7
17	화	갑자	16	6	3	7
18	수	을축	17	5	4	6
19	목	병인	18	4	4	6
20	금	정묘	19	3	4	6
21	토	무진	20	2	5	5
22	일	기사	21	1	소설	소설
23	월	경오	22	9	5	5
24	화	신미	23	8	6	4
25	수	임신	24	7	6	4
26	목	계유	25	6	6	4
27	금	갑술	26	5	7	3
28	토	을해	27	4	7	3
29	일	병자	28	3	7	3
30	월	정축	29	2	8	2

양력 12월 — 대설 7일 14시 56분 【음11월】➡ 【甲子月(갑자월)】 ☯일백성 — 동지 22일 09시 00분 (음력 11/01 ~ 12/01)

양력	요일	일진	음력	구성	대(남)	운(여)
1	화	무인	11/1	1	8	2
2	수	기묘	2	9	8	2
3	목	경진	3	8	9	1
4	금	신사	4	7	9	1
5	토	임오	5	6	9	1
6	일	계미	6	5	10	1
7	월	갑신	7	4	대설	대설
8	화	을유	8	3	1	10
9	수	병술	9	2	1	9
10	목	정해	10	1	1	9
11	금	무자	11	9	1	9
12	토	기축	12	8	2	8
13	일	경인	13	7	2	8
14	월	신묘	14	6	2	8
15	화	임진	15	5	3	7
16	수	계사	16	4	3	7
17	목	갑오	17	3	3	7
18	금	을미	18	2	4	6
19	토	병신	19	1	4	6
20	일	정유	20	9	4	6
21	월	무술	21	8	5	5
22	화	기해	22	7	동지	동지
23	수	경자	23	6	5	5
24	목	신축	24	5	6	4
25	금	임인	25	4	6	4
26	토	계묘	26	3	6	4
27	일	갑진	27	2	7	3
28	월	을사	28	1	7	3
29	화	병오	29	9	7	3
30	수	정미	30	8	8	2
31	목	무신	12/1	7	8	2

단기 4377 年	**2044년**	上元-갑자(甲子)년, 납음(해중금), 본명성(일백수)	쥐띠
불기 2588 年	윤7월	대장군(酉서방), 삼살(남방), 상문(寅동북방), 조객(戌서북방), 납음(해중금), 【삼재(인,묘,진)년】 臘享(납향):2045년1월29일(음12/12)	

소한 06일 02시 11분 【음12월】➡ 【乙丑月(을축월)】 ☯구자성 · 대한 20일 19시 36분

양력 1월	1	2	3	4	5	6	7	8	9	10	11	12	13	14	15	16	17	18	19	20	21	22	23	24	25	26	27	28	29	30	31
요일	금	토	일	월	화	수	목	금	토	일	월	화	수	목	금	토	일	월	화	수	목	금	토	일	월	화	수	목	금	토	일
일진 日辰	기유	경술	신해	임자	계축	갑인	을묘	병진	정사	무오	기미	경신	신유	임술	계해	갑자	을축	병인	정묘	무진	기사	경오	신미	임신	계유	갑술	을해	병자	정축	무인	기묘
음력 12/02	2	3	4	5	6	7	8	9	10	11	12	13	14	15	16	17	18	19	20	21	22	23	24	25	26	27	28	29	30	1/1	2
구성	6	5	4	3	2	1	9	8	7	6	5	4	3	2	1	1	2	3	4	5	6	7	8	9	1	2	3	4	5	6	7
대운 남	8	9	9	9	10	소한	1	1	1	1	2	2	2	3	3	3	4	4	4	대한	5	5	6	6	6	7	7	7	8	8	8
운 여	2	1	1	1	1	소한	9	9	9	8	8	8	7	7	7	6	6	6	5	대한	5	4	4	4	3	3	3	2	2	2	1

입춘 4일 13시 43분 【음1월】➡ 【丙寅月(병인월)】 ☯팔백성 · 우수 19일 09시 34분

양력 2월	1	2	3	4	5	6	7	8	9	10	11	12	13	14	15	16	17	18	19	20	21	22	23	24	25	26	27	28	29
요일	월	화	수	목	금	토	일	월	화	수	목	금	토	일	월	화	수	목	금	토	일	월	화	수	목	금	토	일	월
일진 日辰	경진	신사	임오	계미	갑신	을유	병술	정해	무자	기축	경인	신묘	임진	계사	갑오	을미	병신	정유	무술	기해	경자	신축	임인	계묘	갑진	을사	병오	정미	무신
음력 01/03	3	4	5	6	7	8	9	10	11	12	13	14	15	16	17	18	19	20	21	22	23	24	25	26	27	28	29	30	2/1
구성	8	9	1	2	3	4	5	6	7	8	9	1	2	3	4	5	6	7	8	9	1	2	3	4	5	6	7	8	9
대운 남	9	9	9	입춘	10	9	9	9	8	8	8	7	7	7	6	6	6	5	우수	5	4	4	4	3	3	3	2	2	2
운 여	1	1	1	입춘	1	1	1	1	2	2	2	3	3	3	4	4	4	5	우수	5	6	6	6	7	7	7	8	8	8

갑자년

경칩 5일 07시 30분 【음2월】➡ 【丁卯月(정묘월)】 ☯칠적성 · 춘분 20일 08시 19분

양력 3월	1	2	3	4	5	6	7	8	9	10	11	12	13	14	15	16	17	18	19	20	21	22	23	24	25	26	27	28	29	30	31
요일	화	수	목	금	토	일	월	화	수	목	금	토	일	월	화	수	목	금	토	일	월	화	수	목	금	토	일	월	화	수	목
일진 日辰	기유	경술	신해	임자	계축	갑인	을묘	병진	정사	무오	기미	경신	신유	임술	계해	갑자	을축	병인	정묘	무진	기사	경오	신미	임신	계유	갑술	을해	병자	정축	무인	기묘
음력 02/02	2	3	4	5	6	7	8	9	10	11	12	13	14	15	16	17	18	19	20	21	22	23	24	25	26	27	28	29	3/1	2	3
구성	1	2	3	4	5	6	7	8	9	1	2	3	4	5	6	7	8	9	1	2	3	4	5	6	7	8	9	1	2	3	4
대운 남	1	1	1	1	경칩	10	9	9	9	8	8	8	7	7	7	6	6	6	5	춘분	5	4	4	4	3	3	3	2	2	2	1
운 여	9	9	9	10	경칩	1	1	1	1	2	2	2	3	3	3	4	4	4	5	춘분	5	6	6	6	7	7	7	8	8	8	9

청명 4일 12시 02분 【음3월】➡ 【戊辰月(무진월)】 ☯육백성 · 곡우 19일 19시 05분

양력 4월	1	2	3	4	5	6	7	8	9	10	11	12	13	14	15	16	17	18	19	20	21	22	23	24	25	26	27	28	29	30
요일	금	토	일	월	화	수	목	금	토	일	월	화	수	목	금	토	일	월	화	수	목	금	토	일	월	화	수	목	금	토
일진 日辰	경진	신사	임오	계미	갑신	을유	병술	정해	무자	기축	경인	신묘	임진	계사	갑오	을미	병신	정유	무술	기해	경자	신축	임인	계묘	갑진	을사	병오	정미	무신	기유
음력 03/04	4	5	6	7	8	9	10	11	12	13	14	15	16	17	18	19	20	21	22	23	24	25	26	27	28	29	30	4/1	2	3
구성	5	6	7	8	9	1	2	3	4	5	6	7	8	9	1	2	3	4	5	6	7	8	9	1	2	3	4	5	6	7
대운 남	1	1	1	청명	10	10	9	9	9	8	8	8	7	7	7	6	6	6	곡우	5	5	4	4	4	3	3	3	2	2	2
운 여	9	9	10	청명	1	1	1	1	2	2	2	3	3	3	4	4	4	5	곡우	5	6	6	6	7	7	7	8	8	8	9

입하 5일 05시 04분 【음4월】➡ 【己巳月(기사월)】 ☯오황성 · 소만 20일 18시 00분

양력 5월	1	2	3	4	5	6	7	8	9	10	11	12	13	14	15	16	17	18	19	20	21	22	23	24	25	26	27	28	29	30	31
요일	일	월	화	수	목	금	토	일	월	화	수	목	금	토	일	월	화	수	목	금	토	일	월	화	수	목	금	토	일	월	화
일진 日辰	경술	신해	임자	계축	갑인	을묘	병진	정사	무오	기미	경신	신유	임술	계해	갑자	을축	병인	정묘	무진	기사	경오	신미	임신	계유	갑술	을해	병자	정축	무인	기묘	경진
음력 04/04	4	5	6	7	8	9	10	11	12	13	14	15	16	17	18	19	20	21	22	23	24	25	26	27	28	29	5/1	2	3	4	5
구성	8	9	1	2	3	4	5	6	7	8	9	1	2	3	4	5	6	7	8	9	1	2	3	4	5	6	7	8	9	1	2
대운 남	1	1	1	1	입하	10	10	9	9	9	8	8	8	7	7	7	6	6	6	소만	5	5	4	4	4	3	3	3	2	2	2
운 여	9	9	10	10	입하	1	1	1	1	2	2	2	3	3	3	4	4	4	5	소만	5	6	6	6	7	7	7	8	8	8	9

망종 5일 09시 02분 【음5월】➡ 【庚午月(경오월)】 ☯사록성 · 하지 21일 01시 50분

양력 6월	1	2	3	4	5	6	7	8	9	10	11	12	13	14	15	16	17	18	19	20	21	22	23	24	25	26	27	28	29	30
요일	수	목	금	토	일	월	화	수	목	금	토	일	월	화	수	목	금	토	일	월	화	수	목	금	토	일	월	화	수	목
일진 日辰	신사	임오	계미	갑신	을유	병술	정해	무자	기축	경인	신묘	임진	계사	갑오	을미	병신	정유	무술	기해	경자	신축	임인	계묘	갑진	을사	병오	정미	무신	기유	경술
음력 05/06	6	7	8	9	10	11	12	13	14	15	16	17	18	19	20	21	22	23	24	25	26	27	28	29	6/1	2	3	4	5	6
구성	3	4	5	6	7	8	9	1	2	3	4	5	6	7	8	9	1	2	3	4	5	6	7	8	9	1	2	3	4	5
대운 남	1	1	1	1	망종	10	10	9	9	9	8	8	8	7	7	7	6	6	6	5	하지	5	4	4	4	3	3	3	2	2
운 여	9	9	10	10	망종	1	1	1	1	2	2	2	3	3	3	4	4	4	5	5	하지	6	6	6	7	7	7	8	8	8

한식(4월05일), 초복(7월20일), 중복(7월30일), 말복(8월09일)　↑춘사(春社)3/20　☀추사(秋社)9/26
토왕지절(土旺之節):4월16일,7월19일,10월20일,1월17일(음11/30)臘享(납향):2045년1월29일(음12/12)

四日得辛, 三龍治水, 2044년 갑자年 (해중금), 일백수

9자	5황	7적
8백	1백	3벽
4록	6백	2흑

소서 6일 19시 14분　【음6월】➡　【辛未月(신미월)】　☯삼벽성　대서 22일 12시 42분

양력 7월 / 음력 06/07 ― 07/07

양력	1	2	3	4	5	6	7	8	9	10	11	12	13	14	15	16	17	18	19	20	21	22	23	24	25	26	27	28	29	30	31
요일	금	토	일	월	화	수	목	금	토	일	월	화	수	목	금	토	일	월	화	수	목	금	토	일	월	화	수	목	금	토	일
日辰	신해	임자	계축	갑인	을묘	병진	정사	무오	기미	경신	신유	임술	계해	갑자	을축	병인	정묘	무진	기사	경오	신미	임신	계유	갑술	을해	병자	정축	무인	기묘	경진	신사
음력	7	8	9	10	11	12	13	14	15	16	17	18	19	20	21	22	23	24	25	26	27	28	29	30	7/1	2	3	4	5	6	7
구성	6	7	8	9	1	2	3	4	5	6	7	8	9	9	8	7	6	5	4	3	2	1	9	8	7	6	5	4	3	2	1
대남	2	1	1	1	1	소서	10	10	10	9	9	9	8	8	8	7	7	7	6	6	6	대서	5	5	4	4	4	3	3	3	2
운여	9	9	9	10	10	소서	1	1	1	1	2	2	2	3	3	3	4	4	4	5	5	대서	6	6	6	6	7	7	7	8	8

입추 7일 05시 07분　【음7월】➡　【壬申月(임신월)】　☯이흑성　처서 22일 19시 53분

양력 8월 / 음력 07/08 ― 윤709

양력	1	2	3	4	5	6	7	8	9	10	11	12	13	14	15	16	17	18	19	20	21	22	23	24	25	26	27	28	29	30	31
요일	월	화	수	목	금	토	일	월	화	수	목	금	토	일	월	화	수	목	금	토	일	월	화	수	목	금	토	일	월	화	수
日辰	임오	계미	갑신	을유	병술	정해	무자	기축	경인	신묘	임진	계사	갑오	을미	병신	정유	무술	기해	경자	신축	임인	계묘	갑진	을사	병오	정미	무신	기유	경술	신해	임자
음력	8	9	10	11	12	13	14	15	16	17	18	19	20	21	22	23	24	25	26	27	28	29	윤7	2	3	4	5	6	7	8	9
구성	9	8	7	6	5	4	3	2	1	9	8	7	6	5	4	3	2	1	9	8	7	6	5	4	3	2	1	9	8	7	6
대남	2	2	1	1	1	1	입추	10	10	9	9	9	8	8	8	7	7	7	6	6	6	처서	5	5	4	4	4	3	3	3	2
운여	9	9	9	10	10	10	입추	1	1	1	1	2	2	2	3	3	3	4	4	4	5	처서	5	6	6	6	7	7	7	8	8

백로 7일 08시 15분　【음8월】➡　【癸酉月(계유월)】　☯일백성　추분 22일 17시 46분

양력 9월 / 음력 윤710 ― 08/10

양력	1	2	3	4	5	6	7	8	9	10	11	12	13	14	15	16	17	18	19	20	21	22	23	24	25	26	27	28	29	30
요일	목	금	토	일	월	화	수	목	금	토	일	월	화	수	목	금	토	일	월	화	수	목	금	토	일	월	화	수	목	금
日辰	계축	갑인	을묘	병진	정사	무오	기미	경신	신유	임술	계해	갑자	을축	병인	정묘	무진	기사	경오	신미	임신	계유	갑술	을해	병자	정축	무인	기묘	경진	신사	임오
음력	10	11	12	13	14	15	16	17	18	19	20	21	22	23	24	25	26	27	28	29	8/1	2	3	4	5	6	7	8	9	10
구성	5	4	3	2	1	9	8	7	6	5	4	3	2	1	9	8	7	6	5	4	3	2	1	9	8	7	6	5	4	3
대남	2	2	1	1	1	1	백로	10	10	9	9	9	8	8	8	8	7	7	7	6	6	추분	5	5	4	4	4	3	3	3
운여	8	9	9	9	10	10	백로	1	1	1	1	2	2	2	3	3	3	4	4	4	5	추분	5	6	6	6	7	7	7	8

한로 8일 00시 12분　【음9월】➡　【甲戌月(갑술월)】　☯구자성　상강 23일 03시 25분

양력 10월 / 음력 08/11 ― 09/11

양력	1	2	3	4	5	6	7	8	9	10	11	12	13	14	15	16	17	18	19	20	21	22	23	24	25	26	27	28	29	30	31
요일	토	일	월	화	수	목	금	토	일	월	화	수	목	금	토	일	월	화	수	목	금	토	일	월	화	수	목	금	토	일	월
日辰	계미	갑신	을유	병술	정해	무자	기축	경인	신묘	임진	계사	갑오	을미	병신	정유	무술	기해	경자	신축	임인	계묘	갑진	을사	병오	정미	무신	기유	경술	신해	임자	계축
음력	11	12	13	14	15	16	17	18	19	20	21	22	23	24	25	26	27	28	29	30	9/1	2	3	4	5	6	7	8	9	10	11
구성	2	1	9	8	7	6	5	4	3	2	1	9	8	7	6	5	4	3	2	1	9	8	7	6	5	4	3	2	1	9	8
대남	2	2	2	1	1	1	1	한로	10	9	9	9	8	8	8	7	7	7	6	6	6	5	상강	5	4	4	4	3	3	3	2
운여	8	8	9	9	9	10	10	한로	1	1	1	1	2	2	2	3	3	3	4	4	4	5	상강	5	6	6	6	7	7	7	8

입동 7일 03시 40분　【음10월】➡　【乙亥月(을해월)】　☯팔백성　소설 22일 01시 14분

양력 11월 / 음력 09/12 ― 10/12

양력	1	2	3	4	5	6	7	8	9	10	11	12	13	14	15	16	17	18	19	20	21	22	23	24	25	26	27	28	29	30
요일	화	수	목	금	토	일	월	화	수	목	금	토	일	월	화	수	목	금	토	일	월	화	수	목	금	토	일	월	화	수
日辰	갑인	을묘	병진	정사	무오	기미	경신	신유	임술	계해	갑자	을축	병인	정묘	무진	기사	경오	신미	임신	계유	갑술	을해	병자	정축	무인	기묘	경진	신사	임오	계미
음력	12	13	14	15	16	17	18	19	20	21	22	23	24	25	26	27	28	29	10/1	2	3	4	5	6	7	8	9	10	11	12
구성	7	6	5	4	3	2	1	9	8	7	6	5	4	3	2	1	9	8	7	6	5	4	3	2	1	9	8	7	6	5
대남	2	2	1	1	1	1	입동	9	9	9	8	8	8	7	7	7	6	6	6	5	5	소설	4	4	4	3	3	3	2	2
운여	8	8	9	9	9	10	입동	1	1	1	1	2	2	2	3	3	3	4	4	4	5	소설	5	6	6	6	7	7	7	8

대설 6일 20시 44분　【음11월】➡　【丙子月(병자월)】　☯칠적성　동지 21일 14시 42분

양력 12월 / 음력 10/13 ― 11/13

양력	1	2	3	4	5	6	7	8	9	10	11	12	13	14	15	16	17	18	19	20	21	22	23	24	25	26	27	28	29	30	31
요일	목	금	토	일	월	화	수	목	금	토	일	월	화	수	목	금	토	일	월	화	수	목	금	토	일	월	화	수	목	금	토
日辰	갑신	을유	병술	정해	무자	기축	경인	신묘	임진	계사	갑오	을미	병신	정유	무술	기해	경자	신축	임인	계묘	갑진	을사	병오	정미	무신	기유	경술	신해	임자	계축	갑인
음력	13	14	15	16	17	18	19	20	21	22	23	24	25	26	27	28	29	30	11/1	2	3	4	5	6	7	8	9	10	11	12	13
구성	4	3	2	1	9	8	7	6	5	4	3	2	1	9	8	7	6	5	4	3	2	1	9	8	7	6	5	4	3	2	1
대남	2	1	1	1	1	대설	10	9	9	9	8	8	8	7	7	7	6	6	6	5	동지	5	4	4	4	3	3	3	2	2	2
운여	8	8	9	9	9	대설	1	1	1	1	2	2	2	3	3	3	4	4	4	5	동지	5	6	6	6	7	7	7	8	8	8

단기 4378 年	2045년	上元-을축(乙丑)년, 납음(해중금), 본명성(구자화)
불기 2589 年		대장군(酉서방), 삼살(동방), 상문(卯동방), 조객(亥서북방), 납음(해중금), 【삼재(해,자,축)년】 臘享(납향):2046년1월24일(음12/18)

양력 1월 — 소한 5일 08시 01분 【음12월】→ 【丁丑月(정축월)】 ●육백성 — 대한 20일 01시 21분 (음력 11/14 ~ 12/14)

양력	1	2	3	4	5	6	7	8	9	10	11	12	13	14	15	16	17	18	19	20	21	22	23	24	25	26	27	28	29	30	31
요일	일	월	화	수	목	금	토	일	월	화	수	목	금	토	일	월	화	수	목	금	토	일	월	화	수	목	금	토	일	월	화
일진 日辰	을묘	병진	정사	무오	기미	경신	신유	임술	계해	갑자	을축	병인	정묘	무진	기사	경오	신미	임신	계유	갑술	을해	병자	정축	무인	기묘	경진	신사	임오	계미	갑신	을유
음력	14	15	16	17	18	19	20	21	22	23	24	25	26	27	28	29	30	12/1	2	3	4	5	6	7	8	9	10	11	12	13	14
구성	9	8	7	6	5	4	3	2	1	1	2	3	4	5	6	7	8	9	1	2	3	4	5	6	7	8	9	1	2	3	4
대운 남	1	1	1	1	소한	9	9	9	8	8	8	7	7	7	6	6	6	5	5	대한	4	4	4	3	3	3	2	2	2	1	1
운 여	9	9	9	10	소한	1	1	1	1	2	2	2	3	3	3	4	4	4	5	대한	5	6	6	6	7	7	7	8	8	8	9

양력 2월 — 입춘 3일 19시 35분 【음1월】→ 【戊寅月(무인월)】 ●오황성 — 우수 18일 15시 21분 (음력 12/15 ~ 01/12)

양력	1	2	3	4	5	6	7	8	9	10	11	12	13	14	15	16	17	18	19	20	21	22	23	24	25	26	27	28
요일	수	목	금	토	일	월	화	수	목	금	토	일	월	화	수	목	금	토	일	월	화	수	목	금	토	일	월	화
일진 日辰	병술	정해	무자	기축	경인	신묘	임진	계사	갑오	을미	병신	정유	무술	기해	경자	신축	임인	계묘	갑진	을사	병오	정미	무신	기유	경술	신해	임자	계축
음력	15	16	17	18	19	20	21	22	23	24	25	26	27	28	29	30	1/1	2	3	4	5	6	7	8	9	10	11	12
구성	5	6	7	8	9	1	2	3	4	5	6	7	8	9	1	2	3	4	5	6	7	8	9	1	2	3	4	5
대운 남	1	1	입춘	1	1	1	1	2	2	2	3	3	3	4	4	4	5	우수	5	6	6	6	7	7	7	8	8	8
운 여	9	9	입춘	10	9	9	9	8	8	8	7	7	7	6	6	6	5	우수	5	4	4	4	3	3	3	2	2	2

양력 3월 — 경칩 5일 13시 23분 【음2월】→ 【己卯月(기묘월)】 ●사록성 — 춘분 20일 14시 06분 (음력 01/13 ~ 02/13)

양력	1	2	3	4	5	6	7	8	9	10	11	12	13	14	15	16	17	18	19	20	21	22	23	24	25	26	27	28	29	30	31
요일	수	목	금	토	일	월	화	수	목	금	토	일	월	화	수	목	금	토	일	월	화	수	목	금	토	일	월	화	수	목	금
일진 日辰	갑인	을묘	병진	정사	무오	기미	경신	신유	임술	계해	갑자	을축	병인	정묘	무진	기사	경오	신미	임신	계유	갑술	을해	병자	정축	무인	기묘	경진	신사	임오	계미	갑신
음력	13	14	15	16	17	18	19	20	21	22	23	24	25	26	27	28	29	30	2/1	2	3	4	5	6	7	8	9	10	11	12	13
구성	6	7	8	9	1	2	3	4	5	6	7	8	9	1	2	3	4	5	6	7	8	9	1	2	3	4	5	6	7	8	9
대운 남	9	9	9	10	경칩	1	1	1	1	2	2	2	3	3	3	4	4	4	5	춘분	5	6	6	6	7	7	7	8	8	8	9
운 여	1	1	1	1	경칩	10	9	9	9	8	8	8	7	7	7	6	6	6	5	춘분	5	4	4	4	3	3	3	2	2	2	1

양력 4월 — 청명 4일 17시 56분 【음3월】→ 【庚辰月(경진월)】 ●삼벽성 — 곡우 20일 00시 51분 (음력 02/14 ~ 03/14)

양력	1	2	3	4	5	6	7	8	9	10	11	12	13	14	15	16	17	18	19	20	21	22	23	24	25	26	27	28	29	30
요일	토	일	월	화	수	목	금	토	일	월	화	수	목	금	토	일	월	화	수	목	금	토	일	월	화	수	목	금	토	일
일진 日辰	을유	병술	정해	무자	기축	경인	신묘	임진	계사	갑오	을미	병신	정유	무술	기해	경자	신축	임인	계묘	갑진	을사	병오	정미	무신	기유	경술	신해	임자	계축	갑인
음력	14	15	16	17	18	19	20	21	22	23	24	25	26	27	28	29	3/1	2	3	4	5	6	7	8	9	10	11	12	13	14
구성	1	2	3	4	5	6	7	8	9	1	2	3	4	5	6	7	8	9	1	2	3	4	5	6	7	8	9	1	2	3
대운 남	9	9	10	청명	1	1	1	1	2	2	2	3	3	3	4	4	4	5	5	곡우	6	6	6	7	7	7	8	8	8	9
운 여	1	1	1	청명	10	10	9	9	9	8	8	8	7	7	7	6	6	6	5	곡우	5	4	4	4	3	3	3	2	2	2

양력 5월 — 입하 5일 10시 58분 【음4월】→ 【辛巳月(신사월)】 ●이흑성 — 소만 20일 23시 44분 (음력 03/15 ~ 04/15)

양력	1	2	3	4	5	6	7	8	9	10	11	12	13	14	15	16	17	18	19	20	21	22	23	24	25	26	27	28	29	30	31
요일	월	화	수	목	금	토	일	월	화	수	목	금	토	일	월	화	수	목	금	토	일	월	화	수	목	금	토	일	월	화	수
일진 日辰	을묘	병진	정사	무오	기미	경신	신유	임술	계해	갑자	을축	병인	정묘	무진	기사	경오	신미	임신	계유	갑술	을해	병자	정축	무인	기묘	경진	신사	임오	계미	갑신	을유
음력	15	16	17	18	19	20	21	22	23	24	25	26	27	28	29	30	4/1	2	3	4	5	6	7	8	9	10	11	12	13	14	15
구성	4	5	6	7	8	9	1	2	3	4	5	6	7	8	9	1	2	3	4	5	6	7	8	9	1	2	3	4	5	6	7
대운 남	9	9	10	10	입하	1	1	1	1	2	2	2	3	3	3	4	4	4	5	소만	5	6	6	6	7	7	7	8	8	8	9
운 여	1	1	1	1	입하	10	10	9	9	9	8	8	8	7	7	7	6	6	6	소만	5	5	4	4	4	3	3	3	2	2	2

양력 6월 — 망종 5일 14시 55분 【음5월】→ 【壬午月(임오월)】 ●일백성 — 하지 21일 07시 32분 (음력 04/16 ~ 05/16)

양력	1	2	3	4	5	6	7	8	9	10	11	12	13	14	15	16	17	18	19	20	21	22	23	24	25	26	27	28	29	30
요일	목	금	토	일	월	화	수	목	금	토	일	월	화	수	목	금	토	일	월	화	수	목	금	토	일	월	화	수	목	금
일진 日辰	병술	정해	무자	기축	경인	신묘	임진	계사	갑오	을미	병신	정유	무술	기해	경자	신축	임인	계묘	갑진	을사	병오	정미	무신	기유	경술	신해	임자	계축	갑인	을묘
음력	16	17	18	19	20	21	22	23	24	25	26	27	28	29	5/1	2	3	4	5	6	7	8	9	10	11	12	13	14	15	16
구성	8	9	1	2	3	4	5	6	7	8	9	1	2	3	4	5	6	7	8	9	1	2	3	4	5	6	7	8	9	1
대운 남	9	9	10	10	망종	1	1	1	1	2	2	2	3	3	3	4	4	4	5	5	하지	6	6	6	7	7	7	8	8	8
운 여	1	1	1	1	망종	10	10	10	9	9	9	8	8	8	7	7	7	6	6	6	하지	5	5	4	4	4	3	3	3	2

한식(4월05일), 초복(7월15일), 중복(7월25일), 말복(8월14일) 춘사(春社)3/25 추사(秋社)9/21
토왕지절(土旺之節):4월16일,7월19일,10월20일,1월17일(음12/11)臘享(납향):2046년1월24일(음12/18)

十日得辛, 三龍治水, 2045년 을축年 (해중금), 구자화

8백	4록	6백
7적	9자	2흑
3벽	5황	1백

소서 7일 01시 07분 【음6월】➡ 【癸未月(계미월)】 ●구자성 대서 22일 18시 25분

양력 7월 / 음력 05/17 ~ 06/18

양력	1	2	3	4	5	6	7	8	9	10	11	12	13	14	15	16	17	18	19	20	21	22	23	24	25	26	27	28	29	30	31
요일	토	일	월	화	수	목	금	토	일	월	화	수	목	금	토	일	월	화	수	목	금	토	일	월	화	수	목	금	토	일	월
일진/日辰	병진	정사	무오	기미	경신	신유	임술	계해	갑자	을축	병인	정묘	무진	기사	경오	신미	임신	계유	갑술	을해	병자	정축	무인	기묘	경진	신사	임오	계미	갑신	을유	병술
음력	17	18	19	20	21	22	23	24	25	26	27	28	29	6/1	2	3	4	5	6	7	8	9	10	11	12	13	14	15	16	17	18
구성	2	3	4	5	6	7	8	9	9	8	7	6	5	4	3	2	1	9	8	7	6	5	4	3	2	1	9	8	7	6	5
대운 남	9	9	9	10	10	10	소서	1	1	1	1	2	2	2	3	3	3	4	4	4	5	대서	5	6	6	6	7	7	7	8	8
운 여	2	2	1	1	1	1	소서	10	10	9	9	9	8	8	8	7	7	7	6	6	6	대서	5	5	4	4	4	3	3	3	2

입추 7일 10시 58분 【음7월】➡ 【甲申月(갑신월)】 ●팔백성 처서 23일 01시 38분

양력 8월 / 음력 06/19 ~ 07/19

양력	1	2	3	4	5	6	7	8	9	10	11	12	13	14	15	16	17	18	19	20	21	22	23	24	25	26	27	28	29	30	31
요일	화	수	목	금	토	일	월	화	수	목	금	토	일	월	화	수	목	금	토	일	월	화	수	목	금	토	일	월	화	수	목
일진/日辰	정해	무자	기축	경인	신묘	임진	계사	갑오	을미	병신	정유	무술	기해	경자	신축	임인	계묘	갑진	을사	병오	정미	무신	기유	경술	신해	임자	계축	갑인	을묘	병진	정사
음력	19	20	21	22	23	24	25	26	27	28	29	30	7/1	2	3	4	5	6	7	8	9	10	11	12	13	14	15	16	17	18	19
구성	4	3	2	1	9	8	7	6	5	4	3	2	1	9	8	7	6	5	4	3	2	1	9	8	7	6	5	4	3	2	1
대운 남	8	9	9	9	10	10	입추	1	1	1	1	2	2	2	3	3	3	4	4	4	5	5	처서	6	6	6	7	7	7	8	8
운 여	2	2	1	1	1	1	입추	10	10	9	9	9	8	8	8	7	7	7	6	6	6	5	처서	5	4	4	4	3	3	3	2

백로 7일 14시 04분 【음8월】➡ 【乙酉月(을유월)】 ●칠적성 추분 22일 23시 31분

양력 9월 / 음력 07/20 ~ 08/20

양력	1	2	3	4	5	6	7	8	9	10	11	12	13	14	15	16	17	18	19	20	21	22	23	24	25	26	27	28	29	30
요일	금	토	일	월	화	수	목	금	토	일	월	화	수	목	금	토	일	월	화	수	목	금	토	일	월	화	수	목	금	토
일진/日辰	무오	기미	경신	신유	임술	계해	갑자	을축	병인	정묘	무진	기사	경오	신미	임신	계유	갑술	을해	병자	정축	무인	기묘	경진	신사	임오	계미	갑신	을유	병술	정해
음력	20	21	22	23	24	25	26	27	28	29	8/1	2	3	4	5	6	7	8	9	10	11	12	13	14	15	16	17	18	19	20
구성	9	8	7	6	5	4	3	2	1	9	8	7	6	5	4	3	2	1	9	8	7	6	5	4	3	2	1	9	8	7
대운 남	8	9	9	9	10	10	백로	1	1	1	1	2	2	2	3	3	3	4	4	4	5	추분	5	6	6	6	7	7	7	8
운 여	2	2	1	1	1	1	백로	10	10	9	9	9	8	8	8	7	7	7	6	6	6	추분	5	5	4	4	4	3	3	3

한로 8일 05시 59분 【음9월】➡ 【丙戌月(병술월)】 ●육백성 상강 23일 09시 11분

양력 10월 / 음력 08/21 ~ 09/22

양력	1	2	3	4	5	6	7	8	9	10	11	12	13	14	15	16	17	18	19	20	21	22	23	24	25	26	27	28	29	30	31
요일	일	월	화	수	목	금	토	일	월	화	수	목	금	토	일	월	화	수	목	금	토	일	월	화	수	목	금	토	일	월	화
일진/日辰	무자	기축	경인	신묘	임진	계사	갑오	을미	병신	정유	무술	기해	경자	신축	임인	계묘	갑진	을사	병오	정미	무신	기유	경술	신해	임자	계축	갑인	을묘	병진	정사	무오
음력	21	22	23	24	25	26	27	28	29	9/1	2	3	4	5	6	7	8	9	10	11	12	13	14	15	16	17	18	19	20	21	22
구성	6	5	4	3	2	1	9	8	7	6	5	4	3	2	1	9	8	7	6	5	4	3	2	1	9	8	7	6	5	4	3
대운 남	8	8	9	9	9	10	10	한로	1	1	1	1	2	2	2	3	3	3	4	4	4	5	상강	5	6	6	6	7	7	7	8
운 여	2	2	2	1	1	1	1	한로	10	9	9	9	8	8	8	7	7	7	6	6	6	5	상강	5	4	4	4	3	3	3	2

입동 7일 09시 28분 【음10월】➡ 【丁亥月(정해월)】 ●오황성 소설 22일 07시 02분

양력 11월 / 음력 09/23 ~ 10/22

양력	1	2	3	4	5	6	7	8	9	10	11	12	13	14	15	16	17	18	19	20	21	22	23	24	25	26	27	28	29	30
요일	수	목	금	토	일	월	화	수	목	금	토	일	월	화	수	목	금	토	일	월	화	수	목	금	토	일	월	화	수	목
일진/日辰	기미	경신	신유	임술	계해	갑자	을축	병인	정묘	무진	기사	경오	신미	임신	계유	갑술	을해	병자	정축	무인	기묘	경진	신사	임오	계미	갑신	을유	병술	정해	무자
음력	23	24	25	26	27	28	29	30	10/1	2	3	4	5	6	7	8	9	10	11	12	13	14	15	16	17	18	19	20	21	22
구성	2	1	9	8	7	6	5	4	3	2	1	9	8	7	6	5	4	3	2	1	9	8	7	6	5	4	3	2	1	9
대운 남	8	8	9	9	9	10	입동	1	1	1	1	2	2	2	3	3	3	4	4	4	5	소설	5	6	6	6	7	7	7	8
운 여	2	2	1	1	1	1	입동	10	9	9	9	8	8	8	7	7	7	6	6	6	5	소설	5	4	4	4	3	3	3	2

대설 7일 02시 34분 【음11월】➡ 【戊子月(무자월)】 ●사록성 동지 21일 20시 34분

양력 12월 / 음력 10/23 ~ 11/24

양력	1	2	3	4	5	6	7	8	9	10	11	12	13	14	15	16	17	18	19	20	21	22	23	24	25	26	27	28	29	30	31
요일	금	토	일	월	화	수	목	금	토	일	월	화	수	목	금	토	일	월	화	수	목	금	토	일	월	화	수	목	금	토	일
일진/日辰	기축	경인	신묘	임진	계사	갑오	을미	병신	정유	무술	기해	경자	신축	임인	계묘	갑진	을사	병오	정미	무신	기유	경술	신해	임자	계축	갑인	을묘	병진	정사	무오	기미
음력	23	24	25	26	27	28	29	11/1	2	3	4	5	6	7	8	9	10	11	12	13	14	15	16	17	18	19	20	21	22	23	24
구성	8	7	6	5	4	3	2	1	9	8	7	6	5	4	3	2	1	9	8	7	6	5	4	3	2	1	9	8	7	6	5
대운 남	8	8	9	9	9	10	대설	1	1	1	1	2	2	2	3	3	3	4	4	4	동지	5	5	6	6	6	7	7	7	8	8
운 여	2	2	1	1	1	1	대설	9	9	9	8	8	8	7	7	7	6	6	6	5	동지	5	4	4	4	3	3	3	2	2	2

대장군(子북방), 삼살(북방), 상문(辰동남방), 조객(子북방), 납음(노중화), 【삼재(신,유,술)년】 臘享(납향):2047년1월19일(음12/24)

1월 — 소한 5일 13시 54분 【음12월】→ 【己丑月(기축월)】 ●삼벽성 대한 20일 07시 14분

양력 1월	1	2	3	4	5	6	7	8	9	10	11	12	13	14	15	16	17	18	19	20	21	22	23	24	25	26	27	28	29	30	31
요일	월	화	수	목	금	토	일	월	화	수	목	금	토	일	월	화	수	목	금	토	일	월	화	수	목	금	토	일	월	화	수
日辰	경신	신유	임술	계해	갑자	을축	병인	정묘	무진	기사	경오	신미	임신	계유	갑술	을해	병자	정축	무인	기묘	경진	신사	임오	계미	갑신	을유	병술	정해	무자	기축	경인
음력 11/25~12/25	25	26	27	28	29	30	12/1	2	3	4	5	6	7	8	9	10	11	12	13	14	15	16	17	18	19	20	21	22	23	24	25
구성	4	3	2	1	1	2	3	4	5	6	7	8	9	1	2	3	4	5	6	7	8	9	1	2	3	4	5	6	7	8	9
대 남	8	9	9	9	소한	1	1	1	1	2	2	2	3	3	3	4	4	4	5	대한	5	6	6	6	7	7	7	8	8	8	9
운 여	1	1	1	1	소한	10	9	9	9	8	8	8	7	7	7	6	6	6	5	대한	5	4	4	4	3	3	3	2	2	2	1

2월 — 입춘 4일 01시 30분 【음1월】→ 【庚寅月(경인월)】 ●이흑성 우수 18일 21시 14분

양력 2월	1	2	3	4	5	6	7	8	9	10	11	12	13	14	15	16	17	18	19	20	21	22	23	24	25	26	27	28
요일	목	금	토	일	월	화	수	목	금	토	일	월	화	수	목	금	토	일	월	화	수	목	금	토	일	월	화	수
日辰	신묘	임진	계사	갑오	을미	병신	정유	무술	기해	경자	신축	임인	계묘	갑진	을사	병오	정미	무신	기유	경술	신해	임자	계축	갑인	을묘	병진	정사	무오
음력 12/26~01/23	26	27	28	29	30	1/1	2	3	4	5	6	7	8	9	10	11	12	13	14	15	16	17	18	19	20	21	22	23
구성	1	2	3	4	5	6	7	8	9	1	2	3	4	5	6	7	8	9	1	2	3	4	5	6	7	8	9	1
대 남	9	9	10	입춘	9	9	9	8	8	8	7	7	7	6	6	6	5	우수	5	4	4	4	3	3	3	2	2	2
운 여	1	1	1	입춘	1	1	1	2	2	2	3	3	3	4	4	4	5	우수	5	6	6	6	7	7	7	8	8	8

3월 — 경칩 5일 19시 16분 【음2월】→ 【辛卯月(신묘월)】 ●일백성 춘분 20일 19시 56분

양력 3월	1	2	3	4	5	6	7	8	9	10	11	12	13	14	15	16	17	18	19	20	21	22	23	24	25	26	27	28	29	30	31
요일	목	금	토	일	월	화	수	목	금	토	일	월	화	수	목	금	토	일	월	화	수	목	금	토	일	월	화	수	목	금	토
日辰	기미	경신	신유	임술	계해	갑자	을축	병인	정묘	무진	기사	경오	신미	임신	계유	갑술	을해	병자	정축	무인	기묘	경진	신사	임오	계미	갑신	을유	병술	정해	무자	기축
음력 01/24~02/24	24	25	26	27	28	29	30	2/1	2	3	4	5	6	7	8	9	10	11	12	13	14	15	16	17	18	19	20	21	22	23	24
구성	2	3	4	5	6	7	8	9	1	2	3	4	5	6	7	8	9	1	2	3	4	5	6	7	8	9	1	2	3	4	5
대 남	1	1	1	1	경칩	10	9	9	9	8	8	8	7	7	7	6	6	6	5	춘분	5	4	4	4	3	3	3	2	2	2	1
운 여	8	9	9	9	경칩	1	1	1	1	2	2	2	3	3	3	4	4	4	5	춘분	5	6	6	6	7	7	7	8	8	8	9

4월 — 청명 4일 23시 43분 【음3월】→ 【壬辰月(임진월)】 ●구자성 곡우 20일 06시 37분

양력 4월	1	2	3	4	5	6	7	8	9	10	11	12	13	14	15	16	17	18	19	20	21	22	23	24	25	26	27	28	29	30
요일	일	월	화	수	목	금	토	일	월	화	수	목	금	토	일	월	화	수	목	금	토	일	월	화	수	목	금	토	일	월
日辰	경인	신묘	임진	계사	갑오	을미	병신	정유	무술	기해	경자	신축	임인	계묘	갑진	을사	병오	정미	무신	기유	경술	신해	임자	계축	갑인	을묘	병진	정사	무오	기미
음력 02/25~03/25	25	26	27	28	29	3/1	2	3	4	5	6	7	8	9	10	11	12	13	14	15	16	17	18	19	20	21	22	23	24	25
구성	6	7	8	9	1	2	3	4	5	6	7	8	9	1	2	3	4	5	6	7	8	9	1	2	3	4	5	6	7	8
대 남	1	1	1	청명	10	10	9	9	9	8	8	8	7	7	7	6	6	6	5	곡우	5	4	4	4	3	3	3	2	2	2
운 여	9	9	10	청명	1	1	1	1	2	2	2	3	3	3	4	4	4	5	5	곡우	6	6	6	7	7	7	8	8	8	9

5월 — 입하 5일 16시 39분 【음4월】→ 【癸巳月(계사월)】 ●팔백성 소만 21일 05시 27분

양력 5월	1	2	3	4	5	6	7	8	9	10	11	12	13	14	15	16	17	18	19	20	21	22	23	24	25	26	27	28	29	30	31
요일	화	수	목	금	토	일	월	화	수	목	금	토	일	월	화	수	목	금	토	일	월	화	수	목	금	토	일	월	화	수	목
日辰	경신	신유	임술	계해	갑자	을축	병인	정묘	무진	기사	경오	신미	임신	계유	갑술	을해	병자	정축	무인	기묘	경진	신사	임오	계미	갑신	을유	병술	정해	무자	기축	경인
음력 03/26~04/26	26	27	28	29	30	4/1	2	3	4	5	6	7	8	9	10	11	12	13	14	15	16	17	18	19	20	21	22	23	24	25	26
구성	9	1	2	3	4	5	6	7	8	9	1	2	3	4	5	6	7	8	9	1	2	3	4	5	6	7	8	9	1	2	3
대 남	1	1	1	1	입하	10	10	9	9	9	8	8	8	7	7	7	6	6	6	5	소만	5	4	4	4	3	3	3	2	2	2
운 여	9	9	10	10	입하	1	1	1	1	2	2	2	3	3	3	4	4	4	5	5	소만	6	6	6	7	7	7	8	8	8	9

6월 — 망종 5일 20시 31분 【음5월】→ 【甲午月(갑오월)】 ●칠적성 하지 21일 13시 13분

양력 6월	1	2	3	4	5	6	7	8	9	10	11	12	13	14	15	16	17	18	19	20	21	22	23	24	25	26	27	28	29	30
요일	금	토	일	월	화	수	목	금	토	일	월	화	수	목	금	토	일	월	화	수	목	금	토	일	월	화	수	목	금	토
日辰	신묘	임진	계사	갑오	을미	병신	정유	무술	기해	경자	신축	임인	계묘	갑진	을사	병오	정미	무신	기유	경술	신해	임자	계축	갑인	을묘	병진	정사	무오	기미	경신
음력 04/27~05/26	27	28	29	30	5/1	2	3	4	5	6	7	8	9	10	11	12	13	14	15	16	17	18	19	20	21	22	23	24	25	26
구성	4	5	6	7	8	9	1	2	3	4	5	6	7	8	9	1	2	3	4	5	6	7	8	9	1	2	3	4	5	6
대 남	1	1	1	1	망종	10	10	9	9	9	8	8	8	7	7	7	6	6	6	5	하지	5	4	4	4	3	3	3	2	2
운 여	9	9	10	10	망종	1	1	1	1	2	2	2	3	3	3	4	4	4	5	5	하지	6	6	6	7	7	7	8	8	8

(우측 세로) 병인년

한식(4월05일), 초복(7월20일), 중복(7월30일), 말복(8월09일) ☂춘사(春社)3/20 ☀추사(秋社)9/26
토왕지절(土旺之節):4월17일,7월19일,10월20일,1월17일(음12/22)臘享(납향):2047년1월19일(음12/24)

六日得辛, 九龍治水, 2046년 병인年 (노중화), 팔백토

7적	3벽	5황
6백	8백	1백
2흑	4록	9자

소서 7일 06시 39분 【음6월】➡ 【乙未月(을미월)】 ☯육백성 대서 23일 00시 07분

양력 7월 / 음력 05/27 ~ 06/28

양력	1	2	3	4	5	6	7	8	9	10	11	12	13	14	15	16	17	18	19	20	21	22	23	24	25	26	27	28	29	30	31
요일	일	월	화	수	목	금	토	일	월	화	수	목	금	토	일	월	화	수	목	금	토	일	월	화	수	목	금	토	일	월	화
일진 日辰	신유	임술	계해	갑자	을축	병인	정묘	무진	기사	경오	신미	임신	계유	갑술	을해	병자	정축	무인	기묘	경진	신사	임오	계미	갑신	을유	병술	정해	무자	기축	경인	신묘
음력	27	28	29	6/1	2	3	4	5	6	7	8	9	10	11	12	13	14	15	16	17	18	19	20	21	22	23	24	25	26	27	28
구성	7	8	9	9	8	7	6	5	4	3	2	1	9	8	7	6	5	4	3	2	1	9	8	7	6	5	4	3	2	1	9
대운 남	2	2	1	1	1	1	소	10	10	9	9	9	8	8	8	7	7	7	6	6	6	5	대	5	4	4	4	3	3	3	2
대운 여	9	9	9	10	10	10	서	1	1	1	1	2	2	2	3	3	3	4	4	4	5	5	서	6	6	6	7	7	7	8	8

입추 7일 16시 32분 【음7월】➡ 【丙申月(병신월)】 ☯오황성 처서 23일 07시 23분

양력 8월 / 음력 06/29 ~ 07/30

양력	1	2	3	4	5	6	7	8	9	10	11	12	13	14	15	16	17	18	19	20	21	22	23	24	25	26	27	28	29	30	31
요일	수	목	금	토	일	월	화	수	목	금	토	일	월	화	수	목	금	토	일	월	화	수	목	금	토	일	월	화	수	목	금
일진 日辰	임진	계사	갑오	을미	병신	정유	무술	기해	경자	신축	임인	계묘	갑진	을사	병오	정미	무신	기유	경술	신해	임자	계축	갑인	을묘	병진	정사	무오	기미	경신	신유	임술
음력	29	7/1	2	3	4	5	6	7	8	9	10	11	12	13	14	15	16	17	18	19	20	21	22	23	24	25	26	27	28	29	30
구성	8	7	6	5	4	3	2	1	9	8	7	6	5	4	3	2	1	9	8	7	6	5	4	3	2	1	9	8	7	6	5
대운 남	2	2	1	1	1	1	입	10	10	9	9	9	8	8	8	7	7	7	6	6	6	5	처	5	4	4	4	3	3	3	2
대운 여	8	9	9	9	10	10	추	1	1	1	1	2	2	2	3	3	3	4	4	4	5	5	서	6	6	6	7	7	7	8	8

백로 7일 19시 42분 【음8월】➡ 【丁酉月(정유월)】 ☯사록성 추분 23일 05시 20분

양력 9월 / 음력 08/01 ~ 09/01

양력	1	2	3	4	5	6	7	8	9	10	11	12	13	14	15	16	17	18	19	20	21	22	23	24	25	26	27	28	29	30	
요일	토	일	월	화	수	목	금	토	일	월	화	수	목	금	토	일	월	화	수	목	금	토	일	월	화	수	목	금	토	일	
일진 日辰	계해	갑자	을축	병인	정묘	무진	기사	경오	신미	임신	계유	갑술	을해	병자	정축	무인	기묘	경진	신사	임오	계미	갑신	을유	병술	정해	무자	기축	경인	신묘	임진	
음력	8/1	2	3	4	5	6	7	8	9	10	11	12	13	14	15	16	17	18	19	20	21	22	23	24	25	26	27	28	29	9/1	
구성	4	3	2	1	9	8	7	6	5	4	3	2	1	9	8	7	6	5	4	3	2	1	9	8	7	6	5	4	3	2	
대운 남	2	2	1	1	1	1	백	10	10	9	9	9	8	8	8	7	7	7	6	6	6	5	추	5	4	4	4	3	3	3	
대운 여	8	9	9	9	10	10	로	1	1	1	1	2	2	2	3	3	3	4	4	4	5	5	분	6	6	6	7	7	7	8	

한로 8일 11시 41분 【음9월】➡ 【戊戌月(무술월)】 ☯삼벽성 상강 23일 15시 02분

양력 10월 / 음력 09/02 ~ 10/03

양력	1	2	3	4	5	6	7	8	9	10	11	12	13	14	15	16	17	18	19	20	21	22	23	24	25	26	27	28	29	30	31
요일	월	화	수	목	금	토	일	월	화	수	목	금	토	일	월	화	수	목	금	토	일	월	화	수	목	금	토	일	월	화	수
일진 日辰	계사	갑오	을미	병신	정유	무술	기해	경자	신축	임인	계묘	갑진	을사	병오	정미	무신	기유	경술	신해	임자	계축	갑인	을묘	병진	정사	무오	기미	경신	신유	임술	계해
음력	2	3	4	5	6	7	8	9	10	11	12	13	14	15	16	17	18	19	20	21	22	23	24	25	26	27	28	29	10/1	2	3
구성	1	9	8	7	6	5	4	3	2	1	9	8	7	6	5	4	3	2	1	9	8	7	6	5	4	3	2	1	9	8	7
대운 남	2	2	2	1	1	1	1	한	10	9	9	9	8	8	8	7	7	7	6	6	6	5	상	5	4	4	4	3	3	3	2
대운 여	8	8	9	9	9	10	10	로	1	1	1	1	2	2	2	3	3	3	4	4	4	5	강	5	6	6	6	7	7	7	8

입동 7일 15시 13분 【음10월】➡ 【己亥月(기해월)】 ☯이흑성 소설 22일 12시 55분

양력 11월 / 음력 10/04 ~ 11/03

양력	1	2	3	4	5	6	7	8	9	10	11	12	13	14	15	16	17	18	19	20	21	22	23	24	25	26	27	28	29	30	
요일	목	금	토	일	월	화	수	목	금	토	일	월	화	수	목	금	토	일	월	화	수	목	금	토	일	월	화	수	목	금	
일진 日辰	갑자	을축	병인	정묘	무진	기사	경오	신미	임신	계유	갑술	을해	병자	정축	무인	기묘	경진	신사	임오	계미	갑신	을유	병술	정해	무자	기축	경인	신묘	임진	계사	
음력	4	5	6	7	8	9	10	11	12	13	14	15	16	17	18	19	20	21	22	23	24	25	26	27	28	29	30	11/1	2	3	
구성	6	5	4	3	2	1	9	8	7	6	5	4	3	2	1	9	8	7	6	5	4	3	2	1	9	8	7	6	5	4	
대운 남	2	2	1	1	1	1	입	10	9	9	9	8	8	8	7	7	7	6	6	6	5	소	5	4	4	4	3	3	3	2	
대운 여	8	8	9	9	9	10	동	1	1	1	1	2	2	2	3	3	3	4	4	4	5	설	5	6	6	6	7	7	7	8	

대설 7일 08시 20분 【음11월】➡ 【庚子月(경자월)】 ☯일백성 동지 22일 02시 27분

양력 12월 / 음력 11/04 ~ 12/05

양력	1	2	3	4	5	6	7	8	9	10	11	12	13	14	15	16	17	18	19	20	21	22	23	24	25	26	27	28	29	30	31
요일	토	일	월	화	수	목	금	토	일	월	화	수	목	금	토	일	월	화	수	목	금	토	일	월	화	수	목	금	토	일	월
일진 日辰	갑오	을미	병신	정유	무술	기해	경자	신축	임인	계묘	갑진	을사	병오	정미	무신	기유	경술	신해	임자	계축	갑인	을묘	병진	정사	무오	기미	경신	신유	임술	계해	갑자
음력	4	5	6	7	8	9	10	11	12	13	14	15	16	17	18	19	20	21	22	23	24	25	26	27	28	29	12/1	2	3	4	5
구성	3	2	1	9	8	7	6	5	4	3	2	1	9	8	7	6	5	4	3	2	1	9	8	7	6	5	4	3	2	1	1
대운 남	2	2	1	1	1	1	대	9	9	9	8	8	8	7	7	7	6	6	6	5	5	동	4	4	4	3	3	3	2	2	2
대운 여	8	8	9	9	9	10	설	1	1	1	1	2	2	2	3	3	3	4	4	4	5	지	5	6	6	6	7	7	7	8	8

단기 4380 年	**2047년**	上元-정묘(丁卯)년. 납음(노중화),본명성(칠적금)
불기 2591 年	윤5월	대장군(子북방). 삼살(酉서방). 상문(巳동남방),조객(丑동북방), 납음(노중화),【삼재(사,오,미)년】臘享(납향):2048년1월26일(음12/12)

1월 (음력 12/06 – 01/06)

소한 5일 19시 41분 【음12월】➡ 【辛丑月(신축월)】 ☯구자성 · 대한 20일 13시 08분

양력	1	2	3	4	5	6	7	8	9	10	11	12	13	14	15	16	17	18	19	20	21	22	23	24	25	26	27	28	29	30	31
요일	화	수	목	금	토	일	월	화	수	목	금	토	일	월	화	수	목	금	토	일	월	화	수	목	금	토	일	월	화	수	목
일진	을	병	정	무	기	경	신	임	계	갑	을	병	정	무	기	경	신	임	계	갑	을	병	정	무	기	경	신	임	계	갑	을
日辰	축	인	묘	진	사	오	미	신	유	술	해	자	축	인	묘	진	사	오	미	신	유	술	해	자	축	인	묘	진	사	오	미
음력	6	7	8	9	10	11	12	13	14	15	16	17	18	19	20	21	22	23	24	25	26	27	28	29	30	1/1	2	3	4	5	6
구성	2	3	4	5	6	7	8	9	1	2	3	4	5	6	7	8	9	1	2	3	4	5	6	7	8	9	1	2	3	4	5
대남	1	1	1	1	소한	10	9	9	9	8	8	8	7	7	7	6	6	6	5	대한	5	4	4	4	3	3	3	2	2	2	1
운여	8	9	9	9	소한	1	1	1	1	2	2	2	3	3	3	4	4	4	5	대한	5	6	6	6	7	7	7	8	8	8	9

2월 (음력 01/07 – 02/04)

입춘 4일 07시 16분 【음1월】➡ 【壬寅月(임인월)】 ☯팔백성 · 우수 19일 03시 09분

양력	1	2	3	4	5	6	7	8	9	10	11	12	13	14	15	16	17	18	19	20	21	22	23	24	25	26	27	28
요일	금	토	일	월	화	수	목	금	토	일	월	화	수	목	금	토	일	월	화	수	목	금	토	일	월	화	수	목
일진	병	정	무	기	경	신	임	계	갑	을	병	정	무	기	경	신	임	계	갑	을	병	정	무	기	경	신	임	계
日辰	신	유	술	해	자	축	인	묘	진	사	오	미	신	유	술	해	자	축	인	묘	진	사	오	미	신	유	술	해
음력	7	8	9	10	11	12	13	14	15	16	17	18	19	20	21	22	23	24	25	26	27	28	29	30	2/1	2	3	4
구성	6	7	8	9	1	2	3	4	5	6	7	8	9	1	2	3	4	5	6	7	8	9	1	2	3	4	5	6
대남	1	1	1	입춘	1	1	1	1	2	2	2	3	3	3	4	4	4	5	우수	5	6	6	6	7	7	7	8	8
운여	9	9	10	입춘	10	9	9	9	8	8	8	7	7	7	6	6	6	5	우수	5	4	4	4	3	3	3	2	2

3월 (음력 02/05 – 03/06)

경칩 6일 01시 04분 【음2월】➡ 【癸卯月(계묘월)】 ☯칠적성 · 춘분 21일 01시 51분

양력	1	2	3	4	5	6	7	8	9	10	11	12	13	14	15	16	17	18	19	20	21	22	23	24	25	26	27	28	29	30	31
요일	금	토	일	월	화	수	목	금	토	일	월	화	수	목	금	토	일	월	화	수	목	금	토	일	월	화	수	목	금	토	일
일진	갑	을	병	정	무	기	경	신	임	계	갑	을	병	정	무	기	경	신	임	계	갑	을	병	정	무	기	경	신	임	계	갑
日辰	자	축	인	묘	진	사	오	미	신	유	술	해	자	축	인	묘	진	사	오	미	신	유	술	해	자	축	인	묘	진	사	오
음력	5	6	7	8	9	10	11	12	13	14	15	16	17	18	19	20	21	22	23	24	25	26	27	28	29	3/1	2	3	4	5	6
구성	7	8	9	1	2	3	4	5	6	7	8	9	1	2	3	4	5	6	7	8	9	1	2	3	4	5	6	7	8	9	1
대남	8	9	9	9	10	경칩	1	1	1	1	2	2	2	3	3	3	4	4	4	5	춘분	5	6	6	6	7	7	7	8	8	8
운여	2	1	1	1	1	경칩	10	9	9	9	8	8	8	7	7	7	6	6	6	5	춘분	5	4	4	4	3	3	3	2	2	2

4월 (음력 03/07 – 04/06)

청명 5일 05시 31분 【음3월】➡ 【甲辰月(갑진월)】 ☯육백성 · 곡우 20일 12시 31분

양력	1	2	3	4	5	6	7	8	9	10	11	12	13	14	15	16	17	18	19	20	21	22	23	24	25	26	27	28	29	30
요일	월	화	수	목	금	토	일	월	화	수	목	금	토	일	월	화	수	목	금	토	일	월	화	수	목	금	토	일	월	화
일진	을	병	정	무	기	경	신	임	계	갑	을	병	정	무	기	경	신	임	계	갑	을	병	정	무	기	경	신	임	계	갑
日辰	미	신	유	술	해	자	축	인	묘	진	사	오	미	신	유	술	해	자	축	인	묘	진	사	오	미	신	유	술	해	자
음력	7	8	9	10	11	12	13	14	15	16	17	18	19	20	21	22	23	24	25	26	27	28	29	30	4/1	2	3	4	5	6
구성	2	3	4	5	6	7	8	9	1	2	3	4	5	6	7	8	9	1	2	3	4	5	6	7	8	9	1	2	3	4
대남	9	9	9	10	청명	1	1	1	1	2	2	2	3	3	3	4	4	4	5	곡우	5	6	6	6	7	7	7	8	8	8
운여	1	1	1	1	청명	10	9	9	9	8	8	8	7	7	7	6	6	6	5	곡우	5	4	4	4	3	3	3	2	2	2

5월 (음력 04/07 – 05/07)

입하 5일 22시 27분 【음4월】➡ 【乙巳月(을사월)】 ☯오황성 · 소만 21일 11시 18분

양력	1	2	3	4	5	6	7	8	9	10	11	12	13	14	15	16	17	18	19	20	21	22	23	24	25	26	27	28	29	30	31
요일	수	목	금	토	일	월	화	수	목	금	토	일	월	화	수	목	금	토	일	월	화	수	목	금	토	일	월	화	수	목	금
일진	을	병	정	무	기	경	신	임	계	갑	을	병	정	무	기	경	신	임	계	갑	을	병	정	무	기	경	신	임	계	갑	을
日辰	축	인	묘	진	사	오	미	신	유	술	해	자	축	인	묘	진	사	오	미	신	유	술	해	자	축	인	묘	진	사	오	미
음력	7	8	9	10	11	12	13	14	15	16	17	18	19	20	21	22	23	24	25	26	27	28	29	30	5/1	2	3	4	5	6	7
구성	5	6	7	8	9	1	2	3	4	5	6	7	8	9	1	2	3	4	5	6	7	8	9	1	2	3	4	5	6	7	8
대남	9	9	9	10	입하	1	1	1	1	2	2	2	3	3	3	4	4	4	5	5	소만	6	6	6	7	7	7	8	8	8	9
운여	1	1	1	1	입하	10	10	10	9	9	9	8	8	8	7	7	7	6	6	6	소만	5	5	4	4	4	3	3	3	2	2

6월 (음력 05/08 – 윤5 08)

망종 6일 02시 19분 【음5월】➡ 【丙午月(병오월)】 ☯사록성 · 하지 21일 19시 02분

양력	1	2	3	4	5	6	7	8	9	10	11	12	13	14	15	16	17	18	19	20	21	22	23	24	25	26	27	28	29	30
요일	토	일	월	화	수	목	금	토	일	월	화	수	목	금	토	일	월	화	수	목	금	토	일	월	화	수	목	금	토	일
일진	병	정	무	기	경	신	임	계	갑	을	병	정	무	기	경	신	임	계	갑	을	병	정	무	기	경	신	임	계	갑	을
日辰	신	유	술	해	자	축	인	묘	진	사	오	미	신	유	술	해	자	축	인	묘	진	사	오	미	신	유	술	해	자	축
음력	8	9	10	11	12	13	14	15	16	17	18	19	20	21	22	23	24	25	26	27	28	29	윤5	2	3	4	5	6	7	8
구성	9	1	2	3	4	5	6	7	8	9	1	2	3	4	5	6	7	8	9	1	2	3	4	5	6	7	8	9	9	8
대남	9	9	10	10	10	망종	1	1	1	1	2	2	2	3	3	3	4	4	4	5	하지	5	6	6	6	7	7	7	8	8
운여	2	1	1	1	1	망종	10	10	9	9	9	8	8	8	7	7	7	6	6	6	하지	5	5	4	4	4	3	3	3	2

한식(4월06일), 초복(7월15일), 중복(7월25일), 말복(8월14일) ⬆춘사(春社)3/25 ☀추사(秋社)9/21
토왕지절(土旺之節):4월17일,7월20일,10월20일,1월17일(음12/03)臘享(납향):2048년1월26일(음12/12)

二日得辛, 三龍治水, 2047년 정묘年 (노중화), 칠적금

6백	2흑	4록
5황	7적	9자
1백	3벽	8백

2 0 4 7

양력 7월 (음력 윤509 / 06/09)

소서 7일 12시 29분 　【음6월】➡　【丁未月(정미월)】　●삼벽성　대서 23일 05시 54분

양력	1	2	3	4	5	6	7	8	9	10	11	12	13	14	15	16	17	18	19	20	21	22	23	24	25	26	27	28	29	30	31
요일	월	화	수	목	금	토	일	월	화	수	목	금	토	일	월	화	수	목	금	토	일	월	화	수	목	금	토	일	월	화	수
일진/日辰	병인	정묘	무진	기사	경오	신미	임신	계유	갑술	을해	병자	정축	무인	기묘	경진	신사	임오	계미	갑신	을유	병술	정해	무자	기축	경인	신묘	임진	계사	갑오	을미	병신
음력	9	10	11	12	13	14	15	16	17	18	19	20	21	22	23	24	25	26	27	28	29	30	6/1	2	3	4	5	6	7	8	9
구성	7	6	5	4	3	2	1	9	8	7	6	5	4	3	2	1	9	8	7	6	5	4	3	2	1	9	8	7	6	5	4
대(남)	8	9	9	9	10	10	소서	1	1	1	1	2	2	2	3	3	3	4	4	4	5	5	대서	6	6	6	7	7	7	8	8
운(여)	2	2	1	1	1	1	소서	10	10	9	9	9	8	8	8	7	7	7	6	6	6	5	대서	5	4	4	4	3	3	3	2

양력 8월 (음력 06/10 / 07/11)

입추 7일 22시 24분 　【음7월】➡　【戊申月(무신월)】　●이흑성　처서 23일 13시 09분

양력	1	2	3	4	5	6	7	8	9	10	11	12	13	14	15	16	17	18	19	20	21	22	23	24	25	26	27	28	29	30	31
요일	목	금	토	일	월	화	수	목	금	토	일	월	화	수	목	금	토	일	월	화	수	목	금	토	일	월	화	수	목	금	토
일진/日辰	정유	무술	기해	경자	신축	임인	계묘	갑진	을사	병오	정미	무신	기유	경술	신해	임자	계축	갑인	을묘	병진	정사	무오	기미	경신	신유	임술	계해	갑자	을축	병인	정묘
음력	10	11	12	13	14	15	16	17	18	19	20	21	22	23	24	25	26	27	28	29	7/1	2	3	4	5	6	7	8	9	10	11
구성	3	2	1	9	8	7	6	5	4	3	2	1	9	8	7	6	5	4	3	2	1	9	8	7	6	5	4	3	2	1	9
대(남)	8	9	9	9	10	10	입추	1	1	1	1	2	2	2	3	3	3	4	4	4	5	5	처서	6	6	6	7	7	7	8	8
운(여)	2	2	1	1	1	1	입추	10	10	10	9	9	9	8	8	8	7	7	7	6	6	6	처서	5	4	4	4	3	3	3	2

양력 9월 (음력 07/12 / 08/11)

백로 8일 01시 37분 　【음8월】➡　【己酉月(기유월)】　●일백성　추분 23일 11시 07분

양력	1	2	3	4	5	6	7	8	9	10	11	12	13	14	15	16	17	18	19	20	21	22	23	24	25	26	27	28	29	30
요일	일	월	화	수	목	금	토	일	월	화	수	목	금	토	일	월	화	수	목	금	토	일	월	화	수	목	금	토	일	월
일진/日辰	무진	기사	경오	신미	임신	계유	갑술	을해	병자	정축	무인	기묘	경진	신사	임오	계미	갑신	을유	병술	정해	무자	기축	경인	신묘	임진	계사	갑오	을미	병신	정유
음력	12	13	14	15	16	17	18	19	20	21	22	23	24	25	26	27	28	29	30	8/1	2	3	4	5	6	7	8	9	10	11
구성	8	7	6	5	4	3	2	1	9	8	7	6	5	4	3	2	1	9	8	7	6	5	4	3	2	1	9	8	7	6
대(남)	8	9	9	9	10	10	10	백로	1	1	1	1	2	2	2	3	3	3	4	4	4	5	추분	5	6	6	6	7	7	7
운(여)	2	2	2	1	1	1	1	백로	10	9	9	9	8	8	8	7	7	7	6	6	6	5	추분	5	4	4	4	3	3	3

양력 10월 (음력 08/12 / 09/13)

한로 8일 17시 36분 　【음9월】➡　【庚戌月(경술월)】　●구자성　상강 23일 20시 47분

양력	1	2	3	4	5	6	7	8	9	10	11	12	13	14	15	16	17	18	19	20	21	22	23	24	25	26	27	28	29	30	31
요일	화	수	목	금	토	일	월	화	수	목	금	토	일	월	화	수	목	금	토	일	월	화	수	목	금	토	일	월	화	수	목
일진/日辰	무술	기해	경자	신축	임인	계묘	갑진	을사	병오	정미	무신	기유	경술	신해	임자	계축	갑인	을묘	병진	정사	무오	기미	경신	신유	임술	계해	갑자	을축	병인	정묘	무진
음력	12	13	14	15	16	17	18	19	20	21	22	23	24	25	26	27	28	29	9/1	2	3	4	5	6	7	8	9	10	11	12	13
구성	5	4	3	2	1	9	8	7	6	5	4	3	2	1	9	8	7	6	5	4	3	2	1	9	8	7	6	5	4	3	2
대(남)	8	8	8	9	9	9	10	한로	1	1	1	1	2	2	2	3	3	3	4	4	4	5	상강	5	6	6	6	7	7	7	8
운(여)	2	2	2	1	1	1	1	한로	10	9	9	9	8	8	8	7	7	7	6	6	6	5	상강	5	4	4	4	3	3	3	2

양력 11월 (음력 09/14 / 10/14)

입동 7일 21시 06분 　【음10월】➡　【辛亥月(신해월)】　●팔백성　소설 22일 18시 37분

양력	1	2	3	4	5	6	7	8	9	10	11	12	13	14	15	16	17	18	19	20	21	22	23	24	25	26	27	28	29	30
요일	금	토	일	월	화	수	목	금	토	일	월	화	수	목	금	토	일	월	화	수	목	금	토	일	월	화	수	목	금	토
일진/日辰	기사	경오	신미	임신	계유	갑술	을해	병자	정축	무인	기묘	경진	신사	임오	계미	갑신	을유	병술	정해	무자	기축	경인	신묘	임진	계사	갑오	을미	병신	정유	무술
음력	14	15	16	17	18	19	20	21	22	23	24	25	26	27	28	29	10/1	2	3	4	5	6	7	8	9	10	11	12	13	14
구성	1	9	8	7	6	5	4	3	2	1	9	8	7	6	5	4	3	2	1	9	8	7	6	5	4	3	2	1	9	8
대(남)	8	9	9	9	10	10	입동	1	1	1	1	2	2	2	3	3	3	4	4	4	5	소설	5	6	6	6	7	7	7	8
운(여)	2	2	1	1	1	1	입동	10	10	9	9	9	8	8	8	7	7	7	6	6	6	소설	5	5	4	4	4	3	3	2

양력 12월 (음력 10/15 / 11/15)

대설 7일 14시 09분 　【음11월】➡　【壬子月(임자월)】　●칠적성　동지 22일 08시 06분

양력	1	2	3	4	5	6	7	8	9	10	11	12	13	14	15	16	17	18	19	20	21	22	23	24	25	26	27	28	29	30	31
요일	일	월	화	수	목	금	토	일	월	화	수	목	금	토	일	월	화	수	목	금	토	일	월	화	수	목	금	토	일	월	화
일진/日辰	기해	경자	신축	임인	계묘	갑진	을사	병오	정미	무신	기유	경술	신해	임자	계축	갑인	을묘	병진	정사	무오	기미	경신	신유	임술	계해	갑자	을축	병인	정묘	무진	기사
음력	15	16	17	18	19	20	21	22	23	24	25	26	27	28	29	30	11/1	2	3	4	5	6	7	8	9	10	11	12	13	14	15
구성	7	6	5	4	3	2	1	9	8	7	6	5	4	3	2	1	9	8	7	6	5	4	3	2	1	9	8	7	6	5	4
대(남)	8	9	9	9	10	10	대설	1	1	1	1	2	2	2	3	3	3	4	4	4	5	동지	5	6	6	6	7	7	7	8	8
운(여)	2	2	1	1	1	1	대설	10	10	9	9	9	8	8	8	7	7	7	6	6	6	동지	5	5	4	4	4	3	3	2	2

대장군(子북방), 삼살(남방), 상문(午남방), 조객(寅동북방), 납음(대림목), 【삼재(인,묘,진)년】 臘享(납향):2049년1월20일(음12/17)

소한 6일 01시 28분 【음12월】➡　　　　癸丑月(계축월)　　　☯육백성　　대한 20일 18시 46분

양력 1월 (음력 11/16 ~ 12/17)

구분	1	2	3	4	5	6	7	8	9	10	11	12	13	14	15	16	17	18	19	20	21	22	23	24	25	26	27	28	29	30	31
요일	수	목	금	토	일	월	화	수	목	금	토	일	월	화	수	목	금	토	일	월	화	수	목	금	토	일	월	화	수	목	금
일진(日辰)	경오	신미	임신	계유	갑술	을해	병자	정축	무인	기묘	경진	신사	임오	계미	갑신	을유	병술	정해	무자	기축	경인	신묘	임진	계사	갑오	을미	병신	정유	무술	기해	경자
음력	16	17	18	19	20	21	22	23	24	25	26	27	28	29	12/1	2	3	4	5	6	7	8	9	10	11	12	13	14	15	16	17
구성	7	8	9	1	2	3	4	5	6	7	8	9	1	2	3	4	5	6	7	8	9	1	2	3	4	5	6	7	8	9	1
대운 남	8	9	9	9	10	소한	1	1	1	1	2	2	2	3	3	3	4	4	4	대한	5	5	6	6	6	7	7	7	8	8	8
대운 여	2	1	1	1	1	소한	9	9	9	8	8	8	7	7	7	6	6	6	5	대한	5	4	4	4	3	3	3	2	2	2	1

입춘 4일 13시 03분 【음1월】➡　　　　【甲寅月(갑인월)】　　　☯오황성　　우수 19일 08시 47분

양력 2월 (음력 12/18 ~ 01/16)

구분	1	2	3	4	5	6	7	8	9	10	11	12	13	14	15	16	17	18	19	20	21	22	23	24	25	26	27	28	29
요일	토	일	월	화	수	목	금	토	일	월	화	수	목	금	토	일	월	화	수	목	금	토	일	월	화	수	목	금	토
일진(日辰)	신축	임인	계묘	갑진	을사	병오	정미	무신	기유	경술	신해	임자	계축	갑인	을묘	병진	정사	무오	기미	경신	신유	임술	계해	갑자	을축	병인	정묘	무진	기사
음력	18	19	20	21	22	23	24	25	26	27	28	29	30	1/1	2	3	4	5	6	7	8	9	10	11	12	13	14	15	16
구성	2	3	4	5	6	7	8	9	1	2	3	4	5	6	7	8	9	1	2	3	4	5	6	7	8	9	1	2	3
대운 남	9	9	9	입춘	10	9	9	9	8	8	8	7	7	7	6	6	6	5	우수	5	4	4	4	3	3	3	2	2	2
대운 여	1	1	1	입춘	1	1	1	1	2	2	2	3	3	3	4	4	4	5	우수	5	6	6	6	7	7	7	8	8	8

경칩 5일 06시 53분 【음2월】➡　　　　【乙卯月(을묘월)】　　　☯사록성　　춘분 20일 07시 32분

양력 3월 (음력 01/17 ~ 02/18)

구분	1	2	3	4	5	6	7	8	9	10	11	12	13	14	15	16	17	18	19	20	21	22	23	24	25	26	27	28	29	30	31
요일	일	월	화	수	목	금	토	일	월	화	수	목	금	토	일	월	화	수	목	금	토	일	월	화	수	목	금	토	일	월	화
일진(日辰)	경오	신미	임신	계유	갑술	을해	병자	정축	무인	기묘	경진	신사	임오	계미	갑신	을유	병술	정해	무자	기축	경인	신묘	임진	계사	갑오	을미	병신	정유	무술	기해	경자
음력	17	18	19	20	21	22	23	24	25	26	27	28	29	2/1	2	3	4	5	6	7	8	9	10	11	12	13	14	15	16	17	18
구성	4	5	6	7	8	9	1	2	3	4	5	6	7	8	9	1	2	3	4	5	6	7	8	9	1	2	3	4	5	6	7
대운 남	1	1	1	1	경칩	10	9	9	9	8	8	8	7	7	7	6	6	6	5	춘분	5	4	4	4	3	3	3	2	2	2	1
대운 여	9	9	9	10	경칩	1	1	1	1	2	2	2	3	3	3	4	4	4	5	춘분	5	6	6	6	7	7	7	8	8	8	9

청명 4일 11시 24분 【음3월】➡　　　　【丙辰月(병진월)】　　　☯삼벽성　　곡우 19일 18시 16분

양력 4월 (음력 02/19 ~ 03/18)

구분	1	2	3	4	5	6	7	8	9	10	11	12	13	14	15	16	17	18	19	20	21	22	23	24	25	26	27	28	29	30
요일	수	목	금	토	일	월	화	수	목	금	토	일	월	화	수	목	금	토	일	월	화	수	목	금	토	일	월	화	수	목
일진(日辰)	신축	임인	계묘	갑진	을사	병오	정미	무신	기유	경술	신해	임자	계축	갑인	을묘	병진	정사	무오	기미	경신	신유	임술	계해	갑자	을축	병인	정묘	무진	기사	경오
음력	19	20	21	22	23	24	25	26	27	28	29	30	3/1	2	3	4	5	6	7	8	9	10	11	12	13	14	15	16	17	18
구성	8	9	1	2	3	4	5	6	7	8	9	1	2	3	4	5	6	7	8	9	1	2	3	4	5	6	7	8	9	1
대운 남	1	1	1	청명	10	10	9	9	9	8	8	8	7	7	7	6	6	6	곡우	5	5	4	4	4	3	3	3	2	2	2
대운 여	9	9	10	청명	1	1	1	1	2	2	2	3	3	3	4	4	4	5	곡우	5	6	6	6	7	7	7	8	8	8	9

입하 5일 04시 23분 【음4월】➡　　　　【丁巳月(정사월)】　　　☯이흑성　　소만 20일 17시 06분

양력 5월 (음력 03/19 ~ 04/19)

구분	1	2	3	4	5	6	7	8	9	10	11	12	13	14	15	16	17	18	19	20	21	22	23	24	25	26	27	28	29	30	31
요일	금	토	일	월	화	수	목	금	토	일	월	화	수	목	금	토	일	월	화	수	목	금	토	일	월	화	수	목	금	토	일
일진(日辰)	신미	임신	계유	갑술	을해	병자	정축	무인	기묘	경진	신사	임오	계미	갑신	을유	병술	정해	무자	기축	경인	신묘	임진	계사	갑오	을미	병신	정유	무술	기해	경자	신축
음력	19	20	21	22	23	24	25	26	27	28	29	30	4/1	2	3	4	5	6	7	8	9	10	11	12	13	14	15	16	17	18	19
구성	2	3	4	5	6	7	8	9	1	2	3	4	5	6	7	8	9	1	2	3	4	5	6	7	8	9	1	2	3	4	5
대운 남	1	1	1	1	입하	10	10	9	9	9	8	8	8	7	7	7	6	6	6	소만	5	5	4	4	4	3	3	3	2	2	2
대운 여	9	9	10	10	입하	1	1	1	1	2	2	2	3	3	3	4	4	4	5	소만	5	6	6	6	7	7	7	8	8	8	9

망종 5일 08시 17분 【음5월】➡　　　　【戊午月(무오월)】　　　☯일백성　　하지 21일 00시 52분

양력 6월 (음력 04/20 ~ 05/20)

구분	1	2	3	4	5	6	7	8	9	10	11	12	13	14	15	16	17	18	19	20	21	22	23	24	25	26	27	28	29	30
요일	월	화	수	목	금	토	일	월	화	수	목	금	토	일	월	화	수	목	금	토	일	월	화	수	목	금	토	일	월	화
일진(日辰)	임인	계묘	갑진	을사	병오	정미	무신	기유	경술	신해	임자	계축	갑인	을묘	병진	정사	무오	기미	경신	신유	임술	계해	갑자	을축	병인	정묘	무진	기사	경오	신미
음력	20	21	22	23	24	25	26	27	28	29	5/1	2	3	4	5	6	7	8	9	10	11	12	13	14	15	16	17	18	19	20
구성	6	7	8	9	1	2	3	4	5	6	7	8	9	1	2	3	4	5	6	7	8	9	9	8	7	6	5	4	3	2
대운 남	1	1	1	1	망종	10	10	9	9	9	8	8	8	7	7	7	6	6	6	5	하지	5	4	4	4	3	3	3	2	2
대운 여	9	9	10	10	망종	1	1	1	1	2	2	2	3	3	3	4	4	4	5	5	하지	6	6	6	7	7	7	8	8	8

무 진 년

한식(4월05일), 초복(7월19일), 중복(7월29일), 말복(8월08일) ↑춘사(春社)3/19 ☀추사(秋社)9/25
토왕지절(土旺之節):4월16일,7월19일,10월20일,1월17일(음12/14) 臘享(납향):2049년1월20일(음12/17)

八日得辛, 三龍治水, 2048년 무진年 (대림목), 육백금

5황	1백	3벽
4록	6백	8백
9자	2흑	7적

소서 6일 18시 25분 【음6월】→ 【己未月(기미월)】　●구자성　대서 22일 11시 45분

양력 7월 / 음력 05/21 ― 06/21

양력	1	2	3	4	5	6	7	8	9	10	11	12	13	14	15	16	17	18	19	20	21	22	23	24	25	26	27	28	29	30	31
요일	수	목	금	토	일	월	화	수	목	금	토	일	월	화	수	목	금	토	일	월	화	수	목	금	토	일	월	화	수	목	금
日辰	임신	계유	갑술	을해	병자	정축	무인	기묘	경진	신사	임오	계미	갑신	을유	병술	정해	무자	기축	경인	신묘	임진	계사	갑오	을미	병신	정유	무술	기해	경자	신축	임인
음력	21	22	23	24	25	26	27	28	29	30	6/1	2	3	4	5	6	7	8	9	10	11	12	13	14	15	16	17	18	19	20	21
구성	1	9	8	7	6	5	4	3	2	1	9	8	7	6	5	4	3	2	1	9	8	7	6	5	4	3	2	1	9	8	7
대남	2	1	1	1	1	소서	10	10	10	9	9	9	8	8	8	7	7	7	6	6	6	대서	5	5	4	4	4	3	3	3	2
운여	9	9	9	10	10	소서	1	1	1	1	2	2	2	3	3	3	4	4	4	5	5	대서	6	6	6	7	7	7	8	8	8

입추 7일 04시 17분 【음7월】→ 【庚申月(경신월)】　●팔백성　처서 22일 19시 01분

양력 8월 / 음력 06/22 ― 07/22

양력	1	2	3	4	5	6	7	8	9	10	11	12	13	14	15	16	17	18	19	20	21	22	23	24	25	26	27	28	29	30	31
요일	토	일	월	화	수	목	금	토	일	월	화	수	목	금	토	일	월	화	수	목	금	토	일	월	화	수	목	금	토	일	월
日辰	계묘	갑진	을사	병오	정미	무신	기유	경술	신해	임자	계축	갑인	을묘	병진	정사	무오	기미	경신	신유	임술	계해	갑자	을축	병인	정묘	무진	기사	경오	신미	임신	계유
음력	22	23	24	25	26	27	28	29	30	7/1	2	3	4	5	6	7	8	9	10	11	12	13	14	15	16	17	18	19	20	21	22
구성	6	5	4	3	2	1	9	8	7	6	5	4	3	2	1	9	8	7	6	5	4	3	2	1	9	8	7	6	5	4	3
대남	2	2	1	1	1	1	입추	10	10	9	9	9	8	8	8	7	7	7	6	6	6	처서	5	5	4	4	4	3	3	3	2
운여	9	9	9	10	10	10	입추	1	1	1	1	2	2	2	3	3	3	4	4	4	5	처서	5	6	6	6	7	7	7	8	8

백로 7일 07시 26분 【음8월】→ 【辛酉月(신유월)】　●칠적성　추분 22일 16시 59분

양력 9월 / 음력 07/23 ― 08/23

양력	1	2	3	4	5	6	7	8	9	10	11	12	13	14	15	16	17	18	19	20	21	22	23	24	25	26	27	28	29	30
요일	화	수	목	금	토	일	월	화	수	목	금	토	일	월	화	수	목	금	토	일	월	화	수	목	금	토	일	월	화	수
日辰	갑술	을해	병자	정축	무인	기묘	경진	신사	임오	계미	갑신	을유	병술	정해	무자	기축	경인	신묘	임진	계사	갑오	을미	병신	정유	무술	기해	경자	신축	임인	계묘
음력	23	24	25	26	27	28	29	8/1	2	3	4	5	6	7	8	9	10	11	12	13	14	15	16	17	18	19	20	21	22	23
구성	2	1	9	8	7	6	5	4	3	2	1	9	8	7	6	5	4	3	2	1	9	8	7	6	5	4	3	2	1	9
대남	2	2	1	1	1	1	백로	10	9	9	9	8	8	8	7	7	7	6	6	6	5	추분	5	4	4	4	3	3	3	2
운여	8	9	9	9	10	10	백로	1	1	1	1	2	2	2	3	3	3	4	4	4	5	추분	5	6	6	6	7	7	7	8

한로 7일 23시 25분 【음9월】→ 【壬戌月(임술월)】　●육백성　상강 23일 02시 41분

양력 10월 / 음력 08/24 ― 09/24

양력	1	2	3	4	5	6	7	8	9	10	11	12	13	14	15	16	17	18	19	20	21	22	23	24	25	26	27	28	29	30	31
요일	목	금	토	일	월	화	수	목	금	토	일	월	화	수	목	금	토	일	월	화	수	목	금	토	일	월	화	수	목	금	토
日辰	갑진	을사	병오	정미	무신	기유	경술	신해	임자	계축	갑인	을묘	병진	정사	무오	기미	경신	신유	임술	계해	갑자	을축	병인	정묘	무진	기사	경오	신미	임신	계유	갑술
음력	24	25	26	27	28	29	30	9/1	2	3	4	5	6	7	8	9	10	11	12	13	14	15	16	17	18	19	20	21	22	23	24
구성	8	7	6	5	4	3	2	1	9	8	7	6	5	4	3	2	1	9	8	7	6	5	4	3	2	1	9	8	7	6	5
대남	2	2	1	1	1	1	한로	10	10	9	9	9	8	8	8	7	7	7	6	6	6	5	상강	5	4	4	4	3	3	3	2
운여	8	8	9	9	9	10	한로	1	1	1	1	2	2	2	3	3	3	4	4	4	5	5	상강	6	6	6	7	7	7	8	8

입동 7일 02시 55분 【음10월】→ 【癸亥月(계해월)】　●오황성　소설 22일 00시 32분

양력 11월 / 음력 09/25 ― 10/25

양력	1	2	3	4	5	6	7	8	9	10	11	12	13	14	15	16	17	18	19	20	21	22	23	24	25	26	27	28	29	30
요일	일	월	화	수	목	금	토	일	월	화	수	목	금	토	일	월	화	수	목	금	토	일	월	화	수	목	금	토	일	월
日辰	을해	병자	정축	무인	기묘	경진	신사	임오	계미	갑신	을유	병술	정해	무자	기축	경인	신묘	임진	계사	갑오	을미	병신	정유	무술	기해	경자	신축	임인	계묘	갑진
음력	25	26	27	28	29	10/1	2	3	4	5	6	7	8	9	10	11	12	13	14	15	16	17	18	19	20	21	22	23	24	25
구성	4	3	2	1	9	8	7	6	5	4	3	2	1	9	8	7	6	5	4	3	2	1	9	8	7	6	5	4	3	2
대남	2	2	1	1	1	1	입동	9	9	9	8	8	8	7	7	7	6	6	6	5	5	소설	4	4	4	3	3	3	2	2
운여	8	9	9	9	10	10	입동	1	1	1	1	2	2	2	3	3	3	4	4	4	5	소설	5	6	6	6	7	7	7	8

대설 6일 19시 59분 【음11월】→ 【甲子月(갑자월)】　●사록성　동지 21일 14시 01분

양력 12월 / 음력 10/26 ― 11/26

양력	1	2	3	4	5	6	7	8	9	10	11	12	13	14	15	16	17	18	19	20	21	22	23	24	25	26	27	28	29	30	31
요일	화	수	목	금	토	일	월	화	수	목	금	토	일	월	화	수	목	금	토	일	월	화	수	목	금	토	일	월	화	수	목
日辰	을사	병오	정미	무신	기유	경술	신해	임자	계축	갑인	을묘	병진	정사	무오	기미	경신	신유	임술	계해	갑자	을축	병인	정묘	무진	기사	경오	신미	임신	계유	갑술	을해
음력	26	27	28	29	30	11/1	2	3	4	5	6	7	8	9	10	11	12	13	14	15	16	17	18	19	20	21	22	23	24	25	26
구성	1	9	8	7	6	5	4	3	2	1	9	8	7	6	5	4	3	2	1	1	2	3	4	5	6	7	8	9	1	2	3
대남	2	1	1	1	1	대설	10	9	9	9	8	8	8	7	7	7	6	6	6	5	동지	5	4	4	4	3	3	3	2	2	2
운여	8	8	9	9	9	대설	1	1	1	1	2	2	2	3	3	3	4	4	4	5	동지	5	6	6	6	7	7	7	8	8	8

단기 4382 年	**2049년**	上元-기사(己巳)년, 납음(대림목), 본명성(오황토)
불기 2593 年		대장군(卯동방), 삼살(동방), 상문(未서남방), 조객(卯동방), 납음(대림목), 【삼재(해,자,축)년】臘享(납향):2050년1월15일(음12/20)

기 사 년

소한 5일 07시 17분 【음12월】➡ 【乙丑月(을축월)】 ☯삼벽성 대한 20일 00시 40분

양력 1월 (음력 11/27 ~ 12/28)	1	2	3	4	5	6	7	8	9	10	11	12	13	14	15	16	17	18	19	20	21	22	23	24	25	26	27	28	29	30	31
요일	금	토	일	월	화	수	목	금	토	일	월	화	수	목	금	토	일	월	화	수	목	금	토	일	월	화	수	목	금	토	일
일진	병	정	무	기	경	신	임	계	갑	을	병	정	무	기	경	신	임	계	갑	을	병	정	무	기	경	신	임	계	갑	을	병
日辰	자	축	인	묘	진	사	오	미	신	유	술	해	자	축	인	묘	진	사	오	미	신	유	술	해	자	축	인	묘	진	사	오
음력	27	28	29	12/1	2	3	4	5	6	7	8	9	10	11	12	13	14	15	16	17	18	19	20	21	22	23	24	25	26	27	28
구성	4	5	6	7	8	9	1	2	3	4	5	6	7	8	9	1	2	3	4	5	6	7	8	9	1	2	3	4	5	6	7
대운 남	1	1	1	1	소한	9	9	9	8	8	8	7	7	7	6	6	6	5	5	대한	4	4	4	3	3	3	2	2	2	1	1
대운 여	9	9	9	10	소한	1	1	1	1	2	2	2	3	3	3	4	4	4	5	대한	5	6	6	6	7	7	7	8	8	8	9

입춘 3일 18시 52분 【음1월】➡ 【丙寅月(병인월)】 ☯이흑성 우수 18일 14시 41분

양력 2월 (음력 12/29 ~ 01/27)	1	2	3	4	5	6	7	8	9	10	11	12	13	14	15	16	17	18	19	20	21	22	23	24	25	26	27	28
요일	월	화	수	목	금	토	일	월	화	수	목	금	토	일	월	화	수	목	금	토	일	월	화	수	목	금	토	일
일진	정	무	기	경	신	임	계	갑	을	병	정	무	기	경	신	임	계	갑	을	병	정	무	기	경	신	임	계	갑
日辰	미	신	유	술	해	자	축	인	묘	진	사	오	미	신	유	술	해	자	축	인	묘	진	사	오	미	신	유	술
음력	29	1/1	2	3	4	5	6	7	8	9	10	11	12	13	14	15	16	17	18	19	20	21	22	23	24	25	26	27
구성	8	9	1	2	3	4	5	6	7	8	9	1	2	3	4	5	6	7	8	9	1	2	3	4	5	6	7	8
대운 남	1	1	입춘	1	1	1	1	2	2	2	3	3	3	4	4	4	5	우수	5	6	6	6	7	7	7	8	8	8
대운 여	9	9	입춘	10	9	9	9	8	8	8	7	7	7	6	6	6	5	우수	5	4	4	4	3	3	3	2	2	2

경칩 5일 12시 41분 【음2월】➡ 【丁卯月(정묘월)】 ☯일백성 춘분 20일 13시 27분

양력 3월 (음력 01/28 ~ 02/28)	1	2	3	4	5	6	7	8	9	10	11	12	13	14	15	16	17	18	19	20	21	22	23	24	25	26	27	28	29	30	31
요일	월	화	수	목	금	토	일	월	화	수	목	금	토	일	월	화	수	목	금	토	일	월	화	수	목	금	토	일	월	화	수
일진	을	병	정	무	기	경	신	임	계	갑	을	병	정	무	기	경	신	임	계	갑	을	병	정	무	기	경	신	임	계	갑	을
日辰	해	자	축	인	묘	진	사	오	미	신	유	술	해	자	축	인	묘	진	사	오	미	신	유	술	해	자	축	인	묘	진	사
음력	28	29	30	2/1	2	3	4	5	6	7	8	9	10	11	12	13	14	15	16	17	18	19	20	21	22	23	24	25	26	27	28
구성	9	1	2	3	4	5	6	7	8	9	1	2	3	4	5	6	7	8	9	1	2	3	4	5	6	7	8	9	1	2	3
대운 남	9	9	9	10	경칩	1	1	1	1	2	2	2	3	3	3	4	4	4	5	춘분	5	6	6	6	7	7	7	8	8	8	9
대운 여	1	1	1	1	경칩	10	9	9	9	8	8	8	7	7	7	6	6	6	5	춘분	5	4	4	4	3	3	3	2	2	2	1

청명 4일 17시 13분 【음3월】➡ 【戊辰月(무진월)】 ☯구자성 곡우 20일 00시 12분

양력 4월 (음력 02/29 ~ 03/29)	1	2	3	4	5	6	7	8	9	10	11	12	13	14	15	16	17	18	19	20	21	22	23	24	25	26	27	28	29	30
요일	목	금	토	일	월	화	수	목	금	토	일	월	화	수	목	금	토	일	월	화	수	목	금	토	일	월	화	수	목	금
일진	병	정	무	기	경	신	임	계	갑	을	병	정	무	기	경	신	임	계	갑	을	병	정	무	기	경	신	임	계	갑	을
日辰	오	미	신	유	술	해	자	축	인	묘	진	사	오	미	신	유	술	해	자	축	인	묘	진	사	오	미	신	유	술	해
음력	29	3/1	2	3	4	5	6	7	8	9	10	11	12	13	14	15	16	17	18	19	20	21	22	23	24	25	26	27	28	29
구성	4	5	6	7	8	9	1	2	3	4	5	6	7	8	9	1	2	3	4	5	6	7	8	9	1	2	3	4	5	6
대운 남	9	9	10	청명	1	1	1	1	2	2	2	3	3	3	4	4	4	5	5	곡우	6	6	6	7	7	7	8	8	8	9
대운 여	1	1	1	청명	10	10	9	9	9	8	8	8	7	7	7	6	6	6	5	곡우	5	4	4	4	3	3	3	2	2	2

입하 5일 10시 11분 【음4월】➡ 【己巳月(기사월)】 ☯팔백성 소만 20일 23시 02분

양력 5월 (음력 03/30 ~ 05/01)	1	2	3	4	5	6	7	8	9	10	11	12	13	14	15	16	17	18	19	20	21	22	23	24	25	26	27	28	29	30	31
요일	토	일	월	화	수	목	금	토	일	월	화	수	목	금	토	일	월	화	수	목	금	토	일	월	화	수	목	금	토	일	월
일진	병	정	무	기	경	신	임	계	갑	을	병	정	무	기	경	신	임	계	갑	을	병	정	무	기	경	신	임	계	갑	을	병
日辰	자	축	인	묘	진	사	오	미	신	유	술	해	자	축	인	묘	진	사	오	미	신	유	술	해	자	축	인	묘	진	사	오
음력	30	4/1	2	3	4	5	6	7	8	9	10	11	12	13	14	15	16	17	18	19	20	21	22	23	24	25	26	27	28	29	5/1
구성	7	8	9	1	2	3	4	5	6	7	8	9	1	2	3	4	5	6	7	8	9	1	2	3	4	5	6	7	8	9	1
대운 남	9	9	10	10	입하	1	1	1	1	2	2	2	3	3	3	4	4	4	5	소만	5	6	6	6	7	7	7	8	8	8	9
대운 여	1	1	1	1	입하	10	10	9	9	9	8	8	8	7	7	7	6	6	6	소만	5	5	4	4	4	3	3	3	2	2	2

망종 5일 14시 02분 【음5월】➡ 【庚午月(경오월)】 ☯칠적성 하지 21일 06시 46분

양력 6월 (음력 05/02 ~ 06/01)	1	2	3	4	5	6	7	8	9	10	11	12	13	14	15	16	17	18	19	20	21	22	23	24	25	26	27	28	29	30
요일	화	수	목	금	토	일	월	화	수	목	금	토	일	월	화	수	목	금	토	일	월	화	수	목	금	토	일	월	화	수
일진	정	무	기	경	신	임	계	갑	을	병	정	무	기	경	신	임	계	갑	을	병	정	무	기	경	신	임	계	갑	을	병
日辰	미	신	유	술	해	자	축	인	묘	진	사	오	미	신	유	술	해	자	축	인	묘	진	사	오	미	신	유	술	해	자
음력	2	3	4	5	6	7	8	9	10	11	12	13	14	15	16	17	18	19	20	21	22	23	24	25	26	27	28	29	30	6/1
구성	2	3	4	5	6	7	8	9	1	2	3	4	5	6	7	8	9	9	8	7	6	5	4	3	2	1	9	8	7	6
대운 남	9	9	10	10	망종	1	1	1	1	2	2	2	3	3	3	4	4	4	5	5	하지	6	6	6	7	7	7	8	8	8
대운 여	1	1	1	1	망종	10	10	10	9	9	9	8	8	8	7	7	7	6	6	6	하지	5	5	4	4	4	3	3	3	2

四日得辛, 九龍治水, 2049년 기사年 (대림목), 오황토

4록	9자	2흑
3벽	5황	7적
8백	1백	6백

2049

소서 7일 00시 07분　【음6월】➡　【辛未月(신미월)】　☯육백성　대서 22일 17시 35분

양력 7월 / 음력 06/02 ~ 07/02

	1	2	3	4	5	6	7	8	9	10	11	12	13	14	15	16	17	18	19	20	21	22	23	24	25	26	27	28	29	30	31
요일	목	금	토	일	월	화	수	목	금	토	일	월	화	수	목	금	토	일	월	화	수	목	금	토	일	월	화	수	목	금	토
일진(日辰)	정축	무인	기묘	경진	신사	임오	계미	갑신	을유	병술	정해	무자	기축	경인	신묘	임진	계사	갑오	을미	병신	정유	무술	기해	경자	신축	임인	계묘	갑진	을사	병오	정미
음력	2	3	4	5	6	7	8	9	10	11	12	13	14	15	16	17	18	19	20	21	22	23	24	25	26	27	28	29	30	7/1	2
구성	5	4	3	2	1	9	8	7	6	5	4	3	2	1	9	8	7	6	5	4	3	2	1	9	8	7	6	5	4	3	2
대운 남	9	9	9	10	10	10	소서	1	1	1	1	2	2	2	3	3	3	4	4	4	5	대서	5	6	6	6	7	7	7	8	8
운 여	2	2	1	1	1	1	소서	10	10	9	9	9	8	8	8	7	7	7	6	6	6	대서	5	5	4	4	4	3	3	3	2

입추 7일 09시 56분　【음7월】➡　【壬申月(임신월)】　☯오황성　처서 23일 00시 46분

양력 8월 / 음력 07/03 ~ 08/04

	1	2	3	4	5	6	7	8	9	10	11	12	13	14	15	16	17	18	19	20	21	22	23	24	25	26	27	28	29	30	31
요일	일	월	화	수	목	금	토	일	월	화	수	목	금	토	일	월	화	수	목	금	토	일	월	화	수	목	금	토	일	월	화
일진(日辰)	무신	기유	경술	신해	임자	계축	갑인	을묘	병진	정사	무오	기미	경신	신유	임술	계해	갑자	을축	병인	정묘	무진	기사	경오	신미	임신	계유	갑술	을해	병자	정축	무인
음력	3	4	5	6	7	8	9	10	11	12	13	14	15	16	17	18	19	20	21	22	23	24	25	26	27	28	29	8/1	2	3	4
구성	1	9	8	7	6	5	4	3	2	1	9	8	7	6	5	4	3	2	1	9	8	7	6	5	4	3	2	1	9	8	7
대운 남	8	9	9	9	10	10	입추	1	1	1	1	2	2	2	3	3	3	4	4	4	5	5	처서	6	6	6	7	7	7	8	8
운 여	2	2	1	1	1	1	입추	10	10	9	9	9	8	8	8	7	7	7	6	6	6	5	처서	5	4	4	4	3	3	3	2

백로 7일 13시 04분　【음8월】➡　【癸酉月(계유월)】　☯사록성　추분 22일 22시 41분

양력 9월 / 음력 08/05 ~ 09/04

	1	2	3	4	5	6	7	8	9	10	11	12	13	14	15	16	17	18	19	20	21	22	23	24	25	26	27	28	29	30
요일	수	목	금	토	일	월	화	수	목	금	토	일	월	화	수	목	금	토	일	월	화	수	목	금	토	일	월	화	수	목
일진(日辰)	기묘	경진	신사	임오	계미	갑신	을유	병술	정해	무자	기축	경인	신묘	임진	계사	갑오	을미	병신	정유	무술	기해	경자	신축	임인	계묘	갑진	을사	병오	정미	무신
음력	5	6	7	8	9	10	11	12	13	14	15	16	17	18	19	20	21	22	23	24	25	26	27	28	29	30	9/1	2	3	4
구성	6	5	4	3	2	1	9	8	7	6	5	4	3	2	1	9	8	7	6	5	4	3	2	1	9	8	7	6	5	4
대운 남	8	9	9	9	10	10	백로	1	1	1	1	2	2	2	3	3	3	4	4	4	5	추분	5	6	6	6	7	7	7	8
운 여	2	2	1	1	1	1	백로	10	10	9	9	9	8	8	8	7	7	7	6	6	6	추분	5	5	4	4	4	3	3	3

한로 8일 05시 03분　【음9월】➡　【甲戌月(갑술월)】　☯삼벽성　상강 23일 08시 24분

양력 10월 / 음력 09/05 ~ 10/05

	1	2	3	4	5	6	7	8	9	10	11	12	13	14	15	16	17	18	19	20	21	22	23	24	25	26	27	28	29	30	31
요일	금	토	일	월	화	수	목	금	토	일	월	화	수	목	금	토	일	월	화	수	목	금	토	일	월	화	수	목	금	토	일
일진(日辰)	기유	경술	신해	임자	계축	갑인	을묘	병진	정사	무오	기미	경신	신유	임술	계해	갑자	을축	병인	정묘	무진	기사	경오	신미	임신	계유	갑술	을해	병자	정축	무인	기묘
음력	5	6	7	8	9	10	11	12	13	14	15	16	17	18	19	20	21	22	23	24	25	26	27	28	29	30	10/1	2	3	4	5
구성	3	2	1	9	8	7	6	5	4	3	2	1	9	8	7	6	5	4	3	2	1	9	8	7	6	5	4	3	2	1	9
대운 남	8	8	9	9	9	10	10	한로	1	1	1	1	2	2	2	3	3	3	4	4	4	5	상강	5	6	6	6	7	7	7	8
운 여	2	2	2	1	1	1	1	한로	10	9	9	9	8	8	8	7	7	7	6	6	6	5	상강	5	4	4	4	3	3	3	2

입동 7일 08시 37분　【음10월】➡　【乙亥月(을해월)】　☯이흑성　소설 22일 06시 18분

양력 11월 / 음력 10/06 ~ 11/06

	1	2	3	4	5	6	7	8	9	10	11	12	13	14	15	16	17	18	19	20	21	22	23	24	25	26	27	28	29	30
요일	월	화	수	목	금	토	일	월	화	수	목	금	토	일	월	화	수	목	금	토	일	월	화	수	목	금	토	일	월	화
일진(日辰)	경진	신사	임오	계미	갑신	을유	병술	정해	무자	기축	경인	신묘	임진	계사	갑오	을미	병신	정유	무술	기해	경자	신축	임인	계묘	갑진	을사	병오	정미	무신	기유
음력	6	7	8	9	10	11	12	13	14	15	16	17	18	19	20	21	22	23	24	25	26	27	28	29	11/1	2	3	4	5	6
구성	8	7	6	5	4	3	2	1	9	8	7	6	5	4	3	2	1	9	8	7	6	5	4	3	2	1	9	8	7	6
대운 남	8	8	9	9	9	10	입동	1	1	1	1	2	2	2	3	3	3	4	4	4	5	소설	5	6	6	6	7	7	7	8
운 여	2	2	1	1	1	1	입동	10	9	9	9	8	8	8	7	7	7	6	6	6	5	소설	5	4	4	4	3	3	3	2

대설 7일 01시 45분　【음11월】➡　【丙子月(병자월)】　☯일백성　동지 21일 19시 51분

양력 12월 / 음력 11/07 ~ 12/07

	1	2	3	4	5	6	7	8	9	10	11	12	13	14	15	16	17	18	19	20	21	22	23	24	25	26	27	28	29	30	31
요일	수	목	금	토	일	월	화	수	목	금	토	일	월	화	수	목	금	토	일	월	화	수	목	금	토	일	월	화	수	목	금
일진(日辰)	경술	신해	임자	계축	갑인	을묘	병진	정사	무오	기미	경신	신유	임술	계해	갑자	을축	병인	정묘	무진	기사	경오	신미	임신	계유	갑술	을해	병자	정축	무인	기묘	경진
음력	7	8	9	10	11	12	13	14	15	16	17	18	19	20	21	22	23	24	25	26	27	28	29	30	12/1	2	3	4	5	6	7
구성	5	4	3	2	1	9	8	7	6	5	4	3	2	1	1	2	3	4	5	6	7	8	9	1	2	3	4	5	6	7	8
대운 남	8	8	9	9	9	10	대설	1	1	1	1	2	2	2	3	3	3	4	4	4	동지	5	5	6	6	6	7	7	7	8	8
운 여	2	2	1	1	1	1	대설	9	9	9	8	8	8	7	7	7	6	6	6	5	동지	5	4	4	4	3	3	3	2	2	2

단기 4383 年 / 불기 2594 年	**2050년** (윤3월)	上元-경오(庚午)년, 납음(노방토), 본명성(사록목)	말띠

대장군(卯동방), 삼살(북방), 상문(申서남방), 조객(辰동남방), 납음(로방토), 【삼재(신,유,술)년】 臘享(납향):2051년1월22일(음12/10)

경오년

소한 5일 13시 06분 【음12월】➡ 【丁丑月(정축월)】 ◑구자성 대한 20일 06시 32분

양력 1월 (음력 12/08 ▮ 01/09)

	1	2	3	4	5	6	7	8	9	10	11	12	13	14	15	16	17	18	19	20	21	22	23	24	25	26	27	28	29	30	31
요일	토	일	월	화	수	목	금	토	일	월	화	수	목	금	토	일	월	화	수	목	금	토	일	월	화	수	목	금	토	일	월
日辰	신사	임오	계미	갑신	을유	병술	정해	무자	기축	경인	신묘	임진	계사	갑오	을미	병신	정유	무술	기해	경자	신축	임인	계묘	갑진	을사	병오	정미	무신	기유	경술	신해
음력	8	9	10	11	12	13	14	15	16	17	18	19	20	21	22	23	24	25	26	27	28	29	1/1	2	3	4	5	6	7	8	9
구성	9	1	2	3	4	5	6	7	8	9	1	2	3	4	5	6	7	8	9	1	2	3	4	5	6	7	8	9	1	2	3
대날	8	9	9	9	소한	1	1	1	1	2	2	2	3	3	3	4	4	4	5	대한	5	6	6	6	7	7	7	8	8	8	9
운여	1	1	1	1	소한	10	9	9	9	8	8	8	7	7	7	6	6	6	5	대한	5	4	4	4	3	3	3	2	2	2	1

입춘 4일 00시 42분 【음1월】➡ 【戊寅月(무인월)】 ◑팔백성 우수 18일 20시 34분

양력 2월 (음력 01/10 ▮ 02/07)

	1	2	3	4	5	6	7	8	9	10	11	12	13	14	15	16	17	18	19	20	21	22	23	24	25	26	27	28
요일	화	수	목	금	토	일	월	화	수	목	금	토	일	월	화	수	목	금	토	일	월	화	수	목	금	토	일	월
日辰	임자	계축	갑인	을묘	병진	정사	무오	기미	경신	신유	임술	계해	갑자	을축	병인	정묘	무진	기사	경오	신미	임신	계유	갑술	을해	병자	정축	무인	기묘
음력	10	11	12	13	14	15	16	17	18	19	20	21	22	23	24	25	26	27	28	29	30	2/1	2	3	4	5	6	7
구성	4	5	6	7	8	9	1	2	3	4	5	6	7	8	9	1	2	3	4	5	6	7	8	9	1	2	3	4
대날	9	9	10	입춘	9	9	9	8	8	8	7	7	7	6	6	6	5	우수	5	4	4	4	3	3	3	2	2	2
운여	1	1	1	입춘	1	1	1	1	2	2	2	3	3	3	4	4	4	우수	5	5	6	6	6	7	7	7	8	8

경칩 5일 18시 31분 【음2월】➡ 【己卯月(기묘월)】 ◑칠적성 춘분 20일 19시 18분

양력 3월 (음력 02/08 ▮ 03/09)

	1	2	3	4	5	6	7	8	9	10	11	12	13	14	15	16	17	18	19	20	21	22	23	24	25	26	27	28	29	30	31
요일	화	수	목	금	토	일	월	화	수	목	금	토	일	월	화	수	목	금	토	일	월	화	수	목	금	토	일	월	화	수	목
日辰	경진	신사	임오	계미	갑신	을유	병술	정해	무자	기축	경인	신묘	임진	계사	갑오	을미	병신	정유	무술	기해	경자	신축	임인	계묘	갑진	을사	병오	정미	무신	기유	경술
음력	8	9	10	11	12	13	14	15	16	17	18	19	20	21	22	23	24	25	26	27	28	29	3/1	2	3	4	5	6	7	8	9
구성	5	6	7	8	9	1	2	3	4	5	6	7	8	9	1	2	3	4	5	6	7	8	9	1	2	3	4	5	6	7	8
대날	1	1	1	1	경칩	10	9	9	9	8	8	8	7	7	7	6	6	6	5	춘분	5	4	4	4	3	3	3	2	2	2	1
운여	8	9	9	9	경칩	1	1	1	1	2	2	2	3	3	3	4	4	4	5	춘분	5	6	6	6	7	7	7	8	8	8	9

청명 4일 23시 02분 【음3월】➡ 【庚辰月(경진월)】 ◑육백성 곡우 20일 06시 01분

양력 4월 (음력 03/10 ▮ 윤3 10)

	1	2	3	4	5	6	7	8	9	10	11	12	13	14	15	16	17	18	19	20	21	22	23	24	25	26	27	28	29	30
요일	금	토	일	월	화	수	목	금	토	일	월	화	수	목	금	토	일	월	화	수	목	금	토	일	월	화	수	목	금	토
日辰	신해	임자	계축	갑인	을묘	병진	정사	무오	기미	경신	신유	임술	계해	갑자	을축	병인	정묘	무진	기사	경오	신미	임신	계유	갑술	을해	병자	정축	무인	기묘	경진
음력	10	11	12	13	14	15	16	17	18	19	20	21	22	23	24	25	26	27	28	29	윤3	2	3	4	5	6	7	8	9	10
구성	9	1	2	3	4	5	6	7	8	9	1	2	3	4	5	6	7	8	9	1	2	3	4	5	6	7	8	9	1	2
대날	1	1	1	청명	10	10	9	9	9	8	8	8	7	7	7	6	6	6	5	곡우	5	4	4	4	3	3	3	2	2	2
운여	9	9	10	청명	1	1	1	1	1	2	2	2	3	3	4	4	4	5	5	곡우	6	6	6	7	7	7	8	8	8	9

입하 5일 16시 00분 【음4월】➡ 【辛巳月(신사월)】 ◑오황성 소만 21일 04시 49분

양력 5월 (음력 윤3 11 ▮ 04/11)

	1	2	3	4	5	6	7	8	9	10	11	12	13	14	15	16	17	18	19	20	21	22	23	24	25	26	27	28	29	30	31
요일	일	월	화	수	목	금	토	일	월	화	수	목	금	토	일	월	화	수	목	금	토	일	월	화	수	목	금	토	일	월	화
日辰	신사	임오	계미	갑신	을유	병술	정해	무자	기축	경인	신묘	임진	계사	갑오	을미	병신	정유	무술	기해	경자	신축	임인	계묘	갑진	을사	병오	정미	무신	기유	경술	신해
음력	11	12	13	14	15	16	17	18	19	20	21	22	23	24	25	26	27	28	29	30	4/1	2	3	4	5	6	7	8	9	10	11
구성	3	4	5	6	7	8	9	1	2	3	4	5	6	7	8	9	1	2	3	4	5	6	7	8	9	1	2	3	4	5	6
대날	1	1	1	1	입하	10	10	9	9	9	8	8	8	7	7	7	6	6	6	5	소만	5	4	4	4	3	3	3	2	2	2
운여	9	9	10	10	입하	1	1	1	1	2	2	2	3	3	3	4	4	4	5	5	소만	6	6	6	7	7	7	8	8	8	9

망종 5일 19시 53분 【음5월】➡ 【壬午月(임오월)】 ◑사록성 하지 21일 12시 31분

양력 6월 (음력 04/12 ▮ 05/12)

	1	2	3	4	5	6	7	8	9	10	11	12	13	14	15	16	17	18	19	20	21	22	23	24	25	26	27	28	29	30
요일	수	목	금	토	일	월	화	수	목	금	토	일	월	화	수	목	금	토	일	월	화	수	목	금	토	일	월	화	수	목
日辰	임자	계축	갑인	을묘	병진	정사	무오	기미	경신	신유	임술	계해	갑자	을축	병인	정묘	무진	기사	경오	신미	임신	계유	갑술	을해	병자	정축	무인	기묘	경진	신사
음력	12	13	14	15	16	17	18	19	20	21	22	23	24	25	26	27	28	29	5/1	2	3	4	5	6	7	8	9	10	11	12
구성	7	8	9	1	2	3	4	5	6	7	8	9	9	8	7	6	5	4	3	2	1	9	8	7	6	5	4	3	2	1
대날	1	1	1	1	망종	10	10	10	9	9	9	8	8	8	7	7	6	6	6	5	하지	5	5	4	4	4	3	3	3	2
운여	9	9	10	10	망종	1	1	1	1	2	2	2	3	3	4	4	4	5	5	5	하지	6	6	6	7	7	7	8	8	8

한식(4월05일), 초복(7월19일), 중복(7월29일), 말복(8월08일) ↑춘사(春社)3/19 ☀추사(秋社)9/25
토왕지절(土旺之節):4월17일,7월19일,10월20일,1월17일(음12/05)臘享(납향):2051년1월22일(음12/10)

九日得辛, 二龍治水, 2050년 경오年 (노방토), 사록목

3벽	8백	1백
2흑	4록	6백
7적	9자	5황

소서 7일 06시 00분 【음6월】➡ 【癸未月(계미월)】 ☯삼벽성 대서 22일 23시 20분

양력 7월 / 음력 05/13 ~ 06/13

	1	2	3	4	5	6	7	8	9	10	11	12	13	14	15	16	17	18	19	20	21	22	23	24	25	26	27	28	29	30	31
요일	금	토	일	월	화	수	목	금	토	일	월	화	수	목	금	토	일	월	화	수	목	금	토	일	월	화	수	목	금	토	일
일진(日辰)	임오	계미	갑신	을유	병술	정해	무자	기축	경인	신묘	임진	계사	갑오	을미	병신	정유	무술	기해	경자	신축	임인	계묘	갑진	을사	병오	정미	무신	기유	경술	신해	임자
음력	13	14	15	16	17	18	19	20	21	22	23	24	25	26	27	28	29	30	6/1	2	3	4	5	6	7	8	9	10	11	12	13
구성	9	8	7	6	5	4	3	2	1	9	8	7	6	5	4	3	2	1	9	8	7	6	5	4	3	2	1	9	8	7	6
대남	2	2	1	1	1	1	소서	10	10	9	9	9	8	8	8	7	7	7	6	6	6	대서	5	5	4	4	4	3	3	3	2
운여	9	9	9	10	10	10	소서	1	1	1	1	2	2	2	3	3	3	4	4	4	5	대서	5	6	6	6	7	7	7	8	8

입추 7일 15시 51분 【음7월】➡ 【甲申月(갑신월)】 ☯이흑성 처서 23일 06시 31분

양력 8월 / 음력 06/14 ~ 07/15

	1	2	3	4	5	6	7	8	9	10	11	12	13	14	15	16	17	18	19	20	21	22	23	24	25	26	27	28	29	30	31
요일	월	화	수	목	금	토	일	월	화	수	목	금	토	일	월	화	수	목	금	토	일	월	화	수	목	금	토	일	월	화	수
일진(日辰)	계축	갑인	을묘	병진	정사	무오	기미	경신	신유	임술	계해	갑자	을축	병인	정묘	무진	기사	경오	신미	임신	계유	갑술	을해	병자	정축	무인	기묘	경진	신사	임오	계미
음력	14	15	16	17	18	19	20	21	22	23	24	25	26	27	28	29	7/1	2	3	4	5	6	7	8	9	10	11	12	13	14	15
구성	5	4	3	2	1	9	8	7	6	5	4	3	2	1	9	8	7	6	5	4	3	2	1	9	8	7	6	5	4	3	2
대남	2	2	1	1	1	1	입추	10	10	9	9	9	8	8	8	7	7	7	6	6	6	5	처서	5	4	4	4	3	3	3	2
운여	8	9	9	9	10	10	입추	1	1	1	1	2	2	2	3	3	3	4	4	4	5	5	처서	5	6	6	6	7	7	7	8

백로 7일 18시 59분 【음8월】➡ 【乙酉月(을유월)】 ☯일백성 추분 23일 04시 27분

양력 9월 / 음력 07/16 ~ 08/15

	1	2	3	4	5	6	7	8	9	10	11	12	13	14	15	16	17	18	19	20	21	22	23	24	25	26	27	28	29	30
요일	목	금	토	일	월	화	수	목	금	토	일	월	화	수	목	금	토	일	월	화	수	목	금	토	일	월	화	수	목	금
일진(日辰)	갑신	을유	병술	정해	무자	기축	경인	신묘	임진	계사	갑오	을미	병신	정유	무술	기해	경자	신축	임인	계묘	갑진	을사	병오	정미	무신	기유	경술	신해	임자	계축
음력	16	17	18	19	20	21	22	23	24	25	26	27	28	29	30	8/1	2	3	4	5	6	7	8	9	10	11	12	13	14	15
구성	1	9	8	7	6	5	4	3	2	1	9	8	7	6	5	4	3	2	1	9	8	7	6	5	4	3	2	1	9	8
대남	2	2	1	1	1	1	백로	10	10	9	9	9	8	8	8	7	7	7	6	6	6	5	추분	5	4	4	4	3	3	3
운여	8	9	9	9	10	10	백로	1	1	1	1	2	2	2	3	3	3	4	4	4	5	5	추분	5	6	6	6	7	7	7

한로 8일 10시 59분 【음9월】➡ 【丙戌月(병술월)】 ☯구자성 상강 23일 14시 10분

양력 10월 / 음력 08/16 ~ 09/16

	1	2	3	4	5	6	7	8	9	10	11	12	13	14	15	16	17	18	19	20	21	22	23	24	25	26	27	28	29	30	31
요일	토	일	월	화	수	목	금	토	일	월	화	수	목	금	토	일	월	화	수	목	금	토	일	월	화	수	목	금	토	일	월
일진(日辰)	갑인	을묘	병진	정사	무오	기미	경신	신유	임술	계해	갑자	을축	병인	정묘	무진	기사	경오	신미	임신	계유	갑술	을해	병자	정축	무인	기묘	경진	신사	임오	계미	갑신
음력	16	17	18	19	20	21	22	23	24	25	26	27	28	29	30	9/1	2	3	4	5	6	7	8	9	10	11	12	13	14	15	16
구성	7	6	5	4	3	2	1	9	8	7	6	5	4	3	2	1	9	8	7	6	5	4	3	2	1	9	8	7	6	5	4
대남	2	2	2	1	1	1	1	한로	10	10	9	9	9	8	8	8	7	7	7	6	6	6	상강	5	4	4	4	3	3	3	2
운여	8	8	9	9	9	10	10	한로	1	1	1	1	2	2	2	3	3	3	4	4	4	5	상강	5	6	6	6	7	7	7	8

입동 7일 14시 32분 【음10월】➡ 【丁亥月(정해월)】 ☯팔백성 소설 22일 12시 05분

양력 11월 / 음력 09/17 ~ 10/17

	1	2	3	4	5	6	7	8	9	10	11	12	13	14	15	16	17	18	19	20	21	22	23	24	25	26	27	28	29	30
요일	화	수	목	금	토	일	월	화	수	목	금	토	일	월	화	수	목	금	토	일	월	화	수	목	금	토	일	월	화	수
일진(日辰)	을유	병술	정해	무자	기축	경인	신묘	임진	계사	갑오	을미	병신	정유	무술	기해	경자	신축	임인	계묘	갑진	을사	병오	정미	무신	기유	경술	신해	임자	계축	갑인
음력	17	18	19	20	21	22	23	24	25	26	27	28	29	10/1	2	3	4	5	6	7	8	9	10	11	12	13	14	15	16	17
구성	3	2	1	9	8	7	6	5	4	3	2	1	9	8	7	6	5	4	3	2	1	9	8	7	6	5	4	3	2	1
대남	2	2	1	1	1	1	입동	10	10	9	9	9	8	8	8	7	7	7	6	6	6	소설	5	4	4	4	3	3	3	2
운여	8	8	9	9	9	10	입동	1	1	1	1	2	2	2	3	3	3	4	4	4	5	소설	5	6	6	6	7	7	7	8

대설 7일 07시 40분 【음11월】➡ 【戊子月(무자월)】 ☯칠적성 동지 22일 01시 37분

양력 12월 / 음력 10/18 ~ 11/18

	1	2	3	4	5	6	7	8	9	10	11	12	13	14	15	16	17	18	19	20	21	22	23	24	25	26	27	28	29	30	31
요일	목	금	토	일	월	화	수	목	금	토	일	월	화	수	목	금	토	일	월	화	수	목	금	토	일	월	화	수	목	금	토
일진(日辰)	을묘	병진	정사	무오	기미	경신	신유	임술	계해	갑자	을축	병인	정묘	무진	기사	경오	신미	임신	계유	갑술	을해	병자	정축	무인	기묘	경진	신사	임오	계미	갑신	을유
음력	18	19	20	21	22	23	24	25	26	27	28	29	30	11/1	2	3	4	5	6	7	8	9	10	11	12	13	14	15	16	17	18
구성	9	8	7	6	5	4	3	2	1	9	8	7	6	5	4	3	2	1	9	8	7	4	5	6	7	8	9	1	2	3	4
대남	2	2	1	1	1	1	대설	10	10	9	9	9	8	8	8	7	7	7	6	6	6	동지	5	5	4	4	4	3	3	3	2
운여	8	8	9	9	9	10	대설	1	1	1	1	2	2	2	3	3	3	4	4	4	5	동지	5	5	6	6	6	7	7	7	8

두원출판미디어 역학도서

춘하추동 실전 사주학 시리즈(1-10)

❶ 건강과 질병

❷ 사주명리에 빠져봅시다.

정가 : 15,000원

시디첨부시; ₩ 20,000

정가 27,000원

시디첨부시; ₩ 32,000

❸ 부부클리닉

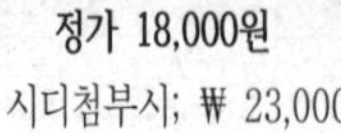

❹ 사주 통변술의 이차방정식

정가 18,000원

시디첨부시; ₩ 23,000

정가 25,000원

시디첨부시; ₩ 30,000

---

❶ 건강과 질병

건강에 관심이 날로 커가는 당연한 이치에 과연 어떻게 판단을 하고 어떻게 통변을 할 것인가? 관상으로 보는 관점등 생로병사에 관한 사항들을 집중으로 분석. 전문가 못지않은 실력을 배양토록 하였다. 약초의 활용도 첨가하였다.

❷ 사주명리에 빠져봅시다.

입문 과정에서 필수적으로 알아야 할 사항들을 집대성한 것으로 초보자들의 입문서이고, 반복적으로 참고해야 할 사항들을 모은 책이다. 커다란 활자로 편집 이해를 한층 쉽게 하는데 주력한 도서이다.

❸ 부부클리닉

남녀간의 만남과 이별, 팔자를 다룬 도서이다.
각자의 심성과 운을 첨가하여 인생의 반을 성공으로 이끄는 방법을 제시한 도서이다. 과연 팔자로만 치부할 것인가? 만남과 헤어짐의 원인을 분석한다.

❹ 사주 통변술의 이차방정식.

기본적인 사항을 익힌 후 어떻게 활용을 하고, 어떻게 통변을 할 것인가?
육친의 활용과 통변에 대한 자습서이다. 말문이 막히는 사람들을 위한 해결서이다. 백문이 불여일견(不如一見)이다.

❺ 사주격국의 원류와 흐름을 찾아서   ❻ 사주 용신의 발톱을 찾아라.

정가 27,000원   정가 30,000원

시디첨부시; ₩ 30,000   시디첨부시; ₩ 33,000

❺ 사주격국의 원류와 흐름을 찾아서

사주의 틀을 논하는 격국에 대한 안내서이다.
모양을 보면 알면서 들리는 소리는 듣고 아는데 왜?
사주를 보면서 틀을 모양과 규격을 왜 판단하지
못하는 가?
해결책과 비법을 알려주는 방법을 서술한 책이다.

❻ 사주 용신의 발톱을 찾아라.

배가 고프면 무엇인가 음식물을 섭취해야 한다.
사주의 격을 논하면 무엇이 중요한 요소 인가?를
판단하는 방법과 실전을 통한 자세한 설명이
첨부된다. 어디가 아프고? 무엇이 부족한가? 고쳐주고
채워주는 간결한 방법을 서술한다.

❼ 사주신살 약인가, 독인가?   ❽ 내 팔자가 내 복이다.

정가 27,000원   정가 38,000원

시디첨부시; ₩ 30,000   시디첨부시; ₩ 38,000

❼ 사주신살 약인가, 독인가?

신살로 통변하는 방법을 논하는 것이다.
외면시하는 신살 실제로는 그것이 상담의 묘미를
더한다. 간편하면서도 피부에 와닿는 통변이다.
실질적인 상황에 대한 가까우면서도 먼 것 같은
핵심을 제시하는 것이다.

❽ 내 팔자가 내 복이다.

실전사주에 대한 사항이다.
남성을 대상으로 전반적으로 종합적인 뷘야를 두루
섭협할 수 있는 내용이다.
추명가의 남성편전체를 해부한 책이다. 각 항목별로
다루어 구분을 확실히 하고 실전사주들을 놓고
해부한다.

파워만세력-2

지 은 이 / 한명호
펴 낸 이 / 한원석　　　　　　　판권 본사
펴 낸 곳 / 두원출판미디어　　　소유 의인
강원도 춘천시 후만로 116번길2
☎ 033) 244-5612, 242-5612　　FAX 033) 251-5611
Cpoyright ⓒ2009 , by Dooweon Media Publishing Co.
이 책의 내용은 저작권법에 따라 보호받고 있습니다.
판권은 본사의 소유임을 알려드립니다.
등록 / 1999.-08. 06 제041호

♣ 파본, 낙장본은 교환하여 드립니다.
♣ 다음까페 : 두원출판미디어
홈페이지: www.dooweonmedia.co.kr

♣ E-mail : doo1616@naver.com
1판 2쇄 2024. 05. 22　ISBN 978-89-91253-12-3

정가　18,000원